1月9日，在国家科学技术奖励大会上，胡锦涛主席为2008年度国家最高科学技术奖获得者王忠诚院士颁奖

10月27日，中国红十字会第九次全国会员代表大会在北京开幕。中共中央总书记、中国红十字会名誉会长胡锦涛在开幕式上为获得第四十二届南丁格尔奖章的北京安贞医院刘淑媛颁发奖章

5月17日，国务院总理温家宝到北京地坛医院看望抗战在甲型H1N1流感一线的医务人员

12月1日世界艾滋病日，国务院总理温家宝、副总理李克强到北京地坛医院慰问艾滋病患者和医务人员

8月25日，卫生部党组书记张茅、山西省副省长张建欣为北京大学第一医院定点支援山西省武乡县人民医院揭牌，并慰问该院医疗队成员

9月9日，中国医学科学院阜外心血管病医院与英国牛津大学临床试验与流行病学研究中心共同成立中国牛津国际医学研究中心。卫生部部长陈竺与英国牛津大学校长Andrew Hamiton参加揭牌仪式

卫生部副部长王国强到广安门医院进行2009年医院管理年检查

4月7日，世界卫生组织总干事陈冯富珍、卫生部副部长黄洁夫为设立在北京地坛医院的世界卫生组织艾滋病治疗与关怀综合管理合作中心揭牌

8月21日,中共中央书记处书记、中央纪委副书记何勇视察中纪委机关广安门医院门诊部

3月31日,中共中央政治局委员、国务委员刘延东为北京大学第一医院门诊楼工程剪彩

1月13日,美国前总统卡特到北京大学医学部访问,全国人大常委会副委员长、北京大学医学部主任韩启德院士,北京大学常务副校长、医学部常务副主任柯杨会见来宾

5月12日,市长郭金龙视察首都医科大学附属宣武医院

4月2日，世界卫生组织官员向副市长丁向阳授予"世界无烟日区域奖"。这是我国政府官员首次获得世界卫生组织颁发的控烟奖项

7月2日，市卫生局局长方来英参加北京天坛医院与丰台区政府合作意向书签订仪式

11月30日，市卫生局局长方来英会见新任世界卫生组织驻华代表蓝睿明博士。市卫生局副局长于鲁明、市药监局局长丛骆骆、市中医管理局局长赵静参加会谈

市卫生局党组副书记张秀芳到什邡慰问首都医疗队员

10月28日,北京安定医院举行新门诊病房楼奠基仪式。市卫生局副局长郭积勇参加仪式

4月13日,市卫生局召开北京市2009年疾病预防控制工作会。市卫生局副局长赵春惠参加会议

市卫生局副局长邓小虹在民航总医院参加甲型H1N1流感应急演练现场总结会

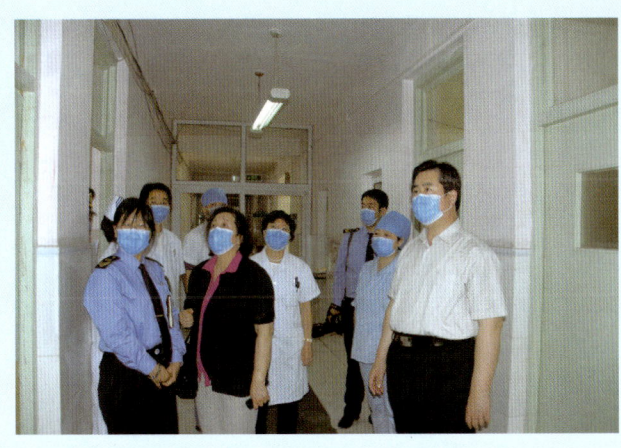

5月,市卫生局副局长于鲁明视察长辛店医院甲型H1N1流感防控工作

国庆活动期间，全市卫生系统共出动人员12 901人次，车辆3 008辆次，重点保障国庆庆典活动。参演人员26万多人，演练及庆典活动期间共救治病人1 120人次，开展远端体温筛查59万人次，现场体温抽查14 515人次，现场抽查食品、饮用水8 481件，保障国庆游园1 300万人次。国庆当天，来自首都医科大学、北京卫生学校、北京护士学校的2 323名师生，作为全国698万医疗卫生工作者和52万人口计生工作者的代表，组建成人口卫生方阵，参加了国庆群众游行。

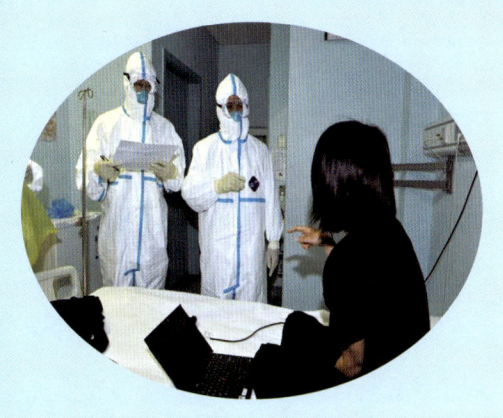

针对甲型H1N1流感疫情，本市采取了一系列防控措施，有效遏制了甲流疫情。为全市中小学生和60岁以上老人免费开展了季节性流感疫苗接种，并在全球首先启动了甲流疫苗接种工作。截至12月31日，为235万市民开展了甲流疫苗接种，其中大、中、小学生接种率超过60%。甲流疫苗的接种对防控甲流疫情起到了至关重要的作用。

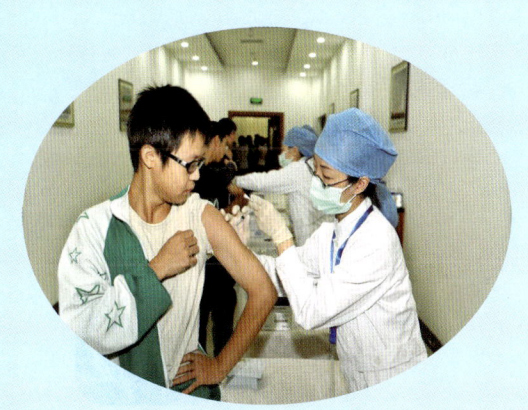

2009年，本市艾滋病防治工作成绩显著，除继续落实国家"四免一关怀"政策及市政府艾滋病防治"三大工程"外，在全市积极推动"预防艾滋病宣传志愿者'1+1'十进行动"：1月进医院，2月进影院，3月进车站，4月进学校，5月进社区，6月进公园，7月进工地，8月进宾馆，9月进商场，10月进单位。全市新招募首都预防艾滋病宣传志愿者5万余人。11月29日~12月5日，在国家会议中心展览馆举办了"首都防治艾滋病志愿者活动周"主题展览活动，胡锦涛总书记参观了展览。

2009年,本市启动了"健康北京人——全民健康促进十年行动规划"。年内开展了九大健康行动:健康知识普及行动,合理膳食行动,控烟行动,健身行动,保护牙齿行动,保护视力行动,知己健康行动,恶性肿瘤防治行动,母婴健康行动。

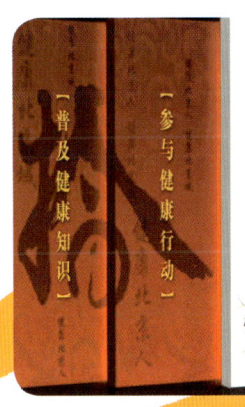

贺普仁

金世元

路志正

刘志明

1月，市卫生局、人事局、中医管理局表彰奖励了对北京地区在继承、弘扬中医药学术和中医临床实践中作出重要贡献的中医药专家，授予12人"首都国医名师"荣誉称号。他们是：方和谦（北京朝阳医院），金世元（北京卫生学校），贺普仁（北京中医医院）；路志正、刘志明（中国中医科学院广安门医院），唐由之（中国中医科学院眼科医院），程莘农（中国中医科学院）；王绵之、王玉川、颜正华（北京中医药大学）；印会河（中日友好医院），李辅仁（北京医院）。另外，人力资源和社会保障部、卫生部、国家中医药管理局于5月授予30人"国医大师"荣誉称号，包括北京名医王玉川、王绵之、方和谦、李辅仁、陆广莘（中国中医科学院）、贺普仁、唐由之、程莘农、路志正、颜正华。

唐由之

程莘农

王绵之

方和谦

王玉川

颜正华

印会河

陆广莘

李辅仁

张俊廷

田伟

刘清泉

3月9日，由首都卫生系统精神文明建设协调委员会和北京市卫生局联合举办的第二届"首都十大健康卫士"评选活动揭晓。他们是：北京天坛医院神经外科中心副主任张俊廷，北京积水潭医院院长田伟，北京中医药大学东直门医院急诊科主任刘清泉，中日友好医院首任院长辛育龄，北京朝阳医院脊柱外科副主任医师康南，北京大学第三医院骨科副主任马庆军，北京大学第一医院消化内科主任医师张树基，北京友谊医院肝病中心主任贾继东，北京协和医院风湿免疫科主任张奉春，北京同仁医院眼科中心防盲办公室主任胡爱莲。

辛育龄

康南

张树基

马庆军

胡爱莲

张奉春

贾继东

10月21日，赵炳南诞辰110周年纪念会在人民大会堂举行。国家中医药管理局局长王国强、市卫生局党组副书记张秀芳、市中医管理局局长赵静等领导出席

11月，中国中医科学院院长曹洪欣荣获何梁何利科学与技术进步奖

11月13日，北京同仁医院院长韩德民荣获第六届中国医师奖

3月21日，在朝阳区城外诚家具文化广场举办"3·24"世界防治结核病日大型宣传活动

4月1日，北京市第二十一个爱国卫生月正式启动

5～9月，市爱卫会举办2009年社区"健康风采"大赛

3月6日，世界卫生组织心理危机预防研究与培训合作中心在北京回龙观医院成立

7月15～21日，北京大学医学部首次派出团队赴内蒙古学生社会实践基地进行社会实践

北京口腔医院医生到怀柔区给低保老人戴牙

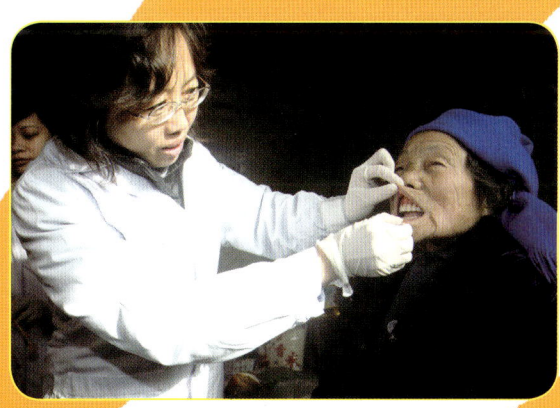

10月24～25日，中国医学科学院肿瘤医院主办第三届亚洲国家癌症中心联盟会议

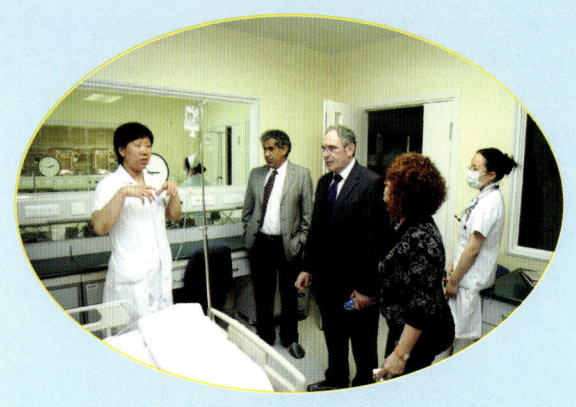
6月16日，以色列施耐德儿童医学中心代表团到首都儿科研究所交流访问

6月23日，北京市公安局民警身心健康服务中心在北京小汤山医院挂牌

10月10日，北京老年医院正式成为北京中医药大学附属医院

12月4日，北京华信医院与郑州人民医院签订合作协议

9月10日，北京卫生学校举办建校80周年庆典

10月10日，北京老年医院举办建院60周年庆典

6月6日,北京妇产医院举行建院50周年庆典暨林巧稚雕像揭幕仪式

10月22日,北京华信医院举行建院50周年庆祝大会

5月29日,北京市眼科研究所举行建所50周年庆典暨眼科发展战略与新医疗模式高峰论坛

11月27日,北京市中医研究所举行建所50周年庆祝大会

12月26日,北京电力医院举行建院二十周年庆祝大会

12月26日,北京中医药大学东方医院举行建院十周年庆祝大会

8月,中国康复研究中心综合康复楼竣工,9月1日正式启用。新楼医疗业务面积8.4万平方米,门诊与急诊面积增至9 270平方米

中国医学科学院阜外医院

中国医学科学院肿瘤医院

北京卫生年鉴
2010

北京市卫生局·《北京卫生年鉴》编辑委员会 编

北京科学技术出版社

图书在版编目（CIP）数据

2010北京卫生年鉴/《北京卫生年鉴》编委会主编．
—北京：北京科学技术出版社，2011.2
 ISBN 978－7－5304－5038－3
 Ⅰ.①2… Ⅱ.①北… Ⅲ.①卫生工作-北京市-2010-年鉴 Ⅳ.R199.2－54

中国版本图书馆CIP数据核字（2010）第256802号

2010 北京卫生年鉴

作　　者：北京市卫生局·《北京卫生年鉴》编辑委员会
责任编辑：宋玉涛
责任校对：党建军　余　胜
责任印制：杨　亮
封面设计：樊润琴
出 版 人：张敬德
出版发行：北京科学技术出版社
社　　址：北京西直门南大街16号
邮政编码：100035
电话传真：0086－10－66161951（总编室）
　　　　　0086－10－66113227　0086－10－66161952（发行部）
电子信箱：bjkjpress@163.com
网　　址：www.bkjpress.com
经　　销：新华书店
印　　刷：三河国新印装有限公司
开　　本：787mm×1092mm　1/16
字　　数：1100千
印　　张：31.25
插　　页：16页
版　　次：2011年2月第1版
印　　次：2011年2月第1次印刷
ISBN 978－7－5304－5038－3/R·1332

定　　价：160.00元

京科版图书，版权所有，侵权必究。
京科版图书，印装差错，负责退换。

《北京卫生年鉴》(2010) 编辑委员会

主　　任　方来英
副 主 任　邓小虹　雷海潮
委　　员　（以姓氏笔画为序）
　　　　　白　宏　吕一平　吕　璠　刘　伟　刘　念
　　　　　刘建民　刘泽军　李新平　李德娟　许峻峰
　　　　　邱大龙　肖大伟　肖　珣　张建枢　张爱琳
　　　　　陈　勇　谷　水　岳小林　武凤玉　金春明
　　　　　罗香葆　姜礼才　柳淑华　崔玉峰　黄　春
　　　　　谢　辉　鲍　华

《北京卫生年鉴》编辑部

主　　　编　邓小虹　雷海潮
副 主 编　谷　水
常务副主编　余　胜　党建军
编　　　辑　崔立平　薛志文
特约编辑　郭　进　周　婧　杨　苏　谢　阳

编 辑 说 明

一、《北京卫生年鉴》是一部逐年记载北京卫生工作的资料性工具书，其内容主要综合反映北京卫生工作各方面的基本情况、进展的成就。自1991年起每年编辑出版一部。

二、《北京卫生年鉴》2010年版主要反映截至2009年底的资料。全书共分19个部类：1. 概况；2. 特载；3. 重要会议报告；4. 文件和法规；5. 工作进展；6. 军队卫生工作；7. 区县卫生工作；8. 卫生部直属医院卫生工作；9. 中国医学科学院附属医院卫生工作；10. 中国中医科学院及附属医院卫生工作；11. 北京中医药大学及附属医院卫生工作；12. 北京大学医学部及附属医院卫生工作；13. 市属院（所、中心、校）卫生工作；14. 高校厂矿部属医院卫生工作；15. 学术团体和群众团体工作；16. 卫生工作纪事；17. 卫生统计；18. 附录；19. 索引。

三、本年鉴按条目式纲目编纂，设置部类、分目、条目3个层次。

四、为便于读者检索，除卷首目录外，对刊载内容编制了《索引》附于书末，按汉语拼音字母依次排列。

五、本版年鉴统计数字均以卫生统计年报的数字为准。

《北京卫生年鉴》编辑部

2010年10月

目 录

概 况

2009年北京市卫生工作概况 …………………… 1

特 载

新中国成立60年来首都卫生事业发展情况回顾
………………………………………………… 6
甲型H1N1流感防治工作 …………………… 7
新中国成立60周年庆祝活动医疗卫生保障工作
………………………………………………… 10

重要会议报告

深入学习实践科学发展观　推动首都中医药事业
又好又快发展 ………………………………… 12
学习实践科学发展观　深化医药卫生体制改革推
动首都卫生事业又好又快发展 ……………… 15
北京市疾病预防控制工作会议报告 ………… 22
北京市医政工作会议报告 …………………… 28

文件和法规

北京市卫生局关于护士重新申请执业注册有关
事项的通知 …………………………………… 35
北京市消毒产品生产企业卫生许可证发放管理
规定（暂行） ………………………………… 36
北京市规范化免疫预防门诊基本标准 ……… 40
北京市突发公共卫生事件应急指挥部办公室北
京市卫生局关于落实社会单位防控甲型H1N1
流感管理责任的通告 ………………………… 42
北京市0~6岁儿童先天性心脏病筛查管理办法 …… 44
北京市现场制、售饮用水卫生管理办法 …… 45
北京市预约挂号管理暂行办法（试行） …… 46
北京市献血管理办法 ………………………… 47
北京市卫生局行政规范性文件备案监督办法 …… 49
北京市医疗卫生机构医疗废物管理规定 …… 50

工作进展

疾病控制 ………………………………… 57
　疾病控制综合管理 …………………… 57
　计划免疫 ……………………………… 58
　传染病防治 …………………………… 59
　　艾滋病防治 ………………………… 59
　　结核病防治 ………………………… 60
　　肠道传染病防治 …………………… 61
　　病毒性肝炎防治 …………………… 61
　　人畜共患疾病防治 ………………… 62
　　鼠疫防治 …………………………… 62
　地方病防治 …………………………… 63
　精神卫生 ……………………………… 63
　学校卫生 ……………………………… 64
　慢性非传染性疾病防治 ……………… 64

高血压防治	64	控烟工作	87
糖尿病防治	65	创卫工作	87
职业（放射）卫生	65	爱国卫生健康细胞工程建设	87
健康教育与健康促进	66	中医事业管理	88
卫生监督	66	医政管理	88
行政审批	66	科教工作	90
公共卫生	66	中医国际交流与合作	91
日常监督检查	66	医学科研与教育	91
专项监督检查	67	科研管理	91
卫生监督抽检	68	科研项目	91
医疗卫生监督	69	科技成果	92
日常监督检查	69	科技推广	102
专项监督检查	69	科普和健康教育	102
卫生监督抽检	70	科技规划	102
投诉举报和突发事件处理	71	实验室生物安全	102
卫生监督稽查	71	医学教育	102
大型活动卫生保障	71	毕业后医学教育	102
卫生监督信息宣传	71	继续医学教育	103
卫生监督人员培训	72	药械管理	104
医疗服务	72	医疗机构药事管理	104
医政综合管理	73	药品及医疗器械集中采购	104
医疗机构设置规划	74	医疗器械管理	105
准入管理	74	基本建设	105
医疗质量与安全、医疗服务管理	75	财务与物价	106
突发公共卫生事件医疗救治	76	财务管理	106
护理管理	77	物价管理	107
血液管理	77	审计监督	107
大型活动医疗保障	78	经济审计	107
对口支援工作	79	政风行风监督	108
政风行风建设	80	卫生信息化	108
医用废弃物管理	81	规划管理	109
平安医院建设	81	项目建设	109
卫生应急	81	网站建设	110
应急体系建设	81	信息安全	110
突发事件处置	82	卫生法制建设	111
妇幼卫生	83	立法	111
妇女保健	83	行政规范性文件管理	111
儿童保健	83	依法行政	112
产科管理	84	卫生标准	113
基层卫生	84	思想政治工作	113
社区卫生	84	组织建设	113
农村卫生	85	党建工作	113
爱国卫生	86	干部工作	114
城市清洁日、爱国卫生月活动	86	人才工作	114
病媒生物控制	86	宣传工作	115
农村改水改厕工作	87	统战工作	117

离退休干部工作	117	卫生人才队伍建设	122
工会工作	118	事业单位人事制度和工资制度改革	122
共青团工作	119	机关人事管理	123
国际交流与合作	120	机构编制管理	123
国际合作项目	120	2009年度各单位党政领导名单	123
因公出入境管理	121	卫生界人物	123
外事综合管理	121	王绵之	124
援外医疗队工作	121	方和谦	124
人事与干部	122		

军队卫生工作

解放军总医院	136	空军总医院	144
三〇二医院	138	第二炮兵总医院	145
三〇六医院	139	北京军区总医院	146
三〇七医院	140	北京卫戍区	147
三〇九医院	141	中国人民武装警察部队总医院	148
三一六医院	142	武警北京市总队	149
海军总医院	143		

区县卫生工作

东城区	151	房山区	184
西城区	154	大兴区	187
崇文区	157	通州区	190
宣武区	161	昌平区	194
朝阳区	164	顺义区	197
海淀区	169	平谷区	200
丰台区	173	怀柔区	204
石景山区	178	密云县	207
门头沟区	181	延庆县	209

卫生部直属医院卫生工作

北京医院	213	中日友好医院	215

中国医学科学院附属医院卫生工作

中国医学科学院北京协和医院	218	中国医学科学院肿瘤医院	224
中国医学科学院阜外心血管病医院	221	中国医学科学院整形外科医院	226

中国中医科学院及附属医院卫生工作

中国中医科学院	229	中国中医科学院广安门医院	234
中国中医科学院西苑医院	231	中国中医科学院望京医院	237

中国中医科学院眼科医院 …………………… 239

北京中医药大学及附属医院卫生工作

北京中医药大学 …………………… 242
北京中医药大学东直门医院 …………………… 245
北京中医药大学东方医院 …………………… 247
北京中医药大学第三附属医院 …………………… 248

北京大学医学部及附属医院卫生工作

北京大学医学部 …………………… 251
北京大学第一医院 …………………… 255
北京大学人民医院 …………………… 257
北京大学第三医院 …………………… 261
北京大学第六医院 …………………… 263
北京大学口腔医学院 …………………… 265
北京大学首钢医院 …………………… 268

市属院（所、中心、校）卫生工作

北京友谊医院 …………………… 271
北京同仁医院 …………………… 274
北京积水潭医院 …………………… 277
北京安贞医院 …………………… 279
北京朝阳医院 …………………… 282
北京天坛医院 …………………… 284
首都医科大学宣武医院 …………………… 287
北京世纪坛医院 …………………… 291
北京中医医院 …………………… 292
北京地坛医院 …………………… 295
北京佑安医院 …………………… 297
北京妇产医院 …………………… 300
北京儿童医院 …………………… 305
北京口腔医院 …………………… 307
北京安定医院 …………………… 310
北京回龙观医院 …………………… 312
北京老年医院 …………………… 314
北京小汤山医院 …………………… 316
北京大学临床肿瘤学院 …………………… 317
北京市结核病胸部肿瘤研究所 …………………… 320
首都儿科研究所 …………………… 322
北京市中医研究所 …………………… 325
北京市耳鼻咽喉科研究所 …………………… 326
北京市眼科研究所 …………………… 328
北京市神经外科研究所 …………………… 329
北京市儿科研究所 …………………… 330
北京热带医学研究所 …………………… 331
北京市卫生局临床药学研究所 …………………… 332
北京结核病控制研究所 …………………… 333
首都医科大学北京神经科学研究所 …………………… 334
北京市卫生监督所 …………………… 336
北京市疾病预防控制中心 …………………… 339
北京急救中心 …………………… 343
北京市红十字血液中心 …………………… 345
北京市体检中心 …………………… 347
北京市公共卫生信息中心 …………………… 348
北京市卫生会计核算服务中心 …………………… 350
首都医科大学 …………………… 351
北京卫生学校 …………………… 355
北京护士学校 …………………… 357
北京市中医学校 …………………… 358

高校厂矿部属医院卫生工作

北京大学医院 …………………… 360
清华大学医院 …………………… 362
首钢矿山医院 …………………… 365
北京燕化医院 …………………… 366
北京京煤集团总医院 …………………… 368
北京康复中心 …………………… 370
北京市健宫医院 …………………… 372
北京市化工职业病防治院 …………………… 374
北京市监狱管理局中心医院 …………………… 375
民航总医院 …………………… 377
北京航天总医院 …………………… 380
航天中心医院 …………………… 382

中国航天科工集团七三一医院	384	中国康复研究中心	397
航空工业中心医院	386	中国核工业北京四〇一医院	400
北京华信医院	389	北京市仁和医院	401
清华大学玉泉医院	392	北京民康医院	403
北京水利医院	394	煤炭总医院	404
华北电网有限公司北京电力医院	396		

学术团体和群众团体工作

北京市卫生系统思想政治工作研究会	407	北京防痨协会	418
中华医学会北京分会	408	北京性病艾滋病防治协会	419
中华护理学会北京分会	410	北京医院协会	421
北京中医药学会	412	北京医师协会	422
北京中西医结合学会	414	北京医学教育协会	422
北京预防医学会	416	北京健康教育协会	424
北京中医协会	417		

卫生工作纪事

2009年大事记 …… 426

卫生统计

全市卫生机构、床位、人员数 总计	450	市	463
全市卫生机构、床位、人员数 国有	452	全市卫生机构、床位、人员数 县	464
全市卫生机构、床位、人员数 集体	453	三级医疗机构运营情况（一）门诊服务	465
全市卫生机构、床位、人员数 联营	454	三级医疗机构运营情况（二）住院服务	466
全市卫生机构、床位、人员数 私营	455	三级医疗机构运营情况（三）床位利用	466
全市卫生机构、床位、人员数 其它	455	二级医疗机构运营情况（一）门诊服务	466
全市卫生机构、床位、人员数 政府办	456	二级医疗机构运营情况（二）住院服务	466
全市卫生机构、床位、人员数 社会办	458	二级医疗机构运营情况（三）床位利用	467
全市卫生机构、床位、人员数 私人办	459	一级医疗机构运营情况（一）门诊服务	467
全市卫生机构、床位、人员数 卫生部门	460	一级医疗机构运营情况（二）住院服务	467
全市卫生机构、床位、人员数 直属单位	462	一级医疗机构运营情况（三）床位利用	467
全市卫生机构、床位、人员数		全市平均每千人口卫生人员及床位数	468
		全市婚前医学检查疾病分类	468

全市妇女病查治情况 ······ 469
全市0-6岁儿童系统管理情况 ······ 469
全市医院产科工作情况 ······ 470
全市各区县户籍肺结核病人新登记率
　（1/10万） ······ 471
全市甲乙类传染病发病、死亡情况 ······ 471
全市丙类传染病发病、死亡情况 ······ 473
全市院前急救病人疾病分类及构成 ······ 473
农村改水情况 ······ 474
全市各区县急救站接诊病人情况 ······ 475
全市院前急救病人情况 ······ 475
全市院前急救分月工作量 ······ 476
全市各区县无偿献血情况 ······ 476

全市152家医院出院病人前十位疾病顺位及
　构成 ······ 476
全市居民出生、死亡及自然增长情况 ······ 477
全市婴儿、新生儿、孕产妇死亡情况 ······ 477
全市婴儿主要死因顺位、死亡率及百分比构
　成 ······ 477
全市新生儿主要死因顺位、死亡率及百分比
　构成 ······ 477
全市人口平均期望寿命 ······ 477
全市居民前十位死因顺位、死亡率及百分比
　构成 ······ 478
全市鼠密度监测情况 ······ 478
全市蚊蝇指数季节消长情况 ······ 478

附　录

北京卫生系统职位外籍名誉与客座教授 ······ 479
2009年全市二级及以上医疗机构名录 ······ 479

索　引

索引 ······ 484

概　　况

2009年北京市卫生工作概况

基本情况　2009年，全市有各级各类卫生机构6 603个，比2008年增加80个，其中医疗机构6 450个，包括医院522个，医院比上年减少15个。床位总数90 100张，比上年增加3 904张，其中医院82 471张，比上年增加3 382张。卫生人员总数208 156人，比上年增加14 357人，其中卫生技术人员160 435人，比上年增加10 519人；卫生技术人员占卫生人员总数的77.07%。在岗乡村医生3 598人，比上年在岗的3 649人减少51人。执业（助理）医师总数62 348人，注册护士总数61 604人。全市每千常住人口实有床位5.13张、执业（助理）医师3.55人、注册护士3.51人。2009年政府办综合医院门诊患者人均医疗费用316.08元、住院患者人均医疗费用14 805.91元。

全市卫生系统安排基本建设投资31.29亿元，涉及46个建设项目，建设面积约137万平方米。其中卫生部所属单位项目11个，安排中央投资19.36亿元，建设面积约55万平方米；市卫生局直属单位项目11个，安排投资7.723亿元（包括中央投资1.2621亿元、市政府投资4.2509亿元、建设单位自筹2.21亿元），建设面积约22万平方米；区县重大项目24个（包括区域医疗中心项目9个、妇幼卫生项目4个、疾控项目1个、中医项目1个、其他卫生项目9个），安排政府投资4.2069亿元（包括中央投资1 800万元、市政府投资4.0269亿元），建设面积约60万平方米。

2009年北京市户籍人口1 245.8万人，出生率7.22‰，死亡率5.91‰，自然增长率1.31‰。人均期望寿命80.47岁，其中男性78.63岁、女性82.37岁。按户籍人口计算，2009年婴儿死亡率3.49‰，比上年下降5.68%；孕产妇死亡率14.55/10万，比上年下降21.44%。按常住人口计算，婴儿死亡率2.79‰，比上年下降13.35%；孕产妇死亡率14.16/10万，比上年下降16.26%。

国庆活动医疗卫生保障　全市卫生系统经过近9个月的筹备，9月30日~10月1日，近50个小时的连续奋战，国庆长假期间不间断的现场保障和全天24小时的应急值守，共出动人员12 901人次、车辆3 008辆次，重点保障国庆庆典活动参演人员26万余人，演练及庆典活动期间共救治病人1 120人次，开展远端体温筛查59万人次、现场体温抽查14 515人次、现场抽查食品、饮用水8 481件，保障国庆游园1 300万人次。期间，未发生传染病流行和甲型H1N1流感聚集性病例，未发生重大食物中毒、饮用水污染事件，庆祝活动现场未接到病媒生物叮咬、侵扰的报告，伤病员都得到了及时有效的医疗救治。从首都医科大学、北京卫生学校、北京护士学校挑选2 323名师生组成"人口卫生"方阵，经过3个多月的训练，圆满完成了国庆群众游行任务。

防控甲型H1N1流感　5月16日，本市报告首例甲型H1N1流感病例后，全市卫生系统有序、有效地开展防控工作，为维护全市人民健康、成功举办新中国成立60年庆典活动和克服全球金融危机挑战、保障首都经济社会平稳较快发展创造了良好环境。在防控甲型H1N1流感工作中，本市在全国率先大面积开展甲型H1N1流感疫苗接种，截至2010年1月10日，全市接种疫苗超过240万人，未发生严重异常反应和死亡病例，对防控甲型H1N1流感疫情起到了至关重要的作用。通过甲型H1N1流感防控工作，本市应对突发公共卫生事件的能力也有了进一步提高。

疾病预防控制工作　《健康北京人——全民健康

促进十年行动规划（2009~2018年）》经市委、市政府讨论通过后正式发布实施。本市成立了由卫生等10余个部门组成的市健康促进工作委员会。开展了健康知识普及、合理膳食等九大行动；向中小学校派遣了近千名医务工作者；向全市小学生及家长发放了66万份《家庭护眼按摩操》图解、80万个腰围尺和《致全市小学生家长的一封信》；为全市16余万名7~9岁儿童免费提供了窝沟封闭防龋服务；在全市药店启动了为市民免费提供血压测量服务的工作；启动了全市推广工间操和广播体操方案；举办了多次大型义诊咨询活动；开展了"健康北京人"主题歌歌词和"控烟海报"大赛。

进一步完善了疾病预防控制工作措施。建立了疾病预防预警分析报告体系、传染病疫情动态发布制度以及全市性健康评价和区域卫生状况评价体系。启动了眼病、口腔疾病、高血压等疾病的初级保健和慢性病管理工作，建立起以医院为基础的慢病发病和死亡报告系统。为本市60周岁及以上老年人和在校中小学生（含中等专业学校）提供了季节性流感疫苗免费接种服务，共接种193万余人。制订了北京市预防接种异常反应调查诊断实施细则。流动儿童预防接种工作得到进一步加强。全面贯彻《艾滋病防治条例》，深入实施艾滋病监测和各项干预措施，进一步加强首都防治艾滋病志愿者队伍建设，艾滋病防治取得新的成效。积极开展鼠疫防控桌面演练、鼠疫疫情应急拉练和鼠间疫情监测，鼠疫疫情监测网络和监测机制得到进一步完善。积极实施肺结核病人家庭成员督导管理制度，肺结核患者系统管理率达100%，新登记肺结核患者治疗成功率92%，本市肺结核患者的发现、治疗管理以及转归继续保持全国领先水平。对精神疾病患者开展了访视服务管理工作，规范了城乡居民精神疾病健康档案管理，精神卫生信息管理初步实现了传输网络化、存储电子化。

2009年本市传染病疫情平稳，全市甲乙类传染病报告发病率339.89/10万，比上年上升8.59%；如去除甲型H1N1流感疫情因素，则甲乙类传染病报告发病率275.92/10万，比上年下降11.84%。丙类传染病报告发病率473.81/10万，比上年上升6.77%。

卫生执法监督工作 年内，起草了《北京市连锁餐饮企业食品安全管理办法》，并制订了餐具集中消毒企业卫生规范地方标准。推进餐饮服务量化分级管理，全市经过量化分级评定的餐饮服务提供者36 198户，A、B级总数达50.51%，C级49.47%。重点强化了对C级单位的监督检查，依据检查结果实施动态管理，并向社会公示。此外，有针对性地开展了春节餐饮业食品卫生专项整治、学生食堂和学生营养餐食品卫生专项整治、建筑工地食堂专项整治等，有力地保障了群众就餐卫生安全。加强了对公共场所、消毒产品、生活饮用水、职业卫生等方面的卫生监督。对全市4 487户住宿场所、655户游泳场馆实施了卫生监督量化分级管理。加强生活饮用水卫生监督检查，制订了《北京市现场制、售饮用水卫生管理办法》，将现场制售饮用水监督检查纳入日常监督工作。及时处理生活饮用水污染事件，保证了人民群众的饮水安全和健康权益。开展了消毒企业专项监督，对抗（抑）菌制剂产品生产企业进行全覆盖式监督检查，对其他类别产品生产企业进行了重点抽查。开展职业卫生监督，保护劳动者健康，对38家机构、15家医用放射工作单位、2家非医用放射工作单位进行了监督检查，对职业卫生机构服务质量进行了满意度评估。继续深入推进打击非法行医，开展了违规发布医疗广告的专项整治，共查处违法发布医疗广告的医疗机构54家。重点对人体器官移植、医疗美容、心血管疾病介入、精神卫生、采供血等工作进行了督导检查。

医政管理 制订并实施了《北京市医疗机构审批管理暂行办法》，开展医疗机构清理整顿工作，共撤销、注销医疗机构478家，暂缓校验医疗机构102家，规范医疗机构名称126家，纠正医疗机构类别52家，规范诊疗科目376家，责令限期整改420家。完善医院考核评价机制，开展"医疗质量万里行"专项检查活动，制订了《北京地区医院管理考核评价标准（2009年版）》和《北京地区医院管理考核评价标准实施细则（2009版）》，对40家三级医院进行了督导检查和考核评价。进一步健全医疗质控管理体系，成立了急诊质量控制与改进中心，在病案书写、专项体检、院感管理、心血管介入等方面开展了培训。继续推进二级以上医院部分检验结果互认工作，全市已有141家医疗机构的医学检验科检验结果实现了相互通用，覆盖了全市18个区县。制订了《北京市医疗机构手术分级管理办法》，规范不同级别医疗机构和医师的执业行为。

实践"以病人为中心"的服务理念，大力推动医疗便民措施，在全市三级医院实施了预约挂号服务，49家三级医院均开展了电话和现场人工预约服务，其中36家医院还开展了网络预约服务。同时，约有69%的二级医院也开展了不同形式的预约诊疗服务。从9月1日开始实施预约挂号到年底，全市49家三级医院预约就诊挂号123.4万个，占实际就诊挂号的13.05%。

制订了《北京市康复医院和护理院试点工作方案》，并开展了试点工作。在西城、宣武、丰台启动了护理员规范管理工作。启动了综合医院和传染病医院建设精神科和儿科工作,以解决合并躯体病、传染病的精神病患者、精神病和传染病孕产妇以及儿童呼吸道患者的收治问题。截至年底,北京大学人民医院、朝阳医院、同仁医院等3家综合医院全部设置了诊疗科目,其中朝阳医院已具备收治合并躯体疾患的精神科患者住院治疗的能力。在地坛医院设置了精神心理科,胸科医院、佑安医院的设置工作也在推进之中。3家传染病医院均已完成儿科的设置申请,其中地坛医院开设了儿科病房,胸科医院具备收治儿童结核患者住院治疗的能力。

继续推进11家三甲医院对口支援郊区县区域医疗中心建设工作。年内,全面启动了京蒙对口医疗支援工作,由北京市26家三级医院对口支援内蒙古自治区36家旗县医院,力争通过3年的对口支援,使内蒙古的受援旗县医院达到二级甲等医院的标准。

加强院前急救服务能力建设,为120和999两个院前急救体系配备摩托车100辆,截至年底,摩托车执行急救任务近3 000车次。做好血液管理和服务,《北京市献血管理办法》经市政府会议讨论通过后颁布实施,开展了采供血质量和临床用血的专项督导检查。本年度全市采血135.6吨,比上年增长8.5%。

全市各级各类医疗卫生机构门急诊1.2亿人次,比上年增长9.93%;出院170.9万人次,比上年增长9.54%。

基层卫生 大力开展社区卫生服务,为20万名糖尿病患者免费检查血糖,对60岁以上低保全口无牙的老年人提供免费镶牙服务,为65岁以上老年人进行眼科疾病筛查;对北京市户籍、年满60岁的老年人实行"三优先"服务;对无社会养老保障的老年人提供免费体检;印制《北京市居民家庭保健手册》100万册免费发放到居民家中。制订《北京市社区卫生服务岗位绩效考核指导方案》和《北京市社区卫生服务岗位绩效考核手册》,并开展了试点。反映地区健康水平的主要指标继续保持国际先进水平。

加强乡村医生规范化管理,完成了全市5 494名乡村医生的执业注册工作。推行首批30类122项农村基本医疗卫生服务免费项目,参合农民人均筹资由上年的320元提升至420元,农民参合率由上年的92.9%提升至95.7%,实现了"参合人员医药费平均实际补偿率门诊不低于30%,住院不低于50%"的目标。全市统一了"特殊病种"门诊补偿范围,试行乡镇卫生院"零起付"补偿政策,统一住院补偿"封顶线"18万元,推行"出院即报和随诊随报"。稳步推进农村基本医疗卫生制度建设,在房山区探索实施村级基本用药试点;整合镇村两级卫生资源;强化镇级政府和村级组织属地管理责任,实施镇村卫生机构建设规划并逐步完善运行机制。

妇幼卫生 落实政府为群众办实事项目,为户籍适龄妇女提供两癌免费筛查,为59 342名新生儿免费筛查先天性疾病,为403 012名儿童免费健康体检。实施了农村孕产妇住院分娩每人享受政府定额补助600元的惠民政策。婴儿缺陷发生率17.58‰,较上年无明显增加。按户籍人口计算,2009年婴儿死亡率3.49‰(2008年为3.7‰),比上年下降5.68%;孕产妇死亡率14.55/10万(2008年为18.52/10万),比2008年下降21.44%。按常住人口计算,婴儿死亡率2.79‰,比上年下降13.35%;孕产妇死亡率14.16/10万,比上年下降16.26%。

爱国卫生 完成农村户厕改造22.8万座、农村改水项目174个,农民生活环境及卫生质量得到进一步改善。在城乡基层举办健康大课堂讲座4 260场,城乡居民健康知识知晓率进一步提高。启动了健康北京灭蟑行动,完成154万户家庭灭蟑工作,全市有蟑家庭蟑螂密度下降率91.68%。对天安门地区进行了9次大规模病媒生物控制,蚊蝇密度大大低于国家标准,保障了国庆60周年活动的顺利举行。稳步推进创建国家卫生区、卫生镇工作,18个区县和3个地区(天安门、西客站、燕山)全部达到北京市卫生区标准,14个区县成为国家卫生区(县城),11个乡镇成为国家卫生镇。本市有卫生村1 423个,占全市总村数的35.9%,提前实现了"十一五"规划目标。在东城区、西城区开展了全国健康城区建设试点。健康社区、健康促进示范村和爱国卫生红旗单位等爱国卫生健康细胞工程继续稳步推进。以预防各类传染性疾病为重点,开展了第二十一个爱国卫生月、爱国卫生清洁月、环境综合整治月等群众性爱国卫生活动。公共场所禁止吸烟工作得到进一步加强。

基础设施建设 重点项目建设进展良好。友谊医院干部保健楼和北京老年医院门诊楼及附属用房已交付使用;北京急救中心改造工程和潮白河骨伤科医院改造工程已经完成;安贞医院门诊综合楼和积水潭医院回龙观院区的主体工程完成外部装修;安定医院门诊楼及附属用房工程、儿童血液肿瘤中心工程、宣武医院改扩建一期工程、市卫生监督所业务用房装修改造工程等9个工程已批复立项,正在推进开工前的准备工作;天坛医院迁建、北京老年医院医疗综合楼、回龙观医院门急诊综合楼、疾控中心业务楼翻扩建、小汤山医院二部基础设施改造和朝阳医院京西院区改扩建等6个项目完成申报工作。启动了北京同仁医院经济开发区院区扩建工程、北京胸科医院改扩建工程等项目的规划论证工作。按照2009年市政府节能减排折子工作的要求，共完成40万平方米的建筑节能改造工作。

加快建设10个区域医疗中心。大兴区医院完成建设任务；门头沟区医院、房山良乡医院、通州潞河医院、顺义区医院、昌平区医院、平谷区医院已开工建设；怀柔区医院、密云县医院完成项目前期审批工作，即将开工建设；延庆县医院完成立项手续。社区卫生服务机构标准化建设基本完成，覆盖城乡的社区卫生服务网络已经形成。"十一五"时期本市规划设置的3 304个社区卫生服务中心（站）（其中社区卫生服务中心351个、社区卫生服务站2 953个），已建设完成3 243个（其中社区卫生服务中心328个、社区卫生服务站2 915个）占规划总量的98.2%。

中医药事业 年内，成功研发出了治疗甲型H1N1流感的中药——金花清感方，印制并发放《甲型H1N1流感中医药防治常识》20万份和《首都市民居家防治流感中医药》100万册，做好中医医院中药储备工作。颁布及贯彻《关于促进首都中医药事业发展的意见》的6个配套文件，全市政府举办的中医、中西医结合医院实行绩效考核与财政补偿挂钩，将中药门诊煎药费、中药配方颗粒剂等纳入基本医疗保险报销范围，鼓励中药制剂的研发、使用，制发了中医类别执业医师多地点执业的管理办法。进一步规范对中医、中西医结合医院的绩效考核，出台了《传统医学师承和确有专长人员医师资格考核考试办法》，组织开展了第二届北京中医药文化宣传周。创建国家级、市级中医药特色卫生服务示范区（县）。开展了社区卫生服务中心中医特色诊区建设。开展社区中医慢病防治试点单位建设工作，在社区卫生服务站建立了150个社区中医慢性病防治试点单位。建立中医专家对口支援巡诊制度，100%的区县开展了中医专家进社区的巡诊工作。启动第二轮"网络携手工程"建设，建立61个携手工程网点。深入开展中医"治未病"工作，扩大了中医"治未病"试点范围。加强中医药人才队伍建设，启动了北京市社区中医药人才培养"回归扎根"工程。

药品监督管理 完善药品抽验机制，重点抽验高风险品种、违法广告品种、社区零差价品种，药品抽验合格率98%。逐步完善药品追溯系统，基本实现了票据可查询、药品可追溯。建立起六部门联席打假制度，取缔"黑诊所"、"黑药店"1 161个。建立药品违法广告监测体系，实行药品违法广告"黑名单"制度，成功破获了"4·14"特大制售假药案，捣毁10个隐蔽制售假药窝点，查扣涉案药品10余吨。建立全市统一的药品集中采购平台，完善了集中采购相关管理办法。制订了2009～2011年本市大型设备配置规划、基本药品集中采购工作方案及北京市基层医疗卫生机构用药增补目录。落实了"达菲"等防控甲型H1N1流感重要药品及医用防护用品的采购与储备，形成"达菲"和中成药各200万人份的储备规模；提前介入疫苗研制生产工作，向疫苗生产企业派驻厂监督员，保障本市甲型H1N1流感疫苗质量可靠、供应及时。

医药卫生体制改革 根据国家医药卫生体制改革意见和方案，开展了医师多地点执业、民营医疗机构发展政策、医院法人治理结构等方面的专题研究，完成了《北京市2010～2011年深化医药卫生体制改革实施方案》，确定了医药卫生体制改革成立二个机构、完善四大体系、改革六个机制、实现四个目标的工作内容。并经市政府专题会议和市委常委会议讨论通过。组建北京市医疗卫生体制改革专家咨询委员会，并召开会议听取专家对医改的意见和建议。与市财政局共同制订了以医院成本核算为基础的新型财政补偿机制，并启动了试点工作。启动了北京地区疾病预防控制机构建设标准编制工作，开展医师多地点执业、民营医疗机构发展政策、医院法人治理结构等方面的专题研究，推动医疗服务付费机制的改革。推进卫生事业单位岗位设置工作，调整市卫生局内设机构设置。

贯彻落实国家基本药物制度，拟订了北京市贯彻落实国家基本药物制度的实施意见、北京市基本药物补充目录、北京市基本药物招标采购办法等。建立了由市卫生局、市纠风办、市发改委、市财政局等9个部门组成的北京市药品和医疗器械集中采购领导机构，搭建全市统一的政府药品集中采购平台，启动了本市2009年药品集中采购工作。本次集中采购全面实行政府主导的网上药品集中采购，实现全市六组归一、统一组织、统一平台、统一价格、统一监管。全市所有非营利性医疗机构、医疗保险定点医疗机构使用的除国家特殊管理的药品、中药饮片、疫苗外的所有药品均参加药品集中采购。国家基本药物采取"先补充、后规范"的原则，纳入本次集中采购。预计年采购量达180亿元，每年可为患者让利26亿元。

卫生人才和卫生技术研究应用 加强高层次卫生人才队伍建设，在"215高层次卫生人才培养工程"中，共有13名领军人才、18名学科带头人和68名学科骨干入选，为首批入选人员争取第一个年度培养经费1 996万元。为社区卫生服务机构引进高校毕业生1 067人，实现了每个社区卫生服务机构都要配备1名大专以上专业工作人员的目标。继续开展面向农村山区、半山区开展定向培养医学毕业生工作，从7个山区县招收了99名临床医学生。实行专科医师培训属地化管理和培训模式统一，北京大学系统住院医师培训纳入北京市统一管理，北京地区专科医师培训模式和标准基本统一，涵盖了除部队系统外的各级各类医疗机构，基本实现了全行业属地化管理。截止到年底，在培学员2 000余人，参加全市阶段考试考核的住院医师超过4 000人次。加强社区和农村基层卫生人才培养，服务基层、面向未来的人才培养初见成效。已有近800名学员完成3年普通专科培训回到基层医院。为推动郊区县区域医疗中心人才建设，2008~2009年为二级医院培养学科带头人122名。全年共有4 841名社区卫生服务人员参加考试，总体及格率79.6%；15 281名社区卫生服务人员获得了岗位培训合格证书。在全国率先开展了社区卫生服务康复、口腔、超声诊断以及放射等专业骨干人员脱产培训。进一步加强对乡村医生的培训，截至2009年，共培训乡村医生5 749人。完成每年60学时的乡村医生岗位培训4 700余人。完成国庆实验室生物安全保障和生物恐怖防范及甲型H1N1流感网络实验室工作。首都医学发展科研基金在调动各级各类临床医生从事科学研究的积极性、提高临床医生的科研能力的作用方面得到进一步发挥，全年有122家单位申报了926个项目。启动了血管病学、脑血管病学、肿瘤学、老年医学、精神病学、传染病学、妇产科学、儿科学等8类临床重点学科的建设。制订了《市属医疗卫生科研院所公益性科技发展规划》。深入推进卫生科普工作。转化卫生科技成果，推广卫生适宜技术取得进展，北大医院"宫腔细胞学筛查子宫内膜技术"等7项适宜技术得到推广。

精神文明、行风建设和安全生产 年内，在全系统和全社会对王忠诚、李桓英、刘淑媛、王克荣、首都十大健康卫士、双十佳人民满意医院、甲型H1N1流感防控医务人员等先进典型进行了广泛宣传。编辑出版了《健康首都，辉煌60年——百件大事》。开展了爱国歌曲大家唱比赛。以评促建，开展了第六届首都卫生系统文明单位评选。坚持理论中心组学习制度，举办了多次领导干部和基层干部培训班。开展了"院长当一天患者"、"百名市民医院工作一日体验"的"双体验"活动，并收到良好的社会效果。加强惩治和预防腐败体系建设，落实党风廉政建设责任制工作扎实推进。进一步强化了对领导班子和领导干部的监督管理。启动实施了廉政风险防范管理工作。以治理"小金库"和医药购销领域商业贿赂、规范医疗机构药品集中采购、防控甲型H1N1流感、确保新中国成立60周年庆典活动医疗卫生安全为重点，深入开展了纠风、行政检查和效能监察工作。

开展"平安医院"创建活动，全力维护卫生系统内部稳定，强化消防安全保卫、后勤保障和安全生产，进一步规范医疗废物管理，重新修订印发了《北京市医疗卫生机构医疗废物管理规定》，圆满完成了"国庆平安"行动"大事不出，小事减少，管理严格，秩序良好"的工作目标。深入推进医疗卫生单位院务公开和民主管理，全系统广大职工的合法权益得到有效维护。

（谢 辉）

特 载

新中国成立60年来首都卫生事业发展情况回顾

党中央、国务院和市委、市政府历来高度重视首都人民的健康,坚持贯彻全心全意为人民健康服务的宗旨,大力发展首都卫生事业。新中国成立后,特别是改革开放以来,首都卫生事业发生了历史性的变化,卫生工作取得了举世瞩目的成就。严重危害人民健康的重大传染病得到了有效控制,覆盖北京城乡的公共卫生和基本医疗服务体系逐步建立完善,医疗卫生服务能力和水平不断提高,新技术、新设备大量引进,医疗技术与发达国家的差距迅速缩小,临床救治水平明显提高。衡量居民健康状况的3项指标中,婴儿死亡率由解放初期的117.6‰下降到2009年的3.49‰(户籍人口),孕产妇死亡率由700/10万下降至14.55/10万(户籍人口),人均期望寿命由52.84岁增长到80.47岁(户籍人口),首都居民的总体健康水平已经达到发达国家的平均水平。成为以较少的卫生投入取得了较高健康产出的典范。居民健康水平的显著提高,为经济社会的发展提供了充足的劳动力资源和动力,卫生事业充分显示了在保护人民健康、提高民族素质、促进经济发展、维护社会安定等方面的不可替代的重要作用。

解放前的北平,由于城市卫生条件差,粪便泛滥于生活环境中,致使肠道传染病——小儿麻痹症、霍乱、伤寒、细菌性痢疾及蚊虫传播的斑疹伤寒、回归热、疟疾和烈性传染病天花等占据居民死亡原因第一位。大搞卫生运动、消灭和控制传染病的肆虐和流行、提高人民的卫生健康水平成了新中国人民政府的重要任务。1949年3月初,刚刚解放的北平百废待举,市长叶剑英首先发动清洁卫生的群众运动,带领几十万群众深入大街小巷清除了200多万吨垃圾。为了保持清洁卫生,在16个区建立了17 000多个卫生组织,分区分片制订了清扫卫生保洁制度,使城市卫生面貌焕然一新。新中国成立后的1个月内,时任北京市市长的聂荣臻首先抓的仍然是防治传染病,他于1949年10月29日主持成立了北京市防疫委员会,并亲自担任主任委员,组织防疫队伍,制订了防止鼠疫传入首都的具体措施,发布了预防鼠疫的公告。1950年6月15日,北京市卫生委员会成立,市长彭真任主任委员,要求各区、县成立与市卫生委员会相应的组织及办事机构。1952年3月14日,政务院会议通过决议,成立中央爱国卫生运动委员会,周恩来总理亲自担任主任委员。北京市也成立了爱国卫生运动委员会,副市长刘仁任主任委员。这一年3月、9月和11月,北京举行了3次大规模卫生突击周活动,周总理要求中央各部门、机关干部积极参加首都的卫生突击周活动。此后,卫生突击周活动形成了制度,每年3月、9月、11月都要举行卫生突击周活动,大大改善了城市环境卫生状况。

要提高人民的健康水平,在大力宣传和普及卫生知识、改善城市环境卫生状况的同时,还必须大力控制占死亡原因第一位的传染病,落实免疫计划。新中国成立后,牛痘接种率在1949年就几乎达百分之百,到1950年下半年,肆虐了几个世纪的天花已在北京绝迹,比世界卫生组织宣布全球消灭天花早29年。为推动计划免疫工作,党和国家领导人李先念、班禅额尔德尼·却吉坚赞、康克清等先后参加了北京市给孩子喂服小儿麻痹糖丸疫苗的活动,有力地推动和提高了疫苗接种率。儿童计划免疫工作分别于1986年实现以省为单位、1990年实现以县为单位、1995年实现以乡为单位的免疫接种率3个85%的目标,比国家规定时限提前了2~4年,计划免疫相应的传染病发病率大幅度下降。如期实现了我国政府向国际社会承诺的消灭脊髓灰质炎、新生儿破伤风两种疾病。1992年，在全国率先将乙肝疫苗纳入儿童计划免疫管理；2006年，又率先将麻风腮联合疫苗及A+C群流脑疫苗纳入免疫规划，填补了国家免疫规划空白。北京成为全国第一个全面落实国家扩大免疫规划的省市，有效地控制了传染病的发病。

1949年~1955年，居民死亡原因中传染病占第一位；1956年~1963年，呼吸道疾病占第一位；1964年以后，心血管病、癌症占第一位。因脏乱差及苍蝇、蚊子、虱子等医学昆虫传播的传染病在新中国成立15年后退位给了"富贵"病。卫生工作模式也逐渐转为生物细菌—心理—社会医学模式。古老的文化名城向着现代化文明都市大踏步迈进。

改革开放30多年来，北京进一步加强了公共卫生服务体系的建设，建立健全了应急医疗救治体系和卫生医疗监督体系，完善了疾病监测网络和传染病疫情预警预测机制，加强了防治艾滋病、肝炎、非典、甲型H1N1流感等重大传染病及食品安全的措施，形成了比较完善的突发公共卫生事件应急预案体系，圆满完成了1990年第十一届亚洲运动会、2008年第二十九届奥林匹克运动会的医疗卫生保障、食品卫生安全的任务。

1953年，卫生事业基本建设投资只有1 025万元，到2009年，基建投资增至31.29亿元。1979年，北京卫生事业经费只有3 292万元，到2009年，已增至359 632.5万元。伴随着经费的增加，北京的医疗卫生软硬件环境有了明显改善。北京市的卫生机构从1949年的61个增至2009年的6 603个，是1949年的108.2倍。北京市各医院的床位从1949年的3 001张增至2009年的90 100张，是1949年的30倍。至2009年，每千常住人口实有床位5.13张（其中户籍人口为7.23张）。1949年，北京市卫生技术人员有4 218人，至2009年增加到160 435人，是1949年的38倍。1949年，北京市每千人口拥有医生1人，至2009年，每千常住人口拥有执业（助理）医师3.55人（其中户籍人口为5.00人）、注册护士3.51人（其中户籍人口为4.94人）。

新中国成立60年来，特别是改革开放30年来，北京地区的医疗卫生事业成就斐然。特别是2003年抗击非典斗争胜利以后，卫生行政部门努力转变观念，转变职能，树立大卫生观念，全面加强公共卫生体系和突发公共卫生事件应急机制的建设。2004年12月7日，《中共北京市委、北京市人民政府关于加强首都公共卫生建设的意见》颁布，明确了加强首都公共卫生体系建设的目标、任务和措施。经过几年的努力，以建立完善北京市突发公共卫生事件应急机制和建设突发公共卫生事件医疗救治体系、疾病预防控制体系、卫生监督执法体系、公共卫生信息体系的"一个机制、四个体系"为核心的首都公共卫生体系建设取得重要进展和显著成就，在防控重大传染性疾病和处置各种突发公共卫生事件中已经和正在发挥着越来越重要的作用。正所谓："健康清洁惠民生，古城新都尽欢颜"。随着政府投入的加大和医疗体制改革的深入，北京的医疗卫生事业将会继续向着更高的水平迈进。　　　（北京市公共卫生信息中心摘编）

甲型H1N1流感防治工作

2009年4月以来，甲型H1N1流感（以下简称"甲流"）在全球迅速传播蔓延。本市动员各级政府、各有关部门及社会各界力量，按照"全面预防，有效控制"的原则，扎实、有序、有效地开展甲流防控工作，经历了疫情发生、发展、局部暴发流行到逐步恢复平稳的过程。总体上看，8个月的防控是成功的，效果显著。

一、第一阶段：疫情出现初期（4月25日~7月3日）

这一阶段是疫情刚刚出现，社会各界包括政府各部门对疾病的认识还不全面。针对这种情况，本市总的管理策略是严防严控，严把入境关，突出医院、学校、社区3个重点，争取最大限度地减少输入性病例，为全面客观认识疾病争取时间，为储备必要的药品和研制开发疫苗争取时间。管理的方式是迅速启动首都突发公共卫生事件应急机制，突发公共卫生事件应急指挥部办公室作为市防控甲流办公室，成立了7个工作组，后又增加了社会防控督查组。按照国务院的要求，对该病实施甲类传染病管理办法。

主要做法　对确诊病例实施集中隔离治疗，追踪密切接触者，对密切接触人员实施集中医学管理。入境监测组对从主要疫区来京的所有旅客实施健康监测,第一时间将发热人员和疑似病例隔离,控制传染源,切断传播途径。在卫生系统开展甲流防治知识全员培训,共发放《北京市卫生人员甲型H1N1流感防治知识读本》15万册。宣传组广泛宣传甲流基本常识,告诉公众该病"可防、可控、可治",把政府的管理措施及时传递给市民,努力消除市民的恐慌。物资保障组加强常用物资的应急调度和应急物资的有效储备,对集中医学管理场所提供必要的物资设备。社会防控督查组深入防控一线开展督查,确保各项措施实施到位。

几项创新 这一阶段本市防控工作创造性地开展了几项工作,对后来的防控工作以及市民的公共卫生意识培养起到了深远的影响,在全国也属首创。一是率先在全国启动应急机制。本市在疫情初期,迅速启动了首都公共卫生应急机制。总指挥由主管市领导挂帅,指挥部办公室上迁至市政府,统一调度全市力量。成立8个工作组,有利于将防控责任和工作明确细化,有利于全面掌握和协调防控工作。各工作组成员从各委办局临时抽调,增强了各部门的防控责任意识。二是提出了落实"四方责任"的公共卫生新理念。公共卫生不仅是卫生部门的职责,更是全社会的共同职责。借助防控甲流,市政府及时下发了《北京市人民政府关于进一步明确责任突出重点加强甲型H1N1流感预防控制工作的通知》,明确提出要落实属地、部门、单位、个人四方责任,有利于实现政府与社会在公共管理中的良性互动,为今后管理突发公共卫生事件提供了宝贵经验。三是严把入境监测关,实现了机场与社区的信息互通。为更好地实现入境人员管理,阻断传播源,建立了机场与社区的信息共享机制。旅客在填写健康申明卡后,相关信息在第一时间传到社区,由社区医务人员立即对归国旅客实施健康监测。四是成立了社会防控督查组。将防控责任与防控督查联系起来,使防控不再流于形式,而是落到实处。五是注重收集民情民意。市统计局先后两次对防控有关情况开展电话问卷调查,及时了解群众的需求,使政策的制订具备了更加坚实的群众基础。

主要成效 一是延缓了疫情的传播。由于防控措施严格,以严把入境关、实施隔离治疗和管理为特征的第一阶段,最大限度推迟了疫情的传入。应急机制启动后20天,5月16日才出现第一例确诊的输入性病例;6月下旬才出现第一起聚集性疫情。香港由于没有采取严格的管理措施,6月初就频频出现聚集性疫情,影响了学校的正常教学。日本更是在5月中旬就出现了社区暴发。二是初步动员起全社会的公共卫生防控意识。借助广泛深入的宣传、认真到位的督查、奖惩分明的四方责任,社会的公共卫生意识明显加强。

二、第二阶段:疫情稳步发展期(7月3日~8月31日)

第二阶段,社会各界对疾病有了初步的认识,就是该病毒传播力较强,全人群易感,但毒力不强。针对这一特点,按照7月3日国务院常务会议的部署,本市在第二阶段及时对防控措施进行了调整。着眼于流感大流行的准备,重点是实现防控措施有序下移,逐步启动区县防控领导机构和组织。区县成立各自的集中医学观察场所、定点医院。市级定点医院和市级集中医学观察场所主要负责外籍和港澳台人员的治疗和管理,区县负责辖区内人员的治疗和管理。第二阶段前期集中处理了几起夏令营聚集性发热疫情,后期指挥部办公室迁至市卫生局,与市卫生局应急办合署办公。虽然指挥部应急机制有所调整,但管理措施在本质上没有大的改变。后期主要是预防开学可能出现的学校疫情,进行提前动员部署。第二阶段疫情总体上比较平稳,在出现本地病例后,由于正值暑期,学生放假,加上督促和督导得力,疫情没有出现快速上升。

几项创新 一是把"四方责任"落实到实处,处理了几起夏令营疫情相关责任单位和责任人。海陆空将帅特训营、知心姐姐夏令营等有关责任人受到通报批评和处罚,在社会上引起较大反响。二是率先启动了区县集中医学观察点和定点医院,在流感大流行来临之前锻炼了基层防控能力。三是显著提高了实验室检测能力,从原有由市疾病预防控制中心1家实验室检测扩展到全市55家实验室。四是使用纯中医方法治疗甲流取得了初步成效。市政府在防控初期就投入1 000万元开展了中医临床治疗的科技攻关。

主要成效 一是锻炼了基层的防控能力。通过区县成立各自的防控机构,最大程度调动了基层的防控资源,实现了市区防控资源的合理分工,充实了联防联控应急机制,使基层得到了很好的锻炼。二是通过实战,磨练了医疗卫生应急队伍,其中包括医疗救治、发热病人转运、实验室检测、公共卫生和现场流行病学调查、卫生监督等,为今后有效处置其他突发公共卫生事件储备了人力资源。三是为疫苗研制生产和物资储备进一步赢得了时间。到9月初,本市磷酸奥司他韦(达菲)已经储备了205万人份,中药储备200万人份。疫苗临床试验基本完成,进入审批程序。

三、第三阶段：疫情加速蔓延期（9月1日~10月20日）

这一阶段疫情的特点是聚集性疫情明显增多，以学校学生聚集性发病为主。管理的重点分为两个时期，一是国庆前，以学校管理和国庆保障为主。二是国庆后，以制订秋冬季防控策略和推进疫苗接种为主。防控策略没有根本性改变，对甲流依然采取严防严控措施。对学校出现的集中发热疫情采取班级或学校停课措施，严防疫情进一步扩大，停课标准严格掌握。对国庆相关人员，制订了严格的预防措施，特别是从9月21日起，率先对参加国庆活动人员实施甲流疫苗接种，涉及9.2万人。国庆后，疫情发展较为平稳，为调整防控策略进行了准备。

主要创新 一是科学制订疫苗接种方案，提前启动季节性流感疫苗接种。为使两种流感疫苗接种不互相影响，比往年提前一个月启动季节性流感疫苗接种。为10月重点人群接种甲流疫苗的安全性和有效性准备了时间。二是率先对国庆保障人员进行甲流疫苗接种，确保了国庆庆典活动万无一失。三是根据症状轻重实施不同的治疗方案。重症在市级指定医院接受救治，轻症在各区县医院进行救治。

主要成效 最大的成效是保障了国庆游行阅兵的成功，同时最大程度地推迟了重症病例和死亡病例的出现。

四、第四阶段：疫情局部暴发并趋平稳期（10月20日~年底）

这一时期聚集性疫情迅速攀升，10月下旬的每日监测流感样病例数曾一度超过7 000例，接近历史流行高峰期水平，之后稳步下降。这一时期防控策略做出了几项重要调整，一是不再对密切接触人员实施集中医学管理。二是针对医院发热患者增多的情况，及时提倡市民发热后轻症以居家为主，尽量选择就近的医院就医，全市所有二级以上医院儿科全部开放，有效地缓解了2家儿童医院的就诊压力。三是医疗救治的重点转向重症救治，加强了医务人员的培训，扩展了重症、危重病例定点医疗机构。建立了24小时专家会诊应急值守制度。四是调整了学校停课标准，停课更加符合学校实际情况。五是疫苗接种由重点人群逐步向全人群展开。六是疫情逐步由大范围检测变为日常监测。

主要创新 一是在全国率先大面积开展甲流疫苗接种，截至12月27日24时，本市已接种疫苗超过235万人份，不良反应发生率7‰，未接到严重异常反应和死亡病例的报告。二是做好甲流重症救治的各项准备，坚持"四集中"（集中患者、集中专家、集中资源、集中救治）原则，整合优势资源。在全国率先召开了危重死亡病例的专家论坛会议，进一步细化了重症、危重症的早期识别和救治标准。建立了专家应急值守制度，有利于以最快的速度做好重症患者救治。三是经过中医辨证论治的反复筛选，优选出有效治疗方剂"金花清感方"并申请了专利。

主要成效 一是基本平稳度过了新一波流感流行高峰期。11月以来，流感样病例数稳步下降，接近常年平均水平。二是甲流重症病例得到有效规范的救治。截至12月27日24时，本市报告实验室确诊病例10 673例，其中重症病例占5.63%，死亡病例占6.1‰，死亡病例占重症病例的10.82%。三是甲流疫苗接种取得阶段性胜利。完成235万人份疫苗的接种，其中大、中、小学生接种率超过60%，疫苗接种的安全性和有效性得到检验，按照动员与自愿原则，加强了疫苗安全性和有效性的宣传，在全社会构筑了防控甲流的生物屏障和社会屏障。

五、防控成绩

一是最大限度延缓了疫情的传播速度。5月16日，北京出现了首例确诊病例；6月底，才出现第一起聚集性疫情；9月9日，确诊病例突破1 000例，没有重症和死亡病例。由于坚持从严防控的策略，9月初，北京地区甲流占全部流感比例仅3.04%，而同期北方地区平均达到8.2%，南方地区平均达到9.9%，上海市高达31%。10月下旬，甲流才成为本市的主要流行株。

二是最大限度减少了重症和死亡病例。本市在10月中旬才出现第一例死亡病例，到12月27日死亡65人，总体病死率低。本市甲流病死率低于国内外公布的死亡数字。

三是最大限度降低了甲流对社会正常生产生活秩序的影响。由于疫情防控从严适度，不仅维护了人民的身体健康，更在宏观层面上保持了社会稳定。广大市民对甲流的认识程度不断提升，科学预防深入人心。

（北京市卫生局应急办）

新中国成立60周年庆祝活动医疗卫生保障工作

国庆60周年庆祝活动实现了"隆重、喜庆、节俭、祥和"的总要求和"高质量、有创新"的目标。全市卫生系统周密部署,统筹协调,团结合作,实现了各项保障目标。

全市卫生系统经过9个月的筹备、3个月的冲刺,9月30日至国庆长假期间不间断的现场保障和全天24小时应急值守,全力以赴为各项国庆活动保驾护航,各项保障任务全部圆满完成,实现了应急医疗救援快速有序,就诊病人得到及时诊治;未发生传染病流行和甲流聚集性病例;未发生重大食物中毒、饮用水污染事件;庆典现场未接到庆典人员有关病媒生物叮咬、侵扰的投诉;国庆游园活动卫生保障平稳顺利;十一期间全市医疗秩序良好,公共卫生环境平稳,卫生系统内部和谐平安的总体目标。

国庆活动期间,全市卫生系统共出动人员12 901人次、车辆3 008辆次,重点保障国庆庆典活动参演人员26万余人,演练及庆典活动期间共救治病人1 120人次,开展远端体温筛查59万人次,现场体温抽查14 515人次,现场抽查食品、饮用水8 481件,保障国庆游园1 300万人次。

前期筹备工作 按照市委、市政府和北京市筹委会的总体安排,认真履行"四个服务"职责,市卫生局科学统筹,严密组织,明确工作目标和职责分工,组建了市卫生局国庆医疗卫生保障指挥部,下设办公室和7个医疗卫生保障组,建立了组织领导体系、工作运行体系和应急保障体系,明确了实现"四个不发生和一个有效控制"的总体目标,组织制订了群众游行、联欢晚会、国庆游园活动医疗急救保障、公共卫生保障、病媒生物防制等20多项方案及相关工作标准,并通过4次集中演练进行了完善。

贯彻预防为主方针,扎实做好各项基础工作。大力开展甲流疫苗接种工作,严防群众游行、联欢晚会参演人群暴发疫情。加强其他传染病防控,坚持开展5种症状监测。从源头严把食品安全关,对群众游行食品供应实施政府采购,统一招标、统一配送,严格开展食品安全监督检查措施。着力从远端集结点排除隐患,加强体温筛查和食品抽样检查,最大限度减少了庆典活动公共卫生风险和患病人员数量。

7~9月,全市各级医疗卫生机构先后出动医疗卫生人员7 786人次,医疗救护车、卫生应急车667辆次,全程参与了群众游行方阵和分指训练活动。确保群众游行队伍无甲流和其他传染病疫情暴发,无食物中毒和饮用水污染事故。

在市卫生局医疗卫生保障指挥部和现场保障总指挥的统一指挥下,现场卫生保障人员与后勤应急人员、卫生机构与保障人群、医疗急救与公共卫生、远端预防与现场保障、常态工作与应急处置、信息现场采集和联络汇总密切配合,各个环节无缝衔接,确保了全部演练过程中医疗卫生保障工作井然有序,接诊转运病人迅速及时,公共卫生隐患及时排查消除。在4次演练中,直接参与游行及晚会保障的医务人员共1 963人次,救护车268辆次,共接诊797人次、转诊112人次。公共卫生救援队伍随时待命。

6月23日~9月26日,市爱卫办会同市疾病预防控制中心对天安门地区、长安街沿线、游园活动10个重点公园和阅兵村周边等庆典重要区域进行了5次病媒生物密度监测;8月18日~9月26日,对天安门地区进行了9次大规模控制活动,并对长安街沿线及游园活动10个重点公园等进行了多轮病媒生物控制。监测结果表明,以上国庆庆典重要区域病媒生物得到了有效控制,病媒生物密度处于较低水平。

全力保障庆典活动医疗卫生安全 依托现行突发公共卫生应急指挥管理体制机制,强化对庆祝活动所涉及的重点区域开展应急保障,形成了"统一指挥、专业处置、沟通顺畅、反应灵敏、协调联动、运转高效"的突发公共卫生事件应急体系和格局。在国庆期间,全市应急人员24小时值守,人员、车辆和物资配备齐全,随时做好应急保障。

医疗卫生保障对象包括群众游行、背景表演、联欢晚会参演人员和观礼嘉宾共计26万人。市卫生局共派出参与现场保障的医务人员580人,保障车辆74辆。从9月30日下午开始,保障人员陆续进入工作点位。各级卫生行政部门、卫生监督机构、疾病预防控制机构,以及市急救中心、市红十字会紧急救援中心、10家长安街沿线三级定点医院全部到位,人员、车辆和物资配备齐全,随时做好应急保障。建立"面、点、车、院"一条龙的医疗急救保障模式,确保医疗服务便捷、快速。医务人员走出医疗点，贴近被保障人群，扩大工作面；医疗点药品、器械配备齐全，及时开展现场诊治；急救车绿色通道畅通，转诊迅速；定点医院作好应急准备，全力开展医疗救治。

贯彻预防为主的防控方针，认真落实甲流防控措施，严格登车前体温监测，逐一排查所有参演人员。共排查190 915人，对127名体温异常人员均妥善劝阻其参加现场活动。在庆典现场，对20个集结点、天安门广场背景表演区、长安街沿线现场的6 378人进行体温检测，未发现异常。

严格依法监督，恪守职责，针对监督检查中发现的问题，坚决予以纠正。积极转变观念，坚持主动服务的宗旨，充分准备，及早到位。卫生保障人员提前入场，最早达到工作点位，最后撤离，争取了足够的时间，严格按照既定工作部署，有序开展工作，确保前期准备充分、中期运行平稳、后期收尾顺利。确保了庆典活动期间的医疗卫生安全。

做好游园活动卫生保障 国庆游园活动场所安排在全市178个城市注册公园（含10个市级重点公园）、15个郊野公园、26个城市文化广场等。卫生部门负责游园活动的餐饮服务食品安全、饮用水卫生安全、甲流防控、病媒虫害防控、医疗急救和突发公共卫生事件处理工作。游园活动期间，全市共出动卫生监督员2 237人次、车辆816车次，共检查3 986户次，其中合格3 978户次（合格率99.80%），处罚2户次。开展餐具表面洁净度和食物中心温度快速检测646件，全部合格。10月1～3日，共出动急救车60车次、医护人员160人次，抢救病人153人次。

排查隐患。8月21日～9月2日，由市政管委牵头，市卫生局等成员单位参加，全面巡查了天坛公园等10个市级重点公园包括医疗急救和公共卫生保障工作在内的后勤服务保障工作，全力排查隐患。

强化培训。以预防食物中毒为重点，开展餐饮服务从业人员食品安全知识强化培训，举办了3期培训班，市级10个重点公园的200余名餐饮服务从业人员参加了培训。向餐饮服务单位发放预防食物中毒十大要点宣传画5万张，属地卫生部门与市级10个重点公园餐饮服务单位签订了责任书，对全市游园公园内的所有餐饮服务单位的1 829名从业人员进行了食品安全法律法规和预防食物中毒知识强化培训，还开展了以紧急医疗救援为重点的医护急救人员强化培训。

开展监测。对所有游园活动所涉及的公园、中心广场进行了采样监测、快速检测，对存在不合格检测项目的餐饮服务单位要求立即整改，并作为下一次监测的重点单位。9月29日～10月8日，卫生部门对市级10个重点公园内及公园周边游园活动所涉及的餐饮服务单位和食堂开展了强化卫生学监测，共开展餐具表面洁净度和食物中心温度快速检测646件，全部合格。

监测病媒密度。9月21～29日，专业技术人员对10个市级重点公园开展了8次全面虫害防制工作，服务总面积3 402万平方米，出动1 260人次。9月29～30日，军事医学科学院五所对10个重点公园虫害情况进行监测与评估，控制效果均达到国家控制标准。

营造良好的医疗和公共卫生环境 各区县卫生局广泛动员，积极行动，营造了良好的医疗和公共卫生环境。各区县卫生局精心组织，周密部署，开展甲流防控、餐饮服务安全、生活饮用水普查等专项整治行动和紧急医疗救援保障，确保了十一期间全市医疗秩序良好，公共卫生环境平稳，卫生系统内部和谐平安，为国庆活动营造了良好的外部环境。各区县卫生局根据各自承担的保障任务，抽调医务人员到群众游行训练基地设立医疗站点，为参训人员提供现场医疗服务；抽调公共卫生人员为参训人员提供公共卫生指导和监督。各区县卫生局还深入开展了安全隐患排查、落实医疗安全、强化精神病人管理以及维护内部安全稳定等行动，确保实现"大事不出、小事减少、管理严格、秩序良好"的目标。

全市卫生监督机构制订了国庆期间卫生监督检查工作方案，加强对中小型餐饮业、景区景点周围餐饮业、旅游团队接待单位、民俗村和农村民俗旅游接待户、美容美发、游泳池、旅店等公共场所，小区二次供水及民俗村、民俗户使用的自备水源、简易自来水等生活饮用水供水设施的卫生监督检查。同时，加强对医疗卫生机构、学校及托幼园所、建筑工地等单位的传染病防控监督检查，做好甲流、季节性流感、不明原因肺炎等呼吸道传染病及肠道传染病等重点传染病防控工作。市卫生监督所对相关区县卫生监督机构的国庆游园活动保障工作进行了督导检查。

国庆期间，市、区两级疾控中心在保持日常24小时值班、备班制度的基础上，强化中心领导在岗带班和增加业务骨干值班等制度。突出工作重点，加强对流感样病例与病原学监测、甲流监测、传染病症状监测和专项疾病报告。开展了流感疫苗的接种。

经过全市卫生系统的共同努力，圆满实现了国庆60周年庆祝活动医疗卫生保障工作的各项目标，作出了首都医疗卫生工作者应有的贡献。

（北京市卫生监督所）

重要会议报告

深入学习实践科学发展观 推动首都中医药事业又好又快发展

——在首都中医药发展大会上的讲话
北京市副市长 丁向阳
(2009年1月6日)

同志们：

这次首都中医药发展大会，是市委、市政府在深入学习实践科学发展观活动中，根据新形势新任务，从战略高度推进首都中医药发展的一次重要会议。会议的主题是：以党的十七大和十七届三中全会精神为指导，深入学习实践科学发展观，全面落实新近市政府下发的《关于促进首都中医药事业发展的意见》，推动首都中医药事业又好又快发展，为经济建设和社会发展服务。

市政府非常重视首都中医药事业发展，从两年前就开始着手对中医药工作进行调研，多次召开中医药老专家和中医机构管理人员座谈会，广泛听取发展中医药的意见和建议。同时，又多次组织召开与中医药工作相关的市政府十几个委办局参加的工作协调会，研究解决问题的办法和措施，形成了《关于促进首都中医药事业发展的意见》。郭金龙市长几次听取了汇报，决定以市政府的名义印发。

今天郭市长又在年末岁首工作十分繁忙、十分紧张的情况下，拨冗来出席今天的会议，足以看出金龙市长、市政府对首都中医药工作的重视，据刚才赵静局长讲，市长亲自来参加中医药工作会议是北京中医药有史以来的第一次。王国强部长也一直非常关注、关心和支持北京市中医药事业的发展，多次到北京来调研，也多次听取我们的工作汇报。今天也是在外地出差的情况下专门赶来参加。一会儿卫生部王国强副部长和郭金龙市长还要对北京市的中医药工作作重要指示。希望各区县、各部门和到会的中医界各位同仁要认真学习领会、全面贯彻落实。

下面，我就如何贯彻落实《意见》，谈几点想法。

一、转变观念，充分认识中医药在促进全民健康中的作用

所谓转变观念，就是从国情、市情出发，树立"大北京、大卫生、大区域、大部门"的思维和管理理念。卫生工作的着眼点，不能只停留在治病上，而应该从促进居民健康入手，做好疾病的预防和控制；不能只盯在北京自己的卫生资源和版图上，而应该整合中央在京资源，开展区域省市合作；不能指望卫生部门一家管好卫生，而要各部门合作来共同推进首都医疗卫生事业的发展。这就是"大北京、大卫生、大区域、大部门"的观点。

党的十七大提出：坚持中西医并重，扶持中医药和民族医药事业发展。这是根据我国国情提出的建设我国基本医疗卫生制度的重要方针。

中医药是中华民族宝贵的健康财富。中医药来源于中华民族几千年同疾病作斗争的生活实践，为维护中华民族的生存繁衍和健康作出了巨大贡献，深受广

大人民群众的信赖，其防病治病的科学价值已经为千百年来的历史所证明。

中医药是中华民族优秀文化的瑰宝。中医药不仅是中华民族创造的医学科学，其特有的理论体系、诊疗技术、养生保健方法和行医模式蕴含着丰富的东方哲学和生存智慧，是中华民族优秀文化的瑰宝，是我国文化软实力的重要体现。

中医药简、便、验、廉的特点在基本医疗卫生保健的普及上具有无可替代的优势。"一根银针、一把草"在基本医疗卫生保健的普及上，具有成本低、毒付作用小、容易获得的突出优势是无可替代的。

中医药在养生防病、疾病治疗上独特的方法和取得的效果是现代医药难以替代的。随着人们健康观念的转变，养生保健的意识和需求不断增强，医学模式也从单纯生物医学模式向生物—社会—心理医学模式转变。中医根据整体观和辨证论治的医学思想，重视预防、崇尚治未病的医学理念，倡导人们根据自身体质特点，在气候、饮食、精神、运动和生活起居上适应自然规律，追求人与自然、社会和谐统一，是中医在世界医学史上的独创，符合现代医学发展的趋势，符合现代人们健康观念的转变和需求，其在养生保健和对亚健康人群的调整、控制方面具有的独特优势是现代医学、其他医学无法替代的。

中医在疾病治疗中重视整体的平衡协调、强调个体化诊疗的辨证论治方法，在病毒性疾病、心脑血管疾病、免疫性疾病、代谢性疾病、妇女病及老年病的治疗与控制上，治疗手段独到，取得的疗效也是现代医药难以替代的。在应对一些病因一时难以明确的重大疑难疾病和新发传染病方面，中医更具有辨证施治、应对灵活、及时有效的优势。大家都记得在2003年突发的非典，首都中医药在抢救治疗和临床研究上发挥的突出作用，得到了世界卫生组织的认可和好评，充分体现了中医药应对突发公共卫生事件和重大疫情的能力。

北京作为全国的政治、文化中心，汇聚了全国最优质的中医药资源。中国中医科学院、北京中医药大学、北京中医医院、北京同仁堂等著名科研院所、高等院校和大型医院、知名企业，152名国家级和北京市级老中医药专家，使首都中医药拥有的医疗、教育、科研和产业资源居全国前列。我市现有各级各类中医医疗机构560所，每个区县都有政府举办的中医医院，所有社区卫生服务中心都设置了中医科、中药房，86%的综合医院都建立了中医科，已初步建立起覆盖城乡的中医医疗服务体系。

首都公共卫生安全和人民群众的身体健康面临严峻挑战。首都经济发展和城市化进程不断加快，人口老龄化程度不断加剧，如果按60岁以上为老年人的这样一个标准，目前首都老龄人口已接近300万。首都公共卫生安全和人民群众的身体健康面临着急性传染病和慢性非传染性疾病的双重挑战。特别是随着经济发展、市民生活条件的改善，吸烟、酗酒、高盐饮食、高脂膳食以及缺乏体力活动、精神心理紧张等不良生活方式和健康危险因素日益增加，致使本市居民慢性非传染性疾病的发病率和患病率居高不下，已成为影响北京市居民健康的重要因素和突出公共卫生问题。据统计，我市慢性疾病患病率正逐年上升，目前我市成年人中高血脂、高血压和身体超重的人群都占到人口的1/3左右，糖尿病的患病率也超过了7%。不仅严重影响病人的生活和生命质量，而且高额的医疗费用也给患者、家庭和社会造成沉重的经济负担，影响着社会的和谐与发展。这些患病人群，决定着首都的人口素质，而健康素质是人口素质里面最重要的指标、最显眼的指标。所以，慢性疾病对我们的挑战非常大。

北京市委、市政府提出"在全国率先建立覆盖城乡居民的基本医疗卫生制度，率先实现人人享有基本医疗卫生服务"的目标。从贯彻预防为主的方针入手，从关注市民一生的健康出发，研究制订了北京市全民健康教育与健康促进十年行动规划；以宣传倡导市民"限盐、限油、禁烟、限酒、管住嘴、迈开腿"，建立健康行为和生活方式为主导，以向市民免费发放盐勺、油杯、健康教育手册、注射疫苗、对育龄妇女进行两癌筛查等为手段，开展广泛的社会动员，在全市居民中宣传普及科学的健康知识与健康技能。同时大力开展健康城市的建设，在全市开展爱国卫生活动。在农村连续三年开展的全面改水、改厕工作已经接近尾声。今年又推动了全市160万户家庭参与的全市统一灭蟑螂集中行动。不仅关注人群，还要关注水、空气和其他方面，树立大卫生观念。

充分利用好、发挥好首都中医药丰富的优质资源，是人民群众健康的需要。在首都公共卫生和基本医疗服务领域，从大卫生的角度出发，利用好首都中医药丰富的优质资源，充分发挥中医简、便、验、廉和重视预防、崇尚治未病的特色优势，正是坚持中西医并重，扶持中医药和民族医药事业发展的具体体现；是关注民生、促进全民健康，建设首都小康社会的必然要求；更是切实解决人民群众看病难、看病贵问题的有效途径，关系到首都人民群众的健康，关系到千家万户的幸福，关系到经济社会协调发展。因此，无论从尽快建立基本医疗卫生制度，提高全民健康水平，加快促进以改善民生为重点的社会建设的角度，还是从弘扬中华民族优秀文化，推动社会主义文化大发展、大繁荣,提高国家文化的软实力角度,我们一定要转变观念,充分认识发展中医药的重大现实意义和深远历史意义,坚定不移地推动首都中医药的发展。

二、改革创新,推进首都中医药事业又好又快发展

多年来,在党中央、国务院和各级政府的关怀、支持下,首都中医药的发展一直走在全国的前列,为首都经济建设和社会发展作出了重要贡献。

但是我们也看到:一些长期以来影响和制约首都中医药发展的政策层面、管理体制和运行机制方面的问题还没有得到有效解决;中医药以疾病治疗为主的服务模式,没有充分发挥出治未病的优势;城乡中医药发展不平衡,农村、社区居民看病难、看名中医更难的矛盾还没有比较好地解决;抢救性继承工作力度不足,培养的新一代名中医数量太少、成才太慢。致使中医药在公共卫生和基本医疗服务中发挥的作用、所占的比重与拥有的资源优势还不相称,我们的服务与人民群众对中医药健康服务的需求还有差距。因此,必须通过制订政策、改革体制机制、创新管理模式,推动中医药事业发展。

发展首都中医药的根本目的就是:让患病群众都能看得上病、看得好病、看得起病,让未得病的百姓、亚健康的人群尽量少得病、晚得病、最好不得病,全面促进首都市民的健康。为实现这样的目标,《意见》在创新管理模式,改革体制机制,建立激励制度上,解放思想、大胆改革、创新突破。这个意见已经发到大家的手里,大家可能都看过了。

一是创新中医执业医师注册管理模式。在全国率先试行允许公立医院经验丰富、水平高、群众欢迎的名中医师到执业注册地点以外的社区、农村多地点行医。过去,医生注册执业地点只能是一个点,今后可以在执业注册地点以外的社区、农村多点行医,就是要充分挖掘和释放优质服务资源潜力,鼓励名医多作贡献。

二是改革公立中医医院运行机制,完善中医药服务补偿政策。对政府举办的中医医疗机构人员基本工资、国家规定范围内津贴,今后由财政全额拨款,结束以药养医、以西养中的现象。通过完善对公立中医医院提供简、便、验、廉中医药服务的补偿,并与中医院中医药特色服务绩效考核挂钩,确保公立中医医院坚持为群众提供公益性和准公益性的中医药服务。

三是建立对中医药工作的奖励、激励制度。对传授学术思想和临床经验,为国家培养出合格继承人的老中医药专家,政府将给予6万~10万元的奖励。今天在这个会议上,一会儿郭市长将给予兑现这个政策。首都的国家级和市级老中医药专家有152人,是全国各省市中数量最多的,继承和保留老中医专家宝贵的学术经验的责任很重。目前,这些老中医专家中有19位已经故去,80岁以上的有66人。时间不等人,我们必须以抢救的心态,加大抢救性继承工作力度,并且要创新传承方式、提高速度、扩大队伍,加快高水平临床人才队伍培养。对那些把自己的学术经验无私传授给后人的老中医药专家,市政府要给予重奖,以表达我们对他们为首都中医事业、为首都人民的健康事业奉献一生的肯定和崇高敬意、真挚感谢。我们还要建立对学有所成、业绩突出的中医药工作者的表彰激励机制,定期评选表彰首都国医名师和中青年名中医,鼓励中医药人员努力成才,培养和树立更多群众欢迎的中医名医。

《意见》中,对未来首都中医药工作提出的主要发展任务概括起来就是:建好一张网络、实现两个转移、实施三项政策、打造四大品牌、抓好五批人才。

建设一张网络就是:政府举办的综合医院、社区卫生服务中心和社区卫生服务站中医服务要到达3个100%,即100%的综合医院和100%的社区卫生服务中心设置中医科、中药房,100%的社区卫生服务站都能提供中医药服务;同时整合各方资源,鼓励名中医及社会力量多途径、多模式、多层次地发展中医药服务,使中医药服务网络全面覆盖城乡、方便可及。

两个转移就是:实现中医药服务重心下移、防治关口前移。建立优质中医药服务资源向农村社区基层转移的长效机制,使服务重心下移,让城乡居民不出社区、不出村,甚至不出家门就能看得上病、看得好病。服务模式由医疗为主向全面健康服务转移,把疾病防治的关口前移,充分发挥中医治未病的优势,使群众少得病、晚得病、最好不得病。

实施三项鼓励,突出中医药特色的扶持政策。一是中医药服务的补偿政策,政府财政支持并适当调整中医特色诊疗项目的收费标准;二是基本医疗保险对中医药特色服务的倾斜政策,医保报销目录增加中医诊疗的项目和中药品种,将门诊煎药费、辨证论治费、处方调剂费、中药配方颗粒纳入医保报销的范围;三是鼓励中药制剂研发和使用的一系列扶持政策,鼓励中医药服务保持简、便、验、廉的特色,减轻群众医药负担,让群众看得起病。

四大品牌就是首都中医药的名院、名科、名医、名药。我们争取利用几年的时间,打造2~3家国家级中医临床研究基地、1个国家级中西医结合医院重

点建设单位，和一批老年病、心脑血管病、糖尿病、骨伤病等中医优势专科专病品牌医院；建设20个有中医特色和优势、国内领先的中医名科；树立一批首都国医名师和中青年名医；发挥首都中药研究和产业优势，以名医验方开发和剂型创新为突破口，创立一批首都中药名药。努力在全国发挥首都的引领示范作用。

五批人才就是：传承一批高水平的临床人才，培训一批城乡社区基层中医药实用型人才，引进一批中医药紧缺人才，培养一批高层次中西医结合人才，打造一批在全国中医药界学术领先的领军人才。抓好不同层次的五批人才培养，建设一支高水平的中医药人才队伍。

三、统筹协调，全面落实好《北京市人民政府关于促进首都中医药事业发展的意见》

同志们，这个《意见》已经正式出台，它是市政府和相关职能部门集体智慧和劳动的结晶。今天各区县、各部门负责的同志都来了，市政府相关委办局、各区县政府要树立"大卫生、大北京、大区域、大部门"的观念，要从全局的战略高度，重视中医药发展，把中医药工作摆到重要议事日程。各区县、各部门要形成合力、搞好配合，要把我们的工作落到实处。

在这个《意见》的制定过程中，市政府相关委办局给予了很大支持，并不断创新、大胆突破，制订了一系列有利于中医药发展的政策和措施，为扶持中医药发展创造了良好的基础和环境。借这个机会，我也是很感谢大家。也希望各委办局要进一步做好规划和落实政策措施的配套文件、实施办法的制订工作，确保任务和措施落实到实处。同时要做好调查研究，不断总结经验，完善这个《意见》。

各区县政府要加强领导，加强中医药工作的组织协调。大力推进中医药行政管理机构和队伍建设，尽快建立本辖区中医药管理部门，做到中医药工作有人管，有人负责，并按照财权、事权统一的原则，加大对中医药发展投入，完善中医机构的建设。

中医药事业的发展离不开各方面的支持，但归根结底还要靠中医药自身的努力。北京市卫生局、中医管理局为主管部门，要从大卫生的角度出发，进一步转变观念，解放思想，大胆创新，制订标准，加强管理，让老百姓切身感受到首都中医药发展带来的好处。

首都各中医药机构要认真学习、实践科学发展观，在全面贯彻落实《意见》的过程中，抓住和用好当前发展的战略机遇，面对改革中出现的新情况、新问题，要在发展观念、管理体制和运行机制上，积极探索、及时总结，更好地坚持"保持和发扬中医特色，为人民健康服务"的方向，让群众真正从首都中医药的发展中得到实惠。

首都广大中医药工作者要切实加强自身建设，树立大医精诚的良好医德医风，努力提高专业素质和服务技能，建一流队伍，树一流形象，创一流业绩。要保持奋发有为的精神状态，发扬求真务实的工作作风，扎扎实实地做好本职工作，勇于承担起并努力完成好发展首都中医药的重任。

学习实践科学发展观　深化医药卫生体制改革 推动首都卫生事业又好又快发展

——在2009年北京市卫生工作会议上的工作报告
北京市卫生局局长　方来英
（2009年3月30日）

同志们：

这次全市卫生工作会议的任务是贯彻落实党中央、国务院和市委、市政府关于卫生事业改革和发展的各项要求部署，总结2008年卫生工作，部署2009年卫生工作任务，推进医药卫生体制改革。下面，我代表北京市卫生局向大会作工作报告。

一、2008年卫生工作的回顾

过去的一年,全市卫生系统坚持以科学发展观统领改革和发展的全局,取得了新的成绩。这些成绩主要包括:

奥运医疗卫生保障万无一失。北京奥运会、残奥会期间,医疗卫生保障组织指挥顺畅高效,医疗服务保障高水平运行,奥运场馆公共卫生保障目标全部实现,首都公共卫生风险降到历史最低水平,实现了让各国运动员满意、让国际社会满意、让人民群众满意的目标。奥运保障出色表现证明,我们是一支专业技术能力强、思想道德品质卓越、能承担重任的队伍,是一支无私奉献的队伍,是一支值得尊敬和信赖的队伍。奥运的成功经验表明只要我们在党的领导下,坚持发动群众和尊重基层创新能力;只要我们坚持严密细致、团结互助的工作作风;只要我们坚持"以国为重,以民为本,以业为先,以苦为乐,以实为上"的可贵精神;北京卫生事业将在学习实践科学发展观的道路上蓬勃发展,永远前进。

突发事件的应急保障和救治工作及时有效。首都卫生系统在对胶济铁路重特大交通安全事故伤员、手足口病患儿、三鹿奶粉事件致病患儿救治和汶川地震救援中发扬一方有难、八方支援的精神,作出了巨大贡献。除先后派出11批617人的医疗救援队、70辆救护车、3辆保障车全力支援地震灾区之外,为支援灾区恢复重建已先后派出三批医疗卫生队赴四川省什邡市开展对口支援工作。首都卫生系统抗震救灾的实践,既为确保奥运会医疗卫生保障万无一失积累了宝贵的经验,更充分展示了在大灾面前的紧急动员和应对能力,弘扬了中华民族的伟大精神,谱写了关爱生命、救死扶伤的英雄凯歌。

重大疾病预防控制和卫生执法监督卓有成效,公共卫生保障水平进一步提高。为本市60岁以上老年人、在校中小学生提供了减免费流感疫苗接种。艾滋病、鼠疫、肠道传染病防治工作得到进一步加强。对全市所有的贫困重性精神病人都能做到按需实施免费给药,130家设有精神科门诊、精神病床的医疗机构实现了精神疾病信息的网上直报。"健康奥运,健康北京——全民健康活动"深入开展,向全市每个居民家庭免费发放了《首都市民预防传染病手册》、《首都市民健康膳食指南》、《首都市民中医指南》和《奥运健康手册》等健康知识读本和650万把定量盐勺、500万只限量油杯。全年对12万新生儿开展了出生缺陷三级预防,新生儿疾病筛查率平均达到98.08%。顺利完成了适龄儿童窝沟封闭防龋项目。完成了为30万适龄妇女免费进行乳腺癌、子宫颈癌筛查的试点工作。

全市打击非法行医,各成员单位共出动人员12 255人次,其中卫生监督机构出动监督执法人员9 829人次,检查医疗机构5 480户次,取缔无证行医1 521户次,没收医疗器械1 114件,没收药品1 257箱,向公安机关等移送案件11件。全年共确定食物中毒28起,发病人数为403人,与去年相比,发生起数下降53%,发病人数下降59%。在奥运场馆、旅游景区、繁华商业区创建了113条餐饮消费卫生安全街。全市177家D级餐馆在赛前被全部消除;重点地区的1.97万家A、B级餐馆全部实施"五个统一"公示制度;区县卫生行政部门共与47 377家餐饮单位签订责任书;全市共有98 213名厨师长和冷荤班长参加了预防食物中毒培训。开展了《食品卫生法》、《职业病防治法》等法律法规的宣传,共发放宣传材料、宣传画册近3万份,在100辆公交车上开展了公益广告宣传,沿二环路制作了60块公益广告宣传牌。

2008年我市传染病疫情平稳,全市甲乙类传染病报告发病率为312.99/10万,与去年同比下降25.66%;丙类传染病报告发病率为443.76/10万,同比下降10.73%。反映地区健康水平的主要指标继续保持国际先进水平。全市人均期望寿命达到80.27岁,婴儿死亡率3.70‰,孕产妇死亡率18.52/10万。

医院管理和医疗服务工作得到进一步加强。建立了医院管理评价与巡查常态机制,修订完善了医院管理指标体系,重点开展了临床检验、护理、门急诊、临床用药等专项巡查和考核评价。严格医疗技术准入管理,制订实施了《北京地区临床医疗技术应用准入管理暂行规定》。印发了《医疗机构不良执业行为积分管理暂行办法》,对医疗机构不良执业行为实行量化积分管理,增强了医疗机构和医师依法执业的意识,规范了医疗执业行为。认真贯彻落实《护士条例》。门诊候诊和取药电子叫号服务、挂号收费通柜服务等十项方便群众就医的措施得到进一步完善实施。全年在卫生技术人员总量增长7.64%的情况下,全市各级医疗机构完成诊疗任务1.24亿人次,比上年同期增长11%。开展了医疗机构成本核算的试点工作。

基层卫生服务快速发展。截至2008年底,全市已完成287个标准化社区卫生服务中心、2 901个标准化社区卫生服务站的建设,社区卫生服务网络基本建成。全市18个区县政府主办的社区卫生服务机构(约占全部社区卫生服务机构的75%)已全部实行收支两条线管理;社区零差率销售药品占全部药品销售额的比重达63%以上;社区卫生服务机构门急诊医保报销比例由60%提高到70%。培养了20 000名慢性病防治家庭保健员，提升了居民的慢性病防治能力。完成了政府向市民承诺59件实事之一，对患有高血压、糖尿病、脑卒中、冠心病的社区居民管理率达到80%以上。全市建立2 041个社区卫生服务团队，推行家庭医生责任制，覆盖1 138万人口。返聘近1 000名中高级职称退休医学人才和招收了1 900余名应届专科以上毕业生到社区工作。为新增建的社区卫生服务中心确立了对口支援医院。认真贯彻落实《中共北京市委、北京市人民政府关于推进北京市农村基本医疗卫生制度建设工作的若干意见》，10个远郊区县区域医疗中心建设工程继续启动。投入2.8亿元，为农村187个乡镇卫生机构、1 391个村级卫生机构实施基本装备标准化配置。创新了村级基本医疗卫生服务运行机制，针对乡村医生的养老保险和岗位补助政策得到有效贯彻落实。新型农村合作医疗实现了区县级统筹，农民参合率达到92.9%。参合农民人均筹资达到320元，市、区县、乡镇三级政府补助资金达到7.5亿元，约占筹资总额的82.9%。13个涉农区县已经不同程度实行门诊统筹补偿政策。对农民的健康服务更加普及，市政府投入6 000万元为农民进行健康体检并建立健康档案。对55岁以上农民开展了白内障免费筛查。

中医药事业发展取得新成效。以市政府文件正式发布了《关于促进首都中医药事业发展的若干意见》，《意见》提出的18项扶持措施正在落实。市卫生局、市人事局、市中医管理局授予贺普仁等12名老中医"首都国医名师"荣誉称号，市政府出资466万重奖北京第三批师承工作老师。实现了100%的社区卫生服务中心设置中医科、100%的社区卫生服务站有中医药服务、100%的社区有中医专家巡诊的目标。全市二级、三级中医医院的55个国家级、21个市级重点专病与远郊区县中医医院、社区卫生服务中心建立了携手网络，已建立59个携手工程网点，形成了覆盖全市基层和农村的中医专科专病网络。第三批国家级继承人出师62人，北京市级继承人出师22人；第四批国家级继承人80名向第四批国家级指导老师40名举行了拜师仪式。组织制订了《北京中医药"薪火传承3+3工程"建设标准》，开展了"薪火传承3+3工程"五个一中医药文化特色品牌创建活动，向61个室站建设单位颁发了铜牌，正式启动了中医药"薪火传承3+3工程"建设。

爱国卫生运动深入开展。截至2008年底，我市已创建国家卫生区11个，国家卫生县城2个，国家卫生镇8个。全年在农村地区共开展健康知识讲座1 065场，创建市卫生村104个、健康教育示范村100个、健康社区150个。共改造农村无害化户厕10万座，完成农村改水项目180个，农村改水改厕工作全面完成。群众性爱国卫生工作广泛开展，开展了6次全市统一的灭虫除害活动。利用冬季蟑螂主要集中于热源处的有利时机，运用奥运病媒生物控制的成功经验和模式，在全市组织开展了我市有史以来最大的一次公共卫生行动，即154万户家庭参加的"健康北京灭蟑行动"并取得显著成效，监测蟑螂密度下降了91.68%，初步建立起家庭病媒生物危害监测和防控体系，形成了全市病媒生物防制的工作模式。

卫生人才培养和卫生技术研究应用工作取得新成果。1 443名全科医师、1 921名社区护士及176名防保医师经过全科医学岗位培训，1 870名学员接受了社区卫生服务专业岗位培训，同时还组织开展了全科医师培训基地管理干部、基地负责人和师资的培训。首次以定向招生、定向培养、定向就业方式由首都医科大学为7个山区、半山区乡镇卫生院招收和培养临床专业医学生。组织开展了心血管病、糖尿病防治适宜技术专题讲座和儿童健康心理行为社区健康促进活动等卫生技术进社区活动。

精神文明和行风建设得到进一步加强。以评选文明单位、争创人民满意医院为工作抓手，积极营造奋发向上的风气，促进文明行业创建工作迈上了新台阶。通过组织开展首都卫生系统文明单位评选活动、"学习实践科学发展观，争创双十佳人民满意医院"网上评选活动、首都健康卫士评选活动、纪念改革开放30周年系列活动等，在全市卫生系统营造了浓郁的精神文明和行业作风建设氛围，同时也促进医疗卫生服务质量的不断提高。反腐倡廉建设得到进一步加强，治理医药购销领域商业贿赂工作的成果得到巩固发展。第一批深入学习实践科学发展观活动取得初步成果。

全年未发生重大安全事故，平安北京建设的任务顺利完成。与有关国家和港澳台地区的交流深入展开，完成了赴非洲医疗队派遣和京港洽谈会等重大任务。院务公开和精神文明建设取得了新进展。完成卫生事业基本建设项目投资27亿元，新增医疗用房面积27万平方米，总投资将超过23亿元、建筑面积40万平方米的10个区域医疗中心的建设任务已经启动。

一年来，全市卫生系统广大干部职工努力践行科学发展观，在医疗卫生事业改革和发展的实践中积累了许多宝贵的经验。通过一年来的工作，我们认识到：

（一）卫生事业发展必须坚持服务大局，紧密围绕全市中心工作。卫生事业是首都经济社会发展的重要一环，与人民群众切身利益息息相关，既肩负着为经济社会发展提供健康的人力资源的光荣使命，又是践行以人为本的科学发展观，实现发展成果由人民共享的重要途径。因此，决不能孤立地看待卫生工作，而要主动把我们的工作置于经济社会大局之中，为实现党中央、国务院的战略部署，圆满完成市委、市政府确定的全市中心工作，提供公共服务和基础保障，为构建和谐社会首善之区贡献力量。

（二）卫生事业发展必须坚持城乡统筹，着力推进基本医疗卫生服务的公平可及。优化卫生资源配置，缩小城乡医疗卫生服务差距，确保城乡和不同人群享有公平可及的基本医疗卫生服务和实现公共卫生均等化，是统筹城乡发展、提高全民健康水平、维护社会稳定的重要举措。为此，要加大对基层卫生特别是农村卫生的政策倾斜和资金投入力度，将卫生公益性的政策措施切实落到实处，为群众提供安全、有效、方便、价廉的公共卫生和基本医疗服务，通过深化医药卫生体制改革，形成促进首都卫生事业全面协调可持续发展的机制。

（三）卫生事业发展必须坚持全民健康理念，努力提高人民群众的健康水平。健康是人全面发展的基础，关系千家万户的幸福。卫生工作的基本职责是实现好、维护好、发展好人民群众的健康利益。要把提高全民健康水平作为卫生工作的出发点和落脚点，加大卫生知识宣传力度，树立和强化全民健康理念，促进市民改变不健康的生活方式，使市民少得病、晚得病、不得病。

（四）卫生事业发展必须坚持"大北京、大卫生、大区域、大部门"的工作理念，积极调动各方力量。北京拥有全国最丰富的医疗卫生资源。长期以来，全市广大医疗卫生工作者为维护和增进首都人民乃至全国人民的健康、为促进首都经济社会事业发展和社会和谐稳定作出了重大贡献。在深化医疗卫生体制改革，推动首都卫生事业发展的过程中，要善于发挥和调动各方面的积极性，形成合力，整体推进，把雄厚的卫生资源变为推动首都卫生事业发展的强大力量。

在此，我代表北京市卫生局谨向支持我们工作的卫生部等中央有关部委、向北京市各区县和各兄弟部门、向社会各界、向首都卫生界的所有干部职工表示衷心的感谢。没有你们的关心指导、热情支持、无私奉献，就没有首都卫生工作今天的巨大成绩。

在充分肯定成绩的同时，我们也必须清醒地看到，首都卫生事业的发展水平，与中央和市委、市政府的要求、经济社会协调发展要求以及人民群众日益增长和多样化的卫生需求之间，还存在差距。突出表现在：医疗卫生资源配置还有待于进一步的合理，区域卫生发展还有待于进一步的平衡；基层卫生机构人才还有待于进一步的加强培养，科研能力、重点学科建设和领军人才还有待于进一步的加强建设；医药卫生行政管理体制，全行业卫生资源的协调和力量的发挥还有待于进一步的改善；医疗服务补偿体系还有待于进一步的构建，控制医药费用增长任务艰巨；和谐医患关系建设还有待于进一步的突破。对此，我们要始终保持清醒的头脑，切实以科学发展观指导卫生工作，加快医药卫生体制改革的步伐，进一步理顺医疗卫生体制机制，更好地为广大人民群众健康服务。

二、集中力量，突出重点，全力做好2009年首都卫生事业改革和发展的各项工作

2009年全市卫生工作的总体要求是：全面贯彻落实中央和市委、市政府关于卫生工作的要求和部署，深入学习实践科学发展观，继承和发扬奥运会的宝贵遗产，紧紧围绕提高市民健康水平、延长市民健康寿命、确保全社会公共卫生安全的目标，以深化医药卫生体制改革为主线，以提高公共卫生服务水平，加强医疗机构管理，健全基层医疗卫生服务体系，确保新中国成立60周年庆典医疗卫生安全为重点，抓好各项工作，努力开创首都卫生事业改革和发展的新局面。

（一）全力做好医药卫生体制改革的各项工作

今年首都卫生系统重要的任务之一，就是组织广大干部职工尤其是各级领导干部认真学习和落实《关于深化医药卫生体制改革的意见》，抓住医疗卫生体制改革和扩内需、保增长、保民生、保稳定的政策给首都卫生事业发展带来的新机遇、新契机，推动卫生事业发展。既是扩大内需的重要手段，也是改善民生的题中之意，更是贯彻落实科学发展观、促进经济和社会全面协调可持续发展的必然要求，维护社会公平正义、提高人民生活质量的重要措施，全面建设小康社会和构建社会主义和谐社会的一项重要任务。在今年要重点抓好以下几方面工作。

1. 积极推进、全面实施医疗机构药品集中采购工作，并以此为契机建立健全北京市药品供应保障体系。认真贯彻落实卫生部等六部委印发的《进一步规范医疗机构药品集中采购工作的意见》精神，积极组织制订和实施本市医疗机构药品集中采购方案，通过建立政府主导的医疗机构药品集中采购统一平台，实现药品六组归一、同城同价，改善本市药品市场环境，提高药品企业市场集中度，保障药品质量安全，为实行基本药物制度奠定基础，确保国家基本药物和

符合本市社会经济发展水平的基层必备药品在医疗机构的配备和使用率。

2. 制订和完善医疗机构设置规划和市场准入制度。完善医疗服务要素准入制度，规范医疗服务行为，研究制订并适时发布北京市区域医疗机构设置规划，完善医疗机构分类管理，促进医疗机构属地化管理。积极鼓励社会资本进入首都医疗市场。对公立医院和民营医院实施统一的医疗机构准入规定、统一的监管政策，统一的医疗机构运营评价体系和医疗机构质量考核标准体系、统一的医疗保障政策。加强医疗机构准入和校验管理，建立医疗机构退出机制等清理整顿医疗机构的长效机制，净化首都医疗市场。从便民、城市公共卫生安全和效率角度出发，改革和完善院前急救体系建设，促进急救资源的合理配置和整体效率的发挥。制订并实施《北京市医疗技术临床应用管理暂行办法》，明确临床新技术、专项技术准入的标准和程序，建立医疗技术准入评估专家库和登记备案制度。制订并试行《北京市医院和医师手术分级标准和管理暂行规定》，明确不同级别医院和不同职称医师分级手术标准，规范医疗机构和医师执业行为。根据综合医院科室设置标准，在全市二级及以上综合医院完善儿科建设，满足儿童就诊需要，推动二级及以上综合医院设立全科医学科和精神心理科。

3. 完善医院管理和评价机制。继续开展对医院管理的考核评价和专项巡查工作，加强质控中心规范化建设和管理，建立急诊、重症监护质控中心。完善医疗质量控制和改进体系，强化落实医疗质量和医疗安全核心制度，研究完善科学、客观的医疗护理评价指标体系。建立医学影像专业工作规范，探索医学影像资源共享问题，全面推进二级以上医院部分检验结果互认工作。推行医疗机构成本核算体系和制度，研究公立医院的价格体系改革和财政补贴机制改革。进一步加强门急诊服务工作，研究设计符合医院管理要求和群众就诊需求的标准服务流程，促进就诊区域的合理布局。研究推广门诊层级就诊工作经验，发挥专家工作团队作用，提高医疗服务运转效率。进一步推广复诊预约和挂号预约工作，方便患者就医，努力构建和谐医患关系。建立以公益性为核心的公立医院绩效评估管理体系，研究公立医院人事制度和薪酬制度。科学界定公立医院所有者和管理者的责权，研究探讨公立医院法人治理结构。建立院长任职资格、岗位职责、选拔任用、考核评价、教育培训、激励约束和问责奖惩机制。改革公立医院补偿机制和运行管理体制。

4. 加快发展基层卫生服务。进一步完善新型农村合作医疗制度和社区卫生服务机构运行机制，提高社区卫生服务水平和农民的医疗保障水平。研究制订全市社区卫生服务机构支出项目与标准的指导性意见和社区卫生服务机构财务管理、固定资产管理指导意见。开展社区卫生服务机构运营项目成本测算研究，开展收支两条线政策效果评估和社区卫生服务机构工作人员薪酬增长与激励机制研究。探索首诊服务新模式。加强慢性病社区管理，从适宜技术入手，强化培训，提高慢病有效管理率。规范健康档案的管理，制订北京市社区健康档案管理和使用办法，开展对健康档案工作效果的评价。提高社区卫生服务质量和效率。开展社区卫生服务岗位练兵，探索建立加强社区卫生服务人员学习训练的长效机制。创建北京市社区卫生服务示范中心（站）。加大社区卫生服务宣传和绩效考核力度。完善市级考核指标体系和考核方式。逐步建立基层医疗机构和上级医院的协作机制。在每个社区服务机构都要配备一名大专以上的专业工作人员。建立健全农村卫生体系装备管理制度，实施基本装备安全运行规范。强化镇村两级基本医疗卫生服务能力建设，实现农村居民常见病、多发病70%的问题在乡镇得到解决。加强乡村医生服务绩效考核与管理，完善政府购买服务机制，落实考核制度，确保为群众提供适宜的公共卫生和基本医疗服务，充分发挥政府补助资金的效率。开展农村初级卫生保健工作成效区县巡展活动，做好初级卫生保健终末期评估准备。建立农民健康管理新模式。完成政府投入的农民免费健康体检和体质综合评估工作，完善农村居民健康档案，开展慢病防治和健康干预措施。落实财政对参合人员补助增长机制，进一步提高新农合筹资和补偿水平。参合人员在乡镇卫生院门诊及住院就医补偿比例普遍达到住院50%、门诊30%的阶段工作目标，住院补偿封顶线达到18万元。督促指导新农合各定点医疗机构规范服务与管理，建立新农合考核评价制度。开展医师多地点执业的相关政策研究，制订有关制度，促进医疗人力资源的合理流动。鼓励有资质的人员在社区开办诊所或个体行医。研究制订适宜于北京地区的基本医疗服务包。

（二）实施《健康北京人——全民健康促进十年行动规划（2009～2018年）》，进一步加强公共卫生工作

1. 实施《健康北京人——全民健康促进十年行动规划（2009～2018年）》。为进一步改善全市居民的主要健康指标，全面提升市民的健康素质，把北京建设成为拥有一流健康环境、健康人群、健康服务的国际化大都市，市政府提出用健康促进的策略应对慢性病的挑战，通过普及健康知识、动员市民参与健康行动、政府提供健康保障等措施，延长全市居民健康

寿命。由市卫生局并商有关部门已编制完成《健康北京人——全民健康促进十年行动规划（2009～2018年）》，经市政府会议讨论通过后将发布实施。按照规划要求，今年将启动以"镶上牙齿、摘下眼镜、控制血压、调整体重"为口号的健康运动，实施健康知识普及、合理膳食、控烟、健身、保护牙齿、保护视力、知己健康、恶性肿瘤防治、母婴健康等九大行动。在全市广泛推广工间操和广播体操，向肥胖和其他一切不健康的生活方式宣战。向学校派遣1 000名医务工作者，增强校医室工作能力，推进健康促进学校工作。建立全市性健康评价和区域卫生状况评价体系，每年发布一次"北京市卫生与人群健康状况报告和区域分报告"。在社区卫生服务站和药店等机构配放血压计和体重秤，免费为市民服务。

2. 建立以医院为基础的慢病发病和死亡报告系统，开展健康、疾病管理和患病风险评估，并依照慢病管理的要求进行随访和干预。继续在18区县试点社区进行慢病及其行为危险因素的综合干预和慢病病人及高危人群的管理和干预效果评价，推行高血压、糖尿病等管理规范。在社区、学校、机关、企业、乡镇启动眼病、口腔疾病、高血压等慢病管理和初级保健工作。按照自愿原则，对本市适龄妇女进行乳腺癌、子宫颈癌免费筛查。免费为新生儿进行先天性疾病筛查、为0～6岁儿童进行健康体检。继续开展7～9岁儿童免费窝沟封闭防龋工作。组织落实好北京市政府关于免费为中小学生进行健康体检的政策。继续加强全市妇幼、儿童、老年、精神疾病防治体系建设。启动建设北京健康教育中心工作。

3. 进一步抓好重大传染病防控和精神卫生等工作。在全市一级医院、社区卫生服务中心、乡镇卫生院开展发热、腹泻、皮疹、黄疸、结膜红肿五种症状监测和报告制度，加强传染病监测与预警。建立北京地区疾病预防预警分析报告体系，编制年度、季度疾病预防趋势报告，适时发布预警信息和建立我市传染病疫情动态发布制度。开展立克次体病流行状况和鼠疫自然疫源地调查工作。以流感样病例和病原学监测为重点，加强呼吸道传染病防控工作。流感样病例监测点覆盖全市二级以上综合医院。继续落实好为全市60岁以上老年人、中小学生流感疫苗免费接种工作。进一步强化肠道门诊监测与症状监测。在全市医疗机构中，开展《细菌性痢疾诊断标准》和《感染性腹泻诊断标准》的培训和推广。做好手足口病预防工作，对EV71感染及时预警并加强手足口病预防知识的社会宣传。加强艾滋病防控工作，深入贯彻落实国家"四免一关怀"政策。抓好结核病防治工作，大力推行《肺结核病人家庭成员督导管理制度》，开展

"北京市结核病防治管理信息系统"建设，实现全市结防系统联网，并对网络报告肺结核病人追踪核实。全面落实扩大免疫规划实施方案，规范冷链配置，全市免疫预防门诊要全部达到规范标准。加强流动儿童预防接种工作，提高接种率，消灭免疫空白。做好完善免疫接种信息化系统建设，实现与国家对接。建立疫苗接种异常反应处置、调查诊断与应急体系，制订北京市预防接种异常反应调查诊断实施细则。做好乙肝疫苗初中学生纳入计划免疫接种工作。深入贯彻《北京市精神卫生条例》，推进精神疾病防治工作。启动北京市精神疾病流行病学调查。落实对精神疾病患者访视服务管理工作。向贫困精神病人提供免费药物，不断提高精神疾病患者的生活质量，促进首都社会和谐稳定。研究建立对传染病预防控制体系、精神卫生体系建设的支撑体系。

4. 进一步加强卫生监督执法工作。以首都庆祝新中国成立60周年系列活动卫生保障、政府监管职能调整和食品安全综合协调为中心，强化公共卫生、医疗服务和采供血等卫生执法监督工作。根据食品安全综合监管职责划转到市卫生局的新形势，进一步调整、理顺卫生监督机构职责。巩固和提升餐饮卫生水平，强化餐饮业食品卫生等级评定的管理工作，组织开展全市范围的餐饮业卫生等级区县互查和现场升降级活动。制订北京市连锁餐饮企业卫生管理办法，开展打击餐饮业违法添加非食用物质和滥用食品添加剂专项整治等活动，查找并消除餐饮业食品安全隐患。加强对学生营养餐、工地食堂等食物中毒高风险环节的管理，严防食物中毒的发生。在社会送餐企业等重点餐饮单位推行HACCP管理体系，鼓励其通过具有资质的第三方机构的认证。加强饮水卫生的监督管理，建立完善的水质卫生监督、监测体系。对市政自来水厂、自备水源、二次供水、农村水厂等供水设施设立50个24小时动态监测点，形成自动监测网，并按季节对监测点的水质进行监测。制订相关卫生管理规范，加强对全市现存的1 000多个污染隐患大的制售饮用水站的管理，切实解决部分供水单位无证供水问题。进一步加强医疗执法工作，认真贯彻落实《北京市医疗机构不良执业行为积分管理暂行办法》，实施积分管理社会公示制度，定期向社会公示医疗机构积分情况，逐步形成医疗行业信誉参考体系。巩固打击非法行医专项行动成果。加强职业卫生监督，严肃查处严重危害劳动者健康的违法行为。

5. 进一步加强爱国卫生工作。继续巩固强化全市居民灭蟑工作，完善全市家庭病媒生物密度监测体系，降低重点地区病媒生物密度。做好《北京市公共场所禁止吸烟的规定》修改的调研和征求意见工作，

深入贯彻落实公共场所禁止吸烟的各项规定，继续巩固和推进公共场所禁止吸烟工作。深化东城区、西城区全国健康城区建设试点工作，继续开展创建国家卫生区和国家卫生镇工作。深化健康细胞工程建设，创建100个健康社区、100个健康促进示范村和40个爱国卫生红旗单位。继续开展北京市卫生村创建活动，完成10万座农村无害化户厕改造和农村改水项目，开展1 000场农村健康知识讲座。

（三）全面贯彻落实《关于促进首都中医药事业发展的若干意见》，大力发展中医药事业

1. 推进中医药管理体制和机制改革。实施政府对公立医院补偿机制与中医特色指标考核挂钩制度。制订允许公立医院名中医师到社区、农村多地点执业的管理办法及实施方案；开展在药品零售企业举办中医坐堂医诊疗的试点工作；推进城区二级中医院向专科专病医院转型，打造首都中医药专科专病品牌医院。

2. 加强社区、农村基层中医药服务能力建设。启动全市中医类全科医师岗位培训"回归扎根"工程。全面开展社区中医类全科医师培训工作，开展社区农村中医适宜技术推广培训。扩大社区中医治未病试点单位，开展中医药养生保健、中医药传统文化"进校园、进社区、进家庭"三进工程。

3. 加强中医药人才培养工作。启动首都名医研修院建设，办好名医大讲堂，开展全市中医药从业人员中医四部经典网络学习教育，举办西医学习中医高级研修班，研究制订师承教育与学位挂钩管理办法。

4. 大力开展中医药文化宣传。以新中国成立60周年为契机，举办首届中医药文化展，启动中医药传统文化进教材试点工作，推动中医养生"一操两法"进校园、进社区。启动燕京学派研究与建设项目，加快我市中医药抢救性师承工作及民间验方收集与整理工程，积极推进中医药世界非物质遗产申报工作。

5. 积极推动中医药对外交流。启动世界中医药北京论坛，组织好首届多伦多—北京中医药展览会暨学术研讨会，打造首都中医药文化传播和对外交流品牌。

（四）进一步加强卫生人才队伍建设和科研工作，为首都卫生事业可持续发展提供有力的人才和技术保障

1. 建立多层次、全方位的卫生人才培养体系，为人人享有基本医疗卫生服务提供人才保障。建立以区域医疗中心为龙头，以乡镇卫生院为基础的农村卫生人才培养体系。强化区域医疗中心学科带头人的培养。开展乡镇卫生院卫生技术人员的岗位培训。加强对我市7个山区、半山区乡镇卫生院和社区卫生服务站定向培养医学生工作。协调有关部门制订并实施《关于为北京农村山区、半山区定向培养卫生人才的实施意见》，逐步建立农村卫生人才补充的有效机制。深化全科医学人才培养工作，在全科医师骨干、社区护士骨干和防保人员骨干培训的基础上，在全国率先开展社区卫生服务康复、口腔、B超、放射等专业的骨干人员脱产培训。加强社区卫生服务人员师资队伍和培训基地建设。通过试点探索建立大医院对社区卫生人才培养的有效模式。

2. 全面推进专科医师培训工作，提高临床医师的医疗水平。2009年北京市三级医院及各区县所属二级医院的所有本科及其以上学历的临床专业毕业生都要参加普通专科医师规范化培训。社区卫生服务机构新入职大学毕业生全面实行规范化培训制度。将专科医师培训纳入医师定期考核和职务聘任体系，探索建立我市专科医师培训与医师定期考核和职务聘任挂钩的机制。探索开展亚专科培训工作。

3. 加强对继续医学教育的规范管理和指导。加强医务人员和医院管理者传染病防治培训工作，将传染病防治培训纳入继续教育必修项目。医务人员每年参加各类传染病防治知识培训时间不得少于20学时，并与职称晋升挂钩。对各医疗单位医务人员和医院管理者传染病防治培训工作进行培训后评估。以灾害医学培训为重点，继续加强急诊急救人才的培养。

4. 进一步加强医疗卫生科研工作和队伍建设。积极鼓励和组织开展医药卫生科技创新工作，加强高层次医学科研、临床医疗、卫生管理的人才队伍建设，制订卫生人才中长期规划。组织开展艾滋病、病毒性肝炎等重大传染病示范区建设国家重大科技专项的研究工作。围绕我市高血压、糖尿病、冠心病等慢性病的高发趋势及传染病防控工作需要，加强慢性非传染性疾病和传染病防治的研究。结合首都医疗工作实际，研究制订重点专科规划，发布北京市医学重点学科评估指标体系，建立重点学科评价和动态管理工作机制，开展医学重点学科的评估工作。加强心脑血管、传染、老年、精神、肿瘤、妇产、儿童等八类重点学科及原有国家级重点学科的建设和人才引进与培养。以重点学科为依托，带动领军人才、学科带头人的培养与发展，加强科技成果和适宜技术的应用与推广。建立实验室生物安全管理长效机制，加强传染病实验室网络的建设。适时召开北京市卫生系统人才工作会议。

（五）认真做好机构改革工作，着力转变职能、理顺关系、优化结构、提高效能，形成权责一致、分工合理、决策科学、执行顺畅、监督有力的卫生行政管理体制

今年，市卫生局将按照市委统一要求形成新的工作体制，承担管理药品监督管理工作和食品安全综合协调工作的任务。卫生系统的干部职工要用发展的眼光、辨证的思维，从全局的高度，正确认识这次机构改革，坚决拥护，坚决执行，认真落实市委、市政府的决策和部署。要支持药品监督部门保证相对独立地依法履行职责。要按照《食品安全法》和市委、市政府的要求做好食品安全委员会办公室和食品安全综合协调工作，落实食品安全综合监管职责的划转，按照《食品安全法》和三定方案的要求履职尽责。同时，积极研究按照市委要求，从政事分开、管办分开的原则出发，在卫生机构框架内组建北京市医院管理机构，承担代表国有资产出资人负责市属医疗机构的管理工作，履行出资人职责、指导推进市属医疗机构改革和促进建立现代医院管理制度、完善医院治理结构；完善内部激励和约束制度，维护国有资产出资人的权益等工作。

同时，全年计划完成卫生事业大型基本建设项目投资28亿元，新开建设面积42万平方米。北京积水潭医院回龙观院区、安贞医院门诊综合楼等7个项目27万平方米竣工。启动天坛医院扩建、清华大学天通苑医院一期、北京胸科医院扩建、同仁医院亦庄院区扩建等工程的前期工作。继续加大区域医疗中心的投资建设力度。主动接受社会监督，做好院务公开等工作，加强医德医风和卫生行政机关建设工作，扩大内部交流、竞争上岗、公开选拔在干部培养中的比例。

总之，2009年首都卫生工作的方向和目标已经明确，任务是艰巨的，但信心是坚定的。让我们深入学习实践科学发展观，统一思想，扎实工作，以首都卫生事业改革和发展的优异成绩迎接新中国成立60周年！

北京市疾病预防控制工作会议报告

北京市卫生局副局长　赵春惠
（2009年4月13日）

各位领导、同志们：

重大疾病防控工作始终与人民健康息息相关，是重要的民生问题，也是社会经济发展的重要保障。党中央国务院、北京市委、市政府高度重视公共卫生工作，在疾病预防控制工作的经费投入、基础建设、机构和人才队伍建设上的支持力度逐年加大。目前我市已形成了完善的三级预防保健网络，疾病预防控制能力显著增强，为保障首都公共卫生安全作出了积极贡献。今天的全市疾病控制工作会议就是要认真贯彻全市卫生工作会议精神，总结我市疾病预防控制工作经验，对2009年的工作进行部署。现在，我代表市卫生局向大会作报告。

一、2008年疾病控制工作简要回顾

2008年是极不平凡的一年，我们在市委、市政府的坚强领导下，在有关部门的大力支持和协作下，克服重重困难，以科学发展观统领改革和发展的全局，在重大传染病防控工作上提出了"以'不发生'为目标，保证我市重大传染病疫情平稳；以'早发现'为核心，全方位开展多种传染病监测工作；以'早控制'为手段，确保传染病不发生传播和流行"。全面加强了各项卫生防病工作措施的落实，有效维护了首都的公共卫生安全，取得了可喜的成绩。

2008年全市传染病总体发病情况较2007年有较大幅度的下降，全年全市共报告法定传染病三类27种，发病123 579例（其中甲类3例、乙类51 109例、丙类72 467例），死亡110例，总发病率756.75/10万，比2007年下降17.58%。值得一提的是，全市18个区县的传染病发病数均在2007年的基础上，有不同程度的下降。

在甲乙类传染病中，肠道传染病共报告发病25 816例，占50.5%；呼吸道传染病13 114例，占25.7%；血源及性传播疾病12 099例，占23.6%；自然疫源及虫媒传播疾病83例，占0.2%。

2008年全市共报告突发公共卫生事件16起，共报告发病332人，死亡10人。

经过2008年北京奥运会，我市的疾病控制工作能力有了全方位加强，主要体现在以下几个方面：

（一）传染病监测预警能力显著提升

1. 在法定传染病监测报告上。进一步完善了全市667家医疗机构的国家法定38种传染病监测报告，以及不明原因肺炎、传染性非典型肺炎、人感染高致病性禽流感等23个重点传染病专项监测系统，全市各级疾控机构专人24小时不间断地监视网络疫情报告，对早期发现的潜在危险因素，实施风险预警、预报，对于报告的传染病疫情及时采取有效措施，对控制和降低疾病发生的风险因素起着重要的作用。

2. 在肠道门诊监测上。全市335家肠道门诊全部实施"逢泻必报"（上网报告）、"逢泻必检"（筛查霍乱病例）。全年共报告就诊病例183 896例，其中细菌性痢疾24 823例，感染性腹泻48 489例。全年未发生细菌性痢疾和感染性腹泻暴发疫情。

3. 建立了中小学生缺勤监测系统。针对中小学生易发生群体性疾病的特点，为及时发现传染病疫情，市卫生局会同市教委在东城区、崇文区、石景山区、海淀区、顺义区、怀柔区6个区244所中小学校建立了中小学生缺勤传染病早期预警系统，监测发现了因病缺勤、带病上课学生32 048人次，通过基层预防保健网络对患病学生及时进行了追踪和传染病排查。中小学生缺勤传染病早期预警系统的建立对及早掌控和预防学校传染病的发生起到了积极的作用。

4. 建立了症状监测系统。奥运会期间，在全市125家二级以上医疗机构和奥运场馆内157个医疗站点建立了北京市奥运期间传染病症状监测系统，对发热、腹泻、结膜红肿、皮疹和黄疸等五种症状人员进行传染性疾病的排查，以此达到对传染病早发现、早控制的目的。此系统作为奥运公共卫生遗产在重大活动公共卫生保障中可以有效实施。

5. 充实加强了病媒生物监测网络。奥运会期间，在全市增设了蚊虫、蝇、鼠、蟑螂等病媒生物监测点3 005个，通过严密监视病媒生物密度，掌握病媒生物变化情况，为制订和采取防治对策提供了科学依据。

6. 建立了食品化学污染物和食源性致病菌污染监测网络。2008年监测大米、面粉、蔬菜、水果、茶叶等各类样品1 965件，完成金属污染物、农药残留、食品添加剂、真菌毒素和其他化学污染物等指标检测22 157件项；监测生畜肉、生禽肉、鲜和冻水产品、散装熟肉制品、散装熟制水产品、散装冰激淋、熟制豆制品、速冻生制品、速冻熟制品、婴儿配方粉、生牛奶等各类样品1 300件，完成沙门菌定量、单增李斯特菌、金黄色葡萄球菌、O157：H7、弯曲菌、副溶血性弧菌、阪崎肠杆菌菌落总数、大肠菌群等指标监测45 000件项。通过监测掌握了我市食品化学污染物和食源性致病菌污染状况。

7. 建立了生活饮用水卫生监测系统。对全市15家市政水厂、100个农村自备井水、180个城市二次水箱水和末梢水和密云水库的水源水进行定期和动态监测，掌握水质变化情况。在开展常规卫生指标检测的同时，2008年奥运期间，还首次开展了直饮水中隐孢子虫和甲第鞭毛虫等多种饮用水卫生安全项目的检测。

8. 加强了公共场所空气和中央空调系统质量监测。借助2008年奥运会，对全市1 067家体育场馆、宾馆饭店和商场、超市进行了苯、甲醛、军团菌等项目监测。同时，建立了中央空调系统的卫生学评价系统。

（二）重大传染病得到有效防控

1. 在鼠疫防治工作上。规范并加强了我市的鼠疫监测工作，在延庆、门头沟、怀柔、顺义、密云设置了7个监测面区，在市疾控中心和怀柔县、延庆县疾病预防控制中心建立了鼠疫样本检测实验室，解决了以往北京市的监测血清样品需要送往河北鼠防所进行检验的问题。加强了部门和地域合作，与北京铁路局、北京出入境检验检疫局、北京首都国际机场集团公司联合成立了应急联动工作协调小组。与天津市、河北省、山西省、辽宁省、吉林省、内蒙古自治区的卫生厅（局）召开联席会议，建立了鼠疫联防联控工作机制。对全市医疗机构11万余名在岗卫生专业技术人员进行了鼠疫防治知识全员培训和考试。组织制订了《北京市突发鼠疫疫情应急预案》，2008年4月得到了市政府的批准。奥运会前期，根据此预案，开展了应急演练，卫生部、市政府领导及有关专家参加了观摩，并给予高度评价。

2. 在艾滋病防治工作上。党中央、国务院高度重视艾滋病防治工作，胡锦涛总书记在2007年、2008年的艾滋病防治宣传日期间，两次来我市视察艾滋病防治工作（2007年到朝阳区CDC、2008年到地坛医院）。

我市认真贯彻实施国家"四免一关怀"防治政策和艾滋病干预"三项工程"措施。2008年，我市实现了所有宾馆、饭店、酒店、旅店、度假村的客房摆放安全套，歌舞厅、夜总会、浴池等娱乐场所全部安装了自动售套机。截至2008年底，全市已设有10家美沙酮社区维持治疗门诊，为1 808名吸毒者提供了美沙酮维持治疗。同时，城八区和昌平、通州、房山等区还开展清洁针具工作。目前，我市已形成了完善的艾滋病监测网络，全市有149家艾滋病初筛实验室、75个高危人群监测哨点。在吸毒人群、暗娼人群、男男性接触人群、嫖客、劳务归国人员、结核病门诊、孕妇、建筑工人、性病门诊就诊者等人群中建立了75个监测哨点，定期开展宣传教育和行为干预。同时，我市还对所有登记在册的艾滋病感染者和病人开展追踪随访，对艾滋病病人提供了免费抗病毒治疗服务。

3. 在流感防治上。大力开展流感疫苗接种，在全国各省市率先实施了60岁以上老年人、在校中小学生流感疫苗减免费用接种政策，2008年完成185万余人的流感疫苗接种工作，其中60岁以上老年人86万人，中小学生71万人。为预防流感，减少暴发疫情发挥了至关重要的作用。市民群众对流感疫苗接种工作予以了充分肯定，据抽样调查，60岁以上老年人的知晓率和满意度分别达到95.5%和94.2%，中小学家长的知晓率和满意度分别达到95.8%和92.0%。

4. 在手足口病防治上。在2008年重大传染病防治工作上，手足口病疫情成为一项社会瞩目的重点。2008年5月2日，卫生部宣布将手足口病定为法定报告的丙类传染病后，我市同全国各省市一样，手足口病病例报告数迅速上升。面对严重的发病形势，根据卫生部召开的全国手足口病防控电视电话会议精神，我市及时研究部署了本市手足口病防控工作，启动了我市手足口病防控应急机制，采取了加强流动人口管理、改善流动人口的人居卫生环境、实施托幼园所和中小学校健康晨午检和消毒制度、对患儿进行居家医学观察、在居民中大力开展健康知识宣传等一系列综合防控措施，有效控制了手足口疫情的上升趋势，全市手足口病发病控制在常态发病水平。2008年我市共报告手足口病18 488例，其中重症119例，2例死亡。

（三）慢性非传染性疾病的防治工作取得进展

1. 以健康教育和健康促进为手段，营造慢病防治的社会氛围。在市政府的主导下，在中国医药发展基金会的大力支持下，2008年全市开展了以"健康奥运，健康北京"为主题的19项全民健康活动。这些活动就是以预防传染病和慢性病为目标，通过向全市居民普及健康知识、在全市居民中开展促进健康的行动，从而提高广大市民的健康意识和健康素质。在各区县、各部门的大力支持下，向全市每户家庭发放1本《首都市民预防传染病手册》、1本《首都市民健康膳食指南》、1本《首都市民中医指南》；在北京电视台、北京人民广播电台、《北京日报》、《北京晚报》、千龙网等在京多家媒体开辟了"健康奥运，健康北京"健康科普知识宣传专栏，制作了公益广告50集，在北京电视台10个频道滚动播出4.5万次；制作了涵盖预防夏季肠道传染病、预防中暑、预防食物中毒以及来京游客在饮食起居、交通安全、生活餐饮、户外活动、住宿休息、气象交通等内容的各类健康教育宣传材料150万份。在全市居民中开展了限盐、控油行动，向全市每个居民家庭免费发放限量盐勺和限量油杯。开展了控烟活动，创建了6.6万辆无烟出租车、252所无烟医院、1 600多所无烟学校。开展了"迎奥运，走健康路"活动，引导市民"改变不良生活习惯，养成健康生活方式"。"健康奥运，健康北京——全民健康活动"的社会反响之大，影响度之深，受众面之广，渲染力之强，是我市健康教育工作前所未有的，开创了健康教育工作的新局面。

2. 对全市适龄儿童开展了防龋工作。2008年再次对全市适龄儿童免费开展了窝沟封闭防龋活动。市卫生局在全市安排了95家医疗机构开展窝沟封闭工作，对全市111 023名6～9岁儿童免费实施了口腔检查，对易患龋齿的194 630颗第一恒磨牙进行了窝沟封闭治疗。这项活动为预防儿童龋齿起到积极的作用和效果。

3. 精神疾病防治工作得到了加强。随着经济发展和社会竞争的日益加剧，精神疾病在我国疾病总负担中排名位居首位。精神卫生问题不仅是一个公共卫生问题，也是一个突出的社会问题。依据《北京市精神卫生条例》的规定，我市建立了卫生、公安、流动人口管理、民政、残联、财政等部门组成的精神病人管控工作协调小组，形成了多部门联控机制。建立全市精神疾病报告制度，在全市130家设有精神科门诊、精神病床的医疗机构实现了精神疾病信息的网上直报。遵循属地管理原则，各区县全面加强对精神病人的治疗与管理，以重性精神病人为重点，定期开展走访与评估，实行四期分类管理。

二、面临的形势和任务

（一）传染病控制依然是当前主要的公共卫生任务

近20年来，一些已经灭绝的传染病再度出现，新的疾病不断发生，甚至导致局部地区的暴发和流行。鼠疫、霍乱、感染性腹泻、病毒性肝炎等在内的急性、烈性传染病仍然严重威胁着人民的生命健康，同时还出现了如SARS、裂谷热、埃伯拉出血热、军团菌病、莱姆病、霍乱O139、大肠杆菌O157：H7出血性肠炎、拉沙热、疯牛病、人禽流感等一些新发传染病，这些新传染病的出现给全球经济、社会发展和人类生存带来新的挑战和威胁。

（二）慢性非传染性疾病对人民健康的影响和危害加剧

近10年以来，全世界60%的死亡是由慢性非传染性疾病造成，即使在发展中国家，慢性非传染性疾病的疾病负担也已超过传染病的疾病负担。据统计，肿瘤、脑血管病和心脏病分别占我国居民死因的前三位。北京作为现代化的大城市，吸烟、饮酒、高糖高脂肪高胆固醇饮食、缺少运动、食物过细、精神紧张等不健康的生活方式普遍存在，慢性病防治工作更加艰巨。

（三）疾病预防控制和卫生应急处置能力还有待提高

除急性传染病和慢性非传染性疾病的预防和控制外，食品安全、环境污染、职业病危害、伤害、人口老龄化以及流动人口等带来的诸多的公共卫生问题均需要我们着手加以解决。因此，在疾病预防控制的基础建设、标准化建设、人才队伍建设、科研开发等方面应给予财政稳定的保障机制，不断提高公共卫生服务能力和水平。

（四）疾病控制的管理体制和工作机制需要进一步改革和推进

卫生防病监督体制改革后，机构虽分开，但人员编制没有增加，造成了疾控机构人员过少，工作量和编制不成比例，特别是乡村级服务能力有待进一步提高，人员短缺问题已经成为制约卫生防病工作任务完成的重大障碍。在传染病预防控制工作中，需要公安、民政、工商、教育、建筑、计划生育、交通运输、民航、农业等部门的密切配合，单独依靠卫生部门难以开展业务工作。各部门责任和合作之间仍然存在问题，这一工作机制的建立仍需加强。

（五）建国60周年大型庆祝活动的保障任务十分严峻

今年是建国60周年，也是各种敏感事件的纪念日，我们承担着国庆大型庆祝活动的保障任务，形势十分严峻。我们必须做到组织有利、部署周密、措施到位，保证60年大庆活动在祥和、欢乐的气氛中进行。

三、2009年工作意见

（一）进一步规范与完善疾病预防控制工作机制

1. 落实卫生部《各级疾病预防控制机构基本职责》和《疾病预防控制工作绩效评估标准》，积极开展疾病预防控制机构绩效评估工作，推进疾控机构的规范化、标准化、科学化管理，实现全市疾病预防控制工作可持续发展。

2. 提升二级以上医疗机构感染性疾病科及社区、农村预防保健三级网管理能力和水平，制订并完善医疗机构疾病预防控制工作考核评价标准，强化基层医疗服务体系的公共卫生服务功能，切实做到"重心下沉，关口前移"。

3. 继续加强与国境检疫、民航、铁路、农业、工商以及周边省市保持密切的信息沟通与联系，主动建立与教育、公安、司法等部门的协作机制，进一步强化我市重大传染性疾病联防联控工作机制。

（二）规范信息管理，加快信息化建设，提高疾病预测预警能力

1. 继续保持和提高全市医疗机构传染病疫情和突发公共卫生事件报告及时率和准确率，要达到100%。优化性病、艾滋病、结核病等疾病专报系统，加速免疫规划信息管理系统建设，确保我市预防接种信息化，实现儿童异地接种。落实重性精神疾病管理治疗信息系统建设，建立慢病信息管理系统。

2. 在全市二级以上综合医院开展发热、腹泻、皮疹、黄疸、结膜红肿5种症状监测的基础上，2009年5月起，在全市一级医院、社区卫生服务中心、卫生院要全部实施症状监测，对就诊的发热、腹泻、皮疹、黄疸、结膜红肿等5种症状患者，要询问了解其密切接触者情况，凡密切接触者有2例以上同样症状者，该就诊病例为报告病例。辖区疾病控制人员要对症状监测的报告病例及时进行追访和传染病排查，不让一例传染病患者漏网。

3. 进一步加强各级各类学校的传染病预防控制工作，落实学生因病缺课监测，2009年全面实施中小学校传染病早期监测预警信息系统建设，对学校内可能发生的各类传染病疫情进行早期预警。

4. 市、区县疾病预防控制部门要及时、准确掌握国内外和我市传染病疫情动态，向卫生行政部门适时提供预警信息。

（三）完善措施，促进免疫规划工作持续、健康发展

一是切实加强免疫预防工作，全面落实扩大免疫规划实施方案，提高接种率，消灭免疫空白。二是继续开展脊灰强化免疫活动，保持全市无脊灰状态。三是全面贯彻落实《2006~2012年全国消除麻疹行动计划》，通过加强常规免疫服务、开展麻疹强化免疫、执行入托入学查验预防接种证制度等措施，确保人群麻疹免疫力达到并保持在95%的水平。四是加强乙肝疫苗接种管理，各区县要保证儿童乙肝疫苗接种率及首针及时接种率保持98%以上，保持5岁以下儿童乙肝病毒表面抗原携带率在1%以下。五是进一步推进全市预防接种门诊规范化建设，规范冷链配置，合理规划布局预防接种门诊，避免出现服务盲区，2009年全市免疫预防门诊要全部达到规范标准。六是建立健全预防接种异常反应调查和处理机制，及时发现、处

理和报告疑似预防接种异常反应。

（四）做好重大传染病防控工作，确保疫情平稳

1. 继续加强流感、人禽流感等呼吸道传染病防控工作。目前，虽然我市的流感发病的高峰季节已过，全国人禽流感疫情也相对平稳。但这只是暂时的，季节性流感、人禽流感是目前全球关注的重大公共卫生问题。密切关注禽流感病毒的变异，防范全球流感大流行是摆在全世界各国的长期重大课题。对流感、人禽流感年年保持高度警惕，不能有丝毫的放松，牢牢坚持现有的各项防控措施，继续加强流感样病例和病原学监测，流感样病例监测要逐步覆盖到全市各级各类医疗机构，扩大流感病原学网络实验室。为全市60岁以上老年人、中小学生全部实施免费流感疫苗接种，已纳入2009年市政府57件实事之中。市、区县疾病控制机构、设有免疫接种门诊的医疗机构要提前做好流感疫苗接种的各项准备，提高接种率和接种质量。开展流感大流行、禽流感研究，特别是呼吸道传染病防护措施的研究，提高人禽流感的防控水平和应对能力。在禽流感高危人群流感样病例基础上，要开展高危人群、禽类、活禽场所禽流感病原学监测。各级医疗机构，要认真履行职责，落实人禽流感防控措施，加强培训，提高对人禽流感病例的识别能力和诊疗水平。各区县卫生局要加强与本级工商部门、农业部门和林业部门的联防联控，建立防控协调制度、疫情通报制度，一旦发生禽流感疫情，严格做到"三同时"。

对人禽流感防控工作，市卫生局年初刚下发了通知，对疾病控制机构、医疗机构已提出明确具体的要求，在此我不再赘述。

2. 进一步做好肠道传染病防控工作。全市肠道门诊是防控肠道传染病的重要战线，从4月1日起，全市335家医院肠道门诊已全部开诊。对到肠道门诊就诊的每一例患者实施逢泻必检是我市排查发现霍乱病例的重要关口，必须坚持做好，不放松。同时，为了及时发现聚集性肠道传染病疫情和食物中毒事件，我市在全市肠道门诊实施腹泻病例报告制度。为此，在市财政部门的大力支持下，市卫生局已为全市医院肠道门诊都配备了电脑，并安装了腹泻病例报告信息系统。全市所有肠道门诊对诊治的每一例病例资料都必须及时录入腹泻病例报告信息系统。市、区县疾病控制机构要进行24小时网上监控，一旦发现可关联的腹泻病例，立即开展流行病学调查。肠道传染病流行季节，各级疾病控制机构要进一步加强食品，特别是水产品的肠道致病菌监测，一旦发现阳性样品，立即通报卫生监督部门采取严格控制措施。一旦发生疫情，及时处理，严格控制传染源，追踪病源，切实做好现场处置工作。

3. 继续完善和规范鼠疫监测网络和监测机制，提高监测质量，及时发现疫情。在这里我要特别强调的是，根据北京市城市特征，加强人间鼠疫疫情监测更为重要，随着交通的迅速发展，人间鼠疫病例输入北京的危险在不断加大。因此，提高医务人员鼠疫诊治防控的意识和能力十分重要，也是我市鼠疫防控工作的关键环节。各区县卫生行政部门、各级各类医疗机构都要有计划地组织开展医务人员培训，提高对鼠疫病例的识别能力，做到早发现、早诊断、早报告、早隔离、早治疗，防止疫情传播。

根据专家的建议，2009年在门头沟区、顺义区、怀柔区、密云县、延庆县对不同地理环境啮齿类动物及鼠疫感染状况进行一次科学、全面的调查，计划经过3年的调查，绘制出北部山区地理生态图，查明啮齿类动物和寄生蚤类的种群构成、分布特点，在地理景观图上制作包含地理生态、啮齿类动物、寄生蚤类及鼠疫病原检测结果的综合数据图，为今后我市的鼠疫防治及监测工作提供依据。

4. 继续深入贯彻落实国家"四免一关怀"政策及市政府"三大工程"。加强艾滋病筛查实验室建设，强化疫情监测与检验能力，艾滋病自愿咨询与检测点要从现在的疾病预防控制机构扩展到妇幼保健机构和二级以上医疗机构，城八区的年检测数量不低于600人，远郊区不低于400人。同时，进一步加大艾滋病防治宣传教育工作的力度，加大对高危人群的行为干预力度。充分发挥社会团体、民间组织的作用，加强艾滋病防治知识宣传志愿者队伍建设，在全市开展首都预防艾滋病宣传志愿者"1+1"十进行动，通过组织志愿者进社区、进工地、进医院、进学校、进车站（包括火车站、汽车站、地铁站等）、进宾馆、进商场、进公园、进电影院和进企事业单位等场所，深入开展艾滋病防治知识宣传教育，提高群众对艾滋病的认识和自我保护能力。同时，继续推广100%安全套活动；提高现有美沙酮门诊的治疗人数，每个门诊治疗人数不得低于150人，维持率达到75%以上。

5. 加强结核病控制工作。充分发挥社区卫生服务中心（乡镇医院）在肺结核病人报告转诊、肺结核病人追访、治疗管理以及健康教育的职能，大力推行《肺结核病人家庭成员督导管理制度》，全面落实肺结核病人的免费诊断和治疗政策，肺结核病人报告率、病人转诊率要达到95%以上，肺结核病人追踪到位率和病人家属筛查率大于85%以上，病人系统管理率达到95%以上。加大学校、农民工工地等重点场所、重点人群结核病防治工作力度，加强对耐药结核病人的

治疗和管理。

6. 做好手足口病防治工作。当前，我市手足口病发病数呈快速上升趋势，进入4月份以来，全市每日手足口病报告数均在100例以上。截至2009年4月6日，全市共报告手足口病1 937例，其中88%为5岁以下儿童。按发病数排名前五位的区县是：丰台、朝阳、海淀、房山、昌平。按发病率排名前五位的区县是：丰台、昌平、朝阳、海淀、大兴。

关于手足口病防治工作，市卫生局已召开了专门会议进行了部署，并下发了加强手足口病的通知，提出了明确要求，望各区县、各单位按照各自的职能严格贯彻执行。下面我就手足口病再强调几句。

第一，加强疫情监测和报告，医疗机构除依法及时进行传染病网络直报外，对住院的手足口病患儿要实行报告制度，及时将住院病人的相关情况登陆北京市卫生局医政管理系统。

第二，严格病例管理。社区卫生服务机构要对辖区内的每一例手足口病例进行传染病跟踪访视。根据情况对密切接触的儿童及家长进行居家隔离和医学观察，建立居家医学观察病例档案、发放手足口病居家医学观察及护理指南，督导防控措施的落实。

第三，对托幼机构、小学等要严格晨午检制度。发现可疑手足口病患儿，应及时送诊并追踪患儿病情信息，向当地疾控机构报告，对患儿的食具、用具、玩具、公共用品进行消毒，防止疫情扩散。按照卫生部的意见，托幼机构一周内发生20例手足口病病例或2例以上重症病例时，要关闭2周。

第四，提高诊治能力，严防院内感染。各区县卫生局要完善手足口病医疗救治专家组，市级专家组负责拟定手足口病诊疗规范，对重症患儿诊断治疗和抢救提供技术支持，提高临床诊治水平，降低患儿病死率。

第五，加大宣传教育，提高公众的防病意识及防病能力。充分发挥各级医疗机构、社区卫生服务中心（站）、乡镇卫生院、村卫生室的卫生防病宣传网络作用，把各种传染病的临床特点、病原学基本情况、可能受污染的环境与物品、消毒措施等宣传到千家万户。

7. 落实地方病综合性防治措施，建立地方病防治长效工作机制。继续落实以食盐加碘为主的综合防治措施，保持我市合格碘盐食用率大于95%。组织开展育龄及妊娠妇女碘营养状况调查、重点区县学龄儿童碘缺乏病现状调查、居民饮水氟含量调查、学龄儿童氟斑牙患病率调查工作，为地方病防治工作提供科学依据。同时做好鼠疫动物间疫情监测、高危人群布氏杆菌病血清学监测和怀柔区大骨节病监测等常规监测任务。

（五）以健康促进工作为手段，积极推进慢病防治工作

为进一步改善全市居民的主要健康指标，全面提升市民的健康素质，把北京建设成为拥有一流"健康环境、健康人群、健康服务"的国际化大都市，市政府提出用健康促进的策略应对慢性病的挑战，通过普及健康知识、动员市民参与健康行动、政府提供健康保障，延长全市居民健康寿命。

4月7日，第32次市政府常务会讨论通过了《健康北京人——全民健康促进行动十年规划》。为让大家及时了解该《规划》的内容，作好实施的准备，今天以"草案"的方式下发给大家，正式文件将以市政府的名义下发。《健康北京人——全民健康促进行动十年规划》提出了普及健康知识、合理膳食、控烟、健身、保护牙齿、保护视力、知己健康、恶性肿瘤防治、母婴健康等9大健康行动和11项健康指标。从今年开始，以区县为单位，人群健康知识知晓率和健康体检合格率要逐年上升。

为了加强全市健康促进工作的领导和协调，市政府拟将成立由卫生、体育、教育、文化、宣传、商业、劳动保障、民政、财政、发展改革、人口与计划生育、质检、工商、园林、工会等相关管理部门多部门组成的北京市健康促进工作委员会，并建立健康促进工作考核与评估制度，每年度对各区县、市相关部门健康促进工作完成情况进行督导与评估考核，并将考核结果纳入市委、市政府对区县和部门的年度考核内容。同时，建立全市和区域健康状况评价体系，每年发布一次"北京市人群健康状况白皮书"，向社会公布北京人健康状况。

健康教育与健康促进是帮助人们实现健康的重要手段，也是实现"21世纪人人享有卫生保健"目标的战略性措施。各区县、各部门要给予高度重视，积极投入到健康促进行动中来，通过普及健康知识宣传、干预不健康的生活行为，遏制慢性病的上升趋势。

在全民中开展体重控制活动，向居民家发放健康腰围尺，通过中小学生带到家庭，并组织每名中小学生为家庭成员进行腰围测量，以此提高公众体重控制意识。同时，大力倡导全民健身活动，在全市各行业倡导推行工间操制度，以区县或系统为单位开展工间操大赛活动。以社区卫生机构为平台，对高血压、高血脂、糖尿病人群开展主动健康管理，定期开展健康咨询、健康监测和服药指导。从老年人入手，在全人群中开展眼病的早期筛查、早期干预；对全市25~65岁户籍妇女免费开展了子宫颈、乳腺疾病筛查。

培养青少年健康行为，从 2009 年开始，全市要每年新增健康促进学校 100 所以上。在全市青少年大力开展爱眼、护牙行动，定期开展健康检查，推行课间和家庭眼保健操，对全市 7~9 岁儿童免费实施窝沟封闭防龋项目。为了保障儿童健康成长，按照市政府领导的要求，拟将向全市 1 200 所小学校派驻兼职校医，负责学生的健康教育、健康管理、常见病防治工作。兼职校医原则上由小学校所在地区的社区卫生服务机构选派。

（六）加强精神卫生、职业卫生和食品卫生工作

积极推动我市精神疾病预防、医疗、康复体系建设，建立以市精神疾病预防控制机构为龙头，18 个区县精神疾病预防控制机构为骨干，社区卫生服务中心（卫生院）为前端的三级精神疾病预防控制管理体系。通过社区卫生服务机构，为辖区内的精神疾病患者提供随访、药物治疗、康复指导和精神卫生知识宣传教育等精神卫生防治服务。对居家的精神疾病患者每月访视，实行病情动态管理；向贫困精神病人提供免费药物。拓展综合医院的服务领域，在全市二三级综合医院设立精神心理科门诊。大力发展精神疾病社区康复服务模式，健全完善社区康复机构。在各区县政府的统一领导下，充分利用社区内资源，在街道、乡镇等地建立适合我市实际的精神卫生社区康复机构，在区县精神卫生专业机构和人员的指导下，由社区一级政府为辖区内病情稳定的精神疾病患者提供康复训练场所和服务。对在社区内病情明显波动或病情复发以及新发的精神疾病患者，及时转诊至市和区县属精神疾病专科医院。为掌握我市精神患病情况，为制订精神卫生策略和措施提供科学依据，2009 年第四季度启动北京市精神疾病流行病学调查，目前市卫生局正在组织有关专家制订调查方案。精神疾病流行病学调查，是一项科学性很强、难度很大的专项调查，各区县要给予积极支持和配合。

根据卫生部门承担的职业卫生职责，重点加强三个方面工作。一是加强职业卫生技术服务能力建设，进一步规范技术服务行为，不断提高全市职业卫生技术服务水平。二是积极做好重点行业、重点职业病危害以及高毒物品生产使用情况的专项调查、检测与评价工作。三是做好职业健康监护工作，加强职业病监测，切实保护劳动者身体健康。

《食品安全法》的贯彻实施，进一步完善食品污染物和食源性致病菌监测体系，扩大监测频度和数量，提供食品安全信息。

同志们，今年是建国 60 周年，也是深化医药卫生体制改革和疾控机构卫生服务能力建设处于关键时候的一年。做好重大疾病防控工作至关重要，我们要不辱使命，抓住机遇、应对挑战、求真务实、开拓创新，以科学发展观为指导，以深化新医改为动力，以促进基本公共卫生服务均等化为契机，以做好"十一"建国 60 周年公共卫生保障工作为载体，提高重大疾病预防控制能力，确保不发生传染病暴发流行，为维护人民群众身体健康作出贡献。

北京市医政工作会议报告

北京市卫生局副局长 邓小虹
（2009 年 4 月 17 日）

同志们：

今天我们在这里召开 2009 年北京市医政工作会议。首先，我代表市卫生局向全市在医疗、血液、物价管理第一线辛勤工作的同志们和广大医务人员表示崇高的敬意！对大家 2008 年在抗震救灾、奥运医疗保障、问题奶粉患儿救治等重大事件中所展现出的过硬素质和所取得的优秀成绩表示衷心的感谢！

这次会议的主要任务是：深入贯彻落实科学发展观和 2009 年全国卫生工作会议、全国医政、医管工作会议和北京市卫生工作会议精神，总结 2008 年医政、血液暨物价工作情况，分析全市医院管理和医疗服务综合运行状况，研究部署 2009 年医政、血液暨物价工作任务。

一、全市医疗资源及工作量现状

（一）医疗资源现状

截至 2008 年底，全市拥有医疗机构 6 371 家，编

制床位92 008张，全市卫生技术人员149 916人，包括执业（助理）医师58 773人，注册护士55 349人。

截至2008年底，按常住人口计算，每千人口拥有编制床位5.43张（实有床位5.09张），卫生技术人员8.84人，执业（助理）医师3.47人，注册护士3.27人。

（二）医疗工作量情况

1. 门急诊工作情况。全市门急诊工作量首次超过1亿人次，比2007年增长13.57%；增幅最高的是城区一级医疗机构，为20.97%，约占全市门急诊工作总量的12%；增幅居第二位的是郊区二级医疗机构，为15.12%，约占全市门急诊工作总量的14%。看来城市社区医疗机构和郊区县医院服务在分流门诊病人方面开始逐渐显示效果。

2. 出院工作情况。2008年，全市出院总人次156万，比2007年增长7.91%，平均住院日缩短0.1天，下降到14.5天。

二、2008年工作回顾

2008年是令人难忘的一年，是医务工作任务繁重的一年，也是全市卫生系统和全体医务人员取得辉煌成绩的一年。我们认真贯彻落实市委、市政府关于"营造良好局面，办好一件大事"的工作要求，在出色完成奥运医疗服务保障工作的同时，成功应对了抗震救灾医疗任务、问题奶粉患儿救治等一系列重大突发事件。同时，以提高医疗服务质量、保障医疗安全，完善医院管理长效机制为目标，在强化医院管理，严格技术准入，完善便民措施等方面各项工作也取得一定成绩。

（一）出色完成奥运医疗保障任务

奥运期间，我们在31个竞赛场馆、45个独立训练场馆和10个非竞赛场馆，开设了156个符合国际医疗服务规则的医疗站，并以定点医院为骨干，在全市范围内选拔了3 223名医疗专业志愿者，超负荷、高质量完成了奥运场馆一线医疗保障服务任务。各场馆医疗站（含奥运村综合诊所）共接诊患者21 337人次，定点医院共接诊涉奥人员3 567人，非奥运定点医院接诊奥运注册人员及外籍访客共计383人。同时，全市二级以上医疗机构全部坚持实行周六、周日全天门诊。共接诊263.5万人次，急诊接诊27.1万人次，累计入院6万人次。

全市医务工作者们充分展示了首都医务系统的高超技术水平和良好精神风貌，履行了"两个奥运会（奥运会、残奥会）同样精彩"、"两个医疗服务保障（奥运医疗服务保障、城市医疗服务保障）同样精彩"和"国际社会满意、运动员满意、人民群众满意"的承诺，得到了国际奥委会高度评价。

（二）全力以赴参与四川地震灾区的抗震救援医疗工作

1. 全力参与地震灾区的紧急医疗救援工作。市卫生局共组建并派出11批医疗救援队、73辆救护车，队员来自67家医疗机构617人。医疗队共为灾区带去价值1 355万元的救援物资。医疗救援队共诊治病人24 178人，开展各类手术629台，抢救、护理危重症患者2 973人，并开展了大量的会诊、巡诊、体检、血液透析和心理干预工作。我市急救转运队伍在四川期间日夜兼程，转战成都、绵阳、重庆、德阳、广元、乐山等县市的27家医院，行程23万公里，完成了2 836名伤员的转运任务，占灾区全部伤员转运量的30%，被卫生部和四川省领导称赞为"素质高、技术强、作风硬、反应快、训练有素的急救队伍"，当地群众称北京急救队是最让四川人民放心的"铁军"。

2. 精心组织地震灾区伤员收治工作。确定北京老年医院作为四川地震灾区伤员的定点医院，共接收了91名伤员和87名家属。组织成立了涉及全市25家三级甲等医院，包括ICU、外科、心理、康复等24个学科专家组成的市级医疗救治专家组，参与会诊和手术。历时5个月，91名四川地震伤员共分9批全部康复出院。

3. 积极开展对口支援什邡市医疗卫生灾后重建工作。制订了《北京市医疗卫生对口支援四川省什邡市工作方案》，按照"输血"与"造血"相结合、当前和长远相结合的基本原则，已前后组建3批医疗队开展了支援工作。

（三）推动医政审批的法制化建设，加强准入管理

1. 制订医疗机构设置规划，清理整顿不合理审批设置的医疗机构。一是按照卫生部医政司的要求，提前制订完成了《北京市区域医疗机构设置规划（2008～2015）（送审稿）》、部分专科医疗机构设置规划和康复医院与护理院设置规划。

二是依据《卫生部关于印发〈卫生部关于医疗机构审批管理的若干规定〉的通知》（卫医发〔2008〕35号）的要求，结合北京市实际情况，制订了《北京市医疗机构清理整顿专项工作方案》，会同各区县卫生局于2009年3月1日前对北京市已批准设置及登记注册的9 495家医疗机构（其中二级以上医疗机构166家，一级及以下医疗机构9 329家）进行了一次全面的清理整顿。通过清理整顿，全市共撤销、注销医疗机构478家，暂缓校验医疗机构102家，规范

医疗机构名称126家，纠正医疗机构类别52家，规范诊疗科目376家，责令限期整改420家。

三是初步拟订了《北京市医疗机构审批管理暂行办法》，明确和完善了涉及医疗机构审批的有关管理程序、权限划分、审批原则、文书规范、文本填写、档案管理等内容。

2. 加强心血管介入诊疗技术准入。制订发布了《北京市心血管疾病介入诊疗技术医疗机构设置规划》。依据专家组考核评价结果，结合区域规划原则，在55家（三级医院32家、二级医院23家）申请开展心血管诊疗技术的医院中，现阶段准许40家开展心血管介入诊疗技术，其中三级医院23家，二级医院17家（拟规划为区域医疗中心）；位于城八区的27家，位于郊区的13家。不予准入的15家医院中，有3家医院为技术评价不合格；有4家医院为技术评价合格但不符合规划设置原则，不给予资质；有8家医院需在有资质的医院指导下限期整改一年，再重新进行技术评价。

同时，结合卫生支农工作，在准入机构范围内制订了城区三级医院对口帮扶郊区县二级医院的心血管介入学科建设的工作方案，确定了对口帮扶关系，以进一步加强人员培训，提高郊区县二级医院开展心血管介入诊疗技术的能力和水平，保障郊区县心血管疾病患者能够得到就近可及、及时、有效的救治，降低郊区县心血管疾病死亡率。

（四）完善紧急医疗救援体系建设

奥运会医疗保障任务的圆满完成为我市院前急救体系建设留下了宝贵遗产，也全面促进了我市院前急救体系的建设。通过奥运会，全市医疗急救网络得到进一步加强与完善，新运转了65个120网络急救站；二级以上医院组建了115支共976人的紧急医疗救援队伍。并针对多种突发事件制订了应急预案，组建了三级院内救治网络，建立了5个应急救治基地，全市共储备应急床位5 880张。同时，组织各级医院开展了包括桌面演练、实地演练等多种形式的演练，进一步理顺和强化了突发事件紧急医疗救援中各个环节的衔接与配合，提高了群体伤亡事件的医疗应急救治能力。

（五）探索科学规范的医院管理长效机制

建立科学规范的医院管理评价与巡查工作常态化机制，一直是我们认真思考和探索的一项重点工作。近几年，经过长期实践和广泛调研，我们在不断完善《医院管理年和创建人民满意医院考评标准》和《医院管理年和创建人民满意医院考评标准实施细则》的基础上，紧密依靠市卫生局各相关业务主管处室，充分发挥各专业质控中心和行业组织的作用，逐步提炼和筛选出了一批精炼、客观、科学的医院管理评价指标，为建立科学的医院管理评价指标体系奠定了基础。下面结合我市医疗机构2008年工作情况，就部分指标进行介绍。

1. 医疗资源利用效率指标（床位使用率和平均住院日）。2008年，全市编制床位使用率72.50%，其中三级医疗机构85.05%，二级医疗机构81.38%，一级医疗机构42.13%。全市平均住院日14.46天，其中三级医疗机构14.28天，二级医疗机构13.92天，一级医疗机构18.16天。

2. 床位工作效率（床位效率指数）。2008年全市二级以上医疗机构床位运转情况总体处于等效率运行；但按级别分别统计时，三级医疗机构床位处于等效率运行状态，其中三级专科医院处于高效率运行状态；而二级医疗机构床位总体处于低效率运行状态。

3. 医院感染管理指标

（1）医院感染发生率和病死率。2008年监测住院病例1 063 711例，发生医院感染22 258例，医院感染发生率2.09%，显著低于2007年（$P<0.001$），三级医院感染发生率显著高于二级医院（$P<0.001$）。

由医院感染导致死亡病例1 984例，医院感染病死率为8.91%，与2007年相比无统计学差异，而三级医院感染病死率显著低于二级医院（$P<0.001$）。

（2）医院感染用药情况。2008年医院感染病例共送检标本13 824例次，送检率56.53%。医院感染患者中，72.28%使用了抗菌药物，其中经验性用药高达78.49%，说明抗生素使用还存在很大的盲目性和不合理性。

医院感染的发生在不同程度上延长了患者的住院天数，增加了患者的负担。2008年，全市医院出院患者平均住院天数为15天，政府办综合医院住院病人人均医疗费用为13 514.52元。2008年，北京市医院感染患者平均住院日为47.8天，与2008年正常出院患者相比，平均每例延长住院时间32.8天，平均每位医院感染患者比非感染患者多负担诊疗费用29 551.75元。

4. 人均工作效率指标。根据医院当年出院人数，通过DRGs标准化处理后，计算出医院当年负担DRGs总权重，除以医院医师数，得出每执业医师年负担DRGs权重，其大小反映医院承担医疗工作量的多少以及病例复杂程度。

5. 医疗质量评价指标。采用DRGs分为四级后的住院病例死亡率评价医疗质量。住院病例死亡率既与疾病本身有关，与临床过程相关。对于高风险类型的病例，如恶性肿瘤等，死亡率高低与疾病本身的关系大于与临床过程的关系；反之，对于低风险类型的病例，如单纯阑尾切除等，死亡率高低则与临床过程的关系更为密切。因此，可使用低风险组住院病例死亡率和中低风险死亡率为医疗质量的评价指标，如低风险组病例和中低风险组的住院死亡率较低，则医疗质量较高。

6. 医疗纠纷和医疗事故发生率。2008年全市共受理参加医疗责任保险单位医疗纠纷案件1 675件，其中调解1 402件，占83.7%，与2007年相比降低了2.1个百分点；诉讼273件，占16.3%，与2007年相比提高了2.1个百分点。

医疗责任保险运行4年来，通过医责险支付赔款共计12 003.72万元，其中已决赔款6 279.05万元，提存准备金5 724.67万元（包括未决赔款准备金、未到期责任准备金。其中未决赔款准备金占主要部分，计算方法为年底未决案件例数乘以已决案件例均赔款额的乘积，作为下一年度未决案件的赔款准备金）。

2008年医责险承保医疗纠纷案件中，按医院级别统计，发生在三级医院的医疗纠纷案件占50%，发生在二级医院占44%，发生在一级医院的占6%。

2008年，北京医学会受理医疗事故技术鉴定113例，较2007年减少7例；其中有30例鉴定为医疗事故，占26.5%，较2007年减少7例，事故率降低4.3个百分点。在30例医疗事故中，发生在三级医院的占53%，二级医院的占33%，一级及以下医疗机构的占13%。

为加强沟通交流，充分发挥上述医院管理评价指标对各医疗机构提高医院管理水平的参考作用，从2007年开始，我们在北京卫生信息网上为全市二级及以上医疗机构搭建了一个内部信息交流平台，即北京市卫生局医政管理平台。每季度在该平台中发布北京市医疗统计信息简报、北京市卫生物价总控简报、全市二级及以上医疗机构工作量、床位使用效率和医疗机构费用等信息。医院管理部门可以登陆平台，了解全市医疗机构、同级同类医院各项指标的平均水平及本院的排序位置，为改进医院管理，提高工作效率发挥积极作用。

据统计，从季度公示制度实施以来至今，平台点击次数达66 821次，说明各相关医疗机构对公示内容给予了重视和关注。如：北京朝阳医院每季度对平台公布的数据进行13家同类机构的绩效统计比较，撰写相关分析报告，为院领导加强医院内部管理，调整相应措施，提供有利的参考依据。北京大学第三医院管理部门通过平台了解到全市三级综合医院平均住院日情况，以及与同类型、同规模医院比较、分析，以降低医院平均住院日为切入点，促进医院管理水平的提高。今后，我们会不断完善和扩充医院管理指标体系，并把有关指标数据定期在医政管理平台上发布，希望各医院充分利用好平台，从平台公示的各项指标中获取促进医院管理的有益信息，加以分析利用，促进医院管理水平的持续改进和提高。

（六）加强医院管理，推动便民措施

一是继续推动开展门诊候诊、取药电子叫号服务、挂号和收费通柜服务、错峰出诊制度、周末门诊、简易门诊、延长抽血时间等多项便民措施。结合医院管理年工作，制订了包括规范门急诊管理、提高医院运行效率，控制医疗费用等核心内容在内的加强医院管理十项措施。

二是进一步完善了由卫生行政部门、专业质控中心和医疗机构共同参与的医疗质量管理体系。成立了医学影像质量控制和改进中心和心血管诊疗技术质量控制和改进中心，使我市医疗质控中心数量达到了16个，进一步完善了专项质控体系。

三是继续推进卫生支农和对口支援社区卫生工作。在原有卫生支农工作的基础上，结合区域卫生规划、农民健康需求，启动了11家大型三级甲等医院对口支援10个郊区县11个区域医疗中心的重点学科建设工作。同时，进一步推动对口支援社区卫生服务工作，达到全市社区卫生服务中心享受城市二三级医院对口支援的全覆盖。

（七）血液工作出色保障医疗需求

2008年，在市献血委员会领导下，在国家卫生部的指导下，在区县各级政府和社会各界的广泛参与和大力支持下，我市无偿献血总量继续居于全国城市之首。全市血液自给率继2007年后继续保持100%，实现了本市血液采、供、需的动态平衡。全年共采集血液125吨，比去年增加22%，其中街头无偿献血比去年同期上升28%；团体无偿献血比去年同期减少31%；机采血小板64 439单位，比去年同期上升31%；RhD阴性血3 228单位，比去年同期上升32%。2008年没有发生因血液质量问题造成经血传播的传染性疾病，保证了临床用血安全。

2008年，全市临床用血612 902单位，其中军队和武警系统医院用血量约占全市用血22%；39家地方三级医院（不含中医医院）用血占全市采供血量的55%。平均自体输血率达到18.1%，每台手术平均用血量为1.80单位，比去年增加4.0%；住院人均用血量为0.93单位，比上年增加5.6%。

主要工作情况。一是转变宣传重点，提高抗风险能力。各区县献血办公室深入单位、街道、社区等，以我市常住人口为重点，用群众喜闻乐见的形式广泛宣传；为采供血机构搭建街头采血点平台；提高了应对高温、严寒天气，应对突发事件的能力，为奥运会储备了应急献血者队伍。2008年新增设了4个街头采血点，调整2个采血点，使全市街头献血点达到33个（血液中心20个、通州10个、其他3个），进一步提升了采供血能力。

二是扩充献血者队伍，确保血液均衡供给。全市固定献血者队伍不断壮大，稀有血型队伍约1 000人，固定献血队伍6万人，应急献血队伍17万人。北京市4家采供血机构，充分发挥预约献血者队伍的作用，圆满完成了奥运会期间首都日常和应急用血的安全和及时供应，并保持了血液库存的动态平衡。2008年8月份，采血量比上年同期增长2.1%。第一次打破了高温天气街头献血量下降的局面。

三是加强血液规范化管理，大力开展质量培训，加大监督检查力度。2008年，先后制订并下发了《北京市储血点设置与管理办法》、《脐带血采集管理标准》和《北京市医疗机构输血科（血库）基本标准（2008版）》，规范了无偿献血登记表中献血者信息内容。组织对4家血站和1家脐带造血干细胞库的从业人员进行了实验室室内质控的培训。开展了《血站质量管理规范》和《血站实验室质量管理规范》落实情况现场质量督导检查，对血液检测质量进行了飞行检查和评价。进一步完善了临床输血技术人员培训基地验收工作，北京安贞医院、北京大学第一医院、阜外医科和航天中心医院通过了北京市临床输血技术人员培训基地的验收。截至目前，全市已有6家临床输血技术人员培训基地通过验收，将为输血科（血库）相关人员开展临床输血技术的培训。

四是推进了血液管理信息化建设。2008年7月，北京市血液信息系统正式启用，实现了全市献血者信息的共享，订、发血信息的联网和从献血者血管到受血者血管的质量管理要求。目前，全市已有130家医疗机构安装了系统，用户覆盖18个区县。有84家医院在使用联网订血，60家医院上传血液使用信息。血液管理信息系统显示良好的指挥调度应用效果，建立了全市采供血机构联动机制，保证在发生大型应急事件时达到日采供血量最大为4 000单位/天。该系统已被评为2008年北京市信息系统十大成果。

五是提高脐带血造血干细胞的利用率。2008年，脐带血造血干细胞库公共库采集脐血3 814份，合格入库405份，脐带血存量达到8 632份；进行脐血移植及辅助回输65例病人，应用脐带血干细胞72份（其中移植26例32份、辅助回输39例40份）；临床应用脐血干细胞数量是2007年的4.4倍，脐血干细胞的应用数量达到了以往历年总和的50%以上。

奥运期间，全市血液制品储备完成申奥承诺。"5·12"四川地震发生第二天，按照卫生部的调遣，我市向地震灾区紧急调配6 000单位血液；广大北京市民踊跃参加献血，一天内采血6 072单位，突破日单采量的历史最高点，显示我市采供血系统应对突发事件的能力。

（八）加强医疗物价管理工作

2008年度，全市总控医疗机构的医药总收入达到437.08亿元，比上年同期增长19.01%，高于2008年北京市未扣除价格变动因素12.13%的GDP增长速度。其中，药品收入222.63亿元，比上年同期增长22.64%，说明现行政策不能遏制医药费用不合理增长的势头。

2008年，全市政府办综合医院门诊病人人均医疗费294.77元，比上年增加22.79元，上涨8.38%；住院病人人均住院费用13 514.52元，比上年增加902.11元，上涨7.15%。政府办综合医院三级、二级医院人均门诊费用比上年分别增加26.22元、18.09元，一级医院减少了20.23元，增减幅度分别为7.65%、9.46%和－11.10%；政府办综合三级、二级医院人均住院费用比上年分别增加920.13元、815.44元，一级医院减少25.91元，增减幅度分别为5.72%、10.59%和－0.55%。

（九）加强护理管理，全面贯彻落实《护士条例》

一是开展《护士条例》宣贯工作，强化了政策培训。二是规范护士注册管理，制订了护士执业证书换发工作方案，明确了护士注册的工作流程与方法。三是加强护理培训，开展了护士专业化培训工作。四是加强护理质量管理，对全市三级医疗机构护理质量管理工作开展了专项检查。五是持续推动"三基三严"岗位练兵活动。结合奥运医疗服务，在全市各级医疗机构中进一步深入推动多种形式的岗位大练兵活动。在全国卫生系统护士岗位技能竞赛活动中，北京协和医院获得全国卫生系统护士岗位技能竞赛金奖，北京友谊医院和宣武医院获得银奖，北京大学第一医院获得铜奖。

（十）从容应对多起重大突发事件

除了出色完成四川地震灾区的紧急医疗救援工作，2008年医务战线还成功应对了多起重大突发事件。

一是完成了"4·28"胶济铁路事故受伤人员的救治工作，接收回京治疗伤员46人。

二是扎实做好手足口病防治工作，实行手足口病例零报告制度和24小时网络直报。组建了市级和区级手足口病医疗救治专家组共227名专家，实行24小时听班制度。举办了二三级医院儿科医师和医院感染、传染病等专业手足口病防控、诊断和治疗培训班。北京市未出现死亡病例。

三是有效开展问题奶粉致病患儿的医疗救治工作。在全市设有儿科的二级以上的医疗机构全面开展筛查工作，组建了诊疗专家组，强化技术培训和指导，严格诊断标准；确立了重症收治医院，确保重症患儿得到及时有效的治疗。同时，建立了患儿就诊相关信息实时上报系统和医务人员值守信息上报系统。各医院周末、节假日不停诊，预留足够床位，安排专门区域接诊患儿，保证患儿及时就诊。9月11日～12月2日，全市二三级医疗机构共接诊和筛查婴幼儿218 379人次，确诊泌尿系统结石患儿2 892人（其中本市户籍1 348人，常住1 226人，外地318人），患儿累计住院143人，无死亡病例。积极配合有关部门开展问题奶粉患儿的赔偿工作，妥善布置了患儿的后续医疗工作。

虽然医政管理工作取得了一定成绩，但也存在一些不足。2008年是奥运之年，又是突发事件频发的一年，首都医务人员满负荷运转，因此在开展卫生支农方面有些力不从心，需要摸索出一套科学准确的评估指标体系，将财政补贴与绩效考评紧密结合，更有效地提升对口支援的作用。医疗机构各项便民措施还不够落实，需要进一步加强监督检查。部分医疗机构临床依然存在不合理用血现象，需要进一步强化用血管理措施，制订用血计划，节约临床用血。

三、2009年工作要点

2009年，北京医政工作要以"推进深化医药卫生体制改革、加强医疗资源规划整合，健全医疗服务要素准入机制，完善医院管理和评价体系"为主线，以持续改进医疗服务质量，切实保障医疗安全，进一步完善和落实便民措施，使人民群众得实惠为目标，推进医政管理工作科学、规范发展。

（一）探索建立有序医疗服务格局模式

1. 积极参与建立科学规范的公立医院管理、运行机制的改革配套政策措施。

2. 启动护理院、康复院建设试点，提高大医院床位使用效率。

3. 结合DRGs付费试点工作，探索建立区域医疗中心辐射基层医疗服务机构，专科医院、护理院和康复医院为补充的有序医疗服务格局示范模式。

（二）探索合理配置医疗资源

1. 进一步完善北京市区域医疗机构设置规划，适时发布。以规划为抓手，加强对医疗资源的结构调整，完善医疗机构分类管理，促进医疗机构属地化管理。

2. 加强医疗机构准入和校验管理，建立医疗机构退出机制等清理整顿医疗机构的长效机制，净化首都医疗市场。

3. 改革和完善院前急救体系建设，推动急救资源的有效整合。统一规划急救站的建设和配置标准，促进急救资源的合理配置和整体效率的发挥。

（三）完善医疗服务要素准入制度，规范医疗服务行为

1. 制订并实施《北京市医疗技术临床应用管理暂行办法》，明确临床新技术、专项技术准入的标准和程序，建立医疗技术准入评估专家库和登记备案制度。

2. 制订并试行《北京市医院和医师手术分级标准和管理暂行规定》，明确不同级别医院和不同职称医师分级手术标准，规范医疗机构和医师执业行为。

3. 根据综合医院科室设置标准，全市二级及以上综合医院必须设立儿科。制订标准，推动二级及以上综合医院设立全科医学科和精神心理科。2009年，重点组织精神病专科医院、传染病专科医院、儿童专科医院、妇产科专科医院、部分综合医院之间建立联手合作关系，解决合并躯体病、传染病的精神病患者、精神病和传染病孕产妇以及儿童呼吸道患者收治的诊疗问题。

4. 启动医疗机构临床重点专科建设工作。结合首都医疗工作实际，研究制订重点专科规划，探索重点专科评价标准。

5. 开展医师多地点执业的相关政策研究，促进医疗人力资源的合理流动。

（四）完善医院管理和评价长效机制，推动管理和服务水平持续提高

以"为人民健康服务，让人民群众满意"为主题，在持续深入开展医院管理年和创建人民满意医院活动的基础上，将百日安全大检查活动纳入并延伸为医院管理长效机制，进一步完善科学规范的医院管理制度。

1. 加强医院管理考核评价。全面落实市卫生局《关于建立医院评价和巡查制度的意见》。组织评价和巡查专家组的专家，按照《北京市医院管理年和创建人民满意医院考评标准实施细则》，对各级医疗机构在医院管理、医疗质量、医疗服务、医患沟通等方面的情况进行考核评价。并对依法执业、新技术准入、大型设备检查阳性率、便民措施等工作进行专项巡查并及时通报检查结果，督促整改。

2. 健全医疗护理评价指标体系。强化落实首诊负责、三级医师查房、分级护理、疑难病例讨论、会诊制度、危重患者抢救、术前讨论、死亡病例讨论、查对制度、病历书写基本规范和管理、交接班制度、

技术准入制度、临床用血审核等13项医疗质量和医疗安全核心制度。

研究完善医疗护理评价指标体系，包括医疗质量管理评价指标（危重病人抢救成功、出入院诊断符合率、手术前后诊断符合率、临床与病理诊断符合率、大型检查阳性率、无菌手术切口感染率、入院3日确诊率、1周再入院率、治愈率、好转率、病死率、麻醉死亡率等）；护理质量管理指标（特护符合率、基础护理合格率、技术操作合格率、褥疮发生率等）；医疗工作效率指标（平均住院日、床位使用率、病床周转次数、择期手术前平均住院日等）。宣传推广北医三院有效降低平均住院日，盘活医院床位资源利用的医院管理经验，进一步提高全市医疗护理的科学管理水平。

3. 进一步完善政府主导下的以行业自律为目标的医疗质量控制和改进体系。依托现有各专业质量控制和改进中心，加强质控中心规范化建设和管理，建立医学影像专业工作规范，积极探索医学影像资源共享问题，全面推进二级以上医院部分检验结果互认工作。今年拟建急诊、重症监护质控中心。

4. 不断改进医疗服务，切实方便群众就医。加强医院运行监管，改善就诊环境、简化就医环节，推动预约挂号等方面的十项便民服务措施，让患者得实惠，让人民群众满意。

进一步加强门急诊服务工作，深入开展调研，研究设计符合医院管理要求和群众就诊需求的标准服务流程，规范就诊秩序、促进就诊区域的合理布局。推广宣武医院门诊分级就诊工作经验，提高医疗服务效率，方便患者就医。

5. 推进民营医疗机构的健康发展。将民营医疗机构管理纳入医疗机构全行业管理范围，切实加强民营医疗机构的设置准入、人员和技术准入、医疗质量、依法行医等方面的管理力度，规范民营医疗机构的行为，保障患者安全。

6. 探索医患纠纷第三方调解机制，努力构建和谐医患关系。积极与司法和公安部门协调，探索建立联席会议制度下的人民调解参与医疗纠纷处理的工作机制，研究解决第三方调解机制的法律地位问题，提高医疗纠纷调解的公信力、法律效率和调解质量，降低诉讼率。研究推广北京肿瘤医院的医患沟通工作机制和经验，推动构建和谐医患关系。

（五）转变支农思路，强化考核评估，确保支农效果

1. 着力打造郊区和新城区域医疗中心。以方便群众就近就医为着眼点，缓解群众看病难，建立大型医院与新城区域医疗中心的紧密协作机制。继续推动11家三甲医院对口支援10个郊区县和新城的11个区域医疗中心的学科建设工作，提高郊区县和新城区域医疗中心的服务能力和水平，满足郊区县居民的基本医疗服务需求。

2. 完善卫生支农考核评价标准。以考核受援单位学科人才建设、医疗服务效率、医疗服务质量和水平等为重点，合理筛选和确定对口支援工作考核评价指标，切实提升受援区域医疗中心的内涵建设水平，促使卫生支农工作取得实效。

（六）加强血液管理工作，保证临床用血安全

1. 进一步扩大固定献血者队伍，确保血液质量。将17万奥运应急队伍转化为奥运后常态下的无偿献血队伍，力争在每个区县建立1支2 000人以上的固定献血员队伍。

2. 进一步加强医疗机构输血科的标准化建设，医院与供血单位签订并落实供血协议。完善临床合理用血制度，促进临床科学用血，提高自体输血率。

3. 进一步完善血液信息系统建设，继续推动医院院内信息操作系统与市卫生局血液信息系统实现对接，减少各医院血液库存数上报不准确，血液使用信息缺失等现象。实现采、供、监督一体化联动，确保用血安全。

（七）加强护理管理，促进护理事业健康发展

1. 贯彻落实《护士条例》，同时，结合 DRG - PPS 改革试点工作，提高临床护士比例，强化护士在诊疗过程中的重要作用。

2. 进一步完善临床护理质量考核评价体系，加强对医疗机构护理质量的监管，研究建立核心指标动态考核评价机制，促进临床护理质量提高。

2009年是建国60周年华诞，也是医疗卫生体制改革全面推进的一年，我们将继续解放思想、实事求是、与时俱进、开拓创新，深入贯彻落实科学发展观，持续不断地强化医院管理，提高医疗服务质量，确保医疗安全，让人民群众切实得到实惠，为全面建设小康社会作出应有的贡献。

文件和法规

北京市卫生局关于护士重新申请执业注册有关事项的通知

京卫医字〔2009〕46号
(2009年3月19日)

各区县卫生局，各级各类医疗机构：

为落实《护士执业注册管理办法》（2008年中华人民共和国卫生部令第59号）的有关规定，现将北京市护士重新申请注册的有关事宜通知如下：

一、重新申请注册的对象

（一）通过护士执业资格考试之日起3年后提出执业注册申请的；

（二）注册有效期届满未延续注册被卫生行政部门注销注册的；

（三）受吊销护士执业证书处罚期满的；

（四）中断护理执业活动超过3年的。

二、重新申请注册的步骤

（一）申请人到北京护理学会登记，并选定一家北京市卫生局指定的培训医院。

（二）申请人到培训医院参加为期3个月的临床护理培训。培训期满后，申请人在培训医院接受考核，考核合格可获得考核合格证明。

（三）申请人备齐重新申请注册的相关材料后到中环办公楼窗口大厅递交材料。

三、重新申请注册需要提交的材料

（一）通过护士执业资格考试之日起3年后提出执业注册申请的护士提交如下材料：

1. 护士执业注册申请审核表2份；

2. 申请人身份证明原件及复印件1份（身份证正反面印在一页纸上）；

3. 申请人学历证书及专业学习中的临床实习证明原件及复印件1份；

4. 护士执业资格考试成绩合格证明原件及复印件1份；

5. 一级及以上医疗机构（含社区卫生服务中心）出具的6个月内健康体检证明；

6. 医疗卫生机构拟聘用的相关材料（加盖医院公章）；

7. 医疗机构执业许可证副本复印件1份；

8. 正面免冠白底彩色小2寸近照1张；

9. 北京护理学会颁发的考核合格证明。

（二）注册有效期届满未延续注册被卫生行政部门注销注册的护士、中断护理执业活动超过3年的护士提出重新注册申请需提交如下材料：

1. 护士延续注册申请审核表1份；

2. 申请人的护士执业证书；

3. 一级及以上医疗机构（含社区卫生服务中心）出具的6个月内健康体检证明；

4. 医疗卫生机构拟聘用的相关材料（加盖医院

公章）；
5. 医疗机构执业许可证副本复印件1份；
6. 北京护理学会颁发的考核合格证明。
（三）受吊销护士执业证书处罚期满的护士提出重新注册申请需提交如下材料：
1. 护士延续注册申请审核表1份；
2. 申请人的护士执业证书；
3. 一级及以上医疗机构（含社区卫生服务中心）出具的6个月内健康体检证明；
4. 医疗卫生机构拟聘用的相关材料(加盖医院公章)；
5. 医疗机构执业许可证副本复印件1份；
6. 北京护理学会颁发的考核合格证明；

7. 卫生行政部门下发的处罚决定书。

四、其他

（一）北京护理学会办公地址：北京市东城区东单三条甲7号。
（二）北京市卫生局窗口受理大厅办公地址：北京市宣武区枣林前街70号。
（三）咨询电话：12320。
（四）有关表格和办事须知可在北京卫生信息网许可大厅栏目内下载，网址：www.bjhb.gov.cn。

北京市消毒产品生产企业卫生许可证发放管理规定（暂行）

京卫监字〔2009〕57号
（2009年3月26日）

第一章 总 则

第一条 根据《中华人民共和国传染病防治法》、《中华人民共和国行政许可法》、卫生部《卫生行政许可管理办法》和《消毒管理办法》的有关规定，制定本管理规定。

第二条 在本市行政区域内从事消毒产品生产的单位，应按本规定申请办理《卫生许可证》。

第三条 消毒产品生产企业应当符合卫生部《消毒产品生产企业卫生规范》及其他有关卫生的规范、标准和规定要求。

第四条 本规定所指的消毒产品包括消毒剂、消毒器械、卫生用品及卫生部规定纳入消毒产品管理的其他产品。

第五条 市卫生行政部门依法负责消毒产品生产企业卫生许可证的发放及监督管理工作。

区县卫生行政部门负责辖区内消毒产品生产企业的日常监督工作。

第二章 申请与受理

第六条 申请消毒产品生产企业卫生许可证的单位，应向市卫生行政部门提出申请，如实提交下列材料两份，并对其申请材料实质内容的真实性负责：
（一）行政许可申请表；
（二）营业执照或单位名称预核准通知复印件；
（三）生产场地使用证明（房屋产权证明及租赁协议）；
（四）标注实际地址的生产场地地理方位图、生产厂区及车间布局图（包括更衣室、生产车间、检验场地及与生产有关的仓库等辅助场地，按比例绘制，标示各功能区、面积大小、人流物流方向）；
（五）生产工艺流程图；
（六）生产和检验设备清单；
（七）产品配方和标签说明书样稿（生产消毒剂、消毒器械、消毒与灭菌指示物、抗抑菌洗剂、隐形眼镜护理液、湿巾等产品的企业提交）；
（八）根据产品种类提交相应的检测报告：（1）卫生用品生产企业提交生产环境卫生学检测报告（手涂抹、生产车间空暴、操作台面涂抹），（2）隐形眼镜护理液提交10万等级净化车间检测报告，（3）不具备产品检验能力的单位提交委托检测协议书；
（九）企业卫生管理的组织和卫生制度；卫生质量保证体系及质量控制的相关文件；
（十）生产过程不使用及不产生有毒、有害、易燃、易爆物的书面说明，或安全管理行政部门出具的有关证明；

（十一）授权委托书（法定代表人委托代理人办理卫生许可有关事项时提交）。

第七条　市卫生行政部门对申请人提出的申请，应当根据下列情况分别作出处理：

（一）申请事项依法不需要取得卫生行政许可的，应当即时告知申请人不受理；

（二）申请事项依法不属于卫生行政部门职权范围的，应当即时作出不予受理的决定，并告知申请人向其他相关行政部门申请；

（三）申请材料存在可以当场更正的错误的，应当允许申请人当场更正；

（四）申请材料不齐全或者不符合法定形式的，应当当场或者在5日内一次告知申请人需要补正的全部内容，逾期不告知的，自收到申请材料之日起即为受理；

（五）申请事项属于市卫生行政部门职权范围，申请材料齐全、符合法定形式，或者申请人按照市卫生行政部门的要求提交全部补正申请材料的，应当受理其卫生行政许可申请。

市卫生行政部门受理或者不予受理卫生行政许可申请，应当出具加盖市卫生行政部门专用印章和注明日期的书面凭证。

第八条　消毒产品生产企业在申请卫生行政许可时，隐瞒有关情况或者提供虚假材料的，卫生行政部门不予受理或者不予许可，并予以警告。

第三章　审查与许可

第九条　受理申请后，市卫生行政部门应当对申请材料进行核对，并指定两名以上卫生监督员按照《消毒产品生产企业卫生规范》对生产场地进行现场审查，填写《消毒产品生产企业现场审查表》，出具现场检查笔录、卫生监督意见书。

区县卫生行政部门参加生产地址在本辖区内的消毒产品生产企业的现场审查。

第十条　现场审查内容包括：

（一）厂区环境和布局是否符合卫生要求，是否有逆向交叉；

（二）生产车间是否按生产工艺流程进行合理布局；

（三）更衣室设置和卫生设施是否符合要求；

（四）生产车间环境及消毒措施；

（五）生产、检验设备是否装配到位；

（六）原辅料、生产用水是否符合卫生要求；

（七）库房是否分开设置，物品存放是否符合卫生要求；

（八）卫生制度、卫生质量控制文件和措施；

（九）生产过程使用或产生有毒、有害、易燃、易爆物的，是否取得安全管理行政部门出具的有关证明文件；

以上检查内容应在现场检查笔录上予以记载。

第十一条　审查人员按照现场审查文书制作《卫生行政许可流程表》，报请上一级人员核对相关信息并确认许可项目，上一级人员签署意见后报监督机构主管领导进行复核，并签署复核意见。监督机构按照复核意见上报市卫生行政部门主管领导签署审批意见。

第十二条　市卫生行政部门作出准予卫生行政许可决定的，应当在作出决定后10日内向申请人发放加盖市卫生行政部门印章的卫生许可证，卫生许可证有效期限起始日期按照市卫生行政部门主管领导签署意见日期计算。

第十三条　卫生行政许可申请接收后至卫生行政许可决定作出前，申请人书面要求撤回卫生行政许可申请的，可以撤回，卫生行政部门办理退回手续。

第十四条　市卫生行政部门作出不予卫生行政许可决定的，应当书面告知申请人，说明理由，并告知申请人享受申请行政复议或者提起行政诉讼的权利。

第十五条　市卫生行政部门应当自受理之日起20日内书面作出卫生行政许可决定。20日内不能作出决定的，经市卫生行政部门负责人批准，可以延长10日，并应当将延长期限的理由告知申请人。

第十六条　卫生许可证有效期限为4年。卫生许可证不得涂改、转让，严禁伪造、倒卖。

第十七条　卫生许可证的内容包括：

（一）卫生许可证编号，京卫消证字［年号］第××××号；

（二）单位名称，应与营业执照或名称预核准通知上的名称一致；

（三）法定代表人或负责人，应与营业执照的内容一致；

（四）地址，应分别标注注册地址与生产地址；

（五）许可项目，标注生产方式和产品类别；

（六）批准日期和有效期限。

第十八条　市卫生行政部门在发放卫生许可证时，应要求申请人签收。

第十九条　申请人持卫生行政许可申请接收凭证原件领取卫生许可证或不予行政许可决定书。

第二十条　市卫生行政部门作出的准予卫生行政许可决定，除涉及国家秘密、商业秘密或者个人隐私的外，应当予以公开，公众有权查阅。

第二十一条　卫生行政许可直接涉及申请人和他人之间重大利益关系的，市卫生行政部门在作出行政许可决定前，应当告知申请人、利害关系人享有要求听证的权利，申请人、利害关系人在被告知听证权利之日起 5 日内提出听证申请的，卫生行政部门应当在 20 日内组织听证。

申请人、利害关系人不承担市卫生行政部门组织听证的费用。

第二十二条　被许可人的卫生许可证在有效期内遗失的，应在《北京晚报》或《北京日报》上刊登遗失启事。申请人应在刊登之日起 30 日后向市卫生行政部门申请补发，提交以下材料：

（一）刊登有遗失启事的报刊；

（二）法定代表人（或负责人）签字的书面申请；

（三）工商营业执照复印件；

（四）授权委托书（法定代表人委托代理人办理卫生许可有关事项时提交）。

第二十三条　市卫生行政部门受理补发申请后，制作《卫生行政许可流程表》，报经上一级人员核对、监督机构主管领导审批。审批同意补发的，重新核发卫生许可证，批准日期为审批日期，原卫生许可证编号不变，有效期限不变。

第四章　延续与变更

第二十四条　被许可人需要延续卫生许可证有效期限的，应当在卫生许可证有效期限届满 30 日前向市卫生行政部门提出申请，除提交第六条所列材料外，还应提交下列材料两份：

（一）根据产品类别提交相应的检测报告：（1）生产卫生用品的单位提交有资质机构出具的产品微生物学检验报告，（2）生产次氯酸钠类消毒剂的单位提交认定检验机构出具的原液有效氯含量、产品稳定性、与说明书使用范围相应的微生物杀灭效果测定，（3）生产戊二醛类消毒剂的单位提交认定检验机构出具的戊二醛含量、加 pH 调节剂前后的 pH 值、与说明书使用范围相应的微生物杀灭效果测定，（4）紫外线杀菌灯、食具消毒柜、压力蒸汽灭菌器、75% 单方乙醇消毒液提交产品备案凭证，（5）对最终产品自行进行消毒灭菌处理的生产企业还需提供消毒灭菌效果检定合格证明；

（二）卫生许可证复印件；

（三）区县卫生监督机构出具的延续上一年度的卫生监督文书。

第二十五条　市卫生行政部门接到延续申请后，在"北京卫生监督工作平台"上查对监督情况，并按照第九条、第十条进行审查。

第二十六条　审查人员按照现场审查文书制作《卫生行政许可流程表》，报请上一级人员核对相关信息并确认许可项目，上一级人员签署意见后报监督机构主管领导进行审批，并签署审批意见。

第二十七条　对作出准予延续决定的换发新证，卫生许可证编号不变。

第二十八条　申请人持卫生行政许可申请接收凭证原件和原卫生许可证正、副本领取卫生许可证。

第二十九条　被许可人在卫生许可证有效期限届满前要求变更卫生行政许可事项的，应当向市卫生行政部门申请变更，并按照要求如实提供材料。

第三十条　被许可人变更单位名称、法定代表人或负责人、注册地址、生产地址的路名路牌重新核定而实际生产地址没有迁移的，应提交下列材料两份：

（一）卫生许可证变更申请表；

（二）卫生许可证复印件；

（三）变更后的营业执照复印件；

（四）授权委托书（法定代表人委托代理人办理卫生许可有关事项时提交）；

（五）变更单位名称的，还应提供工商行政管理部门出具的变更证明；

（六）变更法定代表人或负责人的，还应提供上级主管部门或本企业的任职证明文件；

（七）生产地址的路名路牌重新核定而实际生产地址没有迁移的，还应提供行政管理部门出具的证明材料。

经资料审查符合条件的，按照第二十六条进行审批。

第三十一条　被许可人变更许可项目的，应提交卫生许可证变更申请表、卫生许可证复印件和本规定第六条第（二）至（十一）项所列材料两份。

市卫生行政部门在接到前款的变更申请后，按照第九条、第十条进行审查，按照第二十六条进行审批。

第三十二条　被许可人迁移厂址或另设分厂（车间）的，应当重新申请办理卫生许可证，提交卫生许可证复印件和本规定第六条所列材料。

第三十三条　市卫生行政部门接到第三十二条的申请后，按照第九条、第十条进行审查，按照第十一条进行审批。

对作出准予许可决定的制作新证，重新核定卫生许可证编号和有效期限。对已迁移厂址的，市卫生行政部门收回原生产地址的卫生许可证。

第三十四条　对市卫生行政部门作出准予变更决定的换发新证，卫生许可证编号和有效期限不变。

第三十五条 申请人持卫生行政许可申请接收凭证原件和原卫生许可证正、副本领取卫生许可证。

第三十六条 市卫生行政部门作出准予延续或准予变更卫生行政许可决定的，除涉及国家秘密、商业秘密或者个人隐私的外，应当予以公开，公众有权查阅。

第三十七条 市卫生行政部门作出不予延续或不予变更许可决定的，应当书面告知申请人，说明理由，并告知申请人享受申请行政复议或者提起行政诉讼的权利。

申请人持卫生行政许可申请接收凭证原件领取不予延续或不予变更许可决定书。

第五章 监督检查

第三十八条 卫生行政部门应当对被许可人从事卫生行政许可事项活动监督检查，监督检查出具的卫生监督文书应归档管理。

第三十九条 市卫生行政部门定期发布通知，公告取得和注销消毒产品卫生许可证的单位情况，并在"北京卫生信息网"上予以公示。

区县卫生行政部门应当自知道市卫生行政部门发布的卫生许可证发放情况通知起，3个月内完成监督检查，对被许可人执行《消毒管理办法》、《消毒产品生产企业卫生规范》情况予以记录，检查结果上传"北京卫生监督工作平台"。

第四十条 对违法从事卫生行政许可事项活动的，市、区县卫生行政部门应当及时予以查处。对涉及本辖区外的违法行为，应当通报有关卫生行政部门进行协查。

第四十一条 市卫生行政部门发现本机关工作人员违反规定实施卫生行政许可的，应当予以纠正。

第四十二条 有下列情况之一的，市卫生行政部门可以根据利害关系人的请求或者依据职权，撤销卫生行政许可：

（一）市卫生行政部门工作人员滥用职权、玩忽职守作出准予卫生行政许可决定的；

（二）超越法定职权作出准予卫生行政许可决定的；

（三）违反法定程序作出准予卫生行政许可决定的；

（四）对不具备申请资格或者不符合法定条件的申请人作出准予卫生行政许可决定的；

（五）依法可以撤销卫生行政许可的其他情形。

消毒产品生产企业以欺骗、贿赂等不正当手段取得卫生许可证的，应当予以撤销，同时依法给予警告，该企业在3年内不得再次提出申请。

按照本条第一款的规定撤销的卫生行政许可，被许可人的合法权益受到损害的，市卫生行政部门应当依法给予赔偿。依照本条第二款的规定撤销卫生行政许可的，被许可人基于行政许可取得的利益不受保护。

第四十三条 已取得卫生许可证的消毒产品生产企业有下列情况之一的，市卫生行政部门应当依法办理注销其卫生许可证手续：

（一）卫生许可证有效期限届满未延续的；

（二）卫生行政许可依法被撤销、撤回或卫生许可证被依法吊销的；

（三）被工商行政管理部门注销或吊销营业执照的；

（四）因不可抗力导致行政许可事项无法实施的；

（五）在卫生许可证有效期限内，企业书面提出注销申请的；

（六）被许可人迁移生产地址或因安全事故、拆迁等原因，已不符合许可时的条件和要求的。

第四十四条 被许可人符合第四十三条第（一）项的，市卫生行政部门定期在"北京卫生信息网"上公示。

第四十五条 被许可人符合第四十三条第（二）至第（六）项的，由审查人员制作《注销审批表》，报请上一级人员核对相关信息，上一级人员签署意见后报监督机构主管领导进行审批，并签署审批意见。

市卫生行政部门注销卫生许可证，应当及时告知被注销人，收回卫生许可证正、副本。

第六章 附则

第四十六条 卫生行政部门对申请人提供的有关技术资料和商业秘密负有保密责任。

第四十七条 本规定中实施卫生行政许可的期限是指工作日，不含法定节假日。

第四十八条 本规定涉及的文书使用卫生行政执法文书和北京市卫生行政许可文书。

第四十九条 消毒产品生产企业卫生许可证的发放，不收取任何费用。

第五十条 以往规定与此规定不一致的按此规定执行。

第五十一条 本规定自2009年4月1日起施行。

北京市规范化免疫预防门诊基本标准

京卫疾控字［2009］53号
(2009年6月3日)

一、房屋配备

（一）免疫预防门诊应在其服务区域内明显位置设立道路指引牌。

（二）免疫预防门诊应与其他门诊、注射室、病房、放射科分开，并保持一定的距离。

（三）常规免疫接种日接种人数少于50人（包含50人）的免疫预防门诊，其总使用面积不得低于40平方米；大于50人的，总使用面积不得低于80平方米。

（四）免疫预防门诊应设置候种室（宣传教育、反应观察）、预诊室（登记、询问、体检）、接种室；接种室面积不得低于总使用面积的1/3。

（五）免疫预防门诊内的各功能室和接种台必须有醒目标志，门诊候种室内应张贴或设立接种流程指导图或指导牌。

（六）免疫预防门诊应在显著位置标明服务时间，公示第一类疫苗和第二类疫苗的品种、免疫程序、作用、禁忌症、注意事项以及第二类疫苗价格。

（七）免疫预防门诊要保证地面平整、墙壁光洁、环境整洁、光线明亮、空气流通、温度适宜。

（八）免疫预防门诊内各室要配有垃圾桶、洗手池等卫生设施和足够的桌椅。

（九）所有免疫预防门诊应最终成为北京市免疫规划信息系统客户端。

二、人员配置及要求

（一）免疫预防门诊工作人员应是经过所在区县卫生行政部门组织的预防接种专业培训并考核合格，取得免疫规划上岗证的执业医师、执业助理医师、护士或乡村医生。

（二）免疫预防门诊工作人员应由责任心强、业务素质高的医务人员担任。

（三）免疫预防门诊工作人员每年应至少参加一次区县疾病预防控制中心组织的免疫规划业务培训。

（四）新上岗人员在取得免疫规划上岗证之前不得独立从事预防接种工作。

（五）免疫预防门诊工作人员应相对固定，不得随意更换；更换人员须得到所在区县卫生行政部门认可并备案。区县卫生行政部门每年对辖区免疫预防门诊工作人员考核一次。

（六）常规免疫接种日参与接种工作的人员数量不得少于2人，并且人均日接种数每超过25针次，必须增加1名接种工作人员。

（七）免疫预防门诊工作人员的工资必须得到保证，所属单位不得拖欠或克扣。

三、疫苗管理

（一）所有疫苗（包括第一类疫苗和第二类疫苗）应设置专人管理。

（二）每种疫苗应按名称、批号及储存条件要求分别存放在冷链设备中正确位置上。

（三）免疫预防门诊应做好疫苗领发登记，包括疫苗领发单位、疫苗名称、数量、生产单位、批号、失效期、领发时间和经手人签字等内容。要求登记项目齐全，内容准确。

（四）各种疫苗应按效期长短、进库先后分发和使用。

（五）免疫预防门诊每年应按要求制定下一年度疫苗需要量计划。

（六）免疫预防门诊每次领取疫苗时，应做好疫苗运输温度记录，同时在接种日或工作期间至少上、下午各记录一次疫苗贮存温度。

（七）每个接种日结束后，免疫预防门诊应按要求统计当日疫苗的使用数和耗损数并登记在册。

（八）免疫预防门诊应每月统计各种疫苗的使用量，并上报至区县疾病预防控制中心。

（九）实施接种时，疫苗应置于合格的冷链设备中,并记录贮存温度。

(十)失效疫苗统一交上级预防接种单位并逐级上交疾病预防控制中心处理,并有收取记录。

四、冷链管理

(一)冷链设备应设置专人管理,并经过区县疾病预防控制中心组织的业务培训。

(二)免疫预防门诊应按要求建立冷链设备档案,各种冷链设备建立台账,做到账物相符。

(三)免疫预防门诊至少配备1个200升普通冰箱和1个200升冷藏冰箱用于贮存疫苗。

(四)免疫预防门诊至少配备1个100升低温冰柜用于冻制冰排或贮存需冷冻保存的疫苗。

(五)设有临时接种点的免疫预防门诊,冷藏背包配备量不少于每个接种点2个,同时按照每个冷藏背包需要量的2倍配备冰排。

(六)各种冷链设备的使用、维修、报废和更新严格按卫生部颁布的《预防接种工作规范》执行。

(七)普通冰箱、低温冰箱必须放置在干燥通风的房间内,远离热源,底部要有绝缘垫架;冰箱散热壁与周围物品间距不小于10厘米,冰箱内的疫苗与冰箱内壁间距不低于3厘米,冷冻室要随时除霜,冰霜厚度不得超过3毫米,冰箱门内架不能放置疫苗,冰箱内不允许放置其他与免疫服务无关的物品。

五、接种器材与药品管理

(一)免疫预防门诊应配备紫外灯用于接种室消毒,并有使用记录。

(二)不具备统一消毒设备的免疫预防门诊,至少配备1个压力蒸汽灭菌器用于接种器材的消毒,不得使用煮沸消毒方法消毒。

(三)免疫预防门诊应配备足够的含氯消毒药品用于接种器材、接种工作人员手等的消毒。

(四)预诊室必须配备体温计、听诊器、压舌板、血压计和体重计。

(五)接种室必须配备治疗盘、医用酒精、消毒棉签、口服用杯、匙或勺、污物桶和适当型号的一次性注射器等接种器材;同时备有急救箱(内装1:1000肾上腺素、地塞米松和呼吸兴奋剂等药品)和氧气袋。

(六)常规免疫门诊接种日所使用的消耗性接种器材(如一次性注射器、医用酒精、消毒棉签)应按预期接种人次数的1.2倍配备。

(七)用于预防接种的一次性用品,其卫生许可证、生产许可证和销售许可证必须齐全。

(八)对接种室及接种器材的消毒必须做好记录,内容应包括所用消毒设备或药品、被消毒物品或场所、消毒日期与时间、记录人等。

(九)接种器材及药品领取、使用必须做好登记,内容应包括领取单位、领取或使用日期、物品名称、数量、经手人等。

六、免疫预防服务

(一)免疫预防门诊应合理安排工作周期,常规免疫接种日至少每旬一次。

(二)为城区及流动人口聚集地提供服务的免疫预防门诊,其最大服务半径不超过2公里;城乡地区服务半径不超过4公里;边远农村地区服务半径不超过8公里。

(三)免疫预防门诊应及时为接种对象建立预防接种卡(簿)与接种证。

(四)接种工作人员接种时必须按要求统一着装,佩戴帽子、口罩和手套等。

(五)儿童接种前,免疫预防门诊必须与其监护人签订疫苗知情同意书,并告知所接种疫苗作用、禁忌症、可能出现的不良反应和注意事项。

(六)接种时,工作人员应严格执行三查七对制度,即检查接种卡、接种证、接种禁忌症,核对接种对象姓名、性别、年龄、疫苗名称、接种剂次、接种剂量和接种部位。

(七)接种后一次性注射器和其他废弃物处理按北京市医疗废弃物的管理规定进行,并做好相关记录。

七、接种监测

(一)免疫预防门诊应于接种日结束后5天内将疫苗接种信息上报区县疾病预防控制中心。

(二)免疫预防门诊应按要求定期对接种对象进行分类统计;至少每半年一次对第一类疫苗接种率进行评价。

(三)免疫预防门诊每半年应开展一次常规查漏补种活动,做好查验记录保存与数据汇总,及时上报。

(四)免疫预防门诊应建立预防接种不良反应管理制度,对疫苗接种后的不良反应要及时登记、上报,并进行调查、处理。

(五)免疫预防门诊应建立预防接种差错与事故管理制度,一旦发生预防接种差错与事故,应立即向区县卫生局和疾病预防控制中心报告，并协助调查处理。

八、疫苗可预防疾病管理

（一）免疫预防门诊应按要求建立传染病登记报告制度，发现传染病及时上报上级单位或区县疾病预防控制中心。同时配合疾病预防控制中心开展病例的调查、采样及控制措施的落实工作。

（二）免疫预防门诊应按要求开展传染病主动监测工作，做好访视记录，及时将结果上报区县疾病预防控制中心。定期对监测信息进行分类统计。

九、宣传培训、检查考核与档案管理

（一）免疫预防门诊应开展多种形式的免疫规划知识宣传，做好宣传记录。

（二）免疫预防门诊每月对其工作人员进行免疫规划业务培训，并定期进行考核。

（三）免疫预防门诊应设专人管理免疫规划档案。

十、工作指标

（一）完成区县疾控中心下达的各项免疫接种工作指标。

（二）辖区内不发生脊髓灰质炎野毒株病例。有效应对辖区内出现的传染病疫情，通过采取控制措施，不出现相应疾病的续发病例。

（三）按时完成区县疾病预防控制中心下达的疫苗免疫成功率和健康人群抗体水平监测等常规血清学监测的标本采集任务。

北京市突发公共卫生事件应急指挥部办公室 北京市卫生局关于落实社会单位防控甲型H1N1流感管理责任的通告

京卫急字〔2009〕16号
(2009年6月24日)

为进一步明确责任、突出重点，加强甲型H1N1流感预防控制工作，坚持专业防控和社会动员相结合的原则，充分依托现行政府管理体系、依托本市突发公共卫生事件应急管理体系、依托中央单位和驻京部队卫生管理体系、依靠社会单位和广大市民，全力做好当前社会面防控工作。依据国家及本市有关法律、法规和规定，经市政府同意，现就社会单位防控甲型H1N1流感管理责任等有关事项通告如下：

本市行政区域内的机关、社会团体、企事业单位和其他组织对本单位甲型H1N1流感防控工作承担主体责任，其主要负责人负总责。各单位防控工作要"做到四个明确、抓好四个环节、强化三项工作"，严防甲型H1N1流感在本单位暴发或流行。

一、强化防控意识，明确责任、机构、人员和目标

（一）明确责任。按照"行业系统谁主管谁负责"、"社会单位谁的人谁负责"、"行政管理谁审批谁负责"、"大型活动谁主办谁负责"的原则，各行业、系统和社会单位承担相应管理责任，主要领导为本单位防控工作第一责任人。

（二）明确机构。各单位要成立防控工作领导小组，主管本单位公共卫生工作或安全保卫的负责人牵头，指定或设立防控甲型H1N1流感的工作部门，承担本单位防控管理工作任务。各级各类学校应当按照《学校卫生工作条例》的要求，设立公共卫生管理机构。

（三）明确人员。各单位要指定专人具体负责防控工作。600人以上单位按职工人数600:1比例配备专职公共卫生管理人员，不足600人的可以配备专职或者兼职公共卫生管理人员。宾馆、饭店、旅店、文化娱乐场所、商业经营单位等公共场所或者其他人员密集场所，应当配备公共卫生管理专员，做好本单位的甲型H1N1流感防控以及食品安全、饮用水安全、空气质量安全等公共卫生管理工作。组织国际交流会议和承办大型活动的单位，要按照大型活动有关管理规定，指定专人负责防控工作。

（四）明确目标。层层签订责任书，严防甲型H1N1流感在本单位内部暴发或流行。按照市政府关于甲型H1N1流感防控工作统一部署和应急预案相关规定，主动接受所在地社区卫生服务中心或区县疾病预防控制中心的指导，按照行业、系统管理部门的要求以及卫生行政部门的标准规范，加强本行业、本系统、本单位内部联防联控。

二、落实防控措施，抓好监测报告、日常防控、公众宣传和物资保障

（一）抓好监测环节，发现病例及时报告

1. 加强健康监测。对本单位员工健康状况进行监测登记，要求并督促本单位从国内、国外有甲型H1N1流感病例地区的归来人员自行居家隔离观察7日，从其他国家归来人员自行健康观察7日。同时要求员工自觉做好自身和有上述外出经历的家庭成员的健康观察，日常居家过程中注意开窗通风、进行个人物品和环境的清洗消毒。对本单位外来人员根据政府有关部门的要求建立健康问询和联系登记制度。对因病缺勤人员要仔细询问病情，监测健康状况并进行登记和追访。

2. 发现病例及时报告。发现本单位出现流感样症状人员，要及时向所在地社区卫生服务机构或疾病预防控制机构及其上级主管部门报告。

3. 配合做好消毒隔离工作。已发生甲型H1N1流感病例的单位，应当配合所在地疾病预防控制机构，采取必要的消毒、隔离等措施，并督促密切接触者主动接受集中医学观察。根据疫情变化和政府有关部门的要求，有条件的单位可以指定专门场所，在区县疾病预防控制中心的指导下，对本单位密切接触者实施隔离观察，并提供相关保障。隔离期间，单位不得停止支付被隔离人员的工作报酬。

（二）抓好日常防控环节，做好公共卫生管理

1. 强化单位内部公共卫生管理。各单位均要按照有关部门的要求落实消毒、通风等日常防控措施，上班期间坚持每日开窗通风2次以上，每次开窗时间要保持15~30分钟，保证空气流通。机场、车站、宾馆、饭店、文化娱乐等公共场所要有专人负责，定期开展对人员居室和工作场所、食堂等公共活动区域，以及地面、墙面、柜台、货架、车辆、公共卫生间、电动扶手带、门把手等部位的卫生检查和预防性消毒工作。各单位要经常开展单位内部的群众性卫生运动，加强环境卫生建设，及时清扫容易滋生蚊蝇等病媒生物的场所。强化食品安全管理，加强对餐饮从业人员的卫生知识培训，定期检查其健康证、培训合格证及个人卫生状况，坚决杜绝工作人员带病上岗现象。

2. 加强人员管理。中小学、托幼机构应当建立和落实学生晨午检制度、学生健康状况家庭监测日报制度以及因病缺课健康监测制度。施工单位要对建筑工地实行封闭管理，严格工地人员出入登记制度，人员进入工地前要进行体温检测。大型活动主办单位要做好场所消毒和人员健康监测等各项工作，发现发热和流感样症状者，应拒绝其进入活动场所，并提供就医指导。活动期间实行零报告制度。

（三）抓好公共宣传环节，普及防控知识

公共场所以及其他人员密集场所的经营者、管理者要做好面向社会公众的宣传教育工作。宾馆饭店前台明显位置要放置健康宣传告示、折页等印刷品，并利用广播、闭路电视等各种宣传工具，做好公共卫生知识的宣传教育。医疗机构、社区卫生服务机构的门诊大厅、住院部要摆放宣传材料，医务人员应当做好面向患者的健康宣传。

（四）抓好物资保障环节，做好防控物资储备

按照市政府的统一部署，结合本单位防控工作实际需要，储备必要的防护用品、消毒用品等，保障防控工作经费落实到位。学校、医院、宾馆饭店、文化娱乐场所等公共场所要按照市政府有关部门的要求，配备体温计、测温仪等设施设备并保证其正常使用。

三、加强内部管理，强化制度建设、内部培训和自查整改

（一）加强防控制度建设

1. 制订工作方案。各单位要按照政府有关部门的要求，结合本单位的不同特点，制订应对甲型H1N1流感疫情的工作方案，规范工作流程，确保责任到人、措施到位。要主动与所在地社区卫生服务机构、疾病预防控制机构建立沟通渠道，固定联络人员、联系电话，保持联络畅通，并接受专业机构的指导和检查。

2. 加强应急值守。各单位要按照政府有关部门的要求和应急预案相关规定，完善应急值守工作制度，明确报告人、报告程序、报告内容和报告时限。发现3名以上员工出现不明原因流感样症状时，现场负责人应立即报告单位主管领导，由主管领导报告所在地疾病预防控制部门，并向上级主管单位逐级报告。

（二）加强单位内部培训

定期开展防控工作动员和健康教育活动，并记录

在案。定期安排单位主要负责人、防控工作具体责任人参加卫生行政部门统一组织的培训。利用网络、公共橱窗、内部报刊等多种手段开展宣传教育活动，及时张贴和发放各类宣传用品。

（三）加强自查整改

各有关单位要严格按照本通告要求，切实做好单位内部防控措施落实情况的自查，发现问题及时整改。要建立健全单位内部的突发公共卫生事件责任追究制度，明确责任、定期检查，并要对每次检查记录在案。对未依法依规落实好各项防控措施而造成本单位甲型H1N1流感暴发或流行的，要按照有关法律法规以及《北京市人民政府关于进一步明确责任突出重点加强甲型H1N1流感预防控制工作的通知》（京政发〔2009〕18号）的规定追究责任。

特此通告。

北京市0～6岁儿童先天性心脏病筛查管理办法

京卫妇社字〔2009〕14号
（2009年7月9日）

第一条 为了规范本市儿童先天性心脏病筛查工作，保障儿童健康，依据《中华人民共和国母婴保健法》、《北京市实施<中华人民共和国母婴保健法>办法》和本市有关规定，制订本办法。

第二条 本办法适用于本行政区域内0～6岁儿童先天性心脏病筛查及相应的管理工作。

本办法所称儿童先天性心脏病筛查是指对在我市出生及居住的0～6岁儿童，采用询问、观察、心脏听诊、血氧饱和度测查的方法进行的相应检查。

第三条 市和区县卫生行政部门主管本行政区域内儿童先天性心脏病筛查工作。

市和区县妇幼保健机构负责本行政区域内儿童先天性心脏病筛查的业务管理、人员培训、技术指导、信息统计和质量控制。

市卫生行政部门负责组建专家指导组。专家指导组参与儿童先天性心脏病筛查和诊断工作的技术指导、人员培训和质量检查工作。

第四条 本市开展儿童先天性心脏病筛查遵循医务人员指导和监护人知情同意的原则。

第五条 本市社区卫生服务机构、乡镇卫生院和区县卫生行政部门指定的承担儿童保健任务的医疗保健机构是本市儿童先天性心脏病筛查机构（以下简称筛查机构）。

筛查机构的筛查环境、设备和人员技术水平应当符合筛查工作要求，筛查人员应当接受市妇幼保健机构统一组织的业务培训。

筛查机构应当按照《北京市0～6岁儿童先天性心脏病筛查技术规范》的方法和要求，在对新生儿访视和儿童定期健康体检时开展先天性心脏病筛查工作。

第六条 筛查机构应当将儿童先天性心脏病的筛查情况记录在《北京市儿童保健记录》中，并对筛查出的可疑先天性心脏病儿童的情况记录在《北京市0～6岁儿童先心病筛查可疑及确诊病例登记表》中。

对需要转诊及复诊的儿童，筛查机构应当出具《北京市0～6岁儿童先天性心脏病筛查转诊（复诊）单》（以下简称转诊单），告知家长持转诊单到市卫生行政部门指定的儿童先天性心脏病诊断机构进行进一步诊断。

筛查机构应当对本机构筛查出的可疑先天性心脏病儿童的转归情况进行追访，并将转归情况记录在《北京市0～6岁儿童先心病筛查可疑及确诊病例登记表》上。

第七条 市卫生行政部门指定首都医科大学附属北京儿童医院、中国医学科学院阜外心血管病医院、首都医科大学附属北京安贞医院和北京华信医院为本市儿童先天性心脏病诊断机构（以下简称诊断机构），并根据实际情况进行调整。

第八条 诊断机构应按《北京市0～6岁儿童先天性心脏病筛查技术规范》的要求接受筛查机构转诊的可疑先天性心脏病儿童，为持转诊单的儿童就诊提供方便，根据临床检查及相关检查结果进行诊断，对儿童家长提出有关治疗建议，并填写转诊单中的相关内容。

诊断机构应加强机构内部的质量检查，提高服务水平能力。

第九条 筛查机构和诊断机构应当按照《北京市0~6岁儿童先天性心脏病筛查技术规范》的要求做好信息登记、统计、上报工作，接受本市卫生行政部门和妇幼保健机构组织的培训和质量检查。

第十条 市和区县妇幼保健机构应当对本行政区域内儿童先天性心脏病的筛查、诊断、登记、转诊、追访等情况进行统计、分析、评价，提出相关工作建议，并定期向同级卫生行政部门报告。

第十一条 本办法自2009年8月1日起实施。

北京市现场制、售饮用水卫生管理办法

京卫监字〔2009〕143号
（2009年8月13日）

第一条 为了加强对本市现场制、售饮用水的卫生管理，保证现场制、售饮用水的卫生安全，保障市民身体健康，根据《北京市生活饮用水卫生监督管理条例》、《生活饮用水卫生标准》（GB5749-2006）等有关规定，结合本市实际情况，制订本管理办法。

第二条 本管理办法用于规范本市行政区域内现场制、售饮用水的生产、销售、维护及卫生监督管理等。

第三条 本办法所称的现场制、售饮用水是一种通过水处理设备当场制水并直接散装出售的饮用水。

本办法所称经营单位是在本市从事现场制、售饮用水生产、销售等经营的组织。

第四条 市卫生行政部门负责本市行政区域内现场制、售饮用水的卫生监督管理工作。

区（县）卫生行政部门负责辖区经营单位备案管理和现场制、售水站点的日常卫生监督工作。

对违反本办法的行为，任何单位和个人都有权投诉、举报。

第五条 本市对现场制、售饮用水的卫生监督管理实行备案制度。

经营单位应当在从事现场制、售用水经营活动前向现场制售水机安装地区（县）卫生行政部门提交以下资料，并对其提交材料的真实性负责：

（一）企业营业执照、法定代表人身份证明复印件。

（二）所安装的现场制售水机的卫生许可批件复印件，并加盖生产企业公章。

（三）现场制售水机的详细安装地址及数量。

（四）供水点专职或兼职卫生管理人员身份证明复印件。

（五）卫生管理、巡视、出水水质检测等卫生管理制度。

（六）卫生行政部门要求提供的其他材料。

第六条 现场制、售饮用水的水源水质应当符合《生活饮用水卫生标准》（GB5749-2006）的规定。

现场制、售饮用水水质应当符合相关国家卫生标准规定。

第七条 现场制售水机安装位置的选址和设计应当符合下列卫生要求：

（一）现场制售水机正面须有产品铭牌并注明产品名称、型号、生产企业等。

（二）现场制售水机安装位置周围应当保持良好的卫生状况，周边10米范围内不得存在禽畜饲养场、公共厕所、垃圾桶（箱、房）、粉尘、有毒有害气体等污染源，不得堆放垃圾、粪便、废渣等污染物。

（三）现场制售水机安装位置地面要求平整固化，具备废水排放设施，设备周围不得有积水。

（四）现场制、售水机与生活饮用水连接处须安装止回装置。

（五）现场制、售水机的净水出水口处须安装安全防护门，并保持正常使用。

第八条 经营单位应建立卫生管理制度，定期对供水点进行巡视，定期对其现场制售水机的运行和对出水水质进行检测，并做好以下具体工作：

（一）给每个供水点配备专职或兼职的卫生管理员。

（二）配备相应的水质检验仪器、设备，有条件的可建立水质检测实验室。对其供应的现场制、售饮用水水质进行检测，并将检测记录归档，保存1年以上备查。

1. 每周对水质进行自检，自检项目包括pH值、浑浊度、电导率、溶解性总固体等。

2. 每季度对水质微生物指标进行自检，自检项目包括细菌总数、总大肠菌群、粪大肠菌群等，并根据现场制售水机采用的消毒工艺不同，检测水中臭氧浓度或紫外线强度等指标。

（三）索取现场制售水机卫生许可批件复印件备查。每周对供水点进行巡视，对其现场制售水机的运行状况进行自查，将自查记录归档、完整保存1年以上备查。

（四）在现场制售水机安装完成投入使用前及此后每年，请具有检验资质的检验机构对其水质进行抽样检测。抽样检测项目应当包括pH值、浑浊度、电导率、溶解性总固体、细菌总数、总大肠菌群、粪大肠菌群以及制水设备经许可的水质要求的其他检测项目。并将检测结果归档并完整保存1年以上备查。

第九条 区（县）卫生行政部门应当定期对辖区内的现场制、售饮用水的供水点进行卫生监督管理。卫生监督的主要内容是：

（一）现场制售水机安装地点周边环境达到卫生要求。

（二）现场制售水机的运转是否正常，净水出水口处洁净、安全防护门完好。

（三）现场制、售水出水水质的抽样检测项目为pH值、浑浊度、电导率、溶解性总固体等，必要时可加测细菌总数、总大肠菌群、粪大肠菌群等项目。

（四）根据现场制售水机的消毒工艺不同，抽样检测现场制、售饮用水中臭氧浓度或紫外线强度等。用紫外线灯消毒的，紫外线强度应大于$70\mu W/cm^2$。用臭氧消毒的，出水中臭氧残留浓度不小于$0.02mg/L$。

（五）现场制售水机的维护记录及其所供现场制、售饮用水水质自检记录齐全。

（六）比照经营单位提供的现场制售水机卫生许可证件核对安装的现场制售水机的名称、型号等。

第十条 对违反本办法规定的，由卫生行政部门依法予以行政处罚。

第十一条 本办法自2009年9月1日起实行。

北京市预约挂号管理暂行办法（试行）

京卫医字〔2009〕186号
（2009年8月27日）

第一条 为加强预约挂号管理，规范预约挂号服务，提高门诊医疗服务质量和效率，方便群众就医，根据有关法律、法规、部门规章和规定，制订本办法。

第二条 本办法适用于全市二级及以上医院的初诊、复诊和社区转诊的预约挂号管理和相关门诊医疗组织的管理工作。

第三条 本办法所称预约挂号管理内容包括预约挂号的方式、时间、比例、门诊就诊模式、失约处理、挂号实名制和相关门诊医疗组织等方面。

第四条 本办法中所称"专家"系指有由卫生行政部门组织评定的具备本专业副主任医师以上专业技术职务任职资格的医师。

第五条 门诊实行首诊负责制，对疑难病例由接诊医师建议上级专家会诊。

第六条 各医院要做好专家医、教、研任务的统筹管理，在保障疑难病例诊治、病房查房、教学和科研任务的基础上，专家出诊（不含特需门诊）时间，主任医师每周不少于2个半天，副主任医师外科系统不少于3个半天、内科系统不少于4个半天。

第七条 各医院要采取切实可行的措施，实行专家上下午错峰出诊制度，对就诊患者实施有效分流。

第八条 各医院要指定专门部门负责预约挂号工作，预约挂号可通过人工、电话、互联网、自助挂号机、社区转诊等多种方式实现。医院必须指定专门地点办理人工预约和电话预约挂号服务。

第九条 各医院与对口支援的社区卫生服务机构之间必须建立社区转诊预约机制。城八区社区转诊预约挂号服务由各社区卫生服务机构按照原有对口支援关系，依据双向转诊标准，为辖区内确需转诊的门诊（不含急诊）患者提供对口支援医院的转诊预约挂号服务。

第十条 城八区各社区卫生服务站的转诊和预约挂号工作原则上由上级社区卫生服务中心承担。各中心应指派专人负责，填写转诊预约挂号单，传真到对口支援医院，并将支援医院反馈的预约结果通知患者。支援医院应为对口社区卫生机构开通预约挂号绿色联系通道，指定专人负责社区转诊预约挂号的工作，完成预约后填写转诊预约挂号回执单，盖章后传真至对口社区卫生服务机构。对口支援医院对社区提交的预约挂号原则上应在24小时内予以反馈结果，并在1周内安排解决预约挂号。患者可凭转诊预约挂号回执单到对口支援医院，按医院规定流程就诊。

第十一条 预约挂号采取实名制。患者预约和就诊时，应提供真实、有效的实名身份信息和证件。医院应在预约、换号、分诊等环节核实患者实名身份信息。

第十二条 医院要采取切实有效的措施推动层级就诊模式，优先满足通过层级就诊方式由下级医师提请会诊、预约的病人需求和复诊病人需求。

第十三条 凡可在门诊窗口挂号的号源均应提供预约挂号服务，具体投放的预约号源比例由各医院结合实际需要确定。医院复诊预约挂号比例不低于40%，口腔科、产科复诊预约比例应达到100%，出院病人门诊复查预约率要达到60%以上。

第十四条 复诊预约由接诊医师或主管医师根据患者病情在患者就诊、出院当日予以预约登记，开具预约单（条）确定复诊时间。

第十五条 预约挂号采取分时段预约的方式，各医院要合理确定预约分割时段，参考病人平均就诊时间，安排预约病人数量。

第十六条 各医院要明确预约挂号方式。2009年8月31日前，各三级医院要将本院各种预约挂号方式在门诊醒目位置公示并报市卫生局备案，市卫生局将通过媒体向社会公示。

第十七条 医院要建立预约挂号工作制度和应急处理机制。专家停诊应有审批程序和补诊要求，并及时与患者沟通，安排同一专业同级职称的专家接诊。同时，要建立专家门诊的准入、退出机制，确保专家门诊的出诊效率和质量。对于患者失约，应及时安排其他患者就诊。

第十八条 各医院要建立预约挂号统计制度，自2009年10月起，各三级医院于每月5日前，填写上月预约挂号统计表，并通过北京市卫生局医政管理平台上报市卫生局。

第十九条 各二级以下医院及其他医疗机构的预约挂号管理可参照本办法执行。

第二十条 本办法自2009年9月1日起施行。

北京市献血管理办法

北京市人民政府令第214号
（2009年9月7日）

第一条 为了保证医疗临床用血需要和安全，规范和推动献血工作，保障献血者和用血者的身体健康，根据《中华人民共和国献血法》等有关法律、法规，结合本市实际情况，制订本办法。

第二条 本市实行无偿献血制度。
本市提倡18周岁至55周岁的健康个人自愿献血。鼓励国家工作人员、现役军人和高等学校在校学生率先献血。
鼓励捐献机采血小板等成分血，鼓励稀有血型的个人献血。

第三条 个人临床用血时只交付用于血液的采集、储存、分离、检验等费用；具体收费标准按照国家和本市规定执行。
献血者及其配偶、直系亲属临床用血时，按照下列规定享受免费用血优惠：

（一）献血者自献血之日起10年内免费使用献血量5倍的血液，10年后免费使用献血量2倍的血液。

（二）累计献血超过1000毫升的献血者终身无限量免费用血。

（三）献血者的配偶、直系亲属自献血者献血之日起10年内可以免费使用献血量等量的血液。

献血者捐献机采血小板的，本人及其配偶、直系亲属享受用血优惠时，献血量按照一个机采单位折合全血400毫升计算。

第四条 献血者及其配偶、直系亲属临床用血后，可以按照本办法第三条的规定报销相关费用。具体办法由市卫生行政管理部门会同有关部门制定并公布。

卫生行政管理部门和其他有关部门应当为献血者及其配偶、直系亲属报销用血费用提供便利条件。

第五条 血站是经卫生行政管理部门依法批准设立的采集、提供临床用血的机构，是不以营利为目的的公益性组织。血站以外的任何个人和单位不得采集、提供临床用血。

第六条 市卫生行政管理部门应当根据国家采供血机构设置规划指导原则，结合本市行政区域内的人口、医疗资源、临床用血需要等情况，编制血站设置规划，报市人民政府批准后执行。

第七条 市卫生行政管理部门应当会同有关部门，根据临床用血需要等情况编制采血点设置指导意见，报市人民政府批准后执行。

血站应当根据采血点设置指导意见设置采血点，并将采血点设置情况向社会公布。

公安、市政市容等行政管理部门和社会单位应当对血站设置采血点的工作予以协助、支持。

第八条 个人可以到依法设置的采血点献血，也可以在所在单位或者居住地的居民委员会、村民委员会的组织下献血。

第九条 血站可以按照国家和本市有关规定开展献血者招募工作，对符合条件、有献血意愿的个人登记相关信息，建立稀有血型和常规血型献血者信息数据库。

血站应当根据献血者提出的献血时间等意向或者临床用血需要动员组织其献血。

第十条 本市根据血站库存血液数量和临床用血需要等情况制定临床用血保障预案。在出现血液短缺或者发生应急用血时，按照保障预案的规定采取分级响应措施，保障用血需要。

市和区县献血工作机构、乡镇人民政府、街道办事处应当根据临床用血保障预案的规定做好本辖区内献血的组织、动员、协调等工作。

第十一条 本市行政区域内的国家机关、部队、社会团体、企业事业组织、居民委员会、村民委员会，应当按照《中华人民共和国献血法》和本市有关规定，动员组织本单位或者本居住区的适龄人员参加献血。

第十二条 血站采集血液应当严格执行有关采血操作规程和制度，并遵守下列规定：

（一）在采血前按照国务院卫生行政管理部门制定的献血者健康检查标准为献血者进行免费健康检查；对身体状况不符合献血条件的献血者，向其说明情况，不得采集血液。

（二）对献血者每次采集血液量一般为200毫升，最多不得超过400毫升；在采血前告知献血者采血量，并征得其同意，禁止超量采血。

（三）对献血者两次采血间隔期不少于6个月，采集机采血小板间隔期不少于28天，禁止频繁采血。

（四）接待献血者礼貌、热情、周到、耐心，向献血者提供必要的食品、饮品，为献血者提供安全、卫生的献血环境和便利条件。

（五）建立献血者信息保密制度，对献血者个人信息予以保密。

血站违反前款规定的，有关个人和单位可以向卫生行政管理部门投诉。卫生行政管理部门应当及时调查处理，并将处理结果向投诉者反馈。

第十三条 卫生行政管理部门应当建立健全临床用血制度和技术规范，指导、监督医疗机构科学、合理用血。

医疗机构临床用血应当遵照科学、合理的原则制订用血计划，不得浪费、滥用血液。

第十四条 鼓励个人和单位通过捐赠、志愿服务等形式支持、参与献血公益活动。

向献血公益事业捐赠财产，可以依照国家有关规定享受税收优惠。

参加献血志愿服务的个人可以依照有关规定享受志愿者权益。

第十五条 市和区、县献血工作机构负责本辖区内献血工作的组织、协调、宣传、教育等工作。

市和区、县卫生行政管理部门负责本辖区内献血工作的监督管理。

第十六条 各级红十字会依法参与、推动献血工作，协助政府及其有关部门开展献血宣传、教育、组织等工作。

第十七条 新闻媒体和网站应当通过多种形式开展献血公益宣传，配合政府及其有关部门做好献血法律和血液科学知识的宣传普及工作。

国家机关、部队、社会团体、企业事业组织、居民委员会、村民委员会应当开展献血法律、法规和血液科学知识的宣传教育工作。

第十八条 本市将献血工作列入精神文明建设活动内容，通过创建文明单位、文明社区等方式推动献血公益事业。

第十九条 市和区县人民政府及其卫生行政管理部门、红十字会按照国家和本市有关规定，对积极献血或者在献血工作中做出显著成绩的个人和单位给予奖励。

第二十条 血站及其工作人员违反《中华人民共和国献血法》和本办法第十二条第一款第（一）项、第（二）项、第（三）项规定，违反有关操作规程和制度采集血液的，由市或者区、县卫生行政管理部门责令改正；给献血者健康造成损害的，应当依法赔偿，对直接负责的主管人员和其他直接责任人员依法给予行政处分；构成犯罪的，依法追究刑事责任。

第二十一条 市和区县献血工作机构、卫生行政管理部门和其他管理部门及其工作人员未按照国家和本市有关规定履行献血管理职责的，由其上级机关责令改正，对直接负责的主管人员和其他直接责任人员依法给予行政处分。

第二十二条 本办法施行以前已经在本市参加献血的，本人及其配偶、直系亲属在本办法施行以后临床用血的，按照本办法第三条的规定享受用血优惠。

第二十三条 本办法自2009年11月1日起施行。1998年9月30日北京市人民政府第15号令发布的《北京市无偿献血者及其配偶和直系亲属医疗用血管理办法》，1999年11月10日北京市人民政府第45号令发布的《北京市公民献血用血管理办法》同时废止。

北京市卫生局行政规范性文件备案监督办法

京卫法字〔2009〕20号
（2009年10月14日）

第一条 为了规范北京市卫生局行政规范性文件的起草、审查、备案、公开和清理工作，根据《北京市行政规范性文件备案监督办法》及有关规定，结合本局实际情况，制订本办法。

第二条 北京市卫生局行政规范性文件的起草、审查、审议、签发、备案、公开和清理工作适用本办法。

第三条 行政规范性文件应当经局长办公会审议通过，并由局长签发。

局机关各业务处室负责行政规范性文件的起草工作。

局政策法规处负责规范性文件的法制审查、备案和清理工作。

局办公室负责规范性文件的公文审核和信息公开工作。

第四条 本办法所称行政规范性文件是指市卫生局为履行社会公共卫生事务管理职权制订的对社会具有普遍约束力、直接或间接影响公民、法人和其他组织的权利义务、在一定时期内具有反复适用性的规定、办法、规则、细则、意见、决定、通知、发展规划等。

第五条 以下文件不属于行政规范性文件：

（一）行政机关内部奖励、人事任免、会议通知及收发文管理、文书档案制作规范等文件。

（二）不涉及公民、法人或其他组织权利义务的年度工作计划或专项整治工作方案。

（三）照转照发上级机关文件或简单重复法律法规及有关政策的文件。

（四）其他不具有反复适用性的具体行政公文。

第六条 行政规范性文件起草应当符合下列要求：

（一）符合国家法律法规规章和其他有关规定。如提出新的政策规定，要与现行的政策规定相衔接，应当切实可行并加以说明。

（二）对实施法律、法规、规章做出具体规定的，不得增设公民、法人和其他组织的义务，不得限制法律、法规、规章赋予公民、法人和其他组织的权利。

（三）规范事项属于本局法定职权范围。如涉及其他部门职权的，应当主动与有关部门协商，取得一致意见后方可行文。

（四）遵守国家行政机关公文处理的有关规定要求。

第七条 各处室起草行政规范性文件经处室负责人签发后送政策法规处进行法制审核，并同时提交该行政规范性文件的起草说明和制订依据。

行政规范性文件的起草说明包括以下内容：

（一）文件起草背景和制定行政规范性文件的必要性。

（二）规范性文件拟解决的主要问题及采取的主要措施。

（三）起草过程中遇到的分歧及处理方法。

（四）规范性文件的法律风险分析。

第八条 政策法规处依据有关法律、法规、规定对行政规范性文件进行合法性和规范性审查。审查同意的，由政策法规处提请局长办公会审议。审查不同意的，提出相应的修改意见，返回起草处室进行修改。

第九条 局长办公会审议行政规范性文件，局办公室、政策法规处和相关业务处室参加，政策法规处负责汇报起草规范性文件的背景、主要内容及有关问题。

局长办公会审议通过的行政规范性文件，由局办公室核稿后，报请局长签发，并按照公文程序印制。

局长办公会提出修改意见的，由起草处室会同政策法规处进行修改，修改后由局办公室核稿，报请局长签发，并按照公文程序印制。

第十条 政策法规处应当在行政规范性文件发布之日起15日内向市政府法制办报送备案，并按照法制办规定的内容格式装订成册一式3份，同时将电子版发送至beian@bjfzb.gov.cn。

第十一条 市政府法制办在审查行政规范性文件时，要求本局补交相关材料或提出有关审查意见的，起草处室应当按照市政府法制办的要求提供材料或进行改正，由政策法规处对处理结果进行审核后，于10日内报送市政府法制办。

第十二条 局办公室应当在行政规范性文件发布之日起15日内，将文本文件分别送市政府办公厅公报编缉部和市档案馆，供公众阅览；并将电子版发送至市政府公报编缉部（电子邮箱gbbjb@bjgov.gov.cn）和市档案馆（电子邮箱bgs@bjjma.org.cn）。并按照政府信息公开的要求，将规范性文件进行网上信息公开和移送。

第十三条 政策法规处负责对全局每年发布的行政规范性文件进行汇总整理，并于每年3月1日前将本局上一年度制订的行政规范性文件目录报送市政府法制办。

第十四条 对未按规定起草、送审、审查、备案上报行政规范性文件的，由人事或者监察部门按照处理权限，追究直接负责的主管人员和其他直接负责人员的责任。

第十五条 本办法自2009年11月1日起施行。2006年10月10日市卫生局发布的《北京市卫生局行政规范性文件备案暂行办法》同时废止。

北京市医疗卫生机构医疗废物管理规定

京卫计字〔2009〕81号
（2009年11月12日）

第一章 总 则

第一条 为规范本市医疗废物管理，明确职责要求，防止因医疗废物收集、处置不当引起疾病发生、传播和环境污染，保障人民健康，依据《中华人民共和国传染病防治法》、《医疗废物管理条例》和《医疗卫生机构医疗废物管理办法》等有关法律法规，结合本市实际情况，制订本规定。

第二条 本规订适用于本市各级各类医疗卫生机构。

第二章 管理职责

第三条 医疗废物实行属地化管理。

市卫生行政部门负责对本市医疗卫生机构医疗废物管理工作进行指导和管理；负责制订医疗废物管理的相关制度和措施；协调有关部门落实医疗废物管理的法规、制度；组织全市医疗废物管理监督检查。

区县卫生行政部门负责对本辖区内医疗卫生机构的医疗废物管理工作进行指导和管理；协调有关行政部门和本辖区内医疗卫生机构落实医疗废物管理的法规、制度；对本辖区内所有医疗卫生机构医疗废物管理工作进行经常性的监督检查。

对医疗卫生机构监督检查的主要内容是：

（一）医疗废物管理的规章制度及落实情况；

（二）医疗废物分类收集、运送、暂时贮存及机构内处置的工作情况；

（三）污水、传染病人或疑似传染病人排泄物的消毒处置情况；

（四）有关医疗废物管理的登记资料和记录；

（五）医疗废物管理工作中，相关人员的安全防护工作；

（六）发生医疗废物流失、泄露、扩散和意外事故的上报及调查处理情况；

（七）进行现场卫生学监测；

（八）依法查处违法行为。

第四条 医疗卫生机构法定代表人或者主要负责人为医疗废物管理第一责任人，应切实履行职责，确保医疗废物的安全管理。

医疗卫生机构医疗废物内部处置流程所涉及各部门的负责人是医疗废物管理的部门责任人，对本部门医疗废物的安全履行管理职责。

医疗卫生机构负责医疗废物分类收集、运送、暂时贮存等工作的专（兼职）工作人员或管理人员对医疗废物的安全处置和管理履行相应职责。

医疗卫生机构医务人员对本岗位产生的医疗废物的安全处置履行相应职责。

第五条 编制床位在50张以上（含50张）的医疗机构以及疾病预防控制、急救、采供血、体检、社区卫生服务中心等机构应当指定医疗废物管理部门，承担本单位医疗废物处置的管理职责。

编制床位在50张以下的医疗机构和社区卫生服务站、门诊部、诊所、卫生所（室）、医务室、卫生站、村卫生室（所）等，应当指定人员承担本单位医疗废物处置的管理职责。

第六条 医疗卫生机构医疗废物的管理部门和人员，应履行以下职责：

（一）负责指导、检查医疗废物分类收集、运送、暂时贮存及机构内处置过程中各项工作的落实情况；

（二）负责指导、检查医疗废物分类收集、运送、暂时贮存及机构内处置过程中的职业卫生安全防护工作；

（三）负责组织医疗废物流失、泄漏、扩散和意外事故发生时的紧急处理工作；

（四）负责组织医疗废物管理的培训工作；

（五）负责医疗废物登记和档案资料的管理；

（六）负责检查医疗废物分类收集点的物体、医疗废物运送工具、与医疗废物暂时贮存有关的设施设备的清洁消毒工作。

（七）负责及时分析和处理医疗废物管理中的其他事宜。

第七条 医疗卫生机构应当建立医疗废物分类收集、运送、暂时贮存、交接等工作的管理制度，内容包括：岗位设置、人员配备、岗位职责、工作纪律、监督检查和考核、奖惩规定等。

医疗卫生机构应当制订医疗废物管理规程，内容包括：工作方法、工作流程、质量指标、职业卫生防护措施、应急方案、注意事项等。

医疗卫生机构应有医疗废物产生点、分类收集点和暂时贮存点设置的平面示意图。

第八条 设置家庭病床和医疗服务点（站）的医疗机构，按照"谁设置，谁负责"的原则，负责相关诊疗活动产生的医疗废物的处置工作，并制订相应的医疗废物管理制度。

第三章 专用包装、容器、设备、设施

第九条 医疗废物专用包装袋用于盛装除损伤性之外医疗废物的初级包装，属一次性使用物品。

技术要求：在正常使用情况下，不应出现渗漏、破裂和穿孔；不应使用聚氯乙烯材料；容积大小以方便使用为宜；颜色为淡黄；包装袋的明显处应印制警示标志和警告语；表面基本平整、无皱褶、污迹和杂质，无划痕、气泡、缩孔、针孔以及其他缺陷。

物理机械性能要求：

拉伸强度（纵、横向）≥20 Mpa

断裂伸长率（纵、横向）≥250%

落膘冲击质量 130g

跌落性能 无破裂、无渗漏

漏水性 无渗漏

热合强度 ≥10N/15mm

第十条 医疗废物专用利器盒用于盛装损伤性医疗废物的专用硬质容器，属一次性使用物品。

技术要求：整体为硬质材料制成，封闭且防刺穿，以保证在正常情况下，利器盒内盛装物不撒漏，并且利器盒一旦被封口，在不破坏的情况下无法被再次打开；不应使用聚氯乙烯材料；整体颜色为淡黄；利器盒侧面明显处应有警示标志，警告语为"警告！损伤性废物"；满盛装量的利器盒从1.2m高处自由跌落至水泥地面，连续3次，不会出现破裂、被刺穿等情况；规格尺寸根据用户要求确定。

第十一条 医疗废物专用周转箱（桶）用于盛装经初级包装的医疗废物专用硬质容器。

技术要求：整体应防液体渗漏，应便于清洗和消毒；整体颜色为淡黄；箱体侧面或桶身明显处应有警示标志和警告语；整体装配密闭，箱体与箱盖能牢固扣紧，扣紧后不分离；表面光滑平整、完整无裂损，没有明显凹陷，边缘及提手无毛刺；箱底和顶部有配合牙槽，具有防滑功能；外形尺寸根据用户要求确定。

第十二条 医疗废物专用盛器用于医疗废物收集时与医疗废物专用包装袋配合使用。

技术要求：固定放置的应为脚踏开启的封闭硬质容器；整体应防液体渗漏，应便于清洗和消毒；箱（桶）体侧面明显处应有警示标志和警告语；表面光滑平整、完整无裂损，没有明显凹陷，边缘无毛刺，具有防滑功能。置于诊疗车上的应为加盖硬质容器，诊疗车上要有固定设施，其他要求同上。外形尺寸根据用户要求确定。

第十三条 医疗废物专用收集运送车用于医疗机构内部运送医疗废物封闭式人力车。

技术要求：封闭式车箱，应便于清洗和消毒；车体明显处应有警示标志和警告语；箱体与箱盖能严密扣紧；表面光滑平整，完整无裂损，没有明显凹陷，边缘无毛刺；车体形状、大小根据用户要求确定。

第十四条 医疗废物专用压力蒸汽灭菌设备用于医疗废物中含有病原体的培养基、标本和菌种、毒种保存液等高危险废物灭菌。设备明显处应有警示标志和警告语。

第十五条 医疗废物专用冷藏设备用于病理性医疗废物和需超过48小时处置的医疗废物临时贮存。设备明显处应有警示标志和警告语。

第十六条 医疗废物暂时贮存设施、设备用于待处置医疗废物暂时贮存。要符合下列要求：

（一）远离医疗区、食品加工区、人员活动区和生活垃圾存放场所，方便医疗废物运送人员及运送工具、车辆出入，因条件限制选址靠近生活垃圾存放场所、人员活动区和医疗区的，应当采取相应的隔离措施，设有各自的通道；

（二）暂时贮存设施、设备应当上锁，墙面、地面平整，不应存在洞穴或缝隙，可开启的窗应安装铁栅栏和纱窗，出入门安装自动关闭纱门；

（三）有防鼠、防蚊蝇、防蟑螂的安全措施；

（四）防止渗漏和雨水冲刷；

（五）易于清洁和消毒；

（六）避免阳光直射；

（七）设有明显的医疗废物警示标识和"禁止吸烟、饮食"的警示标志。

第十七条 医疗废物自行焚烧处置设施、设备用于不具备集中处置医疗废物条件的农村医疗卫生机构自行处置医疗废物。

焚烧处置设施、设备的技术要求，由区县卫生局协商环境保护局确定，报市卫生局备案。

第十八条 医疗废物警示标志和警告语标准：

（一）警示标志的形式为直角菱形，警告语应与警示标志组合使用，背景色为淡黄色，警示标志和中英文文字为黑色；

（二）包装袋警示标志和警告语
感染性标志 高度最小5.0cm
中文文字 高度最小1.0cm
英文文字 高度最小0.6cm
警示标志 最小12.0cm×12.0cm

（三）利器盒警示标志和警告语
感染性标志 高度最小2.5cm
中文文字 高度最小0.5cm
英文文字 高度最小0.3cm
警示标志 最小6.0cm×6.0cm

（四）周转箱（桶）、盛器、收集运送车、专用压力蒸汽灭菌设备、专用冷藏设备警示标志和警告语
感染性标志 高度最小2.5cm
中文文字 高度最小0.5cm
英文文字 高度最小0.3cm
警示标志 最小6.0cm×6.0cm

（五）暂时贮存设施、设备和自行焚烧处置设施、设备警示标志和警告语，在门左侧适当高度悬挂带有警示标识的"医疗废物暂存处"和"禁止吸烟、饮食"标牌，宽、高分别不小于40cm×15cm、40cm×10cm。

第四章 收集、运送、暂时贮存管理

第十九条 医疗卫生机构内部医疗废物收集和交接工作按照以下流程进行：

（一）各医疗岗位每次医疗活动产生的医疗废物，由本岗位医务人员按医疗废物不同类别分别置放于专用包装袋或利器盒内，并负责移送到本部门设置的医疗废物分类收集点；

（二）各部门负责医疗废物分类收集管理的人员，将已分类收集的医疗废物按规定要求交接给本医疗卫生机构负责运送医疗废物的人员；

（三）医疗卫生机构负责运送医疗废物的人员，按照本单位规定的时间和路线将各部门分类收集的医疗废物运送到本单位指定的医疗废物暂时贮存场所，交接给本单位负责医疗废物暂时贮存管理的人员；

（四）医疗卫生机构负责医疗废物暂时贮存管理的人员，将本单位暂时贮存的医疗废物交接给经环保部门许可的集中处置单位的收集人员。

流程中所涉及的不同岗位为同一人负责的，不需要交接。

第二十条 医疗卫生机构应当根据《医疗废物分类目录》有关感染性、病理性、损伤性、药物性和化学性医疗废物的规定进行分类收集。收集医疗废物专用包装袋和利器盒在使用前应当进行认真检查，确保无破损、渗漏和其他缺陷。

第二十一条 以下医疗废物应按要求进行特殊管理：

（一）废弃的麻醉、精神、放射性、毒性等药品及其相关废物的管理，依照法律法规和国家有关规定、标准执行；

（二）废弃的含有汞的体温计、血压计等，应交由专门机构处置；

（三）污水、传染病病人或者疑似传染病病人的排泄物，应当按照卫生部《消毒技术规范》（2006年版）规定严格消毒，达到国家规定的排放标准后方可排入污水处理系统；

（四）隔离的传染病病人或者疑似传染病病人产生的医疗废物应当使用双层包装物，并及时密封；

（五）医疗废物中含有病原体的培养基、标本和菌种、毒种保存液等高危险废物，应当由医疗卫生机构指定专人在产生地点经压力蒸汽灭菌或用化学消毒剂处理后，再按感染性废物收集处理；

（六）病理性医疗废物应置于专用冷藏设备中暂时贮存，专用冷藏设备置于医疗废物暂时贮存处并保证不间断工作。

第二十二条 医疗卫生机构应当按照以下原则设置医疗废物分类收集点：

（一）医疗废物产生较多的门急诊，应当在各自的门急诊单独设置分类收集点；医疗废物产生较少的门急诊，可按照距离最近原则，同层楼面合并设置分类收集点；传染病门诊应单独设置分类收集点；

（二）检验科、放射科、病理科、手术室等医技部门应当单独设置分类收集点，医疗废物产生较少的其他科室的分类收集点可参照前款医疗废物产生较少的门急诊要求设置；

（三）普通病房按同层楼面以病区为单位设置分类收集点；传染病病房应按同种传染病病区为单位设置分类收集点。

诊所、卫生所（室）、医务室、卫生站、村卫生室（所）等医疗机构医疗废物分类收集点可与暂时贮存场所合并设置，但应当符合本规定的相关要求。

疾病预防控制机构、采供血机构应当结合本单位实际情况，设置相应的医疗废物分类收集点。

第二十三条 医疗卫生机构各部门设置的医疗废物分类收集点应当符合以下要求：

（一）相对独立且易于管理；

（二）方便医疗废物的收集、运送；

（三）有标明医疗废物分类收集方法的示意图和有关文字说明。

第二十四条 在家庭病床和医疗服务点诊疗活动中产生的医疗废物在每次诊疗活动结束后，由开展诊疗活动的医务人员直接移交给本单位负责医疗废物暂时贮存管理的人员；当日不能带回的，应当要求病人或病人家属待诊疗活动结束后，将涉及的医疗废物按要求封装后暂时贮存于病人家中的安全处，次日由负责诊疗活动的医务人员按要求取回处置，不得交由病人或病人家属自行处置。

第二十五条 救护车上产生的医疗废物应当由随车救护人员交接给救护病人送达的医疗机构急诊室，每次一交；流动采血车、献血屋每天工作完毕后，由专人于当日将收集的医疗废物交接给本单位负责医疗废物暂时贮存管理的人员。

第二十六条 医疗卫生机构各部门负责医疗废物分类收集管理的人员应当做好以下医疗废物分类收集管理工作：

（一）在医疗废物收集过程中，应当检查医疗废物分类收集是否符合规定要求，是否混合或交叉收集，专用包装袋和利器盒有无破损或渗漏。发现问题应当及时纠正并向有关部门责任人进行反馈；

（二）分类收集的医疗废物达到专用包装袋和利器盒的3/4时，应当使用有效的封口方式，使包装袋和利器盒的封口紧实、严密，系上中文标签，标签应当标明医疗废物产生部门、产生日期、类别、备注等；

（三）医疗废物每次转交后，对医疗废物收集点和使用的设施进行消毒、清洗并记录，消毒方法应当符合卫生部《消毒技术规范》（2006年版）的规定；

（四）做好医疗废物运送交接工作。

第二十七条 医疗卫生机构负责医疗废物分类收集管理的人员将已分类收集的医疗废物转交给运送人员时，应当填写医疗废物交接单，交接单应当包括以下内容：

（一）医疗废物来源或产生部门；

（二）医疗废物类别及包装袋（盒）重量或数量；

（三）交接时间；

交接单填写并核对无误后，交接双方签字确认，保存3年以上。

救护车、流动采血车、献血屋内暂时贮存医疗废物的交接手续按照上述规定执行。

第二十八条 医疗卫生机构负责医疗废物运送的人员，在将医疗废物装入专用运送工具前应当做好以下检查工作：

（一）检查医疗废物分类收集是否使用专用包装袋、利器盒；

（二）检查每个医疗废物包装袋、利器盒上是否标有中文标签，标签的内容是否符合规定要求；

（三）检查医疗废物的包装袋、利器盒有无破损，封口是否严密。

发现不符合时应提出改正要求，经改正符合要求后方可运送。

第二十九条　医疗卫生机构内运送医疗废物的时间和路线应当相对固定。运送路线应当以人流、物流最少或较偏僻为原则。运送时间应当避开诊疗高峰时段。运送过程中运送者不得远离运送车。医疗废物应当运送到指定的暂时贮存场所。

第三十条　医疗废物运送人员在每次运送医疗废物工作结束后，在指定地点及时对转运工具进行消毒、清洗并记录。消毒方法应当符合卫生部《消毒技术规范》（2006年版）的规定。

不得使用未经消毒和清洗的运送工具运送医疗废物。

第三十一条　设有床位的医疗机构及社区服务中心、疾病预防控制机构、采供血机构等应当设立专门的医疗废物暂时贮存设施。

门诊部等不设床位的医疗机构应当设立相对固定的医疗废物专用暂时贮存设备（柜、箱）。

诊所、卫生所（室）、医务室、卫生站、村卫生室（所）等规模较小的医疗机构可使用周转箱暂时贮存医疗废物。

第三十二条　医疗卫生机构的医疗废物暂时贮存和处置工作应当符合下列要求：

（一）医疗卫生机构负责运送医疗废物的人员将医疗废物交接给暂时贮存管理人员时，应当填写医疗废物交接单，内容应当包括医疗废物的来源、类别、袋或盒重量或数量、交接时间以及经办人签名等项目，交接单保存时间3年以上；

（二）不得在非暂时贮存场所堆放或存放医疗废物，严禁转让、买卖医疗废物；

（三）医疗废物暂时贮存时间最长不得超过48小时，贮存时间超过48小时，集中处置单位仍未前来收集的，医疗卫生机构应当及时向所在地环保和卫生行政部门报告；

（四）无关人员不得出入医疗废物暂时贮存场所，严禁在暂时贮存场所内进行与医疗废物管理、处置无关的活动；

（五）医疗废物每次清运后应当对暂时贮存场所和设备、设施及时进行消毒和清洗并记录，记录保存3年以上；清洗的污水应当排入医疗卫生机构污水处理系统。消毒方法应当符合卫生部《消毒技术规范》（2006年版）的规定。

第三十三条　医疗卫生机构将暂时贮存的医疗废物转交给集中处置单位时，应当填写《危险废物转移联单》并保存3年以上。

第三十四条　医疗卫生机构应将医疗废物处置情况，每季度结束后15日内在北京市卫生规划建设管理信息网站填报。

第五章　集中处置交接

第三十五条　除经批准允许自行处置医疗废物的单位外，其他医疗卫生机构产生的医疗废物都应交由在本市取得集中处置医疗废物资质的单位集中处置。

第三十六条　医疗卫生机构与医疗废物集中处置单位要签署医疗废物处置合同（协议），医疗废物集中处置单位应承诺以下内容：

（一）按相关法律、法规安全处置医疗废物；

（二）每次转交给医疗卫生机构的周转箱是经过严格清洁消毒并完好无损的；

（三）到医疗卫生单位收取医疗废物时间间隔不超过48小时。

第六章　自行处置

第三十七条　不具备集中处置条件的农村地区医疗卫生机构自行处置医疗废物，应经区县环保局、卫生局批准并报市卫生局备案。

第三十八条　医疗废物自行处置应符合以下要求：

（一）焚烧处置场所不得带入或存放与处置无关的物品和个人生活用品；

（二）作业现场应由两人以上共同实施；

（三）焚烧的医疗废物要保证充分燃烧，余烬应用专用工具运至填埋场处置；

（四）使用后的针头等利器应当先消毒并作毁形处理后，再作填埋处置，消毒方法应当符合卫生部《消毒技术规范》（2006年版）的规定；

（五）每次处置完毕，应对处置设施、设备、现场及时进行消毒处理；

（六）每次处置工作都应进行记录，内容包括：处置人员、处置医疗废物的种类和数量、处置开始的时间和结束的时间、处置其他需要说明的情况，处置记录保存3年以上；

（七）医疗废物处置设备维修、维护前应当做好消毒和清洗工作，并符合卫生部《消毒技术规范》（2006年版）要求。

第三十九条　区县卫生行政部门，对实施自行处置医疗废物的医疗卫生机构要进行经常性的监督检查。

第七章 危害事故的应急处理和报告

第四十条 医疗卫生机构发生医疗废物流失、泄漏、扩散和意外事故时，应当按照以下要求采取紧急处理措施：

（一）确定流失、泄漏、扩散医疗废物的类别、数量，事故发生时间、影响范围及严重程度；

（二）组织有关人员按照应急方案，对发生医疗废物泄漏、扩散的现场进行处理；

（三）对被医疗废物污染的区域进行处理时，应当尽可能减少对病人、医务人员、其他现场人员及环境的影响；

（四）采取适当的安全处置措施，对泄漏物及受污染的区域、物品进行消毒或者其他无害化处置，必要时封锁污染区域，以防扩大污染；

（五）对感染性废物污染区域进行消毒时，消毒工作从污染最轻区域向污染最严重区域进行，对可能被污染的所有使用过的工具也应当进行消毒；

（六）工作人员应当做好卫生安全防护后进行工作。

处理工作结束后，医疗卫生机构应当对事件的起因进行调查，并采取有效的防范措施预防类似事件的发生。

第四十一条 医疗卫生机构发生医疗废物流失、泄漏、扩散和意外事故时，应当在 48 小时内向所在区县卫生行政主管部门和环境保护行政主管部门报告；导致 1 人以上死亡或者 3 人以上健康损害，需要对致病人员提供医疗救护和现场救援的重大事故时，应当在 12 小时内向所在区县卫生行政主管部门报告；导致 3 人以上死亡或者 10 人以上健康损害，需要对致病人员提供医疗救护和现场救援的重大事故时，应当在 2 小时内向所在区县卫生行政主管部门报告。报告内容包括：

（一）事故发生的时间、地点及简要经过；

（二）流失、泄漏、扩散的医疗废物类型、数量、意外事故发生的可能原因；

（三）事故造成的危害和影响；

（四）已采取的应急处理措施和处理结果。

第四十二条 医疗卫生机构发生因医疗废物管理不当导致传染病传播或有证据证明传染病传播的事故有可能发生时，应当配合所在地卫生行政部门采取临时控制措施，暂停导致或可能导致传染病传播的作业。

第八章 人员培训和职业安全防护

第四十三条 医疗卫生机构应当对本机构工作人员进行培训，提高全体工作人员对医疗废物管理工作的认识。对从事医疗废物分类收集、运送、暂时贮存等工作的人员和管理人员进行相关知识的培训和考核，内容包括：

（一）相关法律、法规、规章和规范性文件；

（二）本单位医疗废物管理规章制度；

（三）医疗废物各处置环节的工作方法、流程、质量指标、职业卫生防护、注意事项等；

（四）发生医疗废物流失、泄漏、扩散和意外事故时的紧急处理措施。

第四十四条 从事医疗废物管理的有关人员在接触或处置医疗废物时应当按照下列要求做好自身卫生防护工作：

（一）应当穿戴工作衣、帽、靴、口罩、手套等防护用品，进行近距离操作或可能有液体溅出时应当佩戴护目眼镜；

（二）每次作业结束后应当及时按规定对污染防护用品和手进行消毒和清洗；

（三）防护用品有破损时应当及时予以更换；

（四）卫生防护用品在操作中被感染性废物污染时，应当及时对污染处进行消毒处理。

第四十五条 医疗卫生机构应当定期组织本单位从事医疗废物处置的有关人员进行健康检查，并建立健康档案。必要时对相关人员进行免疫接种。

第九章 设备、材料购置

第四十六条 人员防护用品、消毒设备及材料、低温冷藏设备等按医疗卫生用品要求购置。

第四十七条 医疗卫生机构应从具有合法经营资质、在本市有固定经营场所的企业购置医疗废物包装袋、利器盒、盛器、周转箱（桶）等医疗废物专用设备和材料；医疗废物包装袋使用材料、拉伸强度、断裂伸长率、热合强度和利器盒使用材料，由供货单位出据北京市塑料制品质量监督检验部门的质量检测报告；购置的每一批医疗废物专用设备和材料都要按本规定的相关要求进行抽样检查，发现问题时整批退货；每批购置后 15 日内，医疗卫生机构应将有关情况在北京市卫生规划建设管理信息网上进行填报备案。

第十章 输液器材管理

第四十八条 非医疗废物输液瓶（袋）是指未经病人血液、体液、排泄物污染的各种玻璃（一次性塑料）输液瓶（袋）。

第四十九条 非医疗废物输液瓶（袋）由产生科室收集，医疗卫生机构统一转交或出售；临时贮存的非医疗废物输液瓶（袋）应有专人管理，并有防盗措施。

第五十条 医疗卫生机构产生的非医疗废物输液瓶（袋）应转交或出售给符合以下条件的企业：

（一）取得合法经营资质，在本市有固定经营和处置场所；

（二）单独收集、处置、出让（售）非医疗废物输液瓶（袋）；

（三）收集、处置技术符合安全、环保和卫生防病要求；

（四）承诺收集的非医疗废物输液瓶（袋）回收后不用于原用途、用于其他用途符合不危害人体健康要求。

医疗卫生机构每季度结束后15日内，要将有关情况在北京市卫生规划建设管理信息网上进行填报备案。

第五十一条 医疗卫生机构使用过的输液器的金属部分，应作为损伤性废物收集、处置；软质部分应作为感染性废物收集、处置。

第十一章 附 则

第五十二条 计划生育技术服务机构、医学科研（教学）机构、司法鉴定机构和其他产生医疗废物的单位，其医疗废物管理均应按照相关法律、法规和本规定执行。

第五十三条 本规定自2009年12月1日起施行，《北京市医疗卫生机构医疗废物管理规定（暂行）》（京卫行字［2003］31号）、《关于印发＜北京市市属三级医疗机构使用后的属于非医疗废物的输液瓶（袋）回收处置实施方案（试行）＞的通知》（京卫计字［2007］42号）和《关于印发＜北京市二级医疗机构使用后的属于非医疗废物的输液瓶（袋）回收处置实施方案（试行）＞的通知》（京卫计字［2007］74号）同时废止。

工作进展

疾病控制

【概述】 2009年,全市报告甲乙丙类传染病140 823例,报告发病率830.81/10万,比上年增加10.5%。

进一步加强鼠疫疫情监测。在5个区县设立了7个监测点,定期开展鼠间疫情监测。同时,开展了北京市鼠疫防控桌面演练和鼠疫疫情应急拉练,考核了各区县疾病预防控制中心的鼠疫疫情应急响应速度、装备物品和试剂携带齐备程度、现场流行病学调查能力、现场采样和样品转运、病例转运、个体防护、生物安全等方面的能力。

继续落实"四免一关怀"政策及"三大工程"。年内,免费开展自愿咨询检测工作,截至年底,共接待艾滋病自愿咨询者13 213例,其中接受检测12 923例,阳性387例,阳性率2.99%。免费抗病毒治疗和减免费用抗机会性感染治疗的3家定点医院治疗861人,其中成人848人、儿童13人;正在接受治疗764人,其中成人755人、儿童9人。本市启动了艾滋病二线抗病毒药物治疗工作,截止到12月底,治疗38人。本市10家美沙酮社区维持治疗门诊累计治疗2 178人,目前在治877人,保持率74.1%。在全市推动了预防艾滋病宣传志愿者"1+1"十进行动,新招募志愿者5万余人。

加强流动儿童预防接种。对全市适龄流动儿童开展了摸底调查,有学龄前流动儿童364 063人,建卡率95.47%,建证率99.02%。脊灰疫苗补种率99.93%,麻疹疫苗、麻风腮疫苗、流脑疫苗、百白破疫苗零剂次补种率均99.10%以上,乙脑疫苗和乙肝疫苗零剂次预约或补种率99.70%以上。

加强精神疾病的防治。本市建立了卫生、公安、流动人口管理、民政、残联、财政等部门组成的精神病人管控工作协调小组,建立了全市精神疾病报告制度,在全市130家设有精神科门诊、精神病床的医疗机构实现了精神疾病信息的网上直报。各区县加强对精神病人的治疗与管理,以重性精神病人为重点,定期开展走访与评估,实行四期分类管理。

启动《健康北京人——全民健康促进十年行动规划(2009~2018年)》。年内,实施了健康知识普及、合理膳食、控烟、健身、保护牙齿、保护视力、恶性肿瘤防治、母婴健康等九大行动。将66万份《家庭护眼按摩操》图解和配套培训手册发放到小学生及家长手中;免费为163 358名7~9岁儿童提供了窝沟封闭服务;在全市药店设血压测量服务,为全市零售药店配发了"关注血压,关注健康"宣传展架,18个区县和亦庄开发区的药店都开展了现场咨询活动;12月22日,在全市召开了推广工间操和广播体操启动大会;向学校派遣了近千名医务工作者,推进健康促进学校工作;在全市开展了"促进市民饮食健康、有氧代谢运动和知己健康"大型健康促进活动,27家三甲医院以及相关卫生机构的百余名专家参加了义诊咨询;举办了"健康北京人"主题歌歌词征集大赛,收到有效参赛作品400余首,确定对10首获奖作品进行谱曲。

(李 玲)

疾病控制综合管理

【提高疾病预防控制能力】 4月13日,召开全市疾病预防控制工作会议。市卫生局副局长赵春惠对2008年全市疾病预防控制工作进行了回顾,分析了本市疾控工作面临的形势和任务,对本年度疾病预防控制工作做了部署。会议提出从6个方面加强全市疾病预防控制工作,一是开展疾控机构绩效评估,推进其规范化、标准化、科学化管理;提升二级以上医疗机构感染性疾病科及社区、农村预防保健三级网的管理能力和水平,强化基层医疗服务体系的公共卫生服务功能。二是优化性病、艾滋病、结核病等疾病专报系统,加速免疫规划信息管理系统建设,实现儿童异地接种登记。在全市一级医院、社区卫生服务中心、卫生院要全部实施对就诊患者出现发热、腹泻、皮疹、黄疸、结膜红肿等5种症状的监测。三是全面落实扩大免疫规划实施方案,提高接种率,消灭免疫空白。各区县要保证儿童乙肝疫苗接种率及首针及时接种率保持98%以上,保持5岁以下儿童乙肝病毒表面抗原携带率在1%以下。四是在肠道门诊排查霍乱病例。继续为全市60岁以上老年人、中小学生实施免费流感疫苗接种。全面落实肺结核患者的免费诊断和治疗政策,肺结核患者报告率、转诊率要达到95%以上,肺结核患者追踪到位率和家属筛查率大于85%以上,患者系统管理率达到95%以上。五是全面落实普及健康知识、合理膳食、控烟、健身、保护牙齿、保护视力、知己健康、恶性肿瘤防治、母婴健康等9大健康行动和11项健康指标。六是建立以市精神疾病预防控制机构为龙头、18个区县精神疾病预防控制机构为骨干、社区卫生服务中心(卫生院)为前端的三级精神疾病预防控制管理体系。　　　　(李　玲)

【举办绩效考核评估培训班】　4月28日,市卫生局举办了本市两级疾病预防控制机构绩效考核评估培训班。各区县卫生局主管局长、防保科长,市疾控中心各专业科所长,市结控所专业骨干,各区县疾控中心主任、业务专管主任、各专业科室科长约300人参加培训。市卫生局疾控处处长赵涛主持培训。培训班分别对疾病预防控制机构绩效考核的重要性、市、区县疾病预防控制中心的职责、工作任务以及绩效评估指标体系和问题进行了讲解,并对下一步工作进行了部署。7月27日,就《疾病预防控制工作绩效考核操作手册》,请卫生部疾病预防控制工作绩效考核技术指导组成员及绩效考核管理软件开发人员进行了授课。参加培训的有各区县卫生局主管局长、防保科长,市疾控中心、市结控所各专业科所长和各区县疾控中心主任、业务主管主任、各专业科室科长约320人。　　　　　　　　　　　　　(杜　红)

【迎接全国传染病疫情网络直报质量督导检查】　11月2~4日,卫生部全国传染病疫情网络直报质量督导检查组对本市传染病网络直报工作质量进行督导检查。督导组检查了北京市、朝阳区和密云县的卫生局、疾病预防控制中心和医疗机构(朝阳医院、首儿所附属儿童医院、垂杨柳医院、密云县医院、潘家园社区卫生服务中心、密云县鼓楼社区卫生服务中心)等12家单位。督导组专家对本市传染病网络直报工作给予了高度评价。　　(杜　红)

【启动区县级疾病预防控制绩效考核】　11月17日,召开北京市疾病预防控制工作绩效考核研讨会。市卫生局疾控处介绍了卫生部对市疾控中心和昌平区疾控中心上年度疾病预防控制工作绩效考核的测评情况;市疾控中心和昌平区疾控中心分别介绍了绩效考核自我评估和接受卫生部绩效考核评估的经验与体会,并对评估过程中遇到的数据收集、资料整理等问题和解决措施进行了说明。各区县疾控中心就本单位开展绩效考核自评进行了汇报和交流,并对推进本市疾病预防控制工作绩效考核提出了意见和建议。会议要求区县疾控中心完成自评报告,市卫生局将根据各区县自评情况对重点指标进行现场验证。(杜　红)

计划免疫

【常规免疫报告接种率超过99%】　基础免疫包括卡介苗、脊灰疫苗、甲肝疫苗、百白破疫苗、麻疹疫苗、A群流脑疫苗和乙脑疫苗,加强免疫包括乙肝疫苗、脊灰疫苗、百白破疫苗、白破疫苗、麻风疫苗、麻风腮疫苗、乙脑疫苗、流脑疫苗。本市基础和加强免疫除乙脑疫苗接种率95.17%外,其他疫苗均达99%以上;流动人口基础和加强免疫除乙脑疫苗接种率87.11%外,其他疫苗都在99%以上。　(王艳春)

【免疫预防门诊全部达标】　6月30日,市卫生局制订了《北京市规范化免疫预防门诊基本标准》,各区县按照标准要求推进规范化预防接种门诊的建设与考核评估。截至12月底,全市建成规范化免疫预防门诊568家,取消不达标门诊73家,达标率98.95%,除海淀区,其他17个区县均实现达标率100%的目标。海淀区还有6家预防接种门诊未完成考核验收。在已建成的规范化免疫预防门诊中,AAA级门诊19家、AA级门诊109家、A级门诊280家、基本达标门诊160家。　　　　(王艳春)

【完善免疫接种信息化系统建设】　年内,制订了《北京市免疫规划信息管理系统工作规范(试行)》。完成北京市儿童预防接种信息管理系统国家认证,本市全部预防接种单位客户端实现与国家信息平台对接,获准向国家信息平台报告预防接种数据。完成短信通知系统建设,实现向儿童家长发送预约接种短信、向工作人员发送工作短信等功能。完成生物制品和注射器出入库管理系统建设,实现生物制品和注射器出入库管理功能。完成甲流疫苗接种个案信息报告和管理系统建设,实现甲流疫苗接种个案信息录入、导入、报告、查询、统计等功能。已向北京市信息平台报告甲流疫苗接种个案信息205万人，向国家信息平台报告甲流疫苗接种个案信息175万人。

（王艳春）

【建立疫苗接种异常反应处置、调查诊断与应急体系】 年内，完成《北京市预防接种异常反应调查诊断、鉴定和补偿暂行办法（讨论稿）》。按照《预防接种异常反应鉴定办法》的要求，成立了市级、区县级预防接种异常反应调查诊断专家组。

（王艳春）

【开展全国儿童预防接种宣传月活动】 4月25日，是我国第二十三个儿童预防接种宣传日，主题是"及时接种疫苗，人人享有健康"。4月1～30日，本市开展了为期一个月的预防接种宣传月活动。活动期间，制作了《及时接种疫苗，人人享有健康》宣传片，在互力传媒及北广传媒电视终端上播出，并刻录发放到各级医院、免疫接种门诊及外来务工子女学校进行播放；编印《健康》、《健康少年画报》杂志计划免疫宣传专刊，发放预防接种宣传画、宣传册、折页等；在报纸、网站进行宣传，在中央人民广播电台经济之声《健康慢生活》、北京科教频道《健康北京》播出免疫接种专题访谈节目，在北京电视台《生活大调查》、《身边》播出专题节目。

（王艳春）

【完成本市学龄前流动儿童强化查漏补种】 年内，在流动人口调查统计的364 063名儿童中，补建预防接种卡16 498人，补建预防接种证3 581人，为30 276人分别补种了脊灰、麻风、麻风腮、流脑等7种疫苗。补卡、补证率100%，补种疫苗99%以上。

（王艳春）

【为外来务工人员接种流脑、麻疹疫苗】 全年本市在4 641个集中用工单位为外来务工人员接种流脑、麻疹疫苗25万余人，其中建筑工地945个、大型餐饮企业936个、集贸市场285个、大型建材城76个、年内新增生产企业1 074个、医疗机构118家、其他单位1 207个。接种A+C群流脑疫苗249 967人，麻疹疫苗283 744人，两种疫苗报告接种率均在90%以上。外来务工人员集中单位未发生流脑暴发疫情，流脑、麻疹发病率均呈下降趋势。

（王艳春）

传染病防治

艾滋病防治

【首都预防艾滋病宣传志愿者主题活动】 2009年北京市防艾工作以"志愿服务"为核心，在1～10月期间，广大防艾志愿者通过每月1次的首都预防艾滋病宣传志愿者"1+1"十进行动，以舞蹈、小品、京剧、大合唱、激情演讲、知识竞赛、创编情景剧、举办环湖走、播放防艾宣传片等宣传形式，走进全市各大医院、影院、车站、学校、社区、公园、工地、宾馆、商场、企事业单位，开展了400余场次的大型防艾宣传活动，发放宣传材料20余种40余万份，直接参与的工作人员近万人次。1月，将"反对歧视，从我做起"的观念送进医院；2月，"安全的爱，相伴终生"给京城各大影院送去了一份特殊的情人节礼物；3月，新老志愿者在各大车站与乘客"志愿防艾，一路同行"；4月，"珍爱自己，善待生命"的口号响彻校园；5月，社区挂起了"预防艾滋病，健康全家人"的宣传横幅；6月，与国际禁毒日一道"拒绝毒品，远离艾滋"；7月，防艾志愿者"情系农民工，共抗艾滋病"；8月，将"安全相伴，健康相随"的温馨提醒送给宾馆的客人；9月，"相互关爱，共享生命"的宣传台成了商场里最受关注的柜台；10月，在全市掀起"遏制艾滋，履行承诺"的高潮。通过"十进"行动，首都防艾志愿者从起初的2 000多人发展到52 911人，并通过活动形成了政府主导、各部门各司其职、全社会广泛参与的工作格局。

（徐 征）

【召开中盖艾滋病项目工作进展汇报会】 2月16日，市卫生局召开了北京市中盖艾滋病项目2008年工作进展汇报会。中国疾控中心性病艾滋病防治中心副主任、中盖项目国家项目办副主任孙江平，中国性病艾滋病防治协会会长戴志澄，盖茨基金会北京代表处主任叶雷，市卫生局副局长、北京市中盖艾滋病项目办公室主任赵春惠等和专家参加了会议。会上介绍了2008年中盖艾滋病项目北京项目办成立的基本情况、具体工作措施、开展活动的内容、目前工作的进展及经费使用情况等，并提出了项目实施过程中遇到的困难和2009年的工作计划。与会领导和专家提出了下一步工作的意见和建议。 （徐 征）

【启动第二轮艾滋病综合防治示范区】 7月9日，召开了上半年北京市艾滋病防治工作暨全国第二轮艾滋病综合防治示范区北京启动仪式。市卫生局、市公安局、市旅游局、市教委、市发改委等26个委办局及18个区县政府的主管领导，以及区县卫生局、疾控中心负责人近110人参加了会议。市疾控中心主任邓瑛通报了上半年本市艾滋病疫情形势；市卫生局副局长赵春惠总结了上半年北京市防治艾滋病工作，并部署了下一步工作重点；国艾办常务副主任、卫生部郝阳副局长介绍了全国艾滋病防治工作开展情况，对本市艾滋病防治工作提出了更高要求；市政府副秘书长鲁勇代表市防艾委与西城、海淀、丰台、大兴4个第二轮全国艾滋病综合防治示范区的政府主管领导签订了责任书。　　　　（徐　征）

【开展社区药物维持治疗门诊工作督导检查】　7月21～22日，市卫生局、市公安局、市药监局以及市疾控中心联合对全市10家社区药物维持治疗门诊工作进行了全面督导检查。督导考核组采取听汇报、看资料、查现场、做访谈的方式，了解了8个区级社区药物维持治疗工作组及10家社区药物维持治疗门诊工作开展情况，为下一步制订有关政策、调整相关防控策略提供了信息。　　　　（徐　征）

【成立首都高校"青春红丝带"社团】　年内，本市在首都各高校内成立了"青春红丝带"社团，开展艾滋病防治与宣传教育活动。全市有70余所高校建立了"青春红丝带"社团，招募志愿者16 000余人。11月13日，市卫生局、市教工委、市教委、团市委、市红十字会联合召开了首都高校"青春红丝带"社团工作会。首都高校"青春红丝带"社团工作领导小组组长、市卫生局副局长赵春惠以及市教工委、市教委、团市委、市红十字会的领导参加了会议。会议对本年度首都高校"青春红丝带"社团工作进行了总结，到会领导为高校"青春红丝带"社团代表举行了授旗仪式，北京地坛医院和北京佑安医院为首都高校"青春红丝带"社团社会实践基地，并进行了优秀社团经验交流。　　（徐　征）

【研讨性病防治工作】　11月19日，市卫生局组织市疾病控制有关专业人员对本市性病防治工作进行了专题研讨。市疾控中心从性病疫情形势、防治管理现状、性病防治机构变迁及目前存在的问题等4个方面对本市性病防治及管理工作情况进行了汇报。副局长赵春惠对下一步性病防治工作提出了具体要求：一是要加强对区县性防机构的建设和管理；二是要尽快制订性病管理规范与标准；三是要健全各项管理规范和制度；四是要对性病艾滋病实施一体化管理，深化"四方责任"的落实。　（徐　征）

【举办首都防治艾滋病志愿者活动周】　12月1日，是第二十二个世界艾滋病日，主题是"遏制艾滋，履行承诺"，副标题是权益、责任、落实。11月29日～12月5日，由市防治艾滋病工作委员会主办，市卫生局、团市委承办了首都防治艾滋病志愿者活动周。其主题展览活动在国家会议中心展览馆2号馆举办，包括首都防治艾滋病宣传志愿者"1+1"十进行动成果展、系列防治艾滋病志愿者宣传活动以及志愿者现场招募等知识性、趣味性相结合的活动。中共中央总书记、国家主席胡锦涛来到主题展览现场，视察北京市艾滋病防治工作。主题展览期间，共接待中央机关各大部委、市属各机关单位、首都各界群众98个团体2 560人次，接待观众近5 000人。发放各类宣传品90余种46 000余份、安全套13 000只，举办专家讲座12场，同伴教育互动游戏30余场次，接待各类咨询2 100人次。群众踊跃报名参加防治艾滋病志愿者，现场个人报名258人，团体报名5家511人，网络个人报名67人，志愿者联合会团体会员集体报名26家约3万人，共计招募志愿者30 836人。

活动周期间，在全市重要的公园、车站、影剧院等公共场所和部分学校、社区、工地、宾馆，通过文艺表演、有奖竞答、现场招募、培训讲座、发放宣传品等形式开展各类防艾宣传活动。同时，18个区县的防艾工作机构围绕不同主题开展了各类防治艾滋病宣传活动。　　　　　　　　　　　（徐　征）

【温家宝总理考察本市艾滋病防治工作】　12月1日上午，国务院总理温家宝、副总理李克强到北京地坛医院的红丝带之家，看望艾滋病病毒感染者、医护人员和志愿者，并召开座谈会，听取专家对艾滋病防治工作的意见和建议。温家宝总理强调，权益、责任和落实是艾滋病防治工作的3个重要环节，也是全面做好防治工作的重点。一要坚持预防为主，加强救治，切实做到防治结合。健全防治服务体系，提高治疗和护理水平。二要加强监测工作，最大限度覆盖高危人群，准确掌握艾滋病疫情和流行趋势。三要做好对艾滋病病人的关怀救助，切实保障艾滋病病毒感染者和患者的合法权益。组织落实好"四免一关怀"政策。四要扩大干预的覆盖面，实施综合防治。五要加强科研工作，提高防治水平。　（徐　征）

结核病防治

【世界防治结核病日宣传活动】　3月24日是第十四个世界防治结核病日，宣传主题为"控制结核，人人有责——关注农民工，共享健康"。3月21日，在朝阳区城外诚文化广场举行了世界防治结核病日大型宣传活动。市卫生局副局长赵春惠、中国健康教育协会副会长兼秘书长刘克玲、中国健康教育中心副主任田向阳、北京结核病控制研究所所长洪峰、朝阳区卫生局副局长师伟，以及区县卫生局主管局长和结防所所长、小红门社区卫生服务中心的领导出席了活动。北京结控所派发了公益动画短片《防治结核健康颂》；小红门社区卫生服务中心的工作人员及牌坊村小学的学生表演了结核病防治知识小品等文艺节目；嘉宾及媒体记者参观了朝阳区小红门社区卫生服务中心肺结核病防治站，朝阳区疾控中心书记张士怀介绍了朝阳区肺结核病防治网络建设情况,小红门社区卫生服务中心主任蔡铁生汇报了区政府对流动人口涂阳肺结核病人的惠民政策。

(刘英)

【召开结核病控制工作高层研讨会】 7月13日,市卫生局副局长赵春惠主持召开北京市结核病控制工作高层研讨会。出席会议的有:市卫生局疾控处、医政处、财务处领导,中国疾控中心结控中心教授成诗明、姜世明,解放军第309医院张广宇主任,北京结核病控制研究所教授屠德华,以及北京胸科医院、北京老年医院、北京结核所、昌平区结防所、海淀区结防所等有关人员。会上研读了市结控所起草的《北京市区县结核病防治机构建设标准》、《北京市结核病救治体系建设建议》、《北京市结核病控制专科医院和防治机构建立合作管理机制的建议》、《北京市学校结核病监测建议》、《目前关于加强市结控所建设所面临的几个突出问题》、《关于举办首都结核病控制专业培训班的建议》、《北京市建筑工地结核病控制建议》等7份材料,分析了当前北京市结核病防治工作中存在的问题、困难,研讨了下一步工作的方向和重点,提出10个方面的建议:一是要做到结核病"防"与"治"的无缝衔接;二是要解决结核病人的就医、转诊及规范化用药等管理;三是要研究耐多药结核病人的规范化治疗;四是要规范市、区及乡、村相关结核病防治医疗卫生机构的建设标准;五是要突出做好重点地区、重点人群的结核病防治;六是加强人才培养;七是全面开展结核病防治知识的健康教育与宣传;八是注重结防机构的保障问题;九是落实结核病防治的各项措施;十是要统筹考虑实验室建设。

(罗培林)

【实现全市结核病防治系统联网】 9月1日,本市正式启动结核病防治管理信息化建设。完成前期调研及部分模块的原型设计,进入软件开发阶段。至年底,完成机房内硬件设备的搭建及网络环境的测通。

(杨扬)

肠道传染病防治

【开展肠道门诊监测与症状监测】 开展传染病早期预警监测,及时掌握疫情动态,对肠道门诊患者做到"逢泻必检"。4月1日,全市335家医院的肠道门诊准时开诊,对发现的霍乱病例及密切接触者采取严格的隔离、治疗措施,没有发生续发病例,未出现暴发和流行。每年11月1日至第二年4月1日间,每个区县保留2个肠道门诊24小时开诊。

(罗培林)

【手足口病专家分析会】 4月2日,市卫生局邀请中国医学科学院、中国疾病预防控制中心、北京儿童医院、首都儿科研究所等单位的7名专家对本市手足口病进行了分析。专家们认为手足口病防治的重点是积极救治病例,减少死亡,同时应采取措施,减少聚集性发病。

(罗培林)

【检查部分区县手足口病防控情况】 4月2~3日,市卫生局副局长赵春惠带领疾控处和市疾控中心有关人员检查了丰台区、房山区、燕山卫生局手足口病发病和防控措施落实情况。丰台区卫生局副局长赵勇、房山区卫生局局长张建国、燕山文卫分局局长王保勤分别介绍了手足口病防控的情况。赵春惠强调要进一步做好五方面的工作:一要加强监测工作;二要加强医务人员和托幼教师的培训;三要扩大社会宣传;四要继续建立区内的联防联控工作机制;五是各医疗机构对重症患儿要及时救治,降低病死率。随后,赵春惠视察了丰台区新村街道的三环英和社区卫生服务中心、燕山疾病预防控制中心。

(杜红)

【开展手足口病防控知识培训】 4月8日,市卫生局、市教委对全市1100所托幼机构的园(所)长进行了手足口病防治知识培训。市疾控中心专家从手足口病的基本知识、家庭防治、托幼机构防治等方面进行了讲解。同时,向参加培训的托幼园(所)长下发了10万份《预防手足口病、保护宝宝健康——致儿童家长的一封信》。市卫生局副局长赵春惠介绍了当前全国与本市手足口病的形势,通报了近期对托幼机构手足口病防控工作督导中发现的问题,并就进一步加强手足口病防控工作提出了具体要求。

(罗培林)

病毒性肝炎防治

【将初中学生乙肝疫苗接种纳入计划免疫】 4月,完成全市初中一年级学生乙肝疫苗接种。经摸底调查排除不符合接种条件和有禁忌证的学生后,应接种94 382人次,实际接种90 636人次,接种率96.03%。发生乙肝疫苗疑似预防接种异常反应报告2起,均已结案。

(王艳春)

【15岁以下人群补种乙肝疫苗】 年内,市卫生局下发了《关于开展北京市乙肝疫苗补种工作的通知》,完成了目标人群的摸底调查和接种对象的确定工作。全市人口统计689 606人,实际摸底721 312人,需补种69 444人。将于2010年6月以前完成摸底接种对象的补种工作。

(王艳春)

人畜共患疾病防治

【狂犬病发病下降50%】 本市全年接种狂犬病疫苗193 544人次，比上年下降7.45%，排序前三位的是朝阳区、海淀区、昌平区；本地发生狂犬病3例，死亡3例，分别为丰台区、房山区、昌平区各1例，比上年下降50%。 （刘炳轩）

【开展防治狂犬病培训】 全年组织狂犬病防治知识培训4次，狂犬病门诊医务人员、疾控人员约1 000人参加。18个区县疾控中心组织全员培训1次，共受训2 000余人；编印《狂犬病预防控制指南》手册3 000本，下发给各狂犬病门诊人员、疾控专业技术人员；印发狂犬病门诊暴露者登记表5 000册。通过电台、网络等新闻媒体，组织专家进行狂犬病知识宣传讲座3次；在第三个全球狂犬病日活动中，编印《狂犬病知识问答》2万册、宣传海报5 000张、宣传板120块，发放到全市650余个社区卫生服务中心和110余个狂犬病免疫预防门诊。 （刘炳轩）

【加强人禽流感防控】 1月6日，本市确诊1例人感染高致病性禽流感病例，患者经抢救无效死亡。本市迅速启动了二级应急响应机制，并召开了紧急会议。全市疾控系统及时开展应急监测，加强病例搜索。应急监测期间，全市各级各类医疗机构共报告流感样病例14 397例，各区县疾控中心对所有报告病例进行了流行病学调查和采样检测。疾控系统加强了对临床医务人员的培训，指导医院开展消毒工作。同时，开展与农业、外省市、机场、铁路等部门的联防联控，实现关口前移。在应急响应的7天内，北京市未发现可疑人禽流感病例，1月13日24时，全市解除二级应急响应，完成了人禽流感的各项防控工作。 （罗培林）

【加强人感染猪流感的防控】 4月28日，市卫生局召开北京市人感染猪流感防控工作布置会。各区县卫生局主管局长、防保科长、市疾控中心各专业科所长、市结控所专业骨干、各区县疾控中心主任、业务专管主任、各专业科室科长约300人参加了会议。市疾控中心主任邓瑛通报了国外人感染猪流感疫情的情况。副局长赵春惠对各区县卫生局人感染猪流感的防控工作进行了部署，并提出要求：第一，加大具有流行病史的流感病例的排查力度，对密切接触者要隔离集中观察7天；第二，对流感病例的监测工作调整为全年进行，加强养殖、屠宰猪从业人员流感样病例的监测；第三，加强症状监测和不明原因肺炎的监测；第四，加强流感病原学的监测；第五，加强集中发热及可疑病例的疫情处理；第六，加强部门间信息沟通与联防联控机制；第七，各单位要做好技术、物资和实验室检测的准备；第八，地坛和佑安医院为收治病例的定点医院；第九，要加大社会宣传的力度，提高居民自我防护的意识；第十，各单位要按照属地化管理原则，履行好各自职责，加强培训和应急值守，全面作好防控的准备工作。 （杜红）

【增加17个流感检测实验室】 7月15日，召开了北京市扩大流感监测网络单位工作部署会。市卫生局决定在现有38家甲流实验室的基础上，再增加17家甲流检测实验室，其中有石景山区、大兴区、房山区、门头沟区、平谷区、顺义区、延庆县等7个区县疾控中心，北京大学第三医院、北京世纪坛医院、北京首钢医院、宣武医院、北京安贞医院、京煤集团总医院、煤炭总医院、民航总医院、电力医院、燕化医院等10家医院。市卫生局副局长赵春惠对扩大流感检测工作提出要求：第一，17家单位要认真准备、尽快启动，务必在9月中旬前完成实验室改造、仪器设备配备和人员培训等工作；第二，各单位要按照甲流检测实验室分区布局的要求进行改造，完成生物安全、质量控制以及检验操作的岗前培训；第三，市卫生局将组织专家对实验室生物安全进行验收，合格后方可进行检验工作；第四，市卫生局疾控处负责此项工作的组织、协调和实施。 （杜红）

【完成季节性流感疫苗接种】 年内，市卫生局制订了《北京市2009年流感疫苗接种工作实施方案》、《北京市2009年中小学校流感疫苗接种工作实施方案》，并在全市进行了流感疫苗接种工作的培训。9月10日~11月10日，全市累计接种流感疫苗1 933 891支，其中招标流感疫苗1 702 481支（学生920 149支，60岁以上老年人782 332支），自费疫苗231 410支。 （王艳春）

鼠疫防治

【开展鼠疫防控应急拉练】 9月1日晚，市卫生局对全市18个区县疾控中心进行鼠疫防控应急拉练，共161人参加。市卫生局副局长赵春惠观摩了拉练。市疾控中心组织专家对拉练进行了考核，主要考核区县疾控系统鼠疫疫情应急响应的速度、装备物品和试剂携带齐备程度、现场流行病学调查能力、现场采样和样品转运、病例转运、个体防护、生物安全等方面的能力及是否规范等。市疾控中心的专家对拉练进行了点评，指出了个别区县在某些细节方面的不足。 （罗培林）

【举行鼠疫防控桌面演练】 9月1日，市卫生局举行本市鼠疫防控桌面演练。民航华北局、首都机场医院、北京铁路局卫生处与市卫生局疾控处、应急办、医政处、科教处领导，以及市疾控中心的领导、专家等共21人参加了演练。市卫生局副局长赵春惠对下一步工作提出了要求。此次演练目的是为了验证《北京市突发鼠疫疫情应急预案》、《北京市鼠疫传入性疫情处置工作方案》的可操作性和实效性。演练结束后，鼠疫防治专家进行了点评，并针对演练中发现的问题，进一步完善《北京市鼠疫传入性疫情处置工作方案》。

（罗培林）

【检查怀柔区、密云县鼠疫防控工作】 9月29日，市卫生局副局长赵春惠率疾控处、市疾控中心有关人员对怀柔区、密云县的鼠疫防控工作进行了检查。听取了两个区县卫生局鼠疫防控工作的汇报，现场察看了实验室设施、设备及运转情况，并到密云县古北口鼠疫监测点了解有关鼠疫的监测情况，赵春惠对两个区县的鼠疫防控工作给予了肯定。

（罗培林）

地方病防治

【科学补碘】 北京是外环境缺碘的地区之一。根据2008年的监测结果，北京市城乡居民碘营养水平处于适宜水平，不存在补碘过量问题。食盐加碘仍然是预防碘缺乏病的主要措施，今后可根据人群膳食结构的变化适当降低食盐中碘的浓度。（李 玲）

【召开碘缺乏病防治工作协调会】 4月27日，市卫生局邀请市发改委、市财政局、市商委、市工商局、市教委、市质监局、市广电局、市妇联、市残联、市人口和计生委、市妇儿工委、市盐业公司及市疾控中心、市卫生监督所召开了北京市碘缺乏病防治工作协调会。市疾控中心通报了2008年北京市碘缺乏病监测情况，市卫生局介绍了《实现消除碘缺乏病目标县级考核评估方案》，并就我国第十六个防治碘缺乏病日（5月15日）开展宣传活动进行了讨论。

（罗培林）

精神卫生

【启动重性精神疾病管理治疗项目】 4月24日，市卫生局召开了2008年度中央补助地方重性精神疾病管理治疗项目启动会暨管理培训会。西城区、朝阳区、东城区、大兴区4个示范区的卫生局防保科长、区精所（院）长、社区科科长、医疗组组长等有关人员参加了会议。会上，市精神卫生保健所副所长侯也之介绍了项目的背景、内容，并进行了项目管理培训；项目技术负责人曹欣冬介绍了项目的具体任务；西城区、朝阳区两个原有示范区介绍了项目执行经验。

（杨 扬）

【启用新版《北京市社区精神卫生个人健康档案》】 7月1日，本市正式启用《北京市社区精神卫生个人健康档案》。于8月底全部完成换档工作，总换档50 189份。此次换档工作完成后将全面体现北京市精神卫生管理的科学化、人性化。（杨 扬）

【举办世界精神卫生日活动】 10月10日，是第十八个世界精神卫生日，市卫生局联合市残联、东城区精神卫生工作领导小组在工人体育馆北门举行了主题为"使用网络应有度、科学合理才健康"的大型宣传活动。卫生部疾控局副巡视员张立、市卫生局副局长赵春惠、市残联副理事长沙澄深、东城区副区长章冬梅、东城区卫生局局长张明、市精神卫生保健所所长马辛等出席了活动。市卫生局副局长赵春惠指出，积极预防不良心理和行为问题的发生，是当前精神卫生工作应该立即采取的行动。要了解互联网不良使用的危害性，加强对危害的预防和控制，使儿童青少年健康的成长。参加活动的领导主持了"东城区24小时心理求援热线"开通仪式，向东城区"温馨家园"的社会工作者赠送了《精神卫生知识》、《社区精神康复指南》等书籍。精神残疾康复者进行了现场书画表演和手工艺品义卖。

（杨 扬）

【完善精神卫生信息系统改造】 4月26日，开始实施本市精神卫生信息上报系统完善改造项目。项目完成后，将市精神卫生保健所的"北京市精神疾病上报系统"和"单机版精神病人信息管理系统"进行功能扩充和整合，梳理已有数据，形成统一的无重复的基础数据，完善数据的统计分析、病人监测、应急事件管理等功能，同时完成系统安全加固。该项目使精神卫生社区管理网络化、电子化，为社区精神病人提供更高效便捷的服务，为社区各级管理人员提供先进的管理手段。

（杨 扬）

【完善精神疾病防治多部门合作机制】 年内，在市级和各区县均建立了精神卫生工作联席会议制度，进一步确定了卫生、公安、财政、民政、教育、司法、残联等各个部门在精神卫生工作中应承担的职责，对明确职责、齐抓共管起到了积极的促进作用。

（郝淑艳）

【开展精神卫生健康教育】 本年度，全市开展了形式多样的精神卫生健康教育工作，举办了专题讲座及培训，面向社会举办了心理健康大课堂。全年共开展科普讲座10讲，发送课程讲义970份、《心理与健康》杂志1 200本，并参与了人民网健康访谈节目的录制。

（郝淑艳）

学校卫生

【家庭护眼按摩操通过专家鉴定】 3~5月，市卫生局组织以北京同仁医院中医眼科博士邱礼新为首的中医专家，经过多次论证、修改，编制完成了家庭护眼按摩操。5月12日，市卫生局组织了家庭护眼按摩操专家鉴定会，就该操的科学性、实用性、可推广性等进行了专家评审。北京中医医院程海英主任、中国中医药大学附属东直门医院赵吉平主任、北京同仁医院杨威主任、北京大学眼科中心李淑珍教授、北京市中西医结合医院于晓刚主任、中国中医科学院眼科医院谢立科主任等专家及市疾控中心副主任曾晓芃参加了评审。与会专家一致认为，这套家庭护眼按摩操设计合理，穴位、手法适当，安全性高，简便易学，适宜家庭推广应用。　　　　　（刘　英）

【向全市小学生免费发放腰围尺】 寒假前，全市的小学生都收到1把由市卫生局、市教委免费发放的健康腰围尺，通过他们带给家长，并给全家人测量腰围。这是"健康北京人——全民健康促进十年行动"推出的知己健康行动的内容之一。通过"小手拉大手，全家关注腰围"的活动，来唤起学生及家长对健康的关注。近年来，本市居民超重肥胖情况呈现逐步增长趋势，18岁及以上人口肥胖率16.9%，中小学生超重率13.46%。　　　　　　（刘　英）

【社区医生学校预防保健工作培训班】 为落实市政府2009年实事工程中"社区医生进学校服务"的要求，提高进入中小学校的社区医生服务能力，市卫生局于10月21~22日举办了社区医生学校预防保健工作培训班，有730余名基层社区医生参加了培训。10月26日开始，700余名基层社区医生对学校卫生防病工作进行了指导。市卫生局编印《校医工作指导手册》6 000册发放到全市中小学校及职高和中专学校校医手中。　　　　　（杜　红）

慢性非传染性疾病防治

【"远离烟草，珍惜生命"控烟海报征集大赛】 7月28日，市卫生局启动了本市"远离烟草，珍惜生命"控烟海报征集大赛。此次控烟海报征集大赛是市卫生局与世界肺健基金会合作的"烟草控制媒体传播项目"的活动之一。作品征集期从7月28日起，截至10月15日，组委会共收到来自20余个省市的有效作品1 605幅。10月19日，评选委员会推选209幅作品复评，10月20日，最终评选出36幅获奖优秀作品。11月，市卫生局出版了《无烟北京海报征集活动优秀作品集》，并在举办"远离烟草，珍惜生命"健康论坛期间对获奖的作者和单位进行了表彰奖励。随后又通过社区巡展和张贴海报深入到社区开展了宣传教育活动。　　　　　　（杨　扬）

【控烟宣传片获卫生部表彰】 在7月31日卫生部召开的中国烟草控制大众传播活动2008~2009年度总结表彰暨2009~2010年度启动会上，市卫生局报送的控烟公益广告《国际禁烟篇》和《海绵篇》获得电视类作品三等奖。卫生部副部长刘谦出席表彰会并讲话。在2008~2009年度中国烟草控制大众传播活动中，通过作者自荐、专家推荐以及网络检索等途径，共征集到控烟宣传报道作品2 400余篇，覆盖400多家媒体。经过初筛、初评、终评和复议等多轮评审，最终评选出文字、影视、广播三大类获奖作品35部，媒体控烟宣传贡献奖15个和个人控烟报道贡献奖7个。市卫生局制作的控烟广告《触目惊心篇》、《戒烟门诊篇》、《国际禁烟篇》和《海绵篇》同时入选卫生部向全国下发的7部公益广告。（杨　扬）

【继续开展7~9岁儿童免费窝沟封闭防龋工作】 2009年《北京市窝沟封闭预防龋齿项目》于4月1日正式启动，市卫生局和市牙防办指定了108家医疗机构提供免费预防龋齿的服务。截至12月底，已为163 358名适龄儿童提供了窝沟封闭服务。
　　　　　　　　　　　　　　（刘　英）

【慢病及行为危险因素综合干预试点】 年内，对44个社区的5 322名高血压患者和2 796名高危人群实施了干预和规范化管理，对66个社区的5 203名糖尿病患者和2 341名高危人群实施了干预和规范化管理。同时，在10个功能单位、10个生活社区对2 500名超重肥胖者进行了干预。参与"全国慢病社区综合防治应用性项目——高血压示范点"的工作，采用全人群干预的方法，共对1 157名一般人群、289名高危人群和540名患者进行了综合干预和管理。使用"健康血压，健康体重"管理软件在4个功能社区对409人进行了管理和干预。对本市成人慢性病及其高危人群监测的结果进行了分析，结果为：全人群高血压、糖尿病、超重、肥胖、中心性肥胖和血脂异常的患病率分别为30.3%、6.1%、36.2%、19.1%、51.5%和34.2%。　　　　　　（刘　英）

高血压防治

【启动知己健康行动】 10月22日，市卫生局、市药监局在崇文门同仁堂药店举行"健康北京人——全民健康促进十年行动规划"知己健康行动启动仪式。启动仪式后，为全市零售药店统一配发了"关注血压，关注健康"宣传展架，18个区县和亦庄开发区的药店零售企业都将组织开展现场咨询服务活动。

（刘 英）

【开展心血管病防治需求调查】 年内，市心防办承担了在全市开展心血管病防治的需求分析调查，即在双向转诊、全科医师培训、心血管病防治研究方向、一体化心血管疾病管理、急诊绿色通道、以医院为哨点的急性心肌梗死发病监测、功能社区高血压防治模式和高血压自我管理等方面开展专题小组调查。同时，分为5个专题，访谈了十几名教授，吸取专家建议。检索国内外文献近300篇，开展问卷调查1 078份，涵盖本市全部社区卫生服务中心。调查显示，北京市社区卫生服务站点双向转诊实现率达到71.3%，且城八区与郊区县之间无显著差异，社区卫生服务站点主管医师主要由中级职称和初级职称构成（分别占42.14%和32.42%），诊疗信息系统覆盖率为32.73%，转诊的主要方式为转诊单（占78.93%），而网络转诊仅占2.10%。社区卫生服务站点主管医师的技术职称高低与站点是否具备诊疗信息系统在站点是否实现双向转诊之间有统计学差异。提高诊疗信息系统的覆盖率，加强社区医师的专业技术水平，制订适宜的指导政策和构建上下级医院沟通联络平台，有助于实现通畅的双向转诊，促使双向转诊蓬勃发展。

（杨 扬）

【建立脑血管病社区综合防治监测网络】 本市在18个区县分别建立了脑血管病综合防治试点社区，覆盖人群163 610人，在社区人群中完成脑血管病防治知识问卷调查2次、科普知识宣传及社区内人群干预工作，发放宣传资料及社区居民预防脑血管病口袋书，进行脑血管病新发（复发）、死亡病例的登记，从而建立起脑血管病的社区综合防治监测网络。

（杨 扬）

【开展脑血管病义诊及科普宣传】 年内，组织专家到城镇郊区进行了义诊、咨询。义诊1 000人次，免费为农民发放宣传资料10 000份，免费测血压、血糖共500人次。科普宣传包括：全市预防脑痴呆义诊活动，为市民300人开展讲座；开展健康大课堂活动，在天坛医院为医务人员200人讲座；组织专家参加市科技周活动，为市民发放预防脑血管病的宣传资料、义诊和咨询。此外，4月间，本市组织脑血管病防治培训6次，培训全科医生2 500人。

（杨 扬）

糖尿病防治

【举办联合国糖尿病日活动】 11月14日，市卫生局举办了联合国糖尿病日宣传活动，主题为"认识糖尿病，我们在行动"。在前期举办的糖尿病知识竞赛中成绩优异的100名优胜者应邀参加，其中12名获特别奖的糖尿病患者发表了演讲。糖尿病日当天，在北京同仁医院东区举办了大型公益活动，包括免费检测血糖、专家咨询、专题宣教以及系列趣味糖尿病知识竞赛或游戏活动。有900余人检测了血糖，同仁医院、宣武医院、复兴医院、天坛医院的糖尿病专家和营养专家现场提供了糖尿病咨询服务。

（刘 英）

职业（放射）卫生

【职业病防治专业技术机构资质管理】 年内，对开展职业病诊断、职业健康检查、职业病危害因素检测与评价、建设项目职业病危害评价的机构进行了规范和梳理，建立起由5个职业病诊断机构、31个职业健康检查、23个职业病危害因素检测与评价、9个（乙级4个、丙级5个）建设项目职业病危害评价机构、2个（乙级1个、丙级1个）建设项目职业病危害评价（放射防护）机构、4个职业病危害因素检测与评价（放射防护）机构共同组成北京职业病防治技术支撑体系。同时，完成对31家职业卫生技术机构66个资质和3家职业卫生技术（放射防护）机构5个资质的年检，覆盖率100%。

（王艳春）

【开展职业病防治专项技术服务】 年内，全市39家各类职业病防治专业技术机构开展了职业健康检查、职业病危害因素检测、建设项目职业病危害评价（含放射防护）、职业病诊断等职业病防治专项技术服务。完成4 558家从事职业危害作业单位162 527人的体检，其中岗前体检20 864人、岗中定期体检123 193人、离岗体检3 564人。查出职业禁忌证2 024人、疑似职业病650人。职业病危害因素检测1 180个单位，检测样品50 651个，超标3 205个。完成建设项目职业病危害预评价和控制效果评价50个，其中市卫生局审批项目26个、区县卫生局审批项目24个。全市有4 719人申请职业病诊断，受理4 665人，诊断职业病839例。

（王艳春）

【建立职业病防治服务机构新型管理体制】 为完善和充实本市职业卫生技术服务力量，通过培训引导和吸收乡镇卫生院、民营医院等医疗卫生机构共同参与职业病防治工作，年内，大兴区3家乡镇卫生院和1家民营医院取得了北京市职业健康检查资质。

（王艳春）

【加强职业病防治技术人员资格管理】 年内，规范管理职业病防治专业人员，强化职业病防治人员的考核，组织职业病诊断、职业病危害因素检测、建设项目职业病危害评价（含放射防护）等专业类别的人员进行考试,确保本市职业病防治专业技术人员100%经考试合格持证上岗。全年考核合格职业病防治人员259人。

（王艳春）

健康教育与健康促进

【举办北京健康促进大型公益活动】 4月18~19日,由中国医药卫生事业发展基金会、首都精神文明建设委员会办公室、市卫生局、北京日报报业集团联合主办的"健康北京,健康生活——北京健康促进大型公益活动"在奥林匹克公园举办。27家三甲医院以及相关卫生机构的百余名专家参加了义诊咨询活动。有近万名市民和来京者接受了义诊咨询。市卫生局为百姓开设了健康大讲堂,共10场讲座,聘请全国著名专家为市民授课。市卫生局从市疾控中心、市体检中心、血液中心、口腔医院和急救中心调派了5辆健康服务工作车驶入鸟巢活动现场,义务为群众提供健康检测、健康教育宣传、健康指导、急治急救等多项健康服务。活动期间,5辆健康服务车共开展各种健康项目的检测3 600余人次,接待咨询群众2 000余人次,免费发放宣传品12种15 000余份,采血184单位,急救车出勤2次共6人次。

（刘 英）

【启动《健康北京人——全民健康促进十年行动规划》】 8月5日,《健康北京人——全民健康促进十年行动规划》在东城区东四街道奥林匹克社区正式启动。全国人大常委会副委员长桑国卫、市委副书记、市长郭金龙,市人大常委会副主任吴世雄,副市长丁向阳,市政协副主席王伟,全国人大常委、原卫生部副部长、中华预防医学会会长王陇德,中国医药卫生事业发展基金会理事长王彦峰,市政府有关委办局、各区县政府领导,以及医学卫生专家、社区居民代表出席了启动仪式。启动仪式上,发布了《健康北京人——全民健康促进十年行动规划》九大行动的内容。九大行动是:健康知识普及行动、合理膳食行动、控烟行动、健身行动、保护牙齿行动、保护视力行动、知己健康行动、恶性肿瘤防治行动、母婴健康行动。11项主要健康指标是:全民健康知识知晓率达到85%以上;人均每日食盐量下降到10克以下;人均每日油脂摄入量下降到35克以下;成人吸烟率男性下降到50%以下,女性下降到4.0%以下;每周运动3次以上、每次30分钟以上的人群比例50%以上;市民刷牙率达到90%以上,正确刷牙率达到70%以上,65~74岁老年人口腔中能承担咀嚼功能的牙齿平均不少于20颗;中小学生肥胖率下降到15%以下;孕产妇死亡率控制在15/10万以下,新生儿死亡率控制在3‰以下;全市所有社区卫生服务机构均有条件提供高血压、糖尿病管理服务,35岁以上人群高血压知晓率、治疗率、控制率分别达到80%、65%、50%以上;人群健康体检合格率逐年上升;全市居民平均期望寿命达到81岁。

（刘 英）

【开展洗手宣传周活动】 11月22日,中国医药卫生事业发展基金会、市卫生局和首都精神文明办公室联合在西单文化广场举办北京市洗手宣传周活动。市卫生局局长方来英、副局长赵春惠、副巡视员赵涛,市中医管理局局长赵静,首都精神文明办主任舒小峰及中国医药卫生事业发展基金会部长李小峰等领导出席了启动仪式。市疾控中心、西城区疾控中心、人民医院、市第二医院的专家在现场进行了洗手方法、传染病知识、甲流防控及甲流疫苗接种等方面的咨询。

（刘 英）

卫生监督

行政审批

【完成行政许可工作】 全年共咨询受理107 138件,其中咨询78 540件、受理28 598件,医疗卫生类许可受理24 410件,许可22 054件,咨询53 618件。全程办代理受理772件,许可500件,咨询（含广告）4 306件;医疗广告受理2 216件,其中西医广告1 907件、中医广告309件,发证2 205件;其他事项咨询983件。

（孟 娟）

公共卫生

日常监督检查

【开展供水单位、涉水产品日常监督】 年内,对市自来水集团有限责任公司所属的9个水厂14个供水站点和2个加压站进行了两轮重点检查,对全市69家供水设施卫生维护单位进行了全面排查,同时对涉水产品市场加强了监督力度,确保监督覆盖率达到100%,对发现的违法行为依法予以行政处罚。

（赵 睿）

【规范现场制售饮用水管理】 年内,市卫生局制订了《北京市现场制、售饮用水卫生管理办法》。对经营单位提出了明确要求：一是到现场制售水机安装所在区县卫生监督所备案;二是现场制售水机必须取得卫生许可批件,正面须有产品铭牌,有安全防护门;三是现场制售水机安装位置地面平整固化,周围应当保持良好的卫生状况;四是配备卫生管理员及相应的水质检验仪器、设备,每周对现场制售水机的运行状况进行自查并对水质进行快速测定,定期请具有检验资质的检验机构对其水质进行抽样检测,及时更换滤料等耗材,做好记录。

（吴 杰）

【地铁四号线饮用水预防性卫生审查】 6月23~24日,市卫生监督所对地铁四号线饮用水给水工程图纸进行了预防性卫生审查。地铁四号线厂站及各站共24个,跨越丰台、宣武、西城、海淀4个区,全长28公里。市卫生监督所召集西城、朝阳、海淀、丰台、大兴、顺义卫生监督所给排水专业人员,审查了厂站及各站的给排水设计图纸30余卷,出具了建设项目设计卫生审查认可书。

（金淑琴）

【开展职业卫生监督检查】 市卫生局制发了《关于做好2009年全市职业（放射）卫生监督工作的通知》,召开了区县职业（放射）卫生监督工作会、在京工业系统总公司职业卫生工作会;印发了《关于开展2009年<职业病防治法>宣传活动的通知》,编写、修改了新版《职业病防治知识百问》,免费发放3万册;印发了《关于开展职业卫生技术机构监督检查的通知》,对38家机构进行了监督检查;对15家医用放射工作单位、2家非医用放射工作单位进行了监督检查。共出动监督员32人次,制作监督笔录15份,罚款4 000元,警告7户,责令改正7户;对职业卫生机构服务质量开展了满意度评估等。

（孙学京）

专项监督检查

【公共场所量化分级管理督导】 11月10~20日,开展了全市公共场所量化分级管理督导工作。督导结果显示,各区县及时开展本辖区内的公共场所量化分级管理工作,建立了专门的组织领导机构;摸清底数,健全档案;全面开展监督员的业务培训;组织对管理相对人的宣传、培训、交流工作;完成了每个阶段的工作总结;及时发现工作中的问题,提出下一步的工作建议。督导组对18个区县54个已评定为A级的住宿业和游泳场馆的卫生状况进行了抽查,基本都能达到并保持A级优秀的卫生状况,具备较完善的卫生管理制度和设施。

（金艳伶）

【春节餐饮业食品卫生专项整治】 根据市卫生局《关于开展2009年春节餐饮业食品卫生专项检查工作的通知》要求,全市卫生监督机构共安排节日值守人员420人次,24小时应急备班人员700人次;出动卫生监督员1 628人次,车辆436车次,检查8 547户次,合格8 526户次,合格率99.75%。检查结果显示,本市节日期间公共卫生状况明显好于往年,无食物中毒等突发公共卫生事件报告。

（胡克强）

【检查国庆餐饮服务保障】 9月14日,国家食品药品监督管理局局长邵明立、副局长边振甲带队调研、检查了本市国庆餐饮服务食品安全保障工作。副市长丁向阳、市卫生局局长方来英、市政府食品安全监督协调办公室副主任王建华、市卫生局副局长于鲁明、东城区和海淀区的主管区长及区卫生局领导陪同检查。视察了北京外国语大学东院食堂、北京来今雨轩饭庄和北京天地一家餐饮有限公司,重点检查了上述3个单位的餐饮服务制度是否健全、餐饮服务现场管理是否严格以及食品原料采购索证、索票制度是否落实。邵明立结合调研检查情况,对本市餐饮服务食品安全工作提出了指导意见。

（马朝辉）

【开展餐饮服务食品安全专项整治】 入夏以后,以城乡结合部、外来人口聚集地区、使馆区、交通枢纽、旅游景区景点、重点大街和60周年大庆活动周边区域为重点地区,对学校食堂、工地食堂、郊区民俗旅游、中小型餐馆、夏季餐饮夜市大排档、无证照餐饮等重点场所开展了综合监督检查。全市出动卫生监督员37 679人次,10 817车次,检查单位51 804户次,其中餐馆40 904户次、学校食堂3 299户、工地食堂2 462户、民俗旅游户3 152户,检查夜市排档1 237户、无证餐馆750户。责令整改2 521户;行政处罚110户,其中罚款49户22万元;没收违法物品24户,价值3万元;取缔无证照餐馆750户。

（高文新）

【开展添加非食用物质和滥用食品添加剂专项整治】 年内,市卫生局在餐饮消费环节开展了打击违法添加非食用物质和滥用食品添加剂的专项整治行动。全市共出动卫生监督执法人员35 801人次,8 176车次,监督检查餐饮服务提供者47 244户次,对7家使用了过期食品添加剂的餐饮单位提出了整改要求,对7家存在违法行为的餐饮单位依法立案查处,行政处罚7户,罚款18 900元。

（胡克强）

【学生食堂和学生营养餐专项卫生监督检查】 市卫生局与市教委联合开展了春季学生食堂和学生营养餐专项检查,共出动卫生监督员4 780人次,监督车辆1 289车次,监督检查3 470户次,其中检查学校食堂和使用学生营养餐的学校3 354户次,检查学生营养餐生产企业116户次。检查情况总体良好,共处罚68户,其中警告31户,取缔8户,停业2户,罚款60户15万元。

（陈晓媛）

【开展工地食堂专项监督检查】 3月20日~4月20日,本市开展了春季建筑工地专项食品卫生监督检查工作。共检查建筑工地食堂630户,基本符合食品卫生要求的477户,下达卫生监督意见书68户,责令改正29户,取缔无证食堂29户,行政处罚27户。7月,组织了市轨道交通建设工地食堂食品安全专项检查。共监督检查工地食堂129户,发现18户工地食堂未办理餐饮服务许可证,个别工地食堂食品加工操作不符合卫生要求,责令问题单位负责人立即整改。同时将名单抄送建设部门、业主单位,由其督促及时整改到位。

（徐亚东）

【公共场所卫生专项监督检查】 8月1日~10月15日,全市各区县卫生监督所共监督检查辖区内公共场所13 039户,合格12 368户,合格率94.85%,其中宾馆饭店3 968户,合格3 803户；游泳场馆452户,合格425户；商场超市213户,合格201户；文化娱乐场所481户,合格473户；美容美发场所5 838户,合格5 413户；其他公共场所2 087户,合格2 053户。监督检查地下空间的公共场所421户,合格387户,合格率91.92%,共警告33户,罚款95户51 650元。

（刘 颖）

【全市暖气换散热水器专项检查】 年内,市卫生局下发了《关于开展暖气换散热水器检查工作的通知》,各区县卫生监督所对此类产品的生产、销售和使用情况进行了监督检查,对全市747个小区和物业单位进行问卷或入户调查,在被调查的90 000余户中,共发现700余户居民安装了暖气换散热水器,主要集中在密云县和延庆县。检查显示,小区物业管理单位负责人对暖气换散热水器的知识掌握不够,不了解暖气换散热水器的使用原理、可能造成的污染隐患。各区县卫生监督所针对检查中发现的问题组织了专题培训。

（赵 睿）

卫生监督抽检

【餐饮消费抽检良好】 全年餐饮消费环节抽检食品17种4 475件,合格4 275件,合格率95.5%,抽检结果全部合格14种：酱油、酸奶、植物油、银耳、蔬菜、醋、粽子、味精、月饼、果蔬汁饮料、碳酸饮料、贝类水产品、猪肉及内脏、非发酵性豆制品。抽检结果不合格3种：养殖水产品、食饮具、冷荤凉菜类,其中养殖水产品合格率较低,为88.3%。

（崔晓青）

【餐饮单位抽检情况良好】 年内,市卫生监督所组织部分区县卫生监督所对餐饮单位的植物油、银耳、蔬菜、食醋进行了卫生监督抽检,其中抽检植物油90件,检测项目为酸价、过氧化值；银耳50件,检测项目为二氧化硫；蔬菜60件,检测项目为有机磷农药；食醋50件,检测项目为游离矿酸、菌落总数、大肠菌群。检测结果全部合格。抽检碳酸饮料20件、非发酵性豆制品60件、味精19件、猪肉及内脏90件、贝类水产品57件,全部合格。抽检养殖水产品60件,合格53件,合格率88.3%。抽检食饮具974件,检测项目为大肠菌群,合格802件,合格率82.3%。

（崔晓青）

【美容美发场所公共用品用具消毒效果抽检】 全市共监督抽检美容美发场所190户,合格178户,合格率93.7%；共抽检样品950件,合格929件,合格率97.8%,总体情况良好。有12户不合格,辖区卫生监督员根据《公共场所卫生管理条例》,给与警告的卫生行政处罚,并责令其立即改正相应的违法行为。此次监督抽检的950件样品中,毛巾等棉织品595件,合格率96.5%,用、工具355件,全部合格。3项指标的合格率分别为：细菌总数97.57%,大肠菌群97.71%,金黄色葡萄球菌97.37%。从每种样品的单项指标合格率来看,毛巾等棉织品的细菌总数合格率相对较低,为96.81%。

（刘 颖）

【抽检集中空调通风系统】 全市共监督抽检公共场所经营单位117户,合格92户,合格率78.63%。其中宾馆饭店71户,合格53户,合格率74.65%；大型商场超市45户,合格39户,合格率86.67%；其他场所1户,抽检结果不合格。共监督抽检风管内壁积尘样品791件,合格763件,合格率96.46%；抽检风管内壁积尘微生物样品563件,细菌总数合格538件,合格率95.56%；真菌总数合格554件,合格率98.4%。宾馆饭店及大型商场超市积尘、细菌总数、真菌总数的合格率均在95%以上。

（刘 颖）

【学生用餐监督抽检】 全年共抽检样品1 036件,检测项目包括菌落总数、大肠菌群、沙门氏菌、志贺氏菌、致病性大肠埃希氏菌、副溶血弧菌、金黄色葡萄球菌、蜡样芽孢杆菌、变形杆菌等9项指标,6件样品检出蜡样芽孢杆菌,19件样品菌落总数大于100 000（cfu/g）,14件样品大肠菌群大于24 000（MPN/100g）。对检出条件致病菌的学生营养餐生产企业和学校食堂,责令其对生产车间或食堂进行全面清洗消毒。

（陈晓媛）

【供水单位、涉水产品抽检结果良好】 年内，抽检集中供水水厂24户，出厂水全部按国标106项指标进行检测，水质监测合格率100%；监督检查二次供水单位214户，抽检水质样品235件，检测的7个项目中，除肉眼可见物、细菌总数、总大肠菌群合格率分别为99.2%、99.4%、99.7%，其余项目均合格；监督检查自建水厂118户，抽检出厂水160件，合格151件，合格率94.4%。 （吴 杰）

【抽检浴池水水质】 全市共监督抽检洗浴场所60户，合格51户，合格率85%；抽检浴池水样品118件，合格101件，合格率85.6%。细菌总数合格99件，合格率83.9%；大肠菌群合格114件，合格率96.6%。池水细菌总数的合格率相对较低。
（刘 颖）

医疗卫生监督

日常监督检查

【召开违规医疗广告训诫会】 3月12日，市卫生监督所召开了2008年四季度违规发布医疗广告最多的15家医疗机构训诫会。15家医疗机构的法人或负责人到会，6个相关区县卫生监督所负责人参加了会议，5家媒体受邀到会。 （郭 丽）

【调查发热门诊使用口罩情况】 6月初，对全市有感染性疾病科的医疗机构使用口罩情况进行了调查。除4家部队医院外，完成了对全市93家医疗机构使用口罩情况的调查，并将结果上报。
（裴红生）

【现场监督检查消毒剂生产企业】 9月初，市卫生监督所协助卫生部监督中心及有关专家，对本市6家消毒剂生产企业的生产环节进行了现场监督检查，并对实际生产中所用原料、配方、构造、生产工艺、标签说明书等内容进行了重点监督检查。现场核查消毒剂产品24种，针对检查中发现的问题，下达了《卫生监督意见书》，要求立即整改，并将检查情况告知属地的区县卫生监督机构，要求其监督整改落实情况，加强日常监管。 （李 健）

【医疗机构不良执业行为积分管理】 全市共对337家医疗机构记分375户次，累计记分1 067分，涉及不良执业行为25种。对在1个季度内积分在5分以上（含5分）的医疗机构，以及在1个积分周期内积分8分以上（含8分）的医疗机构应进行信息公示。据此标准，前三季度市卫生监督所在北京卫生监督网上共对38家医疗机构进行了公示，主要媒体对公示情况进行了转载。市卫生监督所在全市93家二级和三级医院内设立了卫生监督宣传栏。 （郭 丽）

【推动生活饮用水水质监测网络建设】 年内，起草了《北京市饮用水在线监测网建设方案》，邀请国家疾控中心、清华大学等单位的专家进行可行性和必要性论证，并向市信息委报批。同时，组织4个试点区卫生监督所开展了城市饮用水卫生监测网络试点工作。 （金淑琴）

【职业卫生技术服务机构监督检查】 9月16～17日，召开了职业卫生技术服务机构监督检查总结会议，向40家技术服务机构通报了用人单位对职业卫生技术服务机构服务满意度调查结果及本次监督检查情况，并提出了下一步工作要求。由市卫生监督所带队，对辖区内建设项目职业病危害评价机构（含放射防护，甲级、乙级、丙级）、化学品毒性鉴定机构、职业健康检查机构、职业病危害因素检测与评价机构（含放射防护）、职业病诊断机构进行了监督检查。检查结果显示，各职业卫生技术服务机构均能按照国家法律法规及资质认证或者批准范围开展工作，未出现违法情况；质量管理体系完整，运行有效；人员资质证书齐全。但也存在一些问题，如职业健康检查体检表填写不完整、职业健康检查评价报告不符合要求、检查项目结果用语不准确、建设项目职业病危害预评价类比调查表内容填写不完整、建设项目职业病危害控制效果评价结论分析不明确、评价报告书中评价人员未签字、有害因素检测选取的对应国家标准依据不充分、放射投照工作场所现场受检者防护用品不齐全等。针对查出的问题，市卫生监督所就下一步工作提出了要求。
（赵 宇）

专项监督检查

【医疗广告专项整治】 全年市卫生监督所共监测、公示涉嫌违规医疗广告27期190条。查处了国家中医药管理局转来的4批违法中医医疗广告。每月对各区县查处的医疗广告违规案件在卫生监督网上进行公示，共有55家机构因行政处罚被公示，其中1家被吊销诊疗科目。市卫生局、市中医局还撤销了20余件医疗广告审查证明。同时，针对违规发布医疗广告的15家医疗机构召开了违规发布医疗广告医疗机构训诫会，各家机构法人代表和负责人到场，本市各大报纸进行了报道。 （郭 丽）

【打击无证行医黑诊所】 全年出动执法人员17 525人次，车辆5 218台次，取缔黑诊所2 350户次，查处案件170件，罚没款10万余元，没收器械1 987件，没收药品1 551箱，向公安部门移送案件2件。
（郭 丽）

【医疗卫生机构医疗废物专项检查】 4月下旬，对市级100张床位以上医疗机构和疾病预防控制机构共计51家单位的医疗废物管理进行了全面检查。5月上旬，对检查情况进行了总结，并于5月20日印发了《关于督促医疗废物管理问题整改的通知》，要求各区县卫生监督所针对辖区内医疗卫生机构医疗废物管理工作存在的问题进行督促整改。各区县卫生监督所对辖区内存在问题的医疗卫生机构进行了复查，并针对上次检查发现的问题逐一核实了整改情况。

(刘 虹)

【医疗机构感染性疾病科专项检查】 6月1~10日，区县卫生行政部门对本辖区医疗机构感染性疾病科进行了检查。6月11~16日，市级卫生行政部门在区县检查的基础上进行了复查，92家医院感染性疾病科中布局基本合理的88家，不合理的4家。

(裴红生)

【消毒产品生产企业及产品监督检查】 6月，市卫生监督所开展了全覆盖式的消毒产品生产企业专项监督检查。市、区两级卫生监督机构共出动卫生监督员1 020人次，监督检查生产、经营单位606家，各类产品1 141个，查处不合格产品60个，其中产品标签说明书明示或暗示疗效或标注禁止标注内容的产品50个，其他违法行为10个。责令停止销售产品55个，对检查中发现的不合格产品均责令停止销售，并立即下架。6~9月，市卫生监督所成立督导组，对各区工作进行了专项督导和专家指导，保证专项整治措施的落实。

(李 健)

【人体器官移植专项检查】 4月6~10日，在全市开展了人体器官移植专项执法检查。本次检查共出动卫生监督人员40人次，检查医疗机构10家，每家现场抽取人体器官移植病历10份，共100份，制作现场检查笔录10份，对存在问题的单位下达《卫生监督意见书》3份。

(周 政)

【病原微生物实验室生物安全专项督查】 4月20~21日，市卫生局卫生监督处与东城区、宣武区和丰台区卫生监督所组成实验室生物安全专家督查组，分别对中国疾控中心性病艾滋病预防控制中心等11家单位的重点实验室生物安全及反恐工作进行了专项督导检查。检查发现医疗机构和医学研究机构均建立了生物安全组织机构和生物安全制度，防护设备使用和物资储备基本到位，未发现违法开展实验室活动和菌（毒）种或样本运输，对实验室人员开展了生物安全法律法规培训和演练。针对检查中发现的问题，分别下达了监督意见，并要求属地加强监督，防止生物安全事故发生。

(马金波)

【医疗美容专项督导检查】 9月，由医疗美容专家、药学专家与卫生监督员组成检查组，对全市医疗美容服务市场进行了专项检查。检查内容为：医疗机构中医疗美容许可，开展医疗美容服务项目，卫生技术人员执业资质和麻醉药品、第一类精神药品使用管理等情况；生活美容机构中开展医疗美容服务及处方药品使用情况；医疗美容活动中使用A型肉毒毒素制剂的情况。此次检查抽取了18个区县医疗美容机构20家、生活美容机构19家。20家医疗美容服务机构的医疗机构执业许可证均合法有效，开展的医疗美容诊疗活动均在核准登记的范围之内，卫生技术人员执业资质基本符合相关法律法规要求；其中有2家机构取得麻醉药品、第一类精神药品购用印鉴卡，通过抽查麻醉、精神药品处方（共计40张），未发现问题。19家生活美容服务机构中只有1家机构开展了美容文饰修复技术的医疗美容服务项目，并使用了利多卡因处方药物（已由相关区县卫生监督所取缔）。

(张 宇)

【心血管疾病介入诊疗技术专项监督检查】 8月中旬，本市组织各区县卫生监督所对全市40家批准开展心血管疾病介入诊疗技术的医疗机构进行了专项监督检查。对检查中发现的问题均下达了《卫生监督意见书》。

(于 新)

【开展精神卫生督导检查】 8月，市卫生监督所、市精神卫生防治所和区县卫生监督所组成联合检查组，对18个区县精神卫生防治院和社区卫生服务中心的精神卫生病人管理工作进行了检查督导。共检查区县精神卫生防治院18所、社区卫生服务中心18所，抽查31名医生和10名护士的资质，并抽查了部分病历。针对存在的问题，监督员下达了《卫生监督意见书》，要求其立即整改。

(刘立飞)

【开展血液安全督查】 本市血液安全监督检查工作分两个阶段，即区县自查阶段和市卫生局抽查与督查阶段。全市共出动卫生监督人员635人次，检查采供血机构20户次，街头流动采血车41辆，临床用血医疗机构226户次，制作现场检查笔录246份，下达《卫生监督意见书》23份，给予警告行政处罚2户次。同时，在全市5家采供血机构中按照年采血量0.3%的比例，随机抽取了5家采供血机构已检测合格的血样600份，送卫生部临床检验中心进行4项指标（乙肝、丙肝、艾滋病、梅毒）监测。针对发现的问题，对采供用血机构进行了处理，并向市卫生局提出了建议。

(周 政)

卫生监督抽检

【消毒剂抽检情况】 5~6月，市卫生局对7家生产、经营和使用单位的14个品牌15种消毒剂产品进行了卫生监督抽检，其中1种产品的标签说明书标注的内容不符合《消毒管理办法》和《消毒产品标签说明书管理规范》的要求。

（李 健）

【纸巾（纸）、纸质餐饮具抽检结果良好】 9月，对北京天伦力拓纸业有限公司、北京华联安贞购物中心有限公司、北京家乐福健翔桥店、北京华普联合商业投资有限公司、北京江苏大厦、四川省海底捞餐饮股份有限公司北京第八分公司、北京万龙洲饮食有限公司责任公司生产、经营、使用的20种纸巾（纸）、纸质餐饮具产品进行了卫生监督抽检。经检测，抽检的20种产品的细菌菌落总数、大肠菌群、致病性化脓菌和真菌菌落总数检测结果均合格，产品标签说明书均符合《消毒产品标签说明书管理规范》的要求。

（马金波）

投诉举报和突发事件处理

【投诉举报结案率95.6%】 投诉举报中心全年直接受理投诉举报1 678件，办结1 605件，结案率95.6%；咨询服务16 812件；接待来访87人次；处理来信176件次。

（吴晓钟）

【突发事件处理】 全年接到疑似食物中毒报告99起，其中市卫生监督所直接参与处置13起，送检样品7件。确定食物中毒45起，发病570人。与上年相比，食物中毒发生起数上升60.7%，发病人数增加41.4%。市卫生监督所共接报生活饮用水污染事件17起，其中参与处理7起。17起事件涉及7个区县，共影响25 700余人的正常饮水，造成409人发病，与上年相比，发生起数少4起，影响人数少42 400余人，发病人数多372人。

（吴晓钟）

卫生监督稽查

【召开全市卫生监督稽查工作现场观摩交流会】 6月26日，市卫生监督所召开了全市卫生监督稽查工作现场观摩交流会，请市和区、县卫生监督机构稽查长、稽查部门负责人现场观摩朝阳区卫生监督所所长李亚京主持召开第二季度卫生监督稽查工作领导小组会议。会议邀请卫生部食品安全综合协调与卫生监督局副巡视员崔新和稽查处处长陈辉观摩指导。

（孙 佳）

【全面开展卫生监督稽查】 卫生监督机构全年共开展现场稽查1 567人次，对1 823个部门或单位开展现场稽查388次，书面稽查338次，制发363份稽查文书督促整改；对卫生监督员开展着装风纪稽查6 034人次，总检查合格率97.7%。组织全市开展了卫生许可、国庆保障、甲流防控专项稽查，敦促落实相关工作。

（刘进青）

大型活动卫生保障

【完成60周年成就展公共卫生和医疗急救保障】 中华人民共和国成立60周年成就展于9月20日~10月20日在北京展览馆举行，西城区卫生监督所共出动卫生监督员100人次，监督执法车辆40车次，对展览馆周边相关单位监督检查108户次。确保了成就展期间未发生传染病疫情续发病例、食物中毒、生活饮用水污染事故。

（刘晓刚）

【完成重大活动卫生保障66项】 全年组织协调东城区、西城区等13个卫生监督机构和解放军疾病预防控制中心、北京铁路局中心卫生防疫站等2个协作单位，完成全国人大、政协会、北京市人大、政协会，中央经济会，中共十七届四中全会等66项在京举办的重大活动卫生保障工作，全部做到了万无一失。

（刘 阳）

卫生监督信息宣传

【召开餐饮企业承诺食品安全会】 5月31日，在《中华人民共和国食品安全法》实施的前一天，市卫生局组织召开了宣贯大会，动员餐饮企业和卫生行政部门全力保障首都餐饮食品安全，几家餐饮企业代表发出倡议，并现场宣读了承诺书，交流了保障食品安全工作的经验和感想。市卫生局副局长于鲁明出席会议，就今后工作提出了3点意见。市卫生监督所副所长赵新生、田建新，各区县卫生局局长、主管局长、卫生监督所所长及主管所长，百余家大型餐饮企业代表，媒体记者，市、区卫生监督员等200余人参加了会议。

（王春艳）

【"我最喜爱的A级餐厅"评选活动】 5月6日~6月25日，全市1 300多家A级餐厅参加了"我最喜爱的A级餐厅"评选活动。通过初选、复选阶段的百姓和网友投票，并经过各区县卫生监督所核查和专家组抽查，最终评选出北京东来顺集团有限责任公司新东安饭庄等20家"我最喜爱的A级餐厅"，以及80家"百佳A级餐厅"。

（蔡昌晶）

【宣传《食品安全法》】 年内，本市开展了《食品安全法》宣传周等系列宣传活动。一是在《北京晚报》、搜狐网、北京卫生监督网上开展有奖知识竞赛，全国及本市有7万人参与，点击率达到45万人次。二是在全市60辆公交车身、30个候车亭、100个社区设置了公益宣传广告。三是在电视台、电台制作了32期《食品安全法》及食品安全知识专题节目。四是开展了"我最喜爱的A级餐厅"评选活动,收到投票2 360万户次,邀请百余名参与投票的社会公众,组织了42场餐饮消费者A级餐厅体验活动。五是召开全市100家餐饮企业遵守《食品安全法》承诺大会。六是在卫生监督网开辟"食品安全法专题",宣传《食品安全法》,接受投诉、举报。七是向工地食堂发放1万张预防扁豆中毒张贴画,向餐饮单位发放5万张预防食物中毒十大要点张贴画。八是编写了《餐馆正确认识和使用食品添加剂知识手册》,免费向全市5万户餐饮单位发放10万册。 (王春艳)

【开展《职业病防治法》宣传】 年内,在《北京晚报》、搜狐网、北京卫生监督网上开展有奖知识竞赛,相关工矿企业组织职工学习答题,有1.3万人参与此项活动。同时,在100辆公交车厢及车身、40个候车亭进行了《职业病防治法》公益广告宣传。
(张 颖)

【卫生监督宣传栏走进医疗机构】 年内,市卫生局在全市93家医疗机构内设立了卫生监督宣传栏,加大对扰乱医疗服务市场秩序的违法违规行为的曝光力度。卫生监督宣传栏的版面设计上分为普法宣传、公示公告、曝光警示、工作动态4个版块,主要是对现行卫生法律法规进行宣传,对医疗机构的不良执业行为进行公示,对医疗机构违规发布医疗广告、雇佣"医托"等扰乱医疗服务市场秩序的行为进行曝光警示,对卫生行政部门当前主要工作与广大群众进行沟通。 (杨东升)

卫生监督人员培训

【消毒产品生产企业及卫生监督骨干培训班】 4月23~24日,举办了全市消毒产品生产企业及消毒产品卫生监督骨干培训班,18个区县及燕山卫生监督所负责消毒产品卫生监督的骨干参加了培训。
(李 健)

【《食品安全法》骨干培训班】 5月12日,市卫生局举办了《食品安全法》卫生监督骨干培训班。邀请卫生部政策法规司副司长汪建荣就《食品安全法》出台背景、基本监督思路及主要特点作了介绍,并对下一步工作提出了指导性的意见。各区县卫生监督所所长、卫生监督员骨干,市卫生局相关处室及市疾控中心部分工作人员参加了培训。 (周宏韬)

【现场快速检测培训班】 6月22~25日,市卫生监督所举办了4期现场快速检测培训班,18个区县的200余名卫生监督骨干参加了培训。由中国疾控中心营养与食品安全所的王林教授、环境与健康相关产品安全所的蔡士林教授和市卫生监督所的专业负责人授课。
(尹晔波)

【采供用血监督骨干学习班】 9月23~25日,市卫生监督所举办了全市采供用血监督骨干学习班,对各区县卫生监督所的主管所长、科长以及监督骨干进行了系统培训。邀请了卫生部卫生监督局徐克明处长、北京医院输血科主任宫济武、协和医院输血科主任白连军、市红十字血液中心副主任高英东和律师王凯戎授课。
(杨东升)

【生活饮用水卫生监督执法培训】 10月27日,举办了生活饮用水卫生监督执法培训。邀请了中国疾控中心研究员鄂学礼、张岚和相关生产企业的技术人员,为卫生监督员进行了生活饮用水中的藻类物质及应急处置、生活饮用水卫生标准释义、现场制售水机内部结构、生活饮用水膜处理技术及工艺等的培训。此次培训进行了培训前、后测评,合格率由培训前的60%提高到了培训后的100%。 (杜 欣)

医疗服务

【概述】 年内,完成《北京市区域医疗机构设置规划(2008~2015)》送审稿、《北京市医院和医师手术分级标准和管理暂行规定》讨论稿;建立了医疗技术准入评估专家库和登记备案制度;制订《北京市医疗机构审批管理暂行办法》,组织开展了医疗机构清理整顿工作;制订了《北京地区医院管理考核评价标准(2009版)》和《北京地区医院管理考核评价标准实施细则(2009版)》,对40家三级医院进行了督导检查和考核评价;各临床质控中心均开展了全行业管理督导检查,举办各项质控培训34次,累计培训4 763人次;继续推进二级以上医院部分检验结果互认工作,完成第三批二级医院的检验结果互认,全市已有141家医疗机构医学检验科检验结果实现了相互通用,覆盖全市18个区县;制订的《医院布草洗涤卫生规范》和《负压隔离病房建设配置基本要求》已被市质监局批准为北京市地方标准;制订了《北京市医院感染暴发控制方案》,建立了医院感染不良事件上报工作平台;从9月1日起,在全市三级医院实施预约挂号服务,并逐步推广到二级医院,重点推动复诊预约和社区转诊预约;制订了北京市康复医院和护理院试点工作方案,全面启动试点工作,开展了康复、护理效果评估体系、康复医院和护理院出入院标准和付费机制等研究;启动护理员规范管理工作,与市人保局合作,在试点区县启动护理员免费培训,进而要求护理员持证上岗;加强郊区县区域医疗中心建设,并运用DRG方法对11个郊区县区域医疗中心目前的医疗质量和医院绩效进行评价;启动综合医院和传染病医院建设精神科和儿科,解决合并躯体病、传染病的精神病患者、精神病和传染病孕产妇及儿科患者的收治问题;全面启动京蒙医疗对口支援,由北京市23家三级综合医院和3家三级专科医院对口支援36家内蒙古自治区旗县医院;加强血液规范化管理,起草了《北京市临床用血储存、配送管理办法(征求意见稿)》、《献血者归队方案(征求意见稿)》及《采血车标准(修订稿)》,制订了《北京市<血站实验室质量管理规范>实施指南》框架方案;组织专家对全市4家一般血站、1家特殊血站进行采供血机构质量全面督导检查2次、成分血专项检查1次、血液质量评价3次;编印了《北京市护士注册文件汇编》,完成全市近7万名老护士换发新证及新护士首次注册工作;制作了《护士礼仪》光盘。

(刘 艳)

医政综合管理

【完成节日烟花爆竹致伤医疗救治和信息统计】 为做好元旦、春节期间烟花爆竹致伤人员医疗救治和信息统计工作,市卫生局下发了文件,对节日期间重点工作进行了部署。1月21日,市卫生局召开了春节期间医疗服务工作动员及信息报送工作培训会,全市二、三级医院医务处和信息统计工作负责人、各区县卫生局有关负责人和辖区二级以下烟花爆竹致伤信息网络直报单位的负责人、驻京部队烟花爆竹信息统计网络直报医院的负责人共400余人参加了培训。市卫生局副局长邓小虹作了动员,北京市公共卫生信息中心对烟花爆竹直报系统和黄金周工作情况统计系统进行了培训。

节日期间(除夕至正月初六),全市二级以上医疗机构共安排医务人员28万人次在岗值守,其中医生73 064人次,30%为副高级以上职称。门诊接诊266 439人次,急诊接诊111 842人次,急诊抢救4 376人次,急诊手术2 645例。全市应急医疗救治网络医院115支976人的紧急医疗救援队伍实行听班制度。313家医疗机构实时上报接诊的每名燃放烟花爆竹致伤患者信息。120、999 前急救体系的227个急救站共接听急救电话2.6万次,派出救护车6 157车次,其中转运爆竹伤员22人。除日常工作外,120网络每天还在天安门、地坛、颐和园、八达岭等重点旅游景区增加了值守力量。除夕0时至正月十六6时,全市共收治燃放烟花爆竹致伤者559人,其中眼外伤107人、外伤(头面、躯干、四肢)144人、单纯烧伤12人、复合伤296人,无摘眼球及死亡病例。

(龚文涛)

【百万贫困白内障患者复明工程】 此项工程是《中共中央国务院关于深化医药卫生体制改革的意见》和《国务院关于医药卫生体制改革近期重点实施方案(2009-2011年)》的重点项目之一,卫生部、财政部、中残联自开始实施,利用3年时间对全国100万例贫困白内障患者实施复明手术。本年度完成手术20万例,每例由中央财政补助手术费用800元。本市积极参与,并于2002年将为贫困白内障患者实施复明手术纳入政府办实事项目,每例补助1 200元,已连续实施7年。白内障复明手术信息报告系统由卫生部医政司委托北京民科医疗电子技术研究所研发,并于7月1日起在全国统一使用。6月18日,卫生部召开了白内障复明手术信息报告系统培训视频会议,市防盲办主任,市中医局医政处处长,18个区县卫生局医政科科长,二、三级综合医院眼科主任(含中医系统医院),眼科专科医院院长(含中医系统医院)共100余人参加了培训。

(刘 艳)

【加强活体器官移植管理】 7月1日,市卫生局召开加强活体器官移植管理专题会议。副局长邓小虹,市卫生监督所副所长李扬ская,市公安局刑侦总队总队长陶晶及重案支队的负责人参加了会议。会议商定各移植医院要密切配合公安部门,及时将活体移植相关证明材料移交北京市公安局进行身份识别和认定,经公安部门查证属实后方可开展移植工作。

(刘 艳)

【停止开展皮下埋植盐酸纳曲酮治疗吸毒成瘾】 7月26日,接到卫生部《关于立即停止开展皮下埋植盐酸纳曲酮治疗吸毒成瘾的通知》后,市卫生局召开了紧急会议,相关区县卫生局医政科长、戒毒医疗机构主管领导参会。会议要求本市相关医疗机构立即停止皮下埋植盐酸纳曲酮治疗吸毒成瘾,并部署了

专项督导工作。　　　　　　　　（刘　艳）

【举办医政管理培训班】　8月6~7日，市卫生局举办了医疗纠纷防范与处理培训班。本市16家医疗质量控制与改进中心主任、18个区县卫生局医政科科长、50家三级医院医务处处长及医患纠纷处理办公室主任共100余人参加培训。市高级人民法院民事庭庭长单国军从法律专业工作者的角度讲解了《医患纠纷的法律适用问题》，首都卫生系统民主评议政风行风监督员吕月贞从语言和服务行为艺术方面作了《笑对人生》的报告，北京肿瘤医院的医生、护士以小品的形式作了医患沟通演示，北京卫生法学会医疗纠纷调节中心主任刘海英、北京医学教育协会医疗纠纷调节中心主任周东海介绍了医疗纠纷调解情况，北京积水潭医院医患办主任陈伟作了医疗纠纷处理的经验介绍，市病案质量控制和改进中心主任胡燕生以《从病历书写谈纠纷防范》为题作了报告。

8月27~28日，市卫生局医政处举办了医政管理培训班。18个区县卫生局医政科科长及1名科员、三级医院医务处处长、16家医疗质量控制与改进中心主任90余人参加培训。卫生部医政司医疗服务管理处处长焦雅辉进行了医疗技术临床应用管理的专题培训，卫生部医政司医疗机构管理处的高新强讲解了医疗机构的校验管理，本市11家医疗质量控制与改进中心主任介绍了本中心的基本情况和近年来开展的工作。　　　　　　　　　　　（刘　艳）

医疗机构设置规划

【开展规划调研】　1月16日，市卫生局医政处召开了精神卫生机构建设研讨会，处长邱大龙、副处长陈静，发展计划处杨坚，北京回龙观医院等5家精神病专科医院院长参加了会议。3月3日，市卫生局副局长邓小虹，医政处处长邱大龙、副处长陈静听取了北京大学第六医院院长关于建立昌平分院的汇报。2月17日和3月5日，邓小虹、陈静、物价处处长徐涛、法规处副处长薛海宁、市卫生监督所副所长李扬和市政协教文卫体委员会的委员们分别到英智眼科医院、美中宜和医院和北京三博脑科医院考察本市民营医院运营发展情况，并就民营医院的良性发展与医院负责人进行了座谈。4月1日，邓小虹、邱大龙、陈静、市总工会、市残联、石景山区卫生局、区残联有关领导到北京工人疗养院调研，并听取了关于医院改扩建为康复医院的汇报。　　　　（刘　艳）

【研讨区域医疗机构设置规划】　2月3日，市卫生局医政处召开了区域医疗机构设置规划沟通研讨会，副局长邓小虹，医政处副处长陈静，18个区县卫生局主管局长、医政科长参加了会议。2月4日，召开了区域医疗服务体制改革试点研讨会，邓小虹、陈静，市人力资源和社会保障局医保处副处长王培亮、西城区卫生局局长边宝生、各有关医院院长参加了会议。4月1日，市卫生局副局长邓小虹、医政处处长邱大龙，朝阳区副区长张春秀、朝阳区卫生局领导共同研讨了朝阳区医疗机构设置规划。（刘　艳）

【开展康复医院和护理院试点】　为有效分流大医院中康复和护理病人，提高大医院床位使用效率，缓解大医院住院难，进一步促进医疗资源的合理配置和有效利用，市卫生局制订了北京市康复医院和护理院试点工作方案，开展了康复、护理效果评估体系，康复医院和护理院出入院标准和付费机制等研究。试点内容包括：选择西城区展览路医院的2个病区，探讨医疗集团模式，建立与大医院及社区的相互转诊机制；选择英智康复医院，探索民营康复机构作为区域医疗组成部分与大医院、社区医院建立医务人员流动、患者转诊的有效模式；选择丰台区颐乐之家敬老院，探讨属于医疗机构的护理院与属于社会福利机构的护养型养老院的政策衔接机制；并在上述试点单位探索康复医院、护理院付费机制改革和人员转型、人才培养模式等。7月1日，市卫生局举行了北京市康复医院和护理院试点启动仪式，市卫生局、市财政局、市人保局、市民政局、市残联、各试点单位的有关领导和负责人出席了仪式。市卫生局副局长邓小虹与西城区卫生局、北京康复医学会、北京大学护理学院及北京市公共卫生信息中心等试点牵头单位分别签订了试点工作任务书。11月6日，西城区卫生局召开西城区康复、护理病区试点工作启动大会，市卫生局副局长邓小虹、西城区副区长陈蓓出席会议并讲话。西城区13家二、三级医院，北京市康复协会，北京大学护理学院，市公共卫生信息中心及7家社区卫生服务中心相关领导共50余人参加了会议。会上，公布了《西城区康复、护理病区试点工作实施方案（讨论稿）》。11月30日和12月28日，市卫生局分别召开了北京市护理院和康复医院收治标准和付费机制研究专家评审会，市卫生局副局长邓小虹、医政处，市人保局医保处，市民政局社会福利处，各有关专家，各试点单位领导和负责人参加了会议。会上，北京大学护理学院和北京康复医学会分别汇报了研究成果，并由与会专家进行了评审。　　（龚文涛）

准入管理

【医疗机构准入和管理】　全年办理医疗机构许可138件，其中医疗机构设置审批10件、医疗机申请执业登记注册2件、医疗机构变更69件、医疗机构校验57件。3月，市、区级卫生行政部门开展了医疗机构清理整顿工作。全市共撤销、注销医疗机构478家，暂缓校验医疗机构102家，规范医疗机构名称126家，纠正医疗机构类别52家，规范诊疗科目376家，责令限期整改420家。　　　（刘　艳）

【人员准入】　全年完成医师注册1 811人次，医师变更注册1 195人次，医师重新注册10人次，军队医师换领资格证书108人次。完成护士注册21 754人次，其中首次注册6 320人次、变更4 087人次、换证11 308人次、补办22人次、其他17人次。共审核通过外国医师学术交流98人次，审核通过外国医师在京短期行医106人次。接收护士注册电话咨询40 067人次、医师注册咨询14 400人次。（刘　艳）

【技术准入】　年内，市卫生局医政处委托北京医学会组织制订了《北京市首批第二类医疗技术目录》，并印发给各区县卫生局和三级医院。医政处委托北京医学会对申请医疗技术的医疗机构从硬件、人员、质量控制、伦理委员会的情况等进行了审核，共完成100余项医疗技术临床应用现场审核。
（刘　艳）

医疗质量与安全、医疗服务管理

【修订《北京地区医院管理考核评价标准（2009版）》】　2005年以来，本市各级各类医院通过医院管理年等活动，在提升医院管理水平、创新医疗服务理念、优化医疗服务流程、突出内涵建设、突出医疗质量、突出医疗安全等方面取得显著成效。9月，在总结以往工作的基础上，市卫生局制订了《北京地区医院管理考核评价标准（2009版）》和《北京地区医院管理考核评价标准实施细则（2009版）》，并下发至区县卫生局和各级各类医院。　（刘　艳）

【三级医院"医疗质量万里行"检查评价】　9月起，为了加强医疗机构医疗安全管理，提高医疗服务质量，有效开展医院管理年活动，市卫生局组织专家对48家三级医院落实情况进行了检查和评价。10月12~19日，协和医院、中日友好医院、朝阳医院等10家医院接受了卫生部督导组对本市"医疗质量万里行"活动开展情况的督导检查。10月20日，听取了卫生部"医疗质量万里行"督导检查反馈意见。市卫生局党组书记、局长方来英，工会主席白宏，副巡视员郭晋和出席了会议，18个区县卫生局局长、医政科长，三级医院院长、医务处长、总务处长，二级医院院长、医务科长，市卫生局相关处室处长400余人参加了会议。会议由市卫生局副局长邓小虹主持。卫生部督导组的7名专家就各专业的检查情况进行了反馈，对受查的10家医院工作亮点给予了肯定，同时，对发现的问题进行了通报。卫生部督导组组长、卫生部办公厅副主任薛晓林对北京地区"医疗质量万里行"活动的开展情况予以肯定。方来英强调各单位要把检查当作动力，把整改当作机会，把进步当作追求，把最佳当作目标，寻找差距，知不足而后勇，使北京的医疗服务工作不断取得新发展。
（刘　艳）

【出台医疗机构审批和手术分级管理办法】　年内，市卫生局制订了《北京市医疗机构审批管理暂行办法》，明确了医疗机构审批权限。同时，要求医疗机构命名应遵从国家法律法规规定，各区县卫生局要严格医疗机构和诊疗科目的审批，确保医疗机构执业范围和服务项目与医疗机构的类别、规模及所承担的功能和任务相适应，并建立了现场审查制度。要求卫生监督部门在医疗机构取得医疗机构执业许可证后3个月内对医疗机构执业情况与登记情况是否相符及医院感染管理情况等开展例行监督检查。为了加强对各级各类医疗机构手术质量的管理，规范执业行为，提高医疗质量，保障医疗安全，市卫生局医政处多次组织专家调研和信息整合，并广泛征求意见，制订了《北京地区医疗机构手术分级管理办法（试行）》。
（张　涛）

【医院感染管理取得进展】　1月15日，市卫生局医政处召开了感染性疾病科检查反馈工作会。18个区县卫生局主管局长、医政科长，55家二、三级医院领导共90余人参加了会议。会上，北京市医院感染质量控制中心通报了1月9~12日对46家二、三级医院感染性疾病科及发热门诊的抽查情况。市卫生监督所通报了1月8~11日对部分医疗卫生机构人感染高致病性禽流感防控执法监督工作中发现的问题。会议要求与会人员针对反馈中的问题迅速整改，加强感染性疾病科建设，建立有效运行机制。卫生监督部门和医院感染质控中心要加强整改措施落实的督促检查。

6月29~30日，市卫生局医政处委托市医院感染管理质量控制和改进中心举办了一级医院感染管理知识培训班，18个区县一级医院的医院感染管理专（兼）职人员共180人参加培训。培训内容涉及甲流和手足口病的院感防控、医院感染管理基础知识、供应室规范的解读、医务人员职业暴露及防护、医院感染管理相关的法律法规等。培训班向学员发放了培训教材和《医务人员标准防护措施》、《六步洗手图》等宣传图册。

12月，关于医院感染管理的2个地方标准《负压隔离病房建设配置基本要求》(DB11/663-2009)、《医院布草洗涤卫生规范》(DB11/662-2009)通过了北京市质量技术监督局的审批,于2009年12月12日发布,2010年7月1日起实施。 (刘艳)

【召开北京市医疗责任保险工作会】 1月16日,市卫生局召开了2009年北京市医疗责任保险工作会。卫生部医管司医疗处处长高光明、总后卫生部医疗管理局副局长王扬、中国医学科学院医院事务处副处长王海涛、北京大学医学部医院管理处副处长张俊、中国保监会北京监管局局长助理刘跃林出席了会议。各区县卫生局主管局长、医政科长,各三级医院主管院长、医务处处长、医患办主任以及医责险承保公司和医疗纠纷调解机构的有关领导和负责人150人参会。会上,北京卫生法研究会医疗纠纷调解中心介绍了2008年医疗纠纷调处工作情况,市卫生局医政处处长邱大龙对2008年全市医责险实施和运行情况进行了总结,市卫生局副局长邓小虹对2009年继续推动医责险工作进行了部署,并提出了工作要求。
（龚文涛）

【医疗质量与安全管理】 为加强北京市医疗质量控制和改进中心的管理,1、4、7、10月的第一周,市卫生局医政处定期召开质控中心联席工作会议。16家北京市医疗质量控制和改进中心的主任及办公室工作人员参加会议,分别汇报上一季度工作进展和下一季度工作安排,对草拟的文件或办法进行讨论和修改。

为加强对本市医院血液透析医疗质量的管理,市卫生局医政处委托北京市血液透析质量控制和改进中心组织40名专家对97家开展血液透析工作的医院100个血液透析室进行飞行检查,重点对血液透析室管理规章制度的执行情况、从事血液透析人员的资质、血液透析室分区、血液透析设备的管理、血液透析水和透析液的质量监测、水处理设备和血液透析机消毒、感染控制措施执行情况等10个方面进行了检查。检查结果:95个血液透析室检查成绩合格,合格率95%。

7月30日,市卫生局、市中医局联合召开了北京市病历质量评比活动动员部署工作会。市卫生局副局长邓小虹、市中医局局长赵静参加并讲话。9月,经过数轮评选,根据分数结果,本市推荐北京医院、协和医院、北京大学第一医院、北京大学第三医院、积水潭医院、首都医科大学宣武医院、朝阳医院参加全国三级综合医院病历质量评比活动。上述7家医院在卫生部组织的全国三级综合医院病历质量评比中均获得奖项。

年内,北京市医学检验质量控制和改进中心根据本市二级医疗机构医学检验科现状的调查结果,制订了《北京市二级及以上医院检验结果相互通用管理与技术要求》。目前,全市已有141个医学实验室(其中二级医院实验室90个、三级医院实验室49个、北京市体检中心实验室2个)共计31项检验项目达到了检验结果相互通用要求,覆盖全市18个区县。
（刘艳）

【非典后遗症健康管理项目专家讨论会】 为进一步加强对非典后遗症患者的关心和关爱,指导他们做好康复治疗,11月26日,市卫生局召开了北京市非典后遗症患者健康管理项目专家讨论会。北京健康管理协会、北京市非典后遗症呼吸科、骨科和精神心理诊疗专家组成员参加了会议。会议对下一步开展非典后遗症患者健康评估和干预工作方案进行了研讨。
（龚文涛）

【推动预约挂号】 年内,市卫生局重点推动全市三级医院的复诊预约和社区转诊预约工作,同时兼顾患者初诊预约的需求,大力推动了电话预约挂号。要求从第四季度起,全市三级医院都要开展预约挂号服务,并逐步推广到二级医院,重点推动社区转诊患者的预约和复诊预约。副市长丁向阳亲自督办,市卫生局局长方来英2次主持召开全市预约挂号工作专项部署会和通报会,明确了预约挂号工作责任制。市卫生局聘请了16名预约挂号社会监督员,成员包括律师、企业干部、教师、社会工作者、民主党派人士和医院管理者等,9～11月对本市三级医院开展预约挂号工作进行暗访检查,每月向市卫生局反馈。同时,市卫生局开发了预约挂号统计信息网络上报系统,并开展了系统使用培训。从9月16日开始,全市各三级医院通过网络平台每日上报医院前一天的预约挂号信息。截至年底,本市49家三级医院均开展了电话和现场人工预约服务,其中36家医院还开展了网络预约服务,约有69%的二级医院也开展了不同形式的预约诊疗服务。全市49家三级医院实际预约就诊挂号123.5万个,占实际就诊挂号的13.05%。预约就诊挂号中,普通号占39.15%,专家号占60.85%;窗口预约占41.36%,电话预约占25.02%,网络预约占3.43%,其他方式预约占30.19%;初诊预约占29.24%,复诊预约占68.05%,社区转诊预约占2.70%。初诊预约率6.59%,复诊预约率21.12%,产科复诊预约率57.76%,口腔科复诊预约率81.25%。
（龚文涛）

突发公共卫生事件医疗救治

【召开问题奶粉患儿赔偿工作电视电话会】 1

月5日,市卫生局医政处召开了问题奶粉患儿赔偿工作电视电话会。副局长邓小虹、医政处副处长段杰、各区县卫生局主管局长、医政科长、各有关医院负责人参加了会议。邓小虹介绍了问题奶粉患儿赔偿工作的有关政策和进展,传达了市政府关于妥善做好问题奶粉患儿赔偿工作的要求:一是各区县卫生局负责督促辖区内各有关医院成立专门工作小组,由医务处、儿科、超声科和信息统计等部门的有关专业人员组成,高度重视入户赔偿工作动态,并做好专业配合工作。二是当赔偿工作中发生患儿监护人对医疗诊断产生异议时,由原确诊医院指定专人认真接待,严格按照卫生部制订的宣传提纲进行解释说明,化解矛盾,做到不拒绝、不推诿。对未纳入卫生部确诊患儿信息库、但患儿监护人提出赔偿申请的,依据患儿监护人所提供或医院存档的患儿原始门诊病历、筛查登记或检查结果等资料,按照卫生部制订的诊疗方案进行核实,凡资料证实初筛就诊时存在泌尿系统结石或泥沙样结晶的婴幼儿要立即登记上报。三是问题奶粉确诊泌尿系结石患儿补充上报仍按原信息报送途径,通过网络系统上报至北京市公共卫生信息中心,并电话确认上报成功。

(刘 艳)

【召开禽流感防控工作紧急会议】 1月5日,市卫生局召开了人感染高致病性禽流感防控工作紧急会议。北京市三级医院(含部队、武警医院)院长、18个区县卫生局局长、疾病控制中心主任、卫生监督所所长、市卫生局部分处室负责人参加了会议。市疾控中心主任邓瑛通报情况,市卫生局疾控处处长赵涛部署防控工作,市卫生局应急办主任高宜秦部署应急工作,市卫生局科教处处长吕一平部署实验室安全工作,邓小虹部署医疗救治工作,局长方来英总结讲话。

(刘 艳)

护理管理

【评选巾帼文明岗和巾帼建功标兵】 3月,卫生部、全国妇联、总后卫生部在全国卫生系统护理专业开展了"巾帼文明岗"和"巾帼建功标兵"评选活动。北京市经过评选和审核后将名单上报卫生部。北京大学第一医院肾内科、北京儿童医院内科急救室、复兴医院血液透析室、北京老年医院爱心病房、北京急救中心中心站、大兴区人民医院肾内科当选全国卫生系统护理专业"巾帼文明岗"先进集体,黄杰、刘天娇、隗伟、甄洁、高红伟、何海璇、董桂芳、李军、王冲、肖光辉、祈翠霞当选全国卫生系统护理专业"巾帼建功标兵"。

(刘 艳)

【传承南丁格尔精神展护士风采主题会】 5月8日,市卫生局、市总工会召开传承南丁格尔精神、展现首都护士风采主题大会,庆祝第九十七个国际护士节,动员护理工作者用优质的服务向国庆60周年献礼。卫生部医政司司长王羽、市卫生局党组副书记张秀芳出席会议并讲话。中国教科文卫体工会副主席万明东,总后卫生部医疗管理局副局长王扬,市总工会党组书记、副主席韩子荣,副主席时纯利等出席会议,南丁格尔奖章和首都劳动奖章获得者代表以及本市部分医疗单位的工会主席、护理部主任以及护士代表100余人参加会议。南丁格尔奖章获得者王雅屏在大会上发言。首都十大白衣天使、北京市护理质量控制与改进中心主任郑一宁宣读了《创优质服务献礼建国60周年倡议书》。领导向南丁格尔奖章获得者献花,并赠送了慰问品和慰问金。天坛医院护士进行了礼仪表演。

(刘 艳)

【启动护理员培训工作】 10月,为规范护工管理,改善护理服务,保证医疗安全,市卫生局、市人保局、市工商局联合印发了《关于加强护理员规范管理的通知》,对凡在本市医疗机构专职从事患者生活照顾的外来农民工提供一次性免费护理员职业技能培训和职业技能鉴定。本市城镇失业人员和农村转移就业劳动力参加护理员培训,按照本市培训有关政策规定执行。护理员培训后,经考核合格,取得相应证书方可上岗。文件同时要求各医疗机构要使用经过规范培训的护理员从事服务工作,并逐渐按照配置标准配置护理员。

(刘 艳)

【成立护理工作者协会】 本市有注册护士7万余人,其中合同制护士约占1/3,90%以上的医院均使用合同制护士,另有护工(护理员)约3万人。为落实《护士条例》,依法维护护理人员合法权益,加强对护理工作者队伍的管理,市卫生局成立了护理工作者协会,承担护士人力资源管理、护理人员维权及医院护理员管理等任务。

(陈 静)

血液管理

【开展血液安全督导检查】 年内,为了保障患者用血安全,市卫生局决定开展北京市医疗质量万里行——血液安全督导检查工作。检查范围为本市5家采供血机构(含4家一般血站和1家特殊血站)及121家有用血资质的医院输血科(血库),采用现场检查、人员考核、盲样检测相结合的方式。8月,临床输血质控中心对参加督导检查的专家进行集中培训,统一了检查标准。9月,督导检查组对医院输血科(血库)开展了现场督导检查。10月,专家组将检查结果汇总并进行了反馈。各采供血机构基本实现了质量管理体系文件全覆盖,并建立了持续改进机制。血液检测实验室均完成了符合生物安全二级实验室要求的基础设施建设。医院输血科(血库)飞行检查检测成绩有明显提高。目前,121家二级及以下医院共拥有专业离心机91台,比半年前增加了一倍。检查优秀的医院有87家,比前一次提高了37.2%。

(刘婉莹)

【颁布《北京市献血管理办法》】 8月27日,市政府第四十七次常务会议审议通过了《北京市献血管理办法》,并于11月1日起施行。为保证本市医疗临床用血的足量与安全,保障献血者权益,《北京市献血管理办法》进一步明确了相关管理部门和机构的献血管理职责;加强了血站管理,提高服务水平;调整了还血优惠政策;规定了多渠道、多层次的血源保障制度和措施。

(刘婉莹)

大型活动医疗保障

【国际自盟场地世界杯(北京站)赛医疗保障】 1月16日,2008～2009国际自盟场地世界杯(北京站)赛在老山自行车馆举行。市卫生局医政处承担了北京场地自行车锦标赛官员、运动员、教练员、裁判员、记者以及参加锦标赛的全体人员的医疗服务工作,赛期突发公共卫生事件的处理工作,本次赛事急救调度系统、各急救点、指定医院的通讯联络工作。市卫生局指定北京急救中心承担本次赛事的医疗保障工作。提供医疗保障服务25人次,转院治疗4人次,均为外伤。

(刘艳)

【市外办成立60年庆典活动医疗保障】 2月26日,市卫生局负责该项活动的医疗急救保障工作。市卫生局指定北京急救中心承担医疗急救保障工作,配备医生2人、护士2人、急救车司机1人。

(刘艳)

【完成亿霖木业上访人员处理医疗保障】 2、3月,根据市委维稳办的要求,市卫生局4次组织北京急救中心派出救护车及医务人员为亿霖木业上访人员处理提供了医疗急救保障。

(刘艳)

【清明节群众扫墓接待活动医疗保障】 市卫生局制订了医疗急救方案,重点保障时间为3月28日、29日、4月4、5、6日共5天。重点地区(八宝山革命公墓)由北京急救中心每日早7时派一辆救护车到八宝山革命公墓指定地点。北京玉泉医院、石景山区医院是后备指定医院,为活动提供绿色通道服务。遇有突发事件时,可调动北京急救中心西站(航天中心医院内)3辆救护车。18个区县根据各区县政府清明节群众扫墓接待工作安排,做好医疗急救保障。提供医疗保障服务2人次,转院治疗1人次,为肩关节脱位。

(刘艳)

【北京春季长跑活动医疗保障】 4月12日上午,市卫生局负责此项活动的医疗急救工作。医疗组由北京急救中心承担,共派出急救车4辆,每辆救护车配备医生2人、护士2人、司机1人。提供医疗保障服务4人次,无转院。

(刘艳)

【花样游泳比赛医疗保障】 4月16～19日,市卫生局为英东游泳馆花样游泳比赛提供医疗急救保障。医疗组由北京急救中心承担,共派出医生2人、护士2人、急救车司机1人,救护车1辆,负责本次活动运动员及观众的医疗急救服务。北京安贞医院是后备指定医院,为活动提供绿色通道急诊服务。

(刘艳)

【五一节天安门医疗急救保障】 5月1日0～7时,北京急救中心在人民英雄纪念碑东、西两侧,国家博物馆西门小广场及天安门观礼台下派了4组医疗救护;5月1～3日每天7～22时,在国家博物馆西门小广场派1组医疗救护。北京同仁医院急诊科自5月1日0时～5月3日22时,为天安门地区医疗急救提供绿色通道服务。

(刘艳)

【第十一届全运会男子手球预赛医疗保障】 6月3～11日,市卫生局负责第十一届全运会男子手球预赛医疗急救保障工作。市卫生局指定北京天坛医院派出医疗组,负责本次活动医疗急救服务。

(刘艳)

【第六届北京国际教育博览会医疗保障】 6月11～15日,市卫生局负责第六届北京国际教育博览会医疗保障工作。市卫生局指定北京急救中心派出医疗组,为大会提供现场医疗保障;中日友好医院为后备指定医院,为需住院治疗的患者提供绿色通道服务。

(刘艳)

【北京国际马拉松赛医疗保障】 10月18日,由中国田径协会主办的北京国际马拉松赛在北京举行。市卫生局配置了4组移动线路跟跑医疗站和22个定点医疗站,为参加马拉松赛的运动员、工作人员提供现场医疗急救保障和转送及治疗工作。比赛期间,医疗保障组共为就诊人员提供医疗服务789人次,转运伤病员4人次。

(刘艳)

【第四届北京国际文化创意产业博览会医疗保障】 11月24～30日,市卫生局承担第四届文博会的医疗卫生保障工作,派出北京安贞医院医疗组为西苑饭店驻地提供现场医疗保障。同时,北京安贞医院为转运后备指定医院,为需送院治疗患者提供绿色通道服务。保障期间,共为保障对象提供医疗服务61人次,无保障对象转运后备指定医院。

(刘艳)

【第十二届科博会医疗保障】 市卫生局负责第十二届科博会西苑饭店接待医疗保障工作。指定北京安贞医院为提供保障单位,安贞医院派出驻西苑饭店医疗组,为会议代表及工作人员提供现场医疗保障。同时,北京安贞医院为后备指定医院,为需住院治疗的患者提供绿色通道服务。提供医疗保障服务20人次,无转院。

(刘 艳)

【第二届微量营养素论坛大会医疗保障】 市卫生局负责第二届微量营养素论坛大会医疗保障工作。指定中日友好医院为提供保障单位,中日友好医院派出驻五洲大酒店医疗组,为会议代表及工作人员提供现场医疗保障。同时,中日友好医院为后备指定医院,为需住院治疗的患者提供绿色通道服务。提供医疗保障服务1人次,转院治疗1人次,疑似甲流。

(刘 艳)

对口支援工作

【启动重点学科对口支援】 年内,市卫生局下发了《关于加强精神科等学科建设的通知》,确定重点推动三级综合医院精神科建设,承担常见的非疑难、急、重症精神疾病的诊断、治疗工作,满足伴有严重躯体合并症的精神疾病患者的诊疗需求。指定北京大学第六医院、北京安定医院和回龙观医院对口支援北京大学人民医院、北京朝阳医院、北京同仁医院、北京胸科医院、北京地坛医院和北京佑安医院等6家医院精神科建设。4月17日,市卫生局副局长邓小虹代表市卫生局与北京大学第六医院、北京安定医院和回龙观医院就对口支援工作签订了责任书。5月27日,市卫生局召开了有关医院对口支援儿科、精神科学科建设工作阶段总结会,总结对口支援儿科、精神科学科建设工作进展情况。会上,各支援医院与受援医院签订了对口支援协议书,确定了对口支援精神科、儿科建设工作评价考核标准,并进一步明确了工作目标与实施步骤。9月4日,召开了精神科、儿科对口支援工作阶段总结会。北京大学第六医院、安定医院和回龙观医院与对口支援的北京大学人民医院、朝阳医院和同仁医院等3家综合医院,以及北京胸科医院、地坛医院和佑安医院等3家专科医院汇报了精神科建设情况;北京儿童医院、首都儿科研究所附属儿童医院、北京大学第一医院与对口支援的北京胸科医院、地坛医院、佑安医院汇报了儿科建设情况。12月22~23日,市卫生局对精神科、儿科对口支援专项工作进行了督导检查。通过工作部署、签订协议、中期督导、考核评价,对口支援重点学科建设初见成效。在精神心理科方面,人民、朝阳、同仁等3家综合医院设置了诊疗科目,其中朝阳医院已具备收治合并躯体疾患的精神科患者住院治疗的能力;地坛医院设置了精神心理科,胸科、佑安医院的设置申请在审批中。在儿科设置方面,3家传染病医院均完成科室设置,其中地坛医院开设了儿科病房,胸科医院具备收治儿童结核病患者住院治疗的能力。各受援医院均为新建学科提供了专门的场地,配备了相应的医疗、护理人员及设备。根据实际情况开放门诊,每周最少半天,最多达6个全天,日均门诊情况少则3~5人,多则60~70人。尤其是朝阳医院精神科开展住院患者精神心理会诊、地坛医院收治儿科患者住院等工作取得了良好社会效果。

(刘 艳)

【城市卫生支援农村卫生】 年内,市卫生局总结了2005~2009年度"万名医师支援农村卫生工程"项目的实施情况。该项目实施以来,有效地提高了本市远郊区县的医疗技术水平和服务能力,方便了农村群众看病就医,受到受援医院和社会各方面的欢迎。6月19日,市卫生局医政处召开了区域医疗中心建设工作研讨会,昌平区、房山区、大兴区、通州区、平谷区、顺义区、门头沟区、怀柔区、密云县、延庆县等10个远郊区县卫生局医政科科长及其所在区县的区域医疗中心医院的主管院长、医务科科长等30余人参加了会议。市卫生局副局长邓小虹参会并讲话。北京市公共卫生信息中心统计室主任和北京市病案质量控制中心主任就区域医疗中心评价指标分析情况及病案质量管理方面的工作对参会人员进行了培训。7月11日,北大医院与密云县医院、密云县妇幼保健院对口支援签约仪式在密云县医院举行。北大医院院长刘玉村分别与密云县医院院长王森林、密云县妇幼保健院院长朱慧敏签署并交换了对口支援5年规划协议。在北大医院帮扶下,密云县医院已经完成了眼科、妇产科和放射科的建设,根据新签订的协议,北大医院将帮助县医院建设泌尿外科、神经外科、肾内科、重症医学等重点学科,帮助县妇幼保健院建设妇产科、儿科、B超、检验科等重点学科,在5年内达到三级医院同等水平。12月25日,市卫生局在门头沟区医院召开了对口支援区域医疗中心工作现场会。市卫生局副局长邓小虹,门头沟区副区长姚忠阳,门头沟区委统战部部长、政协副主席侯建华,北京市人大代表邢惠芳等出席会议并讲话。会上,宣武医院副院长王力红、门头沟区医院院长袁春兰分别汇报了对口支援工作情况,市人大代表邢惠芳对对口支援工作提出了意见和建议,市卫生局副局长邓小虹介绍了北京市支援农村卫生工作的整体情况及对门头沟区域医疗中心发展的建议,副区长姚忠阳对门头沟区的对口支援工作进行了总结。

(刘 艳)

【对口支援内蒙古自治区】 8月14日，市卫生局副局长邓小虹率本市三级医院支援内蒙古县级医院代表团一行17人，赴满洲里与内蒙古自治区卫生厅商谈对口支援工作，市卫生局医政处和财务处的领导和有关负责人陪同前往。经初步沟通，本市将承担26家内蒙古县级医院的支援工作，涉及内蒙古自治区11个盟、市，基本覆盖内蒙古全境。9月29日，市卫生局召开了本市三级医院对口支援内蒙古自治区旗县医院工作部署会。局长方来英、副局长邓小虹、医政处处长邱大龙及承担对口支援任务的26家三级医院的主管院长参加了会议。会上公布了本市三级医院对口支援内蒙古旗县医院工作方案，并对工作的开展提出了要求。10月10日，市卫生局和内蒙古自治区卫生厅举行了京蒙省际医疗对口支援项目启动大会。卫生部医管司领导，内蒙古自治区卫生厅厅长杨成旺、副厅长白宝玉、北京市卫生局局长方来英、副局长邓小虹等出席，内蒙古自治区36家受援医院的院长和本市26家支援医院的院长、医务处长、护理部主任等约150人参会。会上，市卫生局和内蒙古自治区卫生厅签订了省际对口支援项目协议书，与北京市26家支援医院签订了对口支援内蒙古自治区旗县医院责任书，率先在全国启动了东部地区大中型医院对口支援西部地区旗县医院的省际对口支援工作。市卫生局确定了23家三级综合医院和3家三级专科医院承担对口支援任务，支援工作从即日起至2012年底，将使受援旗、县医院整体上达到二级甲等医院标准。支援医院将每半年派出一批医疗卫生专业技术人员和管理人员组成的医疗队，长期驻守受援医院，开展临床诊疗、教学培训、重点学科建设等技术援助活动。此外，根据受援地区需求，将不定期派出专家到受援医院进行专题讲座、教学查房、手术示教、危重病例抢救等，并与受援医院建立疑难重症会诊、转诊绿色通道，免费接收受援医院医务人员到支援医院接受住院医师、专科医师培训或进修学习。 （龚文涛）

【对口援助什邡卫生建设】 本市超额完成年度智力援建计划，卫生智力援建的5个项目进展顺利。动员中央和市、区属22个单位对138名什邡各类卫生人员进行了系统培训，培训人数超出原计划的15%。派出4批100名专家赴什邡开展卫生援建。组织15名什邡卫生管理干部到5个区县21个单位进行为期半个月的实地考察学习。医疗队临时党支部被中共什邡市委评为先进基层党组织，2名队员被北京对口支援前线指挥部授予优秀党员称号。赴什邡医疗队帮助灾区加强医疗卫生重建的规划和制度建设，制订了《什邡市病媒生物密度监测方案（试行）》、《什邡市重灾乡镇工作人员心理应急调查及干预工作方案》等26项规章制度。医疗队积极开展义诊、巡诊，把优质的医疗服务送到灾区百姓家里。全年接诊91 782人次，手术829例，下乡巡诊14 711人次，体检5 601人次，检索疫情411次，查阅门诊登记17 844次，入户巡查居民症状监测6 262户15 100人次，开展专业技术指导14 892人次，健康教育33 542人次。

（智利平）

政风行风建设

【民主评议政风行风】 5月26日，市卫生局医政处召开了政风行风民主评议座谈会。市纪委纠风室副主任孙利清，市卫生局副局长邓小虹，北京卫生系统政风行风评议组组长周大齐和支修益、程留恩、方志远等评议员，市卫生局医政处全体干部和监察处有关负责人参加了座谈会。周大齐介绍了此次政风行风民主评议"走进卫生局"活动的主要内容，并对评议小组的工作方案进行了说明。孙利清对此次卫生系统政风行风民主评议工作提出了要求。市卫生局医政处处长邱大龙作了题为《加强政风行风建设，做好医政管理工作》的汇报。邓小虹结合评议员们提出的问题，就北京市医政管理工作的现状以及存在的工作瓶颈等问题进行了介绍。座谈会后，与会人员到首都医科大学宣武医院听取了医院领导关于防治甲流的工作汇报，并现场观看了宣武医院开展的防治甲流医疗救治桌面演练。6月11日，北京卫生系统政风行风评议组组长周大齐和支修益等评议员与北京协和医院、北京大学人民医院、北京天坛医院等8家三级甲等综合医院的医务处长在友谊医院就市卫生局医政处政风建设、依法履行职责、办事效率、责任意识、服务态度、清正廉洁等情况进行座谈，听取大家的意见和建议。6月18日，北京卫生系统政风行风评议组组长周大齐和支修益等评议员与北京大学第三医院、世纪坛医院、同仁医院、宣武医院门诊部主任和中日友好医院、北京儿童医院、积水潭医院、首儿所附属儿童医院护理部主任就市卫生局医政处政风建设、依法履行职责、办事效率、责任意识、服务态度、清正廉洁等情况进行了座谈。6月25日，北京卫生系统政风行风评议组组长周大齐和支修益等评议员与中国医学科学院肿瘤医院、北京肿瘤医院、北京大学口腔医院、北京口腔医院、北京妇产医院、佑安医院、地坛医院、安定医院等8家三级甲等专科医院的医务处长就市卫生局医政处政风建设、依法履行职责、办事效率、责任意识、服务态度、清正廉洁等情况进行座谈，听取大家的意见和建议。

（刘 艳）

医用废弃物管理

【医疗废物管理成效显著】 上半年，市卫生局开展了卫生行业医疗废物处置工作指导检查。全市有3 031个医疗卫生机构接受了指导检查，其中100张床位以上的医疗卫生机构检查率100%，不足100张床位的医疗卫生机构和社区卫生服务机构检查率87%，其他医疗卫生机构检查率45%。根据此次指导检查活动中发现的问题，依据国务院《医疗废物管理条例》和卫生部《医疗卫生机构医疗废物管理办法》，重新修订了《北京市医疗卫生机构医疗废物管理规定》，使本市医疗废物收集、处置工作更加规范有序。

（马小荧）

平安医院建设

【继续开展平安医院创建活动】 北京卫生系统的平安医院创建经过两年来的工作，取得一定的成绩，2009年继续深入开展。根据全国社会治安综合治理工作的总体要求，2009年卫生部门开展平安医院创建活动的主要任务是：紧紧围绕"保民生、保稳定、保平安"的总体工作要求，全面深化平安医院创建活动，着力完善社会治安防控体系，着力排查调处矛盾纠纷，着力改进医院管理，着力加强基层基础建设，着力强化医疗机构治安综合治理，确保国家安全和社会大局稳定，确保医疗卫生部门和医疗卫生机构平稳发展，以平安稳定的成果迎接新中国成立60周年。卫生部门要协调相关部门，积极开展整治医疗秩序的专项行动，全面提高社会治安防控体系建设水平；继续深入开展矛盾纠纷排查调处工作，保持社会大局持续稳定；不断加强医疗机构的基础建设，推动平安创建活动持续发展。

（周雪金）

【开展"平安国庆行动"】 2009年，北京医疗卫生系统按照市委、市政府的要求，以平安奥运为标准，扎实做好平安国庆工作。成立了专门组织领导机构，对"平安国庆行动"实施组织、协调、督导、检查工作。从9月10日开始，由局领导带队对局直属单位"国庆平安行动"开展情况进行督查，对区县卫生局、各三级医院进行重点抽查。同时，继续深入开展"以病人为中心，以提高医疗服务质量为主题"的医院管理年和平安医院创建活动。会同有关部门严厉打击从事非法行医等严重影响群众健康安全的违法犯罪行为。加强重点部位警卫，制订完善各项反恐预案，严格落实反恐防暴措施，加强对涉恐重点人员的控制，加强危险物品管理，加强巡防和警卫，适时调整防控等级，确保重点部位万无一失。

（周雪金）

【平安医院建设取得成果】 2009年，在"平安北京"建设的整体要求下，首都卫生系统各单位以最高的工作标准，最好的工作状态，完成了国庆盛典及国庆期间的医疗保障、甲流防控，以及涉及医疗安全、食品安全、内部安全、维护稳定和社会批量伤员的救治等各项工作任务，实现了"大事不出、小事减少、管理严格、秩序良好"的工作目标。

经过两年创建平安医院活动，北京市卫生系统共有295家医院被认定为平安医院，43家医院被认定为首都平安示范医院。特别是借助"平安奥运行动"、"平安国庆行动"，对北京市卫生系统综合治理、安全管理等方面起到了积极的推进作用。

（周雪金）

卫生应急

【概述】 年内，拟订了本市《突发公共卫生事件应急预案》及其相关专项应急预案，并组织了有关应急预案的日常演练和相关知识、技能培训；指导突发公共卫生事件的预防准备、监测预警、处置救援、风险分析评估等卫生应急工作；建立、完善卫生应急信息系统；组织协调重大自然灾害、恐怖事件、中毒事件及核辐射事故等的紧急医疗救援工作；协调重大活动的卫生应急保障；承担本市突发公共卫生事件应急指挥部办公室的工作。

（高 燕）

应急体系建设

【完善应急预案体系】 年内，市卫生局会同有关部门和处室开展了《北京市突发公共事件总体应急预案》公共卫生类事件分级标准的修订，参加了《北京市核应急预案》核事故医疗救援程序的制订，公交、铁路、地铁等反恐和森林火灾、沙尘暴等自然灾害相关医疗救援工作方案的制订和完善。按照市应急办的要求，结合甲流防控经验，对市突发公共卫生应急指挥部的组织机构、主要领导、成员单位、相关职责、专家队伍、应急小分队等进行了调整和完善。

（高　燕）

【完善应急指挥平台建设】　年内，在原卫生应急指挥信息平台的基础上，市卫生局与18个区县卫生局应急值守系统实现对接，运行情况良好。同时，在已建的18个区县卫生局、120、市疾控中心、市卫生局卫生监督所IP视频会议系统的基础上，联通了5家应急医疗救治基地医院IP视频会议系统，在甲流防控、60年庆典卫生应急保障等多项工作中发挥了重要作用。

（高　燕）

【强化信息报送和应急值守】　经历了甲流防控和国庆保障，以卫生应急"早发现、早报告、早控制、早解决"为原则，全市信息报送和应急值守工作有了明显进步。全年通过应急值守网向市应急办报告各类突发事件相关信息615条，其中公共卫生类189条、事故灾害类114条、社会安全类29条、其他信息283条。加强值守应急，每日2次使用政务网800兆与市反恐指挥部保持密切联系；在大型活动和重大节日期间，与反恐专业处置队伍之间分别使用800兆和有线电话保持沟通，确保指挥渠道畅通。

（高　燕）

【应急处置宣传培训】　年内，利用世界卫生日等主题活动和普及各类突发事件防范知识健康宣教，对《中华人民共和国突发事件应对法》进行了宣传。同时，在部分区县应急工作会议和全市急诊急救培训班上对《应对法》进行了讲解与解析，提高了基层卫生应急防范意识和依法应对突发事件的能力。

（高　燕）

【健全风险评估机制】　国庆前，本市多次组织流行病学、公共卫生、急诊急救等专家开展公共卫生事件风险评估控制与风险源排查，确定了国庆期间全市传染病疫情、食品及生活饮用水安全、医疗安全等公共卫生风险，制订了各项应对方案，有针对性地进行风险控制与排查。坚持每季度公共安全形势分析研究，组织专家对上一季度安全形势进行分析，对下一季度形势进行预测，对可能出现的公共卫生安全风险隐患及时采取针对性防范措施和应急准备，并形成书面材料上报市应急委。同时，建立了法定节假日、极端恶劣天气、预防煤气中毒等卫生应急准备和处置制度，并对区县卫生局、医疗卫生机构卫生应急准备工作提出要求，强化责任。

（高　燕）

突发事件处置

【突发公共卫生事件】　年内，本市一般突发公共卫生事件与上年基本持平。5月16日，本市报告首例甲流病例。按照"全面预防，有效控制"的原则，扎实、有序、有效地开展甲流防控工作。

全年本市无人间鼠疫、非典、人感染高致病性禽流感等重大传染病疫情发生。市卫生局对全市手足口病防控工作进行了安排和部署，加强了重症患儿的救治，病死率明显降低。报告手足口病死亡4例，较上年死亡7例有所下降。

（高　燕）

【及时有效处置突发事件】　年内，市卫生局应急办发挥综合协调职能，依据工作预案方案，直接参加了央视新址火灾、东大桥煤气管道爆炸、新街口煤气罐燃爆、前门大栅栏刀扎伤人等各类突发事件中的医疗应急救援工作，及时上报事件进展和动态。妥善处置了人禽流感、手足口病、结核病、食物中毒等多起突发公共卫生事件。

（高　燕）

【启动突发公共卫生事件应急机制】　年内，启动首都突发公共卫生事件应急机制，全力以赴应对甲流疫情。首先，强化信息收集与报送，提供可靠的指挥决策依据。疫情发生后，作为信息收集平台和信息发布出口，每日收集、分析、汇总、上报全市疫情信息，随时掌握疫情变化和各部门、区县工作进展，及时研究疫情特点及发展趋势，适时提出防控工作策略建议。其次，及时制订应对方案，指导开展防控工作。市卫生局制订下发了一系列防控甲流工作方案，及时转发了卫生部防控甲流的文件。第三，加强沟通协调，建立联防联控机制，推动了防控工作的顺利进行。第四，利用应急指挥平台IP视频会议系统组织防控会议，及时传达上级指示。第五，做好防控阶段性工作总结，建立常态化机制。

（高　燕）

【做好国庆庆典突发公共事件应急处置工作】　为做好60周年国庆庆典突发公共事件和反恐医疗卫生应急处置工作，召开了全市卫生系统专项工作会议，部署了各项应急准备和应急处置方案。制订了应急处置工作方案和安全保卫方案。同时，针对演练中发现的问题，及时修订完善了各项应对方案和流程。对4支40人混编的市属生物恐怖应急处置小分队和20辆救护车60人的反恐院前急救小分队进行了重新核定。对应急处置力量实行划区、分层定点备勤保障，对生物反恐专业应急处置队伍、院前专业应急处置队伍、核心区外围应急保障队伍、各区县后备应急保障队伍进行了科学合理的调配。直接调动各类专业应急人员376人，应急车辆180辆。5类18个应急医疗救治基地、18支医疗卫生应急救援队伍全部启动，各项应急物资准备充分。国庆演练期间，参加了市反恐办"紫禁城3号"系列反恐拉动演习，参加了反劫持、地铁化学恐怖袭击、城市道路交通事件现场处置等多次应急演练。演练和庆典期间，增派力量加强应急值守，通过800兆无线手台和有线通讯，每间隔4小时对区县卫生局、应急医疗救治基地、三级医院和院前应急救援力量进行点名，保持了指挥渠道畅通。

（高 燕）

妇幼卫生

【概述】 本年度，妇幼卫生工作围绕降低孕产妇死亡率、降低婴儿死亡率，提高出生人口素质，提高妇女、儿童健康水平为中心，遵循儿童优先、母亲安全的工作准则，依法管理，完善政策。完成妇女两癌筛查、免费为新生儿进行先天性疾病筛查、为0~6岁儿童进行健康体检等市政府折子工程与为民办实事项目。妇幼卫生主要指标保持在较好水平，孕产妇死亡率14.55/10万，婴儿死亡率3.49‰，出生缺陷发生率17.58‰。

（郁淑艳）

【继续加强妇幼信息规范化管理】 年内，编印下发了《北京市妇幼信息工作规范指南》统计、报表分册和管理规范分册，撰写了妇幼信息系统二期开发需求调研及报告。

（郁淑艳）

【开展妇幼卫生国际合作项目】 年内，市卫生局选定朝阳区、大兴区承担联合国儿童基金会城市流动人口妇幼保健服务项目，宣武区承担了中国——联合国人口基金生殖健康/计划生育第六周期项目。

（郁淑艳）

妇女保健

【开展适龄妇女两癌筛查】 本年度，市政府资助两癌筛查项目7 000余万元，全市共完成宫颈癌筛查728 704人，其中同时参加乳腺癌筛查568 000人。通过筛查，共检出乳腺癌患者266人，癌前病变16人；检出宫颈癌89人，癌前病变553人，主要采取5项质控措施：一是在全市确定236个医疗机构承担两癌筛查项目，同时指定42个业务能力强的医疗机构承担两癌筛出病例的后续诊疗工作。二是组建355人的专项筛查工作指导组，负责流行病学、妇科、乳腺外科、超声、病理、钼靶等专业质量把关。三是全市统一方案设计、统一技术标准、统一信息口径、统一数据分析等技术环节。四是按两癌筛查项目开展的进度，分组、对口培训操作人员，技术培训与考核同步完成。五是宣传动员与健康知识普及同步，编发《给姐妹们的一封信》、《宫颈癌、乳腺癌防治宣传手册》及宣传海报、两癌防治知识问卷等宣传资料200余万份。两癌筛查项目监管工作力求做到专项经费、定点机构、专业队伍、方案设计、技术指导及宣传动员等六到位。

（郁淑艳）

儿童保健

【新生儿先天性疾病筛查和0~6岁儿童健康体检】 本市全年免费筛查新生儿59 342人，确诊甲状腺功能低下（CH）病例11人，确诊苯丙酮尿症（PKU）病例9人，患儿均得到了及时的治疗。本市户籍儿童免费健康体检403 012人，体检覆盖率94.8%。检出各类营养不良2 387人，贫血10 097人，肥胖12 747人，3~6岁儿童患龋67 139人，4~6岁视力低常8 901人，0~6岁听力异常230人。异常的儿童均得到及时诊治。本市0~6岁儿童健康体检覆盖了集体和散居两部分儿童，社会反响良好。

（郁淑艳）

【加强托幼园所卫生保健管理】 年内，本市开展了托幼机构儿童手足口病、甲流防控工作。市卫生局与市教委共同举办了托幼园所手足口病防控培训，对全市近1 100所幼儿园园长进行了培训。配合市教委，对朝阳、丰台等6个区的城乡结合部6所重点幼儿园进行了甲流防控工作检查。开展了市示范幼儿园验收、幼儿园早教示范基地验收、分级分类验收，为幼儿体质测试奠定了良好的基础。 （郁淑艳）

【儿童发育迟缓监测】 年内，在东城、海淀、丰台、大兴、昌平妇幼保健院开展了儿童发育迟缓干预管理工作指导。对海淀、丰台、大兴进行了干预门诊质控。协助残联完成0~6岁儿童智力残疾评定培训、《北京市残疾儿童康复补助办法》实施前准备及残疾儿童一年服务调查，为进一步完善残疾儿童康复

服务政策提供了依据。　　　　　（郝淑艳）

产科管理

【农村孕产妇住院分娩享受定额补助】 12月15日起，各区县按市卫生局、财政局、民政局制订的《关于加强北京市农村孕产妇住院分娩工作的实施意见》，实施农村孕产妇住院分娩每人享受政府定额补助600元的惠民政策，进一步减轻农村孕产妇家庭住院分娩的经济负担。　　　　　（郝淑艳）

【控制孕产妇、婴儿及5岁以下儿童死亡率】 本市全年孕产妇死亡13例，户籍人口孕产妇死亡率14.55/10万，实现了孕产妇死亡率15/10万以内的目标。具体控制措施包括：一是完善制度，确保孕产妇转、会诊规范有序；二是加强督导，确保各项制度落实；三是加强病例评审，促进服务质量不断提高，并加强培训，提高产科助产技术水平及危重孕产妇的抢救能力。

全市户籍人口婴儿死亡率3.49‰，5岁以下儿童死亡率4.13‰，较上年有所下降。主要工作包括改进儿童死亡评审工作质量，制订《儿童死亡评审工作补充要求》和《北京市5岁以下儿童死亡评审规范》；优先在9个区县对儿童死亡统计及生命监测工作实行市、区两级质控措施；完善儿童先心病和听力筛查网络建设；举办城乡基层医疗机构儿童保健医师先心病筛查知识与技能大赛；组织对儿童先心病转诊与追访问题的调查研究；规范儿童听力筛查工具与工作流程，启动本市儿童听力筛查网络诊断中心专家集中会诊机制。对部分区县托幼园所开展儿童听力筛查工作加强了专项质控。　　　　　（郝淑艳）

【降低出生缺陷发生率】 本市年内出生缺陷发生率17.58‰，较上年无明显增加，但先天性心脏病、唐氏综合征等重点疾病筛查确诊符合率显著提高。全市各级医疗机构重视出生缺陷三级预防工作，一是应对强制婚检政策调整，抓紧研究出生缺陷一级预防措施和方法；二是强化出生缺陷二级预防，实施产前筛查与产前诊断技术全程质量管理；三是拓展出生缺陷三级预防，建立新生儿出生缺陷诊疗快捷通道。完善出生缺陷登记报告制度，实施《北京市出生缺陷监测工作规范》，加强出生缺陷监测工作的质量管理。
　　　　　（郝淑艳）

【加强计划生育技术管理】 年内，市卫生局对7个区县的7家不同级别的计划生育手术单位进行了抽查督导，并对检查中发现的问题进行了专家研讨和反馈。召开计划生育手术并发症市级评审会，对具有典型意义的计划生育手术并发症病例进行了市级评审、分析、反馈、培训，并修订了计划生育医疗文书。　　　　　（郝淑艳）

【阻断艾滋病母婴传播】 年内，市卫生局对全市艾滋病母婴阻断工作进行了检查督导。对国家下发的儿童用药进行分配，并开展了用药指导。按时收集、核实孕产期HIV检测相关数据及阳性个案病例，并完成相关数据、个案的录入和网上直报。
　　　　　（郝淑艳）

基层卫生

【概述】 随着市卫生局机构改革工作的推进，基层卫生处于12月1日正式运行。基层卫生处职能包括负责本市城乡基层卫生工作和新型农村合作医疗的综合管理，拟订基层卫生工作的发展规划、政策措施、规范标准并组织实施；指导基层卫生服务体系建设和乡村医生相关管理工作；负责老年卫生、基层医疗康复的管理；参与基层卫生人才队伍建设和实用技术普及推广工作。

年内，本市社区卫生工作坚持为百姓健康服务的方向，为缓解群众看病难、看病贵，着力打造"小病在社区、大病到医院、康复回社区"的医疗卫生服务格局，着重在社区卫生制度建设、社区卫生标准化建设和设备标准化配置、社区卫生收支两条线和药品零差率、社区卫生"四个一批"工作、社区卫生绩效考核、社区卫生应急以及社区卫生服务模式与服务能力的研究等方面开展工作。农村卫生工作着重在农村基本医疗卫生制度建设、巩固和发展新型农村合作医疗制度、推进农村卫生服务体系建设、加强乡村医生从业管理等方面开展工作。
　　　　　（宗保国）

社区卫生

【社区卫生制度建设】 5月，市卫生局与市人大、市政府法制办联合开展了社区卫生服务立法调研。在西城区、房山区、通州区社区卫生服务机构进行了现场调研，申请了卫生部快速政策开发项目，开展了社区卫生服务人员薪酬水平与薪酬增长机制的研究。

（孙立光）

【社区卫生工作人员薪酬政策研究】 年内，完成本市社区卫生工作人员薪酬水平、结构与薪酬增长机制和社区卫生服务机构支出项目与标准的政策建议。针对收支两条线后本市社区卫生人员薪酬标准不统一、绩效激励作用有限、缺乏增长机制等问题，市卫生局申请并完成卫生部快速政策咨询项目——"北京市社区卫生人员薪酬增长与激励机制研究"，提出了相应的政策建议。

（孙立光）

【制订社区卫生服务机构经费补偿机制】 针对社区卫生服务机构实行收支两条线后政府对各社区卫生服务中心的日常公用支出缺乏统一标准的问题，市卫生局联合首都高校在完成"北京市社区卫生服务公用经费补偿机制的研究"的基础上，提出了按照支出合法、科学真实、整体覆盖、承认差异的原则，对社区卫生服务机构的公用经费按照专项拨款和定额拨款的方式给予补偿，其中定额拨款又分为单项定额和综合定额，明确公用经费项目内容和标准。

（孙立光）

【社区卫生绩效考核】 2月9~11日，北京市社区卫生工作领导小组成员单位与社区卫生工作专家组成考核组，对18个区县社区卫生工作进行了专项考核。此次考核共分6个考核组，每组由1名市卫生局领导带队，对全市每个区县进行为期1天的集中考核。考核重点突出社区卫生服务运行机制的改革、公共卫生服务的开展、人才队伍的建设、中医药服务、社区卫生服务的利用以及居民对社区卫生服务满意度等。考核分为现场考核、行业考核、各组横评等环节。考核中的每个环节均遵循了公正、客观、科学的原则。社区卫生市级绩效考核结果书面反馈给各区县，根据考核结果兑现了市级考核资金2 000万元。

（孙立光）

【社区卫生服务模式与服务能力】 为充分发挥基层卫生贴近百姓的优势，与大医院共同开展对60岁以上低保全口无牙的老年人免费镶牙服务，筛查3 524人，完成免费镶牙1 077人。对65岁以上老年人眼科疾病筛查23 091人；完成糖尿病20万人次的免费血糖检查；对北京市户籍、年满60岁的老年人实行"三优先"服务，其中优先就诊79.62万人次，优先出诊14.73万人次，优先建立家庭病床3 134人次，免收挂号费44.94万人次22.47万元；对无社会养老保障的老年人提供1次免费体检；印制《北京市居民家庭保健手册》100万册，免费发放到居民家中。组织社区卫生服务人员开展千名医师进学校活动，提高了学校卫生工作水平。在防控甲流工作中，开展社区宣传、密接者和轻症患者居家管理、疫苗接种等工作，印发宣传品548万份，居家管理13.06万人次，278个社区卫生服务机构的疫苗接种点接种136万人，占全市总接种人数的67.3%。初步开展了社区预约大医院挂号工作。

（孙立光）

【社区卫生"四个一批"工作】 全年完成1 200名管理干部、540名专业技术人员的专科培训。组织了全市社区卫生服务机构岗位练兵比赛。培养5万名家庭保健员，并开展了慢性病病友俱乐部和社区卫生志愿者活动。在大医院对口支援社区卫生工作中，派出对口支援人员15 600人次。全市返聘的医学专家983人，其中高级职称719人、中级职称264人。全年拨付补助资金2 196.84万元，并建立600余名返聘专家信息库。定向为山区、半山区培养医学生105人，并免除学生在校期间的学费和住宿费。拟订了社区卫生服务示范中心（站）创建标准。

（宗保国）

【老年健康服务体系建设】 年内，在调研的基础上，拟订了《关于建立北京市老年健康服务体系的意见》的初稿。

（宗保国）

农村卫生

【农村基本医疗卫生制度建设】 年内，本市实施以强化乡镇卫生机构医疗服务能力为切入点的农村卫生发展举措；在房山区探索实施村级基本用药试点；积极改善农村基层卫生服务条件；整合镇村两级卫生资源；强化镇级政府和村级组织属地管理责任，实施镇村卫生机构建设规划并逐步完善运行机制。推行了首批30类122项农村基本医疗卫生服务免费项目，努力实现农村居民公平享有与首都经济发展水平相适应的公共卫生、基本医疗和基本药品服务。

（宗保国）

【发展新型农村合作医疗】 2009年，新型农村合作医疗人均筹资420元，农民参合率95.7%，筹资总额11.4亿元。全市统一规范"特殊病种"门诊补偿范围，试行乡镇卫生院"零起付"补偿政策，住院补偿"封顶线"18万元，推行"出院即报和随诊随报"。为加强基金监管，组织市级专家和社会监督员开展了新农合基金稽查；完善新农合信息管理系统功能，加快推进新农合实时结报进程；以规范管理和提高服务能力为目标，实施了新农合管理干部和专业人员的培训。全市新农合基金支出111 401.55万元，住院补偿率46.17%（不包括二次补偿），门诊平均补

偿33.71%。 （宗保国）

【农村卫生服务体系建设】 年内，起草了《关于加强本市郊区村级医疗卫生机构服务能力建设的实施意见》、《关于统筹城乡卫生事业发展，加快推进本市农村卫生工作的实施意见》。为做好《中国初级卫生保健发展纲要2001~2010年》的终末期评估，对各郊区县工作的开展情况进行了调查，对历年主要健康指标数据进行了初步统计分析，为制订终末期评估验收方案奠定了基础。 （宗保国）

【乡村医生管理】 全年完成本市5 494名乡村医生的执业注册和换证工作。开展了乡村医生待遇落实情况调查，为完善政策提供了依据；印制了《乡村医生管理手册》，规范和指导各郊区县做好乡村医生的管理工作；与《健康报》合作，免费向乡村医生发放《健康报〈乡医导刊〉》，宣传卫生方针政策以及农村卫生工作动态，指导乡村医生做好村级卫生服务。
（宗保国）

爱国卫生

城市清洁日、爱国卫生月活动

【第二十一个爱国卫生月活动】 4月，全市开展了以"清洁城乡，预防疾病"为主题的第二十一个爱国卫生月活动。进行了环境清洁和健康知识的宣传，倡导广大市民清洁居家卫生，养成健康的生活习惯，预防春季各类传染病的发生。此活动获得首都精神文明建设委员会"迎国庆，讲文明，树新风"组织奖。 （张 冲）

【第五个城市清洁日活动】 5月26日，在本市城乡开展了以"开展爱国卫生运动，预防甲流"为主题的第五个城市清洁日活动。市爱卫会向全市下发宣传画4万张和宣传折页50万张，要求全市各社区、单位科学地开展预防甲流的防控和宣传，做好疫情的群防群控，并在全市举办了健康社区培训班。
（张 冲）

【迎国庆爱国卫生清洁月活动】 8~9月，市爱卫会在全市开展了以"除四害，讲卫生，干干净净迎国庆"为主题、以病媒生物防制为重点的爱国卫生清洁月活动。8月21日，是爱国卫生清洁月的高潮日，全市18个区县集体行动，开展了全市大扫除、集中灭蚊蝇活动。专业队伍、社区志愿者和各级爱卫会工作人员共同参与，对重点部位投药消杀、清除蚊蝇孳生地，宣传防病除害知识。全市发放各类宣传材料5万余份，清除蚊蝇孳生地1 000余处，投放除害药品2吨。9月1日起，市爱卫会、市市政管委、市农委联合在全市开展环境卫生综合整治月活动。1~8月，市爱卫会组织专业人员对18个区县和3个地区的爱国卫生清洁月活动进行了检查，检查内容涉及病媒生物防制、公共场所禁烟、单位居民区卫生等。检查结果显示，多数区县主要领导高度重视清洁月活动，并保持了创卫期间的长效管理机制。 （张 冲）

病媒生物控制

【迎国庆病媒生物防制】 自6月起，启动了全市国庆保障工作病媒生物监测系统，本市各重点地区、各大公园等均设立了病媒生物监测点。市爱卫办会同有关单位对天安门地区、长安街沿线、游园活动的10个重点公园和阅兵村周边等进行了5次病媒生物密度监测，对天安门地区进行了9次病媒生物控制活动，并对长安街沿线及游园活动的10个重点公园等进行了多轮的病媒生物控制。监测结果表明，天安门地区、长安街沿线、10个重点公园和阅兵村周边等庆典重要区域病媒生物得到了有效控制，病媒生物密度均低于国家标准。此项工作荣获市卫生局、首都国庆60周年群众游行指挥部授予的最佳组织保障奖、优秀组织单位奖。 （张 冲）

【健康北京灭蟑行动】 2008年11月~2009年4月，全市启动了健康北京灭蟑行动，由专业人员入户免费为有蟑居民家庭灭蟑。截至4月，市级财政投入资金约3 000万元，全市完成154万户家庭灭蟑。结果表明：全市有蟑家庭蟑螂密度下降率91.68%，居民对灭蟑效果满意率90.1%，对入户灭蟑人员的服务满意率95.5%，实现了"有效解决居民家庭中蟑螂困扰，使有蟑家庭蟑螂密度下降90%以上"的控制目标。12月15日，启动了新一轮的健康北京家庭灭蟑行动。本次行动采取"政府出资支持、爱卫会组织协调、专家技术指导、街道社区具体实施、居民使用灭蟑套餐自己动手防治"的方式。截至12月31日，全市已销售家庭灭蟑套餐约60万套，初步建立了家庭病媒生物危害监测与防控体系。 （张 冲）

农村改水改厕工作

【农村户厕改造22.8万座】 本年度农村改厕的主要特点为：一是改造数量多，二是建设进度快，三是厕所建设质量高，四是投资力度大，五是群众参与积极。本市农村需改造户厕20万座，其中新农村建设任务10万座、市政府实事工程10万座。1～8月，完成计划任务的74.58%；截至12月底，全市共完成农村户厕改造22.8万座；全市累计改造农村无害化户厕89.59万座，占农村总户数的75.39%。11月上旬，市爱卫会办公室对全市12个区县、18个乡镇的24个行政村的改厕工作进行了验收，抽查的230户户厕改造项目全部达到了建设标准。 （张 冲）

【完成农村改水计划】 本年度农村计划改水174项，至年底已全部完成，其中联村水厂8座、单村更新水厂100个、扶贫工程10个、水处理工程30个、扩建工程15个。全市农村地区开展了丰、枯水期水质调查，并继续完成农村水厂除砷等水处理重点工程，农村改水水质干预措施的研究即臭氧消毒在农村改水领域的应用研究和去除铁锰、氨氮等有害物质的研究也取得重大进展，安装了90台消毒设备，完成提高农民饮水水质试点工程35个。
（张 冲）

控烟工作

【控烟监督检查】 全年本市对110 451个公共场所单位进行了控烟监督检查，其中107 725个单位能认真落实公共场所禁止吸烟有关规定的要求，合格率97.5%。 （张 冲）

【开展重点行业控烟活动】 年内，全市加强公共场所宣传力度，利用世界无烟日，开展了以"戒烟一小时，健康亿人行"系列宣传活动，以及中小学生"拒吸第一支烟，做不吸烟的新一代"的签名活动。全市无烟餐饮单位达到1 020家，市级无烟医院218家，协和、同仁、天坛、友谊、宣武、积水潭、复兴等7家医院参加创建国家级无烟医院活动，并通过了中国控烟协会的考核验收。为本市全面履行世界卫生组织制订的烟草控制框架公约，实现无烟环境做准备，市爱卫办召开了市人大代表、市政府法制办、相关委办局和区县参加的各类座谈会、研讨会；委托清华大学完成了《北京市公共场所禁止吸烟的规定》后评估报告，并起草完成了《北京市公共场所禁烟的规定修改立项报告》。 （张 冲）

创卫工作

【创建国家卫生区、卫生镇】 年内，平谷区、通州区通过了市级创卫考核验收，成为北京市卫生区，并向全国爱卫会申报了国家卫生区考核验收。延庆县八达岭镇通过了市爱卫会验收，向全国爱卫会申报了国家卫生镇称号。延庆县张山营镇、怀柔区庙城镇通过了市爱卫会卫生镇验收，被授予北京市卫生镇称号。 （张 冲）

【建设北京市卫生村】 北京市卫生村建设是市爱卫会创卫工作之一，根据《北京市卫生村标准》5项20条的基本要求，截至年底，有144个村基本达到了《北京市卫生村标准》，使卫生村达到1 423个，占全市总村数的35.9%，提前完成爱国卫生"十一五"规划35%的任务。 （张 冲）

爱国卫生健康细胞工程建设

【开展细胞工程建设】 截至12月底，全市共组织健康大课堂讲座4 260场，203 476人次参加，其中农村地区2 266场，受益群众115 976人次。年内，启动了优秀教师评选活动，至年底，北京市健康素养优秀师资队伍库有200余人。全市创建健康社区180个、健康促进示范村155个、爱国卫生红旗单位40个。
（张 冲）

【社区健康风采大赛】 4月起，市爱卫会在全市开展了首届社区"健康风采"大赛，以社区为单位，组织了丰富多彩的社区健身活动。各社区广泛发动群众参与，经过层层选拔，有14个区县及燕山地区共27支社区代表队参加了决赛，推动了社区健康促进活动的开展。 （张 冲）

中医事业管理

【概述】 年内，市中医管理局制订了6个落实《关于促进首都中医药事业发展的意见》的配套文件；表彰首批首都国医名师12人；将中药门诊煎药费、中药配方颗粒剂等纳入基本医疗保险报销范围；鼓励中药制剂研发、使用；要求到2010年底，全市所有的综合医院都应设置达标的中医临床科室和中药房；制订了中医类别执业医师多地点执业的管理办法；与市卫生局、财政局联合下发了《北京市中医、中西医结合医院绩效考核管理办法（试行）》，实现对全市政府举办的中医、中西医结合医院绩效考核与财政补偿挂钩。

整合首都中医药资源，开展中医药防控甲流工作。成立了北京地区中医药防控甲流领导小组和专家小组，制订了防治工作方案和系列技术方案，公布了《北京市儿童甲型H1N1流感中医药防治方案》和儿童清感2号方的组成和服用方法，指导中医医疗机构做好中药的物资储备。组织专家编印《甲型H1N1流感中医药防治常识》20万册、《首都市民居家防治流感中医药手册》100万册和《北京中医药防治甲型H1N1流感工作指南（第一版）》，通过媒体宣传甲流中医药防治知识，对全市中医系统的医务人员进行了甲流专业技术和应急知识培训。将专家研制的中医药防治处方制成冲剂和中药香囊，免费发放给社区居民和密接人群。召开首都中医药系统防控甲流高层研讨会；组织并协调市科委立项"防治甲型H1N1流感有效中药筛选及评价研究"和"甲型H1N1流感中西医对照抗病毒治疗的多中心、随机、对照研究"，争取市政府专项经费1 000万元。

完成21个中医特色诊疗中心的中期评估；修订了"网络携手工程"协议书；完成3个全国中医药特色社区卫生服务示范区和3个北京市中医药特色社区卫生服务示范区的评估验收；在全市社区卫生服务机构中建立了20个中医特色诊区和50个中医慢病防治试点单位；制订了《关于中医类别执业医师多地点执业有关问题的通知》，允许符合条件的中医医师到执业地点以外的社区、农村行医；出台了《传统医学师承和确有专长人员医师资格考核考试办法》，对传统师承人员实行备案制。

北京市有3个第一批重点研究室建设单位，30个中医药科研实验室（三级）通过了国家中医药管理局评审；组织了新一轮中医药重点学科建设项目的评审，推荐了22个重点学科建设项目；参加了第四批老中医学术经验继承人和第二批全国优秀临床人才研修项目培养对象的培训。

市中医局与东城区共同形成国家级中医药综合发展试验区方案上报国家中医药管理局；成立了博物馆项目筹备办公室，开展国家中医药博物馆筹建工作；组织了第二届北京中医药文化宣传周暨首届地坛中医药健康文化节；推出了《青少年中医药文化知识普及读本（小学版）》；举办了首都中医药60年发展成就展。

开展了薪火传承"3+3工程"室站年度评估；启动了基层老中医工作室建设和群体传承工作站试点；启动了燕京学派（首都名医研修院）建设项目，建立了四大名医研究室。组织了北京市中医药科技基金项目和首都医学发展基金（中医药类）项目的申报，完成了市中医局基金项目的专家评审。

（陈 勇）

医政管理

【医院管理年活动】 年内，制订了《北京地区中医医院管理年督导检查方案》，完成了本市二、三级中医医院医院管理年的督导和检查。通过检查，各级中医医院均制订并落实了发挥中医特色优势的措施，人员比例达到标准，中医内涵建设得到加强，重点专科实施并优化了中医优势病种的中医诊疗方案，临床科室和中药药事工作得到进一步规范，98%的中医医院在院训、理念、价值观等方面汲取中医文化的精华，在医院环境、健康教育等方面突出中医药文化的元素，营造中医药文化的氛围。

（李 军）

【网络携手工程】 年内，召开北京市中医药专科专病网络携手工程工作总结会，签署了新一轮对口支援协议书。全市二级、三级中医医院的55个国家级、21个市级重点专科（专病）与远郊区县中医医院、社区卫生服务中心携手，建立了61个携手工程网点。通过网络携手工程的建设，全市区县中医医院开设了相应的专科专病诊疗科室，日门诊量和病床使用率均有明显增长；部分社区卫生服务中心在中医重点专科的支援下也开设了中医特色诊区，发挥中医药简、便、验、廉和治未病的优势，提高了社区卫生服务的能力。 （李 军）

【中医重点专科（专病）中期评估】 年内，市中医局对55个国家级中医重点专科建设项目进行了中期评估，其中95%的重点专科参加了专科协作组诊疗方案的制订和验证，99%的重点专科门诊量、出院人数和诊疗水平等临床能力明显提高，98%的重点专科（专病）通过了中期评估。根据《北京市中医管理局重点专科（专病）建设标准》，从专科建设基本情况、医疗服务能力及中医特色、科研教育等方面，对21个北京市中医特色诊疗中心进行了中期评估，在建特色诊疗中心均达到建设标准，100%通过了中期评估。 （李 军）

【扩大中医治未病试点范围】 组织编写了《北京地区中医"治未病"经验汇编》，扩大了中医治未病的试点范围，批准西城区为中医治未病预防保健示范区、北京世纪坛医院为北京市中医治未病中心，推进了中医治未病工作在社区和综合医院的开展。 （李 军）

【中医医疗质量监测和网络查询】 定期收集北京地区二、三级中医医院医疗质量信息和资料，完成全市中医质量监测2008年度分析汇总，撰写了《2008年中医医院质量监测分析报告》，对本市中医医院服务状况、运行效率、病种管理等进行全面分析，提出了中医医院发展中存在的问题和改进建议。根据国家中医药管理局对中医医院医疗质量监测工作的新要求，增加了对"十五"期间北京地区19个国家级中医重点专科、专病项目和"十一五"期间国家级7个农村具有中医特色专科（专病）项目的资料内容监测和收集。完善和加强北京地区中医、中西医结合、民族医疗机构医疗保健服务信息网上查询系统数据信息的更新和监控，为广大群众通过信息网的查询，点击医院、医生或科室名称，了解全市范围内中医医疗机构专家、特色专科及病种等服务提供了方便。 （李 军）

【中医医院护理质量管理】 年内，市中医局委托北京地区中医护理质量控制中心制订北京地区中医护理标准规范，已完成初稿。同时，举办了北京地区中医医院护理安全管理培训，来自北京地区中医医疗机构和部分综合医院中医科的护理部主任、护士长177人参加了培训。 （李 军）

【中医药文化建设】 为落实国家中医药管理局《关于加强中医医院中医药文化建设的指导意见》，市中医局制订了实施方案，明确了中医医院文化建设的指导思想、基本原则、主要目标和工作措施，把中医药文化建设作为中医医院管理年活动重点工作之一。遴选4家中医医院为试点单位，并参加了国家中医药管理局召开的首届全国中医医院中医药文化建设经验交流会。 （李 军）

【强化基层卫生服务功能】 继续创建国家级、市级中医药特色卫生服务示范区（县），在原有5个国家级、8个市级中医特色社区卫生服务示范区的基础上，又有2个区县申报了国家级示范区、3个区县通过了市级验收。创建了3个全国农村中医工作先进区县，全市60%的区县成为农村中医工作先进区县。在社区卫生服务中心原有40个中医特色诊区的基础上，市中医局又批准了20个中医特色诊区建设单位，形成了一批以治疗高血压、糖尿病、中风、风湿病、脾胃病等不同专科的特色诊区，大大提高了中医药服务能力。根据中医药简、便、验、廉的特点，将中医药服务工作从单一的医疗转向预防、保健、健康教育、康复和计划生育指导"六位一体"的社区卫生服务中。市中医局建立了150个社区中医慢病防治试点单位，满足社区居民对中医药服务的需求。市中医局加大管理力度，将中医专家巡诊制纳入医院管理年考核，强化二、三级中医医院与社区中医药服务工作的对口支援，100%的区县开展了中医专家进社区的巡诊工作。全年举办社区中医药适宜技术师资培训班2期，400人参加。创新培训模式，优选了10种中医适宜技术，采取理论与临床相结合的形式，95%的学员掌握了优选的适宜技术。 （李 军）

【综合医院示范中医建设】 按照北京市综合医院示范中医工作建设标准，完成了第三批综合医院示范中医工作的建设评估。通过示范建设，不断延伸中医服务范围，突出中医特色优势的发挥，全面推进本市综合医院中医科的整体发展。 （李 军）

【规范行政许可】 年内，创新中医医师执业模式，制订中医医师多地点执业的管理办法，允许符合条件的中医医师到执业地点以外的社区、农村行医。市中医局制订了《北京市传统医学师承和确有专长人员医师考核考试若干规定》，规定了工作的流程，师承学习的形式、内容等，并接受了11名师承人员的备案资料。全年报考中医类别医师资格共2 435人，经审查，符合报考条件的1 757人。7月，全市1 643人参加了中医类别医师资格的实践技能考试，其中1 197人通过了实践技能考试，获得参加医学综合笔试的资格。全年完成执业医师注册460人（含变更），涉及46家医疗机构。审批医疗广告42件，撤销了7件违法医疗广告的审批文号。全年收到群众来信来访等150件，全部以信函或电话等形式进行了答复。

（李 军）

科教工作

【举办中医药文化宣传周暨地坛中医药健康文化节】 5月23~27日，市中医局与市药监局、市新闻出版局、东城区政府共同主办了第二届北京中医药文化宣传周暨首届地坛中医药健康文化节。以"弘扬中医药文化，提升中医药服务，创新中医药发展"为主题，通过为期2天的首届地坛公园中医药健康文化节和为期1周的"中医药文化进机关、进企业、进学校、进部队、进工地"等系列活动，让群众走进中医药，感受中医药，体验中医药，受益于中医药，打造中医药健康文化活动品牌。活动中发放各类中医药科普宣传资料10余万册，近5万人次参加了现场活动。

（王 欣）

【编写《青少年中医药文化知识普及读本（小学版）》】 市中医局联合市政府相关部门共同设立了"中小学普及中医药知识读本"的科研专项，经过一年的研究、论证，编写了《青少年中医药文化知识普及读本（小学版）》。该读本从小学生的学习特点出发，通过讲故事的形式，使小学生们读得懂，读得有趣，促进了中医药科学知识在学生中的普及，提高了学生群体对中医药文化的认知和兴趣。（王 欣）

【深入开展名老中医药专家学术经验传承】 在开展第四批名老中医药专家学术经验继承工作中，参加了国家中医药管理局和国务院学位办组织的考试，本市有65人申请攻读临床学位，其中57人通过了考试，通过率87.69%。市中医局与北京中医药大学制订了《临床医学（中医师承）专业学位研究生培养细则》，开始了为期3年的学术继承人攻读临床学位的组织和管理。

年内，组织了北京中医药薪火传承"3+3工程"室站的增补工作，增补了9个名老中医传承工作室站。对在建室站进行了年度评估，并依据评估结果对室站建设情况进行了评级。同时，组织了北京中医药薪火传承"3+3工程"名医大讲堂，制订了名医大讲堂管理暂行办法，为全市各中医医院安装并开通了协作与培训网络平台。由国医大师方和谦教授主讲的中医医院全员学经典的名医大讲堂，启用《经典学习手册》，并与继续教育学分挂钩，全市3 000余名中医医师参加了学习和考核评估。

年内，确立了首批基层老中医传承工作室建设项目及群体传承工作站试点。经区县推荐、行业遴选等程序，确定北京市中医药薪火传承"3+3工程"首批基层老中医传承工作室建设单位33个，将名老中医学术经验继承工作延伸到基层。同时，在名老中医药专家相对集中的护国寺中医医院开展了群体传承工作站试点，把不同学科、不同流派的老中医药专家集中起来，集体收徒，使基层中医药工作者能够多学科传承老中医药专家学术经验，触类旁通，探索基层中医药服务的全科传承模式。

（王 欣）

【启动燕京学派建设项目】 年内，启动了燕京学派研究专项，由中国科学院院士陈可冀教授牵头，中国中医科学院、北京中医药大学、首都医科大学、北京四大名医后裔等多层次人员参加课题组。该项目由中国中医科学院西苑医院牵头宫廷学派研究，四大名医后裔牵头学院派（四大名医）研究，首都医科大学牵头师承和民间医派的研究。

（王 欣）

【开展中医类别全科医师岗位培训】 年内，召开了首期北京市中医类别全科医师岗位培训高研班，邀请山东中医药大学姜建国教授、北京大学刘民教授和首都医科大学崔树起教授分别就中医全科概论、全科医学现状和社区诊断进行讲解。制订了《北京市社区中医药人才培养"回归扎根"工程实施方案》，以及培训教程和考试大纲。组织了中医类别全科医师岗位培训的师资培训，300人参加。首批120名社区中医药人员参加了为期3个月500学时的中医类别全科医师岗位培训。同时，申报北京市社区中医药服务科技支撑项目66项；申报社区中医药服务菜单或服务套餐20余套；开发中医类别全科医师岗位培训管理系统，实现了网上报名、网上查询等功能；建立了中医类别全科医师岗位培训的题库。

（王 欣）

【申报局级基金和首发基金】 年内，制订了《2009年度北京市中医药科技项目招标指南》，将重点支持的领域放在了传染病中医药防治攻关、治未病健康产品和方案开发、中西医结合高端诊疗技术等项目，全市73家医疗、教学、科研机构共申报科研课题256项，其中局基金104项、首发基金152项。经专家评审，确定局基金立项50项，其中立项资助43项、立项不资助7项；首发基金立项85项。

（王 欣）

【完成市级中医药重点学科的年度考核】 年内，下发了《关于对北京市中医药重点学科建设项目进行年度检查的通知》，制作了《北京市中医药重点学科建设项目年度进展及绩效报告表》，对13个市级在建的中医、民族医重点学科进行了年度评估，确定年度资助的学科10项，并下拨项目经费300万元。

（王 欣）

【完成北京中医住院医师规范化培训】 本年度，

报名参加北京中医住院医师规范化培训考试考核1 296人次,其中理论考核792人次、临床考核504人次。举办医古文、统计学、科研方法、文献检索培训班4个,考试考核平均及格率79.6%。

（姜　丽）

【完成第二期"125"人才培养计划】　2009年是第二期"125"人才培养计划的第三年,也是最后一年。根据培养计划要求和年度培训安排,完成第二期"125"人才培养对象的集中培训,通过撰写论文、科研课题答辩、临床模拟指导等形式,分级分类完成了对83名培养对象的日常管理、论文、科研能力、临床水平等方面的结业考核,通过率100%,其中6项科研课题列入局基金项目资助,评选出10名优秀学员及10个先进管理单位。

（姜　丽）

【开通首都中医药实训网】　"首都中医药实训网"是原创型课题研究。成立了项目专家组,通过运用现代网络信息技术,采取案例式教学方法,模拟中医实际诊疗过程,使学习者能够从信息采集（四诊）、综合分析（辨证）、制订策略（论治）和实际操作等4个环节中体会传统中医的思维方式和诊疗方法,强化中医临床基本功及中医思维与诊疗能力的训练。同时,探索中医理论与临床实训相结合、培训与管理相结合的医学继续教育管理模式。年内,通过招标的方式,完成首批43个课件的编写制作,第二批120个课件的编写制作以项目负责制开始进行。

（姜　丽）

国际交流与合作

【多伦多－北京中医药专题学术论坛】　8月20~25日,市中医局局长赵静率北京中医药代表团出访加拿大多伦多,举办了多伦多－北京中医药专题学术论坛。双方就公共卫生管理、中医药的预防保健作用进行了会谈,代表团参加了北京中医药图片展览剪彩仪式。论坛期间,举办了以"关注21世纪老年疾病"为主题的专题学术论坛,代表团专家针对多伦多当地多发的风湿免疫疾病、糖尿病、呼吸系统疾病介绍了中医药的治疗方法。代表团参观访问了多伦多颐康中心的老年护理院。

（陈　勇）

【成立北京中医药国际论坛组织委员会】　年内,创办了北京中医药国际论坛,发挥北京中医药资源优势和首都对外交流窗口的地域优势,为世界各国和地区政府组织、中医药行业协会与学术团体定期开展学术交流与合作搭建了平台。12月4日,召开北京中医药国际论坛组委会成立大会,市中医局局长赵静当选为组委会主席,另选出副主席13人、委员30人。大会发表了《北京中医药国际论坛宣言》,通过了《北京中医药国际论坛组委会章程》、《北京中医药国际论坛2010年工作计划》以及《北京中医药国际论坛徽标设计方案》。

（陈　勇）

医学科研与教育

【概述】　全面做好国庆实验室生物安全保障及生物恐怖防范及甲流网络实验室工作。在卫生技术人才培养方面,初步建立专科医师培训体系,实现了医学人才培养可持续发展;加强社区和农村基层卫生人才培养,服务基层、面向未来的人才培养作用初见成效;全面发展继续医学教育,提高综合水平。在卫生科技管理工作中,结合卫生工作发展的要求,开展了首发基金评审工作;启动重点学科建设,为进一步提高本市医学学科水平奠定基础;制订了市属科研院所公益性科技发展规划。深入开展卫生科普、健康教育工作,并大力推动适宜技术的推广。

（石菁菁）

科研管理

科研项目

【首都医学发展科研基金的申报与函评】　6~12月,本市完成2009年度首都医学发展科研基金项目的申报和函评。122家医院申报了925项,聘请85家单位1 200名专家交叉评审了3 147份项目申请书。

（宋　玫）

【市卫生局青年科研项目】　3~4月,市卫生局与市中医局联合开展了青年科研项目的申报、评审与立项。市卫生局直属41家单位申报101项,按照学科分组聘请专家进行了会议评审，最后立项46项。

（宋攻）

科技成果

【北京市2008年度医药卫生科研成果重点简介】

1. 转化生长因子-β和雌激素信号途径在肿瘤发生中的功能和机理研究

中国人民解放军军事医学科学院生物工程研究所应用先进的小鼠组织特异性条件基因敲除技术，结合动物整体研究和体外生化系统的优势，研究了转化生长因子-β（TGF-β）和雌激素信号途径在皮肤癌、食管癌、乳腺癌和肝癌等肿瘤发生中的作用和可能机制。①在国际上首先揭示了TGF-β信号途径中的核心信号转导分子Smad4调节毛囊周期和抑制皮肤癌发生的生理功能和机制，首先揭示了Smad4和PTEN协同抑制角质细胞增殖以及皮肤癌和食管癌发生的功能和机制。②在国际上首先发现Smad4具有调节大规模染色质伸展活性的新功能，证明利用染色质伸展活性可区分Smad4野生型与肿瘤突变体。在国际上首先发现TGF-β信号途径的新型调节因子RBPMS的功能及其机制。③在国际上首先发现雌激素信号途径中新型调节因子XBP-1通过改变雌激素受体（ER）介导的大规模染色质结构调节ER的转录活性，首次证实转录因子可通过其大规模染色质伸展活性调节另一转录因子的转录激活活性。④在国际上首次发现新型的ERa和ERb共调节因子NFAT3在不同细胞中增强或者抑制ER的转录活性。⑤在国际上首先发现乙肝病毒X蛋白可以通过与ER的相互作用抑制雌激素信号途径。⑥在国外或国内首先报道了角质细胞等4种组织特异性Cre重组酶转基因小鼠的研制和应用。本项目研制了2种组织特异性基因敲除导致皮肤癌和食管癌的小鼠模型和4种组织特异性Cre重组酶转基因小鼠。此项成果获北京市科学技术一等奖。

2. SARS流行病学研究

军事医学科学院微生物流行病研究所、中国科学院生物物理研究所针对SARS流行规律开展了如下研究：①中国大陆SARS流行病学分布特征研究：应用描述流行病学方法及地理信息系统技术，确定了SARS扩散的空间分布模式，SARS发生远距离扩散的主要影响因素，完善了对我国SARS流行特征的认识。②SARS冠状病毒变异的分子流行病学研究：首次发现了SARS-CoV北京流行株在传播流行过程中遵循的变异规律，阐明了病毒变异与疾病流行规律间的关系。③SARS易感基因的病例对照研究：确定了多个宿主基因，包括OAS1、MXA、IL12R基因中多个SNP位点与SARS易感性的关联，揭示了宿主易感基因在SARS感染过程中的作用。④SARS队列的前瞻性流行病学研究：对SARS病人队列进行3年的追踪随访，揭示了股骨头坏死等临床预后结局及其影响因素；报道了结核合并SARS病例的发生，首次提出其排毒时间显著延长，机体免疫水平低于一般SARS病人的现象。⑤SARS病人的血清流行病学研究：掌握了自然感染状态下机体保护性抗体的变化趋势，在国际上首次提出了SARS病人体液免疫持续时间；从抗体库中筛选到能有效抑制病毒侵染的特异抗体，证实了中和抗体对机体的保护作用。⑥SARS理论流行病学研究：利用数学和传播动力学方法，建立流行病学数学模型，评价了流行过程中干预措施的有效性。研究将现场调查与实验室分析相结合，综合应用描述性研究、分析性研究、理论研究方法，系统阐述了SARS传播及流行规律；不仅为流行防控和临床治疗提供了科学依据，也为SARS疫苗开发、新药研制提供了可以借鉴的新思路。该成果获北京市科学技术一等奖。

3. 异种（猪）皮肤替代物的基础与临床研究

中国人民解放军总医院第一附属医院、佛山市第一人民医院以与人类皮肤有较高组织同源性的猪皮为原材料，利用组织工程学的先进技术和手段进行处理，获得了两类皮肤替代物。一类是大面积深度烧伤创面早期覆盖材料。其创新性体现在：①创造性地建立了选择性去细胞的方法，成功研制出选择性去细胞猪皮，解决了新鲜猪皮存在的排斥早、创面保护效率差的问题。②验证了选择性去细胞猪皮作为新型全层皮肤替代材料取代异体皮用于大面积烧伤切削痂创面早期覆盖的可行性。二类是真皮替代材料。其创新性体现在：①率先采用高渗盐水/氢氧化钠法成功制备出抗原性低、无细胞毒性的猪去细胞真皮基质。②率先将激光打孔技术应用于去细胞真皮基质的加工，成功研制出激光微孔猪去细胞真皮基质。③率先开展猪去细胞真皮基质、异体去细胞真皮基质与自体刃厚皮复合移植用于修复烧伤切削痂和整形切疤创面的对比性研究，证实了猪去细胞真皮基质与异体去细胞真皮基质在移植成活率及组织学上均无明显差异，较传统方法供皮区瘢痕明显减轻。④率先将猪去细胞真皮基质一次性包扎治疗Ⅱ度烧伤创面，有效减轻创面渗出，明显缩短愈合时间，减轻瘢痕增生；并能明显降低血清中C反应蛋白水平，进而降低全身炎症反应综合征的发生率。⑤以猪去细胞真皮基质为基础成功构建了含有复层表皮的组织工程复合皮；率先对人体不同部位表皮细胞体外培养及生长增殖活性进行探讨，为复合皮制作拓宽了种子细胞来源。本项目研制的两类皮肤替代物既能解决创面早期覆盖问题，又可明显改善创面愈合质量，提高烧伤整体治疗水平。该成果获北京市科学技术一等奖。

4. 复合振动的超声骨骼手术仪

北京博达高科技有限公司、北京积水潭医院突破了五大关键技术：超声振动系统优化、长寿命刀具综合技术、新型切割动力模式、负载识别和振动控制、精细骨骼临床技术，并以脊柱外科临床为重点，发展超声精细外科手术新技术领域。6个技术创新：①复合超声振动。换能器配备驱动，实现纵振和旋转的高效切割，为世界领先技术。②低工作温度的功率超声电源，断续脉冲驱动控制，应用效果满意。③超声负载识别技术，判断组织和调整控制系统，实现安全手术。在多例脊柱手术中，准确和快速地切割椎板，不伤害椎膜。④系统优化设计，发展电、声和负载匹配技术，提高效率、精度和安全性。⑤刀具设计制造技术，实现切割高效又长寿命工作。⑥提高了微创脊柱手术的安全性，降低了复杂脊柱手术的难度和风险性。技术经济指标：工作频率40kHz，输入功率200W，有不同尺寸的普通和微创的片刀、磨刀和加长刀，有超声、机械双动力，可同时集成骨刀、吸引器、止血刀3个模块，一机多用。超声手术仪为低能耗、无环境污染产品。①提高精细和微创骨科手术水平，在解放军总医院、积水潭医院、协和医院等近百家国内知名医院手术成功千例以上，出血少、安全、视野清晰、高效和大大减轻劳动强度。②将取代传统的骨科器械，扩大应用领域。能进行脊柱、颅、五官和肢体等多部位三维精细的手术，术后患者恢复快。并应用在腔镜内做微创手术。③发展医学功率超声关键技术。该项成果获北京市科学技术一等奖。

5. 我国既往有偿供血人群艾滋病流行病学与控制策略研究

中国疾病预防控制中心性病艾滋病预防控制中心、中国疾病预防控制中心病毒病预防控制所、安徽省疾病预防控制中心、安徽省阜阳市疾病预防控制中心、河南省疾病预防控制中心运用流行病学、基因分析及传染病控制和行为干预等方法，以安徽、河北、河南等地最早发现既往有偿供血人群（Former Commercial Plasma Donors，FCPD）艾滋病病毒（HIV）感染暴发为研究起点，针对这一世界艾滋病流行史上罕有的传播模式，从查明暴发原因、掌握疫情特征、发现感染者/病人（HIV/AIDS）、阻断二代传播、提高治疗效果和生活质量等方面进行了一系列开拓性研究，并根据各阶段研究成果提出多项策略建议。最早发现并确定FCPD中HIV感染暴发流行，查明采浆过程污染是暴发流行的原因，提出应急性关闭采浆站以阻断HIV经采浆传播的策略，被行政部门采纳，阻断了HIV在FCPD中的进一步传播，避免了暴发疫情的扩散。率先开展多项流行病学研究，证实FCPD中HIV感染率地区差异大（0～44.4%），且随采浆频次增加而上升；采浆站关闭整顿后未再发生新的感染。基因序列分析证明FCPD中流行的HIV属泰国B'亚型，源于吸毒人群。提出将检测发现HIV感染者作为控制艾滋病策略，在国内外重大会议及Science杂志上阐述，成为全球艾滋病控制的重要策略。开展阻断HIV二代传播试点研究，并在推广应用中发展为目标责任管理等策略，有效减少了二代传播。率先开展抗病毒治疗试点研究，并由此制订全国指南；科学描述了抗病毒治疗依从性状况及影响因素，确立了治疗管理关口前移到社区和家庭的模式，使病死率从2003年的28.8/100人年降到2006年的3.4/100人年。首次应用大众观念主导者理论，开展减少歧视的社区干预研究，取得明显效果。该项研究获北京市科学技术二等奖。

6. 超声造影在肝癌早期诊断应用研究

北京肿瘤医院、复旦大学附属中山医院应用CEUS开发的主要研究内容有：对肝硬化背景下CEUS规范化应用及增强时相定义确定，小肝癌造影模式，增强模式与病理分化程度相关性，早期癌诊断模式，增生结节增强模式，提高肝癌内部结构显示方法，肝占位CEUS与CT诊断率比较，对提高穿刺活检率诊断水平应用价值等。本研究以最大人群组肝硬化与非肝硬化肝脏血流动力学检测数据为基础，制订并首次在国内外发表肝硬化背景下CEUS诊断应用指标，创建适用的新时相定义及应用规范；继而深入完成肝硬化背景下小肝癌（≤3cm）、少供血肝癌（≤2cm）、增生结节及癌变等增强模式的系列研究，填补了国内外空白。促进了我国超声造影规范化应用以及对肝癌诊断学科的发展；对提高我国肝癌早期诊断水平提供了有效可行的技术方案；由于超声仪器普及城乡，技术方案易推广，已产生显著的社会经济效益。该项研究获北京市科学技术二等奖。

7. 虹膜睫状体相关疾病诊治技术研究及关键设备研发

北京同仁医院、天津市索维电子技术有限公司的研究包括以下两个方面：①针对我国虹膜/睫状体相关疾病诊治技术研究的需求，对眼科高频超声生物显微镜（Ultrasound Biomicroscopy，UBM）技术进行改进并采用改进后的方法和技术对上述相关疾病进行了研究。在国内外首次发现中国人闭角型青光眼发病机制呈多样性，并据此提出了新的分类体系和诊治流程；在国内外首次提出恶性青光眼新的分类和诊治原则，提出了睫状体及巩膜突发育不良可能是先天性青光眼眼压升高原因之一的假说；并设计制订了虹膜/睫状体区域微小异物、占位性病变的检测技术。②针对早期使用的 UBM 存在的探测深度浅、观测视野窄、成本昂贵的问题进行了新机型研发，从核心技术入手，进行了包括 50 MHz 高频超声探头技术、50 MHz 传感器、一次性全景成像技术的研发，生产出了具有宽视野、线性全景、眼前段高频成像技术特点的新一代 UBM。本项目通过 10 年两个阶段的研究为眼科虹膜/睫状体相关疾病的诊治提供了 2 个诊断分类、3 个临床技术操作标准和 1 个诊治流程。本项研究获北京市科学技术二等奖。

8. 药物依赖戒断后心理渴求的神经机制及干预措施

北京大学多年来集中研究药物依赖戒断后心理渴求的神经机制、临床特征及干预措施。通过建立阿片类药物心理依赖动物模型，发现应激可以诱导大鼠对阿片类药物依赖的复吸行为；研究了糖皮质激素系统和多巴胺系统的互相作用对药物依赖和复吸的影响；采用大鼠自我给药模型，发现了可卡因戒断后心理渴求的潜伏现象，并确定了杏仁核在心理渴求潜伏现象中的核心作用；采用神经药理学和分子生物学方法，发现成瘾药物在边缘多巴胺系统引起长时程神经和突触可塑性改变，这种可塑性改变是药物戒断后发生强迫性复吸的基本神经生物过程。采用自我给药复吸模型和神经生物学方法，发现杏仁体中央核细胞外信号调节因子（extracellular signal - regulated kinase, ERK）是调节潜伏心理渴求的关键因素，其中杏仁体谷氨酸神经系统通过调节 ERK 的磷酸化状态而控制心理渴求。基于以上研究，目前美国和欧洲已有医药公司根据申请者的研究结果，在临床上开始试验 CRF 受体拮抗剂治疗药物依赖病人，目前正处于三期临床试验阶段。并且临床上将 NMDA 受体拮抗剂或 mGluR2/3 受体激动剂 LY379268 应用于预防复吸研究，该研究成果为药物成瘾和复吸的防治提供了应用前景。该成果获北京市科学技术二等奖。

9. 旋提手法治疗神经根型颈椎病的有效性及安全性研究

中国中医科学院望京医院、南方医科大学、广东省中医院珠海医院、北京电力医院、上海中医药大学附属岳阳中西医结合医院等 4 家医院采用多中心随机对照的研究方法，量化颈肩疼痛、颈部压痛、颈椎活动度等主要效应指标，观察了 198 例神经根型颈椎病患者。数据管理和统计由南京中医药大学附属医院完成，评价了旋提手法治疗神经根型颈椎病的有效性和安全性。自主研发旋转手法操作力学测量仪建立了临床力学参数，形成颈椎旋提手法力学测试曲线图，在计算机上设置模拟旋提手法的程序，建立了旋提手法动态力学模型。建立了动态同步髓核内压力测量方法及三维激光脉冲式动态摄像系统，动态同步测量旋提手法作用下颈椎髓核内压力变化，动态描记颈椎各节段在三维 6 个自由度的位移运动规律，较全面的阐释研究手旋提法治疗神经根型颈椎病的作用机理和安全性。技术创新点与创新程度：①采用多中心随机对照、量化主要效应指标的研究方法，评价了旋提手法治疗神经根型颈椎病的有效性和安全性。②自主研发了旋转手法操作力学测量仪，建立了手法操作的力学参数和动态力学模型。③建立了动态同步髓核内压力测量方法及三维激光脉冲式动态摄像系统。本技术在全国 30 余家医院推广应用，3 年来，治疗患者 5 000 余人，疗效 90% 以上，无任何不良反应发生。本项目获北京市科学技术二等奖。

10. 动脉粥样硬化药理评价技术平台及活血化瘀中药干预机理的系统研究

中国中医科学院西苑医院、中日友好医院建立和引入了多种 AS 动物模型，以 AS 斑块的稳定和消长变化为疗效判定依据，以内皮细胞（VEC）、血小板、平滑肌细胞（VSMC）、炎症介质、血管活性因子和基因蛋白表达为切入点，建立了抗 AS 药理评价的综合技术平台，并对活血中药防治 AS 的作用及机理进行了深入系统研究。本项目针对 AS 形成复杂病理过程的相互影响，首先建立了快速评价药物防治 AS 的应激、免疫损伤等多因素所致大鼠血瘀模型、球囊损伤血管内膜所致家兔节段性 AS 模型、免疫损伤所致家兔 AS 模型及 VEC 损伤后继发 VSMC 增殖模型，并首先将 ApoE 基因缺陷小鼠模型引入国内进行 AS 易损斑块研究。在此基础上，针对 AS 发病的关键病理环节，整体、细胞、分子基因水平相结合，从 AS 斑块稳定性、血管重构、脂质代谢、炎症介质、血管活性物质、血小板功能、VEC 和 VSMC 结构和功能改变等方面系统研究了活血中药多靶点、多途径整合调节防治 AS 的作用及其机理。本项目建立和引入的多种 AS 实验动物/细胞模型模拟了 AS 的复杂病理改变，为 AS 防治药理评价提供了可靠技术平台；探讨了活血化瘀、理气活血、解毒活血等不同治法干预 AS 的作用及环节差异，为防治 AS 创新中药的研制提供了药理依据；首次提出"活血解毒—抑制炎症反应—稳定斑块"的假说并加以验证，为活血解毒中药稳定 AS 易损斑块的应用提供了实验依据；首先证明活血中药有改善 AS 血管重构作用，为防治 AS 研究提供了新的视角。本研究获北京市科学技术二等奖。

11. 柴胡剂抗肝肾纤维化作用及相关应用研究

中日友好医院、加拿大马尼托巴大学首次利用被动性 Heymann 肾炎模型、抗 Thy－1 单克隆抗体 1－22－3 模型、单克隆抗体 5－1－6 导致肾小球轻微病变模型和一侧肾切除加单克隆抗体 1－22－3 注射造成不可逆慢性进展性肾小球硬化模型等 4 种不同的肾脏病变模型，证明柴苓汤可以改善肾小球的病理损害，减少尿蛋白排泄。围绕柴苓汤进行了系列拆方研究，从而发现柴胡对肾脏病的治疗作用最为明显，而柴胡中最有活性的成分是柴胡皂苷－d（Saikosaponin－d, Ssd）。进而，围绕 Ssd 抗肝肾纤维化进行了相关机理探讨。首先，利用慢性进展性肾小球硬化模型，验证了 Ssd 可以减轻肾小球病变，可能的机制与减少细胞外基质增生和炎症硬化因子（Ttansforming growth factor, TGF－β）的表达有关。进一步，又利用体外培养的肾小球系膜细胞观察了 Ssd 对细胞增殖和增殖周期的影响，发现 Ssd 能够通过抑制 CDK4 的表达，阻止细胞进入 S 期，进而抑制肾小球系膜细胞的增殖；通过下调 c－JUN、c－FOS 蛋白质表达，从而抑制 TGF－β 表达及细胞外基质增生。又利用二甲基亚硝胺（DMN）诱导的实验性肝纤维化模型观察了 Ssd 的治疗作用，发现 Ssd 同样可以减轻肝细胞的损伤和减少肝组织中胶原的合成，并抑制了 TGF－β 的表达。结合体外实验发现 Ssd 可以抑制四氯化碳造成的肝细胞损伤，并可抑制肝星形细胞骨形态蛋白 4（Bone morphogenetic protein4，BMP4）的表达。为了将 Ssd 有效地应用于临床，进行了相关的剂型研究。制备了稳定的 Ssd 脂质体，降低了 Ssd 的溶血性。并将柴胡和其他治疗肾炎蛋白尿的药物组合研发了一个六类中药新药——柴黄益肾方。该项研究获北京市科学技术二等奖。

12. 随机肽库与 SELEX 技术平台的建立和应用

军事医学科学院基础医学研究所课题组建立和改良了多种生物文库技术平台，主要包括以噬菌体表面展示和细胞表面展示为主的随机肽库技术和以核酸文库为主的 SELEX 技术，并利用上述技术平台开展了针对感染、炎症和生物毒素等方面的新型诊断或治疗药物以及基础方面的研究。成果的科学价值主要表现在两个方面：一是建立和改良的随机肽库和 SELEX 技术，可为多项研究提供平台，例如特异结合肽，抗原表位，特异适配子等的获得。二是课题组利用该技术平台取得了一些重要的成果：获得了多种与疾病相关重要靶分子如 CD14，TNF－alpha，TNFR1，TNFR2，TLR4 及金黄色葡萄球菌毒力刺激因子的特异结合肽。这些结合肽可以作为抗炎症或败血症等疾病治疗的药物前体分子；确定了金黄色葡萄球菌外毒素分泌调控蛋白 TRAP 的 C 末端（aa156－aa167）是一中和抗原表位，研究结果为研制新型抗金葡菌感染疫苗打下良好基础；筛选获得特异识别蓖麻毒素和相思豆毒素的寡核苷酸配基，为生物毒素的特异检测和治疗开辟了新的途径。本成果获北京市科学技术二等奖。

13. 乙型、丙型肝炎病毒和人类免疫缺陷病毒 I 型检测标准物质的研制

北京医院选择相应的阳性血浆，采用相应的免疫或 PCR 方法初步检测，除纤原后进行稀释至所需要的浓度，分装，病毒核酸和抗原、抗体高浓度标准物质进行冻干，抗原和抗体系列标准物质则为液体。定值方法：HBsAg、HBV DNA 和 HCV RNA 采用国际公认方法检测，以相应的 WHO 标准品进行比对定值。抗－HCV 和抗－HIV－1 因目前尚无国际标准品，则采用国内外最普遍使用的 10 种试剂盒检测其倍比稀释终点，68%（泊松分布）以上的实验室能检出的终点浓度定为 1 个卫生部临床检验中心单位（National Center Unit，NCU）。HBV DNA 和 HCV RNA 定值分别为 1，200，000 IU/ml 和 111，000 IU/ ml。6 个不同浓度 HBsAg 标准物质定值分别为 0.23、0.74、1.31、2.55、4.6 和 34.2（冻干）IU/ml；5 个不同浓度抗－HCV 标准物质定值分别为 0.86、2.10、4.35、8.4 和 8.0（冻干）NCU/ml；5 个不同浓度抗－HIV－1 标准物质定值分别为 1.04、2.09、3.99、7.92 和 8.0（冻干）NCU/ml。同时，按国家标准物质的要求，进行相应的稳定性和均匀性实验，表明核酸标准物质室温可稳定两周以上；37℃可稳定 1 周以上，2°～8℃可稳定 6 个月以上，－20℃可稳定两年以上。抗原和抗体标准物质室温可稳定 6 个月以上；37℃可稳定 1 周以上；2°～8℃可稳定 6 个月以上。－20℃可稳定 2 年以上。标准物质的瓶间差异小于方法学的批内变异。HBV 和 HCV 核酸标准物质分别于 2005 年和 2007 年获得国家二级和一级标准物质证书。6 种 HBsAg、5 种抗－HCV 和 5 种抗 HIV－1 标准物质于 2007 年获国家二级标准物质证书。均是我国在感染性疾病检测领域内相应指标检测的第一个国家标准物质。该研究获北京市科学技术三等奖。

14. 放射性药物靶向治疗实体瘤与淋巴转移的研究

北京世纪坛医院、东南大学的研究内容：32P－磷酸铬（32P－CP）对胰腺癌、肺癌及肝癌淋巴转移模型体内生物分布、抗癌效应及量效关系、低剂量辐射诱导肿瘤细胞凋亡基因水平的抗癌机理的实验研究，32P 制剂和 125I 粒子靶向给药治疗肝癌、胰腺

癌、淋巴结转移癌等实体瘤的临床研究，肺癌、食管贲门癌术中行32P-CP组织间多点浸润注射治疗和预防淋巴转移的临床研究。解决的主要技术问题：本成果通过实验与临床研究证明了国产32P-CP间质注射可以有效杀伤肿瘤细胞，全身毒副作用小；证实其在淋巴道的转运与肿瘤细胞迁徙路径一致，减少恶性肿瘤的复发转移率；确定了组织吸收剂量估算方法和疗程剂量；制订了适应证、禁忌证和规范化操作方法。技术经济指标与创新点：①国内外首次证明32P制剂具有诱导肿瘤细胞分化的作用，阐明低剂量辐射诱导肿瘤细胞凋亡基因水平的抗癌机理。②淋巴结浓聚放射性与瘤体注射剂量呈正相关，每克组织放射性活度区域淋巴结甚至高于瘤体。③建立了32P制剂组织吸收剂量估算公式。④制订了32P制剂治疗实体瘤的适应证和禁忌证、规范操作方法和治疗方案。⑤报道应用32P制剂和125I粒子靶向给药治疗难治性实体瘤143例，证明该疗法能有效抑制恶性肿瘤增长，提高病患的生活质量和生存期。⑥164例肺癌与食管贲门癌瘤体切除术中行32P-CP组织间照射，证明可减少恶性肿瘤的复发转移率，提高中远期生存率。该项目获北京市科学技术三等奖。

15. 结直肠癌综合治疗的临床和基础研究

北京肿瘤医院、北京大学立足对结直肠癌整个诊疗体系的各个环节，从临床和基础的角度进行全方位的研究，共分4部分。结直肠癌的诊断：①通过流行病学分析，发现我国结直肠癌的主要发病部位发生了右移，即升结肠癌的发病率上升；②动脉灌注造影、骨盆三维成像技术和腔内超声对结直肠癌的供血情况、骨盆结构和肠周淋巴结转移的诊断准确度较高，可成为直肠癌术前分期诊断的良好方法。结直肠癌的治疗：①术前动脉灌注化疗和直肠癌术前放疗能够提高局部控制率，降低术后复发率。②全直肠系膜切除术是一项安全和有效的手术方式，并能有效地降低局部复发率至6%。③利用本院具有自主知识产权的CEA单克隆抗体CL58，获得国家发明专利的标记方法进行放射免疫导向手术，判别淋巴结转移的灵敏度及特异度分别为92%、87.8%，有助于指导外科医师实施合理的个体化根治手术。结直肠癌的术后评价：改进了传统的病理检测，建立分子病理评估体系，高低风险组的预后差别可达11倍，从而更准确地判断预后。结直肠癌的基础研究：通过对病因学、免疫学、复发和转移、预后等方面的基础研究，阐明了结直肠癌发生、发展、预后过程中的一些分子基因机制。该项目获北京市科学技术三等奖。

16. 高同型半胱氨酸血症加速动脉粥样硬化发生的免疫机制

北京大学第三医院、北京大学首次从单核巨噬细胞以及细胞免疫、体液免疫等角度研究了HHcy加速动脉粥样硬化的致炎免疫机制，并深入探讨了其细胞信号通路机制。同时，将基础研究成果转化到临床应用，在HHcy的冠心病患者中验证了动物实验成果，并开展针对性治疗，获得良好临床效果。①首次发现高同型半胱氨酸（HHcy）可直接刺激或放大已经活化体外培养的B淋巴细胞的增殖和分泌免疫球蛋白；此外，在apoE-/-小鼠体内证实HHcy可刺激B细胞分化，由此可能促进T细胞激活，参与加速致炎免疫反应。②首次发现HHcy可放大体外已激活的T细胞免疫反应，增加其炎性细胞因子的分泌；并在apoE-/-小鼠中证实HHcy可增强T细胞对致炎刺激的反应性，增加动脉斑块局部炎性细胞因子的表达。③采用蛋白质组学方法发现，HHcy上调非特异性免疫细胞——肺Ⅱ型上皮细胞中促进氧化应激的醛糖还原酶的表达，并参与局部炎症反应。④紧密联系临床，在HHcy患者中验证了上述结果，并发现HHcy更为严重的危害是放大单核巨噬细胞对其他致病危险因素引起的炎症免疫反应性，加速动脉粥样硬化的发生。⑤积极进行临床干预治疗，发现小剂量叶酸降低HHcy的同时，明显改善单核巨噬细胞炎症免疫的高反应性，由此减缓动脉粥样硬化的发生和发展。此项成果获北京市科学技术三等奖。

17. 一种疼痛性遗传病致病基因的确定及其功能研究

北京大学第一医院、国家人类基因组北方研究中心、中国医学科学院药物研究所、北京儿童医院、中国人民解放军总医院选择了一种遗传性疼痛性疾病——原发性红斑肢痛症作为研究模型，对其致病基因、发病机制、温度与疼痛的关系以及该基因的突变热点等开展了系列工作。①2004年，通过分子遗传学方法在国际上首次发现原发性红斑肢痛症的致病基因为钠离子通道SCN9A，首次确定了人类的一种钠离子通道的基因突变可引起痛觉异常。在两个中国家系中通过连锁分析和功能候选基因筛查首次发现患者存在SCN9A基因的错义突变。该基因编码钠离子通道Nav1.7α亚单位。②2006年，应用分子生物学及电生理学技术证明该病是由于患者钠离子通道SCN9A功能增强型突变所引起。③2007年，在国际上首次检测了温度变化对该钠离子通道电生理学特性的影响，阐述了温度降低能缓解此类疼痛的机理。④迄今国际上共报道了明确基因突变的家系13例，其中本研究报道6例，并在国际上首次提出该病具有SCN9A基因的突变热点。本系列发现不仅在国际上首次揭示了一种遗传性疼痛性疾病的分子遗传学和病理生理学基础，而且为以该钠离子通道作为研发新型外周镇痛药物的新靶点提供了理论依据。本研究获北京市科学技术三等奖。

18. 性激素及其受体在妇科恶性肿瘤中的表达及功能的研究

北京大学第一医院首先对子宫内膜癌中雌、孕激素受体的表达和功能进行了研究。①子宫内膜癌（endometrial cancer，EC）中雌、孕激素受体表达的研究：EC 的发病与长期雌激素过度刺激无孕激素拮抗有关，雌、孕激素的作用通过其配体，即雌激素受体（estrogen receptor，ER）和孕激素受体（progesterone receptor，PR）而实现。近年来，性激素受体的新亚型被发现，为明确结构存在差异的 ER、PR 亚型在子宫内膜癌中不同作用，对 EC 中的 ER、PR 亚型的表达进行了测定。结果显示 EC 中 ER 和 PR 亚型表达失衡，并与肿瘤分化、手术病理分期、淋巴转移相关；此外，对 ER 基因多态性与子宫内膜癌易患性的关系进行研究，对于了解 EC 的发病机制、临床估计预后和选择内分泌治疗及确定 EC 高危筛查人群，具有重要意义。②子宫内膜癌中雌孕激素受体的多因素调控：为进一步了解激素受体作用的分子机制，测定了多种刺激因子如雌、孕激素、拮抗剂等对 EC 细胞的生长状态及 ER、PR 的影响，并通过特异性下调雌、孕激素受体亚型，研究各亚型作用的差异。其次，进行了性激素及其受体与卵巢癌的相关研究。大量流行病学的调查证明卵巢癌的发生与性激素失衡的刺激和过度排卵有关。本研究证实了卵巢中 ERβ 变异体及黄体生成激素受体表达的失衡，与卵巢癌的发病和生物学行为相关；并进一步探索雌孕激素对卵巢癌细胞的侵袭及耐药的影响，了解其中的分子机制。本研究获北京市科学技术三等奖。

19. 玻璃化冷冻兔及人卵母细胞的研究及首例三冻试管婴儿诞生

北京大学第三医院用高浓度的细胞内冷冻保护剂以每分钟 2 500℃ 以上的速度快速降温，使细胞内液体转化为类似玻璃样透明的非晶体化状态，此时细胞内分子、离子仍处于正常分布而免受损伤。该方法打破了 20 年来慢速冷冻卵母细胞效率低下的局面，对于人类卵母细胞的冷冻保存显示出极大的应用前景。本研究利用与人卵母细胞体积大小相似的家兔卵母细胞成功建立了卵玻璃化冷冻方法的动物模型，研究了包括不同冷冻保护剂的配伍、浓度、冷冻时间、载体及冷冻对卵母细胞重要功能与遗传细胞器—纺锤体冷冻损伤的研究。成功用玻璃化冷冻方法冻存了家兔卵母细胞，在解冻后获得高存活率的基础上行单精子注射获得了家兔桑椹期胚胎。在大量动物实验的基础上，又对临床辅助生殖技术中废弃的未成熟人卵母细胞进行冷冻尝试，获得了体外成熟卵母细胞经玻璃化冷冻后发育到囊胚期的好结果。在一次临床紧急情况中（取卵当日丈夫睾丸穿刺无精，卵不冻存只能丢弃），采用玻璃化冷冻方法冻存了成熟的卵母细胞，解冻后存活率及用冻存供精行单精子注射后受精率均较高，由于患者宫腔出血于胚胎移植日再次冷冻胚胎，解冻后胚胎移植获中国首例（2006 年 1 月 26 日）、世界第二例三冻（玻璃化冻卵、冻精、冻胚）出生的健康试管婴儿，充分验证了该方法的高效及可行性，为以后常规临床应用及未来卵子库的建立，提供了宝贵的动物实验依据与临床实践经验。该项研究获北京市科学技术三等奖。

20. 肌萎缩侧索硬化/运动神经元病的基础与临床研究

北京大学第三医院主要进行了 3 个方面的研究：病因与发病机制研究，建立了国内最大的 ALS/MND 数据与生物样本库。①在国内率先开展本病致病基因及易感基因研究，在国际连续报道了中国患者的不同特点：家族病例中首次发现与西方不同的 SOD - 1 基因突变；散发病例中首次发现易感基因 VEGF 启动子区多态与白人明显不同；首次在国内外报道 CYP2E1 基因多态与本病可能有关；建立了国内最大临床资料和生物样本库，目前在库数逾千例，是世界最大 ALS/MND 中心之一。②运用生化手段探讨本病致病机制：在国内首次开展 3 - 硝基酪氨酸测定，发现 CSF 中含量及谷氨酸含量明显升高；首次以器官型组织模型证明其与运动神经元线粒体功能抑制有关；首次运用 1H - MRS 研究并发现了患者中央前回活体组织的代谢特点。早期诊断与鉴别诊断：原创性研制开发了系列临床诊断新技术，包括①建立并应用三叉神经 - 颈反射检测脑干临床下损害。②建立腹直肌 EMG 检测胸髓临床下损害新方法。③建立并应用咀嚼肌 MEP 评价脑干上运动神经元损害。④提出胸锁乳突肌 EMG 和上肢皮节体感诱发电位鉴别颈椎病，结果被国内外广泛引用并在临床推广，在神经病学教科书和肌电图专著中被列为常规检查，曾获卫生部科技进步三等奖。⑤在国内率先开展颈部过屈位动态 MRI 鉴别 Hirayama 病。⑥建立雄激素受体基因检测鉴别 Kennedy 病。⑦在国内外首先运用接触热痛诱发电位评价本病浅感觉损害。⑧采用运动单位估数等动态评估监测病情变化。治疗学研究：①在国内率先建立器官型组织模型用于药物筛选。②开展了基因治疗和干细胞治疗的实验研究。③在国际首创集落细胞刺激因子治疗本病的先导性临床试验，并在美国 FDA "临床试验注册系统" 注册。此项研究获北京市科学技术三等奖。

21. 基因治疗和组织工程治疗难治性运动创伤

北京大学第三医院主要进行了3个方面的研究。基因治疗：使用RNAi技术抑制NF-κB p65的表达，联合应用白介素1受体拮抗剂和白介素-10或白介素1受体拮抗剂和肿瘤坏死因子可溶性受体基因，治疗早期创伤性骨关节炎，可以明显抑制软骨损伤，减轻滑膜炎症。腺病毒介导的RUNX2/cbfa1基因可以促进重建韧带与骨道间的愈合。应用RNAi技术抑制BMP的下游因子RUNX2/cbfa1的基因表达，进而抑制了异位骨化的形成。组织工程研究：①应用硅橡胶修复软骨缺损，能减轻关节的退变程度，而且无明显排异反应，临床应用效果满意。②筛选种子细胞和支架修补软骨缺损，发现软骨细胞和骨髓基质干细胞的治疗效果优于成纤维细胞和人脐带血干细胞。③异种异体半月板移植研究显示，对关节软骨有一定的保护作用。组织库建设：建立运动医学组织库，应用同种异体半月板和肌腱进行半月板移植和交叉韧带重建，临床效果良好。本研究的主要特点是利用基因治疗和组织工程技术，抑制早期创伤性骨关节炎的发生发展，阻止软组织内异位骨化的发生，促进前交叉韧带的重塑；利用同种异体组织修复软骨缺损、移植半月板、重建交叉韧带，预防创伤性骨关节炎的发生发展，尽快恢复患者的运动功能，提高其生活质量。本成果获北京市科学技术三等奖。

22. 儿科抗生素使用与常见细菌耐药监测及耐药机制研究

北京儿童医院于2000~2006年对我国4个地区5家儿科医院进行了连续7年较为全面、系统、多层次抗生素使用和常见细菌抗生素耐药流行状况、趋势监测，对细菌耐药机制、耐药性传播及耐药株分子特征进行了研究。结果表明：①采用ATC/DDD、DU90%、抗生素处方率等一系列量化评估指标用于儿科医院病区、门诊总体及抽样抗菌药使用调查方法可行。②与国外比较，我国儿科抗菌药物使用频度高，处方率高，级别高，广谱抗菌药物的使用增加及不合理用药情况普遍存在。③多数革兰阳性菌对广谱青霉素的耐药率逐年增加，对大环内酯类耐药率居高不下；革兰阴性杆菌产β-内酰胺酶率、大肠埃希菌、肺炎克雷伯菌产超广谱β-内酰胺酶逐年上升，对β-内酰胺类抗生素耐药性随年代迅速增加。④抗生素使用量与部分细菌耐药性增加相关或呈一致趋势。⑤该研究还阐明儿科肺炎链球菌青霉素耐药，肺炎链球菌、肠球菌大环内酯类耐药，流感嗜血杆菌、卡它莫拉菌产β-内酰胺酶、氨苄青霉素耐药，肠杆菌产超广谱β-内酰胺酶、AmpC酶，铜绿假单胞菌碳青霉烯酶耐药的分子机制和流行克隆特征，首次证实我国儿科CA-MRSA ST910-SCCmec IV克隆流行，肠杆菌临床分离株中存在质粒介导的编码AmpC酶基因和qnr基因。该研究获北京市科学技术三等奖。

23. 食管癌变及演进的分子异常及其机理研究

中国医学科学院肿瘤研究所对食管鳞状细胞癌（ESCC）中DNA、RNA及蛋白质水平的分子异常进行了系统研究。在ESCC细胞系中鉴定出多个新的染色体畸变，并且发现3q、11q的增益和18q的丢失等与食管原位癌一致的染色体改变；发现ESCC中CTTN和PRKCI高频扩增，并与淋巴结转移显著相关；发现D3S1768、RPL14等多个微卫星位点在不典型增生的食管组织及食管原位癌中存在较高的LOH频率，特别是发现其中6个微卫星位点在ESCC高发区人群普查的癌前病变组织中也存在异常；发现ESCC中RPL14和MRP14显著下调，CALR、GRP78、CTTN、PRKCI和Ln-5gamme2等显著上调，其中CALR和GRP78过表达与ESCC患者的不良预后相关，CTTN和PRKCI过表达与淋巴结转移及较高的临床分期相关；特别是发现了一条新的影响ESCC细胞失巢凋亡及食管癌侵袭转移的通路，即CALR-Stat3-CTTN-PI3K-AKT；CALR调控Stat3的磷酸化，后者影响CTTN的转录，CTTN过表达使-PI3K-AKT通路活化，从而增强细胞的运动和抗失巢凋亡能力。以上新发现对于阐明食管癌发生、发展的分子机理具有重要的理论意义，同时为食管癌的诊断和治疗提供了重要的候选分子标志和靶点，其中在癌前病变组织中发现的基因和蛋白变化更有可能作为早期预警及早期诊断的候选分子标志。本研究获北京市科学技术三等奖。

24. 主动脉夹层治疗新策略研究

中国医学科学院阜外心血管病医院针对我国主动脉夹层的特点，进行了主动脉夹层的细化分型、主动脉夹层的手术治疗、主动脉夹层的介入治疗、相关基础研究等。主要创新点：①提出了适合国人的"主动脉夹层细化分型"理论，指导临床医生制订治疗方案、确定手术时机、决定手术方式、选择基本方法和判断预后。②首创"全弓替换+支架象鼻手术"，并研发了术中支架人工血管及输送器（专利号：ZL 03 2 10 076.0），此产品2004年实现产业化，已在全国推广应用并成为我国复杂型主动脉夹层的标准术式。③首创"动脉管状成形法"肋间动脉重建技术，明显降低了截瘫的发生率。④首创四分叉人工血管重建腹腔重要脏器动脉和下肢动脉技术，简化了全主动脉替换术和胸腹主动脉替换术，提高了手术成功率。⑤改变了B型夹层以保守为主的治疗策略，转变为积极介入手术治疗为主。推行血管腔内覆膜支架置入术，提高了B型夹层患者的远期生存率和生活质量。⑥在主动脉手术脑损伤机制的实验研究中，首次发现并报道了在深低温停循环后脑损伤存在聚腺苷二磷酸核糖转移酶-1过度激活这一重要分子事件，为主动脉手术脑损伤的防治提供了新的思路。本研究获北京市科学技术三等奖。

25. 微血管内皮结构和功能在急性心肌梗死再灌注后无再流中的核心作用

本课题由中国医学科学院阜外心血管病医院完成。急性心肌梗死主要是由于供应心肌的冠状动脉急性血栓性闭塞所致，因而冠脉再通治疗[溶栓或急诊冠脉介入（PCI）]尽快使堵塞的冠脉再通，恢复心肌组织再灌注是治疗AMI的最佳措施。然而，AMI冠脉再通后仍存在微血管障碍而不能恢复心肌再灌注（无再流现象），即冠脉虽已开通（无机械堵塞），心肌并未恢复有效的再灌注而表现为血流慢或无血流（≤TIMI Ⅱ级，未达正常的TIMI Ⅲ级）。AMI急诊PCI特别是支架植入后，约40%的患者可并发心肌组织无再流现象；即使血流达到TIMI Ⅲ级者，仍有15%~20%的患者存在心肌组织无再流。其结果心肌彻底坏死、梗死范围扩大、心室扩张和重构、心功能低下和心力衰竭、以及恶性心律失常等严重并发症的发生率增高，住院病死率增加5~10倍，严重影响AMI患者的预后。产生无再流现象的机制并未完全清楚。本研究明确提出了"微血管内皮细胞损伤是产生无再流的核心机制，而保护内皮细胞的结构和功能才是防治无再流的关键"这一假设。研究发现：①心肌再流区存在内皮功能受损，而且心肌无再流区内皮功能损伤程度更重。②临床上已证实可减少无再流范围的药物如腺苷、尼可地尔、甚至血小板Ⅱb/Ⅲa受体拮抗剂，其药理机制虽完全不同，但均有保护内皮功能的作用。③临床上已证实具有内皮保护功能的药物如血管紧张素转换酶抑制剂、血管紧张素Ⅱ受体拮抗剂、卡维地洛、他汀类药物及中药通心络胶囊均能减少无再流范围，这些结果表明内皮细胞损伤是产生无再流的核心机制，而保护内皮细胞才是防治无再流的关键。这一成果对于进一步深化对急性心肌梗死再灌注的病理生理机制的理解，并为有效防治甚至解决急性心肌梗死再灌注后心肌"无再流"这一难题，提供一个全新的思路和策略，有着重大的科学价值和临床意义。同时，应用现代医学研究手段，探索中药通心络对AMI再灌注后无再流的影响和机制，初步明确其疗效和独特作用，对于该中药走出国门将有重大的学术和临床应用意义。该课题获北京市科学技术三等奖。

26. 皮肤定量扩张法耳廓再造术

中国医学科学院整形外科医院从1992年1月~2006年12月完成国内外最大病例数的扩张器法耳廓再造术，共收治先天性小耳畸形患者5 248例，完成耳廓再造6 252只。再造耳廓具有耳轮、对耳轮、耳舟、三角窝、耳甲腔等结构，而且形态稳定。该项目的主要创新之处在于：①自行设计和研发了适合耳廓再造的扩张器，采用乳突区皮下埋置、定量扩张的方法。该术式操作简单，显著降低了手术并发症，易于标准化并推广应用，较好地解决了传统的"一期法"耳廓再造和国外"Tanzer-Brent法"难以解决的皮肤量不足的难题，扩张皮瓣不仅能够良好地覆盖耳廓支架，而且无毛发、质薄、血供丰富。②改进肋软骨雕刻方法，显著节约了肋软骨用量，首次在成人中应用单根肋软骨完成了肋软骨支架的构建。应用扩张皮瓣和耳后筋膜瓣的"双瓣"法技术维持耳廓支架的应力平衡，耳廓支架不仅具有耳廓的各种精细结构，而且立体感更为突出，经长期随访无变形和吸收。③首次根据先天性小耳畸形残耳组织的位置进行分型，充分应用残耳组织构建再造耳廓的中下部分，再造耳垂部分不仅形态丰满，而且更为接近生理位置。本项目获北京市科学技术三等奖。

27. 国际标准《针灸经穴定位》（中国方案）

中国中医科学院针灸研究所依据ISO/IEC关于国际标准制订的导则《Directives, Part 2 Rules for the structure and drafting of International Standards》，确定了针灸经穴定位的原则、方法及结构，制订了361个针灸经穴的定位方案。最大创新在于首次成功地引入严格设计的实验方法，进行了人体测量学（总计300例，分3个组）、表面解剖学及影像学的实验研究，解决了以往单纯采用文献学研究难以或无法解决的疑难问题，充分满足了世界卫生组织关于国际标准基于科学证据的高标准，并针对以往"取穴法"及取穴图研究的薄弱环节，在经穴定位的表述上，第一次明确分为"部位"与"取穴"2个层次，既满足了标准表述的规范化，又提高了标准的可操作性。最终，除水沟、禾髎二穴外，中国提出的经穴定位方案中其余359穴的定位均被国际标准《针灸经穴定位》（WHO standard acupuncture point locations）采纳，实现了中国在传统医学国际标准制订方面的历史性的突破。整个项目的研究成果及实验数据，形成了专著《实验针灸表面解剖学》，荣获中国首届"三个一百"科技原创图书奖。本项目获北京市科学技术三等奖。

28. 2型糖尿病"三型辨证"临床应用及机理研究

中国中医科学院广安门医院的研究主要有：①创

立糖尿病"三型辨证"理论。临床宏观辨证与微观检测,将糖尿病分为阴虚热盛、气阴两虚、阴阳两虚3型;其演变规律:阴虚热盛型以胰岛素抵抗为主,并发症少而轻,为糖尿病早期阶段;气阴两虚型胰岛β细胞功能紊乱,并发症多而轻,为中期阶段;阴阳两虚型胰岛β细胞功能衰竭,并发症多而重,为后期阶段。②提出益气养阴为糖尿病治疗基本法则。气阴两虚型比例最高,为基本证型。研究证实益气养阴的"降糖甲片"具有良好降糖效应。经拆方试验,显示该药有保护胰岛功能、其中益气药增加胰岛β细胞分泌颗粒,促胰岛素分泌;养阴药抑制胰岛α细胞分泌颗粒,减少胰高血糖素分泌;增加胰岛素受体及其结合率、对胰岛素呈双向调节。③倡导益气养阴、活血化瘀是防治糖尿病血管并发症的大法,探索了气阴两虚兼夹血瘀症内涵与血管并发症的关联;对糖尿病心、脑、肾、眼、肢体血管等病变进行临床、分子生物学、病理形态学、基因学、药效药理学等研究;建立了疗效评价标准、实验方法;显示该法能逆转或延缓早期血管病变的发生和发展。"治疗糖尿病肾病的中药组合物及其制备方法"获国家专利号。"糖尿病3型辨证及诊疗方案"2003年被评为国家中医药管理局十大科研成果首项,列为科技成果推广项目,已向全国24家医院辐射。该课题获北京市科学技术三等奖。

29. 凉血活血方治疗银屑病(白疕)血热证的临床与基础研究

北京中医医院、北京市中医研究所采用随机双盲平行对照法观察赵炳南先生创建的凉血活血方治疗银屑病血热证的疗效,证明组方合理,疗效确切且安全性高,改善皮损体征的疗效及缓解临床见证均优于对照组;愈显率61.7%,总有效率85.0%。证明凉血活血方可通过调节皮肤角质形成细胞、真皮微循环和免疫机制异常等多层次的机理治疗银屑病,此系统化研究居国内领先。首次对银屑病血热证"内有蕴热,郁于血分"的中医病机从根源、物质基础和相关因素等方面进行探讨。首次证明TXB2、6-K-PGF1α、甲皱微循环、VEGF、CD34等改变是银屑病辨证的客观微观指标。应用推广情况:①凉血活血方应用10余万人次,40余年;胶囊剂被北京市药监局批准为院内制剂,并进入医保药品目录。②出版了专著《银屑病》,发表论文论著29篇,被引用110频次。③参编《中华人民共和国中医药行业标准-中医病证诊断疗效标准-中医皮肤科病证诊断疗效标准》,全国同行业广泛应用。④特邀编写皮肤科权威著作之一《实用皮肤科学》银屑病章节的中医部分。⑤《临床皮肤病学》、《中医皮肤病性病学》、《银屑病中西医结合治疗学》等数部皮肤科及银屑病专著引用本研究相关理论与方药,在中日友好医院、中国中医科学院广安门医院、中国人民解放军空军总医院等医院皮肤科应用,并向广大基层医疗单位推广。本研究获北京市科学技术三等奖。

30. "贺氏针灸三通法"理论及其治疗中风病的应用研究

北京中医医院、中国中医科学院广安门医院、北京中医药大学东直门医院的研究主要有:①"贺氏针灸三通法"理论研究。系统总结、阐述"贺氏针灸三通法"的学术思想,包括病机学说、三通法基本概念、应用范围、操作规程以及常用针具的特点、适应证等内容。②"贺氏针灸三通法"治疗中风病的应用研究。开展了多中心随机对照研究,验证并优化"贺氏针灸三通法"治疗中风病操作规范,探究其治病机理,使其成为一项安全有效、适宜推广的中风病针灸疗法。同时,开展了"贺氏针灸三通法"治疗中风病机制的实验研究。③"贺氏针灸三通法"技术的影像学研究。对"贺氏针灸三通法"临床应用进行影像学记录,以利于继承贺普仁教授针灸学术思想及临床实践经验。本研究创立了"贺氏针灸三通法"理论体系,对"贺氏针灸三通法"治疗中风病进行了系统整理和临床评价,形成"贺氏针灸三通法"治疗中风病临床规范。编写《针具针法》、《贺氏针灸三通法临床应用》、《针灸三通法操作图解》等11部专著。发表论文47篇,被国内引用60次。培养硕士研究生5人。在国内59家医院临床推广使用了"贺氏针灸三通法"。本研究获北京市科学技术三等奖。

31. 阿尔茨海默病级联损伤及其中药防治研究

北京中医药大学、首都医科大学宣武医院依据 $A\beta$ 级联损伤假说,研究了AD病人脑内 $A\beta$ 病理特征及其分子遗传学机制,并以中医阴阳平衡理论为指导,研究了补阳消阴复方金思维有效部位组合物,通过调节 $A\beta$ 生成和降解酶失衡以降低 $A\beta$ 水平、通过激活胰岛素信号通路和对抗 $A\beta$ 毒性以保护胆碱能神经和血管的作用,为阐明该复方防治AD的作用机理提供了科学依据。其科学价值:①发现脑淀粉样血管病占AD病人的100%,脑动脉粥样硬化92%,脑白质损害为64%。而 $A\beta42$ 主要以老年斑形式沉积于额叶,$A\beta40$ 以脑淀粉样血管病形式沉积于枕叶,这种差异与多个基因多态性调节有关,$APOE\varepsilon4$ 等位基因型和量对 $A\beta40$ 沉积于枕叶皮质具有独立的调节作用,非 $APOE\varepsilon4$ 携带者则受 $OLDL-1$ 多态C等位基因调节。②金思维是由多个有效部位组成的复合物,是依据" $A\beta$ 代谢失衡及其级联损伤是体内阴阳失衡的表现"假说而设计的中药补阳消阴复方。发现该方主要通过抑制 Aβ 生成酶活性和增加降解酶活性、减少 Aβ 沉积和加速 Aβ 清除等途径显著降低 APP 转基因小鼠脑内 Aβ 水平。③发现该方能显著保护 Aβ 诱导的神经元、轴突、突触以及血管结构和胆碱能神经，其机制除降低 Aβ 水平及其毒性外，可能与激活胰岛素信号传导通路和改善神经营养状态有关。④这种平衡阴阳的抗 Aβ 研究思路具有原创性，该多组分中药复方对 Aβ 级联损伤多环节多层次多靶点的调节效应显著优于单成分的胆碱酯酶抑制剂的作用。本研究获北京市科学技术三等奖。

32. 葛根素及大豆甙元对血管再狭窄的作用及机制研究

北京中医药大学、北京市心肺血管疾病研究所、北京安贞医院以中药葛根的有效成分葛根总黄酮、大豆甙元及葛根素为研究对象，系统研究了该类药物抑制血管内膜增厚的作用及机制。整体实验研究发现：葛根总黄酮可稳定 apoE-/-小鼠主动脉窦粥样硬化病变部位的斑块，大豆甙元可抑制大鼠颈总动脉球囊损伤后内膜的增殖，葛根素及其涂层支架可减少家兔髂动脉球囊损伤后管腔面积。细胞实验研究发现：大豆甙元可抑制人脐动脉 VSMC 增生；葛根素可抑制人脐动脉 VSMC 增生、迁移，并诱导其凋亡；促进人脐动脉 EC 修复；抑制单核细胞与 EC 黏附、迁移。主要作用机制为：葛根总黄酮上调 apoE-/-小鼠主动脉窦动脉粥样硬化病变部位 bcl-2 蛋白表达，下调 Caspases-3 蛋白表达；大豆甙元可能通过升高 Bax/Gapdh/Bcl-xl/Gapdh 比值，抑制 VSMC 增殖；葛根素抑制支架损伤部位 EC 及 VSMC 的 NF-κB 的表达，使 ICAM-1、VCAM-1 的表达下降，进一步使细胞因子 IL-6 及 VEGF 的表达下降，形成网络调控抑制作用，从而抑制损伤部位炎症的发生发展；增加支架损伤部位 p21Cip1 蛋白表达，抑制 CDK-2 蛋白，使 GRP94 基因表达升高，上调 Bax、Bcl-XL，促进 VSMC 凋亡，从而抑制 VSMC 过度增殖；抑制 VSMC 外 MMP-2 和 MMP-9 的表达，抑制胶原的产生及Ⅳ型胶原的降解，从而抑制细胞外基质的合成。总之，葛根总黄酮、大豆甙元及葛根素可通过保护 EC、抑制 VSMC 增殖及抑制细胞外基质合成而达到抑制血管内膜增殖的目的。本课题获北京市科学技术三等奖。

33. 脂肪酸合酶的作用机制及植物来源的抑制剂

中国科学院研究生院从对脂肪酸合酶（FAS）的作用机制研究入手，进而发现和研究了一系列植物来源的 FAS 抑制剂，取得进展如下：发现了该酶缩合中心的羧基负离子结合部位，以及其在结合底物和活臂运动中的作用。发现该酶在去折叠中功能域之间的结构变化先于功能域自身的结构变化。这些进展为认识 FAS 的作用机制及多功能复合酶的折叠规律提供了重要信息。发现家禽 FAS 活性与体脂水平显著正相关，率先提出该酶可能和体内脂肪的调控有关。通过对陆续发现的植源 FAS 抑制剂的研究验证了这个观点。通过研究多种减肥中草药和茶叶，发现 EGCG 等酯型儿茶素、茶黄素、茶褐素、部分黄酮化合物、白藜芦醇等都是有效的 FAS 抑制剂，研究了它们的抑制能力、抑制动力学、抑制性质和作用部位，探索了它们的作用机制。通过构效分析，首次构建了 FAS 的多酚类抑制剂药效团模型，并得到了初步验证。这些结果丰富了人们对 FAS 抑制剂及抑制机理的认识，提供了有应用前景的抑制剂。通过对实验动物的减重抑食效果和抑制 FAS 的能力的相关性研究，提出了茶叶和部分中草药的减肥机理和抑制 FAS 有关的新理论，也为 FAS 作为减肥靶点提供了新的证据。本项目获北京市科学技术三等奖。

34. 绿激光手术系统

本项目由北京瑞尔通激光科技有限公司完成。全固态的《高功率半导体激光泵浦绿激光手术系统》（简称《绿激光手术系统》）是专门为手术治疗中老年男性前列腺增生症设计的绿激光手术设备。本公司于 2004 年开始研发当时世界上最先进的绿激光功率超过 100W 的半导体激光泵浦绿激光手术系统。该设备在 2005 年研发成功后，通过了国家药监局检测中心的测试，并在 2005 年底开始用于临床手术。分别在解放军总医院、北京协和医院和山东省立医院等医院成功地完成了多例手术，无一例失败。国家药监局于 2008 年 6 月向本公司颁发《激光手术系统》的产品注册许可。本项目的主要技术内容是设计高可靠性的、可产业化的、平均激光功率超过 100W、最大输出功率为 120W 的波长为 532 纳米的绿激光。本公司为美国 AMS 公司之后的世界第二家能够产业化生产全固态绿激光治疗前列腺增生设备的公司。本项目获北京市科学技术三等奖。

35. 创新抗肿瘤药物乙烷硒啉发现及创制研究

北京大学、中国药品生物制品检定所、军事医学科学院野战输血研究所的此项研究为：①创新药物研制。发现和发明了具有抗肿瘤活性的苯并异硒唑衍生物化合物乙烷硒啉；发现和发明了该化合物及其系列化合物的抗肿瘤用途及其抗炎抗血栓用途；对以上相关的发现申请了国际国内发明专利保护（国内外 24 个国家保护），其中 4 项已获授权；主持创新（化学 1.1 类）抗肿瘤新药乙烷硒啉的临床前研究及开发，并于 2007 年获国家食品药品监督管理局临床批件。②建立了创新药物乙烷硒啉的理论体系，在国际国内发表创新药物研究系列论文20余篇，其中向国内介绍和展示研究成果10余篇、以英文向国外介绍药物作用机制研究和靶点研究8篇。③首次建立了一套可用于药物成品生产、分析质控、体内检测等重要的技术条件和标准方法，解决了药物产业化的重要技术瓶颈。本研究获北京市科学技术三等奖。

36. 国家Ⅰ类新药——注射用鼠神经生长因子

舒泰神（北京）药业有限公司从小鼠颌下腺提取出神经生长因子，先后完成其新药临床前研究的各项内容；以视神经损伤为临床适应证，成功地进行了Ⅰ、Ⅱ、Ⅲ期临床研究，于2006年获得国家Ⅰ类新药证书和生产批件。其技术创新点：①在历经8年、近500病例的临床试验中证实苏肽生治疗视神经损伤安全有效，填补了国内外在该领域的空白。②建立了准确测定目标蛋白含量的方法及质量标准，可提升我国生物制品制剂中目标蛋白含量的国家标准。③申请了多项发明专利，使得本产品成为具有多重保护的专利产品，获得良好收益。该项目获北京市科学技术三等奖。

（党建军整理）

科技推广

【医疗卫生适宜技术推广】 年内，在征集三级医院推广技术项目的基础上，根据各区县基层医疗卫生机构的需求，遴选7项技术作为2009~2010年度重点推广项目，分别在全市80余家基层医院推广，推广形式包括培训、进修、查房、技术帮带等多种方式。

（宋玫）

科普和健康教育

【卫生科普能力培训】 年内，市卫生局开展了卫生科普、健康教育专兼职人员科普能力的培训，共培训5期，其中专题培训1期、专题交流1期、科普骨干培训2期、健康科普能力师资培训1期，参加培训260余人次。

（宋玫）

科技规划

【临床医学重点学科建设】 年内，启动了北京市临床医学重点学科建设项目。根据学科优势和水平，分为临床医学重点学科和重点培育学科，通过市财政专项经费、单位匹配经费等，多渠道资助重点（培育）学科培养人才、开展科研活动、购置必备的医疗与科研用仪器设备等，实现提高市卫生局直属医院临床医学学科的自主创新能力、国内外学术地位和医疗服务水平。市卫生局组织了2009年度北京市临床医学重点学科建设项目申报，申报学科包括心血管病学、脑血管病学、肿瘤学、老年医学、精神病学、传染病学、妇产科学、儿科学等8类学科，有17家三级医院申报了33份申请书。

（宋玫）

实验室生物安全

【督查国庆实验室生物安全管理】 1月、4月、9月，市卫生局科教处会同市卫生监督所、区县卫生局和行业主管部门，对涉及高致病性病原微生物实验活动的单位进行了3次专项督查。督查组对各单位生物安全和生物恐怖防范中存在的问题提出了整改意见，并要求各单位及时整改，提交整改报告。9月10日~10月10日，按照"一类停、二类严、重点控"的原则严格控制实验活动；高致病性病原微生物菌毒种和感染性样本全部专库封存；生物安全重点单位由武警守卫；国庆重点区域内，高致病性病原微生物菌毒种保藏、活动及实验室人员等信息每日报告。

8月，市卫生局制订了《北京市与人体健康有关的实验室生物安全事件应急处置工作方案》（京卫科教字[009]49号），对于本市发生的各种与人体健康有关的病原微生物实验室生物安全事件的分级、报告、处置等进行了详细的规定。

（司雪峰）

【加强医用特殊物品出入境管理】 按照科技部、卫生部《人类遗传资源管理暂行办法》及卫生部、国家质检总局《关于加强医用特殊物品出入境管理卫生检疫的通知》的要求，加强了北京地区医用特殊物品、人类遗传物质出入境的行政审批，全年共审批入境767件、出境53件。

（司雪峰）

医学教育

毕业后医学教育

【专科医师培训1 200人】 9~12月，完成全年专科医师培训招录工作，1 200名住院医师进入47家医院的235个培训基地进行培训。

（石菁菁）

【开展全科医师规范化培训】 年内，全市31个全科医师规范化培训基地招收101名来自社区卫生服务机构的本科毕业生进行医师规范化培训。

（石菁菁）

【完成住院医师培训理论和临床技能考试考核】 年内，完成2 081名住院医师的理论考试和英语考试，以及22个专业1 275名住院医师规范化培训第一阶段临床技能考核和37个专业859名住院医师第二阶段临床技能考核。730名住院医师获得北京地区专科医师培训（普通专科）合格证书，263名医师获得北京市住院医师规范化培训第一阶段合格证书，680名医师获得卫生部住院医师规范化培训合格证书。

(石菁菁)

继续医学教育

【继续医学教育项目和学分管理】 全年完成国家级和市级继续医学教育项目实地督察101项。通过网上申报和评审，本年度认可的国家级项目554个、市级项目447个。对18个区县的部分一、二级医院和32家三级医疗卫生单位的3 832名护师及中级职称和以上卫生技术人员获取的Ⅰ类学分进行了网上审验；实地抽查了6家医疗卫生单位277名审验对象的Ⅰ类、Ⅱ类学分；共审验4 039人，合格率97%。

(石菁菁)

【临床医生公共卫生知识培训】 5月8日~6月底，本市分6期开展了临床医生公共卫生知识培训，共培训中级职称以上医务人员1 000人。

(石菁菁)

【升级全市继续医学教育管理系统】 年内，对2002年开始使用的继续医学教育管理系统（ICME系统）和配套硬件设备进行了升级，涉及卫生行政部门、医疗卫生单位、医学社会团体等700余家。升级后继续教育信息化覆盖范围达到95%以上。

(石菁菁)

【加强急诊急救医疗人才培养】 年内，本市举办了中法灾害医学论坛、灾害医学培训班，组织了医务人员灾害医学演练，共培训全市二、三级医院急诊科医师约1 000人。

(叶 纯)

【培养农村卫生人才】 全年本市共设教学点178个，培训乡村医生5 749人，合格率98%。市卫生局下发了《关于为北京农村山区、半山区定向培养卫生人才的实施意见》，提出采取定向招生、定向培养、定向就业的方式，依托首都医科大学为房山、平谷、密云等7个远郊区县培养卫生人才，本年度招生99人。

(叶 纯)

【培养全科医学人才】 年内，本市开展了全科医师、社区护士、防保医师、康复、口腔、药学、检验、心电图、X线、B超等10个专业岗位的培训及考试考核，共有4 841人通过了理论考试和技能考核，取得岗位培训合格证书。

全年培训社区卫生服务人员骨干108人，其中全科医师骨干37人，社区护士骨干48人，防保医师骨干23人，康复、口腔、超声诊断及放射骨干52人。同时，以"模块式培训包"的形式推出岗位培训再注册，共培训666人。

(叶 纯)

【培养学科骨干】 年内，对18个区县124名学科骨干和学科带头人进行了为期一年的导师制"一对一"的临床、科研和教学等方面的强化培训。

(叶 纯)

【开展对口支援】 全年共培养什邡市学科带头人及骨干96人、河北省石家庄市卫生系统中青年学科骨干16人。

(叶 纯)

【开展人禽流感防治知识培训】 1月，制订了《北京市卫生局关于开展在职卫生人员人禽流感防治知识全员培训的通知》，对全市在职卫生技术人员进行了人禽流感防治知识培训。1月13日前，完成骨干师资培训342人；1月25日前，完成全员培训。印发《人禽流感防治知识读本》15万册发至北京地区医务人员。

(石菁菁)

【手足口病防治知识培训】 3月，举办了手足口病防治知识师资培训班，全市设有儿科的二、三级医院以及部分社区卫生服务中心的181名专业技术骨干参加了强化培训。同时，对北京地区卫生技术人员进行了手足口病防治知识培训。

(石菁菁)

【鼠疫防治知识培训】 年内，市卫生局下发了《关于开展在职医疗卫生人员鼠疫防治知识培训工作的通知》（京卫科教字[2009]52号），全市在职医疗卫生人员鼠疫防治知识培训工作全面启动。8月20日，本市二、三级医院，市卫生监督所，市疾控中心及18个区县卫生监督所、疾控中心的400余名专业技术骨干参加了培训，他们将作为师资承担全员培训工作。8月20日~9月6日，对全市在职医疗卫生人员重点就《鼠疫诊断标准》（WS279-2008）开展了鼠疫防治知识培训。

(石菁菁)

【人粒细胞无形体病防治知识培训】 11月，全市各三级医院及各区县疾病预防控制中心的相关专业人员共98人参加了人粒细胞无形体病防治知识的培训，重点就《人粒细胞无形体病预防控制技术指南（试行）》进行了讲解。

(石菁菁)

药械管理

【概述】 本年度主要开展了贯彻落实307种国家基本药物在全市政府办的医疗机构实行集中采购、统一配送、零差率销售；对医疗机构必须但药品价格低、短缺的药品通过直接挂网采购，组织货源、建立绿色通道，满足临床用药需求；制订了北京市2009～2011年乙类大型设备配置规划，并开展了安全使用的排查；为确保60周年国庆期间药品和医疗器械使用安全开展了医疗机构安全使用专项检查，排除安全隐患，并对医疗机构从业人员开展专业培训，加强安全使用的管理；根据市委市政府开展帮扶企业的工作，制订了《关于帮扶企业应对国际金融危机若干措施工作方案》，组织医疗机构与企业搭建平台，开展政府采购工作，在"北京市城八区社区卫生服务标准化设备配置二期采购项目"中，北京生产企业中标产品总金额达5 400余万元，其中自主创新产品中标金额近4 900万元。

（房薇）

医疗机构药事管理

【协调血液制品临床用药短缺】 年内，本市建立了血液制品临床应急用药备案的绿色通道；为18个区县妇幼保健院建立了纤维蛋白原保障渠道；召开医疗机构、生产企业、经营企业座谈会，积极组织血液制品货源；向市政府、卫生部等专题报告反映短缺情况，协调价格管理部门调整相关药品价格，有效地缓解了纤维蛋白原、丙种球蛋白、人血白蛋白等药品的临床使用问题。

（房薇）

【药品和医疗器械专业人员培训】 年内，分期分批地对18个区县卫生局和全市二级及以上医疗机构的医务处、药剂科、感染科、外科、呼吸科、麻醉科、精神科、神经内科、高压氧科等3 200余人进行了《抗菌药物临床合理应用指南》、《麻醉药品和精神药品应用指导原则》、《社区药学岗位非药学专业人员上岗》统一考试，《医用氧舱设备使用操舱人员上岗证》培训，抗菌药物临床合理应用师资培训，提高了专业知识水平，得到了区县卫生局及医疗机构的认可。

（房薇）

药品及医疗器械集中采购

【贯彻落实国家基本药物制度】 根据11月27日市政府专题会议精神，制订了《北京市贯彻落实国家基本药物制度的实施意见》，并按照"先补充，后规范"的原则，在原社区卫生服务机构零差率销售的328个药品中，国家基本药物与之重叠的116个品种除外，对属于国家307种基本药物但未纳入本市零差率药品的191个品种进行公开招标采购。通过面向全社会的公开招标，为全市公立基层医疗卫生机构配备了国家基本药物。中标品种实行一品规一企业，在全市基层卫生服务机构100%配备使用，并实行统一配送、零差率销售。

（房薇）

【医疗机构药品集中采购】 1月20日，卫生部、国务院纠风办等六部委下发了《关于印发进一步规范医疗机构药品集中采购工作的意见的通知》（卫规财发〔2009〕7号）。本市组建了由市政府有关领导牵头，卫生、纠风、发改委、财政、药监等9个部门组成的北京市药品和医疗器械集中采购领导机构，领导小组办公室设在市卫生局药械处。调整了北京市医疗机构药品集中招标采购中心的职能，调整后更名为北京市医疗机构医药集中采购服务中心，负责药品集中采购工作的具体实施。11月27日，启动了2009年北京市医疗机构药品集中采购工作。全市所有非营利性医疗机构、医疗保险定点机构全部参加药品集中采购（183家二级以上医院和2 358个社区卫生服务中心/站）。采购范围包括医疗机构使用的所有药品（除中药饮片和国家实行特殊管理的药品）。集中采购目录按照临床使用情况分为《公开招标目录》、《集中议价目录》、《短缺药品目录》和《低价药品目录》。截至12月31日，完成短缺药品和低价药品目录的挂网采购，成交药品共计2 284个品种规格。本次集中采购全面实行政府主导、以市为单位的网上药品集中采购，建立了非营利性的政府药品集中采购平台，政府可通过该平台实现对医疗机构药品采购使用情况的实时监管。

（房薇）

【开展"扩内需、保增长"帮扶企业】 年内，市卫生局、市人力资源和社会保障局、市经济和信息化委员会建立了协调机制，制订了《关于帮扶企业应对国际金融危机若干措施工作方案》，多次组织中关村药品、医疗器械及试剂类自主创新产品召开生产企业座谈会，医疗机构有关专家对产品资质进行评审，论证产品推介的可行性和操作性。5月22日，市卫生局、市经信委、中关村管委会组织全市区县卫生局、二级及以上医疗机构近450人召开了中关村医疗器械及试剂类自主创新产品推介会。经过政府采购评审，在"北京市城八区社区卫生服务标准化设备配置二期采购项目"中，北京生产企业中标产品总金额达5 400余万元，其中自主创新产品中标金额近4 900万元，并与北京万东医疗装备股份有限公司签订了78台500毫安X光机的采购意向书。 （房 薇）

医疗器械管理

【制订2009～2011年乙类大型设备配置规划】 根据《卫生部办公厅关于印发＜2009～2011年全国乙类大型医用设备配置规划指导意见＞的通知》（卫办规财发〔2009〕67号），在对2005～2007年配置规划期内设备指标完成情况、增长速度、效率进行理论测算的基础上，根据全市卫生资源现状和各医疗机构新规划期的购置需求，制订计划配置量并报卫生部批准。卫生部已批复下达北京市2009～2011年乙类大型医用设备配置规划，本市将严格按照卫生部的整体规划统筹配置。 （房 薇）

【开展乙类设备违规装备排查】 1月13～15日和3月26日，市卫生局组织了两次现场违规装备执法检查。对北京燕化医院、北亚骨科医院、昌平区医院、北京藏医院的无证设备进行了专项检查。按照《大型医用设备配置与使用管理办法》（卫规财发〔2004〕474号）的有关规定对4家医院的5台设备予以现场封存，停止使用，并向全市通报批评。
（房 薇）

【应急采购甲流体温监测仪】 为防止院内交叉感染，做好医疗机构防控甲流工作，市卫生局组织代理机构开展了体温监测仪的政府采购工作。本次政府采购共给42家三级医疗机构、18个区县二级及以下医疗机构配备体温检测仪2 202台，共计898 678元。
（房 薇）

【药品和医疗器械安全使用管理专项检查】 为确保新中国成立60周年庆祝活动安全顺利举行，在全市开展了医疗机构药品和医疗器械安全使用专项检查。专项检查分为医院自查、区县重点检查和全市重点抽查3个阶段。8月24日，根据前两阶段的检查结果，由市卫生监督所、专家分成9个组，对全市18个区县54家医疗机构的毒麻精放等国家特殊管理药品和医用高压氧舱、含源性设备等医疗器械进行了重点抽查。检查中发现医疗机构在药品和医疗器械使用方面存在的安全隐患，并提出了整改意见。针对抽查中发现的问题，市卫生局药械处在国庆节前组织了复查，确保了医疗机构药品和医疗器械的使用安全。
（房 薇）

基本建设

【概况】 全年本市卫生系统安排基本建设投资31.29亿元，涉及建设项目46个，面积137万平方米。其中卫生部所属单位项目11个，中央投资19.36亿元，建设面积55万平方米；市卫生局直属单位项目11个，安排投资7.723亿元（其中中央投资1.2621亿元、市政府投资4.2509亿元、建设单位自筹2.21亿元），建设面积22万平方米；区县重大项目24个，其中区域医疗中心项目9个、妇幼卫生4个、疾控1个、中医1个、其他9个，政府投资4.2069亿元，其中中央投资1 800万元、市政府投资4.0269亿元，建设面积60万平方米。（马小荧）

【重点保障防控甲流】 年内，完成收治甲流患者备用指定医院——潮白河骨伤科医院26 000平方米、总投资10 766万元的改造工程，完成地坛医院旧址改造设计方案，组织专家编制了《综合医院收治呼吸道传染病重症患者病房（甲流）通风空调系统改造基本标准（试行）》和《综合医院收治呼吸道传染病重症患者病房（甲流）通风空调系统改造建议方案》。
（马小荧）

【市属（管）单位基本建设进展情况】 年内，安排市属（管）卫生基建项目16个，其中友谊医院干部保健楼工程、老年医院门诊楼及附属用房工程和北京急救中心改造工程已交付使用，完成潮白河骨伤科医院改造工程和市疾控中心防病业务楼市政配套工程，建筑面积9.26万平方米；续建项目有安贞医院门诊综合楼工程、积水潭医院回龙观院区建设工程，建筑面积12.66万平方米；已批立项正在进行可行性研究、深化设计方案、编制初步设计概算和征地拆迁、施工招标等前期准备工作的项目有9个，分别是安定医院门诊楼及附属用房工程、友谊医院妇科楼至外科病房楼架空连廊工程和北京护士学校实训教室改造工程、北京儿童血液肿瘤中心项目、宣武医院改扩建一期工程、市卫生监督所购置办公用房项目及装修改造工程、北京肿瘤医院地下车库及放射用房工程、积水潭医院门诊楼扩建及地下车库工程和口腔医院王府井部门诊楼工程，总建筑面积18.86万平方米。

（马小荧）

【10个区域医疗中心建设取得新进展】 截至年底，大兴区医院已建成并投入使用；门头沟区医院、房山良乡医院、通州潞河医院、顺义区医院、昌平区医院、平谷区医院已开工建设；怀柔区医院、密云县医院完成项目前期审批，即将开工建设；延庆县医院完成立项手续。

（马小荧）

【社区卫生服务机构标准化建设】 根据《北京市"十一五"时期卫生事业发展规划》，全市规划设置社区卫生服务中心（站）3 304个，其中社区卫生服务中心351个、社区卫生服务站2 953个。截至年底，已建设标准化社区卫生服务中心（站）3 285个，占规划总量的99.4%。

（马小荧）

【完成既有建筑节能改造】 年内，争取到市财政节能改造专项资金1 143万元。结合常规建筑装修改造和既有建筑节能专项改造工程，市卫生局直属的18个医疗机构完成40万平方米的室内供热系统计量及温度调控改造、热源及供热管网热平衡改造和建筑围护结构（外墙和屋面保温、更换保温门窗）的节能改造。

（马小荧）

财务与物价

财务管理

【概述】 2009年，市级财政投入市属医疗卫生单位卫生事业费（不含基本建设）359 632.5万元。市属单位固定资产149 527.67万元。 （袁 毅）

【完成各项折子工程及重点工作】 市政府确定的"保增长"折子工程是市卫生局与市民政局、市人力社保局共同完成30亿元的固定资产投资。截至年底，市卫生局完成固定资产投资16.42亿元，其中基本建设投资5亿元、设备投资11.42亿元。

市政府折子工程——开展单病种医药费用总额预付制试点工作中，市卫生局完成规范疾病诊断、统一病历首页信息、数据采集等，北医三院和人民医院的试点工作已经启动。

年内，分3批完成11家医院成本核算体系和制度的推广实施，形成2 300余种常用医疗项目成本数据。同时，完成了《医疗项目成本核算办法》的制订。9月4日，卫生部规财司召开了"卫生部医院成本核算理论方法"课题专家评审会，认为北京市卫生局研究的医院成本核算理论方法较为完善，具有推广价值。

年内，市卫生局与市财政局制订了建立在医院成本核算基础上的全新的政府补偿方案。该方案将原来的基本经费按人头补助方式调整为根据医院实际医疗项目成本核算状况，对医院的政策性亏损给予补助，并在对一系列KPI指标进行考核的基础上，设立针对成本管控效果的奖励性补偿。该方案已在朝阳医院试点。

（袁 毅）

【完成医改资金供需情况测算】 年内，市卫生局完成近5年来市、区两级财政对全市教育、科学、社保和医疗卫生投入占财政支出的比重，全国及直辖市上述各项支出近5年来同口径比重，以及部分国家和地区在年人均GDP 1万美元阶段卫生投入占财政支出比重情况的对比，形成了数据资料库。同时，对未来3年全市医改资金需求进行了分部门、分市区、分项目、分性质、分年度的测算，确定未来3年全市医改资金需求476.5亿元。

（袁 毅）

【争取预算外资金12.64亿元】 截至年底，市卫生局共争取到预算外追加经费12.64亿元，其中包括甲流防控资金4.65亿元、医疗机构设备购置资金4.38亿元、科研机构建设经费0.32亿元、教育及临床教学专项经费0.42亿元、其他各类机构发展建设和新增专项工作所需经费2.87亿元。 （袁 毅）

【提高财政资金的使用效益】 2009年，市卫生局财政拨款预算约23.6亿元，追加各项经费12.64亿元，共计36.24亿元。至年底，共落实以前年度未完专项407个，支出资金13.52亿元，调整2008年及以前年度项目237个，调整资金3.56亿元。调整资金重点支持国庆医疗卫生保障、甲流防控、积水潭医院回龙观分院建设等重大项目，落实及调整资金总量占以前年度全部结余的88%,其他尚未使用的资金结余,主要为社区卫生服务标准化设备购置采购净结余资金。

（袁　毅）

【完善财务制度体系建设】 年内,针对甲流防控工作的特点制订一系列规章制度10余个。修订了《医院财务人员岗位职责》及《卫生单位财务人员岗位职责》、《北京市卫生局机关财务管理制度》、《北京市卫生局直属单位高额资金使用管理暂行办法》、《社区卫生服务机构固定资产管理制度》、《社区卫生服务机构公用经费支出意见》等,进一步规范了机关和基层医疗卫生机构的财务管理。

（袁　毅）

【推进医疗卫生机构财务信息化建设】 至年底,全市95家二级医院银行卡开通率80%,50家三级医院银行卡开通率90%。完成北京市卫生经济指标信息平台的研发及初验。完成8家综合医院及3家专科医院医疗项目成本核算工作,形成2 300余项医疗项目成本核算数据;完成9家医院预算管理系统的推广实施,加上以前年度完成验收的各子系统,全部完成了卫生财务管理信息系统建设项目结项工作。

（袁　毅）

【扩大专项资金绩效考评】 年内,市卫生局按照国有资产处置相关规定,共办理国有资产处置近600批次,涉及固定资产11 363台(件),合计价值2.2亿元。非典库存物资按处置程序拍卖移动X光机48台,价值698.2万元;呼吸机427台,价值2 295.175万元;防护用品172.8万件,价值3 250.35万元。

市卫生局对涉奥资金进行了清点和对账,共申请留用涉奥资产650件,价值1 039.43万元,涉奥物资564.55万元。上缴奥运资产144件,价值12.82万元。

全年完成绩效考评项目11项,其中财政考评8项、部门考评3项。有6项被评为优秀、1项被评为良好、1项被评为合格。部门考评3项全部评为优秀。部署2010年绩效考评项目7项,其中财政考评5项、部门考评2项。

（袁　毅）

物价管理

【开展价格管理培训和检查】 年内,市卫生局开展了价格管理混乱政策的清理规范,共规范价格政策199条。此外,由区县卫生局、三级医院价格管理骨干组成的6个工作组完成对二级及以下医疗机构的价格管理培训和工作检查,全年培训价格管理人员500余人次。

（袁　毅）

【临床用药费用水平研究】 年内,除了继续对"总控"数据进行统计分析外,针对药费上涨过快情况开展了北京市医疗机构临床用药费用水平的调研,研究了2006～2009年3年间的药费增长情况,形成了《3年来北京4组医疗机构临床用药药费水平分析报告》。样本数据来源于市公共卫生信息中心的总控医院上报数据和在海虹医药电子交易中心有限公司药品交易平台上的网上交易数据。对比分析了地方和军队96家医院的数据,其中三级医院52家、二级医院43家、一级医院1家。此外,全年受理80项新医疗服务价格项目,批准设立项目67项。

（袁　毅）

【推动医疗服务付费机制改革】 市卫生局、市人力资源和劳动保障局、市发改委、市财政局共同推动的医疗服务付费机制（DRGs－PPS）改革按照计划进行,市卫生局承担的规范疾病诊断、统一病历首页信息、数据采集等工作已完成,并在此基础上统计出628类疾病诊断相关组2008年全市住院患者平均住院费用水平,以及其中医疗保险付费患者的平均住院费用水平。付费机制改革的试点工作将由市人力资源和劳动保障局组织实施。

（袁　毅）

审计监督

经济审计

【领导干部经济责任审计】 年内,市卫生局对19家直属单位的法定代表人进行了经济责任审计,提出问题395条,提出审计建议114条。其中对15家直属单位法定代表人进行了任内经济责任审计,实现审计关口前移;受局组织处委托,对回龙观医院、安定医院、信息中心和宣传中心等4家单位离任领导进行了经济责任审计,从经济管理工作的合法性、合规性等方面进行了评价,肯定了工作业绩,指出了存在的问题,并提出了整改建议。

（邓　盼）

【对2家医院进行财务收支审计】 年内，市卫生局对宣武医院和肿瘤医院的财务收支进行了遵循性审计。通过审计，指出了2家医院经济管理工作中存在的不足，并提出了整改意见。 （邓 盼）

【奥运物资专项审计】 3月，对门头沟区、房山区、昌平区、怀柔区、平谷区、延庆县、密云县等7个区县卫生局14个景区及市疾控中心、信息中心、友谊医院2001～2008年市政府投入奥运资金购置物资和固定资产实存情况进行了审计。通过对资产清单实施逐一清点的审计，相关管理部门对资产的调拨和资金拨付符合奥运资金使用的规定，没有丢失资产以及挪用资金的情况，较好地使用了奥运资金。 （邓 盼）

【后续审计】 3月4～11日，对同仁医院、安贞医院、朝阳医院、中医医院、口腔医院、天坛医院等6个直属单位2008年经济责任审计报告中披露问题的整改情况进行了后续审计。从审计情况来看，大多数单位都予以高度重视，专门召开办公会对审计报告中提出的问题和建议进行讨论研究，并组织人员限期落实整改。除少数历史遗留问题多的单位确因客观原因难以及时整改外，其他问题基本得到整改，整改率达到95%以上。 （邓 盼）

【培训内审人员】 9月9～11日，市卫生局举办了直属单位内部审计培训班，36个单位的85名内审人员和近30名分管审计工作的领导参加了培训。培训内容紧密结合医疗卫生单位工作实际，贴近直属单位内部审计人员的工作状况，效果较好。 （邓 盼）

政风行风监督

【落实惩防体系建设】 年内，制订了《北京市卫生局贯彻落实〈建立健全惩治和预防腐败体系2008～2012年工作规划〉的实施办法》和《中共北京市卫生局党组贯彻落实〈建立健全惩治和预防腐败体系2008～2012年工作规划〉的具体分工方案》。把党风廉政建设从7个方面分解成81项惩防体系建设的任务，把局领导、各职能部门开展党风廉政建设和反腐败工作的任务进行了细化，明确了分工及职责要求，并确定了牵头落实的处室及协办处室。
（钟蝶飞）

【廉政风险防范管理】 年内，制订了《北京市卫生局廉政风险防范管理工作实施方案》，从6个方面8个步骤明确了操作程序、实施方法和基本要求。同时，成立了以党组书记、局长方来英任组长的廉政风险防范管理工作领导小组，并设立了办公室，局机关处室的领导为处室廉政风险防范工作负责人。局机关各处室在清权确权的基础上查找廉政风险点2 588个。根据权力划分的条件和要求，全局共确定行政权力132项、风险点168个，并按照权力大小划分出A级、B级、C级，制订了《北京市卫生局廉政风险防范管理工作考核办法及考核标准〈草案〉》。
（钟蝶飞）

【政风行风建设】 年内，协助市纠风办制订了《2009年北京市卫生系统民主评议政风行风工作计划》。通过明查暗访，重点对市卫生局机关、卫生行政许可证大厅、卫生监管部门、医疗机构、公共卫生单位依法履行职责、公正执法、办事效率、服务态度、清正廉洁等情况进行了评议。在市纠风办组织的对14个委办局的行风评议中，市卫生局民主测评排名第七，网民评议排名第五。 （钟蝶飞）

卫生信息化

【概述】 2009年，北京卫生系统围绕保障国庆安全、推进医药卫生体制改革的核心任务，大力加强信息化工作，取得了显著成绩。5月，市公共卫生信息中心成为首都医科大学卫生管理与教育学院卫生与医学信息管理学系教研室及教学科研基地。继续开展卫生信息化项目前置统一评审工作，有利于信息化项目统筹规划，避免重复和盲目建设。以卫生监督执法信息系统绩效考核为试点，探索了卫生信息化项目的绩效考核评估方法和机制。推进社区卫生服务信息系统、新农合信息系统、计划免疫系统、卫生监督执法等重点应用系统建设，其中新社区卫生信息系统完成3个试点区县的建设任务，建立社区居民电子健康档案100余万份，并完成了初验。围绕国庆60周年信息安全保障，完善信息安全的监控体系和保障体系，加强信息安全检查、应急值守、安全演练等，全面提高信息安全防护能力，确保了网络、基础设施、应用系统、网站、数据的安全。4月，北京卫生信息网健康专题栏目更名为"健康e站"，创建品牌栏目，提升服务意识，整合现有资源，丰富和加强政府卫生网站的公共信息服务。年内，"健康e站"栏目在第四届中国特色政府网站评选活动中获得中国社会科学院信息化研究中心颁发的品牌栏目奖，获市行业纠风办、首都之窗颁发的优秀栏目奖；市公共卫生信息中心获中国计算机用户协会颁发的中国电子政务运维管理优秀实践奖，并被评为北京市保障国庆60周年信息安全先进单位；"市卫生局免疫规划信息系统"获北京市经济和信息委员会等颁发的信息北京十大应用成果奖。

（张世红）

规划管理

【制订《北京市医疗卫生信息化服务提升计划》】 年内，根据《北京信息化基础设施提升计划（2009~2012年）》（京政发〔2009〕19号），市卫生局和市经济和信息化委员会联合下发了《北京市医疗卫生信息化服务提升计划（2009~2012年）》（京卫办字〔2009〕114号）。提出未来3年医疗卫生信息化服务提升的总体目标、实施原则和8项任务。8项任务包括：改善卫生信息化网络环境，构建市区两级中心数据库，规范统一就诊卡，改善居民就医支付环境，加强医院信息系统基础设施管理，规范网站和服务热线，推进远程医疗，建立居民电子健康档案。进一步加强医疗卫生信息化基础建设，建立健全首都卫生综合信息服务平台，加大卫生信息基础网络建设力度，促进信息网络全面升级。

（张世红）

【加强项目前置审核评审】 按照《北京市卫生信息化项目建设管理办法》（京卫办字〔2008〕107号），全年共审核项目32项，其中市属医院信息化项目13项，涉及资金1.08亿元；公共卫生及其他方面信息化项目19项，涉及资金4 722万元。

（张世红）

【加强电子政务绩效考核管理】 年内，以卫生监督执法信息系统为试点，探索信息化项目的绩效考核评估方法和机制。通过对卫生监督执法信息系统服务提供者、信息系统和服务接受者3个维度的内容考核评估，找出存在的问题及与建设目标的差距。本次考核以访谈和调查问卷形式开展，对9个区县卫生监督所进行了访谈，并向全市卫生监督员发放调查问卷，共回收调查问卷1 076份。随机抽取188份问卷进行统计整理，形成绩效考核评估报告，提出了7项绩效考核评价、4项建议。

（张世红）

【启动医院门急诊信息系统功能规范编制】 7月，《北京地区医院门急诊信息系统功能规范》编制正式启动。该规范旨在满足管理部门和医院不同层次对门急诊信息采集的需求，制订符合多方要求的门急诊信息系统建设规范。该规范由三部分组成，规范制订的目标、门急诊信息系统功能规范及数据采集规范。截至年底，已形成第二版修改稿。（单既桢）

【启动卫生信息管理学学历教育】 为了适应卫生信息化发展的需要，提高卫生信息管理人才队伍水平，市卫生局与首都医科大学联合组建成立了卫生与医学信息管理学系。同时，市公共卫生信息中心也成为首都医科大学在卫生信息化方面的科研教学基地。通过双方合作，既可培养大量的卫生信息管理人才，又可开展相关研究，提高卫生信息资源的利用率和利用水平。5月23日，首都医科大学卫生与医学信息管理学系成立仪式在首都医科大学举行。学系的成立旨在通过本科、研究生以及在职教育等不同层面的教育，培养面向管理、面向百姓、面向未来的具备足够科研、信息管理及服务能力的信息管理人才，促进首都卫生事业信息化水平的提高。

（纪京平）

项目建设

【新社区卫生服务综合管理信息系统】 新社区卫生服务综合管理信息系统是全面覆盖社区卫生服务机构和社区卫生管理机构、以建立居民健康档案为核心、支持基本医疗和公共卫生服务的信息系统。2月，该系统在朝阳、西城、顺义区试点；截至年底，共建立社区居民电子健康档案100余万份。该系统于8月14日通过了北京软件产品质量检验检测中心的验收，并经专家评估会论证认定已具备全市推广的条件。为配合医疗保险费用结算方式的改革，方便就医群众实时结算，对新社区卫生信息系统按照医保要求进行了改造和完善，并在西城试点单位通过了医保现场认证。同时，开发完成双向转诊信息系统，计划在西城区和海淀区试点。

（顾晓晖）

【市卫生局卫生人力资源管理信息系统】 为整合现有的医疗卫生人力资源信息，建立完整的医师、护士等医疗技术人员的动态的管理系统，建立全市医师多地点执业管理和医师定期考核管理等系统，为医政、人事、科教等部门服务，年内，组织医师协会、人才考评中心等相关用户开展了人力资源管理信息系统需求调研。同时，对人力资源相关业务和信息进行梳理，完成了《市卫生人力资源信息共享主题目录业务事项表》和《市卫生人力资源信息共享主题目录资源表》，共梳理建设卫生人力资源信息共享平台系统所需的业务事项50项、资源项41项、数据元1 205个，形成了《市卫生人力资源数据现状分析报告》、《市卫生人力资源信息共享分析报告》。
（史 淼）

【社区卫生网络接入系统集成购置防火墙交换机】 年内，市公共卫生信息中心按照《北京市公共卫生信息系统总体规划》，结合社区卫生信息化建设项目的要求，制订了将320个社区卫生服务中心接入政务外网的方案，同时，市卫生局负责统一采购广域网接入设备及设备维护。至年底，已完成设备发放与安装调试工作。
（郑 攀）

【新社区卫生服务综合管理信息系统安全建设试点】 落实北京市新社区卫生服务综合管理信息系统的三级安全等级保护，着重建立系统的安全防护能力、隐患发现能力、应急处理能力以及系统恢复能力。截至年底，完成了西城区、朝阳区、顺义区3个试点区县的系统安全建设。
（郑 攀）

网站建设

【完善网站测评考核体系】 年内，对网站测评方式进行了优化，首次引入单位自评及互评模式，共测评80家单位网站，测评内容包括院务公开、在线服务、医患交流等方面情况。编写测评报告55份，其中区县卫生局网站综合平均得分66分；医疗机构网站综合平均分为64.4分；卫生部门网站综合平均分为68.8分，各类网站总体平均分均达到了及格水平。
（杨小冉）

【网站前置审批及监管】 年内，根据卫生部《互联网医疗保健信息服务管理办法》，对北京互联网医疗保健信息服务审核进行了优化。同时，开通了网上申报平台。全年共审批网站111家，比上年提高了10%。
（杨小冉）

【建立网站日常监测机制】 10月起，建立了网站日常监测机制，并每周整理违法网站监测报告。截至年底，共发现违法网站132家，主要问题包括含不健康信息、扩大宣传效果等。
（杨小冉）

【建立信息员备案制度】 5月起，为了提高网站信息发布的规范性及权威性，北京卫生信息网开始实施信息员备案制度。要求市卫生局所有处室及其他网站信息提供单位确定1名信息员，并在市公共卫生信息中心网站部备案，由中心统一配发邮箱进行信息报送，对于非统一配发的邮箱报送的信息不再发布。
（杨小冉）

【整合网上服务】 年内，通过整合、共建等方式建立了社区卫生服务机构导航、新生儿疾病筛查（改造）、网上献血预约等公众关注度较高的网上服务。
（杨小冉）

信息安全

【加强信息安全保障】 为了加强信息安全管理，年初，北京市公共卫生信息中心建立了信息安全保障工作机构，成立了信息安全保障工作领导小组。各单位按照"谁主管谁负责、谁运行谁负责、谁使用谁负责"的原则，严格落实领导责任制，要求主要负责人要亲自过问信息安全工作，听取情况汇报，研究解决重大问题；分管领导要靠前指挥，督促落实信息安全规章制度，及时协调处理重大信息安全事件；要建立健全信息安全工作机制，明确工作机构，加强安全手段建设，提高安全保障能力；要进一步落实信息安全责任制，把责任具体分解到科室、岗位和人员，层层分解任务，层层落实责任，层层抓好落实，确保领导到位、机构到位、人员到位、责任到位、措施到位、监管到位。
（郑 攀）

【信息安全检查】 年内，市卫生局与市公安局联合印发了《关于北京市卫生行业信息安全检查工作的通知》（京公网监字〔009〕226号），对本市卫生行业开展信息安全联合检查。首先，各区县卫生局与公安局对辖区内医疗机构进行了信息安全检查。4月21日~5月15日，市公共卫生信息中心与市公安局文保处组成的联合检查组对本市卫生行业8家单位进行了信息安全检查。检查组重点检查了各单位信息安全责任的落实情况、信息系统等级保护工作的落实情况以及国庆信息系统安全保障工作的落实情况，对检查中发现的问题提出了整改意见，并以书面形式进行了反馈。各单位根据检查结果进行了整改。市公安局网监处领导带队对相关单位进行了国庆信息安全保障工作的检查，并给予了肯定。针对检查中发现的安全隐患、漏洞等风险制订了技术整改和管理措施，最大限度地降低网络与信息安全风险。
（郑 攀）

【制订预案并定期演练】 年内，市公共卫生信息中心网络管理部针对各信息系统建立了完善的应急预案，各医疗机构也制订了本单位信息系统的应急预案。从3月起，市卫生局每月组织1次6个重要信息系统的应急演练，市公共卫生信息中心进行了2次信息安全突发事件处理的演练。8月20日之前和9月20日之前，各医疗机构按照市卫生局要求，结合应急预案，进行至少2次信息系统安全演练。针对演练中发现的安全隐患、漏洞等风险制订了技术整改和管理措施。
（郑 攀）

【加强卫生信息安全值守】 8月，市卫生局召开了全市区县卫生局信息安全工作会，要求各区县认真做好卫生行业信息安全工作，全力保障60周年国庆期间信息安全。同时，市卫生局提出了国庆信息安全保障应急值守的要求：9月1日~10月8日，信息中心除安排24小时值班外，又增加了1名网络管理部技术人员值班；9月25日~10月8日，重要系统承建商驻场值守，专家和信息安全服务商成立应急响应小组作为二线技术支持队伍；开发了网上零报告系统，自9月25日起，全市卫生行业实行信息安全事件零报告制度，二级以下医疗机构（含二级）报区县卫生局，各区县卫生局、三级以上医疗机构、市卫生局直属单位共94家，每日22时前报市公共卫生信息中心；每日0：30前，将前一日卫生行业信息安全情况报市网络与信息安全协调小组值班室。顺利完成了国庆的信息安全保障任务。 （郑 攀）

卫生法制建设

立法

【颁布《北京市献血管理办法》】 保障医疗机构用血的安全、足量一直是本市献血管理工作的首要任务。2006年，市人大废止《北京市动员组织公民献血条例》，立法进入前期调研阶段；2007年，列入市政府法制办年度立法计划；2008年，进入起草论证阶段；2009年，按照市政府法制办要求对《北京市献血管理办法》的核心问题"还血政策"、"献血办职责"、"采血服务规范"等问题进行多次论证，报局长办公会讨论，形成送审稿（京卫法字［2009］6号）正式报市政府。8月27日，经市人民政府第47次常务会议审议通过，自11月1日起施行。全文共23条，一是明确了献血工作机构、卫生行政管理部门、红十字会等相关部门的献血管理职责；二是适当提高还血优惠政策，增强市民献血积极性；三是规定了多渠道、多层次的血源保障制度和措施；四是加强血站管理，提高服务水平。 （赵 婧）

【起草《北京市集中空调通风系统卫生管理办法》】 集中空调通风系统作为现代公共建筑主要卫生设施，其运行状况和内部清洁程度直接影响室内空气质量，对健康产生直接影响和远期危害。2008年，启动了前期立法调研；2009年，列入市政府法制办年度立法计划，进入起草论证阶段，就适用范围、卫生安全责任人、与相关法规衔接、应急措施、监督管理等核心问题召开了专题论证会。基本确定本办法主要适用于本市公共建筑内集中空调通风系统卫生管理，集中空调通风系统所有人是卫生安全第一责任人，公共建筑内的公共场所还应遵守公共场所管理条例及实施办法等法规的规定。 （赵 婧）

【开展《北京市社区卫生服务条例》立法调研】 年内，市卫生局与市政府法制办、市社管中心、市社区协会成立了立法调研工作小组，对西城、房山、通州等地就辖区基本情况、社区卫生服务体系与能力建设、社区卫生服务机构的运营管理、社区卫生服务管理体制进行了现场调研。委托市社区卫生协会对全市社区卫生服务现状进行了调研，目的是了解社区卫生服务的可及性、公平性，居民对社区卫生服务的需求及利用程度，目前本市社区卫生服务的覆盖程度及服务水平，社区卫生服务取得的成绩及经验，社区卫生服务存在的主要问题，社区医务人员对社区卫生立法的态度及建议等6个方面的情况。 （赵 婧）

【开展《北京市医疗纠纷处理办法》等立法调研】 针对医疗纠纷处理二元化问题，探索多元化解决医疗纠纷的渠道，委托卫生法学会起草了办法草案和相应的说明材料，并准备了国内外立法资料汇编，拟列入2010年政府规章预备项目，待调研充分后即报政府审议。协调相关部门，建立了卫生与法院系统医疗纠纷处理沟通工作平台。召集市各级法院主管医疗纠纷审理的负责人参加座谈会，就当前医疗纠纷的行政处理、审判和调解进行探讨，加强了卫生行政部门与审判机关在医疗纠纷处理中的沟通与交流。此外，还开展了公共卫生条例、急救医疗服务条例等的立法调研工作。 （赵 婧）

行政规范性文件管理

【加强行政规范性文件管理】 为了进一步落实《北京市行政规范性文件备案监督办法》（市人民政府令第160号），加强市卫生局行政规范性文件的起草、审查、备案和政府信息公开工作，总结近几年行政规范性文件制发工作经验，印发了《北京市卫生局行政规范性文件备案监督办法》（京卫法字［2009］20号），重申了行政规范性文件的起草、审查、备案、清理等程序，增加了制发行政规范性文件信息的公开程序，明确了不属于行政规范性文件的4类具体行政公文，强调了行政规范性文件的签发程序。　　　　　　　　　　（赵　婧）

【为依法防控甲流提供法律保障】　年内，协调市政府法制办共同起草了《关于进一步明确责任突出重点加强甲型H1N1流感预防控制工作的通知》（京政发［2009］18号），对落实属地责任、部门责任、单位责任和个人防控责任进行了明确规定，建立了全社会预防控制传染病的新机制，为流感防控工作提供了法律保障。为做好社会层面的甲流防控工作，落实单位责任，协调市法制办、市应急办共同起草了《关于落实社会单位防控甲型H1N1流感管理责任的通告》（京卫急字［2009］16号），明确了单位的责任、机构、人员和目标责任制及需要落实的防控措施。针对防控工作中出现的部分患者不接受隔离并在社会上传播的行为，组织公安、司法等有关部门进行研究，依据有关法律法规提出处理意见和建议。特别是针对留学生何某在京活动、隐瞒在国外有甲流病人接触史、未如实填报健康申明卡行为是否违法及如何追究相关责任问题进行了商议，并协调检验检疫局对何某依法追究法律责任，给予相应的行政处罚。与市政策法制办、市司法局共同组织有关法律专家，就相关法律知识进行了系统的整理，印发了《甲型H1N1流感防控法律知识问答》小册子，下发到各有关单位和全社会。　　　　　　　　　　（薛海宁）

【2009年度行政规范性文件备案情况】　2009年度，市卫生局共制发文件1 945件，其中报送行政规范性文件11件，其中有1件因属于卫生系统内部规定，未得到市政府法制办备案。　　　（赵　婧）

北京市卫生局2009年度行政规范性文件目录

序号	行政规范性文件名称	发布日期
1	北京市卫生局关于下发《北京市出生缺陷登记检测报告管理制度》的通知	2008年12月8日
2	《北京市卫生局关于护士重新申请执业注册有关事项的通知》	2009年3月19日
3	北京市卫生局关于印发《北京市规范化免疫预防门诊基本标准》的通知	2009年6月3日
4	北京市卫生局关于印发《北京市消毒产品生产企业卫生许可证管理规定（暂行）》的通知	2009年3月26日
5	北京市卫生局关于印发《北京市0~6岁儿童先天性心脏病筛查管理办法》的通知	2009年7月9日
6	北京市卫生局关于印发《北京市现场制、售饮用水卫生管理办法》的通知	2009年8月17日
7	北京市卫生局关于印发《北京市预约挂号管理暂行办法（试行）》的通知	2009年8月27日
8	北京市卫生局关于印发《北京市卫生局行政规范性文件备案监督办法》的通知	2009年10月14日
9	《北京市突发公共卫生事件应急指挥部、北京市卫生局关于落实社会单位防控甲型H1N1流感管理责任的通告》	2009年6月24日
10	北京市卫生局关于印发《北京市医疗卫生机构医疗废物管理规定》的通知	2009年11月12日

【开展行政规范性文件清理工作】　按照市政府的统一要求，2~5月，对市卫生局现行有效件进行统一清理，确定保留或修改238个文件，废止96个文件。所有保留的行政规范性文件按照规定全部报送政府法制办备案，并在政府信息公开网站公开。
　　　　　　　　　　（赵　婧）

【加强对直属单位涉法事项管理】　起草《北京市卫生系统直属单位重大涉法事项报告制度》，对直属单位的重大事项进行监管，为有效防范其法律风险、管理风险和债务风险提供制度保障。（薛海宁）

依法行政

【行政复议与应诉】　市卫生局认真履行审理行政复议案件的法定职责，全年共审理医政、食品卫生和卫生防病等行政复议案件5件，组织重大案件领导集体讨论会2次；组织行政处罚案件听证会2次；审查批复区县行政处罚案件延期作出处罚决定4件；完成市政府行政复议答复3件和卫生部行政复议答复1件；组织行政诉讼应诉5起，其中2起正在审理过程中，3起已经终审胜诉。　　　　　　　（赵　婧）

【行政处罚案卷评查】　年内，在全市行政处罚案卷评查工作中，市卫生局继续被评为优秀单位。11月下旬，开展了2009年度全市卫生行政处罚案卷评查工作。对18个区县卫生局和市卫生监督所自2008年11月1日~2009年10月31日已经结案的卫生行政处罚案卷采取随机抽卷的方式进行了评查，共抽取171件有效评分案卷，总平均分为96.39分，其中合格卷（60分以上）170件，占99.41%；优秀卷（90分以上）161件，占94.15%。

（赵　婧）

【推进行政审批制度改革】　为了规范全市各区县卫生行政许可业务，实现全市卫生行政许可数据共享，组织协调完成了"一窗式"审批系统在全市区县卫生局的安装使用工作。对医政许可工作（港澳台医师注册、护士注册、新技术准入等）所涉及的办理须知等网上公示内容进行了审查。完成行政许可事项变更工作。

（薛海宁）

卫生标准

【地方卫生标准制修订项目计划】　年内，组织制订北京市地方卫生标准制修订项目计划，申请立项。申报了7项，批准4项，正在组织起草制订。按照市质监局《2007年北京市地方标准修订项目计划》，起草制订了《医院负压隔离病房控制感染要求》（DB11/ 663 - 2009）、《医院布草洗涤规范》（DB11/ 662 - 2009），于12月12日批准。

（赵　婧）

思想政治工作

组织建设

党建工作

【第二批学习实践科学发展观活动】　3月6日，市卫生局直属33个医疗、教学、科研单位和10个机关事业单位的领导班子成员及局机关有关部门300余人参加了第二批学习实践科学发展观活动部署动员大会。会上，北京友谊医院作为第一批开展学习实践活动的试点单位作了经验介绍；市卫生局常务副局长梁万年对第二批学习实践活动进行了部署。5月21日，市卫生局党组召开学习调研阶段工作会，传达了刘淇同志在市委学习实践活动领导小组第六次会议上的讲话，北京市疾病预防控制中心等10个单位汇报了学习实践活动第一阶段的工作情况以及第二阶段的工作计划。8月4日，市卫生局党组召开第二批学习实践科学发展观活动整改阶段工作会。会上，天坛医院、市卫生监督所、回龙观医院、结研所、积水潭医院的党委书记和市卫生局社会管理服务中心主任分别介绍了本单位开展整改落实工作的主要做法和体会，局党组副书记张秀芳对整改工作提出了要求。9月4日，市卫生局召开第二批深入学习实践科学发展观活动总结大会。天坛医院、中医医院、地坛医院、市疾控中心等单位介绍了开展学习实践活动的经验，市卫生局党组书记、局长方来英对开展学习实践活动的情况进行了总结，并部署了学习实践活动回头看工作。

（袁兆龙）

【召开"品牌项目"及"精品活动"评审会】　4月24日，市卫生局召开基层党组织服务群众"品牌项目"、"精品活动"评审会，28个直属单位申报的25个品牌项目、22个精品活动参加了评审。儿童医院"西部儿童健康行"等14个品牌项目、回龙观医院"住院患者逛京城"等7个精品活动被评为市卫生局"最佳品牌项目"和"最佳精品活动"。

（袁兆龙）

【召开纪念建党88周年暨表彰大会】　6月29日，市卫生局系统召开纪念建党88周年暨表彰大会，表彰了2006年以来涌现出的5个先进党委、60个先进党支部、200名优秀共产党员和50名优秀党务工作者。

（袁兆龙）

【召开党建工作经验成果交流会】　6月4日，市卫生局召开直属单位党建工作经验成果交流会。会议由局党组副书记张秀芳主持，各直属单位党委、工会、团委领导参加了会议。会议通报了党建工作责任制落实情况检查结果和基层党组织服务群众"品牌项目"和"精品活动"考评结果。

（袁兆龙）

【党建工作责任制落实情况考评】　12月11日，市卫生局召开会议，部署2009年各直属单位党建工作责任制落实情况考评工作。考评工作从12月12日开始，12月31日结束，分成自查自评、互查互评、集中考评等3个阶段。最后北京友谊医院党委等8个

单位被评为优秀等次。　　　　（袁兆龙）

【开展党内统计工作】　12月10日，市卫生局召开会议，布置局系统2009年度党内统计工作，并对党内统计软件的使用进行了培训。（袁兆龙）

干部工作

【建立处级后备干部库】　为探索后备干部资格准入机制，市卫生局对直属单位后备干部进行了补充、调整。根据各直属单位党组织推荐，市卫生局对248名推荐人选进行了资格审查，有193人参加了综合素质测试和心理素质测评，确定163人进入市卫生局后备干部库。市卫生局对入库的后备干部实施动态管理，分层分类进行培训。　　　　　（王昊昊）

【后备干部挂职锻炼】　5月7日，市卫生局召开了后备干部挂职锻炼工作部署会。市卫生局从18个直属单位推荐的23名后备干部中确定9人参加第二批干部挂职锻炼，主要采取直属单位后备干部到机关处室挂职、直属单位之间后备干部挂职。挂职时间为3个月，挂职结束后，组织部门要对挂职干部在挂职期间的表现进行考核。　　　　　　（王昊昊）

【召开局级后备干部推荐会】　6月18日，市卫生局召开了由局领导、局机关及中医局各处正、副处长，直属各单位党政正、副职领导，局机关所属中心事业单位正、副主任和卫生系统内的市党代表、人大代表、政协委员共201人参加的卫生系统局级后备干部和优秀处级干部民主推荐会。会上，传达了市委《北京市2009年区县局级后备干部和市属国有企业后备领导人员集中调整工作意见》和中组部《关于在党政领导班子后备干部集中调整中加强监督认真治理拉票行为的通知》。市委组织部宣教政法处副处长焦明宇对推荐工作作了说明，局党组书记、局长方来英就干部推荐工作提出了要求。　　　　　（王昊昊）

【首次在系统内部竞争副院长】　7月20日，市卫生局首次在系统内部竞争选拔佑安医院、回龙观医院、妇产医院等3家医院副院长。通过组织推荐和个人自荐，共有24人报名，23人参加笔试，15人参加面试，9人进入考察，3人脱颖而出。在内部竞争副院长工作中，市卫生局在差额考察、差额票决等环节上进行了尝试，取得了一定成效。　　　（王昊昊）

【援疆援藏干部选派工作】　年内，完成第五批7名援藏干部和第六批10名援疆干部的轮换；援藏援疆干部在藏在疆期间，克服困难，开展了四脑室巨大室管膜瘤手术、以色列式剖腹产等新技术；举办各种形式的培训班，为当地医院培养专业技术骨干和为群众普及健康知识；利用北京先进的管理理念提高当地医院的管理水平，树立起了北京市卫生系统援藏援疆干部的良好形象。　　　　　　（张建国）

【开展干部培训】　3月18～20日、25～27日，市卫生局举办两期领导干部深入学习实践科学发展观活动培训班，市卫生局系统领导干部208人参加了培训。7月29日，市卫生局召开直属单位处级干部在线学习工作部署会，市委组织部干部在线学习中心的工作人员对处级干部在线学习系统的使用和注意事项作了专题辅导。10月27～29日，市卫生局举办了党务工作者组织工作实务培训班，直属单位党办主任37人参加了培训。11月18～20日，市委组织部、市卫生局、市委党校联合举办了市卫生系统领导干部医改专题研讨班，市卫生局、中医局、药监局机关部分处长及市属医疗单位、公共卫生机构的主要领导近70人参加。12月24日，市委组织部干部教育培训考核组到市卫生局检查2009年干部教育培训工作，局处室及部分直属单位的领导20余人参加了考核。
　　　　　　　　　　　　　　　　（张建国）

人才工作

【制订卫生人才发展规划】　年内，成立《首都卫生人才队伍建设中长期发展规划》课题组，分析当前制约卫生人才队伍建设的主要问题，提出了今后10年卫生人才工作的目标和措施，并广泛征求各方意见。起草了《关于加强首都卫生人才队伍建设的意见》。　　　　　　　　　　　　　（智利平）

【"215"高层次卫生人才培养工程】　2月下旬，召开了北京市卫生系统领军人才和学科带头人评审会。6月下旬，召开了学科骨干评审会。对市属医疗卫生机构推荐的394名候选人进行了资格审核，邀请141名专家对37个单位的107名候选人进行了函评和会审。经评审，有13名领军人才、18名学科带头人和68名学科骨干入选"215"高层次卫生人才培养工程。　　　　　　　　　　　　　　（智利平）

【优秀人才培养资助的管理】　年内，对25个市卫生局直属单位推荐的135名候选人进行了审核。5月14日，上报遴选推荐人选。经市人才工作领导小组评审，共有20个单位的45人获资助，资助金额187.5万元，比上年增加14%。同时，进一步规范对资助项目的管理，加强受资助人才的跟踪培养。对往年204个资助项目的进展情况进行了全面清理，重点督导了2005年以前项目的进展。　　（智利平）

【开展"人才京郊行"活动】　积极参与全市"人才京郊行"活动，首批参加的10名干部都是医疗卫生行业的骨干，全部为本科以上学历，其中硕士以上占70%，副高以上职称占70%，中共党员占90%。为加强跟踪管理，建立了遴选、管理、服务和考核一体化的工作联络网。通过参加"人才京郊行"活动，培养锻炼了一批干部。年底，又从局机关和8个医疗单位遴选10名干部参加第二批"人才京郊行"，分别到8个远郊区县执行援助任务。 （智利平）

【海外人才的引进和服务】 年内，制订了2010～2013年引进海外高层次人才的计划。推荐13名专家申报北京市"海聚工程"，推荐4名专家申报中央"千人计划"。参与编著介绍改革北京市海外学人工作30年回顾大型画册《负笈海外，聚集京华》，推荐10名卫生系统海外学人入选画册。 （智利平）

宣传工作

【开展双体验活动】 3～9月，市卫生局以"为人民健康服务，让人民群众满意"为主题，组织开展了"院长当一天患者活动"和"市民医院工作一日体验活动"。在"院长当一天患者活动"中，市卫生局直属的19家医院院长分别到其他医院体验了当一天普通患者。在"市民医院工作一日体验活动"中，有699人在网上报名，169名市民参加了体验活动。体验活动后，市卫生局召开了院长座谈会和市民代表座谈会。局党组书记、局长方来英，党组副书记张秀芳，副局长郭积勇等倾听了大家对医院工作的意见和建议。19名院长介绍了自己到其他医院当一次患者的体会，8名体验者谈了自己到医院工作一日的体会。还有一些市民参加了自己所体验的医院召开的座谈会。各单位召开座谈会共48次。在座谈会上，亲身体验过的市民普遍表达了对医务人员从不太了解到理解、从不太理解到十分感动的过程。同时，市民体验者对医院建设也提出了意见和建议。19家医院院长参加体验后，对看病难也感同身受，并借鉴兄弟医院在医院管理方面的好经验、好做法，进而在本院采取改进措施，优化就医流程、方便群众就医达99条。对于群众提出的意见和建议，许多医院积极整改、逐条落实。通过开展双体验活动，加强了医患沟通，密切了医患关系，促进了医院改革和正规化建设，提升了医务人员在广大群众中的良好形象。双体验活动被评为全国十大卫生改革举措，被新闻界专家称为"对接正负信息流的一次成功尝试"。 （彭英姿）

【开展学习先进人物活动】 年内，市卫生局组织了一系列学习宣传卫生系统先进人物活动，包括荣获国家最高科学技术奖的王忠诚、荣获首都十大道德模范称号的李桓英、获得第四十二届南丁格尔奖章的刘淑媛、地坛医院艾滋病病房护士长王克荣、甲流防控优秀医务人员，以及首都十大健康卫士等。 （彭英姿）

【开展爱国歌曲大家唱等系列活动】 5月，市卫生局下发了《关于开展庆祝新中国成立60周年系列活动的通知》，在全系统开展了爱国歌曲大家唱活动，健康首都·辉煌60年——百件大事征集评选宣传活动，杏林杯电视片评比和摄影展评活动，先进基层党组织、优秀共产党员评选表彰活动，以"青春献祖国，志愿为人民"为主题的志愿者服务活动以及爱国主义和革命传统教育活动等六大系列活动。在爱国歌曲大家唱活动中，各单位把合唱比赛与医院文化建设紧密结合，纷纷推出富有医院文化特色的原创歌曲，强化职业精神教育。天坛、儿童、同仁、积水潭、地坛、佑安、世纪坛、首儿所、妇产、宣武、血液中心、卫校等单位把院校歌曲列入参赛曲目，形成了"科室有活动、院内有歌声"的团结祥和景象。9月1日、11日，市卫生局举办了"我和我的祖国"合唱预赛和决赛。局直属27家单位的2 800多名医务工作者参加。北京朝阳医院荣获一等奖，北京天坛医院和北京儿童医院荣获二等奖，同仁医院、世纪坛医院、宣武医院、首儿所、中医医院荣获三等奖。 （彭英姿）

【"健康首都，辉煌60年——百件大事"征集活动】 5月，在首都卫生系统开展了"健康首都，辉煌60年——百件大事"征集活动。经过归纳整理、层层筛选、审议修改，10月，《健康首都，辉煌60年——百件大事》正式出版发行，具有很强的可读性和史料价值，得到社会各界好评。 （彭英姿）

【推动"3·11请跟我排"活动】 3月5～11日，以朝阳医院、宣武医院等11家综合医院为重点，在全市卫生系统继续开展"3·11请跟我排"活动。引导患者及其家属排队就医，为全国两会的召开营造文明、和谐的社会环境。 （彭英姿）

【举办中国医药卫生体制改革高峰论坛和领导干部培训班】 5月，市卫生局与人民大学等单位举办了中国医药卫生体制改革高峰论坛。卫生部、国家人力资源和社会保障部的部门负责人，首都高校的医改专家及市卫生局领导解读了医改新政。首都各大医疗机构代表300多人参加了论坛，并就"进一步深化医药卫生体制改革"进行了研讨。在此基础上，举办中心组报告会12场，听众2 600人次；举办领导干部培训班4期，院领导408人参加，参训率100%；对科学发展观办公室33名信息员进行了培训；向市百姓宣讲团输送宣讲员5人（妇产医院吴霞、疾控中心魏娜和王谕、急救中心陈志、房山区乡村医生王金海）。在全市"灵山杯"优秀党课、优秀报告评选中，由市卫生局推荐的18个报告中，方来英、张兆光、刘克林、刘晓光、王秀兰、高彬、张薇等7人获奖。

（彭英姿）

【加强新闻采访制度化建设】 年内，制订了市卫生局新闻发言人采访工作制度，完善了记者采访流程。市卫生局紧密围绕甲流防控、国庆60周年医疗应急保障等主要任务开展新闻发布和媒体接待工作。适时组织新闻发布会，全年组织召开各类新闻发布会31场，内容包括：人禽流感防控、甲流防控、预约挂号等。另外，市卫生局新闻发言人还负责受理、接待中外媒体记者的采访工作。年内，仅北京卫生宣传中心经手的中、外媒体记者采访申请就有105人次。新闻发言人都亲自处理，有的还帮助记者联系到基层继续深入采访等相关事宜。此外，继续配合北京电视台做好《健康播报》工作。

卫生系统除局级新闻发言人外，还建立了二级新闻发言人队伍。12月10～11日，市卫生局举办了卫生系统新闻发言人和宣传干部培训班，18个区县卫生局、50家三级医院、直属10余家卫生机构的200多名医疗卫生机构新闻发言人和宣传干部参加。卫生部新闻发言人、健康宣传中心主任毛群安，市卫生局副局长、局新闻发言人邓小虹，北京服装学院副教授陈芳，中央财经学院新闻传播学院副教授谭方明，中国青年报摄影部主任贺延光等专家授课。

（彭英姿 马彦明）

【制作电视专题片37部】 年内，市卫生局宣传中心共制作电视专题片37部，如《第二届"首都十大健康卫士"风采》、《为了祖国的荣誉》、《庆典背后的无名英雄》、《端午节慰问一线医务人员》、《社区风采大赛》、《健康北京，健康生活》、《冬季灭蟑》等，是完成电视作品最多的一年。另外，为北京中医医院拍摄了《百姓医生夏淑文》、天坛医院的《为了生命的托付》。此外，把《第二届"首都十大健康卫士"风采》、《为了祖国的荣誉》、《庆典背后的无名英雄》等刻录成光盘下发，为医院文化建设起到了积极的作用。

（马彦明）

【录制《健康播报》46期】 由市卫生局和北京电视台联合主办的《健康播报》节目，自2005年开播，已播出200多期，成为北京电视台科教频道《健康北京》栏目每周五的固定节目。本年度共录制《健康播报》节目46期，每次播出政府推出的为民服务新举措，都会引起市民的关注，收视率不断提高。

（马彦明）

【《京华卫生》复刊】 4月15日，停办了4年的本市卫生系统行业报纸——《京华卫生》复刊。该刊由北京市卫生宣传中心承办，为内部交流刊物，每月一期，分为四版，即：一版为要闻，二版为医疗卫生，三版是科教，四版是卫生文化。遇到突发公共卫生事件等重大活动时，还增加专刊。复刊后，受到卫生行业内好评，截止到12月底，全年共出版11期，近6万份。

（马彦明）

【第十八届"杏林杯"电视片评比】 9月9日，市卫生宣传中心举办了以"我和我的祖国"为主题的卫生系统第十八届"杏林杯"电视片汇映评比。经专家评审，从中央、区县卫生局、直属29个单位选送的38部参评作品中，评选出朝阳医院的《浴火重生》、安贞医院的《大爱无声》为一等奖，天坛医院的《神外手术大师——张俊廷》、佑安医院的《爱心妈妈》、首儿所的《"拼命三郎"李龙的一天》、北京中医医院的《百姓医生夏淑文》等14部作品为二、三等奖，友谊医院的《为了一个没有麻风的世界》、协和医院的《魂寻天使梦，传承协和情》等10部电视作品为优秀奖。

（马彦明）

【《首都医疗队在灾区》获3个一等奖】 3月12日，市卫生宣传中心拍摄的电视纪录片《首都医疗队在灾区》获得中国卫生思想政治工作促进会主办的第一届白衣天使感动中国电视宣传片评比一等奖。10月18日，在中国电视艺术家协会行业电视委员会第十三届全国行业电视片展评会上，《首都医疗队在灾区》获得专题类一等奖。10月25日，该片在市委组织部举办的北京市第九届党员教育片评比中荣获一等奖。

（马彦明）

【《为了祖国的荣誉》获二类作品奖】 12月，市卫生宣传中心拍摄的电视专题片《为了祖国的荣誉——国庆群众游行"人口卫生"方阵演练纪实》荣获首都文明办"迎国庆，讲文明，树新风"电视专题片征集活动二类作品奖。

（马彦明）

【"我和我的祖国"摄影比赛揭晓】 6月，市卫生系统"我和我的祖国"摄影比赛共收到34家单位报送的摄影作品525部，其中单张作品431幅，组照94组，所有参赛作品被划分为历史资料、工作和生活三大类，分别进行评比。经过初评和终评，共有80余幅作品分获一、二、三等奖。

（马彦明）

【"健康奥运，健康北京"媒体宣传及"卫生好新闻"评选揭晓】 7月21日，"健康奥运，健康北京"媒体宣传及2008年度"卫生好新闻"评选揭晓，"健康奥运，健康北京"媒体宣传获奖作品21件，其中北京电视台记者贾湧强的《公共场所禁烟调查》、北京日报记者李学梅的《奥运之城：健康安全之城》和健康报记者李天舒的《为了火炬点亮珠峰》获一等奖，北京电视台记者白云的《公共卫生：以人为本奏和声》等6件作品获二等奖，人民日报记者王君平的

《走出误区，合理膳食》等12件作品获三等奖。2008年度"卫生好新闻"获奖作品36件，在记者文字类作品中，北京日报记者方芳的《天使本色——首都医疗队地震灾区生命接力纪实》获一等奖，北京晚报记者关春芳的《你们幸存活下来就好好活下去》等2件作品获二等奖，健康报记者闫䶮的《残奥会医疗保障突出人文关怀》等5件作品获三等奖；记者广播电视类作品中，北京人民广播电台记者刘晓仲的《91名四川地震伤员进京治疗》获一等奖，北京电视台记者贾湧强采写的新闻特写《北京给了我第二次生命》获二等奖。在通讯员类参赛作品中，协和医院吴东的《从美国金融危机看协和发展》、同仁医院李新萍的《人工耳蜗——生命因你而动听》获文字类一等奖，协和医院段文利的《手术多了，用血少了，病人更安全了》等6件作品获二等奖，安定医院海慧芝的《被埋139小时获救者接受北京医生心理干预》等13件作品获三等奖；通讯员广播电视类作品一等奖颁给了人民医院陈红松的《北京："医疗共同体"缓解"看病难，看病贵"》，北大第一医院陈鹏的《抗震救灾英雄谱》等4件作品获三等奖，该项目二等奖空缺。

（马彦明）

【十大卫生新闻评选揭晓】 12月31日，北京卫生系统十大卫生新闻评选揭晓，依次为：胡锦涛总书记、温家宝总理关心艾滋病防治工作；王忠诚获国家最高科学技术奖；完成国庆60周年医疗卫生保障工作及"人口卫生"方阵游行任务；市卫生局开展"双体验"活动，加强医患沟通；第二届首都十大健康卫士评选揭晓；甲流防控取得阶段性胜利；《健康北京人——全民健康促进十年行动规划》启动；230万人接种甲流疫苗，接种人数居全国之首；全市三级医院开展预约挂号服务；研发"金花清感方"，中医药防治甲流有特色。

（马彦明）

统战工作

【北京医药卫生界海外联谊会换届】 4月10日，召开北京医药卫生界海外联谊会第三届理事会换届大会。会上，审议通过了新的《北京医药卫生界海外联谊会章程》，通过了第三届理事会会长、副会长、秘书长、理事、监事会候选人名单并颁发了证书。市委常委、市委统战部部长牛有成任名誉会长，中国工程院院士王忠诚、张金哲、胡亚美、王澍寰、翁心植为顾问，市卫生局党组副书记张秀芳当选理事会会长。本届理事会共70人，包括港澳台人士15人。

（张秀芬）

【党外高级知识分子联谊会卫生组成员参观考察】 4月16日，由本市党外高级知识分子联谊会卫生组组长、市卫生局副局长、无党派人士邓小虹带队，卫生系统部分理事、专家参观考察了平谷区西柏店村，听取了平谷区卫生局对新型农村合作医疗制度建设和农村改水改厕情况的介绍，观看了创建健康卫生区的录像片。

（张秀芬）

【归侨侨眷医务工作者义诊】 10月14～16日，市卫生局与市侨办联合举办了"侨爱工程——送温暖医疗队"到延庆大庄科乡社区卫生服务中心举行定点义诊活动。安贞医院、天坛医院、友谊医院、儿童医院、妇产医院、中医医院的内、外、妇、儿、中医科等副主任医师以上、具有归侨侨眷身份及海外留学经历的7名专家参加了义诊。专家为当地患者进行了义诊咨询、卫生宣教、解决疑难病症，同时，市卫生局统战处还给乡民们带去了卫生宣教科普手册等。

（张秀芬）

【与台湾同行交流】 5月13～21日，由北京医学会会长金大鹏任团长，中国老年保健学会、北京医师协会、北京医学奖励基金会、北京医院、天坛医院等医药管理专家一行9人，应台湾医务管理学会的邀请，赴台湾进行了参观访问。10月22～28日，由北京医药卫生界海外联谊会会长张秀芬带队，市属综合医院、专科医院和市中医学校的党委书记、副书记、党办主任、统战干部等管理专家一行15人，赴台湾进行了参观访问及考察交流。本年度，市卫生局统战处共为全系统79人次办理了赴台学术交流的审批手续。

（张秀芬）

离退休干部工作

【举办老干部兴趣活动班】 4～6月，市卫生局离退休干部处开设了声乐、书法、绘画等兴趣学习班，聘请具有专业特长并热心为老干部服务的资深教师授课，累计80课时，120余人次参加了学习。

（刘星梅）

【组织合唱团活动】 年内，市卫生局离退休干部处组织老干部合唱团70余人每周排练，每月第二、四个星期日到景山公园唱歌。9月11日，老干部合唱团成员及工作人员66人参加了市老干部局举办的"祖国在我心中"合唱比赛。

（刘星梅）

【组织局机关离退休人员学习】 6月18日，向局机关离退休党支部传达了市委组织部、市老干部局《关于在全市离退休干部党支部中开展创建"五好支部"活动的意见》的通知精神，并进行了动员部署。各单位坚持从离退休干部党员队伍实际出发，积极创新党支部的设置方式、活动方式和活动内容，不断增

强离退休干部党支部的活力；结合主题广泛开展活动，大力拓展老同志活动空间。　　　（刘星梅）

【举办迎国庆艺术节】　6月10～11日，市卫生局在前门建国饭店梨园剧场举办了本系统离退休干部"我和我的祖国"艺术节开幕式演出，共有25个单位报送的37个节目、600余名老同志参加表演。卫生部离退休局、市老干部局、市卫生局及直属单位的党政领导出席了开幕式，市卫生局党组副书记张秀芳参加并讲话。编辑制作了《我和我的祖国》画册、光盘、展板，在《健康报》、《北京老干部》和中国网、中华网、搜狐网等20多家报刊媒体报道。同时，指导市卫生局系统各单位开展了国庆征文、书画摄影作品展、文艺汇演等活动。　　　（刘星梅）

【培训离退休干部工作人员】　3月18日，市卫生局举办本系统离退休干部工作人员培训班，60余人参加了培训。4月2日，市卫生局老干部党总支在职党员参加了局机关党委组织的参观北京市反腐倡廉教育基地活动。7月29日，召开离退休工作会议，讨论布置迎国庆60周年系列工作，60余人参加。8月27日，召开直属单位离退休干部工作研讨会，离退办主任30余人参会，就离休干部社区"四就近"服务工作、创建离退休干部五好支部活动及在离退休工作部门开展的"讲党性、重品行、作表率"活动等进行了研讨。10月30日～11月4日，组织本系统离退休干部工作人员29人到贵州省贵阳、遵义等地学习考察，就进一步加强离退休干部党支部建设和如何做好"双高期"老干部服务管理工作与贵州省卫生厅、人民医院进行了交流。11月12～13日，举办老干部工作者专题教育培训班，来自局机关及直属单位60余名工作人员参加了培训。　（刘星梅）

【宣传先进和树立典型】　年内，在北京电视台《晚晴》节目中，编辑制作了北京朝阳医院退休干部司堃范，北京佑安医院离休干部陈尔陞，市疾控中心防病专家、退休干部唐耀武等3部专题片。七一前夕，北京友谊医院原党委书记、离休干部张彤被评为北京市离休干部先进个人，北京朝阳医院原外科护士长、南丁格尔奖章获得者司堃范被评为北京市和全国退休干部先进个人。　　　（刘星梅）

【开展走访慰问活动】　元旦、春节期间，市卫生局走访慰问局机关及本系统老红军、老领导、生病住院、有特殊困难的老同志20余人。9月12日，中央政治局委员、中央书记处书记、中组部部长李源潮，常务副部长沈跃跃，市卫生局党组书记、局长方来英和党组副书记张秀芳来到北京积水潭医院干部病房，看望了生病住院的老红军彭幼华。9月12～13日，市卫生局党组副书记张秀芳在各有关单位党政领导和局离退休干部处的陪同下走访慰问老红军彭幼华等7人，送去了慰问信、慰问金和慰问品。国庆前夕，市卫生局对局机关及直属单位全体离休干部、部分老工人、老党员共772人进行了走访慰问。
（刘星梅）

【创建"五好"离退休干部党支部工作交流会】　12月10日，市卫生局离退休干部处召开离退休干部创建"五好"党支部工作交流会，直属单位离退休党支部书记、离退办主任60余人参加了会议。友谊医院离休党支部、天坛医院离退休党支部、同仁医院离休党支部、朝阳医院西区离退休党支部、世纪坛医院党总支分别汇报了开展创建"五好"支部活动的情况；市直机关工委老干部处处长徐瑞霞出席会议并讲话。
（刘星梅）

【老干部网站建设】　年内，对市卫生局老干部服务中心网站进行了改版，将"工作动态"、"新闻头条"等置于首页醒目处，增设了"最新公告"，为进一步做好局系统离退休干部工作搭建了现代化的服务平台。
（刘星梅）

工会工作

【卫生系统劳动竞赛】　年内，以"迎国庆，树窗口形象，创优质服务"为主题，组织医生、护士、医技、后勤等3万余名职工开展了医德医风教育、业务知识培训、专业技术考核及岗位技能竞赛。天坛医院工会、友谊医院工会、朝阳医院工会荣获劳动竞赛活动优秀组织奖，儿童医院工会办公室、安贞医院抢救中心EICU呼吸护理组、胸科医院综合科、积水潭医院医务分会、首都儿科研究所急诊室、安定医院财务科住院处被评为劳动竞赛活动优秀集体，天坛医院蔡卫新、朝阳医院张春艳、口腔医院张晋宏、友谊医院王宇、市卫生监督所杨文平、儿童医院史学、地坛医院马东、市公共卫生信息中心朱正、佑安医院安丽、小汤山医院王怀成、中医医院高苓、世纪坛医院郭婧、老年医院冯俐、回龙观医院陈鸿娟、血液中心黄秋云、妇产医院段燕丽、同仁医院何茵、急救中心韩长虹、安定医院王迪、疾控中心吕燕宁当选劳动竞赛活动优秀个人。
（张 宇）

【庆祝新中国成立60周年主题活动】　年内，市卫生局工会召开了北京卫生系统庆祝新中国成立60周年纪念大会暨"我和我的祖国"歌咏比赛，27个单位的1 782名职工参加比赛。北京朝阳医院荣获一等奖，天坛医院、儿童医院荣获二等奖，同仁医院等5个单位荣获三等奖。
（张 宇）

【培养先进典型】　市卫生局直属单位经过申报、

局民主管理领导小组审议通过，北京儿童医院荣获全国五一劳动奖状和首都劳动奖状，地坛医院感染中心、市卫生监督所执法监督二队被评为全国三八红旗集体，同仁医院耳鼻咽喉头颈外科中心当选北京市工人先锋号；天坛医院王拥军荣获全国五一劳动奖章和首都劳动奖章，市疾控中心庞星火当选全国三八红旗手，市疾控中心邓瑛荣获首都劳动奖章。

（张　宇）

【编辑出版劳模画册】 年内，市卫生局工会收集整理了新中国成立60年来本市卫生系统255名劳模的资料、照片和感言，编辑出版了北京市卫生系统劳模画册《风采》，弘扬劳模精神、记录辉煌。

（张　宇）

共青团工作

【加强基层党建带团建工作】 1月，局团委向直属单位党委下发了《北京市卫生局基层党建带团建工作情况自查表》，对上年度直属单位党建带团建工作情况进行摸底调查。从总体上看，上年度各单位党委结合实际情况，扎实推进党建带团建工作，并重点针对2007年党建带团建工作中存在的不足予以改进，为共青团工作创造更加良好的工作环境。但仍有部分单位反映的问题尚未得到明显改善，影响卫生系统共青团工作发展的一些因素仍然存在。

（刘　念）

【完善"达标创优"竞赛活动机制】 4月，局团委对五四红旗团委创建评比工作实行量化考核，由局团委常委成员及评审单位团委书记组成五四红旗团委创建考核小组，采用综合量化考核的办法对申报2008年度五四红旗团委的基层单位团委进行评比。经考核，评选出北京同仁医院团委、北京安贞医院团委、北京回龙观医院团委、北京天坛医院团委和北京友谊医院团委为2008年度市卫生局共青团"达标创优"活动五四红旗团委。

（刘　念）

【启动五四表彰暨基础建设年活动】 5月13日，局团委召开五四表彰暨基础建设年活动启动大会。市卫生局党组书记、局长方来英，党组副书记张秀芳，驻市卫生局纪检组组长姚绍亮，团市委社区工作部副部长孙学伟出席。各直属单位党委主管领导、团委（总支、支部）书记及获奖团员青年200余人参加了会议。

（刘　念）

【开展具有卫生行业特色的主题教育活动】 5～10月，局团委在本市卫生系统开展了"青春献祖国，志愿为人民"志愿服务系列活动。在纪念五四运动90周年之际，各级团组织开展了主题团日活动，推进"人文北京、科技北京、绿色北京"建设。6～10月，市卫生局直属单位依托北京青年健康使者火炬行动、首都无偿献血志愿服务、青春红丝带艾滋病防控志愿服务、心理减压与拓展志愿服务、走进医疗卫生公益机构志愿服务和本单位自主品牌志愿服务项目，深入社区、农村、学校、军营及各类公益机构，开展了卫生科普宣传、健康医务咨询、助老助残帮困等志愿服务。7月，在走访慰问老党员、老干部、老专家的同时，组织志愿者服务上门，送温暖献爱心。8月，开展了拥军拥属活动，走访慰问军地共建单位，进军营送健康，以及健康义诊咨询等活动。9月，开展了迎国庆"微笑北京，和谐先锋"青年文明号主题实践活动。10月，深入社区、街道开展庆祝建国60周年健康主题活动，进行卫生科普宣传、健康义诊咨询、助老助残等志愿服务。

（刘　念）

【世界献血者日主题活动】 6月14日是"世界献血者日"。局团委与市红十字血液中心组织卫生系统200多名医疗卫生专业志愿者分赴14个主要街头采血点开展了"微笑北京，和谐先锋"无偿献血志愿服务工作。

（刘　念）

【举办"基础建设年"干部培训班】 11月5～6日，局团委举办了"基础建设年"干部培训班，93名市属医疗卫生机构团委（总支、支部）书记、团干部和青年文明号号长参加。中共中央党史研究室副主任张启华，团中央城市青年工作部机关事业处处长姜庆国，首都十大健康卫士、朝阳医院康南等作了讲座。此外，培训班分成两组参观了宣武医院和天坛医院全国、市级、院级青年文明号。

（刘　念）

【不断深化"达标创优"竞赛活动】 年内，局团委不断深化"达标创优"竞赛活动，北京卫生学校、北京护士学校荣获北京市五四红旗团委称号，北京朝阳医院团委书记戎明荣当选北京市优秀团干部，北京回龙观医院团委荣获团市委"达标创优"竞赛活动组织奖。

（刘　念）

国际交流与合作

【概述】 年内，市卫生系统国际合作工作经历了医疗卫生体制改革、防控甲流以及国庆保障，有针对性地开展了全方位、多层次、宽领域的国际合作，制订并落实了5项具体措施，推动全年工作的不断深入开展。

（鲍 华）

国际合作项目

【政府间合作项目】 6月，北京中法急救医学培训中心经市编办正式批准。自中心开办至年底，共培训首都卫生系统急诊急救医师800余人，间接培训、带动受益医生超万人。7月，市卫生局局长方来英与法国卫生部医管局局长安妮·波度女士就进一步加强北京与法国医疗机构在急救和灾害医学领域的合作进行了会谈。12月，方来英率团赴法实地考察法国急救医疗服务，实现了双方行政领导的互访。11月，由市卫生局和法国驻华使馆共同主办的2009年法国医学日巡回活动在北京大学医学部举行。法国3名专家阐述了国际最近研究成果。来自全市的200余名医学专家和医务人员参加了交流活动。12月，市卫生局、法国驻华使馆和道达尔集团共同主办了2009中法灾害医学论坛。市卫生局副局长于鲁明等领导出席开幕式并致辞。全市各急救中心及分中心应急工作负责人及医院主管院长等240余人参加了论坛。年内，市疾控中心和市急救中心与法国道达尔集团共同研讨制订了适合中学生需要的急救培训标准程序和适合中学生的讲师技巧培训教材。

中英合作项目持续推进。年内，西城区社区医疗卫生纳入到"中英卫生创新伙伴"行动计划（PiHI）框架中。12月，该项目第一批出访培训团组完成2周的培训课程回国。12月中旬，英国皇家全科医师学院的专家来京，与中方的专家进行了交流。同月，市卫生局局长方来英率团对英国国民卫生系统进行了考察。双方就培养和引进高层次人才、建立中英联合实验室、合作开展课题研究等进行了研讨。12月15日，市卫生局局长方来英、副局长于鲁明会见了英国卫生部国际司全球卫生事务副司长尼克·巴纳瓦那一行并会谈。

6月，市卫生局局长方来英与以色列施耐德儿童医疗中心代表团进行了会谈。11月，副局长于鲁明率团访问以色列，为双方医疗卫生机构在专业技术领域，特别是儿童急救、血液肿瘤等方面的相互学习与交流搭建了平台。

8月，市卫生局代表团参加泰国精神卫生国际研讨会，并考察了泰国精神卫生机构。

2月19日，市卫生局局长方来英、副局长于鲁明与林秉恩署长率领的香港特别行政区卫生署代表团和张伟麟总监率领的医院管理局代表团，就京港两地基本医疗卫生服务、医疗卫生体制改革等进行了研讨。10月29~30日，在北京召开第十三届北京香港经济合作研讨洽谈会，双方签订了合作协议。

（刘 畅）

【与世界卫生组织的合作】 4月7日，市卫生局在北京地坛医院举办了2009年世界卫生日全球启动仪式。世界卫生组织总干事陈冯富珍、卫生部副部长黄洁夫、北京市副市长丁向阳、市卫生局局长方来英等领导及世界卫生组织亲善大使李连杰等300余人参加了启动仪式。设在北京地坛医院的世界卫生组织艾滋病治疗与关怀综合管理合作中心揭牌。同时，世界卫生组织防聋合作中心在北京同仁医院挂牌成立。至此，北京共有29个世界卫生组织合作中心。8月22日，市卫生局副局长于鲁明会见了世界卫生组织西太区主任申英秀博士，介绍了北京市医疗卫生体制改革的情况，并探讨了今后合作领域。11月30日，市卫生局局长方来英会见了新任世界卫生组织驻华代表蓝睿明博士和高级项目官员司徒农等一行，介绍了北京市的医疗工作及近期防控甲流工作。

（刘 畅）

【民间合作项目】 年内，市卫生局为北京儿童医院和北京朝阳医院各拨付10万元作为项目前期资金，以探索国际合作项目的新模式。此外，与科技部国际合作司、市科委等单位促成在北京安贞医院建立了北京医学科技国际合作项目中心，并于10月挂牌。该中心将促进本市医疗高科技发展，增强医疗科研领域的国际竞争力，通过整合、统筹，充分利用全球科技资源，引进国际顶尖人才，培养一流科技创新队

伍，努力建设一流的具有自主创新能力的国际科技合作与交流平台。 （刘 畅）

【开展中医国际合作项目】 年内，市中医局创办了北京中医药国际论坛，以构筑首都中医药行业国际学术交流的平台。8月，市中医局局长赵静等7人赴加拿大举办2009多伦多－北京中医药专题学术论坛，并考察了相关医疗机构。12月4～5日，召开北京中医药国际论坛组织委员会成立大会。12月17日，市政府新闻办公室召开了北京中医药防治甲流"金花清感颗粒"新药研发情况通报会。世界卫生组织驻华代表处高级项目官员司徒农博士出席会议并讲话。
 （刘 畅）

因公出入境管理

【因公出访情况】 本年度，市卫生局系统共出访226批345人次，其中短期出访（在外停留3个月以内）195批300人次，包括参加国际会议195人次、考察23人次、培训40人次、交流研讨34人次、进修研修3人次、其他5人次（蒙古国执行短期医疗任务）。长期出访（在外停留3个月或以上）31批45人次，其中进修28人次、培训16人次、工作1人次。年内，下发了《北京市卫生局关于进一步加强因公出国（境）管理和服务工作的意见》，压缩和调整了因公出访计划，在原计划申报的团组数量和人员数量的基础上压缩了约20%。 （高 路）

【接待来宾】 全年共完成中央单位党宾国宾接待任务287人次，其中部级以上贵宾9批43人次。由本局发出邀请来华签证的外国专家有来自美国、英国、澳大利亚、加拿大、印度等国的9批25人次。涉及领域包括艾滋病、禽流感、医学继续教育、精神卫生等。 （高 路）

【国际会议与研讨】 年内，市卫生系统进一步规范国际会议的举办，主要有以下新的特点：组织方式与内容的创新，通过国际会议发现、培养人才，增强服务理念，强化学术安全。举办的国际会议有：北京地坛医院——第三届北京地坛国际感染病会议，北京回龙观医院——世界卫生组织自杀预防研究和培训协作中心专家研讨会，北京安贞医院——第五届北京五洲心血管病研讨会暨第五届中国心血管外科医师年会，北京急救中心——首届两岸三地急救医学发展研讨会，市卫生局、市中医局——北京中医药国际论坛组织委员会成立大会。 （刘 畅）

外事综合管理

【市卫生局外事活动获奖】 1月9日，在全市外事暨港澳工作会议上，市卫生局被评为北京市民讲外语活动先进单位和北京市规范公共场所英语标志工作先进单位。 （刘 畅）

【召开外国人在京就医问题研讨会】 4月，市卫生局、市政府外办、市公安局等就外国人在京就医问题召开研讨会，制订了工作意见，形成了较为完善的涉及外籍人员就医、交流以及突发事件的申报、审批、协调、处理和备案机制。 （刘 畅）

【表彰外事工作先进单位和个人】 5月11～12日，市卫生局召开外事工作表彰暨座谈会。市卫生局副局长于鲁明、工会主席白宏参加会议并讲话。会议表彰了2008年度北京市民讲外语活动和规范医疗卫生服务场所英语标志工作的先进单位和个人，卫生部国际合作司和市政府外办有关领导分别作《全球卫生发展及其趋势》和加强外事管理的报告，传达了全国卫生外事工作座谈会以及2009年北京市外事暨港澳工作会议的精神。 （刘 畅）

援外医疗队工作

【第二十一批援外医疗队工作】 2009年，几内亚国内局势骤然紧张，多次发生流血事件。第二十一批援外医疗队制订应急预案，储备粮食、汽油等物资，加强了外出请假等项制度的管理，确保了援外医疗队人身、财产安全。全年共诊治门诊患者2 982人次；手术124例，其中急诊手术18例；收治住院118人；针灸按摩1 205人次；抢救危重患者12人。此外，首次开展了艾灸等治疗方法。培训当地医务人员28人次。首次在科纳克里大学为医疗系大学生讲授中医理论，听课学生400余人。

医疗队继续做好当地政府官员和大使馆、经商处工作人员的医疗保障工作。为当地政府官员提供医疗服务2人次；为大使馆、经商处工作人员提供医疗服务38人次；外出诊治病人多次，并为大使馆工作人员讲授医学知识3次。 （鲍 华）

【组建第二十二批援外医疗队】 10月，市卫生局启动了第二十二批援几内亚医疗队的组队工作，并于年底在北京语言学院为援外医疗队员开办了7个月全脱产法语培训班。 （鲍 华）

人事与干部

【概述】 2009年完成了市卫生局机关机构改革工作；积极为社区卫生服务机构引进适宜人才，继续开展面向农村山区半山区的定向培养工作；争取财政经费支持，实现局属单位退休人员退休费由财政全额保障机制；卫生事业单位岗位设置工作取得明显实效；积极探索公立医院收入分配制度改革；开设卫生管理研究专业职称评定工作初见成效；完成北京地区初中级卫生资格考试和高级职称评审工作；同时，加强了卫生人才队伍的建设和管理。 （王 宗）

卫生人才队伍建设

【为社区卫生服务机构引进大学生】 为缓解本市社区卫生服务机构人员缺乏状况，在北京生源不足时，争取非北京生源毕业生进京指标。截至年底，共为社区卫生服务机构引进非北京生源毕业生近500人，加上北京生源共计1 067人。全市2 048个社区卫生服务机构共有大专以上专业人员2 200余人，实现了每个社区卫生服务机构都要配备1名大专以上专业工作人员的目标。 （陆美霞）

【为山区半山区定向培养临床医学生】 继续采取"定向招生、定向培养、定向就业"的形式，为山区培养医疗卫生人才。6月，市编办和市人力资源和社会保障局等部门联合下发了《关于为北京农村山区、半山区定向培养卫生人才的实施意见》。昌平、门头沟、房山、怀柔、平谷、密云、延庆等7个区县计划培养105人，实际招收临床医学生99人。 （陆美霞）

【完成初中级卫生资格考试和高级职称评审】 本年度北京考区共有114个专业31 453人参加卫生资格考试，其中中级8 609人、初级22 844人。北京考区获得全国8年统考以来首届卫生专业技术资格考试优秀组织奖。

完成2009年北京市卫生系列高级职称答辩评审。共有1 514人申报，其中正高级414人、副高级1 100人。经内科、外科、全科医学、药护技、预防医学、中医、卫生科研等7个高级评委会、46个专业评议组答辩评审，有1 165人取得了高级职称，通过率77%。本年度，卫生系列各专业职称评审统一了申报条件；明确了民营医疗机构工作人员享有比公立医院更优惠的职称晋升政策；改进专家培训的方式，增加了资深评审专家讲解的环节；加大了对职称评审工作的新闻宣传力度。 （王 宗）

【卫生管理研究专业职称评定初见成效】 4月底，市卫生局与市人力资源和社会保障局赴广西、江苏，就卫生管理专业职称评定工作进行了专项调研。在此基础上，结合本市卫生系统实际情况，起草了《北京市卫生管理研究专业技术职务任职资格考试与评审暂行办法》，并报送市人力资源社保局，力争2010年开展卫生管理专业的职称评审工作。 （王 宗）

【选拔推荐"十百千"卫生人才】 年内，完成了"十百千"卫生人才遴选和培养专项经费资助工作，选拔出"十"层次10人，每人资助10万元；"百"层次47人，每人资助3万元。 （李国珍）

【直属单位毕业生接收和军转干部安置】 2009年，市卫生局直属单位接收毕业生1 195人，其中北京生源759人、非北京生源436人。截至年底，局直属各单位接收安置军转干部37人。 （陆美霞）

事业单位人事制度和工资制度改革

【直属事业单位岗位设置及首次聘用】 年内，起草了《北京市卫生局直属事业单位岗位设置方案》；2月，报市人事局审批并得到批准。年底，市卫生局直属单位共有14 775人聘用到高等级的岗位，并已兑现工资，人均月增资75元，最高月增资480元；聘用到二级岗位110人，占二级岗位总量的44%，其中26人为破格聘用。 （王 宗）

【卫生事业单位岗位设置】 年内，根据卫生事业单位的特点，提出了本市卫生事业单位岗位总量的确定、二级岗位的任职条件以及向社区、农村倾斜的结构比例等新政策。市卫生局直属单位确定岗位总量43 040个。第二，提出了聘用二级岗位的任职条件。经审核，市卫生局直属单位110名业绩突出人员聘用到二级岗位。第三，18个区县社区卫生服务机构（乡镇卫生院）经本区县人事部门核准后，可设置正高级专业技术岗位。本年度高级职称评审中，有16

人申报正高级职称，10人通过，通过率63%。

（王 宗）

【12320服务中心纳入工资规范管理】 北京市12320公共卫生热线服务中心受理百姓对公共卫生、医疗卫生服务的合理诉求，承办市政府非紧急救助服务中心交办的电话求助事项。12320专业性强，涉及卫生防病、政策法规、临床医学、预防医学等各领域知识，属于政府管理的公益性事业单位。11月底，12320公共卫生热线服务中心已纳入工资规范管理。

（孟 雪）

【直属单位退休费由财政全额保障】 为解决本市卫生事业单位退休人员收入差距较大、退休费总额不足、单位支付比例过大的问题，市财政局同意对市卫生局直属事业单位退休人员退休费待遇给予全额补偿。11月中旬，召开直属事业单位大会，对填报数据库工作进行了部署。

（王存亮）

【探索公立医院薪酬制度改革】 年内，市卫生局开展了探索公立医院薪酬制度改革的调研，并赴四川省人民医院、成都市卫生局就公立医院绩效考核、薪酬制度改革等进行考察。在调研的基础上，提出了卫生事业单位薪酬改革方案，初步建立了卫生事业单位工资总额动态增长和宏观调控机制。

（王存亮）

机关人事管理

【完成市卫生局机关机构改革】 2月底，市卫生局机关开始进行机构改革。经过"三定"方案的起草、征求意见、讨论、上报、修改等，8月，市政府办公厅批复了本局机构改革方案。之后，制订了市卫生局、市中医局内设处室人员定岗工作方案，按照个人自荐、群众推荐、组织调整的原则，完成了处级领导干部的确定；按照统筹安排、适当轮岗、人随事走、工作需要、组织决定的原则，完成了一般工作人员的定岗定员。此次机关机构改革，处级领导干部调整幅度超过20%，一般工作人员根据工作实际也作了相应调整。

（王 涛）

机构编制管理

【成立北京中法急救医学培训中心】 为了学习法国先进的急诊急救知识和理念，提高本市卫生技术人员重大灾害应急处置能力，加强公共卫生体系建设，6月，经市编办批准，在北京安贞医院加挂了"北京中法急救医学培训中心"的牌子。

（王 宗）

【市药采中心更名并调整职责】 8月，经市编办批准，北京市医疗机构药品集中招标采购中心更名为北京市医药集中采购服务中心，其主要职责调整为：拟订药品、医疗器械集中采购目录；承担北京地区医疗机构药品和医疗器械集中采购的实施工作；管理、维护医药集中采购信息系统，对网上采购及供货等情况进行动态监控，定期发布药品和医疗器械集中采购的相关信息。

（王 宗）

【北京胸科医院更名】 9月，经市编办批准，北京胸科医院更名为首都医科大学附属北京胸科医院。

（王 宗）

【调研北京急救中心急救体系建设】 10月13日，市编办副主任刘国玲、市卫生局副局长邓小虹到北京急救中心调研本市急救体系建设情况。市编办一处、市卫生局医政处、人事处等有关负责人陪同调研。北京急救中心、部分区县卫生局以及120分中心的领导分别介绍了工作现状、存在问题以及下一步打算。

（王 宗）

【成立北京市健康促进工作委员会】 10月，经市编办批准，成立了北京市健康促进工作委员会。该委员会为市政府议事协调机构，其主要职责是：负责研究拟订本市健康促进工作的政策和规划，组织指导、督促相关部门落实本市健康促进的各项工作，协调解决工作中的重大问题。北京市健康促进工作委员会办公室设在市卫生局，其主要职责是：组织拟订本市健康促进工作计划、工作方案，协调解决工作中遇到的问题，承担委员会的日常工作。 （王 宗）

卫生界人物

王绵之

王绵之，男，汉族，生于1923年11月29日，江苏南通人。2009年7月8日，北京中医药大学教授王绵之逝世，享年86岁。王绵之是北京中医药大学博士生导师、终身教授、中医方剂学科创建人，享受政府特殊津贴，曾任第六、七、八届全国政协委员，全国政协科教文卫体专门委员会副主任，并先后兼任国家自然科学基金会生物部医学学科委员、卫生部药品评审委员会委员暨中药分会委员会主任、中国药典委员会委员暨中药组组长、国家中医药管理局中医药科技重大成果评选委员会委员、国家新药研究与开发中心常务专家委员会委员、中华中医药学会副会长、中药学会会长等职。2008年12月，当选首都国医名师；2009年5月，获首届"国医大师"称号。从医数十载，用药讲究"寓防于治"、"药与人合"、"祛邪不伤正"，对时疫热病、内妇儿科及老年病的诊治均有较高深的造诣。1960年主持编写《汤头歌诀白话解》，几十年来多次再版近千万册。作为中医方剂学科的创建人，制订教学大纲，修订现代中医院校第一部方剂学教材，主编《中国医学百科全书·方剂学分卷》等专著，总结出一整套中医方剂教学法。研制的"太空养心丸"首次将中医药运用于航天事业，为"神六"、"神七"航天员圆满完成太空遨游、顺利出舱作出杰出贡献，受到中国航天员科研训练中心的嘉奖。

（北京中医药大学）

方和谦

方和谦，男，汉族，1923年12月出生。2009年12月23日因病在北京逝世，享年87岁。方和谦是北京朝阳医院主任医师、教授，是全国老中医药专家学术经验继承工作指导老师、首都国医名师，2009年5月，获首届"国医大师"称号。他出身于中医世家，从医60余年，融会贯通诸家而精于仲景之学，探索《伤寒论》之精髓颇多心得，对中医呼吸疾病及疑难杂症的诊治有很高的造诣，对呼吸系统、心脑血管及肝胆系统疑难杂症的治疗有独到之处。通过辨证施治、灵活机动用药来医治急慢性气管炎、哮喘、肺心病患者；应用中西医结合方法医治急慢性肝病、肝硬化、胆石症，使多数患者得以治愈；对中医医治老年病，如心脑血管疾患、中风病半身不遂也取得较好的疗效。方老应用古人之法而不拘泥于古人之方，在处方用药中，一切从病情需要出发，辨证合理，用药少而力专，药到病除。他很少用犀、羚、麝等贵重药品，力求简、便、廉地解决问题。方老认为中药汤剂最能反映中医辨证用药的特点，主张一病一方，这也是他临床诊病的最大特色。首创"和肝汤"，此方具有扶后天之本之正气，祛郁滞之邪气，适用于肝脾气血失和的多种疾病，为和解法又一有效方剂。方老德高望重，曾任全国中医药学会理事、全国中医药学会内科委员会委员、全国中医学会张仲景学术研究会副主委、北京中医药学会理事长、北京市科协常委、北京市红十字会理事等诸多社会职务。

（北京朝阳医院）

2009年度各单位党政领导名单

北京市卫生局

局　　长	方来英	党组书记	方来英
副局长	郭积勇	副书记	张秀芳
	赵春惠	纪检组长	姚绍亮（至9月）
	邓小虹		何　群
	于鲁明		

北京市中医管理局

局　　长	赵　静		
副局长	屠志涛		

东城区卫生局

局　　长	张　明	党委书记	陈　刚
副局长	禹　震	副书记	张家惠
	徐工学	纪委书记	刘　曦
	林　杉		

西城区卫生局
卫生工作委员会

局　　长	边宝生	工委书记	田娴静
副局长	陈　新	副书记	边宝生
	刘文秀		徐建明
	刘劲松		安　梅
		纪工委书记	徐建明

崇文区卫生局

局　　长	李亚兰	党委书记	隗冬燕
副局长	孙振革		
	段长霞		
	吴礼九		

宣武区卫生局

局　　长	安学军	党委书记	曹立宏（至8月）
副局长	蒋景春		王志东（自8月）
	宋　青	副书记	安学军
			杜亚萍
		纪检书记	马治国

朝阳区卫生局

局　　长	师　伟	党委书记	郭德宏
副局长	郭德宏	副书记	师　伟
	罗　晓		刘元春

	杜连生	纪委书记	刘元春
	陈开红		
	曹亦农		

海淀区卫生局

局　长	潘苏彦	党委书记	张希俊
副局长	杨军昌		
	黄春明		
	刘永泉		

丰台区卫生局

局　长	张　杨	党委书记	张　杨
副局长	赵海中	副书记	李　梅
	金跃文	纪委书记	赵海中
	赵　勇		
	厉将斌		

石景山区卫生局

局　长	葛　强	党委书记	李俊岭
副局长	王颖玲	副书记	朱昌领
	刘　鹏	纪委书记	朱昌领

门头沟区卫生局

局　长	赵国章	党委书记	顾　宏
副局长	野京城	副书记	王俊卿
	王俊义	纪检书记	宋利宁

房山区卫生局

局　长	张建国	党委书记	吴卫星
副局长	张淑云	副书记	张建国
	王　东		王立平
	张金兵	纪委书记	王立平
	杜国栓		

大兴区卫生局

局　长	刘　华	党委书记	李颖华
副局长	杨福祥	副书记	刘　华
	秦天刚		李振新
	焦　昕	纪委书记	李振新
	马燕珠		

通州区卫生局

局　长	白玉光	党委书记	马月明
副局长	蒲朝增	纪检书记	刘亚兰
	田春华		
	蔡力凯		
	马春光		

昌平区卫生局

局　长	杜高潮	党委书记	杨群群
副局长	刘保坚	副书记	杜高潮
	刘慧勤		王勤昌
	左　晨	纪检书记	郝春月
	李富和		

顺义区卫生局

局　长	单德智	党委书记	单德智
副局长	高金龙	副书记	高金龙
	万学志	纪检组长	王金香
	黄建江		
	潘军华		

平谷区卫生局

局　长	王红艳	党委书记	刘福明
副局长	徐福利	副书记	张顺华
	张　友	纪检书记	于广存
	赵义德		
	赵海燕		

怀柔区卫生局

局　长	高永革	党委书记	金亚平
副局长	郭瑞华	副书记	王丽娟
	谢公芬	纪委书记	于永武

密云县卫生局

局　长	任向宏	党委书记	肖兴起
副局长	朱立志	副书记	任向宏
	肖兴起		宋连启
	王文平	纪检书记	林永兴
	毛久成		

延庆县卫生局

局　长	郑世华	党委书记	郑世华
副局长	康志阜	副书记	杨东海
	王丽敏	纪委书记	曹月梅
	罗玉堂		

北京医院

院　长	林嘉滨	党委书记	张爱莉
副院长	张爱莉	副书记	王红兵
	王建业		刘秀琴
	韩绥生	纪委书记	王红兵
	汪耀		
	田家政		

中日友好医院

院　长	许树强	党委书记	李宁
副院长	李宁	副书记	许树强
	姚树坤		顾玉芝
	王云亭	纪委书记	李赵城
	高海鹏		
	彭明强		

中国医学科学院北京协和医院

院　长	赵玉沛	党委书记	鲁重美
副院长	于晓初	副书记	方文钧
	陈杰		
	姜玉新		
	王以朋		
	柴建军		

北京协和医学院阜外心血管病医院
中国医学科学院心血管病研究所

院（所）长	胡盛寿	党委书记	曲永忠
副院（所）长	杨跃进	副书记	丑承璋
	王希振	纪委书记	丑承璋
	李惠君		
	顾东风		

中国医学科学院肿瘤医院肿瘤研究所

院（所）长	赵平	党委书记	董碧莎
副院（所）长	石远凯	副书记	付凤环
	赫捷		
	王明荣		
	马玉林		

中国医学科学院整形外科医院

院　长	曹谊林	党委书记	王建国
副院长	吴念		
	赵振民		
	赵唯萍		

中国中医科学院

院　长	曹洪欣	党委书记	李怀荣
副院长	刘保延	副书记	仇芙林
	刘伯尧		麻颖
	黄璐琦		
	范吉平		

中国中医科学院西苑医院

院　长	唐旭东	党委书记	曹云
副院长	黄尧洲		
	刘建勋		
	史大卓		
	王海瑞		

中国中医科学院广安门医院

院　长	王阶	党委书记	王阶
副院长	汪卫东	副书记	殷海波
	仝小林	纪委书记	殷海波
	花宝金		
	王映辉		

中国中医科学院望京医院

院　长	陈珞珈	党委书记	程爱华
副院长	周卫	副书记	赵秋玲
	朱立国	纪委书记	赵秋玲
	俞东青		

中国中医科学院眼科医院

院　　长	刘成源	党委书记	张菊敏
副院长	康建平		

北京中医药大学

校　　长	高思华	党委书记	吴建伟
副校长	乔旺忠	副书记	常　江
	王庆国		谷晓红
	徐　孝		靳　琦
	乔延江	纪委书记	常　江

北京中医药大学东直门医院

院　　长	王耀献	党委书记	李澎涛
副院长	田金洲	副书记	叶永安
	高　颖	纪委书记	叶永安
	刘清泉		
	王成祥		

北京中医药大学东方医院

院　　长	张允岭	党委书记	庞　鹤
副院长	刘金民	纪委书记	杨晓晖
	王　琦		
	林　谦		
	李元文		

北京中医药大学第三附属医院

院　　长	唐启盛	党委书记	杨晋翔
副院长	王庆甫	纪委书记	孙玉普

北京大学医学部

主　　任	韩启德	党委书记	敖英芳
常务副主任	柯　杨	副书记	李文胜
副主任	李　鹰		顾　芸
	闫　敏	纪委书记	孔凡红
	方伟岗		
	姜保国		
	王　宪		

北京大学第一医院

院　　长	刘玉村	党委书记	刘新民
副院长	金　杰	副书记	杨　柳
	杨尹默	纪委书记	马兰艳
	丁　洁		
	张庆林		
	李敬伟		

北京大学人民医院

院　　长	王　杉	党委书记	陈　红
副院长	陈　红	副书记	赵　越
	黎晓新		陈红松
	刘玉兰	纪委书记	朱继业
	毛　汛		
	魏　来		

北京大学第三医院

院　　长	陈仲强	党委书记	贺　蓓
副院长	刘晓光	副书记	乔　杰
	王　薇		李树强
	樊东升	纪委书记	刘东明
	金昌晓		
	王　军		

北京大学第六医院
北京大学精神卫生研究所

院(所)长	于　欣	党委书记	黄悦勤
副院(所)长	黄悦勤	副书记	董问天
	王向群		
	唐宏宇		
	董问天		

北京大学口腔医学院

院　　长	徐　韬	党委书记	李铁军
副院长	李铁军	副书记	张瑞颖
	林　野		葛立宏
	罗　奕		
	郭传瑸		

北京大学首钢医院

院　长	那彦群	党委书记	刘慧琴
副院长	刘慧琴		
	刘京山		
	王健松		

北京友谊医院

院　长	刘　建	党委书记	魏　玫
副院长	张澍田	副书记	张仲民
	严松彪		
	张　健		
	谢苗荣		
	李　昂		

北京同仁医院

院　长	韩德民	党委书记	韩小茜
副院长	韩小茜	副书记	韩德民
	倪　鑫		朱慧芳
	王宁利	纪委书记	朱慧芳
	徐　亮		
	李天佐		

北京积水潭医院

院　长	田　伟	党委书记	辛有清
副院长	贺　良	副书记	那　佳
	蒋协远		
	赵晓兰		

北京市创伤骨科研究所

所　长	田　伟

北京安贞医院

名誉院长	孙衍庆	党委书记	伍冀湘
院　长	张兆光	副书记	程　军
副院长	白树功	纪委书记	程　军
	伍冀湘		
	罗　毅		
	周生来		

北京市心肺血管疾病研究所

所　长	罗　毅		
副所长	赵　冬		
	杜　杰		

北京朝阳医院

院　长	王　辰	党委书记	信　彬
副院长	侯生才	副书记	王　辰
	沈雁英		平　昭
	宣继海		
	高　黎		
	魏永祥		

北京天坛医院

院　长	王　晨	党委书记	高晓兰（至8月）
副院长	高晓兰（至8月）		宋茂民（自9月）
	宋茂民（自9月）	副书记	宋茂民（至9月）
	王拥军		姚铁男（自11月）
	张力伟		
	肖淑萍		

首都医科大学宣武医院

院　长	张　建	党委书记	王香平
副院长	贾建国	副书记	张国君
	王力红	纪委书记	张国君
	吉训明		
	孟亚丰		
老年中心主任	张　建		

北京世纪坛医院

院　长	封国生	党委书记	周保利
副院长	徐建立	副书记	刘长春
	祖春荣	纪委书记	刘长春
	刘　伟		
	尹金淑		

北京中医医院

院　长	王莒生	党委书记	陈　誩
副院长	金　玫	副书记	江宏才

王笑民　　　纪委书记　江宏才
　　　王国玮

北京地坛医院

院　长　毛　羽　　　党委书记　滕秀琴
副院长　成　军　　　副 书 记　毛　羽
　　　李秀兰　　　　　　　　张建利
　　　辛衍涛　　　纪委书记　张建利

北京佑安医院

院　长　李　宁　　　党委书记　李玉梅
副院长　金荣华　　　副 书 记　向海平
　　　李国庆
　　　段钟平

北京妇产医院
北京妇幼保健院

院　长　周保利(至12月)　党委书记　曹连元
副院长　曹连元　　　副 书 记　周保利(至12月)
　　　张为远　　　　　　　　贾王彦
　　　李　坚　　　纪委书记　贾王彦
　　　吴金凤(至6月)
　　　刘富凯(至9月)
　　　丁　辉
　　　田宝朋(自10月)
　　　苏　跃(自12月)

北京儿童医院

院　长　李仲智　　　党委书记　李苏南
副院长　申昆玲　　　副 书 记　蔡　红
　　　沈　颖　　　　　　　　李仲智
　　　张　建　　　纪委书记　蔡　红
　　　王满欣
　　　李苏南

北京口腔医院

院　长　孙　正　　　党委书记　张振庭
副院长　郑东翔　　　副 书 记　张翠英
　　　白玉兴　　　纪委书记　张翠英
　　　赵广鸣

北京安定医院

院　长　马　辛　　　党委书记　任玉良
副院长　李占江　　　副 书 记　陈兴德
　　　郑　毅　　　纪委书记　陈兴德
　　　田志国

北京回龙观医院

院　长　杨甫德　　　党委书记　张文中
副院长　张文中　　　副 书 记　杨甫德
　　　邹义壮　　　　　　　　张万华
　　　刘克林
北京心理危机研究与干预中心主任　杨甫德
世界卫生组织危机干预合作中心主任　杨甫德

北京老年医院

院　长　陈　峥　　　党委书记　张洪林
副院长　张洪林　　　副 书 记　陈　峥
　　　杨　兵　　　　　　　　朱江华
　　　王玉波　　　纪委书记　朱江华
　　　刘运湖

北京小汤山医院

院　长　顾　平　　　党委书记　李汝斌
副院长　孙增艳　　　副 书 记　张翠香
　　　梁　英　　　纪委书记　张翠香
　　　韩　萍

北京肿瘤医院

院　长　游伟程　　　党委书记　李萍萍
副院长　张晓鹏　　　副 书 记　严　昆
　　　顾　晋　　　　　　　　郭　军
　　　寿成超　　　纪委书记　李振甫
　　　朱　军

北京市结核病胸部肿瘤研究所
北京胸科医院

院　长　许绍发　　　党委书记　李燕申
副院长　李　琦　　　副 书 记　张凤英
　　　苏　跃　　　纪委书记　张凤英

张静波
张宗德

首都儿科研究所

所　长	范茂槐	党委书记	卢　平
副所长	张　霆	副书记	滕红红
	杨　健		
	凌　科		
	王天有		

北京市中医研究所

所　长	王莒生	党委书记	陈　誩
副所长	李　萍	副书记	王莒生
		纪检书记	江宏才

北京市耳鼻咽喉科研究所

| 所　长 | 韩德民 | 党支部书记 | 赵小燕 |
| 副所长 | 张　罗 | | |

北京市眼科研究所

| 所　长 | 徐　亮 | 党支部书记 | 崔彤彤 |

北京市神经外科研究所

所　长	王忠诚	党支部书记	焦健生
副所长	吴中学		
	张亚卓		

北京市儿科研究所

| 所　长 | 李仲智 |

北京热带医学研究所

| 所　长 | 刘　建 | 党支部书记 | 谷俊朝 |

北京市卫生局临床药学研究所
北京市中药研究所

| 所　长 | 王大仟 | 党支部书记 | 李国华 |
| 副所长 | 李国华 | 副书记 | 王大仟 |

北京结核病控制研究所

| 所　长 | 洪　峰 | 党总支书记 | 王星火 |
| 副所长 | 武文清 | | |

首都医科大学北京神经科学研究所

所　长	徐群渊	党支部书记	段德义
副所长	李晓光		
	徐志卿		

北京市卫生监督所

所　长	王　义	党委书记	贺继民
副所长	贺继民	副书记	曲新丽
	李　扬	纪委书记	曲新丽
	郭子侠		
	赵新生		
	田建新		

北京市疾病预防控制中心

主　任	邓　瑛	党委书记	马　彦
副主任	马　彦	副书记	邓　瑛
	庞星火		姜东兰
	贺　雄		
	曾晓芃		

北京急救中心

主　任	张永利	党委书记	李　巍
副主任	朱亚斌	副书记	王克英
	万立东		
	杨建国		

北京市红十字血液中心

主　任	刘　江	党委书记	戴苏娜
副主任	戴苏娜	副书记	刘　江
	史唯唯		田喜慧
	高东英	纪检书记	田喜慧
	高　岩		

北京市体检中心

| 主　任 | 杜　兵 | 党支部书记 | 杜　兵 |
| 副主任 | 王书林 | 副 书 记 | 王书林 |

北京市公共卫生信息中心

主　任　琚文胜(至2月)　党支部书记　琚文胜(至2月)
副主任　刘　伟　　　　　　　　　　刘　伟
　　　　纪京平
　　　　王　晖
　　　　谢学勤

北京市卫生会计核算服务中心

副主任　许　涛
　　　　王　成

首都医科大学

校　长	吕兆丰	党委书记	李　明
副校长	王玉慧	副 书 记	马谊平
	齐　防		管仲军
	王晓民		李义庭
	王松灵	纪委书记	及振华
	线福华		

北京卫生学校

校　长	兰文恒	党委书记	张民生
副校长	张民生	副 书 记	兰文恒
	江　红		
	郭积燕		

北京护士学校

校　长	黄惟清	党委书记	张丽霞
副校长	郝士军	副 书 记	王　庆
	王　梅		

北京市中医学校

| 副校长 | 董维春 | 党委副书记 | 尹福祥 |
| | 郑春启 | | |

北京大学医院

院　长	张宏印	党委书记	叶树青
副院长	周广华	副 书 记	朱建华
	叶树青		
	李建丽		

清华大学医院

院　长	郭建丽	党委书记	刘秀成
副院长	郝　丽	副 书 记	汤百川
	汤百川		

首钢矿山医院

| 院　长 | 包宗玉 | 党总支书记 | 张利海 |
| 副院长 | 李　顺 | | |

北京燕化医院

总经理兼执行院长	徐泽昌	党委书记	李清华
常务副院长	张　威	副 书 记	时红霞
副院长	李　华	纪委书记	时红霞

北京市健宫医院

| 执行院长 | 金　华 | 党委书记 | 郭文明 |

北京京煤集团总医院

院　长	王国扬	党委书记	梁建业
副院长	韩书立	副 书 记	李永泽
	毛经民	纪委书记	李永泽

北京康复中心

院　长	刘进良	党委书记	原　浩
副院长	张庆民		
	贾志新		
	盖海山		

北京市化工职业病防治院
北京市化工医院

| 院　长 | 侯中林 | 党委书记 | 张占春 |

副院长　尹树田

北京市监狱管理局中心医院

副院长　刘　丁　　**党委书记**　李贤臣
　　　　王天海
　　　　李　杜

民航总医院

院　长　李松林　　**党委书记**　杨开源
副院长　段凤英　　**副书记**　　韩增民
　　　　彭定琼　　**纪委书记**　韩增民

北京航天总医院

院　长　王建国　　**党委书记**　戴天然
副院长　原永平　　**副书记**　　栾　健
　　　　张　晖　　**纪委书记**　栾　健
　　　　王连余
　　　　马　戈

航天中心医院

院　长　金永成　　**党委书记**　赵新国
副院长　李晓宇　　**副书记**　　张向群
　　　　赵新国　　**纪委书记**　张向群
　　　　张向群
　　　　杜继臣

中国航天科工集团七三一医院

院　长　张　宇　　**党委书记**　红　秀
副院长　红　秀　　**副书记**　　李墨琴
　　　　李墨琴　　**纪委书记**　李墨琴
　　　　张宝忠
　　　　郭松水

航空工业中心医院

院　长　高国兰　　**党委书记**　王文标
副院长　刘爱义

北京华信医院

院　长　吴清玉　　**党委书记**　关兆东

副院长　关兆东　　**副书记**　　吴清玉
　　　　朱栓立　　**纪委书记**　郭开宇
　　　　张宗明

清华大学玉泉医院

院　长　左焕琮　　**党委书记**　赵雨东
副院长　叶尔强　　**副书记**　　陈国强
　　　　唐劲天　　**纪委书记**　陈国强

北京水利医院

院　长　刘福进　　**党委书记**　吴启生
副院长　陈建清　　**副书记**　　刘福进
　　　　侯先荣　　　　　　　　陈建清
　　　　　　　　　纪委书记　刘荣丽

中国康复研究中心
北京博爱医院

主任兼院长　　　　李建军　　**党委书记**　李建军
副主任兼常务副院长　时海峰　　**副书记**　　时海峰
副　主　任　　　　董　浩
　　　　　　　　　孔德明
副主任兼副院长　　张　通

中国核工业北京四〇一医院

院　长　杨立军　　**党委书记**　贾福诚
副院长　邱建国
　　　　郝跃林

北京仁和医院

院　长　牛本周　　**党委书记**　牛本周
副院长　马保柱　　**副书记**　　马保柱
　　　　周有志
　　　　王若川
　　　　陈建刚

北京民康医院

院　长　李　明　　**党委书记**　范仕武
副院长　陈有福　　**副书记**　　李忠奇
　　　　赵祖安
　　　　李艳生

煤炭总医院

院　长	王明晓	党委书记	李德清
副院长	张　斌	纪委书记	王继唐
	曾庆玉		
	周　正		

中华医学会北京分会

会　长	金大鹏	秘书长	项晓培
副会长	李清杰	副秘书长	郭　遐
	梁万年	监事长	胡仪吉
	刘玉村		
	田　伟		
	项晓培		
	殷　菁		
	于小千		
	张兆光		
	赵玉沛		

中华护理学会北京分会

会　长	孙　红	秘书长	应　岚
副会长	张黎明		
	吴欣娟		
	郑一宁		
	呼　滨		

北京中医药学会

会　长	赵　静	秘书长	高丹枫
副会长	边宝生	副秘书长	王春生
	许树强		林　谦
	齐　昉		李秀惠
	李俊德		
	杨明会		
	陈　誩		
	周德安		
	姜在旸		
	高思华		
	曹洪欣		
	梅　群		
	谢阳谷		

北京中西医结合学会

会　长	王莒生	常务副秘书长	井宏伟
副会长	王　阶	副秘书长	于晓钢
	王　辰		李　萍
	王笑民	监事长	屠志涛
	王晓民		
	吴红金		
	张澍田		
	李　林		
	杨明会		
	杨晋翔		
	赵　静		
	赵锡银		
	唐旭东		
	史载祥		

北京预防医学会

会　长	孙贤理	秘书长	裴绍民
副会长	毛　羽		
	王　义		
	王　嵬		
	邓　瑛		
	伍冀湘		
	刘泽军		
	李　峰		
	郑志伟		
	姜国栋		
	禹　震		
	贺　雄		
	赵　涛		
	唐耀武		
	彭智会		

北京中医协会

会　长	谢阳谷	秘书长	朱桂荣
副会长	曹洪欣	副秘书长	胡荫奇
	郑守曾		林　谦
	李俊德		殷　青
	杨明会		程治馨
	许树强		黄　毅
	陈　誩		

北京防痨协会

理 事 长	洪　峰	**秘 书 长**	安燕生
副理事长	安燕生		
	张广宇		
	李　琦		

北京性病艾滋病防治协会

名誉会长	吕德仁	**秘 书 长**	唐耀武（兼）
会　　长	郑志伟	**副秘书长**	王凌云
副 会 长	马纯钢		刘海林
	邓　瑛		裴绍民
	车志军	**监 事 长**	周红玲
	甘北林		
	刘　娜		
	刘　江		
	刘宝成		
	孙贤理		
	孙　正		
	师　伟		
	关宝英		
	李　宁		
	连　石		
	武玉华		
	赵　涛		
	赵文忠		
	钱　进		
	袁　林		
	唐耀武		
	郭建丽		
	潘京海		

北京医院协会

名誉会长	刘俊田	**顾　　问**	张正华
	金大鹏		朱士俊
会　　长	张　建	**秘 书 长**	罗玉英
副 会 长	赵玉沛	**副秘书长**	白爱萍
	王建国		陈　利
	林嘉滨		姜凤梅
	王云亭		吴宇彤
	英立平	**监 事 长**	李　宁
	刘玉村		
	王　杉		

陈仲强
李清杰
郑静晨
陈晓红
刘　建
张兆光
王　晨
周保利
江镜波
王　炜
董碧莎
高宜秦

北京医师协会

会　　长	邓开叔	**秘 书 长**	许　朔
常务副会长	吕　鹏		
副 会 长	支修益		
	毛　羽		
	王　杉		
	邓　瑛		
	刘　建		
	许树强		
	张兆光		
	李书章		
	邱大龙		
	陈　誩		
	林永宁		
	赵玉沛		
	赵艳华		
	项晓培		
	席修明		
	蔡忠军		
	颜晓文		

北京医学教育协会

会　　长	金大鹏	**秘 书 长**	贾明艳
常务副会长	贾明艳	**副秘书长**	郭恒怡
副 会 长	刘德培		闻胜芝
	柯　杨		王月香
	线福华	**监 事 长**	兰文恒
	李云波		
	陈晓红		
	赵同刚		
	周东海		

　　　　　　　陈　嬿
　　　　　　　贾建国
　　　　　　　刘华平
　　　　　　　黄惟清

北京健康教育协会

会　　　长　金大鹏　**秘书长**　邓　瑛
常务副会长　胡大一　**监事长**　赵　涛
　　　　　　　邓　瑛

　　　　　　　　　　　　　　支修益
副　会　长　王星火
　　　　　　　刘泽军
　　　　　　　黄建始
　　　　　　　洪昭光
　　　　　　　向红丁
　　　　　　　关春芳
　　　　　　　刘红晖
　　　　　　　杜建军
　　　　　　　张勤奕

军队卫生工作

解放军总医院

医疗工作 门急诊303.85万人次，比上年增长8.14%；住院8.54万人次，比上年增长15.83%；手术5.04万例，比上年增长19.87%；危重症抢救成功率90.13%，平均住院日12.25天。地方医疗收入32.66亿元，比上年增长29.2%。

为军服务。全年收容军人9 157人次，比上年增长10.32%；补贴军人医疗费用2亿元；派出保健组51批337人次，完成两会、十七届四中全会等重大活动保健任务；组织专家医疗服务队到阅兵村、西藏军区总医院等单位开展巡诊和帮带，课题组专家到5省7市20个部队驻地开展心理卫生服务，培训官兵16 000余人次。为世界海拔最高的神仙湾哨所官兵送去了保健药品和远程医疗服务。医院在全军为部队服务大检查中获得好评；参加全国合理用药家庭知识竞赛，获得冠军。

人才培养 年内，筹建了生命科学院，申报了肾脏病国家重点实验室，16个科室被评为首批研究型科室。心内科被批准为全军心血管病介入诊疗培训基地，临床医学博士后流动站被评为全军优秀博士后流动站。8人次当选中华医学会及其他全国性学术组织主任委员或候任主任委员，新增研究生导师58人。获全军优秀博士、硕士学位论文各1篇。

科研工作 获省部级以上课题124项，经费1.02亿元。获省部级二等奖以上成果奖励20项，其中国家科技进步二等奖1项，军队科技进步一等奖、军队医疗成果一等奖各1项，获何梁何利基金科学技术进步奖2项，中华医学科技奖一等奖1项、中国青年科技一等奖2项。Medline收录论文数从第四名提至第二名，1篇论文入选"中国百篇最具影响国内论文"。

药械供应 全年采购药品、试剂16.29亿元，比上年增长34.74%。开展药物临床研究65项，其中国际多中心项目23项。采购设备、耗材10.5亿元，办理免税1 040万元。完成术中核磁、术中CT、磁导航系统等大型设备的安装启用。维修设备3 022台（件），质检728台（件）。审批新增医用耗材110种。

不断提升医疗管理水平 突出卫勤准备，强化保障能力提升。开展理论培训和野战训练，成立突发事件医学救援专家组和先遣分队，多次组织紧急拉动演练。成立了为军服务办公室，开辟了军人诊区，实施军以上干部"一卡通"和离休干部同城双体系保障。突出安全防范，强化医疗质量管理。下发创新年活动方案，建立研究型医院医疗数质量标准体系和医保费用控制指标，实施二次以上手术报告、手术安全核对和临床路径管理，制订虚假病例处罚和医疗风险防范与处理实施办法，建立缺陷病例质量分析会制度。制订了甲流防控应急预案、奖惩办法和突发公共卫生事件、传染病疫情报告工作规定，开展感染病例回顾性调查和传染病与死亡病例监控。修订苗圃基金、科技成果奖励办法、科技人员外出、科技论文等管理办法。成立质量控制室，完善药物临床试验工作制度，实行表格化管理；制订新药引进、统管共用类设备使用、医疗器械临床试验核查和已上市医疗器械临床试验管理规定等。

坚持平台建设支撑发展 搭建学科建设平台。开展全院学科再次评估，完善院内专科协作中心运营方案，制订放射科学科建设规划，以肿瘤中心为试点，全力推进研究型医院科研工作的发展。搭建基础研究平台。筹建中心实验室，明确组织机构和工作模式。12个实验室通过了军队医学专业重点实验室初审。搭建团队合作平台。坚持搞好顶层设计，通过实验室整合、重点投入、集中攻关等方式，实施优势学科协作，成功组建再生医学、组织工程、肾脏病和肿瘤基础临床研究等多个团队。搭建信息服务平台。对医疗投诉登记、门诊考勤、科研评审、外出审批、药品耗材供应物流保障、临床试验管理、特批特购药品管理、医用耗材及诊断试剂招标评审等实行信息管理，整合服务资源，发挥系统功效。

提高人才培养质量 教学管理有新举措。完善了院、部、科三级教学管理机构，界定了职能职责，细化了教学标准，理顺了三级教学管理体制。通过推行教学管理人员听课、机关教学查访、教学例会制度，畅通了教、学、管三方沟通渠道。通过开展教师节教学周活动、"三生三师"教学评价、课堂现场评价、优秀教案评比、学位论文审查等活动，完善了教学管理考评体系。学科建设有新成绩。对耳鼻喉、肾病、肝胆3个"院中院"学科进行了重点建设。完善野战消化内科学建设实施方案，获总后经费资助。与北京市教委协调，为本院内科学、外科学两个北京市重点学科争取经费支持。以建设研究型科室为导向，采取科室自评、临床部考评、专家评审相结合的方式，对全院70个学科进行评估，找出了存在的问题，明确了学科建设的方向。学位教育有新进步。组织了研究生开题审核，开展了研究生学位论文双盲评审、专业学位临床能力考核，利用学术不端行为检测系统，对1/3的毕业论文进行抽检，保证了学位授予的质量。严格导师增列条件，首次将SCI论文数质量指标与导师增列工作挂钩，提高了导师在科研成果和课题等方面的准入标准及导师队伍的整体素质。技能培训有新进展。开设"三基"讲堂和研究生科技创新讲堂，邀请院内外知名专家、学者、全国优秀博士论文获得者进行系列讲座。邀请军内外知名专家对北京市50余家三级医院的百名医生进行了灾害医学知识的培训和演练，为京内外近百家帮带单位360名医务人员进行教学帮带，取得了良好的社会效益。

改进作风促进发展 年内，举办医疗告知与维权专题法律讲座4场、科研名家讲堂15场，到32个科室进行科研工作面对面授课辅导，到35个科室进行医保政策宣讲答疑。开展甲流防治知识、监护室吊塔产品使用、呼吸机临床应用及安全使用、急救及监护设备使用及日常维护等下送活动。积极协调，解决临床难题。提前筹集外供血源，开设"爱心献血屋"，提高献血人员服务保障水平，开展自体等容稀释输血，全力保障临床用血。积极拓宽器官移植供、受体来源途径，完成肝肾移植160例，大力支持肝脏移植中心向国内一流梯队进军。开展微创脊柱外科一日手术并形成示范效应，为科室缩短术前住院天数找到突破口。实行药品耗材供应全程精细化管理，开展分类定点配送，方便临床开展诊疗活动。理顺机制，扶持成果转化。改变以往科技干部自发研究、自行转让的局面，实施科技成果转化统一组织管理，通过设立院成果转化基金、召开成果转化洽谈会、扩大宣传力度、加大与企业联系等措施，实现转让2项，达成转让合作意向10余项。扩大医院制剂品种研发规模，启动了第一个合作项目——"神龙健脑胶囊"的研发工作。

坚持内涵建设安全发展 年内，开展百日医疗质量与安全大检查活动，每个科室抽选一个病区，请老专家进行质量查房和点评；召开纠纷病例分析会、临床病理讨论会，深刻总结经验教训。制订了提高手术通过率、落实医技检查零预约、降低平均住院日、清理超长住院病例等症结问题的解决措施。严格执行夜查房和节假日安全检查制度，开展医师执业管理检查，突出针对性和规范性，对问题单位进行重点检查。组织专家对全院在研课题的《科研记录本》进行了抽查，评选出优秀和合格记录本。注重专项检查的即时性。成立了医保费用联审小组，建立了医保大额费用病历质量周检查制度。运行药品安全监管信息分析系统实行全程、实时的合理用药网络化监控，完成每季度全院合理用药情况报告，对心脉隆注射液等3个药品进行了停药处理，对麻醉手术中心的毒麻药品实行间环管理，重新设置了"小药柜"药品品种和基数。注重通报讲评的规范性。每周下发《医疗管理通报》，每月召开全院目标考评联审会，针对随访中心和医德医风反馈的问题，实行现场问责制。每季度通报医疗纠纷情况，落实奖惩，督促整改。

加强思想政治建设 制订了《医务部加强机关作风建设暂行规定》，严格劳动纪律考评，机关作风得到很大提升。着力打造以"学习、创新、和谐、奉献"为主题的医务部品牌文化，坚持开展读书报告、英语学习、体操锻炼、教唱歌曲4个"半小时"活动。组织党支部书记培训班到新农村建设先进单位、丰台区南宫村参观学习。举办了健康律动广播体操比赛、摄影比赛，出版了《医务部文化工作掠影》图册。开展安全保密、"四反"教育，进行安全保密检查，对20个重点敏感岗位人员进行了轮换。

（解放军总医院）

三〇二医院

医疗工作 门诊38.93万人次，住院1.77万人次，分别比上年增长8.97%和24.95%。北京医保门诊3.6万人次，住院1 560人次，比上年分别增长11.9%和17.47%。手术404例，比上年增长51.31%。组织肝癌多科室会诊240例。日均占床685.72人次，比上年增长8.38%；床位周转28.13次，比上年增长19.7%；平均住院日17.66天，缩短4.1天。治愈好转率82.79%。地方病人服务满意率97%。医疗毛收入7.61亿元，医疗效益1.65亿元，分别比上年增长27.76%和27.88%。新增医疗设备1152台（套），设备总值1.7亿元。

医院被总部指定为军队甲流收治和医学观察单位，被北京市指定为甲流筛查和确诊单位。实现了"工作人员零感染、来院病人零漏诊、确诊病人零死亡、疑似病人早诊断"的工作目标。全年留观5批18人次甲流密切接触者，筛查1.6万余人次，确诊2 600余例，收治病人438例，其中重症患者32例，治愈率100%。组织全军专家会诊10次，完成院内甲流疫苗接种1 500人次。派出6批10人次专家到部队单位处理疫情、指导防控，在体系部队中开展防治知识讲座22次，制作《急性呼吸道传染病门诊设置与患者接诊收容流程》教学片发放全军。组方研制"复方青花颗粒"获总部生产批件，为国内首个甲流预防中药颗粒剂，发放体系部队、患者和全院人员8 000余人份。为危重症患者救治储备甲流康复者血清2 000余毫升。

推进心理门诊服务，配备心理评估软件，增加心理诊疗项目。新增核磁共振检查、无创肝纤维化检测、碳-13呼气试验检测胃幽门螺旋杆菌、CT引导下射频消融治疗肝癌、B超引导下PICC置管术等12项新技术、新业务。完成"人间充质肝细胞治疗肝衰竭的临床应用研究"、"病毒性肝炎肝组织病原检测新技术"、"离线型混合生物人工肝支持系统的构建及治疗肝衰竭的研究"、"劈离式肝移植技术的临床应用研究与应用"4个临床高新技术重大项目的院内专家评审。成功实施2例活体肝移植手术，全年完成肝移植84例；血液净化科设立5张床位的重症病房，开展重症病人的血液净化治疗。开设肝衰竭治疗研究中心ICU病房，成立了国内传染病医院首个肝病ICU，提升重症肝病诊疗水平。增设外科D区，提高外科病人收容。成立了名为"爱肝乐园"的肝移植之家，为肝移植术后病人提供医疗增值服务。合作开办耳鼻喉门诊，建立自动化中药房，建成健康体检中心，切实将医疗服务延伸到院前预防领域。

与丰台区卢沟桥街道卫生服务中心、王佐镇卫生服务中心建立了帮带关系，成为驻京军队医院中首家与社区医院建立双向转诊机制的医院。参加第二十一届国际科学与和平周、丰台区科学素质行动号启动仪式、丰台区防控甲流科普宣传月、丰台区健康大讲堂、庆祝建国60周年等大型义诊活动，组织大型研讨会2场，举办健康科普讲座9场。承办"健康社区行，服务为人民"大型便民义诊，共派出医疗专家209人次、护理人员250人次，受益群众2.3万人次，为35户低保贫困居民赠送免费药品价值3万余元，设计制作科普宣传展板50余块，发放各类疾病预防宣传手册3万余册。外派专家10批14人次，参与宁夏、黑龙江、吉林、辽宁、河南、山东等地区技术协作医院的工作。

教学工作 全军传染病防治技术临床培训基地在本院挂牌成立，并完成第一期培训任务。组织专科医师规范化培训和进修学习22人次，连续3年组织了护理技术全员培训。组织各类学术讲座34期，承办中国科协青年科学家论坛、全国传染病医院院长高级研讨班、专业委员会学术会议6次。组织37批次82人次出国进行学术交流，与美国哈佛、耶鲁、布朗等5所大学医学院建立了协作交流关系，完成10名临床医师赴美深造的前期准备工作。与北京中医药大学签订了教学联合体协议。年内，增列教授1人、副教授2人，博士生导师3人、硕士生导师3人，招收进修生、实习生、研究生和课题生228人。

科研工作 艾滋病和病毒性肝炎防治实验室通过军队重点实验室检查验收，成功申报国家中医药管理局中医药防治传染病重点研究室，临床检验通过ISO15189认可复审。获得省部级成果奖14项，其中"25 946例中国军民肝穿病例肝病谱、临床病理、流行病学及转归研究"获军队医疗成果一等奖。发表SCI论文38篇，比上年增长35.7%，影响因子总分达96.885。《传染病信息》杂志在全国1 860多种核心期刊中排名第746名。获得国家自然科学基金课题7项，资助经费197万元；新增4项新药和自制制剂风险投资研究项目，共引资2 800万元；院内立项课题20项，资助经费121万元；启动50年病历数据库建设和肝癌规范化治疗研究项目。加强课题过程管理，国家科技重大专项"十一五"计划课题进展顺利。牵头完成全军医学科技"十二五"发展计划传染病防治专题的编制任务。

学科建设 年内，申报了国家、军队重点实验室、军队专科中心，以及国家中医药管理局中医药防治传染病重点研究室。召开了医院中医药学科建设研讨会。对医院10个重点学科（专科中心）建设情况进行了检查评估。编写了《现代传染病学》（第二版）、《中西医结合诊治重度黄疸肝病》专著。

承办中国科协青年科学家论坛2期、全国公共卫生中心管理高级研讨班1期，承办全国免疫学委员会、全军检验学专业委员会、北京市肝病专业委员会委员工作及学术会议3次。

新药研究 年内，通过了国家药物临床试验机构复核检查。承担药物临床试验研究42项，其中牵头24项。修订完善临床试验各项规章制度及SOP 265项。启动了重大专项GCP平台建设课题的研究。水芹总酚酸胶囊、金丝桃苷胶囊基本完成临床前研究，正肝清黄片、蕨麻总皂苷片继续开展新药临床试验研究。恩替卡韦分散片、水芹颗粒、复方青花颗粒获得自制制剂配制批件，并在临床应用。启动灵五颗粒、熊去氧胆酸纳米晶体片、混合型治疗性乙肝疫苗等3个新项目的研发，获得研发资金2 195万元。

信息化建设 完成医学影像PACS系统建设及存贮扩容。完善了中药电子处方程序。扩大军综网应用范围，并配齐安全设备。自主研发健康体检软件等16个应用程序，完成健康服务一期网站开发，开通在线咨询，实现预约挂号，提高了诊疗管理效率。

（三〇二医院）

三〇六医院

医疗工作 门急诊82.1万人次，比上年增加12.3万人次，日均门急诊较上年提高17.75%。住院20 093人次，手术6 290例。门诊与出院诊断符合率96.88%。床位使用率85%，平均住院日15.3天。全年收入5.19亿元，比上年增加1.322亿元，增长34.18%。

为部队服务。全年收治军队患者2 455人次，占12.22%；军队门急诊患者1.77万人次，占21.55%；为军队患者窗口计价6 746万元，实际补贴3 296万元，其中药品补贴1 804万元、耗材补贴1 106万元。组织8支医疗队巡诊，共接诊患者近2 000人次；为总装备部驻京体系单位近600多名新兵和1 200名干部体检，妇科专项检查200余人次，全年投入经费50余万元。

学科建设呈现新发展。全军脊柱外科中心开展了"微创快速填充法在松质骨塌陷性骨折和椎间关节损伤的修复功能重建中的应用"新技术研究，取得了良好的社会效益和经济效益。与中国健康促进基金会合作成为"手拉手"贫困儿童脊柱侧弯矫正救治中心，为56个孩子实施了手术治疗，并取得了满意的效果。全军糖尿病中心开展了骨髓干细胞治疗糖尿病的新业务，并举办了第六届亚太地区糖尿病足和肢体病变会议暨第五届糖尿病足和下肢血管会议。呼吸内科被批准为总装呼吸内科诊疗中心，并组织了北京各大医院近200名专业医生参加的青年呼吸医师沙龙。神经外科拓宽发展渠道，与外院专家合作开展"经迷路后入路面神经梳理及血管神经解压术"，3个月完成手术227例。医院成立了眼底病诊疗中心和生殖医学中心，并将肾内科和血透中心进行整合，成立了肾脏疾病诊疗中心。

防控甲流。5月，医院成立了防治甲流工作领导小组，组建了甲流防治专家组和防治办公室。全年发热门诊共接诊12 420人次，确诊甲流22人，留观治疗发热患者303人，抢救危重症甲流患者2例，实现了重症患者零死亡、医务人员零感染的目标。

完成二选航天员工作。医院成立了领导小组，9次组织专家讨论相关临床选拔标准和实施方案，编制了具有自主知识产权的航天员复选制金表。全院56名专家和44名护士参加了此项工作，急诊科主任夏鹄等专家贴近一线服务，完成了离心机负荷超重试验、缺氧耐力试验、高空减压病试验等保障工作。每批入住候选人员均制订科学严密的检查流程，与航天医学工程研究所联合组织了10次定选指标讨论会，完成3批次45名候选人员的体检复选工作。

教学工作 有研究生导师50人，全年招收研究生45人；接收各院校实习生120余人、进修生80余人；开展对内蒙古自治区基层医院的技术帮带工作，完成8名特诊专业基层医生的进修带教任务。开展了"名家精品讲课工程"，邀请包括院士在内的国内外知名专家来院讲课20余次。

科研工作 全年申报国家自然科学基金课题26项、首发基金课题10项、航天医学专项课题32项，确立院级课题20项。发表论文200余篇。申报军队科研成果一等奖1项、二等奖2项。获军队医疗成果三等奖6项，"载人航天工程医疗保障数字化病区研究与实现"项目获军队科技进步一等奖。

其他工作 医德医风建设。患者投诉下降较为明显，共收到表扬信277封、锦旗93面，科室医生拒收红包金额50余万元。全年发放各类问卷3 280份，综合满意度93.6%。骨科主任马华松入选首都十大健康卫士评选活动，被市卫生局和精神文明办授予"首都健康卫士"称号。

对口医疗帮扶。执行对泾源县医院帮扶工作第二个五年计划。赠送给泾源县人民医院150床卫生棉被和部分流感防护用品，价值近4万元。组派8人医疗队赴泾源县进行了14天的技术帮扶。继续对口支援奥运村社区卫生服务中心，并建立了转诊免挂号绿色通道。全年接收4批次16人进修学习。

对外交流与合作。出境参加学术活动23项47人次。与香港广华医院结为友好合作医院，签订了学科建设、人才培养与新技术、新业务开展、科技资源共享等方面的合作协议。

（李 轶）

三○七医院

医疗工作 医院床位扩至1 100张。全年门诊39万人次，比上年增长29.5%；住院2.1万人次，比上年增长53.9%。医保门诊5万人次，医保住院3 130人次，比上年增长35.4%。医疗毛收入5.26亿元，比上年增长51%。

年内，加强了急救、呼吸、消化、心内、内分泌、肾内科的建设，扩建了急诊ICU病房，设立了呼吸科ICU病房、心内科CCU病房，提高了急危重症的救治水平。加强外科建设，设置了骨科、神经外科、普通外科、胸外科、妇科、泌尿外科、口腔科、烧伤整形科。医院学科总数达到38个，涵盖除神经内科以外的所有临床医学三级学科。

全年完成造血干细胞移植203例次，中毒救治2 635例次，粒子植入98例次，烟雾病治疗715例次，超声聚焦刀治疗200例次，精确适形放疗88例次，实体瘤热疗108例次，射频消融治疗肿瘤52例次，肿瘤内科治疗1万余例次，外科肿瘤手术714例。

不断拓展技术特色，打造过硬技术优势品牌。移植骨髓采集获中华骨髓库批准注册；母婴保健计划生育服务技术、基因扩增临床检验项目通过执业评审；肾移植通过国家卫生部第二次评审，开展器官移植30例；呼吸内科、心内科、神经外科开展了支气管镜介入诊疗、心电射频消融、十二导联心电连续监测、经气管镜和胃肠内窥镜的微创治疗、经股动脉的脑血管病支架置入治疗、脑功能疾病的立体定向治疗等新业务、新技术。通过引进、更新核磁共振、直线加速器、电子内窥镜系列、全自动生化仪等先进的医疗设备，检查治疗手段不断升级，提高了医疗质量。

年内，修订完善了《医疗纠纷处理暂行规定》、《新药引进采购管理规定》等规章制度，进一步规范门急诊、临床和药学工作，确保医疗质量和医疗安全。全年诊断质量指标、管理质量指标均超过计划目标值且高于上年。床位使用率94.9%，床位周转23.3次，治愈好转率97.2%，平均住院日16.1天，比上年缩短0.9天。全年抽检出院病历6 589份，抽检率36.8%，甲级病案率99.9%。

加强护理质量的管理监控，全年护理查房109次，各项护理综合指标均达99.8%以上。实现临床教学规范化管理，有146名护士取得了护理教员资格。评选星级护士10人，并组织了星级护士报告会。以总分第一名的成绩获批北京肿瘤专科护士临床教学基地，完成14名肿瘤专科护士的临床培训。

年内，制订了医疗市场拓展计划和"三区两线"拓展战略。与宁夏同心县人民医院、北京花乡医院、良乡医院、保定第二中心医院、衡水市哈励逊国际和平医院、六安市人民医院等9家医院建立了协作发展机制，实现资源共享，扩大营销网络。与丰台区民政局军休办签订协议，开设了军休干部就诊绿色通道，组织专家和医务人员19批150余人在丰台各社区进行义诊，扩大了医院的品牌优势。

信息化建设 完成医院信息系统主服务器和主交换机升级、大楼网络基础平台建设及信息系统建设。完成门诊分诊、取药、智能对讲综合信息系统以及医院PACS系统的建设。完成医院互联网和内部综合信息网的全面改版及日常维护，信息服务管理效能明显提高。加强信息安全管理力度，安装及维护计算机"保密管理系统"，对全院计算机和移动存储介质逐一清查登记，审批了129台上网计算机，通过了总后组织的计算机安全检查。

为军服务 修订了《为部队服务暂行规定》，设置了军人就诊专区，改善了军人患者就医条件。强化为军服务措施，严格落实2009年《军人合理用药目录》、《军人合理耗材目录》，为医科院官兵查体4 939人。全年补贴军人医疗费1 131万元。接收同城双体系离休干部、军职干部一卡通患者1 459人。在总后卫生部组织的为兵服务大检查中得到好评。落实总部帮带计划，为宁夏同心县人民医院开通了远程会诊，并捐助医疗设备和指导援建。7月15日，中央军委副主席徐才厚视察同心县人民医院，对医院的技术帮带工作给予了高度赞扬。

应急保障 1月20日，被国家卫生部授予核事故医学应急中心第三临床部，承担全国核辐射重度损伤病人的救治、技术指导和科研任务。完成国家"长城6号"反恐演习和国庆安保等应急救援保障。

科研工作 本年度获批国家自然科学基金9项，是获批数量最多、经费最高、质量最好的一年。全年发表学术论文250篇，其中国际期刊杂志9篇，SCI影响因子累计21.909分，单篇论文被评为中国百篇最具影响国际学术论文，影响因子8.6分；在统计源期刊发表论文228篇，在全国医疗机构排名第148位，论文引用排名第133位。促进专业实验室面向临床开展研究攻关，血液室、细胞与基因治疗中心运用应用基础研究成果服务临床，开展临床技术方案研究；免疫室承担的国家新药创制重大专项课题进展良好；肿瘤学实验室以肿瘤临床诊治检测技术和干细胞应用为切入点，搭建了肿瘤基础与应用技术研究、常规内外科干细胞临床研究平台。强化科技成果转化，血液科、免疫室、肿瘤学实验室探索与企业合作模式，3个重大科技合作项目正在洽谈中。全年完成新药临床试验项目26项，启动新药临床试验项目43项，合同经费879万元。

训练工作 举办了美国NIH临床药理与科研规范培训班、北京地区核医学学术会议、乳腺癌高峰论坛及京津冀鲁核物理学术会议。邀请8位外宾来院参加学术交流，聘请钱桂生、田嘉禾、郭亚军为本院客座教授。全年举办医师培训25次，出国参加学术交流34人次。与安徽医科大学联合招收培养研究生10人，招收博士后入站进行课题研究2人。组织全院研究生中期考核和研究生导师遴选，获批硕士生导师10人。成功申报全国及全军继续教育Ⅰ类项目5项。

其他工作 完成医疗楼配套工程施工、部分科室机房施工改造工程及大楼周边道路铺设环保绿化等工程。启动了三防应急医疗综合楼的深化设计及报规工作。

（刘素刚 夏 侠）

三〇九医院

全年门急诊86.63万人次，比上年增长45.01%；住院3.04万人次，比上年增长20.16%；手术1.95万例，比上年增长72.57%。日门急诊4 325人次。医疗毛收入8.3亿元，比上年增长55.72%。

为军服务 制订了《为部队服务12项措施》，召开体系部队座谈会征求意见，完善军人和师以上干部诊区。组织6批次专家教授深入总参41旅、电子对抗团以及阅兵部队，开展巡诊、查体与技术帮带。全年接诊军队伤病员112 185人次，住院2 670人次，健康查体11 651人次，补贴医药费4 725.01万元。在全军为部队服务大检查中受到好评，并接受了现场观摩。积极应对甲流疫情，承担了军地甲流患者筛查、监测和确诊患者的收治任务，共接诊发热病人26 038人次，确诊217例，收治重症患者16例，多次受到总部和北京市表扬。

开展"创新年"活动 年内，开展了"创新年流动杯"评比竞赛和"百日医护质量"整顿活动。经审评通过新业务、新技术100项，已开展71项。坚持邀请院外专家教授进行医疗、护理和教学查房，召开全院医师大会，组织典型病例大讨论，规范技术合作项目，开发拓展医疗市场，加大医护质量监控，促进了各项医疗指标的完成。

学科人才建设 优化学科配置，组建放疗与核医学诊治中心、心脏血管外科中心，完善骨科亚专科设置,加强结研所、急诊科、干部病房和输液中心4个护理示范基地的建设;器官移植中心作为全军专科中心代表,在全军医院学科建设研讨会上介绍了经验;结核病研究所护理组被评为全国卫生系统护理专业巾帼文明岗。引进各类急需人才23人,接收军地院校毕业的博士生、硕士生21人;完成131名专业技术干部任期制考评、112名专业技术干部职称评审;石炳毅、吴雪琼被评为总医院首届中青年研究型人才;上报军队创新工程奖领军型和拔尖人才各1人(吴雪琼、蔡明)、总后优秀中青年专家2人(吴雪琼、蔡明)、军队优秀专业技术人才岗位津贴对象11人。完善聘用人员管理制度,新聘各类专业技术人员482人,其中硕士以上学历46人。

科研与训练 以国家重大传染病专项为牵引,加强科研协作和联合攻关。获国家、军队和北京市科研课题26项。获科技(医疗)成果奖5项,其中军队医疗成果一等奖1项、二等奖2项,北京市科学技术奖二等奖1项,中华医学科技奖二等奖1项。发表统计源论文534篇,SCI、EI论文30篇。科技成果转让140余万元。成立了外科、内科、护理教研室和50余个教学组,与山西医科大学等5所院校新建教学协作关系,新增医学统计、影像、药学等8个本科实习专业,在读研究生50人。举办了结核病、重症医学、器官移植、消化、心血管等全国全军性学术会议8个。

基础设施设备建设 投入经费8 000余万元,引进了64排PET-CT、IGRT加速器等先进设备,血液透析机达到62台。坚持大型设备效益通报制度,设备使用率和经济效益明显提高。出台《药费比例控制办法》,研发了"处方评价与药物利用研究系统",坚持药师下临床和不合理用药分析讲评制度,共采购供应药品3.6亿元。加强院内外信息网站建设,启用了新版电子病历、网上预约挂号,完善了手术示教与远程会诊系统等。完成北区二期经济适用房、学术会堂和38号楼主体工程建设,启动了久盛居2号楼建设;改扩建血液透析中心等医疗用房,新增建筑面积1.1万平方米;完成为老干部安装电梯的工作。

管理与改革 完善《综合目标管理办法》,将药品、耗材收入与科室奖金脱钩,试行医护患"一体化"护理服务模式,实施护理人员绩效管理。出台《医疗合作暂行管理规定》,设立医疗风险基金,进一步规范了医疗合作和医疗纠纷管理。推行全成本核算,规范了药品、耗材出入库流程,调整了收费、审核职能等,初步实现医疗成本的精确管理与医疗资源的高效利用。推行《招投标工作程序监督管理办法》,对13个大项工程、百余台医疗设备招标购置实施全程监督,确保招投标规范有序。推进后勤保障社会化改革,依托社会优质资源,初步走上集约化、捆绑式大物业保障模式。

(三〇九医院)

年内,完成转隶移交任务。组织人员、资产、物资、档案清查登记,在较短的时间内完成移交,并召开了转隶移交和授予番号大会。

加大新闻宣传,在《人民日报》、《解放军报》、中央电视台等媒体发稿1 080篇,将院报由月刊改为半月刊,增大发行量,扩大了医院的影响。推进医德医风建设长效机制,定期进行检查讲评,和谐医患关系。全年收到锦旗430面、表扬信480余封,拒收红包近40万元。

三一六医院

医疗工作 门诊166 075人次,较上年增加21.1%;急诊19 328人次,比上年增加28.6%;住院3 776人次。手术612例,其中全麻手术108例,较上年增长74%;椎管内麻醉212例,较上年增长0.9%。

内科加强心血管专科建设,充实了心血管、呼吸、神经内科等专科门诊,完成危重症抢救128人次。外科引进DOBI乳腺癌诊断系统,开展了动态乳腺光学检查1 407例,完成多例双侧股骨头坏死行双侧全髋置换术等。妇产科成功抢救2例胎盘植入、羊水栓塞患者,并获得北京市危重孕产妇抢救奖励,成功开展腹腔镜下巨大子宫肌瘤剔除术5例。儿科开设了小儿外科业务,完成3例小儿实体瘤切除及活检手术,14例输液港埋置术。检验科新增免疫生化、TCT等多项新项目,开通了检验信息管理系统,简化了就诊流程,方便了临床工作。放射科同微创科合作开展CT引导定位椎间盘治疗17例。理疗科开展了脊柱矫正、穴位诊断、循经火龙、穴位贴敷等多个新项目。

防控甲流。启动了应急预案,开展甲流防控知识专题讲座、应急演练8次,为一线工作人员熬制中药汤剂3 300人份，引进价值25万元的红外体温检测仪，并安排专人负责监控操作，严格就诊流程和疫情日报制度，开设了甲流隔离病房，较好处理了多起甲流突发疫情。

教育与科研 年内，开展了医疗质量安全月活动，严格医疗文书书写规范、处方权授予标准和流程，增强服务质量意识，规范医疗行为，促进了医疗质量和服务水平的提高。特别是开展了网上动态病历检查和辅诊报告单质量检查、处方质量检查等，随时进行网络反馈和院周会点评；制订了不合格病历处罚制度，加强病历质量管理；药剂科还设专人对每日处方逐份检查，每月进行反馈。

护理部举办了2期护士长学习班，试行护士长轮训制度，建立护士长工作质控评价标准，规范了护理文书书写，定期组织护理记录单缺陷分析与展评，严格查对制度，使2次核对的执行落实到位。

微创科自主开发的臭氧激光联合穿刺针技术获得实用新型专利，本专利同时获得麻醉疼痛领域产、学、研一体化创新发展基金19万元；门诊科室全部使用信息管理系统，可通过计算机进行开单、书写病历、查看检验结果，提高了诊疗速度。内科利用多年查体经验和数据，自主研发了体检信息管理系统和标准护理计划软件；信息科与友邻单位合作开发医疗网络安全管理服务器容灾备份恢复系统，确保医疗数据的安全可靠。内镜室、特诊科等相关科室组织了首届香山内镜论坛，麻醉科组织了香山麻醉峰会。

其他工作 增强全院人员"以人为本、以病人为中心"的服务意识，使全院人员像热爱自己的生命一样热爱医院，像珍惜自己的生命一样对待工作，像对待自己的亲人一样对待病人，大力提高医疗技术水平，真情服务官兵，无私奉献病人。举办了"大力培育当代革命军人核心价值观"和"真情关爱呵护官兵健康，敬业奉献服务神圣事业"主题报告会，组织了"使命·荣誉·奉献"主题演讲，把"没有最好，只有更好"作为牵引，前瞻谋划，主动作为，坚持不懈地在提升服务层次上下功夫。

坚持从管理的常态化、制度化、科学化的角度出发，开展了"五个一"活动，即：每周表扬一次好人好事，每月测评一次患者满意度，每季度评比一次医德医风流动红旗单位，每半年召开一次休养员座谈会，每年进行一次服务改进评比。患者总体满意度93%，收到表扬信107封、锦旗23面。

年内，通过了北京市医保联审互查的检查、验收，并得到检查组的肯定。

（孙宪春）

海军总医院

医疗工作 门急诊81.8万人次，比上年增长17.28%；出院2.1万人次，比上年增长11.93%；展开床位997张，展开床位使用率90.01%；手术14 300余例，其中手术室手术5 662例。全年医疗毛收入5.5亿元，装备总值达到3亿元，二期医疗大楼落成并投入使用。

年内，医院成立了质量管理专家督导组，科室成立了质量管理小组，各科设立了针对环节质量管控的住院总医师；实行院常委参加科室早交班制度、专家组督导制度、住院总医师周工作例会制度、机关周夜查房制度；修订了医院和科室两级医疗护理管理规章制度和规范，编发了《病历书写规范》、《临床检验工作手册》、《护理工作指南》等口袋书；制订实施了《综合质量绩效考评实施细则》，每月进行综合质量绩效考评；定期进行医疗安全形势分析讲评；加强核心医疗规章制度落实的检查督导，开展了运行病历质量、知情告知制度落实和规范化查房等专项整顿；定期组织临床和辅助科室的沟通交流，反馈信息，改进流程，规范工作；严格落实三级护理管理制度，每季度进行科室护理质量检查分析讲评；注重规范护士职业礼仪，成立了"海之韵"礼仪服务队；充分发挥医院全军神经疾病护理示范基地的作用，为全军医院培养专科护士20人；开展了护理百日安全竞赛活动，制订了专科护士培养和使用目标，完善了护士在职分层次培训体系；开展护理诚信服务活动，评选表彰了诚信服务模范护理岗和十佳护士。护理部总护士长王文珍获第四十二届国际南丁格尔奖，全军高压氧中心主任潘晓雯获第六届中国医师奖，护理部被评为全国巾帼建功先进集体，神经内科护士长朱宗红当选全国巾帼建功先进个人。

医院各项诊断、治疗质量指标和医疗管理质量指标均达到总部规定标准并超过上年水平，基础护理质量达标率、整体护理质量满意率均超过总部规定标准。

通过推行医保及门诊持卡就医，施行无假日门诊、

· 143 ·

下午免收挂号费、设立"国医名师"及军休干部诊室、开展社区帮带等举措，扩大了医院的影响，吸引了病源。不断加大医保管理工作力度，接受北京市及区县医保中心审核病历23次，除平均住院日外，医保各项管理指标达到规定标准。在甲流疫情的防控工作中，成功处置了海军部队发生的重大疫情，为海地6 000余人进行了甲流疫苗接种。完成北京市两癌筛查和手足口病的防治任务。有20个临床科室一次性通过了国家药物实验临床机构的专家评审。

教学工作　年内，召开了医院研究生教学工作座谈会，进一步理清了研究生教育管理的工作思路。继第二军医大学之后，医院新增为南方医科大学、天津医科大学、安徽医科大学等高校的临床教学医院，新增博士生导师8人、硕士生导师19人。完成学员毕业技能考试、新学员进点和临床医学院718课时的授课任务。加强了进修生、实习生管理，全年接收进修生、实习人员193人。完成全国继续教育项目5项、全军继续教育项目2项、海军继续教育项目3项。

科研工作　加大军事医学研究力度，成立了军事医学协调办公室，特聘军事医学专家组成指导委员会，完成了全军航空医学重点实验室及药物临床试验机构的申报、迎检工作。改革医院课题资助办法，制订了《创新培育基金管理方法（试行）》，有12项课题获得医院创新培育基金资助，有91项课题申报军地各类科研基金。获军队医疗成果二等奖1项、军队科技进步三等奖8项。全年发表论文650篇，其中统计源期刊545篇，SCI收录9篇。加大训练管理力度，开展全员岗位练兵活动，严格住院医师管理，完成院级示范授课和法规学习33次，开展"三基"培训21次。

学科与人才建设　按照"突出重点、扶持特色、兼顾一般"的思路，整合优化学科资源，新增全军航海航空医学专科中心，组建了心脏疾病诊疗中心、泌尿外科中心和医学整形中心。特聘国内军内著名专家为科室名誉主任或客座教授，拓宽了人才引进渠道。首次对2名科主任、4名护士长岗位实行竞聘上岗。修订了《中、高级专业技术职务聘（续）任工作实施办法》，提高了评选晋升的门槛和标准。完善了《中层领导干部考评细则》，对中层领导干部进行了年度综合考评，并将考评结果与干部晋职晋级、评功评奖相挂钩。

卫生防疫　拓展了防疫保障工作范围，为驻京、津近50家部队开展卫生监督检查和防疫消毒技术服务。为海军创建无"四害"舰艇、飞机活动提供技术服务保障，为海军一线部队进行专业技术授课、指导培训2 500余人次。为海军参加国庆阅兵受阅方队进行了现场防疫技术指导和卫生监督。派出防疫专家组完成了海军护航编队、多国海军海上活动期间的卫生防疫保障任务。

医德医风建设　开展了全院医德医风集中讲评教育。修订了《医德医风建设实施细则》，进一步构建理顺了医德医风三级监管网络。改进患者满意度评价模式，专门聘请12名军内医德医风监督员，在门急诊和住院部试行了数字化触摸屏满意度评价服务系统；扩大患者满意度调查范围，修改患者满意度问卷调查内容，发放军内外患者调查问卷7 537份。修订了《医德医风考评细则》和《冯理达医德医风奖奖励办法》，坚持每周通报医德医风好人好事及患者投诉问题，每月公布患者满意度统计数据，跟踪抓好患者反映问题的落实，有效降低了医疗投诉和医患纠纷发生率。全年收到表扬信665封、锦旗（镜匾）249面，退还红包24万余元，有80人次被医院评为患者最满意的医务人员，患者总体满意率97.3%。

（海军总医院）

空军总医院

医疗工作　门急诊1 300 741人次，完成医院年计划的149.37%；军队病员门诊206 794人次，占门急诊总量的15.9%；地方病员1 093 947人次，占门急诊总量的84.1%。住院22 843人次，完成医院年计划的114.88%；军队病员住院5 323人次，占23.30%；地方病员住院17 520人次，占76.70%。完成各类手术及较大有创技术操作12 491例次，其中手术室5 660例。全年无菌手术切口甲级愈合率99.80%，手术并发症发生率0.47%，院内感染率4.26%；床位使用率86.93%，较上年提高2.6个百分点；床位周转24.57次；平均住院日14.93天，较上年缩短0.27天；危急重症抢救成功率88.14%，较上年提高2.04个百分点。

学科建设　完善了临床航空医学体系。一是加强了临床航空医学研究平台。围绕临床航空医学研究核心问题，着眼军队医学科研"十二五"计划需求，制订了《临床航空医学研究项目指南》，同时，完成总后卫生部重点实验室的申报，本院临床航空医学实验室被列入总后卫生部重点实验室行列。二是完善了临床航空医学诊疗平台。按照《构建空军临床航空医学体系的若干措施》的计划，医院针对飞行人员常见病、多发病，如晕厥眩晕、脊柱损伤、心律失常、口腔疾病、屈光不正、泌尿系疾病和呼吸睡眠暂停等疾病筹建特色诊疗研究中心7个。举办了航医急救技术培训班，完成飞行员康复训练中心的建设。三是改善了临床航空医学交流平台。11月15~17日，医院举办了2009北京国际航空航天临床医学学术会议，有6个国家的16名外宾和国内军地单位240人参会。会议收到论文237篇，其中有17名国内外代表进行了特邀发言，有37位代表进行了论文交流，其他论文进行了墙报展示。

加强特色学科支撑。一是针对战伤特点，组建了烧伤整形外科。9月，从304医院引进学科带头人筹建了烧伤整形外科，床位24张，开展收治、手术等医疗工作，弥补了医院学科空白。同时，医院还利用该科与中国红十字基金会天使妈妈基金合作建立了国际儿童烧伤医学康复中心。二是针对官兵实际，合建了生殖医学中心。医院与七彩集团合作的生殖医学中心完成大部分筹建工作。三是组建了以普外科为核心科室，其他相关科室共同参与的乳腺疾病诊疗中心。四是规范了导管室管理。制订了《中心导管室管理规定》，严格了高质耗材的请领、消毒，规范了各科操作流程和资质审查等。

扩大学科技术的影响。一是加大了对外宣传力度。利用健康大讲堂、健康宣传日等活动，加强医院特色诊疗项目的宣传力度，全年举办百姓健康大讲堂60余场次，已形成妇产科、内分泌科两大系列科普讲座。二是提高了对外联络成效。医院分别与河南嵩县人民医院、内蒙突泉县人民医院、宁夏石嘴山市第二人民医院等7家医疗机构签订了帮扶协议，共接诊协作医院转诊病人1 000余人，收治100人次，其中80%以上为疑难、重症和待手术病人。同时，分赴贵阳、西宁、南宁等地拓展肾源渠道，全年开展肾移植23例、角膜移植7例。三是深化社区医疗服务。医院承担了海淀区适龄妇女子宫颈癌、乳腺癌的筛查工作，共筛查宫颈癌2 918人次、乳腺癌2 421人次，发现子宫恶性疾病82人次、乳腺癌14例，收治80%筛查阳性患者，得到市卫生局和海淀区卫生局质控检查的好评。

科研工作 一是修改了科研综合质量分目标管理办法，并在全院实行。二是在医院计算机网络窗口开启了医院学术信息专栏，方便了学术活动、病例讨论会申请、登记管理。三是加强了学术合作，医院与北京理工大学、北京中医药大学等建立了协作机制。年内，医院获国家重大新药项目1项、国家自然科学基金3项、北京市科委计划项目1项、空军后勤计划项目11项、全军医药卫生科研基金重大课题3项、医院立项课题40项，共争取上级经费600余万元。获军队医疗成果二等奖2项、三等奖5项。

教学工作 完成3名博士后出站、6名博士后入站的考核；接收9名博士研究生、6名硕士研究生来院开展课题研究，完成2名博士研究生、8名硕士研究生毕业论文答辩。组织140名实习生基础理论学习和临床实践，完成111名毕业学员理论、技能的考核。接收军地进修生199人，B超专项培训基层医师20人，接收1名军队干部来院带职锻炼1年。全年完成212名临床医学、护理学函授教学及毕业论文答辩。医院与安徽医科大学、大连医科大学、河北北方学院建立了研究生培养基地，与北京理工大学、北京中医药大学建立了合作关系，新增博士生导师1人、硕士生导师21人。

（空军总医院）

第二炮兵总医院

医疗工作 门急诊52万人次，展开病床714张，住院1.68万人次，床位使用率98.15%，床位周转24.24次，平均住院日13.75天。门诊与出院诊断符合率98.55%，入院与出院诊断符合率99.61%，术前与术后诊断符合率97.31%，临床与病理诊断符合率88.19%，入院三日确诊率92.13%；治愈好转率96.39%，住院病人抢救成功率53.27%，无菌手术甲级愈合率99.03%，无菌手术切口感染率0.06%，院内感染率1.9%。

9月10~11日，第十二检查组对本院为部队服务工作进行了检查，并受到总部检查组的好评。

加强传染病管理，做好甲流防治。医院成立了四部机关协作参与的防控办公室，完善了防控和救治预案，投资40余万元；及时对发热门诊的管理进行了规范，对全院医务人员开展了防治知识、救治技能的培训，实施疫苗预防接种，开设了重症救治病房，承担了二炮驻京单位甲流患者的救治任务；医院中心实验室被市卫生局确定为甲流病毒确认实验室，并开展了甲流病毒的检测与确认工作。

做好重大事件的医疗保障工作。一是国庆阅兵训练期间担负了本院二炮参加阅兵部队及北京师范大学学生方队的医疗保障任务，组织巡诊59次，心理讲座8次，诊治官兵及学生3 100人次，补贴医疗器械及药品5万元。二是承担国庆期间首都核辐射伤员的医疗救治及二炮驻京部队重症甲流患者的医疗救治任务，制订了救治预案，预留了相应的病区和床位，抽组医护人员开展了针对性训练，按标准储备了救治药材。

开通了基于3G网络的远程会诊系统。与清华大学合作，建立了辐射60余家军地基层医院、高效顺畅的医疗信息化网络平台，极大地提升了医疗服务信息化水平。

引进达芬奇手术机器人系统运用于肝胆、普外、泌尿等多个学科领域。肝胆外科、心胸外科、泌尿外科、妇产科已熟练掌握达芬奇机器人技术，其中肝胆外科完成机器人辅助下手术160余例，肝胆胃肠病研究所被评为全军医学专科中心。

教学工作 全年招收实习生600余人、研究生60人、进修学员85人，形成了较为完善的研究生联合培养、本科生教学、实习生带教、进修生培训的临床教学体系，完善了五大教研室建设。

科研工作 在研各类课题17项，资助经费912.9万元。获军队科技进步三等奖1项，军队医疗成果三等奖10项，二炮医药卫生成果一等奖4项、二等奖2项。创办了《二炮总医院临床集成》杂志。承办了第四届全军大医院管理高层论坛，接待澳门卫生局代表、南京军区总医院、海军总医院等多家单位的参观交流，承办了国际达芬奇机器人手术系统在肝胆胰外科应用研讨会，召开了第二炮兵第二届神经病学学术会议。

（二炮总医院）

北京军区总医院

医疗工作 门诊129.36万人次，比上年增长25%；住院4.59万人次，比上年增长19%；手术1.35万例，比上年增长22%；门诊与出院诊断符合率99.77%，手术前后诊断符合率99.95%，临床与病理诊断符合率99.82%。对外医疗毛收入9.66亿元，比上年增长22%。

医院抽组3支阅兵卫勤保障分队，主要负责阅兵现场定点医疗保障。期间，完成人员抽组、物资编配和专项训练等工作，参加4次通州阅兵村合练和3次天安门现场预演，受到了阅兵联指和上级机关的表扬。院长、政委亲自带队到阅兵村（通州、沙河）了解官兵实际需求，确定为阅兵部队做8件实事，赶制2万瓶可尔爽喷剂，配制3万袋防甲流漱饮冲剂，编印《阅兵训练保健手册》3 000册，组织专家到阅兵村巡诊20余次，赠送各类药品价值74万元，为63名阅兵部队师以上指挥员实施健康体检，接诊后送受阅官兵78人次，收治6人次，并派出一支心理治疗小分队进驻沙河阅兵村，对受阅官兵开展全程心理疏导。

年内，选派14名专家组成华益慰医疗队，由院长、政委分别带队，携带价值160余万元的诊疗设备和药品，到北京军区最边远、环境最艰苦、就医最不方便的阿拉善、呼伦贝尔军分区，为边防一线官兵送医送药。19天行程5 700余公里，为3 900名官兵和家属体检，实施手术64例，成功抢救一名突发脑出血生命垂危的战士；为一线连队、边防营卫生所和边防团卫生队、军分区医院赠送心电图机、全科治疗仪等设备、药品70万元；为驻地群众义诊1 000余人次；将当地不具备诊疗条件的25名官兵和家属转回总院进行治疗。在阿拉善、呼伦贝尔军分区分别举办了平衡针灸、心理服务技能培训班。抽调34名专家到38军特种大队、装甲6师，北京卫戍区警卫一师、三师，空军导弹四师、五师，军区机关和直属单位巡诊，赠送药品、设备28.7万元。在"中医中药军营行"中，运用平衡针灸技术为部队官兵诊疗训练伤1 630人次。在"生育关怀进军营"活动中，为94对不孕不育夫妇实施辅助生殖技术，已有13对夫妇成功受孕。

年内，重点对253、322、261医院，北戴河疗养院，边防八团卫生队和263临床部进行技术帮带，采取外派专家会诊、下部队带职、教学示范、接收进修生等方式，培养骨科、肝胆外科、胸心外科、神经外科、消化内科等专业骨干20余人。举办平衡针灸治疗训练伤（颈肩腰腿疼）培训班2期100人。

高标准落实重阳工程、朝晖工程和光明计划。实行门诊和住院"一站式"服务，以"不漏检一人，不误诊一例"的工作标准做好体检工作，在职干部体检率98.6%。成立家庭病房管理办公室，持续扩大家庭病房规模，共建立家庭病床25张，规范家庭病房建床、建档、基础医疗及护理、会诊、住院等环节，全年查看病人166人次，电话指导80余人次。

医疗质量 年内，考核组对36个临床科室从组织管理、医师素质、查房质量、病历质量等5方面15项具体内容进行科主任查房质量评价。采取随机单盲方式抽取病历，由经治医生汇报病历、现场查体，上级医生补充诊断、鉴别诊断并完善诊疗方案，科主任讲评指导并介绍最新科研进展情况，考评专家现场打分讲评，给予改进措施。考评情况在全院大会公示，按科主任、上级医生、经治医生3个层面，分优、良、一般、差4个等级排队。有效增强科主任质量管理责任意识。

集中专家组和机关6名人员，对2006~2008年医疗投诉纠纷病历系统进行分析总结。在全院大会上，区分外科、内科、门诊、医技、院务看区域分布，区分高、中、初级职称和医护药剂看人员分布，按例数排出全院投诉纠纷高发的前8个科室，按赔偿金额排出全院前10个科室。对15份典型病历逐份分析讲评，剖析因规章制度不落实、医疗行为不规范而引发纠纷的原因，当事科室、当事人和全院医务人员从中受到启迪和警示。

护理质量进一步提高。落实护理服务套餐：为入院病人提供"六个一"服务，对住院病人做到"五落实"，对出院病人实行"三有"，工作标准更加清晰具体。完善17个特殊科室个性化套餐方案，全年套餐服务落实率97.04%。提高危重病人护理质量，建立高危病人风险评估制度、报告制度，制订风险评估表、护理措施落实表、压疮护理记录表，危重病人管理得到进一步规范。全年实施高危人群压疮评估249人次，无一例因压疮问题发生护理纠纷。

科研和专科建设 参照全军和军区专科中心建设标准，遴选出技术队伍、基础条件、技术水平、医疗指标、科研教学5个方面18项可操作性指标，对全院19个全军、军区专科中心进行第二次评估，逐科讲评，找出特色优势、短板弱项，找准在国内、军内、区内的排名站位，明确学科建设发展的主攻方向。组织军区心血管研究所申报冠心病、心律失常、先心病介入诊疗培训基地，通过了总部专家组审核，成为全军为数不多的拥有3个介入诊疗培训基地的单位之一。大力加强护理专科基地建设，制订《专科基地建设标准》和《专科基地管理办法》，进一步规范现有基地的管理，目前拥有急诊、骨科、手术室等3个全军、北京市专科护理教学基地，全年培训专科护士22人。

全年获得各类基金课题18项，受资助800余万元。申报军队科技进步一等奖1项、二等奖8项，北京市科学技术二等奖1项，中华医学奖2项。发表统计源期刊1 000余篇，比上年增长40%。增列研究生导师32人，其中博士研究生导师3人、硕士研究生导师29人。对12名主治医师和14名新入院大学生进行了急诊岗位轮训和住院医师轮转。8月下旬，聘请38军卫训队小教员为全院医务人员进行了6天急病急救培训和考核，参考300余人，合格率95%。完成实习生和进修生教学与培训工作，2名教员被评为第二军医大学A级优秀教员，1个科室被评为教学先进集体，8名教员被评为教学先进个人。

（北京军区总医院）

北京卫戍区

爱国卫生 年内，开展了以争创"文明卫生军营"为主线的爱国卫生运动。加强营区综合整治、"四害"防制和食品卫生安全工作，为官兵创造了美观、卫生、安全的生活工作环境。66477部队被北京军区评为创建"文明卫生军营"先进单位，66429、66228、66400部队教导队被北京军区命名为"文明卫生军营"，66055部队卫生科科长杨雪峰被全军评为创建文明卫生军营先进个人。

甲流防控 积极防范应对，有效防止了甲流疫情在部队的暴发流行，阅兵和庆典部队实现了零感染。北京军区4次转发了卫戍区的经验和做法，总后勤部在66322部队召开了全军甲流暴发疫情现场应急处置演练观摩会，卫戍区和66322部队分别在北京军区第三次防控甲流电视电话会议上作了经验介绍。

卫生防病 全区卫生机构共完成各类体检14 000余人次，组织医疗分队深入部队巡诊200余批次，为官兵上卫生课、开展心理咨询500余课时，发放卫生宣传手册20 000余册，受教育官兵10 000余人次。落实总部要求，科学筹划，严密组织，完成12 000余名官兵乙肝疫苗的接种工作。协调3 000余人份的麻风疫苗，为机关和直属队官兵进行了预防接种。针对结核病发病呈快速上升的形势，协调302医院和全军结核病防治队，为部队开展了结核病防治知识讲座，并为5 000余名官兵进行了结核病普查和卡介苗接种。

机构建设 加大了对部队医疗机构的帮建力度，为全区建制部队卫生机构配发卫生装备290余台（件），总价值300余万元。在全区开展了药品安全隐患排查，清理回收过期麻醉、精神药品16种1 200支6 000余片。举办了卫勤领导干部、防疫骨干及卫生信息管理骨干培训班，选派20名基层卫生干部参加了全军和军区的各类技术培训，完成180名新训卫生员的教学培训任务。

医疗保健 深化"两个工程"建设，积极为广大干部办实事。全年组织162户离退休老干部集体疗养。完成干部体检工作，体检率97%。投入10万元，为全区400多户军以下离退休老干部配发了家庭保健箱等。邀请专家为机关干部开展保健知识专题讲座，提倡健康生活方式，深入推行"8－1＞8"的工作保健模式，提高了广大干部的自我保健能力。

献血工作 超额完成年度献血计划，全区一次献血量＞200毫升的比例超过了90%，卫戍区连续第六次荣获全国无偿献血工作先进部队奖，并代表军队在颁奖大会主会场领奖。为加大宣传效果，卫生处投资近18万元制作了献血宣传挂历和宣传折页，并下发到全区部队。

（撰稿：琴明贤　审核：李大杰）

中国人民武装警察部队总医院

基本情况 全院各类人员总计2 596人，设备总价值4.5亿元。总医院的前身为中央军委警卫营卫生所，组建于1937年，先后改编为公安部二师医院、解放军267医院、北京卫戍区警卫一师医院。1983年3月，转隶武警部队，更名为武警总医院，1990年正式开院，占地49.5亩。先后被评为全国首批百姓放心示范医院、中国国际救援医疗基地、北京市大病统筹定点医院和医疗保险定点医院。

医疗工作 全年门诊653 539人次，住院25 106人次，手术11 502例；医疗总收入7.8亿元，比上年增长30%。以提高3个能力为标准，围绕"名院战略"目标，突出抓好护理人才队伍建设、质量建设和科研训练工作，护理行业服务标杆作用更加突出。全年接待日本、澳大利亚等多个国家和国内8个省市300余人来院参观，护理业务骨干40余次应邀外出讲学和介绍经验。

为兵服务 接诊部队伤病员9.8万人次，远程会诊615人次，补贴军人医药费用8 900万元。由院常委带队，赴新疆、陕西、甘肃、青海、延安、河北等地以及阅兵村巡回医疗，送医送药。组建了科技含量高、设备功能全、机动性能强的车载式野战医院，多次参加国家和武警部队组织的大规模紧急救援。

内涵建设 继续狠抓内涵建设，加大质量督察力度，深化绩效考评机制，医疗质量有了新的提高。与天坛医院合作，组建了神经科学研究所。与北京总队第三医院合作，打造了肿瘤中心，扩充床位近200张，被中国红十字会确定为"小天使基金"定点医院。实行常委集体查房制度，在全军率先推行绩效考评机制，工作数质量与单位和个人实行"五挂钩"。严格落实医疗纠纷责任追究制度，对大型医疗设备的使用维护进行专项检查，提高了使用效益。

科研工作 年内，获得国家自然科学基金1项、国家人口与计划生育委员会课题1项、"十一五"科技支撑计划协作课题3项、"863"计划子课题1项、"973"计划子课题1项、北京市自然科学基金2项、首都医学发展基金12项（审批中），武警总医院（相当于武警部队级）一类课题10项、二类课题17项、三类课题10项、苗圃基金20项。获国家科技进步二等奖1项。获武警医疗成果奖三等奖9项，推荐军队医疗成果奖二等奖1项（评审中），获武警科技进步奖12项，其中一等奖2项、二等奖5项、三等奖5项。全年在核心期刊发表论文401篇，其中6篇文章被SCI收录。

继续医学教育 申报2010年继续教育项目11项，其中国家级5项、中华医学会1项、武警部队5项。承办大型学术会议10次。

后勤保障 根据遂行武警部队保障任务的特点和医院实际,自行设计、组建了国内领先的车载式野战医院,并投入使用。进一步强化服务意识,拓展服务功能,提高保障能力。在搞好经费、物资、被服等常态保障的同时,努力改进饮食管理,提高饭菜质量,实行半份售餐、流动售餐和预约售餐等个性化服务,就餐人数比上年增长30%。不断完善基础设施,改建了内科病房楼、医学实验中心、特需门诊和礼堂,进一步缓解了医疗用房紧张,营房设施和功能更加配套。

(高重阳)

武警北京市总队

国庆卫勤保障 阅兵方队卫勤保障:按照"把最好的医务人员送到方队、把最好的设备送到方队、把最好的服务送到方队"的要求,一是医疗保障工作超前谋划、提前到位。提前拟订了方队卫勤保障方案,购置了药品,投入近20万元组建了2个卫生所,从总队医院和第三医院各派出一名业务精湛的医师负责保障。进驻阅兵村后,在原有基础上再投入20余万元,为徒步和装备方队卫生所充实了物资器械和防疫药品,做到了全程全方位保障。二是卫生防病工作教育经常、防治到位。方队坚持落实健康教育制度,医务人员每周上一次健康教育课,提高了官兵自我保健意识。为防止训练伤、中暑、感冒和食物中毒等疾病,购置了红外线治疗仪,印制了卫生防病宣传页下发到每个方队队员手中。驻训卫生员每天到所属饭堂、操作间巡视2次,有效防止了夏季肠道传染病的发生。三是心理服务工作跟进靠前、服务真心。做到哪里有受阅官兵,哪里就有心理医生跟进服务。3月以来,共对1 200余人进行了心理测查,并有针对性地进行了心理疏导,为选拔受阅队员和科学施训提供了参考。同时,总队还组织心理服务队深入训练场,利用官兵喜闻乐见的形式活跃气氛,缓解官兵的紧张情绪。四是医疗巡诊工作制度化、精品化。3家医院每周派出医生带着优质药品轮流到4个方队巡诊,开展送医送药活动。3家医院共派出医务人员80余人次,巡诊50余次,发放药品价值20余万元,有1 000余名官兵接受诊治。五是甲流防控工作零接触、零感染。制订了阅兵方队甲流专项防控措施,实现了所有方队队员与外界零接触。加强消毒措施,定期消毒营区营房营具,清理卫生死角,生活垃圾日产日消,实现了流感的零感染。部队卫勤保障:一是制订了国庆安保卫勤保障预案。在制订《建国60周年首都国庆安保卫勤保障总体预案》的基础上,根据不同事件性质完善了6个分案。二是健全了卫勤应急保障组织。总队成立了卫勤保障领导小组,根据总队卫勤保障三线方案,3家医院分别成立了2个机动救治组和1个医院救护所。各建制支队成立了支队救护所,实施部队机动伴随保障,保证了卫勤战备力量在关键时刻能"拉得出、上得去"。三是进行了卫勤应急保障实战演练。3家医院应急保障分队用10天时间进行了野外集中驻训,进行实战演练,有效地提升了组织指挥、协同配合和勤务展开能力。

甲流防控 一是加强组织领导。建立健全了总队、师、支队三级防控领导小组,构建了纵向到底、横向到边的责任体系。召开防控领导小组会议10多次,专题研究解决棘手难点问题,明确了三方责任、特殊时期超常措施,向总部和北京市请领疫苗,保障了全体官兵和家属接种所需。二是健全完善机制。建立和完善了24小时值班、零报告、检查督导、疫情形势分析、疫情信息动态、疫情通报等制度。充分预测疫情传播态势,研究了主动预防斩源头、重点预防抓关键、科学预防循规则、常态预防重经常、应急预防有预案的5套防控机制。三是狠抓重点薄弱部位。坚持把干部家属子女、方队人员、在校学生、军训培训、3家医院、营区流动人员、机关人员和群体性活动执勤官兵作为防控的重点和难点,逐一研究对策,完善措施。印发致全体官兵家属的公开信5 000余份,制订了《加强国庆阅兵方队预防甲型H1N1流感专项措施》,完善了3家医院预检分诊制度,将营区内的外来务工和社会化保障人员纳入防控管理范畴。四是注重宏观指导。下发《关于加强甲型H1N1流感防控工作紧急通知》、《北京总队防控工作要点》、《切实加强秋季甲型H1N1流感防控工作的通知》等指导性文件40余份,编印《甲型H1N1流感防控动态》98期。五是做好物资储备。采取协议代储和实物储备相结合的方式,建立了总队有储备、师有应急、支队有机动的物资储备模式。总队购置防治药品84万元,购置救治设备、防护器材和耗材360余万元。做到部队官兵每人至少有2个口罩,每班至少有3支体温计;3家医院储备了达菲等特效药品,与总后药材供应站、北京医药股份有限公司等单位签署了代储协议。六是做好患者收治工作。疫情初期,总队制订了启动大兴隔离观察点预案和启动定点收治医院预案;9月,准备了大兴隔离观察点108间隔离房,第三医院作为驻京武警部队官兵及其家属确诊患者定点救治医院。截至年底,总队第三医院收治驻京武警部队官兵及家属甲流确诊患者75人,并实现了院内"零感染"的目标。

卫生防疫 一是广泛开展健康教育,采取上卫生课、发资料、出板报等方式,有计划地对部队进行卫生常识和卫生防病知识的宣传教育。卫生队和体系医院利用下部队巡诊的机会,讲解各种常见病的治疗及预防方法。二是积极开展爱国卫生运动。继续组织部队开展创建"文明卫生警营"活动,一、八、十七支队和总队后勤基地被总部评为创建"文明卫生警营"先进单位。印发《卫生防病手册》3 000册。三是做好新兵卫生检疫和复检工作。新兵疫苗接种达到100%,体检复查查出有问题56人,对身体不合格的6人做了退兵处理。四是加大了干部体检的力度。利用一个半月时间对全总队4 800名干部进行了健康体检,体检率94%,查出指标异常440人。

医疗工作 一是加大为兵服务力度。上半年,以3家医院为重点的各医疗机构进行了"端正医疗作风,提高服务质量"为主题的医疗作风整顿。总队投入80余万元,为58个边远小点配发了小药箱,储备了必备药品;为"雪豹突击队"和9个边远中队开展了送医送药活动;为111名国防生进行了体检,为227名战士进行了残情鉴定;对800余名随军和临时来队家属开展了生殖健康免费普查,为300余名官兵子女进行了常见病的诊治和生理心理健康咨询;3家医院全年派出899人次、投放121万元药品器械到基层部队巡诊。后勤部副部长靳奋锁专程到武警81师医院走访慰问9名患者。二是提升了医疗质量水平。3家医院下大力抓好重点、特色科室建设。总队医院以创伤急救技术中心和外周血管治疗中心为龙头带动全院发展,新开展了以治疗癫痫为主的功能脑病和神经干细胞移植两大特色专科,成立了介入、血透、微创、碎石、激光治疗5个中心。第二医院引进了生物医学治疗中心、伽马刀、大型数字减影机等大型检查治疗设备。第三医院在全院整体改革创新发展的基础上,新开设了神经医学科和肿瘤研究中心,效果明显。三是提高规范化管理水平。上半年,对所有卫生队的值班制度、人员管理、医护质量和卫勤战备等进行了检查,对不规范的问题进行了整改。同时,进一步抓了规范化管理回头看。四是医学科研氛围浓厚。各医院定期召开学术交流会,不定期聘请专家开展专题讲座、示范查房。全总队共申报武警部队医疗成果三等奖21项,获奖8项。发表学术论文263篇,均位列武警部队总队级单位第一名。

心理工作 一是聘请军地专家辅导授课。采取岗位锻炼、难题破解、实践提高等方法,对23名心理医生、250余名卫生员进行了培训,并选送6名心理医生到军地组织的培训班学习。总队医院开展的心理沙龙活动受到心理医生的欢迎。二是心理医生发挥作用明显。20多名心理医生变被动等为主动做,深入基层了解官兵的心理情况,回答官兵的心理问题,疏导官兵的心理障碍,解除官兵的心理痛苦,使20 000多名官兵受到教育,180多人走出了心理阴影,使一般的心理问题发现在基层、解决在基层。三是抓心理测查和对严重心理疾患人员的管控。为21 600名新兵、涉枪涉弹人员和要害部位的官兵进行了心理测查,为通过电话或者亲自到医院心理咨询科进行咨询的620余名官兵进行了具体分析和分类,掌握了心理指数偏高和心理疾患严重人员的底数;对8名严重心理疾患人员落实"三包一"措施,给予心理疏导和心理诊治,使官兵心态得到了调整,心理疾患得到了有效控制。

计划生育 一是落实制度更加严格。规范完善了婚育审批、执法检查、孕情普查、形势分析、奖惩等10项工作制度,开展了孕情普查,重点对未婚先孕、未婚先育、非婚生育、非法领养等进行了监测,有效防范了违法生育等问题的发生。二是服务质量不断提高。下拨专项经费,为全总队育龄妇女进行了免费常规妇科、乳腺、宫颈刮片、计划生育等专项检查,为儿童进行了免费健康普查。三是承办了中国人口60周年武警部队成就展,荣获国家5个表彰奖项的4个奖项。《走警地"一体化"管理服务路子,努力促进人口计生工作同步发展》的经验在全国军民共建人口和计划生育工作经验交流会上进行了书面交流。四是建立健全总队计划生育信息网和数据平台,实现了数据采集、汇总上报、综合查询、统计分析、远程传输等功能。

自身建设 充分调动主观能动性,加强能力素质的培训,医疗卫生秩序得到了规范。完成总部网络新闻13篇,报刊杂志刊载稿件10余篇。卫生处有2人立功,3人次受到国家、全军、总队和北京市的表彰。

(彭启华)

区县卫生工作

东城区

概况 全区常住人口56.3万人,有医疗机构308个,其中营利性机构173个、非营利性机构135个;卫生技术人员16 168人,其中执业(助理)医师6 231人、注册护士6 417人,实有床位7 866张。平均每千常住人口拥有卫生技术人员28.72人、执业(助理)医师11.07人、注册护士11.40人、床位13.97张。

生命统计。出生4 137人,其中男婴2 073人、女婴2 064人,出生率6.66‰;死亡3 917人,死亡率6.31‰;人口自然增长率0.35‰。婴儿死亡率3.38‰,无孕产妇死亡。死因顺位前十位依次为:恶性肿瘤,心脏病,脑血管病,呼吸系统疾病,内分泌、营养及代谢疾病,损伤和中毒,消化系统疾病,神经系统疾病,泌尿、生殖系统疾病,传染病。人均期望寿命82.15岁,其中男性76.23岁、女性85.79岁。

疾病控制 全区报告乙丙类传染病4 863例,发病率705.80/10万,比上年下降1.5%。其中乙类传染病9种1 914例,发病率277.79/10万,比上年下降0.83%;居前五位的病种依次为痢疾、甲流、肺结核、肝炎、梅毒。丙类传染病2 949例,发病率428.01/10万,比上年下降1.92%。全年报告突发公共卫生事件61起,其中甲流15起、普通流感2起、水痘2起、非职业一氧化碳中毒41起、疑似甲流1起,共涉及3 217人,发病133人,死亡6人。

防控甲流。成立了甲流防控指挥部,启动突发公共卫生事件应急指挥机制,迅速制订工作方案,建立联防联控工作机制,落实"四方责任",严把"五个关口",确保"六个到位",做到"七个及时"。8月4日,正式启用市第六医院作为东城区甲流患者的定点医疗机构,和平里医院、隆福医院、鼓楼中医院派出医护人员38人进入隔离病房。截至12月31日,全区共确诊457例,其中本区病例410例,收治161例,排查可疑甲流127人、密切接触者4 550人,流行病学调查4 048人,采集咽拭子样本704件,送定点宾馆集中隔离观察461人、居家医学观察1 916人、二代隔离观察371人、归国人员6.63万人次、健康监测4.18万人次、监测辖区55家二星级以上宾馆外籍人员5种症状131万人次、医疗机构监测门诊病人149万人,开展流感样病例病毒分离408件,检出阳性77件;甲流PCR筛查检测1 576件,初筛阳性465件,确诊223件。发放甲流防控宣传品26种215 384份,开展民众甲流防控知识知晓效果评估3次。疫源地消毒63起,消毒24 107平方米,使用消毒药品8.1公斤、过氧乙酸69升。接种甲流疫苗10.08万人,投入资金472万元。报送《甲型H1N1流感防控信息》248期。

艾滋病防治。重点落实首都预防艾滋病宣传"1+1"十进活动;歌厅小姐行为干预同伴教育志愿者招募;安全套使用进旅馆,指导辖区免费美沙酮维持治疗门诊改建及性病规范化治疗门诊和性病监测哨点的设立。全年发放安全套8 200只、宣传品9 450份;招募歌厅小姐行为干预同伴教育志愿者150名,歌厅小姐性病治疗转借卡433张;社区吸毒人员针具发放6 351支,回收率52.09%,自愿咨询检测329人。

慢病防治。依托东城区社区卫生信息管理网络平台,不断提升慢病监测和社区管理水平,提高慢病的管理率和规范管理率。建立电子健康档案100 857份,建立生活方式档案70 870份,占健康档案的70.3%;慢病规范管理率47.6%,其中高血压规范管理率33.3%、糖尿病规范管理率36.1%。在部分社区尝试开展超重肥胖人群"健康大步走,健康你我他"干预活动;启动了营养与健康监测工作。

计划免疫。完成脊灰、白百破、麻疹等疫苗的预防接种,总接种率100%,基础免疫合格率100%,连续25年无脊灰野毒株病例发生。完成224个单位外来务工人员疫苗接种10 878人的流脑、10 639人的麻疹疫苗接种。加强脊灰、麻疹主动监测,寻访率100%,未发现迟漏报。快速、妥善处理计划免疫相关疾病,使发病率处于历史较低水平。对4 891名外来儿童进行强化查漏补种调查,未发现漏管儿童。

消杀灭。全年完成消毒效果检测4 144件,合格率97.47%;对医院、托幼园所等检查455户次,检查指导覆盖率100%;对7家医院发热门诊消毒隔离进行了督导;对26个托幼园所手足口病消毒工作督导检查36户次。接医院保健科报表36例,完成病家消毒指导36例,消毒指导率100%。抽查36例,抽查合格率100%。完成传染病疫源地消毒110起,消毒面积40 267平方米,消毒效果合格率97.17%。举办消毒隔离知识培训6期,153个单位344人参加。完成病媒生物监测和重点行业、民居等蟑、鼠密度监测。完成蝇、蟑螂5种药的抗药性检验,检查头虱、越冬蚊、蚊蝇孳生地及病媒生物侵害共155户次。

国庆卫生保障。重点对群众游行、背景组字、联欢晚会和20个人员集结点的训练、合练、演练等场所分别进行了传染病风险评估。启动了传染病症状监测系统,对有发热、咳嗽等症状人员进行排查,并及时处置相关疫情。共派出公共卫生保障400余人次、医务人员175人次、急救车40车次、标兵416人次,对参加活动的42万余人次进行了公共卫生保障,现场抽测体温834人次,抽测食品722份,健康询问836人次,救治174人次,对庆典用3 000羽信鸽放飞点进行了现场监督。

精神卫生。将精神疾病防治工作纳入公共卫生服务体系,率先开通了24小时心理援助热线,启动了心理健康快车活动,完成了卫生部重型精神病人防治示范区项目的组织建设、设备购置、人员培训和重性精神病人的摸底调查。

学校卫生。启动了"眼保健操进家庭,小手护大眼,大手护小眼"行动。开展了中小学传染病管理现状调查、学校教学环境与学习生活环境卫生管理、"快乐十分钟"活动视导、"我爱无烟环境"系列活动等。完成8 885名中小学生健康监测。对辖区70所中小学进行了拉网式学校卫生工作视导,覆盖率、整改合格覆盖率均100%。为2 976名适龄学生进行了免费牙齿窝沟封闭。

公共卫生监测。完成国庆活动指挥部驻地食品及相关工用具等检测139件,合格率95%;生活饮用水检测10件,合格率100%;公用具消毒效果检测100件,合格率97%;空气质量检测20件,合格率85%。开展辖区食品、生活饮用水等监测,完成市政末梢水120户次120件、二次供水40户次80件、食品790件的监测,开展了监测数据分析并提供利用。参与并开展了本市4～12月龄婴儿喂养行为与膳食营养状况调查和食品营养强化剂标准实施情况调研。

健康教育与健康促进。以防控甲流为重点,普及防病知识,全方位开展健康教育和健康促进工作。继续抓好健康促进医院、社区、功能单位、健康家庭为载体的建设健康城区细胞工程,在示范单位开展限盐、控油干预的基础上,继续开展膳食、运动干预,普及健康素养知识和技能66条。完成辖区健康促进托幼园所标准的制订、业务指导;对72所学校开展了视导工作;启动健康十年规划活动,举办健康大课堂近千场,开展主题宣传日活动200余次,发放健康教育材料12万份,出版宣传栏600余期,受众7万余人次;完成卫生部居民膳食营养调查项目,举办了家庭保健员才艺大赛和健康知识大赛,培养家庭保健员3 500名;开展了知己健康知识和技能大赛,管理高血压、糖尿病、冠心病、脑卒中患者共51 746人,高血压管理覆盖率93.53%,血压控制率68.57%,规范控制率65.09%。积极开展中医健康知识"五进"活动,在全国科普日、北京市科技周活动中,各单位共组织科普活动83场,其中医疗咨询5场、科普进社区和科技下乡11次、科普讲座67场,受众23万人次,发放各种宣传材料15种40余万份。

卫生监督 食品安全得到进一步加强,明确了分段管理、综合协调的工作机制,巩固了餐饮企业量化分级管理成果,并推广到公共场所卫生监督领域。全年监督各类场所17 568户次,监督覆盖率100%,监督频次全部达到量化分级管理的标准。开展动物卫生监督,全年出动执法人员1 244人次,监督检查1 436户次,采集监测样本88件,检测结果全部合格。进一步提高公共卫生应急能力,完成中央戏曲学院学生食源性疾患调查、处理,共救治36人,消除了衍生事件,控制了事态发展。全年受理行政许可4 850件,其中公共卫生3 141件,全部办结;医政、妇幼等1 709件,受理率100%;处理公共卫生投诉事件635件、动物相关投诉112件,处理率、满意率均100%。全年完成市级和国家级大型活动卫生保障14次,受到上级领导的表扬与肯定。

年内,完成体检104 004人次,检出5种病941人;从业人员卫生知识培训93 604人次。

妇女保健 本区户籍40～60岁妇女乳腺癌检查

114 900人、适龄妇女宫颈癌检查168 959人。同时，将免费婚检落到了实处。

产科质量管理。定期召开辖区产科主任会，有针对性地开展专业技术人员培训，开展评审分析研究辖区孕产妇死亡、围产儿死亡的变化趋势及相关因素等。对辖区5家有产科服务项目的医院进行了产科质量、出生缺陷预防、出生证明的管理等区级评估和质控。本年度孕产妇管理率99.85%，死亡率0。计划生育手术26 364例，手术并发症0.379/万。婚检率4.06%。

年内，开展了0~6岁儿童免费体检和新生儿疾病免费筛查工作。0~6岁儿童体检35 131人，异常942人。新生儿疾病筛查6 602人，筛查率100%；筛出甲状腺功能低下2人，无苯丙酮尿症。

社区卫生 年内，开展了"十百千"健康行动，即在10个街道评选出10名健康宣讲员，举办健康大课堂100场，每个街道中医管理慢病病人1 000人次，深受群众的欢迎。根据中医药"简、便、廉、验"的特点，将中医药服务从单一的医疗向"六位一体"均衡发展转变，分别成为北京市和全国中医特色社区卫生服务示范区。落实为老人提供"三优先"服务和"一老一小"医保政策，为1 800名家住东城区60岁以上无社会养老保障的老年人进行了免费体检。继续落实惠民政策，在41个社区卫生服务站持卡就诊39万人次，免挂号费、诊疗费117万元，优惠药费60万元。二、三级医院派专家开展诊疗26 249人次，会诊965人次；开展健康教育380场次，15 958人次参加；举办健康咨询、义诊11 825人次；下站指导280次，专业讲座198场次（带教），受益2 753人次；为90名患者提供了远程视频会诊服务，热线咨询600余人次。全年门诊7.7万人次，其中基本医疗占32.08%、公共卫生服务占67.92%，"六位一体"功能得到均衡发展。完成与301医院双向转诊网络信息系统的建设及与北京老年疾病管理系统的对接。基本完成朝阳门社区卫生服务中心装修改造，基本建立了和平里社区卫生服务中心与和平里医院之间的双向互动机制。

5月23~24日，在地坛公园举办了第二届中医药文化节暨首届地坛中医药健康文化节活动。12月29日，东城区获得国家中医药管理局批准，成为创建国家中医药发展综合改革试验区。试验区建设将遵循中医药发展规律，保持和发扬中医药特色优势，形成"一园多点，三大平台"发展框架，促进中医药"六位一体"综合发展。"一园"：在东城区形成中医药文化和产业聚集的核心园；"多点"：在东城区内形成中医药文化传播、医疗服务、养生保健、科研教育、健康旅游等集群；"三大平台"：中医药文化传播平台、中医药健康服务平台、中医药产业发展平台。

医疗工作 全年诊疗136万人次，其中门诊126.8万人次、急诊9.6万人次，日均门诊5 336人次，急诊抢救1 221人次，抢救成功1 137人次。住院19 777人次，出院19 743人次，病床使用率80.24%，治愈率35.06%，好转率56.94%，死亡率5.90%，七日确诊率97.29%，出入院诊断符合率99.64%。住院手术6 290例。

继续深入开展"以病人为中心，以提高医疗质量"为主题的医院管理年和创建平安医院、医疗安全百日专项活动。从加强病历书写和处方质量入手，进一步规范病历书写，提高病历内涵质量，不断健全医疗质量控制体系，规范医疗行为，使医院管理逐步走向规范化、制度化、科学化，促进了各项医疗质量管理核心制度的落实。甲级病历率≥90%。

加强药事管理，对辖区各级各类医疗机构国庆期间药品和医疗器械安全使用进行了专项抽查。完成年度麻醉药品、一类精神药品购用印鉴卡的换发和发放。

按照"统一规划、统一设置、统一管理"的方针，强化急救网路规范化建设和科学化管理，建立了东城区院前急救网络系统和院内应急医疗救治系统，使日常医疗急救与突发事件救援相结合，逐步由以日常院前救治任务为主向政府大型活动医疗保障和突发公共事件应急医疗救援任务转变，并在国庆60周年庆典活动和防控甲流工作中发挥了重要的作用。

护理工作。严格执行护理技术操作规范，加强技术管理，进一步完善各项护理工作。年内，市卫生局对东城区3家二级医院的护理质量管理进行了考核。在市总工会、市卫生局、北京护理学会评选的首都护士"发扬成绩，奥运建功，新北京，新奥运'双千日'文明优质服务"系列活动中，和平里医院儿科病房获首都劳动奖状，北京市第六医院被评为优秀组织单位，第六医院心内科病房、和平里医院儿科病房、隆福医院护理部被评为先进集体，7人当选"奥运护理之星"。

医疗支援。1月4日，以东城区为牵头单位，由安贞医院、东直门医院、北京医院、鼓楼中医院、第六医院、和平里医院、社区卫生服务中心、卫生监督所、疾控中心组成的第三批赴什邡医疗卫生服务队支援灾后重建，医务人员在灾区展示了救死扶伤、大医精诚的职业道德与精神，深受什邡人民的欢迎。

血液管理。年内，组建了东城区无偿献血应急志愿者队伍。进一步落实采供血机构设置规划，持续改进区域内街头无偿献血点的基础建设，确保了区域内街头采血工作安全。全年辖区医疗单位临床用血42 455单位;街头自愿无偿献血108 208人次,无偿献血超出辖区医疗用血量的96.59%。

对区内20家从事人间传染的高致病性病原微生物实验活动、保藏高致病性病原微生物菌(毒)种及样本的机构进行专项监督检查6次。

继续倡导"依法行医、诚信行医",持续整顿和规范医疗市场秩序,对18家25户次医疗机构给予不良积分,行政处罚32起,取缔12家非法行医机构。

万元以上设备总价值25 392.33万元(包括医院、社区卫生、急救站)。

科研与教育 年内,完成东城区科技计划和第六期首发基金项目的立项评审、申报,申报课题58项,经专家评审,向区科委推荐15项,向首发基金办公室推荐16项。本年度区级继续医学教育认可项目中,医学教育99项、护理学教育50项,参加继续医学、护理学教育1.5万人次。选送18名医师参加为期3年的专科医师规范化培训。开展了辖区各医疗卫生单位传染病知识的全员培训、考核。举办了高致病性病原微生物菌(毒)种样本运输管理规定培训班、东城区实验室生物安全师资培训班。

人力资源管理 年内,完成动物卫生监督所的转制工作,机关公务员电子政务知识培训100%。在应届毕业生就业安置与人事调配工作中,与62名大中专毕业生签订了三方协议;引进15名非京应届毕业生充实到社区卫生服务岗位。理顺了社区卫生服务机构人员编制,区编办首次下达660名社区卫生人员编制,已有483人纳入社区卫生服务管理。

财务管理 完成年度决算,调整了停诊、托管和行政事业单位拨款时间。同时,解决了多年来医疗机构"零"拨款问题。落实了财政资金专款专用的管理目标。构建财务管理绩效分析考评体系,通过财务分析结果的应用,提升系统各级干部的管理水平和财务收支运行及资金应用的能力。完成第六医院、疾控中心、卫生监督所等7个单位的行政正职领导干部经济责任审计和社区卫生服务中心的后续审计。对5个单位的10项基建工程进行审计,工程总报价503.7万元,审减额68.7万元,审减率13.6%。

全年医药费收入79 587.3万元,比上年增长15.3%;药费收入占总收入的83.46%。

行风建设 继续落实"思想不松、声势不弱、机构不散、力度不减"的要求,着力加强治理医药购销领域商业贿赂专项工作长效机制建设,运用多种形式深入开展医德医风、法制、警示、反腐倡廉教育活动,将行风建设与治理商业贿赂的长效机制相结合。严格审核和报批采购程序,加强对招投标工作的管理,规范招标评标行为。严格执行财经纪律,并通过多种形式向社会公开收费项目和标准,有价格公示制、查询制、费用清单制,收费高度透明。

精神文明建设 健全和完善创建全国文明城区工作机制和体系,完善责任分工机制,完成了全国文明城区的复验工作。开展爱国主义、集体主义、职业道德教育活动20项,其中2项活动荣获市级先进。不断拓展双拥工作内容,与共建部队二炮设计院联合举办了庆五一、迎五四大联欢,开展了"常见慢性病的营养与治疗"健康知识讲座,受到官兵们的欢迎。东城区卫生局被评为首都公共卫生文明先进单位、首都军警民联片共建先进单位、首都"迎国庆,讲文明,树新风"活动先进单位。区卫生局综合发展科获市公安局集体二等功,鼓楼中医医院、隆福医院获集体嘉奖,第六医院、和平里医院获个人先进。

基本建设 东城区妇幼保健院、鼓楼中医医院、建国门医院均已开工,东直门社区卫生服务中心完成立项。

(撰稿:赖南沙 审核:张 明)

西城区

概况 全区设7个街道办事处、148个居委会,常住人口68.1万人。有医疗机构360个,其中营利性138个、非营利性246个;卫技人员17 716人,其中执业(助理)医师6 297人、注册护士7 361人;实有床位8 872张。平均每千常住人口拥有卫技人员26.01人、执业(助理)医师9.25人、注册护士10.81人、床位13.03张。

生命统计。出生5 536人,出生率7.02‰;死亡5 133人,死亡率6.51‰;自然增长率0.51‰。因病死亡4 985人,占死亡总数的97.12%。死因顺位前十位疾病为:恶性肿瘤,心脏病,脑血管病,呼吸系统疾病,消化系统疾病,内分泌、营养和代谢性疾病,损伤和中毒,泌尿系统疾病,传染病,神经系统疾病。人均期望寿命83.07岁。

卫生改革 年内，制订区域卫生规划，构建合理的医疗服务体系，为群众提供方便、优质的医疗卫生服务。区卫生局深入研究卫生事业发展改革中的问题，分批考察了医院文化、中医药事业、社区卫生、医院管理和信息化建设，形成了《关于进一步完善公共卫生体系，加强区属医疗机构公共卫生职能规划与建设的意见》。为进一步缓解"看病难、看病贵"问题，西城区承担了北京市护理院、康复院试点工作，尝试在一家二级综合医院开设护理、康复病区，解决辖区三级医院需进一步康复治疗和长期护理患者的长期滞留和压床现象。在全部社区卫生服务中心实行了后勤服务社会化管理试点工作。

社区卫生 继续完善具有西城区特色的健康维护"圈、链、体"的社区卫生服务体系；以居民满意度为主的多层次绩效考核评价机制，规范绩效考核指标体系和考核办法。全区7个社区卫生服务中心全部实现独立设置。完成5个社区卫生服务中心、45个社区卫生服务站的标准化建设。全区社区卫生服务团队从152个调整为148个，每个团队由全科医师、社区护士、防保人员各1人组成，覆盖148个社区居委会，为辖区居民提供"家庭医生制"服务。全区各社区卫生服务机构已实施医保划卡实时结算。全区居民100%建立了电子档案，并录入北京市社区卫生信息管理平台系统，进行动态管理。实现了社区零差率药品全覆盖。拓展医疗服务共同体工程，与北京大学人民医院共同承担的科研项目"基于中心医院的以信息技术为支撑平台的区域医疗卫生服务创新模式示范工程"顺利结题，并启动了共同体信息平台二期工程，网上挂号、预约检查、远程会诊、双向转诊、慢性病团队管理等功能逐步完善。全区有16家二、三级医院与7个社区卫生服务中心签订对口支援协议书，42名市级退休返聘专家下社区参与门诊、会诊、健康教育、咨询、带教等工作。继续开展"家庭保健员计划"，全区培养家庭保健员7 609名，并颁发了家庭保健员证书。积极推进社区卫生服务机构中医治未病工作，实现了社区中医药服务全覆盖，德胜、什刹海、展览路、月坛、西长安街社区卫生服务中心被市中医局授予"北京市中医药特色诊区"。西城区成功申报为市中医局"社区中医预防保健示范区"。

全年社区门诊842 670人次，比上年增长33.83%；社区公共卫生服务（包括疫苗接种、儿童保健服务、妇女保健服务、牙防普查普治）419 457人次，比上年增长31.51%。

疾病控制 组织各种防病培训79次6 682人次，各级各类医疗机构医务人员、疾控中心应急小分队、社区卫生服务中心、工地市场、宾馆饭店、学校/托幼机构的医务人员及管理人员参加。

传染病防治。全区报告法定传染病16种7 084例，发病率783.05/10万，比上年上升3.83%。新登结核病537例，比上年下降15.7%，卫生部关于结核病"五率"要求的指标全部达到。西城区被确定为第二轮中央与省（区、市）综合艾滋病防治示范区。区疾控中心建立了第一家性病规范化诊疗门诊。开展首都预防艾滋病宣传志愿者"1+1"十进行动，覆盖医院就诊人群、社会青年、外来务工人员、在校中学生、社区居民共45 000余人，招募志愿者3 478人。

甲流防控。成立了疫情防控领导小组，启动了应急机制，建立健全疫情监测系统，确保防控工作信息通畅。组建了区级医疗专家组；指定市第二医院为后备医院，集中收治疑似病例和确诊病例168人；指定复兴医院作为重症病例抢救医院，十月大厦、天峰宾馆为集中医学观察点；指定护国寺中医医院配合疫情预防，煎中药10万余袋，免费发放到社区居民、机关、企事业单位、学校。开展了辖区医务人员甲流诊疗技术培训。接种甲流疫苗63 411人。

地方病防治。合格碘盐食用率＞90%，并达到国家消除碘缺乏病标准，提前实现了2010年消除碘缺乏病的目标。

精神疾病防治。全区有精神病人2 586人，发病率0.41/10万。建立家庭病床211张，出诊18 989人次。免费治疗精神疾病贫困患者621人，免费治疗金额424 877元。

学校卫生。全区中小学生常见病患病率分别为：视力不良77.72%，超重12.76%，肥胖21.19%，营养不良20.17%，沙眼1.29%，贫血7.06%，龋齿42.82%，龋均0.9%。中小学生常见病管理率100%，沙眼、贫血治疗率均100%。

慢性非传染性疾病防治与管理。对建立居民健康档案并在社区就诊的慢性病患者实行社区综合防治管理，高血压、糖尿病、脑卒中、冠心病建档并在社区就诊的管理率为100%，高血压规范管理率84.64%，糖尿病规范管理率81.03%。出台了《西城区社区慢病管理规范》，实施慢病非药物综合治疗干预，开展知己健康管理工作，全区共有34个社区卫生服务中心（站）获得市人力资源与社会保障局的表彰，占全市受表彰机构的64%。

计划免疫。预防接种建卡、建证2 212人，建卡、建证率100%。卡介苗接种率98.70%，其他一类疫苗接种率均100%。本区共设12家免疫预防规范化门诊，规范化门诊达标率100%。

公共卫生监测与评价。完成公共场所检测722家，新审批单位136个，复核许可证单位586个；采样45 553件，合格42 620件，合格率93.56%；监测市政管网水120件、二次供水40件，接受476个单位二次供水委托检测，检测水样572件，合格率93%。监测62个单位86台X射线机。在区疾控中心委托检测并建档的接触毒害物质单位30个，职工6 542人，检测9个单位，样品563件，超标36件。

健康教育与健康促进。健康促进学校创建率100%，健康教育开课率100%。制订了《西城区托幼园所健康教育工作规范》。新发展健康社区23个、健康促进工作场所9个。开展人禽流感主题讲座及咨询活动37次，发放宣传资料5种12万份；制作防治甲型H1N1流感传播制品44种85万份，制作流感疫苗接种宣传海报1万份，自行编写、拍摄、制作了宣传片、FLASH动画和教学片；利用各种健康日和主题活动开展宣传教育，开展艾滋病、慢性病防治等健康宣传20次，现场发放宣传材料183 520份。

卫生监督 公共卫生专项检查。食品卫生监督10 365户次，合格率98%；宾馆饭店卫生监督475户次，合格率98%；公共场所卫生监督1635户次，合格率98%；生活饮用水监督605户次，合格率99%。全区餐饮单位实现量化分级2 354户，A、B、C级占100%。

医疗卫生专项检查。开展针对医疗广告、医疗美容机构、口腔诊所、母婴保健技术服务机构、心血管疾病介入诊疗机构以及打击非法行医的专项整治行动。在打击非法行医、国庆60周年医疗服务安全专项整治行动中，进行医政监督执法21户次，出动执法人员42人次。在打击违规医疗广告专项检查中，共接到违规医疗广告案件线索105条，对3家违规发布医疗广告的医疗机构进行了行政处罚。对临床用血机构、计划生育药械市场以及消毒产品生产企业监督检查，对发现违法行为的11家医疗机构给予了行政处罚。

公共卫生投诉举报。全年受理群众投诉举报227件，现场处理率100%，答复率100%。

卫生监督人员培训。举办卫生监督人员业务培训14期，855人次参加，组织培训后考试7次。参加上级举办的各级各类学习班37期126人次。

妇幼保健 年内，出生缺陷监测率100%，新生儿疾病筛查率100%，婴儿死亡率2.66‰，5岁以下儿童死亡率3.2‰。免费为0～6岁儿童健康体检11 227人次，血色素测查4 323人次，智力筛查1 529人次，听力筛查5 017人次，视力检查321人次，口腔检查256人次。免费进行新生儿访视2 128人次，免费为新生儿进行先天性疾病筛查4 047人次，新生儿听力筛查3 982人次。为适龄女性免费进行宫颈癌和乳腺癌筛查51 121人次。

医疗工作 门诊11 309 195人次，急诊835 939人次，留观228 780人次，急诊抢救86 541人次，住院危重症抢救9 646人次，入院225 408人次，出院225 174人次。病床使用率93.68%，治愈率54.81%，好转率40.7%，病死率1.06%，住院病人三日确诊率88.56%，出入院诊断符合率99.5%，住院手术101 253例。

院内感染管理。年内，对辖区各级各类医疗机构的医院感染管理工作进行日常督查和管理，制订并实施了《西城区医院感染暴发报告及处置工作程序》。共监测住院病例207 949例，发生医院感染3 916例，发生率1.88%；感染死亡病例249例，感染病死率6.36%；Ⅰ类手术切口病例3 261例，感染率0.25%。有5家医院被评为市医院感染管理监测工作先进单位。

病历质控。认真贯彻《医疗机构病历管理规定》要求，区属各医院开展病历书写规范的培训，明确病历书写的具体要求。建立了对运行病历和终末病历定期检查和评比制度，住院病案回收率100%，死亡病历讨论率100%，甲级病案合格率95%。区属7家医院共140份病历参加了区级评比，通过初评，选出20份病历参加市级评比，1份被评为市级优秀病历。

护理工作。组织市级护理专家开展了专项督查，促进护理管理者能力和护理人员的安全意识。召开主题为"快乐健身·欢度节日"的国际护士节庆祝活动，约300名护士代表参加。

医疗卫生对口支援。局属7家医院继续与门头沟区和延庆县进行医疗对口支援，共派出兼职、挂职医务人员45人，优先、减免费用接收受援单位进修14人，组织专家参与义诊71人次，捐款、捐药、捐设备总价值40余万元，讲授健康教育27课次，咨询、诊治3 504人次。

血液管理。街头献血点5个，全年献血110 849单位。医疗用血145 470单位，成分输血率99%，自体输血率20%。在西单文化广场建立了全市第一个固定无偿献血屋。

辖区持有麻醉药品、第一类精神药品医疗机构有20家，本年度新增1家。

医疗设备。局属7家医院医疗设备总资产34 728.7万元，本年度新增万元以上设备318台。

医学教育 年内，参加北京市专科医师规范化培训41人。专业技术人员参加继续教育3 689人，参与率100%，继续教育学分达标率100%。

参加全科医师骨干培训班6人、社区骨干护士培训班6人、康复等4个专业社区骨干培训班5人。参加社区岗位培训的全科医师16人、社区护士39人。组织全科医师技能培训15人、社区护士技能培训34人。医务人员进修58人，参加学历教育852人。

科研工作 组织区卫生局科技新星人才培养资助项目评审会3场，共征集科研项目36项。组织基层医院申报首发基金44项。申报西城区科技新星项目50项，立项23项。申报西城区可持续发展项目10项，全部立项。获得区科技一等奖1项、二等奖2项、三等奖2项。

国庆医疗卫生保障 年内，成立了国庆保障工作领导小组，制订了《西城区卫生局国庆60周年卫生保障总体方案》，明确了传染病、医疗救治、食品卫生安全等风险控制的工作重点。启动了应急指挥体系，建立国庆保障每日会商制度、信息每日报告制度，与市、区国庆保障指挥部全面对接，通过视频实时互动。制订了保障任务进度表，引入项目管理的理念和方法，分层实施，控制过程，确保责任到位。全区卫生系统共组织医疗保障任务79批次，派随队保障救护车206车次，医务人员777人次，卫生监督车辆30车次，卫生监督人员100人次，疾控人员60人次。强化对学校师生训练、合练期间的传染病防控，保障范围涉及全区80余所学校25 000余名师生。

精神文明建设 深入开展民主评议，由18名人大代表、政协委员、民主党派及无党派人士担任评议代表，通过划区域、"一对一"、小组结合的方式，采取暗访、座谈、实地检查等方法，对医院医疗收费、诊疗服务、医德医风建设，社区卫生服务中心（站）药品零差率销售、执行收支两条线等情况开展了评议。

财务管理 区属医疗卫生单位全年收入153 660万元，比上年增长12.44%（上年收入应为136 659万元）；支出156 584万元，比上年增长13.54%（上年支出应为137 912万元）。

基本建设 年内，新建、改建、扩建社区卫生服务站8个，医疗用房2 215平方米。

（撰稿：高术宝 审核：刘劲松）

崇文区

概况 设街道办事处7个、居委会91个，常住人口30.2万人。区内卫生机构180个，其中医疗机构171个，包括市卫生局2个、区属29个（含社区卫生服务站），民、社办医疗机构140个。卫生技术人员4 915人，其中执业（助理）医师2 020人、注册护士1 774人。实有床位1 865张。平均每千常住人口拥有卫技人员1.29人、执业（助理）医师6.02人、注册护士5.29人、床位5.56张。

生命统计。出生2 129人，出生率6.21‰；死亡2 391人，死亡率6.98‰；自然增长率-0.77‰。死因顺位前十位依次为：恶性肿瘤、心脏病、脑血管病、呼吸系统疾病、内分泌、营养和代谢等其他疾病、消化系统疾病、损伤和中毒等外部原因、神经系统疾病、泌尿、生殖系统疾病、传染病。人均期望寿命84.32岁，其中男性82.62岁、女性86.03岁。

卫生改革 年内，制订《崇文区卫生系统事业单位岗位设置管理实施办法》，启动了事业单位岗位设置工作，完成区卫生局机关、区卫生监督所、区动物卫生监督所的三定工作。

在社区卫生服务机构推行绩效管理。按照"综合考评，分层考核"的原则，对全区5个社区卫生服务中心进行绩效考核和反馈，并将考核结果作为发放绩效奖金的依据。

为了做好国庆60周年庆典群众游行、联欢晚会的卫生保障工作，区卫生局成立领导小组，明确了职责和任务，制订了工作方案和应急预案。组建应急小分队，开展了包括医疗急救、甲流防控、精神病人肇事肇祸应急处置、餐饮卫生安全、传染病防治等培训和专项模拟演练及夜查，提升了应对突发公共卫生事件的处置能力。

疾病控制 报告乙类传染病1 146例，发病率260.67/10万，比上年上升15.73%；死亡7例，死亡率1.59/10万。继续开展鼠疫、霍乱、不明原因肺炎、流感、禽流感、艾滋病、麻疹、出血性结膜炎、手足口病等重点传染病的监测。各医院肠道门诊不断完善基础设施建设，合理调配人员，配备相应的诊疗、抢救设备和常规药物、消毒药械，保证24小时开诊。

为60岁以上老人和在校中小学生免费接种流感疫苗，共接种季节性流感疫苗34 045人。国庆保障方队应急接种甲流疫苗2 585人，其他人群甲流疫苗接种33 786人。

艾滋病防治。落实"四免一关怀"政策，开展预防艾滋病宣传志愿者"1+1"十进行动，招募艾滋病宣传志愿者3 000余人。对高危人群进行监测的同时，开展了行为干预。

结核病防治。年内，户籍人口结核病发病42人，发病率10.24/10万。新生儿接种卡介苗1 720人，接种率98.70%，一个月内补种率100%。开展肺部疾病的诊断与鉴别诊断，确诊肺结核病病例71人，对其中22名传染性病人实施全面监督化疗。

计划免疫。加强免疫规范化门诊建设，完成预防接种门诊信息化系统的建设并开始运行。成立了崇文区预防接种异常反应调查诊断专家组。开展常规查漏补种6次，其中本市户口0～6岁儿童26 970人次、外省流动儿童16 948人次。对外地来京儿童及时进行管理和接种，无漏管现象。4～5月，开展了集中务工单位外来务工人员的麻疹、流脑疫苗接种，共接种A+C流脑疫苗5 789人，接种率94.92%；接种麻疹疫苗5 770人，接种率94.70%。完成6岁以下10 052名儿童的接种信息录入工作。开展8～15岁乙肝疫苗查漏补种，共查19 136人，其中本市14 679人、外地4 457人，需补种252人，补种率100%。在52所中小学校、托幼机构开展入学、入托查验证共6 951人，其中本市4 985人、外地1 966人。完成758人次脊灰、麻疹等8种疫苗的补种，补种率100%。共监测AFP相关病例27.8万人次，发现AFP相关病例6例，均为异地病例。监测麻疹57 199例，发现麻疹疑似病例7例，无漏报。2个监测点监测新生儿破伤风36次2 217例，未发现病例。

牙病防治。继续开展学生、儿童防龋工作，在区内2家口腔专科门诊开展了7～9岁儿童免费窝沟封闭防龋项目，完成窝沟封闭2 207人4 581颗。将"为60岁以上老年人提供免费口腔检查，并优先就诊"纳入区政府为民办实事折子工程。举办社区口腔健康讲座和免费口腔检查22次；在龙潭公园、金鱼池社区节、蟠桃宫文化节举办咨询活动，共咨询1.6万余人，发放宣传品1.87万份，免费口腔检查4 080人。

精神疾病防治。一是加强对社区精防队伍的培训，如精神病人症状早期识别、家庭护理、应急处置等，并刻录光盘分发到基层社区。二是加强重点病人管控，对辖区重点精神病人进行走访评估，并加大访视频率、监护力度。三是继续加大免费治疗力度，扩大免费服药22.3%，总计49 899.1元。四是对所有在档精神病人建立《北京市社区精神卫生个人健康档案》，共1 747份。五是加强精神病人肇事肇祸应急处置队伍建设，完善应急处置预案，加强技能培训，提高应急处置能力。

防控甲流。年内，成立了突发公共卫生事件应急指挥部；完善了《突发公共卫生事件应急预案》，并制订了《防控甲型H1N1流感工作预案》。区卫生局与107家医疗卫生机构签订了防控甲流责任书。5月1日～12月31日，区哨点医疗机构共监测相关门诊病例521 876例，密切接触者医学隔离观察556人，天坛和普仁定点医院共收治甲流患者59例、轻症居家治疗190例，接种甲流疫苗32 209人。

健康教育。全年举办健康教育专业知识培训4期252人次，参加北京市健康教育专业人员理论提高班16次45人次。继续开展"健康促进医院"、"无烟医院"的创建。召开"健康社区"争创工作启动会及居民健康需求定性调查访谈，在学校推广阳光体育运动和平衡膳食理念，加强儿童肥胖的预防控制，开展了新版眼保健操的推广、"乐敦护眼工程"、"快乐十分钟"活动，通过了健康促进学校的复验。加强工作场所健康促进试点单位的创建，制订了行为干预计划，进行了健康体检，建立了工间操制度，开展了基线调查和各种干预活动。全年举办各级培训班164期，培训75 500余人次。举办全国高血压日、联合国糖尿病日等系列活动65次，咨询8.6万人次，发放宣传品35种21.5万份。举办健康教育大讲堂361讲，15 131人次参加。开通了健康教育网络。

卫生监督 感染防治。鼠密度：采用粉迹法、鼠夹法和粘鼠板法对宾馆、饭店、医院、机关单位、学校及居民区进行监测，布粉块2 350块，阳性率0.3%；布放粘鼠板50块，阳性率0.2%。蝇密度：共监测21旬次，平均指数10.18只/笼·天。蟑螂密度：共监测72次，密度0.09只/张·夜。成蚊密度：共监测60次，平均指数0.33只/灯·夜。医疗单位消毒效果监测采样1 657件，合格1 626件，合格率98.1%；托幼机构消毒效果监测采样412件，合格378件，合格率91.7%。

食品卫生。有餐饮服务单位761个，其中餐饮单位561个、集体食堂197个、集体送餐企业3个。全年监督检查7 563户次，合格率98.43%。对不合格单位进行行政处罚119起，罚款57 100元。完成食品安全日常监测1 220件，合格率99.26%。完成餐饮消费环节食品安全国家计划监督抽检345件，除11件食饮具不合格外，总体合格率96.81%。4月21日，开展专项抽检，抽检糕点（面点）6件、酒类12件、渍菜6件，全部合格。5月，对宾馆饭店、餐饮单位、农副产品市场进行抽检，水发海参7件、散装豆制品15件、袋泡茶7件，全部合格。对国庆游园活动重点公园内及周边餐饮单位的80件食（饮）具进行抽检，合格率100%。8月1日～10月16日，开展迎国庆餐饮服务专项整治，区卫生监督所共监督检查1 297户次，其中餐饮服务单位1 056户次、学校食堂70户次、工地食堂55户次、夜市排档13户次、查处无证单位103户次。监督检查餐饮单位1 184户次，未发现违法添加非食用物质和滥用食品添加剂的行为。全年完成从业人员体检37 788人。

公共卫生。有公共场所552个，其中旅店153个、文化娱乐场所31个、洗浴13个、游泳场馆13个、美容美发327个、商场书店11个、图书馆等其他类场所4个。全年监督检查1 925户次，合格率96.78%。对不合格单位进行行政处罚62起，罚款17 300元。

全区生活饮用水单位均为二次供水单位，共159户。监督检查336户次，合格335户次，合格率99.7%，进行行政处罚1户，为当场警告。

在对公共场所的抽检中，抽检市政供水末梢水10件、市政供水二次供水20件，全部合格；公共场所公共用品用具消毒效果50件、集中空调冷却塔水质20件、集中空调风管卫生状况10件、室内空气质量30件，全部合格；游泳场所水质33件，合格25件，合格率76%。年内，崇文区实施公共场所量化分级368户次，其中游泳场馆A级1户、B级9户；153个住宿业单位，有122个完成量化分级，完成率79.74%，其中A级18个、B级38个、C级45个；文化娱乐场所完成量化64%，公共浴室68.75%，理发店、美容店67.81%，商场书店90%，图书馆、博物馆100%。公共场所从业人员体检16 378人。

职业卫生。有涉及职业危害企业24家，其中工业企业11家、加油站6家、干洗店2家、建筑公司3家、其他2家。全年监督25户次，合格24户次，合格率96%，警告1户次。环境检测：检测14个用人单位，其中粉尘检测7个单位，采样点16个，样品56个，合格56个；化学因素检测7个单位，检测点52个，合格52个，样品276个，合格276个；高温检测2个单位，采样点4个，样品14个，合格14个；噪声8个单位，采样点42个，样品146个，合格143个，超标3个。完成13个用人单位723人职业卫生健康检查。对60余家医疗机构30余台摄影机、20余台透视机、50台牙科机、10余台胃肠机及1台骨密度仪进行了检测。36家医疗机构的132名放射工作人员参加了体检。

学校卫生。年内，完成38所学校教学物质环境监测。对5所监测点校开展健康体检及乐敦护眼工程、家庭护眼按摩操、"我爱无烟环境"等系列活动。学生发育评价：上等身高21.06%、中等身高73.98%、下等身高4.96%；上等体重38.53%、中等体重58.87%、下等体重2.6%。学生营养评价：男生轻度营养不良10.25%、中度营养不良1.45%、重度营养不良0.07%，女生轻度营养不良16.82%、中度营养不良2.8%、重度营养不良0.13%；男生超重19.48%、女生超重16.11%；男生肥胖21.22%、女生肥胖11.4%。学生疾病检测情况：男生视力不良74.42%，女生视力不良82.77%；男生沙眼0.6%，女生沙眼0.38%。

动物卫生监督。区内有集贸市场20家，经营动物产品的摊位80个。区防治重大动物疫病指挥部与区内工商、园林、城管、街道等11家单位签订了《崇文区动物防疫工作责任书》，区动物卫生监督所与辖区55家经营动物产品的超市、市场、肉店及8家动物医院签订了《北京市动物产品经营单位动物卫生责任书》。开展联合专项检查2次，取缔非法活禽交易市场商户5个，没收活鸡109只、鸽子7只、经营用具9件。进一步规范市民养犬行为，在幸福家园、富贵园、新景家园、东四块玉等社区开展了养犬集中年检登记咨询宣传日、犬狂犬病免疫注射进社区大型宣传活动，发放宣传资料2 000余份、宣传环保袋200个，接待咨询200余人次，完成犬狂犬病免疫注射6 115只，免疫注射率100%。

医疗工作 门急诊64.9万人次，急诊抢救危重症患者222人次，抢救成功率82.43%，病房抢救成功率71.43%。病床464张，入院8 249人次，病床使用率73.6%，治愈率40.91%，病死率4.8%，无菌手术感染率0.13%，平均住院16天。住院手术28 427例（含区内三级医院）。

医疗机构登记注册6家，注销1家，变更16家；医师区内变更注册299人次，区内到区外124人次，区外到区内151人次，直接注册42人，外省到区内27人次，注册备案22人次。受理医疗事故争议处理申请1起，移交区医学会1起。

继续深化医院管理年，开展医疗质量万里行活动。组织天坛医院、普仁医院、区第一人民医院等专家分别从医疗、护理、院感对本区26家二级及以下医疗机构进行医疗质量和安全督导检查。开展辖区医疗机构工作检查62家。对辖区20个医疗机构的不良执业行为积分32次，共积57分。

加强和规范医疗机构麻醉药品、第一类精神药品的使用和管理，完成盐酸芬弗拉明制剂等6种不良药品及不良反应的统计上报。销毁1家医院的麻醉药品和一类精神药品，完成天坛医院印鉴卡的审核和变更。

护理工作。1月和3月，分别对区内三级和二级医院进行了护理质量检查。以"巩固基础知识，强化基本技能"为目标,扎实开展以"三基三严"为重点的岗位练兵活动,增强临床护理人员履行岗位职责的能力。

血液管理。全年无偿献血45 818单位。医疗用血13 324单位,其中自体输血7 857单位;为全市贡献血液32 514单位,占本区用血量的2.44倍,占本区采血量的71%。完善辖区公民无偿献血管理网络。举办各类宣传活动33次,发放宣传材料25万余份,制作宣传板及板报145块,悬挂横幅38条,印制宣传材料10.7万份,制作大型户外宣传广告4块。举办无偿献血培训56次。上报信息23期,完成调研报告1份,在《新崇文报》刊登宣传信息3次。召开了辖区输血安全管理工作研讨会,组织输血安全检查3次。

对口支援。年内,全区选派62名医务人员深入昌平农村卫生院工作,涉及内科、外科、妇科等10余个专业。在受援单位组织健康教育大课堂41次,2 240人次参加;义诊咨询12次、免费体检3次,受益4 700余人次。天坛医院、同仁医院、东方医院等13家二、三级医院与本区社区卫生服务管理中心续签了对口支援任务书、协议书。对口支援单位共派专家437人,支援697天;其中高级退休医学专家19人,返聘退休专家出门诊33 323人次。5月,中国医药卫生事业发展基金会与本区共同支援青海省医药卫生项目正式启动,接收黄南州医务人员到普仁医院进修;委托区卫生学校举办管理干部培训班3期,黄南州98名乡镇卫生院院长参加学习。继续开展支援西藏当雄县卫生工作,6月,第一批医务人员到普仁医院培训。

全年服务窗口接待咨询12 247人,许可接件1 831件,卫生许可证发证1 118个。

社区卫生 团队开展健康服务69万人次,其中上门服务31 153人次、利用"健康通"服务40 553人次、为老年人提供服务126 132人次。管理高血压患者20 867人,管理率100%;管理糖尿病患者7 378人,管理率100%;管理冠心病患者4 681人,脑卒中患者2 438人。运用中医药技术管理慢性病患者14万余人次。

推动同仁堂特色社区卫生服务进社区工作。投入近50万元对全区所有社区卫生服务中心(站)同仁堂特色诊区进行改造,设立了同仁堂文化展示专版和橱窗。举办同仁堂中医药特色社区卫生服务培训班,参训率100%;落实同仁堂专家下社区计划,深受居民欢迎。

年内,为60岁以上全口无牙的低保老人免费镶牙6人。为65岁以上常住居民免费筛查眼病,已筛查近2 000人。启动"知血糖,促健康"活动,完成2 320名糖尿病病人的监测。5个社区卫生服务中心为区内161名无社会养老保障的老年人开展了免费体检。

全年完成健康档案计算机录入258 643份。

妇幼保健 孕妇产前医学检查率100%,孕产妇系统管理率96.93%,孕产妇死亡率93.94/10万,婴儿死亡率2.35‰,5岁以下儿童死亡率2.35‰,围产儿死亡率4.68‰,出生缺陷监测率100%,出生缺陷发生率12.58‰。7岁以下儿童保健覆盖率100%,3岁以下儿童系统管理合格率99.11%,6个月以内母乳喂养率85.18%,新生儿疾病筛查率98.86%,婚前医学检查率18.36%,婚前卫生指导率100%,妇女病普查85.19%。

年内,狠抓为适龄妇女进行两癌免费筛查、0~6岁儿童健康体检及新生儿先天性疾病筛查3项实事工程,张贴两癌筛查海报4 000余份,发放《致姐妹的一封信》5万余份、两癌筛查宣传手册2万余册。截至12月底,完成户籍适龄妇女宫颈癌筛查8 866例、乳腺癌筛查7 721例,检出重度非典型增生和宫颈原位癌(CIN3)5例、子宫内膜癌1例、乳腺癌5例。为0~6岁儿童免费健康体检7 340人次,新生儿听力筛查823例,新生儿疾病筛查444人。

年内,经专家考核,批准5家单位应用麻醉镇痛技术实施负压吸宫术,为114名医师进行了计划生育技术服务的许可、增项和变更,为9名医务人员进行了助产技术服务的许可。全年产科医院抢救危重孕产妇17例,全部抢救成功。计划生育手术6 358例。

医学教育 完成《崇文区卫生技术人才中长期发展规划》的编制。第三轮学科带头人培养工作进展顺利。选送13人到三级医院参加为期3年的住院医师规范化培训。开展社区10个专业岗位的培训和考试,22人通过考试取得岗位培训合格证书。选派5名中医师骨干参加北京市首期中医类别全科医师岗位培训。

年内,编印了《病原微生物实验室生物安全手册》、《甲型H1N1流感培训资料汇编》等,进行了培训及工作检查与指导。

科研工作 区卫生系统获2006~2008年度崇文区科学技术奖励:崇文区精神病防治院的"北京市崇文区居民亚健康状态发生率及其危险因素的流行病学调查"获二等奖,普仁医院的"糖尿病眼部并发症的临床分析"、崇文区第一人民医院的"念珠菌性包皮炎、尿道炎阴道念珠菌病的快速鉴定、药物敏感实验研究"获三等奖,普仁医院的"脑卒中早期康复的研究"、"影响肾癌腹腔镜选择性保留肾单位手术后肾功能的因素分析(ECT监测)"、"变应性鼻炎与支气管哮喘的相关性研究"获鼓励奖。

精神文明建设 年内，组织了"寻找身边闪光点，向身边的先进学习"的教育活动。区卫生局举办了"大医精诚为民生，祖国华诞同欢庆"文艺汇演。组织"医德规范——三字经"征集活动，共征集60余篇，形成了包括总章、敬业篇、关爱篇等十章的医德规范三字经。

加强党风廉政建设，制订《廉政风险防范管理工作检查考核办法（试行）》，着重体现抓重点、抓难点、抓过程、抓环节，将检查考核结果作为评价卫生系统各单位领导班子落实党风廉政建设责任制情况的重要参考依据。

国庆卫生保障 年内，制订了《崇文区国庆60周年庆典活动医疗卫生保障工作方案》等14个方案。国庆期间，各级各类医疗机构应急小分队24小时备班，23支医疗保障小分队做好各项准备。天坛医院、普仁医院开放了绿色通道。在游园活动中，共出动救护车14辆次，医护人员60人次，救治各类患者18人次。完成一个半月训练期间及国庆群众游行、学生背景训练、国庆群众联欢晚会合练期间传染病症状监测、食品卫生保障任务。

财务管理 全年财政拨款24 307万元，总收入59 760万元，总支出53 962万元。

基本建设 完成永外、龙潭、天坛、体育馆路社区卫生服务中心及崇文区妇幼保健院、铁辘轳把社区卫生服务站的建设，并交付使用。完成防控甲流住院病房的改造，并交付使用。完成区第一人民医院手术室改造及门诊楼外墙装修。普仁医院医技综合楼新建工程进入立项审批程序。

（撰稿：蒋　枫　审核：段长霞）

宣武区

概况 有8个街道办事处、107个居委会，常住人口56万人。有医疗机构207个，其中营利148个、非营利59个；卫生技术人员9 070人，其中执业（助理）医师3 302人、注册护士3 330人；实有床位4 349张。平均每千常住人口拥有卫技人员16.05人、执业（助理）医师5.84人、注册护士5.89人、床位7.70张。

生命统计。出生3 446人，出生率6.45‰；死亡3 723人，死亡率6.97‰；自然增长率-0.52‰。死因顺位前十位依次为恶性肿瘤、心脏病、脑血管病、呼吸系统疾病、内分泌、营养和代谢疾病、消化系统疾病、损伤和中毒等外部原因、神经系统疾病、泌尿、生殖系统疾病、传染病和寄生虫病。

获奖情况。年内，被市卫生局评为首都国庆60周年庆祝活动医疗卫生保障先进单位、北京市卫生统计工作先进单位二等奖，被市总工会评为北京市模范职工之家，被市妇儿工委、市人力资源和社会保障局评为北京市妇女儿童工作先进集体，被首都国庆筹委会评为首都国庆60周年群众游行支持贡献单位、首都国庆60周年联欢晚会突出贡献奖。

社区卫生 年内，区财政落实资金2 294万元用于8个社区卫生服务站的标准化建设。社区卫生服务机构全年上缴财政收入7 550.12万元，比上年增长19.24%；其中零差率药品销售5 349.84万元，比上年增长25.47%。引进各类专业技术人员115人。医、护、防人员经培训考核持证上岗率分别达92.0%、95.0%、80.0%。全年有1 579名大医院专家进入社区工作，双向转诊2 424人次，返聘34名退休医学专家进入社区工作。

全年社区门诊575 320人次，比上年增长12.46%。组建社区卫生服务团队94支，通过"社区健康通"手机为居民提供免费健康咨询5 752次。全区传染病家庭访视3 224人次，访视精神病患者12 451人次，精神病人免费投药2 776人次，免疫接种146 798人次，孕产妇保健5 419人次，儿童保健22 752人次，计划生育咨询服务27 425人次，精神病人社区康复865人次，肢残患者社区康复124人次。高血压、糖尿病、脑卒中、冠心病等4种慢性病管理46 761人，管理率84.3%。成功申报市级中医药示范社区卫生服务中心2个、市级中医药示范社区卫生服务站3个，创建中医类别全科医师社区实践基地7个。

全区为60岁以上老年人免挂号费23万人次，免费查床432人次，为无保障老人提供免费体检938人次；为社区居民进行眼底筛查4 990人，筛查出患有眼底疾病2 412人；为27名60岁以上全口无牙的低保老人进行了免费镶牙；开展妇女两癌筛查31 080人次；为辖区居民建立电子健康档案19.67万份；知己健康管理404人；培养家庭保健员2 000名。

年内，继续推进"北京市老年疾病医疗服务模式研究"，完成《宣武区居民健康状况分析报告》，"社区居民健康管理服务模式研究及'健康一卡通'示范应用"结题。

疾病控制 传染病管理。报告甲乙类传染病2 169例，发病率321.46/10万，比上年上升14.66%。其中病毒性肝炎162例，发病率24.01/10万，比上年下降8.01%；痢疾1 057例，发病率156.66/10万，比上年上升5.41%；猩红热25例，发病率3.70/10万，比上年下降16.85%；死亡19例，死亡率2.82/10万。丙类传染病2 875例，发病率426.10/10万，比上年下降10.76%。年内，传染病访视核查180户，未发现失访、漏访。肠道门诊共诊治腹泻12 499例，初诊12 326例，其中本市患者11 770人、外地患者556人。检查指导肠道门诊63户次，覆盖率100%。急性肠道感染外环境监测1 245件，无阳性样品。指导检查医疗卫生保健机构消毒隔离业务141户次、托幼机构46户次。医疗卫生单位日常消毒隔离监测2 144件，合格率95.90%。

结核病防治。全年新登记病人229人，其中本市142人、外地87人。涂片阳性110人，监督化疗110人。新生儿卡介苗接种6 785人次，接种率99.0%。

艾滋病防治。报告HIV病毒感染者/AIDS共51例，其中艾滋病6例、HIV病毒感染者45例。全区艾滋病初筛实验室共检测血清71 846份，检出阳性51份，检出率0.07%。艾滋病自愿咨询检测（VCT）门诊进行艾滋病知识咨询519人次，艾滋病抗体免费检测468人次，检出HIV抗体阳性4例，阳性率0.85%。

精神疾病防治。在册精神病人2 858人，实际在区内居住2 229人，其中疾病期368人、慢衰期1 621人、缓解期240人，系统服药1 627人，疾病期患者全部住院治疗。精神病发病率0.002‰，患病率6.45‰。建立家庭病床4张，精神疾病评残1 625人，其中一级648人、二级487人、三级266人、四级224人。

学校卫生。区卫生系统监测学校常见病体检，中小学生应检5 105人，实检5 015人。其中视力不良3 071人，占61.24%；沙眼166人，占3.31%；龋齿1398人，占27.88%；营养不良1 022人，占20.38%；肥胖915人，占18.25%；超重559人，占11.15%；5 007人中患贫血432人，占8.63%。对全区中小学生进行了龋齿、沙眼、贫血、肥胖等常见病健康知识的宣传和干预。在47所学校中，有29所获得"北京市健康促进学校"称号。

慢性非传染性疾病防治与管理。年内辖区总人口529 000人，建档412 028人，健康档案覆盖率77.9%，其中电子档案164 481人。辖区8个社区卫生服务中心开展高血压、糖尿病的综合防治工作，覆盖率100%。高血压建档24 267人，规范管理16 100人，规范管理率66.35%；糖尿病建档10 038人，规范管理6 178人，规范管理率61.55%。

计划免疫。预防接种19 230人，其中散居儿童14 083人、托幼机构儿童5 147人。五苗接种率均达99.05%，本市儿童、外来儿童建卡建证率均100%。

公共卫生监测与评价。全区存在职业病危害因素（有固定场所）的工作单位及放射工作单位65个，监督检查54户次，合格率100%。其中接触毒害物质单位31个，职工560人，均进行了体检。对毒害物质单位从业人员开展宣传活动2次、培训1次。

健康教育与健康促进。在辖区中小学、医疗单位及疾控中心内开展了控烟活动。通过培训、健康大课堂、制作并发放宣传品等方式开展了手足口病、甲流等呼吸道、肠道传染病防治的宣传教育。在世界卫生日、减灾救灾日、碘缺乏病日等开展了宣传活动。全年开展健康大课堂230场，并组织了健康大课堂优秀教师评选活动。完成中国公民健康素养监测680人，在本中心及广内办事处202人中开展了健康促进活动。

应急处置。修订了《群体性不明原因疾病应急预案》、《非职业性一氧化碳中毒事件应急预案》、《高温中暑事件卫生应急预案》、《甲型H1N1流感疫情应急工作预案》；完成《宣武区重大动物疫情风险评估报告》。开展隐患治理，加强风险控制与动态管理；开展了相关业务知识的培训，组织、参加宣武区甲流防控模拟演练、急性肠道感染模拟演练、食物中毒、狂犬病疫情桌面推演等4次。

卫生监督 公共卫生专项检查。有餐饮服务单位1 418个，其中集体食堂309个。新办食品卫生许可证及餐饮服务许可证841户、延续196户、变更77户。监督检查4 595户次，合格4 566户次，合格率99.37%。立案58起，处罚56起，警告12户，没收设备及原料1户，罚款154 604元。食品类抽检340件，合格率99.41%。处理认定肇事单位不在本区的食物中毒1起，中毒3人，无死亡。有公共场所1 329个。新办公共场所许可证293户、延续290户、变更29户。监督检查公共场所2 332户次，合格2 331户次，合格率99.96%。立案1起，处罚1起，罚款500元。公共场所抽检261件，合格率88.91%。开展了以公共场所量化分级管理为主的专项工作。有生活饮用水二次供水设施256个。新办生活饮用水许可证50

户、延续109户、变更2户。监督检查二次供水设施551户次,合格548户次,合格率99.46%。立案3起,处罚3起,警告3户,罚款40 000元。生活饮用水抽检30件,合格率100%。开展了以现场制售水站点检查为主的专项工作。

医疗卫生监督检查。检查医疗机构医政管理356户次,血液安全监督11户次,行政处罚8起,罚款1.5万元。处理群众投诉65起,为被医托欺骗的病人退药费94 728元。

全年接到各类投诉339件,处理率100%。其中食品卫生投诉举报255件、公共场所16件、生活饮用水24件、医政44件。

卫生监督人员培训。全年培训21次874人次,内容涉及餐饮服务食品安全监管、公共场所卫生监督、生活饮用水卫生监督、食物中毒及水质污染处理、北京卫生监督工作平台使用等。对相关从业人员进行食品卫生、放射卫生、生活饮用水等培训469人次。

妇幼保健 妇女保健。孕产妇管理3 424人,系统管理率98.19%;产后访视3 362人,访视率98.19%;6个月内婴儿1 023人,其中母乳喂养916人,母乳喂养率89.54%。无孕产妇死亡;新生儿死亡7例,死亡率2.03‰;婴儿死亡12例,死亡率3.48‰。

儿童保健。0~6岁儿童10 130人,系统管理率98.06%。儿童保健管理10 325人,儿童保健覆盖率99.95%。

计划生育技术管理。全年计划生育手术13 432例,手术并发症7例,发生率5.21/万。

女工保健。妇女病普查33 107人,异常8 434人,疾病检出率25.47%。其中阴道炎1 254人、宫颈炎2 389人、尖锐湿疣4人、宫颈癌2人、乳腺癌15人、卵巢癌1人。婚前检查1 275人,婚检率9.64%;检出疾病311人,疾病检出率24.39%。

医疗工作 全区诊疗8 022 017人次,其中门诊6 874 625人次,急诊555 195人次,留观95 209人次,危重症抢救15 005人次,其中门诊抢救10 861人次、病房抢救4 144人次,健康检查427 286人次。入院94 490人次,出院94 555人次,病床使用率86.28%,病床周转22.42次,治愈率53.99%,好转率41.27%,死亡率2.55%,出入院诊断符合率99.59%,住院手术前后诊断符合率99.45%。住院手术45 143例。

院内感染管理。年内,组织专家对全区一级以上医院的发热门诊(发热筛查室)进行督查,专项检查2次,综合检查2次。完成全区80余家医疗机构医疗废物的网络直报工作。全年上报院感病例1 919例,医院感染发生率2.23%。

病历质控。对区内二级医院进行病历检查1次,并推选24份病历参加了全市二级医院病历质量评比。甲级病历率99%。

护理工作。全年护士注册3 686人。年内,组织专家对一级以上医院护理等级管理、基础护理质量、护理质控、护理病历书写等进行检查指导2次。

年内,通过区卫生局委托医学会进行的市级医疗事故鉴定1起。

毒麻药品监管。完成具有印鉴卡的11家医疗机构10余种毒麻药的销毁工作,完成各级各类医疗机构7种药品的停用工作,新发印鉴卡医院2家。

国庆保障。国庆60周年庆典期间,制订预案及工作方案7个,全区急救医疗保障共出车50余台次、医护人员200余名。

血液管理。年内,组建了400余人的国庆应急无偿献血者队伍。重大节日期间,与8个街道办事处开展无偿献血宣传活动,共发放宣传册万余本,张贴宣传画400余张,接待咨询万余人次;举办无偿献血知识讲座2次,共百余名社区居民参加。全年团体无偿献血882单位、街头无偿献血52 594单位。医疗用血23 304单位,其中全血21单位、成分血23 283单位,成分血占用血总量的99.9%;自体输血6 537单位,占用血总量的28.0%。

甲流救治。年内,组织救治模拟演练28次,参训587人;开展联合检查32次,督察558户次;举办甲流培训和考核123次,18 000余人次参加。救治确诊病例103例,无重症病例,并实现了"医务人员零感染、医院内零传播、患者零死亡"的目标。

中医管理。年内,启动首批基层老中医传承工作室建设,开展中医药健康知识讲座8次,义诊咨询活动3次,发放宣传册1 000余份,近2 000人次群众参加。启动了北京市社区中医药人才培养"回归扎根"工程,成立了宣武区中医类别全科医师岗位培训工作领导小组。开展中医绩效考核,宣武中医医院取得总分94.5分的好成绩。

卫生支援。全年辖区医疗机构派出兼职、挂职医务人员12名,接收受援单位进修2人,参加义诊专家18人次,咨询诊治2 895人次。向受援单位捐款1.5万元,并赠送产床1台。进行健康教育12次,发放健康材料近万份。

医疗设备。固定资产总值27 348万元,比上年增加4 659万元,增长率21%。购入万元以上医疗设备127台(件),金额2 737万元。

医学教育 年内,组织社区卫生服务中心32人参加以"模块式培训包"的形式进行的继续教育必修课程培训；15人参加为期3年的全科医师规范化培训；21人次参加急诊急救人才培训；全区医务人员4 500余人次参加鼠疫防治知识考试，参考率98%以上，及格率100%，优秀率80%以上。

科研工作 申报科学进步奖12项，获奖2项；申报宣武区青年创新人才计划12人次，立项5人次。

精神文明建设 以"迎国庆，讲文明，树新风，促和谐，展健康卫士新形象"为主题，开展了诗歌朗诵、征文演讲、知识竞赛、摄影作品展、百姓故事会、红歌会等群众活动。以廉政风险防范管理为内容，加强惩防体系建设。全系统共有1 740名职工参与了风险点的查找工作，查找风险点10 433条，制订防控措施8 080项，梳理制订工作流程图150个。在全区开展的政风行风民主评议问卷调查中，本局获得的满意率为85%。年内，全系统共获得首都文明单位4个、首都卫生系统文明单位13个、区文明单位7个、区文明单位标兵5个，宣武中医医院的杏林计划被评为区精神文明建设最佳活动。

财务管理 全年收入57 519万元，其中财政拨款24 772万元（预算内12 245万元、预算外7 189万元、专项经费5 338万元），业务收入32 546万元，其他收入201万元。支出59 347万元，其中财政专项支出7 017万元、业务支出52 330万元；上年结余3 059万元，本年收支相抵结余1 231万元。

基本建设 《宣武区公共卫生大厦建设工程可行性研究报告》上报市发改委审批，市发改委组织专家对报告进行了评审和完善。宣武中医医院整体装修改造工程完成了设计招标、方案设计。完成4个社区卫生服务中心标准化建设工程、10个社区卫生服务站标准化建设工程。

（撰稿：肖锦秀 审核：王小燕）

朝阳区

概况 设街道办事处23个、居委会209个、地区办事处20个、行政村154个，常住人口317.9万人。有卫生机构1 234个，其中科研、教学、防疫机构18个。区属卫生机构56个，其中全民40个、集体16个。卫生技术人员30 269人，其中执业（助理）医师12 036人、注册护士12 077人，床位14 948张。每千常住人口平均拥有卫生技术人员9.52人、执业（助理）医师3.79人、注册护士3.80人、床位4.70张。

生命统计。出生14 372人，出生率7.83‰；死亡11 167人，死亡率6.09‰；自然增长率1.74‰。因病死亡10 854人，占死亡总数的97.20%。死因前十位依次为：恶性肿瘤、心脏病、脑血管病、呼吸系统疾病、内分泌、营养和代谢性疾病、消化系统疾病、损伤和中毒、传染病、泌尿、生殖系统疾病、神经系统疾病。平均期望寿命80.01岁，其中男性78.14岁、女性81.99岁。

获奖情况。被首都精神文明建设委员会评为首都"迎奥运，讲文明，树新风"活动先进集体，被首都社会治安综合治理委员会、市人力资源和社会保障局评为首都社会治安综合治理2005~2008年先进集体，被市军队转业干部安置工作领导小组、市委组织部、市人力资源和社会保障局评为北京市军队转业干部安置工作先进单位，被首都国庆60周年群众游行指挥部评为群众游行支持贡献单位和群众游行优秀组织单位，被首都国庆60周年北京市筹备委员会联欢晚会指挥部评为联欢晚会工作突出贡献奖，被市卫生局评为国庆60周年庆祝活动医疗卫生保障工作最佳组织保障奖，被评为市口腔公共卫生服务项目先进集体，2008年度卫生统计工作先进单位，被市防治艾滋病工作委员会评为首都预防艾滋病宣传志愿者"1+1"十进行动优秀组织奖，被市妇女儿童工作委员会评为北京市妇女儿童工作先进集体，获国庆60周年应急备血工作优秀组织奖、北京市献血工作优秀区县奖，被市中医局、市中医协会评为维护《北京地区中医、中西医结合、民族医疗机构网上查询系统》一等奖。

卫生改革 公共卫生体系不断健全。在全区38个社区卫生服务中心和8个承担公共卫生职能的医疗机构建立公共卫生应急小分队46支230人，全区医疗急救应急小分队扩容达到49支145人。在全区成立4个公共卫生应急工作站，同时，为缩短急救半径，以区紧急医疗救援中心为核心，在4个医疗机构分别成立了4个急救分中心，统筹管理新运行的14个急救站点。

医疗保障体系不断完善。完善医疗机构设置规划，合理引导社会资本按区域卫生规划进入医疗领域。依法受理医疗机构设置45个,颁发医疗机构设置批准书30个,医疗机构备案13个,社区卫生服务机构8个;依法受理医疗机构执业登记注册28个,颁发医疗机构执业许可证34个。受理医疗机构变更255个、许可254个,注销医疗机构40个。完成医师注册2 646人次,其中执业注册494人次、变更注册1 594人次,区内变更到外省537人次,不予行政许可和撤销行政许可21人次。

社区卫生服务体系逐步规范。具有朝阳特色的"12345"工作格局初步形成。现已建立功能合理、方便服务群众的社区卫生服务体系1个,政府各部门联动机制和街乡与公共卫生网底共管机制2个,实现社区卫生服务机构公共卫生功能的回归、公益性质的回归和居民就医的回归3个,创造财政统筹、社管统筹、院办院管、购买服务4种管理模式,为实现患者满意、居民满意、医务人员满意、政府满意、各部门满意等5个满意开创了良好局面。完成北京市社区卫生绩效考核和全国中医药特色服务示范区验收和社区卫生服务网络建设。

社区卫生 门急诊4 108 927人次,占全市总量的16.31%,比上年增长34.93%。销售零差率药品27 444.5万元。开展针灸、推拿、拔罐、刮痧、薰洗、敷贴等中医药适宜技术,中医诊疗794 052人次,占全市中医门诊的23.42%,比上年增长35.67%。被评为全国社区卫生中医药特色服务示范区。建立社区卫生服务团队437个,覆盖居(村)委会511个1 068 549户,服务人口3 087 615人。制订慢性病单病种管理规范考核方法,4种慢性病规范管理:高血压128 994人、糖尿病52 360人、脑卒中12 779人、冠心病29 072人,规范管理率分别为35.96%、34.15%、22.68%和22.07%。开展健康教育1 230余场次,培训9 000余名家庭保健员。完成眼底筛查和为60岁以上人口无牙低保老人免费镶牙。上转患者10 882人次、下转患者2 474人次。制订了《社区卫生服务人员岗位练兵工作方案》,统一书面闭卷考核1 574人,224名全科医师和社区护士参加了基本技能实操考核,并针对糖尿病规范管理进行了岗位练兵过关考试。

农村卫生 有村卫生室13个,全部为村委会设立;其余地区由村卫生室转建的社区卫生服务站覆盖,覆盖率100%。乡村医生换证173人,参加规范化培训100%。市眼科研究所、垂杨柳医院和各社区卫生服务中心联合对参加新农合的55～85岁农村居民28 772人进行白内障筛查,对视力小于0.3的1 621名患者进行了晶状体照相检查。

新型农村合作医疗。新型农村合作医疗筹资标准由每人420元提高到520元,其中大病统筹235元(市60、区80、乡40、村25、个人30)、基本医疗285元(市20、区70、乡55、村70、个人70)。年内,在定点一级医院实行"零起付",大病统筹起付线由4 000元降至3 000元,18周岁以下的学生及非在校少年儿童起付线为650元,封顶线从7万元提高至17万元。参加大病统筹117 633人,农业人口参合率98.89%,筹集资金27 643 755元。有5 955人次4 126人得到补偿,支付资金3 639万元,报付率50.84%。参加基本医疗130 615人,农业人口参合率98.79%,筹集资金4 123.82万元,有93万人次得到补偿,支付资金4 939万元,报付率39.49%。

疾病控制 传染病防治。报告甲乙类传染病10 954例,发病率388.87/10万,比上年上升0.43%。病毒性肝炎1 230例,发病率43.66/10万;痢疾4 636例,发病率164.58/10万;麻疹258例,发病率9.16/10万;流行性出血热3例,发病率0.11/10万;无急性肠道感染病例;无野毒株引起的麻痹病例。

结核病防治。属地肺结核网报1 439例(涂阳398例)。登记管理361例,其中肺结核359例、结核性胸膜炎2例。359例肺结核病人(涂阳199人)中,本市138人(涂阳84人)、外地221人(涂阳115人);初治344人(涂阳186人)、复治15人(涂阳13人)。上年本市新发涂阳肺结核55例中治愈48例,治愈率87.27%。新生儿活产24 125人,卡介苗接种22 060人,接种率91.44%。监测5 469人,成功接种5 358人,成功率97.97%。大学生PPD监测19 593例,其中强阳性2 384例,发现活动性肺结核2例(涂阴)。

性病防治。报告性病2 884例,其中淋病450例、尖锐湿疣726例、梅毒1 475例、生殖道沙眼衣原体感染149例、生殖器疱疹84例。艾滋病毒感染449例,其中艾滋病47例。

精神疾病防治。全年在卡管理精神障碍患者10 772人,检出率6.02‰;监护9 408人,监护率87.34%;管理重性精神障碍9 374人,显好8 606人,显好率91.48%;参与社会8 547人,参与率90.85%。重性精神障碍接受治疗6 725人,治疗率71.74%;精神卫生防治网络为社区精神障碍患者提供服务36 428人次。区精神卫生中心设病床418张,全年收治精神病人901人次。全年新发现并建卡管理患者1 333人,享受门诊精神科治疗费用补助1 430人,享受精神科住院费用补助126人。796名病情稳定者参加社区康复活动,开展社区集体康复活动122次,进入职业康复站参加保护性就业精神病患者267人。

学校卫生。学生发育评价分析,身高受检129 268人,其中身高上等28 302人,占21.89%;中上等27 582人，占21.34%；中等58 204人，占45.03%；中下等10 500人，占8.12%；下等4 680人，占3.62%。体重受检129 208人，其中上等33 771人，占26.14%；中上等20 269人，占15.69%；中等62 283人，占48.20%；中下等11 389人，占8.81%；下等1 496人，占1.16%。学生营养评价分析，受检129 147人，轻度营养不良16 323人，占12.64%；中度营养不良2 083人，占1.61%；重度营养不良86人，占0.07%；极重度营养不良13人，占0.01%。超重17 075人，占13.22%；肥胖27 503人，占21.3%。学生疾病监测，视力受检109 314人，视力不良60 774人，占55.6%；贫血受检126 972人，患病1 180人，占0.93%；龋齿受检126 972人，龋齿患者27 013人，患病率21.27%。

慢性非传染性疾病防治与管理。年内，举办慢性病防治培训班4期，350余人次参加；继续开展"北京市社区常见慢性病人及高危人群干预管理"，规范管理肥胖、高血压、糖尿病及高危人群2 670人；继续开展中央补助地方慢病综合干预控制项目暨卫生部"维持健康体重和血压管理关键技术"社区试行及应用项目；建立"社区脑卒中预防与适宜技术研究"试点和朝阳区健康管理中心及分中心试点；倡导健康生活方式，开展全国高血压日、世界糖尿病日等宣传活动，在小学生中进行慢性病防治教育；开展慢性病及危险因素监测、新发高血压病人监测等；对社区卫生服务中心（站）进行了慢性病防治考核评估。

计划免疫。0~6岁常住儿童121 735人，抽样调查210人，四苗全程合格接种率97.14%，五苗全程及时接种率91.90%。完成79 401名外来儿童强化免疫，15个重点地区一次性通过市级评估。对726所学校、托幼园所进行儿童预防接种证查验和疫苗补种，查验70 679人。外来务工人员接种麻疹、流脑疫苗95 132人次，其中麻疹疫苗47 612人次、流脑疫苗47 520人次。

公共卫生监测与评价。年内，放射卫生通过建设项目职业病危害评价（放射防护）（丙级）、职业病危害因素检测与评价（放射防护）的资质，具备38项放射卫生现场检测资质，以及建设项目职业病危害放射防护评价资质。共检测各级医疗单位137家，检测医用诊断X线机91台次、各类牙科设备92台次、场所防护检测163个，其中状态检测135台、验收检测31台、复测17台。更换个人剂量188家单位2 787人次，完成预评价报告41份、控制效果评价36份。职业卫生监督检查645户次、放射卫生日常监督356户次。

健康教育与健康促进。年内，制作健康教育宣传栏2 450期；发放健康教育宣传材料2 221 271份；发放健康处方721 493份；开展社区健康教育讲座2 205次，21.61万人次参加；健康促进活动1 270次，15.34万人次参加；健康咨询49.40万人次。开展甲流防治宣传，发放折页、宣传单、海报、笔记本、DVD、张贴画、易拉宝、宣传册、书、卡片、杂志共29类185种531.30万份。在手足口病健康教育工作中，制作手足口病防控宣传品3种24.70万份，发放防控手足口病知识的幻灯片课件覆盖了全区。建立朝阳健康教育网站、健康教育公共邮箱，朝阳区街乡、单位及个人从网络平台自行下载制作各类宣传品资料约400万份。朝阳区健康科普讲师团由上年的295人发展到396人，完成健康教育知识讲座1 401场。继续创建健康促进学校，与其他部门共同完成2批45所学校的区级验收，其中41所通过了北京市健康促进学校的验收。

卫生监督 新发卫生许可证6 687户，其中食品4 836户、生活饮用水250户、公共场所1 601户。延续卫生许可证2 596户，其中食品1 093户、生活饮用水469户、公共场所1 034户。变更卫生许可证1 399户，其中食品1 066户、生活饮用水22户、公共场所311户。注销卫生许可证2 194户，其中食品██户、生活饮用水15户、公共场所63户。

食品卫生。食品卫生监督检查35 492户次，其中生产加工企业272户次、销售（经营）企业4 306户次、餐饮业23 527户次、集体食堂5 802户次、集体用餐配送单位201户次、食品摊贩923户次、临时许可120户次、其他341户次。处罚746户1 522 194.99元。年内，朝阳区共有餐饮经营单位7 485户，其中A级单位410户、B级2 878户、C级3 778户、D级1户、未评级418户。

传染病与消毒。监督检查3 610户次，其中疫情报告1 190户次、传染病管理1 506户次、院内感染565户次、传染病专科门诊286户次、生物制品63户次。消毒产品生产经营使用单位监督检查34户次。处罚医疗机构19家、生物安全实验室1家，罚款18 000元，没收违法所得1 701.40元。

公共场所卫生。公共场所监督检查10 973户次，其中旅店业2 453户次，文化娱乐场所281户次，公共浴池475户次，理发店、美容店7 110户次，游泳场（馆）451户次，体育场（馆）6户次，展览馆、博物馆、美术馆、图书馆10户次，商场（店）、书店170户次，候车（机、船）场所1户次，其他16户次。处罚308户174 588元。

生活饮用水卫生。监督检查3 712户次，其中自备水源供水168户次、二次供水3 544户次。处罚179

户614 000元。

医疗卫生专项检查。医疗机构卫生监督检查2 139户次,其中一级医院448户次、二级医院46户次、三级医院58户次、其他1 587户次。处罚各级各类医疗卫生机构51家,罚款104 500元,没收违法所得8 044.79元。开展打击非法行医联合执法行动172次,出动执法人员2 425人次、执法车辆525辆次,取缔非法行医黑诊所741户次,没收药品器械668箱(包),价值41万元,罚没23 070元。召开区内医疗机构医疗废物管理工作大会,联合区环保局等多个部门对医疗废物管理进行了布置及检查。

公共卫生投诉举报。全年接到卫生系统平台、投诉电话、来访以及信访举报投诉共3 100起,以食品卫生、生活饮用水、公共场所和卫政类投诉为主,其中食品卫生1 865起、非法行医450起、公共场所卫生167起、生活饮用水卫生235起、传染病与消毒9起,比上年增加21.81%。

大型活动卫生保障。年内,完成节日及全国两会、国际微量元素营养论坛、中国北京国际科技产业博览会、欧盟美食文化节、北京电子音乐会、朝阳消夏文化节等62项国内外重大活动卫生保障任务。出动卫生防病人员2 167人次,卫生监督员617人次,监督车233车次,对全区的游园公园、餐饮单位、饮用水供水单位和公共场所经营单位进行了监督检查。共检查旅游接待餐厅19个、景区及周边餐饮单位1 061个、美容美发162户、旅店37户、游泳池18个、二次供水9户、自备水源供水2户,行政处罚4件,罚款2 300元。区救援中心和14家急救站34个急救组110人在国庆期间共完成医疗救治转运650件次,其中救治危重患者130人、普通转运420人次。

卫生监督人员培训。年内,开展全体监督员培训7次,涉及《食品安全法》、《北京市制售饮用水卫生管理办法》、建国60周年庆典保障、公共场所量化分级等。开展有针对性的业务培训,包括突发公共事件应急处理专项培训,新录用人员业务知识、法律法规培训,甲流相关知识培训,普及食品安全法及相关法律法规培训,职业病防治意识培训,制售水机管理办法培训,打工子弟学校及托幼机构卫生培训等。年内,参加市、区培训共19次,其中食品卫生6次、医政卫生7次、生活饮用水卫生6次。

妇幼保健 妇女保健。孕产妇14 260人,建册13 728人,建册率96.27%;系统管理14 079人,系统管理率98.73%。围产儿死亡66人,死亡率4.58‰;无孕产妇死亡。全区有从事助产技术服务的单位21个,助产人员752人,产科床位749张,母婴同室床位537张,占产科床位的71.70%。0~6个月母乳喂养率92.64%。24家医院(含儿科医院3家)开展出生缺陷监测,监测围产儿37 147例,出生缺陷664例,发生率17.87‰。

儿童保健。活产儿14 372人,新生儿访视13 989人,访视率97.34%。0~6岁儿童124 217人,儿童保健覆盖率99.23%;系统管理114 488人,系统管理率92.17%;体检114 640人,体检率92.29%。婴儿死亡率3.27‰,5岁以下儿童死亡率4.04‰。管理托幼园所415个,入托儿童18 725人。有238个园所发生传染病,发病992例,以手足口病、水痘为主,传染病暴发44例,全部为手足口病。保教人员体检9 920人,体检率98.49%。

计划生育技术管理。全区开展计划生育技术服务单位92个,有专业人员490名。全年计划生育手术60 653例,并发症1例。

女工保健。建立女工保健三级网,妇女病普查率83.22%。婚前医学检查2 999人,婚前检查率6.35%。检出疾病203人,暂缓结婚4人,疾病检出率6.77%。

医疗工作 全年诊疗22 413 998人次,其中门诊20 314 300人次、急诊1 878 497人次、家庭卫生服务104 034人次。急诊观察325 893人次。区级医院诊疗6 823 977人次,其中门诊6 213 820人次、急诊473 885人次、家庭卫生服务56 405人次。急诊观察9 273人次(上年包括输液人次)。住院危重症抢救899人次,急诊抢救成功率98.38%,病房抢救成功率77.64%。住院26 428人次,出院25 720人次,区级医院病床使用率71.08%,病床周转14.44次,治愈率48.09%,好转率30.53%,病死率2.29%。出入院诊断符合率99.77%,临床与病理诊断符合率95.22%,手术前后诊断符合率99.92%,无菌手术化脓率0.55%,院内感染率1.26%,住院手术11 472例。

院内感染管理。加强对医院感染专(兼)职人员的培训,举办医疗废物规范化管理、医院消毒供应中心管理规范等6项行业标准,产房、新生儿病房、母婴室医院感染管理及甲流防控等培训8次,2 000余人次参加。对区内21家助产机构、15家血透室、100余家美容和口腔专业医疗机构、400余家医疗机构的医疗废物管理进行了实地检查,并多次对各级医疗机构甲流防控、国庆医疗安全保障等工作进行了实地督导。

病历质控。年内,召开朝阳区医疗病历质量管理研讨会;参加北京市病历质量评比,推荐的10份病历中有4份经初评入围优秀病历展评。举办了朝阳区医疗机构优秀病历展示活动。

护理工作。年内,举办护理管理、护理文书规范书写、新生儿复苏医护配合、艾滋病防控、医务人员自身防护等培训班5次,1 300余人次参加。对二级医院、部分一级医院及社区卫生服务中心进行了质量管理实地督查;对5家二级医院、5家一级医院开展"医疗质量万里行"活动督导;举办护理文书巡展月活动,进一步规范和提高护理文件书写质量和水平。对9家二级医院、16家一级医院开展《护士条例》落实情况的专项检查。朝阳区第二医院作为市卫生局指定的承担临床护理培训的医院,完成300个单位1 463名护士注册的微机输入工作。

医疗救助。全年医疗救助特困人员39 346人次,垫付、减免医疗救助资金2 357 416.53元,资助1 522名农村低保人员免费参加新型农村合作医疗,为833名持慈善医疗卡人员提供了医疗减免服务。

医疗卫生对口支援。年内,驻区三级医院共接收对口进修54人。完成12辆总值约700多万元的流动医疗车调拨。从驻区二、三级医院抽调14名专家组成医疗队,完成卫生援建四川省什邡市任务,医疗队共接诊6 781人次,查房5 330人次,完成高难度手术42例,下乡巡诊诊治4 281人次,义诊617人次,专业技术指导受众2 232人次。收到治愈患者锦旗26面、表扬信13封,当地新闻报道14次、电视专访9次。北京市第五批医疗卫生援建队被什邡市市委、市政府授予工人先锋号称号。

血液管理。自愿无偿献血84 264单位,比上年提高18%。其中街头自愿无偿献血77 110单位,比上年提高14%;单位团体无偿献血6 575单位,比上年提高77%。驻区31家医疗机构用血139 362单位,比上年增加19%,其中成分输血139 283单位,成分输血率99.99%;自体输血37 974单位,自体输血率27%,比上年提高43%;输全血79单位,比上年上升22%;输血浆132 418单位,比上年提高36%。组建无偿献血应急志愿者队伍78支7 860人,动员4所高校参加国庆保障应急献血,献血2 313单位。新建奥林匹克公园献血点1个,本区共设街头献血点6个。

麻醉药品管理。区内持有麻醉和精神药品印鉴卡医疗机构95家,其中新办6家,13家医疗机构进行了印鉴卡的变更。

医疗设备。本区有万元设备21 791台,总值331 846.2万元。医疗设备政府采购1 300余万元,包括朝阳区第二医院、三间房病区和黑庄户社区卫生服务中心500余万元的设备采购。

医学教育 30个继续教育基地全年承担区审批的继续教育500项,培训63 541人次。举办各种类型培训班54期,培训4 125人次。举办全科医师系统培训班1期197人,社区护士系统培训班1期287人。举办校医继续医学教育培训班1期110人,社区医师心电图培训班1期60人,社区电脑培训班6期112人,药物不良反应培训班1期108人,检验结果解读培训班1期79人。举办甲流防治知识全员培训及强化培训,参加考试19 566人。举办在职医疗卫生人员鼠疫防治知识培训,参加考试10 009人。人禽流感防治知识培训,参加考试19 461人。朝阳区继续医学教育管理系统(ICME 3.0)操作方法培训班1期90人,朝阳区医学教育经验交流会23人,朝阳区农村社区卫生服务中心医疗技术骨干急诊急救理论及技能培训班2期21人。389人在读医学学历教育,69人毕业。卫生技术人员外出进修67人。卫技人员完成继续教育学分4 337人,占在岗卫技人员总数的99.4%。乡村医生208人参加北京市五年继续教育大纲系统教育。全年医学教育经费支出372万元。

科研工作 二级及以下医疗单位共承担科研项目18项,其中国家级5项、部级8项、市级4项,获经费7 297万元。科研成果获奖4项。发表论文85篇,被SCI收录2篇、CSPTCD收集83篇。出版著作12本。

精神文明建设 年内,开展窗口行业志愿服务、"创文明单位,树行业新风"、传染病防治知识宣传等活动8项。召开卫生系统文明单位评选会,推荐上报36家单位为首都卫生系统文明单位、43家单位为朝阳区文明单位,朝阳区卫生监督所、劲松社区卫生服务中心被区文明办推荐为首都文明单位。

甲流防控 年内,成立由12个专业101名专家组成的流感医疗救治专家组,承担辖区医院流感医疗救治的会诊;朝阳区第二医院三间房病区作为甲流定点医院,累计收治轻症患者251例;黑庄户医学观察点收治77例。抽调医务人员146人到国门路大饭店、燕翔饭店从事医学观察,抽调8名医护人员支援地坛医院ICU病房工作。

财务管理 全年收入1 848 071 276.79元(包括财政拨款565 939 051.40元),支出1 836 727 570.09元。固定资产总额925 775 669.26元。

基本建设 12月29日,举行垂杨柳医院扩建工程奠基仪式。朝阳区第二医院综合装修改造工程投资3 622万元,改造面积14 912平方米。完成7个社区卫生服务中心(站)改造项目(即孙河、奥运村社区卫生服务中心,周庄、大望、祁家豁子、立成苑、青年城5个社区卫生服务站),共装修改造医疗用房7 759.75平方米。完成三间房社区卫生服务中心、黑庄户社区卫生服务中心、朝阳区第二医院、精神卫生康复中心甲流隔离病房的装修改造。

(撰稿:周彦华 审核:杨宏杰)

海淀区

概况 有2个乡、5个镇、22个街道办事处、576个社区居民委员会、84个村民委员会,常住人口308.2万人,其中农业人口9.3万人。有卫生机构927个,其中营利性394个、非营利性533个。卫生技术人员22 308人,其中执业(助理)医师8 420人、注册护士8 927人,实有床位10 349张。平均每千常住人口拥有卫技人员7.24人、执业(助理)医师2.73人、护士2.90人、床位3.36张。

生命统计。出生14 028人,出生率6.56‰;死亡9 204人,死亡率4.30‰;自然增长率2.26‰。因病死亡8 988人,占死亡总数的97.65%。死因顺位前十位疾病依次为:恶性肿瘤,心脏病,脑血管疾病,呼吸系统疾病,消化系统疾病,损伤和中毒,内分泌、营养和代谢系统疾病,神经系统疾病,传染性疾病,泌尿、生殖系统疾病。本区人口期望寿命81.79岁,其中男性80.11岁、女性83.46岁。

获奖情况。年内,被评为首都国庆60周年庆祝活动医疗卫生保障先进单位,国庆安保先进集体,国庆60周年应急备血工作优秀组织奖,首都国庆60周年庆祝活动卫生监督最佳服务保障奖,国庆60周年海淀区游园工作先进集体,首都"迎国庆,讲文明,树新风"活动先进单位,首都预防艾滋病宣传志愿者"1+1"十进行动优秀组织奖,口腔公共卫生服务项目先进集体,北京市爱国卫生工作先进单位,创建北京市健康社区、健康促进示范村优秀组织奖一等奖,病媒生物控制、健康教育和农村改厕优秀组织奖,卫生监督执法考核先进集体,2008~2009年度北京市中小学校控烟活动先进集体。

卫生改革 加强应急能力和疾病防控能力建设。一是创新工作机制,科学有效做好甲流、手足口病等呼吸道传染病的防控。成立了区级防控领导小组,确定了"关口前移、重点下移、联防联控、群防群控"的工作策略,建立了区级疫情会商机制、社区—医院—区疾控中心运转顺畅的疫情防控信息通报机制和归国人员社区监测管理制度。二是落实预防为主方针,全面加强疾病防治管理。三是全力以赴,圆满完成国庆及全国两会卫生保障任务。

推进基本公共卫生服务均等化。完成各项折子工程,共投资1.04亿元,其中农村户厕改造8 090座,新改扩建村卫生室18个,社区卫生设施标准化建设总改造面积52 513平方米;办理建议、提案44件,办复率及满意率均达到100%。落实医药卫生体制改革公共卫生项目。启动两癌筛查工作,共筛查海淀区户籍适龄妇女59 029人,对23 000名0~6岁北京市户籍儿童进行了免费健康体检,为33 000名新生儿进行了先天性疾病筛查。开展窝沟封闭预防龋齿项目,入校检查21 954人,治疗10 780人29 579颗牙,复查9 498人,完好率达到了95.3%。落实《为全市60岁以上全口无牙低保老人免费镶牙专项工作方案》,已戴上假牙的有21人。新型农村合作医疗保障水平进一步提高。2009年,新型农村合作医疗人均筹资600元,其中市财政补助80元、区财政补助400元、个人和村集体出资120元,提前一年达到北京市提出的"2010年人均筹资520元"的标准。

加强行业管理和市场监管。开展了"医疗百日安全"和"医疗质量万里行"工作,对一、二级88家辖区医院医疗管理、护理质量、院感质量和门急诊工作进行督导检查,组织了病历质量评比和培训。全区自愿无偿献血率达到100%。完善社区卫生服务体系,完成了规划的98%。完善社区卫生服务功能,开展了老年人"三优先"及中医"治未病"工作。建立了以海淀区疾控中心为龙头、173个社区卫生服务中心(站)为网络、240万海淀居民为服务对象的慢病网络管理体系,开展了高血压、肥胖、糖尿病干预和限盐等15项干预活动。加强社区卫生信息化建设,在6个社区卫生服务机构进行了试点。建立并完善了"三位一体"的社区卫生服务绩效考核模式。加强了食品卫生、生活饮用水卫生、公共场所卫生监管。全年执法监督47 152户次,合格率90.18%,处罚718户次777 846.9元;受理投诉举报2 750件,回复率100%,创新打击非法行医工作模式,借助小区短信等信息化手段向在西客站、城乡接合部等外地来京务工人员发放6万余条公益短信,提醒广大务工人员非法行医的危害性,引导群众有序就医。

社区卫生 已建成社区卫生服务中心49个、社区卫生服务站178个,正在运行的社区卫生服务中心48个、社区卫生服务站141个,其中政府与社会力量举办的社区卫生服务机构分别占56%和44%。

年内，安排政府购买公共卫生服务经费1 020万元。全年采购零差率药品9.94亿元。

年内，160名全科医生、155名社区护士、35名防保、43名药剂、10名放射、16名心电图、32名康复、10名超声、14名口腔和15名检验人员进行了岗位培训，255名医护人员参加了北京市社区健康管理团队长慢性病规范化管理技能强化培训，120人参加了全科医生技能培训。参加对口支援的二、三级医院医生共1 241人，专家门诊173 979人次，会诊781人次，双向转诊6 288人次，带教培训270人次，返聘115名退休专家到社区卫生服务中心（站）工作。

组建家庭医生服务团队263个，实施4种慢性病规范化管理338 316人次，其中高血压126 424人、糖尿病49 444人、脑卒中40 891人、冠心病121 557人次；配发"知己"能量监测仪2 170台，95个机构共管理慢病患者662人；培训家庭保健员3 500人；举办健康教育讲座、健康促进活动和健康咨询共2 589次，592 655人次参加；宣传栏2 429期，发放宣传材料146万份，发放健康教育处方54万份。

全年社区卫生门急诊5 594 219人次，其中急诊414 219人次，中医门诊697 981人次、出诊25 381人次；新建家庭病床87张；双向转诊109 194人次，其中转出87 059人次、转回22 135人次。

农村卫生 有村级医疗机构45个，覆盖率100%。乡村医生423人。38个村卫生室81名乡村医生通过绩效考核拿到了基本待遇补助，区政府共投入资金77.76万元。

新型农村合作医疗。参加新型农村合作医疗86 820人，参合率95.57%。参合农民人均筹资和报销封顶线分别为600元和7万元。全年筹集住院资金4 601.46万元，补偿7 212人次36 613 966元，报付率47%；筹集门诊资金11 389 363元，补偿68 014人次13 159 022元，报付率40%。

疾病控制 传染病防治。报告甲乙类传染病9 273例，发病率351.29/10万。其中病毒性肝炎1 134例，发病率42.96/10万，访视率100%，病死15人，病死率1.32%，占12.23%；细菌性痢疾3 426例，发病率129.83/10万，占36.94%，访视率100%。肠道门诊初急诊16 724人次。全年发生淋病274例、梅毒596例、艾滋病17例、HIV（+）146例。

结核病防治。报告结核病1 236例，发病率46.82/10万，其中新登记结核病730例（含外地病人401例）。271例纳入社区管理。本区涂阳58例，监化率100%。流动人口涂阳79例，监化率100%。新生儿卡介苗接种28 957例，接种率96.2%。为全区医务人员开展专业培训18场，开展防治结核病健康教育宣传活动317场。

人畜共患疾病防治。禽流感：完成流调1 542例，开展快速检测993例，其中阴性936例、阳性57例。主动监测流感样病例17 662户次42 448人次；对107个高危重点地区（农贸市场等）进行搜索，共18 062人次。手足口病：全年发病2 566人次，发病率97.2/10万。25例重症和6例住院患者均治愈出院。全年无狂犬病发生。

性病、艾滋病防治。年内，开展首都预防艾滋病宣传志愿者"1+1"十进行动，发展志愿者6 329人。干预男男性接触者17 374人，发放安全套194 649只、宣传册30 098本。药物维持治疗门诊接收病人193人，目前在治76人，为17 767人次提供服药服务。交换发放针具21 100支，回收20 540支，回收率97.3%。国家"十一五"重大专项（我国艾滋病流行规律、疫情评估和预测方法研究）监测大学生5 436人、孕产妇2 000人、吸毒者148人、暗娼200人、农民工150人。中盖项目监测暗娼207人、男男性接触者295人，抗体阳性12人，阳性率4.1%。有3个艾滋病自愿咨询检测门诊，1 379人接受了免费咨询，其中1 319人进行了抗体检测，22人抗体阳性，阳性率1.7%。全年共报告艾滋病、梅毒、淋病、尖锐湿疣等8种性病1 615例，总发病率61.18/10万。

计划免疫。全区有地段预防保健科29个，防保人员419人。全区有0~6岁户籍儿童99 839人、流动儿童43 518人，建卡率100%，五苗接种率100%，流脑接种率95.71%，乙脑接种率99.05%。麻疹163例，发病率7.55/10万。全区60岁以上老人免费接种流感疫苗107 678支（其中医保34 217支，非医保73 461支），接种率29.9%；学生接种减毒流感疫苗156 950支，接种率82.6%。处理计免相关疫情3 338起，比上年下降7.9%，其中暴发疫情14起、接报急性迟缓性麻痹病例20例。

学校卫生。对12所监测点校的中小学生进行体检，应检14 020人，实检12 532人，体检率89.4%。其中营养不良1 966人，占15.7%；肥胖2 705人，占21.6%；视力不良8 825人，占70.4%；龋齿2 524人，占20.1%；沙眼23人，占0.18%；贫血实查12 391人，阳性304人。

慢性非传染性疾病防治与管理。年内，慢病防治业务指导222次449人次。建立健康档案2 337 325份，比上年增加了3.5倍。对上年参加筛查乳腺癌的人员进行追访，共筛查9 009人，发现良性肿瘤17例，确诊7例，其中早期癌症3例，治疗7例。

公共卫生监测与评价。全区接触毒害作业单位282个，职工6 635人。应体检6 105人，实体检5 648人，体检率92.51%，无职业病发病。全区有放射卫生单位280个，从业人员卫生知识培训2次230人。对生产加工业、销售服务业、饮食服务业、宾馆饭店等6个行业监测食品7 729件，合格7 535件，合格率97.49%。

健康教育与健康促进。年内，通过市级验收的健康促进学校94所、行业单位2个、健康促进村6个。共有管理单位224个，其中医院、社区卫生服务中心45个，健康促进学校136所，行业单位14个，29个街道、乡镇。健康教育科普讲师团50人。对158个健康促进单位进行督导428人次。

精神卫生。全区精神卫生管理覆盖人口约230.3万，重性精神病人数由上年底的4 852人增加到5 741人，患病率2.49‰。其中处于疾病期677人、波动期131人、缓解期1 719人、慢性期2 944人，人户分离271人。目前接受治疗4 409人，未治疗1 062人。本年度新建档1 042人，新发现993人，新发病17人，迁入17人，迁出86人，死亡52人。其中271人为户在人不在，无法管理。全区另有精神发育迟滞和单纯痴呆病人1 375人。完成北京市社区精神卫生个人健康档案7 116份，风险评估2 872人，共上报重点病人545人，需要住院病人202人。年内，建立社区精神卫生康复站3家。享受免费服药精神病人1 865人。

地方病管理。居民户食盐监测292件，碘盐覆盖率92.81%，碘盐合格率98.15%，合格碘盐食用率91.10%。检测育龄妇女尿碘344件，尿碘中位数为199.5μg/L；孕产妇尿碘292件，尿碘中位数为235.4μg/L。对历史性高氟地区开展枯水期、丰水期饮用水水氟监测20件，均达标。

实验室检测能力。12月，通过了计量认证评审，获实验室检测资质项目366项。

卫生监督 公共卫生专项检查。全区有食品生产经营单位7 698个，其中集体食堂1 440个、饮食服务业6 234个、集体用餐配送单位24个。经常性卫生监督检查18 277户次，合格16 642户次，累计监督覆盖率100%。全年审批《卫生许可证》5 635个。食物中毒7起98人，发病率3.2/10万。全区餐饮单位量化分级管理，其中A级单位374个、B级2 494个、C级2 523个。执行结案卫生行政处罚638户次，其中警告261起，没收违法所得12起，金额11 796元；罚款550起，金额642 470元。有宾馆饭店1 026个，经常性监督覆盖率100%。有各类公共场所4 098个，其中年内审批开业832个。经常性监督检查7 350户次，监督覆盖率100%。有自备井170个。年内，对生活饮用水新办证监测24个、复验办证监测32个、经常性监测347户次；高层建筑生活饮用水新办证监测224个、复验办证监测293个、经常性监测1 411户次。发生生活饮用水污染事故2起。

医疗卫生专项检查。出动监督人员1 985人次，检查988个单位，发现违法行为339个单位，均予以责令改正，对186个单位进行了处罚。取缔非法行医点308个，罚款54 500元，没收违法所得10 000元。全年组织各种监督检查2 269户次，合格1 631户次，合格率82.04%。行政处罚186户次，罚款54 500元。对管辖的医疗机构监督1 560户次，其中三级医院2家3户次、二级医院10家21户次、一级医院56家280户次、无级别医疗机构1 105家1 256户次。对23家违反《医疗废物管理条例》的医疗机构进行了处罚，共罚款14 550元。

公共卫生投诉举报。全年卫生投诉举报2 485起，受理2 346起，结案2 346起，结案率100%。

大型活动卫生保障。年内，区卫生监督所共接受20项大型活动保障任务，均顺利完成，其中驻会保障8次。除国庆游园及群众游行保障外，全年共保障23 218人次；出动监督员1 382人次，监督2 254户次，培训从业人员2 470余人；责令改正72户次，处罚15户次，其中警告6户次，罚款35 500元，取缔9户次；计划监测583件，合格553件，合格率94.85%；快速检测3 628件，合格3 566件，合格率98.29%。

卫生监督人员培训。内部培训11次，1 600人次参加，内容涉及突发公共卫生应急、综合卫生监督执法等。15人分9批参加了各相关专业的部级、市级专业培训和交流会。

爱国卫生 病媒生物防制工作成效显著。全区参与灭蟑17.5万户，每月对不同地区的2个社区200户家庭的蟑螂密度进行监测，已检测24个社区4 800余户，取得各种数据40余项。开展统一投药灭鼠活动，组织专业队伍和社区、单位人员4 700余人进行布药，共投放灭鼠药品20.2吨、鼠板3万余张，放置鼠盒3 200个，建立鼠站660余处，餐饮、超市等单位进出口安装了防蝇帘，库房设置了挡鼠板。区爱卫会筹措灭蚊蝇药品13.5吨、各地区爱卫会自筹药品6.8吨，于8月开展了4次全区统一灭蚊蝇投药和消杀活动。全年开展以"清洁卫生，喜迎佳节"、"清洁家园，迎接两会"、"清洁环境，预防疾病"等为主题的城市清洁日活动12次，累计19.2万人次参加，清理卫生死角、垃圾和病媒生物孳生地等2 466处，出动车辆614台次，清除垃圾、杂物878吨，清洁街巷227条（次）、绿地496万平方米，清理小广告4.6万处。

持续开展公共场所禁止吸烟工作。共组织检查846次，1 420人次参加，检查各类单位10 574个（次），126个单位给予警告并限期改正。处理群众投诉6起，规劝违反规定吸烟478人次。加大无烟餐饮单位的创建力度，有81个餐饮单位通过了市爱卫会的验收，被授予"北京市无烟餐饮单位"称号，比上年增加88.37%。为426个单位提供禁止吸烟标牌2 460个，规范了176个小型餐馆的无烟区设置，督促572个单位完善禁烟标志和监督员队伍。制订了《海淀区医疗卫生机构全面建设无烟环境实施方案》，全区80%的医疗卫生机构实现了全面禁烟。

年内，开展健康细胞工程，共申报北京市健康社区71个、卫生红旗单位13个、卫生村2个、健康促进示范村6个。

在30个村开展农村户厕改造，苏家坨、上庄、西北旺和温泉镇共申报户厕无害化改造11 990座。完成列入北京市折子工程的3 350座户厕改造任务，并通过了市爱卫会的质量验收。制订了《海淀区农村健康教育工作实施方案》和"健康知识进农家"工作计划，完成农村健康教育讲座71场，比计划的50场增加了42%，受益群众6 600余人次，村民防病知识知晓率、健康行为形成率分别达到80%和75%以上。

妇幼保健 妇女保健。孕产妇系统管理率97.1%，抢救危重孕产妇187例，抢救成功率98.9%。孕产妇死亡率14.3/10万。对开展两癌筛查的医疗机构进行督导和质控26次。发放防治宫颈癌、乳腺癌手册22 465本，宫颈癌、乳腺癌海报20 450张，两癌筛查三联卡210 000张，《致姐妹一封信》97 000份。全年筛查海淀区户籍适龄妇女59 029人。

儿童保健。制订了《0～6岁学前儿童免费健康体检实施方案》和《免费为新生儿进行先天性疾病筛查工作实施方案》。为2万余名0～6岁户籍儿童进行了免费健康体检，33 000名新生儿进行了先天性疾病筛查。0～6岁儿童系统管理率90.62%，儿童保健覆盖率98.21%。新生儿疾病筛查开展率100%，筛查率97.8%，新生儿访视率98.2%。0～2岁佝偻病患病率0.07%，0～6岁儿童贫血患病率3.12%。0～6个月内母乳喂养率88.74%。新生儿死亡率2.78‰，婴儿死亡率3.56‰，5岁以下儿童死亡率3.99‰。

计划生育技术管理。全区有计生许可证单位72个、药物流产单位28个，合格手术室72个，上岗524人。完成4家计划生育机构的评估验收、130名助产技术和60名计划生育技术新上岗人员的执业许可审批及考核。辖区妇幼保健人员参加市级培训798人次，海淀区自办妇幼保健培训班21期1 431人次。全区婚检单位1个，婚检6 180例，婚检率10.02%，区财政拨婚检经费58万元。计划生育手术63 969例，发生并发症1例。

女工保健。妇女病普查率77.56%。

医疗工作 门诊16 077 939人次，急诊1 130 825人次，留观574 907人次，急诊抢救10 891人次，住院危重病人抢救4 534人次。入院212 125人次，出院211 864人次，病床使用率83.34%，治愈率61.73%，好转率34.46%，病死率1.39%，出入院诊断符合率99.77%。住院手术88 554例。

医政管理。年内，设置批准38项，执业登记45项，校验800项、变更160项、注销19项、停业12项，现场勘验300余次。完成医师首次注册1 377人、变更注册2 241人。联合区药监局对平时违法行为较突出的10家医疗机构进行了现场检查，对25家医疗机构不符合规定的诊疗科目进行了重新核定，对1家使用不规范名称的医疗机构进行了重新核准登记。结合"以病人为中心，以提高医疗服务质量"为主题的医院管理年活动及"医疗质量万里行"活动，组织专家对一、二级88家医院的护理质量和院感质量进行了督导。全年接待处理医疗纠纷300余起，答复信访57件。

护理工作。完成护士首次注册89人、换发新证书536人、变更62人，护士资格考试1 900人。二级医院基本实行护理部、护士长二级管理体系。根据护理岗位设置，按照能级对应原则，实施护理人员分层管理。成立了海淀区护理质量检查专家组，于每年的3月和11月组织专家对辖区一、二级医院进行护理质量工作督导。在2009年的护理工作检查中，85%以上的二级医院达到评价标准。针对临床护理工作需要，对专科护理岗位和护理管理岗位护士定期进行规范化培训（每年2次），充分发挥护理骨干及高学历护理人员的作用。发挥三级医院的研究资源及示范作用，以科学研究促发展，并在科研的基础上不断完善护理信息管理，二级以上医院建立职责明确、权责统一、管理到位、监管有力的护理体系，提高了护理管理的科学水平。

医疗卫生对口支援。区卫生局与二、三级医院签订了对口支援郊区县责任书。支援医院选派优秀专家负责受援单位的重点学科建设和人才培养。支援医院优先、减免费用接收受援单位进修24人，向受援单位派出兼职、挂职医务人员99人，开展专题讲座，发放健康及防病知识材料，参加义诊、咨询、诊治农民群众，免费检测血糖、血压，得到受援医院和患者的好评。

血液管理。完成无偿献血62 425单位，其中街头献血50 270单位，团体无偿献血（全血）9 600单位、成分血 2 555 单位，完成市献血办下达的全年需求数的 113%，自愿无偿献血率 100%。全区有输血科（血库）的医疗机构 29 家，成分输血率 99.93%。全年对用血医疗机构进行了 2 次专项监督检查。

药械管理。加强对特殊药品的管理，43 家医疗机构换发了购用印鉴卡。举办医师麻醉药品处方权等相关知识培训和考核，150 名执业医师参加。对 55 家医疗机构的特殊药品使用情况进行了督导检查，处理药品不良反应事件 6 起。

医疗设备。有万元以上设备 14 848 台，总价值 216 819 万元。

医学教育 区内有继续医学教育基地 15 个、继续护理学教育基地 11 个。开展区级继续教育学分认可项目 346 项、其他类型继续教育培训 32 次，共培训 3 200 余人次。对 7 000 余名卫生技术人员进行了学分审核，达标率 95%。培训全科医生、全科护士 489 人次。开展市级继续教育项目 45 讲，近 3 100 人参加。

科研工作 全年开展科研课题 70 项，其中国家级 13 项、市级 28 项、区级 29 项。完成课题 26 项，获国家级奖 1 项。

精神文明建设 年内，区卫生局应急小分队到国家地震演练培训中心进行了地震应急救援演练。开展了"争创科学发展先锋团队，争当人民满意健康卫士"的双争评选活动。

继续深化城乡结对共建活动。到苏家坨镇车耳营村开展了以"科学发展，携手农村，保障健康"为主题的党日赠书活动；继续开展健康知识进农家活动，开展健康教育讲座 50 场，受益 6 400 余人；增加预防甲流和传染病的专题讲座 27 场，深受群众的欢迎；组织专家对本区 55 ~ 85 岁的农村居民开展白内障筛查 22 281 人；继续开展乡村医生基本待遇和绩效考核，对 423 名乡村医生进行了再执业注册考核和换证，对 81 名享受每月 800 元岗位补贴的乡村医生进行了绩效考核，向 427 名乡村医生及 14 名管理人员免费赠送健康报；新型农村合作医疗人均筹资标准由上年的 460 元提高到 600 元。

组织辖区二级以下医疗卫生机构开展首都卫生系统文明单位评选工作。对 7 家医疗机构开展了巡检，发放患者满意度调查问卷 70 份，提出改进意见 20 余条；11 月 6 日，组织 16 家申报单位进行多媒体工作汇报；将控烟、非法行医等纳入一票否决制，达到"以评促建，以建促发展"的目的；建立综合管理联动机制，在疾病防控、卫生监督、妇幼卫生、爱国卫生等重点领域进行精神文明综合考评任务分解；加强舆论宣传，营造精神文明创建氛围，使申报单位形成了"赶、超、比、拼"的良性竞争机制。

国庆卫生保障 区卫生局承担 4 万余名大中小学生组成的游行队伍以及 61 个游园场所的卫生保障工作。一是全面提升公共卫生安全质量。自 7 月起，对辖区参加国庆 60 周年群众游行活动的各方阵开展了健康监测，累计监测 91.8 万人次。设立了 32 个临时接种点，为海淀区 27 000 余名国庆庆典人员接种了甲流疫苗。实现了指导覆盖率 100%、监督检查覆盖率 100%、健康监测覆盖率 100%、方阵合练保障覆盖率 100%。二是开展了以环境清洁、病媒生物控制为重点的爱国卫生清洁月活动。三是集中整治、打击非法行医。7 ~ 9 月，开展打击非法行医联合执法行动 6 次，查处非法行医点 77 户次。四是开展平安医院创建工作。区内 8 家医院被评为平安医院，其中 2 家被评为首都平安示范医院。

财务管理 医疗卫生经费上级拨款 5.37 亿元，支出 5.62 亿元。业务收入 14.49 亿元，支出 15.9 亿元。

基本建设 海淀卫生大厦投资 2.4 亿元，大厦主体包括海淀区疾控中心和东北旺中心卫生院两部分，其中海淀区疾控中心办公面积 16 659.54 平方米。

（撰稿：王 薇 审核：张 寰）

丰台区

概况 有 16 个街道办事处、271 个居委会、5 个乡镇、69 个村委会，常住人口 182.3 万人。有卫生机构 467 个，其中营利性 117 个、非营利性 346 个。有卫技人员 12 222 人，其中执业（助理）医师 4 673 人、注册护士 4 793 人。实有床位 7 830 张。平均每千常住人口拥有执业（助理）医师 2.36 人、注册护士 2.63 人、床位 4.30 张。

生命统计。出生 6 709 人，出生率 6.43‰；死亡 6 336 人，死亡率 6.07‰；人口自然增长率 0.36‰。死因顺位前十位依次为：肿瘤，心脏病，脑血管病，呼吸系统疾病，内分泌、营养和代谢性疾病，消化系统疾病，损伤和中毒，泌尿、生殖系统疾病，神经系统疾病，传染病。

获奖情况。年内，被评为首都文明单位、首都国庆60周年庆祝活动医疗卫生保障工作最佳组织保障奖、首都国庆60周年群众游行支持贡献单位、国庆60周年联欢晚会群众联欢活动最佳服务保障奖、国庆60周年联欢晚会突出贡献奖、首都国庆60周年群众游行优秀组织单位、北京市口腔公共卫生服务项目先进集体、北京市残疾人社区康复达标区工作先进单位、首都卫生系统文明单位、北京市五四红旗团委。

社区卫生 区内规划设置并运行的社区卫生服务中心23个、社区卫生服务站130个（其中123个正常运行），有社区卫生工作人员2 600人，其中在全科医生、社区护士和防保医师岗位工作的分别为514人、626人和173人，分别占社区卫生服务工作人员总数的19.77%、24.08%和6.65%。社区卫生服务机构全年门诊320万人次，比上年上升23.60%；医疗总收入1.55亿元，比上年上升44%。社区卫生服务机构和农村卫生所采购零差率药品2.73亿元，销售零差率药品约2.5亿元，销售金额占全部药品金额（4.36亿元）的57%。区财政对社区卫生服务机构销售零差率药品所减少的合理收入2 239万元（除外收支两条线管理单位的补助经费1 489万元）给予了补偿。为老年人提供"三优先"服务52.5万人次，免费建立健康档案15.3万份；为老年人提供免收挂号费服务42.9万人次，减免金额26.5万元；提供家庭病床免费查床35人次，减免金额0.3万元。

年内，右安门社区卫生服务中心初步完成社区卫生心理与中医特色品牌建设，卢沟桥、西罗园社区卫生服务中心初步完成社区卫生中医康复特色品牌建设，蒲黄榆、丰台社区卫生服务中心初步完成社区卫生中医品牌建设，方庄及大红门社区卫生服务中心初步完成社区卫生健康管理品牌建设。

甲流防控。6月10日～12月31日，全区社区卫生服务机构共开展门诊预检筛查近110万人次，对13 770名归国人员和密切接触者实行了健康监测。开设健康教育大课堂934场次，受众46.5万人次，发放宣传资料38.1万份。

对口支援。医院累计支援社区卫生服务中心938人次，为疑难病患者会诊1 297人次，为医务人员提供带教服务285人次，为社区居民开展健康大课堂讲座185场次。各社区卫生服务机构共与121名返聘专家签订了工作协议，其中高级职称111人、中级职称10人，核拨专家经费231.63万元。

全区社区卫生服务机构共制作健康教育宣传栏1 194期，发放各种宣教材料506 847份，发放健康处方232 493份；开展健康教育讲座2 276场次，受益67 079人次；开展健康促进活动1 776次，受益55 446人次；为社区居民提供健康咨询153 999人次。

人才培养。年内，开展全科医师、社区护士、防保医师等10个社区卫生专业岗位的培训及考试，340人参加考试，242人取得岗位合格证；185人参加北京市社区卫生服务管理干部培训，其中58人参加取证学习、127人参加继续教育培训；46名康复医师参加丰台区残疾人康复医学培训班，20人参加由中国康复研究中心举办的第一期全国神经系统疾病康复培训班，3人参加北京市残联举办的康复骨干培训班，41人参加了区社管中心的社区骨科康复培训班。

12月1～2日，全国复核专家组及国家中医药管理局、北京市中医管理局对丰台区创建"全国中医药特色社区卫生服务示范地区"进行了国家级复核验收。

民革北京市委、中国农工民主党北京市委分别与新村、大红门社区卫生服务中心建立携手关系，启动医疗服务进社区示范基地，来自北京医院等多名专家定期进社区为居民提供服务；武警三院、302医院定期到社区开展医疗服务；中国健康促进基金会与丰台区共同协办了"健康管理社区行（北京站）"项目。

农村卫生 有乡级医疗机构5个，其中区政府办2个、乡政府办2个、社会办1个，村级医疗机构（包括社区卫生服务站和村卫生室）74个，均为村集体办，覆盖率100%。注册乡村医生394人，其中372名在岗乡村医生参加了岗位培训，223名乡村医生参加了理论考试，227名乡村医生参加技能考核，合格率100%。

新型农村合作医疗。年内，参加新农合128 738人，参合率95.5%，人均筹资标准420元（个人缴费80元，其余340元由市、区、乡镇和村集体承担），筹集资金5 407万元。全年报销补偿11.4万人次6 021万元，住院实际报付率38.2%（其中一级医院住院报付率55.4%）。

疾病控制 全区报告法定传染病25种21 152例，发病率1 255.22/10万，比上年上升15.33%；报告死亡42例（乙肝23例、甲型H1N1流感11例、肺结核2例、痢疾1例、梅毒1例、狂犬病1例、流行性感冒1例、手足口病1例、丙肝1例），报告死亡率2.49/10万，比上年上升137.14%。甲乙类传染病19种7 838例，发病率465.13/10万，比上年上升13.11%；死亡40例，死亡率2.37/10万，比上年上升157.61%；痢疾3 261例，发病率193.52/10万；甲流1 786例，发病率105.99/10万；肺结核1 112例，发病率65.99/10万。丙类传染病6种13 314例（上年6种11 009例），发病率790.09/10万，比上年上升16.68%。其他感染性腹泻7477例，发病率443.71/10万；手足口病4 580例，发病率271.79/10万；流行性感冒645例，发病率38.28/10万。17个肠道门诊从4月1日～10月31日共开诊214天，自11月1日起，保留佑安医院和731医院继续开展监测，门诊18 331人次，比上年提高了17.55%；其中初诊17 621人次、复诊710人次，本市患者17 325人次，占94.51%，外地患者1 006人次，占5.49%。对全区160所托幼机构、中小学校的卫生防病情况开展了集中督导检查；针对甲流、手足口病等发放健康宣传品20种200余万份。

性病防治。全区性病报卡1 222张，其中艾滋病及HIV阳性225张、淋病225张、梅毒367张、艾滋病流调218次。完成784例高危人群的性病检查，查出性传播疾病23例。

结核病防治。在区结防所新登记管理肺结核329例，其中菌阳120例，占36.5%；本区户籍122例（37%），外区18例（5.47%），外地患者189例（57.4%）。对本区新登记的329例全部进行免费监化治疗和管理。新生儿接种卡介苗11 610人。

地方病防治。年内，对农村地区的南宫中心小学422名8～10岁学龄儿童进行甲状腺肿大和尿碘水平监测，其中甲状腺肿大3人，肿大率0.71%；尿碘中位数为188.65μg/L。孕妇与育龄妇女尿碘监测445人份，其中孕妇257份，尿碘中位数为175.0μg/L；育龄妇女188份，尿碘中位数为186.1μg/L。居民户碘盐监测288户，非碘盐率9.0%、碘盐覆盖率91.0%、碘盐合格率95.0%、居民合格碘盐食用率86.5%。对39名养殖行业从业人员进行血清布氏杆菌抗体检测，无阳性病例，全年发生布氏杆菌病2例。

精神疾病防治。全区精神病人3 515人，发病率0.0168‰，患病率3.285‰。新发现既往病人214人，登记贫困精神病人312人，免费发放药品22 800瓶，配合公安机关强制住院治疗163人次。

学校卫生。区疾控中心对13所监测点校8 848名学生体检，其中营养不良检出率9.83%、肥胖20.10%、视力不良54.12%、沙眼0.64%、贫血0.72%、龋均0.89。针对学生常见病开展健康教育，在全区推广新版眼保健操和家庭护眼按摩操，加强对学校物质环境的监测和管理，督导改善教室照明条件，指导学校建立肥胖儿童档案，对其进行特殊干预，开展"健康动、动、动，快乐十分钟"活动。对学生及家长普及膳食平衡的基本知识。督导全区学校开展龋齿填充和窝沟封闭工作。

计划免疫。抽查连续居住半年以上的儿童（1岁≤年龄＜3岁）210人，建卡率100%，建证率100%，卡证符合率100%。全年完成基础免疫接种414 693人次、加强免疫接种188 573人次。基础免疫接种率：卡介苗100%，脊髓灰质炎98.1%，百白破99.0%，麻疹97.1%，乙肝100%，首针及时率92.9%，风疹98.1%，流腮98.1%，流脑97.5%，乙脑96.1%，甲肝91.3%；加强免疫接种率：百白破100%，麻疹97.1%。本市户籍常规免疫接种率监测：基础免疫各疫苗接种率在99%以上，加强免疫接种率在99%以上；外省户籍常规免疫接种率监测：基础免疫接种率在99%以上，加强免疫接种率在99%以上。为60岁以上老年人免费接种流感疫苗80 472支，接种率40.8%；为中小学生减费接种流感疫苗82 998支，接种率75.4%。

公共卫生监测与评价。全区接触职业病危害因素的单位212个，职工34 658人，其中接触职业病危害因素9 315人。对辖区内航天系统申报的1个建设项目进行了职业病危害预评价，1个建设项目进行了职业病危害控制效果评价；完成29家用人单位职业病危害因素检测，累计采集151个作业点1 692件样品，超标点数30点，超标率19.87%；对98家用人单位4 138人进行了职业健康检查，发现尘肺、噪声聋等职业病患者和职业禁忌证129人，需要复查153人，不能排除与接触职业病危害因素有关健康损害702人，总异常984人，总异常率23.78%。全区有放射工作单位91个，其中医用X射线应用单位81个（X光机191台）、工业探伤10个（探伤设备21台）；放射工作人员736人，其中医用657人、工业探伤79人。全年检测医用X射线机60家143台，完成放射工作人员个人剂量监测4次，监测318家次2 230人次，并完成6家单位共7人的大剂量核查工作。组织52家单位287人进行了放射工作人员职业健康检查。

卫生监督 6月1日前，丰台区有食品生产经营单位30 849个，其中餐饮业4 280个、集体食堂1 127个、集体用餐配送单位26个、生产加工企业452个、销售（经营）12 539个、食品摊贩12 278个、其他147个。6月1日起，销售（经营）单位和食品摊贩单位监管职责划归工商行政管理局，生产加工企业监管职责划归质量技术监督局。全区有餐饮单位5 834个，其中社会餐饮业4 525个、集体食堂1 285个、集体用餐配送单位24个（2户停业）。全区应参加餐饮业卫生量化分级管理评定3 844个，完成2 813个，占73.18%，其中A级124个、B级1 206个、C级1 483个。

公共场所卫生。有公共场所经营单位3 228个，其中旅店业690个，文化娱乐场所156个，公共浴室253个，理发店、美容店2 052个，游泳场馆41个，体育场（馆）1个，商场（店）、书店30个，候车（机、船）场所2个，其他3个。对1 714个公共场所进行了室内环境和公用具卫生检测，检测97 361件项，合格83 382件项，合格率85.64%（上年86.25%）。对区内具备量化分级管理资格的2 950个公共场所经营单位进行量化分级管理，其中旅店业645个，量化415个，占64.34%；游泳场（馆）39个，处于营业状态35个，量化35个，占100%。此外，文化娱乐场所（41.35%）、公共浴室（54.42%）、理发店、美容店（36.00%）、商场（店）、书店（10.71%）、候车（机、船）场所（50.00%）均实施了量化分级管理。

饮用水卫生。本区二次供水设施持有效卫生许可的617套，监督率58.67%。用于生活饮用水的自备井34眼，由16个单位负责管理，其中王佐镇、长辛店镇、中国航天科工飞航技术研究院动力站、中国北方车辆研究所为自建集中式供水，共拥有自备井22眼，中国运载火箭研究院拥有自备井7眼，其余均为单井供水单位。完成5个单位29眼井的监督。本区实施农村改水工程后，自备井只用于生活用水使用，农村人口改饮用桶装水。完成天津龙辉科技发展有限公司等7个生产厂家制售饮用水设施的备案登记工作。

医疗卫生专项检查。年内，出动卫生执法人员1 041人次、执法车辆240余台次，查处、取缔无《医疗机构执业许可证》的黑诊所257户次，没收药品160余箱、医疗器械13件（含B超机1台）、开出回收药品证明10份，立案查处1起，罚款1 000元。联合执法50次，其中乡政府、街道办28次，派出所11次，其他相关部门（含计生委、工商、外埠计生部门等）11次；受理群众举报案件176件，处理176件，处理及时率100%。给各乡镇下发打非协办单38份；上报打非信息27篇，刊用8篇。对区内16家医院的临床用血和3辆采血车进行监督检查，临床用血覆盖率110%，采血车检查覆盖率200%。3月、10月，分别与市卫生局对丰台医院和电力医院的临床用血进行了检查。国庆节前夕，与区献血办、市血液管理质控中心对本区二级及以下医疗机构12家的临床用血进行了检查。4月27日~5月18日，区卫生局医政科、院感专家和卫生监督员组成督察组对区内103家医疗卫生机构的医疗废物管理工作进行了检查。100张床位以上的医疗机构覆盖率100%，一级医疗机构医院覆盖率96%，其他医疗机构覆盖率7.9%，对5个单位的整改工作进行了复查。

举报投诉处理。全年受理举报投诉796件，处理780件，办结率98%。

大型活动卫生保障。年内，完成国庆60周年阅兵村供货保障、国庆60周年晚会供餐保障、全国两会食品安全保障、北宫踏青节活动保障、第二十九届北京青少年科技创新大赛活动保障、非洲国家科技园区及孵化器规划建设与管理国际培训班保障、2009中俄青少年运动会、第九期科技型中小企业技术创新国际研讨班保障等。

卫生监督人员培训。组织食品添加剂相关知识、《中华人民共和国食品安全法》、防控甲流等培训及考试共13次1 147人次，卫生监督员均通过了考试。

妇幼保健 年内，本区户籍活产6 709人，孕产妇6 661人，孕产妇系统管理率97.70%，高危妊娠管理率99.88%，住院分娩率100%，无孕产妇死亡。围产儿死亡34例，其中死胎20例、早新生14例，围产儿死亡率5.05‰。全区产科产妇11 735人，剖宫产率49.03%。活产11 797人，男女性别比为118.8：100。围产儿死亡49例，其中死胎36例、死产3例、早新生10例，围产儿死亡率4.14‰。

儿童保健。新生儿6 709人，访视6 342人，管理率94.53%。听力筛查率98.65%，母乳喂养率97.06%，高危儿合格管理率99.57%，疾病筛查率97.65%，婴儿死亡率4.47‰，5岁以下儿童死亡率5.07‰。全区户籍管理0~6岁儿童50 043人，其中散居儿童25 302人、集体儿童24 741人，系统管理率95.25%。0~6个月母乳喂养率92.66%。监测围产儿11 836例，出生缺陷儿150例，出生缺陷发生率12.67‰，出生缺陷前三位为：肢体短缩、外耳畸形、先天性心脏病。

计划生育技术管理。全年节育手术25 667例，并发症2例，并发症发生率0.78/万。婚前检查及孕前检查3 071对，婚孕检率25.3%；检出疾病998人，检出率32.5%。

女工保健。全区妇女病普查43 999人，普查率97.32%，患病率30.24%。

医疗工作 门诊7 400 315人次，急诊909 348人次，留观342 289人次，危重症抢救（门诊、病房）5 350人次，入院118 215人次，出院117 437人次，病床使用率81.41%，治愈率57.21%，好转率36.97%，死亡率2.67%，出入院诊断符合率99.73%，住院手术38 308例。

院内感染管理。年内，制订了《医疗卫生机构医疗废物管理工作指导检查方案》，从医疗废物管理制度、收集、贮存、转运等各个环节进一步加强管理，开展专项监督检查，对一级以上医疗机构检查率100%，对一级以下医疗机构检查率50%以上。同时，区卫生局对全区各医院、门诊部、个体诊所、社区卫生服务机构开展了防控甲流专项督查。8~12月，对一级以上医院进行了院感质量督查。对设有血液透析室的单位进行检查，重点检查管理机构、人员培训、消毒隔离制度的落实。

病历质控。8~9月，组织辖区二、三级医院参加了北京市病历质量评比活动，并将病历书写质量评比活动与日常医疗工作和医疗质量万里行活动结合，促进病历质量的持续改进。

护理工作。年内，举办了丰台区二、三级医院急诊护理沙龙，对急诊护理质量、管理方式等进行交流，并现场观摩了急诊护理。本区护理工作将培训与考核相结合、指导与监督相结合，全方位提高护理质量。举办卫生系统护理管理培训班，培训400余人，并对辖区7家二级医院进行了护理质量专项督导和考核评价。护士节期间，表彰优秀护理工作者90人、优秀护理集体12个。

医疗卫生对口支援。年内，选派城市医院医生20余名到房山区乡镇卫生院开展工作。春节前夕，组织15个单位163名医务人员参与了卫生下乡，为农民义诊568人次，健康咨询580人次，发放宣传材料12 990份，捐赠书籍、药品、器械价值4.2万元，为特困家庭送去爱心捐款5 390元。

血液管理。组建了4 300人的无偿献血志愿者应急队伍。单位应献全血3 364单位、机采血小板252单位，比上年增长92%。街头自愿无偿献血54 336单位，比上年增长26%。全年临床用血23 598单位，其中成分血23 478单位，成分输血率99%；自体输血2 106单位，自体输血率9%。对全区19家临床用血医院进行了监督指导。

年内，完成《麻醉药品、第一类精神药品购用印鉴卡》许可42项，医师麻醉药品处方权资格备案1 287人。

医疗设备。全区各医疗卫生机构万元以上医疗设备总资产130 205万元，门诊部以上医疗机构本年度新增万元以上设备621台。

医学教育 全区13个继续医学教育基地和13个继续护理学教育基地开展区级认可项目，其中医疗232项、护理145项、医院自管项目370项。继续医学教育达标率95%以上。全区医疗机构继续医学教育管理系统硬件设备升级为非接触式，更换了继续医学教育IC卡。首次建立农村卫生人才临床轮训工作机制，有46名农村卫技人员到区二级医院及社区卫生服务中心参加临床轮训学习。组织参加全科医师等10个社区卫生专业岗位培训及考试，242人取得证书，其中全科医师39人、社区护士87人、防保医师9人。选送34名新招收的本科及以上医学专业毕业生到普通专科医师培训基地参加培训，9名社区新招收的临床医学专业本科及以上毕业生参加了全科医师规范化培训。选送9名学科带头人及专业骨干参加了市卫生局组织的培训。

科研工作 区卫生系统获科研立项121项，其中国家级课题18项，市级课题12项，区、局级课题91项。荣获丰台区科学技术奖8项，发表科研论文628篇。

精神文明建设 制订了《关于进一步推进和完善廉政风险防范管理工作实施方案》，查找廉政风险，对规避商业贿赂起到积极作用。8月20日，局党委组织了"做勤政廉政表率、促区域医疗卫生发展"的演讲比赛。年内，直属医疗机构收到患者赠送的锦旗252面、表扬信377封，上交回扣、红包、开单提成共20 200元。7月中旬，区卫生局组成检查组对直属各单位的财务和重点科室治理"小金库"情况进行了检查。实行信访工作一把手负总责、重点案件领导包案落实，全年接访13件，办结率100%。

国庆医疗保障 针对国庆60周年的游行、游园、联欢3项活动，制订了医疗保障和甲流防控工作应急预案，承担着两个方阵共计6 000余名学生的游行随队医疗保障工作。7~9月，区内13个社区卫生服务中心共派34名医务人员每日保障学生训练。在国庆活动期间，共安排应急保障救护车25辆次，医疗保障人员80余人次，派出救护车进行现场医疗保障58车次，现场医疗救治190余人次。

财务管理 全年卫生经费32 946.29万元。专用基金收入5 562.04万元，支出5 023.09万元；业务收入96 722.71万元，比上年增长17%；业务支出114 615.71万元，比上年增长16%。

基本建设 丰台医院妇幼保健中心楼工程总建筑面积23 104平方米，包括地下2层、地上8层，建设总投资13 149万元，是丰台区政府为民办实事重大工程之一。截至年底，除正式外电源工程外，整体工程全部完工，验收合格并交付使用。南苑医院翻扩建工程，规划建设用地12 838.353平方米，总建筑面积30 740平方米，地上10层、局部11层、地下2层，建设总投资17 935万元，是丰台区政府为民办实事重大工程之一，此项目由综合楼和传染科两个单体建筑组成，框架式结构。截至年底，完成传染科用房结构施工，综合楼结构施工已至地上9层。

（撰稿：吕媛媛　审核：于晓莉）

石景山区

概况 设8个街道办事处、1个街道级社区行政事务中心、137个居委会，常住人口605 000人。区内卫生机构178个，卫生技术人员5 907人，其中执业（助理）医师2 136人、注册护士2 484人，床位3 686张。平均每千常住人口拥有卫技人员9.77人、执业（助理）医师3.53人、注册护士4.11人、床位6.09张。

生命统计。出生2 322人，出生率6.48‰；死亡2 229人，死亡率6.22‰；自然增长率0.26‰。死因顺位前十位依次为：恶性肿瘤，心脏病，脑血管病，呼吸系统疾病，内分泌、营养代谢和免疫疾病，损伤与中毒，消化系统疾病，传染病，精神障碍，肌肉骨骼疾病。平均期望寿命83.41岁，其中男性82.24岁、女性83.97岁。

获奖情况。年内，区卫生局被评为国庆60周年庆祝活动医疗卫生保障工作最佳组织保障奖、首都国庆60周年群众游行支持贡献单位、首都"迎国庆，讲文明，树新风"活动先进单位。

社区卫生 门急诊749 659人次，其中门诊650 413人次、急诊34 327人次；出诊5 505人次；急诊抢救105人次，观察病人151 099人次；双向转诊6 659人次，其中执单转诊4 506人次。法定传染病报告736例；免疫接种169 903人次，其中儿童疫苗接种107 493人次；传染病家庭访视2 065人次；精神病人免费投药2 001人次，访视精神病患者6 593人次；孕产妇保健11 446人次；儿童保健29 761人次。区内24个社区卫生机构实行药品零差率销售，药品总收入10 185.6万元，销售零差率药品6 224万元，占药品总收入的61.11%。区财政补贴888万元，比上年提高了18.8%。

为社区老人办实事。启动全区"知血糖、促健康"活动，免费为各社区机构发放98台血糖仪及试纸，为患病的中老年人免费检查。组织社区机构相关人员进行了专项培训。为全区65岁老人免费进行眼底筛查，以八角社区卫生服务中心为试点，逐步覆盖全区各居（家）委会。为全区60岁以上全口无牙的低保老人免费镶牙。

疾病控制 传染病防治。报告法定传染病19种5 597例，报告发病率942.4/10万，其中乙类传染病发病率426.2/10万。监测禽流感高危人群18 851人，流动人口51185人，未发现流感样病例。完成食品委托检测送检样品747件，合格率100%；食品现场抽检1 135件，合格1 100件，合格率96.9%。采集检测"02"水144件，均为阴性。生活饮用水采样17件，合格15件，合格率88.2%。二次供水检测80件，合格78件，合格率97.5%。检测末梢水120件，合格116件，合格率96.7%。地下水检测18件，合格10件，合格率55.6%。食品从业人员体检40 025人，公共场所从业人员体检13 817人。

艾滋病防控。开展首都预防艾滋病宣传志愿者"1+1"十进行动。召开石景山区防治艾滋病工作高校和社区志愿者工作会，传达了十进行动方案、要求、具体活动内容；重新调整志愿者队伍，组成了由高校教职工负责、学生会组织、红十字会参与的志愿者组成模式。发展志愿者1 816人，发放宣传用品和宣传材料10余种，其中各类宣传品6 000余份、宣传制品6 000份、安全套3 000盒。建立艾滋病自愿咨询检测门诊3个，全年自愿咨询检测573人，其中1人HIV抗体阳性。

计划免疫。儿童基础免疫接种53 469人次，接种率99.58%；加强免疫接种24 231人次，接种率99.19%。外来务工人员接种流脑A+C群疫苗3 308人，接种率91.66%；接种麻疹疫苗3 296人，接种率91.84%。学校、托幼园所补种疫苗9种5 164人次，补种率72%以上。

结核病防治。结防所全年门诊2 850人次，比上年增加150人次，初诊病例491人次，免费查痰1 020人次，胸部影像检查800人次，菌阳71人，监化率100%；新生儿卡介苗接种888人，PPD监测4 547人次，婴儿微量元素2 832人次；大学生PPD监测6 000人次；投药1 560人次，监化覆盖率100%。

精神疾病防治。为全区登记在册的2 242名精神病人建立了纸质的健康档案。国庆前夕，走访了39名重点病人，给予专业指导和心理支持治疗。对全区贫困精神病人进行了3次集中免费投药行动，投药600人次。全区享受免费服药的贫困、重点精神病人285名，全年免费门诊治疗1 639人次。社区医生访视病人6 591人次。

慢病管理。完成慢病监测体检、调查6个单位660人。鲁谷社区糖尿病及糖尿病肾病人群调查体检110人，并进行了行为干预。在八角中里社区、杨庄北社区进行"履行烟草控制框架公约"第三轮控烟调查，共调查100人。在7312厂社区和疾控中心使用慢病信息管理系统，对一般人群、慢病患者及高危人群开展健康管理工作，重点目标人群为35岁以上成年人，7312厂社区管理150人、区疾控中心管理50人。

公共卫生监测与评价。全区有135家厂矿企业。检测职业危害场所11家，检测样品191件，合格182件，合格率95%。网络直报职业病及疑似职业病20例。对辖区28个医疗单位的射线装置和机房防护进行了影像质量检测和场所防护检测，检测91台，合格88台，合格率97%。对辖区3家工业X线探伤单位的工业X线探伤机专用探伤室进行了全方位防护检测，合格率100%。对1个单位的1台非医用射线装置进行了防护检测，合格率100%。开展放射工作人员外照射个人剂量的监测，应检单位44个，个人剂量检测应检253人，全部监测到位。全年到市疾控中心更换检测剂量笔4次（每季度1次），共监测864人次，检出大剂量照射人员1人，检出率0.4%。

学校卫生。对中小学校医进行了二级培训。发放宣传折页、手册、挂图、光盘等宣传品共3万余份。进一步推广新版眼保健操，在古二小、杨庄小学、外语实验小学开展护眼及眼保健操开展情况的调查共1 800人，并对学生家长进行了3组护眼及眼保健操情况访谈。向全区小学生及初一新生发放《家庭护眼按摩操》图册和爱眼卫生宣传手册29 000余套。

健康教育与健康促进。组织各社区参加北京市公民健康素养讲师团成员培训，并在全区开展公民健康素养讲座活动。向全区中小学校、幼儿园发放预防春季传染病宣传海报2 000份，发放预防手足口病宣传折页、海报20 000余份，发放"及时接种疫苗，呵护宝宝一生"等3种宣传品3 000余份。对京源学校1 000名学生及家长开展了心理健康调查。制作并发放防控甲流折页5万份、致全区居民的一封公开信20万份；发放市卫生局、市疾控中心宣传画1 000张，宣传折页2万份，光盘700余张；致归国人员健康提示500余份。制作宣传品2种30万份。

卫生监督 食品卫生。有食品经营单位6 108个，其中餐饮业802个、集体食堂396个、食品加工厂77个、销售企业2 656个、车摊亭2 168个、集体用餐配送单位9个。共监督检查14 040户次，合格率93.7%。行政处罚160件6万元。完成量化分级评审862户，其中A级107户、B级324户、C级431户。

公共场所卫生。有各类公共场所单位721个。监督检查1 614户次，合格1 583户次，合格率98.1%。其中美容美发合格率98.05%、文化娱乐场所98.11%、旅店业99.19%、洗浴100%、游泳场馆94%、体育健身场所100%、商场97.62%、其他100%。

饮用水卫生。有供水单位175个，其中自来水厂1个、自备水源井单位24个、二次供水单位148个、其他供水方式2个。共监督检查364户次，其中市政供水2户次、自备井46户次、二次供水316户次，自备井监督覆盖100%以上，市政供水、二次供水监督覆盖率200%以上。

医疗卫生专项检查。共监督检查4 758户次，合格4 258户次，合格率90%，检查覆盖率100%。打击非法行医74户次，启动多部门联动机制对非法行医多发的古城、衙门口等地区进行13次联合出击，共取缔74个黑诊所，收缴药品119袋、医疗器械92件、非法医疗广告牌20块。对区内12个医疗机构的医疗广告发布及管理进行了监督检查，医疗广告监测25期，对2户违规发布医疗广告予以行政处罚。

公共卫生举报投诉。全年受理投诉举报89起，其中食品卫生类49起、生活饮用水14起、公共场所5起、医政21起。

大型活动卫生保障。在国庆60周年庆典活动中，负责国庆彩旗、群众联欢、众志成城方阵及国庆游园活动卫生保障。在方阵训练、天安门广场合练、国庆期间重点对66 371人次进行了保障，对提供的16 240份定型包装食品进行了抽检，对20批次的瓶装饮用水进行了监督检查，均未发现异常。

卫生监督人员培训。开展有针对性的全员系统培训、监督员培训18次，组织考试5次，参加培训及考试1 100人次，内容涉及现场采样规范、快速检测、传染病监督工作要点、甲型流感防控监督、案卷制作统一规范等。

妇幼保健 妇女保健。全区产科分娩4 701人，活产4 682人，其中男性2 523人、女性2 159人。产前检查2 302人，检查率99.91%；产后访视2 215人，访视率96.14%。高危产妇758人，住院监护分娩2 322人，孕产妇死亡1人，死亡率43.40/10万。孕产妇系统管理率95.10%。新生儿疾病筛查率99.5%，本市户籍出生缺陷发生率10.23‰。婚前医学检查982人，其中男性536人、女性446人，婚检率10.10%；患病124人，疾病检出率12.63%。母乳喂养率88.1%。

儿童保健。活产婴儿2 322人，婴儿死亡7人，死亡率3.06‰。5岁以下儿童死亡8人,死亡率3.45‰。新生儿访视2 177人,访视率93.8%。0~6岁儿童19 913人,保健覆盖率98.5%。

计划生育技术管理。全区计划生育手术7 900例,其中本市户口3 449例、外地户口4 451例。

女工保健。妇女病普查11 397人,普查率84.57%;患妇女病4 803人,疾病检出率42.14%。

医疗工作 门诊3 315 188人次,急诊291 641人次,健康检查156 197人次。入院65 371人次,出院65 468人次,治愈率39.91%,好转率40.55%,死亡率2.09%,住院危重病人抢救成功率76.53%,平均住院日14.74天,病床使用率79.06%。住院手术27 944例。

全年审批医疗机构17个,其中社区卫生服务机构10个、个体诊所2个;医疗机构变更登记43家55项;换发一级以下医疗机构执业许可证161家,注销22家,停业2家;办理执业医师、护士注册77人次、变更262人次。完成183人次医师资格报考。接待医疗纠纷来信、来访、来电124人次,受理鉴定3起。

医疗管理。年内,成立了医院感染管理、护理、急诊医学、口腔、医疗美容、麻醉等15个医疗质量控制和改进办公室,建立了医疗机构监督协管员制度,强化了医疗机构不良执业行为的积分管理。以医疗质量安全为核心监管内容,开展了对辖区各级各类医疗机构核心管理制度,麻醉、急诊等重点科室、重点专业的专项督导检查,以及管理规范及业务知识技能的培训和演练。开展了"医疗安全百日"专项检查活动。加大了检验结果互认等便民工程的推进力度,大力开展老年人"六优先"、"三优先"活动。

病历质控。8月,组织了全区医院、诊所、社区卫生服务站共62个不同级别医疗机构参加的病历和处方质量的评比活动,举办培训4期,加强了医务人员基本功训练,其中病历质量评比活动获市卫生局表彰。

护理工作。完成全区护士证书的换证工作。完善本区不同级别不同专业医疗机构护理工作评价标准,成立区级护理专业质控小组,并开展了门急诊、ICU、血透小组的检查。一级医院护士长培训2期,内容有核心制度的建立、基层医院院感管理基础知识、综合医院等级护理标准等。

医院感染管理。区院感质控办专家参与本区甲流定点医院、集中医学观察场所检查13次。组织院感管理人员培训3次120人次。

医疗卫生对口支援。本区5家医疗机构建立了北京市中医药"薪火传承3+3工程"基层老中医传承工作室。在中医药文化宣传周"五日五进"活动中,组织6家医院60名医务人员义诊1 100人次,发放宣传资料1 800余册,活动现场有近百人体验了中医适宜技术。全年送医务人员挂职锻炼93人,优先、减免费用接收受援单位进修11人,参加义诊专家231人次,咨询、诊治2 208人次,讲授健康教育课56次,捐赠药品、设备及现金总价值15.7万元。

区内取得《麻醉药品、第一类精神药品购用印鉴卡》的医疗机构12家。年内,联合区药监局对12家医疗机构进行了麻精药品安全管理和使用检查。

医疗设备。全区医疗设备总资产48 856.65万元,万元以上设备3 228台。

血液管理。全年无偿献血4 585单位,其中团体无偿献血2 308单位、街头献血2 277单位,成分献血270单位。本区用血15 624单位,其中全血20单位、成分血10 783单位、血浆4 821单位,成分输血率99.87%。报销血费12人10 008元。上缴用血互助金155 230元。

医学教育 年内,区卫生局教学基地审批区级项目263项,举办市级继续医学教育专题讲座4次,授予I类继续医学教育学分7学分,举办区级继续医学教育26次,授予II类继续医学教育学分65学分,受益4 300人次。举办了石景山区社区心血管病培训班、呼吸系统疑难病例讨论会和北京康复护理与临床技能培训讲坛等培训班,开展了石景山区社区康复技术人员培训班、青光眼学习班及处方管理培训等专项培训,以及人禽流感防治知识培训、鼠疫防控培训、手足口病规范诊疗培训、麻风病诊断技术培训班等传染病培训。组织区内一、二级医疗机构开展了急诊医师专项技术培训和首都急诊急救医疗人才培养培训班。继续与健康在线北京好医生网站合作,开展远程网上继续医学教育,完成继续医学教育管理系统升级和全区卫生技术人员继续医学教育IC卡的更新换代。11月,北京市继续医学教育协会在石景山医院和五里坨医院抽查100名卫生技术人员进行年度审验,学习合格率与学分达标率均100%。

科研与科普工作 年内,清华大学玉泉医院、北京市工人疗养院承担国家级科研项目2项,市工人疗养院、石景山医院、石景山区中医医院承担市级科研项目15项。区医学会与北京医学会联合举办了健康北京人、健康北京城和北京科技周系列活动,期间举行了中国道路交通伤流行病学与创伤救治生存链构建和抑郁障碍的识别和老年痴呆的识别2场大型科普报告会,分别邀请区医学会秘书长叶林书、北京安定医院主任李红利作报告。开展了皮肤病报告会、颈椎病治疗新进展、糖尿病人群防治科普知识社区报告会等多项科普知识进社区活动。区医学会与区科协合作，编辑出版了《石景山医药卫生》2009年科技专刊，刊载卫生系统医药卫生科技论文40余篇。申报市科协课题2项："基于医疗质量安全管理的医疗纠纷防范研究"、"石景山社区卫生服务中心作用发挥情况调查"。

精神文明建设 以纪念建党88周年、国庆60周年为契机，对机关干部进行理想信念教育、爱国主义教育，组织了共产党员献爱心活动、卫生系统迎国庆展天使风采登山赛及书法摄影等培训和竞赛活动。深化"我是党员我承诺"活动，机关全体党员提出了61条承诺。深入开展创建文明行业和规范化服务活动，加强对医疗服务窗口单位服务培训和服务质量检查，促进了全区医疗卫生行业服务态度、服务技能、服务质量、服务环境进一步改观。进一步规范药品招标采购行为，保证药品集中招标采购的公开、公正、公平和中标合同的全面履行，做到减少环节，降低成本，公开透明，便于监督。

国庆医疗保障 年内，成立了甲流疫情防控工作指挥部，制订了《甲型H1N1流感疫情防控应急预案》、《甲型H1N1流感疫情暴发流行防控工作方案》和《甲型H1N1流感医疗救治预案》，坚持"全面预防、有效控制"的总体原则，完善了3种不同级别医疗机构对发热伴流感样患者的预检筛查、医疗救治及转运流程。成立了由30名专家组成的区甲流医疗救治专家组，组织4次区级专家甲流形势研判会。制订了《60周年庆祝活动期间突发事件医疗急救工作预案》及6个专项工作方案，确定了定点医院、应急小分队、救援梯队以及救援工作流程。组织120急救人员参加市级岗位培训86人次。开展应急演练3次。完成本区5 635名参加国庆活动人员的甲流疫苗接种。建立绿色通道和救治梯队，预留了应急床位，4家医院承担了随队医疗小组、临时医疗站和120救护车组的保障任务，共出动工作人员171人次、救护车53车次，治疗伤病44人次。

财务管理 财政拨款12 179.8万元（含基本建设拨款2 843万元），上级补助45.7万元。事业收入43 734.5万元，其中预算外资金522.5万元、其他收入321.9万元。总支出57 681.9万元，其中基本支出49 901.4万元、项目支出7 780.5万元（含基本建设支出1 843.2万元）。

基本建设 3月，启动结核病防治所工程建设，建筑面积1 840平方米，总投资1 700万元。

（撰稿：黄旭红　苏娓娓　审核：葛　强）

门头沟区

概况 有街道办事处4个、居委会100个、镇9个、行政村177个，常住人口24.1万人。区内有卫生机构126个（不含村卫生室），其中营利27个、非营利99个。卫技人员2 683人，其中执业（助理）医师955人、注册护士1 004人，实有床位2 534张。平均每千常住人口（常住人口为28万人）拥有卫技人员9.60人、执业（助理）医师3.40人、注册护士3.60人、床位9.20张。

生命统计。出生1 356人，出生率5.55‰；死亡1 780人，死亡率7.28‰；自然增长率-1.73‰。因病死亡1 707人，占死亡总数的95.90%。死因顺位前十位依次为：心脏病，恶性肿瘤，脑血管病，呼吸系统疾病，损伤和中毒，内分泌、代谢系统疾病，消化系统疾病，传染病，神经系统疾病，泌尿、生殖系统疾病。

获奖情况。年内，区卫生局被评为首都文明单位，首都科教、文体、法律、卫生"四进社区"活动十大典型活动提名奖，创建北京市健康社区和健康促进示范村优秀组织一等奖，北京市人口和计划生育工作先进集体，首都"迎国庆，讲文明，树新风"活动先进集体，首都国庆60周年群众游行支持贡献单位等。

卫生改革 年内，完成医改新增资金需求测算；完善新农合保障制度，提高参合农民医疗保障水平；实施基本药物制度，基层医疗卫生机构实行药品零差率销售；完善医疗卫生服务体系建设，完成区域医疗中心急诊综合楼工程，新建22个农村标准化卫生室和12个健康工作室；促进公共卫生服务均等化，实行社区慢性病管理。为农民免费体检26 770人，为无社会养老保障的老年人健康体检6 994人，免费镶牙71人。为农村居民实施白内障复明手术150例，减免费用45万元。

社区卫生 有社区卫生服务中心11个、社区卫生服务站35个。整合医疗卫生资源，优化社区卫生服务运行机制，重组改建中铁三局四公司三家店医院为华新建社区卫生服务站；完善绩效考核制度，建立科学规范的社区卫生服务三级考核体系，推荐永定社区卫生服务中心参加北京市绩效考核试点工作，拟定潭柘寺、妙峰山、清水和雁翅社区卫生服务中心为门头沟区社区卫生岗位绩效考核试点单位；推行"家庭保健员计划"，3 207人参加了培训考核，经过综合信息评价和考核认证，选聘了2 507名家庭保健员。组织社区卫生服务机构人员参加全科医师、社区护士岗位理论和技能培训36次，1 049人次参加。社区康复、心电图、B超专业培训38次，1 072人次参加。报名参加全科医师、社区护士、防保医师岗位资格培训考试71人，其他7个专业培训考试97人。

农村卫生 有标准化村卫生室142个，全部为集体全资非营利性医疗机构，覆盖率87%；注册乡村医生221人。建立了乡村医生养老保险制度和基本待遇保障机制，完善了乡村医生聘用和考核办法，全区聘用乡村医生181人。村卫生室销售零差率药品100%。

新型农村合作医疗 年内人均筹资420元，筹资总额2 226.85万元。参合54 188人，参合率98.37%。全年支出合作医疗资金1 288.97万元，比上年增长了24.29%。3 254人次享受住院报销，比上年增长了18.07%；5 491人次享受门诊报销；514人次享受门诊特病报销，补偿207.02万元；32人次享受学生儿童报销政策，补偿17.55万元。

疾病控制 传染病防治。以甲流、禽流感、手足口病等传染病的防控为重点，加强艾滋病、霍乱等重点传染病的预防宣传、日常防控和预警监测。报告法定传染病14种1 934例，发病率565.52/10万，比上年下降9.51%。肠道门诊2 637人次，年报告率100%。痢疾发病率91.23/10万；肝炎发病率68.72/10万，访视率37.33%。为60岁以上老人免费接种流感疫苗19 888人份，接种率55.92%。

地方病防治。采集居民户食盐盐样288份，其中合格碘盐268件、不合格碘盐8件、非碘盐12件，碘盐覆盖率95.83%，碘盐合格率97.10%，合格碘盐食用率93.06%，非碘盐率4.17%。随机抽取5所小学8~10岁学生进行尿碘水平调查，共采集尿样400件，经检验抽检尿碘指标符合消除碘缺乏病标准。

精神疾病防治。全区精神病人1 912人，监护1 795人，监护率93.9%；显好精神病人1 168人，显好率65.1%；参与社会1 159人，社会参与率64.6%。免费服药4 098人次，投药金额20.50万元。开展了精神卫生知识进万家活动，以及手工制作、乐器表演等特殊工疗项目。

学校卫生。中小学生应体检20 519人，实体检20 186人。继续开展学生常见病监测工作，完成了监测点校学生血红蛋白的检测，共检测学生8 743人，贫血251人，患病率2.87%。

慢性非传染性疾病防治与管理。将慢病防治工作纳入社区卫生服务体系，建立了以社区为基础的慢病防治工作网络，在门矿、斋堂等7个社区6个站开展了社区慢病干预项目。规范化管理高血压、糖尿病、超重及肥胖患者866人。完成本区上年度居民个人健康档案15 843份数据库的建立及高血压等10种慢性病的筛选，对筛选出的心脑血管病、糖尿病等人群进行针对性的管理。结合"健康北京人"十年规划要求，推广中老年健身操和减肥韵律操，组织社区开展膳食知识竞赛、趣味运动会，举办了"和谐社会，健康为本"慢病干预文艺汇演。对家保人员进行血压、体重测量等技能培训，社区综合防治工作网络在创新中不断扩大，社区慢性病规范化管理水平进一步提高。

计划免疫。有学龄前儿童10 542人，建卡率100%。四苗接种率：卡介苗96.58%、糖丸100%、百白破100%、麻疹100%。四苗覆盖率100%。8种疫苗报告接种率100%，全区连续35年无脊髓灰质炎和白喉病例发生。

公共卫生监测与评价。全区接触毒害物质单位278个，职工17 191人。全年监测10个单位；职工应体检6 702人，实检612人，合格573人，合格率93.63%，调离39人。举办接触毒害物质人员知识培训班1期，33人参加。

健康教育与健康促进。健康教育工作基层网络覆盖率100%。全年开展各种健康教育活动125次。开展科普知识进社区活动，共举办健康知识讲座272场，受众11 450人次。开展工作人员健康状况与健康知信行调查，共调查263人次。继续开展工作场所健康促进试点工作，以及健康社区和健康促进示范村的创建工作。结合预防接种宣传日、世界无烟日等重大宣传日，开展进工地、进超市、进学校等大型宣传活动9次，制作《相约健康》电视片24期，《相约健康》报4期8万份；印制并发放《防治人禽流感知识问答》、《接种疫苗》以及防治甲流系列宣传材料共11种55万份。

卫生监督 食品卫生。全年监督4 538户次，比上年增长32.57%，卫生行政处罚18户次，罚款33 500元。严厉打击无证经营，取缔食品加工黑窝点10个。

公共场所卫生。公共场所卫生监督398户次，比上年下降51.4%。卫生行政处罚10户次，其中罚款5户次，金额2 400元；警告5户次。推行公共场所卫生监督量化分级管理，完成71.43%（45户：A级6

户、B级16户、C级23户）住宿场所和100%（5户：A级3户、B级2户）游泳场所的评定。

生活饮用水卫生。监督235户次，比上年上升了106.14%，卫生行政处罚104户次，其中警告98户次。监督检查了6家桶装饮用水加工企业及62个村的生活饮用水，并提出了整改意见。会同区水务局检查验收农村简易自来水整改情况3次，共检查87户次，有38个村的简易自来水取得了卫生许可证，办证率30%。

职业卫生与放射卫生。完成职业卫生监督87户次、放射卫生监督28户次，警告4起。

医疗卫生专项检查。医疗卫生监督1 694户次。以预防和控制传染病的暴发与流行为重点，加强对各医疗机构、托幼园所、学校、建筑工地甲流防控工作的监督检查，落实疫情报告制度、消毒隔离制度，未发现疫情漏报、瞒报现象。重点对三家店、大峪前街、大台西洼等地黑诊所进行清理整顿，取缔非法行医18起，没收医疗器械7件、镶牙药瓶20余个、药品20余盒、宣传条幅和广告牌8个。

公共卫生投诉举报。受理群众投诉举报42件，处理率100%。

大型活动卫生保障。完成区人大、政协会议，北京首届永定河穿越赛，国庆60周年群众游行训练，首都西南区域经济发展论坛等10余次重大活动公共卫生保障工作。共进行现场快速检测272件，实验室检测31件，完成86餐次2万人次的公共卫生保障任务。

卫生监督人员培训。组织监督员法律法规培训10次310人次，业务培训12次360人次。

爱国卫生 围绕国庆60周年环境卫生保障工作，开展了"清洁环境，拥有健康"、"除四害、讲卫生、干干净净迎国庆"为主题的爱国卫生月活动，并在每月的最后一个星期五开展了城市清洁日活动。全年共发动6万人次，出动车辆360台次，清除卫生死角300余处，清理各类小广告3 000余条，清运垃圾渣土6 000余吨。

灭鼠、灭蚊蝇、灭蟑。根据病媒生物监测结果，确定防制措施，加强宣传。春季开展统一灭鼠活动，夏秋季围绕国庆60周年环境卫生保障，多次开展了灭蚊蝇活动，冬季继续开展"健康北京灭蟑行动"。全年共投放各类消杀药品6吨，投放家庭灭蟑套餐3 000份。

农村改厕。全年完成农村户厕改造1 700户，累计完成农村户厕改造2.27万户，无害化厕所普及率89.68%。

控烟。5月31日，世界无烟日，举办了"拒绝二手烟，让肺自由呼吸"大型宣传咨询活动，发放了宣传画、戒烟手册和印有"远离烟草侵害，拒吸二手烟"的手提袋等宣传品，全面推进公共场所禁烟工作。按照家庭成员支持控烟工作、无吸烟行为、家中无烟草和烟具、不向客人敬烟、主动劝阻和制止客人吸烟的标准，在全市率先开展了1 000户无吸烟家庭评选活动，并张贴了统一的"无吸烟家庭"标牌。与教委联合开展"我爱无烟环境"主题控烟征文活动。联合有关部门多次开展了公共场所禁止吸烟联合执法检查活动。

妇幼保健 妇女保健。全区开展妇女病普查13个单位16 578人，普查率72.78%；其中患病10 035人，患病率60.53%；治疗率100%。全区孕产妇1 366人，系统管理1 335人，系统管理率97.73%；高危住院分娩率100%；孕产妇死亡率72.67/10万。全区3家产科医院和15个妇幼保健门诊做到了母婴保健全覆盖。母乳喂养宣传日，对3家产科医院进行了督导检查。

儿童保健。新生儿疾病筛查率98.01%，新生儿死亡率2.18‰，婴儿死亡率5.81‰，5岁以下儿童死亡率6.54‰，7岁以下儿童管理率99.90%，儿童系统管理合格率98.48%，0~4个月母乳喂养率91.37%。

计划生育技术管理。全区有5家计划生育技术服务单位，管理率100%。全年计划生育手术7 345例，手术并发症1例，发生率1.40/万。

婚检。婚检546人，婚检率9.47%；患病64人，患病率11.72%，治疗率100%。

医疗工作 全年诊疗142万人次，其中急诊17.7万人次，留观53 518人次，危重症抢救门诊6 327人次、病房1 001人次。入院19 488人次，出院19 311人次，病床使用率101.90%，治愈率46.40%，好转率39.60%，死亡率3%，住院病人三日确诊率99.70%，出入院诊断符合率91.20%。住院手术4 644例。

院内感染管理。年内，检查了辖区医院的重点部门和关键环节的医院感染管理工作；开展流感防控专项检查，督导检查医疗机构院内感染控制、防护措施和消毒隔离等工作。

病历质控。年内，成立了病历质量评比管理工作小组及病历质量控制小组。采取医院自评与医院交叉互评的方式，推选优秀病历，由质控小组进行初评，并推荐20份病历参加全市病历质量评比。

护理工作。全年基础护理合格率100%，一级护理合格率100%，护理事故发生率和住院病人褥疮发生率均为0。出院病人满意度95%以上。组织学习分级护理原则，加强护理员规范化管理。完成医疗安全百日专项检查和医疗质量万里行护理专项督导考核评价。护士节期间,评选表彰优秀护士28人。

医疗卫生对口支援。全区3家二级医院对口支援社区卫生服务中心,共支援192人次,开展诊疗服务3 000人次,专家会诊60次,咨询、义诊1120人次。

血液管理。加强医疗机构临床用血安全检查力度,完成国庆60周年备血应急队伍建设,预约登记487人,超出目标31人,超额6.8%。全年团体无偿献血18次1 042单位。开展临床用血专项监督检查5次,区医院、京煤集团总医院和妇幼保健院全年共用血2 182单位,其中成分血99.9%。

年内,督导检查了11家持有《麻醉药品、第一类精神药品购用印鉴卡》的医疗机构药品管理和使用情况。要求医疗机构对大型医疗器械包括医用含源仪器、医用氧舱等使用环节、安全情况管理进行自查,并组织相关部门进行了督查。

医疗设备。医疗设备总资产23 921.31万元,本年度新增万元以上设备169台。

医学教育 区属医疗卫生机构网络登记卫生专业技术人员2 248人,参加继续医学教育2 245人,参与学习率99.87%;达标2 184人,达标率97.28%。其中应参加市级继续医学教育998人,参与率100%;达标988人,达标率99%。各医疗机构选送学科骨干进修267人,在核心期刊发表论文51篇。组织编审2009年继续医学教育区级学分认可项目306项。全年开展区级认可项目培训25次、市级学分培训8次,共培训5 750人次。

科研工作 年内,申报区级科技进步奖41项,其中获一等奖1项、二等奖5项、三等奖12项。区医院、区妇幼保健院申报首都医学科研发展基金10项。

精神文明建设 深入开展加强领导干部作风建设年活动,全面提高依法行政能力,建设"服务型"机关。开展了向"援什医疗队"及"十佳共产党员"学习宣传活动;组织"走过60年"老照片征集、"绿色京西画样美"主题诗歌散文征集活动;认真落实政府信息公开,不断完善社会监督机制,设立监督电话、举报箱、网上举报邮箱、领导接待日等,加强对机关和科室人员的监督。同时,充分发挥政府特约监察员、政风行风监督员和各单位社会监督员的作用,采取发放问卷、网上调查、座谈、明查暗访等多种形式,加强对机关作风建设情况的监督检查。围绕"为人民健康服务,让人民群众满意,推动卫生事业科学发展"的主题,组织开展了领导干部专题培训班和党员轮训班,确定6个现场教学点,共接待18个单位290余人参观学习,累计开展集中培训123次,4 000余人次参加。深化廉政风险防范管理,累计查找廉政风险点1 528个,制订防控措施862条,规范业务流程79项,完善各项规章制度145项。

国庆医疗卫生保障 加大重点地区、重点行业的监督执法力度,累计出动33车次98人次;建立食品安全预警,创建餐饮消费安全街;加强应急医疗救治能力建设,抽调医务人员和救护车辆组成医疗救援小分队,保障应急设施和急救药品、物资的储备;开展国庆期间药品和医疗器械安全使用专项检查,制订实验室生物安全应急处置工作方案,组建实验室生物安全事件处置专家组,负责现场调查确认和分析评价判断;制订突发公共事件医疗救治应急预案,做好车辆、设备的维护和人员的技术强化训练,保证快捷、有序地做好重大传染病和突发公共卫生事件的医疗救治。

财务管理 卫生事业上级拨款19 349.80万元,业务收入23 835.40万元,支出40 743.20万元。

基本建设 全年投资6 004万元,其中5 892万元用于妇幼保健院综合楼新建工程、中医院综合楼新建工程、卫生监督所办公楼新建工程,112万元用于新建农村卫生室22个和健康工作室12个。

(撰稿: 屈雪峰 审核: 宋利宁)

房山区

概况 有街道办事处8个、乡镇20个、村民居委会462个、社区居委会113个,常住人口90.5万人。区内有医疗机构1 089个,包括医院、门诊部64个,社区卫生服务中心、站221个,个体诊所、医务室221个,村卫生室583个;其中营利性210个、非营利性876个、其他3个。卫生技术人员6 461人,其中执业(助理)医师2 378人、注册护士1 939人。实有床位5 583张。平均每千常住人口拥有卫生技术人员6.27人、执业(助理)医师2.53人、注册护士2.13人、床位6.13张。

生命统计。出生4 713人,出生率6.14‰;死亡4 495人,死亡率5.86‰;人口自然增长率0.28‰。因病死亡4 280人,占总死亡人数的95.22%。死因顺位前十位依次为:心脏病,脑血管病,恶性肿瘤,呼吸系统疾病,损伤和中毒,内分泌、营养和代谢性疾病,消化系统疾病,泌尿、生殖系统疾病,传染病,神经系统疾病。人均期望寿命79.78岁,其中男77.43岁、女82.27岁。

获奖情况。年内,房山区卫生局被评为首都"迎奥运,讲文明,树新风"活动先进单位,北京地区中医、中西医结合、民族医医疗机构医疗服务信息网工作三等奖,社区返聘退休医学专家管理三等奖,国庆60周年群众游行"艰苦创业"方阵服务保障先进单位。

卫生改革 强势推进基本公共卫生服务均等化。免费儿童体检、新生儿先天性疾病筛查2.1万人次。4种慢病筛查覆盖15个乡镇26万农民,免费供药3.47万人,发放药品561.76万元。计划免疫四苗接种率继续保持99%以上,预防接种21.1万人次。基本完成创建防盲工作先进区各项指标,实施免费白内障手术633例。

综合效益增长显著。医疗业务总收入突破12亿元,比上年增长20%;门急诊650万人次,比上年增长29.28%;出院患者9.7万人次,比上年增长10.93%。高端业务合作领域不断扩大,良乡医院与首都医科大学燕京医学院附属医院、307医院建立了对口协作关系,区妇幼保健院建立了北京妇产医院房山分院,区第一医院依托友谊医院不断提高疑难重症的诊治水平,区中医医院通过聘请49名国家级、市级专家走出一条中医特色突出、中西医结合强院之路。区级医院对口支援乡镇卫生院,开通流动医院、爱心服务车,下乡义诊咨询。

队伍结构不断优化。评聘专业技术人员230人,其中正高级职称5人、副高级职称24人、中级职称117人。引进医学院校毕业生153人,其中研究生26人、本科生86人;充实到乡镇卫生院90人,其中本科生49人、大专生41人。选送医学定向生27人,其中本科生12人、大专生15人。

社区卫生 零差率药品销售比例77%。举办财务管理培训班2期、药事管理培训班1期、"社区卫生服务中国行——心脑血管病社区诊疗技术项目走进房山"免费培训114人;86名社区医生参加了"糖尿病安全用药与针对华人糖尿病特点优化降糖方案"的培训,社区慢病规范化管理技能强化培训253人。参加北京市社区医务人员岗位练兵大赛,获优胜奖。

农村卫生 村卫生室583个,其中村办518个、私人办61个、乡卫生院设点2个、其他2个。乡村医生675人,培训2 676人次。

新型农村合作医疗。全区参加新农合406 346人,参合率100%。筹集资金17 078.6万元,支出17 156.9万元。享受合作医疗补偿84.9万人次,补偿费用16 595.2万元,住院报付率52%,门诊报付率42%。

疾病控制 报告传染病发病5 948例,发病率559.96/10万。其中乙类传染病2 533例,发病率238.46/10万,无甲类传染病发生。狂犬病1例,发病率0.09/10万;手足口病1 454例,发病率136.88/10万;甲流324例,发病率30.5/10万。

传染病防治。开展"十一五"专项调查,完成暗娼人群监测102人份,无HIV抗体阳性,梅毒抗体阳性22例,阳性率6.4%,梅毒RPR阳性12例,阳性率3.5%;吸毒人群行为监测100人份,HIV抗体、梅毒抗体、梅毒RPR均无阳性;农民工监测200人份,HIV抗体、梅毒抗体、梅毒RPR均无阳性,丙肝抗体阳性2例,阳性率1%。

地方病防治。对453名育龄妇女和458名8~10岁儿童进行尿碘水平监测,其中育龄妇女尿碘中位数为220.1μg/L,儿童尿碘中位数为176.3μg/L,房山区已达到碘缺乏病消除标准。

精神疾病防治。全区有精神病人4 473人,发病率5.85‰,管理率98.68%。实行精神疾病档案资料网络化系统管理,对全区2 354名重性精神病人进行了走访评估,建立了《北京市社区精神卫生个人健康档案》。为375名贫困精神病人免费供药,减免药费102 066.12元。

学校卫生。根据本区12所中小学健康监测点校体检数据统计结果,2008~2009学年应体检8 505人,营养状况体检7 932人,其中营养不良992人(12.51%)、超重1 053人(13.28%)、肥胖1 921人(24.22%);视力体检8 275人,其中视力低下4 098人(49.52%);沙眼检查7 812人,无沙眼患者;龋齿检查7 790人,龋患1 004人(12.89%),龋齿充填率47.32%;贫血体检8 227人,其中贫血340人(4.13%)。

慢性非传染性疾病防治与管理。高血压建档49 635人,规范化管理32 948人,规范化管理率66.38%;糖尿病建档15 327人,规范化管理10 198人,规范化管理率66.54%。4种慢病无偿供药3.5万人次,免费561.7万元。

计划免疫。加强计免门诊规范化建设,及时开展接种率、建卡率的监测与检查,严把预防用生物制品归口管理关,规范渠道、严格冷链与质量控制。全年预防接种228 643人次,其中第一类疫苗接种165 422

人次，接种率分别为：卡介苗99.73%、脊灰99.95%、百白破99.92%、麻风99.89%。第二类疫苗接种33 643人次。应急接种水痘疫苗5 323人次、麻疹疫苗6 662人次、麻风腮疫苗672人次、麻风疫苗736人次。处理犬咬伤13 599人。外来儿童强化查漏补种1 540人，外来务工人员接种A+C流脑疫苗6 973人，麻疹疫苗7 672人。27年无脊灰野毒株发生。

公共卫生监测与评价。全区接触有毒有害物质单位982家，职工88 086人。全年监测33家，其中合格32家。职工应体检68 462人，实检2 115人，无职业病发生。培训82家单位224人。

健康教育与健康促进。制订了《健康房山人——全民健康促进五年规划》和《健康教育与健康促进三年规划》。组建了房山区健康教育讲师团，举办健康大课堂1 700场，发放宣传材料20余种44万份，在房山电视台《今日卫生》栏目播放宣传片25期。

卫生监督 卫生监督检查8 166户次，其中专项检查食品4 162户次、公共场所177户次、生活饮用水65户次，覆盖率100%。处罚85户次，罚款12.8万元。全年无重大食源性食物中毒案例发生。

医疗卫生专项检查。检查310户次，取缔非法行医37户次，立案查处8起，罚款2 000元，没收医疗器械16件、药品5箱。

公共卫生投诉举报。受理144起，调查处理率100%，回复率100%，结案率88.2%。

大型活动卫生保障。区卫生局被评为房山区国庆安保先进单位。完成大型活动卫生保障21次，现场快速检测130件样品，史家营煤矿抢险、长周路交通事故等突发事件全部在第一时间到达救援现场。

爱国卫生 年内，清理街巷、道路950条，清运垃圾、渣土3 800余吨，清理蚊蝇滋生地1 600处，喷洒灭蚊蝇药液5 000多公斤，投放鼠药18吨，灭蟑投药13 000份。户厕改造3.27万座，新建联村供水厂3座，联村水厂扩建2座，总投资6 323万元，46个村7.2万人受益。

控烟。在学校、乡镇、商场等场所共发放控烟宣传材料17 000份。在学校开展了"清新校园，无烟行动"，收集控烟征文420篇、控烟口号和警语395条。各学校组织了"无烟校园我承诺"倡议书校长签字活动，向师生宣读倡议书，在全区中小学校掀起了控烟活动热潮。在医院开展了"以医务人员控烟为切入点发展无烟医院及健康促进医院"项目等。截至2009年底，15家医院获得市爱卫会、市卫生局授予的"无烟医院"称号，19个单位取得了"无烟单位"称号。

妇幼保健 年内，制订了《房山区高危孕产妇转会诊及抢救管理规定》，实行分级转会诊。孕产妇系统管理率90.08%，住院分娩率99.51%，高危孕产妇管理率99.68%，孕产妇死亡率21.22/10万。

儿童保健。0～6岁在册儿童28 866人，免费体检11 614人，免费新生儿疾病筛查1 474人，发放儿童健康档案3 000人。儿童氟化泡沫防龋4 035人次，龋齿治疗150人。儿童保健覆盖率95.95%，儿童保健系统管理率78.98%，新生儿疾病筛查率92.73%，6个月内母乳喂养率89.88%。围产儿死亡率6.97‰，婴儿死亡率3.82‰，出生缺陷监测率100%，出生缺陷发生率22.93‰，5岁以下儿童死亡率4.48‰。

计划生育技术管理。全年节育手术15 261例，无并发症。节育手术单位管理率100%。

女工保健。适龄妇女宫颈癌筛查67 250人，可疑病例538人，确诊病例2人；乳腺癌筛查50 943人，可疑病例74人，确诊病例14人。育龄妇女免费体检8 300人，妇女病普查率73.96%。婚前医学检查626人，婚检率3.54%。

医疗工作 门诊6 121 402人次，急诊396 254人次，留观164 020人次，急诊抢救10 092人次，住院危重症抢救1 520人次；入院96 677人次，出院96 901人次，病床使用率81.88%，治愈率40.35%，好转率56.2%，死亡率1.15%，出入院诊断符合率99.87%。住院手术22 927例（上年住院手术21 060例）。

院内感染管理。二级以上医院建立了网络化医院感染暴发上报工作平台。组织区二级以上医疗机构专家12人分4组对区内医疗机构医疗废物管理工作进行指导检查，6家编制床位100张以上医疗机构指导检查率100%，抽查其他医疗机构25家，指导检查率63%，合格率100%。

病历质控。年内，开展了病历质控全员培训。选送中、西医病历各10份参加北京市病历质量评比活动，其中3份病历参加了北京市优秀病历展评。

护理工作。护士首次注册318人、变更注册49人。抽调区护理质控组成员8人，分2组对辖区6家二级医院进行了护理质量管理的考核评价，并及时、准确地反馈考核结果，逐步解决护理工作中出现的问题，提高护理质量。

医疗卫生对口支援。年内，为四川什邡市、青海果洛州进修、代培医务人员24人，捐赠医疗设备价值80万元。启动了房山区第一医院与长沟中心卫生院、良乡医院与河北中心卫生院诊疗共同体试点。

血液管理。全年无偿献血3 200人份。血液安全检查34户次，无违规。

年内，有238名医务人员取得麻醉药、第一类精神药品处方权资格。

医疗设备总资产43 000.15万元，共4 499台（件）。本年度新增万元以上设备1 611台（件）。

医学教育 全科医师骨干培训17人，全科医师、社区护士、防保医师社区岗位培训231人，复训、再注册持证人员86人，大学本科毕业生参加全科医师规范化培训33人、专科医师规范化培训43人。乡村医生师资培训32人，完成60学时理论培训及考试。区级医学继续教育87项、自管311项。专题培训71 842人次。

科研工作 年内，申报首都医学发展基金3项、区级科研项目18项。获区级科研成果奖9项，其中一等奖1项、二等奖3项、三等奖5项。在各类刊物发表学术论文140篇。开展新技术、新项目35项。

精神文明建设 完善医德医风考评制度，建立医务人员廉洁行医档案，继续深入开展医院管理年活动。4家二级医院收到锦旗257面、表扬信140封，拒收红包109人次7.25万元。

财务管理 卫生事业费上级拨款26 126.7万元，其中专项经费4 233万元、中医事业费1 100万元、社区卫生服务机构补助费15 453万元。卫生事业费总收入159 062万元，总支出154 735万元，其中医疗单位业务收入124 260万元、业务支出117 795万元。

基本建设 开复工项目10项，建筑面积8.46万平方米，总投资4.2亿元。其中竣工9项，竣工面积6.46万平方米。良乡医院门急诊综合楼竣工，妇幼保健院门诊病房楼开工建设，甲流定点收治单位高标准建成。新建、改扩建大石窝、长阳、葫芦垡、窦店、韩村河、琉璃河、青龙湖等7个社区卫生服务中心，"十一五"社区卫生服务体系建设规划全面完成。

（撰稿：张源龙 审核：张进福）

大兴区

概况 有5个街道办事处、14个镇、119个社区居民委员会、527个村民委员会，常住人口115.9万。有卫生机构484个（不含240个村卫生室和中小学卫生保健所），其中非营利性308个、营利性168个、其他8个。有卫生人员8 554人，其中卫生技术人员6 466人，包括执业（助理）医师2 683人、注册护士2 131人，实有床位4 281张。平均每千常住人口拥有卫生技术人员5.58人、执业（助理）医师2.31人、注册护士1.84人、床位3.69张。

生命统计。出生4 224人，出生率7.13‰；死亡3 225人，死亡率5.44‰；自然增长率1.69‰。因病死亡3 088人，占死亡总人数的95.75％。前十位死因顺位依次为：脑血管病，心脏病，恶性肿瘤，呼吸系统疾病，损伤和中毒，内分泌、营养和代谢及免疫疾病，消化系统疾病，泌尿、生殖系统疾病，传染病，神经系统疾病。本区人口期望寿命78.23岁。

获奖情况。当选为全国卫生系统护理专业巾帼文明岗、北京市爱国卫生先进单位、首都"迎奥运，讲文明，树新风"活动先进集体、2008年度首都卫生系统文明单位、国庆60周年庆祝活动医疗卫生保障工作最佳组织保障奖、首都国庆60周年群众游行支持贡献单位、2008年度依法行政先进单位、2008年度综合行政服务工作先进单位、北京青年健康使者火炬行动组织贡献奖、爱国卫生先进单位、政务公开优秀单位等。

卫生改革 强化中医药服务。弘扬中医药文化，落实社区中医药人才培养"回归扎根"工程；加强5个中医类别全科医师社区实践基地建设，探索社区中医药健康服务"套餐式"、"菜单式"服务模式，推进"中医治未病"工程。

落实体制机制改革。按照"按需设岗、竞聘上岗、按岗聘用、合同管理"原则，积极推进事业单位岗位设置管理。提高后勤人员素质和管理水平，不断推进医院后勤社会化管理。

优化卫生资源配置。完成黄村医院与黄村镇芦城卫生院、亦庄医院与亦庄镇鹿圈卫生院的资源整合。

社区卫生 继续实施社区常用药品零差率销售，销售额5 519.91万元，让利827.99万元。返聘81名退休医学专家到社区卫生服务机构开展服务。实行健康档案信息化管理，开展了健康档案评价调研。规范慢性病管理工作，培养社区慢性病防治家庭保健员3 475人。西南研垡等5个社区卫生服务站开展了慢性病管理试点。落实社区卫生服务中心绩效考核专项补助相关规定。

农村卫生 有村卫生室240个，全部为村办。为446名符合换发条件的执业乡村医生换发了新的《乡村医生执业证书》；对403名在岗执业注册乡村医生进行了考核；乡村医生岗位培训362人，规范《门诊登记薄》等6种村卫生室使用的医疗文书表册；配合首都医科大学、北京医院协会农村医院委员会等部门开展了乡村医生管理调研。

新型农村合作医疗。全年参合29.74万人，参合率96%，每人筹资420元，实现了镇级医疗机构住院直报。由保障参合农民住院为主向住院和门诊兼顾转移，共补偿4.86万人次1.16亿元，补偿5 000元以上5 975人。住院补偿率58.3%，较上年提高8.3个百分点。实施参合农民白内障患者"复明工程"，为353名符合手术条件的患者实施了手术。

疾病控制 传染病防治。无甲类传染病发生。报告法定传染病20种7 519例，发病率878.53/10万，其中乙类传染病2 294例，发病率268.03/10万；丙类传染病5 225例，发病率610.49/10万。报告性病病例284人，发病率33.18/10万；报告艾滋病病毒感染者和患者55例，发病率6.43/10万。处理犬咬伤14 512人，接种狂犬疫苗96 267人次。年内，举办了肠道门诊工作培训会，成立肠道传染病疫情处理小分队2支，在区人民医院、仁和医院设立腹泻病监测点，开展了多病原监测，采样200件，检出痢疾杆菌2株；开展"急性肠道感染"食品及外环境监测，采样监测1 110件。高频次对手足口病疫情进行分析，调查住院病例9例、疑似重症病例23例，停班65个，停园21所，未发生手足口病暴发疫情。落实甲流防控，接种甲流疫苗79 640人。

地方病防治。枯水期水氟含量监测，共采样64件，合格62件，合格率97%；丰水期水氟含量监测，共采样64件，合格61件，合格率95%。开展碘盐监测，宾馆饭店、托幼机构、中小学校等单位合格率98%，居民户碘盐监测合格率98%；开展育/孕龄妇女尿碘含量及甲状腺肿大发病情况监测：孕妇尿碘合格率62%，育龄妇女尿碘合格率86%，无甲状腺肿大。

精神疾病防治。全区有精神病患者2 450人，其中重性精神病1 717人。全年访视精神病人10 327人次，免费给药341人。

学校卫生。开展学校传染病防控工作指导、校医传染病防控知识培训，并加强区内高校甲流防控知识的宣教。在中小学推广"家庭护眼按摩操"，开展第二次学校物质环境卫生学检测，覆盖率100%。开展"我爱无烟环境"系列活动，参加了中学生急救培训，配合市疾控中心完成学校传染病管理的调研。

慢性非传染性疾病防治与管理。开展了高血压患者及高危人群、糖尿病患者及高危人群、超重（肥胖）人群、慢性病管理软件——慢病综合干预项目。与单位职工和基层慢性病管理人员建立了移动飞信群，定期发送慢性病防治小知识。

计划免疫。预防接种建卡34 442人，建卡率100%。卡介苗接种率99.71%，脊灰99.98%，百白破99.98%，麻疹99.99%，乙肝99.89%，风疹99.99%，流腮99.99%，乙脑99.98%，流脑99.98%。

公共卫生监测与评价。全区接触有毒有害因素单位1 868个29 786人。检测72个单位，其中检测点数714点，检测件数1 972件，合格591点，合格率82.8%。开展建设项目职业病危害控制效果评价4个。职业健康体检单位280个7 735人。接报职业病发病报告6例，其中尘肺3例。对4个有毒有害因素单位的318名从业人员进行了培训。

健康教育与健康促进。三级健康教育与健康促进工作网络管理更加规范，对健康促进学校、医院、示范村、健康社区进行了督导。申报健康示范村10个、健康社区12个，开展了健康大课堂优秀讲师评选活动。19所学校通过区级及市级健康促进学校验收，17所学校通过市级健康促进学校复验，6家二级医院申报市级健康促进医院。区疾控中心和林校路街道办事处被列入工作场所示范点。年内，发放宣传品89种827 827张；培训9次，585人次参加；开展区级宣传咨询活动20次，3 430人次参与；以基层单位、社区站医生为主要师资，开设健康知识讲座317次，14 836人次参加。在《大兴报》和《法制晚报》刊登防病科普知识文章28篇。

卫生监督 公共卫生专项检查。审批办证2 159户，其中新办1 376户、延续557户、变更226户。开展了食品添加剂、集体食堂、学校食堂、建筑工地堂、送餐企业、春节元旦、十一期间、餐饮服务等专项检查和整治，监督食品生产经营单位11 366户次，行政处罚174起；评审食品量化分级单位2 021个，其中A级93个、B级964个、C级964个；监督公共场所2 118户次，行政处罚28起；组织12家宾馆附属游泳场馆负责人开展了"企业互查，共同提高"活动；完成124个公共场所量化分级，其中A级21个、B级68个、C级34个、不予评级1个；完成游泳场馆100%、住宿场所50%的量化分级评审。监督生活饮用水371户次，行政处罚4起；对区内所有供水设施实行GPS定位管理；联合区水务局对2家市政自来水水质进行全面监测，共监测8个点106项卫生指标；对市政供水、自备水源供水、二次供水的35个单位的水质进行抽样检测，抽取样品55件，全部合格。

医疗卫生专项检查。开展打击非法行医专项行动

6次，受理群众投诉141件，取缔黑诊所210个，没收药品3 100余公斤、医疗器械130件，罚款15户28 936元，发放宣传材料4 000份。开展了采供血、新生儿病房消毒隔离和肠道门诊专项检查。检查有证医疗机构1327户次，处罚21户11.24万元。

公共卫生投诉举报。全年接到各类投诉261起，处理率100%，处理及时率100%，反馈率100%。

大型活动卫生保障。完成全国两会、市第十三届人大一次会议、国庆60周年庆祝活动预备役方队、第二十一届北京大兴西瓜节、普通高校招生考试、大兴区春华秋实、国庆60周年群众游行方阵及群众联欢晚会等重大活动卫生监督保障10项，其中国家级4项、市级2项、区级4项。

卫生监督人员培训。组织突发事件应急处理、投诉举报调查处理、《食品安全法》、甲流防控知识等培训28次。

爱国卫生　开展国庆病虫生物控制工作，把除四害、环境综合整治和城市清洁日活动有机结合，发动群众，清除卫生死角，投放灭鼠、蝇、蚊、蟑药物，加强病虫生物控制，制订长效管理措施。开展卫生月活动，共有14万余人次参加了城市清洁日和爱国卫生月活动，清理卫生死角90处，清运垃圾385吨，发放各种宣传材料10万余份。加强健康促进与健康教育，开展以"健康知识进农家"为主题的健康大课堂讲座100场，在示范村中开展宣传、咨询、义诊等活动90余场。创建健康示范社区12个、健康促进示范村14个、卫生红旗单位2个。

全年改造农村户厕1.61万座。新建联村水厂3座，改扩建单村水厂15座。

妇幼保健　妇女保健。孕产妇4 192人，产前检查率99.81%，建册率99.43%；高危孕产妇发生率55.84%，管理率100%；住院分娩率99.98%；产后访视率97.45%；孕产妇系统管理率96.97%。围产儿死亡率2.83‰。户籍适龄妇女宫颈癌筛查54 732人，筛查率29.83%；乳腺癌筛查42 802人，筛查率42.13%。查出乳腺疾病7 958人，宫颈疾病6 615人，确诊宫颈癌6例、乳腺癌11例、其他恶性肿瘤2例。

儿童保健。儿童保健覆盖率100%，儿童系统管理25 207人，管理率97.41%；体弱儿管理率100%；新生儿疾病筛查率98.89%，访视率97.28%，听力筛查率99.96%；新生儿母乳喂养率96.83%，6个月内母乳喂养率95.45%，6个月内纯母乳喂养率75.87%。新生儿死亡率1.18‰，婴儿死亡率3.08‰，5岁以下儿童死亡率4.02‰。

计划生育技术管理。完成青云店镇中心卫生院助产资质、计划生育资质行政审批。对新申请母婴保健技术服务助产人员44人、计划生育人员16人进行了审批。巩固爱婴医院管理，完成对爱婴医院的考核。

女工保健。婚前医学检查730人，婚前医学检查率4.58%，疾病检出率13.42%。妇女病普查率74.17%，妇女病患病率37.1%。

医疗工作　年内，成立了医疗质量管理专家委员会，聘请9名市三级医院和15名区二级医院专家，分阶段开展质量管理工作，以病历质量、单病种质量管理、基本技能操作和处方点评等为重点，对区内24家医疗机构开展医疗质量指导检查。举办了以"质量安全是医院发展的生命线"为主题的大兴区卫生系统质量安全论坛。聘请以人大代表、政协委员为主的医疗服务质量评议员，更好地发挥社会评价监督作用。

全年诊疗671.6万人次，其中门诊546.1万人次、急诊53.4万人次，留观110 630例；急诊抢救10 855人次，住院危重病人抢救656人次；住院74 889人，出院74 792人，病床使用率76.7%，治愈率50.67%，好转率44.73%，病死率1.3%，出入院诊断符合率99.7%；住院手术37 427例，住院手术前后诊断符合率99.83%，病理检查与临床诊断符合率94.62%。健康检查33.6万人次。

院内感染管理。4月，开展了医疗废物管理工作指导检查，强化各医疗机构"法人是医疗废物管理第一责任人"的观念，促使各医疗机构的负责人在管理中从细节入手，按照各项管理制度严格要求、严格把关，使各医疗机构医疗废物管理整体水平有一个较大的提高。医院感染率控制在0.73%。

病历质控。年内，选送中西医优秀病历各10份参加了市级病历质量评比活动，其中1份病历获个人优秀奖。

护理工作。年内，评选优秀护士65人、护理先进集体14个。组织护理专家对区内6家二级医疗机构进行了专项检查，并汇总反馈，保障护理质量持续改进。

医疗卫生对口支援。区内5家二级医院与受援单位分别签订了对口支援社区卫生服务工作协议书。有285名医务人员到各镇卫生院（医院）开展对口支援工作共4 375天。派出1支14人的医疗队和1名疾控人员赴四川省什邡市开展对口支援，医疗队在什邡共诊治患者8 876人次，查房136人次，巡诊指导诊治患者2 239人次，开展新项目新技术2项，为4 731人次患者提供了咨询，开展各类培训32场次，举行各种义诊活动12场次，受众1 085人次。

血液管理。组建了3 130人的大兴区国庆应急无偿献血志愿者队伍。全年街头自愿无偿献血21 705单位,团体无偿献血(全血)1 193单位,机采血小板8个治疗量。全区有用血资质的一级以上医疗机构20家,全年临床用血13 954单位;用血返还54人次31 371元;加强了对区内用血医疗机构、街头采血点的监督检查。

年内,为辖区30家医疗机构换发了2009~2011年麻醉药品、一类精神药品购用印鉴卡;为1家申报的医疗机构发放了购用印鉴卡;为189名长期门诊使用麻醉药品、第一类精神药品的患者进行了网上登记;开展麻醉药品和第一类精神药品医师处方权资格培训和考核,140名医师通过培训和考试,取得处方权资格。

医疗设备。年内,新增医疗设备总资产2 275.5万元,万元以上设备55台。

医学教育和人才培养 通过学历教育、在职教育和委托培养等方式,进一步加强卫生专业队伍建设。培养学科带头人、业务骨干101人。加强基层母婴保健实用知识技术全员强化培训和现场演练,落实住院医师、骨干护士、新毕业生、社区卫生服务岗位的培训,对财务、统计等管理人员进行了相关知识培训。继续医学教育达标率99.3%,完成市级90%的目标。对371名乡村医生开展了基本技能培训。

科研工作 参与科研课题52项,34项获得资助,其中区科委12项、市级协作项目22项,争取科研资金71.2万元,区卫生局补助资金50万元。二级医院共申报市卫生局适宜技术推广项目27项。在核心期刊发表论文96篇。

精神文明建设 结合领导干部作风年建设,推进卫生医疗单位制度化和规范化管理。严格执行党风廉政建设责任制,强化领导干部"一岗双责"。及时公布卫生政策法规、行政许可及工作纪律等重要事项。采取专题报告、领导干部讲党课、反腐倡廉主题教育等形式,增强党员领导干部拒腐防变的能力。加强卫生系统行风建设,深入开展民主评议政风行风活动。规范信访举报处理程序,制订了信访举报工作规则。在总结廉政风险防范管理试点工作的基础上,推广实施廉政风险防范管理。坚持跟踪管理,切实执行医疗卫生单位负责人任中和离任审计,对疾控中心、瀛海镇中心卫生院等8个单位进行了经济责任审计。落实医务人员医德医风考评制度,将医务人员医德医风建设纳入年度考核体系,定期开展满意度调查,广泛征求患者意见,并及时整改。聘请社会监督员,定期召开会议,听取意见及建议,并及时改进。

国庆医疗卫生保障 制订了《国庆60周年群众游行联欢训练医疗及公共卫生保障工作方案》、《国庆60周年游园活动公共卫生及医疗救治保障工作方案》、《国庆游行方队训练基地公共卫生及医疗救治保障工作方案》及《新中国成立60周年庆祝活动安全保卫反恐处突工作方案》,成立了国庆保障领导小组、国庆游园活动保障领导小组、国庆训练基地公共卫生保障与医疗救治工作领导小组及反恐防范工作领导小组。在国庆60周年群众游行、联欢晚会、国庆游园等庆祝活动期间,保障人群未出现甲流及其他传染病多发、暴发疫情,未出现医疗救援延误及医疗安全事故,未发生重大食物中毒、饮用水污染事件,未发生突发公共卫生事件。

财务管理 卫生事业费上级拨款39 735.46万元,支出39 735.46万元;业务收入93 555.96万元,业务支出90 218.55万元。

基本建设 新建大兴区妇幼保健院工程,建筑面积22 390平方米;新建大兴区疾控中心及卫生监督所工程,建筑面积17 910平方米。

(撰稿:施春杰 审核:刘 华 杨福祥 马燕珠)

通州区

概况 有11个乡镇、4个办事处、480个自然村,面积907平方公里,常住人口65.55万(不包括流动人口)。区内有各类医疗机构592个,其中三级医疗机构1个,二级医疗机构7个(含263部队医院),一级医疗机构25个(含18家乡镇卫生院),村卫生室351个,门诊部33个,诊所、卫生所、医务室98个,社区卫生服务站72个,其他5个。有卫生人员6 845人,其中卫生技术人员5 379人,包括执业(助理)医师2 132人、注册护士1 942人;实有床位2 527张。平均每千常住人口拥有卫生技术人员6.26人、执业助理医师1.95人、注册护士1.78人、床位2.31张。

生命统计。出生4 821人,出生率7.35‰;死亡4 481人,死亡率6.84‰;人口自然增长率0.51‰。

死因顺位前十位依次为：心脏病，脑血管病，恶性肿瘤，呼吸系统疾病，损伤和中毒，内分泌、营养代谢和免疫性疾病，消化系统疾病，泌尿、生殖系统疾病，传染病，神经系统疾病。

社区卫生 年内，制订了《通州区社区卫生服务站运行工作方案》，全区72个社区卫生服务站规范运行，其中46个开展以健康教育为主的社区卫生服务，从7家二级医院选派专家、主任26人，开展高血压、糖尿病等常见病、多发病知识讲座48场；从社区卫生服务中心选派医务人员62人，开展健康知识讲座141场；共有5 120人次参加了健康教育宣传活动，发放宣传材料1万余份。全年诊疗1 516 144人次，比上年增加3%；观察病人304 878人次，比上年增加39.1%；出诊11 921人次，比上年减少3.2%；出院16 756人次，比上年减少17.5%；实际占用总床日113 447天，比上年减少12.5%；建立家庭病床351人次，比上年增加了120%；开展计划生育服务29 623人次。为全区60岁以上口无牙低保老人免费镶牙22人，满意度100%。

农村卫生 北京朝阳医院、北京中医医院支援本区的潞河医院、妇幼保健院、中医医院，分别签署了对口支援协议书。北京朝阳医院派出32个专业的医务人员99名支援潞河医院和妇幼保健院，重点支援了心脏、泌尿、职业病与中毒等专业和科室；北京中医医院派出12个专业的医务人员12名支援通州区中医医院，重点支援了妇科、呼吸、皮科、脑内科等。

年内，完成598名乡村医生执业证书换证信息录入及制证、证书发放工作；为600名乡村医生免费订阅了健康报；完成优秀乡村医生的评选、备案及上报；对享受乡村医生基本待遇人员进行了绩效考核、统计、等级评定及补助经费发放工作。乡村医生参加学历教育30人，参加规范化培训522人，参加两期医学影像培训25人，并全部参加了学历教育和规范化培训及临床急救知识培训。

新型农村合作医疗。全区参加新型农村合作医疗328 893人（包括低保7 133人），参合率96.4%。人均筹资420元，其中市级财政每人补助140元、区级财政每人补助115元、乡镇财政每人补助115元，农民以户为单位缴费，每人50元；筹资总额13 813.5万元。本年度报销21.8万人次，发放报销款12 562万元，其中领到5 000元以上报销款4 691人。

疾病控制 年内，通州区被市疾控中心定为全国痢疾监测点，4月份开始每周对城区5个单位（潞河医院、263医院、妇幼医院、新华医院、中医医院）进行痢疾运送培养基的发放和收取工作，并进行实验室检测，共检测标本304份，培养出9株痢疾菌株，访视重点病例54例。

传染病防治。全区报告法定传染病3类21种10 386例（上年8 182例），发病率1 167.33/10万（上年956.6984/10万）；死亡26例，死亡率2.92/10万（上年0.7016/10万），病死率0.2503%（上年0.0733%）。甲类传染病（霍乱）发病1例，无死亡，发病率0.11/10万。乙类传染病发病3317例，发病率372.81/10万，比上年上升了20%；死亡25例，死亡率2.81/10万，比上年上升了300.50%；病死率0.75/10万，比上年上升了233.79%。丙类传染病发病7068例，发病率794.40/10万，比上年上升了22.97%；死亡率0.11/10万，病死率0.014/10万。

地方病防治。完成水氟含量、儿童氟斑牙情况、人间布鲁氏杆菌感染状况的监测，同时将普及碘盐、控制碘缺乏病的发生作为常规工作，加强碘缺乏重点人群的尿碘监测。

学校卫生。年内，成立了视导工作领导小组，按照"谁管理、谁负责"的原则，对存在突发公共卫生事件应急管理不完善、传染病防控措施不到位、食品和饮用水存在安全隐患的学校限期整改。完成58所中小学校教学环境检测；对12所学校的11 000名学生进行了体质健康监测；联合通州区中小学保健所对潞河中学和张家湾中心小学3 000名学生开展了中小学生屈光不正发生及进展的第二次调查。

职业卫生。报告法定职业病27例，其中石棉肺9例，其他尘肺2例，矽肺和滑石粉肺各1例，职业性肿瘤1例（石棉所致肺癌、间皮瘤），职业性皮肤病1例（职业性黑变病），氯气中毒8例，苯中毒1例（均为疑似），职业性噪声聋3例（疑似）。报告农药中毒58例，死亡6例，按要求对职业病病人进行了访视。全年对179家（独资企业23家、国营企业27家、合资企业81家、私营企业48家）用人单位的8 366名从事接触粉尘、噪声、汽油等19项职业病危害因素的作业工人进行了岗前、在岗期间及离岗时的职业健康体检；对接受委托的121个用人单位进行了粉尘、苯系化合物、盐酸、汽油等34个项目的职业病危害因素现场采样、检测，共检测样品5 833件，超标样品652件，超标率11.18%。

慢病管理。年内，广泛宣传慢病知识，号召区内各级医院在所有与慢病相关的纪念日组织宣传活动，并采取收集慢病基础资料、针对重点疾病干预等措施开展慢病防治工作。

计划免疫。11种免疫规划疫苗应接种363 934人次，实际接种363 861人次，总接种率99.98%。本市儿童实际接种173 948人次，占47.8%，外来儿童实际接种189 913人次，占52.2%；基础免疫接种244 106人次，其中本市儿童接种105 745人次，占43.3%，外来儿童接种138 361人次，占56.7%；加强免疫接种119 755人次，其中本市儿童接种68 203人次，占57.0%，外来儿童接种51 552人次，占43.0%；强化查漏补种2 262人次；外来农民工接种34 675人次；应急接种9 243人次。7月，完成规范化门诊重建工作，规范化免疫预防门诊AAA级4个、AA级3个、A级14个。

结核病防治。全年登记结核病223例，其中菌阳59例，监化治疗223例，监化率100%；完成监化治疗276例（上年登记病人320例），坚持监化治疗率86.3%；其中菌阳75例，治愈39例，治愈率52%。

健康教育。制订了本年度健康教育与健康促进工作实施方案，召开了全区健康教育与健康促进工作大会。加强健康教育理论技能培训，全年举办区级二、三级健康教育网络培训班12次，参加培训522人次；业务工作会3次，参会65人次，100%覆盖二、三级健康教育网络。利用通州区电视台《大众健康》栏目以及通州时讯、八通网等传媒传播健康理念与知识52期；利用各种卫生日（世界卫生日、计划免疫日、结核病日、世界无烟日、高血压日、糖尿病日、世界艾滋病日）开展宣传教育15次，自制宣传品64.4万份，发放宣传品110.64万份。

卫生监督 有食品生产经营单位13 580个，其中食品加工单位282个、销售经营单位9 948个、餐饮单位1 963个、集体食堂804个、集体用餐配送单位21个、食品摊贩527个、其他35个。6月，由于职能分工调整，区卫生局将食品加工企业和食品流通企业转交相关职能部门。年底，各类食品监督单位2 898个，其中餐饮业1 555个、集体食堂793个、送餐企业21个、现场制售529个；有公共场所1 650个，其中旅店181个、公共浴池152个、理发美容业1 254个、娱乐场所32个、游泳场所11个、商场20个；供水单位257个，其中自来水厂1个、高层建筑供水75个、城镇自备水源92个、农村集中式供水89个；医疗保健机构共580家；工矿企业399个；放射卫生单位33个；学校96所；托幼机构94个；消毒产品生产单位31个。全年开展卫生监督执法共13 551户次，达标12 770户次，达标率94.24%。监督检查各类食品生产经营单位5 592户次，达标4 990户次，合格率89.23%；公共场所监督2 240户次，达标2 181户次，合格率97.37%；生活饮用水369户次，达标349户次，合格率94.58%；传染病消毒监督4 040户次，达标4 020户次，合格率99.5%；学校卫生监督104户次，合格104户次，合格率100%；职业卫生监督223户次，达标203户次，合格率91%；放射卫生33户次，达标32户，合格率97%；医政监督950户次，合格919户次，合格率96.74%。

医疗卫生专项检查。全年取缔非法行医114户次，立案处罚15户次，罚款4 750元，没收非法所得293.50元，没收各类器械27件、药品71箱。出动卫生监督人员544人次、车辆112辆次。开展大规模联合执法4次，取缔非法行医黑诊所34个，向公安机关移送案件2件。

公共卫生投诉举报。共受理举报投诉咨询189起，其中食品卫生95起、公共场所12起、生活饮用水29起、医政48起、职业卫生3起、传染病消毒1起、血液1起。直接投诉125起，转来投诉64起。处理率100%，举报人要求回复反馈率99%。

国庆保障 区卫生局重点完成了"和谐家园"方阵群众游行活动期间各项公共卫生及医疗保障任务。区卫生局成立了工作组，制订了专项工作方案，并有计划地开展各项工作。

食品卫生保障。选派专职卫生监督员负责此项工作，并制订了工作职责和工作方案。保障期间，共出动执法监督车68车次、执法人员136人次，下达卫生监督意见书99份，采集餐具涂抹30件、菜品19件进行检测，未检出致病菌，未发生食物中毒和生活饮用水污染事件。

医疗保障。潞河医院为国庆60周年群众游行活动伤员定点救治医院。制订专项工作方案和应急预案，开辟了医疗救治绿色通道。训练期间，提前为每个参训学生发放了小药包（包括藿香正气胶囊2盒、风油精1盒、清凉油1盒、黄连素1盒、创可贴5贴、体温计1支）。医务人员分批对北京物资学院等3所院校校医及学生开展了相关医疗应急救治知识培训。在合练、分指合练、彩排等活动中，通州区120紧急救援中心抽调159人次医务人员，派出急救车53车次，现场诊治患者1 235人次。

实验室生物安全管理。组织专家历时2周对辖区内31家一级以上医疗机构和7个门诊部的实验室进行督查，对289名实验室专业技术人员进行了培训和考核。

爱国卫生 9月16~17日，市爱卫会专家组对通州区进行了创卫考核验收。专家考核组由市卫生局局长方来英等20人组成9个组，分别对爱国卫生组织管理、健康教育、市容环境、环境保护、食品卫生、公共场所及生活饮用水卫生、传染病防治、病媒生物防制、单位及居民区卫生、民意测验等十大方面进行考核。通过考核验收，通州区达到了北京市卫生区标准。全年投资7 000万元，完成故城东路、玉桥中路、玉桥东路、乔庄北街、中山街、西大街、北大街、中仓路等8条道路微循环改造工程；投资4 000万元用于维护费用、环卫设施改造（包括购置各类垃圾压缩车18辆、各类收集车34辆、餐厨垃圾车3辆，新增垃圾桶2 000个，垃圾楼装修4处，垃圾收集车工作站建设2处，环卫停车场改建1处，公厕修缮109座，旱厕改造108座）；投资3 360万元，对9个农贸市场进行升级改造；投资385万元，用于除"四害"消杀活动，确保除"四害"的长期效果。按照市爱卫会配比计划全年应完成户厕改造40 000座，实际完成45 876座，经检查均达到标准。

妇幼保健 全区分娩产妇（户籍人口）4 804人，孕产妇系统管理率99.4%，高危产妇1 829人，高危妊娠发生率38%，高危管理率100%。重点高危追访569例，危重孕产妇追访94例。无孕产妇死亡；围产儿死亡24例，围产儿死亡率4.96‰；出生缺陷发生率9.58‰；计划生育手术22 855例，发生并发症1例，并发症发生率0.44/万；5岁以下儿童死亡18例，死亡率3.73‰。儿童保健覆盖率99.61%，0～6岁儿童体检率99.61%；新生儿听力筛查7 054人，筛查率49.5%；新生儿疾病筛查14 003人，筛查率98.29%；高危儿智力监测420人，监测率94.1%。

完成中央转移支付地方乳腺癌筛查科研项目9 000例筛查任务，将对结果进行质控和入机，并对患者进行追访、检查和治疗。

医疗工作 门诊3 699 163人次，急诊605 763人次，急诊抢救5 064人次，抢救成功4 833人次，抢救成功率95.44%。入院66 509人次，出院66 516人次，病床使用率88.89%，治愈率60.59%，好转率33.82%，死亡率1.5%。住院危重病人抢救1 969人次，抢救成功1 584人次，抢救成功率80.45%。住院手术17 572例。

院内感染质量管理。建立健全了医院感染管理三级网络，区卫生局和区内二级医院安装了医院感染暴发报告系统。加强重点部门、重点环节医院感染控制和监督工作，并将医院感染控制纳入医疗质量万里行总体质量考核中。

护理工作。年内，组织辖区专家对6家二级医院、10家卫生院的护理工作进行了专项督导检查。通过检查、反馈、整改、再检查的循环方式，使护理质量有了很大的提高。

机构审批。全年审批新医疗机构75个，其中门诊部15个、社区卫生服务站50个、村卫生室10个。完成机构变更、校验588家。对辖区内医疗机构进行清理整顿，注销医疗机构11个，规范医疗机构名称12个，规范诊疗科目38个。

年内，完成麻醉药品、第一类精神药品等特殊药品使用单位的检查、验收、换证工作，进一步规范了辖区内特殊药品的合理应用。

血液管理。全年采血159 076单位，比上年增长了17.89%；其中全血149 571单位，比上年增长了21.14%；成分血13 105单位，比上年增长了14.23%；检测血液标本90 480人次，比上年增长了14.3%；各种血液成分包装181 043单位，比上年增长了10.7%；全血入库145 259单位，比上年增长了14.85%；机采血小板入库13 073单位，比上年增长了13.96%；浓缩血小板入库4 540单位，比上年降低了60.39%；全年制备悬浮红细胞111 564单位、悬浮少白红细胞33 999单位、新鲜冰冻血浆4 399 000ml、浓缩血小板9 080袋、洗涤红细胞2 196单位、冰冻红细胞210单位、解冻去甘油红细胞237单位。根据医院救治需要，及时供应悬浮红细胞类138 356单位、血浆137 135单位、血小板13 521个治疗量、浓缩血小板6 300单位，供应总量比上年增加15%，报废血液比上年减少了26%。

医学教育 全年参加3年住院医师规范化培训26人；参加市卫生局中医、护专业人员急诊急救知识技能骨干培训115人；参加中法急诊急救知识培训52人；社区护士岗位培训82人，累计160学时；乡村医生学历教育30人，规范化培训522人。专业技术人员参加学历教育596人，其中大专学历教育361人、本科学历教育222人、在职研究生学历教育13人。

科研工作 全年申报部级科研项目1项、市级科研课题17项，与市级医疗卫生机构联合申报科研课题3项，申报首发基金9项，申报区科技计划课题10项，取得课题经费20万元。发表论文131篇，其中国家刊物83篇、省市刊物48篇。

财务管理 全年卫生事业费上级拨款31 427.9万元，支出31 605万元；业务收入109 483.5万元，支出114 228.3万元。

基本建设 年内，新中医医院整体工程完工，进入结算验收及开业前期准备阶段，结算方案已经区发改委审核通过。潞河医院手术病房楼工程投资11791万元，地下一层主体结构已完成。

（撰稿：田剑韦　审核：高宝东）

昌平区

概况 设15个镇、2个街道办事处、148个社区居委会、304个村民委员会，常住人口942 102人。区内各级各类卫生机构891个，其中卫生机构570个，包括营利性290个、非营利性275个、其他5个。卫生技术人员7 456人，其中执业（助理）医师2 927人、注册护士2 861人，床位7 147张。平均每千常住人口拥有卫生技术人员7.30人、执业（助理）医师2.87人、注册护士2.80人、床位7.0张。

生命统计。出生4 405人，出生率8.51‰；死亡3 057人，死亡率5.91‰；自然增长率2.60‰。因病死亡2 818人，占死亡总人数的92.18%。死因顺位前十位疾病为脑血管病，心脏病，恶性肿瘤，呼吸系统疾病，损伤和中毒等外部原因，内分泌、营养和代谢性疾病，消化系统疾病，泌尿、生殖系疾病，传染病和寄生虫病，神经系统疾病。

卫生改革 年内，继续推行人才战略，引进博士研究生1人、硕士研究生36人、本科毕业生42人、大专毕业生（高职）44人、中专毕业生117人。

社区卫生 全年组织卫生人员培训1 475人次，其中社区卫生服务管理干部培训83人次、知识技能培训891人次、中医适宜技术进社区培训26人次、乡村医生技能操作师资培训24人次、其他知识讲座（高血压、糖尿病等）培训384人次。

农村卫生 注册村卫生室325个，均为村委会办，分布在231个行政村，覆盖率76%。注册乡村医生385人，参加为期5年的乡村医生岗位培训314人。

新型农村合作医疗。参加新型农村合作医疗19.34万人，占全区应参合农业人口的98.3%。共筹集资金8 122.82万元，报销35 072人次6 747.49万元。

疾病控制 召开防病工作例会6次，完成基层卫生机构卫生防病专业培训76次4 970人次，开展各类督导检查14项30次，对基层医疗机构卫生防病考核2次。

传染病防治。发生甲、乙、丙类传染病2类19种10 541例，发病率1 406.45/10万。其中甲流为新增加的乙类传染病，发病401例。传染病死亡12例，死亡率1.6/10万。

结核病防治。肺结核疫情报告卡片2 083张，追访核实2 083例，确诊1 157例。学校结核病监测6.3万人，发现21例。全区确诊治疗556人，其中涂阳90人、涂阴466人，治愈41人。新生儿卡介苗接种6 487人，接种率99.86%。

性病防治。报告淋病118例、梅毒180例、艾滋病6例。全年发现艾滋病病毒感染者及病例58例，其中本区检出感染者7例，5例完成首次随访，2例查无此人，网络报告率、网络报告及时率均100%，个案流调完成率71.43%，外区转入病例51例，死亡1例。完成7个哨点监测人群7类2 949人次，其中检出HIV 1例，检出率0.03%，梅毒（ELISA）检出率1.02%（30/2949），梅毒（RPR）检出率0.54%（16/2949）。完成2个艾滋病综合哨点监测178人次，HIV检出3例，梅毒检出4例，丙肝检出23例，均为吸毒人员。艾滋病自愿咨询检测413人次，对348人进行了艾滋病和梅毒免费检测，检出艾滋病病毒阳性7例，阳性率2.01%。梅毒RPR阳性5例，检出率1.44%（5/348）；抗-TP阳性18例，检出率5.17%（18/348）。完成监管场所被监管人员艾滋病及梅毒抗体筛查1 092人，HIV检出率0.09%（1/1092）；梅毒（ELISA）阳性率2.66%（29/1092），梅毒（RPR）阳性率1.19%（13/1092）。5家HIV初筛实验室完成HIV初筛检测30 681人份，其中HIV阳性19例，检出率0.06%。

狂犬病免疫预防。8家狂犬病免疫预防门诊全年接诊动物致伤者19 003人，较上年增加了6.38%，接到报告疑似预防接种异常反应5例。

人感染高致病性禽流感监测。共监测高危人群1 311 658人次、流动人口1 250 519人次，无流感、禽流感、不明原因肺炎病例报告。

手足口病防治。全年发病2 586例，发病率较上年上升39.65%，无死亡病例。共采集手足口病临床诊断患儿咽拭子标本160件，病原检测阳性64件，其中EV71阳性20件、CA16阳性44件。

地方病防治。碘缺乏病：采集居民户碘盐样品288件，碘盐覆盖率100%；采集重点单位碘盐样品257件，碘盐覆盖率88.72%。完成育龄妇女、孕妇、哺乳妇女、学龄儿童、婴儿等重点人群碘营养状况监测1 153人，监测人群尿碘水平均达到国家标准。布氏杆菌病：对16个镇64个单位的184名畜牧养殖重点人群进行了布病抗体监测，发现布病抗体阳性3人，阳性率1.63%。地方性氟中毒检测：枯水期和丰水期共采水52件，水氟含量高于正常值的3件，占5.77%，为南口镇四桥村、十三陵镇德胜口村。对小汤山镇马坊小学4个高氟村和后白虎涧小学的学生进行氟斑牙检查，共检查188人，氟斑牙患病率42.55%，较上年44.74%下降2.19%。

精神疾病防治。全区有精神病人3 082人，患病率3.02‰，治疗1 216人，管理率100%。

慢性非传染性疾病防治与管理。全年规范化管理糖尿病102人、糖尿病高危人群128人；规范化管理高血压及高危人群292人。对管理人群进行了检测及行为干预。

学校卫生。中小学生健康体检64 945人，体检覆盖率100%。体检结果显示，中小学生营养不良、肥胖、超重以及视力不良检出率均呈上升趋势。对49所中小学校的教学环境卫生检测1 104件，合格842件，合格率76.27%。

计划免疫。常住人口和流动人口基础免疫和加强免疫共接种446 561人次，接种率99.95%，其中基础免疫296 332人次，接种率100%；加强免疫150 229人次，接种率99.84%。调查学龄前外来流动儿童221 238人，漏卡7人，漏卡率0.003%；漏证3人，漏证率0.001%；补卡补证率100%。强化查漏漏种2 705人次，漏种率1.22%，漏种疫苗补种率100%。

公共卫生监测与评价。环境卫生监测：完成各类生活饮用水检测590户，检测样品1 349件，合格941件，合格率69.76%。完成公共场所卫生检测6 531件，合格6 454件，合格率98.82%。放射卫生监测：完成放射卫生检测35个单位63台设备60个场所，其中状态检测52台，一次合格率98%；验收检测11台，一次合格率100%；场所检测60个，一次合格率100%。完成64个单位254人次的个人剂量检测。职业卫生检测：开展职业病危害因素检测125个单位525个作业点2 082件样品，点合格率63.9%，样品合格率79.6%。职业健康检查174个单位6 617人，检出职业禁忌证127人，其他异常2 649人，疑似职业病3人。举办职业卫生培训班2期，155人次参加。食品卫生监测：食源性致病菌监测样品175件，检出金黄色葡萄球菌1件，检出率0.57%。化学污染物监测样品182件，其中金属污染物监测样品75件中12件超标，47件监测农药残留样品中检出拟除虫菊酯类农药23件，有机磷农药检出5件，2件绿茶样品检出不得在茶树上使用的农药——三氯杀螨醇。全年接收卫生行政抽检样品18类804件，合格670件，合格率83.33%。完成委托检验样品691件，合格637件，合格率92.19%。完成换发食品卫生许可证检测样品3 168件，合格2 700件，合格率85.23%。

健康教育与健康促进。开展健康大课堂183场，16 524人次参加，其中预防甲流及相关呼吸道传染病讲座79场5 871人次。开展大型健康教育宣传咨询活动7次，制作卫生防病宣传展板12块，发放宣传品13种12 000余份，咨询1 000余人次。在《昌平周刊》刊登卫生防病及《正确预防甲型H1N1流感》宣传稿件共86篇。在昌平电视台安排"甲型H1N1流感防控措施"专题访谈2次。昌平建成区10块电子显示屏滚动播出防病口号8条3 696小时。印制、发放《甲型H1N1流感可防可控可治》及"减少食盐摄入，保护血压健康"环保袋等多种形式的宣传品共18种114万份。发放市级宣传品50种33万份。

应急处置。全年报告突发公共卫生事件12起48例，其中甲流病例个案8起、死亡病例个案3起、聚集性疫情1起；报告暴发疫情14起185例，其中甲流6起、猩红热1起、手足口病7起。疫情调查处理率100%，及时报告率100%，突发公共卫生事件、传染病暴发疫情规范处置率100%。

卫生监督 开展经常性监督执法检查20 480户次，其中食品生产经营单位11 807户次，公共场所2 656户次，生活饮用水589户次，学校卫生132户次，职业病防治296户次，放射卫生74户次，传染病、消毒隔离3 427户次，血液管理9户次，母婴保健4户次，医疗卫生服务监督1 486户次。取缔非法行医213户次。实施行政处罚354起461 512.7元。同时，没收药品1 800公斤、医疗器械313件，价值近30万元。全区食品餐饮业量化分级，A类157家、B类1 321家。

公共卫生投诉举报。全年受理各类投诉举报478件，结案率100%，其中食品卫生308件、医疗卫生服务109件、饮用水21件、传染病与消毒3件、公共场所34件、母婴保健3件。对违法事实清楚的给予行政处罚28户（包括警告3户），罚款29 500元。

大型活动卫生保障。在完成国庆60周年卫生监督保障工作的基础上，先后承担了全国两会食品供应、昌平区两会、2009北京国际铁人三项洲际杯赛暨全国冠军杯系列赛、首届昌平区美食文化节、第十三届京港经济项目洽谈会、亚洲200强颁奖典礼、第十届北京国际工程机械展览与技术交流会、第63届中国国际医药原料药、中间体、包材、设备秋季交易会、昌平区高考等大型活动的公共卫生保障任务，累计出动监督员110人次、车辆36台次，监督检查71

户次，抽检样品55件，快速检测样品563件次，留样食品1 118件。

卫生监督人员全年参加各类培训150余人次。

甲流监督防控。年内，出动执法人员17 552人次、监督执法车辆2 630车次，开展防控甲流监督检查9 650户次，其中医疗机构1 234户次、疾控中心监督4户次、学校627户次、托幼机构550户次、建筑工地197户次、消毒产品生产企业20户次、住宿行业207户次、食品餐饮单位6 811户次。经检查督促，各单位防控措施落实到位，符合防控工作要求。

爱国卫生 年内，创建北京市卫生村6个、北京市健康示范村6个。组织城市清洁日12次、大型卫生日活动2次，近1万名干部职工、志愿者和社区居民参与环境治理。开展了5轮60周年大庆病媒生物消杀活动，共投资75万元。完成农村改厕6 500户。设立"拒绝烟草，保护健康"为主题的大型宣传站30余个，张贴宣传海报2 000张，发放各种宣传材料3万张、致公共场所负责人一封信1.2万张，制作宣传展板300余块，出黑板报100余块，悬挂横幅200余条；完成禁烟检查员规范化管理和登记造册；为辖区各单位更换、下发禁烟标志牌5 000余块。

妇幼保健 妇女保健。户籍孕产妇4 372人，住院分娩率100%；活产4 405人；孕产妇建卡4 341人，建卡率99.29%；产前检查4 366人，产检率99.86%；孕早期检查4 366人，早检率99.86%；高危孕产妇1 043人，高危筛出率23.86%，高危管理1 043人，合格管理率100%；产后访视4 161人，访视率95.17%；系统管理4 160人，系统管理率95.15%。新生儿期母乳喂养6 125人，有喂养登记6 518人，母乳喂养率93.97%，6个月内母乳喂养率89.64%。孕产妇死亡率22.70/10万；围产儿死亡17例，死亡率3.85‰；新生儿死亡率2.50‰；婴儿死亡率3.86‰。

儿童保健。新生儿访视4 155人，访视率94.32%；新生儿访视、代管共7 380人，检出高危新生儿903人，高危新生儿发生率13.80%，合格管理729人，合格管理率80.73%。0~6岁在册儿童42 322人，接受一次及以上体检38 664人，儿童保健覆盖率91.36%；3岁以下儿童系统管理率65.53%；0~6岁儿童听力筛查率83.34%，口腔检查率83.97%，龋齿患病率27.57%、矫治率32.30%，发育迟缓患病率0.27%，低体重患病率0.24%，消瘦患病率0.29%，肥胖患病率3.84%，贫血患病率3.34%。4~6岁儿童视力检查率97.27%，视力低下患病率9.12%。

计划生育技术管理。全年计划生育手术21 171例，其中本地9 547例、外地11 624例。无手术并发症。

女工保健。农村妇女普查应查79 955人，实查58 212人；宫颈涂片42 332张，涂片率72.72%；检出各种妇科疾病33 124人，疾病检出率56.90%；四病治疗率100%。婚检1 418人，婚检率10.20%，其中男性患病率10.62%、女性患病率13.47%。

医疗工作 门诊424.53万人次，急诊39.85万人次，留观13.43万人次，危重症抢救4 050人次，住院59 937人次，出院58 515人次，病床使用率70.28%，治愈率52.74%，好转率42.88%，死亡率1.38%，出入院诊断符合率99.57%。住院手术17 284例。

院内感染管理。医院感染率0.75%，无菌手术切口感染率4.37%，医疗器械消毒灭菌合格率100%。

病历质控。医院甲级病案率96%。

护理工作。危重患者护理合格率96.21%。

医疗卫生对口支援。返聘退休医学专家34人，累计下社区206人次，门诊6 089人次，开展健康教育29场，3 375人次参加，健康咨询5 786人次，上转病人461人，下转病人705人。

血液管理。无偿献血5 637单位，其中全血4 972单位、成分血665单位。全年用血3 905单位，其中全血26单位、成分血3 879单位。对区内8个血库进行4次市、区级督查，全区用血管理规范，采供血统一，用血科学合理。

医疗设备。医疗设备总资产53 754万元。

医学教育 参加继续教育4 238人。医务人员进修181人、培训12 200人次。

精神文明建设 深入开展党风廉政建设，层层签订了党风廉政责任书，建立廉政台账，查找系统廉政风险点，制订整改措施。同时，继续加强医疗质量管理、纠正行业不正之风和治理医疗卫生领域商业贿赂，开展了医疗质量万里行活动。对全区医疗机构开展联合检查，检查结果当场反馈，各单位针对检查出的问题，制订整改措施，及时进行了整改。

国庆医疗保障 成立了60周年国庆活动卫生保障工作领导小组，制订了《首都60周年国庆活动卫生保障方案》、《国庆60周年庆典阅兵村服务公共卫生保障工作方案》、《60周年国庆活动医疗急救工作预案》、《国庆60周年群众游行医疗卫生保障工作方案》等，并进行了多次实战演练。分指合练期间，共出动现场医疗卫生保障人员240人次，其中医疗救护人员144人次、疾病控制人员20人次、卫生监督人员20人次、后勤指挥57人次、各种车辆49车次。

财务管理 卫生事业经费25 049.88万元，专项资金12 642.74万元。总收入123 639.09万元，其中财政拨款29 649.52万元；总支出123 851.85万元，其中财政拨款支出32 955.49万元。专项拨款14 654.43万元，其中基本建设资金5 049.42万元。财政专项支出17 391.24万元，其中基本建设资金5 695.09万元。

基本建设 完成百善、北七家、南口社区卫生服务中心建设。区医院综合病房楼、北郊医院门诊楼开工建设，两个项目总建筑面积4.02万平方米，预计总投资24 457万元。

其他工作 1月，昌平区医院、昌平区中医医院成立党委，为正处级单位，归属机关工委，区卫生局负责其业务管理。

7月22日，北京校官方队培训中心在昌平区承办特训营期间，未按照市政府有关规定落实甲型H1N1流感防控措施，导致甲型H1N1流感暴发疫情。依据《中华人民共和国突发事件应对法》，对责任单位给予"吊销营业执照"的行政处罚。

12月25日，北郊医院与人民医院医疗服务共同体网络正式开通。

（撰稿：刘　丰　审核：梁景隆）

顺义区

概况 有19个镇、6个街道办事处、424个行政村，常住人口73.2万。区内有医疗机构444个（含村卫生室），其中营利性134个、非营利性310个。卫技人员4 414人，其中执业（助理）医师1 958人、注册护士1 420人，实有床位2 644张。平均每千常住人口拥有卫技人员6人、执业（助理）医师2.67人、注册护士1.94人、床位3.61张（不包括安康医院和骨伤科医院）。

生命统计。出生4 563人，出生率7.89‰；死亡3 555人，死亡率6.14‰；人口自然增长率1.74‰。因病死亡3 378人，占死亡总数的95.02%。死因顺位前十位疾病依次为：脑血管病、心脏病、恶性肿瘤、呼吸系统疾病、损伤和中毒、内分泌、营养和代谢疾病、消化系统疾病、泌尿、生殖系统疾病、神经系统疾病、传染病。

社区卫生 继续实行收支两条线和药品零差率销售，社区卫生服务机构零差率药品覆盖率100%，全年销售零差率药品6 041万元，占全部药品收入的50.3%。社区卫生服务机构全年门急诊242万人次，比上年增长10.5%。完成北京市社区卫生服务机构标准化设备配发工作，配发设备共计143种25 495件，总价值2 743.19万元。完成18.48万名农村居民健康体检，体检率71%。培养家庭保健员2 500人。北京市社区卫生综合管理信息系统在天竺、杨镇、北小营3个社区卫生服务中心试点运行。建立居民电子健康档案303 789份。通过了国家中医药管理局全国中医药特色社区卫生服务示范区的复核。

农村卫生 全区有村级医疗机构415个，其中卫生院下设的卫生服务站212个、村委会设置的村卫生室203个。村级医疗机构分布在261个行政村中，行政村覆盖率61.6%；按初级卫生保健可及性原则，村级卫生服务覆盖率达到了97.9%。全区有注册乡村医生402人。

新型农村合作医疗。区域内35家新农合定点医疗机构全部开展了参合人员住院医药费直报工作。全区参加新农合31.40万人，参合率98.62%，筹集资金1.85亿元，通过调整报销比例和封顶线，提高参合农民受惠度，全年报销49.24万人次1.53亿元，其中报销住院及大病门诊2.03万人次、普通门诊47.21万人次，分别支付报销金额8 957.4万元、6 369.24万元。住院报付率51.65%，门诊报付率35.4%。全区领取万元以上报销金2 494人，其中领取10万元以上8人，最高领取报销金16万元。

疾病控制 年内，重点防控手足口病、甲流，传染病监测以甲流等呼吸道传染病和夏秋季霍乱、菌痢等肠道传染病为主；加强对国庆训练场所、中国第七届花卉博览会场馆及周边食品卫生环境的综合整治，确保食品卫生安全；加强中国第七届花卉博览会场馆及周边环境卫生整治力度，开展病媒生物密度监测，为病媒消杀提供科学依据；开展手足口病、甲流等防病知识宣传，提高全区群众健康意识。全年报告乙类传染病12种2 083例，发病率250.11/10万，其中艾滋病、淋病和梅毒3种152例，发病率18.25/10万，死亡10例。报告丙类传染病6种3 418例，发病率410.40/10万。接待动物致伤患者11 958人，比上年下降3.46%，接种狂犬疫苗11 944人份。监测禽流感高危人群937 601人次,未发现流感样病例和不明原因肺炎病例。手足口病报告1 103例,发病率132.44/10万。甲流报告408例,发病率48.99/10万。结核病人转诊到位率93.1%;全区共登记管理病人353例,其中初治菌阳115例、复治菌阳29例、初治菌阴170例、复治菌阴39例;结核病人全监化疗率100%;接种卡介苗8 104人。

地方病防治。开展碘缺乏病监测,监测居民户食盐288件,碘盐合格率99.29%;监测儿童400人,无患病。开展高氟改水井氟含量检测,检测16个乡镇67眼水井,达标率100%。开展氟斑牙监测,调查60人,患病率20%。布鲁氏杆菌病监测,调查重点行业人群588人,监测血清50人,均为阴性;监测牲畜46 658头,全部阴性。

精神疾病防治。全区精神疾病患者3 263人,其中精神障碍1 937人、精神发育迟滞(中度及以上)1 326人;男性1 704人、女性1 559人,总患病率5.02‰。送至区精神病院进行系统治疗的重性精神病人64人;免费投药及随访复诊精神病人554人,金额17万余元。有1 521人次低保及低保边缘精神病患者享受大病医疗救助,救助住院费用323.1万元。为245名精神病人免费体检。

学校卫生。中小学生应体检5 794人,实检5 706人,体检率98.48%。超重702人,患病率12.30%;肥胖1 100人,患病率19.28%;视力不良2 797人,患病率49.02%;沙眼2人,患病率0.04%;龋齿990人,患病率17.35%。

慢性非传染性疾病防治与管理。继续开展规范化社区慢病管理试点工作,规范管理高血压病人及高危人群202例、糖尿病人及高危人群98例、超重及肥胖患者52例。全区共报告管理高血压、糖尿病1.6万人。与阜外心血管病研究中心、中国疾控中心等单位合作,开展了城乡前瞻性流行病学研究(PURE)课题3年随访及慢病管理软件推广工作。

计划免疫。第一类疫苗基础免疫、加强免疫报告接种率均在98%以上。为647家集中用工单位的外来务工人员进行流脑、麻疹疫苗接种,接种麻疹疫苗17 637人次,接种率92.83%;接种流脑疫苗18 502人次,接种率93.26%。查漏补种共调查学龄前流动儿童16 511人,其中卡无1 101人,补卡率100%;无证408人,补证率100%;脊灰疫苗漏种553人,补种率100%,其他疫苗零剂次预约补种率均100%。

公共卫生监测与评价。全区接触毒害物质单位367个,职工38 503人。监督职业、放射危害企业446户次。发放放射诊疗卫生许可证5个。受74家单位委托对职业病危害因素接触者共5 006人进行职业健康检查,检出职业禁忌证14人,未发现疑似职业病。对39家单位进行职业病危害因素检测,26家企业存在不同程度的超标现象,检测样品1768件,总合格率80.7%,超标以噪声、粉尘为主,集中在汽车制造业、机械加工等行业。

健康教育与健康促进。培训健康教育二级网工作人员180余人次,制作发放宣传材料116种130余万份,制作电视、广播、报纸专题、专栏节目80余期次,举办健康教育大课堂120余场,创建健康促进示范村5个、健康促进学校29个。

卫生监督 全区有餐饮服务单位3 800个,监督8 486户次,监督覆盖率100%(不含摊贩),合格8 195户次,合格率96.57%。抽检食饮具、冷荤凉菜等395件,合格390件,合格率98.73%。全年发放食品卫生许可证1 490个。实施食品卫生行政处罚379起,罚款105 300元。发生食物中毒2起26人,无死亡。

公共场所卫生。全区有公共场所1 374个,监督2 387户次,监督覆盖率100%,合格率99.33%。抽检公共用品、用具50件,合格42件,合格率84%;检测游泳池水70件,合格52件,合格率74.29%;检测沐浴场所水质6件,合格4件,合格率66.67%。发放公共场所卫生许可证673个。公共场所行政处罚17起,警告9起,罚款8起4 150元。

生活饮用水卫生。生活饮用水供水单位615个,监督987户次。对10个城镇供水单位末梢水、18个二次供水水箱水质、10个乡镇自备水源供水及5个自建集中供水单位进行抽检,合格率97.67%。发放生活饮用水卫生许可证50个。实施生活饮用水卫生行政处罚13起,警告12起、罚款1起5 000元。发生生活饮用水污染事故2起。

医疗卫生专项检查。涉及全区传染病消毒工作的医疗机构及消毒产品生产企业共637个,医疗保健机构传染病防控监督率200%,监督覆盖率100%。对医疗、妇幼、血液机构,消毒产品生产单位监督覆盖率100%。实施非法行医行政处罚4起,罚款6 500元。

公共卫生投诉举报。受理各类投诉338起,其中接报284起、市所转入54起,包括食品卫生265起、生活饮用水卫生25起、公共场所卫生13起、职业卫生2起、医政33起。处理率100%,办结率100%。

大型活动卫生保障。参与全国两会供货保障、阅兵村供货保障、第七届花卉博览会、国庆庆典群众游行训练期间公共卫生保障等6项大型保障活动。

卫生监督人员培训。全年监督员培训20次,1 168人次参加。培训主要内容包括食物中毒调查处理、手持执法机使用、快速检测仪器使用、行政处罚案卷制作等。

爱国卫生 开展城市清洁日和爱国卫生月活动，共出动3.8万人次。清除小广告4 406处，清除卫生死角225处，开设宣传专栏347个（含标语和条幅），发放卫生健康知识宣传品4.8万份。以60年国庆庆典、中国第七届花博会保障工作为重点在全区开展病媒生物控制工作，总投入64.35万元。创建北京市卫生村7个、北京市健康示范村5个、北京市健康社区2个、北京市无烟餐饮单位11个。完成162个村68 400户户厕改造、23个村32项农村改水任务。

妇幼保健 妇女保健。产妇4 544人，系统管理率96.61%；建册4 530人，建册率99.69%；产后访视率97.34%；高危孕产妇1 677人，高危管理率100%，高危孕产妇发生率36.91%；接产6 940人，住院分娩率100%，剖宫产率61.89%；孕产妇死亡1人。监测围产儿6 989人，围产儿死亡35例，死亡率5.01‰，其中本地围产儿4 582人，死亡28例，死亡率6.11‰；出生缺陷83例，发生率11.88‰。

儿童保健。新生儿应访视4 563人，实访视4 444人，访视率97.39%；新生儿母乳喂养率97.32%；上报高危儿310人，合格管理297人，合格管理率95.81%。新生儿听力筛查6 678例，筛查覆盖率98%；初筛未通过242人，未通过率3.62%；42天复筛205人，复筛率84.71%，未通过79人，未通过率38.54%；拒绝筛查16例，拒绝筛查率0.24%。新生儿疾病筛查应筛6 959例，实筛6 835例，筛查率98.22%，异常追踪27例，确诊1例。5岁以下儿童死亡16例，死亡率3.51‰；新生儿死亡12例，死亡率2.63‰；婴儿死亡14例，死亡率3.07‰。0~6岁儿童25 014人，保健覆盖率99.28%；0~2岁儿童18 279人，系统管理率70%。体检中发现5岁以下儿童中重度营养不良32例，患病率0.2%，0~6月母乳喂养率93.99%。4岁以上视力检查率96.93%，3岁以上口腔检查率97.46%，龋齿矫治率56.82%。

计划生育技术管理。实施节育手术13 311例，手术并发症1例。

女工保健。宫颈癌筛查发卡119 220人，筛查75 889人，筛查率63.65%；乳腺癌筛查发卡81 515人，筛查54 806人，筛查率67.23%。婚前医学检查2 090人，婚检率15.21%。

医疗卫生 门诊3 450 529人次，急诊329 262人次，留观190 222人次，危重症抢救5 838人次，住院50 199人次，出院49 967人次，病床使用率71.57%，治愈率39.52%，好转率36.16%，死亡率1.29%，出入院诊断符合率98.17%，住院手术18 631例。

院内感染管理。区内医疗器械消毒合格率100%，一次性无菌医疗用品抽测合格率100%；手术医院无菌手术切口感染率≤0.5%；二级医院感染率和医院感染漏报率分别<8%、<10%。

病历质控。二级医院甲级病案率>90%。

护理工作。等级护理落实到位，危重患者护理合格率>90%。完成护士登记注册435人，其中首次注册389人、变更注册46人。护理人员继续教育参与率>98%，继续教育学分达标率98%，持证执业率100%。

血液管理。受地铁M-15号线建设的影响，光明广场采血点停止使用，11月8日在顺义便民街西口处新建采血点。全年采血12 304单位，较上年增长15.35%。医疗机构使用悬浮红细胞1 344 400ml，较上年增长9.23%；血小板369个治疗量，较上年增长2.22%；血浆3 404单位，较上年增长51.56%。

年内，验收新增麻醉药品、第一类精神药品购用印鉴卡医疗机构1家，参与销毁过期毒麻药品3次，完成国庆节前特殊药品和医疗设备安全使用专项检查2次。处置"停用香丹注射液及停用拜糖平事件"等突发药品不良反应事件8例。

医疗设备总资产32 548.64万元，其中万元以上设备2 800台。

医学教育 年内，选送27名本科及以上学历医学专业人员进入北京市专科医师培训基地接受为期3年的毕业后教育，培训率93.1%。

举办市、区两级继续医学教育培训349项，培训47 414人次；区内有4 111名卫生技术人员纳入学分规范管理，其中4 074人参加继续教育学习，占总数的99.1%；3 999人超过25学分，达标率97.3%。

乡村医生培训。全区设置14个教学点，对358名在岗注册乡村医生进行理论和技能的系统培训和考核，重点结合甲流进行了传染病防控等培训。

社区医生岗位培训。全科医师、社区护士和防保医师岗位技能培训共114人，其中全科医师30人参加考试，28人取得证书；社区护士73人考试，58人取得证书；防保医师11人考试，9人取得证书；考试通过率分别为93.3%、79.5%和81.8%。心电图、B超等7个专业培训，参加考试160人，148人取得证书，合格率92.5%。

学科骨干培养。区内二级医院遴选7名学科骨干和带头人到三级医院参加为期1年的培训，送出人员所在专业占二、三级科目（临床科室）的24.14%。全区各社区卫生服务机构共选送4名专业骨干参加为期1年的市级专项培训，选派2名大学本科临床专业毕业生到友谊医院参加为期3年的全科住院医师培训。

年内，组织二级医院1 700余人进行甲流防治知识全员培训;全区在职卫生技术人员甲流防治知识考试3 800人,优秀率95%。

科研工作　申报首发基金自主创新与普及推广项目14项、北京市中医药人才培养计划"125"人才科研项目基金1项。发表医药卫生类论文440篇。

精神文明建设　规范落实党风廉政建设责任制,层层签订责任书,明确党风廉政建设任务与目标,完善一级抓一级、每级落实有考核的工作机制。健全党风廉政制度,强化廉政风险防范管理,制订落实《廉政风险防范6项制度》,印发了《工作人员廉洁从业手册》,加强制度约束,实现用制度管人、管权、管事,有效制约权力运行。加大重大事项、重点工作监察力度,加强对领导干部内部监督审计、"小金库"专项治理以及甲流防控全过程管理,规范各项工作依法有序落实。开展职业道德、职业责任和医德医风教育,加强社会监督与内部监督,畅通医患沟通渠道,群众对医务人员服务态度和医技水平满意率稳步上升。开展了创优评先、主题教育活动、岗位练兵、技能比武活动和素质教育培训,不断提高服务能力和窗口社会形象。

财务管理　全年收入139 642.51万元,其中财政补助51 029.80万元(含新农合基金8 556.28万元),事业收入88 557.76万元,其他收入54.95万元。支出136 746.50万元。

国庆、花博会保障　公共卫生保障。保障花博会展馆工作人员和游客66 948人次就餐,监督食品留样130件,进行食品现场快速检测272件,合格率100%。保障8家花博会接待酒店公共卫生安全,监督食品留样1 886件,监督工作人员健康状况3 550人次,进行现场快速检测557件,合格率97.13%。保障2家送餐企业配送盒饭48 055份,46 500人次就餐,进行快速检测377件,合格率100%。监督检查340个单位,其中餐饮服务单位281个、公共场所经营单位55个、生活饮用水供水单位4个,责令整改15户。未发生突发公共卫生事件。

医疗保障。针对花博会保障场所分散和保障群体差异的特点,通过驻点保障与场馆保障两种形式开展医疗保障。抽调专业人员入驻定点酒店,提供24小时医疗服务。在花博会主场馆和国际鲜花港设置医疗站,安排救护车,以"一站四车"的保障模式为场馆内外提供了及时有效的医疗与急救服务,急救车参与转运45人次、医疗站接诊103人次。

国庆游行方队保障。制订专项医疗保障方案,抽调专职医务人员到6个训练基地设立医疗站,提供现场就近医疗保障。构建各站点与区医院院内救治的"绿色通道",通过"小病小伤诊疗方便、重伤急病救治及时"的医疗服务模式,为参训人员提供了医疗保障。

甲流防控　全区报告甲流确诊病例419例(包括港澳台及外籍病例),其中重症10例、危重10例、死亡5例、痊愈414例。全年报告甲流暴发疫情7起,均为学校疫情,共226例。采集咽拭子标本5 925件,其中甲流核酸检测阳性473件。开展甲流防控工作专项监督检查,共出动监督员994人次,监督车辆379车次,监督1 194户次。其中监督检查医疗机构968户次、疾控中心5户次、工地34户次、其他73户次,重点检查了突发公共事件的组织管理、疫情报告、预检分诊、医疗废物处理、宣传培训和个人防护等。监督检查托幼园所44户次、学校70户次。制订了各项医疗救治工作流程与方案,落实医务人员培训、发热患者筛查、疑似病人会诊、患者转运、定点医院起用、样本检测以及医院内感染的控制等工作。成立了区内医疗救治专家组,在物资储备、工作重点调整、疑难病例处置等工作中提供技术支撑。确定区内定点救治医院,共收治确认病例122人、疑似病人留观302人;120急救顺义分中心转运发热患者486人、确诊病人5人;区医院发热门诊及其他医疗机构日均接待发热患者约200人次;参与市、区集中医学观察点的医疗服务工作,共向京林大厦和空港天缘酒店等医学观察点派出医务人员28人次。

"问题奶粉"善后　年内,完成区内"三聚氰胺问题奶粉"泌尿系结石确诊患儿登记信息的核实、补齐、上报工作,组织医务人员入户解释及病例复核,完成区内确诊患儿的入户赔偿工作。

(撰稿:方小芳　审核:高金龙)

平谷区

概况　有2个街道办事处、29个居委会、14个镇、2个乡、273个行政村,常住人口397 417人。区内卫生机构315个,其中营利性2个、非营利性313个;卫技人员2 885人,其中执业(助理)医师1 224

人、执业护士1 000人；床位1 907张。平均每千常住人口拥有卫技人员6.76人、执业（助理）医师2.87人、执业护士2.34人、床位4.47张。

生命统计。出生2 524人，出生率6.35‰；死亡2 659人，死亡率6.69‰；自然增长率-0.34‰。因病死亡2 469人，占死亡总数的92.9%。死因顺位前十位依次为：循环系统疾病，肿瘤，损伤和中毒，呼吸系统疾病，内分泌、营养和代谢疾病，消化系统疾病，神经系统疾病，精神障碍，泌尿、生殖系统疾病，传染病和寄生虫。

获奖情况。年内，被评为首都文明单位、北京市内保安全工作集体三等功、北京市绿化美化先进单位、北京市两癌筛查工作优秀集体、首都"迎国庆，讲文明，树新风"活动先进单位、首都国庆60周年群众游行支持贡献单位。

卫生改革 年内，实施以扶持区医院为首的5个优势学科，打造以二级医院为龙头的10个学科带头人，培养以卫生院为基础的20个基层业务骨干的"51020"工程。引进副高级职称以上专业技术人员2人、非北京生源应届硕士研究生12人，完成"十百千"卫生人才培养专项经费资助工作；与首都医科大学合作，为社区卫生服务中心培养临床医学专业本科生12人，专科生7人，并达成了为山区、半山区定向培养10名临床专业本科生的合作意向。

社区卫生 落实社区卫生服务"六位一体"功能，提升社区卫生服务整体水平。返聘退休专家和医学专家下社区，32名专家和20名主治医师在16个社区卫生服务中心站开展门诊、会诊、帮扶带教、健康咨询、健康教育、健康指导等。继续推动社区常用药品零差率销售和药品限价管理，全年常用零差率药品进药3 005.12万元，比上年上升35.98%；销售2 891.03万元，比上年上升22.43%；让利于民433.65万元。逐步推行医疗卫生服务进家庭工程，为百姓送医、送药、送健康服务。对老年人实行"三优先"服务，落实了社区卫生服务首诊制；为16名60岁以上全口无牙的低保老人免费镶牙。创建"社区残疾人康复工作达标区"通过了市残联的验收；社区"健康通"热线咨询指导服务共接受咨询3 552人次；计划培养家庭保健员2 500人，实际培养2 517人，考试合格率100%。

农村卫生 村卫生室207个，覆盖率64%，全部为非营利性。乡村医生269人，全部参加了本市乡村医师培训考核，269人考核合格。

新型农村合作医疗。参加新农合214 748人，参合率99.3%；人均筹资420元，筹资总额9 019.416万元，加上新农合历年结余资金3 761.39万元，实际可用资金1.28亿元。全年报销补偿12.95万人68.3万人次，参合人员受益率60.32%；门诊补偿比例29.88%，住院补偿比例43.15%。累计投入资金350余万元推进出院即报与随诊随报，全区24家定点医院全部开展了出院即报与随诊随报。同时，开展随诊随报进社区举措，全区有86个社区卫生服务站开通了随诊随报工作。共有56.8万人次直接在医院进行出院即报与随诊随报，占总报销人次的83.2%，参合农民的报销周期由1~2个月缩短到不足2分钟。区卫生局自筹资金率先在全市实行新农合管理条码化服务，提高了报销效率与操作准确性。

疾病控制 传染病防治。报告乙丙类传染病2 587例，发病率507.5/10万，其中乙类传染病8种945例，发病率185.4/10万，比上年上升12.35%；丙类传染病5种1 642例，发病率322.1/10万，比上年下降了6.3%。全年流感监测322 674人次，发现流感样病例2 909人次；高暴露人群禽流感监测632 368人次，未发现可疑病例。

结核病防治。登记管理肺结核122例，其中菌阳57例、菌阴65例，全部实行监化管理。新生儿卡介苗阳转监测2 455例，大学生PPD监测903例。同时，加强对社区卫生服务中心结核病规范管理的督导检查，督导检查覆盖率100%。

性病、艾滋病防治。梅毒发病77例，淋病发病44例。无HIV病毒抗体阳性报告。艾滋病咨询检测774人，未发现阳性样本。高危人群干预1 257人次，发放安全套9 310只、宣传材料1 529份。12月，中医院的艾滋病初筛实验室通过了市级验收。

地方病防治。开展学龄儿童、育龄妇女、孕妇重点人群尿碘监测，共采集尿碘样本811件，碘营养状态合格。居民碘盐监测：共采集碘盐288件，合格碘盐食用率91.67%。水氟监测：对8个历史高氟村丰水期、枯水期监测样本16件，结果全部符合国家生活饮用水标准。布病监测：采集4家养殖单位重点岗位人员血清样本37件，无阳性样本。

精神疾病防治。全区有精神病人1 930人，管理1 880人，管理率97.4%。对登记在册的服药病人开展临时性投药，长期和临时性投药共1 101人次，投药金额6.08万元。国庆期间，区精神病医院收容重性精神病人19人。为1 930名精神病人建立了社区精神卫生个人健康档案，微机管理，全市联网。

学校卫生。为9所监测点校学生进行体检13 176人，其中营养不良2 651人，营养不良率20.1%；肥胖2 195人，肥胖率16.7%；视力不良9 020人，视力不良率68.5%，新发1 572人；龋齿3 831人，活动龋6 743个、龋失686个、补牙1 041个；沙眼74

人，患病率0.6%；贫血实查12 198人，阳性1 597人，患病率13.1%。

慢性非传染性疾病防治与管理。开展高血压和2型糖尿病干预，选定6个社区1 200名居民，其中慢性病患者615人、高危人群585人；共举办讲座33场，15 000人次参加；发放宣传品6种2万余份；完成社区指导21次、大型宣传活动3次。在高血压日、糖尿病日、肿瘤日等期间，举行多种形式的宣传活动。

计划免疫。全年接种一类疫苗88 650人次、水痘等二类疫苗12 073人次。门诊处理犬咬伤患者5 643人，接种疫苗28 215针次。接种季节性流感疫苗66 071人次，其中60岁以上人群接种36 157人次（含自费91人次、免费36 066人次），接种率53.62%；在校中小学生免费接种28 681人次，接种率70.65%。

公共卫生监测与评价。采集食品样品378件，合格率100%。生活饮用水监测样品288件，全部合格。公共场所监测，采集洗浴、住宿、美容美发和饭店微小气候样品共763件，全部合格。对26个放射工作单位从事放射工作人员进行个人剂量监测650人次，其中23家医用放射工作单位129人、3家工业企业40人。对6家放射工作单位的21台射线装置进行了状态检测。全区存在职业病危害因素的单位198个，职工1.72万人，其中接触职业病危害因素10 006人。对7个单位职业病危害因素检测与评价，采集样品260件，合格230件，合格率88.5%。检查职业卫生监督单位38个，行政处罚1户。企业建立职业健康监护档案单位105个，进行职业健康检查单位38个，共计510人。

健康教育与健康促进。全年开展健康大课堂154场次，覆盖16个乡镇2个街道办事处，涉及55个行政村及居委会，受教育1.3万余人，群众健康知识知晓率90%。在平谷电视台开办卫生专题栏目，制作节目52期。以创建国家卫生区为平台，广泛进行传染病防控、健康生活方式、食品卫生、生活饮用水卫生知识宣传，提高了居民的健康知识知晓率。

卫生监督 食品卫生。有餐饮服务单位2 464个，其中餐饮业1 130个、集体食堂307个、民俗接待户1 027家。对区内食品生产经营单位监督检查1 752户次，合格1 749户次，合格率99.8%，监督覆盖率71.1%。对633个（其中A级37个、B级268个、C级328家）餐饮单位实施量化分级管理，已完成86.07%量化分级任务。年内评定A级4个、B级43个、C级58个。有餐饮连锁企业10家，全部为B级以上。对336个民俗接待户进行了食品卫生知识培训；培训民俗管理干部2次86人次；对辖区小饭桌经营单位培训1次26人次；结合专项整治工作，对403个餐饮单位、97所学校进行了食品卫生知识培训。结合创建国家卫生区工作，举办管理相对人培训班4次，培训780人次。

公共场所卫生。有公共场所583个，其中住宿业73个，文化娱乐场所11个，公共浴室33个，理发店、美容店448个，游泳馆2个，体育馆1个，商场、书店11个，候诊室4个。公共场所经营单位建档率100%，监督检查544户次，监督合格率100%，监督覆盖率93.3%。开展住宿业、游泳场馆量化分级，完成住宿单位量化评级41个，评出A级单位6个、B级19个、C级16个；游泳场馆4个（含2个宾馆内部游泳馆），评出A级单位3个、B级1个。

饮用水卫生。全区有卫生许可证的供水单位213个，其中市政供水6个、二次供水20个、农村简易自来水98个、单位自备水源89个。生活饮用水经营单位建档率100%。开展创建生态区的6个乡镇生活饮用水专项监督、生活饮用水消毒剂管理、暖气换散热水器监督检查等4项专项监督检查，全年监督检查供水单位260户次，合格258户次，合格率99.2%，监督覆盖率100%。

卫生行政许可。行政许可窗口接待咨询7 000人次，受理卫生行政许可申请1 450件，准予行政许可1 232件，其中食品许可877件、公共场所共310件、生活饮用水45个，不予行政许可218件。受理投诉、举报案件128起，均进行了及时有效处理。

大型活动保障。完成国庆游行、桃花节、冰雪节、平谷大集进京城等大型活动卫生保障。

爱国卫生 年内，平谷区通过了北京市爱卫会考核鉴定，被命名为北京市卫生区。开展了春冬两季灭鼠、5~9月集中灭蚊蝇、市民统一灭蟑活动，四害密度始终控制在国家规定的标准以下，完成迎国庆夏季病媒生物防制保障和"健康北京灭蟑"工作。除单位和居家购置除四害药械外，市、区政府出资用于无偿发放的灭鼠嗅敌隆毒饵蜡块2吨，灭蚊蝇悬浮剂、安倍等12吨，优惠提供灭蟑套餐3 000套，聘用3支专业"除四害"消杀队伍对建成区及城乡接合部进行4次统一消杀。加大环境卫生综合治理力度，消除"四害"孳生源，孳生地处理率和治理合格率分别达95%以上。

开展爱国卫生月和清洁日活动。清理街巷202条，清理卫生死角300多处、院落340个，清除楼道堆物2 701处，清理绿地近40万平方米，拆除违章建筑、私搭乱建、乱堆乱放物450余处，面积近7 500多平方米，清运拆后建筑垃圾5 000多车次。粉刷楼道内手写小广告21 860余处，粉饰主要大街外立面4万平方米。创建完成13个北京市卫生村、13个北京市健康示范村、3个北京市健康社区。

完成16个乡镇、1个街道办48个行政村户厕改造9 000座，完成率100%。完成农村改水项目13个，受益人口14 577人，工程总造价1 652.58万元。

妇幼保健 产妇2 507人，住院分娩率99.96%；系统管理2 384人，系统管理率95%；高危孕产妇管理率100%；剖宫产率55%。围产儿死亡21例，死亡率8.3‰；新生儿死亡10例，死亡率4.0‰；婴儿死亡12例，死亡率5‰。活产2 524人，访视2 435人，新生儿访视率96%；出生缺陷监测率100%；新生儿疾病筛查率98%。

儿童保健。0~6岁儿童16 435人，管理16 360人，儿童保健管理率99.5%；系统管理15 743人，儿童系统管理率96%；5岁以下儿童死亡率5.5‰。从6月1日起，对0~6岁儿童实行免费全程健康体检政策，对新生儿进行先天性听力异常、先天性心脏病、先天性甲状腺功能低下、苯丙酮尿症、先天性髋关节脱位等先天性疾病的免费筛查。

计划生育技术管理。16家定点医疗机构完成计划生育手术6 102例，并发症1例。

女工保健。妇女病应查56 761人，实查30 547人，普查率54%；妇科病患病率26.48%。全面启动两癌筛查工作，分别对本市户籍适龄妇女进行子宫颈癌、乳腺癌的免费筛查，完成子宫颈癌筛查33 620人、乳腺癌筛查26 486人，筛查出子宫癌1例、乳腺癌4例。

婚前检查。婚前检查1 302人，婚检率15.3%；检出疾病355人，疾病检出率27.3%。

医疗工作 门诊1 894 002人次，急诊116 238人次，急观30 981人次，住院危重症抢救430人次，抢救成功率74.42%。入院40 735人次，出院40 694人次，病床使用率86.7%，治愈率39.14%，好转率48.48%，死亡率0.62%，出入院诊断符合率98.07%。住院手术10 734例。

病历质控。全年甲级病历率90%以上。

护理工作。护士1 000人，其中首次注册331人。护理工作实行护理部、科护士长、护士长三级管理，护理人员实行责任护士、辅助护士、预备护士分层管理。护士全部参加了市、区、县级继续教育培训。

医疗卫生对口支援。东城区卫生局、北京协和医院、北京医院、北京中医药大学东直门医院、北京第六医院、华信医院、和平里医院对口支援本区共160人，开展门诊、咨询、讲座等。

血液管理。全年采集血液3 775单位，其中街头采血2 979单位、团体采血735单位。3月，卫生监督员对区医院、中医院、妇幼保健院、岳协医院等4家医疗单位进行了血液安全监督检查。全年用全血73单位、悬浮红细胞5 353单位、机采血小板229单位、手工血小板45.2单位、血浆2 012单位。

全区有21家医疗机构拥有麻醉药品、第一类精神药品购用印鉴卡，药品有专人负责，专库（柜），双人双锁。因病需长期带药的病人网上均建有病历，麻醉医生网上均有备案，麻醉药品购、用情况都能按时网上月报。

医疗设备。固定资产增加3 552万元，其中新增万元以上专用设备420件，投资3 236.46万元。

医学教育 年内，参加继续教育2 505人，占99.86%，其中完成72学时和25学分2 456人，占98.04%。二级医院医师到三级医院进修10人，一级医院医师到二级医院进修10人，参加住院医师规范化培训10人。

科研工作 全年开展科研课题8项，其中市级4项、区级4项。

精神文明建设 围绕"促进健康保民生，科学发展上水平"的活动主题，以"人民群众得实惠"为目标，为群众办实事14件，解决了一批涉及群众切实利益的突出问题；对群众提出的19项重点问题进行整改，属长期整改项目的纳入计划，并落实了责任领导和承办部门。开展了新中国成立60年感动平谷60人的评选，于增瑞、见国繁、金大庆、张宝军获荣誉称号；深入开展争优创先活动，引导广大干部职工发挥主人翁精神，为本区卫生事业的发展作贡献。落实了廉政责任制。在各基层单位实行了"一岗双责"制，层层签订《党风廉政建设责任书》，形成了与业务工作同部署、同检查、同考核，一级抓一级，层层抓落实的新格局。

计划财务 全年收入72 305.3万元，其中卫生事业财政拨款21 409.05万元，业务收入49 334.85万元，其他收入1 340.1万元，上级补助收入185.9万元，预算外收入35.4万元。全年支出74 462.6万元。

基本建设 区医院在建新病房楼5.2万平方米。

（撰稿：王静宇　审核：王红艳）

怀柔区

概况 有5个街道办事处、31个居委会、9个镇、2个乡、284个行政村,常住人口278 116人。区属医疗机构156个,其中营利性65个、非营利性91个。卫技人员2 558人,其中执业(助理)医师1 044人、注册护士796人、床位1 401张。平均每千常住人口拥有卫技人员6.76人、执业(助理)医师2.75人、注册护士2.09人、床位3.69张。

生命统计。出生1 760人,出生率6.33‰;死亡1 727人,死亡率6.21‰;人口自然增长率0.12‰。因病死亡1 652人,占死亡总数的95.66%。死因顺位前十位依次为:脑血管病,恶性肿瘤,心脏病,呼吸系统疾病,损伤和中毒,内分泌、营养和代谢及免疫疾病,消化系统疾病,泌尿、生殖系统疾病,神经系统疾病,起源于围生期的某些情况。人口期望寿命80.39岁,其中男78岁、女83.20岁。

社区卫生 有16个社区卫生服务中心、88个社区卫生服务站、275个村卫生室,编制680人。全年门急诊526 567人次,其中门诊503 867人次、急诊18 546人次,出诊4 154人次,留观23 499人次,住院2 736人次,双向转诊1 672人次,开展家庭病床76张。业务总收入4 094.2万元。完成79 544名居民健康体检,区内516名60岁以上全口无牙低保老年人免费镶牙的筛查、登记。新增社区"健康通"108部。2 543人考试合格并取得家庭保健员证书。举办健康宣教讲座156场,8 830人次参加;更换宣传栏72期,发放宣传材料18.46万份、健康教育处方3.08万份。举办了高血压、糖尿病、冠心病、医疗文书书写等培训班11期,1 046人次参加。

在甲流防控工作中,培训医务人员3 841人次;为34 567人接种甲流疫苗,随访17 880人次,其中归国人员3305人次,密接者居家观察随访14 560人次;开展健康教育317次,居民受教育47 044人次;发放宣传材料148 428份。接诊流感样病例3 400例,其中上转65人,居家隔离管理3 289人。

农村卫生 村卫生室275个,其中村办268个、私人办1个、乡卫生院设点1个、其他5个,覆盖率100%。乡村医生304人。

新型农村合作医疗。全区在册农业人口160 626人,参合158 433人,参合率98.63%。统筹资金6 654.18万元,医药费用总额15 097万元,补偿金额5 761万元,有77.8万人次享受医药费用补偿。其中享受普通住院和门诊特殊病补偿13 373人次,医药费用总额10 205万元,补偿金额4 445万元;享受普通门诊补偿76.46万人次,补偿金额1 316万元。

疾病控制 传染病防治。报告乙丙类传染病18种3 372例,发病率882.02/10万,不包括甲流412例的发病率为773.68/10万,比上年上升52.43%。死亡10例(乙肝5例、甲流3例、肺结核2例),死亡率2.63/10万,比上年上升378.18%。其中乙类传染病12种966例,发病率254.04/10万,比上年上升了48.71%;丙类传染病6种2404例,发病率632.20/10万,比上年上升87.75%。居前五位的传染病为其他感染性腹泻病(1 463例)、手足口病(722例)、甲流(412例)、细菌性痢疾(281例)、流行性感冒(151例),共3 029例,占报告发病总数的89.83%。

艾滋病防治。全年干预3 226人次,发放宣传材料3 968份、安全套32 055支。开展大型宣传活动18次,发放宣传材料30种7万份。自愿咨询门诊咨询检测408人,检出艾滋病抗体阳性5例;羁押场所艾滋病检测999人,性病就诊者检测329人,娱乐场所检测305人,未检出艾滋病抗体阳性者。

结核病防治。全年登记管理肺结核72例,全部监督化疗。传染病信息网报告肺结核125人,其中结核病防治所报告31例,占总数24.8%,并全部确诊建病历,给予监督化疗管理。结核病防治系统外报告的94例结核病人,转诊到位58例,转诊到位率61.7%;转诊未到位的36例经结核病防治所追踪到位33例,追踪到位率91.7%。

地方病防治。监测居民户食盐样本288件,合格碘盐食用率100%;大骨节病5例,检出率0.02%。布鲁氏杆菌病3例。检查142人,无氟斑牙。

学校卫生。体检7 068人,其中营养不良986人,发病率13.95%;视力不良2 957人,发病率41.84%;沙眼37人,发病率0.52%;肥胖1 326人,发病率18.76%。

慢性非传染性疾病防治与管理。管理糖尿病210人、高危人群58人;管理高血压250人、高危人群

239人；管理超重108人，开展知识讲座2场、趣味活动2次，发放宣传材料8种1 000余份。在全区开展高血压、糖尿病规范化管理，加上市级监测点管理高血压3 725人、糖尿病789人，全区共管理高血压3 975人、糖尿病999人，高血压规范化管理率20.40%，糖尿病规范化管理率20.78%。

计划免疫。一类疫苗接种76 607人次，二类疫苗接种17 871人次；应急接种疫苗1 309人次。调查流动儿童2 857人，对无卡无证和漏种者全部进行了补卡补证补种；为95个单位外来务工人员进行麻疹和流脑疫苗接种7 420人次。开展流感疫苗免费接种44 396支，其中学生20 333支、老人24 063支。16家接种门诊累计接种甲流疫苗40 540人，其中重要机构公务员1 290人、公共服务人员1 993人、医务人员1 823人、学生及教职工21 617人、60岁以上老人3 440人、其他10 377人

公共卫生监测与评价。接受49个用人单位的委托，进行职业病危害因素检测与评价，共检测样品2 423件。比上年减少了57个单位1 143件，样品减少率32.05%。为存在职业危害的231个单位5 741名职工分别进行了上岗前（1 334）、在岗期间（4 396）、离岗（11）职业健康检查。公共卫生从业人员体检34 273人、发证33 333人、发证率97.26%；检出异常667人，异常率1.95%。

健康教育与健康促进。针对禽流感、手足口病、甲流，通过电视专题节目、光盘、多媒体讲座课件、折页小样、举办大型宣传咨询活动、《健康》和《健康少年画报》等开展了宣传活动，共发放宣传材料30余种12万余份。有健康促进社区（农村）示范单位70个，举办公民健康素养大课堂280场次。完成2个单位209人《工作人员健康状况与健康知信行问卷》调查。制作、播出《安全在线》节目9期。《健康伴我行》广播专题节目共制作、播出52期。

卫生监督 接待5 300人次，发放卫生许可证1 780户。射线诊疗许可变更9户、校验22户，电话咨询近2 700人次，现场验收1 530户次，合格1 300户。

公共卫生专项检查。共监督检查各类网点12 953户次，其中食品卫生5 420户次、公共场所卫生1 207户次、生活饮用水卫生841户次、职业卫生330户次、医政328户次、传染病防控4 799户次、放射卫生28户次。1 203个餐饮单位全部进行了评级，其中A级35户，占2.91%；B级734户，占61.01%；C级434户，占36.08%。25家连锁餐饮企业均达到B级以上。开展公共场所评级239户，评级率55.2%。有旅店业427户，实际开展量化评级216户，其中A级55户，占25.46%；B级125户，占57.87%；C级36户，占16.67%；另有211户尚未评级，评级率50.59%。开展游泳场馆量化评级25户，其中A级16户，占64%；B级7户，占28%；评级率100%。对全区14个镇乡284个行政村（554个自然村）的360个集中饮用水源和179个自然村的分散式供水进行了拉网检查，消除饮用水安全隐患20处。

医疗卫生专项检查。对辖区495个医疗机构的现场或校验资料进行了审核，注销医疗机构71个，暂缓校验2个，规范名称36个，规范机构类别5个，规范诊疗科目85个，纠正46个床位设置不符合要求的医疗机构。进行各类行政处罚112户次，其中警告77户次；罚款79户次66 708元；取缔20户次；没收中西药品56箱，诊疗器械12台（件），诊疗用物品4.5公斤，自制膏药、中药水丸、膏药原料19公斤；停止医疗执业4人次。

公共卫生投诉举报。受理举报投诉29起，均妥善处理。

大型活动卫生保障。年内，承担了第十届CCTV模特电视大赛、怀柔区影视产业发展招商会等大型活动卫生保障12次。出动监督员100余人次，进行现场快速检测200余件，取样检测70余件，消除公共卫生安全隐患4起。

卫生监督人员培训。举办了餐饮单位食品添加剂培训会、公共场所量化分级管理现场会、乡镇食品安全培训会、医疗机构传染病防控知识培训会等10余期，培训各类人员近5 000人次。组织全员培训20余期，开展各类培训14期。

爱国卫生 在爱国卫生月、卫生周活动中，有700个单位5人次8 000参加环境整治活动，12 320个家庭参加活动，组织志愿者12 366人次，设置监督岗564个、宣传站点376个，本区医务人员为社区（农村）居民开展健康知识讲座300次，受众10 000人。清除卫生死角687处，解决群众反映强烈问题86个，清除小广告12 510处，清理堆物堆料374处，清理垃圾80.5吨，治理居民小区33个。爱卫办储备病媒生物消杀药品，其中鼠药11.7吨、粘鼠板1 000张、灭蚊蝇药0.3吨、粘蟑纸3 500张。完成改水工程11个村，受益7 545人；新建、改造无害化户厕59 491座，普及率86%，其中新建三格式无害化户厕17 700座。向各镇乡发送改厕洁具12 045套。监督检查控烟983个单位。为30个单位下发20余万元的药品，进行统一消杀活动。创建市级卫生村17个、区级卫生村10个。编辑爱国卫生信息、简报50期。

妇幼保健 孕产妇系统管理率96.53%，婴儿死亡率5.39‰，新生儿死亡率2.87‰，5岁以下儿童死

亡率6.45‰，发生1例外地孕产妇不可避免死亡。

儿童保健。对本市户籍0～6岁13 192人实行免费体检。新生儿疾病筛查1 149人，并对2家助产单位进行了新生儿疾病筛查质控，筛查率98%以上。0～6岁散居在册儿童11 637人，0～6岁儿童保健覆盖率99.30%，系统管理率95.92%；0～2岁儿童系统管理率96.42%。6个月内母乳喂养率91%。儿童体格发育评价：检查5岁以下儿童10 314人，低体重患病率0.03%，发育迟缓0.01%，消瘦0.03%，缺铁性贫血4.60%；0～6岁儿童肥胖患病率0.39%，均按体弱儿进行了管理。3岁以上儿童口腔检查率97.87%，龋齿患病率19.99%，矫治率63.80%。4～6岁眼保健覆盖率95.69%。入园体检2789人，入园体检率100%。

计划生育技术管理。计划生育手术7 680例，无并发症发生。

女工保健。结婚登记6 712人，婚检1 177人，婚检率17.54%。宫颈癌筛查38 363例，筛查率50.35%；乳腺癌筛查27 050例，筛查率61.58%。确诊宫颈癌8例，宫颈癌检出率20.85/10万，宫颈癌可疑病例1 083例，追访548例，追访率50.60%。确诊乳腺癌8例，乳腺癌检出率29.57/10万，乳腺癌可疑病例659例，追访477例，追访率72.38%。

医疗工作 门诊1 328 830人次，急诊131 328人次，急诊留观113 153人次，危重症抢救5473人次，住院27 470人次，出院27 521人次，病床使用率77.35%，治愈率46.94%，好转率49.25%；死亡率0.93%，出入院诊断符合率99.24%，住院手术7 650例。

院内感染管理。医院感染专兼职人员10人参加了院感质控中心的培训，2人参加了北京市医院感染专兼职人员岗位证书考试。聘请北京护理质量控制中心主任郑一宁、北京护理学会秘书长应岚、北京大学第三医院护理部主任柴洁对本区3家二级医院的临床护理质量、护理管理、护理安全进行了专项检查。医院感染率1.03%。

病历质控。住院病历检查率100%。甲级病历率100%。

护理工作。护士注册896人。社区护士的岗位培训1 200余人次。

医疗卫生对口支援。年内，接收对口支援单位拟晋升专业技术职务者46人到本区16个对口支援单位，并安排107名中级以上医务人员到16个社区卫生服务中心服务。

血液管理。将明珠广场采血点调整到百货大楼门前广场，采血车每周二、六在广场采血。全年团体无偿献血814人次、街头无偿献血140人次。有临床用血医疗机构4家，临床用血2 433单位，比上年增长4.4%。在市卫生局开展的飞行检查和临床用血安全督察中均取得好成绩。开展大型无偿献血宣传活动3次，发放各种宣传材料37 000余份。

年内，为19家医疗机构换发了麻醉药品和第一类精神药品印鉴卡。

医疗设备。医疗设备总资产25 442万元，新增万元以上设备295台。

医学教育 年内，选送17名学科带头人和技术骨干、11名专科医师、4名全科医师到本市三甲医院接受为期1～3年的规范化培训。举办了糖尿病防治、脑血管病治疗进展等多个培训班，2 000人次参加。2 269名卫生技术人员参加了网络学习。通过医学会、卫校、区糖尿病防治协会、脑血管病防治协会等举办各种四新教育培训班18期，5 000人次参加了培训。

科研工作 年内，获得区级科技进步奖12项，其中一等奖1项、二等奖4项、三等奖7项。

精神文明建设 充分发挥社会监督员和行风评议员的作用，在每个镇乡都进行了群众满意度问卷调查，广泛开展明察暗访，强化社会监督。建立了卫生系统行风巡查制度，定期开展出院病人问卷函调和电话随访，在卫生局网站上开通了网上问卷调查，随时接受群众的监督和评议。开展了"医患关系零距离、医疗质量零缺陷、医疗服务零投诉"的构建和谐医患关系活动，强化医务人员主动服务意识。在医护人员中开展签订《廉洁行医承诺书》活动，狠抓细节服务、亲情服务、尊重服务等特色服务。开展了医德查房、群众满意服务窗口和群众满意服务明星评比活动，力争打造一支医德好、医术精、医风正的医疗卫生队伍。

财务管理 全年总收入68 985万元，其中财政补助21 580万元、上级补助1万元、业务收入/事业收入46 736万元。总支出64 855万元，其中业务支出/事业支出53 514万元、专项支出9 218万元，总支出中人员支出16 844万元。

基本建设 区卫生监督所业务用房完成竣工验收，投入使用。泉河社区卫生服务中心、甘涧峪、融城社区卫生服务站完成评审交付使用。北房、九渡河社区卫生服务中心竣工。新建喇叭沟门社区卫生服务中心完成主楼建设。

（撰稿：王利东　审核：田秋香）

密云县

概况 有18个乡镇、2个街道办事处、334个行政村、65个居委会，常住人口45.8万人。有县属医疗卫生单位34个，职工3 277人，其中卫生技术人员2 989人，包括执业（助理）医师1 163人、注册护士863人。实有床位1 207张。每千常住人口平均拥有卫生技术人员6.53人、执业（助理）医师2.54人、注册护士1.88人、床位2.64张。

生命统计。出生3 024人，出生率7.03‰；死亡2 486人，死亡率5.78‰；人口自然增长率1.25‰。因病死亡占94.93%。死因顺位前十位依次为：脑血管病、恶性肿瘤、心脏病、损伤和中毒、呼吸系统疾病、消化系统疾病、内分泌、营养和代谢及免疫疾病、泌尿、生殖系统疾病、传染病和寄生虫病、神经系统疾病。户籍人口期望寿命79.06岁。

卫生改革 一是加强管理工作的监督检查力度。执行《卫生局综合目标管理考核办法》，坚持对基层单位全面系统的检查，检查结果打分排队，促进卫生工作的规范化发展。党政主要领导与基层医疗卫生单位的党政一把手签订责任书，明确医疗安全等5个方面的职责任务，实行单项否决，以增强基层单位党政一把手的责任意识。

二是完善县、镇、村三级卫生服务功能，继续强化乡镇卫生院基本医疗服务功能，根据群众需要设置内、外、妇、儿、中医等科室和病房。为边远村农民送药上门，共巡诊666次，诊疗13 320人次。加强三级医疗服务网底建设，各卫生院成立了乡村医生管理办公室，负责对村卫生室及乡村医生进行管理、监督、指导和培训。制订了《乡村医生聘任实施意见（试行）》等，有279名乡村医生与村委会签订了聘任协议，承担公共卫生、基本医疗、药品零差价销售、新农合报销等职能。

三是加强药品供应保障体系建设，完善卫生院药品供应保障机制。药品购销微机化管理，与医药股份公司实现"一键通"，做到临床药品不积压、不短缺，各卫生院零差率药品均在300种以上，群众对社区药品满意率98.0%。此外，在政府购买服务的251个村卫生室实行药品统一配送、统一管理及零差率药品销售，全年销售零差价药品284万元。

社区卫生 有社区卫生服务中心19个，筹建1个，社区卫生服务站29个，正式职工1 243人，其中卫生技术人员935人。偿还服务中心收支两条线改革前各单位所欠债务786万元。年内，继续完善药品零差率销售，药品、医用耗材集中采购、统一配送工作。截至年底，社区卫生服务中心接诊1 116 313人次，销售药品5 408万元，其中销售零差率药品3 356万元，占销售药品总数的62%，为农民节省支出503万元。

农村卫生 有村卫生室507个，其中村办卫生室315个、私人办192个，在村卫生室工作的乡村医生493人。

新型农村合作医疗。除继续实行门诊"四免五减"外，在二级医院实现"出院即报"、乡镇卫生院住院零起付，并在251个村卫生室实行新农合药费直接减免。全年农民参合263 161人，参合率95.78%。筹措基金11 052.76万元，报销976 807人次10 342.05万元，其中住院报销17 940人次8 222.77万元、门诊报销947 522人次1 133.03万元、2008年度二次报销11 345人次。

疾病控制 传染病防治。全年报告乙丙类传染病15种3 083例，报告发病率580.44/10万，比上年上升34.03%。其中报告乙类传染病10种1 041例，报告发病率193.98/10万，比上年上升6.81%；报告丙类传染病6种2 074例，报告发病率386.46/10万，比上年上升53.69%。

地方病防治。完成穆家峪镇等9个乡镇居民户食盐碘含量监测，共检测食盐样品288份，有碘盐样品284份，碘盐覆盖率98.61%，合格碘盐食用率96.88%，非碘盐率1.39%。全年采集孕产妇尿碘标本2 331件，其中孕妇1 801件，合格1 741件，合格率96.67%；产妇220件，合格220件，合格率100%；育龄妇女检测210件，合格196件，合格率93.33%。继续对饮水型氟中毒病区改水后的3个乡镇4个自然村进行饮用水丰水期水氟质含量监测。监测水样8件，氟含量均小于1.0mg/L。

性病、艾滋病防治。共检测HIV抗体24 253份，阳性4例。全县报告各类性病137例，发病率26.58/10万。其中梅毒75例、淋病12例。开展世界艾滋病日宣传活动，发放宣传材料12种5 000份，600人接受宣传。

精神疾病防治。全县建卡的重性精神病人1 307人，建卡患者监护率100%。有433名患者享有长期或临时免费服药。国庆期间，对46名患者进行了强制入院治疗。

学校卫生。开展学校健康监测体检7 037人，其中营养不良1 114人，营养不良率15.83%；肥胖1 152人，肥胖率16.37%；视力不良1 491人，视力不良率21.19%；沙眼15人，患病率0.21%；恒牙患龋1 096人，龋患率15.57%；龋齿填充率23.58%；贫血检查3 608人，阳性449人，阳性率12.44%。

慢性非传染性疾病防治与管理。以河南寨镇套里村、西田各庄镇沿村作为高血压患者及高危人群干预试点，完成265人的调查工作。以康居社区及果园社区作为糖尿病监测点，对糖尿病患者及高危人群328人开展了问卷调查和体检。

计划免疫。全县21个免疫预防接种门诊均通过市、县级验收。全年接种298 504人次，其中常规接种111 191人次、外来务工人员接种18 124人次、应急接种4 748人次、第二类疫苗接种48 601人次、流感招标疫苗接种69 641人次、甲流疫苗接种46 199人次。完成外来学龄前儿童强化查漏补种，共调查4 647人，其中无卡329人、无证14人，补卡补证率均100%。本县21个接种单位进行查漏补种工作，共调查792村次，村覆盖率100%；调查461 043户次，户调查覆盖率96.68%；调查适龄儿童54 997人次，其中流动儿童14 760人次。

公共卫生监测与评价。年内，有39个单位委托检测，开展检测项目16项，样品1 235件，合格857件，合格率69.39%。全年接到疑似职业病7例，其中疑似尘肺病（矽肺）4例、疑似职业性噪声聋3例。对8个单位12台医用X线机的性能和防护进行检测，合格率100%；完成28个单位101名放射工作人员395人次的个人计量检测，检测率100%，均无大剂量照射。

全年对辖区食品生产、加工、销售、饮食服务等行业开展卫生学评价135户。公共场所完成委托现场评价复验516户次。国庆节期间，开展了食品化学污染物和食源性致病菌检测，并按计划完成辖区监测工作，食品化学污染物监测共取样120件，合格102件，合格率85%；食源性致病菌监测共取样165件，合格120件，合格率72.73%。

健康教育与健康促进。开展手足口病、禽流感、甲流防控宣传，共发放折页93 000份、预防甲流光盘900张，自制宣传栏86个、展板36块。利用各种卫生日开展宣传活动，共发放预防接种手册2 900册、DVD光盘1171张。依托县科普讲师团，在社区（村）开展健康大课堂知识讲座268场，受众20 286人次，健康促进示范村居民健康教育知晓率达80%以上，健康行为形成率75%以上。

卫生监督 日常监督。年内，对餐饮业单位共监督检查5 283户次，合格5 041户次，合格率95.42%；公共场所监督检查1 156户次，合格1 149户次，合格率99.39%；生活饮用水监督检查417户次，合格404户次，合格率96.88%；学校卫生监督检查115户次，合格115户次，合格率100%；医疗卫生、传染病与消毒监督检查1 649户次，合格1 622户次，合格率98.36%；职业卫生监督检查297户次，合格249户次，合格率83.84%。

卫生行政审批与举报诉讼。年内，受理卫生行政许可资料2 055件，发放卫生许可证1 644件，注销卫生许可证38件；办结放射卫生、职业卫生行政许可37件；现场勘查2 512户次，审批1 491户次。接报公共卫生投诉196件，其中所内接报181件、网络接报市所转来15件，办结196件，办结率100%。做出行政处罚238起，其中警告69起、罚款169起29.58万元。

量化分级。对辖区内1 342家餐饮单位予以评级，其中A级46家、B级550家、C级672家；对149家住宿场所进行公共场所量化分级，其中A级6家、B级41家、C级102家。

大型活动卫生保障。完成两会、春节、五一、十一等节日和重大活动的食品卫生、公共场所、生活饮用水卫生保障工作，全年未发生食物中毒和水污染事件。国庆期间，大型医疗救助保障39次，出动救护车134次、医护335人次，完成了国庆医疗保障和应急救治任务，未发生传染病疫情。

妇幼保健 妇女保健。全年活产3 023人，婴儿死亡率4.63‰；孕产妇系统管理率95.53%，高危孕产妇住院分娩率100%，孕产妇死亡率66.14/10万；0~6个月婴儿母乳喂养率90.03%。

儿童保健。儿童系统管理率94.74%。开展出生监测3 317例，出生缺陷监测率100%。

计划生育技术管理。全年计划生育手术11 547例，无并发症。

年内，开展免费为户籍适龄妇女进行子宫颈癌、乳腺癌筛查。截至12月底，宫颈癌筛查24 728人，确诊3例；乳腺癌筛查18 994人，确诊4例；均得到治疗，此项工作仍在进行中。

全年婚检率4.66%，疾病检出率12.14%。

医疗工作 门诊2 012 722人次，急诊152 134人次，留观80 406例，急诊危重症抢救8 698人次，成功率99.44%，住院危重症抢救557人次，成功率

62.30%。入院 23 600 人，出院 23 557 人，病床使用率 73.96%，平均住院日 11.89 天，治愈好转率 81.17%，死亡率 1.66%，出入院诊断符合率 99.63%。住院手术 7 923 例。

行政、准入管理。全年审批许可新医疗机构 49 家，受理医疗机构变更登记申请 155 家，医疗机构校验 529 家，注销医疗机构 60 家，医师执业注册受理 104 人次。

医院感染管理。针对工作过程中出现的问题，聘请市疾控中心专家对院感职人员进行了培训。选派 5 名二级医院院感专职人员赴人民医院进修，参加医院感染专业岗位考试，并取得专业岗位证书；组织一级医院专兼职人员参加了市卫生局的培训。医院感染率 1.41%。

病历质控。结合医疗质量检查工作，共检查住院病历 93 份，经专家评价平均分 94.43 分，合格率 100%；门诊处方 3 500 张，合格率 98%。

护理工作。全年受理护士注册 26 人次。结合医院管理年检查工作，聘请市三级医院护理部主任对县医院等二级医院进行护理质量检查，指导护理工作。完善护理质量自查表内容，要求所有医疗机构执行护理质量自查制度，各单位均完成了此项工作。

医疗卫生对口支援。全县 19 家卫生院与海淀区各医院确立了卫生支农关系，专家开展义诊 190 人次、诊治 16 184 人次，捐赠仪器设备等价值 65 万元，接收进修 25 人，举办专题讲座 76 次。

血液管理。全年无偿献血 6 203 人次，供血 4 072 单位、成分血 8 378 单位，保证了密云、怀柔两地的临床用血。

年内，有 8 家医疗机构变更麻醉药品、第一类精神药品购用印鉴卡；对医疗机构 11 人麻醉、第一类精神药品处方权网上备案；销毁过期失效麻醉、精神药品共计 6 种针剂 11 个批号 1 255 支和 1 种片剂 2 个批号 862 片。

医疗设备。万元以上医疗设备 1 809 台，总价值 16 837.72 万元，较上年增加 97 台。

医学教育 引进外埠毕业生 37 人，其中硕士研究生 17 人、本科毕业生 20 人；招录本地生源大中专毕业生 130 人，其中研究生 2 人、本科 11 人、大专 46 人、中专 71 人。加强继续教育管理，县级继续教育组织医疗项目讲课 107 项、护理项目讲课 40 项。2 444 人参加继续教育，合格率 100%。全年派出 84 人到市级医院进修、培训，选送专业骨干 7 人参加为期一年的进修培训。对 459 名乡村医生进行考核，合格率 100%。

科研工作 年内，申报科研项目 14 项，获得科技进步奖 6 项。医务人员撰写论文 401 篇，其中发表 58 篇，获奖 13 篇，有 6 人获县级优秀科技奖。

精神文明建设 年内，制订了《关于开展廉政风险防范管理工作方案》，查找风险点 224 条，播放廉政教育光盘，受教育党员 1 800 人次。开展巾帼文明岗创建活动，县医院妇产科荣获全国巾帼文明岗称号。组织系统内职工爱心捐款 12.18 万元。

财务管理 完成对各单位财务工作的监督检查，内审率 100%。全年财政拨款 11 379.3 万元，上级补助收入 1 186 万元，医疗单位业务收入 47 271.5 万元，业务支出 58 477.7 万元。

基本建设 年内，政府投资 7 912 万元，对石城、溪翁庄、东邵渠、高岭、冯家峪镇卫生院进行了新建和改扩建，总面积 15 000 平方米。投资 19 000 万元的县医院综合病房楼完成前期准备工作，进入施工阶段。投资 50 万元，对十里堡镇卫生院等单位房屋进行修缮。市卫生局耗资 1 876 万元为乡镇卫生院采购的医疗办公设备全部到位。

信息化建设 年内，县政府投入 100 余万元，完成 25 家医疗单位光纤接入政府外网工作，改造升级了疾控中心网络设施，建设了乡镇卫生院局域网。

（撰稿：邢 颖 审核：王 桦）

延庆县

概况 全县有 15 个乡镇、376 个行政村，常住人口 28.7 万人。辖区内有各级各类卫生机构 272 个，其中村卫生室 183 个，个体诊所 37 个，一、二级医院 21 个，社区卫生服务站 5 个，医务室 24 个，中小学保健所 1 个，门诊部 1 个；营利 37 个、非营利 232 个、非政府办非营利 3 个。卫生技术人员 1 654 人，其中执业（助理）医师 721 人，注册护士 566 人。实有床位 1 043 张。平均每千常住人口拥有执业（助理）医师 2.93 人、注册护士 2.44 人、床位 3.33 张。

生命统计。出生 1 943 人，出生率 6.92‰；死亡

1 535人，死亡率5.47‰；人口自然增长率1.45‰。因病死亡1362人，占死亡总数的88.73%。死因顺位前十位疾病为脑血管病，心脏病，肿瘤，呼吸系统疾病，损伤和中毒，内分泌、营养和代谢性疾病，消化系统疾病，神经系统疾病，泌尿、生殖系统疾病，传染病。人均期望寿命82.12岁，其中男性80.12岁、女性84.45岁。

获奖情况。全年获得市级以上奖项6项。

卫生改革 全县社区卫生服务机构销售零差率药品300种550个品规，占全部药品的66%，零差率药品收入2 367.7万元，占药品总收入的73.23%，让利群众615.59万元。完成业务收入3 456万元，比上年递增了19.48%；门急诊54万人次，比上年递增了14.85%。

社区卫生 年内，全面启动推广家庭保健员工作。根据15个社区卫生服务中心医务人员的数量以及辖区覆盖人口数，合理分配培养名额，制订详细的实施方案。共培养家庭保健员2 512人，组织各种培训70余次，考试合格并颁发证书2 502人。

农村卫生 村卫生室184个，均为非营利性集体所有制；农村社区卫生服务站55个，均为非营利性全民所有制。注册乡村医生300人。

新型农村合作医疗。全县参加新农合17.3万人，参合率95.7%。为28 786人次报销医药费5 047.3万元。各定点医院为191 886位农民减免104.34万元，下乡巡诊1 184次，派出医务人员4 207人次，服务群众34 105人次，为20 064人进行免费健康体检，建立完整健康档案2 824份。

疾病控制 报告法定传染病16种1 364例，发病率392.45/10万。其中乙类传染病报告10种1 002例，发病率288.30/10万；丙类传染病报告6种362例，发病率104.16/10万。完善鼠疫联防联控机制，预防和控制鼠疫的发生、蔓延和远距离传播。

甲流防治。健康监测归国人员209人、入境人员2 454人，无确诊病例，无其他重大疾病。追踪隔离观察密切接触者644人，报告并治疗甲流确诊患者264人，无重症及死亡病例。接种甲流疫苗37 822人，其中小学生8 656人、中学生8 394人、大学生8 800人、教职工2 363人、医务人员1 454人、公共服务人员524人、国家公务员1 299人、60岁以上老人1 068人、其他人群5 264人。

结核病防治。新发现结核病76人，监化督导率100%，治愈率91%。新生儿卡介苗接种率100%。大中小学PPD监测14 500人，结核菌感染2 580人，结核菌感染率17.80%，检查出肺结核9人，全部免费治疗。

地方病防治。通过对288份居民碘盐的监测，203份育龄妇女、209份孕妇和413份小学生尿碘监测，了解全县人群碘缺乏状况；通过水氟监测、学生氟斑牙患病情况监测，掌握全县地方性氟中毒情况。通过鼠疫监测，未发现鼠间鼠疫和人间病例。全县无地方性氟中毒、碘缺乏病。布氏杆菌病新发病1例。

精神疾病防治。全县有精神病人2 185人，在重性精神病1 211人中，系统治疗326人、间断治疗349人、未治疗536人。

学校卫生。中小学生应体检3 887人，实体检3 637人，其中营养不良638人、肥胖461人、视力不良2 343人、患龋695人、贫血134人、沙眼2人，肠道蛔虫阳性率为0。学生常见病防治以健康教育为主要手段，向学生传授常见病的防治知识，培养良好的卫生习惯，提倡户外活动和合理膳食。

慢性非传染性疾病防治与管理。年内，管理高血压患者277人、高血压高危人群201人，糖尿病患者371人、高危人群192人，超重肥胖170人。

计划免疫。应接种脊髓灰质炎、百白破、麻风、麻风腮、流脑、流行性乙脑疫苗35 942人次，实种35 892人次，接种率99.86%。脊髓灰质炎监测141 602人次，麻疹监测163 507人次。本区60岁以上老人应免费接种流感疫苗40 960人，实接种18 539人，接种率45.26%；高中及以下在校学生应免费接种流感疫苗30 071人，实接种24 298人，接种率80.80%。

公共卫生监测。全县有接触毒害物质单位111个，职工5 201人，其中接触职业危害因素职工1 498人。

健康教育与健康促进。年内，开展健康知识大课堂141场，宣传咨询活动5次，发放宣传品30万份。

应急处置。全年处理应急疫情31起，制订传染病应急预案25份、工作方案30份。组织传染病疫情控制、食物中毒处理、水污染事故处理、职业和放射事故处理等培训26期、基层应急培训25次，参加市、县应急演练2次。

卫生监督 公共卫生专项检查。全县有食品生产经营单位（不含流通加工单位）2 349个，从业人员8 038人。监督检查5 206户次，合格4 516户次，合格率86.75%。实施行政处罚34户次，其中罚款11户次14 750元；没收并销毁违法加工食品及原料94.4公斤，取缔10户次。无食物中毒事件发生。有各类公共场所469个，监督检查1 120户次，合格1 079户次，合格率96.34%。有卫生许可证的供水单位34个，监督88户次，合格80户次，合格率90.91%；监测各类水质47件，合格率100%。

医疗卫生专项检查。全年出动卫生监督员723人次、车辆306车次,取缔非法行医2家,没收医疗器械51件,价值1万余元。

公共卫生投诉举报。全年接到投诉举报29件,其中食品类18件、公共场所类1件、生活饮用水类3件、医政类7件,处理率100%。

大型活动卫生保障。完成重大活动食品卫生监督21次,出动卫生监督员297人次、保障车辆105辆次。

爱国卫生 年内,开展了春季爱国卫生月和城市清洁日活动,1.2万人次参加,擦拭小广告200条,清洁广告牌60块,清理卫生死角100处,清运垃圾污物30吨,整治绿地35万平方米。灭鼠活动期间,用鼠药0.88吨、腊块3吨、鼠盒327个,发放宣传材料3.5万份,灭鼠投药到位率100%,投药覆盖率100%,城市鼠密度下降到0.26%。检查400个食堂、餐饮单位,无蝇无蟑达标率91%以上。对城区342户居民进行了免费灭蟑。

改厕改水。完成农村户厕改造16 050套。完成21个村改水,总受益人口1.3万人。

控烟。监督检查辖区内289个单位,劝阻公共场所吸烟行为62人。发放各种宣传材料3.5万份,制作展板6块,悬挂横幅2条,设立宣传咨询站(点)4个,张贴标志牌6 031块。

妇幼保健 孕产妇1 934人,建卡1 931人,建卡率99.84%;产前检查1 929人,产前检查率99.74%;早孕检查1 897人,早孕检查率98.09%;产后访视1 902人,产后访视率98.35%;孕产妇系统管理1 859人,系统管理率96.12%,住院分娩率100%。6个月婴儿母乳喂养率85.14%。高危产妇481人,管理率99.17%;危重孕产妇抢救15例,未发生医院孕产妇死亡。出生1 954人,活产1 943人,管理1 890人,管理率97.27%。筛出高危新生儿166例。围产儿2 191人,出生缺陷儿22例,出生缺陷发生率10.04‰;围产儿死亡14例,死亡率7.16‰;出生低体重儿69例,发生率3.55‰。新生儿死亡7例,死亡率3.60‰;婴儿死亡8例,死亡率4.12‰。

儿童保健。0~6岁儿童7 477人,管理7 456人,管理率99.72%。贫血检查7 082人,患病393例,中重度贫血14例,贫血患病率5.55%。0~4岁儿童死亡9例,死亡率4.63‰;1~4岁儿童死亡1例,死亡率0.52‰。

女工保健。城、乡妇女病普查应查27 461人,实查17 074人,普查率62.18%;患病率34.05%;治疗率100%。婚前检查275人,婚检率4.31%。

全年计划生育手术7 703例,无并发症。

医疗工作 门诊1 207 911人次,急诊40 071人次,留观87 017人次,住院危重症抢救168人次,入院19 261人次,出院19 250人次,病床使用率79.03%,治愈率73.91%,好转率50.44%,出入院诊断符合率99.49%,病死率1.13%,住院手术5 823例。

院内感染管理。加强对临床科室消毒隔离、感染监控的管理,对临床重点科室医务人员的手表面、物体表面、重点部门空气、消毒剂、紫外线灯强度、高压灭菌包等进行了生物监测。全年抽查重点科室空气培养626份,合格率96.7%;手培养55份,合格率76.3%;无菌物品34份,合格率100%;物体表面330份,合格率91.2%。

病历质控。确立"以人为本,诚信服务,精益求精,满意放心"的质量方针,增强质量体系的规范和科学性,有效控制医院质量管理的各个环节,提高了医疗管理的质量和水平。不定期对科室病历质量进行抽查,重点检查终末病案质量,并对运行病历进行检查,开展病历评比和优秀病历观摩,将存在的问题及时向科内反馈与沟通,明显问题在每月通报中进行公布,保证了病历质量的提高。

护理工作。完善护理三级质控管理,规范护理行为,不断提高护理质量,保障医疗安全和人民健康。组织一、二级医院护理及行政人员学习《护士条例》,成立了继续护理教育分会场,聘请市级专家及教授讲课,共举办15场,2 890人次参加。护士执业变更2件,首次注册及更换护士证697件。

对口支援。年内,有15个医疗单位与城区医院建立了对口支援关系,支援单位派出兼职、挂职医务人员80人次,到受援单位义诊的专家323人,咨询诊治9 838人次,健康教育讲座79次,受益3 245人次,捐款、药、设备总价值34.74万元。优先减免费用接收受援单位进修33人。

血液管理。自愿无偿献血1 174人次1 462单位,其中团体无偿献血192人次298单位、街头自愿无偿献血1 164单位。机采血小板1 472人次2 497单位。

毒麻药品管理。年内,全县有麻醉药品、精神药品购用印鉴卡医疗单位9个,其中二级医院4个、一级以下医疗单位5个;麻醉药品和一类精神药品处方权备案医师149人。使用麻醉药品37种,年采购金额157 372元。

医疗设备。年内,共有万元以上大型设备693台(件),其中CT 3台、核磁共振1台、500毫安以上X光机5台、彩超14台。

医学教育 有21人参加全科医师培训,32人参加社区护士岗位培训,15人通过了全科医生理论考试,21人通过了社区护士理论考试。202人通过了全科医师心肺复苏与急救技术培训班的考试并注册。48名社区卫生服务人员参加了市级专家临床实际操作培训。154名社区护士参加了社区护理与社区常用护理技术培训班。1 709名专业技术人员参加好医生网上学习，达标率97.19%。年内，按照市卫生局要求开展了乡村医生培训。

科研工作 全年在国内核心期刊发表论文78篇。

精神文明建设 开展深入学习实践科学发展观活动，纠正医药购销和医疗服务领域中的突出问题，落实医改政策，扩大医药公开招标采购，强化医药价格审计，加大医德医风建设，打击医药购销领域商业贿赂，促进卫生事业健康发展。

财务管理 卫生事业财政拨款25 056.56万元，其中专项拨款16 434.24万元、基本建设拨款5 414万元。上级补助收入38.14万元，卫生事业收入31 658.18万元，其他收入208.38万元。卫生事业支出55 690.7万元，其中专项支出16 434.24万元、基本建设支出5 414万元、合作医疗专项支出6 661.42万元。

基本建设 完成张山营社区卫生服务中心的装修改造，工程投资176万元，改造面积2 000平方米；完成南菜园社区卫生服务中心的装修改造，投资80万元，改造面积1 240平方米；完成卫生干部进修学校的改造，投资320万元，改造面积5 480平方米。

（撰稿：赵明申 审核：刘凤云）

卫生部直属医院卫生工作

北京医院

(东城区东单大华路1号)
邮编：100730　电话：85132266（总机）
网址：www.bjhmoh.cn

基本情况　职工2 614人，其中医生618人，护士984人，卫技人员377人，其他技术人员147人，行政、后勤人员488人；包括正、副主任医师（含相应职称）435人。

医疗设备总值10.96亿元（上年9.97亿元）。本年度新增医疗设备总值9 975.6万元，其中100万元以上设备21台、10万元以上设备151台。

机构设置　3月，成立了第二住院部管理处。

获奖情况。年内，医院被评为中央国家机关文明单位标兵，首都文明单位标兵五连冠，荣获中央国家机关十大优秀"根在基层"调研实践活动称号，急诊科被评为全国卫生系统巾帼文明岗，医院网站在市卫生局组织的评比检查中获总分第一。

改革与管理　年内，开展了就医环境的改造和医疗布局的调整。与市公安局签署了医疗合作协议，利用原北京公安医院旧址，成立了第二住院部，新增病床200余张。

制订并完善医疗工作管理制度，细化了对医疗工作环节质量的检查和控制，进一步加大对病历质量、处方质量、查房制度、会诊制度等进行抽查和讲评的力度。对缩短平均住院日、提高床位使用率和抢救成功率、控制院内感染率、规范抗生素使用、规范患者投诉处理程序等进行了专题研究，并制订了改进措施。召开临床科室与医技科室座谈会，进一步理顺了工作流程。利用医疗质量专项奖励基金鼓励先进科室，基础医疗质量稳步提升。

完善"统一领导、集中管理"的财务管理模式。在预算管理制度中，修订预算管理流程，实现了预算动态管理。进一步规范了物价管理，严格执行医疗收费价格。

完善医院内控制度，落实合同管理办法。执行院领导安全查房及带班制度，落实后勤保障制度。

继续开展第四次"实践三个代表，服务西部人民"的活动，深入开展创建"和谐职工小家活动"。

医疗工作　门诊1 154 143人次，日均门诊4 183人次；急诊31 394人次，抢救成功率96.7%。床位951张，入院20 022人次，出院20 045人次，床位周转25.3次，床位使用率95.8%，平均住院日13.6天，七日确诊率98.3%，出入院诊断符合率99.5%，治愈率64.0%，好转率32.2%，死亡率2.0%，手术前后诊断符合率99.8%，病房抢救成功率79.1%。住院手术11 821例。

为加强门急诊医疗质量管理，每季度对门诊病历、门诊处方进行了检查。同时，加强门诊医生出诊管理，监测专家门诊出诊时间，设立特需专家门诊，并完成知名专家的评审工作。改善门诊就诊环境，设置流动导诊。开展预约挂号工作，方便患者就医。门诊、临床科室总体满意度97.6%，医疗服务总体满意度97.7%。增加了专家出诊时间，并实施错峰出诊制度。加强门急诊医疗安全管理，落实医疗风险预警机制，门诊总体满意度97.2%，医疗服务总体满意度95%。

严格执行技术准入制度，组织3次新技术准入评审，参与评审专家36人，26项新技术获得准入。对《疑难、危重病例讨论记录本》、《交接班记录本》、《死亡病例讨论本》、《医疗质量持续改进记录本》的格式进行了规范。

医保工作。全年医疗保险门诊301 028人次，占26.0%；医疗保险住院8 386人次，占41.9%；医疗保险平均住院日14.0天。出院医保总费用17 652.53万元，次均费用21 050元。

医院感染管理。继续加强对重点科室的前瞻性监测，常规开展全院病例的回顾性监测。定期到临床科室检查医院感染防控措施的落实情况，每季度对相关科室医院感染防控水平进行评估打分。发现问题及时与该科室负责人沟通，并指导制订整改措施，限期整改。院内感染率1.61%，医院感染例次发生率1.86%。

医疗支援。年内，完成平谷区中医医院的支农工作。共派出医生162人次，其中参加会诊手术54人次。完成大方、内务部街两个社区的卫生工作，派出医生308人次。组织6人医疗队完成赴江西为期1个月的医疗扶贫工作。安排平谷医院来本院进修21人、西藏二院进修4人、内蒙医院进修5人。

护理工作　年内，修订了护理工作关键流程——《口服西药发药流程图与工作标准》、《接收危急值班电话通知处理流程图与工作标准》等8项，进一步完善《北京医院分级护理规定》、《护理文件书写规定》，制订了《专科护理质量标准》。继续加强对护理质量缺陷和护理意外事件的数据化分析，并采取相应措施，本院全年患者跌倒率低于美国护理质量指征数据。制订和实施了《护士长查房制度》、《危重病人查房记录单》，进一步提高病人特别是危重病人的护理质量和安全。狠抓基础护理质量，落实基础护理"三确定"工作：确定重点病人、确定工作内容、确定详细职责。

全年护士发表论文12篇，其中中华类6篇。举办了护理科研周活动。邀请专家授课并点评优秀论文，科研骨干交流并分享经验，制订、发放了《护理科研小常识》手册。首发基金课题"改进医院护理人力资源——以护理需求为基础的病人分类系统的研究与应用"获中华护理学会科技奖二等奖。

护理教学。接收北京大学医学部、首都医科大学等院校实习生97人，完成中华护理学会、北京护理学会各专科护士基地30名护士的认证带教工作。按计划完成国家级、区级继续教育讲座，院内听课5 131人次。继续加强专科护士培养，举办全院护士静脉治疗培训班12期。组建北楼静脉治疗小组，打造一支"一针见血"的护理队伍。外派5名护士脱产参加北京护理学会专科护士培训班。加强护士长沟通能力的培养，举办了沟通理论系列讲座。组织护士参观多家三级甲等医院，共有100余名护士参观了301医院、天津第三中心医院等7家医院。共派出30余名护理骨干到北京协和医院、人民医院等7家医院的重点科室、特色科室学习。

姚莉、孙慧娟被评为全国卫生系统巾帼建功标兵，手术室为北京地区手术室专业专科护士认证基地。

科研工作　年内，获院外科研经费547.3万元，在研课题201项。结题37项。科研成果获北京市科技进步三等奖1项、中华护理学会科技奖二等奖1项。

全年在统计源期刊发表论文385篇。开展药物临床试验26项、医疗器械临床试验7项、体外诊断试剂临床试验8项。

医学教育　年内，本院通过了北京大学医学部教学质量的评估检查，为承担北医八年制临床专业的教学奠定了基础。继续承担北京大学医学部八年制口腔专业的临床教学，并加强了对硕士生、博士生导师的培训。住院医师规范化考试合格率高于北大医学部的平均水平。启动了筹建临床技能实验室的准备工作。

录取研究生40人，其中硕士生28人、博士生12人；接收进修142人。此外，在毕业后教育工作中，招收本院住院医师30人、非培训基地人员18人。组织22名住院医师参加北京市住院医师第一阶段考试，其中本院住院医师14人、非培训基地住院医师4人，考试成绩全部合格，通过率100%。

医院在职员工2 614人全部参加了继续教育学习，教育处根据新修改的《卫生部专业技术人员学分审核管理规定》和本院制订的《继续医学教育管理规定》进行学分管理，学员学习通过率100%。医院举办了17个国家级继续教育学习班，招收国内外学员1 800余人；举办区级继续教育21讲、院内人员学术讲座82讲。

国际交流与合作　全年派出学习、交流224人次，其中长期出国进修18人次，短期访问考察、出席学术会议184人次。接待外国和港澳台地区来访181人次，其中医院对口交流团组29个。申请到外国专家局引进国外专家项目3项，获资金12万元。举办院内学术报告会13场。

后勤与基建　8月，完成医技楼五层呼吸睡眠室的改造；9月，完成医技楼九层演播大厅的装修改造和医技楼十一层手术室病人家属等候区的改造工程；利用国庆长假停诊时间，完成门诊四层口腔科增加诊室的改造工程；10月，完成急诊楼的功能设计、招标、装修改造、竣工验收，11月投入运行。

信息化建设 年初，启动了门诊医生工作站的建设项目。经过方案论证、系统开发、软件测评、设备采购和安装，进入全面实施阶段。同时，进行了医院人事、财务等管理软件的设计研发。开通网络化图书馆，实现了图书馆与全院联网。加强医院网站建设，丰富了网站的内容。

（撰稿：马 燕 审核：叶 鹏）

中日友好医院

（朝阳区樱花园东街）
邮编：100029 电话：84205566（总机）
网址：www.zryhyy.com.cn

基本情况 职工（含合同制）3 094人，其中卫生技术人员2 423人，包括正高级职称208人、副高级职称239人、中级职称862人、初级师662人、初级士307人，无职级145人。

医疗设备总价值56 315.11万元。本年度购置设备总值7 261.49万元，其中10万元以上设备140台（件）、100万元以上设备13台（件）。

获奖情况。医院被评为中央国家机关文明单位、全国百姓放心示范医院、全国卫生系统思想政治工作先进单位、第六届首都民族团结进步先进集体、全国妇联巾帼文明岗、全国卫生系统护理专业巾帼文明岗、全国无烟医院、首都劳动奖状、首都护士奥运建功"双千日"文明优质服务系列活动优秀组织单位、首都护士奥运建功"双千日"文明优质服务系列活动先进集体、首都卫生系统文明单位、药品安全监测工作特等奖、市公安局集体三等功、市屋顶绿化先进单位、市消防安全先进单位、市爱国卫生先进集体、市交通安全先进单位、卫生部2008年人防安全管理达标单位、卫生部计划生育先进单位、首都平安示范医院，北京市病历质量评比医院团体奖。

机构设置 2月，整合医务处和门诊部有关职责组建医务处；组建科研处、教育处，不再保留科教部；整合行政管理处和动力处有关职责组建后勤服务保障处。3月，调整医疗发展部工作职能，划入院办公室管理。

改革与管理 确立医院改革创新、建设发展的战略目标。12月3～5日，院领导班子全体成员及部分处室负责人召开医院工作研讨会，确立了6个方面的具体举措：扶持基础性学科、突出中西医结合特色和大型综合优势、继续支持院级重点学科、探索把肿瘤诊疗作为未来一个时期学科发展战略重中之重的新时期学科建设的发展战略；在空间装备上形成规模优势的思路和规划；调整机制，强化细化科主任负责制；大力培养人才；加强医院质量安全、诚信服务、科教创新、人才发展及经济管理五大体系建设，强化内涵管理，尤其要狠抓医疗质量，保障医疗安全；注重医院文化建设，树立形象品牌意识，把医院建设成为真正的国家级品牌医院。医院举办处级干部、科主任、护士长培训班，全面部署了医院改革创新的新举措。

秉承"患者至上，文明行医"的办院宗旨，坚持"以患者为中心"，连续多年开展患者满意度调查。调查对象包括门急诊患者、住院患者、医技科室患者及出院患者等，调查采用日常调查与定期集中调查相结合，通过现场发放调查问卷、向出院患者邮寄调查问卷及电话回访等形式进行。将每次的调查结果及患者提出的建议与要求及时反馈到各临床医技科室及相关职能部门，不断改进工作，实现医疗护理质量及后勤保障服务的持续改进和提高。

甲流防控 成立了甲流防控工作专项领导小组；制订防控预案并修订4次，加强对防控预案的演练，全面落实"早发现、早报告、早隔离、早治疗"的工作要求；举办3次全员培训、10余次科室培训，对重点部门和哨点部门进行重点培训；做好发热患者筛查、疑似患者留观、重症患者抢救、疫苗接种等工作；全年医院接收发热患者28 404人次，留观357人次，检验样本1 575人次，确诊177人次，向地坛医院转诊50人次，收治重症患者5人次，无死亡，接种甲流疫苗23 570人次。

院庆 2009年是医院建院25周年。召开了学术报告会，总结医院25年的诞生、成长和发展，分析了医院的现状及面临的机遇与挑战，提出了今后将把改革创新作为医院发展的重要任务，进一步强化公立医院的宗旨和使命，把全院工作的重心引向"国内一流、国际知名"的医院发展战略方向上来。举办了癌痛、中西医结合肿瘤综合诊疗、糖尿病综合治疗等系列义诊及健康大课堂活动。举办了医学知识竞赛、病案书写比赛、护理病历比赛、"三基三严"竞赛、教师讲课比赛等。举办了内分泌、肾脏、消化、骨科、肿瘤、风湿免疫、普外科、泌尿外科等多个学科与专业的学术活动。举办了庆祝建院25周年文艺汇演、第十八届职工运动会、足球比赛、"我眼中的中日友好医院"征文演讲比赛等活动。

医疗工作 门诊1 451 146人次，急诊203 507人次，急诊危重症抢救5 384人次，抢救成功率96.40%。开放床位1 293张，住院36 735人次，出院36 692人次，床位周转28.37次，床位使用率94.56%，平均住院日12.2天，七日确诊率99.30%，出入院诊断符合率98.84%，治愈率45.95%，好转率49.88%，死亡率1.64%。住院手术16 554例。无孕产妇死亡，新生儿死亡率3.35‰，围产儿死亡率4.14‰。

病案管理。年内，病案质量管理重点在运行病历督查与终末病案抽查，并对本院医师、进修医师及新入院医师等共进行6期病历书写培训，定期对培训效果进行督察。同时，开展了病历书写比赛，优秀病历在院庆期间展览。医院病案甲级率99.99%。

医院感染管理。多次组织医院感染管理专项检查，对重点部门、重点环节进行了联合检查，对检查中发现的问题限期整改。监测全院住院患者28 974例次，发生医院感染993例次，感染率3.43%。

医保工作。医保患者出院11 912人次，总费用18 861.46万元，次均费用15 834元。强化服务意识，优化流程，加大医保目录库维护监管，提高患者周转率，缩短平均住院日，努力做到医院与患者双赢。

医疗支援。年内，7人医疗队到青海卫生厅支援1个月；派中医肿瘤科医师2名到四川什邡对口支援，为期3个月；选派7人赴新疆自治区人民医院、新疆建设兵团农三师医院参加第六批援疆工作。完成对顺义区人民医院、顺义区中医医院以及顺义区妇幼保健院的对口支援任务；物理康复科自5月起开始技术支援顺义区中医医院康复科，完成10次教学查房和现场示教，共讲授30学时的理论课。妇产科协助3家医院的妇产科做好危重孕产妇的诊治，并把部分高风险的高危孕产妇转至本院治疗。中医风湿科义诊2次，并在顺义区组织大型培训2次，接收顺义区中医医院医师进修和培训，协助培养博士生1名。医院接收青海、西藏、内蒙乌海等受援单位进修14人，免费接收顺义区医院进修5人。

护理工作 健全护理管理体制，完善各项规章制度，关注护理安全。坚持护理质量三级管理体系，充分体现全面质量管理理念，并不断完善各项质控标准，促进护理质量持续改进。狠抓"三基三严"培训，提高全院护士专业技术知识和业务能力。

年内，申报并实施国家级项目2项、市级项目5项、区级项目10项及院级项目55项。组织各类讲课40余次，听课5 371人次。通过了北京护理学会对手术室专科护士培训基地的考察评审。培养ICU专科护士3名、手术室专科护士2名、肿瘤科专科护士1名、内分泌科专科护士3名，完成13名ICU专科护士、10名手术室专科护士培训班学员的带教任务。招收北京中医药大学、北京大学护理学院、中国医科大学护理学院、吉林大学护理学院、江汉大学卫生技术学院等6所院校的实习生171人、见习生15人；接收16家医院的进修护士18人，同时完成对口支援单位顺义区医院16名护理管理人员的培训工作。

出版了《大型体育赛事护理服务指南——奥运定点医院护理管理》一书。举办了护理科研知识讲座。配合中华护理学会准备中华护理学会百年大会、全国感染控制专题学术会等国际学术会，并做好会议的翻译工作。全年在统计源期刊杂志上发表文章31篇。

科研工作 年内，获国家级、省部级以上科研课题35项，其中"十一五"、科技部国际合作等国家级重大项目5项，国家自然基金8项，获得院外科研经费6 405万元。获国家科学技术进步奖二等奖1项，中华中医药学会科技奖一等奖1项、三等奖1项。全年发表论文780篇，其中SCI收录论文12篇。

医学教育 在培住院医师245人，其中本院160人、基地代培85人。新招本院住院医师40人，接收北京市基地代培住院医师42人，完成基地代培住院医师培训22人。药学部培养临床药师4人。物理康复科、药学部、疼痛科共计完成443人的培训并接收基层医院短期进修45人。内分泌科举办培训3期，来自全国各地的8名糖尿病教育师资接受了培训。

完成国家级继续医学教育项目15项、市级继教项目8项、院级继教项目108项。完成甲流的防治等传染病及相关法律法规培训共22场次，全院5 000余人次参加培训并考核。

全年举办大科学术讲座11次、大科临床病例讨论10次；专科护士培训20人次，涉及手术室、急诊等11个专业，与门诊部、护理部合作对门诊护士进行有针对性的专业培训12场次；派出23人参加专业上岗证书培训，涉及10个专业；派出国内进修5人次，涉及4个专业科室；其他学术培训79人次，涉及30余个专业科室和部门。

接收北京大学医学部、北京中医药大学等院校23个班次的801名本科生（含长学制学生）实习见习，完成428人次的临床实习和473人次的临床见习，以及4 454学时的授课任务。5人被评为北京大学优秀教师，2人被评为北京大学优秀班主任，1人被评为北京中医药大学优秀教师。

年内，统招研究生45人，其中博士生13人、硕士生32人；毕业37人，其中博士生14人、硕士生23人。在培统招研究生总计142人，其中博士生38人、硕士生104人；在职研究生30人，其中博士生19人、硕士生11人。新增博士生导师6人、硕士生导师34人、超（到）龄博士生导师6人。共有研究生导师153人，其中博导27人、硕导126人。

举办了第十一届中日合作卫生技术人员（JICA）培训班，即全科口腔医学实用技术学习班与慢性疼痛诊疗技术新进展学习班，以中西部为主的23个省、市、自治区的100名学员参加了培训。

国际交流与合作 全年举办各类国际学术会议17次，与会2 300余人次，接待各类国际访问团组52个316人，聘请名誉教授3人，邀请7个国家13所大学11家医院的25名学科带头人或在本专业做出杰出贡献的专家学者来院讲学授课或手术表演。派出246人次前往27个国家的医院或大学医学院交流学习，其中医技187人次、护士30人次、行政管理人员29人次。利用日本国际协力机构（JICA）资金，分别赴四川地震灾区和山西国家级贫困县义诊。举办中日合作卫生技术人员培训班2期，培训中西部地区卫生技术人员200名。

信息化建设 完成国际医疗部HIS系统上线。年底，在完成普通门诊办卡系统的基础上更换了门诊挂号系统。完成门诊收费、药房、药库及医生站的软件编制及前期准备，完成病理信息系统招标及实施工作，完成膳食管理系统患者持卡点餐工作，完成UNIX服务器和存储设备采购服务工作。完成第一机房装修改造工程，增加A、B栋主楼网络信息点，共增加点位600余个，E、F栋铺设了光缆。全院内网优化。

图书馆实现了由电子期刊代替纸质期刊的平稳转型。网站开设论坛，已有风湿免疫科、神经内科分论坛。统计室完成向国家疾控中心上报流感样病例（包括甲流）的工作。

后勤与基建 对现有设备进行局部改造，加强维护检修，保证水、电、汽、气全年安全运行无事故。完成保洁公司的交接，并加大对外包公司的监管力度，每月就保洁问题向全院各处、科室发放满意度调查表，每周组织一次联合检查，对科室反映及发现的问题及时整改。进一步完善"一站式"服务管理体系。完成变配电二期改造工程，同时采取多种措施提高效率，节水节电（包括新安装蒸汽凝水泵、改道回水管线、大修污水处理站等）。

完成手术楼工程的土建、二次结构施工、部分装饰装修，以及机电设备和净化工程的招标；完成血液净化中心改造工程，并正式投入使用；完成男科门诊改造、儿科急诊新增室外门厅、儿科病房新生儿室改造、急诊EICU改造等工程。

（撰稿：郭素英　审核：田献氢）

中国医学科学院附属医院卫生工作

中国医学科学院北京协和医院

(东城区帅府园1号)
邮编：100730　电话：65296114
网址：www.pumch.ac.cn

基本情况　职工3 996人，其中专业技术人员3 402人，包括正高级职称228人、副高级职称348人、中级职称1 158人、初级职称1 668人；行政人员240人，后勤人员354人。

1.5T奥运核磁落户西院区。

获奖情况。医院被评为全国民族团结进步模范集体，荣获国庆60周年庆祝活动医疗卫生保障工作最佳服务保障奖、首都文明单位标兵、北京市2008年工人先锋号、医疗质量万里行全国三级综合医院病历质量评比活动一等奖。妇产科被授予全国三八红旗集体，麻醉科、手术室、血透中心护理组被授予全国巾帼文明岗，药剂科荣获首届中国医院药学优秀团队和中国药学会信息工作先进单位。赵玉沛、放射科金征宇被评为2008年度卫生部有突出贡献中青年专家，赵玉沛获首届周光召临床医师奖并被国际外科学院授予荣誉院士称号，眼科赵家良获第六届中国医师奖，妇产科冷金花当选全国三八红旗手，中医科郭赛珊名医工作室被评为全国先进名医工作室，血透中心卢艳、胸外科蒋玉青当选全国卫生系统护理专业巾帼建功标兵，中医科罗雅萍获第二届全国百名优秀护理标兵称号，风湿免疫科张奉春当选北京市第二届首都十大健康卫士，史轶蘩院士、内分泌科池芝盛、孟迅吾获中华医学会内分泌学分会终身成就奖，麻醉科罗爱伦获中华医学会麻醉学分会中国麻醉学杰出贡献奖、中国医师协会麻醉医师分会麻醉学医师终身成就奖，内分泌科黎明获中华预防医学会科学技术奖二等奖，财务处向炎珍被评为卫生部先进会计工作者。已故妇产科林巧稚教授入选新中国双百人物。

机构设置　成立了干部医疗保健基地筹备办公室、项目建设管理办公室，成立青年工作部并与团委合署办公，健康医学中心更名为健康医学部。

改革与管理　举办"我和祖国"、"我和协和"图片展及征文活动，"没有中国共产党就没有新中国"主题演讲比赛，"缅怀先辈伟绩，开创协和未来"为主题的已故知名老专家老院领导生平事迹展览，编辑出版《已故知名老专家、老院领导生平简介册》，整理撰写"协和人物"32名专家，编撰出版《刘彤华画册》，制作了北京协和医院邮票珍藏册。

坚持院务公开。开通院长信箱、书记信箱，收到职工来信136封。首创科主任管理例会制度，以"加强沟通、促进协作、形成合力、共谋发展"为核心，每月就医、教、研、管等重大问题召开科主任管理例会。

加强全员培训。外请专家讲解突发事件应对与媒体关系管理，全院中层干部参加培训。召开首次行政管理人员大会，着力提升职能处室的服务意识、服务水平和执行力。

继续探索人事分配制度改革。完善管理专业应届生实习录用机制，扩招管理实习生，在新员工入院教育中首次引入胸牌佩戴及入院宣誓仪式，新增职称聘任申报条件，细化高级专业技术职务聘任工作，在探索中完善聘用制员工管理，实现档案集中管理，整理编码人事档案5 300余份、考绩科技档案1 700余份。完善绩效考核和分配方案，提高技术服务含金量，提高挂号提成，按照手术分级确定不同提成比例，发放一线护士津贴、提高护理人员夜班费等。

规范财务运行管理。完善票据管理、合同单位的应收账款管理、合同台账管理、医保款的管理、住房公积金管理。物价工作前移到临床一线。积极推进审计工作制度化、规范化、程序化建设。

全面启动ISO9000质量体系认证工作。继续开展创建节约型医院活动。年初，启动创建全国无烟医院项目；年底，通过了评审验收。职能处室实行中午连班制度。成立器材处服务办公室，开通器材服务专线电话4567。

医疗工作 门诊1 936 818人次，急诊144 317人次，急诊危重症抢救3 541人次，抢救成功率91%。开放床位1 860张，住院58 555人次，出院58 530人次，床位周转31.6次，床位使用率93.1%，平均住院日10.4天，七日确诊率100%，出入院诊断符合率99.9%，治愈好转率88.2%，死亡率1.3%。住院手术30 515例。外宾就诊66 864人次。甲级病案率96.17%。药品收入占业务收入41.52%。组织全院临床病理讨论2次。

创新性开展《不良事件和病人安全隐患报告管理规定》和《手术安全核对规定（试行）》，截至12月31日，收集和处理不良事件与病人安全隐患462例，通过反馈科室及病人安全办公室采取措施改进系统流程共43例，组织不良事件与病人安全隐患分析22例。9月8日，正式启用电话预约挂号。

加强医疗制度建设，修订《特需专家门诊医师资格管理办法》、《门诊医师停诊管理规定》，制订了一系列管理规定，如《毒麻药处方管理的补充规定》、《执业医师管理补充规定》、《预约挂号流程》、《门诊碘131治疗甲亢危象患者抢救应急预案》等。

狠抓医疗运行监管，严格要求手术开台时间和会诊时间。进一步疏通心梗、脑卒中、外伤、危重孕产妇的救治绿色通道，梳理和规范成组医嘱，形成运行病历管理新模式。

从系统和人员两个层面防范医疗纠纷。召开医疗品质暨病人安全会议3次，查找系统问题，提出改进方案。多次组织专题培训，从医学知识、医疗安全管理提升医务人员医疗安全管理理念与能力。

医院感染管理。对重点部位医院感染及耐药菌感染情况进行持续监测，及时干预。严格把控医疗用品消毒灭菌，定期进行空气质量监测、物表生物监测、工作人员手生物监测。改善老楼洗手条件，提高手卫生遵从率，2009年遵从率47%，比上年上升了5个百分点。调整甲流防控策略，修订防控流程10余项，规范医护人员防护和诊疗行为。特需免疫规范化门诊达到A级标准，与健康医学部免疫规范化门诊均通过了北京市资质复审。举办"感控之路，你我同行"为主题的感控宣传周活动。组织院感核心小组兼职感控护士培训16次、甲流防控培训40余场。

甲流防控。实行流感病例日监测，开设儿科发热门诊，组织不明原因肺炎、甲流防控演练；正确诊断和处理有效防止了甲流院内传播，及时抽调人员支持重点区域的防控工作，开展全员培训。为国庆庆典参演和保障人员接种甲流疫苗2 973人。

医保工作。全年医保出院15 258人次，总费用22 417万元；医保门诊397 195人次，总费用19 462万元。接受市、区医保中心常规检查10次。全院重点人员社保卡结算培训率100%。举办了第二届全国医疗保险政策培训班。

卫生支农。本年度对口支援平谷区医院，共派出各级医师88人次，诊治病人2 121人次，专题讲座75次，手术35例，查房615次；医护人员定期到医院参加查房和学习活动。在本院的指导下，平谷区医院已能够独立开展眼底荧光造影及激光治疗技术。

支援社区工作。全年派出87名主治医师及以上人员到社区开展医疗工作，诊治病人1 401人次，专题讲座36次、健康讲座25次，带教330人次，会诊368人次，转诊32人。

援藏医疗队。4名医护人员赴西藏自治区人民医院开展为期3个月的援藏医疗工作。

西部医疗队。1名医师赴海南农垦医院，进行医疗工作1个月。3名医师赴湖南湘西土家族苗族自治州人民医院，开展医疗工作1个月，其中内分泌科主治医师张化冰被卫生部评为支援西部地区农村卫生工作优秀个人。

护理工作 上半年，在全院护理人员中开展"提高护士职业素质修养"大讨论活动，并在国际护士节举办"魂系天使梦，传承协和情"大型研讨会，评选出80名患者满意护士。倡导"二净"（安静、干净），营造和谐环境。

编写了包含190余项护理工作制度10万余字的《护理工作手册》。制订了PICC管路维护操作流程、手术病人交接记录单，在全院统一使用灭菌注射用水进行呼吸机气道湿化。完善护理不良事件主动上报制度，修订鼻饲操作流程，防范插胃管过程中发生猝死。修订分级护理制度，加强病情巡视和护理病历记录的执行，起草了《住院患者身份识别管理制度》。

推进护士分层次使用。修订《护理人员仪容仪表及行为规范》，并督导检查落实情况。

全年组织护理大查房 5 次、新护士培训 18 次、全院护士业务季度考试 3 次，完成 2008 年入院护士理论、操作转正考核，专科护士培养 13 人。3 个专科护士培养基地通过了认证——北京地区糖尿病健康教育护理师资格认证临床教学基地、北京地区肿瘤专科护士资格认证临床教学基地、北京地区手术室专科护士资格认证临床教学基地。举办国家级、市级继续教育项目 4 个，全院护士继续教育讲座 37 次。完成全院 1 400 余名护士继续教育学分审核。接收护理实习生 1 109 人次、进修护士 418 人，接待国内其他医院护理同行 367 人来院参观。选派 56 名护理骨干赴国内外进行学术交流，32 人次执行外派医疗点任务。

全年护理人员发表文章 288 篇，其中核心期刊占 96.49%。召开全院护理论文报告会，评选出优秀护理论文 10 篇。"医院护理质量管理核心指标的研究"成功申报首发基金项目。护理科研立项 35 项，获得医院经费支持 30 万元。护理部主任吴欣娟牵头的"经外周静脉置入中心静脉导管（PICC）整体管理模式的建立与研究"获中华护理学会首届科技进步奖二等奖。

科研工作 全年申报课题 376 项，中标 63 项，其中国家级 32 项，获经费 1 025 万元；部级 13 项，经费 65.8 万元；市级 8 项，经费 717 万元。

获省部级科技奖 6 项（含护理 1 项），其中中华医学科技二等奖 1 项、三等奖 1 项，高等学校科技进步二等奖 1 项，中华中医药学会科学技术奖、中国中西医结合学会科学技术二等奖各 1 项，中华护理学会科技二等奖 1 项。在国内核心期刊发表论文 1 419 篇，SCI 收录 145 篇。制订 SCI 收录文章奖励细则和国内文章单项奖励方案，试行《科研经费管理补充规定》，设计医院科研管理工作手册，全面启用科研信息管理系统。创新工作方式，组织院内青年基金和青年医师科研成果的评审。

完成卫生部内分泌重点实验室全员整合，制订了重点实验室课题组遴选管理办法、重点实验室课题指南、评审内容、评审标准。制订了《感染性样本存放和管理制度（试行）》、《生物安全管理职责暂行规定（试行）》，加强科研实验室重点部位管理，建立科研实验室危险物品存放、使用数据库。

医学教育 有在职博士生导师 72 人、硕士生导师 196 人，博士点 14 个、硕士点 21 个。有 6 个国家级继续医学教育基地、14 个二级学科住院医师培养基地、14 个三级学科专科医师培养基地。

在院学习的八年制医学生 332 人（共 5 个年级，含"七转八"学生），研究生 436 人，招收市卫生局派遣基地住院医师 46 人。

组织研究生毕业论文答辩 153 人次，其中博士生 85 人、硕士生 58 人，在职申请学位 10 人。75 名住院医师参加北京地区住院医师/专科医师规范化培训第一阶段考核，3 名住院医师参加第二阶段考核。

加强本科生管理，从优秀管理干部和临床医师中选拔临床辅导员，并参加院校统一培训。首次举办全院青年教师中英文教学基本功大赛，推选优胜者参加院校和北京市的教学基本功比赛，均取得优异成绩。安排了 36 名国外留学生轮转。

扩大研究生招生来源，改善生源质量；从传统文化、医患关系、医疗风险防范、职业素养及心理健康等方面加强研究生入院教育；提高新入院临床型研究生临床训练要求，在临床研究生中期考核中增设了临床技能考试。

年初，启动英国爱丁堡皇家外科医学院、香港外科医学院普通外科住院医师培训基地认证项目。9 月 19 日，医院普通外科专科医师培训中心通过认证，并举行了签约及揭牌仪式。外科学系对住院医师的轮转周期，轮转考核手册的填写、收取、汇总制度进行了调整，并推行以基础知识为主的分级考核制度。

内科学系积极探索住院医师培训工作。各专科制订了住院医师培训计划，为每位初年住院医师定制了 3 年临床轮转。住院医师培训与专科医师培训有效衔接。住院医师在完成 3 年轮转后，可竞聘内科总住院医师（任期 1 年），或经双向选择进入专科培训，总住院医师具有优先受聘专科的资格。

医院对新入院的 61 名医师进行基本急救能力培训和考核，并承担了北京市急诊住院医师的急诊技能考核。

申报、备案国家级继续教育基地或项目 78 项，举办 18 项；举办院级继续教育讲座 100 余次，完成学分登记 1 500 人次。招收进修医师 677 人，进修医师结业 613 人。

国际交流与合作 接待 42 个国家及地区来访 72 批次 600 余人。出国进修学习 46 人次，出国考察、参加国际学术会议 536 人次。

第四季度启动了中青年百名人才计划，360 人参加了英语听力及口语考试，优秀者将被派往世界著名医学院、医院、研究中心深造学习。经洽谈建立国际合作项目 18 项，其中与美国哈佛医学院、加州大学旧金山医学院、克利夫兰医学中心、滨州大学医学院等建立了合作关系。年内，主办国际大会 4 次、学术交流 20 余次。

信息化建设 改造完成北京市医保门诊实时结算

系统，更新手术管理系统，开发完成住院医生工作站高危药品自动检查与警示系统并投入使用，启用123院内网上报修系统、器材处物资管理系统和院内会议管理系统，启动了电子病历项目。

国庆医疗保障 制订预案，多次演练，选派骨干医护人员承担东观礼台医疗点、西单民族饭店医疗点医疗保障任务。9月30日~10月2日凌晨，全体院领导，部分科主任、护士长、职能部门负责人，医院突发事件应急救治第一梯队成员，应急小分队和支援国际医疗部团队200余人在院区坚守待命。

后勤与基建 完成协和精细公司硅霜厂、西院奥运核磁改造工程，完成西院中楼八层临床药理中心、教学楼九层会议室装修工程，对4个病房（特需二病房、消化内科一病房、骨科一病房和心内科一病房）、放射科二层走廊、检验科二层走廊、超声诊断科等进行了粉刷，对业务楼与教学楼连廊、老楼连廊的地面进行了整修。推进保健基地筹备工作，进一步优化就诊流程和功能布局，确定第三套样板间并完成装修。中石化管理团队全面介入保健基地、北区及报告厅项目，双方混合编队，成立了项目建设管理办公室。完成北区一期工程地下结构混凝土浇筑，施工已至地上6层；完成北区二期工程土方开挖，施工至地下二层夹层。11月，邀请美国芝加哥大学医院管理专家Christopher Newman 先生及其管理团队对北区一期、二期工程医疗流程和空间布局进行了为期两周的优化论证。

10月28日，举行了协和帅府壹号－2工程破土动工仪式。 （撰稿：常 青 审核：赵玉沛）

中国医学科学院阜外心血管病医院
中国医学科学院心血管病研究所
卫生部心血管病防治研究中心

（西城区北礼士路167号）
邮编：100037 电话：88398866
网址：www.fuwaihospital.org

基本情况 职工2 298人（含合同制），其中卫生技术人员1 557人，包括正高级职称105人、副高级职称120人、中级职称526人、初级师415人、初级士391人。

年内，获批国家心血管病中心，成为国内唯一一家集医疗、科研、预防和人才培养于一体的国家级心血管病医疗诊治、医学教育和医学研究中心。

医疗设备总价值47 764万元。新购置医疗设备总值5 393万元，其中10万元以上设备69台、100万元以上设备4台。

获奖情况。连续3年被评为首都卫生系统文明单位，当选首都卫生系统文明单位标兵，被评为首都卫生系统双十佳人民满意医院、卫生文化建设先进单位。培养出全国敬业奉献道德模范、全国卫生系统先进工作者、首都健康卫士等一批阜外精英。

改革与管理 年内，开展了院所领导下的医疗工作病房主任负责制和学科发展中心主任负责制的双轨制、综合绩效奖励机制等改革。双轨制变革了传统的医疗管理结构体系，从多个角度对病房医疗质量进行控制：由人力资源处负责病房的岗位管理，成立医疗质量监管处对病房医疗工作进行监督、评估，医务处履行医疗管理职责，事业发展部负责绩效考核。由此形成对病房质量全方位、多角度的监控和保障体系。中心主任承担学科发展主导权，对技术准入和人员资格拥有决定权。全年医疗收入比上年增加20%，工作量也大幅提升。

采取多种形式为患者提供便捷的门诊服务：设立办卡中心，分流门诊患者；实行分类就诊，延长专家门诊时间，开设夜间门诊和简易门诊；开展电话预约和手工预约相结合的方式，初诊、复诊、疑难病例门诊会诊等多种形式的挂号预约。

成立了医院海淀分部以缓解看病难矛盾和空间受限问题。海淀分部位于海淀医院病房楼的七层（内科）和十一层（外科），设有心内科25、26病区，内科CCU、心外科27病区及术后ICU、外科手术间及介入导管室等医疗单元，共设床位103张。

成立了小儿心脏内科病区（28病区），填补了本院在小儿心血管内科疾病诊治领域的空白，完善了小儿心脏中心内外科之间的合理配置，综合了各学科的优势，为小儿患者的围术期治疗提供便利。

成立院科两级医疗质量控制机构，形成了责任明确、分工合作、责权到人的医疗质量控制格局。制订医务人员医德考评制度，在电子病历中增加对病历质量的自动检查和统计功能，建立医疗质量评估体系；自2008年10月北京市心血管介入质量控制和改进中心在本院成立以来，院所承担了本市39家医院心血管介入的质量督查，筹建各项规章制度，初步建立起一套心血管介入质量管理系统。

年内，通过了各项重点检查，包括北京地区16家三甲医院检查、市卫生局医疗质量与安全互查、市卫生局医院管理年及医疗质量万里行检查，院所开展的医护及相关部门协调会制度和全院急重症大交班制度，得到了管理组专家的好评，并建议推广。

推进科研型医院建设。抓好重大科研项目申报以及科研规范化管理，以国家、国际重点项目推动学科发展，建设包括心血管病防治重点实验室及心血管病植入材料检测国家工程实验室在内的多个重点实验室。设立了青年项目资助基金和医院重大项目基金，连续5年评选医院十大创新技术，量化中心及各级人员考核标准，实行年终科研综合评比。

讨论并通过了《院所关于开展惩治和预防腐败体系基本制度建设自查自建及廉政风险防范管理工作的实施方案》。成立专项工作领导小组，确定廉政风险重点部门和岗位风险级别，严格自查自建及廉政风险管理。

医疗工作 全年门急诊41.67万人次，其中门诊39.34万人次、急诊2.33万人次。急诊危重症抢救1.4万人次，抢救成功率99.1%。实有床位821张。入院29 854人次，出院29 828人次。床位周转38.6次，床位使用率99.8%，平均住院日9.5天，七日确诊率96.7%。出入院诊断符合率99.8%，治愈好转率98.7%，死亡率0.5%。介入治疗20 857例，住院手术8 800例。甲级病历率92.94%，其中内科甲级病历率90.55%，外科甲级病历率95.23%。

全年接待重要外宾就诊54人，其中门诊50人、住院4人。

拓展诊疗新技术，如双心室流出道重建术、肺高压复杂大动脉转位手术。在国内外率先开展了非体外循环下心脏跳动下冠状动脉搭桥术、胸腔镜辅助下冠状动脉搭桥术、杂交技术等新术式，大大提升了复杂疑难心血管疾病的救治能力。成功植入了国内第一台具有家庭监护功能的心脏起搏器。心脏移植、心室机械辅助已成为急重症和晚期心脏病外科治疗一种常规的治疗手段。

对疑难杂症的诊治保持了优质的诊疗效果。截至年底，心脏移植累计174例，患者中长期存活率高于世界平均水平；已连续4年将心脏搭桥死亡率控制在1%以内，保持国际先进水平。

完成卫生部心血管疾病临床路径的编写，建立临床路径专家库，成为卫生部临床路径试点单位。完成第三类医疗技术——心室辅助临床应用技术申报。

干部保健工作被中央保健委员会批准为中央心血管病专科保健医院。

医院感染管理。医院感染发生率0.84%。实现医院感染病例报告网络化，开始试运行医院感染病例预警筛查系统，通过电子医嘱系统规范抗生素预防用药，严格开展手术室流程管理的督查工作，规范抗生素分级管理，对手术相关人员的手卫生操作督查、效果监测、建立手卫生档案，在规范培训的基础上首先开展内科重症病房的医院感染目标监测。通过以上措施，感染病例监测基本实现信息化，抗生素应用管理、中心供应室管理、手术室流程管理进一步规范化。全年空气培养803次，合格率99.88%；手培养117次，合格率99.15%；物品表面涂抹285次，合格率97.89%。

医保工作。加强住院结算管理，确保医大额病历审核及时、有效。协助病房核查医保报销范围内项目。全年医保出院2 062人次，总费用73 597 002.81元，次均费用35 692.05元。完成北京市医保中心的持卡就医、实时结算，尤其是门诊医生工作站药量限制程序为全市首创。

医疗支援。派出2人赴西藏开展心脏介入技术援助工作，由6人组成的医疗队赴海南农垦医院开展技术支援，4名医护人员赴澳开展技术协作，3人援疆，医疗小组前往宁夏固原扶贫，与延安市人民医院签署了对口帮扶协议。

护理工作 修改完善《护理规章制度》与心血管患者安全管理指标。特级、一级护理检查病区51次/人次，合格率100%；基础护理检查病区48次/人次，合格率100%；护理病案运行和终末合格率100%；护理安全综合项目合格率100%；急救物品、药品完好率100%。

年内，成立了护理科研指导小组，负责规划和指导护理科研工作。获院所青年基金及专项科研基金支持，共撰写护理论文79篇，外投论文41篇，其中13篇发表在护理核心期刊上。

各带教科室分别制订了带教计划，并完成了临床教学基地的各项教学工作。制订了系统的实习护士理论培训计划，全年组织实习护士理论学习10次，培训950人次。

全年培训护理技术操作27项24 300人次，专科理论7项6 300人次，抽查考核操作1 467人次，全员达标率96.6%；抽查专科理论1 184人次，全员达标率97.3%。组织中层骨干集中培训32次，培训992人次，并于培训结束后进行了全方位的效果评价。

科研工作 全年中标课题（均为牵头项目）包括国家"973"项目、卫生部行业基金、国家自然科学基金重点项目、市科委重大项目、国家自然科学基金等共53项。在研课题125项，实际到账科研经费9 249万元，较上年增长30.87%。获得国家科技进步二等奖2项，教育部科技进步一等奖1项，中华医学奖二等奖1项，北京市科学技术进步二等奖1项、三等奖3项，北京市中西医结合一等奖1项，国家发明专利2项，国家科技进步二等奖（参加）1项。

全年发表论文398篇，其中SCI收录119篇、英文8篇，影像因子5分以上12篇，最高影响因子超过50，SCI文章连续两年在医科院系统排列第二。出版著作17部。编辑和出版了内外科年报。

以"促进全民心血管健康"为主题，举办了北京国际心血管病论坛2009（IHF2009）。卫生部部长陈竺、中国医学科学院、北京协和医学院副院校长詹启敏、美国克利夫兰医学中心总裁兼首席执行官Delos M. Cosgrove博士等出席。论坛包括预防、心外、心内、介入心脏病、心脏起搏与电生理共22个分会场，收到学术论文907篇，其中中文587篇、英文320篇。邀请到美国、德国、英国、意大利等专家作大会专题学术报告，14个国家近4 000名代表参会。连续3年在美国心胸外科年会上进行先心病新术式的报道。

医学教育 年内，成立教育委员会。启动"好医生"继续教育管理系统，实现了刷学分卡功能。开展国家级项目27项、单位自管项目14项，全院完成25学分的职工占71%。

新增硕士生导师11人，招收硕士生39人、博士生35人。接收进修生483人。

国际交流与合作 全年接待8个国家的外宾90余人。为273人办理了短期因公出访，为12人办理了长期出国进修等审批手续。美国NIH（美国健康研究院）国家心肺血液研究所所长Elizabeth G. Nabel，加拿大多伦多总医院心脏外科教授、多伦多大学外科学主席Richard Weisel，美国加州参议员Lou Correa和加州议员Marty Block率领的奥巴马总统访华商业陪访团等相继访问院所，并进行了交流。

年内，在阜外－牛津心血管疾病研究中心的基础上成立了中国牛津国际医学研究中心，并签署了新的长达20年的双边合作协议。卫生部部长陈竺及英国牛津大学校长Andrew Hamiton为中国牛津国际医学研究中心揭牌。

信息化建设 开发、改造、实施了多个核心系统，对原有的电子病历系统进行了全面升级改造，完成电子病历系统V6.0版本的开发及实施、PACS/RIS系统一期项目、门诊医保实时上传系统、门诊检验条码系统、感染监控信息系统、超声电子报告系统、HIS系统核心服务器升级等，以及IT基础设施及信息安全建设。

后勤与基建 与新华书店总店签订租赁合同，增设住院北楼，作为医疗用房；完成卫生部心血管病防治研究中心及阜外心血管病医院扩建工程的拆迁工作。完成西山园区场地平整、西山园区前期立项报告（含可研），环评工作正在进行中；完成西山临时动物饲养室的建设。

对院内硬件结构进行调整，包括把院内病房楼二层东侧及制剂室改造成介入导管室和血管外科，把科研楼7层改造成高干病房；按照国家配置指标进行了锅炉房的改扩建。

其他工作 持续推进全国高血压社区规范化管理项目，截至年底，签署协议的单位有32家，涉及19个省份，累计培训1 500余名社区医生。打造心血管资讯平台，为同行提供参考或指导：编写出版了《中国高血压防治指南》（基层版）；编写了《中国心血管病报告2008～2009》，是中国第四部心血管病流行状况和防治研究重要进展的权威报告；进行社区心血管疾病防治及转诊模式的探索，形成了前筛基地、后疗基地、健教基地，与西城区、海淀区、丰台区卫生局续签了协议书和对口支援协议书，推行合作社区的专家定期出诊，与海淀区政府公共服务委员会开展全面合作，与首都机场医院开展了社区合作医疗。

甲流防控。年内，对医护人员进行了培训，安排主检医师值班、会诊及外地会诊，组织应急演练等。完成临床一线医务人员甲流疫苗接种420人。

在国庆60周年庆典活动期间，开展院所卫生应急保障，各级医护人员值班、应急医疗队演练，派出工作人员参加国庆阅兵保障工作，并为2 529名参加游行活动的儿童注射了甲流疫苗。被市卫生局评为国庆60周年庆典活动卫生保障工作最佳服务保障奖。

（撰稿：杨晓红 审核：万 雷 吴文斌）

中国医学科学院肿瘤医院
中国医学科学院肿瘤研究所

(朝阳区潘家园南里17号)
邮编: 100021　电话: 67781331 (总机)
网址: www.cicams.ac.cn

基本情况　职工1 763人(含合同制),其中卫生技术人员1 177人,包括正高级职称77人、副高级职称101人、中级职称428人、初级职称571人。

医疗设备总价值62 672.30万元。本年度购置医疗设备总值9 781.77万元,其中10万元以上设备692台,价值4 866.69万元;100万元以上设备82台,价值3 066.08万元。

获奖情况。医院被评为首都精神文明单位、首都文明单位、首都卫生系统文明单位、两会医疗卫生保障工作贡献单位、首都教育先锋先进集体,获市卫生局颁发的国庆60周年庆祝活动医疗卫生保障工作最佳服务保障奖,肿瘤学教研室被评为首都教育先锋先进集体。董碧莎被评为北京市高校优秀党务工作者,赵平获得《中国医院院长》杂志评选的"最具领导力院长·卓越成就奖"称号,王艾被评为全国医药卫生系统先进个人,余子豪被评为首都健康卫士,吴令英荣获首届中国女医师协会五洲女子科技奖——临床医学科研创新奖,马飞获北京市高校青年教师教学基本功比赛第三名,隗伟获全国卫生系统护理专业"巾帼建功标兵"称号。

改革与管理　12月2日,通过了市卫生局医院管理年、医疗质量万里行实地专项督导检查。年初,新门诊装修完成并投入使用,新门诊实行分诊区挂号、建卡、挂号、收费三合一通柜服务;增设乳腺、综合、内科化疗等诊区,增加了头颈内科、乳腺放疗、防癌咨询等门诊;年内,普通门诊增加专家出诊1 520人次,特需门诊增加专家出诊250人次;2月4日,开设了优先兼用窗口;2月7日,增开每周六半天门诊,共接诊1 800余人次;9月11日,开通电话预约挂号服务;8月5日,召开门诊志愿者活动一周年总结会,志愿者每天平均回答患者询问400余次;11月16日,设立综合科周转病房,病床31张,主要为外科周转病床及中医科床位。

推进筹建国家癌症中心的各项工作,与卫生部商讨国家癌症中心的初步组织架构、人员构成,初步完成人员经费预算。国家癌症中心人员编制通过了中编办批准。

注重干部管理及人事考核。11月18日,卫生部党组通过推荐考察,任命赵平为院所长,董碧莎任院所党委书记,并纳入卫生部党组管理;1月6日,完成院所班子党政领导干部的考核;6月16日,完成中层干部期满考核、试用期满考核10人次;7月3日,在三届五次职代会上对职能部门负责人进行民主测评,首次采取现场计分现场公布。

加强临床科室管理,优化绩效考核。年底,召开临床工作会,各临床科室绩效考核结合科室质控指标、医疗安全、工作业绩、教学科研等基础指标以及科室领导团队、人才梯队建设、科间合作和对医院的贡献等现场汇报情况,实行现场打分。卫生部、市卫生局、中国医院管理协会等领导参会,京内外24家三级甲等医院的70名院长、医务处长考察本次会议,其中30人参加现场评议并担任评委。

积极探索和推进民主管理。召开第三届五次职工代表大会;全年院所行政事务管理委员会召开4次会议,审议64项议题;聘请9位来自各级政府、医院上级机关的领导成立了顾问委员会,作为民主管理、民主监督的探索。

加强党风廉政建设及医德医风建设。4月10日,召开了党风廉政建设和纠风工作会;开展了小金库专项治理和财务检查;坚持科室考核制度,创办了《纪检之窗》;全年收到表扬信、锦旗、牌匾883件,表扬2 097人次,退感谢款281人次537 202元。12月3日,通过了关于落实党风廉政建设责任制、推进惩防体系建设的检查。年内,住院患者满意度调查2 426份,平均满意度93.5%;门诊患者满意度调查548份,平均满意度89.87%。

医疗工作 门诊478 894人次，急诊5 178人次，急诊危重症抢救67人次，抢救成功率65.67%。入院35 689人次（含合作医院），出院35 663人次，病床周转27.76次，病床使用率95.64%，平均住院日12.88天。出入院诊断符合率99.96%，临床与病理诊断符合率99.9%，治愈率64.78%，好转率27.93%，死亡率1.8%。住院手术12 102例。

病案质控。进一步完善病案质控三级管理体系，并对各项住院病案进行全程监控。加强病案报告单管理工作流程，建立并完善内科门诊收治病案流通管理流程。年内，有质控病案21 824份，其中甲级病案21 239份，甲级病案率97.3%。

医院感染管理。4月，成立了应对甲流的专家组和应急小分队，制订应急预案，开展相关知识培训，落实门诊体温筛查、24小时零报告制度，在合作医院预留应急床位，在门诊设立了独立筛查诊室。完成930人的疫苗接种。制订了疾病与感染控制办公室工作职责；重视院感薄弱环节的管理，在重症监护室实行与检验科动态监测的联动机制，有效避免重点科室的感染暴发。医院感染率3.71%。

医保工作。全年医保出院9 074人次，总费用16 243.27万元，人均费用17 901元。召开医疗保险管理委员会会议2次。通过了加强对门诊处方、门诊特病和住院病历的审核管理，举办临床医师医保知识政策培训，规范单病种费用管理及诊疗流程等，有效降低了医保拒付金额。自7月1日起，实行实时分解结算。年内，通过了市医保中心的联审。

医疗支援。妇瘤科主任吴令英、副主任张蓉，泌尿外科肖泽完成援疆任务；王滨博士完成博士服务团援疆任务；ICU高勇、病理科张宏图完成援藏任务；10月，腹部外科高树庚、宣立学赴新疆参加为期1年的支边工作；放疗科、病理科、妇瘤科、内科共5人组成医疗队支援湖南湘西自治州肿瘤医院。接收西部之光访问学者8人。

护理工作 加强护理质量控制管理，重视护理基础培训和岗前培训，落实护理相关法律法规，护理各项指标均达到规定标准。护理文件书写合格率98.1%，基础护理合格率98.4%，特级、一级护理合格率99.6%，技术操作合格率97.1%，急救物品完好率99.3%，护士行为合格率99.4%，药物管理合格率98.9%，重症护理合格率99.6%，消毒隔离合格率98.6%。全年无护理事故发生。

护理在研项目8项，其中新立项3项。收到护理论文50篇，其中护理杂志刊登8篇、全国护理学术大会交流5篇、获朝阳区护理论文三等奖2篇。

本年度继续教育合格率98.3%，国家级继续教育63项，3 897人次参加；本院继续教育17项，1 531人次参加。加强"三基三严"训练，完成11项操作培训，3 903人次参加，受训率100%。

年内，经北京护理学会考察及评审，本院获准为全国肿瘤专科护士资格认证临床教学基地和全国手术室护士资格认证临床教学基地。

科研工作 申报"973"课题、"863"计划专项课题、国家自然科学基金、卫生公益性行业科研专项课题等共127项，中标31项。在研76项，其中新立项课题34项、将结题42项。全年到位外来经费4 597.3万元，其中外拨经费1 080.2万元。基本科研业务费共获资助192万元，全部用于青年基金课题，拟立项目18项。本年度签订科技开发协议5项，合同金额216.8万元；开发收入34.27万元。

全年发表论文407篇，其中SCI收录54篇，影响因子257.07。最高影响因子12.591，平均影响因子4.76。科学著作7部，其中主编5部、合著2部。

免疫学研究室张叔人等的"肿瘤趋化抗原核酸疫苗平台技术的研究"获中华医学科技奖三等奖；分子肿瘤学国家重点实验室詹启敏等的"基因组稳定性在恶性肿瘤发生发展中的作用机制研究"获高等学校科学研究优秀成果奖自然科学一等奖（公示中），并完成北京市科学技术奖推荐项目公示；程书钧院士获得何梁何利基金科学与技术进步奖；细胞生物学与分子生物学实验室申报的"哺乳动物细胞高效表达国家工程实验室"获得批准；放疗科和病因室有关非小细胞肺癌的研究在世界肺癌大会上获得"Developing Nation Award"，这是我国放疗工作者首次获此殊荣；流行病学室乔友林新研究的"子宫颈癌快速筛查法"完成了检测技术的研发及首次临床终点评价试验研究。分子肿瘤学国家重点实验室詹启敏等发明的"抗人类食管癌侵袭转移的序列"获专利授权。

医学教育 年内，获批国家级继续教育项目20项，完成19项，参加人员超过2万余人次。开展院级继续教育讲座23场，邀请专家46人，授课85.5小时，1 886人次听课。完成"211工程"三期重点学科建设项目可行性研究报告。

招收研究生91人，毕业51人，转博12人，53人获得学位，在校生231人。毕业班发表文章第一作者111篇，SCI收录23篇。临床硕士发表综述21篇。本年度，获得全国优秀博士学位论文1篇、北京市优秀博士学位论文1篇、北京协和医学院优秀博士学位论文1篇，并推荐参加2010年全国优秀博士学位论文评选。

接收进修生312人，208人获得结业证书。医师外出进修8人次、短期学习125人次。举办公文写作与公文管理培训,80人次参加;英语口语培训2期,共授课46次92学时,498人次参加。

国际交流 全年接待15个国家40余名外宾,主要有美国NBCC代表团、美国NCI等肿瘤研究机构的高层访问团和澳大利亚、日本、韩国及朝鲜的专家。本年度,办理出国手续166人次,派出142人参加国际会议和学术交流活动,如太平洋健康峰会、全球肿瘤防治峰会等;院所各类出国人员共217人次,出访国家增加了南美、东欧、西欧、亚太和非洲国家等。

10月24~25日,主办第三届亚洲国家癌症中心联盟会议(ANCCA),来自13个国家的国家癌症中心主任及官员参会。会议决定将ANCCA总部设立在本院,赵平当选为首届总部秘书长(任期4年)。

信息化管理 完成门诊搬家信息系统的迁移与系统磨合;实现输血科输血数据实时上传;完成住院病人管理系统,病房医生工作站系统,病房护士站系统,住院药房、药库系统,出院结算系统和住院主体系统需求调研、客户化修改与试点科室上线;设计并实施了门诊输液系统;调研电子病历系统、物流管理系统、病理信息系统等;完成北京医保病人实时划卡结算硬件搭建、软件修改、测试联调;完成档案系统调研及安装工作;完成无线网络调研与设计方案;完成网络预约挂号系统设计、实施。

后勤与基建 年内,制订具体节能制度和节能措施,取得显著效果。成立了国庆平安领导小组,全年巡查保养8 406次。

完成综合楼工程的结构、二次结构和部分机电设备的安装;完成放疗机器门诊及附属用房改造工程Ⅰ期土建施工、Ⅰ期精装修工程量的70%;完成实验动物室的改造,并投入使用;临床研究中心改造工程正式开工;回旋加速器工程完成土建装修、防护、洁净室施工,进入主机及热室设备安装;2间手术室改造工程完成钢结构施工;完成国家癌症中心石牌的安装。3月,成立招标资格预审小组,并制订了操作规程,共完成36项招标资格的预审。

其他工作 4月13~18日,举办了主题为"抗击癌症,重在行动"肿瘤防治宣传周活动。活动设有百名专家免费咨询、防癌查体、健康大讲堂、抗癌明星康复交流、媒体科普宣教互动等内容。有620人参加了防癌健康查体,1 020人次参加健康大讲堂,为23名出租司机进行免费查体。防癌科推出肿瘤高危人群高危因素的登记、筛查、评估,有330人次参加咨询。

10月24日,举办第十一届北京希望马拉松——为癌症防治研究募捐义跑活动。卫生部副部长刘谦、中国医学科学院院长刘德培等领导出席,来自亚洲13个国家的国家癌症中心主任现场共同呼吁为癌症防治事业募捐,各界演艺明星助阵,3 000余名市民和大学生及外国友人参加了活动。本次活动募集善款超过200万元,全部用于癌症防治研究事业。

年内,2名专家参加了中央电视台《人物》栏目;12名专家参加北京人民广播电台《爱家广播》科普讲座节目。与中央电视台、北京电视台、《健康报》、搜狐健康网等保持联系与合作,接待媒体采访20余次;与《健康时报》共同开展报卡送病人活动,电视、报纸、网络等累计消息报道230余次。

(撰稿:高 菲 审核:魏跃兰)

中国医学科学院整形外科医院 整形外科研究所

(石景山区八大处路33号)
邮编:100144 电话:88964826
网址:www.zhengxing.com.cn

基本情况 职工446人,含派遣员工88人、合同制临时工72人。其中卫生技术人员404人(含派遣员工85人),包括正高级职称25人、副高级职称45人、中级职称145人、初级师92人、初级士87人、未转正人员10人。

医疗设备总价值3 863.11万元,比上年的3 448.48万元增加了414.63万元。新购置医疗设备总值397.28万元,其中10万元以上设备12件。

获奖情况。医院被推荐为首都文明单位,荣获首都卫生系统文明单位、北京市消防工作先进单位、北京市爱国卫生先进单位、北京市卫生局国庆60周年庆祝活动医疗卫生保障工作最佳服务保障奖。曹谊林当选为北京协和医学院教学名师,蒋海越当选为北京协和医学院优秀教师,王建国被评为北京市消防工作先进个人,韩建华被评为卫生部人防先进工作者,胡志红荣获国家医学教育发展中心临床护理带教优秀教师、吴文红荣获多媒体教学课件优秀奖。

机构设置 新设整形十三科、十四科、十五科、十六科、十七科(VIP医疗部)和疾病控制科,将后勤基建设备处、行政保卫处调整为基建处、保卫处和总务处。

改革与管理 在医院管理年和医疗质量万里行活动中,整理、修订了《关于部分重大手术诊疗流程的暂行规定》、《关于门诊医疗工作管理的暂行规定》、《整形外科医院医嘱制度(暂行)》等。组织院内病例大讨论16次、重大手术讨论12人次、疑难病例讨论8次。召开医师大会、住院医师和主治医师座谈会、临床科主任座谈会各1次,输血委员会例会和病案委员会例会各1次。按新分配标准完成16个临床科室床位数的调整。网上在线与病人有效交流67 629人次,电话有效对话50 075人次;网上预约22 823人次,实际到院看诊9 511人次;预约患者手术4 536人,手术治疗费用2 913.1万元。10月初开始网站优化工作后,医院网站点击量不断攀升。

年内,膳食科(营养室)转归医务处管理。干部任免24人。引进学科带头人1人。提供科主任岗位8个,6人已上岗;护士长岗位5个,3人报名,科室推荐9人;后勤处长岗位3人,均已上岗。全部岗位采用公开招聘的方式。合同制人员继续实行人才派遣,全年新派遣35人、续签18人。正式启动人才培养计划,根据《优秀青年医师人才培养计划》,医院每年出资100万元,选送10名优秀青年医师出国进修学习。帝思科工贸公司成功改制,面向全国公开招聘了公司总经理。

精神文明建设。年内,医院党政一把手同科以上干部及临床、医技科室主任161人签订了《廉洁自律责任书》。医院收到锦旗30面、表扬信14封,拒收红包19人64次,共计76 800余元。5月初和10月中旬,纪委分别对120名住院和30名出院患者进行问卷调查,调查结果:全院综合满意度94.5%和96.3%,其中对医生技术水平平均满意度100%,对护士技术水平平均满意度100%和96.7%,对医生服务态度平均满意度100%,对护士服务态度平均满意度100%和96.7%,对医护人员术前沟通情况满意度90.5%和100%,对医技科室工作平均满意度97.2%和98.3%,对医院卫生环境满意度87.7%和90%,对食堂平均满意度80.2%和88.9%。两次问卷调查的150名患者中,明确表示没送过红包的147人。

医疗工作 门急诊64 829人次,比上年增长16.5%。实有床位328张。住院8 888人次,比上年增长13.06%;出院8 894人次,比上年增长13.17%。床位周转29.01次,比上年增长21.08%;床位使用率85.20%,平均住院日11.97天;七日确诊率100%,出入院诊断符合率100%,治愈率84.76%,好转率15.22%,死亡率0。门诊手术15 708例,比上年增长18.19%;住院手术8 614例,比上年的7 655例增长12.53%。

年内,开展了无痛液压扩张法包茎矫正术的新技术、新疗法。

病案管理。制订了《门诊病案延迟归档处罚暂行规定》,组织全院科室参加北京市病历质量评比活动。在市卫生局医疗质量万里行及医院管理年检查中,门诊病历99.5分、运行病历95分、终末病历96分。病案质量控制工作端口前移,手术同意书的签名情况得到极大改善。终末病案甲级率100%。

医院感染管理。根据检查督导制度和考核评价制度,每月下病房检查无菌操作,对于违反操作原则的行为予以处罚。对全院各科的医院感染质量控制分数进行排名并反馈。医院感染率0.16%。

医疗支援。派遣2名医师、1名护士参加医科院组织的医疗队,分赴西藏、湖南、海南三地。为佳奥助养中心的9名唇腭裂患儿进行手术治疗并减免部分费用。

护理工作 规范护理操作规程10项,修订了临床各部门质量考核标准,修订了《危急值班报告制度》、《主动报告医疗安全(不良)事件制度》、《患者身份识别制度》和《保护患者隐私制度》、《护理人员岗位职责与工作制度》。护理文件书写合格率100%,特级、一级护理合格率100%,安全护理合格率99%,急救物品完好率100%。开展三基三严操作培训30余次,操作考核1 000余人次,合格率100%。理论笔试考核420余人,合格率90%。承办石景山继续教育项目10项,组织院内护理交流报告会11场。承接第十次全国整形外科学术会议护理分会场主持工作,本院7篇专业论文被选作大会发言。接收泸州医学院和山东胜利职业学院的护理实习生28人。

获得外观设计专利1项,在核心期刊发表护理论文5篇。

科教工作 申报课题54项,中标10项,其中国家自然基金项目4项、省部级3项,中标基金1 117.6

万元。在研课题32项，结题18项。获得专利21项，其中实用新型专利19项、外观设计2项。

发表科技论文185篇，其中SCI收录75篇，最高影响因子2.92，平均影响因子1.548。出版译著1部。

全年录取研究生37人，其中硕士生24人、博士生13人。获批国家级继续教育项目31项、区级继续教育项目15项，参加继续教育920人次。举办短期学习班6次，216人次参加。参加5月北京市科技周和9月全国科技周活动，举办健康知识讲座4次。

为本院职工举办各类讲座140次，9 358人次参加。举办甲流培训考试4次，1 820人次参加。组织全体医护人员传染病防治知识培训21次、心肺复苏技能培训3次。派出进修学习8人次。接收进修医师45人。

国际交流与合作　接待来院参观访问的外宾10批65人次，举办了第一届中国ISAPS美容整形外科高级研讨会，参会近400人，其中有15个国家和地区的外宾近50人。办理出国参会和进修23人次。获得外国专家局外国文教专家项目2项。

信息化建设　年内，OA正式上线使用，完成OA系统全院考勤直报和车辆使用、会议室使用的网络流程，实现了办公自动化。门诊医生工作站正式运行，规范了医生处方的书写，缩短了患者的排队就诊时间。成本核算系统启用，对医疗数据、经济数据、资源数据进行统一管理，真实地反映医院医疗收入及医疗数、质量情况、医疗成本的投入情况及综合经济效益的情况。完成计算机机房的整体搬迁，保证了信息系统运行的连续性。

后勤与基建　新建配电室采购安装新型节能设备，锅炉供暖使用变频节能水泵，照明灯具、自来水龙头及马桶全部使用绿色节能产品，燃煤锅炉全部改为燃气，全年减少燃煤3 000余吨。全院热水供应使用太阳能。

年内，完成医院《总体建筑发展规划》的编制并获得卫生部批准。完成2010年《雨污水管线及污水处理更新改造工程项目建议书》的编报，申报预算资金2 849万元，已批复财政投资1 200万元。VIP病房装修改造工程完工并投入使用，装修改造面积3 214平方米；动物室改扩建工程完工并投入使用，占地面积1 145平方米；完成变配电改造工程（一期）地建工程，建筑面积214平方米；变配电改造工程（二期）在建。启动《医院建设规划可研报告》的编制程序，成立了领导小组和工作小组。

医技楼装修改造工程是财政部2006年专项资金资助项目。建筑面积2 217平方米，预算投资614万元，其中国家拨款500万元，已竣工投入使用。

其他工作　建国60周年庆祝活动。完成国庆活动医疗应急处置的备勤保障工作，荣获市卫生局国庆60周年庆祝活动医疗卫生保障工作最佳服务保障奖。在医科院系统的"歌唱祖国"歌咏比赛中，医院获得二等奖。

甲流防控。年内，制订了《防控甲型H1N1流感工作预案》、《关于处理住院患者发热的紧急通知》等，召开急救医疗队会议、一线值班医师工作会、流感应急小组成员工作会、急救队应急演练，组织医护人员进行传染病防治知识培训，提高了对突发事件的应急医疗处置能力。

（撰稿：陈南萍　审核：何晓明）

中国中医科学院及附属医院卫生工作

中国中医科学院

（东城区东直门内南小街 16 号）
邮编：100700　电话：64014356
网址：www.cacms.ac.cn

基本情况　职工 4 851 人，其中正高级职称 331 人、副高级职称 556 人、中级职称 1 404 人、初级职称 1 663 人。有博士生导师 186 人、硕士生导师 332 人。

科研工作　由刘保延研究员主持的"中医临床科研信息一体化技术体系"和朱立国主任医师主持的"旋提手法治疗神经根型颈椎病的临床和基础研究及应用"获国家科学技术奖二等奖，中医科学院作为第二发明人获得国家发明奖 1 项，作为第三完成单位获得国家科技进步奖二等奖 1 项。同时，获北京市科学技术奖 2 项、中国中西医结合学会科学技术奖 2 项、中华中医药学会科学技术奖 15 项，申请专利 26 项，获发明专利 5 项、新药证书 3 项。曹洪欣教授获何梁何利科学与技术进步奖，陈可冀院士获吴阶平医学奖，授予屠呦呦研究员第三届中国中医科学院唐氏中药发展奖。

年内，申报各级各类课题 518 项，中标课题 177 项。由中医科学院和青海省共同主持、中医基础理论研究所和青海省藏医药研究院牵头组织申报的重大科技专项"国家藏医药产业创新支撑平台"批准立项。启动了国家综合性中药新药研发技术平台项目建设。中医科学院牵头承担了中医药行业科研专项——中医药防治甲流、手足口病与流行性乙型脑炎的临床方案与诊疗规律研究。国家中医药管理局依托中医临床基础医学研究所成立了中医药防治传染病研究中心，组织协调行业内传染病防治研究工作，主持制订了中医药防治甲流临床方案。中药研究所承担的北京市防治甲流有效中药筛选及评价研究取得进展。各科研机构在完成对第一批自主选题项目中期考核的基础上，启动并完成了第二批自主选题项目，有 154 个项目立项。

科研支撑条件进一步加强。全院 10 个研究室被国家中医药管理局批准立项建设，28 个三级实验室通过国家中医药管理局评估，21 个学科被批准为局级重点学科。制订了《中国中医科学院学科目录》。整合全院仪器设备资源，以医学实验中心为主启动了首都科技条件平台——中医科学院实验研发服务基地的建设，并向院内外提供技术及设备服务。中药研究所中药过程质量控制技术国家工程实验室项目得到国家发改委批复立项。中医科学院图书馆被文化部批准为全国中医药行业古籍保护中心，有 18 种古籍入选第二批《国家珍贵古籍名录》。中医药信息研究所申报《世界记忆名录》和《亚太地区记忆名录》。中国医史博物馆经扩建后重新开馆。

医疗工作　门急诊 414 万人次，出院约 4 万人次，病床周转次数有所提高，平均住院日下降。西苑医院克服整体改扩建的困难，门急诊人次和出院人次仍保持平稳增长的势头。广安门医院门急诊人次和出院人次逐年稳步增长。望京医院新门诊楼投入使用，改善了医疗环境。眼科医院积极拓展服务渠道和方式，门急诊人次较上年有所增长。针灸医院门诊人次较上年增长 23.8%。中医门诊部依托专家资源，发挥中医特色优势，服务量稳中有升。

应对甲流疫情,及时成立防控领导小组,启动应急机制,指导各医疗机构的防控工作。望京医院、广安门医院、西苑医院、眼科医院均组成应急医疗救治队伍,积极采用中药进行防治。全院各医疗机构接诊发热病人约1.5万人次,开中药治疗甲流方剂约2万剂。特别是以王永炎院士为组长的国家中医药管理局防治甲流专家组牵头制订《中医药防治甲流指导原则》(三版)发挥了重要作用。

推进中医临床研究基地建设。召开中医临床研究基地建设领导小组会议暨《临床研究基地建设方案》专家论证会,进一步整合全院优势资源,努力实现院与所、研究室与科室以及病种与基础研究的整合。西苑医院、广安门医院、望京医院、眼科医院完成临床研究基地建设方案。完成局级"十一五"9个重点专科(专病)建设项目的中期评估,专科(专病)的中治率和饮片使用率均明显提高。完成第一批优势病种临床研究项目的验收总结。

各医疗机构按照质量管理年的要求,以医疗质量和中医特色为中心,以综合目标考核为手段,加强医疗质量管理。广安门医院推行住院医师手写病历制度,并纳入住院医师规范化培训考核。西苑医院开展医疗质量安全月、护理安全年活动,狠抓医疗安全重点环节,组织科室联审互查与重点督查。望京医院坚持有中医特色的急诊建设思路,突出中医药的应用,年急诊总量居北京地区中医医院之首。眼科医院开展全程优质医疗服务活动,医疗服务水平进一步提高。

稳步推进治未病工程建设。成立养生保健专家指导委员会,启动养生保健工程。广安门医院重点推进了消喘膏冬病夏治穴位贴敷、亚健康人群监测,开展中医心理、气功等非药物疗法综合预防方案的应用研究等治未病临床科研工作。西苑医院增加冬病夏治临床科室,继续举办健康大讲堂活动。眼科医院开展中医药防治近视眼工作,举办了世界青光眼日和爱眼日大型义诊咨询活动及健康知识讲座。

各医疗机构选派专家30人次赴四川、福建、天津、云南、重庆、贵州、内蒙古,参加"中医中药中国行"活动。参加第二届北京中医药文化宣传周暨首届地坛中医药健康文化节活动,组织专家开展义诊和医疗咨询。有15个工作室(站)被评为全国首届先进名医工作室(站)。广安门医院建立驻中央纪委监察部机关门诊。望京医院完成对什坊市中医院的支援任务。眼科医院继续与10家远郊区县中医院开展携手工程。

人才培养与教育 招收研究生172人,其中硕士生116人、博士生56人。研究生毕业156人,授予硕士和博士学位178人,11名博士后出站。向58名学生颁发中国中医科学院一方优秀研究生奖学金和完美(中国)奖助学金。26篇学位论文被评为中健行传承创新奖和裴元植优秀论文奖。在教育部学位与研究生教育发展中心组织的第二轮学科评估(2007~2009)中,中西医结合、中药学、中医学在全行业分别排名第一、第二和第三,通过了全国博士后管委会对博士后科研流动站的现场评估。启动第二批著名中医药专家学术经验传承博士后工作,建立专家工作室。

召开教育工作会议,制订了《关于进一步深化教育教学改革,全面提高人才培养质量的意见》。设立中国中医科学院岐黄中医药基金会传承发展奖,构建导师激励机制。与中国博士后科学基金会共同主办了首届全国中医药博士后论坛。有26名博士后获得中国博士后科学基金面上项目资助,获特别资助项目7项。

做好第四批全国老中医药专家学术经验继承与学位衔接,有39名指导老师获得批准,57名继承人全部进岗。完成第二批优秀中医临床人才研修项目培训及年度考核。首批16项北京中医药"薪火传承3+3工程"室站建设项目完成阶段建设和考核。申报国家中医药管理局继续教育基地16个,完成局级继续教育项目57项。举办了第四期医学(护理)英语培训班,29人结业。

加强人才队伍的建设。西苑医院推进新星、育才计划的实施,望京医院选拔15名临床中青年骨干进行为期3年的强化培养。医学实验中心、中医基础理论研究所、中医临床基础医学研究所等结合学科建设需要,通过聘任客座研究员、招聘博士后进站,在促进院内外学术交流的同时,带动了中青年科研人才的培养。全院招聘博士后进站59人,在站博士后206人。

程莘农、唐由之、路志正、陆广莘被授予首届国医大师称号,王孝涛被文化部评为非物质文化遗产保护工作先进个人。围绕"1386"工程实施,15名专家被聘为第二批首席研究员,并在考核的基础上对第一批10名首席研究员进行了续聘,12名专家被授予荣誉首席研究员。有62名学科带头人通过了学科评议组的初评。

学术活动 全年举办中医药发展讲坛10讲,卫生部副部长王国强作了题为《解放思想、继承创新、统筹协调、科学发展》的开坛演讲。主办或承办了2009传统医药国际科技大会暨博览会两个分会、海峡两岸中医药发展大会、海峡两岸中华传统文化与现代化研讨会暨首届海峡两岸医学文化与医学发展论坛、2009中国首届中医膏方高峰论坛等学术活动。全院召开各类学术会议333次。发表学术论文1 653篇,其中SCI 69篇,专著70部。据中国科学技术信息所提供数据,2008年本院发表论文居全国科研院所之首。《中国骨伤》杂志被美国国立医学图书馆《医学索引》收录,成为中国大陆地区唯一被该数据库收录的中文版骨伤类医学期刊。

国际交流与合作 全年接待国外、境外来访1 089人次,接待了奥地利科技部部长、巴西卫生部部长、土耳其卫生部部长、蒙古卫生部部长、朝鲜保健相等部长级以上代表团20批次。派出学术交流175人次,接收国外学员培训449人次。院长曹洪欣被俄罗斯自然疗法学会授予盖伦奖章。与匈牙利德布勒森大学、佩奇市政府、佩奇大学签署了合作备忘录,与斯洛伐克医科大学签署了合作备忘录。与32个国家和地区的科研机构、高等院校开展了实质性合作。

推进海外中医医疗合作。进一步加强与俄罗斯传统医学诊疗中心的合作。继续推进与香港东华三院的医疗合作。广安门医院与新加坡慈善福利团体义安集团签订合作协议,建立了广安门医院海外中医门诊,与马来西亚同善医院合作成立了海外门诊部。

WHO西太区传统医学临床实践指南的编写工作取得进展,基本完成27种疾病的基于证据的中医临床实践指南编制。召开中奥项目"中医药与老年相关性疾病"9个课题的进展报告会,进一步推动项目的实施。落实政府协议,与韩国韩医学研究院签订了《针刺治疗过敏性鼻炎临床研究中韩合作协议书》。与日本东京药科大学续签了合作协议。西苑医院与澳大利亚联合申请了中澳特别基金"中澳合作开展治疗血管性痴呆中药(WNK)Ⅱ期临床研究"课题,就维脑康开展国际多中心的临床研究等。有2项获科技部国际科技合作资助。本院正在开展的国际科技合作项目有20余项,涉及美国、俄罗斯、奥地利、澳大利亚等10多个国家,研究领域涉及到中医理论研究、中医优势病种研究、中药临床研究、中药新药开发、针灸机理研究等。

产业及基建工作 实验药厂生产的正柴胡饮颗粒进入国家医保甲类目录,新清宁片等5个品种及华神制药公司生产的双虎清肝等3个品种进入国家医保乙类目录。正柴胡饮颗粒被北京市指定为抗甲流储备药品。科技合作中心完成业务战略转型,积极开拓养生保健市场。启动了中医古籍出版社体制改革。完成实验药厂、中医杂志社、培训中心、中医门诊部、科技合作中心、中医古籍出版社负责人的招聘。

2月,中医药科学研究基地建设科研综合楼项目被国家发改委批准立项,建筑规模3.43万平方米,总投资1.9亿元,初步设计和投资概算已上报国家发改委审批,并完成施工前的各项准备工作。西苑医院医疗综合楼(周转楼)工程竣工,即将投入使用。广安门医院门诊楼项目规划调整方案得到市规委的批准,并已上报国家中医药管理局转呈国家发改委待批。望京医院门诊楼工程竣工并投入使用。针灸医院门诊楼加层已经封顶。实验药厂(大兴)办公及实验楼工程竣工。东直门大院污水处理站投入使用。

其他工作 年内,对优秀护理集体和优秀护士进行了表彰;召开喜迎新中国成立60周年庆祝大会,对本院国医大师、唐氏中药发展奖获得者、非物质文化遗产保护工作先进个人进行了表彰,并举办了先进事迹报告会;组织了弘扬中医药文化巡回宣传活动;以庆祝"3个60周年"为主题,召开了民主党派和统战工作座谈会。有9人参加了国庆观礼等重大活动,13人参加了国庆游行、表演和保障工作。国医大师唐由之获中央国家机关五一劳动奖章,广安门医院获得中央国家机关五一劳动奖章先进集体和中央国家机关文明单位标兵、卫生系统全国文明单位,信息所文献资源中心被评为全国巾帼建功文明岗,西苑医院、望京医院、眼科医院被评为中央国家机关文明单位。

(撰稿:李爱军 审核:李宗友)

中国中医科学院西苑医院

(海淀区西苑操场1号)
邮编:100091 电话:62875599
网址:www.xyhospital.com

基本情况 职工1 276人,其中卫生技术人员981人。有正高级职称71人、副高级职称139人、中级职称380人、初级师241人、初级士273人;其他人员172人。

新增医疗设备总价值1 445万元,其中10万元以上设备13台、100万元以上设备2台。

改革与管理 年内，医院整体改扩建工程破土动工。抓管理、抓特色、抓发展，医院工作"三位一体"整体推进：一是改扩建工程的进度、质量与降低影响；二是医疗业务发展突出特色与优势，中医临床研究基地建设与医、科、教的持续发展；三是在管理支撑下的人才培养、综合目标考核、奖惩机制、成本核算与医院文化建设等。抓好"三个结合"：一是条件建设与内涵建设相结合。主要是工程及其配套建设与医疗专科专病建设、科技支撑平台建设、人才培养相结合。二是物质建设与思想建设相结合。主要是围绕改扩建工程、学科建设等医院中心工作，加强办院理念与精神文明和医院文化建设，以开展丰富的职工文化活动为载体，打造优秀的医院文化与团队精神。三是业务发展与社会公益事业相结合。在做好医疗、科教工作的同时，做好中医中药中国行、中医药"三进"（进农村、进社区、进家庭）、甲流防控、两癌筛查工作等。

医疗工作 门急诊1 202 632人次，急诊危重症抢救1 356人次，抢救成功率51.06%。实有床位576张。住院11 792人次，出院11 754人次，床位周转18.9次，床位使用率116.34%，平均住院日19天，三日确诊率98.69%，出入院诊断符合率99.66%，治愈率19.2%，好转率75%，死亡率3.2%。住院手术2 303例。完成社区出诊、巡诊、双向转诊工作，为社区提供继续教育讲课8次、健康宣教21次、巡诊100人次。

加快推进中医临床研究基地建设。成立了中医临床研究基地建设领导小组，组织重点病种的遴选及建设方案的起草。通过系统整合和集成，搭建具有西苑医院学术积淀和科研特色的平台，进行重大疾病防治，相关中医理论、临床科研方法学等方面的探索与创新。突出中医药特色优势，以专科专病建设促进学科发展。全面加强优势病种的过程管理，强调以优势病种研究推动中医特色建设，纳入科室考核；加强临床研究的伦理审核，完善各课题的研究方案，确保优势病种研究找准优势、体现优势。对各有关课题组进行自查，发现问题及时纠正；建立专病门诊考核指标体系，使优势病种研究推动临床工作发展；完善专题专病门诊管理办法，制订专题专病门诊建设的操作性系列文件；完善治未病中医预防保健组织体系建设，不断拓展服务项目与内涵。

开展医疗质量安全月活动，科室质控员进行了互查与交流，同时日常质量管理常抓不懈。坚持医疗例会与信息反馈制度，坚持每周召开医疗工作例会；加强质控，强化对专病门诊的考核与管理，突出专科医疗特色；加强医疗查房和大会诊工作，医务处每周到临床查房；每月进行医疗质量的专项检查；分别召开专科系统质量分析会，如知情同意、会诊、医嘱规范性等，对突出的共性问题和科室采取相应的措施；加强处方、门诊病历质量，麻醉与精神药品、抗生素的使用与管理；完成"北京市三级医院检验项目结果互通计划"全市31个互认检验项目的实时质控计划；加强放射影像检查的技术监督，定期进行抽样检查与评估；明确和增加了电子病历的首页质控内容，获市中医局2008年北京地区中医医院医疗质量监测工作二等奖。建立了院长、科室主任等管理信息查询系统，院周会定期通报质量管理相关信息；坚持每月编发《医疗管理通讯》、《医院感染通讯》等7种管理通讯，及时沟通与反馈医疗质控、医保与院感管理等信息。医院感染率1.96%，漏报率3.18%。

医保工作。全年医保门诊679 103人次，住院5 881人次，医疗费用9 046万元。11月13日，通过了北京市医保联审互查，成绩良好。

甲流防控。成立领导小组与工作小组，制订了《防控H1N1甲流应急预案》，并加强培训。以宣传页、健康教育处方等多种形式向患者及家属宣传甲流防控知识，提供预防流感嗽饮方77 000剂、院内防治流感协定方"流感1号方"2 149剂、"流感2号方"2 952剂、市中医局协定方"儿童清热2号方"624剂。

做好对口支援，完成社区出诊、巡诊、双向转诊工作。根据社区需要提供继续教育讲课8次、健康宣教21余次、巡诊100人次；6～10月，按照海淀区健康知识进农村活动部署，到上庄镇举办了6场健康知识讲座，听课村民累计500余人次。完成对口支援海淀区中医院的护理指导工作。

护理工作 加强护理品牌建设，推进人性化优质服务。实行病人首问负责、首知负责制；开展医生现场预约、电话预约、网络预约等系列服务，建立了预约流程；为病人提供专业护理指导服务；开设了门诊"专病护理咨询指导日"；发放健康处方近百种、各类宣传资料10余万份，提供电话服务咨询约3万人次。基础护理合格率97.8%，重一级护理到位率99.2%，文件书写合格率98.9%，技术操作合格率99.7%，急救物品合格率100%，消毒隔离合格率100%，健康教育合格率99.3%，住院病人满意度99.4%。

参加护士继续教育学习303人，完成率100%；达标296人，达标率97.69%。完成三基三严技术操作考核4 026人次。开展科室专科培训，护士参与率100%，注重专科护理能力的训练考核，护士专业技能提高取得效果。外送专科进修、专科短期培训7人，专科认证培训4人。完成西医院校毕业护士中医培训课程与考核年度计划，培训600人次，考试达标率100%。

举办护理安全年活动。向全院护理单元提出安全管理目标，举办安全培训，进行全院护理安全隐患排查，对重大隐患问题下达明确管理改进措施，追踪检查执行情况，及时纠改安全隐患苗头，进行全体护士长缺陷讨论会、安全警示。严格护士执业行为管理和护理制度的落实。全院护理人员执业风险意识普遍加强，护理工作规范执行度提高。

科研工作 年内，中标国家自然科学基金项目12项、科技部国际合作项目8项、卫生部医药卫生发展研究中心1项、国家"十一五"科技支撑项目2项、北京市自然基金项目2项、北京市科委项目2项，总计科研经费11 613万元，到款3 280.6万元。在研课题169项，其中国家各级课题85项、协作31项、医院苗圃课题53项。申报各类奖项14项，其中中国中西医结合学会科技进步奖1项、中华中医药学会科技奖4项、李时珍医药创新奖1项、中国药学会中国药学发展奖1项、中国中医科学院科学技术奖6项、中国中医科学院唐氏中药发展奖1项。获各类奖项16项，其中北京市科学技术奖二等奖1项、三等奖4项，中国中西医结合学会科学技术奖一等奖1项（第二完成单位）、二等奖1项，中华中医药学会科学技术奖二等奖2项，吴阶平医学奖1项，中国药学会中国药学发展奖突出成就奖1项，中国中医科学院科学技术奖二等奖1项、三等奖4项。

加强重点学科、重点研究室建设，提高科研水平和服务能力。申报的中药药理学、中医心病学、中医血液病学、中医老年病学4个学科被批准为国家中医药管理局重点学科。冠心病活血化瘀重点研究室、中药药效评价方法学重点研究室成为国家中医药管理局第一批重点研究室。心血管分子生物学实验室、血液细胞实验室、中药药理学实验室、中药化学实验室、中药药代动力学实验室共5个三级实验室获得了国家中医药管理局的立项。医院被中国生物技术研发服务联盟吸收为会员单位，开展医药研发评价工作，并被吸纳为首都科技条件平台研发实验服务基地、首都科技条件平台——生物医药领域平台成员单位，同时成为生物医药领域开放实验室和中关村科技开放实验室。

加强科研方法学的培训，并组织了GCP知识、伦理学和实验动物知识等培训和讲座。12名科研人员参加了美国国立卫生研究院（NIH）和中国中医科学院临床研究中心举办的临床医学研究伦理规范与准则高级培训班，并获得证书。

发挥临床与科研相结合的优势，进一步加强临床、科研一体化平台建设。依托重大新药创制专项"以心血管病为示范的中药新药临床评价研究技术平台"的实施，建立了符合国际规范的中药临床评价研究技术平台。

教育工作 完成七年制硕士研究生73人，硕士研究生22人、博士研究生14人的毕业论文答辩，并授予了相应学位。2名研究生获得中国中医科学院完美奖学金（科技创新奖1项、社会实践奖1项），2名研究生获中国中医科学院一方优秀研究生奖学金。组织硕士研究生开题21人次、博士生开题10人次。录取中国中医科学院硕士研究生47人、博士研究生16人。有5名博士后出站，招聘项目博士后3人。在全国博士后学术论坛上获大会优秀论文4篇。

开展多模式的岗位培训，如职工继续教育大课堂、外派进修、住院医师规范化培训、在职职工临床专业学位学习等均有发展和改善。举办各类学术讲座41次，2 600余人次参加。派出医技人员参加专科专病短期学习或专科进修22人次，派出临床医师专科进修42人，护理人员外出参加各类短期学习班5人次。对28名参加住院医师规范化培训者进行转科培训，分别进行科室和阶段性考核，并分级参加市住院医师规范化培训的认证考核。32名职工参加中国中医科学院临床专业学位基础及专业课程的学习，毕业临床专业硕士2人、临床专业博士1人。全国第四批名老中医药专家继承人13名，经专家考核，完成本年度跟师学习计划。对18名新星/育才计划人才进行量化考核，初获成效。薪火传承"3+3"二室一站建设项目，有5项被评为中华中医药学会首届全国优秀名医研究室（站）。组织全院职工甲流防控知识集中培训3次。全年接收16个省市进修132人，国外短期培训学习16人，西学中班完成第十四期的教学任务，顺利进入第二阶段的临床培训教学阶段。

重视人才工程的跟踪管理，建立以考促学的激励机制。通过强化跟踪管理和开展座谈交流，纳入本院人才工程的新星/育才工程、第四批师带徒、第一批传承博士后等项目对各类人才建立了可量化的考核指标体系。全年发表学术论文54篇，主持或主要参与科研课题32项，拓展新的医疗技术10余项。

9月20日，召开与新中国同行——陈可冀从医60周年学术座谈会；11月21日，召开纪念著名中医药学家郭士魁先生95周年诞辰暨学术思想研讨会。

国际交流与合作 与澳大利亚西悉尼大学合作研究的维脑康和降糖消脂胶囊进展顺利，其研究结果在国际期刊发表，完成降糖消脂胶囊临床病例的搜集，进入后期数据汇总统计阶段。3月，在此基础上与西悉尼大学联合申请了中澳特别基金课题；5月，与西悉尼大学联合申请了中国与澳大利亚新南威尔士州（NSW）科技合作特别资金项目。8月20日，本院召开塞络通胶囊国际多中心临床研究试验方案专家论证会，国家中医药管理局副局长于文明，科技部、国家中医药管理局有关部门领导，陈可冀、李连达院士等专家，以及西悉尼大学、东直门医院、神威药业有限公司、印尼SOHO等单位代表参加了会议。

年内，院长唐旭东和德国科隆市立医院院长海克进行了互访。本院与挪威、新加坡、英国等国签署了合作协议，涵盖中医医疗、科研、教育等多个领域。

全年接待外宾来访18个团组156人次，其中部长级以上代表团1个17人次。来访的主要国家有英国、澳大利亚、美国、挪威、斯洛伐克、新加坡、法国等。接待德国奥登堡大学短期气功培训班等4个，共计52人。

信息化建设 落实信息工作例会制度；制订和完善了信息工作制度与应急预案；编写《信息手册》，建立了计算机中心网络，及时沟通解决问题；不断完善HIS系统功能，完成医保实时结算的论证、规划和安排，并通过市医保中心的现场认证；完成病房医生工作站上线和门诊试点，完善OA办公系统、电子病历系统等功能，节约资源，提高效率与效益。做好改扩建工程信息化基础建设规划，进一步加强和完善医院信息系统建设和网络安全管理，完善院长、医务处长、科主任查询系统，进一步提高数据的准确性。

后勤与基建 年内，开展了安全生产月、安全用电宣传周活动。加强消防安全宣传与教育，完善各类应急预案并组织了演练；加强对地下室等重点部位的检查、对流动人口的动态掌握与管理；加强无烟医院的宣传，落实控烟工作；完成对保洁公司、营养食堂承租单位的重新招标，加大了监督与管理力度。

完成整体改扩建工程Ⅰ期医疗综合楼（周转楼）建设，落实新门诊医技楼开工、旧门诊楼拆迁及医疗综合楼（周转楼）使用的计划与实施，妥善做好医疗综合楼启用与门诊医技楼的搬迁。进一步完善具有中医文化特色相关设计的策划，加强工程监理与审计，策划家属区搬迁的前期准备工作。

（撰稿：陈　晋　审核：夏海萍）

中国中医科学院广安门医院
中国中医科学院第二临床医药研究所

（宣武区北线阁5号）
邮编：100053　电话：63013311
网址：www.gamh.com.cn

基本情况 职工1 242人，其中卫生技术人员1 015人。现有正高级职称70人、副高级职称131人、中级职称438人、初级师317人、初级士140人。

医疗设备总价值1.7亿元。本年度新购置235台（件），价值1 751万元，其中100万元以上2台（件）、10万元以上19台（件）。

获奖情况。该院被评为全国卫生系统文明单位，全国五一劳动集体奖状，2008年度首都卫生系统文明单位标兵、中央国家机关文明单位标兵、中央国家机关平安单位、中国中医科学院先进基层党组织，全国Intel杯无线移动技术临床应用优秀奖，北京地区中医、中西医结合、民族医疗机构医疗服务信息网工作二等奖，2008年医疗保险管理二等奖，2006~2009年度中国中医科学院优秀护理集体，首都志愿奥运好团队，服务奥运先进青年集体。在由首都卫生系统精神文明协调委员会、市卫生局举办，搜狐网协办的首都卫生系统"双十佳"医院评比活动中，广安门医院荣获专科医院十佳人民满意医院，肿瘤科林洪生主任当选首都健康卫士。

改革与管理 2009年医院门诊和住院患者满意率96.25%。年内，制订了《建立健全惩治和预防腐败体系2008~2012年工作规划实施办法和具体分工方案》、《开展"小金库"专项治理和财务检查工作实施办法》。开展了警示教育、示范教育、法律法规培训、参观展览、讲座、签订自律承诺书、发放承诺卡、岗前培训教育、诫勉谈话、集中学习和自学辅导等形式多样的党风党纪教育活动。

医疗工作 门诊1 780 206人次，急诊46 596人次,急诊危重症抢救780人次,抢救成功率89.54%。住院13 193人次,出院13 168人次,床位周转21.6次,床位使用率102.5%,平均住院日17.4天,七日确诊率94.7%,出入院诊断符合率99.2%,治愈率28.5%,好转率67.1%,死亡率3%。住院手术3 953例。

全年开展新项目74项,其中治疗25项、手术15项、检验20项、检查14项。

病案管理。一是加强病历质量的监控管理,保障医疗质量及医疗安全,包括对病历书写及时性进行专项检查、环节病历书写质量抽查和会诊单及会诊及时性检查等;二是加强内涵建设,增加新的质控点,包括推行手写病历制度,制订了《医师手写病历规定(试行)》,从7月起推行住院医师手写病历制度,并纳入住院医师规范化培训考核,进一步加强13项医疗核心制度的管理;三是开展病历质量评比,促进病历质量持续改进。

医院感染管理。院内感染发病率4.10%,较上年下降1.06%。针对甲流,制订了多项防控院内感染措施及突发事件的应急预案等流程,组织全员培训及甲流知识考试7场次。针对往年秋冬季易于出现病毒性腹泻聚集发病情况,在医院OA、办公会等以电子及书面形式发布预警通告,告知全体医务人员加强防范措施;制订入院患者排查制度,防止社区感染深入院内;加强临床监督检查,尤其是落实手卫生及消毒隔离工作;鼓励医务人员报告医院感染事件,修订了《医院感染暴发或流行应急预案》,规定及时报告予以奖励,迟报、漏报、瞒报等予以通报批评并扣罚科室管理分。住院患者中未出现病毒性腹泻的暴发流行。

医保工作。全年医保出院8 428人次,出院医保病人总费用13 146万元,次均费用15 598元。对信息系统进行升级,改进门诊服务流程、药品管理、财务结算方式,并进行了技术、业务培训,2010年1月4日,医院正式接待持卡就医患者。

医疗支援。继续与大兴区中医院、门头沟区中医院签订对口支援协议书,免费培养人才4人次;组织专家定期到社区卫生服务站和对口支援医院开展诊疗工作;配合中医中药中国行活动,选派9名专家赴甘肃、四川、福建等7个省市开展中医、中药诊疗服务;为什邡市灾区培养医疗学科骨干3人(其中骨科2人、妇科1人);接收新疆乌鲁木齐市中医院特培生1人。配合河北省农村医疗机构中医民族医特色专科专病建设项目,为该省培养2批61人次中医骨干人才。

护理工作 全年完成中医专科护理检查409人次,合格率100%;级别护理检查1 171人次,合格率98.23%;文件书写检查过程病历1 163份、终末病历414份,合格率98.73%;护理技术操作考核18项435人次,合格率98.17%;无压疮发生;开展中医护理技术操作2 103人次。医院有7个护理质量改进小组:静脉输液管理组、护理安全管理组、文件书写管理组、压疮管理组、教学管理组、继续教育管理组、护理操作管理组,通过对护理管理、技能、制度、行为自律等方面开展自查,优化护理服务流程,修订操作标准,持续改进护理质量。

全年在核心期刊上发表护理论文3篇。

教学工作。完成对护理带教老师的资格评估,选拔了40余名临床护理带教老师;每季度对各护理单元教学管理、教学计划落实、出科考试、师生双向评价等情况进行检查;开展护理教学查房;接收贵阳中医学院、湖南高等专科学校、中国医科大学北京分校、北京卫生学校的护理本科、大专、中专学生44人来院进行护理临床实习。

培训工作。全年开展各种讲课47次,3 886人次参加学习,开展中医护理病例讨论4次。对护理人员进行了分层次技能培训与考核,考核内容18项,参加考核435人次。医院选派7名护理骨干参加北京护理学会专科护士培训,选派50名护士长及护理骨干参加院外学术活动。肿瘤科建立了肿瘤化疗药配液室,并被中华护理学会认定为肿瘤专业化护士培训临床教学基地,完成2名肿瘤专科护士的带教工作。

科研工作 投标"973"课题、国家"十一五"支撑计划重点项目、国家自然科学基金、科技部国际合作项目、国家科学技术学术著作出版基金、国家中医药管理局标准化项目及适宜诊疗技术、卫生部医药卫生科技发展研究中心、人力资源部留学、北京市中医药科技项目、北京市自然科学基金、首都医学发展基金、北京市科技新星共113项。中标23项,其中"973"计划2项、国家科技重大新药创制专项1项、国家自然科学基金8项、国家中医药管理局适宜诊疗技术6项、中俄政府间合作研究项目1项、国家中医药管理局中医标准化项目1项、北京市科技新星2项、北京市自然科学基金2项。批准经费3 181.5万元。

在研课题239项,其中国家级课题64项,包括国家科技重大专项3项、973计划6项、国家科技支撑计划16项、国家自然科学基金32项、科技部国际合作3项、国家新药基金2项、国家质量监督检验检疫总局2项,省部级33项、地市级18项、院所级课题124项。在研课题经费1.39亿元。

有6项课题通过了结题鉴定,其中科技部国际科技合作项目1项、国家自然科学基金2项、国家中医药管理局课题1项、北京市自然科学基金2项。

获科技成果奖11项,其中国家科技进步奖二等奖1项,中华中医药学会科学技术一等奖、二等奖各1项,中华中医药学会新中国成立60周年全国中医药科普著作奖一等奖1项,中国中医科学院中医药科学技术进步奖二等奖2项、三等奖3项,联合申报获国家科技进步奖二等奖1项、中国中西医结合学会科学技术一等奖1项。申报院内制剂1项,申报中药相关技术专利2项,取得技术专利6项。获得新药证书2项。有4项成果转让,转让到位经费126.25万元。签订技术服务合同23项。

全年投稿539篇,发表学术论文436篇,其中国家核心期刊391篇、SCI收录论文13篇(含EI收录4篇)。出版学术著作11部。最高影响因子5.154,平均影响因子2.36。

在研科技部国际合作项目2项,经费188万元。

医学教育 接收住院医师规范化培训27人。在职攻读硕士、博士学位49人,其中硕士学位34人、博士学位15人。制订了继续教育学分制管理规定,参加继续教育498人,全部实行IC卡管理。承担北京中医药大学、北京卫生学校、泰山医学院等医学院校458人的临床教学任务。录取研究生64人,其中硕士生46人、博士生18人。举办短期学习班4次219人次。为本院职工举办学习班10次580人次,承接北京市中医药学会学术讲座10次。本年度脱产学习13人,到院外进修8人。

国际交流与合作 全年接待卫生部长级代表团7个,即土耳其卫生部长利希普·阿卡达先生、蒙古卫生部长桑·朗巴先生、挪威卫生和保健服务部大臣比亚纳·哈康·汉森先生、塞浦路斯卫生部长先生、瑞士联邦卫生国务秘书托马斯·仁特纳、墨西哥卫生部长科尔多瓦及巴西卫生部长何塞·戈麦斯·滕伯劳。接待参观交流的外国医学专家团体29个500人次,涉及护理、心理、医院管理等领域。此外,还接待了美国耐克公司、日本大冢制药株式会社、马来西亚同善医院、加拿大国际管理创新中心、美国纽约大学医学院、美国国立卫生研究院等团体及个人。美国梅奥医学中心专家来医院进行了专题讲座。

培训外国学员61人。除常规培训外,完成2个(越南和朝鲜的6名医生及卫生官员)由卫生部和WHO合作的进修生学习考察项目。

全年出国考察访问33人次。参加国际学术会议5人次,分别前往韩国、意大利及中国香港、澳门地区。选派1名医师作为中国中医科学院委派的中医专家组长前往坦桑尼亚莫西比利国家医院工作,任期内合作完成接诊艾滋病患者500余人次、疑难杂症患者1 000余人次,提供健康咨询及保健服务300余人次。选派1名主任医师参加国务院侨办组织的中医专家团,赴泰国进行为期17天的义诊活动。选派针灸科和肿瘤科医师各1人分别前往马来西亚同善医院和Kapala Batas医院工作,其间诊治患者7 200余人次和814人次。选派心内科医师1人前往新加坡義安中医药中心医院工作,诊治患者1 100人次。

信息化建设 医院被国家中医药管理局确定为全国中医医院信息化示范单位。围绕安全综合平台(SOC),将一、二期中各自独立的安全和系统设备进行了整合,并将漏洞扫描、流量分析、防DDOS攻击等系统的安全事件汇总至安全管理平台,初步形成了安全运营中心管理的模式;以二维条形码为技术基础,通过病人腕带、治疗执行、标本采集等方法,保证不同类别内容的识别核对需要,提高护理工作质量和效率,有效保证医疗安全;病理信息系统基本完成从取材登记到诊断报告的病理检查全过程管理;依托医院原有无线网络,完成门诊输液系统的建设。

后勤与基建 为旧门诊楼安装了烟感报警设施,在全院工作区电梯内安装了影像监控系统,为实验室加装了门禁系统。使用回收水为院区绿地循环喷水。空调新风机组根据门诊量及住院人数的多少定时开停。更换节能灯具,淘汰高能耗设备。

其他工作 全年编辑出版院刊14期,其中党代会专刊2期。

(撰稿:尹璐 关玲 审核:陈振酉)

中国中医科学院望京医院

(朝阳区花家地街)
邮编：100102　电话：84739114
网址：www.wjhospital.com.cn

基本情况　职工810人，其中卫生技术人员720人，包括主任医师（含相应职称，下同）43人、副主任医师90人、主治医师204人、医师109人、护士274人，行政人员67人，工勤人员23人。

医疗设备总值11 889万元，本年度新增医疗设备总值1 271万元，其中10万元以上设备24台、100万元以上设备1台。

获奖情况。医院被评为首都文明单位、中央国家机关文明单位、首都公共卫生文明单位、市卫生局国庆最佳服务保障奖。在卫生部、全国妇联、总后卫生部组织的全国卫生系统护理专业巾帼文明岗评选活动中，急诊护理组当选全国巾帼文明岗。神经外科、妇科护理组荣获中国中医科学院优秀护理集体称号，5名护士被评为优秀护士。

机构设置　4月，成立了骨关节三科，主要收治股骨头坏死和骨质疏松患者；10月，将科教处分设为科研处、教育处。

改革与管理　2月，正式成立筋伤手法研究室，配备2名专职人员。制订了《免费投放合作医疗设备的管理办法（试行）》；建立报废设备处理档案，加强报废医疗设备管理。

认真履行监督职能，实行监督关口前移。继续加强对重点部门、重点岗位、重点环节的监督管理，定期对制度执行和建设情况进行检查，对发现的隐患及时提出改进建议。完善了"三重一大"、院务公开、采购管理、内部控制等10余项管理制度与办法。开展了对重点岗位人员任职廉政谈话及对问题苗头及时提醒和诫勉谈话。

医疗工作　门急诊864 117人次，日均门急诊3 337人次；急诊抢救1 251人次；门诊手术3 044例，住院手术5 371例。编制床位700张，平均开放床位573张，入院11 979人次，出院11 933人次，床位周转20.8次，床位使用率95.6%，平均住院日16.7天，治愈好转率95.3%，七日确诊率100%，死亡率2.0%，院内感染率0.6%。

作为国家中医药管理局重点专科专病建设骨伤科协作组组长单位，组织全国88家中医院对257个骨伤科专病的诊疗方案进行了梳理，修改了100多个主攻病种的诊疗方案。作为颈椎病分组的牵头单位，8月，就神经根型颈椎病和椎动脉型颈椎病验证方案对验证参与单位进行了培训。

根据国家中医药管理局关于"十一五"重点专科（专病）建设项目中期评估的有关要求，本院骨伤科重点专科、肾病重点专科及风湿病重点专病、颈椎病重点专病接受了中国中医科学院组织的中期评估验收。

年内，制订了《传染病上报控制流程》、《传染病报告处罚制度》、《药品退换制度》。组织医院重点专科专病专家参加了市中医局举办的第二届北京中医药文化宣传周暨首届地坛中医药健康文化节活动，义诊咨询200余人次。医院第一批中国中医科学院临床优势病种项目接受了专家的审查验收，各项课题均通过了验收。

派出医疗急救分队2支，分别参加了建国60年大庆庆典、演练保障工作及国庆游园保障工作。派出风湿重点专病副主任医师1人赴什坊市中医院开展为期3个月的专家门诊、业务查房等工作，派出专家每周五到对口支援单位——密云县中医院进行专家门诊、讲座、中医诊疗带教，派1名专家每周三上午到对口支援单位——望京社区卫生服务中心出诊。

组织内科、骨科专家30余人完成对全市98名住院医师规范化培训的考核。根据《北京市社区中医药人才培养"回归扎根"工程实施方案》，本院成为中医类别全科医师岗位培训基地。联合社区申报社区中医药服务科技支撑示范项目课题7项，并对19名社区医师进行了全科医师岗位培训。

甲流防控　6月30日，望京南湖中园小学暴发甲流，立即启动了预防甲流工作应急机制，制订了《甲型H1N1流感应急预案》、《患者转运流程》；成立了预防甲流预备队、医疗救治专家组；实施总值班24小时监控疫情动态及病例零报告制度；组织各科室学习《甲型H1N1流感诊疗方案》、《甲型H1N1流感中医药预防方案》；紧急抽调7名医生、5名护士到感染性疾病科；派护士24小时不间断在医院大门口对入院人群进行体温筛查；将针灸科、儿科、电热针室全部搬到新门诊楼，在原门诊二区开设了临时发热留观病房，配置8张病床；成立了感染科药房，派人24小时值班。截至12月31日，接诊发热病人23 186人次，做咽拭子筛查346例，确诊甲流患者37例，留观50例，开成人中药预防甲流方剂14 624剂、儿童预防甲流方剂681剂，入户访视1312户，密接居家观察人员监测3 528人次，海外归国人员健康监测14 574人次，流感样病例监测268人次，流感轻症居家病例监测34人次；抽调医生、护士、行政干部170人次入户，出动车辆70车次。抽调11名护士组成甲流疫苗接种小分队，筛查7 000余人次，接种疫苗2 464人。11月16日起，承担为本市户籍居民接种甲流疫苗的任务，截至12月31日，筛查27 150余人次，接种9 381人次。

护理工作 发挥中医护理优势，体现中医护理特色，在护理文件书写的检查中，增加中医护理措施所占分数的比重；制订中医护理操作统计表，详细记录临床中医护理工作的开展情况，了解住院患者对疗效的反馈，及时评价效果。完善护理质量控制反馈追踪机制，设立了护理质控检查督导组。完成护理大查房4次，召开护理质量分析会2次，组织各科室开展了安全隐患大查找活动。

举办了望京医院第四届护理学术论文交流会，收到论文70余篇，评选出优秀论文10篇。中标院级护理科研课题4项。护士节时，组织全院护士开展了"真情服务，满意患者"主题演讲活动。举办了第五届护士长管理学习班。

科研工作 本年度申报院级以上课题55项，中标获科研资助课题9项，其中国家自然科学基金3项、国家中医药管理局3项、北京市自然科学基金2项，获得资助经费144.9万元。完成"利用引经药促进骨髓干细胞定向归巢治疗股骨头坏死的研究"、"旋转手法治疗神经根型颈椎病的作用机理研究"、"肾性骨病中医证候学特征与血PTH水平及血淋巴细胞PTH受体基因表达相关性的研究"3项国家自然科学基金课题。申报国家科学技术奖1项、中国中西医结合科学技术奖1项、中华中医药学会科学技术奖1项、中国中医科学院科技进步奖4项，获中国中医科学院科技进步奖1项。全年在各类学术期刊发表论文121篇，出版学术专著7部。建立科研课题实施过程管理程序，明确科研课题经费管理和使用规范，对各级在研课题开展中期检查。加强、规范对临床课题伦理论证过程的管理，完成3项科研课题的伦理论证。完成院级科研基金招标，共投标47项，中标课题27项，资助经费23万元。

年内，召开2008年度医院学术年会，13人进行了汇报交流。经专家评议，评出2008年度医院科研学术一等奖1人、二等奖3人、三等奖5人、优秀奖4人。

实验室建设。中药药理（骨伤）和生物力学2个国家中医药管理局三级实验室申报仪器更新经费100万元，计划更新实验室仪器设备、改善实验场所、完善人才梯队建设。组织所有基础研究人员参加了实验动物从业人员培训，并取得相应资质证书。

成立了药品临床药理基地办公室，配备专职人员1人。成立了临床药理基地筹备工作组，并组织相关人员参加了培训。

重点研究室建设。成立了重点研究室建设领导小组和学术委员会。筋伤手法治疗研究室被国家中医药管理局批准为重点研究室建设单位。

建设电子阅览室。制订数字图书馆建设方案，向全院开放电子阅览室1间，配备联网计算机6台，可查阅CNKI中文期刊数据库。

医学教育 研究生教育。年内，招收硕士研究生13人、博士研究生4人；在院研究生52人，其中硕士生40人、博士生12人；进站博士后4人，在站博士后11人。医院共有科学学位博士生导师18人、硕士生导师18人，临床学位博士生导师3人、硕士生导师12人。

继续教育。年内，中标国家级继续教育项目7项；中医骨伤、中医肾病、中医风湿、中医急诊申报了国家中医药管理局中医药优势学科继续教育基地；开展临床中青年骨干培养工作，制订了《临床中青年骨干培养办法》，选拔15人进行培养，周期3年，每人下拨经费3万元；承办了全国首届中西医肿瘤博士及中青年医师论坛；遴选2名师承专家及4名继承人参加国家中医药管理局师承教育项目；尚天裕学术思想研究室被评为全国先进研究室，成立了孙树椿教授学术继承工作站。

七年制教育。承担了中医药大学七年制学生240人的教学及实习任务。聘任了新一届教研室主任及教学秘书；选派3名教师参加北京中医药大学首届教师讲课比赛，分别获得二等奖及优秀奖。

全年接收进修生79人，其中河北省卫生厅农村医疗机构中医、民族医特色专科（病）建设项目进修医师 25 人。

国际交流与合作 全年接待韩国、法国、美国、俄罗斯等国 31 人次来访考察及商谈医疗、培训合作等。接待了美国加州余胤良议员一行 15 人的中医骨伤立法考察团，该考察团为推动中医骨伤科在加州的立法进行了调研，参观了骨科门诊和骨关节三科、脊柱二科病区，现场观摩了骨伤专科临床诊疗及手法治疗过程，就传统中医疗法如推拿、正骨手法、中药治疗骨伤疾病的临床适应证和疗效与院内专家进行了探讨，并就中国医师如何获得中医骨伤行医执照、医师培养、课程设置、继续教育等有关问题与专家进行了交流。

全年办理因公出国（境）10 人次。组织专家完成国务院侨办安排的赴泰国义诊的任务。完成俄罗斯前驻华大使罗高寿来院诊疗咨询任务。全年接收 17 个国家的学员 52 人，共计 466 人次。

信息化建设 配合新门诊楼的搬迁，完成了主机房搬迁、外网络主体架构的设计；完成望京、骨伤医疗中心、社区医保门诊就诊卡实时结算项目的调试及验收。

后勤与基建 完成新门诊楼启用前外围道路、围墙、庭院绿化等各项工作；落实了门诊楼房屋分配方案以及配套家具、标志系统、收费系统、医疗设备的采购和安装；落实了电梯维保、空调维护、楼层保洁等各项管护工作及各项配套设施系统的安装。7 月，新门诊楼正式启用。

完成营养食堂自来水改造工程和手术室自来水、暖气设备改造工程。完成层流手术室的改造及污物通道改造。实施病房探视管理办法，聘用探视管理人员 3 人，规范了病房探视管理。

（撰稿：姜韫霞　审核：王军平）

中国中医科学院眼科医院

（石景山区鲁谷路 33 号）
邮编：100040　电话：68688877（总机）
网址：www.enina-eyecare.com

基本情况 职工 283 人，其中卫生技术人员 200 人，包括正高级职称 8 人、副高级职称 23 人、中级职称 56 人、初级师 55 人、初级士 58 人。

医疗设备总价值 4 657 万元，新购置医疗设备总值 237 万元，其中 10 万元以上设备 5 台（套）。

获奖情况。名誉院长唐由之教授获得中央国家机关工会联合会授予的中央国家机关五一劳动奖章和人力资源和社会保障部、卫生部、国家中医药管理局授予的"国医大师"称号。病案室获北京中医医院医疗质量监测工作三等奖。

机构设置 深入开展治未病项目，建立了适宜门诊技术科室，并开展中药熏蒸、艾灸、穴位贴敷等项目，显著提高了临床效果。

改革与管理 完成持卡就医实时结算工作，成为本市第一批实现持卡就医实时结算的医院之一。实现预约诊疗服务，形成了现场预约、电话预约、网上预约多种模式的预约服务。

营造靠制度管人、用制度办事的氛围。修订完善《管理制度汇编》约 30 万字。部分制度与绩效挂钩，加大执行力度。总结医院"十一五"期间工作，拟订"十二五"与中长期发展规划。大力推行无纸化办公，试点运行办公自动化系统，全年节约用纸 1 万余张。

全年医院中成药、中药饮片占药品总收入的 60%，中药饮片占药品总收入的 23%，比上年提高 7.2 个百分点。

开展党风廉政教育，不断加强反腐倡廉建设。组织干部员工参加专项学习培训，进行党风廉政建设知识测试等。通过开展党风廉政建设和纠风教育活动，促进了医院健康有序的发展，患者满意率保持在 90% 以上。全年收到锦旗 26 面、表扬信 48 封，以及字画、牌匾等，拒收钱物百余次。完善了工程审计制度，制订了经济合同审批流程。共审核经济合同 40 余份，完成工程审计 13 项，节约资金 22 万元。

医疗工作 门诊 113 702 人次；急诊 5 310 人次。实有床位 204 张，住院 3 070 人次，出院 3 074 人次，床位周转15.1次,床位使用率78.2%,平均住院日18.8天,七日确诊率99.58%,出入院诊断符合率99.87%,治愈率48.7%,好转率49.1%,死亡率0。住院手术4 596例。

接收印度尼西亚、马来西亚、朝鲜、新加坡、蒙古、英国、日本、荷兰、瑞士、俄罗斯、德国等患者81人次,其中住院14人次。

病案管理。全年病案室新建病历3 742份,新建索引卡片11 226张,检查并复查病历7 008份,检查运行病历2 233份,甲级病历率100%。6月,在市中医管理局召开的工作会议上,医院医疗监测工作再次荣获三等奖。

强化监督监控措施,确保医疗安全。做好预防甲流工作,举办全员院感知识培训5次。

医院感染管理。共监测患者3 074人,发生医院感染14人,感染率0.46%,漏报率0。实施医院感染管理措施:一是补充和完善医院感染各项制度,制订了《防治甲型H1N1流感的消毒隔离制度及个人防护方案》、《感染暴发应急预案》、《汞泄露管理办法及流程》。二是加强培训,全年培训5次,230人次参加;感染科人员参加了北京市医院感染管理控制和改进中心举办的岗位培训班。三是加强医院感染的考核力度,检查医疗废物9次。四是加强信息反馈,编写《院感通讯》,及时发布感染信息。五是根据甲流疫情,做了大量工作。

医保工作。全年医保出院1 382人次,医保总费用11 681 866.27元,次均费用8 452.87元。做为本市持卡就医、实时结算的试点医院,于9月中旬正式实施。

医疗支援。1名眼科副主任医师支援新疆自治区中医院工作;各科室医师定期轮换到湖北麻城乘马卫生院出诊,多次得到当地政府和患者的赞誉。召开了北京地区10个远郊区县携手网络工程工作会议,各临床科室与10个远郊区县中医医院的眼科签订了携手协议。在与门头沟区中医医院眼科共建北京市中医眼科特色诊疗中心的基础上,每周派专业技术人员到门头沟中医医院眼科工作1天。眼科四病区完成与海淀区海特花园社区卫生服务站的双向转诊通道的协作。接收进修医师1人。

护理工作 完善护理质量管理体系,主管院领导参加护理质量管理,建立了5个护理质量控制组:护理文件书写组,基础护理与服务质量组,重点科室、急救物品与消毒隔离组,护理技能操作组,护理管理与护理教育、教学组。各小组积极开展活动,找问题,提建议,使护理质量检查工作深入临床。落实医疗质量和医疗安全制度,严格病区用药安全管理,正确执行医嘱,在临床工作中防范与减少患者坠床与跌倒事件的发生。规范重点科室的工作流程,重新修订了手术室人工晶体的交接程序和手术室工作制度,严防手术患者、手术部位及术式发生错误。护理文书合格率95%,基础护理合格率90%,一级护理合格率95%,技术操作考核科室覆盖率、合格率95%,抢救仪器设备、急救药品、物品完好率100%。完成了《优势病种辨证施护、临床护理告知程序手册》的编写。

接收河北大学卫生职业学院护理实习生9人。带教老师、护士长为护理实习生讲课13次,并根据授课内容开展理论、操作考试。为突出中医护理特色,倡导"养护统一、寓护于养"的护理方式,邀请中华护理学会副理事长、中华中医药学会护理分会主任委员郑萍讲《中药注射剂安全合理使用的注意事项》,护理老专家单南英讲《中医中药在护理实践中的应用》。护士长、护理骨干参加院外继续教育与培训38人次。

护士长王海萍为队长,主管护师吕勤担任技术指导,用4天时间,为国庆游行表演人员接种甲流疫苗2 882人。

科研工作 申报课题23项,中标课题2项,其中国家自然科学基金1项,参与综合性中药新药开发技术大平台项目1项。在研课题20项,在研课题经费833万元,结题2项。

科技获奖3项,庄曾渊研究员等的"补肾益气养血中药抗感光细胞凋亡及治疗视网膜色素变性的研究"获中国中西医结合学会科技进步三等奖,唐由之研究员等的"中医药治疗湿性老年黄斑变性临床研究"、张守康副主任医师等的"梅花针治疗青少年近视的整理研究"获中国中医科学院科学技术进步三等奖。高健生研究员获得专利1项。发表科技论文41篇,其中SCI收录1篇,参编著作1部。

医学教育 举办国家级继续教育学习班1期500余人次。举办院内培训63次,专业技术人员完成继续教育学分合格率100%。录取研究生3人。接收实习进修16人次,外出参加西学中学习班2人次。

国际交流与合作 全年公派出国(境)4人次,其中出国考察1人次、参加国际会议2人次、其他1人次。接待参观2个团组36人次;接收美国纽约针灸中医康复中心17名学生见习针灸治疗眼病;境外住院患者14人次、门诊患者67人次;建立新的国际合作伙伴,新签合作备忘录1项。11名来自新加坡、马来西亚的眼科医师参加了10月15~18日在天津召开的中医、中西医结合眼科学会专业委员会主办的学术交流会。

信息化建设 年内，修正 HIS 软件运行中的相关错误 600 余次。参与医院医保外挂接口设备的改造，并通过了社保局的验收。编写医院信息化建设方案，并参与了项目的申报，得到批准和经费支持。

启动"百人博客"计划，制订了《博客管理办法》，有 120 余人在医院网站建立了个人博客。增加了实验室和煎药室信息点并更新了相关设备。更新医院网站，编写医院信息化建设方案，得到了上级主管部门的批准和经费支持。

后勤与基建 后勤保障做到了 5 个到位，即组织宣传教育到位、安全检查力度到位、安全管理防范工作到位、重点突出兼顾一般到位、安全意识普及提高到位。

完成医院《基本建设总体规划》，确保 5 个工程竣工：实验室改造、空调改造、污水站维修、煎药房改扩建、太阳能新建。

（撰稿：杨　丹　审核：李　静）

北京中医药大学及附属医院卫生工作

北京中医药大学

（朝阳区和平街北口 11 号）
邮编：100029　电话：64213841
网址：www.bucm.edu.cn

基本情况　职工1 348人，其中专任教师566人，包括教授146人、副教授179人、讲师198人、助教43人，科研人员22人，教辅182人，行政人员241人，工勤人员116人，校办企业职工128人，其他岗位93人。有首都国医名师3人，国医大师3人，国家重点基础研究发展计划（"973"计划）项目首席科学家2人，教育部长江学者奖励计划特聘教授2人，国家级有突出贡献中青年专家7人，全国优秀教师1人，北京市教学名师奖获得者7人，北京市优秀教师7人。全国中青年医学之星4人，北京市科技新星15人，新世纪优秀人才计划13人。享受政府特殊津贴专家90人。外籍教师4人。国家级优秀教学团队2个，北京市优秀教学团队7个。

学校拥有直属临床医学院3家、非直属临床教学基地27个。全年教育经费总投入36 258万元，其中国家拨款19 810万元、自筹经费16 448万元。

教学改革　护理学院申报北京市实验教学示范中心并获批准。申报了中医学实验教学示范中心的国家级实验中心。申报并获批北京中医药大学护国寺中医院北京市级校外人才培养基地。与解放军302医院、昌平区中医院、北京老年医院、空军总医院签订合同，拓展了实践教学基地。

年内，全面启动考试题库的建设与完善，拟订了《北京中医药大学题库建设方案》及题库建设经费的使用说明。起草《独立学院教学质量监控方案》，构建了独立学院的教学监控体系。

规范对学生学习过程的管理，改革学生学习成绩的评定方式，推行形成性考核方式，启动了形成性评定方案的建设。

尝试人才培养的新途径。一是中医学专业，在原有教育部人才培养实验区的基础上，进行二期改革方案的制订和论证。二是针灸专业，以市教改立项课题"中医素质与技能养成教育模式改革与实践"为中心，进行针灸专业人才培养新模式的探索。

教学工作　全年毕业6 697人，其中全日制研究生599人（博士生185人、硕士生414人），普通本专科生1 547人（本科生1 103人、专科生444人），成人教育本专科生1 721人，远程教育本专科生2 789人（本科生1 763人、专科生1 026人），在职申请博士硕士学位生41人（博士生3人、硕士生38人）。

招生7 568人，其中全日制研究生782人（博士生193人、硕士生589人），普通本专科生1 549人（本科生1 382人、专科生167人），进修生14人，成人教育本专科生1 111人（本科生503人、专科生608人），远程教育本专科生3 965人（本科生3 053人、专科生912人），非计划招生高等教育学生中在职人员攻读博士硕士学位147人（博士生11人、硕士生136人）。

在校生24 082人，其中全日制研究生3 080人（博士生648人、硕士生2 432人），普通本专科生

7 580人（本科生6 409人、专科生1 171人），进修生24人，成人教育本专科生3 563人（本科生1 534人、专科生2 029人），远程教育本专科生9 139人（本科生7 237人、专科生1 902人），非计划招生高等教育学生中在职人员攻读博士硕士学位696人（博士生26人、硕士生670人）。

台港澳学生毕业119人（博士生13人、硕士生45人、本科生61人），招生91人（博士生10人、硕士生31人、本科生50人），在校生482人（博士生82人、硕士生132人、本科生268人）。

留学生毕业192人（博士生17人、硕士生27人、本科生148人），招生186人（博士生7人、硕士生31人、本科生148人），在校生1 307人（博士生51人、硕士生135人、本科生1 097人、进修生24人）。

有博士学位授权点21个、硕士学位授权点26个、专业学位授权点8个。博士后科研工作流动站3个，本年度出站7人、进站13人、在站25人。

有一级学科国家重点学科2个、二级学科国家重点学科6个、部局级重点学科21个、北京市重点学科3个，科技部国际科技合作基地1个、教育部重点实验室1个、教育部工程研究中心1个、北京市重点实验室2个。

有双语教学示范课程1门、国家级精品课程4门、市级精品课程4门，教育部优势特色专业4个、北京市优势特色专业4个，国家级实验教学示范中心1个、北京市实验教学示范中心3个。

9月，启动了新一轮本科各专业教学计划的修订工作。2009～2010学年第一学期启用了新教务管理系统进行评教。同时，实施任课教师对学生的评价工作，并对结果进行了统计和整理。

配合市教委完成精品教材建设调研的相关工作。起草了自编教材规划草案。全年编写及翻印自编讲义31部。

组织申报北京市和教育部质量工程项目25项，其中获得立项17项，包括国家级教学成果二等奖1项、北京市教学成果奖6项。获得市级以上大学生课题70项。

确定了依托BB数字教学平台的课程建设发展目标，开展了结合BB网络课程建设同时开展的校级精品课程评审，组织了BB数字平台系列培训。

配合北京市大学生科学研究与创业行动计划和教育部大学生创新性实验计划，开设了大学生创新能力培训课程，面向各专业一、二年级学生开放，培训合格的同学将获得申报教育部大学生创新性实验计划和北京市大学生科学研究与创业行动计划课题的资格。

全年发布校级教育教学研究课题31项。

学生工作 截至8月31日，毕业生就业率95.18%，其中升学276人，占13.86%；未就业96人，占4.82%。到医疗卫生单位就业555人，占27.87%。

年内，建立了学生月报制度，在关键节点加强值班，制订了《本专科学生工作突发事件处理预案》，保证校园稳定。

以"学生思政教育和辅导员队伍建设"为主题开展下半年的调研工作，形成了《北京中医药大学大学生思想政治教育现状调查报告》，并创建了学工部思政教育中心、学生思政课外活动小组和学生国旗班。

建立辅导员信息库，发放了《辅导员、班主任深度辅导工作实施指导意见》和《辅导员、班主任深度辅导手册》等。同时，开展调研，形成了《辅导员队伍建设现状调查报告》，制订了《辅导员队伍建设实施办法》（讨论稿），并开展了学校辅导员队伍的建设和管理大讨论。

7～10月，完成国庆游行团队校内管理组的组织保障、慰问激励、组织迎送等各项任务和国庆联欢团队的组织训练工作，完成国庆游行、联欢任务。学校共有850多名师生参加国庆60周年庆祝活动，包括715名群众游行第三方阵"浴血奋斗"游行队员、52名"浴血奋斗"彩车队员、44名广场联欢队员、40余名国庆志愿者。组建了医疗专家指导队伍，成立了国庆游行公共卫生医疗保障组。在训练之余，向参训的国庆游行队员和志愿者开办中医养生保健和中华传统健身操大讲堂，其中穴位按摩缓解疲劳、颈肩腰腿保健操、中华传统健身操很受欢迎，并研制了健康凉茶。采用针灸、拔火罐、中医推拿和中药治疗等，提供高效专业优质的中医药服务。

继续关注学生心理健康教育工作的开展，设立了心理健康教育工作专项经费。开展了心理健康月活动；在学生班级中设立学生心理委员，建立了第三级心理健康教育网络；对在校学生和2009级新生开展心理普查；加强个体咨询和团体辅导工作；继续在学生中开设《生活教育》选修课，普及心理健康教育。

与学校信息中心合作，进行学生信息系统一体化建设，从学生日常教育管理的各个方面进行梳理，将所需内容整理归纳，编制了一套全方位学生信息系统和学生管理系统，并进入试运行阶段。

大学生职业发展和就业指导课程作为大学通识必修课，在2008级和2009级学生中开设。

10月18日，在第五届国际亚太生殖健康大会上，北京中医药大学志愿者参加安保、外宾注册、综合调度、外语翻译、境内外媒体接待等工作，得到了大会组委会的肯定。

11月30日，在首都防治艾滋病志愿者活动周中，本校17名岐黄志愿者与胡锦涛总书记一起参加编织红丝带和手语表演等活动。中医药大学共有30余名志愿者参与志愿者招募、红丝带编织以及手语表演等活动。

科研工作 全年获各级科研课题253项，其中国家级课题37项、省部级课题34项、校级课题83项、横向课题20项、其他课题79项。获国家自然基金项目28项，国际科技合作项目4项，教育部社科新世纪人才3项，首次获得教育部社科新世纪人才1项，教育部人文社科基金项目1项，科技部国际科技合作基地1项，国家科学技术学术著作出版基金项目1项，北京市自然基金6项。获北京技术市场金桥奖集体二等奖。全年科研项目中标总经费7181万元。

年内，获教育部成果奖4项，其中一等奖1项、二等奖3项；中华中医药学会科技成果奖8项，其中一等奖1项、二等奖4项、三等奖3项；中华中西医结合学会科技成果奖2项，其中二等奖1项、三等奖1项；中国商业联合会服务业科技创新人物奖1项。SCI收录论文21篇，国际科技会议索引2篇，EI 1篇，核心期刊873篇。

首次获得科技部国际科技合作基地1项；首次获市教委工程中心1项，中标经费500万元；获批国家中医药管理局三级实验室14个。

国际交流与合作 全年接待来访外宾490人次。派出129人次，分赴22个国家和地区。2月，校长高思华陪同国家副主席习近平出访墨西哥和哥伦比亚，与墨西哥科技大学签署了合作协议；5月，派代表团出席全球传统医学大学网络成立大会；10月，13名专家赴台湾参加海峡两岸中医合作发展论坛。

与墨西哥科技大学、沙特阿拉伯王国阿卜杜勒·阿齐兹国王大学、英国泰晤士河谷大学、奥地利格拉茨大学、美国南加州医科大学、日本福冈县立大学、马来西亚管理科技大学等签署了合作协议或备忘录；与英国诺森比亚大学重新签订谅解备忘录；完成与德国慕尼黑科技大学、德国魁茨汀医院、西班牙欧洲中医基金会合作协议的续签；与泰国呵勒学院、新西兰怀阿里奇理工学院、马来西亚国际医科大学及美国抗衰老协会的合作正在商谈中。有校际合作关系的境外大学增至55所，分布于21个国家和地区。

接待新加坡中药学院、奥地利格拉茨医科大学、意大利佛罗伦萨医科大学、韩国庆熙大学等130多名交流学生，安排新加坡南洋理工大学2006级学生来校学习，向奥地利派出交流学生14人。

年内，主办前瞻性医院实务管理研讨会，邀请4名台湾医院管理专家就医院管理效率、规范、评估作了专题演讲。与国家中医药管理局、国务院台湾事务办公室共同举办了海峡两岸中医药发展大会，协助2个高等学校学科创新引智计划负责人举办了中西医结合高科技建设与发展国际研讨会和神经病学·循证医学与传统老年医学北京高峰论坛。

全年邀请10个国家和地区的59名专家和教师来校讲学和进行学术交流、洽谈科研合作。

与美国德门学院合作在纽约巴法罗建立了中医孔子学院，与意大利托斯卡纳区卫生局合作在佛罗伦萨区建立中医和中国文化孔子学院的申办工作正在进行中。

信息化建设 年内，扩大了校园网出口带宽，教育网由35M扩大到100M，公网由200M扩大到300M。学校研究生教育管理系统、本科生一体化管理系统、科研管理系统已经上线，并进行了多次培训。对OA系统进行了集中培训和上门培训。学校无线网络全部开通，实现无线账号与有线账号整合，方便师生员工使用无线网。完成校园一卡通项目的招标，工程正在进行中。完成下一代互联网IPv6建设项目设备的选型及采购，正在安装调试。

加大了计算机教学改革，包括对信息管理方向学生问卷调查；利用1年时间，主讲教师完成16门计算机主干课、选修课的串讲和讨论；组织教师参观了人民大学ERP实验室、对外经贸大学电子商务实验平台，并与外经贸信息管理学院进行了教学交流；调整4门主干课内容、合并了2门选修课、新开2门选修课，去除重复的教学内容，加强了课程间的衔接；对信息管理方向学生明确了以系统分析和设计为目标的培养模式。

后勤与基建 成立了留学生公寓服务中心。食堂改革进入快速通道，已通过东校区食堂改造方案。本年度被市教委后勤处和北京高校伙专会再次评为北京高校伙食联合采购工作先进学校。进一步健全学生公寓规章制度和管理办法，重视与学生和院系的沟通，及时通报学生情况和不稳定因素。在公寓楼内每层设置了建议栏、学生文化宣传栏及意见箱。

西校区逸夫中医研究大楼完成验收并交付使用，总建筑面积9 030.22平方米，地上8层，地下1层。东方医院教学楼的主体工程已封顶，第三附属医院门诊楼已开工；学生公寓、教学综合楼建设的前期工作正在推进。

其他工作 1月6日，在市政府召开的首都中医药发展大会上，本校教授王玉川、王绵之、颜正华当选首都国医名师。同时，大会表彰并奖励第三批老中医药专家学术经验继承工作指导老师，本校的颜正华、孔光一、聂惠民、刘燕池、王宏图、王琦、姜揖君、吕仁和、商宪敏、郭志强等10名专家获奖。

1月10日，在中国管理科学学会召开的首届管理科学奖颁奖大会上，科技处处长刘铜华主持的"中药知识产权保护研究与推广"荣获管理科学优秀项目奖。其主要成果有《中药知识产权保护》、《中药知识产权保护和申报技术指南》、《中药知识产权保护》（第二版），发表学术论文15篇，举办中药知识产权保护与中药国内外市场分析培训班2期。

5月11日，人力资源和社会保障部、卫生部、国家中医药管理局联合发布《关于表彰首届国医大师的决定》，本校王玉川、王绵之、颜正华荣膺国医大师称号。

从7月开始，发展规划处进行了"十一五"规划执行情况的总结，制订了学校"十二五"规划编制工作方案，提出"定位科学、理念清晰、广泛调研、纵横对比、靶点准确、定量合理、力戒空话、追求效益"的工作原则，并成立了规划编制工作领导小组。

10月31日，在第二届全国百名优秀护理标兵表彰会上，第三附属医院护理部主任、副主任护师唐玲被评为第二届全国百名优秀护理标兵。

11月22日，在中国高等学校自然科学学报研究会第六次会员代表大会暨第十三次年会上，《北京中医药大学学报》获全国高校科技期刊优秀编辑质量奖，编辑梁吉春被评为全国高校科技期刊优秀编辑工作者。

(撰稿：杨 苏 审核：乔延江)

北京中医药大学东直门医院

（东城区海运仓5号）
邮编：100700 电话：84013212
网址：www.dzmhospital.com

基本情况 职工778人，其中主任医师67人、副主任医师88人、副研究员4人、主治医师121人、医师54人；副主任护师3人、主管护师106人、护师60人、护士5人；副主任药师3人、主管药师41人、药师及药士14人；副主任技师6人、主管技师35人、技师及技士23人；行政及工勤人员148人。

医疗工作 门急诊990 551人次，其中急诊32 898人次，急诊危重症抢救率2.2%，抢救成功率95.97%。出院10 677人次，床位周转18.6次，床位使用率92%，平均住院日17.6天，七日确诊率100%，出入院诊断符合率99.15%，治愈好转率94.4%，死亡率3.4%。住院手术3 500例。

病案质控。进行疾病的分类、编码，并将每份病历首页信息输入计算机。编发质量月报下发各临床科室。全年查阅病历9 295份，复印病历3 123人次。完成市中医局医疗质量监测，荣获北京地区中医医院医疗质量监测工作一等奖。全年死亡365人，对每张报表严格审查，上报区疾控中心。严格病案中间、终末环节质量控制，提高住院病历质量，甲级病历率100%。

医院感染管理。加强监测与控制，全年未发生医院感染流行事件。每月定期通报医院感染情况，细化医院感染质量综合标准并进行督查反馈。完成院感重点部门、重点部位、重点环节的管理，特别是手术室、消毒供应室、口腔科、胃镜室、检验科、ICU等重点部门，制订了防治院内感染措施。在手足口病、甲流等流行期间，进一步加强预检分诊台、儿科门诊、急诊科、呼吸科、发热筛查门诊等重点场所的管理，出台了《传染病疫情报告（直报）工作制度》、《传染病疫情自查制度》、《传染病培训制度》，完善了《发热筛查门诊工作流程》、《甲型H1N1流感重症患者就诊流程》、《儿科发热门诊病人就诊流程》等制度。对全院现患病例进行了全面调查，调查率100%，无院感漏报。医院感染办公室进行前瞻性调查1 216例。医院感染率1.04%。加强医院感染采样监测，对手术室、胃镜室、口腔科、供应室、细菌室等高危区的环境卫生学监测及医务人员手卫生监测，共采样1 901份，其中空气采样培养766份、物体表面采样培养176份、医护人员手采样培养182份、透析液采样培养65份、消毒物品采样培养10份、灭菌器械采样培养180份、灭菌器监测511份、内窥镜采样监测11份，合格率100%。市疾控中心对本院进行采样监测27份，合格率100%。组织全员性医院感染知识培训14次，2 441人次参加。建立了医院感染管理提示图板，全年传染病报卡520例，完成日常传染病及北京市流感样病例监测上报，未发生迟报、漏报现象。

医保工作。全年医保出院6 359人次，占出院总人数的59.6%，人均费用18 310元，比上年上升2.2%，在北京市中医系统排名第三。市及区县来院抽查病历265人次，查阅病历1 676份。建立了医疗保险费用预警预报监控制度，每两周向各科发放参保人员医疗保险费用控制反馈。

医疗支援。开展社区健康大课堂，普及中医知识，开展系列健康宣教、义诊及健康咨询活动，有9名医务人员到社区卫生服务站参与日常工作。

建设文明医院。在门诊大厅悬挂古代十大名医画像、大医精诚牌匾和中医健身保健知识宣传画框，宣传中医药文化。参与国家中医药管理局组织的中医中药中国行活动，为全国百姓义诊的，宣传东直门医院文化。参加首都中医药文化节与首都改革开放60周年中医药成就展，展示中医药文化精髓。与北京电视台科教频道合作，在《健康大讲堂》开展中医养生保健宣传。发表中医药科普类文章，为群众喜闻乐见。

护理工作 完善护理工作质量检查标准，加强护理安全检查，落实整改措施。强化护理核对制度、交接班制度、分级护理制度、护理记录书写质量管理、护理缺陷管理制度，在院内开展了护理会诊。补充、完善、修改住院病人转科交接制度，护理文件书写规范化要求，住院病人跌倒报告制度，住院病人压疮报告制度，手术病人术前、术后服务质量调查制度，实施危重病人及手术病人"腕带"使用制度。突出中医护理特色，开展中医护理技术操作项目的临床应用与实施，全院15个临床科室开展中医护理技术15项。完成护理人员中医理论考试考核672人次。培训宁夏回族自治区银川市中医院护士长10人。

科研工作 年内，完成国家教育部重点实验室（同时是北京市重点实验室）中医内科学实验室的检查，完成国家中医药管理局2个三级实验室的验收与换证检查。新建的屏障环境动物室通过了市科委和北京市实验动物管理委员会的验收。本年度中标国家级科研项目15项，其中国家重点、重大项目5项，国家自然基金4项；北京市、中医药大学课题13项，中标课题经费2 378.63万元。

全年发表论文365篇。荣获北京中医药大学科技成果奖二等奖1项、三等奖1项。稳步开展保健食品人体评价工作，完善试食原始资料的档案保存和计量认证的准备工作。申报中医临床研究基地。开展包括与外国专家的学术交流、专家讲座、学术沙龙等学术活动10余次。

医学教育 坚持把德育放在教育工作的首位，完成国庆60周年群众游行学生的管理工作。改革教学培养机制，完善管理和规章制度，把教研室老师主编的中医内科杂病研究和中医妇科杂病研究纳入研究生专业课程体系。重视中青年教师的培养，参加了北京中医药大学教学质量周活动。在北京中医药大学首届临床教师讲课比赛中，1人获一等奖、4人获二等奖。招收博士后1人、博士生48人、硕士生122人。完成2009级新生的入学教育、档案建立、信息采集、注册、选课等工作，完成29名在职人员以同等学力申请硕士学位的入学资格审查。本年度阶段培养近90名博士生、100余名硕士生，完成2008级200余名研究生的岗前培训、临床轮转、700余人次的阶段考核和40余名博士生的开题。完成2010年招生计划以及免试推荐攻读硕士学位的复试工作。完成研究生毕业班300余人次的资格审核、档案整理、论文评审和匿名评审、论文答辩、学位申报等工作。有38名博士生、112名硕士生取得了学位。

加强重点学科建设，中医急诊病学、中医老年病学、中医肝胆病学成功申报为国家中医药管理局重点学科。申报局级继续教育项目4项：肛肠科、急诊科、糖尿病科和按摩科。成立了临床技能实验教学中心，并作为大学中医学实验教学中心三大平台之一，参与了市级/国家级实验教学示范中心的申报，成为北京市实验教学示范中心、国家级示范中心。

鼓励优秀毕业生向三级医院发展。第一临床医学院毕业289人，其中研究生222人、本科生67人，研究生就业率95.85%，本科生就业率83.58%。成立了萧龙友名家研究室、郭志强名医传承工作站、施汉章名老中医工作站。图书馆外文数据库试用近8个月。采编图书316种492册，征订图书目录36期，出新书目录5期，购书用款3.4万元。全年接待读者16 320人次，书刊借阅2 138人次。

国际交流与合作 接待法国3名、澳大利亚两批26名进修医师开展学术交流。2名主任医师作为访问学者赴美国学习半年。

信息化建设 完成门诊医生工作站、合理用药监测和医保监测软件、物资管理系统、医院感染管理系统、门诊检验科条码系统的招标和上线工作。完成医保持卡实时结算的准备工作，并开展了医生工作站培训和医保持卡实时结算培训。制订了《PSAM卡管理规定》、《门诊持卡就医操作介绍》、《门诊医生工作站使用手册》、《门诊持卡就医应急预案》等。统计室被评为北京市统计工作先进单位。

基建与后勤 完成门诊楼地下室、药学服务中心、放射科地下室、病房检验科、门诊病案室机房的改造,院长办公室、急诊科、呼吸科、消化科、肾病内分泌科的墙面、木门粉刷。改扩建医院东侧花园停车场及各临床科室、病区、行政办公区、家属楼的维修及防水补修等百余项。对所辖物资进行了招标,项目包括被服、白衣类、办公及日用杂品类、一次性耗材。物资管理软件上线运行,完成从主体到细节的分类、分项、按科室归类以及基本字典的建立和科研、教学、学生经费等额外项目的分类。完成配电室双路供电的方案论证及审批,由同一方向、同一系统的供电方式改为不同方向、不同系统的供电。全年节约用水4 600吨。被评为北京市卫生先进单位。严格执行医疗废物的处理,避免医疗废物从不正当渠道流出。与新侨物业保洁公司签订了新的保洁合同,与惠佳丰公司签订了护工合同。完成财政拨款采购项目中20项设备采购项目,财政拨款资金400万元。

其他工作 全年编辑出版《医苑》月报5期。

(撰稿:孙 淼　审核:叶永安)

北京中医药大学东方医院

(丰台区方庄芳星园一区6号)
邮编:100078　电话:67618444
网址:www.dongfangyy.com.cn

基本情况 职工1 039人(含合同制),其中正高级职称53、副高级职称90人、中级职称276人、初级师与初级士620人。

医疗设备总值18 358万元。新购置医疗设备总值1 364万元,其中10万元以上设备22台、100万元以上设备3台。

获奖情况。医院获中国心·知青情——关爱知青健康共建和谐社会公益活动突出贡献奖,北京中医药大学国庆60华诞教职工合唱汇演优秀组织奖、最佳表演奖,北京市卫生系统第五届乒乓球比赛优秀组织奖。

医疗工作 门诊799 709人次,急诊30 557人次,急诊危重症抢救921人次,抢救成功率95%。实有床位628张。出院10 218人次,床位周转14.9次,床位使用率89.3%,平均住院日19.7天,七日确诊率93.70%,出入院诊断符合率99.70%,治愈率30.80%,好转率60.80%,死亡率5.30%。住院手术3 592例。

年内,开展了创建人民满意医院工作,患者满意度95%以上。

病案质控。住院病案质控100%,10%环节检查,病案修改率45%。出院病案按时归档率100%。病案首页的数据录入100%,正确率100%,及时性100%。本院成为疾病分组付费方式课题组成员(唯一一家中医医院)。年内,被市中医局评为中医医疗质量监测工作一等奖。甲级病历率96.80%。

医院感染率控制在3%左右。

医保工作。全年医保出院4 476人次,总费用8 184.86万元,次均费用18 286元。加强医保管理,做好双审工作及政策宣教,减少了拒付费用的发生。进一步加强费用管理,控制不合理费用增长,降低人均费用,缩短平均住院日,自费比例控制在5%以下。进一步提高数据质量,建立费用监控分析制度,加大奖惩制度。加强环节管理,缩短审核时间,以配合实时结算,避免发生返款延迟现象。

医疗支援。成立了对口支援工作领导小组,与丰台区右外医院和兴隆中医院结对子,建立2个社区卫生服务中心。向通州、怀柔和房山区中医院提供支援。向帮扶对象赠送呼吸机和检验科仪器等设备约合30万元。医院设立了助困基金,用于抢救患急症的无钱和困难患者。组织了"健康身心、服务百姓"系列健康保健知识讲座,并制订了长期讲座计划。

护理工作 护理质量控制指标合格率分别为:抢救用品99.95%、消毒隔离98.50%、危重病一级护理100%、5种护理文件书写平均合格率91.10%、护理技术操作92.50%、健康教育覆盖率99.80%、病区服务质量满意率99.90%,护理人员参加各种考试、考核100%。

培训。外派人员参加手术室专科护士培训2人、糖尿病专科护士培训1人、护理管理培训15人。完成本院继续教育项目17项,363人参加,继续教育学分合格率100%,其中包括西学中培训41人。本年度理论考核内容以《护士必读》为主，并对西学中人员进行了理论考核。理论考核6次293人，包括4次季度考核、1次西学中考核和1次上岗考核。

在护理教学工作中实行分层教学，根据本科学生数量增多的情况，增加了教学内容，如组织学生参加科室的护理查房，实地进行讲解，并讲解护理论文的书写方法及就业思路，收到了很好的效果。

科研工作 全年申报各级各类课题207项，中标63项，获得各级资助753万元，其中国家级课题9项、省部级课题8项、校级课题46项。在研课题95项，结题42项。获中华中医药学会科学技术二等奖2项。签订技术合同50项。共发表科技论文203篇，其中SCI收录2篇。著作16部。

医学教育 3月，新增硕士生导师13人、博士生导师10人、兼职博士生导师4人。完善了2010年博士生导师专家库的更新。毕业61人，其中2006级研究生49、新加坡班研究生3人、香港班研究生4人、在职申请学位5人。研究生博士学位论文评审实行匿名制，采取双盲形式，论文送审60份，收到良好效果。全年承担2004级七年制18人、2005级七年制24名学生的课堂教学任务。教务处对新到医院的2005级七年制学生进行了岗前培训。7月，完成临床课程学习的2004级七年制A班17人在进行岗前培训后，进入临床科室进行本科阶段的轮转实习。完成本科阶段学习的2003级七年制A、B班学生41人进行了临床综合能力考核，导师对A、B班28人的开题进行了评议。完成2003级七年制A、B班28人，2004级七年制D班3人的选导师工作。对2003级七年制A、B、D班30人进行了二级学科阶段的培养。完成2002级七年制A、B、D班32人的论文答辩。2002级七年制A、B班36人在本院经过3年的课堂学习和临床培养，于6月通过硕士论文答辩和资格审查毕业。

国际交流与合作 全年接待国外来访5次63人。外派出国进修3人，出国考察、参加会议1人。

信息化建设 6月26日，进行了医院信息系统切换。新的医技系统、医生工作站上线。

其他工作 12月26日，在中央音乐学院附中举行了北京中医药大学东方医院10周年院庆活动。由东方医院党委书记庞鹤主持，卫生部副部长、国家中医药管理局局长王国强到会并祝贺。

国庆医疗保障 制订了国庆期间医疗保障方案和应急预案，并进行了演练。国庆期间，医院派出应急小组服务于一线；派出15名医务人员服务于国庆庆典方队人员的预防注射。落实安全用药、用血规定，确保特殊药品的安全保管和使用；执行实验室生物安全管理规定；完成医疗信息的报送工作。

（撰稿：孙银屏　审核：韩振蕴）

北京中医药大学第三附属医院

（朝阳区安外小关51号）
邮编：100029　电话：52075369
网址：www.zydsy.com

基本情况 职工553人（含合同制136人），其中卫生技术人员473人，包括正高级职称17人、副高级职称43人、中级职称175人、初级师109人、初级士129人；其他人员80人。

医疗设备总价值4 791.6万元。本年度购置医疗设备总值665万元，其中10万元以上设备10台（套）。

获奖情况。医院获北京地区中医、中西医结合、民族医医疗机构服务信息网工作二等奖，北京地区中医医院医疗质量监测工作三等奖，保健科获2009年度朝阳区社区精神卫生工作特色创新奖，唐玲被中国中医药学会评为全国百名优秀护理标兵。

机构设置 年内，成立了董建华名家研究室和孙树椿名医传承工作站。成立了综合教学办公室，增设了中医急诊教研室。

改革与管理 围绕三级中西医结合医院建设和医院管理年工作，提出创建节约型医院的理念，建立和完善预算化管理制度，落实经营预算、项目预算、成本预算控制。整合开发医院各种资源，细化病种组合管理，提高医技设备资源利用率，丰富经营手段，达到了"医院求发展，管理上水平，职工得实惠"的目的。全年收到表扬信41封、锦旗39面。

反商业贿赂。年内，制订了医院党委勤政廉政党内监督制度，建立了医院领导与职工沟通制度。对后勤处、财务处、设备物资科实行廉政风险排查，制订风险部位工作流程、风险点防控措施。纪检、监察、审计全程参与药品采购、设备购买、基建工程，并开展了清查"小金库"专项审计工作。

医疗工作 门诊210 690人次，急诊8 853人次，急诊危重症抢救128人次，急诊抢救成功率98.44%。实有床位315张。住院3 835人次，出院3 774人次，床位周转11.98次，床位使用率77.16%，平均住院日23.23天，七日确诊率98.68%，出入院诊断符合率99.97%，治愈好转率88.41%，死亡率8.63%，住院手术1 010例。

进一步修订了医疗工作岗位职责，每季度召开一次医疗质量管理委员会和病案质量管理委员会会议。启用了新版住院患者知情同意书；在手术科室，制订了手术风险评估表和手术安全核查表；设计印制了门诊心电图申请单、肺功能检查单、病理报告单；改版了住院准许证和住院处方笺；重新审订了毒麻药处方权。成立了甲流防控领导小组，恢复发热门诊，制订应急预案和工作流程，全员培训13次，储备了应急物资。全年接种一类疫苗7 830人次、二类疫苗4 009人次，普通流感及甲流疫苗18 816人次。

定期到社区开展健康讲座，举办卫生宣传日活动19场，义诊咨询3 334人次、测血压1 778人次、测血糖348人次、红外线乳透100人次、按摩34人次、耳穴埋豆50人次，宣传展板64块，发放宣传资料7 370份。

国庆60周年活动医疗保障。成立了急诊急救培训工作领导小组。派出12次30人次，出动救护车9次。

病案管理。继续加强运行病历的质控。住院病案质控员每月对各科的运行病案进行质检，全年抽查运行病案900余份，住院病案按时归档率大幅度提高。甲级病历率98.70%。

医院感染管理。院内感染率4.35%。定期下科室检查医院感染管理各项制度的落实情况，开展手术切口专项调查，进行了目标性监测。每月对医院感染漏报率进行监测，每季度出简报1次。全年医院感染培训7次1 166人次。

医保工作。全年医保出院2 073人次，总费用3 012万元，次均费用14 533元。进一步优化结算流程，在坚持终末审核的同时，不断探索住院费用审核与医保费用结算工作人员统一管理的模式，做到3日内完成结算。全年网络审核在院医保病历1 900份。医院是朝阳区低保救助定点医院之一，并获北京市医保管理三等奖。

医疗支援。继续开展对怀柔区渤海镇卫生院的对口支援，每周四派3位专家出诊，全年派出医护人员186人次，诊治患者1 200人次。1人参加中央组织部第六批援疆工作，到新疆维吾尔自治区中医医院骨科中心工作1年。

护理工作 采取多种措施，建立科学的质量管理体系。在内容上更加细化，人员上新老搭配，时间上由原来的定期检查改为不定期抽查，并制订了护士长24小时值班制，做到了护理工作随时检查和督察。护理文件书写合格率99.11%，基础护理合格率99.17%，特级护理合格率100%，一级护理合格率99.26%，护理技术操作合格率98.19%，急救物品完好率100%，责任制护理合格率98.61%，消毒隔离合格率99.64%。

中标北京中医药大学护理科研课题1项。

接收北京中医药大学护理学院见习生25人，组织学生集中上操作课14次。

成立了中医护理技术操作小组，统一操作流程，各科室教师对每位护士进行规范培训。举办中医护理系列讲座14次，867人次参加。传染病知识培训20学时，重点参加了甲流的培训考核。组织传染病考试6次。有65名带教老师通过了资格考试。护理人员Ⅰ类继续教育学分达标率100%。有6名护理人员取得大专学历，86名护理人员参加专科和本科的学习；选派3名护士到东方医院学习儿科急诊护理。

科研工作 全年申报国家自然科学基金13项，中标2项；北京市自然科学基金8项，中标1项；中标教育部重点课题1项；申报博士点基金8项，中标4项；申报首都发展基金6项；北京中医药大学教育科学研究课题10项，中标1项；北京中医药大学科研课题38项，中标14项；北京中医药大学自主选题（中青年教师资助项目）24项，中标5项；北京中医药大学自主选题（在读研究生项目）9项，中标6项；申报北京中医药大学党建课题20项，中标一级项目1项、二级项目4项、三级项目15项；获批国家中医药管理局重点学科2个——中医全科医学和中医骨伤科学。本年度获北京中医药大学自然科学奖三等奖1项，教育部科学技术进步奖一等奖1项、二等奖1项，中华中医药学会科技进步三等奖1项。

全年发表学术论文21篇，其中核心刊物发表9篇。

医学教育 年内，开展了急诊急救培训，急诊科专业医护人员参加市级、区级培训23人，非急诊科医护人员参加院外急救知识与技能培训32人；院内授课12次36学时，答卷考试7次，4 500人次参加；组织演练4次，320人次参加。传染病防治培训12次36学时，考试答题8次（含区卫生局1次），4 252人次参加。法律法规授课1次3学时。本院继续教育达标率100%。短期进修和参加学习班21人,到外院进修半年以上4人。

承担北京中医药大学中医学专业五年制(中西医结合方向)的后期教学任务。承担了北京中医药大学本科生、七年制学生11门临床课程的课堂教学任务,共计1 828学时,完成276名本科生及研究生的临床见习和实习带教。选派55名教师参加岗前培训,取得教师资格证48人。具有教师资格者96人,申报成功博士生导师3人、硕士生导师6人,现有博士研究生导师5人、硕士研究生导师26人。首次招收博士生3人、硕士生19人。举办第二届教学讲课竞赛活动,并推选了3位老师参加北京中医药大学决赛,分别获得了一等奖、二等奖和优秀奖。

信息化建设 编制了信息系统预算书、HIS招标技术说明书、HIS系统采购合同书,制订了全院HIS系统切换时间表和培训计划书。对全院计算机操作人员进行了为期24天的应用程序实际操作培训,500人次参加。完成了医保门诊、住院导出导入程序的切换和培训。全年更新医院新闻、医疗信息以及专家出诊情况656页,答复患者疑问463条。开设了网上预约挂号服务,为患者预约挂号1 219人次。

后勤与基建 完成门诊教学楼建设前期拆迁工程,拆迁1 300平方米。完成锅炉房改造二期工程,门诊楼配套的电缆沟、污水管线、自来水管线、医院南大门等改造工程。举办了医院后勤管理培训班,并组织管理人员到外院参观学习后勤管理的先进经验。结合设备改造项目,对电工、锅炉水暖工、供水管理等工种进行了专业培训。被评为北京市交通安全先进单位。

其他工作 11月18~25日,北京中医药大学第十一届学术节开幕。医院作为分会场,举办了"加强学科建设,提高医院竞争力"、"以临床路径打造中医药优势的思路"、"英伦游学记"、"新疆维吾尔族自治区中医医院建设经验"、"中西医骨伤科发展思路与方向"、"中西医结合科研有关问题探讨"、"发挥科技社团在国家创新体系中的作用"、"课题申报的思路与方法"等专题论坛,还举办了第二届博士沙龙,医院荣获大会组织二等奖。

医院作为唯一一家中医医院参加了8月7~9日在奥体中心举行的全民健身嘉年华大型活动,承担了参加此次活动的运动员、教练员、工作人员及体育健身活动爱好者和观众的医疗急救保障任务。派出急救车2辆、医护人员30人,进行了全程跟踪服务。此外,在奥体中心场馆区还进行了大型健康义诊、专题讲座等活动。本院20余名中西医临床专家参加,发放科普材料2万余份,为市民免费测量血压1 121人次,接受健康咨询835人次。杨晋翔、娄锡恩教授举办了中医药专题健康讲座。

全年出版院刊7期。

(撰稿:张进宏 审核:王凤琴)

北京大学医学部及附属医院卫生工作

北京大学医学部

(海淀区学院路38号)
邮编：100191 电话：82802203
网址：www.bjmu.edu.cn

基本情况 教职工10 582人，其中医学部本部1 736人、附属医院8 846人。有专任教师3 481人，其中医学部本部633人、附属医院2 848人。专任教师中，有教授748人（其中医学部本部140人），副教授1 041人（其中医学部本部187人），讲师1 207人（其中医学部本部263人），助教236人（其中医学部本部11人），无职称249人（其中医学部本部32人）。中国科学院、中国工程院院士12人（其中1人为两院院士），"长江学者奖励计划"特聘教授、讲座教授19人。

获奖情况。年内，尚永丰教授当选中国科学院院士、王陇德教授当选中国工程院院士。医学部有5门课程被评为国家级精品课程，3门课程被评为北京市精品课程；第一临床医学院"以器官系统为主线的临床医学教学团队"被评为全国教育系统先进集体；基础医学院"生物化学与分子生物学学科创新人才培养教学团队"被评为国家级教学团队、北京市优秀教学团队；获国家级教学成果一等奖1项、二等奖2项，并获北京市教学成果一等奖，另有5项成果获北京市教学成果二等奖。临床技能实验教学中心被评为北京高等学校实验教学示范中心，临床医学专业被评为北京市特色专业建设点。王杉获国家级高等学校教学名师奖，刘玉村、王杉、李学军获北京市高等学校教学名师奖；陈红被评为首都教育先锋教学创新标兵，当选首都教育先锋教学创新个人5人、首都教育先锋科技创新个人2人、首都教育先锋管理创新个人4人。

王杉、陈仲强获第六届中国医师协会医师奖，张树基、马庆军当选首都十大健康卫士，胡大一获国际科学与和平周特别贡献奖及中国医学人文突出贡献奖，李玉珍获中国医院药学奖领导力奖和中国药学会优秀药师奖，曹安民获中国政府友谊奖。钱壮飞、钟南山、林巧稚入选全国"双百"人物。医学出版社荣膺全国百佳图书出版单位，7项成果获中华医学科技奖，3部著作获国家科学技术学术著作出版基金资助，61个项目获高等学校博士学科点专项科研基金资助。北京大学第三医院被评为全国医学教育系统卫生文化建设先进单位，李萍萍、李玉莲为先进个人。

机构设置 3月23日，成立北京大学医学出版社董事会，方伟岗任董事长，同时成立出版社改制工作小组；7月13日，成立保健办公室，机构设在医院管理处；11月22日，成立医学教育基金管理办公室，挂靠医学部两办，与北医校友会办公室合署办公；11月，成立北京大学重症医学学系和神经病学学系。

教学改革 年内，全面启动"新途径"教学改革，并在深化本专科生教学模式、课程内容和教学方法改革的基础上，启动了研究生教学改革；调整医学教育研究所人员和管理方式，以加强教改研究及评估。

1月，召开教学改革模块负责人第二次工作会议，明确课程建设、课程整合、课程管理、教师激励机制等下一步工作方向及目标进度。至4月，各学院完成近400门课程的模块信息整理。12月，召开实验教学改革专家研讨会，在征询专家意见的基础上明确了下一步的实验教学改革方向。

年内,医学部的医学教育改革全面进入具体实施阶段。在基础医学院基础医学和临床医学八年制2个专业开展教学改革尝试,将基础理论课程安排在一年内完成,另一年进行器官系统结合PBL教学;增加选修课和专题讲座及建设网上课程平台作为补充,探索实验教学改革方向,将学生科研创新能力的培养贯穿整个基础医学培养阶段。在基础学科内、学科间以及基础与临床之间3个层次,优化理论授课内容,加强基础与临床在基础医学阶段的早期结合,注重提高学生运用知识的能力和自主学习能力。以第一临床医学院"以器官系统为主线"的教学框架下采用递进式PBL教学方法为代表,注重培养学生的自我学习能力和批判性思维、搜集和阅读文献的能力、交流沟通能力和团队精神等,同时加强以综合临床技能为主要内容的医生素质教育体系建设,积极探索科学合理的职业精神培养模式。以第二临床医学院承办教育部首届大学生临床技能大赛为契机,加强对医学生临床技能的重视和培养,并在培养医学生的医生职业精神和医学生参与医院志愿服务方面进行探索和尝试。公共卫生学院对预防医学长学制的教学内容、教学方法和教学考核进行改革探索。在研究弥合临床与预防医学间裂痕的方式方法的基础上,修改临床长学制、预防医学的培养方案。

启动研究生课程体系改革,遵循层次分明、循序渐进、相互关联和避免重复的原则,分阶段进行:第一阶段以医学部为主导,包括公共课、实验课和素质课程平台建设;第二阶段以培养单位为主体,重点为专业课程建设。改革工作稳步推进,完成统计学课程框架的设置、医学法规课网络课程的部分内容,启动了培养单位实验课平台建设。探索和完善护理学专业学位及临床病理诊断专业培养模式。修订了硕博连读/直接攻读医学科学(理学)学位研究生资格考试的办法,使五年制研究生转博过程更符合培养规律。

教学工作 医学部有12个直属院系和11个临床学系,在校生39 685人。全日制学生7 199人,其中博士生1 732、硕士生1 976人、本科生2 880人、专科生611人;留学生532人;非全日制学生32 486人,其中成人教育3 805人、网络教育11 978人、继续教育16 703人。医学部现设10个本科专业:基础医学、临床医学、口腔医学、药学、预防医学、护理学、生物医学英语、医学检验、医学实验学、应用药学;设2个专科专业:护理学、口腔修复学。

本专科教育教学。招收本、专科学生830人,其中本科生629人、专科生201人。八年制257人(毕业获博士学位)、本硕连读长学制203人(毕业获硕士学位)、五年制本科49人、四年制本科120人。本专科毕业生439人,其中本科毕业生246人、专科毕业生193人,就业率96.4%。2009届临床医学、口腔医学八年制毕业生281人,其中临床医学八年制毕业生232人、口腔医学毕业生49人,就业率99.6%。授予全日制本科学士学位663人、专科升本科学士学位472人。在重点实施本专科教育教学改革的基础上,完成《全科医学》大纲的修订,并发至各临床学院。在多家附属医院开设了"临床沟通技巧"课程。年内,实现临床专业八年制进入二级学科资格考试和五年制毕业考试涵盖临床能力(OSCE)、专业理论和英语考核,在使用标准化病人(SP)、模拟病人、模拟人、计算机等先进考核方法的同时引入沟通能力考核的站点,全面考察学生的临床能力和临床思维。加强和完善临床实践教学,将昌平区医院纳入基层卫生实践基地,与内蒙古巴林右旗人民政府共建学生实践基地。组织2003级临床专业八年制学生在密云县医院等5家区县医院进行基层卫生实践活动。组织专家对8家临床医院和教学医院进行了教学督导,进一步规范临床医院和教学医院的教育教学过程。组织临床教学专家完成《临床医学专业八年制二级学科临床实践要求(试行)》和《临床能力训练手册》的编写、修订,组织各学院修订了《关于北京大学医学部学生进行校外交流活动的暂行规定》,整合校内选修课平台并统一纳入教务管理平台,修订了校内选修课相关规定。

研究生教育教学。硕士生报考2 555人,录取485人,录取率18.98%。接收推荐免试硕士生88人。录取港澳台学生8人,留学生11人。有硕士新生592人,其中医学科学学位研究生330人、临床/口腔医学专业学位研究生262人,学术型研究生与专业学位研究生之比为1.3∶1。博士生报考881人,录取219人,录取率24.86%。接收推荐免试直博生51人,校内研究生转博109人(硕博连读转博43人)。有博士新生379人,其中医学科学学位研究生315人、临床/口腔医学专业学位研究生64人。学术型研究生与专业学位研究生之比为4.9∶1。毕业研究生781人,其中博士研究生342人、硕士研究生439人,总就业率98.67%。共向613名研究生授予学位,其中授予博士学位305人、硕士学位308人;向208名在职人员授予了学位,其中授予博士学位72人、硕士学位136人。博士后进站31人,在站59人,待就业19人。博士后管理工作正式由研究生院转至人事处。进一步改进博士生招生办法,采取走出去的办法,吸纳更多优秀生源免试攻读博士学位;采纳初试和复试两段制,以利于合格生源的调剂,减少生源流失;针对推免直博招生计划落空的学科专业,采取补救措施,补充招生目录。出台了《研究生招生考试保密工作实施细则》和《研究生招生工作责任制及责任追究暂行办法》。配合研究生课程体系改革，继续推进研究生培养机制改革，修订了《研究生学业奖学金实施细则》，提高学业奖学金二等奖比例，并将在校的全部研究生纳入培养机制改革体系，提高研究生待遇。进一步提高研究生教育国际化程度，全年有34名博士生分赴美国、日本等国家和地区进行联合培养，65人参加短期国际会议交流。深入探索双博士（MD + PhD, SMD + PhD）学位培养模式，努力培养高层次医学人才。通过加大政策宣传力度和对相关单位的推荐力度、鼓励毕业生到西部和基层工作等方式，加强对毕业生的就业指导，并联合协和医学院等院校举办在京4所医学院校毕业生与用人单位联合招聘会，为毕业生提供就业帮助。加强研究生导师的培训，完成对2009年医学部本部及附属医院新上岗博士研究生导师，教学医院第五、六批博士研究生和硕士研究生导师的培训。

继续教育。年内，医学部举办国家级继续医学教育项目367项、国家级备案项目38项、市级项目1项、市级备案1项。举办各类培训班130个，培训17 070人次。培训高等学校青年教师骨干访问学者，有省卫生厅、医院委托培养的学科骨干，人事部委托特殊培养的新疆、云南、西藏少数民族科技骨干，中组部等委托培养"西部之光"访问学者，石河子大学对口支援项目委托培养学员共计154人。对住院医师规范化培训阶段性考试进行改革。为顺应全国和北京市住院医师/专科医师培训工作的形势发展，确定了自2010年起医学部住院医师规范化培训第一阶段的培训与考核工作，实现与市卫生局并轨培养，使医学部住院医师培训（第一阶段）纳入属地化管理，解决了以往医学部的培训和北京市的培训在培训细则、考核模式方面各不相同，培训过程互不承认，临床专业研究生的准入年限差距大，临床医学生开展临床医疗工作须具备合法资质等问题。

图书馆建设。进一步提升医学图书馆服务水平，增加多项特色服务。将基本开馆时间延长到22点。坚持开展爱心图书交流站及与北京大学图书馆之间异地还书工作。北京大学医学图书馆一般图书藏书量为46.49万册，另有电子图书589GB。

学生工作 年内启动了"爱·责任·成长"主题教育活动，通过系列讲座，对青年学生进行爱心、责任感和感恩教育，提高学生的人文素养。以新中国成立60周年、五四运动90周年等为契机，开展爱国主义教育和理想信念教育。组织学生参加形势报告会，举办学生学术活动，成立学生服务团，打造校园文化体育精品活动，如组织"祝福母校"签名活动、"迎百年庆典，创一流大学"主题长跑等系列活动，继续办好十佳歌手大赛、"新生月"系列活动、社团文化节、"北医杯"体育联赛、神厨大赛等多项传统文体品牌活动，促进校园文化建设。

年内，出台了《家庭经济困难学生资助工作暂行办法（试行）》、《家庭经济困难学生认定工作管理办法及标准（试行）》、《国家助学贷款管理规定（试行）》、《学生勤工助学管理办法（试行）》。继续通过发放奖助学金、提供勤工助学岗位和各种资助的方式帮助经济困难学生完成学业。有52名新生通过"绿色通道"入学，学校为其垫付学费共计30万元。9月，首次开展家庭经济困难学生认定工作，建立了家庭经济困难学生档案库。认定的家庭经济困难学生共959人，其中一般困难学生202人、困难学生447人、特殊困难学生310人。为795名学生发放国家助学贷款476.7万元；发放各种奖学金、助学金及专项补贴等2 843人次252万元；根据国家西部助学政策为16名学生减免学费7.5万元。安排勤工助学岗位4 263人次，从事打扫教室、治安巡逻、图书馆助理、行政办公室助理、学生助理等工作，发放工资145.9万元。

年内，医学部有13个单位组织100余个暑期学生社会实践团，800余人参加暑期社会实践。7月15～21日，医学部首次派出团队赴内蒙古学生社会实践基地进行社会实践，由临床、口腔学院专家、高年级医学生及老师26人组成实践团队，开展参观基层卫生机构、专家义诊、专家讲座、与医务人员座谈等实践活动。组织2008级802名学生进行军训。全年有421名师生428人次献血。

科研工作 完成医学部"985工程"二期建设项目的验收及10年工作总结。中药分析学、中西医结合临床获批国家中医药管理局重点学科（二级学科），基础医学等6个项目获得北京市与中央在京高校共建项目（学科建设项目）立项。新增省部级实验室3个：国家中医药管理局中药配伍减毒重点研究室、国家中医药管理局微循环实验室、国家中医药管理局中药药理（肿瘤）实验室。申请教育部重点实验室1个：视觉损伤与修复教育部重点实验室（待批）。新增校级研究机构3个：北京大学系统生物医学研究所（实体）、北京大学卫生应急管理中心（虚体）、北京大学肥胖与代谢病研究中心（虚体）。

年内，医学部及附属医院获国家科学技术奖2项，其中第二临床医学院黄晓军教授参与的"成体干细胞生物学特性与规模化制备技术"获国家技术发明奖二等奖，第三临床医学院乔杰等参与的"人类辅助生殖和精子库的关键技术及其在生殖健康中的应用"

获国家科技进步奖二等奖；获中华医学科技奖7项；获高等学校科学研究优秀成果（科学技术）奖5项，其中自然科学一等奖2项、二等奖1项，科技进步二等奖2项；获中华预防医学会科技进步奖5项，其中一等奖1项、二等奖2项、三等奖2项；2个团队入选教育部"创新团队发展计划"，9人入选"新世纪优秀人才支持计划"；9项成果获2008年度北京市科学技术奖，其中二等奖2项、三等奖7项。基础医学院王韵教授获国家杰出青年科学基金。

医学部共获各类纵向科研课题384项，批准经费43 163.9万元。国家自然科学基金184项，经费7 195.6万元，其中7项为重点项目。科技部项目47项，经费32 385.7万元，其中"重大新药创制和重大传染病防治"两个科技重大专项"十一五"计划的23个课题获得立项批复，获中央专项经费2.63亿元；北京大学综合性创新药物研究开发技术大平台建设正式启动；魏来教授牵头的课题获得国家科技重大专项"十一五"计划病毒性肝炎项目资助；鲁凤民教授牵头的国家科技重大专项"十一五"第一批课题"乙型和丙型病毒性肝炎诊断及临床监测的研究"启动。国家"973计划"和重大科学研究计划项目4项、课题14项，经费3 339万元，栗占国、尹玉新、朱毅、周德敏被聘为项目首席科学家。教育部项目84项，资助经费337.2万元。北京市项目68项，总经费3 235.4万元。国家社科基金项目1项，经费10万元。

在研课题788项，结题172项。完成科技成果登记37项，科技成果鉴定4项。

全年发表论文4 160篇，其中以医学部人员作为主要作者发表的论文SCI收录733篇，平均影响因子3.01，最高影响因子50.2。第一医院丁洁等人的研究被《新英格兰医学杂志》刊用，基础医学院尚永丰实验室的研究成果在《CELL》发表，药学院焦宁课题组在《德国应用化学》发表了论文，肿瘤学院王洁课题组及解云涛的研究成果分别在国际肿瘤权威杂志《J. Clinical Oncology》上发表。出版著作196部。医学部（含附属医院）共获授权专利39项，其中国内37项（发明专利24项、实用新型11项、外观设计2项），国外2项（均为发明专利）。

医学部聘请8名国外学者为客座教授。

国际交流与合作 全年举办国际交流学术报告会（演讲会）16次。主办或承办大型国际会议3个：第十二届海峡两岸暨香港地区医学教育研讨会、中澳卫生合作伙伴关系论坛、中非卫生合作新倡议国际研讨会。

医学部接待美国、泰国、日本等20多个国家和中国香港、澳门、台湾地区的来访439人次，包括美国前总统、2002年诺贝尔和平奖获得者吉米·卡特，挪威卫生大臣Bjarne Haakon Hanssen，诺贝尔医学奖获得者Oliver Smithies。签署国际合作交流协议15项，包括瑞典查默斯理工大学、卡罗林斯卡医学院和皇家理工学院，丹麦奥尔堡大学医学院、城市大学，美国托莱多大学、马萨诸塞大学医学院、匹兹堡大学，英国城市大学，澳大利亚墨尔本大学、奥斯陆大学医学院，英国爱丁堡大学再生医学研究中心和罗斯林研究所，荷兰伊拉斯谟大学医学中心，克罗地亚里耶卡大学，日本冈山大学自然科学技术研究生院，德国慕尼黑科技大学，泰国朱拉隆功大学医学院等。

通过中国国家留学基金委奖学金（CSC）项目候选人遴选及向境外10所大学推荐合格候选人等，医学部有15名本科生申请CSC的PhD或MD + PhD项目，赴美国、澳大利亚、英国等地知名学校学习。

2009~2010学年，医学部招收留学生143人；在校海外学生631人，其中留学生536人、台港澳侨学生95人。

信息化建设 进一步整合资源，调整工作模式，实现医学部迎新工作研究生和本科生一体化，工作时间由多年来的2天缩短为1天。

年内，升级医学部主页管理系统，进行了各单位网站的移植或改版；新建校内信息网站并实现与各单位信息共享同步发布的功能。开展了校内现有应用系统现状的调研，对各部门的管理信息系统进行摸底，为下一步系统资源整合做准备。规范校内师生上网账号的使用，为实现数字化校园建设做准备。启动了视频会议室建设项目。

后勤与基建 3月，学生综合服务大楼奠基，于8月封顶。暑假期间，完成2、3、4号学生公寓浴室、盥洗室、卫生间的改造。10月，运动场看台改造工程奠基；此外，完成行政一号楼装修改造项目及城内学生宿舍建设工程主体结构和内部装修工程。

推进后勤体制改革，实现对公共卫生区域卫生保洁、全校电开水器维保、燃气调压箱运行维修、锅炉房消防系统维保、锅炉房燃烧机系统维保项目的托管，引进专业公司，提高了服务质量。

国庆60周年 医学部40余名师生参加了国庆60周年群众联欢活动，排练了国庆主题歌舞及轮滑表演等。国庆节前后，医学部及各学院、医院、机关处、直属单位开展了参观、座谈、征文、摄影展、演讲比赛、手工艺展等各类活动。医学部各附属医院全力做好国庆期间各项医疗保障和安全稳定工作，为患者提供优质服务。

甲流防控 3月，全球甲流疫情不断升级，医学部把甲流防控工作列为重点工作之一。4月，甲流疫情在北京显现，医学部即成立了甲流防控工作领导小组，明确人员分工，细化防控方案，责任到各个院系、各个班级；建立健全了一整套甲流防控的制度及流程，制订了《甲流防控预案》、《医学部医院甲型H1N1流感防控应急预案》及《晨检制度》、《因病缺勤登记制度》、《传染病管理制度》、《疫情报告制度》、《消毒制度》等。进入秋冬流感高发季节后，及时启动甲流防控应急预案，向所有在校生发放体温计，在部医院、教学楼设置体温检测仪；各学院、医院、部处及时上报师生员工突发、多发发烧流感样症状的信息；及时做好甲流疫苗接种工作；医学部主任办公室、党委办公室和部医院执行24小时防控值班制度，部医院邀请专家坐诊；设置隔离宿舍，及时隔离患病或疑似患病学生；加强防病宣传，设立甲流知识咨询台，通过网络平台发布防控知识。医学部4家综合附属医院设立了发热门诊、隔离病房，共接诊64 050例发热患者。

(撰稿：周　婧　审核：肖　渊)

北京大学第一医院

(西城区西什库大街8号)
邮编：100034　电话：83572211
网址：www.bd-yy.com

基本情况　职工3 020人，其中卫生技术人员2 532人，包括正高级职称183人、副高级职称292人、中级职称809人、初级职称673人、初级士454人，其他人员121人。工程院院士1人（郭应禄）。

医疗设备总价值52 140.98万元。本年度购置医疗设备总价值7 621.47万元，其中10万元以上设备95台（件）、100万元以上设备14台（件）。

获奖情况　被市卫生局评为2008年及2009年传染病疫情和死亡登记报告工作先进单位，被市药监局、市卫生局评为2008年度药品安全监测工作特等奖，被卫生部抗菌药物临床应用监测中心评为监测工作优秀奖，被市人力社保局、市财政局评为2008年及2009年医疗保险管理一等奖，被评为2008年度首都卫生系统文明单位，被中国人力社保部、教育部评为全国教育系统先进集体，被中国药学会评为2009年度信息工作先进单位，被市人力资源和社会保障局、市财政局评为"持卡就医，实时结算"先进单位，被市药品不良反应监测中心评为2009年度医疗器械不良事件监测组织协调工作先进单位。

改革与管理　本院2009年中心工作为"落实科学发展观，抓结构机制调整"。年内，实现岗位责任制的落实，做到各就其位，各司其职。医院于每周五下午召开由院领导、处长、主任及护士长出席的行政周会例会制度。在上年基础上，开展了临床、医技科室的干部述职考核，不断完善干部队伍建设。建立了医院一级医疗病历质量监控体系，实行了新的会诊制度，并继续贯彻落实"3331"工程，结合卫生部医疗质量万里行活动，重点抓病历质量，开展了"病历质控月"活动。医疗事故及医疗差错明显下降。

进一步加强医院文化建设，在各科（处）室设立宣传负责人1名、通讯员若干。改版医院门户网站，并投入使用。制作《北大医院》院刊11期、电视片44部、新闻拍摄31次、图片拍摄285人次。3月31日，举行了门诊楼工程奠基仪式。

医疗工作　门诊1 506 093人次，日均门诊6 024.37人次；急诊154 317人次，日均急诊422.79人次；急诊危重抢救5 441人次，抢救成功率93%。床位1 586张。住院43 495人次，出院43 559人次，病床周转27.49次，床位使用率90.11%，平均住院日11.65天，出入院诊断符合率99.508%，治愈率48.41%，好转率43.58%。住院手术17 205例。

作为干部保健基地，全年完成卫生部保健局等上级主管部门各项医疗保障任务13次，派出医生、护士57人次，服务45天。参加卫生部保健局组织的为中央保健对象会诊44次；医院组织的为保健对象会诊33人次，其中院外会诊10人次、院内会诊23人次；住院43人次；完成108名院士的体检。

全年会诊27 410例次，其中普通会诊：一级23 412例、二级215例、三级105例；急会诊1 539例（占申请会诊的6.5%）；全院会诊112例，组织联合产科儿科查房45人次；院外会诊946人次；请外院会诊270人次（占院外会诊的28.5%）；派出专家会诊676人次（占院外会诊的71.5%）；备案护理会诊90例。外派医疗服务12批53人次；完成国庆60周年医疗保障任务，共派出医生21人、护士14人；派专家参加医学会组织的各种鉴定77人次。接收"明天计划"孤残患儿住院55人次。继续开展社区双向转诊工作，共收治患者45例，其中德胜社区30例、什刹海社区15例；专家在社区出诊366次。

执业管理。内科学风湿免疫学专业经北京医学会审核完毕，待市卫生局批复后办理；执业医师注册130余人。修订完善各项医疗质量管理制度，重点检查核心制度的落实情况，整改医疗文书数十种。

加强病历质量管理力度，完成终末和运行病历检查：一级质控5 600份、二级质控470份、运行病历171份。开展病历质量反馈和培训7次。

医院感染管理。年内，为应对甲流疫情，及时制订了院内规章制度，开展应急演练及全员培训，储备达菲、口罩等物资，建立了甲流防控期间每日例会制度。全年医院感染率1.15%。

完成"持卡就医、医疗费用实时结算"的试点工作。本院在HIS改造、实验室认证、现场认证、真人真卡真交易测试等过程中，均一次通过，并得到了市、区领导的肯定。

医保工作。全年医保患者出院11 379人次，医保出院总费用242 265 289.16元，次均费用21 290.56元。自查处方51 800张、病历149份。举办各类培训13次，与科室谈话20次。规范了医保目录库、医院HIS系统；实行医保指标考核责任制。

医疗支援。8月23～30日，院长刘玉村、党委书记刘新民率领专家医疗队一行26人"重返武乡"，开展为期8天的医疗下乡活动，并与山西省武乡县人民医院签订了对口支援协议。7月11日，与密云县医院、密云县妇幼保健院重新签订了3年支援协议。全年安排医师赴密云县医院、密云县妇幼保健院支援，带教296人次，门诊3 932人次，手术293例，讲课200人次，听课2 420人次，安排青年医师下基层锻炼47人次。由副院长金杰带队赴内蒙古实地考察，并与内蒙古兴安盟乌兰浩特市人民医院（二级旗县医院）签订了对口支援协议。

护理工作　深化"五心工程"，进一步优化护理流程，对原有的36项规章制度和护理流程进行了补充和修订。对关键环节进行"零余地"的规定，提炼了21条"零"容忍管理规定和"以患者为中心，医疗安全专项检查规范要求"，并开展了地毯式检查。在卫生部"医疗质量万里行"活动中，以"静疗发展五心系，医疗质量万里行"为主题，启动了静脉治疗培训项目。基础护理合格率96.9%，特级护理合格率93.1%，一级护理合格率96.6%。

护理科研。继续举办护理科研培训；组织护理科研课题申报并督促立项课题的实施；重点督促高学历护士在护理科研中发挥作用；从护理部层面组织开展管理类科研课题，以推动护理管理的科学化。在统计源期刊发表论文46篇。

护理教学。完善各层次临床护理带教管理制度，建立各层次（包括进修护士）临床带教计划，加强临床带教工作的落实；完善护士继续教育管理，加强教学护士长对临床带教及继续教育工作的监管。

科研工作　申报国家、部委、市、校级课题191项，待批20项，获经费2 992.71万元。其中横向课题49项，经费644.65万元；院级归国人员启动基金、院级青年基金、引进人才基金及院级护理科研基金申报55项，批准41项，支持经费43万元。国家、部委、市、校、院级科研课题共271项，已结题138项。成果申报11项，获批3项；申报专利9项，6项已授权，4项受理公告，4项初审。

全年发表论文1 092篇，其中国内期刊895篇、国外期刊197篇，统计源期刊709篇，SCI收录206篇；在中文期刊发表论文877篇，其中论著466篇、综述132篇。在中国科技论文统计排名中（医疗机构排名）：SCI收录论文数排名第15位，MEDLINE收录论文排名第12位，国内论文被引用次数排名第5位。出版书籍48本。《Melamine - Contaminated Powdered Formula and Urolithiasis in Young Children》发表在《The New England Journal of Medicine》，影响因子52.589分，文章的通讯作者为副院长丁洁教授。

医学教育　完善"以器官系统为主线教学框架下PBL带教"教学模式体系，增加儿科等新内容进入"器官系统"教学体系。有16项次的本科生、住院医和研究生的教学课题获国家、市、校和部级教学成果一至三等奖。在北京高校第六届青年教师教学基本功比赛中，本院眼科杨松霖、泌尿外科龚侃分别获一、二等奖。

增强教学体系建设。充实临床技能训练中心及OSCE中心；完成题库建设的50%，并同步完成教学专家对考题难度系数的界定；设计了具有本院特色的分阶段、分内容临床沟通能力培训体系，并在住院医师培训中实施；结合医学生素质教育基地，开展探索临床医学素质教育模式，取得很好的效果。建立了住院医师综合临床技能培训制度和综合临床技能培训体系。

国际交流与合作　全年参加国内外学术会议817人次，主办各种学术会议51次。接待各类来访16批178人次；6月，台湾医事联盟协会理事长符振中一行18人来院商讨将北大医院设为台胞就诊定点医院等事宜；10月，与美国Advocate Hope Children's Hospital签署姐妹医院协议；11月，在台湾医事联盟协会协助下，20余名护理人员赴台访问，学习交流护理经验。

信息化建设 进一步加强宣传平台建设，改版医院门户网站，并正式投入使用。从2008年底开始，全院全面运行门诊医生工作站，并逐月考核电子处方率，逐步完善电子化验单、检查单、治疗单等；根据临床工作和管理需求，逐步完善各类物价、医保提示功能，完善统计分析功能等；封闭挂号系统，即不挂号不能进入医生工作站，使门诊量的统计更加全面、准确。

后勤与基建 进行全员安全教育，全部外包公司签订了安全责任书，责任到位；对设备进行了全面摸底，排查隐患；规范膳食管理，严把采购进货渠道。坚持邀标制度；建立物资供应的软件和医疗二级库；完成院管平房的维修和翻建、科研楼改造搬家、旧内科楼改造、妇儿大楼前期搬家改造、五官楼改造、二部血透改造、二部肿瘤楼改造等多项工程。同时，从管理和技术两方面狠抓节能降耗。

3月31日，新建门诊楼工程开工，主体工程建筑面积40 266平方米，地上五层、地下四层。9月5日，完成地下通道工程隧道主通道的初期支护，隧道全线贯通。11月30日，科研楼装修工程开工，主体工程建筑面积6 541.5平方米，地上五层、地下一层。

（撰稿：王 静 审核：张 静）

北京大学人民医院

（西城区西直门南大街11号）
邮编：100044 电话：88326666（总机）
网址：www.pkuph.cn / www.pkuph.com.cn / www.phbjmu.edu.cn

基本情况 职工2 406人（编制人员），其中专业技术人员2 209人，包括正高级职称168人、副高级职称289人、中级职称832人、初级师770人、初级士135人，未聘15人；其他人员197人。

医疗设备总价值79 675.6万元。本年度购置医疗设备总值9 704万元，其中10万元以上设备308台（套）、100万元以上设备14台（套）。

获奖情况 年内，医院被推荐为首都文明单位标兵，获中国健康年度总评榜"全国最受欢迎三甲医院"国家级教学成果一等奖、全国卫生系统青年文明号、第六届首都民族团结进步先进集体、首都文明单位、首都公共卫生文明单位、首都双十佳人民满意医院、全国无烟医院、医疗器械不良事件监测工作先进奖、北京市基本医疗保险定点医疗机构一等奖、市医疗保险管理一等奖、市消防工作先进单位、北京市教育教学成果（高等教育）一等奖、北京市规范用水单位、北京传染病疫情和死亡登记报告先进单位、北京市卫生统计工作先进单位二等奖、市卫生系统好新闻一等奖、市教育系统工会工作十大成果奖等。

机构设置 新增运营处、医务社会工作部、介入诊疗中心，在综合病房增设了疼痛床位，在白塔寺住院区开设了化疗门诊。

改革与管理 本年度，医院承担了卫生部6项试点工作：试点1：社会志愿者服务。3月，成为卫生部志愿服务试点医院。8月17日，成立医务社工部，初步建立了医院志愿服务的招募体系、培训体系、管理体系、评估体系和激励机制，并制订了相关的文件和制度。8月24日，卫生部医政司联合医院召开"医疗质量万里行——爱心在行动"活动百日庆祝仪式。12月4日，由卫生部、中宣部、中央文明办、教育部、民政部、全国总工会、共青团中央和全国妇联八部委领导作为志愿者来院参加了"志愿服务在医院"活动。截至12月31日，医院共进行志愿服务267天，注册志愿者509人，参与志愿服务1 287人次，服务累计2 109小时；为医院提出合理化建议110余条。试点2：先诊疗后结算。10月，开展"优化服务流程，提高医疗资源利用效率"试点工作，借鉴住院患者预缴押金的诊疗服务模式，实行先诊疗后结算的新型付费方式。至12月底，门诊信息系统已能够满足预付费的使用流程，患者可以在预付费诊疗卡中存入现金，或以信用卡预授权的形式，完成诊疗后结算费用。试点3：医院医疗资源精细化管理。医院运营实施医院资源整体规划（ERP），从总体上实时掌握医院的财务、物流以及人员情况。年内，医院强化了ERP系统二期的建设工作，主要涉及高值耗材全流程条码化规范管理，由设备处统一采购、分仓库管理，每个高值耗材在进入仓库时即生成唯一条码号，通过条码号将患者使用计费信息和高值耗材入库信息关联起来，便于查询和追溯；采用机打高值耗材结账单，为财务结账提供了准确依据。还对 ERP 一期的应用及系统进行了完善与维护。试点4：临床路径管理。12月，医院成立了临床路径管理委员会、临床路径指导评价小组和临床路径实施小组，并制订了管理委员会、评价小组和实施小组的职责及工作制度。每一个试点科室均任命个案管理员，并对个案管理员的工作职责和制度作了明确规定。已完成17个病种24个临床路径的制订。试点5：病种质量管理。医院组织眼科、内分泌科、妇科的临床专家开展了老年性白内障、2型糖尿病、子宫平滑肌瘤3个病种的质量管理，并完成病种临床路径、质量控制指标和评估指标的制订。与信息中心合作，完成通过电子病历系统和医嘱系统直接调取质量控制指标、评估指标及费用检测指标数据的功能。试点6：基础护理。本院成为全国6家试点医院之一。12月，7次组织护士长、护士参与读书报告会，就"基础护理该不该做？该谁做？怎么做？"为主题，在全院护理人员中展开大讨论。在乳腺外科和神经外科病房进行试点，让护士回到患者身边，承担患者的生活护理。

积极探索新模式。DRGs（诊断相关组）是专门用于医疗保险预付费制度的分类编码标准。实施DRGs-PPS后，社会保险和商业保险的支付模式将由目前的按项目付费转变为按照出院患者所属的 DRGs 费用付费。年初，医院对北京市要求的254组共9 303例病例进行了费用测算和分组测试，并与北京市平均水平对比，对组间费用差异有显著性和组间差异无显著性的病例进行每一个细项目的分析，为医院2010年试行 DRGs 奠定了基础。

1月15日，启动了社保卡门诊就医实时结算的前期工作，成为西城区基本医疗保险持卡实时结算的4家试点医院之一。目前日均持社保卡就医达500余人次。

本院主持设计的医疗卫生服务共同体新型服务体系初见成效。即在中心医院-区属医院-居民社区服务中心间建立"业务链带动服务链，共享利益链，形成体系链"X+X新型整合型服务模式，将不同级别、种类医疗卫生机构/医务人员间功能、活动和运作通过拥有或结盟等形式进行协调整合，各机构通过发挥自身优势、最大效能地为患者提供高效、安全、优质、无缝隙的一体化健康及疾病相关服务。年内，共同体项目增加了团队力量，细化了工作内容，扩大了服务覆盖范围（筹建功能社区16个，现有25个，开通的服务项目有：预约挂号、预约检查、检验结果查询、视频会诊、个人健康档案）。

反商业贿赂。加强领导干部作风建设和廉洁自律，定期召开民主生活会，并将意见和建议反馈给主管领导落实。认真做好小金库专项治理和财务检查工作，进一步完善财务监督制约机制，设立小金库专项治理举报电话和举报信箱，组织全院各科室开展小金库的自清自查。

医疗工作 门诊1 626 839人次，急诊147 433人次，急诊危重症抢救2 417人次，抢救成功率90.4%。入院43 334人次，出院43 356人次，床位周转31次，床位使用率97%，平均住院日11.4天，七日确诊率92.3%，出入院诊断符合率99.7%，治愈率54%，好转率42.3%，死亡率1%。手术24 616例，其中住院手术18 535例。孕产妇死亡率0，新生儿死亡率0.47%，围产儿死亡率1.24%。

病案管理。随着医生工作站的全面覆盖，可实时监控运行病历情况，发现问题及时反馈。全年抽查运行病历4 849份，合格率84.16%；抽查终末病历4979份，合格率97.01%，甲级病历率47.76%。抽查门诊处方16 000份，合格率98.6%。

医院感染管理。4月28日，成立了甲流疫情防控领导、工作和专家小组，建立了甲流疫情防控预案及重症病例、暴发预案，完善了发热患者就诊流程，筹备启用善德大药房作为感染科的第二诊区以及急诊原监护病房作为重症患者独立救治区域，成立了医院的市、区应急医疗救治队。组织院内甲流专家小组成员、相关科室人员进行了医疗防护、消毒、隔离措施，尤其是穿、脱隔离衣、消毒液的配制、使用的操作等培训。进行甲流自查9次，应对甲流疫情的防控演练1次。医院接受市政府、区政府、市卫生局、区卫生局及疾控中心等上级部门检查13次，均得到认可和好评。医院感染发生率2.03%

医保工作。完成门诊持卡实时结算的试点工作，10月23日正式运行。全年医保住院11 437人次，自费部分占8.86%。办理特殊病申请单1 007人次、医保转诊760次、公费医疗转诊615次。2009年审核公费医疗单位费用133家50 535人次，新增代管公疗单位6家126人。全年医保出院13 818人次，总费用23 215.82万元，次均费用16 801元。

医疗支援。全年向昌平区医院和昌平区妇幼保健院派出医疗小组7批32人，其中副主任医师12人、主治医师20人，共诊治门诊患者5 731人次，参与手术近50例，参加病房查房367次，进行疑难病症会诊266次；安排全院大讲课13次、小讲课39次，听课1 555人次；还开展了青年志愿者活动、健康快车开进农村等活动。9月初，选派外科医疗骨干2人分别赴新疆医科大学第二附属医院及新疆石河子大学二附院执行援疆及挂职任务。10月底，派出由8人组成的赴云南西双版纳州医疗队，在一个月的时间里诊治1 200余人次，组织院内及科内讲课41次，累积听课1 980人次，组织查房、疑难病例会诊103人次，临床病例讨论8次，临床教学查房10次，完成手术119例、麻醉42例。参加大型义诊1次，诊治患者190人，门诊预约86人，测量血压469人次。组织西部地区医院管理及医学论坛，280余人参加。全年完成支援社区工作情况：门诊1 563人次，会诊104人次，健康大课堂28次，听课1 763人次，咨询782人次。与社区联合建立6个慢病团队（其中糖尿病组、哮喘病组已建立多年的联系），使患者得到系统化教育及最优质、方便、快捷的服务。

护理工作 年内，根据国际政策与流程（P&P）整理修订制度94项，其中制订新文件30项。加强发药管理，全员培训和考核，考核率100%。

护理质量管理。护理文件书写合格率90%，护理病历书写合格率90%，基础护理合格率90%，特级、一级护理合格率95%，技术操作合格率85%，急救物品合格率95%。

全年发表文章43篇，其中统计源期刊文章36篇。获批人民医院研究与发展基金7项。有2名护士入选医院首届学术之星，获北京护理学会学术年会大会交流文章1篇、西城区优秀论文三等奖1篇。选送4名护士参加了国家级学术交流。

护理教学工作。完成护理本科、专科220名学生的生产实习、阶段实习和教学见习的带教任务，其中本科70人，专科150人。进一步探索护理专业人才培养的新模式，开辟了实用型人才培养的新思路，具体方式将由医院根据人才培养计划与目标，挑选优秀学生进行为期一年的临床培养。

医院已获批专科护士资格认证临床教学基地6个，其中本年度获批3个（糖尿病健康教育护理师、肿瘤专科护士、手术室专科护士资格认证临床教学基地）。选送11名护士参加了北京护理学会专科护士培训。完成专科护士培训基地教学任务，来自全国和北京市相关专科（ICU、急诊、糖尿病、肿瘤、造口和手术室）的24批138人次参加了培训。

护士培训。完成2009届266名新护士的岗前培训、2008届126名护士规范化培训和技能考核及转正定职考核，62名拟晋升护师、主管护师人员相关考核，28名新带教老师的考核和全院护士CRP技术考核。举办了"爱心在手"护理技能大赛，获北大医学部"白衣天使"护士技能竞赛团体二等奖和优秀组织奖。外请专家举办护理讲座6次，组织护士继续教育讲座51次，举办了现代皮肤护理管理理论和实践学习班（市级）和第一届血管通路装置置入与维护培训班，选派护士院外学习交流54人次，组织北大医学部范围内护理大查房1次。全年接收进修护士112人，组织岗前培训2次。

科研工作 全年申报科研基金108项，其中国家科技重大专项2项、"973"计划1项、国家科技支撑计划1项、国家自然科学基金18项、北京市自然科学基金7项、教育部高等学校博士学科点专项科研基金12项、教育部留学回国人员科研启动基金1项、北京市科技计划5项、北京市科技新星2项，共获经费10 040万元。在研课题（省部级及以上）147项，结题（省部级及以上）17项。

年内，获中华医学科技奖三等奖4项、中华预防医学会科技奖三等奖1项、高等学校科学研究优秀成果奖（科学技术）科技进步奖二等奖1项，眼科黎晓新教授获得第四届宋庆龄儿科医学奖。授权发明专利5项。

全年在国家统计源期刊发表论文516篇，其中SCI收录91篇（其中论著84篇，最高影响因子8.917）；出版学术专著7部。

医学教育 年内，王杉教授获得国家级名师奖，"基于网络环境的临床医学自主学习体系及其信息平台的建设与应用"获国家级教学成果一等奖。全年医院承担了临床研究生、科研研究生、临床八年制、临床七年制、临床五年制、护理本科、护理高职、检验本科、药学本科、口腔专业海外班、成人夜大学共计16个类别1 845名学员的教学任务。

招收全日制研究生94人，其中硕士研究生48人，博士研究生46人。

本年度参加继续教育915人，举办国家级继续医学教育项目23期、市级继续医学教育项目3期、其他项目6期，共6 705人次参加。接收普通进修人员530人，全科医师、学科骨干班学员52人。医院有专科医师培训基地14个、亚专科医师培训基地10个、专科医师技能考核中心3个（内科、外科、眼科），全年接收专科医师69人。举办本院职工继续教育讲座92次，6 847人次参加。

对外交流与合作 本院开展的医疗卫生服务共同体、医院资源整体规划（HRP）、志愿者服务项目、信息化建设、文明服务缺陷管理、后勤社会化管理、安保网格化管理等工作得到了上级单位和兄弟医院的认可，接待全国各地医院等30个团队来院交流。接待世界各国访问团体35批次150人次。

信息化建设 3月，住院电子病历在全院上线，从满足临床工作需要转移到管理、质控和辅助功能应用上；建立了肾内科随访系统和泌尿外科/男科随访系统；门诊电子病历的环境全部搭建完毕，并在急诊科使用。

完成对住院处、病房护士站、住院药房、医技工作站、检验、手术、电子病历等业务工作流程的调研和院外住院医生站的考察，重建了医嘱录入改造的业务流程，并对新程序进行测试、沟通、交流，最终以泌尿科、乳腺科、肾内科、神经外科作为试点科室，开展一对一追踪培训测试。12月17日，在乳腺科正式上线，运行良好。

注重网站建设，配合医院重点工作设立多个专题。全年发布新闻572篇、图片461张，更新滚动新闻图片102张，更新专家风采版面等。建立并完善各项管理制度，如《网站安全管理制度》、《网站密码管理及使用条例》等，严格监控网络内容和技术，建立网站内容每日审查、重大节日自查的工作制度，由专人负责每天定时检查网络内容，加强网络安全。

后勤与基建 继续坚持后勤工作政务公开，推行"阳光工程"廉政建设机制，由相关科室组成专家评标小组加强对基建招投标工作的监督。制订医院后勤内部合同转签办法，建立透明化、制度化的项目管理工作程序，加快合同审批流程。完善采购低值医疗耗材中标品种工作的采购制度，成立医院物资价格管理小组加强审核，加强低值耗材物资流程规范管理。

继续推行后勤社会化。对营养食堂、职工食堂、洗衣房、医疗低值耗材以及打印耗材进行了社会化服务改革。总务处正式员工由2006年的218人缩减到134人。积极探索后勤管理新模式。以网格化管理为龙头，落实三级行政查房制度，全面监管，强调后勤人员以我为主的主人公意识。所有后勤管理干部划分区域，责任到人，建立管理责任制，出现问题分管干部负主责。

节能环保新举措。调整客流高峰时段电梯运行方案，设立手术专用电梯，利用对讲机呼叫系统进行监控疏导，并设立电梯疏导员；通过招标确定硒鼓、墨盒供应商，实行驻点式服务，满足科室需求；新旧病房楼病房全部安装节能水卡，洗手盆改造为感应龙头；增加空调节能提示，及时关闭空调；改造旧水泵11台；按时清理锅炉燃烧器节约燃气；结合天气情况适时调整大型制冷机组输出温度；楼梯间采用声光控制，部分照明灯换成节能灯，院区霓虹灯更换成LED灯，节约能源；加装电表、水表，细化科室管理；11月，通过了市发改委能源管理检查。

年内，翻建白塔寺院区营养部食堂，面积1 077平方米。

其他工作 患者报《健康家园》被评为全国医院优秀报刊。本年度创办了离退休职工专刊《重阳风光》。

筹备教育部首届全国高等医学院校临床技能大赛，成立了筹备小组，开设技能竞赛网站。8月27日及10月14日，召开全国技能竞赛筹备会，对竞赛议程、规则、题型、赛程、赛制等进行了讨论。

探索实用型人才"订单培养"模式。该模式旨在将优秀教学资源输送到相对落后的中西部地区，帮扶并指导该地区高职院校护理专业的教学运行和质量监控。具体方式将由医院根据人才培养计划与目标，挑选优秀学生进行为期一年的临床培养。同时，负责对当地师资进行培训。3月，医院从雅安职业技术学院、襄樊职业技术学院、湖北职业技术学院挑选了56名护理专业的学生来院进行为期38周的生产实习。在新员工招聘中，71.4%的"订单培养"学生通过面试，成为医院新员工。在此基础上，医院开始了社工专业、临床专业、检验专业、生物工程技术、财会专业等多个专业人才的"订单培养"。

深入学习实践科学发展观。通过学习培训、深入调研、分析检查、整改落实等，开展了一系列学习实践科学发展观活动。出版院报3期、专版1期、专题简报137期，组织3场专题报告会。为北大发展、医院发展建言献策，提出69条意见和200条建议。

勇于面对"缺陷"，不断提升患者满意度。"文明服务缺陷管理体系"是医院的一项长期管理制度，自2007年7月运行以来，共收到有效信息3 157条，其中包括服务质量投诉655条、服务态度投诉222条、价格投诉16条、表扬1 748条、其他（包括建议）516条。通过本系统解决问题3041条，解决率96.3%，调整相应管理制度和服务流程299项。

10月，医院举办了"全员齐唱祖国好，共庆建国六十载"——北京大学人民医院庆建国60周年大型合唱汇演，全院92个科室的1 900名演职员、观众参加。

（撰稿：钟艳宇　审核：陈红松）

北京大学第三医院

(海淀区花园北路49号)
邮编：100191　电话：82266699
网址：www.bysy.edu.cn

基本情况　在编职工 2 295 人，合同制及派遣员工 1 101 人。在编职工中有专业技术人员 2 191 人，其中正高级职称 167 人、副高级职称 268 人、中级职称 899 人、初级师 698 人、初级士 159 人。有中科院院士 1 人，卫生部突出贡献专家 4 人，长江学者 2 人，国家自然科学基金杰出青年基金获得者 1 人，北京市优秀人才培养资助 1 人，北京大学医学部优秀人才奖励 7 人。年内，麻醉科、心外科等专业引进了学科带头人。

医疗设备总价值 82 734.7 万元。本年度购置医疗设备 5 753.9 万元，其中 10 万元以上设备 100 台、100 万元以上设备 6 台。

获奖情况。医院被评为首都平安示范医院、北京市十佳人民满意医院和全国文化建设先进单位。

机构设置　年内，成立了第一届教授委员会；医院租商业用房 6 800 平方米，新生殖医学中心楼启用。

改革与管理　继续落实党风廉政责任制，加强行业作风建设，重点是医院内部招投标机制的完善与招投标的监督和小金库自查工作。整合原有制度并制订了医院内部总的招标管理办法、监督办法以及评标专家库的管理办法，统一管理。开展了小金库专项治理，完成自查和抽查，采取询问、查看有关账目记录的方式对 15 个科、处室进行了重点检查。对检查中发现的问题及时研究讨论，提出整改建议。

医疗工作　门诊 2 154 065 人次，急诊 252 580 人次，急诊危重症抢救 5 143 人次，抢救成功率 92.9%。实有床位 1 264 张，入院 51 961 人次，出院 51 907 人次，床位周转 42.99 次，床位使用率 93.45%，平均住院日 7.9 天，七日确诊率 99.88%，出入院诊断符合率 99.73%，治愈率 56.92%，好转率 40.39%，死亡率 0.65%，住院手术 3.14 万例。孕产妇死亡 1 人，新生儿死亡 22 人，围产儿死亡 35 人。

全年审核临床新技术、新业务 93 项，予以准入 91 项，对其中需申报和尚无收费标准的项目向市卫生局申报立项。

病案管理。完成 51 907 份出院病历的收集、整理、装订、归档。推广使用电子病案。10 份病历参加北京市优秀病历评选，其中 4 份病历获奖。在《中国病案》杂志发表论文 2 篇，《中国医疗保险杂志》发表论文 1 篇，在中国医院协会病案管理委员会年会上发表论文 6 篇。

医院感染管理。建立了手术平台的医院感染管理体系、ICU 平台医院感染监控体系。改进了临床科室医院感染与传染病管理量化考核体系；加强环境监测的管理；开展了手术切口目标监测；进一步加强临床抗生素合理应用的管理，住院患者抗生素使用率 50.83%；内科系统治疗性用药病原学送检率 50.5%；医院感染病原学送检率 97.7%，外科 I 类切口预防性抗生素使用率 95.9%。大学生流感样病例监测 2 286 人次。全年培训 24 次，其中全员培训 5 次、书面考核 2 次。完成科研论文 6 篇，在核心期刊上发表 3 篇，会议交流论文 1 篇。医院感染率 0.64%。

医保工作。加强门急诊处方的质量管理，将门诊处方管理列入科室绩效考核指标体系中，采用平衡记分卡进行评估，通过财务、患者满意度、内部服务流程以及医生业务水平提高等 4 个方面考核科室并与奖金挂钩。同时，随着 DRGs 的应用，将权重和综合指数（CMI）作为科室考核的指标，并且将药品和耗材消耗比作为医院控制成本的重要指标与绩效奖金挂钩。全年医保患者出院 15 457 人次，医保总费用 26 820.17 万元，次均费用 17 351.47 元。

医疗支援。全年派出 924 人次参加了卫生支农西部行、扶贫助残白内障复明工程、健康快车、抗震救灾、国家重大活动医疗保障等各项任务，涵盖了新疆、西藏、四川、内蒙、宁夏、青海、云南等 18 个省区。免费为贫困地区培养进修医师 40 余人。派出 78 名医生到 20 余家基层医院进行指导。医院还承担着海淀区 14 家社区卫生服务的对口支援工作，2009 年，对口支援社区门诊出诊医师 58 人，出诊 120 次，培训社区医师 8 人。年内，再次调整了卫生支农领导小组，新接收对口支援单位 2 家，对口支援单位达到了5家，分别是：内蒙古自治区乌拉特前旗医院、五原县医院、陕西省延安市子长县医院、北京市延庆县医院和延庆县妇幼保健院。

医疗质量与医疗安全控制体系。制订了手术室及ICU的医疗安全管理规范及标准，并从院内感染控制、设备维护与维修、净化系统正常运转等多个环节入手，按照常态和应急两种管理模式进行整合，建立了全新的安全型手术室管理系统和ICU安全管理系统。初步建立了医师技术档案，保障了医疗安全。制订了《关于医疗器械不良事件上报的管理办法》和《突发药品和医疗器械不良事件应急预案》，并指定专人负责。重点建设了集检验系统（LIS）、医学影像传输系统（PACS）、电子处方系统、合理用药监测系统为一体的门诊医师工作站，并在部分科室推广了医院电子病历系统。成立了3支应急医疗队，并定期进行培训和演练。

护理工作 至年底，有护士1 316人，其中合同制护士482人。本科以上学历181人，占护理人员总数的13.75%，其中研究生学历14人。医院通过护士分层使用管理及护理全过程管理，使护理质量有了明显提高。调整护理管理架构，设置大科护士长、专科护士长等，强化了病房护理管理。成立了4个护理专业组，负责制订护理专业质量管理标准、从事护理专业培训、研究本专业前沿性问题等。ICU、CCU、RICU、急诊科、手术室等被确认为北京市专科护士临床教学基地。

全年在核心期刊发表论文66篇，其中1篇SCI论文发表在《美国高级实践护理杂志》上。

科研工作 坚持"以学科建设带动医院发展，以项目建设带动学科发展，以重点学科带动一般学科发展，通过资源整合实现共同发展"的战略。注重学科梯队建设，确定了二、三、四级正高级职称专业技术岗位人员。在医教研人员中二级教授33人、三级教授67人、四级教授70人，副高级职称224人。年内，出台了《学术带头人后备人选及青年学术骨干遴选与管理办法》，并遴选出第一期43名学术带头人后备人选和46名青年学术骨干。医院每年拿出1 000万元用于支持院内临床重点项目，到年底，已有21个科室的47个项目获得了资金支持，其中3个项目获得了卫生部、教育部重大课题支持，2个项目获得了部级成果奖。

年内，建成了包含中心实验室、动物实验中心、干细胞研究中心、国家药物临床试验机构等组成的公共科研平台。中心实验室与台湾冷泉港生物技术公司合作成立的基因芯片实验室正式投入使用。临床药物试验机构通过了国家食品药品监督管理局的重新认证并获得资格证书，全年承接66项，实施51项，协议总金额873.18万元。

全年发表科研论文539篇，其中SCI收录97篇，涉及24个学科。申请院外科研项目263项，中标60项，总金额1 212.2万元。共获国家科技进步二等奖1项、国家体育总局科技进步奖1项、北京市科技进步三等奖4项、中华医学三等奖1项。申请发明专利11项，申请实用新型专利16项，获得授权9项；申请计算机软件著作权1项。康复医学科成为新的博士点，麻醉科、心脏外科成为博士学位授予科室，本院博士点科室增加到27个。

医学教育 医院临床技能培训中心总面积250平方米，有教学模型200余件、高端模拟设备6台、模拟内镜14台、模拟病房4间。全年完成国家级继教项目3项562学时，培训1 641人次。有普通专科医师培训基地16个、亚专科医师培训基地11个。承担着约1 050名本科生、350名研究生及60名专科基地学员的教学任务。举办继续教育培训班30余期，院内继续教育讲座约200次，开设继续教育课程30余门，培养全国各地的进修医师900余人。

医院推行了多站式考试模式，从考核内容、考官资质、考核标准、组织管理等进行严格要求和监管，在市卫生局科教工作检查中，得到了好评。

年内，有2人在北京市第六届青年教师教学基本功比赛中获二等奖。由神经内科牵头的北京大学神经内科学课程被教育部评为国家级精品课程。

医院管理 年内，对所有中层干部进行了管理知识和管理技能培训。对管理部门的青年骨干实行轮岗制度，管理岗位中本科以上学历人员由2002年的27.6%提高到2009年的67.8%，其中硕士研究生以上学历人员24.6%。

由粗放型管理向精细化管理转变。医院内部网上监控平台不但随时了解各临床、医技科室医、教、研指标完成情况，还可以监控到大处方、抗生素不合理使用、投诉等不良事件的情况；财务预算管理体系保证了医院资金使用的合理性；物资采购零库存管理模式不但有效降低了费用，还节省了空间。

年内，将科室收治患者疑难系数指标引入科室激励分配考核体系；在季度奖中，增加了百万固定资产产值、人均工作量、人均贡献等指标。医院投入30万元用于研究管理课题。"缩短平均住院日"和"医疗机构价格管理办法研究"两个项目获得卫生部重大资金资助。医院作为技术牵头单位完成的"985"项目"疾病诊断相关组（DRGs）与预付制研究"已逐步应用于本市医院管理和支付制度改革中。

国际交流与合作 全年接待19批179人次。3月24日，新加坡工业学院医学检验专业学生访问团26

人来院参观。7月9日，孟加拉国计划生育专家20人与妇产科进行了学术交流。11月12日，澳大利亚阿德莱德大学医学院院长等3人进行了访问。11月17日，美国运动医学学术代表团25人与运动医学科进行了学术交流。12月21日，香港特区立法会议员李国麟博士率访京团28人来院进行了访问。

医院短期出国考察、培训、开会、合作研究共377人次，长期出国学习培训20人次。

信息化建设　年内，在中央党校院区发放了就医卡，在南区启用了门诊医生工作站和电子处方系统；完成CAI教室培训终端的整体更新；完成院本部与北方医院分部以及西三旗第二门诊部的光缆连接工程；完成北方医院住院分部信息系统的升级，并实现了与院本部系统的一体化；启用了北京市新生儿疾病筛查管理系统；完成生殖医学中心新址网络的连通及信息系统的安装部署；在北方医院住院分部建立了自费药房；住院医生工作站和电子病历系统推广至眼科、运动医学科、儿科、成形科、骨科、内分泌科、肾内科、耳鼻喉科、口腔科、风湿免疫科、生殖医学中心和妇科等12个临床科室；部署了输血信息上报系统并完成与院内血库管理信息系统的集成。

后勤与基建　完成生殖医学新址的改造和搬迁；将1234报修电话提升为总务处服务信息反馈平台；编写《设备维修保养手册》13万字；实行标准化运行管理模式，确保重点岗位持证上岗、岗位工作科学规范。

在物资管理工作中，实现了物资供应的驻店式配送服务和零库存的仓储管理，以及无纸化的网上物资请领，全年办公用品、被服、印刷品等物资消耗比计划指标下降了20%。

（撰稿：齐　红　审核：王　鹏）

北京大学第六医院
北京大学精神卫生研究所
北京大学精神卫生学院

（海淀区花园北路51号）
邮编：100191　电话：82801984（咨询）
网址：www.pkuh6.cn

基本情况　职工343人，其中在编人员267人、合同制人员76人，具有正高级职称22人、副高级职称30人、中级职称101人、初级职称147人。

医疗设备总值1 789.75万元。本年度购置设备总值288.70万元，其中10万元以上2台。

获奖情况。医院被评为2008年度首都文明单位，王玉凤当选首都健康卫士，黄悦勤被评为首都教育先锋科技创新个人。

机构设置　4月29日，成立了社会服务与康复部。9月1日，成立了精神疾病全程干预中心。

改革与管理　9月1日，开始门诊预约挂号，患者可以通过网络预约、电话预约、现场挂号和复诊患者与医生当面预约等方式挂号。

年内，制订了《关于科研成果转化医疗服务项目激励机制的规定》，修订了《财务会计内部控制制度》，完善了《门诊、住院病人退费管理办法》，将门诊收费处和住院结算处纳入财务统一管理。专项治理小金库，下发了文件，从制度上杜绝通过领取劳务费等方式私设小金库现象的发生。

11月25日，接受市卫生局"以病人为中心"，以提高医疗质量为主题和"医疗质量万里行"的督导检查，分别对所查专业的工作亮点、特点、存在问题进行当面评议，总评获89分（满分90分）。

全年门诊患者平均满意度88.5%，住院患者平均满意度96.4%。医院对患者反映的重点问题积极解决。收到表扬信45封、锦旗15面；拒收红包58次，约61 000元；拒吃请42人次；拒收礼品41人次，折价约6 000元。

反商业贿赂。进一步加强对医药代表的管理，召开了医药代表会议。未接到关于商业贿赂的投诉。

医疗工作　门诊171 184人次，其中普通门诊100 581人次、专家门诊50 231人次、特需门诊20 372人次，日平均门诊685人次。入院1 443人次，出院1 439人次，平均住院日55.26天，床位使用率106.3%，床位周转6.83次，出入院诊断符合率99.19%，院内感染率7.23%，陪护率38.4%，治愈率30.16%，好转率63.23%。

病案管理。坚持设专人定期检查运行病历和终末病历，严格执行病历分级奖罚细则，对病历中的问题每月在主任会上提出整改要求。4月，医院召开医疗工作总结表彰会，表彰病历管理优秀科室和个人。病历合格率98%。

年内，制订了《呼吸道传染病应急预案》，进行了甲流防控演练，开展了手足口病防治知识培训。

医保工作。全年医保出院335人次，总费用496.83万元，次均费用14 831元。推行持卡结算，制订相关制度9项，修订《住院病历审核流程》等4项。

对口支援。年内，制订了对口支援工作计划，并设专人负责。同时，医院积极推动与人民医院、胸科医院的合作与交流，加强精神科会诊服务。派出1名主治医师、2名副主任医师到大兴区精神病医院工作，接收海淀青龙桥医院进修3人，为青龙桥医院医生授课6次，为海淀区精神卫生防治院授课6次，并与2家医院进行科研项目的合作。

护理工作 实施"以病人为中心，以护士为中心"的人本管理，对护士进行分层培训和管理，同时建立疑难护理问题专家指导组，加强护理不良事件的管理，杜绝重大差错事故的发生。护理部组织三级护理质量考评体系，护理部、质控组、病房护士长每季、月、日按本市考核评价标准考评护理质量，在市卫生局医院管理考评中取得了好成绩。重视基础护理及危重患者管理，严格执行保护性约束护理常规，严格MECT治疗前、中、后的护理，确保患者安全。拓宽护理服务内涵，坚持护理咨询门诊，组织患者家属联谊会24次、家属精神疾病知识讲座40次。

全年患者满意率97.5%，病房管理合格率99.4%，护理文件书写合格率97%，基础护理合格率95%，护理记录书写合格率98%，理论考试合格率87%，特级、一级护理合格率95.5%，技术操作合格率90%，安全护理合格率99.9%，急救物品完好率99.7%。继续教育达标率100%。全年组织护士大考2次，参考率95%，合格率93.3%。

年内，护理部完成医学部学生授课84学时，医学部护理大专生实习209人、网络见习340人、护理本科实习40人，培训进修护士23人。发表护理论文7篇，参与了《精神障碍护理学》的编写，并获得医院青年基金资助科研课题1项。

本院护士大专以上学历85%。派出6人赴意大利培训；参加精神科护理年会4人，回龙观医院管理培训1人，香港社区精神康复培训1人，北医三院教学培训1人。

科研工作 年内，获批国家自然科学基金面上项目2项，资助60万元；"863"课题1项，资助2 000万元；国内横向科研课题17项，总经费271万元。申报首都医学发展科研基金11项，待批。副研究员岳伟华入选北京市科技新星A类计划；助理研究员权文香获得北京市自然科学基金预探索项目和高等学校博士学科点专项科研基金新教师基金；教授张岱连续两次获得SCI论文引用奖，并入选本年度医学部优秀人才奖励计划；副研究员王华丽入选优秀青年学者计划。

继续承担"中央补助地方重性精神疾病管理治疗项目"（"686"项目）第Ⅴ期：对老项目示范区进行骨干培训1次；对新增的项目示范区培训2次；完成项目区内解锁患者信息的收集，共收集解锁患者信息273个；出台了《"686"项目服务知情同意书》；组织专家督导5个省的11个示范区，其中行政督导2次、技术督导3次。

全年发表论文111篇，其中英文24篇、中文87篇。在SCI收录期刊中，以医院为第一作者或通讯作者的论文13篇，其中影响因子在3以上的有7篇，最高影响因子达12以上。在中文核心期刊发表论文67篇。医院主编或参编著作19部，其中主编了《精神分裂症咨询》等6部著作或教科书。

医学教育 年内，完成本科生八年制教学大课90学时，以问题为基础的教学（PBL）见实习120学时；五年制教学大课60学时，见习36学时。共计学生154人（不包括护理学院学生）。配合医学部完成住院医师第一阶段考试2人、第二阶段考试4人。在培专科医师11人，其中本年度接收专科医师8人，结业1人；组织专科医师临床管理培训1次。

招生32人，其中硕士生17人，博士生15人。在学研究生共103人。在职研究生课程班65人，其中本年度招生36人；招收研修生22人。招收市卫生局和北大医学部基层医院学科骨干或带头人3名。

申报国家级继续医学教育项目11项，完成10项18个班次1 029人次的培训。完成校级人文医师培训4次。

年内，举办了卫生部精神卫生机构疾病防治能力师资培训，中国—挪威精神卫生法宣传骨干Ⅱ期培训班，中国大陆—香港—墨尔本联合社区精神卫生培训，精神病学临床诊断骨干培训班，灾后儿童心理保护的能力建设培训，重性精神病的平衡康复与健康教育培训等。

学术交流与合作 年内，与美国哈佛大学、密歇根大学、加州大学、罗彻斯特大学、杜克大学、夏威夷大学、英国伦敦国王学院、澳大利亚悉尼大学、墨尔本大学、香港大学、香港中文大学、日本神户大学等合作，并与WHO总部和西太区办公室、美国精神病协会、世界精神病协会、美国国立卫生研究院等国际组织和机构保持密切的联系，开展了多领域的合作研究和学术活动。承担国际合作项目6项，经费约合人民币345万元。

医院派专家参加了美国精神病学年会、国际酒滥用协会年会、第五届世界心理治疗大会、世界儿童青少年精神病年会、美国儿童青少年精神病年会、第一届港英精神科大会、国际精神卫生会议、海峡两岸儿童青少年精神病年会、世界精神病学协会会议、第三届亚太地区国际自杀预防研讨会、第二十五届国际自杀预防协会国际大会、CINP第二十六次国际大会、香港国际AD治疗进展研讨会、国际AD及相关障碍研究大会、第二十四届ADI国际大会、第四届亚洲儿童青少年精神医学及相关学科学会议、精神病学及社区康复会议、10/66老年痴呆项目协作工作会议、精神障碍经济学评价方法培训等。

医院参与了WHO农村妇女自杀与农药问题相关研究、WHO泰国精神卫生体系考察、卫生部－联合国人口基金会（UNFPA）汶川震后社会心理支持项目、中澳卫生与艾滋病项目——重性精神疾病管理治疗流程与人力资源配置标准开发，协助WHO西太区办公室从"686"项目示范区选派人员赴韩国参加为期1个月的社区精神卫生培训。

信息化建设 完成2010年卫生部信息化建设项目的申报。购置了高速扫描仪，尽快完成纸质病案的电子化进程；购置了网络终端设备，完成网络硬件设备的改造；备份现有网络，增加ADSL通路；启用了网络挂号和语音挂号两种挂号方式；更换了硬件设备；建立存储设备，完成了网络备份；配备网络安全软件、审计软件，加强网络监测。

后勤与基建 年内，完成精神疾病患者社会生活技能训练中心设备和医疗资源整合信息化建设的招标采购及调配资金的使用。完成病房楼4、5、6段加层建设，雨污分流改造项目，照明设施改造工程，太阳能热水系统改造项目；开工了门诊一段2~5层装修改造项目。

（撰稿：胡 瑜 审核：张 霞 董问天）

北京大学口腔医学院

（海淀区中关村南大街22号）
邮编：100081 电话：62179977（总机）
网址：ss.bjmu.edu.cn

事业概况 职工（含合同制人员）745人，其中主任医师47人，副主任医师69人，主治医师108人，住院医师59人，护理系列137人，药技系列9人，检验系列8人，医技系列80人；工程技术系列8人，研究系列20人。具有研究生学历者341人，其中博士学位238人，硕士学位103人。

获奖情况。林野教授获中国医师协会第六届中国医师奖，王世明、郭传瑸、葛立宏获2008年度北京大学医学部优秀临床科主任奖，沈曙铭获2008年度北京大学医学部优秀医疗管理奖。

改革与管理 2~4月，完成医院行政领导班子换届。2009年，是医院新门诊病房楼投入使用后第一个完整的运行周期，在保证医疗质量和安全的前提下，挖掘科室潜力，提高医疗人次和收入；各部门抓管理促效益，开源节流，采取措施提高医疗效率指标，合理安排出诊人员；规范对分支机构的管理，完成第三门诊部的股权回购工作。设立院级人才发展基金，用于医院医疗、教学、科研、预防和管理各岗位的人才梯队建设；设立学科发展基金，制订了《学科发展基金管理办法（试行）》；设立了行政管理科研基金。

创建人民满意医院。医院召开首届临床医疗质量检查结果反馈研讨会，召开护理服务与质量研讨会、节假日医疗管理研讨会，分析科室资源使用情况，发现问题，进一步提高医疗资源使用率。成立了医疗质量监管工作小组，负责专项工作，着力解决医疗工作中长期存在的问题，保证医疗规章制度的落实和完善。9月，启动并实施网上和电话初诊预约挂号工作，制订了《预约挂号管理暂行办法与实施细则》，截止到12月底，完成电话预约挂号3 670人次、网络预约挂号1 994人次。恢复医院特需医疗，实现就诊流程一体化服务，截至12月底，共接诊1 641人次。

医疗工作 门急诊894 166人次，其中门诊835 961人次、急诊58 205人次。住院4 031人次，出院4 037人，床位周转35次，床位使用率102.6%，平均住院日10.7天，七日确诊率97.0%，治疗有效率94.5%，椅位使用率65%，诊断符合率100%。手术3 791例。继续开展住院单病种质控工作，特色病种如眼角结膜干燥症下颌下腺移植术、I^{125}放射粒子近距离放射治疗口腔颌面部恶性肿瘤、肿瘤切除同期颌骨功能性重建术、牙颌面畸形正颌外科手术、口腔颌面外伤整复手术、唇腭裂整复手术等主要医疗项目保持先进水平。出院病种前五位为：唇腭裂、牙颌面畸形、腮腺良性肿瘤、颌骨囊肿、颌面部创伤；平均住院费用从高到低前五位排序分别为：口底恶性肿瘤、牙颌面畸形、牙种植、腮腺恶性肿瘤、牙龈恶性肿瘤。门诊病人特色诊疗项目继续保持同行业先进水平。牙种植10年留存率、复杂根管治疗技术、口腔颌面部唇腭裂和牙面畸形术前术后矫正技术等复杂错牙合畸形矫正、多牙缺失固定及活动义齿修复技术、前牙美容修复技术、复杂全口牙缺失活动义齿修复技术、牙周病手术治疗、儿童牙外伤治疗技术、儿童牙病全身麻醉及镇静治疗技术、三叉神经痛温控射频热凝术、心电监护拔牙术等保持国内领先。

3月，国外暴发甲流疫情。医院快速反应，制订并完善相关制度及应急预案，落实应对措施，做好各项防控准备，落实节日值班期间工作安排和要求。在医院主要通道检测进院人员体温，实行发热学生每日体温上报制度。开展全员宣传培训，发放甲流防治知识宣传手册300余册，为全院职工发放甲流信息必知卡1 200余张。为参加国庆庆典活动的2 500名参阅群众和本院临床一线医务人员87人接种了疫苗。

全年完成各种病案检查4 612份，甲级率99.3%；医疗处方自查7 567张，书写合格率98.6%；出院病历医院内感染检查4 017份，院内感染率0.35%。接受上级卫生行政部门及行业协会有关医政、院感、医疗价格、放射诊疗、职业病、药政、医疗用血、医保及相关各项检查34次。

年内，继续承接市卫生局和民政局组织的"孤残疾儿童手术康复明天计划"和中华慈善总会的"微笑列车"惠民服务工作。共完成30例残疾儿童的唇裂、腭裂及唇腭裂手术，其中"明天计划"9例，"微笑列车"接待咨询74例、手术21例，共计发生费用12 1613.11元，其中医院补贴10 227.48元。

全年组织协调各类会诊及手术1 378例次，其中本院请外院会诊及手术1 231例次、派出会诊及手术147例次，医务处组织非纠纷性质的跨学科疑难病例会诊2例次。接待来院参观学习74人次，出具有关司法及费用证明34件次。

年内，承接党和国家领导人及其他重要人员会诊手术572人次，组织首长保健病例讨论22例次。会诊投入医疗技术人员2 923人次，其中各学科专家863人次、护士539人次、技术人员108人次、管理及后勤保障人员1 389人次。接诊登记在册的省部级干部216人次。

批复本院新立医疗收费项目及价格18项，调整医疗收费项目58项，取消医疗收费项目18项，一次性卫生材料收费新批复29项、调整15项、取消15项。

医保工作。接诊本市门诊医保（公疗）患者140 412人次，占门诊总人次16.8%。接诊全国住院医保及公疗患者929例次，较上年增长21.9%，其中医保794人次、公疗135人次；接诊北京市住院医保615人次。

年内，完成北京地区口腔类别医师资格实践技能考试工作。新增考官20余人，考官达79人。组织北京市考官及考务人员培训100余人次。承接北京市9个区县口腔执业（助理）医师实践技能考试288人，实际参考284人，其中口腔执业医师181人、口腔执业助理医师103人。分两批次完成北京地区外国和港澳台地区医师在京行医资格考试4人，其中2名考生成绩合格，取得口腔全科在京行医资格。

临床新技术、新疗法。第一季度，完成2007年度临床新技术、新疗法项目终期评审，项目完成率97.3%，其中重点项目100%、普通项目94.1%。共资助36个项目，其中资助重点项目20个、普通项目16个。第二季度，完成2008年度39个项目的阶段检查，全部正常进行。下半年，完成2009年度项目立项40项，其中确立重点项目20项、普通项目20项。11月，举办第三届新技术、新疗法临床应用成果病例汇报会，10个科室的13位临床医师分别进行专题报告，分别评出一、二、三等奖7名。4月底，举办第四期国家级继续医学教育项目——口腔临床新技术新疗法进展与推广高级研修班，内容为该院在牙体牙髓病、牙周病、口腔黏膜病、儿童口腔病等专业领域内开展的最新并具有较高实用价值和推广价值的临床新技术、新疗法。

护理工作 将护理不良事件上报范围由病房系统扩至门诊系统，内容包括所有可引发护理安全的问题，以通报的形式对季度护理质量检查情况进行评议分析，增强各级护理人员对护理工作的重视。继续加强对分诊台岗位的管理，保持良好的候诊秩序。开展形式多样的培训活动，内容涉及护理专业技能、护理安全、职业礼仪和沟通技巧、防控医院感染等方面。

培训与教育 年内，组织院内培训教育5 002人次。其中为新上岗职工、实习医师、进修生、研究生及分支机构培训医疗纠纷与法制管理520人次30课时；外请专家为全院职工开展甲流的预防与流行趋势分析讲座3课时228人，开展甲流防治知识培训与考试1 157人次；为新职工、进修生、实习医师、研究生及分支机构开展医院感染管理知识培训18课时411人次，发放《北京大学口腔医院抗菌药物合理使用手册》248份，开展人禽流感防治知识培训1142人次，手足口病预防与诊治培训360人，外科手术切口感染与预防控制培训颌面外科医务人员97人，常见呼吸道感染疾病的诊断、治疗与预防培训36人，对后勤新职工、保洁员、卫生员开展院感知识培训71人；召开首届临床医疗质量检查结果反馈研讨会，参会528人。外送49人次参加国家各部委及行业组织、北京市、海淀区组织的有关医疗安全与质量管理、医疗纠纷防范与处理、医院感染管理、职业病管理、药品管理、血液管理、考官培训、抗生素应用管理、医保管理、价格管理等培训171学时。

完成国家级继续教育备案项目——2009年全国口腔医政管理暨医院感染管理研修班。完成本院第三批次口腔专科医师申报审核，涉及11个专业67人。

研究生教学工作。完成八年制学博连读生174人、五年制海外班25人共199名学生、129名进修生和61名住院医师规范化培训。新招八年制学博连读生36人、五年制海外班19人、研究生85人（其中博士生23人、硕士生62人）。博士后研究人员1名，授予学位92人，其中博士27人、硕士16人、八年制博士学位49人。在校研究生188人，其中博士生66人、硕士生117人、博士后研究人员5人。

完成国家级继续教育项目20项、市级3项、校级33项、院级102项。参加继续教育学分登记534人，均按计划完成。组织教学质量委员、教学督导组进行教学质量检查与评估，并召开了教育教学改革项目开题结题会。组织申报北京市高等教育精品教材，其中由冯海兰、徐军主编的《口腔修复学》和卞金友主编的《预防口腔医学》入选北京市高等教育精品教材建设立项项目。组织青年教师教学技能培训与讲课比赛，共有84人参加培训，30人参加比赛。医院通过了北京市口腔专科医师培训基地的实地评审。

科研工作 年内，获科研基金资助35项，其中国家自然科学基金13项、科技部重大科学研究计划课题（"863"）2项、"十一五"科技支撑重点项目1项、科技部项目3项、教育部新世纪人才项目1项、教育部博士点基金5项、教育部启动基金2项、北京市自然科学基金5项、首都医学发展科研基金5项、北京市科技新星1项、北京大学交叉与新兴学科研究基金1项、北京大学医学部引进人才计划启动项目1项。全年发表论文309篇，其中SCI收录51篇、中华系列和北医学报109篇、其他149篇。出版著作4部，获得实用新型专利1项。该院主办学术会议12个，其中国内会议9个、国际会议3个。301人次参加国内学术会议61个，交流论文48篇；92人次出国参加国际学术会议33个，交流论文56篇；组织召开北京大学—香港大学联合学术年会，承办中华口腔医学会口腔医学研究生益达奖学金评选活动，组织召开第八次北京大学口腔医学院口腔医学论坛，举办8期青年医师学术沙龙。提交院科研基金进展报告16项、结题报告14项、立项14项。聘请北京大学口腔医学院客座教授5人。

获北京市科学技术奖三等奖2项，湖北省科技进步二等奖1项（第二单位），第五届IADR Chinese Division Travel Award比赛优秀奖1项，中华口腔医学会首届口腔医学创新研究奖2项、口腔医学优秀青年人才奖3项、口腔医学益达奖学金2项，正畸科谷岩的研究论文获得美国Edward H. Angle研究奖。

全年图书馆订购外文期刊97种、中文期刊127种、报纸14种、外文图书193册、中文图书682册。

预防工作 深入社区幼儿园开展口腔健康普查教育4 281人次，开展了宣传第二十一个全国爱牙日活动。与卫生部合作举办"口腔健康与生命质量"专家论坛，来自临床医学、口腔医学、预防医学的120多名专家参加。将口腔保健品捐助给西部边远地区。在"9·20"爱牙日当天，组织本院17名专家进行义诊咨询活动，并举办健康大讲堂，讲述口腔预防医学的重要性。承担了卫生部中西部地区儿童口腔疾病综合干预试点项目，参与并承担了项目办公室和技术指导工作。

国内外交流与合作 全年出访和接待国内院校来访20余次。落实北京大学和天津市政府的校市合作项目，做好医院和天津市口腔医院合作项目专家工作组的日常事务工作。加强与赤峰医学院附属医院的合作关系，做好更新设备赠与工作，发挥支持和帮扶西部地区的作用。举办了第六届国际口腔与艾滋病学术会议、第四届亚洲牙齿外伤学学术会议、第四届亚洲口腔病理学术年会等大型国际学术活动。共接待外宾来访190批319人次，组织外国专家讲学70余场次。短期公派出访205人次。接待日本姊妹校朝日大学和明海大学、台湾中山医学大学口腔医学院、韩国全南大学牙学院学生来本院短期研修。

医院文化建设 年内，制订了《各科室落实"三重一大"制度暂行规定》。开展了小金库专项治理与财务检查。编印了毛燮均教授教育思想纪念文集，召开了毛燮均教授教育思想研讨会暨海外校友报告会。同时，继续倡导科室文化的挖掘和推进，多个科室完成了自己科室的文化手册,记录科室发展的人文轨迹,增强科室员工的凝聚力。

信息化工作 完成本院 HIS 一期建设工程,主要临床业务流程已全面实现信息化。开发和实施医疗业务相关软件、成本管理和经济运行相关软件、行政管理相关软件系统。改善硬件环境,保障运行安全。医院骨干网络改造,服务器管理的优化,机房监测和供电的优化,客户端硬件的常规运行维保。举办了 2009 口腔医院信息化建设专题研讨会。搭建了一个国内口腔医学院校信息化建设的交流平台。

后勤与基建 年内,进行了新科研楼改造工程,工程已进入设备安装调试阶段。完成锅炉房及管网改造,已投入使用。配合新科研楼改造完成院区污水管网改造工程,并启动了院区弱电管网改造工程。对新医疗大楼的功能缺陷进行排查,本着安全节约的原则对不合理设计进行局部维修改造 20 余项,包括空调改造和降噪处理、照明改造、首长通道改造、技工室排风改造等。逐步完善新医疗大楼的使用功能,实现供热方式由自行供暖改由市政热力公司集中供暖。

年内,采购仪器设备 734 台(件)。设备物资的使用管理有章可循、记录详细。其中 85 台计量器具均属强制检定品目,完成计量器具监测和校准 20 个品目 746 台(件)。

(撰稿:韩 平 审核:张祖燕)

北京大学首钢医院

(石景山区晋元庄路 9 号)
邮编:100144 电话:88294978
网址:www.sgyy.com.cn

基本情况 职工 1 261 人,其中卫生技术人员 986 人,包括高级职称 23 人、副高级职称 99 人、中级职称 503 人、初级师 277 人、初级士 84 人。

诊疗设备 1 187 台(套),总价值 14 995.68 万元。本年度购置设备 83 台(套),总价值 654 万元。医院固定资产原值 42 425 万元。

获奖情况。年内,被评为北京市基本医疗保险定点机构评比二等奖,首都文明单位,首都公共卫生文明单位。院长那彦群、副院长刘京山被授予恩德思医学科学技术奖——中国内镜杰出领袖奖;党委书记刘慧琴当选北京医院协会优秀医院管理干部;副院长王健松负责的科研项目"三级医院与社区服务一体化管理的实践与探索"获北京医院协会优秀医院管理科研成果奖和第二十四届北京市企业管理现代化创新成果一等奖;刘京山、刘薇、东黎光获北京大学医学部优秀医疗管理奖,祝振忠、陆小平被评为优秀临床科主任。

机构设置 2 月,泌尿外科开设排尿障碍专科门诊,并设免费咨询电话。3 月 11 日,首钢医院临床检验中心暨中日分子生物学实验室揭牌。4 月 1 日,整合骨科、普通外科、神经外科、胸外科、泌尿外科的急诊资源,成立了创伤急救中心。5 月,骨科新增专科门诊。成立神经内科二病区,引进学科带头人担任病区主任,突出以癫痫的诊治及神经电生理检测为主的特色技术。成立了慢性病研究所。

改革与管理 3 月 11 日,召开医院第一届理事会第七次会议。北京大学医学部主任、北京大学首钢医院理事会理事长韩启德主持会议。7 月 15 日,经首钢总公司和北京大学医学部研究决定:韩启德为第二届理事会理事长,王青海、姜保国、毛武为副理事长,王伟、那彦群、刘慧琴为理事;医院理事会研究决定:聘任那彦群为院长,刘慧琴、刘京山、王健松为副院长。

12 月 18 日,那彦群代表医院方,刘慧琴代表工会方,签署了 2009~2012 年的《北京大学首钢医院集体合同》。

制订了《临床路径管理实施细则(试行)》、《关于开展单病种质量管理控制工作的通知》和《抗菌药物临床应用管理制度》等。以医疗质量、医疗安全为核心,对临床及辅助科室在制度落实、诊疗行为规范性等方面进行监管,加强运行病历及终末病历的监管,建立了科主任病历检查上报制度。开展交接班制度、三级医师查房制度等核心制度的专项检查。

制订了《反腐倡廉主要任务分工方案》,召开有业务处置权人员的会议，部署全年廉政工作任务。新任及岗位变动的科级干部签订党风廉政建设责任制14份。在常规医德档案管理的基础上，制订了《医务人员医德考评实施细则（试行）》，并在全院医务人员中实施医德考评。全年廉政谈话61人次，其中预防谈话15人次、戒勉谈话3人次、警示谈话43人次。

医疗工作 门诊397 729人次，急诊55 700人次，日均门诊1 591人次，日均急诊153人次；急诊抢救1 027人次，抢救成功998人次，病房抢救27人次，抢救成功13人次；无产妇死亡，新生儿死亡率2.57‰，围产儿死亡率7.66‰。住院17 070人次，出院17 054人次，病床使用率84.04%，病床周转23.79次，平均住院日12.87天，治愈率39.83%，好转率55.32%，死亡率4.28%，出入院诊断符合率99.95%，手术前后诊断符合率99.92%，临床与病理诊断符合率100%。住院手术6 291例。

开展新技术、新业务31项：气压式血液循环驱动器（足底泵）预防术后深静脉血栓、根管治疗技术、经皮穿刺肝肿物射频消融治疗、气压弹道碎石术、数字化视频脑电图检查、肌电图检查、锁骨下动脉栓塞术、肺弥散功能测定、肺残气功能测定、抗中性粒细胞胞浆抗体谱检测、抗角蛋白抗体（AKA）检测等。

病案管理。全年检查病历6 749份，将检查中发现的问题通过网上发帖、电话沟通、下发医疗质量检查反馈表及《医疗质量处工作简报》等反馈科室，对问题明显的科室予以考核。甲级病案率＞90%。

医院感染管理。医院感染发生率2.92%。制订了《手卫生制度》、《医院感染暴发事件的报告制度》、《医院耐药菌控制隔离指南》、《甲型H1N1流感消毒指南》等，并针对制度进行了培训和现场督导、检查。

医保工作。全年医保出院10 361人次，总费用13 861.41万元，次均费用13 378元。作为本市实施医疗保险门诊持卡就医实时结算首批试点单位，成立了门诊持卡实时结算工作领导小组，历经3个多月，接待门诊持卡就诊患者3万余人，交易8万余人次，完成北京市社会保障卡就医实时结算的测试任务。

医疗支援。年内，与房山佛子庄乡卫生院及长沟镇中心卫生院签订了支农协议，对其进行人员及设备资金的支援，安排对口支援医院医师来本院进修，安排专家下乡讲课。6月11日，刘慧琴带领由各科党员专家组成的医疗小分队赴房山区佛子庄乡社区卫生服务站和长沟乡社区卫生服务中心开展下乡义诊活动，共接待咨询近200人次，发放宣传材料400余份。10月10日，医院与市卫生局签订对口支援农村卫生工程协议，本院对口支援内蒙古丰镇市医院、内蒙古凉城县医院。11月5~6日，刘慧琴带领20位科室负责人赴内蒙古丰镇市医院、凉城县医院开展对口支援活动，并免费接收2家医院的医生进修学习，计划每年接收每家医院10名医生来院进修。安排医务人员前往河北省曲阳县第二医院及首钢矿山医院，开展医疗支援工作。

社区医疗。全年组织159名医务人员开展各类宣传义诊活动14次，累计受教育约23 080人次，发放宣传材料12 985份。各科对患者进行健康教育9 027次，接受教育18 140人次；发放健康教育处方5 781张；自制宣传材料3 574份；开展健康教育讲座553次，参加患者1 959人次。为医务人员举办健康教育讲座6次，865人次参加。社区卫生服务共管理66 706户199 109人，提供家庭病床服务1 643床日，上门医疗健康服务773次。管理高血压2 669人次、糖尿病692人次、冠心病309人次、脑血管病239人次、精神病790人次、恶性肿瘤32人次，建立健康档案102 319份。预防接种60 394人次，接种率100%。新生儿管理覆盖率100%。社区卫生服务中心为60岁以上的低保老人发放了每人500元的慈善医疗卡，共190人。

2月，完成石景山区关爱男性生殖健康工程调查阶段工作。3月3日爱耳日，深入社区为居民进行了耳聋防治科普讲座。8月17日~11月30日，为石景山区适龄妇女免费筛查乳腺癌、宫颈癌，共筛查7 348人，明确诊断并手术治疗的乳腺癌患者共8例。

全年为首钢女工健康体检5 761人次，为首钢在京职工进行健康体检、职业病体检共27 552人次，为迁钢、首钢京唐等外埠生产一线职工进行健康体检6 950人次。

护理工作 全年在各类期刊上发表护理论文6篇。有2项课题通过医院科技委员会申请首发基金。翻译并出版了《健康服务及护理循证实践导论》。10月底，完成全院563名护理人员继续教育学分的审核，继续教育达标率100%。5名护士、2名护士长被评为北京大学医学部优秀护士和优秀护士长。

继续深入开展星级护理服务，完善评价办法，定期检查。落实3H（家庭、宾馆、医院）护理服务考核评价方案，进一步促进护理服务创新，提高服务质量，本年度全院护理质量评分97.56分，患者对护理工作满意度98%。

科研工作 在研项目（含合作）48项，其中国家级课题13项、市级10项、首钢总公司2项。医学影像科的"基于多模态核磁共振成像的轻度认知障碍脑结构和功能的纵向研究"获国家自然科学基金资助19万元，泌尿外科的"药物干扰胆碱能神经支配对大鼠良性前列腺增生的影响"获北京市自然科学基金资助11万元。

3项科研成果获2008年度冶金医学奖及首钢科学技术奖：刘京山主持的"内镜微创保胆取石（息肉）技术规范"获冶金医学奖二等奖、首钢科学技术二等奖，呼吸内科向平超主持的"家庭无创正压机械通气对稳定期重度慢性阻塞性肺疾病患者的疗效和安全性观察"获冶金医学奖三等奖、首钢科学技术三等奖，中医科卢世秀主持的"利咽止嗽方治疗喉源性咳嗽的临床研究"获冶金医学奖三等奖。获首钢第十届管理创新成果一等奖1项。

制订了慢性病管理规章制度、工作职责及工作流程。完成"高危高血压患者ABI异常患者横断面研究——ABI筛查"、国家"十一五"课题"高血压综合防治研究"，参加了英国心脏基金会组织的有14个国家参与的80岁以上老年高血压治疗评价的研究。

2月15日，医院与区计生委、北京大学第一医院、人民医院等共同启动的"石景山区中年男性泌尿生殖健康调查及干预研究"调查阶段的工作基本结束，由泌尿外科主编的男性生殖健康科普知识读物已经本市批准作为市民健康科普丛书发行。3月18日，医院召开了北京西部医学论坛暨临床合理用药研讨会。5月30~31日，医院举办全国泌尿系统影像检查新进展学习班，来自全国各地的放射科医师、泌尿外科医师等100余人参加。7月24~25日，举办第二届全国内镜微创保胆学术大会，来自全国28个省市200余家医院的300余名医务人员参加。9月11日，由医院和日本株式会社福山临床检查中心合作召开了中日医学检验交流研讨会。

全年发表论文75篇，其中SCI收录1篇、核心期刊50篇（含中华医学会系列15篇）。

医学教育 年内，完成北大医学部05级生物医学英语专业的临床教学，10门科目564学时。完成辽宁医学院2004级毕业实习和2005级临床课程的教学，接收2006级学生入院学习。共接收临床实习生120余人，组织实习生入院教育16学时。本科教学共计2 100学时，组织考试24次。为实习生安排专业讲座19次，2 200余人次参加。

外出参加学术交流174人次，其中赴外地参加学术交流41人次，赴美国、德国、日本、台湾、香港等地参加学术交流12人次。外出进修10人，国内访问学者1人。接收进修14人，包括北医口腔留学生进修7人。组织各种学术讲座31场，2 000多人参加。

派出15名住院医师参加市卫生局专科医师规范化培训，2005届、2006届、2007届共26名住院医师接受培训，其中25人通过考试考核，获得北京市专科医师培训第一阶段合格证书。

年内，完成各类业余学历教育36人，其中取得硕士学位2人、本科学历32人、大专学历2人。组织新接收的本科以上学历27人参加北京市第五十八期青年教师岗前培训班。

国际交流与合作 9月11日，在京召开了中日医学检验交流研讨会。9月23日，召开东芝医疗系统（中国）合作研讨会，东芝医疗系统（中国）总裁松冈伸及有关部门负责人出席。10月26日，美国泌尿外科协会主席安东·布申访问本院。

信息化建设 年内，对医院及4个社区卫生服务中心的HIS系统进行了接口改造，更新社区HIS系统服务器并进行系统全面升级，全部更新终端设备，完成办公厅保健站至医院中心机房的光纤敷设。7月20日，正式开展医保划卡实时结算。

完成门诊楼及感染性疾病科500点综合布线；完成网络核心交换机设备方案论证、设备采购、设备安装调试及新旧核心交换机的设备切换；完成门诊医生工作站系统应用方案论证，提出软件应用改善建议；组织不同层面人员进行实施方案的论证与修订；组织了相关人员的培训。

完成医学教育管理系统的软硬件升级；完成两癌普查项目的设备配置、测试；完成妇产科新生儿血液筛查设备的调试、安装，并组织相关科室人员的培训；完成药剂科临床药学网上直报系统设备的配置、安装、外网线路开通以及相关数据的提取；完成眼科白内障患者信息网上直报系统设备的配置、安装；完成门诊网上预约挂号设备的安装、测试。

后勤与基建 上半年，对口腔科的基础设施和医疗设备进行了全面改造。完成北京大学吴阶平泌尿外科医学中心一期主体工程，中心集科研、医疗、教学、预防为一体，计划设置床位200张。

其他工作 国庆60周年医疗保障。为"众志成城"游行方阵的2 000余名学生提供医疗保障，医院派出金顶街120急救站、古城120急救站进行医疗保障28次，其中诊治学生20余人、发放药品10余次；另外，单独派医生、护士进行医疗保障12次，其中诊治学生40余人、发放药品30余次。

甲流防控。医院构建了防控科学、流程规范、运转有效的应急防控体系。5~12月，共筛查发热病人17 006例，监测流感样病例3 874例，开展甲流咽拭子检测542例，确诊甲流病例82例，收治甲流重症病例5例，无死亡病例。免费为17 638名60岁以上老人及在校中小学生接种了流感疫苗，接种甲流疫苗11 075人次。 （撰稿：范爽斐 审核：杨 益）

市属院（所、中心、校）卫生工作

北京友谊医院
北京市临床医学研究所

（宣武区永安路95号）
邮编：100050　电话：63014411（总机）
网址：www.bfh.com.cn

基本情况　职工2 366人，其中卫生技术人员1 897人，包括正高级职称93人、副高级职称207人、中级职称540人、初级职称1 057人；其他专业技术人员178人，包括高级职务16人（含正高2人）、中级职务60人。

医疗设备总值55 654万元。新增医疗设备总值24 117万元，其中10万元以上设备229台（件）、100万元以上设备23台（件）。

获奖情况。医院被评为国庆安保工作先进集体、首都平安医院、国庆60周年庆祝活动医疗卫生保障最佳服务保障奖。

改革与管理　加强患者投诉的信息化管理，及时总结和解决医疗服务中存在的患者不满意问题，努力做到投诉有反馈、整改能落实。坚持每季度精神文明大检查，进行患者满意度调查，全年收到各类表扬（锦旗、表扬信）535件，患者满意度保持在96%以上。加强信访后干预工作，在奖罚上抓落实，在培训上重实效，在改进措施上讲督办，逐步完善信访后干预机制，吸取不良事件造成的损失，完善缺陷管理，组织各类各级培训20次，督办改进措施69项。

开展预约挂号工作。开通网络预约和6条服务热线提供24小时服务，并加强了专家门诊的管理。

完善行风建设责任制，坚持纠建并举，深化防控商业贿赂工作，建立完善长效机制；严格执行"三重一大"制度，纪检监察部门认真履行监督职能，主动参与医疗设备、高值耗材、基建工程等院内外集中招标30余次。开展"医院工作一日体验"活动，换位思考，加强医患的相互沟通与理解。实行党务公开，本院是全国实行党务公开50家联系点之一。

医疗工作　门诊1 599 831人次，急诊246 987人次，急诊危重症抢救2 600余例，抢救成功率86%。入院28 564人次，出院28 580人次，床位周转32.78次，床位使用率102.50%，平均住院日13天，七日确诊率98.40%，出入院诊断符合率99.76%。出院病人治愈率52.80%，好转率43.30%，死亡率2.10%。手术31 938例，其中大手术7 166例、中手术4 666例。孕产妇死亡率4/万，新生儿死亡率2.10‰，围产儿死亡率10.30‰。

注重医疗质量的持续改进，召开了以"效率、质量、服务、应急"为主题的医疗工作会。实施动态床位管理，在保证患者医疗安全的前提下，合理调整，充分挖掘床位潜力。规范医疗行为，实施临床路径管理。出台了《临床路径实施与管理规定（试行）》，完成"临床路径实施管理信息系统"的研发、电子病历试点的准备工作，组建了以各临床科室骨干医师为主的临床路径实施小组。年内，全院实施临床路径的病种有46个，实施临床路径病种的入院患者占总入院患者的30%以上，有效缩短了平均住院日。继续加强运行病案的管理，逐渐建立运行与终末联动机制。检查出院病历28 540份，甲级病案率在90%以上。

作为北京市异基因造血干细胞移植医保定点医院及非血缘异基因造血干细胞采集和移植医院，血液科造血干细胞移植数量逐年上升，移植病种进一步扩大，移植患者总体生存率达70%以上。病理科作为北京市淋巴瘤疑难病例读片会诊中心，全年接收国内各地淋巴组织疑难会诊病例近2 000例，淋巴瘤的病理诊断成为病理科的优势项目。

微创技术向纵深发展。泌尿科对传统的腹腔镜下移植供肾切取术进行改进和创新，最大限度地保证了供肾者的安全，显著提高供者术后的生活质量；在国内率先开展腹腔镜下肾静脉癌栓切除术；进一步扩大经皮肾镜碎石技术的应用，提高了高难度和复杂结石治疗的成功率；大幅度提高了无痛膀胱镜检查和无痛前列腺穿刺活检的数量。普外科在国内率先开展腹腔镜、经肛门内镜联合腹壁无切口左侧结肠癌根治术，单孔腹腔镜技术，包括经脐单孔腹腔镜胆囊切除术；肝囊肿开窗术切除术；胆囊、阑尾联合切除术；肝内胆管囊腺瘤切除术；回盲部切除术；脾囊肿开窗术切除术。骨科开展了胸腰椎体骨折的微创治疗——经皮椎弓根钉固定技术，首次进行了高位颈椎转移瘤的椎体成型治疗，取得满意的效果；设立了关节镜手术日，不断扩大关节镜手术的适应证，开展了肩关节镜、髋关节镜等新技术。妇产科开展了腹腔镜下较大子宫肌瘤核出术、腹腔镜下大子宫切除术和腹腔镜下子宫次全切除术等新术式。口腔科开展了显微超声技术在根管治疗中的应用、口腔种植牙技术。

医疗服务领域不断拓宽。年内，经质量委员会讨论通过新技术26项。骨科开展了新的手术技术，包括髋臼加强环在髋臼翻修术中的应用、粗隆间骨折的髋关节置换术、股骨粗隆保护装置在髋关节置换术后假体周围骨折中的应用、桡骨头重建术治疗桡骨头粉碎骨折，获得满意效果；各种复杂性创伤、围关节创伤的诊治水平持续提高，不断完善新的治疗手段，如可膨胀髓内钉内固定技术、锁骨钩钢板、记忆合金钢板治疗髌骨骨折。耳鼻喉科人工耳蜗临床技术继续保持国内领先和国际一流水平；作为科室传统的特色，嗓音分析和嗓音外科得到保持和发展，拓宽了研究和使用范围。眼科准分子激光近视眼治疗中心正式运行，患者术后视力均达到1.2以上。血液科进一步建立和创新获得性噬血细胞综合征的实验室检测方法，包括流式细胞术检测NK细胞活性、HPS相关突变基因的筛查，不断探索继发性噬血细胞综合征的临床治疗手段，并获得较好的疗效。肾内科中心透析室经过改扩建，透析机床位跃居北京第一，透析质量持续改进。神经内科进一步开展了神经生物电反馈治疗难治性癫痫、注意力缺陷多动障碍、焦虑抑郁以及严重失眠等疾病的治疗。儿科儿童健康中心拓展服务项目和形式，努力打造集临床、科研为一体的儿科研究平台。皮科激光美容中心引进694nm波长激光治疗仪，拓展了皮肤科的治疗范围。中医科进一步摸索综合医院中医科发展模式——大门诊＋强化全院会诊，为患者选择最适合的中西医治疗方案；开展了经络、足底按摩、小儿捏脊治疗，得到好评。超声科在国内独创开展肋间神经射频毁损术、乳腺肿物钢丝圈标记新技术；肝肾囊肿手术穿刺全年完成300人次，达到减少患者痛苦、降低医疗费用的目的。放射科完成数字乳腺钼靶的更新，大幅度提高了乳腺诊断水平；64排CT及3T核磁机已经全面展开工作。检验科通过了ISO 15189实验室认可监督评审；开展了门诊Rh血型筛查，结核杆菌荧光定量，人乳头瘤病毒、阴道加德纳菌PCR检测等新项目。

加强传染病信息的上报和监控，以及院感的监督和检查。作为国家级流感样病例哨点医院，在市疾控中心召开的总结会上介绍了经验。编写了《医院感染知识手册》、《临床科室医院感染管理病历漏报反馈单》。开展2个ICU病房的静脉导管相关监测和I类手术切口的目标监测工作。通过对病房患者排泄物、分泌物的检测，发现特殊耐药菌，及时向科室反馈。医院感染发病率1.5%（例次率1.5%）。

医保工作。全年医保出院12 912人次，总费用23 909万元，次均费用18 517元。12月8日，本院医保门急诊持卡结算工作通过了北京市验收。

医疗支援。完成北京-什邡对口支援3个月、北京市第二批支援什邡挂职干部工作1年、北京市第五批援藏专业技术干部赴藏1年、赴新疆1年的医疗援助任务。本院与内蒙古旗县2家医院开展对口支援工作，完成了"西部之光"访问学者在本院为期1年的专业研修和培养。继续与房山区第一医院开展卫生支农工作，到受援医院指导工作160余次，参加房山区急危重症会诊46次。指导房山区第一医院通过了心血管介入质量检查。在社区组织讲座、培训20次，免费接收社区医师和护士进修8人，参加社区咨询3次，派出医师94人，参与4种慢性病管理，近2 000人次受益。

年内，成立了国庆60周年庆祝活动医疗保障和突发公共事件医疗应急专项工作领导小组，制订了《国庆医疗卫生保障工作方案》，修订完善了突发公共事件应急医疗救治预案；开展全员培训，组织了多项演练。组建了7名医护人员组成的国庆游行与联欢晚会医疗急救站点医疗队和22名医护人员组成的国庆观礼干部保健医疗队。9月17日，前门大栅栏步行街发生持刀伤人突发事件，在半小时左右时间里有8名受伤群众陆续转运本院救治，医院应急预案迅速启动，从第一位患者入院到所有患者手术仅用4个小时，20余个科室150余人参与了医疗救治，受到市委和市卫生局的好评。

年内，成立了甲流疫情防控工作领导小组，加强培训，进一步提高医务人员对发热病人的接诊、鉴别诊断、专家会诊、实验室筛查、院内感染控制、疫情报告以及应急物资准备等的知晓程度和应急处理能力。疫情高峰期，儿科门诊从平时的500～600名患儿迅速增加到千人以上，医院及时调配医护人员，改善儿科门诊筛查条件，启动呼吸道传染病专用病区，扩大发热门诊留观区域；成立甲流主检医师专家组，负责疑似病例的诊断、鉴别诊断；成立甲流医疗护理应急小分队，医疗队人员24小时待命值守，确保来院就诊患者能得到及时诊断和治疗。

护理工作 对全院的临床护理质量管理由以往的小组管理模式改为以项目为主要内容的护理质量管理和控制模式，共分为7个项目组，每个项目重新制订、修订、完善护理质量考核标准。建立了护理管理工作路径制度、流程，配合医务部对全体护士长进行临床路径培训，将临床护理路径管理与各项制度、医嘱、治疗和护理措施的实施与落实相结合。逐渐实现护理文件表格化，简化护士记录内容，更有效地落实护理措施，观察病人病情。全年组织夜查房31次，护理质量控制病房管理95.93分，整体护理94.47分，护理技术操作96.45分，消毒隔离95.91分，急救质控95.48分，护理文件书写95.40分。

发表护理科研论文48篇。申报首都医学发展基金护理科研课题2项、院级课题1项。

医院被授予首都医科大学护理学院第二临床护理教学部（学系）。基础护理学通过了首都医科大学精品课程的评审，外科护理学通过了首都医科大学精品课程建设的评审。在本年度学生护理临床带教毕业考试中，荣获首医系统毕业考试总分第一名。举办了两年一次的护理教师资格培训班，培训300余人。组织市级继续教育19次。参加继续教育921人，100%达标。接收包括三级甲等医院的护士进修共计46人。申报糖尿病、助产士、手术室等专科护士培训基地获批，成为北京护理学会及中华护理学会5个专科护士培养教学基地。为全国及北京培养重症监护专科护士33人、手术室专科护士10人、糖尿病专科护士7人、急诊专科护士5人、助产专科护士11人。

科研工作 申报各级各类课题276项，上报192项，已中标课题39项，其中国家自然科学基金6项、教育部基金2项、市科委3项、市自然科学基金5项、首医13项、市卫生局4项、市中医局1项、市教委1项、市引智办2项、吴阶平基金会2项。中标金额1107.44万元。

申报科研成果5项，其中获北京市科技进步三等奖2项、中西医结合科技进步二等奖1项。在统计源期刊发表论文400余篇，其中SCI期刊收录50余篇，最高影响因子4.716，平均影响因子1.63。据11月发布的中国科技论文产出信息，医院在全国百名医疗机构排名中位居第五十七名，在首医大系统中位居第四名。

年内，新增国际学术组织任职2人、全国性委员5人、市级副主任委员1人、市级委员7人、统计源期刊编委4人。北京市李桓英医学基金会资助中青年骨干出国学习，第五批选派18人，14人已成行。

消化疾病中心举办了第六届北京国际消化疾病论坛，心脏中心举办了第八届国际经桡动脉冠脉介入治疗演示会。麻醉科田鸣教授作为中国大陆唯一代表，应邀在国际气道管理协会年会演讲。热带医学研究所举办了热带病与寄生虫病、肿瘤标志物学术研讨会。

医学教育 举办国家级继续教育项目22项、市级继续教育项目2项。全员继续教育学分合格率100%。第四批国家级名老中医师带徒工作进展顺利。成为首都医科大学泌尿外科学系的主任单位和挂靠单位。新增博士生导师7人、硕士生导师20人，新增口腔正畸学硕士培养点1个。

获首医大优秀教材二等奖1部，获首医大校长基金资助项目8项。检体诊断学获批市级精品课程，新增医学影像学、外科护理学2门校级精品课程，1门临床免疫学校级双语示范课程。王宇教授被评为首医大吴阶平优秀教师，护理教研室被评为校级先进集体，医学英语教研室为校级优秀教学团队。05五年制、04七年制班获得首医大临床技能大赛二等奖。

完成内科、外科、麻醉、影像、全科、肾内科的临床技能考核。模拟教学设备获市卫生局和首医大资助493万元。内科、外科、麻醉科作为北京地区专科医师培训考核中心获得市卫生局模拟设备资助40万元。参加北京市全科专科医师培训基地间的手拉手活动，承担房山区第一医院、大兴区医院和海淀医院的帮扶任务。

全年招聘应届毕业生145人，其中博士研究生13人、硕士研究生39人。引进海外留学高层次人才2人，为肿瘤科的组建公开招聘学科骨干2人，为心脏中心、医疗保健中心等科室调入骨干人才10人。贾继东入选北京市"215"人才工程医学领军人才，李虹伟入选医学学科带头人，张忠涛、谷俊朝、苏建荣、张拥波、尤红、唐海入选医学学科骨干人才。张澍田获得新世纪百千万人才工程市级人选及经费资助。尚东浩、王昭获得北京市留学人员回国择优资助项目,共计12.5万元;张忠涛获得北京市十百千卫生人才资助"十"人才10万元,王艳玲、吴永全获得"百"人才资助各3万元;尚东浩、赵新颜当选科技新星;郭建中、王今、杨吉刚获北京市优秀人才培养资助,共计17.5万元。

信息化建设 麻醉信息系统覆盖全院,各科应用系统进行了手术排班。医生工作站提供合理用药检测功能,降低了用药风险;医生查阅放射科报告的同时,可显示数字影像,利用工具可对图像进行测量、放大等多种操作。病理申请单的应用,规范了医生填写申请单的行为,便于病理科的诊断。门诊体检系统开始运行,改变了手工书写体检报告的方式。改善门诊化验室候诊环境,安装了检验结果自助查询触摸屏,由服务台(或自助)打印检验报告。

后勤与基建 全年完成基建38项。8月8日,医疗保健中心投入试运行。制订了医疗保健中心搬家方案,从基建工程、人事安排、医疗护理管理、经济管理、信息系统、仪器设备、家具被服、物业管理、安全保卫等九大方面全面协调,完成72名患者大搬家。高层病房楼东区的装修改造基本完成,外科患者住院条件将得到改善。完成内科楼布局调整、儿科门诊的搬迁,外科楼、门急诊楼和妇泌楼的布局调整方案也在筹划之中。

(撰稿:王志奇 审核:刘 建)

北京同仁医院

(东城区东交民巷1号)
邮编:100730 电话:58269911(总机)
网址:www.trhos.com

基本情况 职工3 290人(含眼科研究所、耳鼻咽喉科研究所),其中卫生技术人员2 707人,包括正高级职称168人、副高级职称264人、中级职称910人、初级师842人、初级士420人、见习期人员103人;其他专业技术人员198人(副高级职称18人、中级职称57人、初级职称123人);工勤人员326人;其他人员59人。

医疗设备总价值58 321万元。本年度购置医疗设备总值5 477万元,其中10万元以上设备90台(件)、100万元以上设备4台(件)。

获奖情况。医院被市委、市政府、市卫生局、市人事局评为2008年度卫生系统先进集体;被市卫生局授予首都国庆60周年庆祝活动医疗卫生保障最佳服务保障奖;荣获市卫生系统医院文化建设评比第一名,连续第四年被评为市级精神文明先进单位;在双十佳医院评选中排名市属医院第二;耳鼻咽喉头颈外科中心当选全国总工会"工人先锋号";医院被市卫生局党组评为先进党委,眼中心、耳鼻咽喉头颈外科中心、外科、内科支部被评为先进党支部;被市人力资源和社会保障局、市财政局评为2008医保管理工作二等奖;《让光明走向永远》获第六届中国纪录片国际选片会党建宣传类铜牌;医院"微笑北京,微笑同仁"活动、"光明行动"活动被市卫生局党组评为基层党组织服务群众"最佳品牌项目"奖牌;连续第四年被市消防局评为消防先进单位。韩德民被中国医师协会授予中国医师奖;胡爱莲被评为首都十大健康卫士;朱慧芳被市卫生局党组评为优秀党务工作者,刘美玲等15人被评为优秀党员;甄洁被卫生部、全国妇联、总后勤部卫生部评为全国卫生系统护理专业巾帼建功标兵;孙亮获市公安局个人三等功。

改革与管理 推进全过程质量管理信息化进程。以医疗质量控制工作信息化为切入点,搭建了由基础质量、过程质量、终末质量、医政管理组成的系统整体框架。利用医院HIS数据搭建危重患者筛查的信息平台。从终末质量管理入手,协调卫生统计系统和医生工作站系统的对接,规范医疗质量控制和数据统计流程,统一院内统计信息口径,调整系统指标定义和公式,形成涵盖医院科室常用的27项基本医疗终末指标的终末质量管理功能模块,提高了诊疗安全性、及时性,保障医疗良性运行。成立手术管理委员会,修订了《手术管理规定督察及奖惩细则》、《手术质量评议制度》、《抗菌药物临床应用管理小组工作制度》、《医疗技术准入及临床应用管理规定》等。

在依托于非住院手术麻醉恢复中心和各专科病房的基础上，医院推行"一日病房"诊疗形式。获批实施的病种和诊疗项目共19类，涉及眼科、耳鼻喉科、普外科、血液内科、肾内科、消化内科、风湿免疫科、泌尿外科、神经内科、妇产科10个临床科室。

创建人民满意医院。医院设立了咨询台，为患者开展各项咨询导医服务。暑期医疗就诊高峰期间，设立屈光专台门诊，满足就诊需求。门诊及出院患者满意度均在95％以上。

反商业贿赂。建设治理医药购销领域商业贿赂的长效机制，从源头抓起，开展规章制度"废、改、立"工作。特别是对药品、设备、后勤物资采购、工程项目及科研项目经费的管理上，建立了制度化管理、信息化控制、标准化流程的公开透明的管理机制。召开专题民主生活会，调研查找存在的问题，研究制订落实整改方案，集中解决医院发展中的突出问题，为建立学院型医院的发展目标奠定基础。

医疗工作 门诊1 683 455人次，急诊202 315人次，急诊危重症抢救2 934人次，抢救成功率91.31％。开放病床1 620张，住院42 902次，出院42 862人次，床位周转26.46次，病床使用率82.81％，平均住院日11.45天，七日确诊率98.56％，出入院诊断符合率99.78％，治愈率77.08％，好转率20.67％，死亡率0.97％。住院手术28 951例。无孕产妇、新生儿死亡。3月，呼吸科RICU正式开放收治患者，共设8张床位。

病案管理。制订了内科、外科系统运行病历质量评审标准，重点监控手术科室运行病历，继续监控终末病历。甲级病历合格率96.9％。

医院感染监测管理。利用HIS系统抗菌药物监测模块、感染监测软件以及护士工作站信息系统实施动态普遍监测。医院感染发病率1.06％。

医保工作。全年医保出院11 546人次，出院医保患者总费用16 877.39万元，次均费用14 618元。完成市、区两级医保中心的住院病例费用审核、定点医疗机构医疗服务协议书的签订、A类医院申报工作。实行社保卡持卡实时结算，制订了具体管理制度、落实措施。

医疗支援。组织医院第八批对口支援大兴区基层医疗机构工作，重点加强郊区县区域医疗中心急危重症的抢救能力。派出18个科室37名中级以上职称医师赴大兴区医院服务，并与大兴区医院商谈区域医疗中心下一步建设的具体实施方案。医院与内蒙古自治区锡林浩特市人民医院、太仆寺旗医院建立对口支援关系，并制订了《对口支援内蒙古旗县医院实施方案》。

护理工作 完善监护室护理记录单、抢救室来诊病人登记单、手术病人交接记录单、手术核对记录单、紫外线登记表等，修改技术操作标准5项。科学合理调配人力资源，指导科室弹性排班。增强护士长之间的交流和沟通，举办了新老护士长座谈会。

坚持质量持续改进、护理不良事件管理、护士长每天巡视病房制度、每周质量管理委员会护理质量专项检查、每月全院护理质量大检查、护士长值班夜查房制度、危重护理讨论会、护理专家会诊制度。全院护理综合考评：等级护理99.05分，危重病人护理99.19分，消毒隔离99.34分，文件书写99.47分，抢救车、毒麻药管理99.88分，健康宣教99.90分，技术操作98.83分。

规范护理科研管理，每季度召开护理科研小组会。全年发表核心论文86篇，比上年增长19.4％。获批院内资助首发基金项目2项、首都医科大学校长基金项目2项。主编书籍2本，参编3本。

制订了《护理教学查房（生产实习）规范》，举办了护理教学查房观摩活动。内分泌科通过了北京护理学会糖尿病专科护士认证教学基地的评审。手麻科通过了中华护理学会考评，成为手术室专科护士认证教学基地，并成为北京护理学会的手术室专科护士认证基地。完成高等教育自学考试护理专业1人次3个月临床实习带教，北京护士学校中专班、混合班大专、本科护生146人的生产实习，北京护士学校中专班、首都医科大学高职班、混合班115人共14周临床见习，首都医科大学护理高职班90人次的生产实习。组织首都医科大学护理学院毕业综合技能统考，平均分90.06分。

修订了护理继续教育制度。申报国家级继续教育项目3项、市级继续教育项目41项、区级继续教育项目10项41讲。举办国家级继续教育项目1项、市级继续教育项目50项、区级继续教育项目64项、单位自管项目5项。全院护士继续教育达标率100％。

科研工作 全年申报科研课题220项，获批立项67项，其中国家级11项、省部级26项、局级30项，共获资助经费1 806.4万元，其中单项资助金额在50万元以上的4项。

耳鼻咽喉头颈外科韩德民主持完成的"阻塞性睡眠呼吸暂停低通气综合征研究和诊治"获国家科学技术进步二等奖，眼科王宁利主持完成的"青光眼性神经损伤的机制及保护研究"获教育部高等学校科学研究优秀成果自然科学奖二等奖，胸外科于磊荣获世界肺癌研究协会授予的发展中国家科研奖。

年内，医院申报的耳鼻咽喉头颈科学生物工程中心获得教委1 000万元资助。中医眼科学获得国家中医药管理局中医重点学科批准，成为首医获批的7个学科之一。眼科学和耳鼻咽喉科学分别获60万元的支持，眼科学与视觉科学实验室和耳鼻咽喉头颈科学省部共建重点实验室分别获150万元的经费支持。

全年发表科技论文892篇，其中SCI收录论文100篇，SCI最高影响因子8.398，平均影响因子2.096。参编各类学科著作23部。

医学教育 全年举办院级继续教育项目487项、市级继续教育项目27项、国家级继续教育项目15项。毕业后教育190人，参加继续教育2 925人，全院继续教育学分达标率100%，传染病学分审核达标率100%。派出进修9人，其中医生8人、护士1人；派出164人参加四新培训，其中医生69人、护士64人、技术人员27人、管理人员4人。

年内，耳鼻咽喉科教学团队获批为国家级、市级优秀教学团队，眼科学教学团队为校级优秀教学团队，耳鼻咽喉科为校级建设双语课程。新增硕士研究生学位点1个（康复学），新增博士生导师4人、硕士生导师10人。上半年，在读大中专生10个班级386人，其中毕业生183人，学院就业率95.12%；下半年在读大中专生9个班级340人。上半年在读统招研究生204人（硕士生150人、博士生54人），其中毕业统招博士生18人、硕士生68人，毕业在职博士9人、硕士21人；下半年统招研究生178人（硕士生119人、博士生59人）。本年度录取博士生23人、硕士生39人、七年制24人、推免生6人。接收进修医生264人次，结业234人次。参观医生8人次。

住院医师培训。上半年在培住院医师259人，其中完成第一阶段培训94人、完成第二阶段培训59人；下半年在培住院医师247人，其中新接收外院住院医师21人。完成眼科、耳鼻咽喉科、超声、内分泌科专业北京市住院医师第一阶段、第二阶段的临床技能考核工作。组织住院医师阶段理论与技能考试，第一阶段通过103人，合格率78%；第二阶段通过90人，合格率79%。

全年举办短期专业技术培训班10次，125人次参加；举办急诊急救、传染病防治、安全知识等培训435次，20 000余人次参加；脱产学习9人次，到院外进修4人次。

国际交流与合作 接待美国、日本、法国等专家学者10批100人次来院参观交流讲学。年初，丹麦卫生部部长Jakob Axel Nielsen先生等一行8人参观了变异性鼻炎中心。德国慕尼黑海德堡大学眼科学JOST B. JONAS教授先后4次到眼科研究所指导眼科流行病学调查、眼科动物实验及眼科干细胞研究。

全年派出7批15人次赴加拿大、日本、比利时、朝鲜、南极等国家和地区考察交流，派出10批16人次赴美国、德国、希腊、澳大利亚、日本等国家和香港、澳门地区参加国际会议。

韩德民成功申报国家级国际合作项目——使用细微结构编码策略的人工耳蜗对于语调语言的研究。

信息化建设 进一步完善门诊医生站，减少患者在窗口的等待时间，压缩就诊环节，设置人性化的指引单模式，患者在检查科室检查的同时进行收费。启用了网络汇聚层，增加为3层架构，完成集群服务器升级改造。根据本市门诊医疗保险实时结算的改造方案，更换了北京市实名卡。结合医院三区就诊业务流程，升级改造HIS系统，并设置统计上报系统专线防火墙。建设了深入学习实践科学发展观活动网站、心血管中心动态网站、麻醉科动态网站、研究生会动态网站。开发视频会议、学习园地及考勤系统，设计制作了《同仁院讯》电子版。

后勤与基建 完成医院东西区过街天桥改造工程开工前的准备工作，完成耳科研究所装修改造工程；更换节能设备600余套。加装摄像机11个，完成消火栓、水泵结合器、地下消火栓、消防水泵、对讲电话和紧急广播的维修保养，增加疏散标志550张。更换全院及外围灭火器1 801具，更换探测器112个。

医疗保障 国庆60周年医疗保障。医院在外派3支医疗队的基础上，合理安排院内医疗力量，组织协调赴京观礼华侨突发疾病的救治和国庆庆典表演队伍中发热患者的医疗工作；督察指导院内医疗设备、药品、血液制品等医疗物资的储备和运行情况；全院病床弹性使用，以备突发事件调用。

禽流感防控。进行了防控知识全员培训，确认主检医师名单、放射科就诊流程，编写演练方案、患者会诊和转运流程、人禽流感病例监测方案等相关文件，实施疫情每日零报告制度，并进行了防控演练。

甲流防控。统一认识，严抓落实，共确诊甲流患者52例。

公益活动 为配合百万贫困白内障患者复明工程，眼科中心深入本市农村，对农村居民进行免费白内障筛查，涉及13个区县198个乡镇，覆盖近356.4万农村人口，涵盖55~85岁目标人群60万人。建立健全以三级医院为技术核心、以区县医院为中心、乡镇卫生院为枢纽、村卫生站为网底的农村白内障防治体系，为探索区域医疗管控模式进行了有益探索。

本年度开展7次"光明行"活动，其中2次走出国门，远赴蒙古和越南，为3 264名患者解除病痛送上光明，累计服务患者超过2万例。

（撰稿：郑 洁 审核：韩德民）

北京积水潭医院
北京大学第四临床医学院
北京市创伤骨科研究所

(西城区新街口东街31号)
邮编：100035　电话：58516688
网址：www.jst-hosp.com.cn

基本情况　职工2 491人，在编职工2 267人、合同制职工224人，其中卫生技术人员1 997人，包括正高级职称74人、副高级职称154人、中级职称501人、初级师811人、初级士457人。

医疗设备总价值51 090万元。本年度购置医疗设备总值6 476万元，其中10万元以上设备69台，价值2 360万元；100万元以上设备17台，价值3 098万元。

获奖情况。医院被评为全国医药卫生系统先进集体，北京市综合医院十佳人民满意医院，北京市第九届思想政治工作优秀单位，第五届医院文化建设先进单位，交通安全先进单位，医疗保险管理工作三等奖，医疗器械不良事件监测工作先进奖，药品安全监测工作优秀奖，第六届中国纪录片国际选片会党建宣传类金牌节目，北京市厂务公开民主管理工作先进工作单位，市级爱国卫生先进单位；基层党组织服务群众最佳品牌项目、最佳精品活动，规范医疗卫生服务场所英语标志工作先进单位，第十八届"杏林杯"电视片评比二等奖，先进党支部3个。院长田伟当选全国医药卫生系统先进个人、第二届首都"十大健康卫士"，副书记那佳被评为第五届医院思想政治工作先进个人，蓝宇被评为西城区"十佳白衣天使"。

改革与管理　优化门急诊工作服务流程，缓解患者就医"四难"：率先开通网络与电话预约挂号系统，缓解挂号难；完善术前门诊患者检查流程，缩短报告时间，缩短院外等床时间，缓解住院难；启用病理管理系统、手术预约与麻醉监护系统，运用信息化手段优化病理检查与手术预约流程，缩短平均住院日，缓解手术难；完成本市医疗保险患者门诊划卡实时结算系统的试点，缓解结算难。

医疗工作　门诊846 593人次，急诊156 880人次，急诊危重症抢救1 297人次，抢救成功率92.65%。实有床位1 049张，入院27 350人次，出院27 327人次，床位周转26.36次，床位使用率98.57%，平均住院日13.67天，七日确诊率96.11%，出入院诊断符合率99.88%，治愈率67.99%，好转率28.52%，死亡率0.88%。住院手术21 475例。急诊抢救成批伤82次。5月5日夜间，有3批烧伤患者来急诊室就诊；9月25日上午，新街口发生煤气罐爆炸事件，本院救治伤员18人，均抢救成功。

医疗支援　本年度受卫生部、市卫生局委托多次外派专家参与当地伤员的救治工作：6月5日，四川成都9路公交车发生燃爆，烧伤科主任张国安及于东宁、杜伟力医师奔赴事发地进行救治；6月5日，重庆发生山体崩塌，ICU科主任周宁、创伤科主任张力丹及王金辉奔赴事发地进行救治；7月5日，乌鲁木齐市发生打砸抢烧严重暴力犯罪事件，烧伤科主任徐军及护士长海秀芳赴事发地进行救治；8月21日，浙江仙居县发生可燃粉尘爆燃事故，烧伤科主任张国安和于东宁医师赴事发地进行救治；10月12～30日，由康复科主任郭险峰带队，支援甘肃地震灾区基层医院康复医疗工作。年初，医院组织各科医师赴延庆县第二医院、旧县镇医院服务共305余人次，包括创伤骨科、矫形骨科、小儿骨科、脊柱外科、手外科、内科、外科、麻醉科、放射科、中医内科、妇产科、干部科等科室，以门诊、授课、手术等形式开展支农工作。医学专家在延庆第二医院、旧县镇医院进行健康教育讲课50余次，2 000余人次参加。两次组织18个科室38名医师赴延庆县永宁镇第二医院与旧县镇医院开展义诊活动，共接诊300余人次。医院组织创伤骨科、脊柱外科、矫形骨科、神经外科、消化内科、妇产科等15个科室22名医护人员前往内蒙古鄂尔多斯市伊金霍洛旗医院和杭锦旗医院进行为期两天的医疗义诊活动，接诊758人，并与这两家医院签署了为期3年的对口医疗支援工作责任书。矫形骨科副主任医师黄德勇博士作为北京市第十批博士服务团成员前往宁夏银川市，开展为期1年的挂职锻炼。创伤骨科副主任医师王岩作为市委组织部"人才京郊行"成员赴门头沟区医院挂职锻炼1年。心内科副主任赵兴山和泌尿外科副主任医师何峰作为市委组织部援藏干部，赴西藏当雄县医院开展为期1年的医疗服务，并参与完成了由拉萨市科技局申报、西藏自治区科技厅组织、当雄县人民医院承担的自治区重点科技项目"西藏高原地区高血压普查和简化治疗研究"。

"明天计划"筛查诊治先天性髋关节脱位，筛查28人，为其中8名符合手术条件的患者进行了手术，为1名先天性肢体缺失的患儿制作了假肢。6月起，本院成为先天性髋关节脱位患儿的确诊医院，共对527名儿童进行了筛查，其中确诊18人。

医院回龙观院区服务部在回龙观镇医院正式揭牌，率先将大医院的医疗资源与社区医院实现共享，双方就双向转诊、绿色通道、医护人员进修学习、中医针灸、理疗康复、健康档案管理和预防宣教等方面积极合作，为回龙观地区38万百姓做好医疗服务。

进一步建立和健全医疗投诉反馈机制，改进管理流程，提高医疗质量。举办以医患沟通技巧、医疗纠纷防范、法律法规知识为主要内容的培训班，不断增强医务人员的依法执业意识，提高服务水平。全年接待患者投诉703例，妥善解决688例，正在处理中15例，当年解决率97.87%。

病案管理。年内，医院获得北京市病历质量团体优秀奖，成为本市卫生系统病历免检单位。

医保工作。全年医保患者出院7 834人次，医保总费用15 469万元，次均费用19 746元。

医院感染管理。全年出院27 327人，院内感染192例，医院感染率0.70%。一类切口9 733例，切口感染21例，感染率0.22%。

护理工作 护理质量控制考核指标：基础护理检查5 320人次，到位率99.4%；危重病人护理3 736人次，到位率99.6%；急救仪器物品检查11 513件，完好率99.9%；消毒物品检查15 159件，合格率99.8%；护理病历书写10 721件，合格率99.4%；护理服务问卷调查245人，满意率99.1%。卫生部、市卫生局检查护理质量均达标。全年收到表扬信154封、锦旗13面。完成临床实习授课任务，新护士轮转考核培训137人，护士进修31人。岗前培训、业务讲课28次。参加市级继续教育项目30人。申报西城区护理继续教育项目40项。

科研工作 申报科研项目47项，获批11项，其中"十百千"项目2项、"优秀人才"项目4项。在研项目53项。坚持科教兴院，建设学院型医院。设立了学科科研基金，用于支持临床科室开展科研工作，全年投入资金250万元。制订了《科研奖励政策》，对科研项目、论文、科研成果进行分级奖励。制订、完善了引进人员规定，职工出国学习、外出进修管理规定，职工晋升管理规定中科研及教学相关激励制度。有8名医师通过考试获得英国皇家外科学院和香港外科学院会员资格。

全年发表科技论文315篇，其中被SCI杂志收录13篇。著作9部。发明专利1项：一种复合结构的组织工程化软骨移植物及制备方法。

医院与中国科学院合作，成立了中国科学院积水潭骨科研究中心。

医学教育 招收研究生8人，其中统招3人、免试3人、硕博连读2人，在读研究生73人。组织全院学术活动37次、国家级继续医学教育项目5次。学分达标率94.35%，通过了市卫生局集中学分审核。为全院50个科室885名医技人员办理了继续教育IC卡年度注册、531名中华医学会会员年度注册、34人加入中华医学会会员等工作。举办骨科高研班8期，学员107人；创办了2年制学员班，学员23人。继续举办创伤骨科、手外科、矫形骨科、运动损伤科、脊柱科为期半年的专科医师进修班，有学员87人；第四十六期全国骨科进修班，学员80人；第四十六期全国烧伤、放射进修班，学员22人。

国际交流与合作 6月，召开由本院承办的第六届北京骨科年会暨2009北京国际骨科论坛。参会1 000余人，论文600余篇，设立了专题发言，脊柱、创伤、关节、综合和护理会场。11月，召开由本院承办的第三届亚太颈椎外科会议。大会采取专家讲座、热点讨论、自由发言等形式，对颈椎基础研究、颈椎创伤、颈椎肿瘤、颈椎退行性病变、颈椎畸形矫正和其他涉及颈椎诊断、治疗方面的新技术、新进展进行了探讨。来自韩国、日本、泰国、新加坡、中国香港、中国台湾等10余个亚太国家和地区的400多名代表参加了会议。同月，中华医学会第十一届骨科学术会议暨第四届COA（中国骨科年会）国际学术大会在厦门召开，本院骨科100多人参加大会。同时，设立了展台，独家举办了卫星会。

全年接待国外来访2次、外国专家学者来院参观讲学2次，出国进修学习15人、考察4人、参加学术会议57人。国外交流合作1项。

后勤与基建 申请市财政专项资金353万元，用于节能改造、更换保温门窗，已完成工程量的50%。为职工食堂和职工宿舍楼引进天然气并更新了管道。

其他工作 完成医院网站首页的改版，并开设了网站英文页面，及时对网站内容进行了更新。在电视、报纸、电台上共发表新闻及科普文章1 125篇，在医院网站发布信息3 100条，院内闭路播出健康教育72次，出版院刊《积水潭》11期。医院选送的《33176背后的故事》获第六届中国纪录片党建类金奖，《靠"科技创新、完善流程、科学管理"缓解看病难，积水潭医院年手术3万余例创亚洲纪录》在《北京日报》第一版进行了报道。

建设平安医院。为保证国庆60周年的安全，制订了《重大刑事案件和防恐怖袭击事件应急预案》，并进行了演练；坚持每日安全巡查，发现隐患及时整改；长期坚持打击医托、号贩子的活动，全年共抓获医托132人、号贩子39人。

（撰稿：陈春玉　审核：任　轶）

北京安贞医院
北京市心肺血管疾病研究所

（朝阳区安定门外安贞里安贞路2号）
邮编：100029　电话：64412431（总机）
网址：bjazyy. hos. 999120. net

基本情况　职工2 393人，其中专业技术人员2 216人，包括正高级职称115人、副高级职称232人、中级职称926人、初级职称895人、未定人员48人；行政人员88人，其中含专业技术人员55人；工勤人员144人。

医疗设备总价值70 609.32万元。年内购置医疗设备总值6 121.82万元，其中10万元以上设备65台、100万元以上设备9台。

获奖情况。医院获全国医疗卫生系统抗震救灾图片征集优秀组织奖；首都劳动奖状；2008年首都卫生系统规范医疗卫生服务英语标志工作先进单位、先进示范点；"祝福中国、祝福北京"首都卫生系统职工摄影比赛三等奖；北京市第九届思想政治工作优秀单位；奥运志愿服务先进单位；"迎奥运、讲文明、树新风"先进集体；市卫生局基层党组织服务群众最佳精品活动、最佳品牌项目；市卫生局内部审计先进单位；奥运立功首都劳动奖状；北京市思想政治工作先进单位；北京市卫生统计工作先进单位一等奖；2008年度传染病疫情和死亡登记报告工作先进单位；北京市科普教育基地；五四红旗团委；首都文明单位；中国医院文化论坛（2009）主题征文组织奖；《火山口的乐趣》获第十八届"杏林杯"电视片评比优秀奖，《大爱无声》获电视片评比一等奖；北京市卫生系统2009"我和我的祖国"摄影比赛优秀组织奖；中国第六届国际选片——党建宣传片铜牌；2008年度党建和组织工作调研课题优秀成果三等奖；全国医院文化建设先进单位；60周年国庆最佳医疗保障奖。护士长刘淑媛荣获第四十二届南丁格尔奖。

机构设置　成立了肾内科、精神心理科、全科医疗科、北京安贞医院科学技术协会、流感实验室，增设了第二门诊部、口腔内科、口腔修复、口腔正畸专业组、美容牙科。

改革与管理　制订了《关于规范外科择期手术术前预防用抗生素种类的通知》，规范了手术科室预防用抗生素的种类，成立了抗生素会诊小组，建立了抗生素使用监测系统。修订了《医疗工作制度》、《临床医疗工作职责》、《主要院级委员会工作职责》、《医技科室规章制度》、《医技科室工作职责》、《临床医疗工作职责》等，新增了《保健委员会职责》、《伦理委员会工作章程》和《审核用血制度》。

继续开展医院管理年和创建人民满意医院活动，强化对医疗质量的控制和医疗安全的管理。健全院科两级医疗质量管理体系，修订医疗质量管理委员会、病案质量管理委员会、输血委员会、伦理管理委员会、感染管理委员会等管理组织章程，并对各委员会委员进行了改选。

反商业贿赂。坚持对党政领导干部进行培训及考评。继续推行院务公开，坚持边学习、边整改、边落实，建立治理商业贿赂长效机制。

医疗工作　门诊919 571人次，比上年上升4.93%，其中普通门诊45 052人次、专科门诊358 967人次、专台门诊287 354人次、专家门诊

196 790人次、其他31 408人次；急诊87 934人次，门急诊抢救5 838人次，抢救成功率95%。开放床位954张，入院33 962人次，出院33 970人次，床位周转35.61次，平均住院日10.94天，七日确诊率97.23%，出入院诊断符合率99.44%，治愈率37.75%，好转率57.55%，死亡率1.20%，孕产妇死亡率1.78‰，新生儿死亡率1.78‰，围产儿死亡率8.02‰。住院手术11 282例，比上年增加1 010例，其中心脏手术5 781例（不包括心外科覆膜支架术），比上年增加732例，心脏手术中冠状动脉搭桥2 432例。心血管内科完成冠状动脉造影14 269例、PCI 6855例、永久起搏器633例、房颤射频消融642例。

开展的新技术、新项目有：采取冠脉内血栓抽吸术联合应用IIb/IIIa受体拮抗剂的方法，改善了心肌再灌注；采用PCI技术开通4例锁骨下动脉慢性闭塞病变；冠脉压力导丝技术；冠状动脉旋磨技术；非体外循环冠脉搭桥术和非体外循环直视下房间隔缺损修补术；连续高位硬膜外麻醉下不停跳冠脉搭桥术；非体外循环下治疗缺血性二尖瓣关闭不全的coapsys术；非体外循环下室壁瘤切除术和室性心律射频消融术；近端无钳吻合技术——水囊法，并申请专利；全弓置换+支架象鼻（SUN）式手术；常温非体外条件下全胸腹主动脉置换；应用全自动除颤仪，提高了术后反复室颤的治疗效果；形成以冠心病及大血管手术为专长的科室；动脉瘤术中、术后脑、脊髓的功能监测，脑部及神经系统并发症显著减少；老年性冠心病围术期的综合治疗；肥厚梗阻型心肌病的手术方式改良及围术期处理；巨大房缺及动脉导管未闭微创小切口伞堵；射频激光打孔+肺动脉瓣球囊扩张术；婴幼儿先心病手术麻醉快通道技术，缩短了呼吸机使用和ICU停留时间；胶囊内镜检查；胃镜引导下空肠造瘘术；肾门处肾动脉瘤的腔内治疗技术；腹主动脉瘤合并髂股动脉闭塞的杂交治疗技术；下尿路腹腔镜手术；前列腺绿激光汽化手术；经皮肾镜下治疗复杂上尿路结石；神经肌肉活检；胸腔镜交感链切断治疗手汗症；腹腔镜盆底损伤后网片置换术；腹腔镜骶韧带悬吊术；保留子宫的全盆底悬吊术；口腔微创种植术；计算机辅助设计与制造；Wi2000支架；hailers保持器；应用悬吊式腹腔镜手术和腹腔镜辅助甲状腺小切口手术；免气腹无腹部辅助切口结肠代阴道手术；甲状腺微创手术；严重狭颅症—颅面整形；颅面整形+右侧眼球摘除；立体定向脑组织活检；皮肤物理抗菌膜治疗；危重症患者右心功能监测，Flotric应用于重症患者监测；新器械在困难气道患者处理中的应用；婴幼儿快通道麻醉技术；幽门螺杆菌染色以及Gelactin-3等免疫组化新项目10余项；"复方钾钙镁溶液"的研发即"心脏停跳液"的剂型改造；骨融合显像；肿瘤代谢融合显像；荧光法测定梅毒螺旋体IgG+IgM；血清胆碱酯酶、血栓弹力图仪（TEG）、甲流病毒检测、门诊快速CRP检查。

病案管理。开展病案质控提前到科室、出院病历实现网上阅读，提高了出院病历合格率，方便了临床医生查阅。召开了职能处室座谈会、各科住院总及病案室质控员座谈会。自10月1日起，在全院实施检验结果病房打印及检查结果修改审批等制度，初步解决了出院病历化验结果完整性的问题，并修订完善了《病案管理奖惩条例》、《运行病历管理规定》。全年检查终末病历33 704份，各种查阅3 180份，大宗科研查阅纸质病案8 456份，数字化病案网上调阅14 4855人次。进修医师、新入职医师、轮转医师等病案书写培训6期194人次。病历合格率100%。

医院感染管理。完成卫生部对西藏自治区新流感病毒的防控督导、监察工作。接受卫生部对16家医院的大检查，对检查中发现的问题进行了整改。医院感染率3.13%。

医保工作。全年诊疗29 100人次，医保患者出院11 239人次，总费用3.63亿元。接待市、区医保中心检查大额费用病历96次，审核大额病历788份。

医疗支援。年内，派出76名医师到大兴区医院、怀柔区妇幼保健院和怀柔区医院开展"三下乡"对口支援活动。与怀柔区第一医院签署了共建协议。免费接收对口支援医院进修11人次。选派妇产科副主任张军、呼吸科主治医师徐洁参加医疗队支援四川什邡市。10月28日，医院赴内蒙古临河区医院考察，并达成了为期3年的对口支援意向，将在腔镜、心内科、心外科等专业开展对口支援。和睦家医院、国际SOS救援诊所转诊35人次。市民政局"明天计划"20名先心病患儿来院筛查，10人手术。北京市青少年基金会资助的先心病患儿1名来院筛查。

护理工作 全年新增和修订护理文件16个，其中护理管理文件10个、护理质量检查标准3个、护理流程1个、应急预案2个。全院护理质量检查平均分：急救物品、药品99分，病历书写98.07分，病房消毒隔离99分，治疗室无菌技术99分，病房管理99.5分，基础护理99.78分。

完成申报市、区级继续教育项目，教师课件保存率100%。全年参加基地学习的本院护士14 203人次，承担非基地人员学习293人次。其中市级项目讲座1项，参加4 930人次；区级项目讲座1项，参加9 088人次；区级项目培训班1项，参加115人次。参学率、学分达标率均100%。区级医学教育基地工作检查获得98.5分。

11月，手术室被评为北京市护理学会手术室专科护士实习基地。

全年论文投稿39篇，发表15篇，其中《中华护理杂志》刊出4篇。

科研工作 科研课题中标65项，获经费3 284.7万元，其中国家级13项，1 421万元；省部级18项，651.6万元；人才基金22项，671万元；其他10项，40.6万元；横向委托2项，500万元。由院长张兆光牵头的科技部重大国际科技合作项目"重大心血管疾病诊疗关口前移关键技术的合作研究"获经费资助1 099万元。医院首次获得教育部高等学校科学研究优秀成果奖（科学技术），并获北京市科技进步一等奖1项、三等奖2项。该院心外科主任顾承雄设计研发的改进的心表稳定器及水囊式升主动脉近端吻合器获实用新型专利。

全年SCI期刊收录论文44篇，在全国百家医院排序第四十六位。

4月20日，成立北京安贞医院科学技术协会。10月27日，科技部在本市的第一家国际科技合作基地在该院揭牌成立。

医学教育 作为市卫生局执业医师、助理执业医师考试点之一，全年接收考生400人。接收进修345人次，评选优秀进修医生76人。

年内，招收研究生114人，其中博士后2人、博士生23人、硕士生89人；毕业研究生91人，就业率100%。

举办腔镜内镜培训9期，学员93人。4月，召开了第六届妇科微创热点焦点问题研讨会，与会300余人。

国际交流与合作 全年接待外宾88人次。办理出国手续412人次，11人次持因公护照，其中访问、考察、交流16人次，参加国际会议290人次，长期进修6人次，旅游、探亲100人次。

全年组织中法急救项目的常规培训9次。制订培训中心财务管理细则、中方培训计划和财务支出方案，并接收财政支持的设备及验收支付，为培训中心揭牌做好准备工作。

信息化建设 开发了手术患者抗生素使用的实时监测系统；完成移动护理管理信息系统的需求分析、数据接口研究及合同签订，并做了上线前的准备工作；通过电子病历实现了导管室工作量统计功能；完成药库系统的程序改进需求19项；完成配液中心与大通合理用药系统之间的接口及统计功能的改进；完成针剂摆药机与HIS的接口；完成超声心动图图文报告系统的需求分析、程序设计、测试及试运行，并于6月11日正式上线；完成体检中心软件特别是收费及工作量统计功能的改进；实现了本院职工收费实时拆分功能；完成医保门诊实时上传相关的HIS系统改造；改进财务处相关程序功能17项；进行了病理管理系统与HIS接口的部分改进；改进了对传染病实时监控系统中保存及打印的功能；实现了医院感染实时监控系统对电子病历入院诊断的调用功能；完成与医院感染上报系统建立接口前的准备；改进器械科库存管理相关程序11项；改进挂号室相关程序功能5项；完成病案流通软件的升级。

扩大内部、外部网站功能，丰富网站内容；建立了甲流专题网站；修改完善了外网"体检中心"模块；外网建立了门诊出诊专家查询、医疗费用查询及手术费用查询等功能；更新外网部分科室简介，建立了患者留言信箱。全年内网发布信息280余篇、外网70余篇。

在核心期刊发表论文2篇；培养研究生1人；被市科协评为北京市优秀青年工程师标兵1人；1人参加了卫生部《电子病历基本架构与数据标准》的制订，1人作为专家参与了《健康信息学》的4个国家指导性文件和标准的制订。

后勤与基建 年内，修订了固定资产管理制度。完成心外楼5~11层阳光室、血库、手术室新消毒间、锅炉房、单身宿舍的电源改造，完成小儿监护室配电、照明工程，安装食堂油水分离电源、十二病房远程监护电源、动物室消毒设备电源。更换锅炉3台。完成全院30部电梯的年检，并按市技术监督局提出的整改方案督促维修单位进行整改，对电梯司机、维修工进行了多次培训。

新门诊综合楼于6月封顶，完成外部装修并进行内部改造。1号宿舍楼完成封顶并进行外部装修。

其他工作 全年组织健康大课堂10次，约1 500人次参加，发放科普材料1 500余份。组织本院专家参加北京人民广播电台《健康在线》节目15次。43名医生报名参加了朝阳区健康教育科普讲师团。组织院内外义诊咨询活动15次，咨询3 000余人次，发放科普材料40余种1万余份，组织科普讲座3次。门诊及病房发放健康教育处方约5万份。更换门诊及病房宣传板共39块。病房举办科普讲座162次。

4月16日，举办建院25周年院庆，并召开了第五届五洲国际心血管病研讨会。

（撰稿：许 峰 审核：张兆光）

北京朝阳医院

(本部：朝阳区工体南路 8 号)　　(京西院区：石景山区京原路 5 号)
邮编：100020　电话：85231000（总机）　邮编：100043　电话：51821114（总机）
网址：www.bjcyh.com.cn

基本情况　本部：职工 3 147 人，其中卫生技术人员 2 656 人，包括主任医师（含相应职称，下同）104 人、副主任医师 446 人、主治医师 627 人、医师 845 人、护士 634 人；其他技术人员 132 人；行政人员 80 人；工勤人员 279 人。京西院区：职工 808 人，其中卫生技术人员 649 人，包括主任医师（含相应职称，下同）9 人、副主任医师 44 人、主治医师 133 人、医师 275 人、护士 188 人；其他技术人员 41 人；行政人员 43 人（含未定级 27 人）；工勤人员 75 人。

医疗设备总价值 53 008.64 万元，共 6 971 台。本年度购置医疗设备 582 台，总值 3 293.47 万元，其中 10 万元以上设备 70 台，价值 2 209.10 万元；100 万元以上设备 5 台，价值 801.01 万元。

获奖情况。年内，被卫生部、国家药监局、国家中医局评为全国医药卫生系统先进集体，获卫生部医政司颁发的医疗质量万里行全国三级综合医院病历质量评比一等奖，获市总工会"迎国庆，树窗口形象，创优质服务"劳动竞赛优秀组织奖，被首都精神文明建设委员会评为首都精神文明单位、首都"迎国庆，讲文明，树新风"活动先进单位，获市公安局集体三等功，被市防火安全委员会评为消防工作先进单位，被市计生委评为计划生育先进单位。老中医方和谦获卫生部和国家中医药管理局颁发的首届国医大师称号。

改革与管理　人事聘任。建立完善人力资源信息系统，其中薪资模块是确定员工身份的唯一识别码，涉及到岗位工资、薪级工资、绩效工资、福利待遇等项目与主库数据的对接。制订了岗位聘任实施细则、岗位设置方案及岗位聘任文件，完成首次岗位等级核定和工资兑现。京西院区完成第二批差额拨款事业编制人员的准入。

绩效考核。继续完善奖金分配，在完成医院对科室的绩效考核及奖金分配工作的基础上，于 1、4、7、9 月进行阶段绩效奖金核算与分配，试运行职能管理科室及医辅科室的评价方案，并进行绩效奖金分配的问卷调查。修改平衡计分卡指标体系，并在重点科室进行绩效考核指标模拟，发放调查问卷，对权重指标打分统计分析。

患者满意度调查。对医院的信誉度、忠诚度、行风建设、医疗质量、服务态度、就医流程、卫生情况、营养食堂、环境设施等方面进行调查，其中门诊 25 200 人次，满意率 97.97%；住院 33 600 人次，满意率 98.88%；电话随访 34 694 人，满意率 98.13%。

医疗工作　门诊 2 263 901 人次，急诊 241 844 人次，急诊危重症抢救 9 670 人次，抢救成功率 94.78%。病床 1 685 张。住院 49 064 人次，出院 49 244 人次，病床周转 29.23 次，病床使用率 89.36%，平均住院日 11.07 天，七日确诊率 96.99%，出入院诊断符合率 99.28%，治愈率 44.31%，好转率 49.31%，死亡率 2.52%。住院手术 22 237 例。无孕产妇死亡，新生儿死亡率 0.04%，围产儿死亡率 0.15%。

医政管理。针对卫生部及市卫生局在医疗质量安全检查中发现的问题全院通报，及时整改，不断规范医疗行为。修订部分医政文件，统一编制核心制度登记手册，如：危重病例抢救记录、疑难病例讨论记录和死亡病例讨论记录等，严格落实定期检查。审核整理全院执业医师资质，组织职能处室联合进行医疗质量和安全专项检查。加强对急诊科、输血科等科室的管理，重点加强手术分级管理、医师行医资质、器官移植管理、危重症复杂病人会诊等管理。

新技术、新疗法。年内，进行了器官移植，包括肝脏移植、肾脏移植、肺脏移植，呼吸科 6 分钟步行试验，机械通气患者院内运转，机械通气患者呼吸锻炼，自主呼吸试验，胸部物理治疗，麻醉科意识麻醉深度监护仪，基于压力波形分析的心输出量测定和深静脉血氧定量测定，神经内科体外血浆脂类吸附过滤器，心内科体外冲击波心肌血管再生治疗冠心病。

病案质控。甲级病历率95.96%。

医院感染管理。对感染和临床微生物科、手术室、供应室、透析室、重症监护病房、新生儿室全面监测医院感染,将医院感染管理的各项指标纳入绩效考核管理体系中,通过量化考核提高临床医务人员参与医院感染管理的意识。医院感染率3.52%。

医保工作。全年医保出院17 323人次,人均住院费用17 405元,平均住院日12天。年内,获得英国保柏(BUPA)集团"保柏质量核准"认证(国内首家银级医疗机构);与法国之全景保险经纪(北京)有限责任公司和瑞士再保险之北京鹏瑞咨询服务有限公司签订《医疗合作协议》,扩大了医院对商业医疗保险市场的服务面。

社区支援。派出150名具有中高级职称的医务人员参加对口支援社区工作,诊治3 000余人次。

健康教育。组织健康沙龙讲座76次,2 000余人次参加;举办北京呼吸疾病研究所成立10周年大型义诊等活动8次。

便民措施。采取电话预约、网络预约、复诊预约等多渠道,增加电话座席、自行开发预约挂号软件及复诊预约HIS系统平台,推进预约挂号。持续开展节假日门诊和夏时制门诊。

护理工作 完善护理管理制度,制订了《呼吸机管路消毒规范》、《预防管路脱出护理制度》、《危急情况上报流程》等9项制度,修订了《分级护理制度》、《护理文件书写规范》等6项制度及19项护理质量标准。加强对重点科室质量安全监控,对ICU、急诊室等重点科室及输血、输液病人进行质量安全监控及培训。成立了内、外科护士委员会,选派120余人次外出参加学术交流及进修。大力发展专科护理,不断提升社会效益和护士专业价值。定期考核相关疾病护理常规和CPR技术操作,并组织了护理知识技能竞赛。

护理科研。年内,召开医院护理科研年会,对优秀论文进行了交流与表彰。发挥护理小组成员的作用,完成医院首部《护理论文集》的编辑出版。护理部首次获得医院科研基金,并制订了《护理科研经费管理办法》、《护理科研基金资助项目申报办法》。召开医院护理科研开题申报会,有19项护理科研课题参加评标,其中9项获得科研基金资助。全年公开发表护理论文65篇,并筛选参加了朝阳区护理学术年会及北京护理学会学术年会。

护理教学。首次成为首都医科大学第三临床护理学院,并成立了呼吸、急诊护理学系。完成首都医科大学护理学院第三护理学部授课教师的遴选,组建了内、外、妇、儿等护理教研室,完成首医护理学院第三护理学部研究生基地的申报。接收北京护士学校中专50人、首医大专42人、首医本科和中医药本科48人生产实习。完成全院1 000余名护士的继续教育,全年举办国家级继续教育项目2项、市级项目1项、区级15项、院级10项。

科研工作 申报各类科研项目310项,获批20万元以上22项,其中国家自然科学基金13项,含重大国际合作项目1项;市教委3项;市中医局1项;市科委5项。

"呼吸衰竭的发病机理与治疗研究"获国家科技进步二等奖,"心力衰竭及相关疾病与受体及自身抗体、细胞凋亡的系列研究"获北京市科学技术三等奖;"一种常压低氧染毒系统"获发明专利。

被SCI收录论文60余篇,其中《中国甲型H1N1流感的临床特征》发表于《新英格兰医学杂志》。

教学工作 本年度录取研究生99人,其中博士生36人(在职20人、统招16人)、硕士生63人(在职20人、统招43人),接收本科生五年制67人、七年制35人。毕业博士研究生16人、硕士研究生94人(含七年制26人)、本专科生50人。招收护校学生50人。首都医科大学泌尿外科学系和风湿免疫学系落户本院,医院已拥有首都医科大学8个学系。

年内,完成教学楼改造和教学设施的全面升级。加强教研室主任、班主任及教师的培训,增设了全科医学教研室。成立青年教师会,开展了教学技能系列培训和考核,如:课间见习师资培训、规范教学查房等培训。新增博士研究生导师7人、硕士生导师19人。推进精品课程建设、双语课程建设,对北京市精品课程《内科学》进行全程录像,首医校级精品课程《中医学》、双语课程《皮肤与性病学》在建。

国际交流与合作 出国参加学术会议、学术交流、考察和研修22人次,邀请外国专家50余人次来院进行学术、手术交流及访问。承办了国际肺循环疾病研讨会、中美整形外科会议、第三届中国控烟研讨会。接待厄立特里亚卫生部长阿米娜·努尔·侯赛因与卫生部传染病防控中心主任一行访问、加拿大安大略省省医院学术协会成员医院加拿大麦克马斯特大学呼吸研究所主任Martin Kolb教授一行来访。

信息化建设 进一步完善LIS、HIS、PACS系统的升级改造。完成医保门诊、3种特种病及住院系统的升级改造,初步完成"医保门诊实时结算工程"的软件开发。完成医院薪资管理系统的开发、预约挂号系统的改造、本院职工就医门诊实时结算软件等。

后勤与基建 完成住院二部的装修改造。继续改扩建一期工程、污水处理站工程、核磁机房及发电机房工程,启动了东大门改造工程。

制订各种管理制度和应急预案30余项、各种调查表10余种，完成全院15万平方米的用电及维修、巡视检修，院内工程保养检查和维修改造万余项；抢险抢修100余项。物业工程部推行"一站式服务"，并组建了运送中心，规范物业后勤管理流程，组织各类培训，接报修电话15 230余次，完成维修12 499项。京西院区更新住院楼电梯2部、家属楼电梯1部；进行了核磁机房、C型臂医疗用房的装修改造；投入120万元装修改造240平方米学生宿舍、洗衣房、供应室；为防范坠楼发生，研发了控制窗户开启宽度的卡子，安装在全部医疗区，节约资金20余万元。

其他工作 12月26日，北京市呼吸疾病研究所成立10周年庆典暨科学发展报告会，并发布《翁心植院士九十诞辰纪念集》。卫生部副部长刘谦、中国工程院院士钟南山、科技部生物中心主任王宏广、市卫生局副局长赵春惠等出席。会后，举办了系列学科发展报告会及学术交流研讨会。

宣传工作 新闻媒体对医院报道1 117次，其中报纸715次、广播电台18次、电视台196次、北京卫生信息网188篇，医师个人博客及网页发表文章1 722篇，点击量467万次。出版《朝阳医院院报》24期100版。医院拍摄的纪录片《浴火重生》获市卫生局第十八届"杏林杯"电视片汇映一等奖。在市卫生局举办的"我和我的祖国"摄影比赛中，医院的《下乡医疗队》、《今天·明天》等照片获奖。

志愿服务 医院志愿者协会赴河南汝州金庚医院看望脑瘫患者并义诊；赴光爱学校开展"关爱孤儿群体，呵护受伤心灵"的志愿服务；赴朝阳区红庙消防支队开展"军民携手共建，同享朝阳，同享健康"志愿活动；暑期组织医学院学生为患者导医；针对甲流疫情，走进大学校园宣传甲流的科学防控。累计服务6万余小时。

国庆医疗保障 制订国庆期间突发事件急救预案，组织突发事件应急培训和演练；开通急诊绿色通道；派遣优质医疗团队参与国庆庆典现场的医疗急救保障工作；做好院内的接诊及网络、信息的上报。

（撰稿：黄维佳 审核：陈 航）

北京天坛医院

（崇文区天坛西里6号）
邮编：100050 电话：67096611（总机）
网址：www.bjtth.org

基本情况 职工2 182人（含北京市神经外科研究所），其中专业技术人员1 935人，包括正高级职称134人、副高级职称277人、中级职称582人、初级师748人、初级士134人、其他专业人员60人；行政人员57人，包括副高级职称1人、中级职称9人、初级职称10人、其他人员37人；工勤人员190人。

有万元以上设备1 876台（件），其中100万元以上设备1 825台（件），包括本年度购置441台（件）。医疗设备总值36 326万元。

获奖情况。医院被评为国庆安保工作先进集体、国庆60周年庆祝活动医疗卫生保障工作最佳服务保障奖、首都"迎国庆，讲文明，树新风"活动先进单位、北京市防范和处理邪教工作（1999～2009年）先进集体、首都文明单位标兵等。患者服务中心收到表扬信179封。

改革与管理 年内，召开学科建设工作会议，制订了学科带头人标准（100分量化指标）；按照北京市重点学科标准，评选了院级重点学科和院级重点培育学科；提出了完善医院学科建设的"1、4、5工程"，"1"是以人才为中心；"4"是建立4个平台，即神经系统疾病转化医学、临床资源库与样本库、临床实验与临床研究、中心实验室（实验研究）等；"5"是完善5种制度机制，即重点学科评审制度、绩效考核系统、学科带头人定量评定方法、调整科技论文奖励机制和办法、学科资源的整合机制。

在医院管理年及创建人民满意医院的基础上，大力推进医疗全过程质量管理，努力提高医疗技术和服务水平，继续推进资源整合、结构调整、流程优化等一系列措施，缩短看病等候时间，提高效率，有效缓解了看病难、看病贵的问题。

医疗工作 门诊1 050 850人次，急诊93 794人次，日均门诊4 220人次，急诊危重症抢救7 390人次，抢救成功率93.21%。编制病床950张，其中神经外科病床318张。入院24 496人次，出院24 458人次，床位使用率100.45%，床位周转28.02次，平均住院日13.15天，出入院诊断符合率100%，七日确诊率99.9%。治愈率45.48%，好转率48.17%，死亡率1.82%。手术21 832例。

开展的新技术、新疗法及新项目有：神经外科手术骨动力系统、连续尿量监测、迷走神经电刺激治疗顽固性癫痫、新型宫腔电切术、血栓弹力图实验、电子耳蜗植入、结肠支架、胃转流手术治疗2型糖尿病、颈动脉高分辨率磁共振成像、术中血流量监测。全年神经外科手术7 804例，其中导航手术117例。神经内科获得国家级科技重大专项课题——脑血管病创新药物评价技术平台；规范住院医师培训制度，加强病历质量控制，建立了门类齐全的诊断平台和数据标本库。外科完成了医保单病种付费和市卫生局每季度统计公布的单病种的费用控制。新开展了腹腔镜胆囊切除、胆总管切开取石、术中胆道镜。骨科开展了脊柱疾病微创治疗，显微外科腰间盘髓核摘除术，与椎间孔镜配合，做到了腰椎疾患全部微创手术治疗。内科建立了完善的心脏危重患者监护抢救治疗基地，保障急诊的心梗患者抢救治疗的绿色通道。获批国家临床药物试验基地（内分泌与代谢病）、内科专科医师临床培训基地。并开展了食道测压及pH值检测、肝癌的导管栓塞及化疗术等新技术。感染科、发热门诊在防治甲流等传染病工作中，共诊治、排查发热患者9 687人次。产科完成31例危重孕产妇抢救并获得市卫生局危重孕产妇抢救奖，开展了经阴道注水腹腔镜新技术。麻醉科开展了术中自体血液回收利用、术后镇痛、无痛人流、无痛胃肠镜等项目；建立了麻醉后恢复室，缩短连台手术等候时间；成立了麻醉学专业组。检验科作为市卫生局甲流确诊实验室，完成了实验室诊断任务。

病案管理。修订了住院病案管理制度、病案质量管理制度、住院病案归档程序及归档时限的规定、保证病案资料完整的规定、保证病案资料真实的规定、病案借阅规定、病案首页科主任签字规定，修订了病案委员会委员的职责和病案质控组的职责，组织了病案检查及病案展览，完成病历所有表格的修改。甲级病历率93.33%。

医院感染管理。加强全院感染控制培训，强化重点部门的院感管理，修订完善医院感染控制的标准和操作流程，制订医院感染预防控制技术手册。完成北京市卫生局医院管理平台信息上报565例。医院感染率2.87%。

医保工作。本年度医疗保险管理工作获二等奖。全年医保出院6 728人次，占总出院人数的31.70%。医保住院总费用11 035.92万元，次均费用16 403元。

医疗支援。继续与武汉长航医院、湖南省长沙市宁乡县人民医院等单位进行技术合作，继续派遣优秀神经外科医生支援新疆、吉林省洮南等地的医疗工作。新开展了与临汾市第四人民医院、山东省青州市人民医院的技术合作。全年派出10批30人次医疗队入驻长陵、十三陵镇卫生院，除完成正常门诊工作外，还参加健康体检及妇女病普查共16次，受检2 000余人；义诊咨询10次，咨询600余人次。开展健康教育60次，医务人员600余人次、农民1 000余人次参加。举办健康大课堂35次，受益群众600余人次；制作专业培训电子版幻灯20套。继续支援崇文区、丰台区社区医疗工作，共派出885人次到社区医院，其中主治医师655人次、副主任医师228人次、主任医师2人次。

护理工作 成立护理质控中心，制订了具有本院特色的《分级护理制度》，修订了《护理常规》、《护理管理与质量标准》。护理文件书写合格率100%，分级护理合格率100%，简易呼吸操作平均为95.7分，急救物品完好率100%。全年带教学生117人，其中首都医科大学附属第五临床医学院护理高职班42人、首医燕京医学院护理高职班37人、北京护校38人，带教老师95人。进修67人。全年接听咨询电话96 930人次，参加护理本、专科学习90人。发表护理论文44篇。

预防保健 社区传染病管理率、访视率、及时率、访到率、合格率、疫源地消毒率、宣教率均为100%。计划免疫无漏管、漏种，院内传染病报告无漏登漏报，一类疫苗接种率100%。免费为老人接种流感疫苗2 749人次，为学生接种1 929人次，收费疫苗接种968人次，共计5 646人次。为参加庆典方队的3 000余人接种了甲流疫苗。

全年宁养院服务107人次，门诊服务患者及电话随访、巡诊1 024人次。宁养院于6月底关闭。从2001年开业至2009年6月30日，累计服务患者3 267人次，服务总次数53 382人次。

科研工作 共获各类科研项目65项：主持参加国家级项目16项，其中国家科技重大专项、国家"973"课题、国家支撑计划子课题和科技部国际合作课题各1项；主持参加省部级项目17项。有26项科研课题进行了中期或结题检查。"颅脑手术中脑认知功能保护的微创神经外科学基础研究与临床应用"获国家科技进步奖二等奖,"脑梗死前期脑局部低灌注及颈动脉分叉血流动力学影像研究"获中华医学奖三等奖。全年发表论文527篇,其中SCI收录35篇、核心期刊492篇。

神经外科举办了第八届亚洲神经外科大会、神经外科指南和规范推广学习班、北京天坛医院小儿神经外科新进展讲习班等,来自国内外的2 000余名专家参会。神经内科举办了赛诺菲安万特－天坛卒中教育项目、中国卒中中心建设项目、北京神经病学学术沙龙学术会议、全国言语障碍、吞咽困难培训班、中国卒中中心建设项目培训班、全国神经危重症与急救医学进展培训班等,近1 300人次参加。妇产科举办了天坛妇科第四届微创新技术论坛,超声科举办术中超声与血管超声提高班,麻醉科承办了神经外科麻醉和脑保护进展研讨会,急诊介入举办第六届颅内动脉粥样硬化与支架成形术研讨会,检验科举办了体外诊断学进展与教学改革发展论坛,神经介入举办了第五届天坛神经介入高级培训班,消化内科举办了第一届肝脏疾病进展研讨班,呼吸内科举办了支气管镜介入技术临床应用高级讲习班,药剂科举办了第五届临床药学实践与提高培训班、北京中青年药师沙龙2009年度学术活动。

教学工作 实施导师考评结果与导师招生挂钩;制订导师招生遴选具体量化标准;继续推进研究生培养过程信息化、规范化管理,建立了研究生信息网络系统。本院有博士学位授权专业9个,博士生导师27人;硕士学位授权专业17个,硕士生导师52人。在读博士生52人,硕士生127人。本科生196人,其中五年制23人、七年制173人。本科七年制26名学生分别参加了执业医师技能考核和理论考核,通过率100%,获得执业医师资格证书。开展了专科医师、住院医师临床思维培训。

全院继续医学教育参加率99%,达标率99%。组织、协办国家级继续医学教育项目学习班20个、市级学习班3个、区县级学习班8个。组织申报2010年国家级继续医学教育项目9个、市级3个、区县级11个。接收进修300人,其中副高级职称56人、主治医师127人、医师32人、护师及护师以上52人、护士25人、其他8人。

信息化建设 建立了异地数据备份系统;引进了基线网络监控系统,随时查询和追踪网络中出现的问题;完成神经内科新电子病历系统的升级、电子住院证的试点工作,建立了病历书写质量控制机制;完成神经外科垂体瘤手术全过程的流程化管理系统、围手术期抗菌素的管理系统,建立卫生材料的新管理流程,实现了从采购到临床科室的全程追踪管理;完成门诊医保实时刷卡结算系统的整体改造。

国内外学术交流 年内,派出13批13人次分赴美国、加拿大、瑞士、意大利等国家和中国香港地区进行学术交流、培训考察。

后勤工作 全年完成48项基础维修改造工程。完善应急预案,开展实战演练,特别是自备发电机带载运行检测,提高了医院应急救援处置能力。

防控甲流 成立防控工作领导小组、专家组;建立了完善的流感患者预检、甄别、信息上报、救治的流程;完善了对甲流危重症患者的抢救流程。自4月30日~12月31日,共接诊患者7 860例次,筛查2 548例次,其中阳性309例次,甄别治疗4 868例次,病房收治40例次。

国庆医疗保障 为国庆庆典第二分指挥部崇文方队队员及保障人员3 000余人接种了甲流疫苗。派出7人参加天安门庆典医疗保障工作。本院医疗站点的特点是:地处广场中央,保障范围广,被保障人员数万人;进驻早,撤出晚,保障时间长(国庆阅兵和晚会均要参加);除了接诊站点周围的患者外还要负责广场内的现场救治。8月29日至9月30日,医疗队员共参加4次演练。现场出诊2次,接诊救治114人。9月30日21时~10月2日1时,医疗队员在天安门广场坚守近30个小时,出诊1次,接诊27人。

医院派出9人的观礼台医疗保障小组,承担人民大会堂北侧临时看台5 200名观礼嘉宾的医疗保障任务。此外,还派出12人承担了国庆天坛公园游园的医疗保障任务。10月1日~3日,在天坛公园处理外伤、发热等患者9人。

本院名誉院长王忠诚院士作为2008年度国家最高科学技术奖获得者在天安门城楼上参加了国庆庆典观礼。党委书记高晓兰作为全国先进基层党组织代表在天安门东侧观礼台参加了国庆观礼。神经外科中心副主任张俊廷作为第二届首都十大健康卫士代表在天安门西侧观礼台参加了国庆观礼。神经外科中心五病区主任赵元立和主任医师隋大立作为民主党派代表在人民大会堂北侧临时观礼台参加了国庆观礼。

(撰稿:章兰云 审核:宋茂民)

首都医科大学宣武医院
北京市老年病医疗研究中心

（宣武区长椿街45号）
邮编：100053　电话：83198899（总机）
网址：www.xwhosp.com.cn

基本情况　职工2 333人，其中卫生技术人员1 921人，包括高级职称114人、副高级职称192人、中级职称508人、初级职称1 107人（初级师844人、一般技术员263人）；其他专业技术人员165人；行政、后勤人员247人。离退休712人。

医疗设备总价值67 192万元。新购置医疗设备总值6 295万元，其中10万元以上设备44台、100万元以上设备6台。

获奖情况。获2008年度十佳人民满意医院、首都平安示范医院、国庆安保工作先进集体；在国庆60周年庆典活动医疗保障中，获最佳服务保障奖；在医疗质量万里行、全国三级综合医院病历质量评比活动中荣获二等奖；在创建全国无烟医院活动中以总分第一的成绩受到表彰；外科学教学团队被评为国家级优秀教学团队。

医院管理　稳步推进医院管理学科建设，完成中层干部管理科研、文化建设两个系列、6个专题的管理知识和技能培训，并召开医院管理学术交流会1次、职能部门管理培训3次，管理干部参加院外培训和学术交流5次，全院发表管理论文57篇。

年内，开展了多种形式、丰富多彩的职工文化活动。如："构建和谐宣医，促进科学发展，向建国60周年献礼"主题系列活动，以弘扬民族精神、宣医精神为主线的"庆七一、迎国庆"红歌演唱会、"我与祖国共奋进，我为发展献青春"青年风采大赛，"迎国庆、颂祖国"职工文艺汇演等。

医疗工作　门诊1 487 706人次，急诊161 662人次，急诊留观6 000人次。床位1 053张。住院34 434人次，出院34 460人次，床位使用率95.11%，床位周转32.72次，平均住院日10.68天，治愈率51.04%，好转率43.64%，死亡率2.00%。手术23 182例，其中特大手术2 775例、大手术7 848例、中手术4 639例、小手术7 920例。对183例重大抢救、疑难症诊治成功病例和12项新业务、新技术人员分别给予了奖励。

医保工作。全年医保出院12 908人次，医保出院患者总费用232 939 450.9元，次均费用18 046.13元。获北京市医疗保险管理一等奖。

本院连续第五年开展医疗安全问题拉网排查，全年收集科室上报的安全隐患421条，对其中涉及医疗和医技的104条安全隐患进行了整改。开展临床主治医师查房督察评比活动，促进了医疗核心制度的落实和医疗质量的提高。强化检验科生物安全管理，通过了国家认可委组织的ISO 15189复审。进一步规范临床用血管理，组织了青年医师临床输血培训。加强围手术期质量管理，对手术及手术医师分级管理。整合人员床位，制订相关制度，向市卫生局申报重症医学科，并通过了医学会评审。修订管理制度2项，新增2条，完善和增加了围手术期管理制度、手术安全核查与手术风险评估制度、突发事件药品和医疗器械不良事件应急预案、"特殊使用"类别抗菌药物应用管理规定。

医院感染管理。开展以"防控医院感染，保障医患安全"为主题的第二届院感防控周活动，提倡医院感染"零宽容"的理念。医院感染率1.92%，比上年下降0.3%。

病案管理。重视医疗质量内涵建设，从病历质量抓起，实行三级负责制，运行病历总合格率维持在96%。在全国和北京市三级综合医院优秀病历质量评比活动中，5份病历被选为市级优秀。定期召开医疗质量分析例会，医疗规章制度执行合格率96.93%。

医疗支援。圆满完成为期1年的援藏任务，又派1名妇产科主治医师赴新疆和田地区传染病专科医院开展为期1年的援疆工作。继续支援门头沟区医院、门头沟妇幼保健院，与受援医院召开工作协调会3次，进一步明确帮扶目标和具体措施。与内蒙古签订京蒙对口支援协议，定期派出医务人员支援宁城县医院和喀喇沁旗医院。与受援医院和社区卫生服务中心建立对口支援关系，逐步完善慢性病管理协作机制，为对口支援的社区卫生服务中心建立本院治疗高血压、糖尿病、脑卒中、冠心病等慢性病专家库，备案并定期更新支援专家名单，其中心内科专家 4 人、神经内科专家 7 人、内分泌科专家 4 人，提供本院包括专业特色及在院专家出诊时间，方便社区居民到本院门诊就诊。有副高以上专家 182 人次参加了社区卫生服务工作。为社区居民提供快捷的检查通道，给对口支援的社区卫生服务中心提供本院开放的检验及大型设备检查项目目录，其中检验科检查项目 21 项、核医学检查项目 48 项、套餐 7 项。临床科室中级职称以上医务人员 402 人次到社区参加卫生服务。进一步畅通双向转诊绿色通道，形成有效的紧密技术支撑和双向转诊机制，开展社区转诊预约挂号服务，设置专人负责协调门诊病人双向转诊工作。开展人员双向交流和培养，优先接收对口支援医院全科医生和护士实习进修，门诊接收了 8 名社区医生进修。为受援医院举办专题讲座、技术指导，包括门诊、会诊、带教、查房、培训等。参加社区卫生服务共计 432 人次，中医专家到社区服务 16 人次。面向社区开放健康大课堂和老年健康大学，定期举办健康咨询服务活动。为社区居民举办讲座 22 讲，为社区医务人员举办讲座 33 讲。

护理工作 加强护理核心制度落实，对全院护士进行护理核心制度考核，共考核护士长 60 人次、护士 174 人次，平均成绩为 90.1 分。抽查特护等各级别护理患者 328 人，危重病人访视 115 人次，实现了为病人护理到位率 90% 的计划目标，收到患者或家属表扬护理的信件 30 余封。创建科学规范的护理安全文化，促进医院质量管理系统持续改进，修订完成《药品安全管理制度》，并重点对药品清点、使用记录、统一标志、分类存放、准确给药及防护措施等进行专项督导检查 8 次，提出临床科室药品"零基数"管理理念；领药、补充、使用环节均要求双人查对；退药及时、标志明确，并有追溯记录，减少不必要的药品存放；要求高危药品标志统一，基数药品使用登记清晰明确；通过初查、反馈、复查等方式，多次对各病区出现的问题进行复查，全方位规范临床药品管理。开展《用药安全》专题讨论会 1 次，进行用药安全相关知识培训 3 次。规范输液过程，重点加强对输液速度的控制管理。加强抗菌药物使用管理，对全院抗菌药物给药时间进行重点督查 4 次。

成立重症监护、老年护理、神经科护理、静脉输液、技能操作等护理质量管理组 10 个，变约束型经验管理为服务型循证管理。重症监护质量管理组与压疮质量管理组联合开展危重患者压疮专题病例研讨会，对压疮有针对性地进行干预，同时压疮质量管理组制作并逐步推广压疮风险提示卡，引起医护人员及家属的重视。神经科护理质量管理组对癫痫患者组织多学科联合护理查房，为患者提供整体护理服务，并制订脑疝、癫痫抢救流程。院感防控质量管理组多次深入各病区，加大对医护人员正确执行六部洗手法的督查力度。患者护理质量管理组提出临床科室护士分层使用设想，以神经内科三病区为试点，白班设置主责护士（健康教育护士）、责任护士、辅助护士，以患者为中心，将时间还给患者，进行规范化健康教育管理，提高护理质量。老年护理质量管理组完成了《住院老年患者护理临床实践指南》初稿，病历书写质量管理组静脉炎及压疮环节病历书写模板，制订脑卒中及心梗专科病历书写模板。危机管理组开展应急场景模拟演练，考察临床护士是否能够自觉、有效地掌握并执行护理应急预案，使护理应急预案得到持续改进。10 个护理质量管理组共完善护理规章制度 8 项、修订护理常规 11 项、规范护理操作 6 项，完成书籍编写（初稿）2 册，刻录操作光盘 2 张，发表相关论文 8 篇。

根据卫生部《2008 年~2009 年"以病人为中心"医疗安全百日专项检查活动方案》，结合中国医院协会颁布的患者安全目标，制订本院"百日安全隐患大查找"专项活动实施细则。组织临床护理人员进行护理安全隐患自查，查找出安全隐患护理类 110 项、医护合作类 27 项、外送护工类 14 项，并对护理类 110 项进行逐条分析解决，解决率 99.1%。涉及相关部门的问题，护理部以书面形式和专题讨论的形式进行协调解决。

加强中心手术、供应室、母婴同室、血液净化室等特殊科室的规范管理。选派专人负责特殊科室的护理质量专项检查。派 2 名骨干参加卫生部组织的《医院消毒供应中心管理规范》培训。组织中心手术室、供应室等重点科室的护理人员和质控人员学习卫生部关于《医院消毒供应中心管理规范》，并对 499 人次进行相关知识培训。按照《医院消毒供应中心清洗消毒技术操作规范》的规定统一清洗、消毒、灭菌工作，收回耳鼻喉科、功能神外手术室、产房和妇科门诊等科室自备包的清洗、消毒，由供应室完成清洗、消毒、包装、灭菌和统一供应。修订岗位职责、操作规程、消毒隔离、质量监控、监测、设备管理、器械管理及职业安全防护等管理制度 26 项，制订突发事件的应急预案。依据规范修改补充完善制度 20 项，优化流程 12 项。

落实准时开台，提前15分钟进入手术间，做好术前准备工作，术前10分钟对手术病人进行核对和评估。新增管理制度7项、应急预案8项，修订3项其他相关制度。加强麻醉药品及毒麻药品的管理，培养了2名麻醉护士。规范高值耗材管理，建立高值耗材库，制订相关规章制度，抽调专人负责管理发放登记高值耗材的使用情况，实现可追溯。优化母婴同室护理工作的流程及完善规章制度4项，新增制度6项。加强质量监管，保证母婴安全。强化血液净化室查对制度的落实。完善患者上机前管路连接双人查对环节，以及对药品实行交接登记制度。加强应急管理，组建甲流重症监护护理组，为及时有效应对突发事件，修订并完善护理人员应急预案，完善日间、夜间及节假日突发事件应急流程、替代人员梯队及流程，完善护士通讯联系方式。加强督察，检查各科应急预案文件管理，抽查43名护士应急电话畅通情况，督促并检查各科完善应急救援物资储备，参加医院组织的应急演练2次。面对甲流重症病例不断增多的趋势，医院决定收治甲流重症病人，护理部立即与医务处、感染疾病科协商讨论，制订甲流重症监护护理人员梯队方案。从部分科室抽调24名护士，组成6批听班梯队，上岗前由感染性疾病科主任和护士长负责培训。第一批4人已圆满完成任务，第二批4人上岗。

推广护理专业三级查房，提升专科护理内涵和质量。经过医院前期进行现状调研，多次研究、讨论，以普外科和神经内科为试点，组织观摩和研讨，制订护士专业查房的定位、流程、要求及评价标准。在全院各病区开展护理专业查房的基础上，抽取8个病区进行评价考核，重点解决临床护理工作中的疑难问题、关注本病区的护理重点对象等，如"防范HIS系统处理医嘱中的漏洞"、"PICC并发症的预防"等。

对护士长在加强科学管理理论培训的同时，坚持开展专业学术理论和技能学习，进行小讲课6次，开展英语学习12次，在核心期刊共发表论文8篇，组织编写《静脉输液护理指南》。外派参加医院管理、数字化信息建设等学习、交流经验共8人次。在统计源期刊发表护理论文128篇，1项护理临床课题获首都医科大学校长研究基金，2项获院内管理课题，25项护理临床课题获得院级课题立项。10篇护理论文获院级优秀护理论文奖，1篇护理论文获北京护理学会优秀护理论文奖。

首都医科大学第一临床护理教学部在本院成立。手术室、血管ICU、妇产科通过考核成为中华护理学会资格认证教学基地，完成北京护理学会ICU、急诊专科护士教学基地教学工作，接收学员32人。完成全院护士继续教育，根据护理人员不同层次设计继续教育内容，培养专科护士14人，包括ICU专科护士9人、急诊专科护士2人、肿瘤专科护士1人、PICC专科护士1人、糖尿病专科护士1人。对37名新护士进行岗前培训2周，考核合格后上岗。举办国家级继续教育学习班3项、市级继续教育学习班4项，专业知识、管理和法律等培训21次，共计8 333人次，达标率98.9%，通过了市卫生局对继续教育学分的检查。派出94人次护理人员参加国内外学习、培训及学术交流，2名护士到外院进修专科护理。接收来自全国各地的94名护士进修。

科研工作 重点加强科研项目全程管理，对课题实施、完成质量及在研课题进展加大督察力度。全年申报课题335项，其中国家级86项、省部级89项、局级156项、其他4项。新立纵向课题101项、横向课题33项。纵向课题中，国家课题获资助18项，其中国家自然科学基金16项；省部级课题获资助25项，其中北京市自然科学基金13项；局级课题获资助53项；其他类课题获资助5项。获北京市科学技术二等奖4项，教育部科技成果二等奖1项，中华医学科技二等奖1项，中国中西医结合学会科学技术二等奖1项；获发明专利3项，实用新型专利1项。教育部新世纪人才1人；市卫生局高层人才15人，其中领军人才3人；入选北京市科技新星计划4人；市委组织部骨干人才3人；市人事局新世纪"百千万"人才4人；获茅以升奖（北京青年科技奖）1项；首届全国中青年医师创新发展论坛论文奖1项；获市人事局留学回国人员资助2项；教育部留学回国启动基金1项；博士后基金2项。在统计源期刊发表论文880篇，其中SCI收录96篇。

组织了多项学术交流活动。宣武医院中青年科技论坛，收到投稿80余篇，其中25篇在论坛发言，10篇被选为优秀论文。启动了青年学术沙龙活动。继续开展引进国外先进智力（引智）示范项目。加强神经变性病教育部重点实验室的建设和管理。起草《神经变性病教育部重点实验室管理办法》，召开了神经变性病教育部重点实验室（首都医科大学）2008~2009年进展汇报会。加大老年病医疗研究中心的公益性建设，制订了《老年中心2009~2010年公益科研院所发展规划》，向市卫生局提交了《重点公益科研任务建议表》和《重点科研项目建议表》。

医学教育 在第二个《五年教育发展规划》实施的最后一年，实施教育质量工程建设，不断加强教研室建设，《外科学》教研室被评为国家级优秀教学团队，《医学影像学》被评为市级精品课程，《检体诊断学》和《外科学总论》、《外科护理学》、《神经护理学》被评为首医大精品课程,《核医学》、《中医学》经校级精品课程复审合格;在首都医科大学首届双语示范课程评审中,《医学影像学》、《神经病学》被评为校级双语示范课程。至此,本院有10门首都医科大学精品课程、1门市级精品课程、1门国家级精品课程。在市卫生局首次对42家医院科教工作的评估检查中,本院教学工作获第二名。获首医大吴阶平桃李奖和优秀教师奖各1人,获首医大优秀教师奖4人,获首医大优秀导师奖3人,获北京市青年教师教学基本功大赛三等奖1人。举办国家级继续教育项目34项、市级继续教育项目6项,其中技能型国家级继续教育项目5项,2 507人次参加。大型手术转播3次。院级培训18项,2万余人次参加。职工外出学习453人次。进一步强化专科医师培训基地建设,对在培182名住院医师严格训练过程管理,实施"三轨合一"的出科考核;完成市卫生局住院医师统考任务。完成与门头沟区医院和丰台医院全科医师培训项目的"手拉手"帮扶任务;承担北京市全科医学师资带教基本功"教学查房"和"外科无菌术"培训班各2期;承办了北京市全科医师带教教师查房比赛;在北京市全科医师教学基本功比赛中,本院获"手拉手"帮扶工作一等奖。

年内,新增临床检验诊断学、康复医学与理疗学2个博士学位培养点,现有学位培养点30个,其中博士培养点16个、硕士培养点14个。新遴选博士生导师5人、硕士生导师11人。共有研究生导师118人,其中博士生导师31人、硕士生导师87人。本院导师指导的博士研究生第二次获国家优秀博士论文提名奖,连续6年获首医大优秀博士论文奖;获王忠诚优秀研究生奖2人。新开设首医大研究生课程1门(《流式细胞术及其应用教程》),本院共开设首医大研究生课程7门。在读研究生329人,其中博士生127人、硕士生202人;在站博士后24人,进站8人,出站12人,留院5人,其他3人。完成临床医学和生物医学工程2个专业10个班631名学生3 563学时的理论授课及84周的生产实习。

第一临床护理教学部完成护理本、专科12个班778名学生理论授课和见习、毕业实习教学任务。建立了4个基础护理教研室和内科、心内科、普外科、神经内科、神经外科、急诊科6个临床护理教研室。开展了临床青年教师授课基本功规范化培训。完成首医大护理夜大临床课程教学大纲的编写修订。完成北京市全科培训中心社区护士骨干班的实习。

本院牵头有3家临床学院参与的课题"首都医科大学临床医学专业教学模式和课程体系改革的研究",获北京市教育教学成果二等奖;首都医科大学校长基金课题结题8项;获批首都医科大学校长基金课题立项11项,护理学院教改课题2项。发表教学论文43篇。

国际交流 接待来自澳大利亚、加拿大、德国、日本等国专家学者来访交流7批33人次。派出国考察、学习、参加国际学术会议及进修168批241人次(32个国家、地区)。举办了"药物与医保支付(Medicines and Insurance Coverage,MedIC)"医疗保险体系医药政策高峰论坛、第四届北京神经变性病及卒中国际研讨会、中国临床实验同盟CCTC首席研究员会议。

后勤与基建 医院扩建拆迁工作正式启动,完成改扩建一期建设用地75%的住宅拆迁及95%非住宅拆迁。

完善制度建设,实施科学化管理,制订《有限空间作业安全管理规定》和《地下空间安全管理规定》,并组织了培训。继续开展节能减排活动,利用节能产品提高效能,完成院内各项基建改造工程。

强化预算管理。统筹资金合理使用,加强预算执行情况的分析和反馈,对预算执行实施事前核减、全程监控。本院连续10年获市卫生局财务决算工作一等奖、财务日常报表工作一等奖。

信息化建设 对门急诊信息系统、影像系统进行了全面升级,实现住院信息系统、检验信息系统和影像信息系统的整合;完成门诊医生站系统的推广应用;实施医保门诊实时结算并通过了市医保部门的验收。

其他工作 完成医疗保障和防控任务。医院派医疗队完成国庆60周年庆典活动的医疗保障任务,24名队员被评为首都国庆60周年庆祝活动医疗卫生保障先进个人。完成防控甲流、人感染高致病性禽流感、手足口病等工作,被评为市卫生局2008年度传染病疫情和死亡登记报告工作先进单位。

(撰稿:李雪芬 审核:吴宇彤)

北京世纪坛医院

(海淀区羊坊店铁医路10号)
邮编：100038　电话：63925588
网址：www.bjgrh.com.cn

基本情况　职工1 978人，其中卫生技术人员1 715人，包括正高级职称58人、副高级职称171人、中级职称468人、初级师611人、初级士174人、无职称233人；行政及后勤人员151人。

医疗设备总价值30 462.57万元。本年度购置医疗设备总值4 845.13万元，其中10万元以上设备46台、100万元以上4台。

本年度医院获市级及市级以上荣誉11项，个人获奖8项。

机构设置　4月，成立结直肠肛门外科，隶属肿瘤外科。7月，成立了血管淋巴外科中心。

人才引进与培养　本年度，医院引进放射中心、泌尿外科、结直肠外科、头颈肿瘤外科、肿瘤内科、急诊科等6名学科带头人，30余名博士、博士后等学科骨干。此外，选派到外院进修21人，国外深造3人，参加国外学术会议39人次。

改革与管理　坚持以病人为中心，以学科建设为主线，以科研教学为动力，以医疗质量为核心，以维护人民健康为目标，加强医院管理，深入开展医疗质量年活动，坚持以人为本，注重内涵建设，狠抓医疗质量，确保患者安全，改善医疗环境。完成了年初设定的各项指标，医院总收入达到7.025亿元，创历史最高记录。在医疗质量、医疗安全、学科建设、人事改革和医院经济管理上也取得了显著成效。

医疗工作　门诊807 451人次，急诊33 197人次，急诊危重症抢救528人次，抢救成功率97.54%。床位1 008张。入院20 483人次，出院20 468人次，平均住院日13.83天，床位周转23.19次，床位使用率85.26%，七日确诊率100%，出入院诊断符合率99.91%，治愈率39.33%，好转率55.39%，死亡率3.47%，无孕产妇和新生儿死亡。住院手术7 708例。

开展新技术、新疗法37项，报市卫生局备案第二类医疗技术2项。

病案管理。购进病案示踪系统，准确掌握病案去向，查找方便快速，提高了工作效率。调整库房布局，提高了使用率。加强病历质量管理，全年甲级病历率98.91%。

医院感染管理。医院感染率2.47‰。对全院重点科室微生物学进行抽样监测，合格率89.14%。对各科室存在的潜在问题进行跟踪指导，严格监管。

医保工作。全年医保出院6 793人次，总费用9 971.38万元，次均费用14 679元。

医疗支援。年内，与良乡医院、南口铁路医院、门头沟区医院、密云大成子卫生院签订了对口支援协议；与内蒙古通辽市奈曼旗、库伦旗两家旗县医院建立对口支援关系并签订了协议；完成援藏、援非和卫生部"健康快车"任务。

护理工作　制订了医疗质量年护理工作方案及推进计划，将护理安全管理作为医疗质量年护理工作的重点，修订了护理质量考核标准和住院患者分级护理制度，制订了《病房安全管理制度》、《患者身份识别制度》、《防止患者跌倒的管理规定》、《防止患者出现褥疮的管理规定》和《预防管路滑脱护理措施》等多项安全措施。

12名护理人员参加了院内青年教师授课课件比赛；护理继教讲课15次，4 845人次参加；组织全院护理人员规范化理论、操作考试3次，参加理论考试635人次，操作考试761人次；选派3名护士到院外进修，10名护士到本院ICU学习，8名护士参加了北京护理学会组织的ICU专科护士、急诊专科护士、手术室专科护士、糖尿病专科护士的培训，并通过了实习和考试。

科研工作　获国家级、省部级课题和协作课题12项，国家级资助经费56万元；院级课题33项，经费40.6万元。

发表科技论文169篇，其中SCI收录3篇、核心期刊86篇、统计源期刊71篇、其他期刊9篇；参编著作6部。

医学教育 全年举办继续教育讲座119次，其中院级50次，内系、外系、门诊医技共69次。承担了北医预防医学七年制和北护临床的教学任务。

获批北医博士培养点1个（心血管内科）、硕士培养点4个（神经外科、消化内科、影像学、风湿免疫科）。开设了首都医科大学影像学和检验学两门公共课。招收北医统招研究生20人，首医硕士生11人、博士生1人。毕业研究生17人，一次性就业率100%。在读统招研究生60人，派出外院在职研究生30人，接收进修35人，到院外进修21人。

国际交流与合作 全年举办国际学术交流3次、国内学习班3次、国家级继续教育项目及学术会议2次、市级继续教育项目及学术会议4次。承办了首都国际癌症论坛2009，美国、英国、法国、巴西等国家和香港地区的知名专家、学者近500名代表参加了研讨。

信息化建设 对网站进行改版升级，将"就医指南"频道中"预约服务"和"就医程序"栏目整合为"就诊预约"和"服务咨询"，提高了预约挂号复诊率。

开通网站医院论坛，开发了"进修申请系统"，应用多媒体全景技术实现门诊楼层科室分布表达等。

全年医院网站共发稿1 096篇，平均日发稿4.3篇。向北京卫生信息网投稿223篇，刊登77篇。8月18日，医院网站引入量子恒道流量统计，至年底访问量达196 146人次。

后勤与基建 完成医师公寓楼新建、门诊部改造修缮等15项工程，日常维修13 053件次，安装改造工程126件。对第一职工食堂进行改造，使其由经营型改造为福利型，改后仅对职工开放。

其他工作 国庆医疗保障。7月下旬，陆续派出医务人员，为国庆60周年系列活动提供医疗保障服务。派出工作人员6批，医生23人、护士9人、司机4人、救护车3辆、服务车1辆，接诊1 000余次。

甲流防控。4月下旬，医院下发了7个相关文件，对全院人员培训3次、抢救演练2次。建立了甲流筛查实验室、急诊科ICU。全年筛查发热患者6 000余例，确诊5例，承担了国庆公交游行队伍和北京铁路局职工甲流疫苗的接种任务。

外派医疗。为全国人大十一届二次会议、全国铁路工作会议、北京国际马拉松邀请赛、铁道部长青藏之行、"乘高铁、看发展、迎国庆"、大型史诗"复兴之路"排练及演出等25次大型会议或活动提供了医疗急救保障，派出医生52人次、护士30人次、司机10人次，累计156天。

干部医疗。接收464人次，其中卫生部注册212人、市保健办注册33人、就近医疗8人、优诊6人，单位申请干部医疗205人。上传正部级保健人员病情报告2人次。

康复工作。协助本市及海淀区残联建立并完成了视力残疾康复技术指导中心、白内障残疾康复技术指导中心、智力残疾康复技术指导中心、精神残疾康复技术指导中心、听力语言康复技术指导中心、肢体残疾康复技术指导中心各项康复工作。

（撰稿：肖久庆 审核：李文斌）

北京中医医院

（东城区美术馆后街23号）

邮编：100010 电话：52176677（总机）

网址：www.bjzhongyi.com

基本情况 职工1 341人，其中卫生技术人员1 135人，包括正高级职称74人、副高级职称123人、中级职称306人、初级职称632人；行政人员56人；工勤人员122人；其他人员28人。

医疗设备总价值19 900.2万元。新购置医疗设备总值2 524.8万元，其中10万元以上设备22台、100万元以上2台。

获奖情况。医院被评为首都文明单位、"迎国庆，讲文明，树新风"活动先进单位、全国中医医院信息化示范单位、全国医药卫生系统先进集体、北京青年健康使者火炬行动优秀志愿服务集体。李帷、姜志辉被评为"迎国庆，讲文明，树新风"活动先进个人，王晓艳被评为北京市临床输血质量控制优秀质控员，古颖被评为北京市临床微生物学检验室间质量评价优秀质量管理员，刘彤被评为北京市临床免疫学检验室间质量评价优秀质量管理员，韩晓禹被评为北京市尿液化学分析检验室间质量评价优秀质量管理员、北京市临床血液学检验室间质量评价优秀质量管理员，王岩被评为北京市临床血液学检验室间质量评价优秀质量管理员，朱旭斌被评为北京市血型检验室间质量评价优秀质量管理员，石瑾被评为北京市临床生化检验室间质量评价优秀质量管理员。

机构设置 药剂科更名为药学部，计算机中心更名为信息中心，器械科更名为医学工程部，物理诊断科更名为超声诊断科。增加了口腔颌面外科、口腔预防保健科、疼痛科、重症医学科。

改革与管理 年内，制订整改落实方案30余项，修订完善规章制度80项，院科两级推出各种便民措施36项。

制订应急预案，加强甲流防控的培训和实战演练，设立了预防流感中药处方专台，监测门急诊患者355 273人次，流感样病例2 486人次，检测流感标本215人次，报告甲流患者4人次，无漏报迟报。

加强内涵建设，全方位提升中医特色优势。成立了新名医工作团队，以老师团队带学生团队的形式创新传承。成功申报了5个国家中医药管理局重点学科。牵头成立了中医学系，加强首都医科大学系统中医学术融合，推动人才队伍的培养。成立了中医特色病房，以新名医战略工程的导师团队指导临床，为中医人才培养搭建实战平台，推动继承与创新。"中医特色诊疗中心"正在筹建中。

制订《廉政风险防范管理工作实施方案》。查找出廉政风险点22个，其中A级风险8个、B级风险12个、C级风险2个。对A级风险点绘制了流程图，B级风险点制订了管理流程。与64名中层干部签订了党风廉政建设责任书。全年接到举报信4封，投诉意见26件，表扬信6封，建议5条，82人次拒收现金、礼品卡，金额4 100元。发放住院患者满意度调查问卷2 040封，对医护人员满意度99%，患者对就诊流程、就诊环境满意度99%。收到出院患者回复的满意度问卷177张，患者对医疗技术满意度98%，对服务态度满意度99%，对环境设施满意度98%。

医疗工作 门诊1 493 411人次，急诊27 153人次，急诊危重症抢救623人次，抢救成功率99.5%。实有病床597张。住院10 669人次，出院10 710人次，床位周转18.19次，床位使用率95.64%，平均住院日19.24天，七日确诊率98.32%，出入院诊断符合率99.48%，治愈率24.82%，好转率70.43%，死亡率2.62%。住院手术2 763例。

修订了《新技术、新项目管理办法》，申报新项目11项，通过8项：电子超声内镜检查、高能超声聚焦肿瘤治疗、射频消融治疗恶性肿瘤、低温等离子消融术、经皮椎体后凸成形术、动态血糖检测、强脉冲光技术、超声声学造影。完成针灸、皮科、消化、心血管4个中医特色诊疗中心及皮科、针灸科、肿瘤科、消化、心内、肾病科6个国家局"十一五"重点专科的中期评估。

病案管理。甲级病历率99%。定期召开病案管理委员会会议，对病历书写中存在的新问题及时沟通并解决。

医院感染管理。检查病历10 955例，无漏报，审核上报院感病历212例，院内感染率1.9%。完善医院感染病历的监测预警指标，加大技术操作规范和报告的监督力度，降低院内感染率和漏报率。

医保工作。全年医保出院6 772人次，总费用9 439.71万元，次均费用13 939.3元。完成医保患者门诊就医持卡实时结算的培训、流程、计算机系统改造等各项工作。

医疗支援。派出兼职、挂职人员赴西藏2人、四川2人、门头沟区1人、延庆县1人；派出义诊专家2 080人次；捐药、设备合12万元；讲授健康教育课40次；咨询诊治患者32 000余人次。在本院新名医工程拓展项目中，9名导师与延庆10余名业务骨干建立了师徒对子。接收受援单位进修8人。保证每周由科主任及业务骨干进行各学科新进展、新技术的讲座；派出47人到对口支援医院出诊、查房、手术、教学及讲课，并对急危重患者会诊；在北京中医药文化宣传周活动中，开展义诊咨询。近20名北京新名医工程团队的导师及青年志愿者送温暖、送健康，到延庆中医医院和门头沟区中医医院及所属的社区卫生站进行义诊咨询、健康宣教，诊治患者170余人次。

社区医疗。门诊5 000人次，治疗200人次，免费测血压1 800人次。接收对口支援社区卫生服务站医生来院学习20人次，中医名师带徒6人。专家对口支援54人，共计810人次。培养家庭保健员50人。填写并上报中医辨识调养法对社区5种慢性病的干预研究表310份、中药预防甲流观察表40份、伸筋术干预颈椎病观察表10份、体质辨识表280份。中医专家进社区讲座：糖尿病知识讲座2次，受教育50人次；肛肠病知识问答2次，受教育20人次；组织参与骨关节病疑难解答2次，受教育20人次；更年期妇女骨质疏松2次，受教育30人次。举办中医经络操讲座13期，600人次参加。共计发放宣传材料1 000份。

护理工作 全面修订护理工作制度3章8节96项。建立了护理人员个人技术档案。组织救护技能培训及操作演示5次。开展急救技术技能竞赛，6人被评为急救技术能手。参加院外专科进修5人，培训班43人次，学术会议17人次。组织全员甲流防控知识培训3次。加强"三基三严"培训，在OA网上开设了学习园地。

护理质控。全年检查护理病历720份，合格率95%；基础护理1 120人次，合格率95%；消毒隔离、无菌物品2 620件次，合格率100%；危重病护理210人次，合格率95%；毒麻药品、抢救用物4 800件次，合格率100%。

完成护理科研论文6篇，其中在护理杂志上发表3篇、护理学术会议上交流3篇。组织北京地区中医医院中医护理示教查房1次、院内中医护理查房3次。

接收护理专业实习生85人，举办岗前培训4期，护理教学观摩讲课2次。完成市级继续教育项目2项45学时，区级继续教育项目2项27学时，院级继续教育72学时。

10人参加甲流疫苗注射培训并取得证书，接种甲流疫苗2 400人次。

郝丽被评为中华中医药学会第二届全国百名优秀护理标兵及国家医学教育发展中心优秀护理教学论文三等奖，高苓被市总工会评为"迎国庆，树窗口形象，创优质服务"劳动竞赛活动优秀个人，刘丽娟、周媛分别获国家医学教育发展中心优秀护理教师奖及多媒体教学课件三等奖，董雪梅等7人被评为首都医科大学中医药临床学院优秀教学老师。

科研工作 全年申报课题59项，中标纵向课题14项，其中国家级3项、省部级5项、局级6项，获批科研经费303.6万元。在研课题75项，结题10项。

发表科技论文202篇，其中核心期刊97篇，SCI收录1篇，影响因子1.743；出版著作16部。

医学教育 完成首都医科大学中医药学院中医系及北京中医药大学中医系理论授课1 004学时，带教见习506学时，接收毕业实习1 203人次。完成首医中医专业本科04级75名学生的毕业实习，完成05级56名学生的教育教学临床阶段的交接。招收硕士研究生11人，其中中医内科学3人、中西医结合临床4人、针灸推拿学2人、中医妇科学1人、中药学1人。完成06级18名硕士研究生的毕业论文答辩和学位授予。新增硕士研究生导师8人。

继续教育。完成全市80名中医住院医师的临床能力考核。组织院内讲座及考核32次，听课2 560人次。外出学习培训61人、进修20人。完成市中医局"首都中医药实训网"5个课件的制作。

人才培养。组织第二批中医药人才（"125"人才）参加市中医局的培训，并完成结业考核。完成北京市社区中医药人才培养"扎根回归"工程21名医师的临床实践。完成第四批全国名老中医药专家学术经验继承工作中32名继承人的阶段考核和年度考核。

国际交流与合作 接待外宾参观544人次。举办国际培训班5期65人次：日本四国医疗专门学校针灸班1期10人，日本星火产业株式会社研修班1期9人，传统医学中医保健国际培训班1期33人，英国、加拿大针灸研修班1期10人。因公出国1人。

信息化建设 住院电子病历系统全面上线。医学影像系统（PACS）上线，减少了胶片消耗，提高了报告速度，减少了患者等候时间。完成体检系统、总务库房管理系统、病理管理系统及临床用血管理系统的建设。在门诊治疗室设立了排队等候系统，抽血患者不用再站立排队等候。完成预约挂号系统的改造，增加了医生现场预约。建立了礼堂及门诊室外显示屏，将信息技术引进医院的各个层面，增加了信息投放量。11月，更新了网站，增加了组织机构、规章制度、党建专栏等栏目，开辟了中医防治甲流、报刊撷英等栏目。

后勤与基建 试行医院污水处理站的外包管理，提高了维修保障服务效率和污水处理管理能力。改造了宿舍楼二次供水设备（无负压供水系统）。

完成代煎室300平方米、南院车棚380平方米、门诊楼层面防水2 500平方米、门诊楼六层办公室150平方米、门诊楼二层中段210平方米、中药地下库房560平方米、综合病房1 200平方米、大门口传达室32平方米、研究所五层装修（四层楼道粉刷）、制剂室彩钢板翻新等装修、改造工程。

其他工作 继续编发《医院信息》和《政工简报》。举办了针灸中心成立、纪念赵炳南先生诞辰110周年等大型活动。编辑发行了《精诚大医赵炳南》、《和共和国一起成长》两本画册。完成《精诚大医赵炳南》、《夏淑文的针灸之路》两部电视片的制作。

（撰稿：陈　岩　审核：徐春军）

北京地坛医院
北京市病毒传染病防治研究中心
北京市艾滋病临床研究中心

(朝阳区京顺东街8号)
邮编：100015　电话：84322000
网址：www.bjdth.com

基本情况　医院收治除结核以外的38种法定传染病，也可提供内科、外科、妇产科、儿科、五官科、肿瘤科、介入、心理咨询等全方位的综合医疗服务。职工883人，其中卫生技术人员756人，包括正高级职称56人、副高级职称29人、中级职称144人、初级职称527人。

医疗设备总价值3.54亿元。年内购入医疗设备总值1.7亿元，其中10万元以上设备55台、100万元以上设备1台。

获奖情况。年内，医院被评为全国医药卫生系统先进集体、全国精神文明建设工作先进单位、国庆60周年庆祝活动医疗卫生保障工作最佳服务保障奖、北京市双十佳人民满意医院、首都公共卫生文明单位、北京市卫生局先进党委。院长毛羽获得中国医师奖，陈志海被评为首都健康卫士。

改革与管理　年内，对医院现行制度进行了全面梳理，废除54项，完善132项，新建32项。编印了2009年版《北京地坛医院规章制度》，包括行政管理、党务管理、保卫后勤和医疗管理共4个分册。

坚持绩效管理领域的实践和探索，倡导以绩效管理为基础的精细化管理。经过5年的实施，医院建立起比较完善的绩效考评体系，以目标为导向，以绩效为依据，形成了岗位评价、薪酬待遇、KPI的制订、考评体系等多方面的理论成果，编制了精细化管理的系统运行软件，在3个科室试点实施，实现了个人表现和工作业绩可以实时在信息系统查询跟踪、进行全院大排行的功用。

启动了廉政风险防范管理，并进一步完善权利运行制约机制和重大经济事项的运行程序，通过处方管理检查、绩效考核和医德监督员月报等加强内部监督，通过设立意见箱、公布投诉举报电话、召开工休座谈会、患者满意度调查等加强外部监督。

医院召开了中国医学救援协会传染病救援分会筹备会，来自26家医院的56名代表参加了会议。分会的重点工作为传染病紧急医疗救援、相关技术协作与指导、救援培训、学术交流、人才培养和国际交流。召开了第三届全国传染病医院院长论坛，卫生部医管司领导和16家传染病医院的26名院长参会。会议就新医改政策下传染病医院的发展进行了研讨。全年组织3次合作医院院长及全国大中型传染病医院院长的交流，涉及近百人，加强了医院的业界影响和合作网络的密切性。

医疗工作　4月，甲流疫情发生，全院迅速反应，做到早部署、早安排，全力投入甲流危重病人的救治工作。每日有院领导在岗带班，增补医疗加强班，建立起五道值班防线，实时了解全院收治病人情况，指挥危重病人的抢救。全院共开放4个病区，投入140余人。截至12月31日，共收治62个国家的甲流患者1 631例，其中危重症56例，群发病例10起，治愈出院1 573例，并对864人进行了发热排查。甲流救治过程中，医院组织中医专家第一时间介入，研制了中药配方。医院出色的工作被卫生部和国家中医药管理局在全国推广中医药治疗传染病的"地坛模式"。

全年门急诊205 698人次，其中急诊17 096人次，危重症抢救313人次，抢救成功率84%。开放床位553张。出院11 100人次，床位周转21.83次，床位使用率83.85%，平均住院日13.73天，七日确诊率98.7%，出入院诊断符合率99.58%，治愈好转率90.05%，死亡率2.56%。手术1 861例。未发生高危孕产妇、新生儿、围产儿不良事件。

医保工作。收治医保患者2 117人次，大病医疗保险238人次，生育保险193人次，金额4 485.56万元。医保患者人均费用19 064.89元。

针对新业务开展多、新技术引进多的情况，医院制订医疗工作流程和医疗技术管理规定20项。根据技术分类实施准入、审核及分级管理，追踪评价32项Ⅰ类技术、5项Ⅱ类技术（肿瘤科3项，外科1项，内科ICU 1项）实施的安全、质量、疗效及绩效，建立了医疗技术管理档案。

病历质控。医院全部推行了PDA查房和执行医嘱，制订了电子病历书写规范要求，修订了质控的内容和标准，加强了运行病历的环节质控。各科主治医师负责运行病历的检查评分，病案室负责终末病历的检查评分，医务处定期抽查运行病历和终末病历的质量及检查评分的执行情况。甲级病案率99.60%。

医院感染管理。调整医院感染管理委员会成员，更新了《医院感染管理制度》。建立医院感染上报监测网和耐药菌监控网，做到了院内感染和多重耐药菌的实时监测。医院感染率1.93%。

医疗支援。医院主动与农村和社区建立对口支援关系，多次赴密云县石城镇、崔各庄乡等地开展义诊、免费体检及下乡支援活动。同时，与多家社区卫生服务中心建立支援关系，启动社区传染病防治课题1项，对和平社区医院开展支援活动，为社区送技术、送服务、送管理。4月，医院确定北京安定医院、首儿所附属儿童医院为对口支援单位，为科室的发展搭建平台。

护理工作 继续坚持每季度的护理安全检查，定期召开护理质量安全讨论会。建立《病人转科交接检查记录》、《手术病人交接检查记录》、《病人跌倒及压疮风险评估》。建立不良事件上报机制，开展不惩罚科室、自愿报告护理不良事件机制。护理文件书写合格率95%，基础护理合格率95%，特级、一级护理合格率95.2%，技术操作合格率92.7%，急救物品完好率99.3%。

开展护理岗位技能和知识培训，分层次考核，抽考护士技术操作395人次，理论考核330人次，举办基础知识培训12次，专项技能培训6次。组织护理操作比赛，40名护士参加了穿防护服、静脉穿刺、导尿和单人徒手CPR比赛，9人获得个人奖项，肝病中心获团体奖。年内，选派护理骨干参加院外学习和业务进修65人。全年发表护理论文23篇，其中核心期刊10篇、在中华护理学术大会交流9篇。

科研工作 获批科研立项17项，到位科研经费2 638.545万元。在研课题92项，其中"十一五"重大专项18项、卫生部及国家联合攻关课题8项、国家自然科学基金课题7项、北京市自然科学基金2项、首都医学发展基金课题12项、市卫生局及青年基金6项、市科委合同项目10项。全年发表论文154篇，其中核心期刊113篇、SCI收录7篇，李兴旺主任与朝阳医院合作的论文在《新英格兰医学杂志》发表，其影响因子52.6。

10月，医院中西医结合学科通过了市中医局初审和国家中医药管理局组织的评审，成为全国中医传染病重点学科。研究所感染免疫实验室成为国家中医药管理局三级实验室，通过了国家中医药管理局中医传染病重点学科的验收，所内在研课题21项。

由卫生部主管、人民卫生出版社主办、医院承办的《中国肝脏病杂志（电子版）》取得了正式刊号，年内发行2期。《中华实验和临床感染病杂志（电子版）》正式出版2年，并初步具备了申请国家统计源期刊/核心期刊的数据资料。医院主办的《医学参考报·感染病学频道》正式创刊，年内发行5期。

7月30日~8月2日，召开北京地坛医院主办、中华医学会协办的第三届地坛国际感染病会议。来自国际感染病学会、欧洲感染病学会、欧洲肝病学会、亚太肝病学会以及其他学术团体的感染病、肝病学界著名专家共同主持并参与讲座，来自世界各地的千余名学者参会，本院有5人发言。

医学教育 医院承担着首都医科大学、北京大学医学部、北京中医药大学及大连医科大学的研究生培养工作。年内，研究生导师增至18人，其中博士生导师5人、硕士生导师13人。招收博士研究生1人、硕士研究生14人。完成国家级继续教育认可项目7项，带教实习生253人，全科医师培训18人，接收进修医生59人。

国际交流与合作 1月30日，世界卫生组织艾滋病治疗与关怀综合管理合作中心在地坛医院成立，成为世界卫生组织驻中国唯一的艾滋病治疗与关怀综合管理机构。世界卫生组织总干事陈冯富珍和卫生部副部长黄洁夫为该中心揭牌。

4月7日，医院承办了首次在我国举行的国际医疗盛会——2009年世界卫生日全球发起仪式。世卫组织总干事陈冯富珍、卫生部副部长黄洁夫、副市长丁向阳、演员李连杰及来自联合国31个组织的57名国际官员等300多人参加。

全年接待了印度卫生和家庭福利部部长古兰·纳比·阿扎德先生、朝鲜保健相崔昌植先生的来访，35个国家的55名卫生官员和艾滋病防治工作人员以及其他国际机构友人共20批次98人次，开展了与澳大利亚国家HIV流行病学和临床研究中心、美国国立卫生研究院（NIH）等国外机构的国际交流。

信息化建设 完成HIS、LIS、PACS三大系统的集成服务，主题软件系统的安装、调试及各系统之间数据的接口，完成远程会诊系统、视频会议系统、手术视教系统、UC系统、图书管理系统、OA办公系统、IT 运维系统等的前期调研与项目实施规划。

完成医保实时结算上线、预约挂号上线、营养订餐上线、网络负载均衡上线、手麻系统的正式使用、医院网站的设计与开发。

后勤与基建 完成连廊、连桥工程的建设，锅炉房改造方案的制订与论证。督促代建方进行工程收尾、工程维修，签订了维保合同。完成空调机组、净化系统、锅炉系统、气动物流传输系统的安全运行以及水、电、气、热的供应保障。

继续推进后勤物业化管理。完成物业公司的重新招标，并加强了对物业公司的监督、检查力度，制订考核标准，对保洁员进行了消毒隔离知识的培训，优化了食堂售饭方式，后勤服务能力大有改进。医院食堂被评为北京市食品卫生 A 级单位。

文化建设 3~8 月，开展了以"坚持科学发展，建设现代化、数字化、人文化、花园式绿色传染病医院"为主题的学习实践科学发展观活动。共查找出影响医院发展的 5 个方面的突出问题，制订了 8 个方面 37 项整改方案。

2009 年为医院"文明服务规范落实年"，制订了《实施方案》和《评比表彰办法》，评选出服务之星 89 人、优质服务班组 23 个。

开展了"迎国庆，讲文明，树新风"主题实践活动。召开新院启用周年暨庆祝建国 60 周年大会，回顾了迁院一年来医院取得的各项成绩，对抗击甲流的英雄集体进行了表彰。举办了大型文艺汇演和以手工制作作品展览比赛、诗歌朗诵比赛等内容的文化艺术节。编辑出版了《我们一起走过——北京地坛医院纪念建国 60 周年文集》、《我们一起走过——北京地坛医院纪念抗击甲型 H1N1 流感文集》，拍摄了颂扬甲流一线医务工作者的电视片《天职》和新院周年记录片《我们共同走过》。

电子阅览室配置了 40 台电脑。投资 20 余万元购置了健身器械，建立了健身房，修建了篮球场、排球场。建立了集会议、展览、休闲交流和形体训练等多功能为一体的职工之家。

11 月 22 日，卫生部在地坛医院举办了世界艾滋病日主题宣传暨艾滋病反歧视纪录片开机仪式，全国政协副主席张怀西、卫生部副部长尹力出席，彭丽媛、蒋雯丽、李丹阳等预防艾滋病宣传员、国际组织代表、艾滋病防治专家参加了活动。11 月 28 日，地坛医院与 WHO 联合举办了"权益－责任－落实－医疗卫生机构的职业安全"2009 年世界艾滋病日活动。此外，北京红丝带之家还开展了义工培训等活动。

(撰稿：王君丽 审核：王 蕾)

北京佑安医院
北京市卫生局肝炎研究所

(丰台区右安门外西头条 8 号)
邮编：100069 电话：83997599（总机）
网址：www.bjyah.com.cn

基本情况 职工 1 061 人，其中卫生技术人员 835 人，包括正高级职称 51 人、副高级职称 71 人、中级职称 239 人、初级职称 474 人。

获奖情况。医院被评为首都精神文明建设先进及标兵单位、首都医科大学校级优秀教学团队、首都劳动奖、首都护士奥运建功"双千日"文明优质服务系列活动先进集体、北京市交通安全先进单位、安全生产工作先进单位、北京市人口和计划生育工作先进单位、"迎国庆，讲文明，树新风"先进单位、部门决算先进单位、丰台区卫生局宣传工作先进单位、丰台区卫生系统优秀护理集体等。科研方面，被市政府评为北京市病毒性肝炎临床诊断及治疗的一体化研究一等奖，中华医学会病毒性肝炎规范化诊断及治疗的关键技术研究二等奖，《传染病学》获首都医科大学第六届优秀教材二等奖，爱心家园、肝病康乐家园被评为市卫生局基层单位组织服务群众优秀品牌项目奖，普通外科中心获首都劳动奖状，保卫处荣获市公安局集体嘉奖。

机构设置 设 23 个行政科室、19 个临床科室、10 个医技科室、14 个后勤班组。

改革与管理 医院秉承"尊道厚德、互佑平安"的文化理念，坚持"求实、奉献、精湛、创新"的佑安精神，努力打造具有国际水平的现代化医学中心，加快以感染和传染性疾病群体为服务对象，集预防、医疗、保健、康复为一体的大型综合性专科医院的建设。3～8月，开展以"党员干部受教育、科学发展上水平、人民群众得实惠"为总体要求和"尊道厚德，互佑平安，践行科学发展观，创建人民满意医院"为主题的学习实践科学发展观活动。完成3个阶段11个环节的任务。

本年度医院管理年以规范化管理为主题，建立和完善符合医院实际的规范化管理体系。首先，明确科室归口管理：外事办、打字室、档案室、管理分会隶属医院办公室；性病艾滋病临床诊疗中心门诊、住院部（感染一科、感染二科）、艾滋病实验室归属感染中心；取消科护士长管理办，人员隶属护理部；拆分物价审计部，成立审计处、物价管理办公室，归属医院管理研究室；继续教育办公室归属教育处；性病艾滋病临床诊疗中心、挂号室、收费处、肝病研究所财务、佑安佳宝商贸中心财务归属医院财务处；原B超室、功能科归属功能检测科；门急诊管理办公室归属医务部；房屋管理办公室归属总务处；性病艾滋病临床诊疗中心药房归属药学中心；性病艾滋病临床诊疗中心化验室归属临检中心；血液净化中心归属肝病肾病科；后勤物资采购归属采购中心；爱心家园、中国性病艾滋病关怀与治疗工作委员会归属感染中心；肝病康乐家园归属生物医学信息中心；爱心家园和肝病康乐家园所开展的活动及宣传工作划归党委办公室；审计处归属纪检办。其次，明确科室名称变更，共有41个科室名称变更。第三，制订和完善医院各项工作标准和流程，建立检查、监督、考核及评价机制，规范医院管理制度。第四，建立生物医学信息中心，搭建公共信息共享平台。10月1日成立的生物医学信息中心，由科研队列数字化信息管理系统、科研标本库管理系统、国际及国内科研机构合作与交流平台构成。具有搭建疾病临床数据库、样本库及资源库的公共信息共享平台；建立疾病资源信息管理模型，疾病样本的标志管理系统，实物样本的出入库和样本质量监控工作的信息化机制；整合、规范医院现有临床科研资源，拓展科研方向；搭建与国际、国内科研机构合作、交流平台。

继续实施《绩效考核工作试行草案》。按照医疗收入确定科室分配系数，确立临床、医技、后勤、管理各部门绩效考核分配原则，强化和完善了经济核算工作，促进了医院经济运行进入良性循环的机制。

截至年底，全国60余家传染病专科医院及相关企业团体加入佑安医疗联盟。各联盟单位按照技术合作、优势互补、资源共享、共同发展的原则，逐步实现医疗资源共享化、医疗水平现代化、医疗服务人文化、医疗模式市场化、医疗管理规范化、医疗费用低廉化，促进了传染病防治工作全面、协调、科学、健康发展。

医疗工作 门诊269 219人次，比上年增长14.52%；急诊5 312人次；住院12 386人次，比上年增长13.67%；出院12 371人次，比上年增长14.45%。出入院诊断符合率100%，七日确诊率99.99%，平均住院日17.94天，病理诊断符合率100%，抢救成功率89.58%，手术前后诊断符合率100%，无菌手术切口甲级愈合率99.43%，院内感染率1.89%，死亡率3.58%。住院手术1 717例。

完成"以病人为中心"医疗安全百日专项检查和"持续改进医疗质量，确保医疗安全"为主题的医疗质量万里行检查。组织医疗安全法律知识培训4次，制订并修改了临床知情同意书，规范医疗文书，完善医患沟通机制，降低医疗风险。全面启用了网络电子病历。定期开展临床教学大查房，并配备了录音。落实临床医技科室沟通协调会议制度，促进各科室之间的理解与支持。继续派出主治医师及副主任医师到基层单位进行义诊、查房、会诊、科研及管理等工作，与各区县建立了长效对口支援机制。与北京回龙观医院牵手共建精神科，与北大医院携手共建儿科。

医院感染管理。修订与完善了感染管理职责和制度，制订了《甲型H1N1流感医院感染防控技术指南》。举办医院感染控制技术培训班，首医10家附属医院和教学医院的临床带教师资27人参加，经考核全部合格。在内蒙古通辽举办第五届医院感染专（兼）职人员培训班，220人参加。全年监测患者11 256人，发生医院感染208例，感染率1.89%；感染例次为222例，例次率为1.97%。对医院环境、医护人员手及使用中消毒剂污染情况进行监测，共做物体表面涂抹704件，合格率100%；空气培养1 573件，合格率100%；医护人员手培养416件，合格414件，合格率99.52%；使用中的消毒剂监测61件，合格率100%；高压锅和环氧乙烷灭菌监测283件，合格率100%；对外购消毒剂进行有效浓度滴定37次，全部合格；对消毒后的污水每月进行常规监测，共监测12件，合格9件，合格率75%。

病案管理。病案管理从单纯服务型向学术型、社会服务型转变，咨询、查询、复印成为病案科的一项常规工作。对岗位进行了调整，设立1名病案入库管理员，负责每月终末病案的造册、上架、归档以及粘贴妇产科婴儿出生证明，督促医生完善质控后的病历、主治医、科主任签字等等，收到很好的效果。6月起，统计组每月以图文并茂的形式做医疗统计分析，对每篇统计分析仔细阅读修改并提出整改建议，然后下发到各个科室。科室接待市卫生局病案质量大检查2次。自2001年以来，医院连续8年被评为市卫生局医疗统计先进单位。

医保工作。继续完善医保管理制度，杜绝乱收费现象发生。每月抽查住院医保病历，重点检查有限制使用范围的药品和贵重药品的使用情况。11月，对医保系统进行业务升级，安装核心组件，培训客户端安装，替换传输库。全年住院医保患者2 805人次，平均住院日26.8天，次均费用24 245.7元。

卫生应急 面对甲流、人感染高致病性禽流感、手足口病的防控，修订、完善并落实应急预案，细化工作流程，并加强了培训。在防控甲流工作中，第一时间启动应急预案，成立应急领导小组及办公室。对负压病房、药品和救助物资进行了合理调度，抽调应急医疗救治梯队成员进入一线病房；组织流感相关知识的全员培训与考试，通过外派专家、接受来访、电话指导等形式直接参与其他医院的技术指导；制订了中英文双版式《患者基本信息表》，快速准确采集病人基本信息，及时上报；外事部门制订了《应对突发公共卫生事件外事工作应急方案》，组建了外事专业医疗翻译队伍，并实行轮岗制；总务部门制订各班组应对突发事件的工作流程和应急预案，规范医疗垃圾转运流程，后勤库房实行物品下送制度，将应急物资及时送到病房，全天候满足病房需求；营养科实行人性化供餐方式，配制营养套餐食谱，不分时段无条件满足患者需求。本院共收治留观隔离及确诊病例510人，治愈出院425人，其中确诊病例325人，隐性感染者7人，死亡16例，急诊筛查发热及流感样病例2 000余人次。

护理工作 重新修订规章制度和岗位职责，加强护士长工作的细节管理。建立护理质量控制体系，全年月检查12次、不定期抽查7次、夜查1次及专项检查5次、安全检查2次、患者满意度调查2次。分批组织护理人员参加中华护理学会组织的护理人员培训班和护士长培训，完成基地讲课和外院培训任务。每月对各科室护理人员进行操作考试，并对实习护士进行规范化管理。5月，申报并获批护理课题2项。全年发表护理论文50篇，其中核心期刊17篇。

科研工作 制订了《院内课题科研经费管理规定》及"十一五"重大专项管理制度，参与了医院科研试剂及耗材采购配送服务平台的管理。8月，完成甲流院内课题的组织与评审，确定了16个资助课题。由科研处和生物医学信息中心联合筹建的科研信息平台及科研项目管理信息系统，形成本院第一部最完整的科研文萃。年内，召开了医院科研发展规划香山峰会、佑安－博联科生物医学研究中心成立签字仪式大会及北京佑安医院－华盛顿大学科研协作会议。

本年度全院资助课题16项；院外经费来源22项，其中国家级3项、市局级19项。全年发表论文273篇（2007年153篇、2008年257篇），其中核心期刊论文223篇（2007年109篇、2008年190篇）、SCI论文10篇（2007年12篇、2008年14篇）。专著2部：《现代医学仪器设备与维修管理》，高等教育出版社（李宁主编）；《艾滋病内科诊疗学》，人民卫生出版社（吴昊翻译）。"核苷类似物联合干扰素延长疗程对慢性乙型肝炎患者转换的临床研究"获丰台区科学技术一等奖（陈新月、李宁）。

教学工作 按照医院管理规范年的要求，严抓教研室教师教学基本功训练，开展"三轨"教学评估，并进行考试改革。参加高校教师岗位培训18人、首都医科大学人才强项目培训8人、全科师资培训2人、双语教学培训7人。

完成11个班449名临床医学专业本科生《传染病学》教学，2个班59名非临床医学专业本科生《临床医学概论》教学，并启动双语教学推进计划，成立了双语教研组，通过多种方式开展了双语教师培训。

申报影像医学与核医学硕士研究生培养点和生物化学与分子生物学硕士研究生培养点获得批准。申报博士生导师2人、硕士生导师6人。全院有研究生培养点8个，导师27人。在读研究生82人，其中统招研究生49人、七年制学生15人、非全日制研究生18人，科学学位25人、专业学位57人。统招研究生27人，其中博士生5人、硕士生22人（含七年制10人）。毕业研究生25人：统招硕士生11人、统招博士生4人、七年制硕士生4人、非全日制硕士生5人、非全日制博士生1人。获得硕士学位20人、博士学位3人。

研究生临床技能训练。04级10名七年制学生在首都医科大学临床技能大赛中，有2人分别获得二等奖和三等奖。举办了第四期首都医科大学临床带教师资医院感染控制技术培训班。接收国内访问学者1人、毕业实习生9人。5名博士生导师申报2010年国内访问学者计划。完成友谊医院全科医师班传染病培训任务。全年接收医疗、医技进修人员52人。接收公安医院医务人员36名进行传染病临床培训，承担潮白河骨伤科医院200名医务人员的传染病理论授课和67名医务人员为期2个月的传染病临床培训。

继续教育 组织了人感染高致病性禽流感、急性迟缓性麻痹、手足口病、甲流、鼠疫等防治知识和实验室生物安全知识的培训。组织院内讲座50讲，参加院外各种培训73人次。与国家药监局共同组织GCP培训，40名临床、医技人员参加并取得合格证书。参加美国NIH在华举办的临床研究培训，有5人取得合格证书。为全院医学专业技术人员注册了中华医学会北京分会会员。完成国家级、市级、区级继续教育项目的申报。正在申请AAHRPP认证，并开始标准方面的讨论和修订。筹建的细胞实验室进入待审阶段。

国际交流与合作 全年开展国际交流25次，引进国际专家2人，加拿大阿尔伯塔大学、英国牛津大学公共卫生学院教授等来院进行学术讲座5次；爱心家园接待全球艾滋病基金会执行主席、非洲国家的卫生官员、英国国际发展部（DFID）等外宾6次；与美国华盛顿大学开展科研合作项目研讨会并签署了《框架合作研究协议》；与英国牛津大学开展艾滋病合作项目2项。

后勤工作 年内，加强了信息网络与基建工程的建设：B楼网络系统改造、医院图像传输系统建设、完善医院网络系统建设、办公自动化建设；继续完善新、老门诊楼的改造工程，加强医院改扩建二期项目前期立项申报工作。一期改扩建工程已投入使用2年，正处于全面接管阶段，已完成大部分重要部门的交接。总务及各班组建立完善后勤保障体系，形成后勤保障网络，全方位、全天候为临床一线服务。在"安全生产月"中，建立安全生产监督检查的长效机制，自7月起建立了每周安全生产及卫生检查制度。

肝炎研究所 在60周年庆典和甲流防控工作中严格实验室人员出入制度，加强门卫值班的来人登记制度，做好污染物品的管理和处置，发现问题及时整改，不留隐患。

申报国家中医药管理局分子生物学（传染病）三级实验室，通过了评审验收；完成申报基因芯片诊断技术实验室、北京市公益性科研单位、北京市财政全额拨款市级科研单位；组织北京市公益性科研课题3项，已入北京市卫生系统市级院所科研课题库。

本年度开展研究课题11项，其中完成课题4项、申报课题3项。全所发表文章15篇，其中核心期刊14篇。检测标本56 177人份。

（撰稿：顾艺星 审核：谢建华）

北京妇产医院
北京妇幼保健院

（东院：朝阳区姚家园路251号） （西院：东城区骑河楼街17号）
邮编：100026 电话：85976699（总机） 邮编：100006 电话：65250731（总机）
网址：www.bjogh.com.cn

基本情况 职工1 259人（含合同制89人），其中卫生技术人员1 036人，包括正高级职称44人、副高级职称77人、中级职称241人、初级师417人、初级士257人。

医疗设备总价值21 416万元。本年度购置医疗设备总值993.09万元，其中多功能培养箱、光疗设备、婴儿培养箱等10万元以上设备24台，床旁监护仪、液氮罐等100万元以上设备2台。

获奖情况。医院被评为首都"迎国庆、讲文明、树新风"活动先进单位，程红燕被评为先进个人。吴玉梅被卫生部、国家食品药品监督局、国家中医药管理局评为全国医药卫生系统先进个人；段燕丽在"迎国庆，树窗口形象，创优质服务"劳动竞赛活动中被市总工会评为先进个人；王临在第十三届全国成人游泳公开赛中获女子50～54岁组50米自由泳第二名，获国家体育总局授予的奖牌和荣誉证书。

机构设置 8月，恢复门诊部办公室。

改革与管理 在确定岗位职数的基础上，对全院专业技术人员的基础情况进行调研分析，制订了医院专业技术岗位设置方案和岗位等级任职标准。改进了医院专业技术职务聘任办法，完成本年度专业技术职务聘任工作。

创建人民满意医院。落实医疗质量和医疗安全核心制度，强化医疗质量管理委员会功能，院、科两级管理，定期开会研究存在的问题和整改措施。加强业务、行政交班，在行政查房的基础上建立医政查房制度并组织教学观摩查房。严格依法执业，与13家具有产前筛查资格的医疗机构续签产前诊断转会诊协议，规范产前诊断的转会诊流程，使之合法化的同时更方便患者就医。补充、修订了《关于暂停使用中药注射剂的规定》、《关于规范使用抗生素的规定》、《医疗器械和耗材使用的有关规定》等。制订抗菌素使用办法，实行抗菌素分级管理，鼓励术前预防用药。全年处方抗菌药物使用率9.6%，比上年下降11.2%。加强住院总医师的管理，完善住院总医师制度，加强专项培训、法律法规、妇产科知识和急救知识、基础理论知识与技能培训，住院总医师上岗前、任期中及离岗前进行考核。探索新技术准入和完善管理，在新技术开展的第一年度，由新技术委员会跟踪监督，以保证医疗安全。研究制订适合本院特点的临床路径（子宫肌瘤、择期剖腹产、宫颈原位癌、宫外孕、宫颈癌）。加强"三基三严"培训，组织成人心肺复苏和新生儿心肺复苏培训班各3期。常规产科急救、手术方式、手术并发症的防治等业务学习32次，全院业务学习27次。开展市民体验医院活动，3位年轻女市民分别在挂号室、手术室等部门体验医生和护士一天的工作，增进了社会对医务人员的了解。坚持门诊和住院患者健康宣教，坚持院长接待日制度。

提供多种途径的预约、分诊、挂号和收费通柜服务。首家推出12580公益预约挂号平台，大幅提升了门诊预约挂号量。信息科提供自助打印化验单服务，生殖医学科优化工作流程，每天门诊不限号。每月在门诊、病房发放调查问卷，患者满意率96%以上。

反商业贿赂。制订《贯彻落实党风廉政建设责任制的实施细则》，修订《加强纠风专项工作的管理办法》，在东片区8个单位互查及市卫生局检查中均得到好评。

医疗工作 门急诊836 821人次，其中门诊814 384人次、急诊22 437人次（东院区），比上年增长4%。急诊危重抢救6例，抢救成功率100%。西院区主楼因装修改造取消急诊和病房，东院区开放床位405张。入院24 748人次，出院24 718人次（其中成人23 347人次、病儿1 371人次）。分娩12 628人次，分娩婴儿12 950人，比上年减少863人，降幅6.66%。床位周转61.03次，床位使用率109.69%，平均住院日6.35天。七日确诊率99.98%，出入院诊断符合率99.77%，治愈率73.59%，好转率25.86%，死亡率0.40‰。手术73 175例，其中住院手术20 047例、门诊手术53 128例。无孕产妇死亡；新生儿死亡率1.17‰，纠正后0.23‰；围产儿死亡率7.26‰，纠正后1.31‰。

新技术、新疗法。生殖医学科开展了荧光染色体原位杂交检查，麻醉科使用了新的罩喉气道导管技术。

病案管理。新增及完善《新生儿听力筛查知情同意书》、《产科门诊保健手册》、《新生儿转运记录单》、《住院病历首页》、《孕中期羊水荧光原位杂交检测知情同意书》。各科住院总医师以上人员定时定量完成病历自查，科主任每季度抽查一次，医务处不定期抽查。重视抢救病历讨论，对输血病历进行专项检查，调动各科住院总医师以上人员每月完成500份出院病历的自查，超过出院病历的20%。医务处每月抽查20份运行病历及终末病历，发现问题及时解决。甲级病历率100%。

医院感染管理。临床科室的空气、物表等生物监测合格率100%。感染病例30例，感染率0.15%，漏报率0，病原学送检率67%。医疗器械消毒灭菌合格率100%。Ⅰ类手术切口感染率0。

医保工作。全年医保出院4 485人次，总费用2 706.89万元，次均费用6 035.4元，比上年下降1.63%。医保拒付466.39元，比上年下降92%。年内，成立了持卡结算工作领导小组，制订了规章制度及岗位责任制，召开各种协调会16次，培训13次。

医疗支援。继续履行与东城区、崇文区、朝阳区、宣武区、丰台区等签订的对口支援社区协议，负责社区医生的培训、健康教育工作。完成援疆援藏工作，主治医师谢丹、王小榕赴西藏拉萨妇幼保健院工作，深受当地群众欢迎并得到拉萨市和北京市领导称赞。选派医师60余人次赴内蒙、延庆、大兴等地完成卫生扶贫、下乡等工作。

防控甲流。培训甲流诊断3 000人次，发放考卷4 000余张。为来院就诊者测体温，组织549人次参加监测工作，筛查出3例体温高于37.5度者，2例劝其到指定医院就诊。为职工接种甲流疫苗1 158人次。发现8例轻症散发甲流病例。

护理工作 护理文件书写合格率98.20%，护理病历书写合格率98.53%，基础护理合格率98.30%，一级护理合格率98.50%，技术操作合格率97%，急救物品完好率100%。护理满意率99.70%，优良率97.12%。在急诊和住院患者中全面实行腕带识别身份管理，减少差错。

年初，组织护理科研开题，年底总结。在统计源期刊上发表护理论文24篇。

完成护理继续教育，全院护士参与继续教育率

100%，512人合格，合格率100%。护理带教300人次。通过了朝阳区继续教育的检查。

加强护理"三基"培训及新护士的岗前教育。对产房、手术室每名护士进行新生儿窒息复苏培训、考核，对急诊室护士进行成人心肺复苏、心电图识别、除颤仪使用的考核。为每个护理单位配备简易呼吸气囊，急诊室护士长对全体护士长、科室护士逐层培训使用方法。每季度对全院护士进行生命体征测量、新生儿抚触、静脉穿刺等护理操作考核。4月，举办全国产科护士学习班，300名学员学习产房管理、陪产常规制度及管理、新生儿窒息复苏、母乳喂养新进展等。9月，举办全市妇产科手术室管理及操作技术学习班，150人参加。

科研工作 申报局级以上课题62项，立项20项，获资助3 033.70万元。多渠道横向协作资助项目16项，其中纵向合作项目8项（含国际合作课题1项、国家级课题6项、局级课题1项），获资助178.5万元；横向合作项目8项，获资助16.3万元。

获批专利2项。"营养转型期儿童成人慢性病综合性防治研究"获中华预防医学会科学技术奖二等奖（参与单位）。发表科研论文141篇，其中SCI收录9篇，最高影响因子4.846，平均影响因子1.514。出版专著5部。

年内，召开了2008～2009年度学术年会、首届更年期及妇科内分泌相关问题国际研讨会、第四届全国微创诊疗理论与实践论坛；举办首届宫颈病变规范化诊治学习班，全国千余名医务工作者参加。制订医院"十二五"学科建设发展规划，成立了学科建设委员会，并召开会议，拟订医院重点学科遴选标准。

医学教育 接收培训住院医师32人。组织北京地区住院医师第一阶段临床能力考核75人，及格率100%。组织第二阶段临床辅助检查考核、判卷及临床病例答辩考核70人。

完成全院医技人员继续教育学分审验300人次，达标率98.6%。申报国家级继续教育项目2项、备案2项，申报市级继续教育项目6项、备案2项，申报区级继续教育项目7项。

在读统招博士、硕士研究生、七年制学生60人，在职博士、硕士研究生30人。招收博士研究生2人、硕士研究生22人，七年制妇产科学专业学生8人。组织研究生学位论文答辩会7场。作为北京护士学校分校，40名助产专业学生毕业。

国际交流与合作 接待土耳其卫生部部长及美、英、澳、加拿大等国官员和专家5批21人来访。邀请新西兰理工大学教授Magie Duff博士、澳大利亚墨尔本大学附属墨熙妇女医院Peter教授等来院讲学。

派出13批16人次赴法、英、德、南非等国家及香港地区访问、考察、培训，参加了第十一届世界妇产科与不孕不育论坛、第十九届国际妇产科大会（FIGO）等国际学术会议。

信息化建设 完成东西院区HIS系统的更新，实现从"以财务管理为核心"的管理信息系统向"以病人为核心"的临床信息系统的功能转换。完成西院区机房与网络改造，改善硬件条件，容灾能力大幅提升，为后续PACS等系统应用奠定了基础。完成医保门诊实时结算系统的改造、东西院区数据光缆的连接。

后勤与基建 全年无交通事故和安全生产事故。完成通讯、交通、洗涤、保洁、污水处理、医疗用车、物资供应等任务。东院区营养科采取措施，为临床一线人员解决拖班饭和夜餐问题。完成西院区装修改造工程，开始接收门诊和住院患者。

50周年院庆 6月6日，医院举行建院50周年庆典，中央、全国人大常委会、全国妇联、卫生部、北京市等领导发来贺信、贺词，院领导报告了医院50年的发展历程，与会领导肯定了医院为北京市乃至全国妇幼保健事业作出的贡献。市卫生局老领导金大鹏、史炳忠为林巧稚铜像揭幕。举办了院史展，编印文集《携手五十载》、画册《生命绽放，孕育辉煌》和《学术论文汇编》，开展了"感恩摇篮，与妇产医院共成长"照片展等活动。

妇女保健 1月，制订《北京市为户籍适龄妇女提供子宫颈癌、乳腺癌免费筛查实施方案》；4月，召开全市启动会，18个区县制订辖区两癌筛查实施方案，明确筛查流程、时间安排、经费渠道等。成立了流行病学、妇科、乳腺外科、超声、病理、钼靶等6个专业355名专家的市、区两级两癌筛查专家组，负责筛查方案设计、技术支持、统计分析与质量控制。按照就近筛查、方便群众的原则确定236家医疗机构承担筛查工作，其中三级、二级医疗机构分别为31家、63家，一级医疗机构（包括社区卫生服务中心）140家及2家民营机构。确定中国医学科学院肿瘤医院、北京大学人民医院、北京妇产医院等42家医疗机构作为两癌筛查后续诊断治疗机构，开通绿色通道，保障检出可疑病例的后续诊断治疗。举办培训班29期，对承担筛查任务的管理、妇科、乳腺B超、宫颈细胞学阅片等相关人员进行培训和考核3 336人次。组织专家对所有筛查机构进行质量控制，完成质控检查823次；专家现场复核妇科、乳腺超声筛查结果万余例；随机复核宫颈细胞学标本16 117张。使用了两癌筛查信息系统，11月前的个案数据基本完成录入。印发宫颈癌、乳腺癌防治宣传手册、宣传海报、两癌防治知识问答等宣传资料209万册。在全市筛查点开展"关注女性健康、远离宫颈癌乳腺癌"征文活动，共征文82篇。

两癌筛查工作。在全市18个区县全面启动市政府"惠民工程"——免费为适龄妇女进行两癌筛查工作。截至2009年底，两癌筛查第一轮工作基本完成。参加宫颈癌筛查者728 704人，其中同时做乳腺癌筛查者568 000人。共检出乳腺癌266例，癌前病变16例；检出宫颈癌89例，癌前病变553例。检出妇科良性疾病206 012人，患病率27.4%，疾病顺位为阴道炎、子宫肌瘤、宫颈炎、卵巢肿物。检出乳腺增生、乳腺纤维腺瘤等乳腺良性疾病194 465人，乳腺良性疾病患病率33.5%。

围产保健管理。年内，制订《北京市高危孕产妇转会诊及抢救管理工作要求》，进一步完善市、区两级高危孕产妇转会诊及抢救流程，制订市、区县两级转诊机构沟通联系制度、高危孕妇孕期门诊会诊制度、高危孕产妇抢救会诊制度、高危孕产妇抢救转诊制度、孕产妇抢救后续转回治疗及随访制度，统一印制下发了转会诊联系备忘录、会诊申请三联单、转诊申请单及病例摘要格式，使高危及危重症孕产妇转会诊规范有序。全市孕产妇死亡率14.16/10万。对12个区县的高危孕产妇转会诊及抢救工作进行检查与督导，通过分析点评危重症孕产妇抢救病例，对不规范转诊、门诊高危孕妇管理不到位、高危孕产妇分娩前未进行术前讨论和制订预案等问题提出了改进建议。本年度评审全市危重孕产妇病历853份，反馈意见以书面形式发至各相关医疗保健机构。继续组织市级孕产妇死亡评审，召开4次评审会，对所有孕产妇死亡病历进行市级评审并全部反馈专家评审意见，并针对不足开展培训。产科技能培训高年资医师160人，培训新上岗取证助产人员375人，培训全市爱婴医院护理部主任、产科护士长199人。抽查爱婴医院8家，对母婴同室病房和高危新生儿室存在的安全隐患提出了改进意见。对全市各级产科医院289名产科护士长进行了母婴同室新生儿感染风险防控培训。

产前筛查与产前诊断管理。7月，市民政局、市卫生局、市计生委联合下发了《关于进一步做好婚前保健工作有关问题的通知》，加强出生缺陷三级预防工作。组织专家到北京电视台做专题节目，宣传、解答出生缺陷防治相关知识和问题；设计调查问卷，在网上调查婚前、孕前群众认知状况，了解相关人群认知程度。完成《北京市对农村地区准备怀孕妇女免费投服叶酸实施方案》。完成全市婚前保健新上岗人员岗前培训与考核72人，完成8个区县婚检数据的质控，编写了《婚检咨询手册》初稿。举办产前咨询培训班3期、产前超声筛查技术培训班1期，培训二级以上医疗机构相关人员近500人。组织全市产前筛查换证人员300余人的理论考试。全市79家二级以上医疗保健机构189人参加超声产前筛查技能操作考核，108人通过考核，通过率57.14%。对15个区县23家开展产前筛查技术的医疗保健机构进行服务质量抽查，重点检查与产前筛查相关的实验室操作规范执行情况及与生化免疫筛查（唐氏筛查）相关的各环节管理情况。召开产前诊断中心主任、产前诊断专家组工作会，反馈全市工作中的问题，提出管理要求，协调解决全市产前筛查高风险孕妇的转诊问题，讨论修改和完善北京市产前筛查与产前诊断相关法规与工作规范。首次将全市儿童专科医院和综合医院的儿科全部纳入出生缺陷监测范围。启动出生缺陷儿科首报，将出生缺陷监测时限延长至出生后1岁；体表可见出生缺陷个案报表同时附照片。编印并下发《北京市出生缺陷监测工作规范》至所有出生缺陷监测机构。

儿童保健 本市7岁以下儿童保健工作指标完成情况：保健覆盖率98.4%，系统管理率91.6%，定期体检率93.5%。听力筛查覆盖率82.2%。新生儿听力筛查覆盖率89.9%，新生儿疾病筛查率98.2%，可疑患儿复诊率92.3%。7岁以下儿童健康状况：婴儿及5岁以下儿童死亡前三位死因均为先心病、出生窒息、早产低体重。5岁以下儿童营养不良患病率：低体重患病率0.23%，发育迟缓患病率0.21%，消瘦患病率0.17%。3～6岁儿童肥胖患病率4.00%。0～2岁儿童佝偻病患病率0.10%。0～6岁儿童贫血患病率2.96%。

儿童保健管理。推进落实市政府办实事之"免费为新生儿进行先天性疾病筛查"、"免费对北京市0～6岁学前儿童进行健康检查"的项目。制订了筛查管理办法、健康体检服务流程等技术规范性文件。发放儿童保健记录10万册，为儿童建立了健康档案。市卫生局、市妇幼保健院及本市聘请的专家采取实地观察、现场考核、座谈、查阅资料等方式对全市各区县进行了督导。6～12月，免费筛查户籍新生儿59 342人，诊断甲状腺功能低下（CH）17例、苯丙酮尿症（PKU）12例；6～8月，免费健康体检儿童403 012人，占本市户籍儿童的94.8%。

婴幼儿保健。年内，出台了《儿童死亡评审工作补充要求》。依据卫生部《新生儿死亡评审规范》草拟了《北京市5岁以下儿童死亡评审规范》。对9个区县的儿童保健年报表进行年报及生命监测工作市级质控，撰写了分析报告和质控报告。根据年报表内容的修改调整了"北京市妇幼保健网络信息系统"相关内容，提出修改方案并测试、审核了修改结果。撰写了儿童保健二期需求方案和儿童保健个案指标库。完成社区儿保医师"体弱儿管理常规与相关知识"及"婴幼儿喂养相关知识"的培训。

学龄前儿童保健管理。对全市近1 100所幼儿园园长进行了手足口病、甲流防控培训。与市教委共同对朝阳、丰台等城乡结合部的6所重点幼儿园进行了甲流防控工作检查。配合教委进行了市级示范幼儿园、早教示范基地以及园所分级分类的验收工作，市级示范幼儿园验收3所，幼儿园早教示范基地验收1所，一级一类验收24所。组织本市托幼机构卫生保健观摩活动：在顺义、东城2所幼儿园举办主题活动，136人参加。5月前，完成儿童体质测试器材的配备。完成托幼园所新上岗卫生保健人员业务培训及考核。

儿童常见疾病管理。举办了18个区县"北京市社区儿保医师先心病筛查知识与技能大赛"，组织了先心病转诊、追访研讨会，开展了社区儿保医生心脏听诊技术培训。首次完成对部分区县（朝阳、通州、丰台、大兴）托幼园所儿童的听力筛查工作质控。召开了诊断中心数据的整理分析方法专家研讨会。完成听力筛查信息网络诊断中心个案的改进设计并开始实施。组织全市产科及社区听力筛查人员的培训、实习及考核。

儿童精神心理发育管理。重点加强社区监测网络干预管理试点工作。在东城、海淀等5个区县妇幼保健院开展干预管理工作指导，共接收社区转诊儿童199人，诊断发育迟缓109人，进一步的病因学诊断25人，转往专业康复机构12人。协助残联完成0~6岁儿童智力残疾评定培训，协助市卫生局完成残疾儿童1年服务调查。完成DDST筛查技术培训、DDST复训及咨询技能培训、儿童发育筛查监测管理及质控技术培训、GESELL发育诊断法软件使用试点培训及全国诊断技术学习培训。

新生儿疾病筛查管理。在全市推广使用北京市新筛信息管理系统，全市18个区县妇幼保健院和149家采血单位均使用此系统，培训相关人员，召开研讨会，筛查中心接收的新筛卡99.5%为机打卡，实现全市广覆盖。完成全市新筛资料入机、统计汇总、上报及信息反馈，完成20余万张积存的新筛卡信息录入。举办北京市新生儿疾病筛查20周年庆祝活动，召开总结大会暨论文交流会，编印了论文专刊和画册。全年新生儿筛查门诊4 100人次，启动了高危追踪。

妇幼保健群体信息工作。继续完成全市妇幼保健信息的收集、整理、上报、分析、质控。完成北京市妇幼保健信息各类常规报表和监测资料的上报和北京市妇幼保健机构资源调查工作，配合中南大学湘雅医学院完成儿童保健信息管理调查，继续承担"北京市妇幼保健网络信息系统"和保健部局域网的运行维护，协助系统开发部门修改新年报表应用系统。完成《北京市妇幼保健信息管理指南·统计报表分册》的编写、印刷、下发和培训，完成《北京市妇幼保健信息管理办法》的制订、修改，完成《北京市妇幼信息工作规范指南》管理规范分册的编印和下发。完成全市出生医学证明数据的管理、汇总与反馈。

科研工作。在研项目10项：国际合作项目"21世纪胎儿与新生儿生长发育标准研究"；首发基金联合攻关课题"北京市出生缺陷监测管理模式"、"北京地区常见乳腺疾病的流行现状及高危因素研究"和"学龄前儿童血压调查"、"儿童尿筛查"，国家计生委课题"北京市出生缺陷一级预防与干预研究"，卫生部、WHO、儿基会的"北京市流动人口儿童预防保健管理模式研究"，儿基会、市妇儿工委的"北京市儿童伤害干预项目"、"新生儿访视人员情况调查"，中国康复研究中心的"北京市脑瘫高危儿监测及早期干预系统的建立"。结题3项："流动人口孕产妇保健管理模式研究"、"北京市流动人口儿童预防保健管理模式研究"、"2007年北京市0~6岁住院儿童状况分析报告"。

培训宣教工作。协助国家扶贫基金会举办妇产科及妇女保健培训班1期，为20名西部贫困地区妇幼保健人员培训10天；7名妇保医师和5名儿保医师承担了本市社区预防保健医师、社区防保人员上岗培训、授课、考核任务；全年举办各类妇幼保健培训班、讲座30余期，培训6 000余人次。印发儿童免费健康体检宣传画2万张、《健康体检十知道》宣传折页20万份，设立公交车站公益广告80处，下发10万册儿童保健记录，编印发放《经皮测氧筛查儿童先心病培训教材》与《发育性髋关节发育不良培训教材》2 000余份，拍摄并发放《北京市社区医师儿童先天性髋脱位筛查技术培训光盘》700张。举办大型筛查技术培训班7期，1 848名儿童保健人员经过培训获得证书。

门诊工作。全年亚健康门诊11 721人次，健康体检7 765人，宫颈HPV检测9442例；性病门诊3 115人次，手术76例；儿童保健门诊4 301人次。

（撰稿：于　延　安建平　李一辰　审核：曹连元）

北京儿童医院

(西城区南礼士路56号)
邮编：100045　电话：59616161
网址：www.bch.com.cn

基本情况　职工2 114人（含合同制），其中卫生技术人员1 949人，包括正高级职称96人、副高级职称146人、中级职称512人、初级师738人、初级士457人。

医疗设备总价值52 333万元。本年度购置医疗设备总值7 875万元，其中10万元以上设备192台、100万元以上设备11台、1 000万元以上设备1台。

获奖情况。医院获全国五一劳动奖状、首都劳动奖状，被评为首都精神文明单位、首都国庆60周年群众游行支持贡献单位、首都"迎国庆，讲文明，树新风"活动先进单位、北京市爱国卫生先进单位。急救室被卫生部、全国妇联、总后卫生部授予"巾帼文明岗"称号。李仲智被中国健康协会、《健康时报》授予"功勋院长"称号，申昆玲获第六届中国医师奖，谢向辉被团市委、市人事局授予北京市五四奖章。

机构设置　年内，成立了眼科、口腔科病房，调整了神经外科、内分泌、结缔组织病、结核和感染专业病房，启用新的门诊检验和超声检查区。市卫生局指定北京儿童医院为新生儿出生缺陷监测登记定点医院。

改革与管理　完善各项规章制度，制订了《外国专家申报住宿登记工作流程》、《接待应急预案》、《医院感染暴发或流行上报流程及重大疫情报告管理制度》、《加强医务人员对甲型H1N1流感防护的要求》、《多重耐药菌医院感染控制工作实施细则》、《外科围手术期预防性合理使用抗菌药物管理规定》、《外来手术器械管理规范》、《手足口病防控工作规定》、《传染病疫情信息报告制度》、《医务人员标准（三级）防护措施及要求》、《医院感染应急事件报告与判断程序》、《医疗废物管理制度》等，修订了《接待国内院际间参观交流管理规定》等。4月1日起，各科室对复诊患者提供免费预约挂号服务；9月1日起，全面开展电话预约挂号。

创建人民满意医院。坚持每季度做好患者问卷调查，门诊、病房患者问卷调查满意度达到97%以上。

反商业贿赂。建立健全长效机制。制订了《关于治理商业贿赂加强行业作风建设的有关规定》。对新职工进行岗前培训教育，签订《廉洁行医承诺书》。外聘6名社会监督员，内聘党风监督员、监察员，向社会公布了举报电话、举报箱。

医疗工作　门诊2 219 551人次，急诊173 042人次，急诊危重症抢救60 780人次，抢救成功率99.9%。实有床位912张。入院40 538人次，出院40 551人次，床位周转44.5次，床位使用率110%，平均住院日9天，七日确诊率100%，出入院诊断符合率99.5%，治愈率38.9%，好转率51.5%，死亡率0.3%。住院手术14 629例。

新技术、新方法。开展了微创鸡胸手术——微创胸骨沉降术、神经内窥镜手术、先天性小睑裂综合征手术治疗、复杂眼眶肿瘤手术治疗、泪道窥镜下泪道插管治疗复杂泪道疾病、特发性眼球震颤治疗、先天性副眼外肌手术治疗、视网膜母细胞瘤化疗减容、角膜塑型镜预防治疗近视、脑力影像网络训练双眼视功能、CT联合泪道造影诊断复杂儿童泪道疾病等。

病案管理。出院病历40 551份，应质控37 107份，实际质控18 809份，质量控制率50.7%；甲级率99.9%。

医院感染管理。医院感染率2.04%。完善规章制度及监督管理机制，工作人员分工明确，对重点科室、关键部位、关键时段及关键人员加强督察力度，未发生医院感染暴发事件。强化医务人员的医院感染控制意识；进一步规范隔离门诊、预检分诊和肠道门诊的布局和工作流程；严格医疗废物管理，完成环境卫生学监测4 471件。举办了以"控制医院感染，你我共同责任"为主题的感染控制宣传周活动，1 000余人参加。

医保工作。医保出院4 236人次，总费用41 400 481.81元，次均费用9 773.5元。针对医保工作新出现的各种问题，及时完善各项医保规章制度，适时进行针对性培训。对于比较集中的问题，保证每周2次对相关科室给予提示和告知。结合儿童的用药特点，多次与市医保中心沟通，将部分常用抗生素扩大适应证，解决了儿童患者部分用药不能报销的问题。

医疗支援。年内，安排82人到西城社区进行对口支援，派出下乡医生26人。派出17人参与卫生部组织的赴山西、河南、山东、云南、广西、江西、贵州、海南、河北等省市参加重症禽流感、手足口病、甲流病例的会诊、救治和培训。全年完成疑难病会诊111例，外出会诊302例。接收进修医生304人。对口支援了内蒙古自治区宁城县和喀喇沁旗，北京胸科医院，顺义区妇幼医院，北京四季青医院，外派专家到受援单位出门诊、查房，接收受援单位医师来院进修，建立就医绿色通道。举办第六次西部儿童健康行活动，向敦煌人民医院赠送医疗设备价值30万元。

护理工作 制订了《医技检查中的护理配合》、《危急值报告流程》；修订了《分级护理制度》、《护理文件书写制度》、《护士注册管理制度》、《护理人员资质认证制度与管理办法》、《护理质量控制工作职责》、《发生静脉输液、输血、注射、药物不良反应的预案》。护理文件书写合格率98.36%，基础护理合格率97.98%，特级护理合格率99.2%，一级护理合格率98.16%，技术操作合格率99.02%，安全护理合格率99.99%，急救物品完好率99.99%。

承担了院级科研项目"NICU新生儿暖箱清洁消毒方法和频率的探讨"，其论文获西城区优秀论文评选三等奖。在统计源期刊发表护理论文21篇。

全年接收实习261人、见习128人、专科护士实习16人。2008~2009年度全院护士继续教育学分全部达标，并通过了西城区和市卫生局的审核。作为北京护理学会继续教育分会场，承担12次继续教育课程；组织单位自管项目78次；申报完成"小儿外科护理新进展"和"危重症患儿的护理与管理"北京大学医学网络教育学院的国家级继续教育课程。通过了北京护理学会糖尿病健康教育护理师资格认证临床教学基地和北京地区手术室专科护士资格认证临床教学基地的评审。

全年有114人次参加各类培训班和学术交流会，选派8名护士参加了北京护理学会举办的各类专科护士培训班，291名护士参加各类成人大专、本科的护理学历教育。毕业第一年护士每2周1次理论培训和考核，共计20次；各科室专科培训每月1次，专科理论考核每季度1次，全院护士护理技术操作考核每月1次，各科室有计划地安排护士进行各专业病房的轮转。全年静脉输液小组培训6次；全院临床带教老师专项培训2次；派46名带教老师和护士长参加首医的护理教学模式与科研培训班；护理操作督导员专项培训9次；全院护理操作大比武，由各科的护理操作督导员负责操作培训和考核；完成护理技术操作全员培训和考核10项，合格率100%，优秀率88%。选派1名护士赴意大利进修2个月。

科研工作 全年申报科研课题107项，中标26项，其中国家自然科学基金4项、北京市自然科学基金2项、市科委科技计划2项、北京市科技新星1项，共获资助455.83万元。在研课题64项，结题2项。获奖3项，专利1项。沈叙庄教授的"儿科抗菌药物使用与常见细菌耐药监测及耐药机制研究"获中华医学科技奖三等奖，杨永弘教授的"儿科抗生素使用与常见细菌耐药及耐药机制的研究"获高等学校科学研究优秀成果二等奖、北京市科学技术三等奖。

发表医学科技论文351篇，其中SCI收录21篇、国内统计源论文330篇，平均影响因子1.6169，最高影响因子10.432。李志刚、郑胡镛教授撰写的论文《儿童急性淋巴细胞白血病的基因表达分型与调控网络》在血液病专业权威杂志《BLOOD》（IF=10.432）上发表。主编、主译专著8部，副主编专著3部。

医学教育 毕业后教育184人，儿内科基地新接收学员42人，儿外科基地新接收7人，11人送外院基地培训。25名住院医师取得第一阶段培训合格证书、21人（包括在外院培训5人）取得卫生部住院医师培训合格证书"。住院医师全部进入北京市专科医师培训基地参加培训。

参加继续教育442人。各科室按规定进行学分登记，网上录入，通过了市卫生局的审验。继续教育学分达标率96.61%，参加率100%。举办短期继续教育项目培训班共10项260学时，培训580人次。举办学习班50期，4 000余人次参加。出国参加学术会议15人次，大会发言6人次。

承担首都医科大学教学任务，2003、2004级儿科专业方向学生共44人，2005级临床医学、儿科方向七年制学生60人，2005级临床医学五年制学生40人；2007~2009级统招研究生107人；北京护校教学47人；承担了北京大学八年制学生临床实习、协和医科大学八年制临床见习。

本年度录取研究生40人，其中硕士生32人、博士生8人。

国际交流与合作 接待来自美国、加拿大、俄罗斯、意大利、法国、德国、丹麦、瑞典、以色列、澳大利亚、日本等11个国家和地区的外宾25批140人次，其中参观访问16批94人，合作项目及学术交流7批36人，为医院做慈善活动1批6人。外宾来院进行手术示范47例；讲座11次，听课350余人次。出国37人次，其中参加国际会议18人，培训2人、进修学习12人，访问考察3人，合作研究2人。与外方合作及交流项目10项。

信息化建设 特需门诊一卡通系统正式运行，门诊医师工作站覆盖率达到100%，电子处方使用率达90%以上。对信息中心机房进行了改造，完成监控室改造，增加温湿度感应报警系统及视频监控系统，建立了可查询式门禁系统。

后勤与基建 修订了《总务处奖惩制度》、《社会化服务的相关制度》、《采购制度》、《验收制度及相关工作流程》，制订了《报修管理制度》及《大浴室管理制度》等。成立了夜间突发事件应急小组，报修采取一点式服务模式，对太平间进行外包，形成了一条龙服务模式。

加强能源管理，对拆改建工程使用节能材料。更换热力站阀门26个，检修水泵19个，对高区生活热水交换罐全部进行了打碱。

完成各项更新改造工程100项，主要有：改造腹部B超、彩超、眼među口腔科病房、手足口门诊等。为4个病房及科室安装了医用气体治疗带，以及11项防水工程、12项注浆防水工程。

其他工作 市卫生局指定医院为甲流防治定点医院，腾出一个病房专门收治甲流患儿。确诊甲流患儿462例，收治重症患儿92例。10月31日，国务院总理温家宝、卫生部党组书记张茅、副市长丁向阳、市卫生局局长方来英等领导来到医院视察甲流防控工作。

医院派出医护人员为国庆方队的学生注射了甲流疫苗，利用周末时间为700余名交警和巡特警子女义务体检。

主办第五届儿童新年音乐会和第四届英语演讲比赛，举办音乐沙龙13期。参加市卫生局庆祝建国60周年合唱比赛，荣获二等奖。

（撰稿：刘京艳　审核：李仲智）

北京口腔医院
首都医科大学口腔医学院

（天坛部：崇文区天坛西里4号　邮编：100050）
（王府井部：东城区锡拉胡同11号　邮编：100010）
电话：67099114（总机）
网址：www.dentist.org.cn

基本情况 职工1 069人（含合同制419人），其中卫生技术人员844人（含合同制325人），包括正高级职称32人、副高级职称99人、中级职称217人、初级师222人、初级士274人。

医疗设备总价值12 527.43万元。本年度购置医疗设备总值1 545.31万元，其中10万元以上设备51台、100万元以上设备1台。

获奖情况。医院被评为首都文明单位、市口腔公共卫生项目先进集体、市卫生统计工作先进单位、市日常报表先进单位。奥运首席牙医杨晓江当选首都健康卫士，院长孙正主持的"高质量复合型口腔医学人才培养模式的研究与实践"获北京市教育教学成果二等奖。

机构设置 8月，特诊科与特需中心合并为特诊特需中心。

改革与管理 开展了以"坚持以人为本，提高人民口腔健康水平，促进医院全面可持续发展"为主题的学习实践活动。成立了平安国庆领导小组，制订了《平安国庆行动安全保卫工作方案》。参照人民满意医院检查反馈意见，进行了整改。完善院、科两级医疗、药事、院感、放射、用血、病历质量管理等组织。制订了《完善接诊、复诊、转诊及行业自律的规定》等制度。9月1日起，实施电话预约挂号。通过了市卫生局医院管理年和质量万里行专家组的检查、百姓放心医院动态管理第二周期考核、北京市病案质控中心组织的门诊病历检查等。召开第三次医院管理年会，印制了管理论文集，收录论文27篇。8月，新一届中层干部竞聘，44人当选。举办了中层干部理论培训班和职工代表培训班。召开职工代表大会4次，就职工满意度调查、职工代表提案、推荐中层后备干部等进行了审议和通报。

年内，推出了为老年患者提供优先服务的措施，如增设老年人专用挂号窗口和老年人交费优先窗口；部分科室采取不限号，开设晚诊，增加周六、日和节假日的出诊医生等措施；为各候诊室的饮水机安装了保护罩；解决了王府井部患者和职工停车难问题。患者满意度调查，满意率97%。

治理商业贿赂和廉政风险防范。将党风廉政责任制纳入党委目标管理，院领导与中层干部签订了廉政承诺书，制订了《重点岗位人员实行轮岗制的办法》等制度，有3名重点岗位的中层干部进行了轮岗。制订了本院干部任免、设备和药品采购等6个方面廉政风险防控管理流程图。党办、院办、医务处、设备处等9个部门进行了部门权利清理和确认。

医疗工作 门急诊613 460人次，其中急诊4 987人次。口腔综合治疗椅298台，开放床位68张。入院1 682人次，出院1 684人次，床位周转24.76次，床位使用率76.05%，平均住院日11.30天，七日确诊率99.45%，出入院诊断符合率99.45%，治愈率95.13%，好转率4.8%，死亡率0.07%。住院手术1 828例。派出口腔医师会诊187人次。接收进修107人次。

病案管理。成立了院、科两级病案质控组织。病历质量委员会定期对病历进行检查及不定期抽查。开展了病案质量竞赛。甲级病历率98.5%。

医院感染管理。对498例住院病历进行前瞻性和回顾性检查，一类伤口感染率0，院内感染发生率低于1%。医院感染管理科全年做各种环境卫生学监测200次，各科室做各种监测8 000件次。完成传染病网上直报43例。开展院内培训14次，5 000人次参加。年内，选派专家对北京地区727家口腔诊疗业务机构的医务人员进行了口腔医疗质量管理培训，组织三级医院口腔科进行了质控工作经验交流，对42家三级医院口腔科和11家区域医疗中心口腔科进行了医疗质量评价和医院感染管理检查。

医保工作。全年医保患者门诊188 793人次，占门急诊总人次的30.8%；医保出院486人次，占总出院人次的28.9%。出院医保患者总费用276.32万元，次均费用5 686元。进行了持卡就医实时结算全员培训。12月16日，通过了市人力资源和社会保障局的现场认证；12月24日，进行了真人真卡真交易检查。

医疗支援。与社区签订协议，建立了出诊、巡诊、双向转诊、健康教育知识讲座等工作流程和制度。全年安排74人次到蒲黄榆、卢沟桥、马家堡等社区卫生服务中心出诊，12人次到社区讲座。接待社区转诊8人次。完成医师晋升高级职称前的下基层任务，安排2名医师到怀柔桥梓卫生院、大兴西红门卫生院工作。培训基层医院骨干医师4人。派出1人到张家口市口腔医院指导工作。8月，派老年科医师刘嘉到新疆工作。支援通辽职业学院附属口腔医院口腔综合治疗台4台、仿头模8套，兰州大学口腔医学院齿科模拟教学实验台7台、仿头模7套，张家口市口腔医院口腔综合治疗台6台，西城区卫生局口腔综合治疗台12台。

护理工作 补充和完善护理制度，增加《护理不良事件报告制度》、《突发事件护理人员应急预案》等管理制度9项，完善《突发事件应急预案》、《防止静脉输液产生过敏反应预案》等管理制度2项。护理文件书写合格率98%，护理病历书写合格率99%，基础护理合格率99%，特级护理合格率100%，一级护理合格率100%，技术操作合格率98%，急救物品完好率100%。

选派18名护士参加护理科研与写作培训班；21名护士参加中华护理学会举办的护理学术交流会，共撰写护理论文25篇；5名护士在统计源期刊发表护理论文5篇。

完成3名外院护士进修及22名护士的临床实习。完成市级继续教育项目4项、区级继续教育项目5项，全院护士继续教育达标率100%。选派27名护士分别参加口腔专科护理操作学习班、中日四手操作培训班等。本院作为北京医科大学网络教育学院口腔专科护理培训实习基地，选拔20名护士作为带教老师参加了培训。

科研工作 申报各类课题106项，获资助35项，经费300.2万元，其中国家自然科学基金4项，经费91万元；北京市自然科学基金7项，经费77万元；市教委、市科委、市卫生局、市中医局项目5项，经费64万元；入选科技新星2人，获资助38万元，其中1人入选科技新星A类计划、1人入选B类计划；2人获得教育部留学回国人员科研启动基金资助6万元；获北京市优秀人才专项资助2项，经费10万元；2人获得人事部留学人员科技活动择优项目资助5万元；首医基础-临床合作课题2项，经费6万元；9人获得首都医科大学校长基金资助3.2万元。获得实用新型专利授权1项。在研课题102项,结题11项。

全年发表科技论文138篇,其中SCI收录10篇,最高影响因子5.942,平均影响因子2.236,总影响因子22.36。发表著作3部、译著3部。

医学教育 4月6日~6月5日,2004级口腔医学专业22名本科生在口腔医学院完成36周分科实习的基础上,分组到友谊医院、同仁医院、安贞医院、朝阳医院进行为期9周的口腔综合实习,取得较好的效果。

口腔正畸学课程被评为首都医科大学校级精品课程;儿童口腔医学实验教程获批北京市高等教育精品教材建设立项项目;《口腔修复学》获校级精品课程立项,《口腔正畸学》获校级双语教学示范课程立项;口腔正畸教研室获首医教育教学先进集体奖二等奖;孙正作为带头人的口腔黏膜病学教学团队被评为校级优秀教学团队;王邦康获得吴阶平优秀教师奖。李玉晶教授主编的《口腔生物化学》和杨圣辉教授主编的《实用口腔微生物学》在第六届校级优秀教材评审中分获二等奖和三等奖。

参加毕业后继续教育844人。完成了五年制、七年制、成人大专、成人专升本共10个班级的教学、实习以及研究生的考核与培训。五年制毕业22人,七年制毕业35人,研究生毕业29人,修复工艺技术高职班毕业18人。录取本科25人,七年制20人,研究生29人,其中硕士生16人、博士生9人、招收在职研究生4人。本专科生就业率97.3%,研究生就业率100%,被评为2009届首医大毕业生就业工作先进集体。现有博士生导师9人、硕士生导师43人。录用博士后3人、博士6人、硕士1人、部队转业1人。口腔医学实践技能中心获批市级实验教学示范中心。"高质量复合型口腔医学人才培养模式的研究与实践"荣获2008年度北京市教育教学成果二等奖。

组织国家级、市级继续医学教育学习班10个,2 100人次参加;校级教师临床技能培训班1个35人。为本院职工举办学习班30次,3 000人次参加;全院医师继续医学教育合格率100%。到院外进修2人次。作为北京地区住院医师/专科医师规范化培训口腔专业基地,组织182名口腔执业医师和117名口腔执业助理医师资格实践技能考试。

国际交流与合作 全年接待外宾参观7批43人次、外国专家学者来院讲学19批32人次。出国进修、学习6人,出国考察、参加国际会议17人次。与日本鹤见大学续签了合作协议。

信息化建设 完成医院信息网络升级改造项目的招标,新增和更换的网络设备安装到位。完成"门诊就医划卡实时结算"的接口改造等。

后勤与基建 完成天坛部、王府井部门诊楼的后期装修,王府井部实行了后勤社会化管理。天坛部完成配电改造,对天坛部及王府部的供暖系统进行了改造。对教学楼及王府井部的外窗进行中空玻璃改造,建筑面积8 220平方米。

其他工作 配合卫生部医考中心,完成医师技能考核培训录像的摄制以及现场培训工作。继续组织全市为适龄儿童免费窝沟封闭预防龋齿项目,为163 358名儿童免费进行口腔检查,对其中229 281颗第一恒磨牙进行了窝沟封闭。实施为全市全口无牙低保老人免费镶牙项目,完成1 189名低保老人免费镶牙。继续在全市开展百场口腔卫生科普讲座,覆盖社区、企事业单位,33 018人次听课。

为393名"重生行动"患者及43名"微笑列车"患者进行了手术治疗。被评为"微笑列车"唇腭裂修复慈善项目优秀合作医院,同时,"微笑行动"被评为市卫生局基层党组织服务群众最佳品牌项目。

承办了第九届全国口腔正畸学术会议、显微根管治疗理论和操作学习班、口腔黏膜病新进展学习班、牙周基础治疗技术培训班、第二届全国口腔急诊医学继续教育学习班、第二届北京口腔种植学术会暨第八届中日口腔种植研讨会等。

《口腔医苑》期刊增加了人物栏目,宣传典型事迹,并增设管理交流栏目,为各部门交流管理经验搭建平台。在学习实践科学发展观期间,党委在院内网络发布简报75期。与中央电视台、北京电视台等合作拍摄专题报道片10余部。与北京广播生活频道合作,制作《健康课堂》节目12期。在《北京青年报》、《北京晚报》等刊登文章50余篇,宣传医院工作及口腔科普知识。

(撰稿:吴洪儒 审核:孙 正)

北京安定医院
首都医科大学精神卫生学院

（西城区德外大街安康胡同5号）
邮编：100088　电话：58303078
网址：www.bjad.com.cn

基本情况　职工819人，其中卫生技术人员627人，包括主任医师20人、副主任医师32人、主治医师71人、医师50人、未定级9人，护士345人（副高6人、中级72人、初师168人、初士76人、未定级23人），医技人员64人（正高3人、副高3人、中级33人、初师19人、初士1人、未定5人），药剂36人（副高3人、中级12人、初师9人、初士2人、未定10人）；行政人员18人；后勤人员97人；相关技术人员77人（副高1人、中级13人、初师25人、初士3人、未定35人）。

医疗设备总值2 965万元。本年度购置医疗设备总值661万元，其中10万元以上设备7台、100万元以上设备2台。

获奖情况。医院被中华全国妇女联合会评为巾帼文明岗，电视片《灾后疗心》获卫生部"白衣天使感动中国"二等奖，被首都精神文明建设委员会评为首都"迎国庆，讲文明，树新风"活动先进单位，被市总工会评为北京市"迎国庆，树窗口形象，创优质服务"劳动竞赛先进集体，荣获北京市职工技协先进集体；马辛被评为北京市院务公开民主管理工作先进个人，曹达洪被首都精神文明建设委员会评为首都"迎国庆，讲文明，树新风"活动先进个人，海慧芝获北京市新闻工作者协会好新闻评比三等奖，王迪被评为北京市"迎国庆，树窗口形象，创优质服务"劳动竞赛先进个人。

改革与管理　成立了国庆期间安全保障工作领导小组，制订了实施方案，并组织安排各环节工作，保证了国庆期间医院各项工作安全、有序。临床各主管部门制订了以"迎国庆，讲文明，树新风"、"国庆平安行动"和"平安医院建设"等活动为重点的国庆立功竞赛目标及措施。制订了《国庆期间信访突发事件应急预案》。开展了以"保平安国庆"、"三基三严"为重点的岗位练兵活动。严格落实危险化学品库的管理制度，加强安全保卫，确保国庆期间安全生产。2月，医院派出10人赴徐州军事指挥学院进行培训，医院应急心理危机干预队伍达到30余人。医院抽调12人组成60年国庆应急心理危机干预小分队，完成了国庆保障任务和"7·5新疆暴力事件"及"9·25积水潭爆炸事件"的心理救援工作。

创建人民满意医院。医院将加强法制教育、强化依法执业、规范医疗行为、完善各项规章制度和医疗质量管理体系、提高临床服务质量并坚持持续改进、提高应急能力和现代化管理水平作为各项工作的重中之重。制订了《安全生产"三项行动"工作实施方案》、《节约能（资）源管理条例》等。进一步加强行业作风建设，制止在医药购销活动中的不正之风。探索监管机制，成立了药品遴选工作专家组。由监察部门在医院的"药品遴选专家库随机抽取系统"内随机抽取专家进行药品遴选工作。本年度患者满意率94%。

反商业贿赂。弘扬安医文化，加强医德教育，对治理商业贿赂进行有效监控。本年度未发现商业贿赂问题，医务人员主动退还患者红包36人次2.05万元，收到表扬信10封、锦旗12面。进一步规范医疗行为，优化执业环境，从源头上预防和遏制腐败发生，使医院在权力运行监控、管理的监督制约机制上更加完善。

医疗工作　门诊252 827人次，急诊5 796人次，急诊危重症抢救71人次，抢救成功率98.59%。实有床位800张。入院3 896人次，出院3 906人次，病床周转4.88人次，病床使用率107.21%，平均住院日106.17天。七日确诊率90.66%，出入院诊断符合率96.63%，治愈率16.82%，好转率78.9%，死亡率0.13%。

病案管理。终末病历做到100%质控。确保出院病历的及时回归，出院后48小时内回归率95%。加强环节病案的质控和对大科主任、病区主任、主治医生的管理,严格落实医疗核心制度。加强医生对躯体疾病的认识,确保记录的准确性、及时性和完整性。作好电子病历应用后的病历质量控制,制订了电子病历相关管理制度。全年甲级病案率95%。

医院感染管理。制订了《甲型流感防控方案》、《甲型H1N1流感病人就诊流程》和《防治甲型H1N1流感疫情应急预案》等。开展了数次全方位的全员培训和应急演练,并做好家属和患者的科普宣传。本年度医院感染率1.5%。

医保工作。全年医保出院1 475人次,医保病人总费用2 751.20万元,人均费用18 652元。本院是社保卡结算的第一家三级精神专科医院,已开始实施医保病人刷卡实时报销。同时,门诊还开展了挂号收费通柜服务,方便患者就医。

医疗支援。全年派出11人到密云、顺义、大兴、怀柔北部、昌平等区县,讲课78次186学时,门诊2 363人次,查房92人次。来院进修72人。派出专家13人次支援监狱系统精神卫生,讲课10次24学时,查房92人次,免费提供教学课件3讲6学时。将北京市第二监狱纳入支援单位,从讲课、查房、专家会诊等全方位协作。与海南省精神卫生中心(海南省安宁医院)签订了支援协议,讲课6次12学时;查房6次,诊治患者112人次;工作96小时。

护理工作 围绕"服务"与"安全"开展各项护理工作,初步达到常态管理、目标管理和时间管理的要求,注重护理管理的科学性与系统性,完善护理质量管理的持续动态监测和记录,初步完成护理质量动态监测体系的建设。护理文件书写合格率97.71%,护理病历书写合格率97.71%,基础护理合格率98.11%,特级护理合格率97.84%,一级护理合格率97.94%,技术操作合格率99.95%,急救物品完好率100%。

获批北京市青年科学基金资助项目1项:"依从性干预对精神分裂症患者临床结局的影响",市卫生局组织部优秀人才基金资助项目1项:"护理质量动态监测体系的建立"等。在统计源期刊发表护理论文1篇。

举办全国精神科护士长进修班2期,共接收进修护士长及护理骨干34人。此外,承担了协和医学院护理学院、首都医科大学护理学院、安贞护理高职班以及海淀卫校的本专科、中专学生的临床带教工作,全年累计带教190人。

申请了市级继续教育分会场,制订了学分刷卡管理制度。组织市级继续教育项目12次、区级继续教育项目12次,平均每次180人参加。按计划完成全体护士的季度考试、年中考试、年终考试及41名入职护士的转正综合考评。组织院级护理查房2次。

科研工作 申报课题32项,其中国家自然科学基金课题及社科基金课题10项、北京市自然科学基金课题6项、首都医学发展基金课题12项、国家科技支撑计划心理疾患防治项目2项、市教委科技计划面上项目和市卫生局青年科学研究资助项目各1项。中标课题5项,其中国家级1项、市级3项、局级1项,共获资助经费1 226万元。在研课题42项,结题2项。

全年发表论文58篇,其中SCI论文12篇,最高影响因子4.953,平均影响因子2.73。著作19部。

医学教育 全年组织业务学习或学术活动35次。外出学习、参会198人次,接受学历教育29人。完成首医05级医学、06级预防、07级康复13个班的常规教学运行、教务活动、教学监控共计482人次,理论授课329学时,课间见习303学时。完成院外本科生来院进行精神病学学习、见习、实习,接待协和医科大学、首都师范大学、北京理工大学、北京体育大学、山西长治医学院、康复中心、中国青年政治学院等278人次,见习82学时,实习10个月。培养来院进修的北京市全科医师16人次,理论授课84学时,实习9周,外派教师给全科医师授课132学时。

举办全国精神科医师进修班2期,招生105人,来自全国22个省市,理论授课230学时,讲授内容以精神科新知识、新进展为主,进行了9个月的临床实践。完成首届社区精神卫生培训班160学时的授课,提高了社区卫生人员的精神病学知识。举办国家级继续教育项目8个、市级继续教育项目5个。

录取研究生16人,其中硕士研究生10人、博士研究生6人。接收进修70人。

国际交流与合作 邀请加拿大Manitoba大学负责国际合作与交流的李新民教授和负责住院医师培训的Kurt Kaskum教授来院参观交流,并初步制订了双方互访交流的协议。每年双方拟派1~2名医生到对方进行为期6个月的访问学习。此外,邀请美国、德国、英国、挪威、瑞典、奥地利、澳大利亚及中国香港的精神病学和心理学教授25人次,为本院专业人员进行专业理论及临床治疗技术培训13次。

2~9月,举办精神分析师全英文培训班5期,是我国首次开展国际精神分析协会候选人的培训,也是为我国培训的第一批精神分析师候选人。

3月26日,邀请美国Andres Martrn教授讲授《美国儿童精神卫生新进展》。4月6日,请史蒂芬教授讲授《典型人群和非典型人群的共同注意》。4月9~12、9月24~26日,来自德国和奥地利的Manfred Cierpka、Gerhard Schü $\mu\beta$ ler教授完成了操作性动力学诊断系统的应用培训。5月20~26日、10月

24~29日，完成中国挪威心理动力学培训，共有75名学员和外籍教师6人次参加，培训内容包括经典弗洛伊德理论、客体关系理论、创伤心理学。7月13~14日，澳大利亚Rodert Salo、Suzanne Dean教授讲授了《澳大利亚儿童青少年精神科病房介绍》、《产后抑郁于母婴心理治疗》、《儿童青少年边缘型人格障碍》。8月12~14日，举办了抑郁症认知行为治疗的高级技能培训班，香港中国认知行为治疗协会副会长、香港九龙医院精神病学顾问医师、香港医院管理局高级心理治疗督导师、美国认知治疗学院荣誉院士、Roger MK Ng（吴文建）教授授课。9月21~24日，举办精神分裂症认知行为治疗高级技能培训班，聘请英国皇家维多利亚医院精神病学系顾问医师、英国最早开展精神分裂症CBT临床研究的学者、精神病CBT领域的资深专家Douglas Turkington教授等一行3人进行理论技能授课。

全年聘请美国、德国、英国等8个国家和地区的精神病学和心理学教授25人次进行专业理论及临床治疗技术培训13次。接待挪威、德国、台湾等国家和地区的专家、学者200人次参观、交流。

全年派出国7人次赴美国、英国、印尼、加拿大、韩国、摩纳哥等国家参加国际会议，进行学术交流、科学研究、专业培训和考察等活动。

信息化建设 完成门诊即时医保接口改造、工娱疗项目实施医技确费、北京市精神病人信息上报网络改造、新门诊病房楼信息化申报、住院电子病历系统、中草药电子处方、LIS条码单工及电子申请单等，完善了门诊病案回归、门诊挂号、收费工程、门诊电子病历和院内感染及传染病网络直报等工作。完成升级主机房UPS功率，加强了安全系数、光纤主干扩容和增加网点，逐步实现了办公自动化（OA系统）。

后勤与基建 10月28日，举行了新门诊病房楼及附属用房工程开工奠基仪式。

后勤工作围绕"三项行动"、"安全生产月"、"平安国庆"等，重点完善了后勤工作制度，确保了医院后勤安全生产目标的实现。对住院病人的理发模式进行调整，在患者食堂提供个性化服务方面进行了尝试。制订了《节能（资）源管理条例》和《安全用电管理制度》，并于7月份开始实施。

精神疾病预防控制工作 年内，为全市5万余名社区精神病人更换了《北京市社区精神卫生个人健康档案》。为预防和减少精神病人肇事肇祸事件的发生，确保国庆大典期间的安全，市精神卫生保健所协助18个区县对精神病人进行了全面走访和重点评估。

中国心理卫生协会工作 年内，承担了中国科协委托的决策咨询项目——"中国人心理健康状况与促进策略研究"，举办了中国心理卫生协会第二届中青年心理卫生学者学术研讨会，筹办IPA 2010年首届亚洲精神分析大会，利用科普日、纪念日开展了健康教育活动。

（撰稿：蔡 笑 审核：马 辛）

北京回龙观医院
北京心理危机研究与干预中心

（昌平区回龙观）
邮编：100096 电话：62715511
网址：www.bhlgh.com

基本情况 职工1 218人（含外国专家2人），其中卫生技术人员863人，包括正高级职称21人、副高级职称56人、中级职称254人、初级职称495人、未定级37人；其他专业技术人员116人；行政人员81人；工勤人员158人。

医疗设备总值3 534.5万元。全年购置医疗设备总值453.20万元，其中10万元以上8台。

获奖情况。医院被评为首都公共卫生精神文明单位，首都"迎国庆，讲文明，树新风"活动先进单位，2008年度北京市卫生统计工作先进单位二等奖、2008年度部门决算工作二等奖、2009年度日常报表工作先进单位，"心理救援热线与住院精神患者'逛京城'活动"被评为市卫生局基层党组织服务群众最佳品牌项目、精品活动，团委获2008年度市卫生局共青团达标创优竞赛活动五四红旗团委称号。

机构设置 3月6日，成立了世界卫生组织心理危机预防研究与培训合作中心；5月1日，成立了医患关系协调办公室。

改革与管理 8月，编辑出版了第三版《北京回龙观医院规章制度》。继续深化用人制度改革，加快推行岗位管理制度，实行全员聘用制和岗位聘任制，公开选任中层干部，完成医院岗位设置，制订了医院岗位设置实施细则，全面实施职工绩效考核，在专业技术岗位设置中，向临床业务岗位、医疗主体岗位和管理岗位倾斜。

在医院管理中，不断加强医院内部审计管理，重点做好领导干部经济责任审计、基建工程项目审计、经济合同审计以及开展"小金库"专项治理工作。内部审计参与医院政府采购招投标工作，对购置的10万元以上大型医疗设备进行了经济效益预测和效益追踪评价分析。

医疗工作 门诊68 248人次。实有床位1 295张。入院1 593人次，出院1 625人次，床位周转1.25次，床位使用率104.72%，七日确诊率99.56%，出入院诊断符合率96.62%，治愈率15.13%，好转率81.44%，死亡率1.62%；配合市残联完成342人次的精神病患者精神残疾鉴定。精神医学司法鉴定218例。

新技术、新项目。设立了睡眠障碍中心、戒烟门诊和精神康复学校。

全年医护联合查房5次，全院病例讨论6次。开展了包含临床医生、护士、心理技师、康复人员、药师和社会工作者等参与的"团队诊疗"查房模式。制订了危重症抢救应急预案、医疗质量责任追究制；完善了各级医师绩效考核管理办法、金牌医生和服务之星的评选标准、转科制度、会诊流程、查对制度等；组织全院医生观摩了优秀病历。参加北京市优秀病历评比，有4份病历获得参加全市范围病历巡展，并在年底的医院管理年检查活动中，病历为免检项目。甲级病案率99.75%。

对口支援。成立了精神科对口支援建设领导小组。继续与山西省长治市城区五马中心卫生院建立技术协作关系；继续支援延庆县精神卫生防治院、东小口社区医院的精神科学科建设。与北京大学第六医院保持门诊医疗合作，与同仁医院、佑安医院签署了对口支援精神科学科建设，与平谷区精神卫生保健院、河北秦皇岛市精神病院建立了合作医疗关系。

医院感染管理。举办了防治禽流感、鼠疫防治知识和医疗废物管理知识的讲座。加强防控知识培训，开展防控传染病宣传活动，制作《疾控科简讯》3期。医院推出了6项举措：成立流感疫情防控工作领导小组；组建医疗应急小分队；制订了《防控甲型H1N1流感工作方案》；开展应急培训和考试，组织了防控演练；储备应急物资；对住院患者及探视家属进行防控知识的宣传教育。全年院内感染284例，医院感染率1.75‰。传染病漏报率为0。

医保工作。全年医保患者出院667人次，占住院患者的41.05%。该院是市医保中心实行定额付费的试点医院，市医保中心核定医保住院患者最高收费标准为126元/日，医保患者实际每张床日均费用为169元/日，超出部分由市医保中心补支。

健康教育。本院制作的宣传片《贴心的管家》、《护理传承》分别获得市卫生系统"杏林杯"电视片汇映评比二等奖、优秀奖。10月，开展了"行动起来，促进精神健康"大型宣传活动，组织300余名住院患者、家属和医务人员举办了"医、患、民"联合大型文娱演出，为患者和家属免费开设了10余个特色诊疗项目，开展网上咨询、答疑活动，组织200余名患者参观了德胜门古钱币馆、大钟寺古钟博物馆，开办了网络成瘾与精神健康论坛。在3月21日世界睡眠日、5月25日大学生心理健康日、9月10日世界预防自杀日、9月21日预防老年痴呆日、10月10日世界精神卫生日等活动中，医院专家在地坛公园、回龙观文化居住区、方庄社区、医院等地开展了大型义诊咨询活动，特别是大学生心理健康日，医院组织专家走进10所大学为学生开展心理健康服务。

护理工作 以落实护理安全目标为重点，严格执行查对制度，提高对医嘱执行的准确性，提高安全用药管理，减少患者跌倒事件发生，减少医患纠纷与冲突，加强患者饮食与运动的管理，减少慢性非传染性疾病等合并症的发生。为精神病患者提供健康教育6次，增加了精神病患者康复训练项目。基础护理合格率99%，特护护理合格率97%，急救设备完好率98%，护理质量十项标准达标率99.74%。

举办精神科护理研讨会4次，理论培训课34次，操作技能考核7项，理论考试2次。在护士长、主管护师护理查房的基础上，增加了主班护士护理查房。继续开展主管、教学区主班的培训，主班护士集中培训2次，举办了临床操作示教比赛、护理教学查房比赛。有27名（新增5名）护理人员继续承担12所护校、北京广播电视大学的精神科护理、伦理学、沟通等科目的授课任务，继续承担北京大学网络教育本科生的临床实习、部分学生的论文指导工作。

科研工作 7月，国家食品药品监督管理局批准该院成为国家药物临床试验机构（认定专业：精神卫生）。全年完成科研课题 3 项。在研课题 20 项，其中国际合作项目 1 项、国家级项目 1 项、市级项目及市自然科学基金 3 项、首都医学发展基金 5 项、市卫生局青年基金及优秀人才基金 10 项。另外，获北京市优秀人才培养资助项目 1 项，资助 5 万元；获市卫生局青年科研基金资助项目 2 项，资助 4 万元；获北京市科普项目资助 15 万元。

全年发表论文 123 篇，其中论著 95 篇（含在统计源期刊发表 78 篇）。SCI 收录 17 篇，最高影响因子 28.409，个案 3 篇，综述 6 篇，讲座 19 篇。发表科普文章 56 篇，专著及主编著作 8 部，参编著作 12 部。

医学教育 继续承担北大医学部等医学院校的教学工作，增加了中国政法大学应用心理学学生的临床实习带教工作。与齐齐哈尔医学院精神卫生学院建立了教学关系。全年接收实习学生 271 人。

北京大学医学部确定该院为精神病学硕士研究生培养点，授予邹义壮、王健和卞青涛为该院第一批指导教师。护理部完成北京护校等 14 所学校的精神病护理、医学伦理等授课 2000 余学时。举办国家级、市级继续教育项目 9 项，举办院内继续教育项目 30 余次。接收进修 75'人。多位专家主编或参加卫生部全国高等医学院校五年制本科生《社区精神病学》等 4 本教材的编写。

心理危机干预 与广西、甘肃、辽宁、广东、湖北、山东、安徽、黑龙江和北京等地医学院或医科大学、药学院或精神病院等共同开展自杀成功和未遂相关的研究以及预防自杀干预效果研究。世界卫生组织自杀未遂多点干预项目正在进行中。启动了 WHO 农药社区健康教育干预项目和先正达（Croplife）农药控制项目。对部分综合医院急诊室自杀案例进行登记，对自杀未遂者开展健康教育与心理社会干预。拨打心理危机干预热线电话 24 148 个，接听 14 583 个，接听比例 60%。

通过媒体宣传、广场活动、医院门诊、热线电话、网上咨询等渠道招募自杀者亲友，并建立起一个由心理咨询方面的专业人员、精神科医生和志愿者组成的服务团队，以小组的形式向他们提供支持和关爱。成功干预 1 名站在 21 层窗台上的 40 余岁妇女的自杀行为。

3 月 6 日，成立了世界卫生组织心理危机预防研究与培训合作中心。

国际学术交流 派出 1 人参加中泰社区精神卫生国际培训项目。接待美国、奥地利、澳大利亚等外国专家进行交流和讲座等 7 批 27 人次。继续聘请加拿大医学专家费立鹏先生任北京心理危机研究中心执行主任，聘请美国护理专家毕曼丽女士在北京心理危机研究与中心负责心理危机培训和指导热线的接听与质量评估，并担任医院护理部顾问。

信息化建设 4 月，正式启用合理用药监测系统。5 月，启用门诊就诊卡。网络协同办公系统（OA）和精神科医生数字助理（PDAP）掌上电脑已按计划分批安装到位，PDAP 系统完成与 HIS、LIS、心理测查系统、统计信息系统等的接口。LIS 与 HIS 接口于 12 月底完成系统联调、测试。信息科统计日报等报表实现了局域网发布，取代纸制报送。

后勤与基建 狠抓安全生产，确保医院安全。定期对使用的设备尤其是锅炉、电梯、车辆等大型设备进行检查和维修。完成既有建筑节能门窗的更换，对 3 栋病房楼进行了装修粉刷，2 号病房楼大门修缮和 2、3 号病房楼喷淋、吊顶工程，1 号病房楼水源热泵 3 号地泵井加装配电箱及电缆改造，1 号病房楼地灯改造和消防电缆临时改造，2 号病房楼配电室分路电缆改造。全年安全行车 30 万公里。

（撰稿：彭守文 审核：杨甫德）

北京老年医院

（海淀区温泉路 118 号）
邮编：100095 电话：62456936
网址：www.lnyy.com.cn

基本情况 职工 714 人，其中卫生技术人员 556 人，包括正高级职称 7 人、副高级职称 49 人、中级职称 188 人、初级职称（师、士）256 人、未定级 56 人；行政、后勤人员 158 人。

招聘毕业生 27 人，其中硕士 12 人，其他 15 人。
全年购置麻醉机、全自动血凝分析仪、台式彩超、便携式彩超、LEEP刀、激光治疗仪、预真空消毒器、蒸发器、超声聚焦肿瘤消融机等万元以上设备94台，其中100万元以上3台、10万元以上27台；完成核磁的招标采购和安装，并投入使用。

获奖情况。医院被评为首都文明单位、海淀区森林防火工作先进单位、海淀区拥军优属先进单位，护理部被评为全国卫生系统护理专业巾帼文明岗，财务处被评为日常报表先进单位；刘运湖等4人被市卫生局党组评为优秀共产党员，王磊被市卫生局评为优秀党务工作者，李海芳被评为首都卫生系统先进工作者，李保英被评为《北京卫生年鉴》先进工作者，杨京灵被市临床输血质量控制和改进中心评为优秀质控员。

机构设置 4月20日，成立客户服务部，全面负责医疗纠纷的投诉、接待、处理及防范，至年底，共接待投诉62起，均顺利解决；7月，成立功能检查科，将心电图、肺功能、脑电图、神经电生理检测等进行了整合；同月，开设老年综合评估服务门诊，将日常生活能力评估、简易智能评估和跌倒风险评估作为住院患者的检查项目，并将其检查的记录和结果加入病历，共接诊评估308人次。与综合大学建立协作关系，10月10日，医院成为北京中医药大学附属北京老年医院；同时，成立了中国科学院生物物理研究所老年病临床研究基地。

改革与管理 继续深入开展"以病人为中心，以提高医疗服务质量为主题"的医院管理年活动，在贯彻13项核心制度的基础上，进一步完善工作制度和流程，重新整理并制订了一套切合实际并具有很强操作性的医疗管理体系。11月12日，通过了市卫生局医院管理年活动的检查。

加强风险防范管理，推动党风廉政建设。6月30日，新聘任和重新聘任的60名中层干部签订了《廉政建设责任书》。完善《医德医风考评实施办法（试行）》，制订了《行风建设社会监督员的工作办法》等。全年收到锦旗27面、表扬信24封，拒收礼金36 750元。

医疗工作 门诊141 675人次，急诊23 543人次，住院4 670人次，出院4 659人次，平均住院日23.63天，床位周转11.62次，治愈率18.13%，好转率77.97%，死亡率3.85%，出入院诊断符合率100%。住院手术724例，门急诊手术3 477例。院内外会诊100人次，其中来院会诊43人次，派出专家会诊57人次。

新技术、新业务。全年开展了10个新项目：耳鼻喉科的全麻鼻内镜下上颌窦手术、筛窦手术、额窦手术、颅底蝶窦手术；普外科的腹腔镜手术，新引进了乳腺肿物微创旋切系统；眼科的泪道激光手术、前部玻璃体切割术；卒中病房与放射科合作，成功开展了首例颈动脉支架置入手术；口腔科与心内科合作，开展了心电监护下拔牙。

病案管理。严格病历质量控制，完善病历质量审核制度，对病区病历审核员进行了培训，将病历质量考核结果作为科室绩效考核的重要指标。甲级病历率99.42%。通过了上级主管部门病案首页、附页填报工作的检查。

医院感染管理。年内，院感人员外出培训学习13次，院内举办各类人员的感染控制知识培训20次，发放资料300份。查阅病历3 774份，感染174例，感染率4.61%。加强医疗废物管理，巡视督查48次。未发生院内感染意外事件。

医保工作。全年医保出院1 969人次，比上年增加334人次，增幅20.43%；平均住院日25.3天，比上年减少2.2天；出院医保总费用327.86万元。门诊费用上传实行划卡结算，信息上传正确率100%。

医疗支援。与内蒙古乌海市海南区人民医院结为对口支援单位，全年派出12名专家开展工作。消化科医生郑曦、外科医生唐杰前往西藏拉萨市堆龙德庆县人民医院开展为期一年的医疗支援。对上庄、苏家坨社区卫生服务中心，密云冯家峪乡卫生院等的医师进行了培训、体检指导、支援等服务。

护理工作 5月8日，通过了护理质量管理体系复评，并将ISO 9001：2000版更换为ISO 9001：2008版。护理文件书写合格率97.44%，护理病历书写合格率96.45%，基础护理合格率98.27%，特级、一级护理合格率98.71%，技术操作合格率99.25%，安全护理合格率100%，急救物品完好率100%。

科研工作 在研项目26项，其中院内科研基金资助项目10项，首发基金资助项目5项，市卫生局和中医局青年科学基金资助项目3项，北京市优秀人才资助项目1项、合作研究项目4项，民政部课题3项。全年发表科研论文51篇，其中SCI收录1篇。

教学工作 全年完成首都医科大学、首都体育学院、天津高等医专等58人次的临床实习，接收临床及康复专业进修6人次。完成北京护士学校等护校120名学生的生产实习和临床教学工作。

举办业务讲座、培训22场，5 600人次参加。组织全院卫生技术人员急诊急救知识培训8次，1 211人次参加，其中349人次参加理论考试，合格率100%。全年学分制培训达标率97.19%。完成37名临床住院医师规范化培训，以及12名住院医师进入基地培训的申报、前期培训、院内教育等工作。

国际交流与合作 选派11人次前往日本、马尔他、澳大利亚、瑞典、法国和中国香港参加国际会议，进行学术交流、培训、进修和考察等。

信息化建设　对医院HIS系统进行升级，新增了门诊医生工作站。新增各类HIS工作站123台、打印机106台、网络信息点480处、各类交换机30台，对原有31个HIS模块及数据库进行全面升级，启用了门诊医生工作站、合理用药、排队叫号等软件系统。

后勤与基建　对中央空调进行了改造，安装冷却塔解决夏季制冷问题。对供暖系统进行维修改造，确保冬季正常供暖。投资170万元，购置新门急诊楼家具1 900余件；进行新门诊道路绿化改造，植树120棵，新增绿地6 000余平方米；完成家具、水、气、暖等维修近9 000次；洗涤物品近28万件。清理医疗废物33吨，节支2万元，处理污水115 870吨。

完成急诊科装修改造工程，建筑面积1 200平方米；感染疾病科的门诊、病房改造工程，建筑面积2 849平方米；功能科、信息科、病理科装修改造工程，建筑面积972平方米。完成二期病房科教综合楼项目建议书的申报与评估。

其他工作　防控甲流。作为收治甲流的后备医院、定点医院，制订甲流防控方案、应急预案，发热门诊就诊流程，开展了全员培训，组建了专家组。院内职工甲流疫苗接种475人次，国庆游行人员疫苗接种近万人。

院庆活动。编印院庆系列读物3部，制作音像宣传片1部、宣传折页1套，组织了"迎院庆、展风采"系列活动，举行大型义诊8次，受众894人次；开展健康大讲堂6次，受众448人次；启动爱心班车19次，受众539人次。10月10日，在医院康复中心门前举办了建院60周年庆典活动。

（撰稿：李保英　审核：杨爱民）

北京小汤山医院
北京小汤山疗养院

（昌平区小汤山镇）
邮编：102211　电话：61789012
网址：www.xtshos.com.cn

基本情况　职工616人（含合同制306人），其中卫生技术人员156人，包括正高级职称2人、副高级职称17人、中级职称64人、初级师52人、初级士14人、未定专业技术职称7人。

医疗设备总价值3 902.8万元。本年度购置医疗设备总值1 288.85万元，其中100万元以上设备3台。

获奖情况。医院被评为首都卫生系统文明单位、首都文明单位，获北京青年健康使者火炬行动组织贡献奖。李永林被北京药学会、北京药师协会评为优秀药师，乔德江被评为市级交通安全优秀管理干部，赵继海被评为首都绿化美化积极分子，王怀成被市总工会评为"迎国庆，树窗口形象，创优质服务"优秀个人。

改革与管理　深入开展医院管理年活动，以创建人民满意医院为契机，做好医疗质量的监督检查，加强病案质量的监督检查及管理，规范医疗行为，改善就医及体检环境，加强医疗卫生法律法规的培训，加强基础医疗质量管理，强化"三基三严"训练，加强体检质量控制和干部保健工作，做好甲流的防控。

医疗工作　门诊26 227人次，急诊2 444人次，急诊危重症抢救5人次，抢救成功率60%。入院186人次，出院202人次，床位周转79.1次，床位使用率29.65%，平均住院日83.52天，七日确诊率99.48%，出入院诊断符合率100%，治愈率12.37%，好转率80.93%，死亡率1.03%。

病案管理。加强运行病历质量控制的监督检查力度，每月对各科室运行病历进行检查，针对病历书写质量控制要点及病历书写各种缺陷问题的分析和如何写好病历进行了培训。甲级病历率93.6%。

医院感染发生率6.44%。年内，修订了《医疗废物分类收集管理、交接登记制度》、《感染暴发报告及处置管理制度》、《汞体温计、汞血压计等特殊废物的处理流程》等。对全院医务人员进行了结核病预防、甲流防控等培训。对152例乙类和丙类传染病进行网络直报，传染病报告率100%。对供应室灭菌效果进行132化学指示卡监测1 022件、生物学监测230件、B-D试验监测146件，共计1 398件，合格率100%。为本院职工400余人次接种了甲流疫苗。

全年医保出院61人次，总费用79.42万元，次均费用1.30万元。完成了实时持卡结算的准备工作。

护理工作 全年护理文件书写合格率99%，护理病历书写合格率99%，基础护理合格率98.61%，特级、一级护理合格率100%，技术操作合格率100%，急救物品完好率100%。发表论文2篇、经验总结8篇。

注册护士均完成了继续教育。组织全体护士进行了《护士条例》及《医疗事故管理条例》的培训，对护理人员进行了"三基"训练和专科技能培训。组织全院护士进行了密闭式静脉输液、鼻导管吸氧比赛，国际护士节时进行了护士技能比赛。选派3名护理骨干外出进修学习。

科研工作 完成保健科研课题的申报，其中1人获得北京市保健科研项目资助，资金4万元。完成1项市卫生局、市中医局青年科学研究资助项目的整理审查填报及推荐。完成1项中央保健专项资金科研课题的结题上报。完成2008年申报的市卫生局青年科学研究项目"指甲甲印与健康状况的相关性研究"的中期评估汇报。

全年发表论文6篇，被全国学术会议收录论文摘要2篇，发表科普文章2篇，出版专业书籍2部。

医学教育 本年度录取研究生7人，其中硕士研究生5人、博士研究生2人。

全年参加继续医学教育101人，继续教育参与率100%，达标率100%。年内，安排医师短期培训班及学术会议20批次31人次。完成继续医学教育院内讲课27次。3名医师到院外进修学习，3名医师参加为期3年的住院医师规范化培训。为新入院的19名医师办理了继续医学教育学分卡。

信息化建设 注册了"北京小汤山医院"、"北京小汤山疗养院"的中文域名和通用网址，将医院特色"北京体检"、"骨坏死"、"骨关节病"、"北京健康管理"、"北京会议接待"等进行了中文域名注册。基本完成体检软件、检验软件、健康管理软件及配套服务器的更新和试运行。体检中心二楼导诊屏安装调试完毕。

后勤与基建 年内，更换了新型节能灯，完成综合内、外科装修改造工程，A区室内游泳馆修缮工程，A区及体检中心室外温泉池修建工程，B区露天阳台翻修改造工程，C、D区屋面防水及屋面瓦更换翻修工程，门诊至西大门围墙翻修工程。

其他工作 完成市委老领导1年3次的避寒、避暑休养的接待任务。全年接待体检26 917人，较上年增长50%，其中局级干部体检3 105人；接待疗养11 095人，较上年增长36%；接待会议10 622人，较上年增长32%。全年共接待疗养、会议、体检48 634人。拓展培训4 800多人次。

4月，医院承办了首都卫生系统劳模来院植树活动。在"共产党员献爱心"活动中捐款18 656元，受到北京市慈善协会的表彰。市公安局在E区增挂"北京市公安局民警身心健康服务中心"的牌子。

疗养、会议接待区域被国家旅游局评定为三星级饭店。参加了2010～2011年北京市党政机关会议定点招标工作并顺利中标。

编辑出版了《北京小汤山医院简报》、《学习实践科学发展观专刊》。

（撰稿：闫博敏　审核：王立明）

北京肿瘤医院
北京大学临床肿瘤学院
北京市肿瘤防治研究所

（海淀区阜成路52号）
邮编：100036　电话：88121122
网址：www.bjcr.bjmu.edu.cn

基本情况 职工1 464人（含合同制528人），其中卫生技术人员1 091人，包括正高级职称64人、副高级职称98人、中级职称286人、初级师237人、初级士350人、未定级56人；其他技术人员117人；管理人员70人；工人186人。

本年度被批准的人才项目有：北京市"215"人才工程领军人才1名（游伟程）、学科带头人3名（郝纯毅、陈克能、任军），北京大学"杨芙清-王阳元"奖教金1名（顾晋），北京市"十百千"人才工程"百"层次人选2名（郝纯毅、解云涛）。

获奖情况。院党委被北京大学医学部评为党务和思想政治工作先进集体。10月，医院当选北京市模范职工之家。杨仁杰、王洁被北京大学医学部评为2008~2009年度优秀教师奖,曹崐获北京大学医学部优秀教学管理奖。6月,由医学部研究生院和本院教学办合作完成的"医学研究生培养过程及质量监督的信息化建设与实践"获北京大学教学成果奖一等奖,放射科的"基于单病种数据库的肿瘤影像专业人才培养模式的搭建与实施"获二等奖。4月,泌尿外科副主任医师张鑫在中华医学会泌尿外科分会EUREP"赢在中国"2009精英英语选拔赛北京赛区中获第一名。

医疗工作 门诊277 025人次。开放病床703张。住院21 906人次,出院21 889人次,床位周转32.1次,床位使用率107.6%,平均住院日12.3天,七日确认率99.7%,出入院诊断符合率99.9%,治愈好转率49.6%,死亡率1.5%。住院手术5 950例。

研究形成制订诊疗规范的总体思路、内容概况及实施方案,并制订了胃癌、乳腺癌、恶性淋巴瘤的诊疗规范。以围手术期为重点,加强医疗安全管理。修订完善了《关于加强手术患者医疗安全的管理规定》,并推行WHO倡导的《手术安全核查表》,落实《麻醉术前访视管理制度》,建立《麻醉事件登记及讨论制度》和《二次手术上报、监控制度》。

病案管理。建立了运行病历实时监控措施,通过信息系统建立入院记录、首程、入院后副主任以上医师首次查房记录、入院后主治医师首次查房记录和出院总结等5种病程记录实时监控。实时监控结果及时反馈相关科室,督促科室改进。通过建立运行病历实时监控措施,病历的及时完成情况有了明显改进。建立终末病历反馈互动机制,终末病历质检结果以反馈意见书的形式及时反馈相关科室,由科室质控医师督促主管医师改进病历质量,医务处跟踪科室的改进效果。甲级病历率93.96%。

门诊量比上年增长18.6%,在实行电话预约和现场预约挂号的基础上,8月运行网上预约挂号,全年预约挂号人次比上年增加51%。建立门诊化疗配液室,全面实行门诊化疗新流程。医师开药、药师审方、药房直接将药品送至配液室集中配液,患者无需亲自取药和保存,保证了药品质量和护理人员安全。

加强护理管理,以不良事件上报机制为抓手,强化各病区及时报告不良事件,包括药物反应、输液外渗、意外拔管、压疮、护理安全等。每季度在护士长例会上对护理不良事件进行分析,持续改进,并在护士继续教育课程中进行护理不良事件防范的教育,收到较好效果。

甲流防控。面对免疫力普遍低下的肿瘤患者,组织院内培训,介绍疫情、症状、诊断、治疗、防护、监控。医疗防护用品储备充足,并为医务人员进行了疫苗接种。11月5日,某科室报告多名医务人员出现感冒症状,院感科立即对相关人员进行甲流咽拭子检测,要求2名阳性和弱阳性者居家隔离,并对科室采取防控措施。经随访观察,住院患者无相关症状,医务人员无新发病例。医院感染率1.38%。

医保管理。全年医保就医88 282人次,出院5 355人次,总费用10 919.69万元,次均费用20 392元。经调研、量化分析,为各病区制订次均费用指标、医药比例指标、单病种费用指标、门诊次均处方费用指标和医保自费比例指标,并作为科室绩效考核的重点。

年内,与江苏南通瑞慈医院、哈尔滨市第一医院签订协议并建立了技术合作关系。全年举办健康大讲堂8场,由本院专家为群众进行防癌、抗癌科普讲座,并开展咨询活动,受众千余人次,深受市民欢迎。

科研工作 全年申报院外课题115项,获资助42项,科研经费2 300余万元,其中申报国家自然科学基金课题37项,获资助12项,包括面上项目10项、重点项目1项、国际合作项目1项;获批国家"十一五"科技支撑计划项目子课题1项;国家科技部"973"课题3项、科技重大专项2项;合计获国家级课题资助18项,经费1 300余万元。申报其他各类课题78项,中标课题19项,其中市自然科学基金3项,包括面上项目2项、重点项目1项,市科委课题7项,教育部留学回国人员科研启动基金1项,高校博士学科点专项科研基金3项,市卫生局青年基金3项,首都医学发展科研基金1项,市中医局1项,课题经费合计近900万元。获横向课题4项、国际合作课题1项,课题经费共80余万元。

院外结题45项,其中国家自然科学基金课题9项、国家"863"课题5项、国家科技部"973"课题2项、国家"十一五"科技支撑计划项目子课题5项,北京市自然科学基金2项、首发基金课题2项、市科委课题10项、市卫生局青年基金2项、市中医局项目1项,教育部留学回国启动基金2项、教育部新世纪优秀人才计划1项,市教委项目1项,横向课题3项。院内结题17项。

申报发明专利3项,获授权发明专利2项。在研课题169项,其中院外课题123项、院内课题46项。发表论文165篇,其中SCI收录42篇,影响因子大于3的论文18篇,影响因子大于5的论文8篇。杨跃教授主编的《肺癌标准化手术图谱》在北京大学医学部医学出版基金资助下出版,顾晋教授和杨仁杰教授分别获本年度北京大学医学部科学出版基金资助。中西医结合科通过了国家中医药管理局中医药科研实验室

（三级）评估。

完成"985"工程二期建设总结及10年总结，并向北大医学部汇报了"985"工程二期建设成效与学科发展规划。借鉴市卫生局重点学科量化评估体系，对全院临床及医技学科开展了评估，在院内形成有重点、有扶持的学科建设氛围，推动薄弱科室开展科研工作。按照《专业技术人员科研考核规定（暂行）》，在5个基础科室、23个临床科室和7个医技科室进行科研指标考核试点，为进一步完善规定提供参考。

国际交流与合作　院长游伟程、党委书记李萍萍分别率队赴德国、法国、日本访问国际知名大学医学院或癌症中心，洽谈交流合作，取得重要成果。本院主办了肺癌多学科论坛、介入治疗、胃肠外科等多个大型国际性学术会议，邀请20余位国外专家作学术报告。美国国家癌症研究中心（NCI）副所长、美国DUKE大学肿瘤中心主任等数十位专家来院访问交流。

教学工作　招收研究生69人，其中博士21人、八年制二级学科培养7人、专业学位硕士转博10人、硕士生31人。在院研究生（包括在职申请学位）共221人，其中研究生195人、在职申请学位26人。毕业研究生52人，其中博士生24人、八年制5人、硕士生23人。获得学位44人，其中博士学位23人、硕士学位21人。

参加住院医师规范化培训的住院医师95人，其中26人是新入院的住院医师。19名住院医师通过住院医师第二阶段培训及考核，获主治医师任职资格，通过率90.5%。

1名博士后完成工作出站。在院博士后2人。全年接收进修医师121人、国内访问学者11人。开设研究生课程13门318学时。完成国家级继续教育项目4项72学时，院外251人次、院内389人次参加学习。校级继续教育学术活动39次117学时，9 751人次参加。院级学术活动87次261学时，1.4万人次参加。1名教师通过硕士研究生指导教师资格的遴选，具备博士生指导教师资格的教师有30人。

针对肿瘤医院特点和青年医师临床技能薄弱环节，全面启动"三基"培训，确定将"三基"培训工作重点放在科室层面，立足科室、长期坚持、适时督考、以考促训的工作原则。各科室研究制订了培训方案，逐步开展科内讲课、病例讨论、基本技能带教等培训活动，取得良好效果。

后勤与基建　年内，对医院在运行过程中发生的重大经济事项严格履行审批程序，坚持"统一领导，集中管理"的财务原则。强化预算在医院经济运行中作用，参与各项经济活动签审，参加医院30万元以下自有资金采购会议，对各项经济事项做到事前、事中、事后各环节监督控制。积极推进医院政府采购工作，做到"应采尽采"。调整奖金分配方案，逐步完善分配机制。进行方案改革，增加了科室工作量指标导向，使奖金分配方案有利于调动科室积极性。新方案打破单一核算模式，制订3套不同指标权重方案，各科室可根据自身特点选择其一。全年5万元以上自筹资金经济合同审计82项，报审金额3 388万元，审定金额3 355万元，节约资金33万元。基建维修工程审计96项，预算报审金额1 783万元，审定1 670万元，审减113万元；结算报审金额1 862万元，审定1 733万元，审减129万元；共节约资金242万元。科研基金结题审计12项，其中自然基金9项、首发基金2项、"985"基金1项，审计经费总计391万元。

年内，撤外线电话31部、ADSL 92个，节约资金20万元。将锅炉房直燃机管式交换器改为板式交换器，节省燃气费用11万元。

信息化建设　加大信息化建设的力度，实现医技科室检查结果与临床电子病历的对接，医生工作站、患者腕带系统等全面应用。医疗系统除无线网络外，基本完成信息化建设，提高了工作效率和质量。

宣传工作　医院网页改版，以服务病人为主线，突出应用功能，更方便患者和社会公众查询信息，日点击量达5 000余人次。网站新建医患沟通板块，网上答疑2 000多条。在搜狐网站开设官方博客，设专人管理，刊登医院信息和科普文章，多篇文章被搜狐管理员推荐首页，点击量达十几万人次。

全年与中央电视台、北京电视台多个栏目配合，制作播出电视专题和新闻片共43条，其中CCTV《健康之路》4期、北京电视台《健康北京》节目5期、中央新闻7条。中央人民广播电台连续两周播出8期医院肺癌科专家科普宣传节目。

全年出版《院所通讯》72期、彩报14期。各大报刊杂志采用医院信息300余条。被北大评为信息工作先进单位，获市卫生局信息共享奖。

医院文化建设　2009年为"医院文化建设年"。年初，在全院职工中进行"对医院文化建设认识"问卷调查，应答率超过94%。七一前夕，召开医院文化与科学发展——庆祝建党88周年大会，公布《医院文化调查问卷结果分析》，专家李光斗作《医院文化与品牌建设》专题报告。

开展了女职工"清逸杯"作文比赛、《医院文化之我见》征文比赛，以及爱我中华划船比赛、医患沟通大赛、援疆干部陆爱萍新疆摄影展等，《院讯》设"医院文化"专栏，增强了凝聚力。

（撰稿：章　玉　审核：薛　枋）

北京胸科医院
北京市结核病胸部肿瘤研究所

(通州区马厂97号)
邮编：101149　电话：89509000
网址：www.bjxkyy.cn

基本情况　职工920人，其中卫生技术人员633人，包括正高级职称34人、副高级职称58人、中级职称254人、初级师179人、初级士86人、未定级22人；管理人员58人；工勤人员112人；其他技术人员117人。

医疗设备总价值14 524万元。本年度购置医疗设备总价值2 090万元，其中10万元以上设备10台、100万元以上设备3台。

年内，经市编办、市卫生局批复，北京胸科医院更名为首都医科大学附属北京胸科医院。

获奖情况。被卫生部项目资金监管服务中心授予"世界银行贷款/英国政府赠款中国结核病控制项目"先进集体称号，李亮、端木宏谨、傅瑜、赵雁林为先进个人；保卫处获市公安局集体嘉奖；综合科被市总工会评为"迎国庆，树窗口形象，创优质服务"劳动竞赛活动优秀集体；团市委、市卫生局党组授予医院"十年敬老情——走进于家务敬老院项目"为北京青年健康使者火炬行动优秀志愿服务项目，医院志愿者服务队为优秀志愿服务集体，刘毅为优秀志愿者；崔玉森、王子彤、郭文亮、陆宇、乔兵被市卫生局党组评为优秀共产党员，李宝兰、李艳红为优秀党务工作者；年度部门决算被市卫生局授予二等奖；人事处被通州区复原退伍军人安置办公室评为复退军人安置工作先进集体，田建为先进个人。

机构设置　成立了中医科、妇科、儿科和精神科，满足结核病患者的医疗服务需要。成立了运营管理办公室，加强医院经济的有效管理。7月，中华护理学会、北京护理学会批复医院肿瘤科为首批北京肿瘤专科护士认证基地。

改革与管理　继续加强对管理干部的培训和管理力度，提高了干部的管理能力和综合素质，增强了医院的服务意识。同时，分8批对全院职工进行了综合素质培训，取得很好的效果。

推行奖金方案改革。成立了深化绩效管理分配改革领导小组和工作小组，研究新的分配方案，经院长办公会和党委会多次讨论，职工代表大会通过，新的奖金改革方案首先在临床科室试运行。新方案实行目标管理和绩效考核，更好地体现劳动、知识、人才和管理的价值，做到经济效益与工作效率并重，同时关注医疗质量的改进与提高。

推进人事聘任制度改革，打破多年来沿用的中层干部选拔、培养、任用、考核模式，引入竞争机制，实行中层干部竞争上岗、任期目标责任制的干部管理模式。完成第一批中层干部的竞争上岗工作。

创建人民满意医院。两大便民服务项目——无时限预约挂号和层级就诊模式，在一定程度上缓解了"看病难，看专家难"的问题；综合科创建的"胸心港湾"品牌的服务理念是"变同情为共情，用真心与您沟通，以心灵温暖心灵，让我们一路同行"，不仅给患者解决生理上的病痛，更让患者心灵上得到慰藉，深受患者的好评。

继续坚持按责任分工分解党风廉政建设工作任务，明确责任主体、分管领导、牵头部门和协办部门。开展医德医风和行业作风教育7次。鼓励群众举报党风廉政不良现象，加大对群众举报案件的查处力度；建立内部动态监管机制，监测大处方和药品用量异常增长现象；组织一次性医疗用品调查，强化物品购销管理，规范药品采购程序。

医疗工作　门诊121 541人次，急诊1 992人次，急诊抢救危重患者22人次，抢救成功率50%。入院7 034人次，出院7 025人次，病床周转13.18次，病床使用率88.46%，平均住院日24.64天，七日确诊率67.59%，出入院诊断符合率99.85%，治愈率13.90%，好转率54.50%，死亡率3.78%。住院手术1 081例。

充分发挥科主任在医疗质量与安全管理工作中的作用,每年召开医政工作会议,每季度召开科会1次,每周召开护士长会1次,每周进行全院病例讨论,总结经验,查找不足,及时改进。

年内,对全体医务人员进行了心肺复苏、肺部良性病变的影像诊断、全身疾病的肺部表现等培训,并举办了心肺复苏临床技能竞赛。

病案管理。加强单病种质量管理,每季度将全院前五位主要病种的质控指标反馈到临床科室,进行横向和纵向比较。完善病案质控员管理制度,召开全院病案质控会议,修改并完善终末病历、运行病历、门诊病历及医保病历的检查标准,尤其是完善了运行病历标准。甲级病历率99.60%。

医院感染管理。医院感染率0.85%。年初,发生了本市首例人感染高致病性禽流感事件,使医院在防控疫情方面得到了锻炼,如ICU病区终末消毒、发烧病房防控条件的配备等。在甲流疫情防控中,医院根据实际条件和实际环境研制和改良了一些防控用品,如无纺布窄边可反复使用的口罩和倒置紫外线灯。加强临床医务人员自我防范的培训,组织结核病区、ICU及院感等部门参加了院内外的传染病自我防护培训、学习班。

医保工作。全年出院医保患者3 304人次,出院医保总费用8 354.80万元,次均费用25 287元,比上年下降13.60%。开发医生工作站软件,将医保政策嵌入软件中,每一种药品均有使用提示。

医疗支援。王海永完成1年的援疆任务,返回医院。孟弃逸主动承担了1年的援疆工作。继续支援怀柔和延庆2家乡镇卫生院,长期派2名主治医师到农村工作。向通州区马驹桥社区卫生服务中心每2周派出3名专家坐诊。

护理工作 修订并完善护理规章制度、操作规程等29项,制订护理安全管理新制度8项,以及护理岗位职责说明书和护理职称晋级评价标准。

医院护理质量管理采取医院质控组+病区质控组双重质控方式,确保医院护理质量的不断提高。护理文件书写合格率96.69%,护理病历书写合格率96.69%,基础护理合格率98.18%,特级护理合格率99.41%,一级护理合格率96.95%,技术操作合格率100%,安全护理合格率99.40%,急救物品合格率99.62%。

参加所级科研课题答辩1项,由护理部撰写的《实用结核病护理学》一书交付科学出版社出版发行。有8篇护理论文在统计源期刊上发表。

医院承担北京护士学校40余人和北京中医学校14人为期8个月的临床教学任务。

举办了国家级继续教育认可项目——全国结核护理新进展学习班,对全院护士进行护理技术操作考核和护理理论知识考试各2次,完成2008年毕业护士半年及1年的理论考试及操作考核、2009年毕业护士岗前培训、ICU和门急诊护士应急能力与技术培训2次及12名护士的ICU轮转,护理骨干参加了中华护理学会和北京护理学会主办的各种专科培训班,通过ICU护士资格认证1人、肿瘤化疗护士资格认证2人、急诊护士资格认证1人、糖尿病师资认证1人。

科研工作 获批"十一五"重大新药创制专项1项,经费261万元;"十一五"协作项目1项,经费14.82万元;市科委市属公益院所改革与发展专项经费150万元。申报国家自然科学基金8项,中标1项,经费23万元;申报市自然科学基金8项,经费4万元;申报市卫生局青年基金4项,中标2项,经费4万元;申报市科委项目4项,中标2项,经费237万元;所级课题18项,获得经费47.5万元;研究生课题11项,获经费8.9万元;获国家科技支撑计划协作项目1项,经费4万元;获首发基金协作项目1项,经费1.5万元。签订技术合同21项。外投论文223篇,SCI收录6篇,影响因子总计14.1分(最高影响因子2.4,平均影响因子2.34)。

医学教育 招收硕士研究生6人、博士研究生6人。毕业后教育48人,参加继续教育695人。接收进修67人,派出院外进修31人。医院有完整的教育领导、组织机构、毕业后培训领导小组和院考评小组、科考评小组,设宣教处负责具体管理工作,有专人主管,院考评小组和科考评小组负责医院考核和综合考评工作。

承担北京护士学校中专护士班45名学生的临床课教学及毕业实习任务,承担北京中医学校等15名学生毕业实习任务。举办国家级继续教育认可项目学习班3个,175人次参加;举办短期学习班8个,850人次参加;为职工举办学术讲座38次,5 800余人次参加。

国际交流与合作 接待国际医院联盟、荷兰皇家防痨协会、美国疾控中心、WHO西太区遏制结核病部、越南、柬埔寨7批35位外宾来访交流。出国9人次,其中进修学习2人次、考察5人次、参加国际会议2人次。

与美国签订了卫生部-盖茨基金会结核病新诊断工具研究项目,承担新的结核病诊断技术在中国的推广;与法国签订卫生部-法国梅里埃基金会加强中国结核病实验室诊断项目,承担探讨新的实验室技术在中国可行性的研究;与美国TBalliance签订吩嗪类化合物抗结核活性筛选的研究项目；与日本签订OPC-67683治疗耐多药肺结核2期临床试验项目；与澳大利亚签订了耐多药结核分枝杆菌的分子流行病学和遗传学研究项目。

信息化建设 年内，医院病区及部分科室进行旧房改造，很多科室的网络办公系统重新进行了安装、更新、升级。对医院中心机房进行改造，更新大批设备，安装了新的服务器操作系统，采用双机热备带盘阵技术，提高了数据传输速度。甲流筛查期间，医院组建了甲流筛查病房视频系统。对医院办公用200余台电脑及10余个办公局域网进行了维护。对网站栏目及信息进行了更新、维护，网站访问量比上年增加30 464人次。

后勤与基建 完成对七病区、九病区、十病区、一病区、二病区、核磁机房、信息中心机房、保卫处监控室、动物实验室等改造、装修和翻建，改造面积6 000余平方米。医院基本建设总体规划被列入市卫生局3个重点推进项目之一。

加强对全院职工节约意识的教育。经过调研、测算，为病区洗澡间安装了IC卡智能节水控制器设备，住院患者每人1张卡，每天限定用水15分钟。每月节约冷热水约2 000吨，比管理前节约用水约50%。安装了感应水龙头，节约办公区用水。安装大批节能灯具，使医院用电量明显减少。对院内进行大面积绿化，整治绿化面积约4 000平方米。

（撰稿：周运翱　审核：吴国安）

首都儿科研究所

（朝阳区雅宝路2号）
邮编：100020　电话：85695555
网址：www.shouer.com.cn

基本情况 职工1 229人，其中在编职工981人、合同制员工248人。在编职工中，科研、卫生技术人员765人，包括正高级职称57人、副高级职称71人、中级职称277人、初级职称335人、未定级25人；其他技术人员36人；行政管理人员96人；工勤人员84人。

医疗设备总价值：医院11 929.52万元、研究所957.87万元。新购置医疗设备总值1 753.07万元，其中10万元以上设备25台822.76万元、100万元以上设备4台665.8万元。

获奖情况。获首都国庆60周年群众游行支持贡献单位奖、新中国成立60周年庆祝活动筹办工作先进单位、首都文明单位、首都"迎国庆，讲文明，树新风"活动先进单位、北京青年健康使者火炬行动组织贡献奖、北京青年健康使者火炬行动优秀志愿服务集体、北京健康使者火炬行动优秀志愿服务项目、北京医院协会学术年会暨表彰先进大会优秀组织奖、北京市无偿献血先进单位、北京市公安局集体嘉奖等。钱渊当选全国医药卫生系统先进个人、首都健康卫士，戴耀华获中华预防医学会公共卫生与预防医学发展贡献奖，范茂槐被北京医院协会评为优秀医院管理干部，主任医师李尔珍、护士左兰被评为首都"迎国庆，讲文明，树新风"活动先进个人，宗心南被评为北京奥运会、残奥会志愿者工作先进个人，梁芳当选北京市人口和计划生育工作先进个人，王福增被评为北京市消防工作先进个人。

机构设置 房管办公室划归基建科。

改革与管理 建立和完善高层次人才和重点学科的评审、考核制度，制订了《学科骨干和学科新星考核指标、评分标准和工具》《高层次人才培养基金管理办法》等，评选出第一批学科骨干6人、学科新星3人，在3年内获得100万元的资助。规范行政管理，新增规章制度167项、修订241项。加强应急机制建设，完善公共卫生、院内感染、医疗纠纷、自然灾害、网络故障等应急预案。推进"五五"普法宣传教育活动，组织各类法律、法规培训。加强保密工作，制订保密范围，加强教育与监督，提高防范意识。

制订《派遣人员纳入编制内管理的规定》等制度。实施岗位设置聘任工作，坚持按需设岗、竞聘上岗、按岗聘用及合同管理。将18名派遣人员纳入正式编制，招收40名应届毕业生、45名派遣制职工。

完成残疾人保障基金的核定和缴纳，争取到残疾职工每人5 000元的就业岗位补贴。

所院财务总收入4.34亿元，比上年降低0.33%；总支出4.8亿元，比上年增长14%。配合市卫生局推广预算管理系统，完善假发票的检查程序。完成财务收支审计42项，对设备经济效益审计35项，参与设备及工程项目审计24项，审计金额291.2万元，审减金额34万元。

反商业贿赂。组织职工观看反腐倡廉教育警示片，建立纪委委员联系点制度，修订纪检监察工作制度11项，新建制度4项。5月，开展廉政风险防范管理工作，经自下而上、自上而下两轮查找风险点，制订了防控措施流程图和完善各项规章制度。深入开展"小金库"治理工作，对6件举报案件进行了调查。全所职工拒收红包9.48万元，收到锦旗、表扬信241面（封）。

科研工作 申报各级各类科研课题57项，新开课题25项，其中国家级课题4项、国际合作课题4项、部市级课题14项、局级课题3项。在研课题107项，其中国家级课题19项、国际合作课题10项、部市级课题44项、局级课题12项、其他课题22项，经费5 079万元。

戴耀华的"儿童疾病综合管理"和米杰的"营养转型期儿童成人慢性病综合防治研究"获中华预防医学会科学技术二等奖，董声焕的"防治新生儿呼吸窘迫综合征新药肺表面活性剂的研制"获宋庆龄儿科医学奖，李龙的"先天性胆道畸形的病因和治疗方法改进的研究"申报市科学技术奖，通过初评。李龙被评为卫生部有突出贡献专家，米杰被评为北京市卫生技术领军人才，权力入选北京市科技新星。

病毒研究室完成甲流样病例的检测筛查和上报。生长发育研究室牵头承担"全国儿童体格发育调查"项目，出版了《中国儿童生长标准与生长曲线》与《中国0～18岁儿童青少年生长图表》。儿童早期综合发展研究室承担的"儿童疾病综合管理项目"列入卫生部"十年百项"推广项目，向全国百余县市推广。儿童卫生和发展研究室研发修订的《社区卫生服务技术规范》由卫生部向全国推行。流行病研究室牵头的"北京儿童青少年代谢综合征长期队列研究"，市科委计划投资1 500万元，并编写了《北京市儿童青少年健康指南》。

加强重点学科和人才建设工作。启动高层次人才遴选计划，组织了学科骨干、学科新星的评选。加强呼吸重点学科项目的管理，督促和推动人才培养及新技术推广等计划的实施，并通过了市卫生局对该项目的绩效考评，获得优秀。修订《技术人员公派出国（出境）规定》，组织了公派出国人员出国前考核。修订《科研奖励基金管理规定》，完成2007～2008年全所科研奖励基金的评审，奖励临床和科研人员118人58万元。修订《生物安全管理条例》，组织了生物安全和防恐知识答卷培训和所内自查，并通过了朝阳区卫生局的检查。

承办2009年宋庆龄儿科医学论坛，来自24个省、市、自治区160余名儿科专家和管理者参加，介绍和交流国内外儿科各领域发展状况、最新成就。

在国内外核心期刊发表学术论文138篇，SCI收录19篇，在学术会议上发言93人次。

医疗工作 通过了医院管理年各专业组考核和平安医院复审。主办了第二十届全国儿科药学学术会议。通过了药物临床试验机构资格（GCP）现场认定。

门急诊157万人次，出院12 882人次，手术3 103例，抢救成功率87.31%，出入院诊断符合率99.83%，治愈好转率95.9%，医院感染率4.45%，病床使用率91.06%，病床周转33.9次，平均住院日9.8天。

新技术、新业务。呼吸科开展规范化脱敏治疗198例；消化科开展了婴幼儿结肠镜及小儿胃电图检查；神经科开展了注意力缺陷多动障碍生物反馈诊断及治疗；内分泌科的72小时动态血糖监测和血（尿）渗透压测定；心血管科开展了运动心肺功能评价心率失常的预后；肾脏科与北大医院合作，促进病理室开展肾组织光镜和免疫荧光检测；血液科的单采方法治疗血液系统疾病；风湿免疫科开展生物制剂在儿童风湿性疾病中的临床应用、利妥制剂在儿童风湿性疾病中的应用等；急诊科开展经股静脉中心静脉置管技术、儿童新甲流危重症者机械通气适宜呼吸机治疗参数、儿童新甲流临床特征及危重预警指标观察、儿童新甲型H1N1流感危重症的死亡危险因素观察、危重患儿血乳酸水平与干预措施及预后的观察、脓毒症患儿免疫异常的观察等新项目；外科麻醉专业在麻醉手术中有创血液动力学监测；保健科开设了儿童生长发育门诊及神经运动发育评估与干预门诊；建立眼科病房，开展了泪道探通术及留置探针方法治疗先天性鼻泪管阻塞及泪囊炎；耳鼻喉科采用低温等离子射频腺样体消融术治疗分泌性中耳炎；皮科进行了特因性皮炎的遗传学研究及患者管理；检验科开展了轮状病毒快速检测、尿定量沉渣镜检、病区标本条码化；放射科开展了外周介入诊断和治疗；药剂科更新《基本药品供应目录》，指导临床正确用药；病理科开展了肾组织冰冻切片及免疫荧光病理诊断、淋巴造血系统疾病患儿脑脊液涂片中有无瘤细胞浸润的病理诊断；临床中心实验室开展了胰岛抗体3项、抗核抗体组套及血（尿）渗透压检测。

医政管理。新增医疗工作制度32项、修订24项。每月进行1次运行病历抽查，全年进行2次终末病历检查，甲级病历率98.9%。审核准入新技术、新项目14项。加强院感管理，召开院感工作会3次，组织院感控制培训5次，加强对新生儿、手术室等重点部门的监测。加强传染病防治管理与重点疾病的主动监测，组织全院传染病防治知识培训30学时并考核。9月1日，启动了免费电话预约挂号。出院患者满意度99.32%，门诊患者满意度94.65%。

医保工作。办理医保患儿2 979人次，费用2 154.54万元，医保范围内金额1 412.79万元，医保范围外金额741.75万元，大病基金支付862万元，病人自付1 292.54元。

医疗支援。与内蒙古乌拉特前旗医院、五原县医院、银川妇幼保健院签署了卫生支援协议，与北京地坛医院签署了合作协议。组织医疗队赴青海义诊，在门源县中医院义诊患儿200余人，在青海妇女儿童医院进行查房、会诊，开展讲座10余场。组织了六一儿童节、七一所庆专家义诊咨询活动。

护理工作 完善护理管理制度，新增和修订护理制度50项。强化"三基三严"训练，落实护理人才培养计划。通过护理缺陷分析会等方式，加强护理质量监督检查及反馈。护理质量服务满意度96.6%。组织继续护理学教育71项，3 854人次参加；"三基"培训及考核990人次。临床实习带教181人次，接收国内进修护士26人。参加护理管理、专科进修、专科护士资格认证、护理学术年会66人次。7项护理质量控制检查共204次，合格率98%。

医学教育 投入教育经费50余万元，加强对科研、临床、管理、后勤骨干人才的培养。承办国家级继续教育项目2个，组织学术活动40次，5 418人次参加。组织医疗安全培训讲座8次，1 048人次参加。选派6名中青年医师纳入北京地区急诊急救人才培养计划，2名主任医师参加市卫生局全科医师师资培训并取得相应资格。医院专业培训185人次，业务进修11人次，完成学历教育10人，卫技人员继续教育学分达标率99.5%。在北京市卫生科教工作检查结果排序中，教育工作在42家三级甲等医院中排名第八位、科教综合排名第九位。在培本院住院医师134人，医院被批准为北京地区儿科学住院医师培训考核考点单位。

完成北京大学医学部、首都医科大学、北京卫校等医学院校845名在校生的儿科教学任务，接收全国各地进修医护人员61人。在读博士研究生22人、硕士研究生73人，毕业博士生4人、硕士生19人。

国际交流与合作 接待外宾10批18人次，派出30批42人次赴国外考察及参加国际学术会议，派出10人赴国外儿童医院进修。

信息化建设 完成门诊医生工作站升级，科室覆盖率100%，增加了质控环节。完成LIS系统与医生站的集成工作，实现标本条码化管理。完成PACS系统三期。OA系统开始实施。开展了"统计平台终端系统"的试点及信息系统安全评估。全所信息系统运维4 127台次。完善中、英文网站建设，回复患儿家长留言1 692条，发布文章861篇，共有90个国家/地区32.2万人次点击。

后勤与基建 总务科完善各项安全措施、规章制度及工作流程，成立安全生产专业工作组11个。进行了6次工程、采购招标。配电室进行了双路停电事故预案的演习及发电机带负荷试验。开启了地下停车场。完成维修7 000余次，制作污物间9个，新增电源5处，重新铺设线路3处。

明确各级领导一岗双责责任制，层层签订安全责任书。开展安全检查10余次，各种形式教育8次。组织了消防应急和核生化反恐、生物安全培训与预案等应急演练。投入专项经费272万元，增加监控点位300余个。自筹资金11万元，更换了新型消防自动报警主机。配合警方打击号贩子，抓捕10人。

完成新核磁用房改造、门诊楼局部装修、院内道路绿化等专项工程，新生儿病房改造初步设计、全部病房输送新风等零修工程。配合西城拆迁部门进行月坛专家门诊部的土地、公产房、私产房的搬迁工作。

首儿药厂 取得阿奇霉素干混悬剂、胶囊剂药品生产批件，获得GMP证书，并被评为顺义区和谐劳动关系诚信单位。销售总收入11 108万元，其中医疗服务收入3 380万元、产品销售收入6 718万元、其他收入1 010万元。

甲流防控工作 制订了《甲流防控应急预案》、《甲流排查诊治具体流程》、《关于进一步加强医院甲型H1N1感染控制管理的工作方案》等。设置入院前观察治疗室、重症隔离病房和甲流专病区。病毒室检测流感样病例筛查4 100余份。组建医疗专家小组，成立了医疗应急预备队。组织全市专家会诊4次，抢救危重症患儿21人。加强健康宣教，在各大媒体宣传39次，向市卫生局上报相关信息24期。组织职工甲流疫苗接种。派出18名工作人员在3个接种点为国庆参演人员应急接种甲流疫苗。

手足口病救治 召开科室主任及专家成员会议，

部署手足口病防控工作,讨论和修订了手足口病排查及诊治流程。组建诊疗专家组,前往河南、河北、安徽、云南等地支援手足口病诊疗及救治工作,开展了流行病学调查、诊治指导、专题讲座和人员培训。

应对门急诊高峰 10月,医院门急诊就诊数量猛增,立即启动了高峰期应急预案,抽调医务人员、行政人员支援门诊,并开设晚间专家业余门诊。组织科研、临床专家进行今冬明春呼吸道疾病的病原学监测。

文化建设 职工李妮、左兰入选首都女民兵方阵,参加国庆阅兵仪式。开展《我和我的祖国》征文活动,将120余篇文章汇集成册,并发放给职工。

在北京各大媒体刊出宣传稿件166篇。出版所报15期、专刊7期,刊出文章510篇。在市、区卫生信息刊物登稿45篇、卫生网站39篇。

(撰稿:池 杨 审核:范茂槐)

北京市中医研究所

(东城区美术馆后街23号)
邮编:100010 电话:52176951

基本情况 职工32人,包括正高级职称(研究员、主任药师、主任医师)3人、副高级职称(副研究员、副主任技师)6人、中级职称人员8人、初级职称人员11人。根据研究所开展的研究项目聘请了6位客座研究员。

本年度新购置科研设备总值80万元。

科研工作 全年申报课题19项,新立科研课题2项,其中北京市中医管理局青年基金项目1项、入选市科委科技新星计划1人。与北京中医医院联合立项课题5项,其中市科委重大项目1项、国家科技支撑计划课题1项、国家自然科学基金2项、北京市自然科学基金1项。在研课题13项,结题3项。

"回阳生肌外治法对慢性皮肤溃疡愈合及局部微环境作用的研究"初评获北京市科学技术三等奖。

细胞病理实验室通过了国家中医药管理局三级实验室评审。"疮疡生肌理论及应用"重点研究室通过了国家中医药管理局评审。

参加各种学术会议19人次。在核心期刊发表论文16篇,会议论文7篇。

公益活动 开展了由市科委资助的"基于冬病夏治理论的贴敷法防治小儿反复呼吸道感染的疗效评价"项目,在东城区、朝阳区、平谷区分别对筛选出的患儿进行了免费贴服,1 000多名患儿受益,受到患儿家长的欢迎。

学科建设与人才培养 招收硕士研究生2人;毕业博士研究生1人、硕士研究生2人;在读硕士研究生4人,与法国国家科研中心联合培养博士生1人,与山西医科大学联合培养博士生1人,与北京中医药大学共同培养硕士研究生2人。

教育工作 本年度为首都医科大学中医药学院、北京中医药大学、哈尔滨医科大学大庆校区本科及硕士研究生、博士研究生提供基础实验研究平台,有5名学生在本所完成毕业专题实习以及论文答辩。北京市教委翱翔计划实验室基地培养翱翔计划学员3人。研究所举办相关学术讲座4次。

继续教育 全员参加了北京中医药学会、中西医结合学会组织的继续教育学习,全所人员参加传染病预防知识培训并考核合格,2人参加北京市执业药师继续教育学习,2人参加国家食品药品监督管理局培训中心举办的2010年版《中国药典》理化分析药物溶出度新技术新方法培训班、2010年版《中国药典》理化分析中药薄层色谱与显微鉴别方法培训班,2人参加微循环理论与技术新进展学习班,2人次参加中医药科研实验室培训班和微循环培训班,1人参加国家中医药管理局中医药科研实验室培训班,3人参加临床科研课题设计与实施专题培训班,1人参加中医诊断学术探讨会。

国际交流与合作 受商业部委托举办了发展中国家针灸、推拿、中医保健及康复技术培训班2期,来自21个国家的33名学员学习了中医药理论,并参与了临床实践。

所庆 研究所成立50周年,邀请市人大常委会原教科文卫工体主任史炳忠、北京中医药大学党委副书记靳琦、北京中医学会会长张炳厚、北京中医药大学东方医院院长张允岭、首都医科大学中医药学院院长车念聪、中国中医科学院科研处处长雷燕、北京市中医管理局科研处副处长姜丽、北京中医药杂志编辑部主任黄毅、什邡市中医医院副院长钟兵,以及中日友好医院临床医学研究所、北京中医药大学教育部和北京市重点实验室、北京热带医学研究所、地坛医院传染病研究所、北京医科大学、天津中医药大学等领导参会。

50年来,获得全国科学大会奖1项,北京市科技进步一等奖2项、二等奖4项、三等奖28项,其他70项。发表论文200余篇。培养博士研究生、硕士研究生100余人。危北海、金敬善、赵子厚、丁瑞、刘晋生成为北京市突出贡献专家,3人入选北京市科技新星,李萍入选北京市跨世纪百千万人才。研究所拥有国家中医药管理局细胞病理三级实验室、中药药理二级实验室、"疮疡生肌理论及应用"重点研究室,北京市卫生局治未病研究室和北京市科委中医皮外科外用药研究平台。以危北海、赵荣莱、金敬善、赵子厚等老一辈科研人员在脾虚证本质、幽门螺杆菌及胃癌前病变等方面的中西医结合研究在全国有很广泛的学术影响。创建了病证结合的脾虚证动物模型;将胃肠激素及D-木糖吸收检测方法首次引入国内,并成功应用于中医脾气虚的证候研究;通过临床和实验研究证实了脾气虚证的实质,并研制了中药三类新药"利脘清幽颗粒",出版相关著作4部。

近年来,以王莒生、李萍、何薇、刘卫红、曾祖平等为学术带头人的研究人员在中医药对皮外科疾病和外用制剂方面有突出的发展。不断丰富发展银屑病、慢性疮疡、白癜风、痤疮等皮外科疾病的中医理论,通过建立病证结合的动物、细胞模型,探索中药的作用机制,并通过传统中医药制剂改革,研制新药和院内制剂。目前祛斑增白面膜、养颜增白祛斑面膜和消痤洁肤面膜已转让给同仁堂和青岛永胜制药厂。

基本建设　年内,市卫生局拨款69万元,对中药研究室的各实验室、楼道等进行了装修改造,使实验室在各项硬件设施上得到了完善。

(撰稿:何　薇　审核:李　萍)

北京市耳鼻咽喉科研究所

(东城区崇文门内大街后沟胡同17号)
邮编:100005　电话:65288432

基本情况　职工59人,其中高级职称17人、中级职称18人、初级职称20人,行政人员4人。研究生学历19人(包括博士7人)、大学本科23人、大专15人、其他人员2人。

万元以上医疗科研设备总价值1 052万元。本年度购置医疗科研设备330万元,其中10万元以上设备161台。

年内,耳鼻咽喉科学教学团队经教育部评审,被评为北京市优秀教学团队和国家级优秀教学团队。韩德民主编的《耳鼻咽喉头颈外科学》(中华医学电子音像出版社)荣获首都医科大学第六届优秀教材二等奖。中国医师协会授予韩德民教授中国医师奖,张罗教授获中国青年科技奖。

改革与管理　将现有的各类规章制度进行了梳理和完善,形成最新规章管理制度手册。制订了《医疗、科研人员聘用管理制度》。完善了新员工的招聘和录用流程以及培训。建立了行政例会制度,办公程序透明化。积极推行研究所文化建设,凝聚了职工的爱所如家之情。制订了《经费支出管理制度》,以避免各类报销、核销行为可能出现的混乱、漏洞现象。

科研工作　韩德民牵头的项目"阻塞性睡眠呼吸暂停低通气综合征研究和诊治"获国家科学技术进步二等奖。该项目技术推广至全国17个省、自治区、直辖市,30个医疗机构,主持制订了OSAHS诊疗指南,推动了国内该疾病的规范化诊治。发表论文196篇,其中SCI收录20篇。授权专利7项。

市教委批准成立了耳鼻咽喉头颈科学生物工程中心,将为开发和推广国产化耳鼻咽喉疾病的诊疗设备,并带动医疗器械大规模国产化进程起到推动作用。

获得世界卫生组织(WHO)卫生技术合作项目的资助,建立了系统完善的耳和听力疾病防控网络,并在WHO专家指导下开展系统调查,制订防聋治聋策略和控制听力残疾人口的数量。

全年获各类课题9项,其中国家级课题1项、省部级课题5项、局级课题3项;获北京市卫生系统高层次卫生技术人才领军人物、学术带头人以及学术骨干资助各1项,共获资助504万元。

全年发表论文227篇,其中核心期刊收录130篇、SCI收录26篇,最高影响因子2.603。出版了《外科手术规范化操作与配合——耳鼻咽喉头颈外科分册》、《耳鼻咽喉头颈外科疾病临床诊疗思维》、《实用眩晕诊疗手册》、《2009耳鼻咽喉-头颈外科学新进展》。完成首都医科大学承担科技部《中国现代医学科技创新能力比较研究》报告中"耳鼻喉科疾病"的章节。

教学工作　2月,召开亚太地区防聋工作规划暨首都医科大学耳鼻喉科学院工作会议。4月,举办了首都医科大学耳鼻咽喉科学联合教研室课程建设工作研讨会,就英文教材的编写、首都医科大学本科生培养方案的修订(耳鼻咽喉科学)、首都医科大学本科生题库的建设(耳鼻咽喉科学)进行了讨论。

5月,完成研究生教学大纲的修订。8月,参与第一届全国高等医学院校大学生临床技能竞赛耳鼻咽喉科学专业的出题。10月,组织首都医科大学2010年耳鼻咽喉科学专业博士研究生入学考试专业课命题工作。11月,组织首都医科大学耳鼻咽喉科学专业导师遴选答辩会。

医学教育　现有在站博士后1人,研究生78人(其中博士生21人、硕士生31人、七年制26人)。培养生物工程专业听力学方向本科应届毕业生6人,在读7人。接收长期进修56人、短期进修77人。举办国家级继续教育学习班13次,培训学员900余人次。有3人出国学习进修。

国内外交流与合作　年内,举办了第二届中美睡眠呼吸障碍疾病研讨会,主题为"探讨OSAHS中间型,促进睡眠呼吸障碍的个性化治疗"。美国斯坦福大学C. Guilleminault教授、Kasey Li教授、香港中文大学精神科学系荣润国教授,以及陈宝元、韩芳、叶京英、于振坤、朱正宏、郭兮恒、卢晓峰、李五一、肖水芳、徐缨等国内专家作了专题报告,并介绍了最新研究进展和学科前沿动态。

举办了第六届全国过敏性鼻炎诊疗技术研讨会,有160人参加。张罗教授、Larsen博士、加拿大McGill大学附属蒙特利尔总医院Desrosiers教授等出席了会议。韩德民作了题为《中国耳鼻咽喉头颈外科60年》的报告,专家们就过敏性鼻炎的诊断、客观检查、免疫/手术治疗、遗传和流行病学、哮喘诊治、荨麻疹、气管插管、鼻腔鼻窦解剖及影像学等作了专题报告。

11月21日,由中华医学会耳鼻咽喉头颈外科学分会听力学组主办,本所与首都医科大学耳鼻喉科学院、北京同仁医院、世界卫生组织防聋合作中心承办,丹麦耳听美公司和北京麦德森公司联合协办了2009北京听力论坛。论坛由北京同仁医院耳科主任龚树生和中华医学会耳鼻咽喉头颈外科学分会听力学组组长黄丽辉主持,韩德民教授作了题为《听力学建设的思考》的专题报告。南京医科大学卜行宽教授、武汉大学人民医院吴展元教授、解放军总医院耳鼻咽喉研究所李兴启教授发言。美国德克萨斯州立大学达拉斯分校、《国际听力学杂志》总编Jackie L. Clark教授,美国德克萨斯州聋儿早期干预和康复项目"THERAPY 2000"负责人Lucy Liu博士,复旦大学附属眼耳鼻喉科医院李华伟,中南大学湘雅二医院谢鼎华,解放军总医院杨仕明,中国聋儿康复研究中心陈振声,北京同仁医院龚树生、刘博、张华、莫玲燕、陈雪清、黄丽辉等教授作了专题报告。

社会公益活动　3月3日,第十个全国爱耳日,本所与北京同仁医院共10余名耳科专家举行了咨询活动。同时,进行了科普讲座,听众200余人。内容包括:老年性聋、正确验配助听器、人工耳蜗植入、儿童助听器选配、世界卫生组织防聋在中国等。中央电视台《健康之路》栏目现场直播,讲解新生儿听力筛查及耳聋预防;中央电视台《人口》节目,介绍为北京免费人工耳蜗儿童回到有声世界等。此外,在各类报纸、杂志共发表科普文章8篇。

4月12日,与北京同仁医院联合开展了"解决鼻部困扰,享受顺畅呼吸"——健康课堂及专家义诊活动。现场为患者答疑解惑,并为300余名患者义诊及咨询。

为卫生部的医疗体制改革撰写了《国家卫生技术体系建设方案》(讨论稿)。

(撰稿:李晓樱　审核:刘　莎)

北京市眼科研究所

(东城区崇内大街后沟胡同17号)
邮编：100005　电话：65226496
网址：www.bjio.org

基本情况　职工51人，其中正高级职称5人、副高级职称12人、中级职称17人、初级职称13人、其他人员4人。

科研工作　年内，新增科研课题11项：北京市自然科学基金课题3项——"视网膜母细胞瘤异常基因筛选研究"、"青光眼视神经诊断及随诊研究"、"MerTK受体通路介导的视网膜细胞保护作用的研究"；市卫生局课题5项——"远程眼科及电子健康体系"、"眼科常见病初级眼保健社区培训"、"面向慢病防治的电子健康体系建立"、"基于社区卫生服务中心的远程眼科及防盲体系建设"、"紫苏叶提取物治疗过敏性结膜炎的机理研究"；市科委课题3项——"苦参提取碱抑制视网膜母细胞瘤增殖及逆转或其耐药性的应用基础研究"、"树突状细胞介导的抗葡萄膜黑色素瘤效应研究"、"环孢素A纳米粒滴眼液治疗角膜移植排斥反应的临床前实验研究"。获课题经费共560万元。

结题2项："十一五"国家科技支撑计划重大项目——现代服务业共性技术支撑体系与应用示范工程"数字化眼科区域协同医疗服务示范工程"，市科委科普专项经费资助的公益性课题"眼卫生保健与防病科普知识展厅"。

主编了北京科学技术出版社《青光眼视神经诊断图谱》和人民卫生出版社《低视力患者的康复与生存质量》，副主编北京科学技术出版社《相干光断层成像眼底病诊断图谱》，参编了科学出版社《精编临床神经眼科学》、化学工业出版社《马丁戴尔药物大典》、人民卫生出版社《眼科学》、中国协和医科大学出版社《社区预防保健人员使用手册》、科学技术文献出版社《眼科疑难症》。在国内外杂志发表科研论文65篇，其中SCI收录29篇。

医学教育　为本市社区卫生人员开设了岗位培训课程——远程眼科与电子健康。毕业博士生3人、硕士生4人，在读博士生5人、硕士生9人。

防盲工作　继续开展北京农村居民免费筛查公益性工作，全年共筛查7个区县（朝阳、丰台、海淀、怀柔山区、密云山区、平谷山区、延庆山区）74个乡镇133.2万农村人口，涵盖55~85岁目标人群22.4万人，发现低视力患者20 037人，白内障患者7 090人，占目标人群的3.17%，需要手术治疗的白内障患者2 165人。

在市社区卫生管理中心协助下，开展了"城八区眼病筛查进社区"工作，对东城、西城、海淀、宣武、石景山、崇文、丰台和朝阳等八大城区的62个社区共37 352人进行了可预防盲筛查，其中发现白内障9 571人、青光眼或可疑青光眼2 269人、糖尿病视网膜病变729人。

本年度举办了多种防盲培训班，培养远程眼科阅片专家4人、初级阅片员9人、远程眼病筛查管理人员8人、基层技术人员34人、基层眼病筛查及眼保健人员522人。

继续开展"光明行"活动，选派医疗队赴吉林四平、河北沧州、河南驻马店市、江西、江苏淮安等贫困地区，并第二次走出国门，到蒙古、越南贫困县开展"中蒙友好光明行"、"中越光明行"，免费实施复明手术3 264例，其中老龄患者占98%，年龄最长者96岁，最年幼的5个月。

学术交流与合作　5次邀请本所名誉所长、德国海德堡大学眼科学系主任Jost B. Jonas教授来所讲学、指导工作。选派科研人员10余人次参加国际性学术会议，进行大会发言或壁报交流。30余人次参加国内会议。选派年轻科技人员3人次赴英、美深造。

其他工作　5月29日，举办了北京市眼科研究所成立50周年暨眼科发展战略与新医疗模式高峰论坛。组织了爱心捐助活动，党支部共捐款2 500元。参加了同仁医院职工运动会、市卫生局合唱比赛、春季踏青、登山比赛等。获同仁医院第八届眼科青年论坛一等奖，胡爱莲当选首都十大健康卫士，张琼被评为《北京卫生年鉴》先进工作者。

(撰稿：马奕　审核：崔彤彤)

北京市神经外科研究所

(崇文区天坛西里6号)
邮编:100050　电话:67027014
网址:www.bjni.org.cn

基本情况　职工172人,其中高级职称62人、中级职称46人、初级职称36人、其他人员28人。离退休60人。

医疗工作　神经影像中心全年检查患者11.1万人次,伽玛刀治疗2 170余例,电生理完成视频脑电监测968人次,术中脑电监测375人次,诱发电位术中监测1 727例。神经介入室收治800余人次,手术531例,其中动脉瘤220例,绿色通道急诊手术58例,胶质瘤治疗中心手术451例,化疗426人。神经病理室和超微病理室发出诊断报告约7 600例,免疫组织化学染色11 200余片,冰冻快速诊断报告约1 200例,分子病理报告500余例,会诊疑难病例400余例。

科研工作　中标课题14项,其中国家自然科学基金课题3项、国家博士后基金1项、卫生部1项、市自然基金课题3项、市卫生局青年基金1项、市委组织部人才项目1项、首都医科大学基础临床1项、其他3项。发表论文119篇、论著77篇,在核心杂志发表67篇、国外杂志发表43篇、SCI发表21篇。参编著作4部。配合兄弟单位完成超微病理研究课题60项。

王忠诚院士获国家最高科学技术奖。功能神经研究室获中华医学科技三等奖。

生物细胞研究室培养细胞380瓶,免疫组化染色400余张,做内镜手术380余例。神经干细胞室进行细胞实验500余次,培养细胞1 000余瓶。病理生理研究室实验用新生大鼠(用于星形胶质细胞培养)286只、成年大鼠60只,完成体外抗肿瘤药物敏感性试验87次。神经介质研究室与相关临床基地建立了联合应用测定法,对新药的研究即将开始全面的临床观察。功能神经研究室开展了迷走神经刺激术治疗顽固性癫痫,效果较好,平均减少发作50%以上,其中大约10%的患者停止发作;脑深部电刺激治疗Fahr综合征,治疗效果良好。

医学教育　招研究生15人,其中博士生6人、硕士生9人。毕业研究生13人,其中博士生8人、硕士生5人。在读研究生57人,在站博士后5人。

学术交流　神经外科医师协会完成各省及直辖市神经外科医师专家委员会的成立和第二届神经外科医师各专业专家委员会的换届改选,并增加了中国神经电生理监测专家委员会;5月,在苏州举办了中国医师协会神经外科医师分会第四届全国代表大会,编辑出版了论文汇编,与会代表近1 200人,会议专题发言论文300篇,评出本年度王忠诚中国神经外科医师年度奖:成就奖——凌锋,学术奖——李新钢、石祥恩,青年奖——吴哲褒、吴安华、王成伟、陈立华、林志雄;与王忠诚医学基金会合作,全额资助西部和东北60名医师和全国15名研究生参加了第四届中国神经外科医师年会。

3月,神经放射5名医师参加了欧洲放射年会;5月,副所长张亚卓赴希腊参加国际神经内镜大会;6月,副所长吴中学等3名医师赴加拿大参加神经外科年会;8月,全国脑病防治办公室主任王文志赴德国慕尼黑参加第一届国际临床神经流行病学大会,并在大会发言;11月,赴意大利米兰参加"讨论制订世界卫生组织精神卫生缺口行动计划中有关精神、神经疾病以及药物滥用疾病等整体基本策略"会议。损伤修复室2次邀请法国巴斯德研究所刘松博士来所进行学术交流。全年有17人次出国进行学术交流,来访外宾9批。

社区防治　全国脑血管病防治办公室完成北京地区9 500余人脑血管功能检测及卒中危险因素的基线调查。推动康复课题承担单位制作卒中康复DVD光盘,其先期制作的VCD受到社区居民的欢迎及社区医生的好评。卫生部"中国农村地区癫痫防治管理示范项目"办公室设在全国脑病防治办公室,开展的重点工作有:举办癫痫项目省级培训班,来自15个项目省、自治区的癫痫项目办负责人、项目技术负责人及数据管理员80余人参加,并要求各省根据这次培训内容做好本省的逐级培训工作;8~10月,对吉林、陕西、山西等省进行了项目年度督导检查;15个项目省共完成培训15 215人次,其中省级项目执行人员1 901人次,县、乡镇人员13 314人次,筛查癫痫患者56 602人,诊断复核活动性癫痫患者4万余人,实现苯巴比妥治疗3.9万余人;6月28日是第三个国际癫痫日,主题是"关注癫痫、规范诊疗",组织各项目省开展了主题宣传活动,共发放宣传单5万余份,举办全国颅内血肿清除技术培训班,神经内科、神经外科或急诊科医生220余人参加,市脑血管病防治办公室建立了18个区试点,培训医生,组织专家进社区义诊1 000次、咨询200人,开展了健康大课堂讲座。

（撰稿：张莉莉　审核：焦健生）

北京市儿科研究所

（西城区南礼士路56号）
邮编：100045　电话：68024155

基本情况　职工47人,其中卫生技术人员44人,包括正高级职称5人、副高级职称10人、中级职称16人、初级职称13人;其他人员3人。有博士生导师3人、硕士生导师3人。引进硕士生2人,所内具有博士学位7人（含博士后1人）、硕士学位13人。

医疗设备总价值2 794.63万元,其中本所经费765.63万元、儿童医院经费2 029.00万元;医疗设备共计301台,其中10万元以上53台、100万元以上3台。本年度购置医疗设备总值116.43万元,其中10万元以上设备4台。

改革与管理　成立了实验室生物安全领导小组,制订了国庆期间保障工作方案、实验室生物安全和生物恐怖防范工作实施计划及其应急预案,健全了实验室生物安全和生物恐怖防范管理制度,包括生物安全自查制度、样本及菌（毒）种管理制度、实验室人员准入制度、员工健康管理制度、人员培训和考核制度、安全保卫制度等,并采取措施,确保落实。开展实验室安全知识讲座2次,对全所职工进行生物安全以及实验室操作等方面的安全培训,并组织了答题考核。严格执行病原微生物、易燃易爆、有毒化学品及放射性物质的保管、使用登记制度,严格执行压力容器等危险仪器设备的使用持证上岗。另外,继续实施奥运期间制订的出入研究所的管理制度,实行一个门禁出入和人员轮值,保证24小时外来人员的出入登记。定期对消防、水电气、危险化学品、放射性辐射、病原微生物、医疗废弃物等进行安全检查。

医疗工作　本所作为北京市甲流网络实验室,共安排10人（分成5组）承担了大量甲流病人的实验室筛查工作。从国庆前夕至年底,研究所加大检测数量,调整工作方案,实行检测人员24小时值班制度,保证了甲流实验室检测工作的顺利进行。

在门急诊高峰时期,儿研所派出2人支援肠道门诊检测工作,派出3人支援内科的门急诊工作。

科研工作　中标课题13项,其中国家自然科学基金2项、北京市高层次卫生人才培养计划——学科骨干2项、市科委重大专项1项、市卫生局公益科研2项、市教委优秀博士学位论文指导教师项目1项、北京市"十百千"卫生人才培养计划——百人计划1项、科技部重大传染病专项1项、市卫生局青年骨干项目1项、市委组织部优秀人才项目1项、首都医科大学基础临床课题1项。在研项目12项,其中国家自然科学基金3项、北京市自然科学基金1项、市科委和国家科委各1项、市新星计划3项,结题4项。

年内,微生物室研究员杨永弘、沈叙庄等的"儿科抗生素使用与常见细菌耐药及耐药机制的研究"获高等学校科学研究优秀成果奖（科学技术）;微生物室副研究员姚开虎的论文《住院肺炎患儿不同血清型肺炎链球菌对抗菌药物的耐药性分析》获第五届亚洲儿科年会优秀论文奖;营养研究室助理研究员樊超男的论文《饲料中不同n－3脂肪酸含量变化对小鼠脑聚集DHA的影响》获北京国际肠外内营养学术年会优秀论文奖。

全年在国内外核心期刊发表科研论文39篇,其中国内核心杂志32篇、SCI期刊收录7篇,收录期刊中最高影响因子8.266［金婧,申阿东 SLC11A1（Formerly NRAMP1）gene polymorphisms associated with pediatric tuberculosis in China, Clin Infect Dis 2009, 48

(6):733-738]。

实验室建设 年内,以本所为主要依托的儿科重大疾病国家重点实验室获得批准。突出科研院所的公益性建设与发展,研究所对未来的发展目标和学科建设进行了规划。拟在儿童感染性疾病(细菌、病毒)的流行病学监测与防治、儿童营养健康监测与疾病防治、儿童呼吸道过敏性疾病的监测与防治以及出生缺陷和遗传代谢病的诊治等4个专业方向加强工作,为儿童健康服务,为政府关于儿童健康和疾病防治的决策提供数据与建议。继续完成市科委公益性科研院所仪器设备的调研,为本所对外开放奠定基础。

医学教育 在本所进行科研课题工作的研究生35人,其中儿童医院临床各专业19人、本所培养研究生16人。

全年参加国际学术会议10人次、国内学术会议23人次,出国短期培训学习4人次、国内短期培训学习7人次。举办所内学术讲座10次。同时,继续举办研究生论坛,并要求用英文演讲。

国际交流与合作 3~12月,申阿东主任赴美国斯坦福大学(Stanford University)医学中心进行学术交流访问;8~9月,病毒室助理研究员刘春艳赴瑞典卡洛林斯卡医学院病毒实验室,学习EB相关噬血NK细胞功能检测实验室技术;11月,微生物室副研究员姚开虎赴丹麦奥胡斯大学(Aarhus University)医学微生物实验室进行博士后研究工作。

(撰稿:申阿东 审核:张 建)

北京热带医学研究所

(宣武区永安路95号)
邮编:100050 电话:63138552

基本情况 职工34人,其中卫生技术人员32人,包括正高级职称3人、副高级职称5人、中级职称12人、初级职称12人;行政人员1人;其他1人。

获奖情况。6月,著名麻风病专家李桓英教授获宣武区第二届首都十大道德模范称号;7月,获全国侨届十杰提名奖;9月,获时代领跑者——中华人民共和国成立60年最具影响的劳动模范提名奖。

医疗工作 热研所作为市卫生局3个传染病网络监测实验室之一,及时、准确、有效地开展了甲流病毒监测工作。5~12月,共监测流感样病例标本1258例,其中甲型流感病毒阳性550例、甲型H1N1病毒阳性264例。接受国家流感中心、市疾控中心质量检查、抽检多次,100%合格。

热带病专家门诊及专病门诊全年诊治1886人次,住院58人次,病床使用率52.3%,病床周转率19.33次,平均住院日11.14天。院内外会诊114人次。归国后热带病体检92人次。

全年寄生虫病原学检测800例,寄生虫免疫学检测3200例;肺炎衣原体IgM抗体检测1800例;急查疟疾99例,黑热病12例,丝虫病8例,钩端螺旋体病15例,登革热12例。

热研所临床室被卫生部指定为全国广州管圆线虫10家监测单位之一。

全年开放肠道门诊,每天开诊24小时,共诊治急性腹泻5568人次,其中急性菌痢489人次、感染性腹泻611人次;留观500余人次;各种治疗2138人次;检验便常规及悬滴5622人份、细菌培养5568人份。O2培养5325人份。接受上级检查约30次,均受到好评。

与市疾控中心合作,进行沙门氏菌监测5000人次;与朝阳区疾控中心合作,监测多家淡水鱼市场螺、鱼、蟹、蚝等共10次400余件。参加国家疾控中心组织的全国性土源性寄生虫病检测500人次。

本年度HIV抗体初筛实验室共检测22160件,初筛阳性待查30人次,其中确认HIV阳性11例、阴性14例、可疑阳性5例,妇科TORCH临检552件;完成病毒9项和其他病毒抗体检测3620余件,无差错。

国家临检中心对TORCH系列的质量考评2次,市疾控中心关于HIV室间质评的考评2次,均获得好评。

科研室应用显微镜检查及分子生物学方法检测卡氏肺孢子菌,有效地降低了误诊率和死亡率,全年完成卡氏肺孢子菌临检710例。

麻风病研究室共诊治麻风患者152人次,其中麻风患者及可疑者38人次,内外会诊2人次,赴台者112人次。新发现麻风患者3例,可疑者筛查8人,接触者检查7人,现症病例6例,治愈3例,疗后监测3人。处置麻风反应患者1例,与外省联系,为1例麻风骨髓炎患者进行了免费手术治疗,效果良好。

现场工作 10人次几次深入云贵川现场,开展麻风病早期诊断和分子流行病学研究;为研究中国不同地区麻风病的型别,赴福建、上海取麻风病人的血液样本。

科研工作 承担国内外科研课题5项,其中国际合作项目1项、国家级课题2项、市级课题2项,获科研经费资助人民币177万元、美元6万元。中标公益性课题3项,获资助133万元;正在报批中2项。

全年在核心期刊发表论文33篇,SCI收录3篇。主编专著2部,参编专著6部。

医学教育 5月22~24日,举办了国家级继续医学教育项目——第一届北京热带医学与寄生虫学论坛,160人参加。

12月3日,举办了市级继续医学教育项目——北京市麻风病诊断技术培训班,146人参加。

临床室为首医护理班、全国神经内科学习班及援非洲工作人员授课5次。对维和部队、援外工作人员及随队医生进行了常见寄生虫病及新发传染病的预防及实验室诊断、治疗的培训。

年内,开展了世界防治麻风病日科普宣传活动。通过专家义诊、互动宣传、展板、发放宣传品等形式,发放宣传品600余份,回收有效问卷200余份,解答咨询数十人次,群众参与600余人次。

临床室在《健康报》等媒体发表科普宣教文章4篇。参加北京电台、北京电视台科普宣教栏目寄生虫病的防治宣传活动3次。为维和部队进行了出国前热带疾病知识的培训。

学术交流 年内,多人次参加国际国内学术交流会,并作大会发言和专题报告。麻风室派2人赴美国科罗拉多大学访问学习2个月。研究所每周召开学术例会,内容包括:专家讲座、各课题组学术交流、青年科研工作人员课题汇报、专家点评等。

其他工作 所长助理谷俊朝教授当选全国麻风协会理事。

(撰稿:张素辉 审核:谷俊朝)

北京市卫生局临床药学研究所
北京市中药研究所

(西城区新街口水车胡同13号)
邮编:100035 电话:83229447

基本情况 职工31人,其中专业技术人员29人,包括高级职称11人、中级职称9人、初级职称9人;其他人员2人。

设备总价值2 769万元。本年度购置设备总值342万元,其中10万元以上设备10台(件)。

机构设置 原课题组长负责制全所统一管理,设三部两中心:科研项目部、生产中试部、行政管理部、分析仪器中心、实验动物中心。

科研工作 年内,签订科研协作和技术服务合同17项,合同金额134万元,科研课题收入125万元。3月,确定"黄龙通腑颗粒"为所级开发性科研课题,拨付新药研发基金20万元作为经费。12月,完成治疗甲流的中药"金花清感方"知识产权保护和"金花清感颗粒"医疗机构制剂的研发和注册申报,取得医疗机构制剂注册许可。申报市中医局科研基金3项,市卫生局、市中医局青年科研基金2项,市卫生局优秀人才培养资助基金2项。

在国内刊物发表学术论文8篇,出版科普书《农村卫生健康》1套。

教育与培训 年内,完成北京郊区中医院远程GCP培训讲座。举办内部学术活动和科研培训3次,36人次参加。参加各类业务、岗位培训及继续教育496学时。代培高校毕业生4人。

基本建设 12月,生产中试部对制剂中试基地厂区进行了全面整治、清理车间、添置设备、调试设备,完成新增"金花清感颗粒"生产线的GPP验收。

其他工作 3~8月,党支部抓住影响单位发展的主要问题,在职工中开展"药研所发展有我一份责任"的提好建议活动。领导班子完成《从药研所的生存困境,探讨可持续发展途径》的调研报告。

7月,接受市中医局下达的任务,赶制抗甲流防疫香囊4万袋。(撰稿:姜雷鸣 审核:张健琨)

北京结核病控制研究所

(西城区新街口东光胡同 5 号)
邮编：100035 电话：62276766（总机）
网址：www.bjjks.org

基本情况 职工 90 人，其中卫生专业技术人员 57 人，包括正高级职称 1 人、副高级职称 5 人、中级职称 27 人、初级职称 20 人、未定级 4 人；其他专业技术人员 11 人；行政、后勤人员 22 人。

医疗设备总价值 1 220 万元。全年新购置医疗设备总值 13 万元。

获奖情况。被评为首都卫生系统精神文明单位。

改革与管理 3 月，引入竞争机制，首次实行中层干部竞聘上岗；加强人才队伍建设，全年公开招聘 9 人。8 月，成立了新一届药械委员会、医学伦理委员会，并完善相应规章制度。11 月，完成本所《规章制度汇编》的修订、编印。

结核病控制 全年户籍新涂阳结核病（新发肺结核痰涂片阳性）患者发现率 104.5%。新登记户籍活动性肺结核患者治疗成功率 90.9%，户籍新涂阳患者治疗成功率 90.8%，非户籍新涂阳患者治疗成功率 83.2%；初治肺结核病人查痰率 99.2%；本市户籍人口活动性肺结核患者新登记率 21.3/10 万，痰涂片阳性肺结核新登记率 7.5/10 万；非结防机构报告疑似肺结核 10 837 人，转诊到位率 53.4%，转诊未到位患者追踪率 100%，追踪到位率 45.0%，非结防机构报告肺结核患者总体到位率 77.1%（2009 年起，肺结核患者转诊至专科医院接受抗结核治疗不再算到位）；活动性肺结核患者家庭密切接触者筛查率 93.1%。全程督导人口覆盖率 100%，继续实施活动性肺结核患者免费检查治疗的政策。本市新生儿卡介苗接种率 96.43%。

继续对全市大学新生 19.5 万人实施免费结核菌素监测。对其中部分强阳性者做进一步免费检查和预防投药，对检查出的肺结核学生全部给予免费药物治疗。6 月，市卫生局和市教委联合下发了《北京市大学结核病控制工作规范》、《北京市中小学结核病控制工作规范》及《北京市学校肺结核疫情处置预案》。8 月，举办了全市学校肺结核疫情应急处置演练。

继续实施北京市耐多药结核病控制项目。为疑似耐多药肺结核患者提供免费药敏试验，为确诊耐多药肺结核患者提供免费抗结核治疗及一定的生活、交通补助等，有效地控制了耐多药结核菌的传播。

对区县结防机构开展结核病控制专项监督检查 3 次，结果显示：本市结核病控制达到了世界卫生组织"三大指标"和卫生部"五率"目标的要求，结核病控制信息管理质量可靠，肺结核疫情监测及处置能力、项目管理能力明显提高。

医疗支援。选派 3 批 3 人次赴四川什邡市开展智力援建工作，发挥专业优势，通过指导培训、协助建章立制、开展规范管理等形式，协助什邡市疾病预防控制中心做好结核病控制工作，受到当地卫生系统的好评。

医防合作。各区县结防机构通过对辖区综合医院的技术督导，以及对医院管理和医务人员的培训，增强了医务人员结核病防治意识，提高了综合医院肺结核诊断、报告及转诊的技术水平。

健康促进活动。3 月，大力推广结核病健康促进工具箱的使用，提高公众结核病知晓率，印制"福"字宣传画 30 万张，更换门诊宣传板 25 块，制作公益 FLASH 宣传短片《防治结核健康颂》光盘 600 张，通过互联网官方网站以及合作网络媒体发布了本作品，并被数十家媒体、网站转载，浏览量突破百万；为北京市 12320 公共卫生公益电话热线全体工作人员进行防治结核病健康知识培训 2 次；3 月 21 日，在朝阳区城外诚家具广场举办了以"控制结核，人人有责——关注农民工，共享健康"为主题的世界防治结核病日大型宣传活动，活动广场悬挂"3·24"主题横幅 30 余条，结核病防治知识展板 70 余块，现场派发了 FLASH 公益宣传短片《防治结核健康颂》光盘及各种宣传材料，设计了结核病知识小品、相声文艺节目表演以及趣味运动会等，本市各个区县都开展了世界防治结核病日主题宣传活动；11月，印制并发放印有结核病防治知识的效率手册3万份。

业务培训 3~4月，推行《中国结核病防治规划实施工作指南（2008年版）》，举办市级培训3期，覆盖全市三分之二的结防业务人员。4月、10月，举办全市结核病实验室痰质控工作培训班2期。6月、11月，举办北京市结核病健康促进骨干培训班2期，各区县疾控中心主管主任、结防所主管所长及负责健康教育的工作人员共60余人参加。7月，举办北京市结防系统菌阴肺结核诊断与鉴别诊断培训班，60余名区县防治所业务骨干参加。8月，举办北京市学校肺结核防控工作培训，60余名区县防治所业务骨干参加。

科研工作 全年申报首发基金课题3项。首发基金在研课题2项："北京地区结核分枝杆菌耐药性及基因分型研究"、"北京市复治菌阳肺结核治疗现状及对策研究"。

全年发表学术论文4篇，参加全国学术交流1篇。著书3部。

医学教育 组织本所继续教育15次、专家讲座10次、全市培训13次，发放一类学分7分、二类学分12.5分。完成全所医务人员传染病防治知识培训和考试5次，参加医学继续教育49人，卫生专业技术人员一类学分合格率96.3%、二类学分合格率100%；参加各级各类业务培训班41人次，参加中国疾控中心培训学习23人次。招收本科毕业生1人、硕士毕业生3人。接收本市基层专业机构进修10人。

国际交流 3月，所长洪峰和中心实验室主任王甦民赴香港参加结核病实验工作会议，并进行结核病控制工作交流；12月，所长洪峰应国际结核病与肺部疾病防治联合会邀请，赴墨西哥坎昆参加第四十届世界肺部健康大会。

信息化建设 9月，正式启动全市结核病防控信息化系统项目，基本完成本所各业务科室及全市18个区县的业务需求调研，并进入软件开发阶段，完成包括诊断模块、治疗跟踪及患者管理等核心部分的页面设计和组件开发，在两台服务器上安装了测试环境下的HIS系统，试运行门诊收费、挂号、药房取药和药库管理4个模块，子系统办公自动化系统和门户网站进入开发阶段，完成机房的装修改造。

基本建设 9月，对行政楼外立面和内部进行装修改造，更换房门，粉刷装饰墙面，铺装新型地面，改造装修会议室及卫生间。10月，对已使用50余年的门诊楼外立面进行全面装修，将院内外墙悬挂的各种线路改为入地敷设。12月，对电视监控系统进行升级改造。

其他工作 出版所刊《北京结控》9期，向全国结核病防治机构印发2 400余份；1月，首次举办北京市防痨系统春节联欢会，市卫生局、各区县卫生局有关领导及全市防痨医务人员共300余人参加；9月，举办了新中国首都防痨事业发展60周年纪念大会。

本所被市卫生局指定为甲流检测单位，由中心实验室承担检测任务。全年共检测甲流标本96批次756人份。在市卫生局盲样考核中得到了满分。

（撰稿：刘珊珊 审核：洪 峰）

首都医科大学北京神经科学研究所

（丰台区右安门外西头条10号）
邮编：100069　电话：83911463

事业概况 职工19人，其中教授（研究员）6人、副教授（高级实验师）2人、讲师（实验师）8人、助教（实验员）3人；科技人员最终学位分布：博士11人、硕士5人、大专2人、其他1人。返聘教辅人员1人，雇用临时工2人。

科研工作 继续承担国家"973"、"863"计划5项，国家自然科学基金重点课题及面上项目和青年基金4项，人事部留学人员科技活动择优资助项目（重点类）1项，北京市自然基金会重点项目及面上项目3项，北京市科委重大项目1项，北京市新世纪百千万人才工程培养经费资助项目1项，北京市优秀人才培养资助个人项目1项，市教委重点项目及面上项目

5项，合计课题21项，获基金支持1 191万元。

本年度获得资助课题10项，其中"973"项目1项："G蛋白偶联受体转运调控的蛋白-蛋白相互作用机制及神经信号传导调制作用"，国家自然基金项目2项："PINK1t调节线粒体介导自噬的信号通路及与凋亡的关系"、"DJ-1对转录因子Nurr1的调节作用及其调节机制研究"，北京市自然科学基金2项："帕金森病相关基因PINK1调节自噬与凋亡的信号途径"、"DJ-1对中脑转录因子Nurr1的调控作用与机制"，市教委项目1项："高层次人才计划"，市教委科技发展计划重点项目1项："PINK1和α-突触核蛋白（Syn）相互作用及对自噬的影响"，教育部博士点基金资助项目1项："cPKCgamma特异性信号蛋白磷酸化和氧化修饰在脑缺血/低氧性损伤和适应中作用"，首都医科大学2009学年第二课堂教学项目1项，首都医科大学科研基金项目1项，获资助经费940万元。

结题：国家重点基础研究发展计划（"973"）项目1项、科技部中国高科技发展计划（"863"）项目1项、国家自然基金项目3项、教育部高等学校博士点专项基金1项、北京市自然科学基金项目3项、市教委项目2项、市委组织部优秀人才培养专项基金1项、市优秀人才培养资助个人项目A类1项、首都医科大学校基金2项，共15项（核销获得资助基金311.3万元）通过了各级专家组的鉴定、验收；完成国家重点基础研究发展计划（"973"）项目3项、科技部中国高科技发展计划（"863"）项目2项、国家自然科学基金项目中期检查4项、北京市自然科学基金项目3项、市科委重大课题1项、市优秀人才培养资助个人项目1项，共计14项，核销资金311万元。

中期汇报课题：国家重点基础研究发展计划（"973"）项目3项、市科委重大课题1项、科技部中国高科技发展计划（"863"）项目2项、国家自然科学基金项目4项、北京市自然科学基金面上项目3项、市优秀人才培养资助个人项目1项，合计14项。

年内，参加国际、国内学术会议11次：4月18~20日，5人赴山东省青岛大学参加第三届全国神经生物学教学研讨会，会议发言为《七年制本科生神经生物学基础科研素质的培养——本科生导师制教育模式探讨》；7月22~25日，9人参加第二届东北华北八省市解剖学会，大会发言是《A changed subceluar distribution in central nervous system of α-synuclien was detected by immunogold electron microscopic technique in rat model of Parkinson's disease induced by overexpression of α-synuclien》、《长期过表达α-突触核蛋白帕金森病模型大鼠黑质神经细胞线粒体膜渗透性改变导致线粒体损伤》；8月18~29日，2人赴韩国釜山参加国际神经化学会暨亚太地区神经化学会联合大会；9月14~19日，2人赴日本名古屋参加日本神经科学大会；10月，4人参加北京神经变性病及卒中国际研讨会；同月，4人参加神经病学、循证医学与传统老年医学北京高峰论坛；10月24~29日，2人参加全国高校实验室建设与教学改革经验交流会；10月30日~11月2日，3人赴厦门参加全国精品课程研讨会；11月4~7日，全体师生参加首届首都医科大学与卡罗林斯卡（瑞典）学院神经科学研讨会，大会发言为《A Study on experimental therapy of rat model of stroke by tissue engineering with hyaluronic acid based scaffold》、《PINK1 and α-synuclien related to mitochondria in Parkinson's Disease model》，李俊发教授发言的题目是《PKC isoform-specific signal networks involved in the neuroprotection of hypoxic preconditioning against cerebral ischemic injuries》；11月7~10日，36名师生赴广州参加中国神经科学会第八届学术年会，小组发言为《Expression of the neural specific protein, GAP-43, dramatically lengthens the cell cyclein fibroblasts》、《Visualization of myc-tagged galanin R2 receptor trafficking in HEK293 cells》、《Transplantation of neural stem cells and hyaluronic acid based Scaffold for treatment of rat ischemic stroke》、《Idetification of cPKCbetaⅡ-interacting proteinsinvolved in the Neuroprotective effects of hypoxic preconditioning in cortex of mouse》、《DJ-1 decrease rotenones-mediated dopaminergic cell death via ERK Signaling》，会议墙报展出20板；11月29日，2人参加由北京解剖学会召开的解剖科学进展与殡葬文化变革学术研讨会。

全年发表学术论文40篇，其中英文21篇（SCI收录21篇）、中文19篇；发表会议论文32篇，其中英文15篇、中文17篇；坚持每周二中午的学术讲座和读书报告活动。

专利申请。专利申请5项：造成实验动物损伤的装置（发明专利）、生物组织切除装置（发明专利）、一种生物组织切除装置（实用新型专利）、一种造成实验动物损伤的装置（实用新型专利）、制备抗PINK1多克隆抗血清的多肽及其应用。

全年为校内、外科研服务约2 135小时/5人/5单位。

教学工作 现有20名博士研究生（联合培养及代培1人）、37名硕士研究生（联合培养及代培1人）、27名五年制及七年制本科生在研究所进行基础科目培养，1名博士后进站学习工作。10名博士研究生（联合培养及代培6人，退学1人）、16名硕士研究生毕业（联合培养及代培4人）并获得学位，2名七年制本科生完成培养计划。承担首都医科大学2009级研究生高级神经科学技术II——分子生物学技术进阶（总计：30人/28学时），理论课20时、实验课4学时，其中博士9人（选修3人、必修6人）、进修博士4人（选修3人、必修1人）、硕士16人（选修9人、必修7人）、进修硕士（选修）1人；2009级研究生高级神经生物学理论课总计27人54学时，其中博士3人（选修1人、必修2人）、硕士16人（选修9人、必修7人）、进修硕士（选修）3人、外校选修5人；2009级研究生神经科学进展165人18学时，其中博士73人（选修1人、必修72人）、进修博士52人（选修2人、必修50人）、硕士40人（选修3人、必修37人）；2007级本科生神经生物学理论课36学时、实习课9学时，其中七年制203人45学时、五年制186人45学时；参加了市科协青少年后备人才培养计划第十期学员的教学工作。

继续教育 2名科研人员在职攻读博士学位、1名攻读硕士学位毕业，1名教师参加了第五十八期高校教师岗前培训，1名教师参加了精神心理继续教育培训班（回龙观医院）。

国际交流 全年接待美国、瑞典、韩国、挪威、日本同行学术交流17人5次，1名讲师（博士）仍在美国康奈尔大学进修学习。

基本建设 利用市财政局专项经费购置了多功能活体/单细胞基因电转化仪、活细胞工作站、恒冷箱切片机、大鼠饲养层流架、超低温冰箱、双色红外成像系统、荧光化学发光成像系统、生物安全柜、通用型冷冻离心机、高速低温冷冻离心机、脑立体定位仪、液氮罐、倒置显微镜、电生理刺激器、电生理隔离器、细胞立体计数系统、双道蠕动泵等仪器设备，总价值435万元。

获奖情况 所长徐群渊教授获国家教学名师奖、吴阶平桃李奖，鲁玲玲获华北地区六省市解剖学会学术年会优秀论文奖。

（撰稿：刘玉军 审核：徐群渊）

北京市卫生监督所

（朝阳区中纺街甲1号）
邮编：100020 电话：65003237
投诉电话：12320
网址：www.bjhi.gov.cn

基本情况 职工153人，其中卫生监督员148人、工勤人员5人。

改革与管理 卫生监督综合执法项目经市财政局绩效考核被评为优秀。年内，结合《食品安全法》的实施和市卫生局体制改革方案，研究、提出了本所体制改革方案和全市卫生监督体制改革意见。完成全市体系建设调研和20个卫生监督机构基本情况、人员、设备、房屋等数据的收集和分析。设计了"北京市卫生监督派出机构现状与设置标准研究"课题，并申报市卫生局青年科技基金和北京市社科规划基金，获市卫生局青年科技基金立项。修订规章制度56项，新增制度11项。完成新版区县卫生监督工作考核标准的制订。9月1日，完善后的卫生监督工作平台行政管理系统正式启动。全年组织会商204次，制订了《每日信息会商规定》。编发公文178期，信息、简报247期，办理市卫生局下发（或转发卫生部）及外单位各类普通行政公文1 100余份、密级行政公文41份。完成2008年各类行政公文及会议文件的整理归档，共16卷盒，归档2006年度会计档案148册1卷盒，归档处罚档案6卷、职业卫生档案129卷；整理监督处档案27卷，档案提供利用30余次。组织办理提案建议15件，所有答复件均得到代表和委员的认可，满意度100%。

卫生监督 行政许可。全年承担工作事项145项，其中医政类53项、公共卫生类64项、全程办事代理（非许可类事项）21项、中医类7项。中环大厅总咨询受理107 138件，其中咨询78 540件、受理28 598件，医疗卫生类许可受理24 410件，许可

22 054件，咨询53 618件。6月10日，对16家餐饮服务单位公开发放了第一批餐饮服务许可证。

公共卫生专项检查。全市经过量化分级等级评定的餐饮服务提供者36 198户，其中A级2 623户（占7.25%）、B级15 662户（占43.27%）、C级17 906户（占49.47%）、D级7户（占0.02%），A、B级总数达50.52%。本年度重点工作之一，是将"6家及6家以上规模连锁餐饮企业A、B级总数达到70%以上"。截至12月底，本市有6家及6家以上规模连锁餐饮企业2 012户，其中A级266户、B级1 361户、C级252户、未评级133户，A、B级连锁餐饮企业占全部应评级餐饮企业的80.9%。开展了春节餐饮业食品卫生专项整治、学生食堂和学生营养餐食品卫生专项整治、建筑工地食堂专项整治、餐饮消费环节打击违法添加非食用物质和滥用食品添加剂专项整治等。在《职业病防治法》宣传周活动中，编写了新版《职业病防治知识百问》，并免费发放，对38家职业卫生技术机构、15家医用放射工作单位、2家非医用放射工作单位进行了监督检查，对职业卫生机构服务质量开展了满意度评估等。对市自来水集团有限责任公司所属9个水厂14个供水站点和2个加压站进行了两轮重点检查，对全市69家供水设施卫生维护单位进行了全面排查，监督覆盖率100%，对发现的违法行为予以行政处罚；组织各区县卫生监督所抽检集中供水水厂24户，出厂水全部按国标106项指标进行了检测，水质监测合格率100%；监督检查二次供水单位214户，抽检水质样品235件；监督检查自建水厂118户，抽检出厂水160件；组织了对现场制、售饮用水的专项监督；起草管理办法，开展了经营者培训，并通过媒体进行宣传；起草《北京市饮用水在线监测网建设方案》，进行了可行性和必要性论证；组织4个试点区卫生监督所开展城市饮用水卫生监测网络试点工作；组织各区县卫生监督所收集供水单位地理位置、供水设施情况、供水区域等基本信息，完善电子档案管理。全市共有住宿场所经营单位6 080户、游泳场馆经营单位660户，对4 487个住宿场所进行了量化分级，占73.8%；对655个游泳场馆进行了量化分级，占99.2%。

医疗卫生专项检查。全年本所出动卫生监督员1 704人次，监督863户次，制作监督笔录546份、专项检查表454份，其中开展专项执法28次，监督714户次，出动卫生监督员1 370人次，制作监督笔录423份、专项检查表454份；开展专案性监督执法149户次，出动卫生监督员334人次，制作监督笔录123份。受理案件63件，完成63件，其中卫生部转4件、市局转26件、投诉举报21件、其他12件；直接办理案件18件，对6家单位进行了行政处罚，警告4次，罚款6.6万元，没收违法所得330万元，吊销许可证2件，转办区县案件45件；涉及医疗机构案件59件、传染病案件1件、血液案件2件、消毒产品案件2件。2月9日，召开10个委办局打击非法行医工作联席会，印发了《2009年打击非法行医工作要点》，针对本市无证行医"黑诊所"难题进行了调研，开展了违规发布医疗广告专项整治行动、医疗机构使用大型医用设备调查、人体器官移植专项执法检查、医疗美容专项督导检查、心血管疾病介入诊疗技术专项监督检查、医疗机构药品和医疗器械使用环节落实整改工作、精神卫生督导检查、血液安全督导检查、医疗废物和消毒产品生产企业专项检查等。在人感染高致病性禽流感防控工作中，组成5个专项督查组对全市18个区县卫生监督所进行了督查，对各区县疾控中心和部分医疗机构进行了现场抽查。启动人禽流感二级应急响应，完善预案，每日汇总会商信息，完成《人感染高致病性禽流感卫生执法监督法律法规汇编（2009版）》。开展甲流防控工作，由市疾控中心、市卫生局院感质控中心、市卫生监督所等专家组成5个督导组，由市卫生局领导带队检查各区县防控工作落实情况。在区县开展日常监督检查的同时，本所派出4个督查组进行巡查，重点抽查区县发现问题医疗卫生单位的整改情况，对存在问题的单位整理成相应表格报送市卫生局。与市卫生局医政处联合开展医疗机构甲流防控检查，国庆前开展了三级医院甲流防控工作检查，对甲流集中暴发机构进行了调查、处理，市卫生局副局长于鲁明带队，对北京景山学校、北京市第二中学甲流防控工作进行了督导检查。

查处大案要案。北京京民医院使用未取得药学专业技术职务任职资格的人员从事处方调剂工作和超诊疗科目开展麻醉科诊疗活动案，罚款6 000元，并吊销医疗机构执业许可证。北京健百乐科技发展中心未取得卫生许可批件生产经营不符合国家卫生标准和卫生规范的消毒产品案，没收违法所得330万元，并处罚款5万元，吊销卫生许可证。哥鲁巴生物科技（北京）有限公司生产经营无卫生许可批件的消毒产品、经营标签内容与卫生许可批件内容不符的消毒产品案，罚款5 000元。丰台成寿寺中医门诊部使用非卫生技术人员、违法发布医疗广告案，给予警告，罚款5 000元。

投诉举报 全年投诉举报中心直接受理投诉举报1 678件，办结1 605件，结案率95.6%；咨询服务16 812件；接待来访87人次；处理来信176次。

突发卫生事件处理。全年确定食物中毒45起，发病570人，与上年相比，发生起数上升60.7%，发病人数增加41.4%。接报生活饮用水污染事件22起，涉及7个区县，共影响75 100余人的正常饮水，造成409人发病。

大型活动卫生保障　年内，组织协调东城区、西城区等13个卫生监督机构和解放军疾病预防控制中心、北京铁路局中心卫生防疫站等2个协作单位，完成全国人大、政协会议，北京市人大、政协会议，中央经济会，中共十七届四中全会等66项重大活动的卫生保障工作，全部做到了万无一失。

监督稽查　全市卫生监督稽查员开展现场稽查1 567人次，制订稽查工作方案238个，对1 823个部门或单位开展现场稽查388次，制作卫生监督稽查专用文书215份。开展书面稽查338次。对1 566个部门的6 533份行政处罚案卷进行了书面稽查，针对发现的问题，制发363份稽查文书督促整改。开展着装风纪稽查227次，共对979个部门6 034名卫生监督员进行了稽查，制发20份稽查专用文书督促整改，检查合格率97.7%。全市共接到对卫生监督机构及其卫生监督员的举报投诉12起，涉及卫生监督员14人，均按规定进行了调查核实。

对外宣传　在全市开展了《职业病防治法》宣传，在北京晚报、搜狐网、北京卫生监督网上开展有奖知识竞赛，1.3万人参与活动，点击率80万人次。同时，在北京100辆公交车厢及车身、40个候车亭设置了《职业病防治法》公益广告。组织全市各区县开展《食品安全法》宣传，在北京晚报、搜狐网、北京卫生监督网上开展有奖知识竞赛，全国及本市有7万人参与，点击率45万人次，在主题宣传日当天，组织全市各区县上街宣传、咨询，在全市60辆公交车车身、30个候车亭、100个社区设置了公益广告，电视台、电台安排4次专题节目。开展我最喜爱的A级餐厅评选活动，有2 360万人次投票，组织42场社会公众参与的A级餐厅体验活动。在北京人民广播电台爱家台制作了27期《食品安全法》及食品卫生知识、预防肠道传染病的专题节目。召开了全市100家餐饮企业《食品安全法》实施暨企业承诺大会。开展"食品卫生标准"宣传周活动，制订、策划宣传工作方案并实施，印刷宣传画5 000张和宣传折页2万张。在北京卫生监督网上开辟了专栏，宣传介绍卫生标准，组织征文活动及知识竞赛，发放宣传材料5万份，有近2万人参与了健康大课堂活动，近千名餐饮从业人员参加了培训，近千人参加了知识竞赛。在北京城市管理广播作了《食品安全法》、《职业病防治法》、生活饮用水、公共场所卫生质量、打击非法行医的专题节目。网站共刊登信息2 762条，图片百余张，在网站开辟了食品安全法专题、甲流防控、深入学习实践科学发展观、违规发布医疗广告专项整治行动、2009年卫生标准宣传周、2009年我最喜爱的A级餐厅评选活动、保障两会公共卫生安全、打击违法添加非食用物质和滥用食品添加剂专项整治、医疗机构监督协管员等9个专题，浏览量为1 556 984。在全市各报刊登卫生监督新闻200余条，北京电视台新闻报道19条，各网站转载、刊登卫生监督新闻近500条。组织了《促科学发展，保人民健康》全市卫生监督新闻摄影比赛。

交流与合作　组织区县卫生监督所负责人完成对部分省、市卫生监督体系建设、体制改革和卫生监督工作的考察交流。接待省、市兄弟单位来京交流、学习10次，有3人赴美国、瑞士、德国考察学习。

信息化建设　通过调研，提出了统计模块的功能需求及统计报表表式，规范了操作标准，组织测试、验收2次，该模块已正式上线运行。开展调研，解决"北京卫生监督执法综合管理信息系统"在使用中存在的问题，针对区县反映强烈的无线上网费用问题提出了解决办法；并加宽本所互连网接入的带宽，重新规划服务器配置，提高系统的访问速度。完成《食品安全法》的法条拆分和执法标准的制订。制订了《北京市卫生监督业务信息化三年建设规划（2010~2012）》。参与卫生部卫生监督局、卫生部卫生监督中心制订《国家级卫生监督信息化建设方案》以及方案的专家论证工作；参与了《卫生监督信息化标准数据集》的编写工作。完成机房设备升级改造项目的政府采购的招标。配合市公共卫生信息中心、市公安局文保处、公安部第一研究所对本所进行信息安全工作的检查，对发现的问题进行分析、研究，完善各项信息安全的规章制度，并提出整改方案。全年维护平台信息30余次。

后勤与基建　完成购置办公用房的交接和相关手续。市卫生监督所建筑面积10 749.48平方米，土地使用权面积3 714.07平方米。完成办公用房装修改造前的各项准备。5月18日，完成办公用房鉴定报告并提交给市建筑设计院；7月21日，完成办公用房的供电咨询方案，进入外线施工设计阶段；8月17日，召开市建筑设计院、工程咨询公司、信息中心、市政热力、电力部门等相关人员参加的协调会，对二次评审中提出的意见和建议进行了梳理，按照各自的职能进行具体分工并逐一落实；9月10日，市发改委社会处和投资处相关领导对办公用房进行现场视察，听取汇报并提出了建议。

其他工作　全年完成印刷业务33项。工会组织和参与对家属去世职工、援川职工、住院职工、家属重病职工、献血职工、新婚职工等进行慰问28人次；慰问甲流防控工作一线工作人员3次；慰问国庆公共卫生保障工作人员，驻外办公人员，春节、五一劳动节、国庆节节日值班职工139人次；购生日蛋糕卡发给职工并按月通过卫生监督平台向职工发生日祝福短信。

财务管理。全市卫生监督财政拨款19 174.1万元，其中卫生事业拨款12 993.05万元、专项经费4 611.56万元、其他来源经费657.69万元。

（撰稿：刘宗美 审核：王本进）

北京市疾病预防控制中心

（东城区和平里中街16号）
邮编：100013 电话：64407018 64407016
网址：www.bjcdc.org

基本情况 职工635人，其中专业技术人员566人，包括正高级职称46人、副高级职称86人、中级职称224人、初级职称210人；行政管理和工勤人员69人。中级职称以上人员占专业技术人员总数的62.9%。博士42人、硕士117人。

中心下设19个专业科室、15个职能科室。

获奖情况。被卫生部、国家中医药管理局、国家食品药品监督管理局评为全国医药卫生系统先进集体，被市妇联评为2008年度北京市三八红旗集体奖，国庆群众游行指挥部授予最佳服务保障奖，被首都精神文明建设委员会评为首都文明单位标兵，获市卫生局党组授予的先进党委称号。全国妇联授予庞星火全国三八红旗手称号，市总工会授予邓瑛2008年度首都五一劳动奖章，贺雄被卫生部评为全国卫生应急先进个人。

改革与管理 开展了以"提升疾病防控能力、促进首都人民健康"为主题的深入学习实践科学发展观活动，拍摄了《科学发展中的北京市公共卫生事业》案例教学片，制订了13大类40个整改项目，并实行科研项目管理模式，确保了整改项目的贯彻落实。

分批调整了29名中层干部；完善中层干部考核标准，对61名中层干部进行了考核测评。完成优秀人才培养资助工作，制订了海外引才工作计划，成功申报了1名北京市卫生系统高层次卫生技术人才学科骨干。做好3名援疆、援藏干部及4批赴什邡援建、2批什邡来京进修人员的组织管理工作。参加了北京市百姓宣讲团活动。

传染病防治 全市报告法定传染病3类27种137 923例，报告发病率813.71/10万；报告死亡271人，报告死亡率1.60/10万；病死率0.20%。甲乙类传染病19种57 612例，报告发病率339.89/10万；报告死亡262人，报告死亡率1.55/10万；病死率0.45%。鼠疫、传染性非典型肺炎、人禽流感、脊髓灰质炎、乙脑、炭疽、白喉、新生儿破伤风和钩体病9个病种无发病及死亡病例报告。报告发病数居前十位的病种依次为：痢疾、甲流、肺结核、肝炎、梅毒、淋病、猩红热、麻疹、艾滋病和疟疾，占甲乙类总发病数的99.85%；报告死亡病种8种，报告死亡数由高至低依次为：肝炎、甲流、肺结核、艾滋病、狂犬病、痢疾、梅毒和流脑。

完成各种传染病的预防控制，主要工作为甲流的防制和国庆60周年庆典卫生保障。加强疫情监测，将哨点医院增加到556家；对33 000余名密切接触者进行了医学隔离观察；发放宣传折页1 382.71万份、宣传画3 299 791张、光盘19 625张，发布公众短信600万条；截至12月31日，全市甲流疫苗接种2 366 783人；坚持实施每日视频会商制度，发布甲流防控专报256期；网络实验室增加到411家，每周检测标本1万余份。全年本市报告甲流10 844例，其中港澳台及外籍367例，男性6 170例、女性4 674例；报告病例数居前五位的区县为海淀、丰台、朝阳、西城和通州；病例主要集中在6~54岁组，占89.55%；职业以学生、干部职员、家务及待业为主；报告死亡69例。国庆演练期间，快速组织接种单位50家，抽调医务人员300人，优先为95 765名演练人员接种了甲流疫苗；与阅兵村配合，发布防病信息19期；对阅兵村内的饮用水水质开展了定期检测；大力开展活动区域病媒生物控制工作，活动区域内蚊虫、鼠类、蝇类、蟑螂平均密度比上年同期均有显著下降。国庆期间，及时对异常情况进行预警和处置，全市153家医院进一步强化了流感样病例监测，9月1日～10月8日，累计监测2 415 181人次，报告流感样病例65 714人次，占2.72%。

性病、艾滋病防治 在全市开展HIV/AIDS综合管理工作，采取首报负责制原则。全年新发现1 280例感染者和病人。市级艾滋病监测哨点共监测28 811人，发现阳性感染者124例，占0.43%。社区药物维持治疗门诊累计治疗2 178人，正在治疗877人。全市清洁针具交换点11个，月均覆盖吸毒人员333人，月均招募同伴志愿者56人。接受艾滋病自愿咨询检测12 923人，检出感染者387人。免费抗病毒治疗定点医院累计治疗856人，其中外地户籍322人。世界艾滋病日，举办了系列宣传活动。

免疫规划 本市常住儿童建卡建证率均100%，五苗（卡介苗、乙肝、脊髓灰质炎、百白破和麻疹疫苗）基础免疫全程合格率97.41%，流脑基础免疫接种率99.37%，乙脑基础免疫接种率99.30%。四苗（卡介苗、脊髓灰质炎、百白破和麻疹疫苗）全程及时率83.53%，乙肝首针及时率95.81%。北京市免疫规划信息管理共有预防接种个案3 862 861人。系统开展了全市集中用工单位外来务工人员流脑、麻疹疫苗接种和学龄前流动儿童强化查漏补种，共接种麻疹疫苗28.4万人次、流脑疫苗25.0万人次，调查外来儿童36.4万人，补种脊髓灰质炎疫苗6 702人次，麻疹、麻风腮、乙肝、乙脑、流脑等疫苗零剂次儿童23 573人次。全年确诊急性迟缓性麻痹（AFP）220例，无死亡病例，比上年下降9.47%；本市15岁以下AFP报告发病率1.81/10万。麻疹1 109例，比上年下降38.0%；风疹530例，比上年下降63.22%；流腮2 963例，比上年下降7.58%；流脑16例，死亡2例，比上年下降18.18%；百日咳7例，与上年持平；无乙脑、白喉、新生儿破伤风病例；狂犬病3例，全市接种狂犬病疫苗204 479人次，比上年下降7.36%。制订了《北京市免疫预防规范化门诊基本标准》，截至年底，全市568家接种门诊通过验收，达标率98.95%（另有2家因拆迁不能验收）。建立了市级预防接种异常反应调查诊断专家库，共有专家109人；全市18个区县分别建立了本级调查诊断专家组。制订了全市甲流疫苗实施、信息报送、不良反应监测等9个工作方案和流程，并开展了培训，截至12月31日，全市甲流疫苗累计接种2 368 951人，建立了本市甲流防控的生物屏障。

地方病防治 开展碘盐监测，检测居民户食盐样品5 246件，合格碘盐食用率93.23%；在大兴区榆垡镇开展高碘地区居民食用盐监测，采样60件，其中无碘盐22件，无碘盐率36.67%；高碘地区调查，在全部历史高碘地区，现有机井自供饮用水井12口，只有1口井水碘含量大于200微克/升，调查学生300余人，尿碘中位数为201.6微克/升，甲状腺肿大率下降到2.05%，本次调查结果说明大兴区榆垡镇的水源性高碘问题已经得到解决，高碘引起的危害也得到了有效控制；在昌平区开展居民食用盐重点监测，共调查5个乡镇的20个行政村，完成半定量检测居民户盐样300份，其中碘盐299份，碘盐覆盖率99.67%；在18个区县重点单位检测盐样1 175件，合格率93.62%。育龄妇女碘营养调查，检测尿样3 562件，尿碘中位数223.3微克/升，妊娠妇女碘营养状况调查5 034人，尿碘中位数216.0微克/升；8～10岁儿童碘缺乏病病情监测，共调查14个区县5 417名学生，学生尿中位数280.9微克/升。

开展地方性饮水型氟中毒调查，共监测696井次件，符合饮用水标准（1.0mg/L）的水井占96.03%；氟斑牙病情调查1 442人，患病170人，患病率11.79%。大骨节病调查，共检查279名学龄儿童，临床检查发现单纯指末节粗大5人，临床检出率1.79%。请专家对279张手片进行阅读，初步诊断2例，X线检出率0.72%。

鼠疫监测。捕鼠77只，采集血清标本77份，全部为阴性。对13个郊区县与布病相关的27个重点单位开展监测，共检测从业人员857人，其中阳性36人，阳性率4.20%。

突发公共卫生事件及大型活动保障 收到全市18个区县突发公共卫生事件报告18起，发病268人，死亡4人。与上年相比，报告事件增加12.5%，发病人数下降19.3%，死亡人数下降60.0%。

完成全国两会、奥巴马访华、国庆等保障工作，生物反恐小分队累计值守63天，赴国庆保障现场执勤5次，接受市卫生局检查1次，接受市反恐办应急拉动点验1次。被市反恐协调小组评为反恐怖工作先进集体。

消毒、杀虫、灭鼠 对全市3 062家医疗单位进行消毒灭菌检查，对医疗单位的物体表面、空气、医务人员手、消毒剂、紫外线灯、灭菌器、一次性医疗用品、污水、污物进行了监测，共监测26 069件，合格率94.1%，比上年提高了0.2%。与市卫生监督所对全市28家医疗、保健机构的新生儿暖箱及医护人员手进行了专项监督抽检，医务人员手合格率83.3%，消毒后新生儿暖箱合格率100%。对全市

1 056个托幼机构进行消毒检查,对120个托幼机构进行了手足口病等传染病专项消毒检查指导。对托幼机构的物体表面、空气、手、饮食用具、消毒剂、紫外线灯进行监测,共监测9 776件,合格率94.0%,比上年提高了1.7%。对全市309所学校医务室的消毒灭菌进行检查,对学校医务室的物体表面、空气、医务人员手、消毒剂、紫外线灯、灭菌器、一次性医疗用品等进行监测,共监测340件,合格率96.5%,比上年提高了3.1%。完成消毒产品委托鉴定检测681个品种,比上年增加了122.55%。

制订了《建国60周年庆典病媒生物控制工作方案》,在天安门地区、长安街沿线、游园活动15个重点公园和阅兵村周边等庆祝活动重点区域设置监测点216个,开展病媒生物密度监测8次。对天安门地区进行大规模病媒生物控制9次,累计处理天安门地区各类区域面积456万平方米,处理各类下水管井13 683个(次)。配合市爱卫会开展了"健康北京灭蟑行动",发放冬季灭蟑套餐602 500套,蟑螂密度下降76.55%,染蟑家庭数量下降52.6%。在日常监测基础上,增设了旅游景点蚊虫密度监测,完成12个公园15处著名旅游景点蚊虫密度监测。全市蚊虫平均指数为1.28只/台,比上年下降74.09%。启动居民家庭密度监测,全年监测居民家庭10 033户,居民家庭蟑螂侵害率25.81%。全年本市各行业蟑螂平均密度为0.17只/张,其中以中小餐饮蟑螂密度最高,其次为学校和农贸市场。蝇平均指数为7.00只/笼,比上年降低54.31%。全年平均鼠密度为0.61只/100夹,比上年上升了45.24%。特殊行业鼠密度平均为0.52%,比上年下降79.53%,除公共绿地因监测方法不同,无国家标准外,其他行业鼠密度均低于国家标准。承担中央首长工作区和生活区的病媒生物控制保障,完成对中直机关北戴河领导驻地和中直机关苗圃的蚊、鼠密度监测和现场灭蚊工作。

慢性病预防控制 规范化管理高血压及高危人群7 625人;在16个区县的20个社区开展超重肥胖干预,管理2 500人;糖尿病及高危人群随访共管理7 544人。参与卫生部《维持健康体重与健康血压》项目的试点,完成6 216个居民慢病信息的收集,并开展了个体化指导和规范化管理。同时,在16个区县尝试使用"健康体重健康血压"管理软件,共有来自5个生活社区和14个功能社区的2 009人被纳入管理,并在12个区县设置了对照组。在城八区完成ITC第三轮调查,共调查810名吸烟者和210名非吸烟者,随访率91%。完成中国成人烟草流行病学调查(GATS)北京监测点的调查,共2个居委会,各75户。参与国家疾病预防控制中心全国伤害监测项目,完成9 470人次的医院伤害病例信息的收集。作为试点城市,参与国家疾控中心的"高血压自我管理"项目,共完成10个小组159个组员的小组活动。带领全市各区县开展"高血压日"和"联合国糖尿病日"宣传活动。全年印制海报、折页、书签等宣传品共14种64 000份。

营养与食品卫生 完成常规食品理化检验25 745件项、食品细菌及真菌检验样品25 116件项,出具外埠进京食品卫生评价报告363份、本市产品卫生质量评价报告353份。

开展食源性致病菌监测,在14个区县疾控中心建立了二级监测站。监测了包括7种食源性致病菌在内的各类样品2 478件,其中生食蔬菜334件、中式凉拌菜382件、沙拉232件、生食水产品224件、自制鲜榨果蔬汁140件、生畜禽肉180件、鲜冻水产品60件、速冻食品75件、散装熟肉制品297件、散装熟制水产品224件、熟制豆制品120件、糕点70件、乳制品95件、现制散装冰激淋45件,共检出各种致病菌131株。

开展食品污染物监测,在10个区县疾控中心建立了二级监测站。监测各类食品样品2 224件,共获得28 856个监测数据,监测指标包括无机砷、稀土元素在内的金属污染物、农药残留、食品添加剂、真菌毒素和其他化学污染物共84项。

完成市药监局475件保健食品的功效成分、违禁药物、防腐剂和79件保健食品违禁药物专项抽检检验,市药监局240件保健食品复核检验,市卫生监督所421件健康相关产品抽检检验,市卫生监督所88件"餐饮业打击违法添加非食用物质和滥用食品添加剂"专项检测和14件袋泡茶中的重金属、农药残留专项检测。完成60件可疑食源性疾患样品和87件大型活动保障样品的检验。

在东城区、通州区开展了中国居民营养与健康监测,完成社区人群和补充人群问卷调查2 351份,人群血糖、血脂、血红蛋白、体格测量1 731人份,检测血浆维生素A 569份。

环境卫生 全市有市政自来水厂或所属水站14个,监测28户次,检测项次2 968项,出厂水合格率100%;水箱维护单位监测31户,合格率97.9%;鉴定涉水产品216个,合格211件,合格率97.7%,其中水处理器34件,合格率88.2%;电水壶、饮水机7件,合格率100%;输配水设备112件,合格率100%;大型水处理设备41件,合格率100%;水处理剂21件,合格率95.2%;涂料1件,合格率100%。

监测游泳池水62件,合格率85.7%;受理居住环境的空气质量委托检测17户，检测项次142项次，合格率74.6%；对公共场所集中空调通风系统内积尘量卫生检测，抽检185户2 682件，合格率86.9%；积尘中细菌和真菌总数172件，合格率分别是87.3%和82.5%。公共场所军团菌检测162户382件，合格率89.3%。

放射卫生 各类放射设备、设施、场所检测6 494台（个）次，样品75件；职业病危害因素（放射防护）评价报告667份；对7.97万人次进行了个人剂量监测，对255人次进行了大剂量核查；培训放射工作人员1 200余人；配合市卫生局资质办，完成乙级、丙级职业卫生（放射防护）技术服务机构年度监督检查、业务人员资质考试的出题阅卷等；全球大气放射性核素监测台站、惰性气体监测台站正常运行，按合同及时向CTBTO提供了检测数据；承担了6项国家标准的研制任务，完成1项。

健康教育 以防控甲流为主要内容，制作发放宣传品881.6万份，其中针对本市居民的《远离流感"四要四不要"》海报2万份、《专家给市民的提示：预防流感折页》650万份、《远离流感：我们能做到》折页20万份、宣传光盘2万张、《交通工具消毒措施海报》1万份、《家庭预防消毒措施海报》1万份、《公共场所消毒措施海报》1万份、《医学观察点消毒手册》1万份，实用宣传品包（包括笔＋本套装、消毒湿纸巾、鼠标垫、学生月票夹、纸砖、压缩毛巾等）共1 000套，甲流疫苗接种宣传海报4万张、折页170万份，灯箱广告和FLASH宣传光盘1万张。针对出入境人员的《预防流感：给归国学生的宣传折页》中文8万份、英文2万份，护照健康提示卡16万份，《致归国人员的温馨提示卡》2.5万份。同时，在全市开展了预防甲流"十、百、千"健康教育工作。完成防控甲流知识讲座1 363场、大型宣传活动26场。率先在全国开通了"北京市疾控中心主任的博客"，共撰文21篇，浏览次数58万次。

独立或其他部门合作完成全民健身——2009北京越野行走活动，"健康北京，健康生活"——北京健康促进大型公益活动，3·24世界防治结核病日、4·25全国预防接种宣传日、9·20爱牙日、12·1艾滋病日以及世界无烟日、全国高血压日、联合国糖尿病日等大型宣传和其他多项主题宣传活动。

针对当前影响人民健康的主要公共卫生问题对所有媒体宣传（包括平面媒体等传统媒体和网络等新媒体）进行舆情监测。在社区开展健康大课堂4 260场。4月18日，在鸟巢召开了北京市健康教育科普宣传车活动，为1 100余名市民开展了体能测量和宣传。对39家单位进行健康状况调查，对4个区县6所打工子弟学校学生、家长和教师进行了健康教育需求调查。完成2008年度2 043名北京市常住居民健康素养监测调查报告。完成《北京市健康促进医院工作考核标准》、《北京市健康促进学校考核标准》、《北京市健康促进学校工作区县考核标准》的修订。

学校卫生 在全市开展学校卫生视导工作，对学校甲流和手足口等传染病的防控工作落实情况进行专项督导检查，覆盖率100%。对149所健康监测点校的124 931名学生进行了体质健康监测，对16所中小学校的5 325名学生及其家长开展了儿童青少年心理健康状况调查，对1 321所中小学校的3 177间教室进行了人均面积、采光、照明、微小气候、课桌椅符合率、黑板反射系数等卫生状况的检测。《北京市中小学健康信息管理系统》在全市中小学校全面启用，健康信息管理和反馈实现了网络化。首创《家庭护眼按摩操》，编写了《家庭防近视小手册》。在约2 000所中小学校中开展了"我爱无烟环境"系列活动，共征集控烟宣传警语36.3万条、控烟宣传画6万余幅。市疾控中心学校卫生所协助市卫生局开展了"社区医生进学校服务"的工作。

职业卫生 对247个单位进行了卫生评价，其中日常检测单位203个、建设项目检测44个。检验化学毒物108个品种15 682件样品，生产性粉尘样品1 736件，噪声等物理因素样品13 624件。完成175个企业16 500人次职业病危害因素作业人员职业健康的监护，做心电图16 500人次，血、尿常规检查33 462人次，肺功能检查5 583人，胸片11 039人，尿锰188人，尿铅178人，尿汞142人，尿砷97人，尿氟585人，听力6 005人，B超检查11 827人。职业病门诊复查1 000人次，诊断职业病66例，其中粉尘55例、噪声11例。继续推进全市基本职业卫生服务试点工作，为18个区县举办了社区医务人员基本职业卫生知识培训班，350余人参加。举办了4个市级Ⅰ类继续医学教育项目，40多家单位500余名专业人员参加了学习。

实验室管理 通过了卫生部化学品毒性鉴定机构（甲级）资质续展和实验室国家认可暨国家级资质认定不定期评审。出具报告7 800余份。对759台设备的管理情况和985份技术档案进行了监督检查。组织相关科所完成能力验证计划13项、卫生部及中国疾病预防控制中心组织的实验室比对活动12项、卫生部临检中心室间质评计划15项。完成市级能力验证项目——《室内环境指标中TVOC测定》的组织和实施，并组织全市疾控系统乙肝表面抗原盲样考核。

科研与教学 全年新增各类科研项目42项，新增科研经费1 371万元，其中卫生部与科技部"艾滋病和病毒性肝炎等重大传染病防治"科技重大专项，作为项目主持单位获批1项，为朝阳区艾滋病和病毒性肝炎等重大传染病综合防治示范区建设研究；作为项目合作单位获批子项目5项。新增北京市自然科学基金1项，市科委重大项目1项、重点项目1项、公益院所改革项目1项、一般课题3项，市委组织部优秀人才培养项目1项，市卫生局青年科学研究基金3项。此外，对在研课题进行了清理，结题15项。

申报中华预防医学会科学技术进步奖4项，其中本中心主持完成的"2008年北京奥运会重大公共卫生事件风险评估和风险管理的研究"获三等奖，作为主要参加单位获二等奖1项、三等奖1项。申报北京市技协成果奖4项，获奖3项。

全年投稿193篇，已发表56篇。奖励2008～2009年度SCI收录论文第一作者7人次。

组织外聘专家与中心各专业科所进行研讨合作5次。完成8名规范化培训本科毕业生结业论文答辩与结业座谈。

举办了北京市疾控系统管理人员高级培训班、文献检索与信息获取技能培训班、公共危机应对培训班、骨干短期现场流行病培训班，共培训300余人次。

完成2004级本科生专题实习25人、毕业论文答辩57人和2005级预防医学理论课教学、现场实习43人的教学任务。在读研究生13人，研究生导师7人。举办高校教师教学技能培训班、本科毕业学生实习指导教师培训，共培训100余人次。

全年完成继续教育项目54项，其中国家级7项、市级45项、区级2项。中心在岗专业技术人员继续教育学分达标率97.9%。完成2010年继续教育申报39项，其中国家级9项、市级30项。

国际交流与合作 接待WHO、孟加拉、美国、非洲各国等外宾6批106人次。出国留学、进修2人次，出国考察、访问、参会、学习15人次。

基本建设 完成拟建中心业务楼翻扩建项目的前期准备：一是编制完成业务楼规划设计方案，二是业务楼规划设计方案通知市规委和市文物局两局会议审批，三是编制业务楼项目建议书，四是完成业务楼项目立项申请。 （撰稿：王 瑜 审核：邓 瑛）

北京急救中心
北京紧急医疗救援中心

（前门西大街103号）
邮编：100031 电话：66098114
网址：www.beijing120.com

基本情况 职工689人（含派遣制人员），其中卫生技术人员373人，包括正高级职称8人、副高级职称15人、中级职称127人、初级师156人、初级士及以下人员67人；其他人员316人。

医疗设备总价值6 969.26万元。本年度购置医疗设备总值576.04万元，其中10万元以上设备6台。

获奖情况。当选为第二届全国文明单位；被市卫生局、市人事局授予专科医院十佳"人民满意医院"；获首都文明单位标兵称号；被卫生部授予全国医药卫生系统先进集体称号；被市卫生局评为国庆60周年庆祝活动医疗卫生保障工作先进单位，国庆60周年群众游行优秀组织单位奖，国庆安保工作先进集体，国庆60周年活动筹办工作最佳保障奖；获团市委、市卫生局党组颁发的北京青年健康使者火炬行动组织贡献奖、优秀志愿服务集体和优秀志愿服务项目奖。

机构设置 合并医务部、急救科、保健科为医务科，合并总务科、基建科为总务科，合并车管科和交通安全管理科为车管科。

改革与管理 完成120指挥调度中心改扩建工程和系统升级，实现了城八区急救资源一级调派和统一调度。拓展新型救护车类型，增配了新生儿转运急救车、全地形越野救护车和急救摩托车。新建、修订院、科两级制度698件。

患者满意度调查。针对120电话受理和急救车出车速度、医疗救治、收费等进行患者满意度回访，全年拨打回访电话7 300个，其中不满意43个，满意率

99.4%。全年受理、转交信访327件，较上年增长31%，其中直属站投诉70件、表扬86件、120网络站投诉135件、表扬15件，其他建议咨询类21件。

医疗工作 全年120电话呼入2 168 349个，120受理呼救电话295 214个，出车273 651次，抢救危重症患者6 664人，急救车共行驶2 333 489公里，耗油465 286升。日均出动急救车750次，单日出车最高905次。危重患者长途转运324人次，其中使用呼吸机转运131人次，占总出车量的40.43%，共行驶490 643公里。执行应急救援任务423次，承担大型活动保障任务204次。

病案管理。全年检查病历3 600份，甲级率99.6%；检查急诊处方6 603张，处方合格率97.8%；检查麻醉及第二类精神药品专用处方244张，合格率93.9%；检查死亡医疗证明书2 837张，完整率99.7%，项目合格率96.5%，诊断合格率98.6%。完成死亡医学证明书网络直报2 837张，疾病编码及根本死亡选择正确率100%。

医院感染管理。制订《甲型H1N1流感交叉感染防控方案及终末消毒流程》，修订了《院前预防和控制感染考核评价标准》、《转运甲型H1N1流感重症与危重病例防护消毒规定》等方案和流程，组织医务人员学习流感预防知识和相关传染病知识。

医保工作。修订了《院前收取大、中、小抢救费参考标准》和《院前参保人员补办收费明细及丢失费用收据的规定》。全年开具医保处方4 661张，合格率98.2%。院前出车次均医疗费（不含车费）66.92元。

护理工作 完善护士长例会制度，全年召开护士长电话会议39次。修订护理工作流程9项、各级护理人员岗位职责23项、护理制度27项。完成上岗护士的资质管理和126名护士执业证书新证备案。

护理质量管理。每月进行全院护理工作量、仪器使用和护理质量控制统计。质量控制办公室全年检查42次。护理部对5个分站进行综合检查45次。护理文件书写合格率99%，技术操作合格率100%，安全护理合格率100%，急救物品完好率100%。

全年撰写护理论文103篇，其中在正式期刊发表7篇，在统计源期刊发表1篇。

教学工作。护士长制订带教计划，对进修生、实习护士安排专人带教，出科时进行理论及操作考核并发结业证书。全年接收进修护士36人次。

培训工作。完成护士继续教育，对119名护士学分进行审验，均达标。完善护理操作考核评分标准，对68名护士进行穿脱防护服和急救车消毒考核，合格率100%。组织51人参加120急救网络院前急救人员培训，8人参加危重病急诊与急救技术学习。

科研工作 "北京市院前急救医疗质量管理体系的研究"获市卫生局青年基金。在研课题8项："5分钟工程绿色通道"、"多媒体无线移动系统在急救医学中的应用研究"等。结题2项：首发基金课题"急救人员的心理压力及系统心理干预研究"、局级课题"AMI静脉β-受体阻滞剂与直接冠脉内支架置入术配合疗效研究"。在统计源期刊发表学术论文17篇。

医学教育 申报市级继续教育项目（医政临时性项目）1项、2010年西城区继续教育项目8项。全年参加继续教育学习280人，参与率100%，达标率96.38%。医师131人参加北京医学会学术活动。住院医师规范化培训理论、技能考试报名、考核26人次。

录取硕士生2人。接收进修医生37人，实习生3人，全科骨干、本科医师实习52人，本科全科生实习6人，为全科骨干医师授课4次。

首次对全市120急救网络院前人员进行全员应急系列培训2 748人次，其中120网络全员应急救援培训1 510人次，国庆强化培训及应急救援演习292人次，创伤院前急救提高班268人次，岗前培训332人次，其他医疗应急培训346次。完成市卫生局部署的重点传染病（甲流、手足口病）培训考核和总结，参加培训和考核626人次。完成驾驶员应急、安全培训3批次247人次。脱产学习3人，专科基地培训6人。在全市开展了急诊急救医疗服务人才培训，完成《院前急救专业医师培训教材》的编写。

国际交流与合作 接待国外来访6次35人，外国专家学者来院参观讲学5人次，出国考察1人。

后勤与基建 引进库房管理软件，使用条形码管理固定资产，食堂、保洁实行社会化管理。对急救车辆进行科学化管理，引入急救车辆信息管理软件，完善急救车车辆维修管理规定，车辆报修、送修流程，建立了三级审核制度。完成中心主楼回迁，升级消防报警控制系统，可实时监视消防报警控制系统运行状况，安装了停车场监控设备和灭火器。扩建120指挥调度中心面积至420平米，设立常态调度席位50个，应急调度席位20个，瞬间最高呼叫受理量可达240个。扩建和改造培训中心硬件设施，专设高级生命支持教室、模拟CCU病房、创伤模拟等专业培训教室，并取得美国心脏协会培训基地的资质。

其他工作 完成各区县120急救站的复审验收，自1月1日起，全市120急救网络新增的65家急救站陆续恢复运转。起草城四区垂直管理实施方案，截至年底，永外急救站和展览路急救站已正式运转。完成郊区县10个急救分中心调度平台的更新，并调拨了包括一次性普通连体防护服、普通口罩、N95口罩、一次性担架单、一次性鞋套、一次性帽子、乳胶手套在内的应对甲流一次性防护物品9 000件，价值71 080元。对全国救护车、急救人员服装进行调研，完成《救护车外观制式装饰规范》和《院前急救人员服装标准规范》的制订。完善了《关于加强120急救网络安全行车》、《北京120指挥调度中心实行全市统一指挥调度》、《关于加强郊区（县）急救分中心指挥调度管理》、《加强医疗质量安全管理》等。

国庆医疗保障。有89辆救护车292人参加国庆医疗救护和保障任务，其中60周年庆典活动医疗保障用车25辆，医务人员110人；反恐保障急救车60辆；干部保健急救车4辆。增派救护车20辆、医务人员60人承担突发事件应急保障任务。参加国庆医疗保障演习和应急反恐演习5次。承担国庆期间旅游景点、体育场馆及敏感地区医疗保障任务120人次，派保障救护车40辆。

甲流防控。制订了相关防控措施及工作预案、消毒隔离制度、患者转运流程。增设发热调度专席，成立救护车发热转运中心2个，车辆清洗消毒点2个。全年120网络转运救治甲流患者7 568人次，其中中心直属站转运救治6 781人次，占89.6%；救治转运重症甲流患者80人，无一例途中死亡，参与转运工作的医务人员无一人感染。

两岸三地急救医学发展研讨会。10月16日，主办了首届两岸三地急救医学发展研讨会。卫生部、市卫生局有关领导和香港、澳门、台北市及全国各地40余家急救单位的代表就全国各地区急救事业的均衡、良好发展等问题进行了研讨。

社会培训。全年培训22 433人，其中专业人员15 880人。出版了《现场急救专业技术操作技能教程》等专业和科普教材，发放科普资料1 188册、急救光盘100张、《急救医苑》杂志169本、奥运画册133本。急救网络科普宣传点击量超过2万次。

（撰稿：王　鑫　审核：王　韧）

北京市红十字血液中心

（海淀区北三环中路37号）
邮编：100088　电话：62019573
网址：www.brcbc.org

基本情况　职工580人，其中卫生专业技术人员340人，包括正高级职称17人、副高级职称25人、中级职称83人、初级职称187人、见习28人；其他专业技术人员60人，行政、工勤人员180人。

医疗设备。购置医疗设备469件，总值1 677万元，其中专用设备134件、通用设备335件，10万元以上设备6件、100万元以上设备4件。

获奖情况。连续第九年被评为首都卫生系统精神文明单位，第八年获首都文明单位称号，首次被评为卫生系统"先进职工之家"。被评为首都"迎国庆，讲文明，树新风"活动先进单位、首都国庆60周年群众游行活动支持贡献单位、日常报表工作先进单位、公费医疗管理先进单位、北京市和海淀区交通安全先进单位、花园路地区消防安全先进单位。中心稀有血型"爱心之家"被评为市卫生局基层党组织服务群众最佳品牌项目，保卫科荣获市公安局集体嘉奖，中心团委被团市委评为北京青年健康使者火炬行动优秀志愿服务集体、密云血站对口支援活动为北京青年健康使者火炬行动优秀志愿服务项目。《岁月如歌》获北京市卫生系统第十八届"杏林杯"电视片评比三等奖、中国纪录片第六届国际选片会铜奖，《部长献血》、《形象》获中国输血协会举办的"热血·澳斯邦杯"摄影大赛二等奖及优秀奖，《大爱无疆》获北京市卫生系统"我和我的祖国"摄影比赛三等奖。献血服务一科科长薛建江当选全国医药卫生系统先进个人、首都"迎国庆，讲文明，树新风"先进个人，中心主任刘江被评为北京市厂务公开民主管理工作先进个人，保卫科科长迟权荣立北京市公安局三等功，献血服务二科采血护师黄秋云被评为"迎国庆，树窗口形象，创优质服务"劳动竞赛优秀个人，血管服务二科团支部书记安媛被评为北京青年健康使者火炬行动优秀志愿者。

机构设置　6月15日，成立了审计科和科研教学办公室。

采供血工作 全年采集全血455 842单位，其中RH阴性血2 266单位，比上年增长9.31%；机采血小板43 208单位，其中RH阴性血小板128单位，比上年增长5.39%。

全年供应临床全血469单位，比上年下降29.26%。红细胞446 506单位，其中悬浮红细胞290 357单位，比上年下降11.86%；洗涤红细胞11 619单位，比上年增长26.82%；去白红细胞144 530单位，比上年增长129.41%。血小板64 478单位，其中浓缩血小板10 994单位；机采血小板53 484单位，比上年增长2.48%。白细胞881单位，比上年增长98.42%。血浆454 956单位，比上年增长13.27%。辐照血32 678单位，比上年增长39.66%。

改革与管理 全年制订、修订各类规章制度30余个，包括《固定资产管理办法》、《财政性资金使用管理办法》、《派遣制职工管理办法》、《转换用工形式规定》、《中心规章制度汇编》等。

质量管理。建立了血液质量例会制度，全年召开10次会，研究解决了24个问题；内审1次，管理评审1次。质量体系文件现行有效100%，8月，启动第四版质量文件的改版工作，构建了以ISO 9001：2008质量管理体系为主体，兼容ISO 14001：2004环境管理体系、ISO 18001：2007职业健康安全管理体系的三合一手册架构。血液检测实验室获卫生部临检中心室间质评合格证书，各检测项目评价结果通过率100%，关键仪器设备校准率100%，血型检测差错率为0，培训完成率100%。参加实验室外部质量评价7次，均合格。无偿献血率、在用及备用仪器设备完好率、职业暴露发生登记报告率、乙肝表面抗原复检淘汰率、乳糜血率等均达到质量目标。献血者满意率97.9%，献血者回访告知率100%。送血率85%，发血差错0，临床供血服务满意率95%以上。

献血服务。开展了全血采集护理技术操作大赛、"现场招募与电话招募技巧"主题培训。改进血液留样程序，设计定做了专用留样试管架及标清底座。开展采血车装饰评比，设立献血者心声记录本，举办暑期志愿服务培训3期。组织了"定期捐血燃亮生命"、"红色盛夏大型公益活动"和"温暖冬季无偿献血主题系列活动"，组织2 000余名幸运献血者游览北京新景观、欣赏文艺演出。举办了无偿献血外籍人士答谢会。通过成分献血积分方式，保留和发展了大批固定的成分献血者队伍；为稀有血型爱心之家成员举办专题知识讲座，召开了年度表彰总结大会。

用血服务。与112家医院签署了《临床供血服务协议》，推进血液配送、网上订血等制度的落实。为医院提供24小时疑难配血、急诊服务、成分洗血、免费送血服务；随时接受患者及临床医院的业务咨询，解答临床医院的技术难题，指导临床合理用血。编制了《临床服务指南》。新招聘9人专门从事送血服务工作。定期召开临床用血工作座谈会，不定期走访各医院输血科，并进行电话沟通、问卷调查等，针对意见提出改进方案，并落到实处。

人才队伍建设。全年引进2名高级输血管理人才，聘用1名博士研究生、6名硕士研究生和3名留学归国人员。

廉政工作。开展了廉政风险防范管理。经过整理评估，确认中心权力21项、廉政风险点29个，其中A级风险点8个、B级风险点12个、C级风险点9个。填写各种权力申报表、科室风险确认表、重点岗位风险确认表、重点岗位人员风险防控措施表、科室防控措施表等132份，制订和完善工作制度42项，制作工作流程图58份。

开展了"血脉相连"站歌歌词征集和站歌大家唱系列活动。组织了乒乓球、摄影、钓鱼、健身等兴趣小组活动，职工春季运动会，郊游，广播体操大赛，"迎国庆，送科普，提素质"知识竞赛，"迎国庆，树窗口形象，创优质服务"劳动竞赛，庆祝建国60周年《血脉相连——血液工作者之歌》大家唱活动，迎国庆60周年乒乓球比赛，建国60周年"我和我的祖国"合唱比赛等。

爱心捐款和志愿服务。中心职工在"共产党员献爱心"活动中捐款1万余元，向北京护士学校捐献衣物2 000余件。113人次职工参加无偿献血，504人次职工参加街头无偿献血志愿服务5 303.5小时。

招募献血者 连续4年实现自愿无偿献血率100%；稀有血型固定献血者队伍达到718人，比上年增长162人；捐献2次以上机采血小板献血者5 231人，占成分献血总人数的40%，比上年增长5个百分点；2次以上献血者7.4万人次。新建了首都献血服务热线400-60-12320和首都献血服务网（www.brcbc.org）。由短信平台、献血服务热线和献血服务网组成的综合系统实现了献血者预约、献血者档案、献血咨询、回告、投诉等管理的信息化和自动化。

推出国内首部无偿献血科幻情景喜剧《献血总动员》和《爱心之家的秘密》；世界献血者日，在《北京青年报》刊登光荣榜，对近万名献血先进个人进行了表彰；开展各种无偿献血宣传咨询活动500余次。制作庆祝国庆60周年暨《献血法》颁布11周年感谢献血者的明信片2万张，开展了邮寄名信片祝福祖国感谢献血者的活动。利用电视台黄金时段播出献血电视广告1 000余次,在西客站、地铁车站、公交车厢内、车站候车亭设置献血宣传广告2 000余块。通过电视、广播、报纸等媒体宣传报道400余次,发放各种宣传材料20余万份,张贴广告宣传画7万份,出宣传展板300余块,悬挂横幅200余条;受众20余万人次,开展《北京市献血管理办法》培训5次。

全年在企事业单位、高校、社会团体共宣讲21次,受众2 013人次,完成10 332人次的个人献血动员教育、7 454人次的团队献血动员教育。接待参观、会议、疑难血型鉴定等来宾1.08万人次,面对面为11 041人次咨询解答疑问。通过中心献血服务平台发送检验结果通知25万条,生日祝福通知42万条,节日慰问通知41.8万条,回复献血者疑问短信222条,献血关爱活动通知3.5万条,爱心之家关爱活动通知2 442条,对献血有不良反应、采血有异常情况的成分献血者回访100%。

科研工作 全年提交论文45篇,其中在国内外核心期刊发表37篇,参加国际、国内输血学术会议报告8篇,包括国际输血大会发言1篇、国内输血大会发言7篇。

在研课题11项,其中新立项7项,获得各类资助87万元。

医学教育 建立定期培训制度,每周四进行专业知识培训,每月安排1名高级职称人员授课。组织全国及全市血液相关知识培训45场,4 852人次参加。接收进修、实习19人。职工外出学习80余人次,其中出国学习4人、参加博士学历教育1人、硕士学历教育4人。

国际交流与合作 接待国外和港澳同行9次57人,包括美国人民对人民代表团,澳大利亚国家血液中心,日本、德国血液专家,密切了与中国香港、台湾地区输血机构和输血专家的联系。

因公出访、参加国际学术会议4次8人,其中赴埃及参加国际输血协会欧洲暨地中海地区会议1人、赴新加坡参加国家血液安全项目研讨会1人;赴美国2人,分别进修干细胞向红细胞转化技术和美国卫生应急管理机制;赴日本参加国际输血协会亚洲区会议4人。

信息化建设 年内,首都献血服务网建成并投入使用,从11月开通至年底,网站访客达2.5万人次。

后勤与基建 投入资金50余万元,对中心的监控系统、火灾自动报警系统进行升级改造,新增监控探头14处、红外线监控18处。投入30余万元外租停车场。开展安全生产大检查5次,安全培训参与率100%。投资60万元,为10台黄标采血车安装了汽车颗粒捕集器;投资265万元,购入8~10.7米的采血车5台。

(撰稿:谌凤萍 审核:刘 江)

北京市体检中心

(南三环西路3号)
邮编:100077 电话:87298452
网址:www.bjtjzx.com

基本情况 职工191人(含合同制161人),其中卫生技术人员152人,包括正高级职称7人、副高级职称39人、中级职称52人、初级职称54人;其他专业技术人员15人;未聘人员8人;行政、后勤人员16人。

医疗设备总价值3 502万元。本年度购置医疗设备总值169万元,其中10万元以上设备2台,总值158万元。

获奖情况。年内,被评为首都文明单位。

医疗工作 专项体检。完成本市高考招生体检9.96万人、中考招生体检10.29万人、征兵体检1.1万人及研究生、国家公务员、教师、机动车驾驶员等体检的组织管理。同时,完成专项体检30 780人次,其中出租车司机体检13 129人、高招体检4 393人、公务员体检1 977人、驾驶员体检7 302人、教师体检140人、研究生体检3 775人。11月9日,副市长、市征兵工作领导小组常务副组长刘敬民检查征兵体检工作,并给予高度评价。3月,开发了北京市研究生体检管理信息系统并投入使用。完成高招、中招、征兵等体检信息化试点的扩大培训,新增3家郊区医院为机动车驾驶员体检指定医院。

健康体检 完成体检78 271人次，检后咨询2.45万人次，解答网上咨询341人次，为单位做团检分析报告70份次，上门为体检单位进行健康讲座及咨询15次。追踪随访重要体征2 015人次，确诊癌症84例。

业务部门重新整理完善规章制度12项，制订了《放射科检查流程查对制度》等规章制度10余项。

业务培训 职工参加各种培训及业务讲座12次，外派检验、B超人员到人民医院、安贞医院进修学习。定期组织业务培训、专业讲座及业务总结、病例讨论。有11篇论文在《当代医学》、《临床医学》、《中华健康管理学》等国家级杂志发表。

信息化建设 8月12日，体检信息平台签约暨项目启动。通过10次需求研讨会，基本确定了体检网和体检统计信息平台的软件需求。年底，基本完成体检网、统计系统的建设。信息平台硬件系统集成工作初验完成；受市卫生局委托，承担非典后遗症健康管理软件开发，已完成历年体检影像数据的整理。高招网络化体检单位从9家增加到13家，征兵信息化工作从10家增加到13家。同时，完善了中、高招数据审核软件的功能，提高了体检数据审核的质量；对征兵软件进行改进，增加了主检复核的流程，开发了心理访谈软件，通过制作心理系统接口实现心理检测网络版系统和征兵心理访谈信息化；加强网站服务质量，全年进行报告查询的客户为51 699人次，预约2 986人次。

体检质量控制 体检中心第六年连任北京市体检质量控制和改进中心，承担全市体检质量控制工作。重新聘任质控专家41人，制订了《北京市体检质控中心专业委员会委员考核办法（试行）》。对高招体检质量进行了检查，赴18个区县进行征兵体检抽、复查，暗查暗访了机动车驾驶员体检工作，开展了对民营体检机构实验室盲样飞行检查，对慈铭健康体检管理集团有限公司北京亮马桥医院和联合大学门诊部的体检工作进行检查等，并对发现的问题提出了整改意见。组织专家修订了《医疗机构体检质量管理规范》和《考核评价标准实施细则》。根据卫生部新规定，修订了《健康管理实施细则》。启动了健康体检相关地方标准的编制工作。

廉政建设 落实党风廉政建设责任制，全面开展廉政风险防范管理。把党风廉政工作作为一把手工程来抓，落实党风廉政建设"一岗双责"制度，全面清理权力，查找廉政风险点，确定行政权力22项，填制A级权力防控流程图6个、B级权力工作流程6个，填制岗位人员风险防控措施涉及岗位141个，收回填制各种表格174张，建立了源头治理的规章制度和长效机制。

党支部提出"提高体检质量，提升服务水平，创建人民满意体检中心"的活动主题，组织党员、干部参加学习调研、分析检查、整改落实等活动，完成专题调研报告14份，收集建议68条，剖析影响中心科学发展的突出问题16项，制订了18项整改措施。

其他工作 开展"健康管理到军营"主题活动，为参加国庆60周年大阅兵的预备役男、女民兵方队送医、送药、送健康。承担了"卫生人口游行方队"1 700多名学生的健康体检工作。受到阅兵部队及市卫生局的表彰。（撰稿：樊志学　审核：杜　兵）

北京市公共卫生信息中心
北京市医院管理研究所

（宣武区北纬路59号）
邮编：100050　电话：63020041

基本情况 职工45人，其中专业技术人员33人，包括高级职称8人、中级职称11人、初级职称14人；管理人员8人；工勤人员4人。

信息化建设 以制订卫生信息化工作规划和加强信息化标准规范建设为重点，发挥宏观管理和行业引导的作用。完成《北京市卫生局2010～2015年信息化规划》和《北京市医疗卫生信息化服务提升计划（2009～2012）》。制订了《北京市民健康档案基本数据集及代码》（征求意见稿）、《北京地区医院门急诊信息系统规范》（修订稿）。以卫生信息化项目前置审核评审和互联网医疗保健信息服务审核为重点内容，做好卫生信息化建设方面的前置审核工作。完成卫生监督执法信息系统绩效考核，形成了卫生系统绩效考核评估指标体系。开通网上申报平台，对北京互联网医疗保健信息服务审核流程进行了优化。不断加强行业网站的日常监测、定期测评和年度评比，加强卫生行业网站管理。

将社区卫生服务信息系统列为卫生信息化重点项目之一，完成西城区、朝阳区和顺义区的试点工作，整合原有健康档案信息，收集了100多万份居民健康档案；继续完善血液管理信息系统的统计功能，完成血液应急替代系统的终验工作；根据卫生部新的政策要求，制订了新农合信息系统完善计划，完成新农合信息系统与医院HIS系统的标准接口程序；完成免疫规划短信系统建设的需求调研和系统开发，并在宣武区进行测试。针对网上审批项目，积极协调和梳理，实现了市级审批系统数据与监督系统共享、卫生与工商证照信息共享。承担的社区系统安全试点项目和社区卫生服务中心防火墙及交换机购置项目，已完成终验。承担的人力资源项目和卫生综合服务平台项目进入招投标阶段；医政平台项目和共享交换平台项目完成了项目申报书和经费预算，上报财政部门评审；妇幼保健信息系统已立项，上报经信委审查；配合药采中心完成了药品集中采购平台的有关工作。

大力支援青海的卫生信息化建设。落实网络信息安全工作要求，多次召开系统内信息安全保障工作部署会和培训会，与市公安局文保处联合对本市部分医疗卫生单位的信息安全责任、信息系统等级保护工作和国庆信息系统安全保障工作的落实情况进行了综合检查；制订《信息中心国庆信息安全保障工作措施》，开展了一系列信息安全保障工作的检查与演练。国庆期间，市卫生系统未发生网络安全事故，得到市经信委联合检查组的好评。

引入国际最佳实践ITIL服务思想，按照规范改进工作，研究开发了相关工具，使运维水平有了显著提高；同时，参与了市经信委《北京市电子政务运维服务支撑系统规范》的试点项目，形成的运维规划和可研报告受到了经信委试点项目专家组的一致认可。

切实做好网络卫生信息服务工作，首先是大幅提升信息发布数量，其次是及时准确维护政府信息公开网上发布，同时持续建设网络健康专题服务，打造为民服务的品牌项目。

卫生统计工作 配合市统计局的行业执法检查，以随机抽查的方式对部分单位进行了现场检查。

推进"数据质量年"工作，组织专家检查团，对全市二级及以上医疗机构进行了为期两个月的《北京市出院病人调查表》和《北京市卫生人力资源调查表》的专项督导检查。

承担了甲流患者信息统计、烟花爆竹致伤人员数据统计、预约挂号统计、问题奶粉致泌尿结石症患儿信息统计、手足口病住院患儿信息统计、黄金周假日卫技人员职守和工作量统计等重大突发、应急公共卫生事件的信息统计工作。

初步启动了心、脑血管病数据库建设，以心防办和脑防办为中心建立了心血管、脑血管住院病例的信息监测工作。

围绕领导关注和群众关心的社会热点、难点问题，逐步拓展服务范围，配合市卫生局各处室开展多项专题调查，及时、准确地做出综合信息分析，为政府加强行业的科学管理提供了决策依据，为卫生医疗机构加强质量效率控制提供了管理依据，为百姓的卫生医疗需求提供了信息服务。

科研工作 申请并着力推进市卫生局、市中医局青年科学研究资助项目"区域卫生信息化综合评价指标体系研究"，负责市科委"健康教育从娃娃做起"科普项目的策划、管理和科普丛书的编写组织工作。完成全国卫生工作摘报52期89.98万字，其中正文部分约31.70万字；完成循证决策、循证健康管理项目的申报和方案制订。

编辑工作 组织编写或者参与编写了《2008北京卫生年鉴》、《北京年鉴》（医药卫生）、《北京减灾年鉴》（医疗卫生）、《北京信息化2008》（卫生系统信息化）、《北京卫生志》、《北京志·人物志》、《汶川特大地震抗震救灾志·灾区医疗防疫志》和《健康首都，辉煌60年·100件大事》等卫生史志资料，共100余万字。完成本年度《北京卫生大百科全书》编辑的前期工作。

培训工作 年内，与首都医科大学卫生管理与教育学院合作成立了公共卫生与医学信息管理学系，中心同时成为首都医科大学卫生信息学科研与教学基地。经过前期申报材料的准备、课程设置的论证、师资人选的确定、师资培训、科研需求调研、拟培养人才知识结构需求调研、拟开展科研工作的初步论证、研究生导师的申报等，为2010年正式开设卫生信息管理方向的研究生课程班进行了筹备。

其他工作 完成包括国家自然科学基金、首都医学发展基金、国家新产品创新、北京市科技成果奖、论文评审等查新课题78项，较上年增加26项。

（撰稿：刘润国 审核：谷 水）

北京市卫生会计核算服务中心

(丰台区右外玉林里45号)
邮编：100069　电话：63291296
网址：www.wsjhszx.org.cn

基本情况　职工17人，其中高级职称1人、中级职称2人、初级职称14人。

改革与管理　在开展第二批学习实践科学发展观活动中，成立了领导小组，召开全体党员会，确定中心活动主题为"提高科学理财能力，服务卫生发展大局"。中心采取在网站开辟学习园地、组织参加专题讲座、撰写学习心得等形式加强科学发展观的学习。中心主任参加了局系统领导干部培训班，而后在集体学习中分别进行了主题发言。中心采取走出去与请进来相结合的办法开展调研，向24家直属医疗卫生单位发出调查问卷并全部收回。召开部分医院财务处（科）长座谈会，组织人员到30多个单位走访。召开全体职工总结测评会，测评满意度100%。同时，中心征求部分服务单位对学习实践发展观活动的满意度，参与测评单位包括直属医疗机构、事业单位，区县卫生局等10家单位，测评满意度100%。中心清理和完善有关管理制度，完成中心章程、支出管理制度、物资管理办法、计算机及网络安全管理制度、安全工作制度等6项制度的修订，并制订了加班管理办法及经济合同管理实施细则等2项内部制度。

财务管理　根据国务院《2009～2010年深化医药卫生体制改革实施方案》的精神，本市开展了医改配套政策的制订工作，其中医疗卫生经济政策，特别是经费补偿标准及政策成为医改的重要组成部分。中心派出业务骨干参与制订医疗政策所需的财务数据测算，利用收集的卫生系统财务、成本核算等数据，为制订医改政策提供支撑。

继续加强卫生财务管理信息系统的建设。完成首批9家医院预算信息系统的推广。在2家医院预算管理信息系统试点后，10月20日，启动了宣武、同仁、肿瘤、老年、佑安、口腔、首儿所、儿童、妇产等9家医院的推广实施工作，并于12月18日前完成。完成医疗机构绩效考评体系研发，并启动试点工作。年初，组织研究、建立针对医疗机构经营管理的绩效考评体系，经过专家组的讨论并参考市卫生局人事处意见后确定了七大方面的业务需求。完成直属综合医院2家、专科医院2家的调研，并形成调研报告。项目承建方完成软件需求分析、分析设计、系统集成等研发工作，通过了北京市软件测评公司的测评。12月底，启动天坛医院、胸科医院医疗机构绩效考评体系的试点工作。完成本年度金算盘报表程序升级。中心组织专业调研2次，第一次调研了直属卫生、医疗、科研单位以及区县医疗、卫生单位等86个单位，第二次针对业务功能分类对医疗、事业、科研等31个单位进行了测试。3月17～18日，对直属医疗、卫生、科研、教育单位及区县卫生局进行了培训，并配发了继续学习的资料和光盘。报表升级工作得到520余家基层使用单位的普遍认同及验收专家的肯定。完成北京市卫生经济指标信息平台的研发及初验。中心完成该项目的软件研发、软件试用、软件测评（含安全测评及软件系统测评）、软件初验等工作。加强了预决算审核校对功能，使数据得到了有效利用和统一。配合完成2006年市卫生局卫生财务管理信息系统建设项目的结项工作。2006年，市卫生局与北京望海康信科技有限公司签订了《北京市卫生财务管理信息系统（完善项目）》建设项目合同，主要包含财政预算管理与审批系统、财务信息管理分析系统、成本信息管理分析系统、综合分析评价系统、医疗收费分析及支持系统等子系统，其中医疗收费分析及支持系统和财政预算管理与审批系统2个模块功能的实现必须以基层单位提供并上传的基础数据为基础。完成8家综合医院及3家专科医院医疗项目成本核算工作，形成2 300余项医疗项目成本核算数据。10～12月，完成9家医院预算管理系统的推广实施。

年内，在医院成本管理中做了4个方面的工作。一是2月、10月、12月，完成2批11家综合医院项目成本核算推广工作。推广实施的3个阶段,组织实施方、医疗机构、成本专家等召开周例会、专题会、研讨会等共36次,撰写工作简报10期,为建立合理价格形成机制进行了前瞻性探索。二是全面分析2008年度成本数据。核算中心组织撰写了约5万字的《2008年度成本数据分析报告》和《2008年度成本数据公示报告》,并于8月7日召开了成本数据分析会,市卫生局直属20家医疗机构的财务科(处)长和成本管理员约50人参加。三是举办成本核算与管理学术交流活动。11月27~28日,召开成本核算与管理学术交流活动,主题是"如何实现从成本核算向成本管控的转移",有8个单位投稿15篇,市卫生局直属医疗机构及区县卫生局财务部门约75个单位170余人参与。四是医院全成本核算系统的运维保障。根据2008年确定的运维服务标准及要求,进一步明确公司提供运维服务记录资料,增强对运行维护工作过程的控制。局端运维服务主要完成金算盘报表升级后成本软件同步升级及成本软件功能进一步完善,基层段运维服务则侧重于对直属21家三级医院及区县所属33家二级医院提供的成本数据分析及软件应用日常保障服务。

配合市卫生局财务处完成年度决算、预算等工作。年初,完成各类决算报表收集汇总上报,共收集直属医疗单位21个、直属卫生单位21个、科研教育单位15个及18个区县财政决算、卫生部决算报表各75套,企业决算报表18套。完成2010年卫生系统财务预算。上半年,修订并印发了卫生单位、医疗单位财务人员岗位职责。4月,举办职称考试培训班2期,166人参加。10~11月,分6批完成对直属单位1 600余名财务人员的继续教育培训。11月13~14日,开展以"提高法律风险防范意识,严格履行岗位职责"为主题的财务科(处)长培训班,52人参加。

日常核算 完成对外医学交流协会、援外医疗队外部审计、北京市经济协会税务审计及换届审计、宣传中心离任审计等代管账业务。全面接管局机关工会的财务账,配备专人进行工会账目财务核算。完成本年度第一、二、三季度金算盘财务报表的收集,包括直属医疗单位21个、直属卫生单位21个、科研教育单位15个及18个区县。完成岗位责任制的修订与财务人员岗位的调整。

后勤管理 办理车辆维修、保养、年检验车等业务10余次。以问卷形式进行119防火安全知识教育,与个人签署了安全责任协议书。2009年是机房正式运行的第二年,聘请专业技术人员定期上门巡检,保证设备的安全和工作的正常开展。开发并启用了中心内部新版门户网站,网站的栏目设置贴近工作,方便职工日常查询,功能基本满足日常工作的需要。制订了岗位设置实施细则,完成市卫生局人事处布置的各类统计报表的填写和报送。2月,聘任2名工作人员为会计专业技术中级职称。完成6名职工续签事业单位聘用合同,办理1名实习人员转正手续。

年内,进行了固定资产的盘点,并完成财政动态资产库的实时升级上报,对更新的固定资产进行入库登记,检查损坏和需要保养的固定资产并及时进行维修保养。规范固定资产的领用手续,明确使用人和保管人的责任。制订了低值易耗品的管理和领用流程,并设专人管理和维护。

(撰稿:潘 萌 审核:王 成)

首都医科大学

(丰台区右安门外西头条10号)
邮编:100069 电话:83911000(总机)
网址:www.ccmu.edu.cn

基本情况 学校和附属医院共有教职员工和医务人员22 820人,其中院士6人,特聘院士7人,正高级职称1 196人,副高级职称2 351人。校本部有教职工1 552人,其中专任教师576人,包括教授76人,副教授140人。

设有10个学院、14所临床医学院(其中13所为附属医院)以及1个预防教学基地,设有3个专科学院和30个专科学系;开设本科专业15个、七年制专业2个、高职高专教育14个;设有一级学科博士点3个,博士学位授权点41个,硕士学位授权点78个;

有博士后流动站5个（新增3个），其中出站21人、进站23人、在站70人。有国家重点学科8个、国家重点（培育）学科2个、北京市一级重点学科2个、北京市二级重点学科8个、北京市一级重点建设学科2个、北京市二级重点建设学科12个，教育部省部重点实验室1个、教育部省部共建重点实验室2个、北京市重点实验室4个。

学校和附属医院总占地面积1 044 787平方米，总建筑面积1 706 938平方米。学校和附属医院固定资产总值976 499.27万元，其中学校固定资产总值94 779.8万元。学校和附属医院教科仪器设备资产值93 072.82万元，其中学校教科仪器设备资产值52 012.37万元。图书馆建筑面积17 901平方米，藏书69.29万册。在校生14 567人，其中学历教育学生中全日制研究生2 573人（博士生611人、硕士生1 962人），普通本专科生6 130人（本科生4 005人、专科生2 125人），成人教育本专科生5 864人（本科生1 998人、专科生3 866人）。留学生招生57人，在校生260人。本科毕业生就业率94.40%。

机构设置 3月16日，首医、北京友谊医院与房山区举行"建设房山区良乡医院成为首医大燕京医学院附属医院"的合作协议签订仪式。

4月18日，首医大中医临床学系揭牌，学系办公室设在北京中医医院。

5月23日，首医大举行卫生与医学信息管理学系成立暨科研教学基地签约仪式。卫生管理与教育学院院长王晓燕与北京市公共卫生信息中心书记刘伟签署了学系科研教学基地的合作协议。

6月30日，首医大举行护理学院临床护理学部授牌仪式，成立了3个临床护理学部，形成"一院三部"的办院模式。

教育教学与改革 3月3日，在2008年北京高等学校市级校外人才培养基地授牌仪式上，首医大被授予北京高等学校市级校外人才培养基地。11月19日，市教委举行2009年北京高等学校市级校外人才培养基地授牌仪式，首医大成为市级校外人才培养基地的预防医学人才培养基地——东城区疾控中心。

3月10日，首医大召开第一次神经病学系研究生病例讨论会。宣武医院、友谊医院、朝阳医院、同仁医院等12家医院的硕士、博士研究生以及部分医院的带教老师参加。研讨会将在上述12家医院轮流举办，每月1次。

3月22～27日，由卫生部全科医学培训中心举办的2009年第一期全国全科医学教学基地师资培训班在首医大开班。来自全国18个省、直辖市、自治区的152名师资人员接受了为期6天的全科医学教学师资培训。本期培训班教学分为21个单元，其中12个单元由美国专家教学，主要内容包括美国家庭医学的作用、原则和能力，住院医师批判性思考和解决问题技能，美国家庭医生资格考试等，并与中国全科医学教育师资精英人才进行了交流。中国全科医学教育专家用9个单元介绍了全科医学教学基地的功能与GP素质要求、全科医学概述等。学员还参观了北京复兴医院社区卫生服务站等地。

4月13日，首医大举办首届德育论坛，主题是"科学发展与大学德育"。该校党政领导，来自两课教学第一线、学生工作第一线的教师，以及部分学生代表共160余人参加。12名教师从学科建设、队伍建设和教育活动3个方面进行了交流，另有28篇论文在论坛进行了书面交流。

5月13日，首医大召开第六次本专科教育教学改革建设工作会，第三轮教育教学改革正式启动。教育部、市教委领导以及校领导、中层干部、基础临床教师、教学管理支持服务部门及学生代表等千余人参会。校长吕兆丰作了《中国高等医学教育现状与思考》的专题报告，副校长线福华作了《巩固第二轮教育教学改革建设成果，推动我校本专科教育教学工作进入新阶段》的报告。

首医大15项成果获2008年度北京市教育教学成果奖（高等教育），其中特等奖1项、一等奖4项、二等奖10项。吕兆丰、线福华、王玉慧、刘扬、庞文云等申报的"首都农村医学人才培养体系建设与农村医学人才培养的研究与实践"获北京市教育教学成果奖（高等教育）特等奖。9月，该成果荣获2009年度第六届高等教育国家级教学成果特等奖。

9月8日，首医大举行卫生法学教学实习基地签约仪式。丰台区人民检察院检察长蔡柏林、该校党委书记李明、副校长王玉慧、线福华等出席签约仪式。

10月15日，首医大成立了国际学院教学专家督导组。组长由基础医学院院长安威担任，成员包括徐群渊、陈海伦、马斌荣、崔树起、王军。

10月16日，首医大08级山区定向班学生经过在校一年多的基础课学习，进入临床医院开始专业课学习。其中36人在燕京医学院附属密云县医院学习，36人在燕京医学院附属房山区良乡医院学习。山区定向班学生将用一年时间在医院系统地学习中医、诊断学、外科学等专业课程，第三年进入临床实习。

学生工作 4月，首医大启动首届社团文化节活动，主题为"和谐首医、活力社团、红色激情、爱我中华"。为学生社团提供一个集中展现风采的舞台，并促进学生社团朝着健康向上、绚丽多姿的方向发展。

4月8日，由首医大红十字会主办的"融化心中的白雪，点亮生命的希望"——首都医科大学造血干细胞捐献宣传活动启动仪式在该校召开。市红十字会秘书长刘燕君、中华骨髓库北京分库副主任金辉、团委书记马小龙以及校红会理事出席。首医大同首都11所高校携手，传承红十字会"人道·博爱·奉献"精神，积极组织、共同参与了本次造血干细胞捐献宣传系列活动。

4月23日，首医大与宣武区残联签署了《志愿者帮扶百名残疾青少年家庭计划协议书》，以分期开展的方式，组织专业志愿者为宣武区百名残疾青少年家庭提供志愿服务，首期帮扶计划包括20户残疾青少年家庭。

5月18日，首医大选派公共卫生与家庭医学学院06级五年制预防医学专业38名大三学生、1名辅导员和1名研究生组成志愿服务队，协助首都机场出入境检验检疫局开展检疫筛查等工作。6月5日，该校首批抗击甲流志愿服务队完成任务返校。

5月25日，首医大召开学生工作专题会。校长吕兆丰、党委副书记李义庭出席并给予指导，学生处及校本部各学院主管学生工作副书记、专职辅导员、临床学院教育处领导、辅导员等参加会议。会上，3位辅导员代表分别从"如何了解学生信息"、"制度建设加强对学生的深度关怀"、"细致跟踪，深入关怀"介绍了关爱学生的举措。

10月1日及国庆期间，首医大700余人参加庆典活动，完成国庆"人口卫生"方阵游行、群众联欢、国庆游园等任务。10月29日，首医大召开国庆60周年活动总结表彰大会。党委副书记李义庭作了总结。该校国庆游行团队被"人口卫生"方阵总队评为首都国庆60周年群众游行优秀组织单位，联欢晚会团队获得首都国庆60周年北京市筹备委员会、联欢晚会指挥部群众联欢部颁发的群众联欢大学生联欢板块优秀组织奖。

11月2日，首医大在团市委、市教委、市科委、市科协、市学联共同举办的第五届"挑战杯"首都大学生课外学术科技作品竞赛中获奖。此次比赛该校共有6件作品获奖，其中卫生管理与教育学院孙冬悦、梁海伦、雷迪、陆沈凤、张洁的《慢性病社区管理和防治的新模式研究——基于北京市4种慢性病社区防治的现状调查及分析》获得特等奖，并被团市委大学部推荐参加第十一届"挑战杯"全国大学生课外学术科技作品竞赛活动。

11月28日，北京大学医学部、首都经济贸易大学、首都师范大学科德学院、北京交通大学、中国人民大学、北京工商大学、外交学院、北京联合大学应用文理学院及首医大等9所高校的25名红十字会青年志愿者参加了首医大红十字志愿者主讲的"预防艾滋病青年同伴教育"培训。

学科与科研 在1月9日召开的国家科学技术奖励大会上，中国工程院院士、首都医科大学神经外科学院院长王忠诚荣获2008年度国家最高科学技术奖。1月16日，首医大授予王忠诚院士首都医科大学科学成就终身荣誉奖，市教委主任刘利民，该校校长吕兆丰、党委书记李明为其颁奖。副校长王晓民作《2008年学校学科建设及科技工作总结与2009年工作要点》的报告。宣武医院副院长李林、朝阳医院副院长沈雁英、天坛医院副院长王拥军分别就《宣武医院学科建设量化评估体系》、《重视附属医院的软实力建设——从学科团队培养开始》、《大型临床研究的组织管理和实践》在大会上发言。党委书记李明宣读了2008年首都医科大学科技工作奖励名单。

北京市自然科学基金委员会公布了本年度资助项目名单，首医大48个项目获得资助。该校基础医学院徐志卿教授主持申报的"抑郁症发病和诊治的新机制探讨——甘丙肽作用的研究"获市自然科学基金重点项目资助，40项获市自然科学基金面上项目资助，7项获市自然科学基金预探索项目资助，总经费582万元。

2月20日，首医大精神卫生学院与朝阳区精神疾病预防控制中心联合举办首届社区精神卫生培训班，朝阳区社区的精神卫生工作者和全科医师70余人参加了培训。培训为期4个多月，以症状学及社区常见综合征的识别、各种精神障碍的诊断等为主。

2月28日，首医大神经外科学院召开学术年会，首医大神经外科学院，协和医科大学，北京大学、清华大学各附属医院，军队所属各医院的代表参加。王忠诚院士作了报告。年会论坛分为肿瘤、血管病、颅底及脊柱疾病、功能神经外科和综合等5个专题。北京三博脑科医院闫长祥、天坛医院于书卿、宣武医院李萌分别作了专题讲座，首都医科大学北京神经科学研究所、北京天坛医院、宣武医院、北京三博脑科医院等36名专家学者进行了学术交流。

4月17日,新医药北京市技术转移中心在首医大举行了抗老年性痴呆新药"泰思胶囊"技术项目转移签约仪式。北京市经济信息委员会生物工程与医药产业发展处处长张婕、北京市药监局注册处处长邸峰、市科委生物医药处处长巴继兴、北京市经济信息委员会技术市场发展中心主任厉大汛等出席。泰思胶囊是宣武医院教授李林带领研发团队历经8年研制的中药,已获得国家发明专利授权(专利号ZL01134284.6),并完成临床前药学、药理毒理学研究,2007年12月获得临床研究批件。为向产业化方向推进,2006年9月19日,宣武医院全权委托转移中心对该项目进行技术转移,泰思胶囊项目最终落户在北京双鹭制药有限责任公司,技术交易额700万元。

5月12日,首医大启动"北京重大疾病临床数据和样本资源库"项目建设。该项目以北京临床病例资源为基础,在开展"十类重大疾病防治研究"的同时,搭建面向首都医疗卫生科技工作全局的支撑性科技条件平台,最终形成"一个平台,十个样本库"。数据库的建设将分批启动,第一批包括肝炎、艾滋病、恶性肿瘤(宫颈癌、乳腺癌)、慢性肾病、脑血管病、新发突发疾病。

在北京市优秀博士学位论文评选中,首医大有2篇论文入选:同仁医院王宁利教授指导博士生黄瑶完成的博士学位论文《PI3K和JAK通路在急性高眼压致RGC死亡过程中所起作用的实验研究》、北京儿童医院杨永弘教授指导博士生张文双完成的博士学位论文《5家儿童医院抗菌药物使用调查及MRSA临床分离株分子流行病学研究》。

9月,人力资源和社会保障部、全国博士后管理委员会批准本校建立生物学、基础医学、生物医学工程学3个博士后科研流动站。

11月4~6日,诺贝尔医学和生理学奖金评委会主席、皇家科学院院士、诺贝尔神经生理学研究所所长、瑞典卡罗琳斯卡学院著名神经科学家Sten Grillner一行来首医大进行学术交流。瑞典卡罗琳斯卡学院派出7名著名神经科学家参加了研讨会,本市有关领导、北京神经科学会的领导和兄弟院校学者也参加了交流活动。卡罗琳斯卡学院的科学家介绍了有关大脑运动控制机制、病原体与神经退行性疾病、神经递质的功能、突触可塑性等方面的最新研究成果。作为我国重点学科主体的首医大神经再生与修复重点实验室在研讨会上展示了近年来的研究进展。

国际交流与合作 在世界卫生组织公布的《第七版世界医学院校名录》中,首医大被收录其中。该名录中共收录了157个国家和地区的1 642家医学教育机构。

2月,欧亚太平洋学术网络成员之一的奥地利因斯布鲁克医科大学教授Lars Klimaschewski来首医大进行为期2周的学术交流。本校于2005年加入该网络,自2006年始,每年享受该网络所支持的奖学金,已送出PHD学生及博士后青年教师28人,前往盟内大学进行7~9个月的进修。

4月1~10日,首医大党委书记李明、副校长王晓民一行9人访问了澳大利亚天主教大学,顺访了莫纳市大学、昆士兰大学、格里菲斯大学和新南威尔士大学。在天主教大学墨尔本校区,会见了副校长Chris Sheargold,主管学术的副校长Gabrielle McMullen,健康学部院长Paoline Nugent,国际合作主任、护理学院、运动学院、心理学院院长和教授共13人。双方进行了讨论和交流,本校中医药学院为天主教大学的师生开展了讲座,代表团还考察了康复教学设施,确定了课程设置,商定了教师授课安排,并讨论了社区心理管理和干预科研合作意向。在天主教大学悉尼校区,会见了天主教大学校长Greg Craven、副校长Gail Crossley和国际合作部主任等11人,本校副校长王晓民与天主教大学签署了康复和中医教育合作协议。在新南威尔士大学,副校长王晓民与其签署了校际合作协议。

3月中旬,美国纽约州立大学布法罗分校留学生团7人到首医大进行4周的临床实习和友好访问。4月2日,美国德克萨斯州立大学休斯顿医学院留学生团14人到该校进行为期4周的临床见习及访问。

4月28日,加拿大卡尔加里大学医学院代表团一行4人访问首医大,并签署了两校合作协议和有关研究生培养、教师队伍培养、科研合作和资深学者互访等合作项目备忘录。5月13日,加拿大多伦多大学医学院院长Peter Lewis教授和国际合作主任刘明尧教授一行访问首医大,并与学校签署了合作协议。

11月3~7日,首医大校长吕兆丰、副校长王晓民一行赴台湾阳明大学进行学术交流和访问,同时签署了两校战略合作协议,并顺访了台湾交通大学、台湾清华大学和台北荣民总医院。

后勤与基建 3月3日,首医大与丰台区园林局签订了以"首都医科大学杏林广场"命名的绿地认建认养意向书。 (撰稿:梁 贵 审核:刘 芳)

北京卫生学校

(宣武区南横西街94号)
邮编:100053　电话:63209001
网址:www.bjwsxx.com

基本情况　教职工276人,其中专任教师118人,包括高级讲师46人、讲师40人、助理讲师26人、无职称6人;行政人员65人;教辅人员15人;工勤人员26人;校办企业38人;培训中心14人。

获奖情况。学校被评为首都文明单位,首都国庆60周年群众游行活动优秀组织单位,首都"迎国庆,讲文明,树新风"活动先进单位,全国德育管理先进学校,北京市教育信息化工作先进单位,北京市青年健康使者火炬行动组织奖,北京市共青团达标创优竞赛活动五四红旗团委等。

德育工作　加强德育实践,主题教育活动成果显著。以改革开放30周年、新中国成立60周年为契机,深入开展爱国主义、集体主义和社会主义教育。圆满完成国庆60周年群众游行任务。在教育部组织的"我的祖国"征文比赛中有17名学生分获一、二、三等奖。在全国中职学生"文明风采"大赛中学校获得优秀组织奖,有106名学生分获职业生涯设计一、二、三等奖,以及征文和摄影等奖项。获得北京市学生艺术节舞蹈二等奖。开展了贯穿全年的"树立好校风,建设好班风,培育好学风"主题教育活动,取得了明显效果。

问题生教育转化、后进班级整顿工作常抓不懈。坚持开展成长小组活动,把握学生的思想动态和日常表现,及时进行帮助、指导和干预,预防问题的发生。有20余名问题生取得明显进步,并在重大活动中表现突出,受到学校表彰。对后进班级,通过对班主任进行具体工作指导、培训班团干部、严肃处理违法违纪学生、召开班级家长会等形式进行整顿,后进班级进步明显。

加强班主任队伍建设,开展持证上岗培训。全校有142名教职工取得了班主任上岗资格证书。开启了班主任队伍科学化、规范化建设的崭新阶段。傅凤荣荣获北京市"紫禁杯"中小学优秀班主任一等奖。

教学工作　全日制普通中专班89个3 963人,其中药剂专业13个班597人,医学检验专业7个班335人,医学影像技术专业4个班171人,医药装备专业(医用电子仪器)3个班113人,卫生信息管理专业4个班144人,中药专业8个班313人,口腔工艺技术专业1个班48人,涉外口腔工艺技术2个班88人,医学生物技术专业3个班112人,护理专业28个班1 337人,涉外护理专业15个班682人,营养专业1个班23人。

与中国医科大学联办高职班6个班231人,与首都医科大学联办高职班4个班143人,共计10个班374人。在校生4 337人。全年完成教学60 860学时。

深化教育教学改革。将2009级教学计划全部调整为四年制,瞄准行业标准、岗位标准、首都标准,在各专业教学计划中增加了4个选修模块,增加人文素养、专业拓展课程,强化文化素质、专业技能培养。制发了《精品课程建设行动计划》,制订了精品课程评价指标体系,引导文化、基础和专业课程开展项目教学、行动导向、探究学习、情景教学、角色扮演等教学模式、方法手段的探索与改革,探索过程与结果有机结合的学生成绩评价方法。

开展彰显特色的专业建设。药剂专业依托市级研究课题,构建了覆盖4个专业方向的模块化课程体系,制订了"行动导向"的4门核心课程的课程标准。检验专业依托创新团队建设项目,开展了多媒体教学资源建设、校外课题研究,承担了社区检验人员的培训与考核。医药装备专业(医用电子仪器)依托实验实训设备研发,促进了年轻教师的成长。中药专业、口腔工艺技术专业和信息管理专业依托行业的积极参与,新建了中药前提取、口腔铸造、热处理、填胶、模型整理、打磨抛光和病案管理实训室,完善了校内实训基地。涉外口腔工艺技术专业、涉外护理专业开发国际合作项目,启动了出国留学强化班,为推进国际合作办学做出了新的尝试。

强化课堂教学的质量评估及实验室建设与管理。

继续实施三级听评课制度，对全体任课教师进行满意度测评。实验中心通过实验室安全卫生节能、实验准备流程卡、实验室档案和主讲教师满意度评比评价等环节促进实验室管理与建设，做到安全责任到位、环境整洁育人、物品存放有序、账目清晰，准备流程规范，使实验教学质量得到了保证。

师资培训 加强教师现代化教育理念和技术的培训。年内，有6名教师赴美国参加"友善用脑"教学理念的培训，1名教师赴德国参加工作过程导向课程模式的培训，并对全体教学和教学管理人员进行了"多媒体课件制作平台"的培训。

加强专业教师实践技能的培养。全年有53名教师到医院、医药公司、药店进行岗位实践，了解学生就业岗位的能力与素质要求，为人才培养奠定了基础。

加强教师教学能力的训练。首次举办了教师基本功活动月，以学科和学校两级竞赛为载体，对全体教师进行了教学设计、教案书写、说课和课件制作等教学基本功的强化训练。在北京市职业学校说课大赛中获二等奖1人、三等奖2人。在市政府教育督导室素质评估的回复意见中，对教师的评价是工作态度认真、基本功扎实、教学能力强。

教学研究 重点规范课题招投标制度，使本校课题研究有了比较明确的导向性和实效性。公布了《关于2010年度教育教学研究课题的申报办法》，确定了2010年度学校重点要解决的问题和研究的方向，提出了《2010年度课题研究指南》。

开展督导听评课，完善评价方法。2009~2010年第一学期完成了103名教师的听评课。年初，制订了听评课流程，修订了课堂教学质量评价表，出台了《课堂教育教学质量评价项目解析》，使课堂教学评价方法更加科学完善。

招生与就业 普通中专班：招收11个专业（药剂、医学检验、医学影像技术、医药装备、卫生信息管理、中药、口腔工艺技术、涉外口腔工艺技术、医学生物技术、护理、涉外护理）31个教学班1 366人。

与高校联办高职班：招收4个专业（护理、医学影像、药学、医学检验）151人，其中与中国医科大学联办护理专业高职班44人、医学影像专业高职班27人，与首都医科大学联办药学专业高职班30人、医学检验专业高职班50人。

根据市场需求变化及时调整实习就业工作模式，主动为用人单位招聘毕业生搭建平台，推进了实习就业一体化进程。校本部就业率99.50%，连续5年保持96%~98%的高就业率。

信息化建设 投资614万元完成学校信息化建设二期工程。建成了二教楼所有的多媒体教室、5个高配置机房，使校内所有课堂拥有了多媒体教学设施，学生用计算机数量达到了教委的指标。校内网基本实现了文件网络化传输、信息网络化发布、资源网络化共享的信息化管理。校外网在社会上的影响力也不断扩大。

信息化教学资源建设不断完善。教学多媒体课件更加体现出教学设计、多媒体技术水平和美工效果，较上年有了明显的提升。学校已初步建有远程教学资源，有20门课程的教学课件和3门课程的检测训练通过外网供学生登录浏览和下载。

图书建设与管理有所创新。信息中心改革了图书著录建账的方法，完成了专业书库、社科书库的扩建及图书流通处的改建。

安全工作 年内，对学校的安全设施进行了更新改造。组织学生和教职工开展了模拟演练。修订和完善了各种突发事件的处置预案和重要节假日、重大活动安全保卫方案23件。市卫生局安全督察组对学校的安全保卫工作给予了肯定。

后勤与基建 坚持"以人为本、人性服务"的理念，做到注重工作质量、工作效率、工作成本、服务态度。年内，完成学校室外供暖管线改造工程、给水中水及泵改造工程、校门改造工程、中药专业实训室改造工程等，完成了校园道路改造及实验楼地面改造的招标。财政专项经费831万元，其中购置教学设备64万元、给水中水及泵改造工程135万元、校园道路改造工程143万元、乡村医生学历教育489万元。

其他工作 圆满完成国庆60周年群众游行任务。历时100余天，1 072名学生与70余名教职工参加了高标准、严要求的训练，并多次受到上级表扬。

圆满完成素质教育评估。10月19、20日，市政府教育督导室对学校进行了全面实施素质教育的评估，并给予了高度评价。

举办80周年校庆活动。80周年庆典活动是宣传学校发展成就、弘扬学校文化和优良传统、激发广大师生热爱学校情感的重大活动。整个庆典活动庄严宏大、气氛热烈，受到师生员工、离退休老同志、校友和上级领导的一致好评。

（撰稿：董艳丽 审核：兰文恒）

北京护士学校

(通州区玉带河大街70号)
邮编：101149　电话：69548394
网址：www.bjns.cn

基本情况　教职工160人，其中专任教师70人，包括高级讲师22人、讲师34人、助理讲师14人；教学辅助人员25人；行政和其他专业技术人员31人；工勤人员34人。

2009年，再次被评为首都文明单位和通州区安全生产先进单位。

本校承担中专护理、助产两个专业并与首都医科大学联合举办护理专业高职班的教学任务。中专24个教学班，高职3个教学班。

教学工作　招收中专生536人，其中护理专业497人、助产专业39人，毕业595人。护理专业高职班录取新生161人。

加强教学管理。接受了市政府教育督导室全面实施素质教育综合督导评估。评估组专家听课2天，召开了座谈会，并实地考察，学校的办学特色和办学实力得到评估组专家的肯定。

围绕学校管理年，制订了学校的实施性教学计划，合理安排文化课、医学基础课、临床课和毕业实习等教学内容，调整了文化课的教材和部分医学基础课和临床课的教材。全年完成27个教学班24 444学时的教学任务。

进一步加强课堂教学管理，成立教学指导检查组，制订教学指导检查管理办法，加大了听课力度。2次为老年医院28名临床教师组织了教学观摩学习。重新修订了学生临床实习手册。全年组织教研讲座1次、教研课4次。组织相关科室教师参加校外说课活动，有3名教师获奖。召开学校第二十届学术年会，收集论文41篇。全年发表论文17篇，编写教材11本。

加强培训工作。首次开办护士执业资格考试辅导，在校315名学生参加，293人顺利通过，通过率93.02%。本校有552名应届中专毕业生参加了全国护士执业资格考试，其中501人顺利通过，通过率90.76%。首次开办了07级高职文化课辅导班和08级文化课提高班。

拓宽就业渠道。学校采取一系列措施拓宽就业渠道，努力为毕业生搭建就业平台。召开就业工作会，对毕业班的班主任和主管就业老师进行先期培训；邀请医院护理部主任来校为毕业生进行就业指导；邀请25家用人单位来校与毕业生见面并进行招聘。此外，鼓励学生报考高职，有79名应届毕业生升入高职，其中76人考入本校。学校中专毕业生的就业、升学率达到90%以上，高职生的就业率100%。

学生工作　强化全员管理意识，加强班主任和学生干部培训，加强与班主任、学生和学生家长的联系，实现学校教育、家庭教育和社会教育的和谐统一。重新修订了学生管理方面的规章制度，加大对走读生和住宿学生的管理力度；加强与首医和合作办学医院的沟通，不断探索高职和进入临床阶段学生的管理；结合护士职业教育和学生特点，在学生中开展"三心"、"敬、静、净"教育，不断强化学生的职业道德及行为规范；积极开展学生日常行为规范专项整治、学生志愿者以及文明礼貌月、学雷锋月等各种活动，营造良好的育人环境和氛围。

开展第二课堂活动以及符合专业性和女生特点的活动。继续开设民族舞、现代舞、合唱等学生社团，并聘请专业教师指导；组织优秀歌手大赛、护生风采大赛、学生艺术节、演讲比赛及各种体育比赛等。

行政工作　推进学校管理年建设，办学实力不断提升。学校围绕"以人为本、科学管理、全面提升办学实力"的主题，开展了理论学习、专题辅导、解放思想大讨论、领导班子专题民主生活会等。还从教学、学生管理等5个方面进行调研，查找制约学校发展的因素并制订相应对策。同时，明确5大类34项整改内容，完成学习实践科学发展观活动3个阶段11个环节的工作，满意度测评达到100%。

年内，制订了《2009～2011年发展规划》。校园环境进一步改观，校园文化色彩浓厚，行政、后勤管理和服务意识明显加强。制订《学校岗位设置工作实施办法》,完成学校岗位设置。当选北京市优秀教师1人、北京市优秀青年骨干教师2人;评选出先进工作者23人、先进班主任4人。

完成首项市级信息化项目("186"项目)建设,安装了新版图书馆管理系统,新增电子图书20万册。实训楼建设开工,对实验楼进行了修缮及电力改造,封闭了锅炉房露天煤场,翻新校内部分损坏路面。

安全稳定工作不放松。学校严格落实安全责任制,层层签订安全责任书,积极排查不安定因素和事故隐患,开展一系列安全、消防、交通知识培训,做到了全年安全无事故。

其他工作 学校承担了国庆60周年"人口卫生"方阵群众游行的任务。为此,学校成立了领导小组,组建了7个工作小组,由08级528名中专学生和15名高职学生以及30名教职工参加活动。荣获了首都国庆游行总指挥部颁发的优秀组织单位奖和首都国庆群众游行"人口卫生"方阵总队优秀组织单位奖。

学校配合团中央、团市委举办了"精彩中职,绚丽青春"首都优秀中职毕业生报告会启动仪式暨首场报告,本校2000届毕业生韩晶和1993届毕业生荣利作了首场报告。(撰稿:初冬岩 审核:黄惟清)

北京市中医学校

(通州区九棵树东路128号)
邮编:101101   电话:60527431
网址:www.bjzyxx.bjedu.gov.cn

基本情况 教职工127人,其中专任教师57人,包括高级讲师12人、讲师23人、助理讲师22人;教辅人员19人;行政人员40人;后勤人员11人。

获奖情况。学校被评为全国教育管理创新学校、全国德育管理先进单位、北京市教育信息化先进单位、北京市卫生系统公共文明单位。

教学改革 通过组织教学计划修订研讨会、教研课题研讨会、教学改革观摩课等,不断深化教学改革,特别是对课堂教学改革、学生考核评价办法等进行了尝试,取得了阶段性成果。年内,重点开展了说课活动,选派5名教师参加北京市中等职业学校公共基础课程说课比赛活动,荣获一、二等奖各1人、鼓励奖3人。针对学生上课玩手机、上厕所等问题,开展了整肃纪律的专项活动,加大教学检查考核与巡回检查的力度,取得了显著成效。

教学工作 完成33个教学班32 014学时的教学任务。规范教学管理,加强教学检查,检查重点包括授课计划、教案、课堂授课情况等。修改完善了专任教师考核办法,将教师的工作进行量化考核。共安排期中、期末考试460余场,监考教师2 962人次。完成全年缓考补考安排、05级毕业考试安排、06级实习前补考等;有计划、有组织地开展了各类教研活动。

加强师资队伍建设。制订了《师资队伍建设发展规划》,拟订了《校内骨干教师评选办法》等相关制度;选派优秀教师、教研室主任参加了外省市业务交流、培训;选派教学教辅人员参加不同层次、不同类型的业务学习。在校内开展了课题研究和不同类型的教研活动。有3名教师被评为市级青年骨干教师。

学生工作 德育工作取得突出成绩。修订了德育大纲和实施意见,明确分年级德育目标,细化了各项德育管理措施。在市政府教育督导室组织的德育工作评价中,专家组给予了高度评价。

各种教育活动丰富多彩。举办了护理技能大赛、中药识别技能大赛、书法比赛和英语口语比赛;举办了"激扬青春,放飞理想,构建和谐校园"大型表演、"祖国——用青春的名义为你歌唱"主题表演;举办了校园之最、读书节、规范专业行为表演、文明礼仪系列讲座、主题班会等活动。青年志愿者组织的"实践宗旨现真情"活动,荣获市卫生局基层党组织服务群众优秀品牌项目。

学生管理工作进一步加强。严格学生请假制度,加强对班主任日常工作的考核,严格执行优秀班主任评比制度。每天对班主任和所管班级进行量化评分,考核结果与班主任考核挂钩。加强对主题班会活动的监督。学校的德育科研成果"更新教育观念,提高育人质量"被评为全国德育管理科研优秀成果奖,学校被授予全国德育管理科研先进学校。

党员帮教活动突出特色。全校党员采取与"问题学生"一帮一结对子的形式,从学生的性格特点、家庭状况、学习成绩、主要的违纪行为等方面着手,有针对性地开展帮教活动。谈话每月不少于2次。对68名"问题学生"给予了关爱帮助,使绝大多数问题学生发生了明显变化。此项活动荣获市卫生局基层党组织服务群众优秀精品活动奖。

国家各项政策确保落实。为1 757名学生办理了大病医疗保险,为1 884名学生办理了国家助学金,为82名学生发放政府奖学金,192人获得校级奖学金。完成在校1 926名学生的体能测试,保证学生每天1小时的体育活动时间。

科研工作 完成3项课题的结题上报("中等职业技术学校护理专业课程结构改革的研究","学生心理健康教育的研究","北京郊区中医院中药调剂操作规程的现状研究")。在北京市职业技术教育学会举办的第七届优秀论文评选中,4人分别获奖;出版了校本教材——《护理学基础技术操作》。全年校外获奖和发表论文共计20篇。

信息化建设 网络设备进行了升级改造,购买高性能惠普服务器9台。新的不间断电源输出功率达20千瓦,可以为所有设备进行稳定供电。对第一教学楼的房间进行了重新布线。

教学楼内监控点由93个点增加到120个,学校分控设备10个。更换所有教室的投影机,增加了亮度;更换所有教室的计算机主机,提高了设备使用性能。增加了多媒体电源及锁的中控系统。新建录播室,采用高清设备,教室前后各安装1台高清摄像机和6个拾音器。

后勤与基建 完成第一教学楼抗震加固改造工程,总建筑面积3 929.7平方米,同时对用电、用水、光纤、通讯等线路进行了改造。完成药园改造工程,取名"尚医园"。完成旗坛改造工程。对宿舍楼大厅进行美化处理,为各宿舍楼大厅安装了仪表镜和时钟;对宿舍楼内班主任值班室进行了粉刷装修。学生食堂进行了重新招投标,加强了食堂卫生、服务上的管理。

招生就业 学校增加计划内招生指标40人,使招生计划增至400人,共招收新生504人。2009届12个班609名学生结束实习,学校积极推荐学生就业并完成派遣任务。完成12个班562名学生的实习安排。组织了各级各类取证班、培训班,完成2009届护士资格证的报名及考试的培训,完成2007级中药、药剂、康保专业上岗证的培训,261人获得中级证书。完成全国计算机等级考试的宣传组织工作,230余人参加了考试。440余人参加了医护英语考试。举办了2010年高职考前辅导班,有近90%的毕业学生取得了各级各类资格证书。

行政管理 加强制度建设。制订了《青年教师培养规划》等新制度5项,修改、完善了《责任追究管理办法》、《教学事故处理办法》、《固定资产管理办法》等各项制度90余项。

加强科室建设。科室间进一步明确了岗位职责和工作范围,强调科室间的团结协作,加强科室工作人员思想教育和业务知识培训。

年内,中国教育电视台、《现代教育报》、《竞报》、《教育考试报》、《通州时讯》等多家媒体对学校进行了报道。

合作办学 学校与北京大学医学网络教育学院合作办学,于春季开始面向医药卫生单位招收护理学、应用药学专科及专升本科学生。招收春、秋两届学员共130人,其中护理专科86人、专升本15人;应用药学专科15人、专升本14人。学校被评为北医网院招生先进单位。

防控甲流 成立了防控工作领导小组,制订了《防控甲型H1N1流感预案》、《各班级防控预案》、《教职工防控预案》、学生晨午检、消毒隔离等一系列防控预案和制度;组织了中层干部、班主任、保卫人员防控培训班;购买了体温计;准备隔离观察室3间。为在校师生购买了预防甲流的漱饮中药,并在校内集中泡制和饮用。举办了甲流防控知识讲座;制作了宣传展板;组织学生加强体育锻炼;认真搞好校园环境卫生,消除卫生死角;组织师生进行甲流疫苗预防接种和季节性流感疫苗的接种。

(撰稿:李 江 审核:董维春)

高校厂矿部属医院卫生工作

北京大学医院

（海淀区颐和园路5号）
邮编：100871　电话：62765531

基本情况　职工232人（含合同制及劳务人员），其中卫生技术人员204人，包括正高级职称11人、副高级职称39人、中级职称78人、初级职称76人；行政、后勤人员28人。

医疗设备总价值2 541万元。本年度购置医疗设备总值29.36万元。

获奖情况。年内，获首都卫生系统文明单位、海淀区交通安全先进单位，北京大学安全保卫工作先进集体、海淀区高校结核病控制工作表现突出奖、肺结核报告转诊工作成绩突出奖；1人被评为北京大学优秀党务和思想政治工作者。

机构设置　成立了物业公司，开设了康复中心。

改革与管理　继续实施 ISO 9001：2000 质量管理体系，完善各项规章制度和操作规程。

9月，对125名在职职工及5名流动编制人员进行了上学年岗位考核及新学年岗位聘任。

开展创建"平安医院"、"首都公共卫生文明单位"活动。医院与各科室签订了安全责任书，排查隐患，安全检查，进行全院应急演练及消防安全培训，抓服务，改善医患关系，确保安全稳定。

召开医院二级职代会2次，审议院长工作报告，讨论通过了新医院发展规划及成本核算办法等。

4月，召开校内监督员座谈会，与大学生定期见面沟通，聘请2名大学生监督员，每天在院工作2小时。对学生的投诉和网上批评认真分析，查找原因，及时整改。设立投诉箱，公布投诉电话。征求意见、建议31条，条条有处理结果。进行门诊、住院患者满意度调查，满意率分别为95%、99.5%。

反商业贿赂。年内，开展多种形式教育，采取行风建设措施，按照规范程序招标和采购。6月，药品采购员和物资采购员调整了岗位，各科室填报了医德医风情况季报表。开展"小金库"专项治理，并进行了自查。市发改委组织专家来院进行物价检查指导，未发现问题。

医疗工作　门诊255 562人次，急诊32 745人次，急诊危重症抢救6人次，抢救成功率100%。实有床位101张，入院257人次，出院280人次，床位周转2.97次，床位使用率22.62%，平均住院日30.64天，七日确诊率100%，出入院诊断符合率100%，手术前后诊断符合率100%，治愈率32.7%，好转率53.75%，死亡率5.63%。住院手术29例。

查体32 102人次，其中学生16 527人次、教职工8 935人次、妇科4 283人次、幼儿697人次、三大员981人次、其他人员679人次。

慢病管理。继续推广健康知己管理，对糖尿病、高血压和筛检的高危人群进行健康宣教、健康管理，效果明显。针对北大教职工在查体中普遍存在的慢病问题组织健康大课堂讲座、咨询28次。

病案管理。加强病案质量管理，每月定期对医疗文书进行抽查，手术、麻醉、特殊检查、特殊治疗等履行患者告知率达到100%。住院病历甲级率100%。抽查各种申请单、报告单，书写合格率≥95%。传染病报告率100%，无漏报、漏登。处方合格率≥95%。在医疗质量管理月活动中，开展医疗质量自查和互查，对病历、处方、申请单、报告单等医疗文书进行全院展评，无医疗事故发生。

医院感染管理。加强对医院各科室的感染监控检查和督导，重点科室微生物监测255件，合格率96%。空气培养435间/次，合格率99%。加强抗生素使用情况的监测和合理使用，全年住院患者抗生素使用154人，使用率57.15%，院感率2.86%，漏报率为0。

全年组织法律法规、传染病知识、慢病管理等各种知识培训20余次，年终对在岗医技人员进行了理论与实践的考核。

加强甲流防控，成立了甲流防控领导小组，制订了甲流防控制度及预案。全员培训4次。

医保工作。全年医保出院18人次，总费用109 408.43元，次均费用6 078.25元。

医疗支援。年内，对密云东邵渠镇卫生院18名医务人员进行院前急救知识的培训；开展义诊咨询服务，包括内、外、妇、中医针灸、测血压等，共120人咨询，发放宣传品130份，摆放宣传板10块。本院11名医务人员参加了活动，支出费用3 510元。

护理工作 定期召开护士长工作会议，贯彻落实"以病人为中心"的医疗安全检查方案，开展医疗护理安全教育，改进护理安全管理。修改补充《护理规章制度》22条。医院护理文件书写合格率90%，护理病历书写合格率90%，基础护理合格率90%，一级护理合格率90%，技术操作合格率90%，安全护理合格率90%，急救物品完好率100%。

全年组织护士到三级医院参观学习3人次，3名护理骨干到北大口腔医院中心供应室参观学习一周，4人参加中日口腔护理培训班，参加海淀区卫生局护士长管理培训班4人次，组织护士集中在岗学习培训4次，理论考核1次，技术操作考核1次。

科研工作 继续与北京市心肺血管疾病研究所协作开展"代谢综合征发病趋势及综合控制研究"，对观察人群进行了随访追踪。参加北京医院组织的国家"十一五"科技支撑计划课题"2型糖尿病及其并发症的干预控制研究"中的糖尿病患病高危个体生活方式干预研究。全年发表科技论文10余篇。

医学教育 1名新入院医师参加北京市全科医师培训，并取得证书。每月组织全院医务人员进行法律法规、慢病管理、急诊急救等知识的培训，加强聘用人员的培训和考核，择优上岗，定期组织理论和技能考核。

国际交流与合作 继续与日本渡边牡蛎研究所合作，7月，渡边贡先生一行3人来院进行访问，研究赠送15株樱花树事宜。

信息化建设 完成新大楼信息系统整体迁移、HIS系统软件、PEIS（体检）部分、LIS（实验室）部分、RIS部分等数十个模块；完成医保刷卡结算认证程序改造，系统上线前进行了多次培训。完成万兆骨干、千兆到桌面的网络建设，点位2000个左右；完成服务器存储设备"2+2"的集成工作；完成内外网终端200多个点位的部署。

后勤与基建 7月，医院大楼竣工并通过验收；12月10日，医院大部分科室搬迁；12月14日，对外试运行。

其他工作 在60周年国庆活动中，北京大学承担《我的中国心》游行方阵、部分唱歌游行方阵等任务。选派4名医护人员随团医疗，获得首都国庆群众游行指挥部的好评和北京大学的表彰。

与各科室签订安全责任书。各科室认真检查安全隐患，填写安全工作自查表。针对科室安全自查中需解决的13个问题逐一进行落实。派专职干部1名负责物业安保部的安全管理，新大楼安全设施完善，楼宇自控24小时监控，保安人员培训上岗，定时巡视。组织3批参观海淀安全教育馆。与78名驾驶员签订责任书，并进行了交通知识有奖问答。

红十字会举办初级急救培训2次，120余人获得初级救证证。为各暑期实践团队100余名同学举办了户外救护培训。550余名师生参与了无偿献血，共献血740单位。举办4期艾滋病"同伴教育"普及班，培训102名学生。对8个班430名高中生进行了同伴教育的培训。健康讲座7次100人次。开展义诊、骨髓造血干细胞、艾滋病宣传、计划生育知识、红十字知识、传染病知识宣传、暑期实践活动等10余次，30所高校的1 500人次参加，发放宣传单2.1万份。

（撰稿：叶树青　审核：张宏印）

清华大学医院

（海淀区清华大学）
邮编：100084　电话：62789680

基本情况　职工191人，其中事业编制138人、劳服编制22人、学校聘任合同制10人、医院聘任合同制17人、返聘4人。卫生技术人员172人，管理、工勤人员19人。卫技人员中，主任医师8人、副教授1人、副主任医师45人、副主任药师1人、副主任技师1人、高级会计师1人、高级职员1人，主治医师23人、医师5人、主管护师28人、护师28人、护士7人、主管药师4人、主管技师8人、主管医师2人、药剂师4人、药剂士3人、检验师3人、技师1人、馆员1人、三级厨师1人、高级工6人、中级工2人、工人2人、无职称人员4人；其中博士学历3人、硕士学历18人、本科学历75人、大学学历6人、大专学历47人、中专学历28人、高中以下学历14人。

医疗设备1 142台（件），其中10万元以上设备52台、40万元以上12台、100万元以上设备4台，总值3 115.84万元。新增设备64台，金额94.33万元。报废设备47台，报废设备返款7 722元。设备档案归档立卷18卷。完成4次大型设备的招标。

获奖情况。年内，医院被评为北京市红十字会先进单位、北京市卫生统计工作二等奖，1人当选北京市红十字会先进个人、1人被第二十九届奥林匹克运动组织委员会、北京奥运会志愿者工作协调小组评为奥运志愿者先进个人。医院被评为海淀区健康教育工作先进单位、海淀区卫生局慢病管理三等奖、海淀区卫生局肺结核报告转诊工作先进单位、海淀区劳动和社会保障局公务员医疗保险管理专项奖、海淀区妇女病防治技术信息管理优秀奖、海淀区流感疫苗接种工作优秀集体、海淀区卫生局儿童保健智力筛查、听力筛查工作先进单位，1人当选海淀区卫生局儿童保健智力筛查、听力筛查工作先进个人、1人当选海淀区卫生局奥运会期间精神病管理先进个人。医院的"开通网上专家预约挂号、优化就医流程"荣获清华大学后勤优质项目奖，2人被评为校级先进工作者，1人当选校级优秀党支部书记，1人被评为奥运服务校级先进个人。

医院妇科计划生育通过了海淀区卫生局认证评审。

改革与管理　以"百日安全"活动为契机，通过个体质量持续改进、科室质量持续改进、院级及职能部门的医疗质量持续改进3个层面改进医疗工作。共提交193条整改意见和建议，通过分析、归类、分层次进行整改，制订整改措施280条，大部分得到落实，还有13条需要在今后工作中逐步解决。开展"三基"、"三严"岗位练兵活动，要求人人参与、人人过关，分专业、分科室、分岗位，结合临床特点，利用下班时间分别培训、分别考核，确保人人过关。

制定了2010～2020年队伍引进计划，全面推进梯队培养工作。对中层干部试行减法绩效考核，促进干部工作重心向管理转移，确保医疗安全。积极引进各层次人才，缓解人员紧张状况。加快队伍新老交替，优化队伍知识，一方面招聘社会优秀资源纳入团队，全年面试98人，考核44人，正式引进事业编制7人、合同制10人；第二，将退休人员中优秀人才留用，继续发挥作用；第三，聘用三甲医院名医来院出专家门诊，解决疑难杂症或填补学科空白，方便患者就诊，聘用外院22名专家长期在院内出专家门诊。

分配制度按"效率优先、兼顾公平"的原则，充分考虑岗位责任大小，重点向临床一线倾斜，向青年骨干倾斜，同时提高全院职工的整体水平，建立有效的激励机制和约束机制，体现优绩优酬，适当拉开差距，达到奖优罚劣，全面进步的目的。

创建人民满意医院。建立奖惩制度，做到优则奖、劣则惩，通过制度和政策鼓励广大职工不断超越自我，不断提高职业素质，从而提高患者对医院的满意度。全年意见箱开箱12次，并及时向相关人员汇报情况。全年收到表扬信30封、网上意见回复17封、校领导信箱回复8封、锦旗4面，拒收各种礼品19次。每两周参加一次与学校各部门的学生工作交流会，每年召开一次医德医风监督员会议，取得了良好的效果。病人满意度调查4次,全年平均满意度90%。

医疗工作 门急诊414 609人次,其中急诊49 396人次;门诊抢救5人次,抢救成功3人次。入院593人次,出院599人次,病床周转5.70次,病床使用率34.42%,平均住院日23.82天,七日确诊率99.83%,出入院诊断符合率99.82%,治愈率38.33%,好转率53.48%。住院手术93例。住院抢救8人次,抢救成功4人次。

医保工作。全年医保住院68人次,总费用359 680.10元,次均费用5 289.41元。

门诊诊疗过程中发现恶性肿瘤67例,随访高度可疑患者25例,良性肿瘤17例,活动性肺结核25例,并发现冠心病室壁瘤、颌下腺囊肿伴感染、鼻窦乳头状瘤、脑脊液鼻瘘、喉部接触性肉芽肿、少见的Castleman病、Fhr病等。开展了无痛人流手术、电灼治疗、静脉使用乙胺碘呋酮转复房颤、锁骨下静脉穿刺等21项新技术与新业务。病房扩大了收治范围,收治了慢支、肺气肿、呼吸衰竭、心绞痛、心力衰竭、脑梗塞、严重心律失常、糖尿病酮症酸中毒等。

医疗质量的控制与管理。加强各种医疗规章制度的执行检查,健全、整理、归纳各种与医疗相关的档案记录。加强对病历处方的检查与评比,每月检查处方并做好记录,加强公示制度的管理,及时通报、讲评处方、病历质量,严格执行奖惩规定条例。全年抽检处方16 184张,毒、麻处方481张,检查门诊病历641份。危重病人随访6人次,抽检急诊留观病历53份、转诊单225份。将发现的问题以书面形式上报主管院长,通知到相关科室主任并督促改进。进一步加强专家医疗保障系统的运行与使用。全年外聘专家来门诊会诊173次,就诊2 510人次,解决了师生的疑难病就诊问题;聘请专家病房会诊6次。

安全管理。9月22日,召开了国庆平安行动员会,真正做到"矛盾纠纷有人解、重要部位有人看、重点人员有人控、突出问题有人管、敏感事件有人报",努力实现国庆期间"大事不出、小事减少、管理严格、秩序良好"的总体工作目标。在创建平安国庆、平安医院的活动中,制订了具体实施方案。完善突发事件应急医疗救治预案,加强医院水、电、气和毒、麻、精、放药品管理。提高医务人员应急处置能力,杜绝各类责任事故的发生。对医院的流动人员进行了全面的筛查,逐一核对身份,重新登记并建立了流动人员档案。全年行政管理质量查房4次、安全查房16次,学校保卫处进行了每年一次的防火知识培训。继续对医院的物业、陪护人员进行全面的登记、检查、审核、建档工作。

甲流防控。自4月29日开始,对5 653名入境或归国人员进行7天健康随访,共计34 811人次;对116名甲流确诊病例的密切接触者进行居家观察共465人次;对8名甲型流感轻症患者进行了居家隔离治疗;对37名集体发热的大学生进行现场观察和咨询,并采取了隔离、观察和治疗措施。协助区疾控中心处理疫情,寻找甲型流感确诊患者及其密切接触者,并指导学校教室及宿舍的消毒共计12次。11月14~15日,医院抽调60余名工作人员利用休息日在综合体育馆为本校本科生、研究生进行甲型流感疫苗接种。咨询8 000余人,接种本科生3 486人、研究生2 730人。全年集中接种29次,完成预防注射17 320人次。

预防保健。全年各类体检32 045人次,其中教工体检11 474人次、学生体检13 640人次、办健康证体检2 324人次、求职体检3 114人次、儿童体检1 493人次。各种疫苗接种35 354针次,其中甲流疫苗9 671人次、儿童接种2 988人次、大学生接种8 974人次、民工接种1 143人次、有价疫苗6 778人次、成人流感疫苗5 800人次。

在体检工作中,确诊恶性肿瘤14例,其中7例为早期、3例为癌前病变,高度怀疑恶性病变15例,发现良性肿瘤47例、其他重要疾病38例,发现心血管急症64例、高血压308例、血脂异常2 210例、高尿酸血症125例、脂肪肝1 005例。检出贫血患儿107例、肥胖儿76例,DDST智力筛查可疑13例、异常2例、智力障碍1例、神经心理发育迟缓2例、髋关节半脱位1例,房间隔缺损2例,左心室假腱索1例,卵圆孔未闭7例。所有检出的疾病都通过科内转诊进入相应科室进行系统治疗,所有肿瘤患者均通过与三级医院建立的绿色通道得到及时救治,所有高度可疑的人员进入健康跟踪系统,进行长期跟踪服务。

医院感染管理。每月对各科室的环境监测、卫生学检测、检查抗生素的使用情况,检测临床院内感染的发生情况,发现问题及时与临床沟通,采取有效措施,降低医院感染发病率,避免院内感染暴发。制订感染性疾病科的消毒隔离制度、工作流程,并利用业余时间对内科医生、放射科、检验室的工作人员、保洁员等进行了甲流防控的培训。全年医院感染率5%。

健康教育。对本院医护人员进行传染病知识培训6次;为社区居民开展健康教育讲座29场(包括给学生授课),受教育12 940人次;健康教育处方使用40种以上，发放健康教育处方2 415份；进行健康教育咨询服务449人次；开展常见病、多发病防治咨询、义诊活动1次。《健康指南》报出版2期，发放10 000份。新建宣传板27块。全年发放各种宣传材料46 000余份。举办重点卫生日活动8次，黑板报15块次，横幅5条。完成网站《寻医问药》栏目的答复40余人次。

传染病管理。完成法定传染病网络直报434例，订正传染病报卡3张。传染病访视158人次，处理附小集中发热及幼儿园手足口病事件3次。为旅店、招待所、工地负责人进行传染病防治知识培训1次，院内传染病法规及肠道传染病知识培训各1次。

精神病、结核病管理。全年专家门诊精神科病1 800人次，结核科320人次，心理咨询324人次，内科病房精神障碍患者会诊13人次。更换精神卫生个人健康档案97份，其中新发现、新建档8人。访视约360人次。报告、转诊肺结核25例，筛查密切接触者104人。完成3 336名本科新生结核菌素检查，筛查率98.6%，复查率98.1%。举办结核病防治知识健康教育讲座3场。对PPD强阳性的2008级和2009级新生908人拍片检查，拍X光片率100%；其中400人分别验血2次、发化学预防药2次。

护理工作 年内，围绕"护理安全"主题建立健全护理工作制度，修订制度5项，新增制度13项：自愿上报不良护理事件制度、护理不良事件持续改进制度、护理风险评估表、护理操作前告知制度、危急值班报告制度、病人腕带识别标志制度等。成立了护理质量安全控制管理小组、继续教育管理小组、护理差错事故管理小组、护理技术操作考核培训管理小组。

严格审核新调入护士执业资格，及时变更新调入护士执业地点。对护理应届毕业生专人带教，建立培训考核记录，考核合格方可独立值班。制订新调入护士培训计划，规范培训形式和内容，护理部培训与科室临床带教结合。开展低年资护士基础护理操作培训、考核，全院护士《徒手心肺复苏》技术操作培训、考核，全体护士长参加了区卫生局举办的护理管理岗位培训班，2名护理骨干参加了中华护理学会专业培训，护士进修2人，组织区级护理继续教育基地讲课12次、护理业务讲课3次、全院护士徒手CPR培训和考核各1次、低年资护士"三基"培训和考核各4次。

继续教育 年内，举办了北京市高校全科医师急诊诊疗技能专题培训班。坚持每周四的常规业务知识培训。组织医院急救小分队，利用每周三下班之后进行为期6周有针对性的应急抢救培训。组织院内学术讲座40次；派出6人到三甲医院进修培训一年，短期培训17人次；开展科内健康教育、业务学习23次。全院医护人员全部完成了继续教育学分。全年在各种正式期刊发表论文22篇。

教学和科研工作 大学生《卫生与保健》课程建设不断贴近学生的需求，教学效果显著。开展了多种形式的健康教育，重点针对社区居民慢性病、常见病、新的健康理念开展讲座29场（包括给学生授课），受教育居民12 940人次，编印健康教育处方40种以上在全校发放。

年内，医院有2项第一项目负责人的科研项目："清华大学教工慢性患病状况前瞻性研究"、"利用数控加工技术对牙体大面积缺损的保持修复"，改变了以往一直是科研合作单位的身份，为医院以后开展科研工作创立了新的局面。

编写出版大学生《卫生与保健》教材，并被收入高校保健医学分会20年会庆宣传手册。

信息化建设 12月31日晚，医院为信息管理系统（HIS）更新切换做了最后的准备；2010年零点，医院HIS系统准时切换，随后进行了挂号、看病、收费、取药等一系列测试。

后勤与基建 6月，口腔科增加综合治疗台2台、更新1台，将室内布局、地面、环境、供气线路等进行了改造；新建口腔科供气泵房；整修南三楼体检中心平台；装修、改造通往三楼体检中心的通道，实现了体检人员与患者分流；药房进行了内部装修和改造；更换改造了污水地下管道；整修后院地面，方便患者安全行走。

为实现医院电子处方，整理、新建、开通医院网口百余个，自行安装插座百余个、网线百余条。整理改造了医院机房的电话线、网线、数据线，并为其分层归类贴上标志。

（撰稿：马志旗 审核：郭建丽）

首钢矿山医院

(河北省迁安市首钢矿业公司)
邮编：064404　电话：0315-7710856

基本情况　职工 295 人，其中卫生技术人员 245 人，包括副高级职称 19 人、中级职称 113 人、初级职称 105 人、未取得职称人员 8 人；行政管理人员 18 人；工勤人员 20 人；其他技术人员 4 人；退养及病休 8 人。

医疗设备 143 台（件），原值 2 705.92 万元，净值 1 684.96 万元，其中 10 万元以上设备 56 台、100 万元以上设备 3 台。年内购置医疗设备 18 台（件），价值 230.81 万元。

机构设置　设有临床、医技科室 19 个，职能管理科室 7 个，后勤服务科室 1 个。3 月，成立了人力资源科；7 月，成立了检查科兼医患关系办公室。

改革与管理　加强基础管理。梳理完善应急预案 42 个，补充完善 14 个，对现行的手术分级管理制度进行了补充和细化。制订《严格执行规章制度，确保医疗安全实施方案》，强化了基础性医疗工作制度管理。制订完善 5 个委员会和科室质量管理小组职责与制度，并定期召开会议，深入剖析，查改问题，医疗质量得到进一步提升。加强住院病人管理，修订完善了《住院病人管理考核评价标准》，消除了安全隐患。对全院 134 个岗位职责进行修订完善，进一步明确了各岗位工作的内容和范围，提高了医务人员的工作执行力。

节支降耗。加强成本管理，落实成本倒推机制，加强成本分析，严格控制费用支出；制订指标升级措施，对标挖潜，不断提高管理效率；强化药品、器材采购管理，实行比价采购，既保证了质量，又降低了成本；加强物资管理，制订《二级库管理规定》，规范物品领用程序，盘活闲置设备，对空调等进行优化调配，避免了物资流失和浪费。

完善考核分配机制。制订单项奖励考核办法，使日常单项考核做到了有章可循、有据可查，调动了职工的工作积极性，取得较好效果。

公共卫生事件管理。强化院前急救及突发公共卫生事件的处置，全力组织甲流防控工作，成立发热门诊，组建感染门诊，制订《甲流诊疗方案》，完成就诊患者的诊治及排查。接种甲流疫苗 1 957 人次。

精神文明建设。落实《医疗服务零投诉管理办法》，坚持"有诉必查、尊重事实"的原则，加强投诉管理。完善优质服务工作机制，制订《出院病人回访管理规定》，对出院病人进行电话回访，增进医患沟通，扩大了医院的影响力。落实社会监督机制，召开社会监督员座谈会，并按季发放调查问卷，开展网上调查，广泛征求意见、建议，制订整改措施，促进了服务质量的提高。深入开展"树行业新风，争服务标兵"、"迎接挑战展风采、立足岗位做贡献"立功竞赛活动，有 5 个科室、班组和 72 名职工受到通报表彰。主动深入厂区、社区开展医疗咨询、讲座和义诊服务 5 次，利用电视、网络举办专题讲座 4 期，受到职工家属的欢迎。全年收到锦旗 13 面、表扬信 19 封，通过电话表扬 9 件次，有 60 人次医护人员受到患者表扬。

行风建设。在院内局域网建立了廉政讲坛专栏，结合行业特点，定期发布违法违纪案例及具有警示、教育意义的内容。有 3 人被评为首钢矿业公司党风廉政先进个人。

医疗工作　门诊 114 461 人次，急重症抢救 107 人次，抢救成功率 93.86%。床位 255 张，入院 3 451 人次，出院 3 424 人次，病床使用率 101.83%，床位周转 15.08 次，平均住院日 23.67 天，治愈好转率 76%，死亡率 1.43%，出入院诊断符合率 98%，七日确诊率 99.96%。住院手术 918 例。无孕产妇及新生儿、围产儿死亡。

医疗质量管理。加强首诊负责制、三级医师查房制度、请示报告制度等核心制度的落实，院领导及职能部门深入临床科室联合检查医疗护理质量和基础工作，发现问题，督促整改，确保医疗安全。

病案管理。加强住院病历、门急诊病历的检查指导，科主任和医务办公室对终末病历进行审查打分。甲级病历率 95%，无丙级病历。

医院感染管理。强化七步洗手法、洗手皂保存等环节管理，治疗车及诊室配置快速手洗涤剂，规范了手卫生行为；改进血透室布局，规范呼吸机管理；加强科室感控管理,重点对妇产科、口腔科等消毒管理工作提出指导意见;使用安尔碘、手术器械专用除锈剂、润滑剂及戊二醛检测试纸,取得较好效果;定期对一次性无菌物品、消毒药液进行抽查,确保安全、有效。全年医院感染率2.6%。

医保工作。医保患者出院1 108人次,总费用1 023.45万元,次均费用9 237元。组织医保知识考试4场次。开设医保咨询服务窗口及服务热线,解答参保职工有关医保政策、法规知识的咨询。

护理工作 严格护理核心制度的落实,每天深入临床科室,抽查护理人员规章制度熟知及落实情况。增强护理人员法律意识,借鉴护理典型案例组织学习讨论,吸取经验教训。以"年轻护士全科化"为导向,加强护理人员基础理论及技术操作培训。全年组织护理查房10次、技能培训12次、技术比赛1次。加强护理质量控制和过程管理,每月制订重点监测内容,跟踪存在问题;每月召开护理质量分析会、质量管理委员会例会和差错剖析会;每季召开护士长扩大会,剖析全院护理质量,分析差错根源,保证护理安全。护理文件书写合格率90%,护理病历书写合格率95%,基础护理合格率92%,特级、一级护理合格率95%,技术操作合格率98%,安全护理合格率96%,急救物品完好率100%。

科研工作 在国家、省部级医学刊物上发表学术论文8篇。

年内,制订了《课题研究工作管理办法》,组织管理和专业技术人员选课题、出新题、解难题,发挥专家和技术带头人作用,积极开展课题攻关。加强学习创新团队建设,制订团队工作制度、职责,提炼团队理念。年内,完成院级课题25项,有24名学习创新型职工受到表彰。

医学教育 全年组织专题讲座23次,开展了急救知识培训,选派临床骨干外出进修培训20人次。制订《关于加强高校毕业生见习期管理工作的安排意见》,组织教学查房11次。组织医护综合知识竞赛,提高医务人员的业务能力。259名医务人员参加继续教育,达标率100%。

体检工作 开展职工健康体检、女工体检以及高温、粉尘、噪声等职业健康体检和学生体检等共33 144人次。

信息化建设 年内,HIS系统进行全面功能升级,提高了数据整合能力和管理效率。11月,实施了体检检验LIS数据上传系统。12月,进行门诊刷卡实时结算系统的前期准备。修改完善了院内计算机信息网络管理措施。

后勤与基建 投资63万元对分院暖气和感染门诊进行了改造修缮;对院内局部地面进行硬化,加强绿化和日常保洁;完成门诊双语标志的制作安装;完成水厂社区医疗卫生服务站的筹建,配置相应仪器和设备,实行药品零差价,为职工家属就医提供了方便、实惠。 (撰稿:郑玉伟 审核:包宗玉)

北京燕化医院

(房山区燕山迎风街15号)
邮编:102500 电话:69342517

基本情况 职工987人,其中卫生技术人员681人,包括主任医师(含相应职称)33人、副主任医师65人、主治医师212人、医师225人、护士146人;行政及工勤人员306人。

年内,购置10万元以上设备27台:电子胃肠镜、平板动态心电图、眼科AB超、除颤仪、小C臂、骨密度仪、碎石机、麻醉机、半导体激光治疗仪等,价值1 200万元。医疗设备总资产9 450万元。

获奖情况。医院荣获2008年度首都卫生系统精神文明单位、北京市医保工作二等奖。荣获2008年度燕山人口和计划生育工作先进集体、"五五"法制宣传教育先进集体、维护社会稳定工作先进单位、社会治安综合治理工作先进单位、燕山地区办事处国庆最佳服务保障奖、燕山地区十佳和谐企业、燕山地区爱国卫生先进单位和交通安全先进单位。妇产科、神经内科被评为2008年度燕山地区文明单位,妇产科被评为燕山地区巾帼文明示范岗。

机构设置 星城分院药剂科划归总院药剂科统一

管理，星城分院门诊、住院收费处划归总院财务部统一管理。

改革与管理 年内，引进国际医院管理标准（JCI），根据JCI标准制订相关制度、作业指导书和模拟问题答案，在患者服务、评估、手术、用药安全、院感管理、员工培训、设施安全、信息管理等方面做了大量的改进工作，并通过培训、检查、学习的方式不断发现问题和解决问题。质量管理工作有了长足的进展，特别是通过第三方的模拟评审，使全院员工的质量安全意识和管理工作有了飞跃的进步。

年内，通过了心脏介入、心外科资质的专家评审，对麻醉科、口腔科、血透室、ICU等科室的专项检查，以及核磁设备许可证的评审。探索医院在国际业务、肿瘤综合治疗、干细胞治疗上的发展前景，做了大量的调研、谈判、对外合作、讲座、网站建设、人才储备、临床实践和医院内、外部环境改造等工作，为医院下一步发展奠定了基础。

落实首诊负责制，做好流感样病例的预检筛查。截至年底，共对178 856名就诊人员进行了流感样病例监测，流感样病例167人，采集咽拭子标本100例，确诊并报告甲流39例，留院观察20例，住院5例，将危重病例3例转佑安医院继续治疗。

建立了PCI实验室，不仅完成了本院检测工作，还为燕山疾控中心提供了100余例的检测工作。为燕山地区6 000余人和燕化公司2 000余名一线工人接种了甲流疫苗。

推进门诊、病房医生工作站，安全用药系统，门诊中药颗粒方药，配液系统的开发与实施；医保服务器升级；北京医保实时结算升级的准备；病理图文报告系统的实施；门诊多卡合一，病人可持单一就诊卡，系统可识别是否优惠等全面信息；对全院各科计算机系统所涉的问题做程序或流程的修改。星城分院与总院联网，医保、工伤、农合等系统全面整合。中心机房网络整改，在重要的网络节点进行双路备份。

设计、实施新型考评方法。每月坚持对医护质量、医保、院感、服务15项检查及门诊、住院患者满意度调查，进行全员工对领导干部满意度调查，临床科室对医技科室、职能科室满意度调查。

进一步完善合同管理制度，建立医院合同会签制度。严格执行劳动合同法，与198名劳动合同到期员工续签了合同，与98名新员工签订了劳动合同，解决毕业生进京户口指标5人。

通过了市卫生局对医院"以病人为中心，以提高医疗服务质量"为主题的医院管理年检查。全年接受市卫生局、市医保中心等上级主管部门检查56次。

接待财政部社保司来调研改制后医院的运营情况。接待外宾（沙特阿拉伯大使馆官员、蒙古国大使馆官员和TripleMedics公司人员等）来院交流及洽谈医疗合作事宜，接待美国哈佛大学研究生班的学生来院参观访问。

医疗工作 门诊447 624人次，急诊103 449人次，急诊危重抢救115人次，抢救成功97人次，抢救成功率84.35%，门诊手术9 981例。住院11 832人次，出院11 812人次，床位使用率82.23%，床位周转17.55次，平均住院日17.10天，住院手术3 012例，七日确诊率99.38%，出入院诊断符合率99.97%，治愈好转率95.76%，死亡率2.67%，院内感染率2.37%，无孕产妇、新生儿死亡，围产儿死亡率4.67‰。

结合质量考核方案和JCI要求，对科室的医疗质量、护理质量指标进行了有针对性、有重点的检查。运行病历质控检查合格率92.56%。

新技术、新业务。开展了DSA下行肝动脉导管化疗栓塞治疗肝癌、胰腺癌等，胰腺假性囊肿-空肠Roux-en-Y吻合术，颈椎前、后路联合手术（颈椎后路全椎板切除减压、颈椎侧块钢板及上胸椎椎弓根钉内固定术、颈椎前路椎间盘摘除、CAGE融合术）等。

年内，建立健全预约挂号相关管理制度和流程，规范预约挂号管理方式。确立了医疗责任保险规定，完善落实医疗质量责任追究记录，加入并实施本年度医疗责任保险。

全年组织重大抢救、临床科室疑难危重患者全院多科会诊20次。召开院内医疗专家及其他医疗相关管理会议8次。临床医师105人次下乡为新农合病人体检。为燕化公司各项活动比赛提供医疗保障10次。

医院感染管理。重视手部卫生和重点部门、重点环节的感染管理。加强围手术期抗菌药物应用管理，手术一类切口预防用药天数较上年缩短1天。加强医务人员职业暴露防护的培训与教育，完善上报流程和处理方法。全年报告锐器损伤21例，较上年增加4例。改造医疗废物贮存处，增加了冰柜、洗刷设施。加强多重耐药菌监测和隔离，实施双重报告制度。修订和完善与感染有关的制度71项。对32名从事放射工作的人员进行了放射剂量监测，无剂量超标现象。对13台放射设备进行了状态检测。全年医院感染率1.8%。

医疗支援。对本院的3个对口支援单位给予办公器材和医疗器材的支援，并组织了学习交流、义诊、会诊等工作。

全年健康体检16 687人次、妇科体检6 122人次，共计22 809人次，比上年人次增长了15.46%。完成妇科两癌筛查工作,其中宫颈癌筛查7 047例、乳腺癌筛查6 165例。

接待医疗投诉62起,患者向法院起诉4起,医责险调解中心解决1起。

医保工作。与市医保中心签署了本年度医疗保险、工伤保险和生育保险医疗服务协议书,签署了10个定点门诊部的医疗保险服务协议书。完成星城分院计算机HIS系统的切换,完成主体和星城分院统计室的计算机升级和疾病分类编码ICD-10的"手术编码库"的升级工作。为星城社区站和向阳社区站向房山区医保中心申报慢病社区定点医疗机构。完成部分科室新增收费项目和医用材料的申报备案。全年检查医保处方29 811张,合格率98.61%。全年医保、工伤、生育保险出院7 972人次,出院医保总费用9 989万元,次均费用12 271元。

护理工作 护理部实行PDCA和持续改进的质量管理,保证了护理目标的完成。重症护理合格率97.9%,基础护理合格率96.5%,表格书写合格率98.9%,技术操作合格率96.47%,理论考核合格率93.2%,无严重护理差错发生。

改变了门诊工作流程和分诊管理,落实门诊患者一对一服务,实施首次评估,评估率90%以上。从7月开始,集中清洗手术室部分器械、湿化瓶、呼吸机管路和重复使用的器械,并做到下收下送。

与区办燕山医院共同举办了护士节纪念活动,表彰优秀护士31人,并举行了授帽仪式和JCI知识竞赛。全年护士长、护士、病管员、护工、卫生员等参加各种培训30余次;组织"三基"理论全院考核4次,合格率93.2%。

积极推广新技术、新业务,普外科、肿瘤科率先开展PICC插管技术,并在全院实施了119例。

全院多科合作,参与了区文卫分局、社区健康教育讲座,为病区制作了专题宣传板,多年来内分泌科坚持开展社区课堂。全年护士发表论文5篇。

科研与教育 年内,申报首发基金科研课题1项、房山区人才培养资助课题4项,立项区办科研课题4项。

全年举办继续医学教育讲座28场次,5 000人次参加。参加院外传染病防治等各种培训23次,150余人次参加。外出学习和参加学术会议42人次。发表学术论文30篇,其中核心类期刊13篇。

组织住院医师参加市卫生局统一考试62人次,院内全体医务人员业务培训考核4次,传染病防治知识培训8次、考试5次,社区人员参加各种培训4次,完成4个院校214人次医、护实习生的带教任务。

社区工作 完成甲流社区监控28人196人次,免疫门诊接诊10 259人次,其中注射季节性流感疫苗2 636人次、甲流疫苗2 241人次。

做好慢病管理试点工作,有153人参加慢病管理。参加了市社区协会举办的社区管理干部培训,本市和房山区卫生局及燕化医院举办的业务培训和考试。

建立社区健康大课堂,为社区居民讲课2次,200余人次参加。参加社区健康知识咨询活动3次,发放健康知识读物近万份。

建立了社区精神病人电子档案,进入居民家中采集信息60余人次。

基本建设 年内,改造各病区、烘水器电源、母子间电源、CCU病区照明灯控制开关,整理病房药房地下电缆电线,维修污水泵电极电源。

(撰稿:申仕莲 审核:徐泽昌)

北京市健宫医院

(宣武区菜市口南大街儒福里6号)
邮编:100054 电话:83521777

基本情况 职工667人(含合同制),其中卫生技术人员516人,包括正高级职称24人、副高级职称45人、中级职称115人、初级师160人、初级士172人;其他专业技术人员25人。

医疗设备总值5 783万元。本年度购置医疗设备总值1 342万元,其中10万元以上设备24台、100万元以上设备2台。

获奖情况。医院获得首都国庆60周年庆祝活动宣武区服务保障工作贡献奖，被宣武区血液管理办公室评为无偿献血先进单位，被宣武区评为科研教育工作先进单位。6月9日，在2008北京市医疗保险总结大会中获得一等奖，这是本院连续6年被评为A类医保单位。倪锋被评为宣武区交通安全先进管理干部，孙小立被评为首都国家安全工作先进个人。

改革与管理 年内，继续开展创建人民满意医院工作，推行JCI管理。完成程序文件33个、制度716项、记录文件315项、知情同意书195项。修订、补充各项护理制度、文件共40余种，修订护理文件书写规范、各种护理表单、护理质量考核检查标准等50余种。建立和完善各类应急预案21个，完善各类委员会制度20个。每季度进行患者满意度调查，门诊患者调查46项，住院患者43项，满意度调查结果均达到99%以上。

医疗工作 门诊308 254人次，急诊24 961人次，急诊危重症抢救57人次，抢救成功率94.7%。床位362张（上年开放床位293张）。入院7 490人次，出院7 511人次，床位周转22.67次，床位使用率79.31%，平均住院日12.84天，七日确诊率99.53%，出入院诊断符合率99.56%，治愈率50.95%，好转率42.77%，死亡率3.95%。住院手术2 607例。无孕产妇、围产儿死亡，新生儿死亡率1.65‰。

全年开展新技术、新疗法31项，完成13 205例，总经济效益1 556 730元。

病案管理。全年检查急诊病历1 700份，其中问题病历29份，合格率98.3%；门诊病历285份，其中问题病历22份，合格率92%；环节病历780份，其中问题病历155份，合格率80%；终末病历4 680份，其中问题病历119份，合格率97%；输血病历321份，其中问题病历18份，合格率94%。全年检查门诊处方15 600张，合格率97.8%。抽查麻醉处方175张，合格率92%。

医院感染管理。医院感染发病率2.3%。开展医院感染监测并对监测结果进行评估分析，每季度将细菌培养及耐药情况进行汇总反馈到科室，供临床参考。对耐药率超过75%的抗菌药物建议停止使用。对手术切口进行目标性监测，到病房查看切口愈合情况、体温、血象、抗菌药物的使用情况等。对科室抗菌药物使用率、治疗性使用抗菌药物标本送检率、清洁手术围术期内抗菌药物使用率进行监测，监测结果汇总在医院每月质量工作考核内，以反馈科室改进。此外，对员工发生感染性疾病进行监测，如血源性感染、针刺伤等，院感科对其进行跟踪监测、负责咨询及后期治疗等。

医保工作。全年医保出院5 457人次，总费用71 378 856元，次均费用13 080元。完善持卡结算工作，准备启动住院持卡工作，控制次均费用。

医疗支援。承担2个社区卫生服务中心、8个社区卫生服务站的工作。全年走访社区30多个，举办健康大讲堂13次、社区义诊6次、健康门诊咨询12期。

护理工作 特、一级护理5 258人次，合格率97%；基础护理8 208人次，合格率97%；急救药品、物品完好率99%；消毒隔离合格率98%；护理表格及病历12 871份，合格率97%。

全年组织护理讲课12次，1 860人次参加。

组织全院护士基础知识理论、JCI相关知识考试4次，960人次参加，合格率98%。

科研工作 年内，申报宣武区青年创新人才计划4项，分别是心内科宋予萍的"老年内科急症住院患者3个月内静脉血栓栓塞症发病率调查及危险因素分析（PREVTE－CMEPⅠ）试验"、心外科张凯的"'十一五'国家科技支撑计划冠心病早期诊断和综合治疗技术体系的研究"、泌尿外科赵晓风的"托特罗定联合特拉唑嗪治疗前列腺增生伴下尿路症状的研究"、检验科郭瑛的"冠心病患者携带的幽门螺杆菌菌株基因型分析"。获批宣武区科技项目2项，心外科张凯的"不同狭窄程度的冠状动脉行非体外循环大隐静脉序贯旁路移植术后冠脉完全血流储备的动物实验研究"、检验科郭瑛的"幽门螺杆菌基因分型与心血管疾病关系"。

赵凤瑞等的"赵氏人工气管的临床与实验研究"获宣武区科学技术三等奖，8篇论文荣获宣武区医学会论文优秀奖。全年发表论文13篇，其中核心期刊4篇、国家级统计源期刊8篇、地方期刊1篇。

医学教育 11月，市继续教育委员会对本院进行了学分审核工作，其中抽查的药剂科和影像科所有参加继续教育人员均达到要求，达标率100%；医技人员210人参加了继续教育，达标合格率100%。年内，对全院医技人员培训25次，主要包括法律法规、临床技术、JCI相关培训等，考核达标率100%。对医务人员进行了8次考试，考试及格率98%。全院住院医师进行科室轮转2次、参加北京市住院医师统考1次，2名医师通过了第一阶段住院医师的培训，获得市卫生局颁发的《住院医师合格证书》。

信息化建设 年内，住院楼网络配合基建改造全部重新安装。更换了LIS服务器，双机热备。HIS服务器更换为容错服务器，安全级别达到99.9%。重新部署医保服务器，改为双机热备。完成医保门诊实时结算软件的改造、培训、实施。全面实施门诊医生站。完成医院网站的卫生局备案审批。

后勤与基建 全年完成基建改造29项,主要有住院楼三期、四期工程改造和配套消防设施、外墙面粉刷、变电所改造、手术室改造、垃圾站改造、新建消防中心和供应室改造等,总投资1 377万元。为装修后病房挑选了油画,使病房环境焕然一新。在后勤员工中开展了一站式服务。

其他工作 年内,有51名职工报名,6人参加献血。"博爱在京城"献爱心捐款6 000余元,"京什手拉手"爱心捐款近8 000元。

(撰稿:李慧娟 审核:于文杰)

北京京煤集团总医院

(门头沟区黑山大街18号)
邮编:102300 电话:69842525

基本情况 职工930人,其中卫生技术人员857人,包括主任医师8人、副主任医师40人、主治医师128人、医师95人、医士26人、见习医士20人、主任药师1人、副主任药师2人、主管药师26人、药师15人、药士9人、见习药士4人、主管技师29人、技师18人、技士7人、见习技士7人、主管护师223人、护师151人、护士38人、见习护士10人;行政和工勤人员73人。

医疗设备总价值9 378.80万元。本年度购置医疗设备总值2 016.61万元,其中10万元以上设备31台、100万元以上设备1台。

改革与管理 年内,全面整理劳动合同,清理各科室及分院的不规范临时用工,进一步规范竞岗中心人员的用工形式和内部管理办法,将全院的用工总量控制在合理的范围。加强对劳动合同(包括正常劳动合同制、竞岗中心人员、返聘人员等)的订立、履行、变更、解除、终止和续订的管理,避免劳务纠纷的发生。建立健全公开、平等、竞争、择优的选人、用人制度,坚持培养与引进相结合,积极推进人才队伍和学科建设,做好优秀合同制人员的转正工作,连续4年在合同制人员中择优录用为正式员工,全年有6人转正。聘任各级职称113人、各类临时合同人员49人。接收大中专毕业生17人,其中研究生3人。

继续加强住院收费和门诊收费管理,废除了节假日下午住院收费不对外结账的旧规,方便了患者。对全院会计人员进行了新会计制度的培训,现行使用的会计通用核算系统全面升级并协助分院建立新账。年度会计账目和会计报表通过了会计师事务所的例行审计及门头沟区发改委、医院管理年财务、物价检查组的督导检查。

创建人民满意医院。落实《民主评议政风行风工作方案》,坚持《出院病人电话回访制度》,并重点回访送锦旗和表扬信的患者,宣传医务人员的好人好事,以身边事教育身边人,全年电话回访出院患者280余人次。进一步完善并细化病房和门诊患者调查问卷的内容,改变发放收回方式,将每月集中发放调整为每周发放,患者将问卷自行投放到满意度调查收集箱,确保了问卷内容的真实。通过门诊意见本、门诊病房意见箱、医德医风意见箱和投诉电话等多种渠道,加强医德医风和规范化服务检查,将科室自查、院内外监查和医德医风办公室随时抽查相结合,定期通报检查结果并依据经济责任制考核办法奖优惩劣,同时加强职工职业道德考评和医德医风档案的管理,将考评结果与员工的晋级、岗位聘用、评先评优、绩效工资、定期考核等挂钩,促进了医务人员廉洁从业,守纪行医。

反商业贿赂。根据医院《关于开展廉政风险防范管理工作的实施意见》,签订重点岗位人员廉政责任书,加强采购、保管、使用、维护等各环节的监管,特别是大型医疗设备、建设工程等重大项目的招标、议标(议价),杜绝违规、违纪现象的发生,确保医院经济工作合法、合规运营,提高了经济工作的管理水平。

医疗工作 门诊403 803人次,急诊46 958人次,急诊危重症抢救4 354人次,抢救成功率98.48%。开放床位585张。入院11 367人次,出院11 283人次,床位周转24.62次,病床使用率120.29%,平均住院日18.1天,七日确诊率98.83%,出入院诊断符合率99.69%,治愈率24.62%,好转率72.13%,死亡率1.74%。住院手术2 181例,其中大手术361例。无孕产妇、新生儿死亡,围产儿死亡率3.7‰。

新技术、新业务。召开院学术委员会会议,讨论并通过了《新技术新业务准入管理制度》和《学术委员会章程》。全年开展新技术、新业务1项——腹股沟疝腹膜前修补术。

以医院管理年和"医疗质量万里行"活动为契机，继续抓好各项规章制度的建设和落实，尤其是医院质量管理和控制的核心制度的落实，加强各种应急预案和流程的演练与完善。从健全质量评价指标体系入手，把环节质控与终末质控紧密结合起来，进一步抓好重点人群、重点环节、重点病例、重点部门等质控关键点，特别是加强对新工作人员的岗前培训，以及医务人员相关法律法规知识的学习和"三基"知识的培训。加强业务查房、处方点评和综合协调，并于11月25日通过了市卫生局医院管理年和"医疗质量万里行"专家检查团的督察。

年内，加强患者医疗安全的管理，强化医务人员的法律意识、责任意识、职业风险意识和质量服务意识，进一步建立健全医疗安全管理的组织机构，完善医疗安全相关管理制度，落实各级各类专业技术人员岗位职责，细化工作流程和技术操作规范，毒麻药品实行双人双锁，制订了《临床检验危急值报告制度》，加强科室、部门之间的协调与沟通等，确保了医疗安全工作的各项规章制度落到实处。

继续加强门诊部管理。根据医务人员职称变动情况，及时调整相关科室专家及专业门诊出诊时间，并开放了外科系统周末门诊。制订了《急救绿色通道管理制度》，全力保障院急诊工作的流程快捷、畅通，加强了急、危、重症患者的救治工作。进一步规范夜间和节假日期间急诊患者的接诊和处置程序，保障了急诊工作的医疗秩序。根据市卫生局要求，设置专人，迅速开通电话预约挂号并有序进行。

病案管理。加强病历质量与处方检查，全年普查住院病历3 057份，抽查住院病历1 256份，病历甲级率97.37%；门诊病历413份，合格率96.21%。检查门诊处方15 318张，合格率98.34%。

医院感染管理。继续加强医院感染和传染病的管理，落实各项消毒隔离制度和无菌操作技术，进一步完善各类应急预案，强化监测报告，加强预检分诊工作，依法、科学、规范、有序地做好院内感染和各类传染病的防控。全年回顾性监测住院病历8 073例，感染率1.82%，无漏报；前瞻性监测住院病历13 533例，感染率1.03%，无漏报。院感管理监测工作被评为市卫生局先进单位。

医保工作。利用网络进一步加大医保知识的宣传力度，做好门诊实时划卡结算的前期准备工作，加强收费、物价以及用药的管理。完成了门、急诊病人费用的上传、新农合参保人员医疗费用的网上直报和尘肺结核科医疗保险住院结算的网络连接和实时上传，并获得医保联审互查二等奖。全年医保出院3 947人次，总费用4 744.12万元，次均费用1.2万元。

医疗支援。年内，派出13名医师分别到永定、军庄卫生院，采取多种形式提高受援卫生院的医疗服务水平。以科室为单位，以集体义诊、会诊、专家门诊、技术讲座等形式支援社区工作。对口支援内蒙古阿拉善中心医院，签署了支援协议。

两癌筛查。与所辖社区居委会配合，完成了6 000余名适龄妇女的两癌筛查工作。

甲流防控。成立防控甲流工作领导小组，印发了《防控甲型H1N1流感工作预案》等文件，及时调整各防控专业组成员并进行了全员培训，做好防控物资储备、疫情信息上报、就医患者体温检测和发热患者的预检筛查以及重症甲流患者的救治。成立了甲流疫苗接种队，深入到37所学校、12个单位进行疫苗接种。

护理工作 进一步建立健全各项规章制度，完善操作规程和质量评价体系，规范护理工作流程，逐步建立起内部护理质量管理与外部护理质量评价相结合的管理机制。加强分级护理管理，统一护理技术操作标准10项，完善糖尿病、高血压病健康宣教小组，静脉输液小组等各专业护理小组的机构和职能。开展PICC穿刺技术，制订了置管流程及护理常规。加强护理人员的服务理念教育、基础理论培训和业务指导。开展了以"三基三严"为重点的岗位大练兵活动，举办护理质量管理与持续改进委员会成员培训班、全院护士培训班和急救队员培训班，护理操作技术比赛和护理基础知识考试，不断提升护理人员的综合素质。加强护生实习前的培训。在全院进行护理安全大讨论，改进护理缺陷管理办法，实行无惩罚主动上报制度等多项措施，及时发现护理工作中存在的问题和不足，有效地防控了护理风险，减少了护理纠纷和差错的发生。

全年巡查、参加科室早交班216次，检查护理病历2 437份，护理文件书写16 421份，抽查基护病人9 067人次、一级护理病人6 949人次、特护病人1 099人次，急救物品11 414次，消毒隔离186次，护理技术操作10 971人次。护理文件书写合格率98.81%，护理病历书写合格率95.29%，基础护理合格率98.27%，一级护理合格率98.89%，特级护理合格率97.45%，技术操作合格率98.94%，安全护理合格率98.33%，急救物品完好率99.95%。

全年培训新护士28人、实习生87人。护士参加继续教育364人次，急救技术培训45人。为华北煤炭医学院、山西医科大学、承德卫校等单位护理带教学生87人。

科研工作 进一步建立健全科研管理制度,加强对科研工作的组织和领导。全年组织、申报、评议科研开题报告19项。发表科技论文72篇,其中核心期刊9篇。

医学教育 制订《继续医学教育学分管理制度》和《继续医学教育实施细则》,建立了轮转住院医师定期汇报制度,并对学分管理软件进行了更新。全年完成继续教育培训、讲座45场次,11 300人次参加。培训工人技术操作岗位人员28人次。选送344名专业技术人员参加全国性学术会议和市内各专业新理论、新技术培训班、高研班。

信息化建设 继续加强电子病历模型、医疗设备数据传输、统计信息的标准化建设。年内,完成医院局域网主干光纤备份、网络布线整理、交换机及机柜更新,7家分院HIS系统的升级改造和门诊实时结算改造,新建体检楼和感染性疾病科的综合布线,异地上岸结核科局域网并入总院。

后勤与基建 修订了《后勤安全生产管理制度汇编》,举行了全员安全生产知识考试和供电停电应急演练。要害部门增加了安全防范措施:变压器室设置防护门、特种工种配置劳动保护用品、针对有限空间作业购置专门检测仪器和防护用品、订做有限空间警示标志和告知牌。继续优化就医环境,投资400余万元,完成血管造影室的装修及防护工程,体检中心楼和上岸结核科综合楼的室内装修、室外道路硬化和供电工程,感染性疾病科的装修改造和室外楼梯的制作工程,检验科分子生物实验室、病理科、妇科门诊的装修改造以及门诊楼的电梯安装改造和宿舍楼的塑钢窗更换工程。锅炉除尘设备升级改造。采用新的污水处理方法,全年处理污水15万吨,清除污泥近10吨,达到国家规定的排放标准。

其他工作 将平安医院建设和国庆双安工作纳入医院管理年活动之中,从规范医疗服务行为、构建和谐医患关系入手,进一步加强科室内部管理,完善各类突发事件应急处置管理机制,系统开展了安全隐患排查和一系列安全知识宣传教育活动,有效地防范了各类安全事故的发生。进一步加强对全院安全工作的监督、检查和指导,安全隐患排查治理工作制度化、规范化,强化了内部治安防控体系建设。

(撰稿:王文菊 审核:王国扬)

北京康复中心
北京工人疗养院
北京市西山医院

(石景山区八大处西下庄)
邮编:100144 电话:58823333
网址:www.bjrrc.com.cn/www.xishanhosp.net

基本情况 职工439人。在编职工278人,其中专业技术人员230人,包括高级职称20人、中级职称91人、初级职称119人;行政后勤人员48人。外聘职工161人,其中专业技术人员99人,包括高级职称7人、中级职称6人、初级职称86人;行政后勤人员62人。

医疗设备总价值2 976.93万元。新购置医疗设备总价值131.91万元,其中10万元以上设备65台(套)、100万元以上设备4台(套)。

机构设置 1月,市劳动和社会保障局批准北京康复中心为工伤康复定点医疗机构,并成立了工伤康复病房。8月,党委将原4个党支部调整为14个党支部。11月,将老干部科职能合并到人事科;成立康复部,下设康复科和康复评定科;成立理疗科;针灸、推拿按摩、小针刀合并到中医科管理;感染疾控办职能合并到护理部。

改革与管理 6月24日,市总工会党组任命原浩为康复中心党委书记、纪委书记。7月10日,补选原浩为工会主席。

8月4日,实施《中层干部管理暂行规定》,完成本年度中层干部续聘、调整和公开竞聘工作。

10月1日,实施《经济合同管理暂行办法》,对经济合同的签订流程和审批程序进行了规范,明确了合同签订主体的职责。

全年门诊患者平均满意度97.22%，住院患者平均满意度99.26%。

积极开展廉政文化进医院活动和新入院工作人员岗前行风教育活动。

医疗工作 门诊53 881人次，急诊9 459人次，急诊危重症抢救61人次，抢救成功率85.24%。开放床位302张。入院1 456人次，出院1 460人次，病床周转4.83次，床位使用率74.89%，平均住院日60天，七日确诊率70.07%，出入院诊断符合率99.93%，治愈率6.37%，好转率81.64%，死亡率2.81%。住院手术156例。

完成外出急救任务10余次，14人次参加了9次国庆医疗保障任务，接受市、区卫生局各项检查30余次。

病案管理。每月检查运行病历、终末病历，并与考核挂钩，在市、区卫生局组织的病历评比活动中，康复中心选送的病历获得了全市第十三名、全区第二名的成绩。全年甲级病历率93%。

医院感染管理。院内感染率1.6%。制订并实施甲流的诊疗、上报、转运、预防及控制流程、应急预案等；10月1日，实施了《医院感染暴发的报告及处置管理规范》，参加相关培训和会议30余次，组织院内培训和会议20余次，全年无院感暴发事件发生。住院患者抗生素使用率36.9%，各种监测合格率99%，无菌物品合格率100%，一类手术切口甲级愈合率100%。

医保工作。全年医保出院507人次，医保患者住院总费用528.38万元，次均费用10 422元，平均住院日30天，自费比例1.6%；日均住院费用350元，低于同级同类医院均数12.32%。

医疗支援。对北京龙泉医院进行业务指导，派出2名医生支援其学科建设；每周派出1名医生协助开展工作，每月选派1名专家进行业务授课。

社区医疗。派出5名医生支援西黄村社区卫生服务站工作。

预防保健。年内，社区传染病防治管理率、合格率、疫源地消毒等达到100%；检查门诊日志23 460人次，无漏报；传染病管理率、访视率、及时、访到率、合格率、疫源地消毒率均为100%，宣教率99%；地段预防接种率99%。

护理工作 年内，修订和完善规章制度30项。护理文件书写合格率94.8%，基础护理合格率93.3%，特级护理合格率95.9%，一级护理合格率95.3%，技术操作合格率94.5%，安全护理合格率99%，急救物品完好率100%。

作为北京房山卫校、山西省吕梁地区卫生学校等4所学校的护理实习基地，全年带教实习生39人。每月召开会议，对实习生与带教老师进行背对背考核，每季度对实习生进行一次理论考试。

年内，全体护士参加了"三基三严"培训，外出参加短训班及学术交流5人次。

科研工作 在研课题3项，包括北京市优秀人才培养资助D类项目1项、首都医学发展基金1项、国家科技重大专项课题1项。申报本年度首都医学发展基金3项。结题2项，均为首都医学发展基金。

由神经外科教授黄红云等18个国家32名科学家联名起草的《国际神经修复学会北京宣言》在第二届国际神经修复学会年会上通过，确立了神经修复学的概念和定义、研究和治疗对象、干预方法、学科目标和重点、学科发展方向和遵循准则，全文发表在国际神经修复学会官方杂志《Cell Transplantation》上，影响因子5.251。

全年发表科技论文21篇，其中SCI收录3篇，影响因子6.5。著作2部。

医学教育 在职研究生4人。录取硕士研究生4人。接收进修9人。举办短期学习班2次，107人参加。为本院职工举办学习班2次，47人参加。4人脱产学习，2人到外院进修。1 857人次的专业技术人员参加继续教育。

国际交流与合作 10月30~31日，邀请挪威悬吊式主动运动功能训练（SET）技术创始人Gitile先生举办为期2天的神经肌肉激活技术2（Neura2）提高课程。神经外科教授黄红云参加了2009美国物理医学与康复学会年会、第二届国际神经修复学会年会、2009波士顿神经外科学会联合会、第九届国际神经调控大会等，并在大会上发言。

信息化建设 作为首批医保划卡实时结算试点医院，于8月通过了现场认证，9月正式运行。12月，完成康复模块试运行，并对全院信息系统进行了优化升级。

后勤与基建 年内，完成发热门诊、肠道门诊改造工程，部分科室修缮工程和汛期房屋维修工程；完成单身职工宿舍改造以及部分集体宿舍的装修。

排查维修地下管道，日用水量减少约100吨；规范热水供应时段，日节能约800元；日均减少用电约1 400千瓦时。

其他工作 14人次参加了9次医疗保障任务。688人次医务人员在岗值班，其中副高级及以上职称117人次，接待急诊271人次；行政与后勤值班322人次；退休职工自行组织家属值班16人次。

全年编辑出版院刊25期、特刊3期；12月，对院刊进行了改版。创建了《北康报》。

（撰稿：徐 静 审核：刘进良）

北京市化工职业病防治院
北京市化工医院

(海淀区香山一棵松 50 号)
邮编：100093　电话：62591713

基本情况　职工 216 人，其中卫生技术人员 131 人，包括正高级职称 3 人、副高级职称 7 人、中级职称 61 人、初级职称 60 人；其他专业技术人员 30 人，其中在行政管理岗位 18 人；工勤人员 55 人。

医疗设备总价值 1 129 万元。本年度购置医疗设备总值 282.9 万元，其中 10 万元以上设备 8 台。

获奖情况。年内，被市爱卫会评为北京市爱国卫生先进单位。尹树田、王凤荣被评为北京市计划生育先进个人。

机构设置　成立了医院信息部，建立了中心计算机室。

改革与管理　年内，建立了党务工作建设责任平台，形成了一个由党委统一领导，支部、科室密切配合，一级抓一级、一级带一级的党建工作格局。

进一步修订完善了《招聘管理办法》、《关于人才引进管理规定》、《专业技术人员准入管理》。引进博士生 1 人、硕士生 7 人、本科生 3 人。

开展"以病人为中心"医疗安全百日专项检查，全院人员签订了《医疗安全责任书》。修订了患者知情同意书、授权委托书、入院须知等。组织全院性培训 2 次，培训率 100%。

建立了一整套甲流防控预案，制订了相关流程，组织院级培训 8 次，笔试 3 次。设立发热筛查点和发热分诊室，在海淀区卫生监督所的飞行检查中，得到肯定。

实行门诊划卡实时结算，核对了 HIS 系统的三大目录库，并对电脑操作系统进行了更新。

创建人民满意医院。开展医疗质量万里行活动，围绕创建人民满意医院，加强日常医疗工作的管理，将"三基三严"岗位练兵日常化，定期进行基础理论、基本知识、基本技能的培训，尤其是核心制度的强化培训，要求项项达标、人人过关。

反商业贿赂。年初，进行了效能监察立项的职业病危害评价检测设备的购置和三博脑科医院合作的资金往来，集团公司对本院效能监察成效给予了肯定。

医疗工作　门诊 17 893 人次。实有床位 100 张。入院 114 人次，出院 114 人次，床位周转 0.28 次，床位使用率 21%，平均住院 42.37 日，七日确诊率 100%，出入院诊断符合率 100%，治愈率 5.26%，好转率 89.47%，死亡率 1.75%。

新业务和新项目。4 月，取得海淀区新农合就医定点医疗机构资质。检验科派专人学习生物检测（主要为铅、汞、砷等）的标准和方法，开展新检验项目 6 项。成立了艾滋病实验室。医疗部开展新项目 3 项：外科的半导体激光治疗和疼痛治疗、内科的 24 小时血压监测。扩展职业病危害因素检测项目，由 75 项增至 119 项。

医院感染管理。医院感染率 5.26%。修改完善了医院感染暴发预案和医院感染暴发上报制度，院感监督检查日常化、规范化。海淀区疾控中心对本院消毒隔离工作进行现场采样 15 件，合格率 100%。

病案管理。年内，三级医师查房到位，不定期进行疑难病例讨论，死亡病例讨论及时，住院病历甲级率 100%。

医保工作。年内，实行了医保报销一卡通。全年医保出院 25 人次，总费用 27.68 万元，次均费用 11 072 元。

医疗支援。年初，与密云石城镇社区卫生院签订了 5 年（2009～2013 年）对口支援协议书；前往石城镇社区卫生院为 183 名农民进行了体检；派检查科主治医师王丹前往石城镇协助妇女普查工作，为 980 人做了妇科 B 超检查，受到好评。新的石城镇社区卫生院落成，本院为门诊大厅订制了电子显示屏，并赠送清创包、缝合包各 10 个，贮槽 5 个，验钞机 1 台。

护理工作　年内，修订、完善护理制度 160 余个。护理文件书写合格率 95%，护理病历书写合格率 98%，基础护理合格率 97%，特级、一级护理合格率 100%，技术操作合格率 97%，急救物品完好率 100%。全年无严重差错、事故发生。

组织护士长参加了岗位培训。医院护理人员中具有大专以上学历者57%，参加医学继续教育率100%。

医学教育 全年开展法律法规培训7次、业务培训11次、考试6次，培训率95%以上。全年派出58人参加市、区卫生局组织的业务知识培训21次，进修2人次，取得相关资质9项。外聘专家20余人次进行培训和现场指导。引进专业技术人员17人，其中从事职业卫生11人，大专以上学历90%以上，硕士研究生占47%。自学取得本科学历2人、大专9人，对取得本科、专科学历的11人进行了奖励，金额总计0.92万元。

科研工作 年内，参加了国家职业卫生标准《噪声作业分级标准》、《高温作业中暑防护规范》的制订。

职业卫生 12月24日，通过了卫生部专家的现场复审，获得建设项目职业病危害评价、检测两项甲级资质。加强了现场检查的管理和人员技术的培训。通过了市卫生局对职业卫生技术服务4项资质的审核和实验室资质认定的复审。

基本建设 财政拨款的基建项目已全部完工，其中宿舍楼一户一表工作竣工，提高了家属楼用电安全和电费收缴效率。完成计算机室的安装工作，为医保即时持卡结算打下基础。发热门诊、宿舍、门诊大厅、资料室进行了装修改建。全年基建投入资金106万元。

精神文明建设 年内，积极参与创建平安医院、创建精神文明医院、各种安全教育，更换宣传橱窗13期。各分会、团支部组织职工参加多项文体活动，在集团公司组织的"华腾杯"羽毛球比赛中，取得了季军的好成绩；参加"祖国山河美、华腾气象新"摄影比赛，3人获得二等奖，3人获得三等奖，4人获得优秀奖；参加了集团公司举办的红歌卡拉OK比赛，获优秀奖。5人参加香山街道的乒乓球比赛，25人分别参加了"五月鲜花"文艺演出、手语舞蹈"感恩的心"、植物园游园会演出。影像室的王艳蕊、住院处的果然参加了国庆焰火晚会，受到了香山街道领导的表扬。

开展送温暖活动，全年走访慰问85人次。团委组织团员青年参观了航天博物馆，收到较好效果。

（撰稿：李　敏　审核：侯中林）

北京市监狱管理局中心医院

（宣武区右安门东街9号）
邮编：100054　电话：83580220

基本情况 职工289人，其中卫生技术人员195人，包括主任医师1人，副主任医师17人，副主任技师1人、副主任护师1人，主治医师44人、主管护师29人，主管药师6人，主管技师9人，医师12人，未评聘医师1人，护师54人，药师2人，技师4人，营养师1人，医士1人，护士10人，未评聘护士1人，药士1人；其他专业技术人员14人，包括高级会计师1人，会计师1人，助理会计师4人、会计员3人，高级教师1人，工程师1人，助理工程师2人，图书馆员1人；无技术职称干警45人；工勤人员21人。

医疗设备总价值4 171.14万元。本年度购置医疗设备75台，总值748 236元。

获奖情况。年内，医院被评为北京市监狱管理局国庆60周年安保先进集体、宣武区卫生局科研教育工作先进集体。

改革与管理 年内，"以改造人为中心，全面提高罪犯改造质量"为中心任务和总体目标，围绕全力做好国庆60周年安保工作，牢牢把握"四兴一治"的办院方针，把全面贯彻落实"一二七"工作思路，加快推进本院"一二三"工作目标的落实作为贯穿全年工作的主线，不断增强监管医疗工作的生机与活力。

年内，召开全院规范化科室创建联络员大会，全面推开规范化科室创建达标工作。规定了《规范化科室创建达标联络员职责》，搜集医院2007~2009年规范化科室创建的所有文字资料和图片，供大家学习和参考。对各部门工作记录、文件归档、定置管理、环境卫生等规范统一，达到整齐、有序的基本要求。

甲流防控。建立健全防控机制，全面做好应急准备。完善组织机构，分工负责，落实责任。加强疫情动态监测与疫情信息报送工作。组织了由全局各监所医院主要负责人及业务技术人员和中心医院全体医护人员参加的培训班。召开了关于收治北京出入境边防检查总站特殊发热患者有关问题专题协调会，并研究了收治工作的落实方案。

反商业贿赂。着重加强干职队伍政治思想、职业道德、勤政廉政教育。继续把基建工程、医药器械购销、物资物品及食品采购等作为治理商业贿赂的重点，开展自查自纠，落实整改措施，完善制度机制，防止不正当交易行为的发生。在全院开展了"明明白白做人，清清白白做事"主题教育活动，以及"六个一"活动，即"算一笔廉洁经济账、听一次廉政教育课、看一部警示教育片、参观一次警示基地、签一份廉政承诺书、写一篇心得体会"。邀请市检察院一分院反贪局正处级检察官王耕耘为全院干职进行了党风廉政警示讲座。制订了《关于开展专项整顿工作的实施方案》，成立领导小组和办公室，召开了全院专项整顿动员大会，开展自查自纠工作，自查面达100%，未发现任何问题。

医疗工作 门急诊75 591人次，急诊危重症抢救32人次，抢救成功率3.13‰。住院1 451人次，出院1 441人次，床位周转7.21次，床位使用率53.39%，平均住院日26.83天，七日确诊率98.42%，出入院诊断符合率99.84%，治愈好转率94.22%，死亡率4.3‰。住院手术307例。

年内，举办强化管理、提高医疗质量培训班和强化管理、提高护理质量培训班，对临床科室主任和护士长进行了培训。以加强"三基三严"考核为载体，以提高业务技能和水平为目标，深化"三基"考核和培训。制订了培训考核计划，加强管理和严格考核，将继续教育完成情况作为个人晋升晋职的必备条件。全年举办各类讲座26次、医护技人员"三基三严"考试827人次、科主任培训班1次、护士长培训班1次、医疗护理考核8次、甲流考核培训6次，共2 775人次参加了培训和考核。外出参加卫生系统各种培训30余人次。全年在各类杂志发表论文13篇。送北大医院进修2人。接受区卫生局的各项检查20次。

完善医院感染管理的各项规章制度，规范了工作流程，将医院感染管理的各项工作落到实处。全年医院感染率2.15%。

加强病案管理，制订了科室核心制度和制度管理相关检查记录，采取病历三级管理网络，医务处检查运行病历并抽查终末病历相结合的方式，科室主任、主治医、医师层层把关分工负责的管理模式进行管理。甲级病历率>95%。

护理工作 年内，下发了补充管理制度及管理性文件19份，修订补充各种医疗护理考核表37项、质量考核表15项，规范技术操作考核87项。坚持每月制订《月医疗护理工作计划》，实行月初布置计划，月中检查落实和督导，月末进行小结。签订了《医疗安全责任书》、《护理安全责任书》。改进了护士交接班报告的书写，对危重病人从管理护理到位、治疗方案确定、病历记录、病程书写、主任查房等各方面进行检查。做到了"三必访"制度——疑难病例必访、危急重症必访、特殊病例必访，及时协调解决临床问题。应急急救工作基本做到了"五定"——定量、定种类、定管理科室、定专人管理、定点放置，做到一个完好——应急急救物品完好备用状态100%。经过多次演练和考核，医护人员掌握急救技术达标率95%。全年护理部组织业务查房6次，并对重症、疑难病例的护理问题和措施进行讨论。

特级护理合格率96.14%，一级护理合格率98.35%，护理技术操作合格率99.56%，护理文件书写合格率97.20%，急救物品完好率99.99%，消毒隔离合格率98.14%，基础护理合格率96.78%，无褥疮和护理事故发生。

医学教育 年内，结合临床工作制订了培训考核计划，建立了各科室继续教育考核指标，25学分达标率>90%，72学时达标率>98%，学分比例合格率>95%。参加学习班人员比例作为科室和个人年度考核指标并与评优、培训挂钩。共举办各种讲座26次，聘请外院专家进行专题讲座7次。参加院内继续教育培训共219人次，参与率100%。完成72学时、达标科室23个，达标率97.72%。到外院进修2人。全年发表医学论文13篇。

信息化建设 重点实施了门诊医保持卡实时结算的安装调试及验收。

后勤工作 房屋、水电、维修纳入社会化管理。建立健全各项安全工作制度及流程，严格执行操作规范，全部按要求持证上岗。年初，与各科室签署了综合治理安全、消防、交通等责任书。

其他工作 完成60周年庆祝大会和联欢晚会安保执勤任务。制订了《"国庆平安行动"工作方案》，召开了"国庆平安行动"动员部署大会，选派50名干警支援东城区公安局承担60周年庆祝大会和联欢晚会的执勤任务。在33个执勤点上，参战干警服从命令，听从指挥，在近90个小时的时间里确保了国庆安全保卫工作的完成。

（撰稿：孙能胜　审核：杨　凯）

民航总医院

(朝阳区朝外高井甲一号)
邮编：100123　电话：85762244
网址：www.mhzyy.cn

事业概况　职工928人（含合同制职工），其中卫生技术人员755人，包括正高级职称18人、副高级职称52人、主治医师（含相应职称，下同）176人、医师244人、护士265人；行政后勤人员140人；其他专业人员33人。

万元以上医疗设备684台（件），医疗设备总价值13 472.29万元。新购置设备123台（件），其中10万元以上24台（件）、50万元6台（件），包括全自动微生物分析系统、全自动酶免分析仪、手术动力系统、PCR（聚合酶链式反应）实验设备、体外冲击波碎石机、彩色超声诊断仪；100万元以上2台，包括骨密度仪、C型臂X光机；1 000万元以上2台，超导磁共振成像设备1台、超高端多排CT 1台。

改革与管理　结合医院实际，基本形成了医院持续安全管理理论体系。持续安全的关键在于落实科室的安全主体责任、职能部门的安全监管责任、领导者的安全领导责任和员工的安全岗位责任。坚持"医院发展以员工为中心，医疗服务以病人为中心"的发展理念，以持续安全理论为指导，以"一个前提、三个加强"为重点，注重学科建设和文化建设，注重全员素质的提高和资源的优化配置。修订了《灾害与突发公共卫生事件应急预案》，制订了《职工在职攻读学位管理规定》、《解决职工两地分居管理规定》等规章制度，修改医疗管理制度44项，新增制度27项。

逐步完善绩效考核制度。将医疗安全、医疗收入、医疗质量、工作业绩、服务质量、科室建设、学科发展等考核内容转化为财务指标、内部流程指标、满意度指标、学习与成长指标，进行全方位考核。同时，对临床科室的绩效考核进行改进，变减法为加法，即变过去的根据考核指标扣分为现在的根据考核指标加分，体现了奖金向风险高、技术含量高、管理力度大、劳动强度大的科室倾斜的分配原则。此外，把手术误餐费改为手术站台费，按手术大小给予不同等级的站台费。

实行缺陷管理和缺陷教育。医务处、门诊办、行风办等部门定期组织典型纠纷案例讨论和高风险病例讨论，把防范措施做在前面。

依靠医生工作站、处方管理系统等信息化技术手段的应用，对各种医疗行为进行规范和实时监控。加大奖惩力度，根据科室安全风险设立不同层次的安全奖。

精神文明建设　以"医疗质量万里行"为契机，针对性地开展教育活动。一是开辟"行风专栏"，规范医患沟通形式、交流医患沟通技巧，宣传医院新人新事新风尚；二是开展医疗服务以病人为中心的教育，针对不同科室、不同人群，采取主题查房、讨论、谈话等不同形式，促进医患关系的和谐；三是丰富医院文化底蕴，营造良好的工作氛围，在以弘扬优良职业道德和职业精神为主题的格言征集活动中，收集格言佳句近400条，评选出优秀作品39条；四是弘扬正风正气，激励干部职工立足本职，搞好服务工作；五是倡导人文服务，树立人性化医疗观念。全年收到表扬信157封、锦旗145面，退红包73 900元。连续4年被评为首都文明单位、中央国家机关平安单位，获得局级以上各类各级荣誉称号17个。

投入大量资金改善患者就诊条件，改造并增加了门诊检验窗口，改造并扩大了儿科、妇产科、眼科、皮肤科、物理诊断科诊疗区，增加门诊发药窗口，扩大中草药房面积，实行预约挂号和分时段挂号。

加强廉政监督教育。凡涉及"三重一大"问题，必须经党委会集体讨论、纪委参与监督；对职称晋升等敏感问题，加强并发挥职称评定委员会的作用；对医疗设备购置、基建维修等项目，严格按照国家规定的采购和招标程序进行；重大投资项目必须进行充分论证和调研。在中央治理"小金库"专项检查、民航财经纪律大检查等重大审计检查活动中，本院财务管理均获得好评。

医疗工作 门诊573 692人次，急诊165 770人次，急诊重症抢救2 852例，抢救成功率95.65%。开放床位500张。住院10 884人次，出院10 818人次，床位周转24.31次，床位使用率75.08%，平均住院日11.04天，七日确诊率98.46%，出入院诊断符合率97.67%，治愈好转率93.87%，死亡率3.1%。住院手术4 585例，其中ASA四级及以上危急重症病人全身麻醉375例，成功率100%。无孕产妇死亡，围产儿死亡率6.9‰。健康体检47 865人次，其中空勤人员体检2 853人次。

医务处完善医疗风险预警机制，加强对重点科室、重点环节、重点人员、重点时间段的管理，定期开展典型纠纷案例病例讨论和高风险病例讨论；门诊办建立了监管制度，重点规范专家门诊管理，定期督查，与奖惩挂钩。医务处建立了科室考核档案和数据库，细化对科室量化指标的考核，把核心制度落实、运行病历质量、终末病历质量、会诊工作完成情况、纠纷数量、日常检查评分结果等均列为考核指标，纳入数据库管理。

年内，开展了真菌感染的诊断与治疗、肺栓塞的诊断与治疗、麻醉和第一类精神药品的资格考核、抗生素临床应用指导原则等6个专题的培训，收到较好的效果。

制订了甲流重症病人抢救流程和诊疗流程，组织了诊疗方案培训；制订应急演练方案，组建应急医疗小分队。民航总医院与地坛、佑安、世纪坛医院被列为定点医院，并于5月7日参加了现场救治演练。5月13日，医院开始接收第一例留观患者。完成265人甲流医学观察信息上报，其中外籍与港澳籍人士59人，确诊32人，接收重症病人8人，转院3人。筹建流感分子生物实验室，并通过了市卫生局及市疾控中心专家的验收，进入试运行阶段。

完成60年国庆医疗保障任务。医院选派各专业骨干组建了应急医疗队伍，组织应急演练2次。

完成农村妇女乳癌筛查任务。医院承担了高碑店等地区256人次适龄妇女的乳癌筛查。

医务处组织专业培训7次，参加培训1 225人次，涵盖31个临床科室。同时，新入职医师的岗前培训覆盖率100%。

新技术新项目。建立医疗创新设备扶持基金，投入100万元，扶持耳鼻咽喉头颈外科、神经外科开展新项目。麻醉科开展了脑电双频谱指数在检测全麻深度中的应用，皮肤科的生物共振系统过敏原检测及脱敏治疗、无创过敏原筛查，泌尿外科的后腹腔镜下保留肾单位肾部分切除术、经闭孔无张力阴道悬吊系统、腔镜下输尿管切开取石术，消化内科开展了胃底静脉曲张组织黏合剂注射治疗、无痛内镜检查及治疗、外周静脉置入中心静脉导管（PICC）、电镜下食道、结肠内支架置入术、肝硬化食道静脉曲张套扎术等，肾内科的腹膜透析，耳鼻喉科开展了改良悬雍垂颚咽成形术，物理诊断科的超声造影成像技术，儿科开展了过敏性疾病的过敏原检测及舌下脱敏治疗等。

病案管理。按照本市最新标准，对每一份病历进行严格检查，把好终末质控关。坚持每月制作病历缺陷内容的统计小结和质控统计一览表，发放到科室，受到医疗质量万里行检查组专家的肯定。加强对住院医师病历规范书写的培训，强化零缺陷管理理念和工作标准。甲级病案率95.6%。参与了朝阳区妇幼保健中心组织的出生缺陷监测、产前诊断和产前筛查。完整录入病历首页的主要诊断和次要诊断，并将诊断的出生缺陷儿包括引产胎儿或婴儿，以ICD 10编码录机，以便进行检索和查询。

医院感染管理。全年督查62次，检查院内感染漏报情况和性病上报情况12次。检查终末病历2 121份，一类切口病历抗菌药物使用1 115份。组织各类培训与考核17次5 326人次。参加市疾控中心培训9次、区培训12次。接受北京市和朝阳区各类检查25次，并按照要求进行了整改落实。上报法定传染病1 064例，报告率100%。协助收治甲流医学观察病例265人；协调咽拭子采集及送检587人份；上报确诊病例55例（含门诊），其中重症8例。医疗器械消毒灭菌合格率100%，院内感染率1.5%，漏报率4.4%，清洁伤口甲级愈合率98.5%。

医保工作。设立医保专管员，并进行了培训。医保出院4 005人次，住院总费用5 348.93万元，次均费用13 355.6元，平均住院日13天。医院在联审互查中获二等奖。被列为朝阳区医保刷卡实时结算试点单位。

医疗支援。继续承担社区卫生服务中心3家医院、对口支农2家医院和对青海省第五医院及内蒙古地县医院的援助工作。全年向对口支援单位派出兼、挂职医务人员13人，向社区卫生服务中心派专家150余人次；组织多科专家义诊10次，举办培训讲座5次，咨询义诊1 100余人次，体检252人次，捐款13万元。坚持开展健康教育大讲堂、孕妇学校、肾友联谊会等健康宣教活动，全年举办健康教育讲座89次，2 478人次参加。在高碑店地区健康知识宣讲2次，120人次参加。

护理工作 年内，修订《护理不良事件主动上报制度》和《化验危急值报告制度》等9项。制订了法律法规培训计划，每月都有一项法律法规学习内容。完成3 784名国庆庆典参演人员甲流疫苗的接种，实际接种2 205人。护理人员"三基"培训7 300人次；对全院363名护士进行了理论考核，合格率99.4%；新护士岗前培训425人次；操作考核3 279人次，合格率96.7%。一级护理合格率93.5%，一级护理文书书写合格率94%。皮肤压伤发生率0.34%（全部为院前发生）；护理质控检查64次；完成专业实习教学83人；护士首次注册41人，变更4人。外出培训32人次，接收外院进修4人次，专科护士取证培训7人次。编辑护理信息2期、特刊1期。外派支援社区和突发应急事件200人次。完成护理论文5篇，其中《冠心病患者健康促进生活方式的调查与研究》获朝阳区医学会第七届护理学术年会优秀奖。医院选派透析中心2名护士长到台湾奇美等医院进行1个月的透析护理管理的学习与交流，7名护士参加ICU等专科护士取证培训。

医学教育 完成04级23名学生的带教在校05级学生35人。接收06级学生36人的带教任务。医院自己培养的第一名硕士研究生完成临床技能培训及毕业论文答辩，毕业并留院工作。招收科研型硕士研究生1人。

在外科、内科、妇产科、儿科全面推进PBL教学，取得了较为满意的效果。招募、培训和使用标准化病人增加到7人，病种扩大到13种，广泛应用于见习、实习和毕业考试中。

年内，评选北京大学医学部校级优秀教师5人、北京大学医学部校级优秀管理教师2人，民航总医院级优秀教师15人。在2008～2009年北京大学医学部奖学金评比中，在本院实习的医学生获国家奖1名，市级三好学生1名，北京大学三好学生2名、三好标兵1名，7人分别获二、三等国家奖和德楷奖、关衍辉奖等单项奖项。推荐免试研究生9人。

年内，组织全院学术讲座12次，2 180人次参加；外出进修12人；参加院外学习班、学术会议56次，继续教育学分达标率100%。举办英语沙龙12次。住院医师通过北京大学医学部第一阶段考试11人，通过北京大学医学部第二阶段考试7人。举办航空医师培训班3期，28名航空医师和航空体检医师参加了培训。

全年接收本科以上毕业生33人，其中博士生1人、硕士生22人、本科生10人；招聘合同制技术人员67人；参加毕业后再教育16人，其中博士学位1人、硕士学历1人、本科2人、大专12人。取得高级专业技术资格10人、中级23人、初级13人；聘任专业技术人员109人，其中高级职称13人、中级29人、初级67人；聘任高级技术等级工人资格5人。10名医生申报北京市知名专家资格获得批准，并被医院聘用。2人获得北京大学副教授资格。

科研工作 建立了院级科研基金。2008～2009年共投入30万元，对17个科研项目给予支持。完成国家"863"课题1项，即北京大学公共卫生学院与医院感染疾病科、检验科共同开展的"社区发热和腹泻症状的早期识别和预警适宜技术研究"。申报首都医学发展基金课题3项："血胱抑素C及其公式在慢性肾脏病筛查中的意义"、"阻塞性睡眠呼吸暂停综合征对血糖代谢影响的研究"、"民航总医院周边社区脑卒中病康复水平现状的调查研究"。申报民航局（部级课题）课题1项："空勤人员颈腰椎病优化康复方案"。院级科研课题立项17项。

12月23日，召开第二届学术论文交流暨表彰大会。获奖论文11篇，其中二等奖2篇、三等奖2篇、优秀奖7篇。会上交流论文6篇。编辑出版了《民航总医院2003～2008年医学论文集》。全年发表论文77篇，其中国家级刊物发表21篇、地方级刊物16篇、民航医学杂志发表40篇。

国际交流与合作 9月11日，透析中心举办了第三届国际血液净化护理与工程技术培训研讨会。派13人出国或赴港澳参加各种学术交流活动：内科医师张慧敏赴马来西亚参加由拜耳公司举办的2009年国际医学研究和交流大会；科教处副处长赵学增参加由北京大学医学部组织的赴香港中文大学学习活动；内科医师李莉赴西班牙巴塞罗那参加学术会议；检验科主任朱凤霞赴奥地利参加国际临床化学与概念大会；透析中心护师顾红应日本尼普洛公司邀请赴日本东京参观学习；眼科主任胡庆军赴美国旧金山参加美国泛美医学会组织的AAO眼科年会；耳鼻咽喉－头颈外科主任徐先发赴圣地亚哥参加第十三届美国耳鼻咽喉头颈外科大会；党委办公室主任马秀利赴越南参加中越青年友好交流活动；计财处处长郝金燕赴英国、葡萄牙参观学习；妇产科副主任杨悦赴韩国首尔参加妇产科管理学习班；泌尿外科医师崔亮赴瑞士参加第二十七届世界腔道泌尿外科学大会；院长李松林赴美国拉斯维加斯参加第四十四届美国医疗保健系统药师协会年会；在2009北京国际航空航天临床医学学术会议上，本院1篇论文在大会用英文发言，3篇论文被收录大会医学论文集。

信息化建设 年内，启用了电子病历系统。引进先进管理理念，尝试使用新技术加强对全院计算机的安全保障。建立新机房,对设备及网络资源进行调配,保障了医保系统和民航财务管理系统的启动和正常运转。完成门诊医保实时结算的认证和住院病区独立核算的软件改造。

后勤工作 制订并完善安全检查工作制度和后勤社会化服务监督检查制度,重点加强后勤安全检查,督促整改,确保防范到位。一是进一步推进社会化改革,二是加强后勤动力设备系统安全运行和维护,三是做好医院基础设施的改造和维修,四是做好院容环境保洁和美化,五是配合医院做好新楼项目医疗、办公用房的调整、安置和疏导工作。

基本建设 自筹资金542万元,建设面积1 600余平方米的新医学影像中心、1.5T MRI和64排128层CT将投入使用。自筹资金227万元,改建了1 000余平方米的现代化病案室和动物实验室。改造了透析中心、眼科门诊、中药房、手术室、急诊室、甲流医学观察病房、妇产科门诊和皮肤科,粉刷房屋面积10 000平方米,防水面积1 400余平方米。投资近60万元,对职工宿舍楼的公共设施进行了装修改造,安装了卡式电表和水表,更新了有线电视终端和分配系统,安装了门禁系统,重新规整了电话线,粉刷了公共楼道。投资120万元,更新了3部老旧电梯。完成民航局投资4亿元的新航空医学综合大楼建设项目的审批立项。

(撰稿:茅砚云 审核:黎 光)

北京航天总医院

(丰台区东高地万源北路7号)
邮编:100076 电话:68383882
网址:www.711hospital.com

基本情况 职工1 120人,其中卫技人员887人,包括正高级职称26人、副高级职称107人、中级职称291人、初级职称及以下463人;其他专业技术人员116人;行政、工勤人员117人。

医疗设备总资产15 157万元。年内,引进腹腔镜、肺功能仪、主动脉球囊反搏泵、体外碎石机等设备,新购100万元以上设备2台、10万元以上设备20台。完成CT、ECT配置许可证的办理,并进行了CT、ECT、3.0 T磁共振的前期调研。

获奖情况。年内,获丰台区卫生系统第九届职工运动会A组团体总分第二名,中国航天科技集团公司型号实验与发射任务后勤保障先进单位,国庆安保工作先进集体,国庆60周年庆祝活动医疗卫生保障工作最佳服务保障奖,北京市第五届卫生系统运动会乒乓球赛男子单打第一名,丰台区防汛先进单位,中国运载火箭技术研究院大型实验后勤保障先进单位,绿化先进单位、献血先进单位、安全保卫先进单位、文明建设达标单位,丰台区卫生系统优秀青年志愿者服务队。

机构设置 12月25日,成立职工食堂管理办公室;将膳食科更名为营养科,划归医技科室管理。

改革与管理 制订了《关于病房和门急诊医生轮转工作办法》、《流感样病例(含甲流)诊疗工作方案(试行)》、《院内会诊情况统计表》等规章制度,修订了《药事管理委员会管理办法》、《严重多发伤、复合伤急诊抢救绿色通道流程》等。

加大环节病案、终末病案、三级查房质量、科室早交班、医师值班的检查力度,完善质量持续改进反应链。重新梳理和细化医疗管理的考核细则,增强质量管理在综合管理目标考核中的可操作性。

抓好重点环节流程管理。加强病房、门急诊医生轮转管理流程,完善内外科危急重症急诊抢救绿色通道工作流程,ICU患者访视率100%,共访视危重症患者630余人次,全院组织疑难病例讨论19次。

充分发挥各委员会作用。以质量会、医疗安全委员会、门急诊工作管理委员会、病案管理委员会、药事会等专项会议为载体,对医疗、药事管理中存在的问题全面协调、充分研讨、及时解决。

创建人民满意医院。年内,对医疗质量、医疗安全相关管理工作进行了梳理,监控核心制度的落实情况,对科室医疗质量、医疗安全相关规章制度进行汇总备案。重新梳理和细化了《综合管理目标考核实施细则》中关于医疗管理的内容。患者满意度98.8%。

反商业贿赂。重点检查药品、设备、医用耗材等物资采购情况，审签各类合同139份，合同金额3290.8万元。与供应商签订《廉洁互保协议》115份，与药品生产经销单位签订拒绝商业贿赂协议书40份。

医疗工作 门诊578 781人次，急诊67 374人次，急诊危重症抢救263人次，抢救成功率95.4%。床位550张。入院12 955人次，出院12 920人次，床位周转23次，床位使用率81.9%，平均住院日13天，七日确诊率99.45%，出入院诊断符合率99.16%，治愈率61.3%，好转率34.5%，死亡率3.2%。住院手术3 652例。无孕产妇、新生儿死亡，围产儿死亡率3‰。

新技术、新项目。年内，开展了腺苷负荷试验心肌核素显像、ANCA检测、CD55、CD59检测、血小板聚集试验、细胞免疫调节检测、抗胰岛细胞抗体（抗ICA抗体）和抗谷氨酸脱羧酶抗体（抗GAD）检测、外周血微核检测、外周血染色体畸变检测、白血病免疫分型、一次性泪管、泪道塞植入术、角膜塑形技术、乳胶凝胶法测定外阴阴道假丝酵母菌病（在检验科开展）、动态血糖监测、肝癌射频消融技术等新技术、新业务13项。开展了尿铅、尿锰、尿汞检测新业务，通过了市卫生局评审；获得对内照射和外照射作业人员进行职业健康检查的资质，成为北京市唯一一家获得此项资质的综合性医疗机构；通过了市卫生局重症医学科（ICU）资格评审，将重症医学科增加为一级诊疗科目。

病案管理。进一步明确病案借阅主体，将医师借阅变为科室借阅，科室主任填写借阅申请，借阅中病案主任负责，严格执行三日归还制度，并将此项列入科室主任考核内容。将提出复印申请的患者或委托人的身份证明复印保存在病案最后一页备案，避免患者隐私信息泄露风险，将产科的围产保健病案纳入住院病案管理，将疾病分类编码库从医生工作站删除，由医师按医学诊疗常规填写住院诊断，再由编码员对应进行疾病分类编码。全年检查病案940份，甲级病案率97.2%。

医院感染管理。医院感染率3.65%。加强甲流、手足口等疾病的医院感染防控，同时对危重患者、多重耐药菌患者加强医院感染前瞻性管理，全年无院内感染暴发。加强专项管理，通过了医疗废物管理、洁净手术部、血透中心等院感管理的专项检查和验收。

医保工作。全年医保出院4 864人次，总费用82 274 560元，次均费用16 915元。推行门诊持卡就医、实时结算，本院成为北京市第三批、丰台区首家进行医保持卡结算试点的医院。出台了"离退休人员可就近选择一家社区站就医"的医保新政策。

医疗支援。12月2日，派20名医生到对口支援定点单位——房山区十渡卫生院进行义诊，接诊患者328人。接收大红门医院医务人员到神经内科、耳鼻喉科、骨科免费进修3人次。

护理工作 以创建护理服务示范病房为载体，各个护理单元结合专科特点，开展了"以病人为中心"的服务新举措。护理文件书写合格率96.9%，基础护理合格率96.3%，特级护理合格率100%，一级护理合格率96.9%，技术操作合格率98.5%，急救物品完好率100%。

开展了输液港的应用。起草护理科研设想，拟创建护理科研小组，聘请医学博士为护理科研顾问，协助科研选题，指导科研方法，负责科研培训。全年发表护理论文10篇，其中在核心期刊上发表1篇、被航天护理年会录用8篇。

全年接收实习生135人。各科室均设教学组长，定期组织教学查房和出科考核。定期召开教学座谈会。组织不同院校学生操作竞赛1次。接收北大医学网络学院156名毕业生临床综合技能考试。举办首次护理教学示范观摩活动。本年度评选出6名优秀带教老师、3个优秀带教集体。选派10名护士长赴台湾著名医院考察培训、学习。

科研工作 在国家级学术期刊上发表论文77篇，其中核心期刊25篇。"丹参酮ⅡA诱导早幼粒细胞（NB4）分化的研究"获市科委科研立项，资助30万元，为总医院首次获得市科委科研立项。"缺血性脑血管病的介入治疗"获丰台区科技进步三等奖。论文《妊娠肝内汁淤积症患者血清对体外培养的胎盘组织促上腺皮质激素释放激素分泌水平的影响》获中国运载火箭技术研究院青年科技论文一等奖。

与深圳迈瑞生物医疗电子股份有限公司签署了《网络联合定值合作框架协议》和《定值合作协议》，迈出科研成果向市场转化的第一步。

校准实验室申报国家酶学参考实验室，已进入国家校准实验室验收阶段。参加全国职业卫生检测实验室间比对，其中微孔滤膜中锰及其化合物含量测定和活性炭管中三氯乙烯含量测定比对结果满意，获合格证书。

医学教育 共申报市、区级继续教育项目40项，参加继续教育776人。与解放军总医院骨科学院联合举办第二届创伤骨科手术入路及应用解剖高级研修班（市级项目），模拟演练全部利用新鲜冰冻标本进行，40余人参加。为本院职工举办住院医师岗前培训1次，11人参加。脱产学习96人，到院外进修10人。

与遵义医学院签订联合培养硕士研究生协议，将于2010年4月正式招生。

完善教学管理制度，形成医院、科教处、教研室三级教学管理机构，定期召开三级教学例会和学生座谈会，在院报开辟《教学园地》；邀请北大教授及有关教学领导来院进行考察、讲课及指导，并组织到北大医院、民航总医院等进行现场参观学习；与北京解剖学会及北大生物形态学解剖教研室建立了合作关系，将解剖实验室建成为集培训交流与临床实践为一体的多功能解剖实验室。

国际交流与合作 8月24日，德国国际检验医学溯源联合委员会（JCTLM）Group 1 和 Group 2 委员、IFCC 酶学委员会主席、德国临床化学协会（DGKL）主席、德国汉诺威医学院临床化学研究所 Gerhard Schumann 教授参观了医院校准实验室。

与南卡罗莱那州立大学及其生物医学实验室、克莱门森大学、哈佛大学医学实验室中心和哈佛大学医学院等5所院校建立合作关系，签署3项学术交流合作协议。

信息化建设 成功运行手术预约管理系统，开通财务专网，完成了医保持卡结算系统的建设与调试，升级一、三门诊数据库和职业病管理系统，开发了药品监测上报软件。

后勤与基建 建立特种设备档案和预报制度，保障各种设备运行安全；改造污水处理站生物净化箱和沉淀池，完善危险点管理；重新设计多处电路，布线，增容，保障了医疗用电。

扩建儿科输液大厅、解剖实验室，重新整修体检病房，改建皮肤科诊室、采血室、地下室、骨密度室等。全年新建、扩建房屋1 253平方米，道路227平方米。修建立体车库，新增停车位130个。职业病防治与体检中心综合病房楼于11月24日奠基。

甲流防控 年内，制订防控方案，构建联防联控机制，组织人员培训及防控演练，设立预防流感中药处方专台，对发热人员961人次、回国人员727人次进行流调，并及时监测。

印制甲流防控手册5 000本，向中国运载火箭技术研究院科研生产一线员工发放，并对东高地街道居民进行了甲流防控知识讲座。

扩建儿科门诊输液大厅，将原来容纳19人的输液诊室面积扩大到255平方米，是原有面积的2.1倍，可容纳80余人同时输液。

对航天系统内15家单位、7所学校4 382人进行了甲流疫苗上门免费接种。第一时间在一、三门诊开设居民接种点，接种1 767人。

宣传工作 院刊《航天医苑》改版，全年刊出17期，做到了与外网的同步更新。编辑了医院宣传手册和2009年台历。

（撰稿：孙雯雯 审核：王建国）

航天中心医院

（海淀区玉泉路15号）
邮编：100049 电话：68386421
网址：www.asch.net.cn

基本情况 职工1 498人，其中卫生技术人员1 209人，包括正高级职称46人、副高级职称116人、中级职称301人、初级师398人、初级士348人。

医疗设备总价值17 169.32万元。本年度购置设备1 768.47万元，其中10万元以上设备30台（件）、100万元以上设备3台（件），包括全自动生化分析仪、全自动流式细胞分析仪。

本年度建成国家药物临床试验机构，取得6个专业资格，包括药物Ⅰ期临床试验研究室、心血管内科、神经内科、呼吸内科、消化内科、肾病内科；完成建国60周年庆典医疗保障任务和抗击甲流阶段性任务，接待发热患者11 975人次，接种甲流疫苗8 904人次；消化科杨桂彬完成为期3个月的北京市智力援建四川什邡任务。

获奖情况。被评为全国百姓放心示范医院、首都文明单位、首都公共卫生文明单位。

机构设置 12月9日，原设备物资处、院务处和维修中心合并成立后勤保障部，设立了医患关系促进部和临床药理室（Ⅰ期研究室）。

改革与管理 坚持实施轮岗交流制度，制订基层科主任责任目标综合考核办法，完善了考核与结果运用机制；修订2009版医院管理丛书，包括规章制度汇编、部门和岗位职责汇编、部门作业指导书、护理常规和护士工作手册等5个分册280万字。

深化医院管理年活动。在创建全国百姓放心示范医院和医疗质量万里行活动中，落实《患者安全目标》，完善医疗质量管理相关制度，增加患者识别制度、手术确认制度、重点药物观察制度和不良事件主动报告制度等，制订急诊科、麻醉科、重症医学、血液透析室、病理科、营养科等高风险科室重点部门和关键岗位的设置和管理规范；进一步规范三级查房，严格新技术、新业务的准入，确保医疗安全，促进学科建设。

反商业贿赂。推进领导干部的党风廉政建设责任制，完善惩治和预防腐败体系建设；继续开展治理商业贿赂专项工作，狠抓大处方、药品回扣，坚决抵制不正当医疗行为；加强科室医德医风量化考核，坚持"服务无止境，投诉没商量"，充分发挥院内外医德医风监督员的作用，不断促进行风建设，全年患者平均满意度98.2%。

医疗工作 门诊577 573人次，急诊42 794人次，急诊危重症抢救1 666人次，抢救成功率83.9%。开放床位660张。住院15 385人次，出院15 353人次，病床周转22.8次，床位使用率103.4%，平均住院日15.25天，七日确诊率98.83%，出入院诊断符合率99.78%，治愈好转率93.05%，死亡率3.32%。住院手术3 891例，无孕产妇死亡，新生儿死亡率2.60‰，围产儿死亡率7.80‰。

开展新技术、新项目：内镜下组织胶注射治疗胃底静脉曲张，支架置入术在食管胃肠疾病中的应用，Proseal型喉罩在临床麻醉中的应用，超声引导下肺及胸膜病变穿刺活检，实时超声引导下盆腔囊肿的介入治疗，Ligasure血管闭合系统痔切除术，超微切口1.4mm非球面折叠人工晶体（36A晶体），经脐单孔腹腔镜胆囊切除技术，干细胞移植治疗神经系统疾病。

病案管理。医疗病案初检12 127份，复检7 500份，初检甲级率95%；医疗护理病案初检12 127份，复检9 581份，初检甲级率96%；归档病案12 127份，甲级率100%。病案甲级合格率100%。

医院感染管理。医院感染率2.09%。严格执行医院感染防控与监测管理制度，加强重点部位、重点环节的监测和管理，确保医院无重大感染不良事件发生。

医保工作。全年医保出院3 835人次，总费用7 352.49万元，次均费用19 172元。按时间节点完成门诊刷卡实时结算的各项准备，制订持卡结算各岗位职责、业务流程和应急预案，基本完成信息系统优化改造，定期对照医院基础数据与医保药品、诊疗和服务设施三大目录标准库，保证医院HIS系统与医保系统信息同步；严把病历质量审核关，按照重点科室重点管理、集中问题专人负责的办法，逐份审核大额病历和享受医疗照顾人员的病历，全年审核金额占结算金额的80%。

医疗支援。本年度与内蒙古巴林右旗医院建立了对口支援共建关系。医院已与7家基层医院建立卫生支农关系，全年派往对口支援和协作医院兼/挂职医务人员106人次，义诊专家25人次，开展专业讲座31次。

护理工作 贯彻落实《护士条例》，强化依法执业意识；注重护理人才梯队建设，不断改进护士长人才库准入管理办法；充分发挥护理管理委员会的作用。立足临床，开展"五语"、"两到位"、"一减少"活动，提升护理质量；深入临床，实行调研式量化护理质量考核，使护理质量千分制考核体系更加科学合理。护理文件书写及病历书写合格率96.03%，基础护理合格率98.90%，特级、一级护理合格率96.87%，技术操作合格率91.03%，安全护理合格率99.99%，急救物品完好率98.41%。

年内，举办了护理论文交流会，收到护理论文121篇，大会交流11篇，发表于核心期刊2篇。

全年接收实习生223人，其中本科生22人、大专生156人、中专生45人，集中授课5次，反馈5次；接收见习生57人，轮转科室8个，授课4次；接收进修生2人。

组织北医网络教育学院护理专科生毕业综合能力测评和护理病历评判168人，考核通过率93%。参加国际护理会议、外科伤口感染管理、护理理念及护理管理体系、临床压疮质量监控系统新进展培训班、护理业务新进展、国际静脉输液等市级以上培训班41人次；组织院内业务培训6期60学时，300人次参加。

科研工作 院级课题立项19项。在研课题77项，其中首发基金3项、集团公司课题3项、二院青年创新基金1项、院级课题66项、与外院合作课题4项，获得院外科研基金52万元。全年发表论文90篇，其中核心期刊49篇、SCI收录2篇、摘要1篇。

医学教育 本科教学。全年完成北医3届93名学生3 284学时的教学任务，其中理论教学664学时，评估成绩99.12分；实践教学2 576学时，评估成绩96.51分；生产实习教学29周，评估成绩96分。2009届北医毕业生就业率100%。

研究生教育。接收统招型研究生16人，其中北京大学医学部7人、辽宁医学院8人、山东大学1人。

继续教育。医院职工在职攻读北医硕士学位18人、博士学位3人，辽宁医学院研究生课程进修班结业合格率100%。组织业务学习42次，7 605人次参加，继续教育覆盖率100%，25学分达标率99%以上。举办市级继续教育项目1项，学员满意度99%。系统进行住院医师入院教育，启动了首届全科医师的规范化培养工作。

国际交流与合作 全年接待心血管介入专业领域的国外专家3人次，邀请美国、法国及新加坡心血管专家来院进行学术交流和手术演示；组织护理专业人员16人赴新加坡国立大学参观访问。

信息化建设 根据门诊持卡结算要求，全面改造优化了HIS系统功能。加强网络管理和维护，确保网络安全畅通。客服中心工作范围不断拓宽，配合医院糖尿病治疗特色技术的开展，确保咨询专线24小时畅通；推出短信提醒服务，每天对预约挂号患者和出诊医生发送提示短信，受到市卫生局医疗质量万里行检查组的好评；在3个科室试用患者出院随访系统，加强患者出院后管理。

后勤与基建 年内，通过了集团安全生产标准化一级复评，考核达到优秀级。围绕安评考核体系，开展了主题为"治理隐患、防范事故"的安全生产活动，对危险点及重点位置进行院长查房，加强消防设备、特种设备、压力容器的有效期及安全使用情况的检查，加大毒麻药品的管理力度；高度重视消防和安全保卫工作；全员节能降耗意识增强，注重节能细节管理，改变污水处理办法，加强建筑节能，为降低医院运行成本做出了努力。

门急诊综合楼总投资2.42亿元。完成发热门诊、ECT机房、停车场改造等建设项目，完成血液内分泌科、心脏疾病诊疗中心、肾内科病房改造。

（撰稿：甄　静　审核：魏晓莹）

中国航天科工集团七三一医院

（丰台区云岗）
邮编：100074　电话：68374065
网址：www.hy731.com

基本情况 职工866人（含合同卫技人员243人），其中卫生技术人员682人，包括主任医师17人、副主任医师55人、副主任药师1人、副主任检验师3人、主治医师67人、主管护师117人、主管药师18人、主管检验师14人、主管技师7人、医师88人、护师91人、药师5人、检验师10人、技师9人、医士1人、护士123人、药士10人、检验士2人、技士9人、未聘人员35人；其他技术人员27人；行政人员36人；工勤人员121人。

拥有万元以上医疗设备548台，其中更新及购置设备62台，包括氩气刀、经颅多普勒、呼吸机、中央监护工作站、心输出量诊断系统、CR拍片系统等。

机构设置 年内，对外科系统的科室和专业进行整合和细分，合并骨科专业，成立外二科；将神经外科专业和胸外、泌外、乳腺、肛肠专业分别自外二科和外一科分离出来，成立外五科和外六科。将本地区发病率较高的心血管专业扩大为2个病区。

改革与管理 修订《七三一医院规章制度管理规定》，对现行规章制度进行清查、整理、补充、完善和废止，共新增规章制度17个、修订69个、废止11个，初步建立了符合医院科学发展的规章制度体系和医院管理体系。经调整，开放床位增加41张，恢复至400张。医院以902.93分的成绩通过了三院6S管理创星工程的复评验收，成为国内率先在医院开展6S管理工作并达到"四星"标准的医疗机构。各科室持续创新，成果突出，药剂科设立分科室摆药柜，标志清晰，避免医疗差错；护理推出全面细化的床头卡目视管理体系，使病人的基本情况一目了然；内二科等护理单元在病房中设立医生及护士信息卡，加强了医患沟通；内一科设立"健康小屋"，开展健康宣教，树立医院良好形象。

医疗工作 全年门诊413 977人次，其中包括急诊76 019人次，日均门诊1 560人次，急诊危重抢救成功率93.83%，病房危重症抢救成功率88.60%，新生儿死亡率0.56‰，门诊手术2 701例。住院8 496人次，出院8 482人次，平均住院日13.46天，床位使用率87.60%，床位周转21.21次，治愈好转率96.06%，死亡率2.81%，出入院诊断符合率

98.76%，七日确诊率99.30%，无菌手术切口甲级愈合率99.17%。住院手术6 375例。

开展新技术、新疗法49项。包括内窥器械超声波清洗仪的使用，C13尿素呼气试验查幽门螺杆菌，气囊测压表在气管插管病人中的应用，气管切开术止血技术的改进，斜视手术，系统化正畸治疗技术MBT，文达敏在2型糖尿病患者中的应用，赖脯胰岛素在2型糖尿病患者中的应用，利用HOMA法评价2型糖尿病患者的敏感性，糖尿病慢病管理，高通量透析的临床应用效果评价，肝脏6层螺旋CT增强多期扫描及三维血管的临床应用价值，CT骨密度分析对老年性骨质疏松的诊断，急诊科医生气管插管术的普及，门诊用药安全性分析，危重病人合并腹腔间隙综合征与多器官功能不全的相关性探讨，睡眠呼吸暂停低通气综合征与内分泌代谢性疾病的关系，睡眠呼吸监测的护理，肿瘤标志物CA19—9、CA125、CA153的检测，风湿3项定量分析，铜离子电化学治疗痔，介入射频肿瘤消融术，外周静脉输注高浓度和化疗药时使用水胶体敷料预防化学性静脉炎，氩气刀在五官科手术中的应用，SLZP喉罩的应用，静脉留置针在糖尿病人葡萄糖耐量试验中血糖的连续测定，肌肉、骨骼超声诊断，CT引导下颈、腰椎间盘突出微创臭氧间盘化学溶解疗法，乌拉地尔联合硝酸甘油治疗主动脉夹层观察，曲美他嗪对心梗后心绞痛治疗的研究，阿托伐他汀联用普罗布芬对颈动脉粥样硬化影响的研究，高敏C反应蛋白与心血管事件相关性研究，乌拉地尔注射液治疗充血性心力衰竭的研究，脑卒中后情感障碍的心理干预及帕罗西汀治疗的临床研究，同型半胱氨酸与脑梗死的相关性研究，知己健康管理，清热凉血解毒法治疗痤疮30例，新生儿游泳，舒泰清药物清肠的应用，纳米银湿敷疗法治疗真菌性皮肤病，A型肉毒素注射美容技术，蓝科肤宁湿敷治疗化妆品皮炎。

病案管理。修订医疗质量考核细则，加大了考核力度，全年检查病历5 300余份，做到死亡病案、危重病历检查率100%。检查新入院病人和转科病人4 000人次，确保三级查房制度的落实。对病历中存在的问题进行了考核。判定乙级病历3份。全年甲级病历率93%。

医院感染管理。医院感染发生率2.55%，院感漏报率4.23%。加强重点部门、重点环节的管理，有效预防和控制院感的发生。强化抗菌药物管理，提高抗菌药物临床合理应用水平。加强医务人员的自身防护，确保医疗安全。

医保工作。全年医保出院3 865人次，医保总费用5 198万元。严格执行有关政策，完成本市要求的"五项指标"，保证住院病历做到"四合理"。

医疗支援。年内，参加丰台区卫生局组织的三下乡活动，派7人赴房山区蒲洼乡义诊；每月派1名放射科医师去王佐乡卫生院对口支援；派出4名专家赴青海进行为期1个月的医疗扶贫；免费承担云岗地区符合条件的户籍妇女400人次的乳腺癌和宫颈癌的筛查工作。在社区及周边农村开展健康讲座20次；为全院职工举办健康讲课3次；发放健教处方30种2万份；开展"卫生日"相关活动11次，受众6 000人次。

年内，为集团公司参加国庆阅兵人员制订了《预防运动损伤，提高训练效率》、《预防中暑，点滴入手》等健康教育处方，并送去防暑降温和急救药品，圆满完成了医疗保障任务。

全年为16个三院驻区单位、3个航天兄弟单位和25个外单位进行健康体检和女职工体检，共计30 915人次，比上年增长36.2%；其中健康体检22 136人次、女工体检8 182人次、大学生体检597人次。根据体检报告追访1 478人，通过追访确诊重大疾病13例，其中肺癌8例、结肠癌1例、肝癌1例、胰腺癌2例、乳腺癌1例。

全年筛查甲流7 156人，采集咽拭子标本367份，门诊确诊患者14人，其中重症患者3人，病房确诊2人。为三院发放预防甲流中药饮剂1万余份，为三院职工及云岗地区居民接种甲流疫苗9 468人次，访视归国人员987人次，转运甲流患者5人。在门诊、病房、社区张贴宣传海报，发放健教处方9 000份。

建设文明医院。建立并完善职工医德医风档案，全年收到表扬信119封、锦旗47面，拒收红包34人次18 900元，拒收礼物4人次。全院满意度优良率96.2%，基本满意率99.9%。加强对外宣传，提升医院的社会影响力，全年在中国航天报用稿13篇、三院网报台249篇、三院职工健康保障网260篇、中国企业医院网45篇、丰台卫生33篇、医院网站578篇。

护理工作 全年护理治疗处置3 431 773人次，护理质控合格率100%，特级护理合格率100%，一级护理合格率99%，基础护理合格率99%，急救物品完好率100%，护理文件书写合格率97%，消毒隔离合格率99%，护理技术操作合格率95%，无差错、输血输液反应及褥疮发生。

年内，修订质量管理体系、护理规章制度、护理常规等，并重新印刷成册。在新修订的制度中增加了护理安全管理和护理人员职业安全管理规范等7个制度，针对护理人员重要操作的告知制度14个。

对低年资护士进行了培训：护理理论培训为医院规章制度、法律法规、护士必读，护理操作264人次；症状护理学讲座培训工作3年以上的护士人均12学时，护理操作189人次。护师培训：护理程序应用和症状护理学讲座培训123人次，人均12学时。主管护师培训：科研与论文写作、输液安全、护理管理等知识培训64人次，操作考核93人次。护士长管理培训：院级80人次，市级以上培训5人次。试用期护理人员岗位培训：操作222人次，理论132人次。

科研工作 年内，申报北京市首发基金科研项目2项：“社区高血压患者规范化管理联用他汀类药物预防动脉粥样化的研究”、"阻塞型睡眠呼吸暂停综合征患者冠状动脉血流储备的研究"。科研项目5项：“3种黏接剂影响树脂黏接强度的比较实验”、"呼吸道感染的病原菌分布及耐药性情况的研究"、"经阴道彩色多普勒超声评估异位妊娠时子宫动脉血流特点"、"疑似手足口病患儿筛查血糖及对病情观察影响的评判"、"心脏终点事件预防评估研究（HOPE3）"。

全年发表论文43篇，其中国家级4篇、省部级32篇、其他7篇。选送52篇论文参加第二十五届航天医学年会，其中8篇参加了年会论文交流。录入人民卫生出版社出版的骨科专著1部。医院专项课题组被卫生部心血管病防治中心授予国家"十一五"科技支撑项目"高血压综合防治研究先进集体"称号。

医学教育 全年组织各类职工培训59次，11 379人次参加，其中承办丰台区继续教育项目22次，职工继续教育全部达标；传染病知识培训5 693人次，传染病知识考试3次1 497人次，并通过了传染病培训的登记验收。接收全国各级医学院校实习生50人，其中医生7人、护理专业42人、药剂专业1人。选派10名新参加工作的大学生到友谊、天坛等医院进行专科医师培训。开展院校合作，医院成立了教研室，并建立仿真人实验室，不断加强教学管理，与辽宁医学院签约成为其教学医院。

信息化建设 对医院网络、信息点、终端进行核查，加强技术人员的业务培训，对各项业务流程进行梳理，为信息化项目的实施奠定基础。开展北京市医保病人门诊刷卡实时结算接口的改造，并通过了北京市医保中心专家组的现场认证。

后勤与基建 与后勤集团进行区域联合，医院餐饮中心正式运行。成立运行维修中心，设立专门报修电话和专人调度值班，形成闭环管理。修订《安全生产管理制度汇编》，使安全生产管理工作实现制度化、系统化、规范化。环境和职业健康安全管理体系运行良好，通过了复审。以"二级甲"的成绩通过了集团公司安全生产标准化达标复评验收。在院区和家属区安装16组太阳能照明路灯；在全院科室实现智能刷卡式太阳能淋浴装置，更换节水龙头，节约能源。清理排水管道和检查井等，保证医院排水畅通，杜绝污水跑冒造成污染。对医院污水站污水水质在线监测设备、系统进行检修，确保达标排放，通过了能源审计验收。

初步完成对院区建筑的中长期规划，并报院审批。进一步完善门诊楼加层及干部病房－体检中心综合楼的方案设计。自筹近600万元改善医院基础设施建设。完成病房大楼尾部改造及腰部装修工程和综合外科楼－病房大楼－干部病房室外连廊工程，完成重症医学科（ICU）病房改扩建工程，完成家属区道路维修改造和医院大门及沿街围栏改造，完成将原锅炉房改扩建成消毒供应中心、运行维修中心和设备物资处、行政保卫处、营养科、基建办的办公区工程，新改扩建的消毒供应中心投入使用。

其他工作 出版院刊《健康益友》，已发行6期，深受好评，发行量由第一期的2 000份增至5 000份。

（撰稿：胡雪梅　审核：杨　光）

航空工业中心医院

（安定门外北苑3号院）
邮编：100012　电话：59520114
网址：www.Hkzxyy.com.cn

基本情况 职工645人（不含合同工），其中卫生技术人员502人，包括高级职称17人、副高级职称112人、中级职称193人、初级师150人、初级士30人；其他专业技术人员53人；行政、后勤90人。

医疗设备总值11 429.08万元。本年度新购置医疗设备总值2 388.44万元，其中10万元以上设备45台（件）、100万元以上设备3台（件）。

获奖情况。年内，医院再次被评为全国百姓放心示范医院，被市防火安全委员会评为消防工作先进单位，保卫部荣获市公安局集体嘉奖，邵振兴被中央企业团工委评为优秀共青团干部。

机构设置 5月，成立了放射治疗专业；9月，成立了血管外科、干部病房。

改革与管理 全面启动人事制度改革，按照民主、公开、竞争、择优的原则，坚持德才兼备、以德为先，开展了全员竞聘。通过笔试、面试、答辩、民主测评和组织考察等程序，使队伍结构更加优化。行政后勤管理层平均年龄从46岁下降到42岁，本科以上学历从74%上升到88%；科室管理层平均年龄从44岁下降到41岁，研究生以上学历从17%上升到28%；全部具备副高级以上职称；护士长全部具备主管护师以上职称。机构设置更加科学，职能部门由原来17个整合为12个，由原来的三级管理改为二级管理，提高了职能、后勤部门的工作效率。对临床科室进行了调整，通过建立、分离、整合部分科室，符合了三级医院的标准。

强化质量安全管理。制订了本年度"医疗质量万里行"活动方案，全面梳理和查找医疗质量管理的薄弱环节，逐项加以落实。市卫生局规划本院为北苑边缘集团区域医疗中心，床位由330张扩至600张，增设了放射治疗专业，经市保健委员会批准开设了干部病房。修订了医学检查危急值报告制度、抗菌药物临床应用分级管理规定、手术分级管理制度（暂行）、医师外出会诊管理规定（暂行），推进患者安全目标管理。启用《手术安全核对表》、《手术风险评估表》，提高了手术的安全性。加强危重症患者管理、围手术期患者管理。修订了应急及稀有血型用血管理规定、围手术期血液保护措施、输血不良反应管理规程。9月，通过了中国医院协会百姓放心示范医院第二周期动态管理复核验收。医院不断改善服务环境，修建血透中心，血液透析机由22台可扩充到64台。进一步方便患者就医，门诊布局进行了调整。完成心血管内科、呼吸内科、神经内科、神经外科、肿瘤科、儿科、病理科、透析室等科室的搬迁。门诊使用了医卡通、叫号系统、门诊医生工作站。启用检验单自助打印系统，减少排队等候时间，在等候区增加了时钟、IC卡电话亭，在患者可能发生危险的区域增加了防范标志，实现全院门诊领取化验单统一管理。开设了简易门诊和特需门诊。聘请知名专家出诊、手术指导，解决"看病难"问题。在原有知情告知系列文本基础上，制订了急诊患者外出检查病情知情书、急诊抢救治疗措施知情书、入住重症监护病房知情告知、使用抗凝抑制血小板制剂知情告知等文书。

创建人民满意医院。每月进行门诊及病房患者满意度调查，门诊和病房患者满意度调查平均在90%以上。创办《航空中心医院报》，建立了医院网站。配合中央电视台、新华社等媒体，完成我国航空发动机事业的奠基人之一、全国优秀共产党员吴大观先进事迹在医院部分的采访报道。全年收到锦旗60面、感谢信103封，退还红包131个，共计105 700元。

反商业贿赂。细化医德医风承诺书，实行"医院对社会、科室对医院、个人对科室"的三级承诺机制，利用医院门诊电子屏幕向患者承诺8条。院纪委认真受理群众来信来访和电话举报，及时做好理顺情绪、化解矛盾、警示提醒和诫勉谈话工作。开展了"医院计算机耗材管理"效能监察项目。

医疗工作 门诊564 813人次（含社区），急诊118 901人次，急诊危重症抢救2 352人次，抢救成功率98.17%。实有床位620张。入院15 096人次，出院14 998人次，床位周转24.77次，床位使用率73.45%，平均住院日10.67天，七日确诊率96.64%，出入院诊断符合率100%，治愈率56.90%，好转率38.39%，死亡率2.53%。住院手术6 670例。孕产妇死亡率4.5/万，新生儿死亡率0.45‰，围产儿死亡率2.2‰。

新技术、新疗法。骨科创伤诊疗从AO理念向BO理念转化，开展了骨盆骨折的外固定架治疗、干细胞移植治疗骨折延迟愈合或不愈合。脊柱外科开展颈椎后路、上胸椎钉棒系统内固定，腰椎非融合技术与融合技术的联合应用等。普外科开展保留十二指肠的胰头切除术治疗胰头良性肿瘤。神经外科开展微创定向软通道脑内血肿清除术、亚低温治疗重型颅脑损伤及脑干出血、颅内动脉瘤夹闭术、颅内动脉瘤介入栓塞术。血管外科开展了急性下肢深静脉血栓预防肺栓塞植入下腔静脉滤器、头臂型大动脉炎升主动脉－双腋动脉人工血管搭桥术、胸主动脉破裂大出血急诊血管腔内覆膜支架隔绝术、门脉高压症施行肠系膜上静脉－下腔静脉人工血管搭桥术等多项技术，填补了医院的空白。口腔科开展牙种植、精密附着体和嵌体修复、牙周松动牙玻璃纤维固定技术。ICU开展了床旁连续性血液净化治疗、PiCCO技术。神经内科开展主动脉弓+脑血管造影130例，其中经桡动脉入路进行全脑血管造影20例，颅内外动脉支架置入、接触性动脉溶栓。消化科开展了内镜胃底组织胶注射治疗食道胃底静脉曲张。肿瘤科开展了吉菲替尼等靶向治疗、心包穿刺置管、食管癌支架植入，获得准入开展三维立体定向放射治疗。影像中心开展了 CT 肿瘤定位技术、椎体成形技术。

病案质控。年内，增加了病案首页、附页，为实施 DRGs 付费提供支持。定期进行运行病历检查，发现问题及时改进。实现了电子病历，通过统一书写格式提高病历内涵质量。全年甲级病历率 98%。

医院感染管理。院内感染率 1.36%，无菌手术甲级愈合率 99.42%。调整医院感染委员会，制订并完善了《医院感染奖罚制度》、《医院感染暴发制度及处置流程》、《医务人员健康监测制度》、《应对甲流院感应急预案》、《手卫生制度》、《消毒液浓度及使用方法记录表》、《医疗废物暂存地消毒记录》、《一次性无菌医疗用品使用登记表》、《全院职工健康监测表》。针对甲流疫情，在全院开展消毒隔离及人员防护知识培训 5 次，刊出《院感通讯》4 期，并对全院职工进行了院感知识考核。

医保工作。全年医保出院 3 312 人次，出院病人总费用 38 111 148.89 元，次均费用 11 506.99 元。通过了北京市医保年审检查。成立了划卡结算领导小组，对单病种费用、住院次均费用、门诊特殊病种费用、拒报费用定期监测、分析、检查。加强科室执行医保政策的监督检查，严禁大处方、大检查、超量用药、重复处方、分解处方、超适应证用药。完成异地参保人员填表、建档、医保问题咨询、办理等。

医疗支援。7 月，神经内科副主任医师陈晓俊赴四川什邡参加医疗援建工作，受到援建单位、所在地及朝阳区卫生局的表彰。

社区医疗与预防保健。全年社区接诊 122 150 人次。调整社区布局，加强了天通苑门诊部和南朗园社区医疗服务站的管理。参与了国家"十一五"项目"乙肝新生儿低无应答及成人免疫"。在全院开展了新《传染病防治法》等相关知识的培训和考核。在外来人口聚集的工地进行了流脑疫苗、麻疹疫苗应急接种。接种流感疫苗 2 840 人，接种甲流疫苗 9 927 人。一类疫苗注射 19 812 人次，二类疫苗注射 6 406 人次。举办健康教育与健康促进宣传活动 20 次。与来广营乡政府、来广营乡社区卫生服务中心共同组织了防治艾滋病 1+1 进社区活动。结核病归口管理领导小组每半年召开一次专题会议。开办孕妇学校，建册率 99%。组织本地区残联专干、社区居民、民警及医务人员开展精神卫生康复培训 5 次，600 人次参加。与亚运村社区卫生服务中心联合确立了精神卫生特色项目（巴林特小组），开展心理咨询。协助精防中心开展了社区情感障碍康复者及监护人情况和需求调查。

护理工作 继续延伸"微笑服务"活动的内涵，对全院护士开展微笑服务礼仪培训考核，合格率 99% 以上。成立了护理质量控制小组，修订了交接班制度、分级护理制度、护理病历书写制度。编制了手术室与病房交接记录单、产科病房与产房交接记录单。制订了呼吸机管路清洗制度，修订了毒麻药管理制度。制订了新的表格式护理病历首页，护士书写病历时间缩短 50%。实现 PDCA 循环管理，持续改进护理质量。完善三级质控网络，围绕基础质量、环节质量和终末质量，实施动态质量监控，每月、每季度及不定期进行检查。开展了护理"安全隐患征集"活动。5 月，举办了为期 3 个月的护理英语培训班。

护理文书书写合格率 96.5%，病房护理合格率 95%，技术操作合格率 98%，急救物品完好率 100%。

年内，开展了"截瘫患者系统化规范研究"，在统计源期刊发表护理论文 3 篇。

成立了临床教学领导小组，并实施"三维评价"的教学思想，制订并完善了护士规范化培训考核表。全年接收大中专院校 88 名实习生的实习。

培训工作。全年组织护士长授课、查房及护理理论和操作考试 25 次。继续教育管理工作被朝阳区卫生局评为优秀。对低年资、新入职护士进行了规范化系统培训。派出 35 名护士、护士长参加各专科护理培训班，选派重点科室 4 名护士到北京三甲医院进修学习，2 名护士长参加协和医院主办的 PICC 培训班。招聘应届护士 70 人，并取得注册执业资格。

科研工作 年内，承担国家自然科学基金 2 项、"十一五"国家科技支撑计划课题 1 项、教育部博士点基金项目 1 项、省部级科研课题及合作项目 20 项、市科委及朝阳区科委 7 项。发表论文 107 篇。申报区科委计划项目 12 项，中标 2 项。在研项目 4 项，2 项结题待验收。聘请汪忠镐院士及国内知名专家开展专题讲座，内容涉及年轻医师的成长与培养、肿瘤学、急诊加强医学、核医学、干细胞生物治疗等内容。参加国际、国内学术会议 104 人次。5 月，聘请外教举办了中高级人员英语培训班。10 月，承办了中美心脑论坛分会场，就建立中国的卒中筛查体系与标准进行了研讨。

医学教育 作为北京市继续医学教育基地，全年安排市级继续教育项目 2 项、区级继续教育项目 32 项、院内自管项目 22 项，共 162 学时，2 958 人次参加。各科室举办多种形式的读书报告会和科室小讲座共 101 次。全院医务人员继续教育学分达标率 100%。年底，接受朝阳区医管中心继续教育工作的检查，成绩优秀。

年内，9 名新入职人员赴北医三院、宣武医院等参加规范化培训。10 名医生完成培训。15 名医疗骨干到外院进修学习。4名科主任到本市三级医院进行轮训学习。完成北京中医药大学人文学院法律、英文专业15人的临床见习，完成天津医科大学、泰安医学院等实习生的临床实习教学，与中国医科大学、河北医科大学初步达成建立教学医院的意向。

信息化建设　继续完善LIS系统，完成住院管理、住院医生工作站、住院护士工作站、手术室管理、住院药房、住院医技管理、住院医保上线，完成急诊科、放射科分诊系统的建设，建立了医院网站。

后勤与基建　年内，完成临床科室搬家任务，全力开展综合医疗大楼的试运行工作。完成外科楼改造装修，修建了职工澡堂、血液透析中心加层、CCU、病理科、预防保健科、药房药库、内科楼粉刷以及老医疗区和家属区道路污水等项目的改造装修，施工面积13 600平方米。全年节约资金50余万元。制订了停电、停水、停气以及突发公共事件的应急预案，并组织了实施模拟演练。完成全院用电线路的检查，内科楼消防控制室移机，17台电梯、4台锅炉的年检审核，对特种作业人员进行了专业培训教育。

其他工作　年内，制订《甲型H1N1流感应急预案》，开展了流感样病例预检筛查与医疗救治等相关工作。成立了领导小组、专家组，改善感染疾病科布局及流程，通过多种途径强化诊断治疗、消毒隔离和个人防护等相关知识的培训，并做好药品、防护物品的储备。筛查疑似患者咽拭子检验626例，确诊甲流48例，收治高危重症患者6例。完成重点人群的接种工作，并开展了社会人群的疫苗接种。

7月，创刊《航空中心医院报》，共出刊13期。

（撰稿：邵振兴　审核：王文标）

北京华信医院
清华大学第一附属医院

（朝阳区酒仙桥一街坊6号）
邮编：100016　电话：64361322
网址：www.tufh.com.cn

基本情况　职工1 218人，其中卫生技术人员987人，包括执业医师322人、执业助理医师2人、注册护士472人、药剂36人、检验41人、放射影像18人、其他卫生技术人员96人；其他专业技术人员24人；管理、工勤人员207人。有正高级职称22人、副高级职称118人、中级职称326人、初级职称539人。

年内，完成64排CT、新导管室血管造影系统、核医学科ECT的安装调试。全院在用医疗设备5 503台，总价值20 884.82万元。新购医疗设备1 393台，价值6 370.36万元，其中10万元以上设备43台、100万元以上设备9台。

获奖情况。荣获2008年度市医疗保险管理二等奖、市药品安全监测工作优秀奖，在国庆60周年庆祝活动医疗卫生保障工作中获最佳服务保障奖。

机构设置　1月，成立了小儿心内科。2月，成立了心外科血管病房。4月，撤销接诊室，其职能合并到住院处。

改革与管理　年内，制订了《医疗安全管理制度》、《临床检验危急值报告制度》等。完善《专家出诊管理制度》，纠正了专家随意停诊、改诊的现象。外科门诊实现垂直管理。对专家实行限号。门诊挂号室与收费处合并通柜服务。中西药房合并，实现"一站式"取药。为对口社区开设专门的就诊信息路径，优化社区病人转诊流程。检验科开展了化验单自助查询业务。新病房楼二层设立了手术等候厅。引进了中药配方颗粒。完成美容门诊资质、重症医学科诊疗科目的申报和评估。

成立了公共卫生处理应急小分队，引进主任医师2人。招收新员工（含合同制职工）130人，其中博士7人、硕士19人、本科12人。修订了《从合同制人员中择优选聘事业编制的试行办法》，10人聘为事业编制人员。45人被聘高一职级的专业技术职务和职员系列职务。有6名专家获得清华大学医学院硕士研究生导师资格。

发放住院患者满意度调查表1 224份，满意率

95.2%；门诊调查378人次，满意度96.36%。

治理商业贿赂。向全院宣讲了《2009年卫生系统治理医药购销领域商业贿赂工作要点》，指派纪委委员参加药事会和耗材选型协调会，继续监督《新药审批制度》、《新药临时购买规定》和《医用耗材采购及管理办法》的执行情况，并与相关业务部门探讨增强管理持续有效性的方案。

医疗工作 门诊618 169人次，急诊84 594人次，急诊危重症抢救1 023人，抢救成功率93.35%，日均门急诊2 242人次。预防保健科下地段访视1 084人次。开放床位548张。入院14 222人次，出院14 152人次，床位周转28.30次，床位使用率95.07%，平均住院日12.10天，七日确诊率88.66%，出入院诊断符合率98.97%，治愈好转率94.43%，死亡率2.81%。住院手术6713例。作为朝阳区危重孕产妇及高危围产儿救治转运中心，接收宫内转运36例，转运危重新生儿377人，未发生转运途中死亡。孕产妇死亡率0，新生儿死亡率0.6‰，围产儿死亡率7.96‰。

心脏中心完成介入检查治疗2 596例，心外科手术445例，收治患者中疑难危重心脏疾病比例为85%，手术成功率95%以上。小儿心内科完成85例小儿电生理射频治疗、38例导管造影、14例先心病介入治疗，其中小儿肺动脉狭窄支架和小儿射频消融治疗填补了医院的空白。

泌尿医学中心外科全年收治患者771人次，手术724例。统一了经典手术的手术同意书、手术记录及描述方法。开展乙状结肠膀胱扩大治疗晚期间质性膀胱炎和半导体激光治疗前列腺增生。肾内科全年透析17045人次，开展了长时间高通量血液透析治疗透析相关性腹水，并开展了腹膜透析（CAPD）。

消化医学中心普外科全年收治1 813人次，手术1 093例，对中晚期肝门部胆管癌的手术治疗、胆总管结石的微创治疗形成系列特色。开展了二期胰十二指肠切除、晚期胰腺癌的双改道手术。消化内科全年收治1 219人次，床位使用率105.29%。与CT室合作开展了小肠、结肠三维成像检查。开展了对于空腹血糖>11.1mmol/L、糖化血红蛋白>9%的新诊断的Ⅱ型糖尿病患者进行胰岛素强化治疗和速效、长效胰岛素类似物治疗。

完善早产儿的系统管理，开展了早产儿头颅超声、头颅核磁共振（MRI）和早产儿出院后的随访。骨科开展了桡骨头置换术、颈椎侧固定术、颈椎椎弓根固定术、股骨头骨折切开复位内固定术。产科与放射科合作开展了子宫动脉栓塞治疗产后出血。中医科开展了腹针、艾灸治疗，并与心外血管病房联合，中西医结合治疗糖尿病足。糖尿病研究所开展了同型半胱氨酸水平测定和胰岛素自身抗体检测。超声科开展了新生儿颅脑超声检查。病理科完成尸检14例（含成人尸检1例）。检验科开展了血液肌红蛋白（MYO）和神经特异性烯醇化酶（NSE）检测、真菌药敏实验、细菌药敏实验，新增碳青霉烯酶活性、诱导型克林霉素耐药性、诱导性β-内酰胺酶实验。

联系院外会诊30人次，专家外出会诊40人次。

病案管理。实现了门诊病案与住院病案的统一管理。检查出院病历14 112份，甲级病案率99.92%。

医院感染管理。建立健全医疗废物管理和院感暴发管理的各项规章制度，扩建了储存医用垃圾中转站。举办院内感染宣传月活动，规范了器械清洗流程，开展了目标性检测。医院感染率2.43%。

医保工作。全年医保出院4 653人次，出院医保患者总费用8 111.52万元，次均费用17 433元。基金拒付占申报金额的0.01%，比上年下降了90%。审核医保病历近6 000份，审核率94%。

医疗支援。继续对口支援平谷东高村镇和峪口镇社区卫生服务中心，坚持每季度与受援单位召开一次沟通会，并选派18名中级职称以上医技人员到以上两个社区卫生服务中心帮助工作。免费接收3名医生、2名护士、1名药剂人员、1名医技人员来院进修学习。为受援单位组织专业知识讲座12次、社区健康课堂16次。承担了内蒙古科左后旗人民医院的对口支援任务，并进行了实地考察和交流，制订了支援方案，签订了支援协议。派出1名儿科医师参加了市卫生局对四川什邡市的灾后医疗救援工作。

健康教育。全年开展义诊活动6次，深入社区开展卫生知识讲座和健康咨询35次，院内健康教育大课堂专题讲座24讲，妇幼保健专题讲座101期。

预防保健。年内，开展了先天性髋关节发育不良儿童的筛查及转诊和儿童体格发育测评。成立了公共卫生处理应急小分队，配合传染病的防控工作。完成各类儿童健康体检8 826人次；管理孕产妇359人，完成围产访视718人次；收到各类传染病报卡1 501张，访视传染病人109例；完成各类疫苗接种43 159人次，其中甲流疫苗接种9 171人次；管理辖区精残、智残患者476人。

护理工作 制订了《腕带标志识别制度》、《护理不良事件主动报告制度》。坚持每季度全院护理工作大检查，通过提问护士、检查病人、理论考试、操作考核等形式，强化护理人员对核心制度的掌握。完善分级护理制度，建立了不同护理级别患者的巡视登记。全年新增、修订护理制度、职责标准及预案流程18项。组织护理质控大检查12次。护理文书书写合格率98.72%，护理病历书写合格率96.05%，基础护理合格率97.42%，特级护理合格率97.11%，一级护理合格率96.80%，技术操作合格率97.70%，急救物品完好率98.11%。

全年在统计源期刊发表护理论文12篇。

接收大中专实习学生118人，组织临床讲课5次。

对全体护士长进行了心电除颤再培训，组织区级以上继续教育9次。完成见习期护士理论及操作考试各4次220人次；工作1~5年的护士理论及操作考试各2次502人次；5年以上护士理论考试240人次，操作考核183人次。434名护士继续教育达标。

科研工作 年内，申报各类基金63项，获得清华－裕元基金资助9项，金额250万元。完成国家自然科学基金在研项目进展报告1项、结题报告1项。全年发表科技论文172篇，其中核心期刊111篇，SCI收录8篇，最高影响因子4.132，平均影响因子1.77。出版科技著作3本。

医学教育 年内，设立了教学干事，进行了基本操作技能的标准化培训，开展了教学查房。接收河北医科大学临床医学专业五年制本科24人实习，接收医疗、医技专业实习、进修85人。11人参加北京市住院医师第一阶段理论和技能考核，合格率91%；13人参加第二阶段临床技能考核，合格率92%；22名住院医师荣获卫生部及北京市卫生局颁发的培训合格证书。全年培训、讲课50余次，全院教学查房和病例讨论15次。完成传染病知识全员培训及考试。完成国家级继续教育项目和中华医学会继续教育项目3项，达标率98%以上。作为全国医师资格实践技能考试基地之一，完成北京地区300余人助理医师资格实践技能考试。

国际交流与合作 接待美国、澳大利亚、法国、日本、印度、中国香港等来访20人。参加国际国内学术交流会44次，其中吴清玉教授《100例Ebstein畸形解剖矫治临床经验》和《一种新的先天性主动脉弓畸形外科技术》的论文在第五届世界小儿心脏病大会上作了专题报告。

信息化建设 将"药物咨询及用药安全监测系统"嵌入医生工作站。增加了住院处工作权限、住院病人费用销账管理权限和门诊医生挂号预约权限。为本市定点医疗机构社会保障卡实时结算进行了信息系统的准备和人员培训。设计技术方案，使HIS系统在网络结构、存储、备份等多方面得到安全保证。开通了网络办公系统。进行外网流量控制管理，解决网速过慢问题。医用耗材信息化管理系统进入试运行阶段。完成人事信息管理系统主要模块的开发。

后勤与基建 对全院道路进行彻底整修，加装了节能路灯，进行了院区绿化、美化。实施锅炉房社会化管理。为三街坊18、19楼和高家园社区卫生服务站更新了供暖管线，对四街坊1楼电气线路进行改造并安装了预付费插卡式电表。营养食堂引进了智能卡订餐管理系统。

层层落实消防安全责任制，与全院56个科室、9个外来承包单位和8个后勤对外承包部门签订了安全责任书。全年进行消防安全专项检查16次，新病房楼科室进行紧急疏散演练2次，增加、维修消防器材近9万元。

对旧病房楼进行分段改造，一期工程完工并交付使用，二期工程正在进行中。新病房楼的部分工程项目收尾：手术室启用，导管室、CCU病房、供应室后期施工及空调系统维修。完成核医学科辐射防护及装修工程、门诊楼地下室防水工程、CT室与DR室装修工程、新病房楼门禁系统工程、发热筛查病房装修工程等项目。

其他工作 编辑出版《今日华信》报11期、工作简报50期。

院庆。编辑制作了建院50周年纪念邮册、纪念光盘，出版了《新清华》专刊，召开了庆祝大会等。

制订《国庆期间突发事件医疗卫生应急处理预案》，组织了2次应急预案的演练。抽调1名医师、1名护士、1名司机组成应急小分队，完成国庆期间的应急备勤任务。

作为本市防治甲流的8家后备医院之一，承担了首都国际机场转诊发热患者的筛查工作。制订应急处理预案，建立了相关制度和流程，进行了全员培训和考试。收治留观患者395人，做咽拭子342人，筛查出甲流患者62人。随后又承担了甲流的确诊检测工作。至12月31日，完成甲流检测1 018例，其中85例筛查阳性送市疾控中心确认，本院确认甲流阳性101例。

无偿献血。11月，本市血液告急，医院有57名职工报名，实际献血45人，其中7人献血400ml。

（撰稿：郁　莹　审核：关兆东）

清华大学玉泉医院

(石景山区石景山路5号)
邮编：100049　电话：88257755
网址：yqhosp.tsinghua.edu.cn / www.yuquanhosp.com

基本情况　职工728人，其中卫生技术人员551人，包括高级职称93人、中级职称149人、初级职称284人、未聘任专业技术人员25人；其他专业技术人员39人；行政人员61人；工勤人员72人；停薪人员5人。年内，引进各类人员30人，其中副高级职称以上人才2人、博士4人、硕士11人、本科7人。

医疗设备总价值8 465.64万元。本年引进设备154台（件），总价值476.54万元，其中万元以上设备8台（件）。

机构设置　2月，将医务处更名为医务办公室，将总务处更名为行政管理办公室。4月，设立了医患关系协调办公室。8月，成立了专家委员会。11月，设立了疾病控制科。12月，成立了伦理委员会。

改革与管理　以医院管理年活动为契机，医院组织医务处、药剂科等多个职能部门修订了《医院规章制度》，编写了《医院规章制度及相关文件》一书，从岗位职责、医疗核心制度、医疗制度及医院感染、抗生素、精神类药品合理使用、相关的法律法规等方面进行了介绍，成为医生的"口袋书"。

组建医院质控小组，制订了《临床质控考核标准》，以院、科两级质控方式落实医疗制度。

全面实施患者安全目标管理。以2009年WHO推荐实施的患者安全目标为指导，制订了提高手术正确性规定的文件及手术安全核查表和手术风险表，并在手术室全面实施。

加强临床科室及医务人员的依法执业管理。对新调入的医务人员及新取得医师资格证书的人员，要求在上岗前必须完成执业医师地点的变更和注册。对新上岗申请处方权的医生均需要通过医务处和门诊部的考试，合格者才能获得处方权及病历书写权。按照《玉泉医院手术分级管理方法》的要求，每一名外科医生均要通过手术资格和手术种类的科室和医院审批，在核定的范围内进行临床活动。

医疗工作　门诊154 140人次，急诊10 285人次，急诊危重症抢救135人次，抢救成功率97%。住院6 943人次，出院6 935人次，床位周转21.0次，床位使用率80.5%，平均住院日13.9天，七日确诊率97.7%，出入院诊断符合率99.4%，治愈率54.1%，好转率41.6%，死亡率1.2%。住院手术4 654例。无孕产妇、新生儿死亡，围产儿死亡率5.92‰。

病案管理。甲级病历率94.2%。全年完成6 959份病历的整理、检查、编目、录机、装订、归档。由3位经验丰富的高年资专家组成病案质控专家组，对出院病历逐份检查，把关堵漏。出版《病案质控交流》160期，进行专题培训一次，编纂印制了口袋书《病历书写参考》实用手册。

医院感染管理。组织全院医务人员进行甲流、医疗废物、职业防护等知识的培训。坚持消毒隔离检查和医院环境的监测，重点是医务人员手监测和呼吸机的监测。接受石景山区疾控中心采样监测4次。继续办好《临床药学与医院感染》内部刊物。院内感染率1.3%。

医保工作。全年医保出院1 572人次，医疗总费用16 755 227.64元，次均费用10 658.5元，较同级二级医院平均次均费用低5.9%。拒报费用1 816.9元。门诊就医27 463人次，较上年增长8.6%。本院是石景山区门诊划卡结算试点医院之一，1月22日，成立了划卡结算工作小组，制订了持卡结算工作流程、应急预案、各部门职责、工作计划和进度表。完成HIS接口改造并通过了首信公司的业务认证，对挂号处和收费处的计算机进行了内存升级。对相关人员进行了操作和流程培训及考核。8月25日，通过了北京市和首信公司的现场认证。9月4日，开始划卡结算，并运行正常。本年度获北京市医疗保险管理工作三等奖。

医疗支援。继续对口支援房山区南窖乡卫生院和石景山区杨庄社区医院。为南窖乡卫生院派遣6批医务人员，义诊342人次，发放宣传资料300份，捐赠现款2万元。派专家赴杨庄社区医院出诊23人次，接诊840人次，接待健康咨询500人次，进行甲流、糖尿病、高血压防治讲座6次，捐款1万元。

护理工作 加强人才培养、继续教育和"三基"训练，持续改进护理质量，举办培训班，提高护理队伍的素质、护理水平和服务质量。选派护理骨干外出参加专科培训27人次，参加护理学会管理、专科、礼仪培训23人次，赴香港参加护理及教学短期培训2人次。组织院内护理讲座17次，护理人员继续教育达标率100%。举办"三基"训练219人次，全院护理查房4次，新护士岗前培训56人次，护士长学习班1次，护士礼仪培训92人次。鼓励和支持护理人员自学成才，目前大专以上学历已达67%。4月，和香港护士训练基金会及石景山医学会共同举办了为期4天的北京康复护理与临床技能培训讲坛，授课内容涉及香港社会概况、病区领导之演绎、病房实践五常法、与病人家属沟通、护理投诉、康复护理基本概念、长者及脑卒中之健康评估、中风之语言训练、摔倒及其他以外处理、皮肤及伤口护理、理遗护理、病人出院前计划及社区支持、临床康复技能训练等13项内容，参会300多人。

年内，完善各项规章制度，强调制度的知晓和落实；新增制度11项：护理不良事件报告及管理制度、护理不良事件报告表、使用呼吸机过程中突遇断电应急程序、用药错误应急处理程序、输血常规及流程、体温筛查护理常规、临床检验危及值报告制度、病人身份识别制度和程序、腕带使用规定、使用专用回收袋要求、心电监测技术评分标准。修改制度3项：护士长夜查岗制度及查岗内容、会议制度、分级护理制度。落实各班岗位职责，严格实施护士行为规范和护士长首尾负责制；实施二级质控，采用PTCD管理模式提高护理质量；强调基础护理，提高合格率。严格落实《护理交班流程及考核标准》；坚持护士长手册的记录与考核；每季度进行一次病人满意度调查，满意度保持在95%以上。护理文件书写合格率96.5%，护理病历书写合格率97.58%，基础护理合格率97.3%，特级护理合格率99.6%，一级护理合格率98.8%，技术操作合格率99.7%，急救物品完好率100%。

全年护理工作量为1 113 899人次，发表论文11篇。

科研工作 年内，获批国家自然科学基金面上项目1项："基于智能生物活性与仿生微结构的神经修复导管的研制与性能评价"，负责人敖强，经费35万元。申请国家自然科学基金面上项目11项、北京市自然科学基金面上项目2项、首都医学科研发展基金项目11项。完成国家和北京市自然科学基金项目结题验收2项、进展评估报告3项，完成清华大学裕元基金结题3项、进展报告12项。在国外医学期刊发表论文6篇，并被SCI收录。在国家级及省市级医学期刊发表论文101篇。举办了第三届清华大学玉泉医学论坛。全年获得科研经费163万元。

医学教育 疼痛麻醉科、妇产科完成国家级、市级继续医学教育学习班3项——临床疼痛学、妇科肿瘤新进展学习班、妇科慢性盆腔痛诊治策略研讨会。完成区级继续医学教育项目24项、院级及其他各类继教培训讲座28次。完成对医务人员传染病防控的全员培训和考核（禽流感、手足口病、猪流感、甲流、鼠疫等）。多次派出感染管理、临床医技相关科室的骨干参加上级主管部门组织的师资培训。发放了《流感培训手册》和医院编写的《甲型H1N1流感防控文件汇编》及相关传染病防控知识的考核试题（鼠疫、肠道疾病）。

继教管理ICME系统由2.0版本升级到3.0版本。维护继续医学教育管理系统，及时上传、下载、更新各类学习数据，完成卫生专业技术人员继续教育情况的网上调入和调出，办理继续教育IC卡50余人、好医生继续教育上网学习卡29人。全院近500人办理了IC卡更新，换成触摸式新卡。

申报2010年国家级继续教育项目4项、备案2项，申报市级继续教育项目3项、备案2项。

完成中华医学会北京分会会员及继教注册124人。完成专业技术人员继续教育各类别的学分审核、统计、登记与上报，450名卫生专业技术人员的继续教育学分达标，达标率超过96%。

在区卫生局主办、区医学会承办、区科协和区预防医学会协办的石景山医学大会上，本院获得组稿先进单位一等奖。

国际交流与合作 4月，邀请香港护士教育基金会5人在本院和区卫生局进行了为期1周的护理培训。9月，与日中医学协会签署了为期3年的合作协议，日中医学协会将每年安排本院癫痫中心医师2人赴日本学习3个月。派出到日本、美国、匈牙利等国参加国际学术会议5人次。派出到日本大学、日本静冈癫痫神经医疗中心、香港中文大学长期学习3人，其中1年2人，3个月1人。邀请加拿大多伦多大学、美国南加州大学、加拿大渥太华大学、日本静冈癫痫神经医疗中心人员来院讲课4次。派出到境外短期考察访问12人次。接待境外其他来访20人次。继续聘请日本北海道大学教授为长期专家，开展分子成像的研究工作。

信息化建设 医院作为北京市医保门诊划卡实时

结算第一批试点单位，完成医院信息系统（挂号系统和门诊收费系统）的改造，搭建了测试及培训环境，升级了硬件设备，并组织相关人员进行学习和实际操作练习，于8月底通过了首信公司和市人力资源和社会保障局的现场认证。

年内，着手准备增加门诊诊室工作站和住院医生工作站工作。为此，制订了初步计划，机房改造包括装修工程、电气工程（机房供配电、UPS）、通风工程（空调系统）、机房防雷接地保护系统、机房监测监控及消防安全系统，网络布线改造将布230个左右信息点。

后勤与基建 年内，完成病房楼新电梯招标、病房淋浴器改造、消防设施检测维护和灭火器的更换及应急箱的配备。另外，完成如下基建改造工程：神外三病区、五病区的改造，门诊楼天井改造，挂号室增加窗口，检验科和妇产科门禁系统，锅炉房水泵更换，通道消防门维修，安装添置监控系统，改建临时污水站，部分防水及部分居民楼下水高压冲洗，肠道门诊改造，门诊与病房楼通道改造，手术室改造等。

根据建设资金筹备情况和医院总体发展方向，对医疗教学综合楼的总体规划和设计方案进行了较大调整。新的规划意见书于9月29日批复。由原来的二期工程调整为一期，分两个阶段完成。第一阶段完成东部综合部分，建筑面积19 600平方米。第二阶段完成西部门诊楼部分，建筑面积11 000平方米。

国庆60周年医疗保障 年内，组织医院急救队进行了急救技能培训和应急演练。参加了石景山区组织的应急演练。完成10月1日晚上在北京雕塑公园燃放烟花爆竹的现场医疗保障任务。

两癌筛查工作 在适龄妇女宫颈癌和乳腺癌的筛查工作中，本院作为两家试点医院之一，与老山街道合作开展了试点工作，完成宫颈癌筛查1 850人、乳腺癌筛查1 570人。

（撰稿：于殿文　审核：赵雨东）

北京水利医院

（海淀区玉渊潭南路19号）
邮编：100036　电话：88614818（总机）

基本情况 职工364人（含合同制87人），其中卫生技术人员286人（含聘任49人），包括主任医师5人、副主任医师28人、主治医师43人（其中聘任2人）、医师24人（其中聘任3人），主管护师43人（其中聘任1人）、护师58人（其中聘任15人）、护士14人（其中聘任10人），主管技师16人（其中聘任2人）、技师27人（其中聘任7人）、技士16人（其中聘任8人），其他专业技术人员12人（其中聘任1人）；行政及工勤人员78人（其中聘任38人）。

医疗设备总价值2 335万元。本年度购置医疗设备总值214万元，其中10万元以上设备7台。

获奖情况。获市卫生系统国庆60周年庆祝活动医疗卫生最佳保障奖，齐静、段永伟、孙金山、张彤、刘雪莲、徐仲明被评为先进个人；被北京市"争创"活动领导小组评为学习型组织先进单位；内科被评为全国水利系统学习型标兵班组；检验科荣获市临床检验中心临床血液学、生化、内分泌学、微生物学、免疫（肝炎）学室间质评优秀称号，张琳、刘小琪、张立梅被评为市临床血液学室间质评优秀质量管理员，王亚通、胡萍、孙莹、辛艳珠被评为市临床生化、内分泌学、免疫（肝炎）学、微生物学室间质评优秀质量管理员；获市疾控中心HIV筛查实验室室间质评优秀称号。

改革与管理 根据"服务质量管理年"要求，制订了相应措施。上半年，眼科、按摩科、口腔科引进专业人才，带动了新技术项目及技术水平的提高。制订人事制度改革方案，结合本院特点，有计划、按步骤、按要求重新设置岗位人数，详细编制岗位说明书，并根据每个人实际情况，完成对应级别、职别的调整。

反商业贿赂。年内，组织中层以上干部学习相关文件，参观北京市反腐倡廉警示教育基地，院党委派专人对新提拔干部进行任前廉政谈话。结合实际，不断完善制度体系，开展了"小金库"专项治理自查，对发票等票据管理进行了自查。在医院各项基建工程和改造项目中，能够严格执行"阳光工程"的各项制度和规定，确保了资金安全、项目安全、干部安全。

医疗工作 门诊126 838人次，急诊24 129人次，急诊危重症抢救47人次，抢救成功率75.74%。实有床位268张，住院4 706人次，出院4 719人次，床位周转17.61次，床位使用率78.06%，平均住院日16.15天，七日确诊率98.45%，出入院诊断符合率99.97%，治愈率35.49%，好转率59.73%，死亡率2.25%。住院手术2 647例。

开展的新技术新项目：检验科的高敏C反应蛋白（hsCRP）、纤维蛋白降解产物（FDP）、尿钠肽前体（BNT）检测，骨科的低温等离子关节镜手术，内科的电子胃镜、电子结肠镜检查。

病案管理。8月，举办了门诊病历和住院病历评比，分别评出一等奖1名、二等奖2名、三等奖3名，并从获奖的住院病历中选出4份参加海淀区卫生局组织的病历评比，其中1份参加了北京市卫生局组织的病历评比。全年检查出院病历4 683份，甲级病历率95%。

医院感染管理。从细节管理入手，指导科室严格执行无菌技术操作规范，重点加强了创伤科落实手卫生规范。各科室严格执行预防用药规范，严禁滥用抗菌药物，喹诺酮类药物月均使用量下降。同时，采取有效措施，加强手术器械清洗管理，防止交叉感染。医院感染率3.01%，与上年相比下降0.39%。

医保工作。全年医保出院870人次，总费用12 842 922元，次均费用14 761元。1月，调整本院职工医药费报销规定，增加职工药费报销比例，报销时间调整为每月一次。重新修订门诊处方管理制度，采取检查、抽查相结合方式控制药费增长，全年药费支出总体控制在规定范围内。对持卡结算进行了培训和考试。完成对医保三大目录库的整理维护。

医疗支援。继续对密云北庄医院开展卫生支农工作，并捐助资金4万元。选派内科、外科、骨科、妇科、中医科专家共121人次到5个社区站出诊、带教、讲座，并继续为社区转诊患者开通绿色通道，免收挂号费。参与对口支援四川省什邡市灾区医疗建设，创伤科主治医生魏鑫铭作为区卫生局组建的第六批医疗队员开展为期3个月的援建任务，主要开展手外伤的手术和治疗。

国庆医疗保障。医院派出内科、外科医生，急诊科、内科护士共4人及1名司机组成医疗保障小分队，制订工作预案，准备了充足的药品和器械，改装了救护车，进行了多次培训和演练，圆满完成国庆60周年医疗保障任务。还有1名医生参加了国庆能源方队游行，同时完成对水务局游行人员的医疗保健。

两癌筛查。8~11月底，妇科、B超室完成对辖区1 240名妇女的两癌免费筛查，查出异常疑似宫颈癌18例、乳腺癌5例，逐一跟踪追访，督促其进行治疗，并完成对辖区近万名妇女筛查信息的录入工作。

甲流防控。4月下旬，成立了防控甲流领导小组，下设10个工作组。制订了防控甲流工作方案、流程、制度。自5月1日起，院领导24小时在院带班，各工作组根据工作职责开展工作。共确诊3例甲流阳性患者，做到了无漏诊和误诊。

护理工作 年内，补充完善护理管理制度与规定22项。护理文件书写合格率96.7%，基础护理合格率98.3%，特级、一级护理合格率98.9%，技术操作合格率98.7%，急救物品完好率99.8%，消毒隔离合格率99.3%。在统计源期刊发表护理论文2篇。接收通辽职业技术学院大专部实习生7人、首都铁路卫生学校中专部实习生10人。组织院内护士长管理培训班1期。对新聘护士与实习生进行了为期1周的岗前培训。组织护理继续教育讲座2次，派出13人参加各种学习班。院内参加继续教育201人，刷卡录入学分2 905人次，达72学时比率97.1%。2名护士分别在积水潭医院手术室、友谊医院内镜室进修。参加护理在职学历教育47人。

教育与科研 完成基地继续教育项目22次，其中院自管项目12次。院内参加继续教育194人，院内刷卡录入学分2 791人次，达72学时比率96.4%。选派3名医师到武警总医院五官科、友谊医院消化科、人民医院ICU进修，派出短期学习130人次，岗位（职业）技术资格培训39人次，适应性培训36人次，其他新知识、新理论培训54人次，工人系列岗位培训7人次。接收沧州医专医疗专业实习学生9人。参加毕业后教育10人。录取硕士研究生1人。全年发表科研论文8篇。著作《杨甲三针灸取穴图解》由人民军医出版社出版发行。内科与阜外医院合作了科研课题"心衰患者网络监测及规范化治疗管理的研究"。

信息化建设 投资43万元，完成HIS系统及现有模块的升级改造。增加了手术室管理、医用耗材管理、门诊触摸屏3个模块，更换了HIS系统服务器，相关科室增加了电脑、打印机等硬件设施。同时，配备了符合医保要求的电脑终端、服务器及医保接口软件。

后勤与基建 投资245万元，完成检验科、供应室、口腔科、住院处、放射科的布局调整和改造；对内一科、内二科病区进行了室内外装修，改造呼叫系统、防水系统、电路系统，更新电热水器，购置了病房办公家具及设备；为门诊一楼和中楼二、三层更换门窗，楼道粉刷并粘贴磁砖；全部诊室更换了中英文对照标志牌；在后院新建彩钢板房3间。

（撰稿：燕云勇 审核：刘荣丽 陈建清 刘福进）

华北电网有限公司北京电力医院

（丰台区太平桥西里甲1号）
邮编：100073　电话：63467631
网址：www.bjdlyy.com.cn

基本情况　职工1 100人，其中卫生技术人员538人，包括高级职称140人、中级职称220人、初级职称178人，其中博士14人、硕士66人、本科187人、专科及以下271人。

医疗设备总价值1.8亿元。万元以上设备796台（件），其中新购置155台（件），价值930.6万元，包括超短波电疗机、喉镜系统、口腔内窥镜系统、电子影像处理机、光学相干断层扫描仪、耳鼻喉综合手术动力系统等。

获奖情况。年内，被评为全国百姓放心示范医院、全国企业文化先进单位、首都文明单位、首都平安示范医院、北京市国庆医疗保障先进集体，中医骨科等5个科室被评为北京市丰台区示范科室。

改革与管理　以"医院管理年"为契机，按照创建人民满意医院的标准，制订、完善并督促各项规章制度的落实，优化管理工作流程。

加强对中层干部队伍的培训，加快干部管理能力的提高和科室管理水平的提升。

重视人才引进和培养相结合。新引进5名博士和3名硕士，9名专业技术人员在职攻读研究生学位，20余人任北京市各临床专业委员会委员和首都医科大学各临床学系委员，其中主任、副主任委员3人。

加大绩效考核力度，进行绩效考核体系执行和薪酬管理改革试点，调整奖金分配方案。

医疗工作　门诊382 203人次，急诊37 776人次，急诊危重症抢救669人次，抢救成功率76.58%。住院9 901人次，出院9 891人次，床位周转19.09次，床位使用率83%，平均住院日15.9天，七日确诊率99.34%，出入院诊断符合率99.94%，治愈率58.2%，好转率36.23%，死亡率0.35%。住院手术2 832例。无孕产妇和新生儿死亡。

在发展新技术提高诊疗水平方面，骨科开展了胸椎黄韧带钙化致高位不全截瘫的手术减压和内固定技术；血液内分泌科开展了胰岛素泵强化治疗，对初发糖尿病人可以达到停药的良好效果；呼吸科开展了对特异性较强的严重过敏患者的脱敏治疗；眼科开展了OCT检测；耳鼻喉科利用眼震电图仪规范对眩晕的诊疗，有效提高了确诊率；口腔科引进新的种植支抗系统，拓宽了矫治范围，提高了临床种植支抗的成功率；皮肤科开展了应用激光（光子）皮肤治疗和美容新项目；高压氧科开展了头罩式吸氧治疗。

年内，医院通过了市卫生局的评审检查，在创建"百姓放心示范医院"和"医院管理年和医疗质量万里行"活动中，从依法执法、科学管理、制度建设、优质服务等方面改进工作，制订和完善了各项规章制度，规范了操作规程和突发公共事件的应急预案。从加强医师执业资格管理入手，办理医技人员聘用手续15人次、医师注册和变更注册48人次、处方权和麻醉处方权登记审批手续101人次。

加强医疗安全管理，规范临床医疗行为。成立病历质量控制小组，制订了《病历质量评价标准及细则》，利用院内信息网络和各质控员对病历的质量进行监控。组织召开医疗、病案质量分析会11次，发放病历质量反馈单400余次。检查门诊病历7 298份，门诊病案甲级率97.36%；检查住院终末病历7 983份，住院病历甲级率98.03%。对医院的放射装置做了状态检测，并完成《放射诊疗许可证》的校对工作。

医院感染管理。加强院内感染的宣传、教育，强化院内感染监控网络；加强重点科室的院内感染监控，加大手术室手术器械清洁工作的督查力度，确保手术使用器械安全；加强医院一次性医疗用品使用管理，对申请使用一次性医疗用品进行资质审核73件；规范围手术期抗菌药物的使用，加大宣传教育和检测反馈考核力度，对住院病人中313例次的特殊耐药菌感染病例进行实时监测，共查住院病历5 262份；上报监测资料603份。医院感染率2.8%。

医保工作。调整和补充医院管理制度和考核措施,加大考核力度;应对医保工作面临的新任务和新要求,加强与临床科室的沟通,共同协商解决相关医保问题;推行"优先审核、优先结算、一站式服务"的理念,做好门诊持卡实时结算的前期准备工作。加强住院次均费用的控制,比上年下降2.29%。

医疗支援和医疗保障工作 继续开展对河北镇中心卫生院、韩村河中心卫生院的支援工作;同时,启动赴内蒙古自治区苏尼特左旗医院的对口支援工作,派出妇产科、功能科、乳腺中心、心血管内科为该院开展两癌筛查工作提供技术和人员支持。完成各级各类医疗保障56次,如国庆医疗保障、防控甲流等。

护理工作 年内,针对存在的护理质量问题和薄弱环节完善操作常规,注重抓好科学化、规范化管理,建立完善的护理质量管理体系。以"患者安全目标"为护理安全重点,严格执行《北京地区医院管理考核评价标准》,优化护理质控制度和计划;配合院感中心,增强防控意识;加强护士长培训,逐层加强管理,提高护理水平;加大消毒工作的监督、检查和考核力度;依照"三基三严"原则定期进行分层次考试。召开医院第十届护理论文交流会,征文79篇,正式发表护理论文17篇。

科研和教学 全年组织院级学术讲座6次、区级学术讲座16次,申报区级、院级继续教育项目18项。全院医技人员继续教育学分达标率100%,护理人员继续教育合格率99.6%。获得各类科技奖11项,公开发表论文98篇、专著3部,其中核心期刊发表46篇。

根据教学基地的评审标准,进一步规范教学管理制度,提高教学管理水平,加强对教学师资队伍的建设,保证教学质量,完成首都医科大学本科生的临床实习任务。

信息化建设 启动新的办公自动化系统,改进HIS系统程序,实施基于华北电网有限公司平台的ERP系统,提高医院信息联网程度。完成搭建并运行物资管理系统,加强了物资采购、供应、配送管理。

后勤与基建 后勤、物业、多经公司按照医院总体规划进一步深化改革,围绕医院工作重点,强化服务意识,加强与临床沟通,提高管理水平。实现了年初与华北电网有限公司和地方政府签订的安全责任目标。

院庆 2009年是医院建院20周年。12月26日,举行了庆典活动,电力系统相关单位及卫生系统兄弟单位近200名来宾及本院600多名干部员工出席了庆典活动。

(撰稿:汪 洁 审核:朵皓英)

中国康复研究中心

(丰台区角门北路10号)
邮编:100068 电话:67563322(总机)
网址:www.crrc.com.cn

基本情况 职工1 373人(含合同制),其中卫生技术人员769人,包括正高级职称34人、副高级职称83人、中级职称256人、初级师346人、初级士50人;其他专业技术人员350人;行政管理人员83人;工勤人员171人。

医疗设备总价值14 124万元。本年度购置医疗设备总值2 429万元,其中10万元以上设备47台。

获奖情况。集体奖8项:被市卫生局评为传染病疫情和死亡登记报告工作先进单位、首都卫生系统文明单位,被市交通委评为市级交通安全先进单位,被市爱卫会评为北京市卫生红旗先进单位,获丰台区卫生系统效能考评优秀单位,被丰台区疾控中心评为传染病、死因网络直报工作先进单位和职业病网络直报工作先进单位,由市公安局颁发的北京市单位内部安全保卫工作集体嘉奖。个人奖3项4人次:泌尿外科主任廖利民被国务院军队转业干部安置工作小组评为全国模范军队转业干部,被国务院残疾人工作委员会评为全国残联系统先进工作者;保卫处主任科员刘智和保卫处科员杨硕在市公安局颁发的北京市单位内部安全保卫工作中获个人嘉奖。

机构设置 新增3个临床科室:神经外科、呼吸内科、内分泌科。康复工程研究所正式成为北京市工伤保险辅助器具定点机构。

改革与管理 年内,对各类规章制度、岗位职责进行了全面梳理,制订了《医务人员医德考评工作制度》,补充完善了《理论学习中心组学习制度》。制订了《实行人员聘用制暂行办法》，修订了《聘用合同书》，完成900余名职工《聘用合同书》的签订和66名中层管理干部的聘任。通过竞争上岗，新增43名科室负责人和护士长，新任科室负责人全部具有硕士学位，平均年龄40岁；新任护士长平均年龄33岁，逐步实现管理队伍的高素质化和年轻化。

综合病房楼启用后，将现有的行政部门、科室按业务内容分成职能处室和业务部门、综合临床、康复临床、医技、康复治疗五大板块，由中心领导和职能处室组成考核组，分别对各板块进行考核。

创建人民满意医院。制订了"向解放军总医院学习，让人民满意"为主题的行动工作方案。组织门急诊患者、住院患者及家属参与网上投票，全院共投票8 288张，在24家三级甲等综合医院中名列第十六位。

反商业贿赂。组织学习《关于办理商业贿赂刑事案件适用法律若干问题的意见》。放映了案例纪录片，传达并学习了卫生部和市卫生局本年度治贿工作要点的通知。

医疗工作 门诊157 509人次，急诊44 928人次，急诊危重症抢救342人次，抢救成功率97.66%。手术3 409例，其中手术室手术2 093例、门诊手术1 316例。开放床位1 100张，入院4 471人次，出院4 232人次，病床周转5.64次，床位使用率123.50%，平均住院日70.86天，七日确诊率98.93%，出入院诊断符合率99.85%，治愈率24.47%，好转率70.00%，死亡率3.23%。住院手术988例。康复治疗总有效率92.26%，康复评定率93.98%。

病案管理。每年制作一册全院综合统计汇编。甲级病历达标率100%。

医院感染管理。加强院感重点科室的管理及规章制度的落实，并完成重点科室医护人员的体检。全年对环境卫生学和消毒卫生学监测4 661次，合格率98.76%，供应室、手术室、口腔科牙钻等灭菌物品合格率100%。检查出院病历3 673份，医院感染率2.26%，手术科室一类切口甲级愈合率99.06%。检查病历1 650份，抗生素使用率33.09%。上报卫生部和北京市院感管理质控中心的病历信息资料完整，合格率100%。

医保工作。针对市医保中心提出的门诊费用实行实时结算的要求，制订配套规章制度20余项，并进行了全员培训、发放宣传材料、进行业务考核等工作。全年医保出院1 821人次，总费用3 373.5万元，次均费用1.85万元，平均住院日32.6天。

医疗支援。年内，对周口店中心卫生院、张坊中心卫生院、马家堡街道社区卫生服务中心、北京同仁京苑医院提供了义诊、健康宣教、入户体检、专家查房等医疗服务。全年卫生支农36次，派出主治医师及以上职称专业技术人员130人次，结对村镇受益586人次，捐赠图书300册，器械、药品共计139 425元。

护理工作 年内，制订了临床常见检验标本的留取要求和方法；修订了分级护理标准及不良事件上报流程；补充完善安全制度3项：医疗废物的产生与存放制度、护理不良事件主动上报制、交接班制度；补充制订工作流程4项：医院普遍推广使用的护理新产品技术培训流程、护理交接班流程、口服给药流程，护理教学流程。

护理质量管理。护理质控人员每日对护理工作质量进行检查，每月召开护理质量讲评会，每季度召开护理安全会，定期组织医疗安全培训和科室质控人员培训。全年完成5 400余份出院病历的终末质量检查。完成73人次的皮肤压疮访视。对234名重症患者的护理质量进行检查591人次。护理文件书写合格率98.6%，护理病历书写合格率96.3%，基础护理合格率98.9%，特级护理合格率100%，一级护理合格率98.7%，护理技术操作合格率97.5%，安全护理合格率99.77%，急救物品完好率100%，消毒隔离合格率99.1%。全年无护理事故和严重差错发生。

年内，"截瘫患者排便专用器的研制与使用"结题，申请了专利并在核心杂志上发表论文1篇。全年在核心期刊发表论文6篇，在《第四届北京国际康复论坛论文集》上刊载13篇。

接收来自6个地区6所院校的51名护校学生进行为期10个月的临床护理实习。承担了协和医科大学护理学院和首都医科大学燕京医学院的康复护理教学任务。

举办区级护理继续教育20项60学时，培训2 655人次。继续教育合格率100%。修订、编写了康复护理120题。25名护士长及护理骨干外出参加业务培训和考察，其中4名护士到外院进修学习、1名护士参加糖尿病健康教育护理师培训资格认证。组织工作满一年的49名新护士进行《护士必读》理论考试和护理操作技能考核，护理理论考试合格率96.2%。

科研工作 年内，新立课题53项，获经费932万元，其中国家级、省部级课题5项，经费730万元；市级课题5项，经费69万元；局级课题43项，经费133万元。结题34项。在研课题154项，其中国家和省部级课题36项、市级课题21项、局级课题97项。获北京市教育教学成果二等奖1项、丰台区科学技术三等奖1项。在国家级杂志上发表论文130篇，SCI收录论文1篇，论著3部。

建立了《中国康复理论与实践》杂志网络平台，

实现了作者在线投稿、在线查稿、专家在线审稿、编委审稿、主编办公和远程编辑等功能。全年收到来稿1 400篇，刊发480篇；组织专题16个，刊发12个。完成康复中心成立21周年论文集、国际自闭症会议论文集和脊髓损伤学会年会论文集的编辑和加工。

成功申报了首都医学发展科研基金项目"康复医疗效果和费用评价指标体系的研究"，开展首都医学发展科研基金项目"基于ICF架构的功能、残疾和健康评定研究"，开展中央级公益性科研院所基本科研业务费专项资金项目"基于CTK（Classfication Toolkit）-BIRCH（桦树分类系统工具包）的ICF中英双语数据库平台建设及应用研究"。召开了第四届北京国际康复论坛及国际自闭症康复学术大会。

医学教育　在校博士研究生19人，其中新录取5人、毕业4人；硕士研究生46人，其中新录取13人、毕业8人；七年制学生12人，其中新录取2人、毕业2人；四年制康复治疗学专业本科生154人，其中毕业38人，就业率100%；首次承担假肢矫形专业教学任务，在校生30人。完成临床课和专业课授课2 700学时和生产实习带教44周。获批校级精品课程1项、校长基金2项。

全年举办国家级继续医学教育认可项目9项470学时，培训560人；市级继续医学教育项目2项12学时，培训396人次；区级继续医学教育认可项目14项42学时，培训2 094人次；自管继续医学教育认可项目10项30学时，培训2 324人次；举办中残联康复人才培训"百千万"工程康复技术培训班，学员41人。完成继续医学教育注册与学分审核统计，共计262人，合格率97.64%。在院职工参加学历教育63人，其中硕士9人、本科39人、大专15人。住院医师参加规范化培训49人，脱产培训业务骨干75人。

国际交流与合作　年内，接待19个国家及中国香港和台湾地区的52个代表团268人次的访问，其中德国柏林工伤康复医院3名专家进行为期1个月的考察指导和日本国际医疗福祉大学和埼玉医科大学26名师生实习访问。派出22个团组52人次赴国外考察学习，其中出国学习16人、考察和参加学术会议36人。举办以康复技术与研究为主题的外事讲座9次。

与挪威Redcord公司签署了合作意向书。建立了首都医科大学与澳大利亚天主教大学合作开办康复医学硕士合作项目。与国际医疗福祉大学签署了人才培养协议。

信息化建设　完成新病房楼HIS系统扩容、图书馆自动化管理升级以及中国康复研究中心网站和中国康复行业网站的升级与改版。更新医保实时上传模块，进行了医保服务器及外挂接口升级。建立残联系统首个高清远程教育网络平台，实现了中国康复研究中心与南宁、重庆、西安三地实时高清直播远程教学、高清录制和网上学习功能。该平台于9月21日正式投入使用，至年底，上传《综合康复学》课程82讲160学时，西安、重庆、南宁三地学员学习2 952人次。同时，加入首都医科大学文献资源共享系统，为远程教育网络平台提供了知识资源支持。

基建与后勤　完成3.2万平方米综合病房楼的建设，9月1日投入使用，收治能力提高57.1%。改建口腔中心400平方米。对原医疗科室共计2 430平方米进行了改造装修。更新修整路面4 000平方米。对宿舍区六幢楼进行了二次供水改造，并对热水站进行了设备更新改造。改造病区连廊照明线路，节电90%。对污水站污水处理设备进行改造，将原使用的液氯改为二氧化氯发生器，减少了对周边环境的污染因素。

其他工作　举办院庆活动。10月28日，在中国康复研究中心报告厅举办了第四届北京国际康复论坛开幕式暨中国中西部地区康复人才培养项目远程教育网络开通仪式，庆祝中国康复研究中心成立21周年纪念日。第四届北京国际康复论坛由中国康复研究中心主办，中国康复医学会、中国残疾人康复协会、中华物理医学与康复学会、中国医院协会医疗康复机构分会、国际脊髓学会中国脊髓损伤学会、第三军医大学西南医院及日本、香港、澳门等相关的学术团体协办。本次会议有来自7个国家和地区的500多位专家应邀到会，围绕神经泌尿康复、神经康复、儿童脑瘫康复、脊髓损伤康复、脊柱外科实用技术与康复、骨与关节康复、脑血管病及脑外伤的中医与中西医结合康复、失语症治疗、物理疗法新理念与新技术、脊髓损伤的作业疗法、心肺康复、心理康复新技术与新进展、康复护理、医疗康复机构管理及康复工程与辅助器具等进行研讨，分析当前国际康复医学的发展趋势，交流国内外康复医学的最新动态，同时还将设立国际尿控协会教育课程与尿动力培训课程。"中国中西部地区康复人才培养项目远程教育网络开通仪式"是中国和日本国际协力机构（JICA）第三期合作项目实施中的仪式。中国康复研究中心将发挥中国康复医学领域资源中心和示范窗口的作用，通过该远程教育网络在中西部地区普及康复医学教育，推动康复医学事业的发展。这天，西安、南宁、重庆三地分会场的康复从业人员都能通过该远程教育网络，同步参与此次国际康复医学学术论坛的交流，掌握国内外最先进的康复资讯，这是我国康复领域首次使用远程专线传输模式在北京、西安、南宁、重庆四地同时举办康复医学学术交流活动。

（撰稿：杨秀丽　审核：宓忠祥）

中国核工业北京四〇一医院

(房山区新镇)
邮编：102413　电话：69357038

基本情况　职工303人（含合同制人员），其中卫生专业技术人员259人，包括高级职称27人、中级职称66人、初级师91人、初级士49人，实习期人员26人。

医疗设备总价值3 017.6万元。本年度购置医疗设备总值345.05万元，其中10万元以上设备8台。

获奖情况。继续保持首都文明卫生单位称号，荣获原子能院第十届职工运动会优秀组织奖及特殊贡献奖。1人被评为房山区卫生系统甲流防治先进个人，1人被评为奥运安保先进个人，荣获原子能研究院感动原子城十佳人物1人、巾帼建功标兵1人及安全生产先进个人1人。

机构设置　1月，本院新建的2个社区卫生服务站正式挂牌营业；4月，本院加挂"北京利卡汀治疗基地"的牌子。

改革与管理　年内，"医疗质量万里行"全面启动。工作重点是"5个加"：加大基础医疗装备投入和提高现有设备使用率，加速核素治疗的进展，加紧新的适宜的有经济增长的项目推进，加重宣传力度，加强管理（制度建设，落实监管；开源之时，如何节流）。

反商业贿赂。年初，重新聘任社会监督员，定期召开社会监督员反馈会，听取意见；开展了反腐倡廉教育，促进廉洁从业，完善了惩治和预防腐败体制建设，全年没有发生重大问题，廉洁行医蔚然成风，共收表扬信、锦旗25封（幅），拒收红包8 100元。患者满意度调查95%。

医疗工作　门急诊122 711人次，其中门诊103 131人次、急诊19 580人次，急诊抢救51人次，抢救成功率86.27%。健康体检2 639人次，预防接种6 365人次。开放床位160张。住院2 257人次，出院2 259人次，住院手术1 075例，床位周转14.12次，床位使用率39.51%，平均住院日10.92天，七日确诊率96.84%，出入院诊断符合率99.90%，治愈好转率97.29%，死亡率1.78%。无孕产妇、新生儿、围产儿死亡。

新项目、新技术。外科开展了脑血管造影，胆道镜手术，脑积水、脑膨出三维塑形修补术，脑室-腹腔分流术，尿道狭窄尿道外口成形术，透析患者动静脉内瘘成形术；眼科开展了玻璃体切割术、视网膜脱离复位术、羊膜移植术、532半导体激光治疗新生血管性青光眼、球内非磁性异物取出、耳针穴疗法治疗儿童屈光不正、自体晶状体前囊膜移植治疗青光眼；口腔科开展了窄牙槽嵴种植技术、牙槽骨移植技术、微创拔牙技术、牙冠延长修复术；肿瘤科开展了肝硬化干细胞移植，外周深静脉置管，经皮肾盂造影，肝硬化合并原发性肝癌动门脉封堵，食道癌、食道狭窄支架扩张术，锁骨下静脉置管；核医学开展了小儿神经母细胞瘤的核素治疗。

病案管理。全院病历处方检查3次，对不合格病历处方进行整改并对责任人给与一定的经济处罚；邀请北京朝阳医院的两位专家就《病历首页填写》和《住院病历的规范化书写》进行了讲解。甲级病历率100%。

传染病管理。5月，启用了高热门诊及传染病病房，制订了《防控甲型H1N1流感应急预案》并进行多次演习，培训全院职工4次、考核2次。本院开设了甲流疫苗接种点，共接种1 679人次。组织接种小分队，负责房山区区委、区政府及各委办局，高校教职员工等1 000余人次甲流疫苗的接种。年内，进行了相关传染病的培训和考核。全年传染病报卡182例，处理突发疫情2次，应急接种20例，随访50例。参加房山区防洪演练1次，研究院的核应急演习2次，为研究院各项文体活动派保健医、救护车3次，配合核科技馆高空坠落演习1次，配合京煤集团化工厂进行突发事故医疗救援演习1次，参加国家体育馆国庆医疗保障1次。

医院感染管理。重新修订规章制度，每月进行消毒隔离检测、医院感染病例监测；统一医疗废物容器、标志、记录单等；医院感染6例，感染率0.27%。

医保工作。医保出院362人次，平均住院日12

天，总费用307.98万元，次均费用8 507.73元。新型农村合作医疗门诊和住院费用直报审核，门诊直报3 985人次，审核转诊71人次。

医疗支援　年初，继续与良乡镇中心卫生院签订对口支援协议，到该院开展健康教育和专家义诊。

护理工作　根据医院下达的量化考核指标，护理部及科室都制订了工作计划，每科每月对护理质量进行自查，护理部不定期抽查。完善呼吸机管路消毒制度及流程、手术室病历书写规范、手术室患者交接制度、手术部位核对流程、高危药品管理制度、治疗室药品管理制度、护理质量安全教育制度等。一级护理合格率95%，护理技术操作考试合格率92%，急救物品完好率100%，消毒物品合格率100%，基础护理合格率96%，护理文件书写合格率93%，术前访视率95%，满意度问卷调查满意率94%。

全年撰写护理论文6篇，发表4篇。全院护理人员继续医学教育全部达标。院内讲课9次，445人次参加。针对新护士及实习护生从基础护理到专科护理、从临床观摩到实际操作等共讲课11次，275人次参加。年内，2人取得本科学历，4人取得专科学历。

科研工作　申报原子能院院长基金1项，费用5万元；申请产业基金1项，费用25万元；独立申请首发基金2项；均待批复。

年内，获原子能研究院"五四"青年报告奖一等奖1人、二等奖2人，获科技成果一等奖1项、二等奖1项。

全年发表论文22篇，其中在中华系列杂志发表3篇。

医学教育　毕业后学历教育：1人获本科学历，2人获大专学历。参加继续医学教育130人，继续教育学分全部达标。首都医科大学核医学系学生见习5次，共180人次。

本年度录取硕士研究生3人，接收进修生2人次、实习生4人次。

本院继续教育讲课16次，2 000人次参加。组织各级各类人员各种考试3次。有3人到三级医院进修，外出参加各类短期学习班95人次。

后勤与基本建设　年内，新离退休职工住院楼开工，工程总投资1 400万元。门诊楼门前绿化改造37万元。新购洗衣机7.5万元；国标医疗垃圾桶160个，2 400余元。院内绿化投资2万余元。

其他工作　9~11月，对房山区阎村镇和新镇的29个自然村及小区的适龄妇女进行了两癌免费筛查。宫颈癌筛查，应筛10 432人，实筛4 346人，筛查率41.66%；可疑191人，无确诊。乳腺筛查，应筛5 840人，实筛3 074人，筛查率52.6%；可疑1人，确诊1人。

年内，下乡防盲筛查10次，手术263例，防盲手术32例，参与北大眼科中心及国际眼科联合会进行的糖尿病防盲项目合作。

完成放射性工作人员个人剂量监测，完成医院同位素转让的审批，完成放射源的安全使用及管理、放射性工作场所的监测及管理。推进并组织相关科室进行医院放射性工作人员健康体检的资质申请，已进入模拟评价报告阶段；完成《核工业北京四〇一医院申请成立γ刀治疗中心项目建议书》、《核工业北京四〇一医院核医学研究治疗基地项目建议书》的申报。

"八一"建军节，为住原子能研究院的武警部队官兵进行免费体检，并送去了藿香正气软胶囊、易喷灵、正红花油等防暑降温、跌打损伤的药品。

（撰稿：侯凤杰　审核：杨立军）

北京市仁和医院

（大兴区黄村兴丰大街1号）
邮编：102600　电话：69242469（总机）
网址：www.bjrhyy.cn

基本情况　职工862人，其中卫生技术人员726人，包括主任医师31人、副主任医师50人、主治医师80人、医师（士）87人，副主任护师4人、主管护师79人、护师117人、护士154人，其他124人（无职称医生44人、护士4人）；行政、后勤人员136人。

医疗设备总价值11 380万元。本年度购置医疗设备总值1 371万元，其中10万元以上设备28台。

获奖情况。1人被评为北京市爱国卫生先进个人，1人荣获"北京市公民健康素养大课堂"优秀教师三等奖，10人被评为承德医学院2008～2009学年优秀教师、1人当选该院先进教育工作者。

机构设置 3月5日，成立了神经内三科；3月18日，增设了急诊病区；5月21日，撤销普外科建制，设立普外一科、普外二科；6月22日，设立感染管理部；12月17日，成立骨三科；12月25日，撤销泌尿科建制，设立泌尿一科、泌尿二科，设立了营养科。

改革与管理 6月5日，通过了ISO 9000质量体系复评审核。6月，医院被认定为残疾人伤残评定定点医疗机构，负责完成区内残疾人换证和伤残评定工作。9月12日，通过了"创建全国百姓放心示范医院"的验收。9月17日，医院的重症医学科诊疗项目通过了考评。11月2日，2人被任命为北大医学部重症医学系及神经内科学系成员。12月3日，检验科进入北京市第三批临床检验结果相互通用医院名单。

年内，经过审核，医院成为卫生部"临床路径试点医院"的4家二级医院之一。

医疗工作 门诊615 675人次，急诊152 485人次，急诊危重症抢救2 597人次，抢救成功率99.54%。实有床位713张。入院21 135人次，出院21 057人次，床位周转29.53次，床位使用率85.60%，平均住院日10.62天，七日确诊率98.68%，出入院诊断符合率99.70%，治愈率36.35%，好转率58.25%，死亡率1.61%。住院手术6 084例。无孕产妇死亡，新生儿死亡率0.74‰，围产儿死亡率0.37‰。

新技术、新疗法。耳鼻喉科的鼻内窥镜下颌面部多发骨折钛板固定整复术，骨科的关节镜下微创治疗重度老年骨关节炎的临床研究，超声科的超声在新生儿颅脑疾病中的应用，麻醉科的神经刺激仪引导下闭孔神经阻滞，检验科的细菌性阴道病快速诊断试验。

病案管理。全年检查病历20 878份，甲级病历率99.87%，不合格病历28份，不合格率0.13%。

医院感染管理。医院感染率1.3%。年内，开展了前瞻性监测和目标性监测，进行了疑似感染暴发及现患率的调查，加强了围手术期抗菌药物合理应用的管理、重点科室的院感管理及过程监控。

医保工作。全年医保出院5 242人次，较上年增长12.73%；平均住院日15天；住院总费用4 783.85万元，比上年增长18.78%；次均费用9 126元，较上年增长5.37%。

医疗支援。继续与6家卫生院建立双向转诊绿色通道，提供对基层卫生人员的培训与培养。与宣武医院签订了心血管介入帮扶协议，再次成为宣武医院的帮扶对象。6月11日，市卫生局质控中心检查医院心血管介入的整改，检查结果符合要求。4月13日，医院选派3名高年资医师赴四川什邡开展为期3个月的医疗帮扶工作。12月24日，与北京大学第一医院签订了《产前筛查转会诊合作协议书》，建立了产前筛查双向转会诊机制。开展了大兴区健康教育大讲堂活动，不定期安排中高级职称医师走进乡村和社区，巡讲有关医疗保健、健康常识、疾病预防等知识。

年内，医院完成大兴区白内障复明工程及户籍适龄妇女子宫颈癌、乳腺癌免费筛查的医疗任务。

控制甲流疫情。作为大兴区甲流定点医疗机构，排查甲流12 462人次，采集咽拭子55例，其中确诊甲流12例，无院内感染。

护理工作 年内，制订了《护理不良事件管理制度》，新增了《护理查房制度》、《护理会诊制度》、《护理人力资源调配应急预案》及《未取得执业证书人员管理制度及岗位职责》。全年收到《护理缺陷登记报告》32份，落实了整改措施。成立了护理质量安全小组，鼓励科室主动上报不良事件。护理文件书写合格率99.03%，基础护理合理率99.44%，特级护理合格率100%，一级护理合格率99.36%，护理技术操作合格率99.95%，急救物品完好率100%。

全年接收护理实习生70人。参加继续教育329人，达标率95.76%。外出培训5次：抚触、导乐师资培训，糖尿病护理团队建设与发展培训，全国护理管理大会，急诊护理技术与静脉输液安全培训，医院手术部管理规范与安全管理培训。院内讲课6次，300余人次参加。本科毕业15人，在读50人；大专毕业10人，在读15人；专本连读6人。

"三基"考核。一季度参加考试180人，合格率100%；二季度参加考试190人，合格率97.88%；三季度参加考试170人，合格率97.59%；年终参加考试197人，合格率100%。

科研工作 在ISSN期刊发表论文20篇，其中护理4篇、职能管理1篇。

医学教育 接收北大医学部03届医学八年制学生76人，完成门诊、病房、基层卫生院的医疗学习及调研；承担了承德医学院13名学生的教学、科室轮转等。接收超声科进修1人。医院有48名应届毕业生参加北大医学部的岗前培训，166人参加继续教育，参加短期学习、培训班50人次，脱产学习7

人次。

信息化建设 5月，投资近200万元，与北京方正众邦签署了医院HIS系统全面升级建设合同（包括软、硬件），升级后的HIS系统为三层架构。此外，计算机室还对全院的计算机进行了主板硬件维护。

捐资助学 医院设立的仁和助学金和北大阳光基金第八年向大兴教委和北大医学部分别捐款20万元和10万元，用于帮助贫困生完成学业。

（撰稿：郭晓琳　审核：牛本周）

北京民康医院
北京市第三社会福利院

（德胜门外昌平路沙河镇）
邮编：102206　电话：69731971

基本情况 职工288人，其中卫生技术人员193人，包括主任医师5人、副主任医师（含相应职称）5人、主治医师（含主管护师）51人、医师（含护师）61人、医士（含护士）30人，专科护理员、康复治疗人员41人。

医疗设备总值606万元。

年内，医院被评为首都文明单位、市民政局工作先进集体、福利处安全稳定工作先进集体、绩效优秀单位，有3人当选市民政局先进个人、8人当选市民政局福利处先进个人。

改革与管理 在党风廉政建设中，领导班子成员参观市政法委组织的反腐展览，落实"三重一大"集体决策制度，加强制度建设，健全防范机制，强化监督，预防漏洞，特别是对人、财、物等重点部门的监管，全面落实小金库清查。

圆满完成国庆60年庆典期间安全稳定工作，以最强的组织领导、最高的工作标准、最严密的保证措施、最好的精神状态投入到安全稳定工作中，做到了责任到人、措施到位。克服困难，无条件接受精神病患者入院治疗。

继续加强精神文明建设，积极开展职业道德和行风建设，职工精神面貌发生明显变化，服务质量进一步提高，涌现出一批模范工作者。对住院精神病患者做到打不还手、骂不还口，全院拒收礼品礼金累计13 200元，拒绝患者家属请客吃饭110人次。

医疗工作 专科门诊4 102人次。实有病床550张，入院88人次，出院65人次，床位使用率95.8%，平均住院日267天，七日确诊率96%，出入院诊断符合率97%，治疗好转率79.2%，死亡率1.7%。

着力抓好各项医疗核心制度的落实，加强医疗质量动态监控管理，每季度召开医疗质量分析和医疗安全讲评会。为了确保国庆60周年庆典期间医疗安全无事故，医院根据住院精神病人的特点，采取措施，加强防范。首先是做好"三防"工作，即防自杀、防自伤、防逃跑；其次是加强用药管理，不超量，少联用，安全有效；第三是加强对重点病人的管理，增加查房次数，加强病房巡视，定期检查安全隐患，保证了全年无事故。

定期对病历质量进行评价，全年评价病历520份，对存在的问题及时反馈，并提出整改意见。组织全院病历观摩评比活动，促进了病历书写质量的提高。定期召开病案管理委员会会议，加强对病案质量的全程监控，对每一份病案按评分标准进行评价，病案甲级率达98%以上。

医疗支援。心理科为东城区、海淀区、大兴区、门头沟区等多家医院、学校和社区进行心理健康知识培训、科普讲座36小时，派出5名专家对北京市第一社会福利院、第二福利院、第五福利院、第二儿童福利院进行了技术指导。

医保工作。完成门诊结算数据实时上传设备的安装调试，根据医保政策和要求，不断改进和完善相关制度。全年医保就医526人次，出院65人次，医保总费用1 100万元。

院感工作。进一步完善三级管理组织，加强教育，普及院感知识。严格执行《医院消毒技术规范》，每月对科室消毒剂使用以及医疗废弃物的管理进行监督检查。严格院内感染病例登记报告制度的贯彻落实，及时对感染病例进行监测、抽查，登记抗菌素使用情况，全年报告感染病例316例，感染率5.18%。

护理工作　加强护理管理和精神科护理技能培训，提高与患者沟通技巧，每月进行一次护理质量分析和护理安全检查，落实三级安全责任体系，查找安全隐患，制订防范措施，把安全责任落实到每个人。加强病房巡视，对重点病人加强监护，夜间巡视观察床头，严禁蒙头睡眠，防止意外事故发生。

针对精神衰退和老年病人的逐年增加、生活自理能力下降情况，各病区严格执行护理程序，做好基础和生活护理，认真交接班，卧床病人无皮肤破溃发生。

组织全体护士学习《护士条例》，进行了"三基"为主的护理技能训练，对新聘任的护士进行了专业知识培训和考核，对护理员进行安全及相关护理知识的培训，组织护士参加护理学会及院内举办的继续教育。

康复工作　加强康复工作管理，关心爱护参与训练的精神病患者，在文化娱乐、体育训练、定岗职业方面，开展丰富多彩的康复项目，使康复工作更加人文化、规范化。工作中注意加强与患者的沟通，了解他们的想法，发现问题及时解决，每个项目都做到了安全第一。全年参训率保持在应参训人数的 96% 以上。集体心理治疗是精神科治疗与康复相结合的一项工作，工作中坚持"以人为本、尊重为先"的原则，平等地对待每一名精神病患者，尽心尽力地为他们进行治疗，完善了集体心理治疗的硬件建设，"代币制集体心理治疗体系"调动了患者参与的积极性。

继续教育　加强专业人员"三基"知识训练，完成院内继续教育项目，内容涉及法律法规、传染病防治、精神科诊疗新进展等。

科研工作　完成与北大六院"经颅刺激治疗精神分裂症疗效观察"的协作项目。全年发表论文 8 篇，参加学术交流 1 篇。

信息化建设　不断完善 HIS 系统各模块的功能，查找系统升级中存在的问题，并与公司协商解决。为确保数据库安全，中心机房数据库实现在线、离线、本地、异地、多介质等备份策略核心数据每天晚上完全异地备份一份，每周将数据库再用光盘离机备份一份。

为了适应医保工作的需要，经过招标确定了新的 HIS 系统软件供应商，于 10 月签订合同，并通过政府采购的形式购买所需硬件，其中包括服务器 1 套、客户端 80 套、交换机 6 台，投入资金 134 万元。

行政与后勤　通过招标，完成医院门诊、病房楼电缆更新工程，完成化验室扩建项目并投入使用，完成锅炉大修、水塔保温，保证了冬季供暖及日常供气供水。根据政府采购程序购置救护车等公用车辆 4 台。

加强安全教育，严格执行安全制度，组织安全巡查，排除安全隐患，全年无安全事故发生。对大型和重点设备重点检查、重点维护，仓库定期进行资产清查，实施动态管理，做到账、卡、物相符，全年采购物资 60.8 万元，发放物资 53 万元。洗衣房全年洗涤缝制衣物 61 万件。司机班安全行车 15.3 万公里，完成 3 辆黄标车的上交处置。

（撰稿：李卯和　审核：李　明）

煤炭总医院

（朝阳区西坝河南里 29 号）
邮编：100028　电话：64667755
网址：www.mtzyy.com.cn

基本情况　职工 851 人，其中医护人员 636 人，具有副高级以上专业技术职称人员 169 人，享受国务院政府特殊津贴专家 16 人。

固定资产总价值 2.1 亿元，医疗设备总值 13 318 万元，本年度购置医疗设备总值 900 万元。

获奖情况。连续第十一年被评为中央国家机关文明单位，连续第六年被评为首都卫生系统文明单位。

机构设置　年内，成立了煤炭总医院中心实验室和中国煤炭尘肺研究室。

改革与管理　本年度实现了各项质量指标、效率指标、经济指标的再次突破。全院将医疗质量作为发展根基，以"强基础，抓质量"为主线，从健全完善制度、教育培训等多方面入手，着力提高全员质量意识，提升基础质量，不断促进医教研防协调发展。同时，以患者满意为目标，重视行风建设，拓宽服务面，持续进行信息系统改造，强化医保物价管理，提高服务水平，坚持公益方向，服务社会大众。在力求患者满意、社会大众满意的同时，注重医院文化建设，以职工满意为目标，不断改善职工福利待遇。开展平安医院建设，在朝阳区卫生局组织的平安医院验收及示范平安医院检查中，医院被推荐为朝阳区示范平安医院。

医疗工作 门急诊517 281人次，比上年增长10.38%；入院8 195人次，比上年增长2.4%；出院8 157人次，比上年增长0.9%；手术3 834例，比上年增长22%；床位使用率80.71%，床位周转19.15次。平均住院日14.07天，七日确诊率84.18%，治愈好转率80%，死亡率4.9%。在固定资产、职工收入双双增加的前提下，收支实现节余，运营状况良好。

年内，制订了《不良事件与安全隐患报告制度》等12个医疗管理制度，狠抓三级医师查房制度，危重病人、疑难病人讨论制度，会诊制度，交接班制度等核心制度的落实。对全院医疗服务过程质量进行监督，下达医疗安全目标，加强了依法执业、医疗质量、医疗安全的管理力度。开展全员"三基三严"培训，不断提高基础医疗质量，继续执行综合质量考评制度，重点加强了病历处方的管理。深入科室检查与督导运行病历质量，聘请退休老专家组成医院病历处方考评领导小组，进行病历处方的盲抽、盲评及反馈，对优秀病历处方进行奖励，对不合格者发出反馈单，限期整改。通过严格管理，整体病历质量大幅度提高。年终，北京市病案质量控制中心抽查医院6份运行病历，4份被评为优秀病历，2份合格。

在疾病控制与医院感染管理工作中，积极应对人感染高致病禽流感疫情和甲流疫情，制订防控计划、相关工作流程，开展预案演练，对全院职工进行防护和诊疗知识培训，组织甲流疫苗注射，实现了职工零感染。做好医院感染的综合性监测及目标性监测，加强对重点部门的感染管理、抗菌药物合理使用管理和医疗废物管理，开展医院感染新知识培训，院内感染率保持在3%以内。

在医保和物价管理上狠下功夫，加强日常监管和考核力度，宣传医保、物价管理政策，促进临床各项治疗、检查、用药日趋合理。针对即将实施的门诊持卡结算工作，制订工作流程，完善相应管理制度及应急预案，核对物价库，被列为朝阳区医保持卡结算试点单位。在年度医保联审互查中，医院在朝阳区名列第一，并荣获北京市医保管理三等奖。

坚持对朝阳区东风社区卫生中心和常营社区卫生中心的对口支援，深入社区卫生站和中心调研，了解病人对社区医疗卫生工作的需求，在双向转诊、扩大专家门诊范围上下功夫。全年专家下社区出诊186人次，接诊1 826人次，开展义诊2次。由市人大副主任带队的调研组在常营社区卫生服务中心调研时，对本院的工作给予了高度评价。继续卫生支农怀柔区妇幼保健院。与山西省阳高县和广灵县签订了医疗扶贫协议，免费接收两县医师短期进修，在当地举办基层医生培训班，帮助县医院建设重点学科，并赴阳高、和顺进行义诊，受到基层医生和当地百姓的欢迎和好评。

完成全国和本市两会的医疗保健工作，受到卫生部表扬。选派医护人员参加甲流疫苗的注射工作，组建医疗队在国庆60周年庆典现场参与医疗保障，并获最佳服务保障奖。派出1名副主任医师到四川参与医疗卫生对口支援，春节期间由院领导带队参加了北京市组织的北川灾区义诊活动。继续组织全院职工为灾区贫困大学生捐资助学，为贫困母亲捐款。

护理工作 严格执行分级护理制度和护理质量检查、考评、反馈制度，努力实现整体化护理目标。在符合实际、切实可行、有利于患者安全、有利于护士工作的原则下，修订了护理岗位职责和工作流程。明确各级护理管理人员的管理目标，落实三级岗位管理责任制。加大专科护士培养力度，提高专科护理技术水平。着力推行护理会诊制度，防范因各病区病种交叉导致的护理风险。严格落实护理不良事件分级管理制度，定期对护理缺陷、护理投诉进行归因分析，吸取教训，提出防范和整改措施，持续改进护理质量。总结三级甲等医院检查中存在的突出问题，在护理操作技能方面进行全员培训，达到人人合格。针对医院病床弹性管理带来护理风险增加的实际，着重从4个方面加强护理管理：一是明确病床管理责任，理顺病床安排流程；二是加强护理核心制度的落实；三是充分发挥专科护士的专业优势，对疑难和复杂护理问题实行护理会诊制度；四是建立护理安全管理预警制度，对高危患者高危操作实行专项管理和控制，有效防范重大护理差错的发生。在整体质量控制和护理管理中，将目标管理作为突破点，明确院、科、病区三级重点，明确护理质量控制重点和责任，通过监督与自查，落实护理质量的分析-反馈-落实-监测实效4个环节，切实提高整体护理质量。

科研工作　在核心期刊发表论文132篇，比上年增长了43.48%。在SCI引用源期刊发表论文4篇。出版专著、译著3部。向中国煤炭工业协会推荐申报科研成果13项，获二等奖2项、三等奖3项。

对20项科研课题进行了院级立项及经费资助，申报数量及立项数量较上年均增长了100%。申报首都医学科研发展基金项目12项、北京市中医类科研课题2项。

医学教育　组织全员参加继续教育培训，教育工作覆盖率100%，院级授课比上年增长52.9%，学分合格率99.6%，传染病全员培训合格率100%。承担市级继续教育项目5项，成功申报2010年市级继续教育项目13项，举办了国家级继续教育项目——尘肺病影像诊断新进展学习班暨医学影像新技术在尘肺病中的应用研究班。加大研究生培养力度，招收硕士研究生22人，接收华北煤炭医学院等大中专院校实习生122人，接收外院进修医生29人。

信息化建设　完成医保持卡结算的实验室认证，对信息系统进行了改进，开发了电子病历系统，并在临床科室试点。开通医院内部网站，增加了信息发布和交流的平台。完成PACS系统的二期存储建设，提高了数据的安全级别和存储容量。对网络系统实行在线监控集中管理，网络安全稳定性得到提高。完成门诊触摸屏的系统开发，方便患者随时查询各项医疗信息和个人诊疗费用。

后勤与基建　坚持服务临床、服务患者的理念，将"既保证医院正常运转，又节约每一分资金"当作工作标准，努力降低采购成本。由国管局和和平街办事处出资，为东土城路职工宿舍大院进行了环境绿化、道路整治和粉刷工程，为医院节约经费60多万元。招标更新7部电梯、2台锅炉，完成各类土建工程。修旧利废，为医院节约资金近20万元。开展床旁宣教和疾病营养教育、厨艺技能比赛，住院患者对饭菜的平均满意度达到93.27%。

矿山医疗救护　医院负责的全国矿山医疗救护工作取得体制建设的重大突破性进展。经与卫生部会谈协商达成共识，按照整合资源、共同推进的原则，加强体系建设，促进标准化管理，将矿山医疗救护体系纳入到国家应急医疗卫生救援体系。继续进行矿山医疗救护三级救护网络建设，并在体系管理上有了进一步提高，组织部分分中心参与了历次特大型矿难的医疗救援。

（撰稿：李　鹏　审核：高　艳）

学术团体和群众团体工作

北京市卫生系统思想政治工作研究会

（宣武区北纬路59号）
邮编：100050　电话：63188325
网址：bwzyh@sina.com

基本情况　有会员单位52个。定期召开秘书处例会和常务理事会，及时传达上级文件和会议精神，使秘书处工作进一步规范化、制度化。邀请市政研会领导来本会，对重点研究课题进行指导。同时，与卫生部政研会沟通，并加强了与天津、上海等外省市思想政治工作研究机构的联系和学习交流。

学术活动　开展评选全国百家卫生文化建设先进单位活动，共有22家单位送来申报材料。在评委打分和申报单位打分的基础上，推荐3家医院参加全国卫生系统的评选。

在市卫生局第二批学习实践活动中，为了解本系统党员干部理解和把握科学发展观的实际情况，研究会设计了思想调查问卷，并对调查结果进行了分析。在学习实践活动中，本会2名副会长担任检查指导组组长，参加了指导检查工作。

在各区县卫生局参加的第三批学习实践活动中，本会召开了学习实践科学发展观活动研讨会，常务理事和区县卫生局理事参会。市卫生局党组副书记张秀芳就区县局基层单位开展第三批学习实践活动提出了要求。密云县卫生局介绍了当地落实科学发展观、建设社会主义新农村以及医疗卫生改革的经验。与会者实地考察了密云县"生态密云"和"新农合"建设成果。

科研工作　年初，申报市思政研重点立项课题7项，其中友谊医院、积水潭医院、宣武医院3项课题获准立项。京煤集团总医院、朝阳医院2项课题作为本会重点研究课题，分别给予了经费资助。3项市级课题和2项本会课题基本结题。

本会向市思政研推荐12篇研究成果，参加北京市"丹柯杯"优秀研究成果奖的评选。首儿所卢平、班雁萍撰写的论文获一等奖，市卫生局宣传处彭英姿、东城区社区卫生服务管理中心王建辉撰写的论文获二等奖，市卫生局组织处刘中勋、地坛医院毛羽、李春霞撰写的论文获三等奖。

培训工作　年内，组织全系统40余名政工干部赴福建学习考察。参观了古田会议旧址，对泉州市第一人民医院、龙岩市人民医院进行了学习考察。

编辑出版　开展了纪念改革开放30周年征文活动。本会收到征文1 170篇，评审出优秀征文133篇，编辑了纪念改革开放30周年文辑之一《我们的30年》和之二《开创新局面》，共印发1 800册发放到卫生系统各单位。市卫生局机关、东城区卫生局、友谊医院、宣武医院、安贞医院、世纪坛医院、朝阳医院、中医医院、儿童医院、地坛医院、妇产医院、回龙观医院、急救中心、疾控中心、卫生学校等15个单位获征文活动优秀组织奖，140余名作者获征文活动优秀作品奖。

其他工作　秘书处参与了市卫生局组织的干部考察、政工职称评审以及《北京卫生60年大事记》、《永远的怀念》画册的编辑工作等。继续坚持定期发行会刊，发挥会刊"政工通讯"的作用，搭好上下之间、会员单位之间的交流平台。

（撰稿：阎玮　审核：齐敬宁）

中华医学会北京分会

(东单三条甲7号)
邮编：100005　电话：65134368

组织建设　全年发展新会员近1 500人，团体会员单位154个，工作委员会6个，专业委员会80个。截至12月底，已交会费团体会员单位（会员在20人以上）人数25 586人，非团体会员241人。经市社团办批准成立了健康管理、胸外科、心脏外科、身心医学专业委员会。完成糖尿病、物理康复、麻醉、放射技术、消化、核医学、耳鼻咽喉、眼科、肠外内营养专业委员会的换届改选。加大内部管理力度，制订了各类会议、活动的预算、审核、监督、考核制度。进一步理顺了会议申报程序。

学术活动　全年申报市级认可项目234项，完成学术讲座198场、学术年会36项。申报国家级认可项目22项，举办各类学习班6个。为促进北京地区医学学术交流，学会进行了多层次、多形式的学术交流活动。

继续教育　24个专业委员会组织学术讲座198场，到会22 030人次。其中神经内科、物理康复、皮科、内分泌、肾脏病、检验、病理、超声、放射、儿科、围产、血液、麻醉、风湿、肠外内营养等专业委员会全年学术活动在4次以上。

学术年会　神经内科、骨科、感染、麻醉、风湿、急诊等36个专业委员会举办了学术年会，共收到论文3 464篇，其中大会交流1 230篇。已形成品牌年会的有骨科、胸外科、泌尿外科、麻醉、风湿、呼吸、放射、妇产科、糖尿病、消化系病等。麻醉学术年会吸引本市100余家医疗单位的1 500名代表参加，共14个专场16个板块近50个专题内容，并邀请以首尔麻醉学会会长具吉会教授为主席的首尔麻醉代表团，就危重症医学现状、疼痛诊疗现状与进展、儿童麻醉现状与进展以及妇产科麻醉进行了交流。耳鼻咽喉科学术年会有本市各级医院的800余名代表参加，设定分耳、鼻、咽喉3个方面交流，每个专题由4位专家研讨，共分12个专题报告。呼吸系病年会吸引了1 000余名来自北京、天津、山东、内蒙、上海、浙江、江苏、广东、四川、重庆等省市的呼吸内科及相关科室医生参会，并组织了16个大会专题讲座，包括呼吸系病专业当前的临床热点、学科新进展以及典型病例，尤其是就防控甲流进行了深入讨论。第九届风湿病学术年会吸引了北京多家医院和周边省市风湿病专业人员约1 200人参加。胸外科学术年会暨首届胸外科护理研讨会吸引了本市各医院的胸外科专家、学者550余人参加，徐乐天、王天佑等7位专家回顾了北京地区胸外科的发展历程，朱彦君、周乃康等12位胸外科带头人与参会者探讨了国内外胸外科领域的热点、难点问题和学科新进展。

举办学习班　本年度举办国家级认可项目——非住院手术麻醉的实施与管理、CT技术新进展、全国口腔医学、全国骨质疏松症专业、消化系病新进展学习班及肘关节髋关节临床培训班6个，363人参加。放射、放疗、超声、眼科等专业委员会完成中华医学会继教部委托，举办了放射、超声等上岗专业人员培训班，培训600余人。

学术会议　小儿外科专业委员会举办新生儿出生缺陷的评估与筛查培训，150余人参加。放射专业委员会举办二级医院放射研讨会，120人参加，交流论文6篇。神经内科专业委员会举办基层医师研讨会，250人参加，交流专题报告4篇；举办第十五次英文读书会，600余人次参加；第九届中-瑞国际神经病学学术会议，代表500人，大会交流专题报告13篇，书面交流35篇；举办北京国际神经科学论坛，代表350人，大会交流专题报告27篇。血液专业委员会举办血液学论坛，200人参加。消化内镜专业委员会举办第十三届全国消化超声内镜学术会，650人参加。消化系病专业委员会举办第二届国际消化超声内镜学术会，代表700人。肿瘤专业委员会举办环北京结直肠肿瘤综合基层医师研讨会，150人参加，大会交流专题报告5篇。北京市药学管理学术研讨会，150余人参加。北京医学会与北京口腔医学会联合举办第十四届全国口腔医学学术研讨会，代表35人，会议专题交流8篇，交流论文15篇。

科普咨询　为配合《健康北京人——全民健康促进十年行动规划》，学会开展了"北京人十大健康行动"系列活动。从10月起至年底,以"权威专家健康教育大讲堂"、"青年医生健康指导进社区"及编写医学科普读物的形式,帮助首都居民掌握健康科普知识,树立良好的健康观念,达到预防疾病、促进健康、改变不良生活方式、全面提升健康素质的目的。截至年底,"权威专家健康教育大讲堂"共开展"吸烟与肺癌"、"口腔疾病与全身疾病"、"做自己的营养师"、"癌症离你有多远"、"血压为什么会升高"、"怎样拥有明亮的眼睛"、"肺癌的发生与什么有关"等讲座9次。

学会联合各区县医学会到延庆县、房山区等8个区县的20个社区医疗单位开展专家义诊、医疗咨询和科普宣传活动386场次,专家参与500余人次,免费发放医学科普读物3万余册,受众6万人次。

年内,神经内科委员会专家开展第十次西部行活动,在江西南昌同时启动了"重走红军路"活动。除神经内科专业委员会的委员外,还特别邀请在京大型军队医院的神经内科教授参加。代表团为江西省各地区26家医院的150余名神经内科专业医生进行了"睡眠专家共识"、"脑小动脉病"、"康复的理念"、"颈动脉病与卒中"、"急性缺血性溶栓治疗"、"缺血性脑卒中的抗血小板治疗"、"神经系统病变合并抑郁焦虑的诊治"、"眩晕的诊断与治疗"、"糖尿病神经病变"等9个专题的培训。同时,代表团还到江西省人民医院进行带教、查房及疑难病例会诊,并在永新县三湾乡红军卫生院举行捐赠仪式,赠送急救设备1套、神经内科专用检查器械10余套以及大量专业书籍和10余种药品等。

6月,参与"共铸中国心"西部地区心脑血管疾病健康关爱计划,与首都医疗卫生工作者一道为西海固地区的3万多名患者进行了义诊、巡诊、送药和咨询服务。

编辑出版 学会主办的《北京医学》和承办的《中华医院管理杂志》、《中华泌尿外科杂志》严格执行三审三校制度、常务编委会集体讨论定稿和总编辑终审终校负责制。全年共收稿件3 000余篇,刊出971篇,发行25万册。《中华医院管理杂志》坚持每期突出1~2个重点专题,在12月发布的中国科技期刊引证报告中,本刊在2008年中国科技期刊综合评价总分排名中(共1 868种)总被引频次排名第一百二十三位,总被引频次为2 243;其影响因子排名第一百二十位,影响因子为1.004。全年主办和协办医院管理学术研讨会和专题会议10余次,到会960人次。

《中华泌尿外科杂志》将重点放在文稿的学术质量控制上,刊出文章的整体质量及严谨性稳步提高。在本年度中华医学杂志社122本期刊综合质量评比中,《中华泌尿外科杂志》排名第二十位,上年是第二十五位。

《北京医学杂志》努力提高期刊的学术水平并坚持北京医学的特色和风格,在本年度刊发的420篇论文中,有22篇为基金项目论文,占5%。针对临床各专业的热点和难点问题,编辑部组织有关专家和编委撰写"专题笔谈"栏目文章,受到广大读者的好评。

医疗事故技术鉴定 全年接到医疗事故技术鉴定的移交/委托165例,受理160例,不予受理5例,中止18例,终止1例,已完成鉴定125例(一级事故11例,二级事故3例,三级事故9例,四级事故6例),医疗事故比率为23.2%。此外,学会接受了市计生委委托的计划生育并发症鉴定、市卫生局疾控处委托的预防接种异常反应残疾程度的鉴定。由卫生行政部门移交鉴定的案例逐年减少,由人民法院委托鉴定的案例逐年增多。

完成上级行政主管部门临时交办的工作:市计生委委托的计划生育并发症鉴定2例,协助市卫生局制订《北京市疫苗预防接种异常反应相关麻醉型脊髓灰质炎病例补偿办法(试行)》,协助卫生部办公厅信访办解决傅冬家属医疗纠纷信访问题,协助卫生部制订朝阳医院西院医疗纠纷处理对策,参与市卫生局医疗纠纷案例研讨会3次。

政府委托的工作 受市卫生局委托,承担了北京地区医疗技术准入的评审与验收。全年接受部级、市属、区县、厂矿、民营等108家医疗机构申报的项目211项,受理并评审157项,其中准入148项、未准入9项,包括技术项目92项、诊疗科目65个。医疗机构需求论证与现场审核5家,医疗机构校验7家,14家限期整改复查。年初,建立了医疗技术准入专家库,分专业42个,入库专家1 812人。接受市卫生局医政处委托的增设、变更、验收临床科目的审核56项。开展了新设置医疗机构的需求论证与实地考核。组织了医疗机构校验。建立评审档案,对231项申报与评审材料进行整理归档,建立了纸张的原始档案与电子版档案。召开专家会2次,征求《手术分级管理办法》的意见并审订。

受市卫生局委托,制订北京市二类医疗技术名录。2月18日,召开限制使用技术论证启动会,18家三甲医院的30多位医疗专业、医政管理、医院感染、卫生法律、医学伦理等专家出席。2月中旬~4月中旬,召开论证会19次,制订17个专业的限制使用技术261项。4月中旬~5月中旬,召开论证会议5次,归纳整理出二类医疗技术77项。5月初,起草了《北京市第二类医疗技术名录》(征求意见稿),共收到各级医院和专家的书面反馈意见27份,制订《北京市第二类医疗技术名录》90项（种），首批公布21项。

受市卫生局药械处委托，一是编著《北京地区医疗机构处方集》（西药分册）60余万字，向18个区县卫生局和51家医院赠送3 000余册。二是编著《北京地区医疗机构麻醉和精神药品规范化临床应用培训教材》，9家医疗机构近30位专家参与编写，定稿近20万字，正在排版审校中。三是组织全市二级医疗机构医务科、药剂科、感染科、外科、呼吸科、血液科、儿科、麻醉科、神经科、消化科、妇产科、皮科、口腔科、高压氧科的相关人员，分期分批地进行了抗菌药物临床合理应用指南、医用氧舱操作人员上岗培训、兴奋剂管理使用师资培训、麻醉药品和精神药品应用指南原则、医用氧舱操舱人员上岗培训的培训，1 860余人次参加。同时，组织全市一级以下医疗机构《社区非药学人员从事药学工作上岗证》考试1 600余人，及格率80%；对不及格人员补考一次。95%的人员考核合格，并持证上岗。

完成中华医学科技奖280份标书的推荐上报。本市进入一等奖入围终审答辩1人、二等奖3人、三等奖3人。

受市卫生局委托，4~6月，组织3家医院12位专家编写16种疾病的临床路径。组织各级各类医院对104个临床路径征求意见并修改；向各级医疗机构就重点专科、各种临床诊疗管理规范、三类医疗技术等征求意见，汇总反馈意见并整理修改、上报征求意见汇总报告93项，转发修改意见34项。

办事机构建设 年内，制订了《薪酬方案》、《例会制度》、《办公用品统一采购规定》、《文稿打印、复印管理办法》、《杂志定稿会管理办法》、《杂志广告管理办法》、《广告业务洽谈说明》、《公务用餐管理办法》，修订了《三重一大制度》、《学会印章管理办法》、《财务工作管理与审签制度》、《发票管理制度》、《内部结算报账制度》、《会费、专科基金管理与支付制度》、《专业委员会管理办法》，完善了《学会各部门工作职责》、《人事管理制度》等。

对网站进行了改版，并聘专人维护网站运行。对网站"资讯与动态"、"医学园地"、"学术交流"进行了日常更新。"咨询与动态"共编写公共卫生新闻和学会活动报道66篇，其中编辑、转载北京地区热点公共卫生新闻54篇，学会活动报道12篇。编写"医学园地"文章66篇，其中以日常保健知识为主题的文章46篇、以医学常识为主题的文章13篇。采编"学术交流"文章15篇，其中学会的各类学术活动10篇、编辑学术会务部投稿5篇。编写医学大会专题之"60年回顾"文章2篇，"权威专家健康教育大讲堂报道"7篇。

（撰稿：李 银 审核：项晓培）

中华护理学会北京分会

（东城区东单三条甲7号）
邮编：100005 电话：65256418

组织建设 为规范学会组织管理，学会组织工作委员会设专人重新核对了注册会员单位及会员信息，并对退会单位和会员进行了清理。截至年底，有注册会员24 110人、会员单位227个，发展新会员单位4个，新入会会员1 898人，比上年增加627人。会费收缴率97.8%。

年内，制订了《安全目标管理岗位职责》、《奖金分配方案》，并执行了《办公用品统一购置管理办法》。

5月，通过了2008年学会年检和市卫生局、市科协财务审计。

9~10月，完成各类档案材料的整理归档、保存。

全年向首都科技网、北京卫生信息网、《健康报》、《科协一周情况》、《京华卫生》、《科技报》等报送通讯报道16篇22条次。

学会正式启动了对外门户网站的前期筹备，并完成网站方案初稿。

学术活动 全年各专业委员会组织学术研讨和参观交流活动67项次，其中各专业委员会间的参观学习与交流30次、内部学术交流16次、护理学术研讨会3次、学术沙龙5次、省际/国际间学术交流7次、科研项目6项。骨科专业委员会新开展了网上护理查房，社区专业委员会举办了社区护理工作中的难点及社区护理风险防范学术沙龙，精神卫生专业委员会组织了情景模拟护理业务查房，中医、中西医结合专业委员会组织了中医病历护理讨论等。

3月20日，北京护理学会常务理事一行13人前往浙江大学附属邵逸夫医院参观学习，并开展了护理学术交流。

4月，中华护理学会举办了第九届护理科技进步奖评选活动。8月，从各专业委员会报送的9项护理科技项目中，推荐3项参加了中华护理学会护理科技进步奖的评选，均获二等奖。

5月8日，市卫生局、北京护理学会举行了庆祝国际护士节——"安全防护，从我做起"巡展活动首场展示启动仪式，北京医学会会长金大鹏、秘书长项晓培、市卫生局医政处副处长陈静、北京护理学会会长孙红、秘书长应岚出席。本次活动围绕护士职业安全防护的薄弱环节，以呼吸、肿瘤、静脉输液、医院感染4个专科巡展。来自全市73家二、三级医疗单位的170余名护士参加了活动。

5月，科普工作委员会部分委员赴三峡大学医学院护理学院考察。

6月26日，北京护理学会与德国LR国际有限公司联合举办了护理管理学术研讨会，全市54家医院的114名代表参加。特邀台湾国立大学附属医院护理部主任张瑛作《如何展现护理专业形象、社会价值与伦理》、《专业护士的定位及价值体现》演讲。

8月7日，学术工作委员会举办了第十届北京青年学术演讲比赛初赛。以市科协提出的"科技创新——青年的责任与使命"为主题，征集参赛稿件25篇，内容涉及内、外、妇、儿、老年及传染病等各专科。北京大学第三医院、宣武医院、北京地坛医院的3名参赛选手代表本会参加了市科协举办的决赛，分获一、二、三等奖。

9月3~4日，安徽省卫生厅组织11名护理管理专家来京，了解、学习北京护理学会专业护士资格认证工作的开展情况和实施经验，并参观考察了3家医疗单位。

9月4日，内科专业委员会肾病学组召开经皮肾脏穿刺护理学术研讨会，三级医院的40余名护士参加。会上，7家三级甲等医院的护理人员分别介绍了肾穿护理经验，提出了肾穿护理的难点和存在的问题，就病人肾穿术前、术后并发症的观察和预防及出院后健康指导等展开了讨论。

9月4日，妇产科专业委员会召开妇科肿瘤化疗护理研讨会，三级医院近20名妇产科护士长参加。北京协和医院妇产科护士长李蕊作了《妇科肿瘤化疗及护理》的专题报告，并进行了讨论。

12月23日，举办了学术年会，共征集稿件77篇。经专家评审，有4篇进行了大会交流，并聘请专家进行了现场点评。

科普宣传 5月，第十五个科技周，北京护理学会与市科协以"科技套餐配送工程"为重点，在京郊农村和社区组织科普宣传活动2次、科普专题讲座4场、护士职业安全防护巡展5场，受益3 750人次。

5月16日，学会与怀柔区科协在渤海镇六渡河村开展了义诊和健康咨询活动。邀请4名护理专家为近200名村民进行了免费体检、义诊以及医疗、护理知识的咨询服务。

5月18日，学会与门头沟区科协在门头沟区举办了"健康快乐京西行"大型社区科普宣传活动。学会选派3名护理专家分别深入大峪街道、城子街道、东辛房街道，为约250名社区居民进行了以老年病防治为主要内容的科普宣传报告。

年内，组织安定医院、航天总医院、丰台医院、顺义区医院4个继续护理教育分会场专题学术讲座，选择了内科、老年、康复及医疗管理等课题，约1 000人次听课。

继5月8日"安全防护，从我做起"巡展活动首场展示之后，北京医院等5家医疗单位在科技周期间组织了5场分会场巡展，有2 300名护理人员参加，总受益3 750人次。

政府委托工作 完成2009年护士注册制证工作，主要包括护士首次注册、变更注册、再注册、临床实习及考核管理等内容，并成立了护士注册制证办公室。全年完成40 639名护士的注册换证工作。

年内，学会正式启动了糖尿病、肿瘤、手术室、静脉输液（PICC）的专业化护士培训工作，完善了各培训项目的师资和教学基地质量的监管与持续的质量改进。全年建立临床教学基地51个，其中手术室18个、肿瘤21个、糖尿病12个；完成6个专业文件的制订与修订；培训5个专业的委员53人；举办专业护士资格认证培训班共6个专业6期；完成理论、操作考试、综述论文答辩、临床实习教学讲课与考核，共培训347人次。10月，配合市卫生局完成中国护理事业发展规划纲要"专业护士认证"项目落实情况的汇报。

10月，受市卫生局科教处委托，完成急诊急救护理人才培养项目中12个教学基地60名带教老师的培训，并进行了9项急诊护理技术操作光盘录制的前期筹备。

继续教育 全年25个专业委员会共举办国家级、市级继续护理教育培训班15期，培训学员1 293人。免费为会员发放学习资料20 000册，并为参加培训的会员单位提供培训费优惠政策。同时，为解决远郊区县会员听课远、听课难等问题，共设继续护理教育主会场1个、分会场15个，举办市级专题学术讲座99项184场次，听课51 600人次。

编辑出版 完成科普工作委员会《百姓家庭健康·护理常识100问》、呼吸专业委员会《呼吸系统疾病知识和技能问答》、老年专业委员会《老年人护理安全风险管理及急救指南》的编辑出版。学会办公室参与编辑了市科协出版的《北京科技社团与首都科学发展》。

国际交流与合作 3月27日，肿瘤专业委员会举行了中英肿瘤护理学术交流会，委员单位共55人参加。英国Gartnavel General Hospital的临床护理专家Allison Smith博士以《循证护理和工作经验》、《临床肿瘤护理专家培训》为主题进行了专题讲授。

9月11日，心血管病专业委员会的委员参加了阜外心血管病医院举办的北京国际心血管病论坛护理学分会场的专题研讨和交流。

11月4日，肿瘤专业委员会的9名委员参加了第十六届香港国际癌症大会暨第六届香港癌症研究年会。与香港大学护理学院院长苏国慧教授等就京港两地护理教育以及肿瘤护理现状进行了交流，并参观了香港大学那打素护理学院和威尔氏亲王医院。

其他工作 8月，北京护理学会配合中华护理学会的百年庆典开展了以下活动：为百年庆典学术交流，组织、审阅稿件86篇，录用54篇。学会会长孙红、副会长吴欣娟、副秘书长李春燕受邀在百年庆典活动主会场担任主持，副会长张黎明、郑一宁及部分常务理事担任各分会场主持，会长孙红在主会场发言。全市11家三级医院的82名护士完成百年庆典开幕式大合唱的演出任务。

11月，为配合市总工会机关事业单位系统劳动竞赛活动的开展，北京护理学会与市护理质量控制与改进中心承担了市总工会、市卫生局工会组织的劳动竞赛活动。友谊医院、朝阳医院共选派10名临床护理人员，组成护理技能风采展示代表队参加了活动，并得到好评。

取得成绩 年内，学会被评为市科协系统文明单位、信息工作先进单位、统计工作先进单位；科技套餐配送工程先进集体，秘书长应岚当选科技套餐配送工程优秀组织工作者，科普工作委员会主任委员黄建萍被评为科技套餐配送工程突出贡献专家；获市科协第十届北京青年学术演讲比赛优秀组织奖及个人一等奖、二等奖、三等奖各1人；获中华护理学会举办的第九届护理科技奖二等奖3项。

（撰稿：贾飞娟 审核：应 岚）

北京中医药学会

（东单三条甲7号）
邮编：100005 电话：65247704
网址：www.bjacm.org.cn

组织建设 12月27日，学会召开第十次会员代表大会。会长张炳厚作了题为《同心同德，全面落实科学发展观；锐意进取，努力发展学会新局面》的工作报告，听取和审议了监事长屠志涛的《第九届监事会工作报告》、秘书长高丹枫的《北京中医药学会章程（草案）修改说明》。到会会员代表选举理事，理事选举常务理事，常务理事选举会长、副会长、秘书长、监事长等领导。新一届会长赵静作了《履行学会职能，推进学术发展，建设一流的中医药学术团体－北京中医药学会第十届理事会工作规划和2010年工作重点》的报告。

年内，完成肿瘤、外科、周围血管、妇科、男科、肾病、心血管、按摩、精神卫生、肛肠、肺系、急症、青工委、糖尿病、中药鉴别、制剂、临床药学等20个专业委员会的换届改选工作。

政府委托工作 协助市中医局举办第二届北京中医文化宣传周活动，以及首都中医药60年成果展。完成对《北京市中药调剂和煎药规程》的修订，定名为《北京市中药调剂规范》（修订本），作为北京地区各级医疗和中药经营单位从事中药调剂及中医临床处方的统一技术法规。参与管理北京市医疗机构制剂价格。为此，与北京医药行业协会成立了中药饮片价格专家小组，开展中药非标准制剂价格的备案、评审工作。非法定制剂51种的中药制剂价格于10月1日起执行，并对800种非法定制剂的中药制剂价格进行核对。承接中医住院医师规范化培训、考核工作，全市共培训考核住院医师900人次。5月，市中医局启动了社区中医药人才培养"回归扎根"工程，本会组织师资培训1次50人，首期学员培训120人次。本会承办了市中医局主办的北京地区医疗机构中药技术人员专业知识与技术竞赛，来自50个医疗机构的280名中药技术人员参加了初赛，110人进入复赛。2月22日，在宣武区第三职工职业学校举行决赛，10名选手分获一、二、三等奖，市中医局授予中药专业技术能手称号，同时纳入市中医局传统中药人才培养工程人才库，并享受相关的政策。授予决赛获得优秀奖的参赛选手中药专业希望之星称号，同时纳入北京中医药学会中药专业人才库，并享受相关的政策。8月25日，完成市中医局交办的国家中医药管理局拟组织开展第四次全国中药资源相关情况调查提纲工作。9月12日，学会召开市中医局交办的国家中医药管理局对《中成药临床应用指导原则征求意见》的论证、研讨会。

学术交流 10月18日，本会协办的第五届国际络病学学术交流大会在广州召开。国家"973"项目首席科学家吴以岭教授作了《络病理论指导血管病变基础研究——国家"973"项目计划专题报告》，得到来自全国以及美国、韩国、印度等国家的专家、学者的关注和好评。会议正式代表1 000余人。

9月14～19日，学会主办了全国中药研究暨中药房管理学术研讨会。收集学术论文120篇，涉及中药实验研究、中药房管理、中药材鉴别炮制、临床用药、计算机管理、中成药使用等学科。学会就中药饮片价格管理及北京开展西医执业医师合理、规范使用中成药专项继续教育项目的开展向全国的代表作了汇报。代表们对医院中药房管理的经验、综合医院中药科室建设进行了交流。

10月，召开由学会骨科专业委员会协办的海峡两岸中医药发展大会，其中设中华中医药学会骨伤分会第四届第四次学术研讨会和中华中医药学会第十三届风湿病学术研讨会两个分会场，代表近千人。

本会与北京中西医结合学会、北京针灸学会联合举办了首届"上工杯"学术演讲比赛。报名选手300人，经初赛后112人进入复赛，最后15人进入决赛。青年组一等奖：北京中医医院陈鹏，二等奖：首都医科大学中医药学院罗容、护国寺中医医院韩倩倩、北京友谊医院李宝金，三等奖：石景山区中医医院付娜、门头沟区中医医院王丽利、空军总医院王飞、广安门医院葛琳、田琳；中年组一等奖：东直门医院张立山，二等奖：首医大中医药学院马赞、广安门医院刘馨雁，三等奖：宣武区中医医院赵立军、北京中医医院王仲易、丰盛骨伤医院姬峰。之后，参加了市科协举办的第十届青年演讲比赛，陈鹏获一等奖，罗容、韩倩倩、李宝金、葛琳、田琳、刘馨雁获二等奖，王丽利、王飞获优胜奖。

年内，各专业委员会根据各自的学术特点，开展了一系列专业学术活动：专业委员会年会2次，学术交流30次（含台湾3次、外省市2次），学术沙龙研讨会7次，病例讨论会4次。2月14日，骨伤科专业委员会换届暨学术交流会，到会代表近100人。围绕"发扬丰盛骨伤特色优势，坚持专科发展之路"、"关于中医骨伤科临床科研的思考"、"足筋僵趾骨走-拇外翻畸形"以及"皮神经卡压性颈肩部疼痛铍针治疗"等进行了学术交流。8月15～16日，肿瘤专业委员会在内蒙古锡林郭勒正蓝旗召开了北京肺癌诊治新进展专题研讨会；12月20日，召开该专业换届及讨论新一届工作计划会议。11月6日，脑血管病专业委员会召开中医脑病临床及基础研究学术会议。4月25日，风湿专业委员会举办了类风湿关节炎专题研讨会。5月，脾胃病专业委员会举办了中医脾胃病医疗最新进展培训班和脾胃病学术年会。肛肠专业委员会换届改选后于4月赴山东鲁南制药厂参观学习，同时召开肛肠常务委员会，研讨本年度活动计划，并创办了《北京中医肛肠通讯》（内部），年内出版2期；7月18日，召开史兆岐学术思想研讨会，来自全国200多名肛肠界专家到会；11月28日，部分专家赴武汉马应龙医药公司参观，同时开展义诊、举办科普学术讲座和中医肛肠疼痛专题研讨会；12月20日，与中西医结合学会肛肠专业委员会联合召开了肛肠学术年会。本年度，由学会中药鉴定、炮制专业委员会与《首都医药》杂志联合举办的传统中医药炮制与鉴别专家指导活动开展了5次学术活动：3月，在北京人卫中药饮片厂开展了中药常见品种的真伪鉴别讲座，并现场参观中药炮制过程；5月，在北京卫仁中药饮片厂参观中药杜仲和芍药植物园，著名中药专家金世元教授、翟胜利教授到会，并现场讲解；7月，在北京人卫饮片厂参观传统中药"六神麯"的炮制过程，首医大中药专业派人做了全程录像，市药监局安监处副处长胡美芳到会；9月，在怀柔区黄花城药植物采摘基地开展了学术交流；12月底，召开年度总结会，表彰先进，制订2010年工作计划。

继续教育 完成继续教育项目和学术讲座55次，中医基础录像播放33场。本会15个专业委员会全年举办大型学术讲座 30 余次，7 000 余人次参加学习。专题学习班有：全国中医、中西医结合诊治妇科病学习班，58 名来自全国的中医妇科医生参加，邀请全国著名妇科专家柴松岩教授等专家讲课，内容有不孕症、闭经、绝经期综合征、子宫疾病诊治、性传播疾病等。第十九期全国中药材及饮片真伪鉴别学习班，学员 136 人，并组织上山采药、考察安国药材市场、参观药用植物所及中药标本馆。全国中医肛肠病进修班，传授近年来大肠肛门病的新进展及各种最新的治疗方法，参加学习 28 人。全国中医按摩提高班，26 人参加。

科普咨询 4 月底，本会科普专业委员会主委韩平教授等与急症专业委员会联合编写了《甲型 H1N1 流感中医药防治》，5 月 10 日出版，市科协速拨 10 万元专款出书，并立即发放到市科协各基层组织。9 月，在中华中医药学会科普分会举办的全国大会上，此书获中华中医药学会科普图书特别奖。

办好学会网站。学会活动的许多信息要通过网站发布；组织建设上，各种表格的登记、下载、上传要依靠网站完成；各专业委员会创办的网站、网页、学术交流，也需要链接在网站上，便于会员学习、阅览。为此，市科协拨 3 万元专款支持本会的网站建设。

年内，围绕各种中成药开展科技咨询活动近 10 次，如：3 月 24 日，举办了参芪扶正注射液临床研讨会，与会专家和厂方代表一致认为必须加强临床、药学、基础研究，不断提高注射剂的质量。

本年度共开展义诊和咨询等 6 次，如六一儿童节赴首都儿科研究所李桥医院义诊，选派专家 6 人，接诊患儿 100 人次，同时，发放中医药科普宣传资料 1 000 余份。

编辑出版 《北京中医药》全年共收稿件 1 617 篇，较上年增加 334 篇 (26.03%)；刊用 389 篇，刊用率 24.05%，较上年下降 6.27%；刊用论文中的基金论文占 30.08%，较上年增加 12.34%。

协助东城区医学会编辑出版《东城医药》杂志 1 期，20 万字，1 000 册。编辑出版全国性《论文汇编》2 部，23 万字，200 册；各种高研班、学习班讲义 2 部。与出版社合作编辑《名医绝技良方》分册 5 部，70 万字，5 万册。

（撰稿：高丹枫　审核：刘　刚）

北京中西医结合学会

（东单三条甲 7 号）
邮编：100005　电话：65250460
网址：www.bjaim.com

组织建设 会员 5 430 人，团体会员单位 70 个。专业委员会 34 个，待成立 3 个。工作委员会 4 个。

第一届口腔委员会成立。北京口腔医院院长孙正为主任委员，主持第一届口腔专业委员会工作。

第一届中西医结合护理专业委员会成立。北京中医药大学东方医院护理部主任刘香弟为主任委员，委员 39 人。

成立第一届康复医学专业委员会。北京同仁医院主任医师赵文汝任主任委员，由 31 名专业人员组成。

第二届临床营养治疗专业委员会进行了换届，新一届有 36 名专家。北京协和医院王秀荣教授为主任委员。

第三届老年病专业委员会换届改选。主任委员由中国中医科学院西苑医院李浩教授担任，委员 42 人。

第六届肝病专业委员会换届改选。新一届委员 38 人，主任委员由中日友好医院副院长姚树坤担任。

学术活动 学会把重点工作放在开展多样化学术活动上，集中精力创建一定规模的品牌性专题交流、论坛、学术研讨会等。全年举办继续医学讲座 42 次、学术论坛 4 次、学术研讨会 22 次、学习班 4 个，共计 7 760 人次参加。

1 月 10 日，耳鼻喉专业委员会和解放军 263 医院联合举办耳鼻喉科学术年会，收集论文 36 篇，130 余人出席会议。同日，周围血管专业委员会召开北京地区第二届周围血管病学术年会，发表论文 125 篇，236 人出席会议。

大肠肛门病专业委员会分别于1月9日、12月19日举办了大肠肛门病学术研讨会，收到论文160余篇，240余人参加。

1月14日，召开中西医结合护理专业委员会成立大会暨学术研讨会，参会39人。

2月22日，药学专业委员会、辉瑞公司、北京群英管理顾问有限公司联合为北京市部分医疗单位药剂科、药房工作人员进行了有关临床药学方面的培训，参加培训30人。

3月28日，召开京津冀地区皮肤性病学术年会，参会486人，收到稿件141篇，大会交流29篇，分会场交流57篇。

4月1~29日，举办了国家级中医药继续教育项目——中药注射剂安全问题及中成药合理使用讲座，为期5周，126人参加。

4月11日，召开了烧伤专业委员会学术交流会。收到论文12篇，参会47人。

4月18日，神经科专业委员会召开第三届缺血性脑血管病学术研讨会，150余名代表参加了会议。同日，大肠肛门病专业委员会郊区基地揭牌仪式暨北京郊区基层医院肛门疾病新知识推广讲座在平谷区医院举行，116人参加。

5月9日，眼科专业委员会召开北京市首届眼科名老中医论坛学术研讨会，142人参加。

6月3~5日，儿科专业委员会和北京儿童医院中医科联合举办了小儿中西医结合学习班暨裴学义名义讲堂活动，50余人参加。

6月12~13日，超声专业委员会举办超声如何与中医药研究相结合学术研讨会，邀请在京的著名超声专家进行了超声造影、心脏、血管、妇科超声诊断的专题讲座，并现场解答有关问题。42人参会。

6月17日，外科专业委员会、急救医学专业委员会联合举办中药注射剂药物警戒学术沙龙，探讨了中药现代化如何科学发展，58人参会。

6月18日，中西医结合护理专业委员会与中国中医科学院广安门医院、BD公司共同举办了中医、中西医结合静脉输液安全管理学习班，365人参加。

9月19日，骨科专业委员会召开学术年会，主题为中西医结合治疗骨科疾病新进展，56人出席会议，12名专家进行了交流，论文集收集论文28篇。

9月24日，召开第六届肝病专业委员会换届改选工作会暨肝病临床治疗学术研讨会，68人参加。

10月17日，药学专业委员会举办了中国健康管理的创新与发展的专题学术论坛，32名委员出席。同日，举办了中西医结合肾脏病论坛，主题是肾脏病临床与基础科研最新进展。论坛聘请国内外肾脏病研究领域的专家作专题演讲。来自北京地区和周边省市的700余人参加了论坛。

10月25日，风湿病专业委员会举办了干燥综合征专题研讨会，400余人参会。

12月12日，召开了感染专业委员会学术研讨会，会议就甲流的中西医结合治疗做了交流，中西医专家姜良铎、晁恩祥、贾继东等出席了会议，50余名专业人员参会。同日，举行了京津中西医结合营养学术研讨会，262人参会，收集论文56篇，16篇论文大会交流。

12月25日，肾病专业委员会举办了慢性肾脏病的防治措施与相关研究进展学术论坛，参会125人。

科普工作 3月3日，耳鼻喉专业委员会举办了"国际爱耳日"科普教育及咨询活动。耳鼻喉科专家侯志良等6名教授参加，耳鼻喉专业委员会主任委员刘大新教授等专家分别为150余名患者进行了检查和科普宣传。

联合国糖尿病日，糖尿病专业委员会在海淀区常青园社区进行了糖尿病宣传教育及义诊活动，包括糖尿病科普知识宣传、糖尿病大课堂、专家义诊。发放各种糖尿病科普宣传手册230余份，有67名患者向专家咨询了有关糖尿病及其并发症等问题。

配合政府工作 根据《北京市中医药人才培养计划（第二期）实施方案》，学会于6月20~21日举办了北京市中医药人才第五次集中培训，83人参加了学习。

8月24~28日，由东直门医院30名专家组成的临床评审组在北京中医药大学东直门医院对北京市中医药（125）人才50名Ⅲ类人员进行了临床考核，主要内容为考核与评价其指导下级医师临床医疗查房的能力。

9月14~16日，在北京中医药大学东直门医院对北京市中医药（125）人才Ⅰ、Ⅱ类人员进行了结业论文答辩，共计31人进行了答辩。

10月24日，组织参加了北京中医、中西医结合首届"上工杯"青年学术演讲比赛。20余个单位参加，评选出8名代表参加北京市科协第九届青年学术演讲比赛。 （撰稿：井宏伟 审核：董彦菊）

北京预防医学会

(东城区和平里中街 16 号)
邮编：100013　电话：64407289

组织建设与管理　5 月，完成北京市社团管理办公室年审和学会代码证的注册。

8 月 3 日，召开第五次会员代表大会，90 多个单位 145 名代表出席。会议通过了《第四届理事会工作报告》、《北京预防医学会章程（草案）修改说明》、《第五届理事会理事、常务理事、副会长、会长选举办法》、《推举第五届理事会理事及领导成员的说明》和《第五届理事会理事推荐名单》等。选举产生了第五届理事会理事 141 人，常务理事 56 人，孙贤理出任第五届理事会会长，邓瑛等 14 人为副会长，裴绍民任秘书长，张华任监事长。

10 月 7 日，召开了五届一次会长办公会。审议并通过了五届理事会会长、副会长、秘书长等领导成员工作职责，财务管理及重大事项请示报告等 11 项规章制度。11 月 19 日，召开了专业委员会换届改选会议。

学术交流与培训　继续打造"公共卫生北京论坛"的学术品牌。4 月 16 日，学会与市疾控中心以"奥运公共卫生保障与大城市公共卫生安全"为主题联合举办了第七届公共卫生北京论坛。卫生部疾病控制局局级调研员徐惠民、中国疾控中心副主任沈杰、市爱卫会常务副主任孙贤理、香港特别行政区卫生署署长林秉恩等出席，WHO 驻中国代表处流行病学专家 Dr. chin-Kei lee、希腊国家卫生部官员 Dr Panos Efstathiou、英国伦敦公共卫生区域主任 Simon Tanner 博士、澳大利亚 MOnash 大学 Brain Oldenburg 等出席开幕式。本市区县卫生局、卫生监督机构、疾控系统、奥运定点医疗机构的领导、专家、专业技术人员和中央在京医学院校、科研院所、部队、铁路、出入境检验检疫局共 250 多人参加了会议。上海、天津、重庆、广州、青岛、江西、湖北等 7 省市卫生行政、疾病控制机构的 23 位领导和专家应邀出席会议。

1 月 12 日，举办了人禽流感防治知识骨干培训班，在京部队系统、铁路系统及电力、水力、航空和卫生部部属、北京市直属二三级以上医院、疾病预防控制机构的 342 名专业技术骨干参加了紧急强化培训。卫生部传染病应急处理专家、市疾控中心和市院内感染控制专家授课，并制作《人感染高致病性禽流感培训教材》光盘 500 个。

5 月 7 日，本会对全市医疗卫生专业技术人员进行甲流防治知识培训。来自卫生部部属、北京市直属二、三级以上医疗机构、疾病控制、卫生监督及电力、水力、航空等行业医疗机构的 320 余名专业技术骨干参加。北京佑安医院张彤主任、市疾控中心杨鹏博士和东直门医院刘清泉主任分别就甲流临床症状、临床诊断、治疗要点、医疗防护、疫情报告及管理和中医药治疗等进行了培训。培训后，进行了现场笔试，发出考卷 321 份，回收 302 份。统计显示，98% 以上概念清楚，较全面掌握了甲流相关防治知识。编印《甲型 H1N1 流感防治知识培训资料》1 000 册、教学光盘 600 个。培训后，又组织专家就"医疗诊断"和"预防控制"进行了全员考试。

8 月 20 日，分别举办了临床骨干医师、公共卫生专业技术骨干及管理人员鼠疫防治知识培训班 2 个，450 余人参加培训。印刷培训教材 1 000 份，制作培训光盘 600 个。

2009 年，各专业委员会开展了学术交流研讨活动：4 月，儿少卫生专业委员会举办了传染病控制和眼科保健学术讲座，全市大中小学校校医 360 余人参加；3 月 11 日，举办了精神卫生专题讲座，310 名大中小学校医参加；开展继续医学教育项目 5 项。妇女保健专业委员会参与了市政府的折子工程；为全市 25~65 岁户籍女性进行宫颈癌筛查，40~60 岁妇女进行乳腺癌筛查，举办宫颈细胞学培训 3 期，每期 27 人，共 81 人；乳腺 B 超培训 2 期 320 余人；阴道镜技术培训 1 期 170 余人；信息录入培训 2 期 450 余人；专家阅片会 1 期，10 名市级专家参加；宫颈细胞学阅片考核 12 次，约 430 人次参加；乳腺超声技术考核 10 次，约 470 人次参加；举办市级继续教育项目 7 个，共 10 期，1 850 余人次参加培训。3 月 18 日，儿童保健专业委员会邀请中国疾控中心王惠珊主任开展了"家长养育行为指导"的讲座；4 月 8 日，举办了两场儿童保健知识讲座,由北京儿童医院副院长申昆玲讲"儿童睡眠障碍",共有312名儿保医师参加;7月8日,与北京微量元素学会、中国营养学会微量元素分会、中国老教授学会食品、营养与保健专家委员会、中国优生科学协会小儿营养专业委员会共同举办了北京市微量营养素与健康学术报告会,18个区县及北京妇幼保健院共50人参加;10月12日,召开北京市第五届儿童保健学术论文交流大会专家审稿会,专家对87篇论文进行评审并确定了获奖名单及大会交流论文;10月22日,召开北京市第五届儿童保健学术论文交流大会,18个区县及社区、托幼机构的卫生保健人员共200余人参加。

2009年,开展了多层次社区预防保健人员培训:3月23日,举办第二届社区预防保健医师骨干培训班,23人参加了理论培训,21人完成近4个月的理论学习、专业轮转,7月17日举办结业式,颁发结业证书。7周的公共卫生和疾病控制专业轮转分别在朝阳区、东城区、西城区3个疾控中心进行,在4个社区卫生服务中心、2个精神卫生保健所、2个妇幼保健所完成了12周的专业轮转。岗位培训:3月26日~4月18日,举办了系列社区预防保健医师岗位理论培训,202名学员参加。必修项目培训:11月3~7日,举办了儿童预防保健培训,全市164名预防保健医师参加;11月11~23日,举办系列社区预防保健医师模块培训班,共培训451人次。技能操作考试:10月31日~11月1日,本会组织36名专家对166名已取得理论考试合格的社区预防保健医师和128名社区预防保健人员进行了技能操作考试,163名预防保健医师考试合格,合格率98.19%;118名预防保健人员及格,及格率92.19%。

期刊与出版 《首都公共卫生》、《毒理学杂志》和《国际病毒学杂志》的编辑质量、发行量均有提高。《毒理学杂志》为国家级核心科技期刊,在《中国科技期刊引证报告》"核心版"中,影响因子分类排名由原来的41名上升到23名。全年出版杂志18期,编辑文章320余篇。

4月,编辑出版了《社区预防保健人员实用手册》;5月,出版了《儿童预防保健》。

(撰稿:裴绍民 审核:唐耀武)

北京中医协会

(东城区美术馆后街小取灯胡同5号)
邮编:100005 电话:64007339

中医调研 开展了首都居民中医药认知度的调研工作,并撰写了调研报告;开展了中医药教育发展思路的调研,探索中医药传承和自身发展规律。

考试工作 制订了《北京市传统医学师承和确有专长人员医师资格考核考试若干规定》和实施方案,编纂试题,建立了试题库。对市中医局备案的16名传统医学师承人员进行继承学习的过程管理,并实施了传统医学确有专长人员资格考核考试的报名。

年内,北京地区中医类别医师资格考试网上报名2 431人,参加现场审核1 899人,考区审核通过1 757人,未通过142人,不合格占7.48%。培训考官及考务人员178人,并与每个考官、考务人员签订了保密责任书。为考试基地保密室增添了铁门、防护铁窗、密码铁柜、监控报警器等设施设备。严格实施领取、存放试卷制度,完备接收、保管、发放试卷制度和交接手续,安排专职人员进行24小时监控。

医疗质量监测 全年完成中医医院病案数据113 768条、人力资源数据11 462条的收集统计和录入。6月和10月,协会两次召开北京地区中医医院医疗质量监测工作总结及培训会,北京地区二、三级中医医院各监测网点负责人200余名参加了会议。

网上查询工作 中医信息网的数据库项目指标设立7 000余项,中医医疗机构659个,注册执业医师6 720人。对人员资质、科室设置、诊疗项目、医疗服务情况等信息进行修改1 329次,中医医疗机构信息修改322次,医师信息修改1 007次。6月11~13日,召开工作会议,表彰了网上查询系统先进单位28个。

科研工作 与市中医局科教处共同承担了青年科学研究项目的管理。对全市23个市属中医医院、综合医院申报的32个中青年科技项目进行了专家评选,确定资助16项。对2007年入选的16项进行了结题验收,对2008年入选的15项进行了中期评估。

行业维权 3月,召开了部分本市民社办中医医疗机构依法行医座谈会。9月2日,组织全市中医医疗机构"加强行业自律,维护行业利益法律法规"培训,500多人参加。

编辑出版 编印发行《中医治未病健康宣教丛书》12本,并为18个区县政府、卫生局,332个社区卫生服务中心和1924个社区卫生服务站,基层医务人员和社区百姓免费发放了丛书。

培训工作 6月和10月,分别举办了北京市中医社区管理干部培训班。各区县卫生局主管领导、社区卫生服务管理中心主任、社区卫生服务中心主任350人参加了培训。

8月和10月,分别举办了北京地区中医中青年科技管理干部培训。二、三级中医医院主管科研工作的院长、副院长、科技管理干部和科研骨干200人参加了培训。

完成社区卫生服务中医人员适宜技术培训,分别召开社区卫生管理干部、中医专家、社区中医人员研讨会3次,发放调查问卷400份。从国家中医药管理局推广的46个病种73个技术项目中确定了铍针治疗颈腰部疾病、针灸治疗睡眠障碍、薄氏腹针疗法治疗颈肩腰腿疼、冬病夏治哮喘膏疗法、耳尖放血治疗高血压等5项技术,并举办了3期中医适宜技术培训,来自18个区县的200余名社区中医临床医生参加了培训,并安排学员在东直门医院、市中医医院、护国寺中医医院进行临床实践,确保学习质量。

绩效考核 完成区县卫生局委托的6家中医医院的现场考核,收集整理了自查的13家中医医院的绩效考核资料,并进行了网上公示。

医院管理年检查 12月,开展中医医院管理年活动,组建了35名中医管理专家,对北京地区9家三级中医医院进行了考核评价。

全国社区示范复核 年内,受理北京市、上海市等全国18个省(自治区、直辖市)37个候选区的申请,审核了各地上报的材料,组织41位中医社区卫生服务专家赴37个候选区参加实地复核,并将37个候选区的复核报告进行反馈,督促各候选区制订整改方案和措施。

制订国家标准 本会协助国家中医药管理局修订了《全国中医医院医院管理年检查标准》和《全国综合医院示范中医药工作评价标准》。

中医医师注册 全年为143个医疗机构中医类别人员399人次办理了各类注册和变更手续,其中首次注册209人次、变更注册190人次。

中医医疗广告审核 全年审核中医医疗广告97件,审核通过47件。

(撰稿:程治馨 审核:朱桂荣)

北京防痨协会

(西城区新街口东光胡同5号)
邮编:100035 电话:62252649

组织建设 有会员1 042人。10月23日,召开协会常务理事会,增补北京老年医院刘运湖、解放军第三〇九医院全军结核病研究所林明贵为协会理事。防痨协会理事会有理事31人,分别来自北京结核病控制研究所、解放军第三〇九医院全军结核病研究所、北京胸科医院、北京市卫生局、中国疾控中心结核病预防控制中心、北京市卫生监督所、北京市教委、北京老年医院以及区县结核病防治所等23个理事单位。全年召开协会秘书处会议2次。

学术活动 全年协会组织专题学术讲座5次,会员单位的300余人次参加。

科普宣传 在第十四个世界防治结核病日期间,协会与北京结核病控制研究所及朝阳区卫生局在朝阳区城外诚文化广场举办了以"控制结核,人人有责——关注农民工,共享健康"为主题的大型宣传活动。市卫生局副局长赵春惠、疾控处处长赵涛、北京防痨协会理事长洪峰等参加了活动。活动期间,由协会与结控所策划制作的公益FLASH短片《防治结核健康颂》成为一大亮点。小红门社区卫生服务中心工作人员及牌坊村小学的学生表演了防治结核病知识小品、相声等文艺节目。参会人员前往朝阳区小红门社区卫生服务中心肺结核病防治站,听取了社区管理结核病人预防耐药发生等情况介绍,并到监化室了解了结核病人的监化服药、国家政策落实等情况,市卫生局副局长赵春惠、北京防痨协会理事长洪峰等领导将抗结核药品送到患者手中。同时，协会各理事单位深入到学校、社区、厂矿、工地以及火车站等公共场所，通过发放宣传品、知识讲座、文艺演出等形式，宣传结核病防治知识。

在北京科技周期间，结核病学专家屠德华教授作了《迎接结核病控制的创新时代》的专题学术讲座，协会各理事单位的71人参加。

培训工作 协会与结控所合作共举办各种培训13次，包括专题讲座、培训班等，参加培训889人次。

3～4月，举办《中国结核病防治规划实施工作指南》（2008版）培训班3次，全面介绍了肺结核患者的发现、肺结核化学治疗、肺结核患者的管理、结核病的实验室检查以及肺结核防治信息管理等，全市结防系统200余人参加了培训。

4月15日，举办了北京市卡介苗接种工作培训班，各区县产科及结防所负责卡介苗接种的150人参加了培训。

6月19～20日，举办了结核病健康教育骨干培训班，对结核病预防、治疗、康复等环节的健康教育工作进行了交流和探讨，各区县结防系统80余人参加了培训。

7月10～11日，举办了全市菌阴肺结核诊断与鉴别诊断培训班，参加培训79人。

8月4～5日，举办了北京市学校结核病控制工作培训班，针对学校肺结核疫情定义、监测与报告、处置程序等进行了培训，80余人参加。

全年举办专题讲座5次，内容包括结核病的免疫治疗与进展、肺结核外科治疗与进展、胸部CT基础及诊断、PCR技术新进展以及结核病管理信息系统等，参加培训300余人次。

继续教育 完成继续医学教育项目7项，其中市级项目2项350人次、自管项目5项300余人次。与结控所合作将协会的学术讲座纳入到北京市继续医学教育学分管理工作中，并完成申报。

国际交流与合作 9月9～12日，协助中国防痨协会在北京举办了亚太地区学术大会，本会有6篇论文在大会上交流。

12月4～9日，协会理事长洪峰代表北京参加了在墨西哥举办的国际防痨与肺部健康联合会第四十届学术大会，其论文《北京耐药结核病控制项目进展》在大会上进行了交流。

其他工作 9月21日，结控所与协会联合召开新中国首都防痨事业发展60周年纪念大会。卫生部疾控局、中国疾控中心、北京疾控中心、北京市卫生局及各区县卫生局、北京结控所及各区县结防所领导和各理事单位代表等近百人出席。北京结控所所长、北京防痨协会理事长洪峰作了题为《新中国首都防痨工作60年回顾》的报告。

10月，协会参加了市科协举办的以"科技创新——青年的责任与使命"为主题的第十届北京青年学术演讲比赛，昌平区结核病防治所刘丽娜以《创新结防机制，提升防治水平》为题的演讲获得优秀奖，北京防痨协会获得优秀组织奖。

（撰稿：倪新兰 审核：安燕生）

北京性病艾滋病防治协会

（东城区和平里中街16号）
邮编：100013 电话：84241190

组织建设 10月，召开第五次会员代表大会，进行第五届理事会改选。第四届理事会理事、常务理事，顾问，市相关局委办，各区县疾控中心、卫生局、医院、民间组织代表149人参会。会议审议并通过了第四届理事会工作报告，协会章程修改的说明，第五届理事会选举办法、选举监票人提名、理事候选人推荐过程等。新一届会员代表大会选举产生理事119人，常务理事50人和会长、副会长、秘书长、副秘书长、监事长。新一届领导班子进一步完善协会制度建设，修改制订了办公室工作职责、常务理事职责、副会长职责、会长职责、秘书长职责、专业委员会工作职责及重大事项请示报告等一系列规章制度，并履行民主监督管理制度。

宣传教育 受市卫生局的委托，承办了北京市三大工程之一的免费安全套推广项目。完成免费安全套在宾馆饭店、娱乐场所、高危人群中的推广使用。与市人口计划生育宣传教育中心合作，编制了艾滋病防治知识普及教育宣传小册子，针对吸毒人群编制了毒品危害及为什么要开展美沙酮门诊维持治疗的宣传小册子。

编辑出版了《北京性病艾滋病防治通讯》（内部刊物）。

继续办好咨询热线和网站。全年人工热线共接咨询电话2 927人次（男2 537人次、女390人次），语音咨询30 443人/次。协助国家疾控中心更新、整理全国各省、市最新的艾滋病/性病热线电话（参比室），向曾光教授提供疑病求询者联络信息和QQ群信息，接受疾控中心转介求询者。

协会网站继续做栏目与内容的更新工作，并在网页上开设"留言板"专栏，回答公众在性病、艾滋病方面困惑的问题。

国际合作 第六轮中国全球基金第一期为两年，自2008年1月到2009年12月。期间，通过公开招募，招募实施机构48家，实施项目53个。举办培训班9次，培训实施机构人员346人。完成干预目标人群女性性工作者24 934人、男男同性恋人群10 728人、吸毒646人、校外青少年1 359人、艾滋病病毒感染者/病人1 032人，提供抗病毒治疗咨询94人，发放安全套570 428只。各项指标均按进度完成，且部分指标超额完成。通过项目实施，非政府组织参与艾滋病防治工作的积极性进一步提高，支持性社会环境初步建立，促使更多的非政府组织参与到艾滋病防治工作中来。项目实施扩大了对难以接触人群的干预范围，提高艾滋病预防知识的知晓率，提高目标人群主动监测的意识及目标人群的生活质量。

中盖艾滋病项目。该项目于2008年6月正式启动。协会作为北京地区民间组织项目管理机构，实行公开招标并特聘专家参与评审。全年共有25个民间组织29个项目成为项目实施机构。

开展中盖艾滋病项目交叉调研。9月，中国性病艾滋病防治协会组织7城市中盖艾滋病项目NGO项目管理组对NGO项目管理进行交叉调研。北京作为第一个交叉调研的项目地区，接受了青岛调研组一行5人的调研。在为期3天的调研活动中，青岛调研组与北京项目管理组及北京各项目实施机构进行了交流，并给予高度评价。9月，北京调研组一行5人对云南省性病艾滋病防治协会中盖艾滋病项目管理的昆明部分民间组织工作进行了调研。经过一年的运作，中盖艾滋病项目北京地区项目执行情况：三类人群计划动员检测MSM 8 500人、CSW 3 240人、IDU 2 150人，共计13 890人。完成动员检测MSM 8 606人、CSW 2 878人、IDU 1 102人，共计12 586人。随访关怀1 918人。

培训工作 为提高非政府组织项目管理和执行能力，协会加强了对实施机构的培训：项目管理、项目督导评估、心理压力管理策略、项目档案管理及同伴教育员培训管理等。举办了关怀随访研讨培训班、北京地区中盖艾滋病项目感染者能力建设培训班、北京地区中盖艾滋病项目非政府组织能力建设培训班。建立民间咨询小组会议制度，举办了北京地区随访关怀项目实施机构研讨会、中盖艾滋病项目"三位一体"模式推广协调会、中盖艾滋病项目专家座谈会及民间组织座谈会等。

12月，协会对热线咨询员进行了培训。国家艾滋病参比实验室肖遥进行了抗体检测、抗原检测、核酸检测等知识讲座。回龙观医院心理专家庞宇开展了咨询员心理辅导技巧培训。支持红丝带之家举办感染者能力建设培训班，针对感染者所关心的艾滋病性病最新进展，药物依从性教育，艾滋病相关眼病家庭内消毒隔离、护理等机会性感染监测能力，帮助新感染者正视艾滋病，树立战胜疾病的信心与保护性伴侣及家人健康安全的决心。培训班学员来自北京辖区内的HIV感染者、艾滋病同伴教育员等。

学术交流 5月，协会派人参加中盖艾滋病项目赴泰国考察、学习。参观、访问泰国红十字会、艾滋病研究中心及部分民间社团和感染者小组，了解泰国卫生体系及政策。6月，协会项目负责人前往武汉参加中国性艾协会举办的中盖艾滋病项目管理研讨班。会上介绍了2009年计划和预算调整、7个城市工作计划分析、HIV/AIDS阳性干预模式，与会代表分别进行了管理机构经验交流和项目管理问题研讨。9月，协会项目负责人和财务人员前往丹东，参加中国疾控中心性艾中心召开的中盖艾滋病项目工作研讨暨管理培训会。会上分析了上半年各项指标的完成情况以及在项目执行过程中发现的问题，明确下半年工作的重点和难点，并进行了项目管理手册和督导评估手册的培训。9月，协会派人参加在香港举办的第二十九期艾滋病预防与控制项目管理研讨班，参观、考察了香港地区部分艾滋病性病防治机构，研讨、交流了艾滋病性病预防与控制的策略和措施。

（撰稿：周　莉　审核：郑志伟）

北京医院协会

(宣武区长椿街45号)
邮编：100054　电话：63158655

组织建设　年内，在原有城市、农村和民营医院3个专业委员会的基础上，成立了医政管理分会、门急诊管理分会、医院行政管理专业委员会、维护医院权益与卫生法律咨询专业委员会、药事管理专业委员会。同时，都分别进行了学术交流等活动。

学术活动　10月29～31日，京津沪渝医院管理高级论坛在渝召开。协会组织部分医院的领导和行政科室负责人及论文作者共29人参会，与会的有四市医院协（学）会的领导和各级医院院长、医院管理工作者共150余人。本次论坛主题是"新医改形势下如何打造医院特色品牌"。本会有4位代表发言：协会常务理事、北京地坛医院院长毛羽的《医疗机构应对甲型H1N1流感管理工作的探讨》，协会常务理事、副秘书长、护国寺中医医院院长白爱萍的《推行科学化管理机制，打造医院高绩效》，首都儿科研究所党委书记卢平的《丰富医院文化内涵，促进所院科学发展》，北京协和医院宣传处处长段文利的《媒介化时代科学构建医院传播战略的六大着力点》。大会将北京医院协会副会长、北京友谊医院院长刘建的《临床医生培养的方法和内容需不断创新和完善》，首都医科大学宣武医院副院长王力红的《以文化为先导、制度作保障、提高医疗质量与安全》，北京肿瘤医院处长梁万宁的《非计划二次手术监控对提高医疗质量的作用》，北京妇产医院科主任游川的《医院人性化服务管理研究》，协会常务理事、延庆县医院院长张莉的《以科学发展观推动延庆医院和谐发展》等6篇论文全文刊登，进行了书面交流。

全国两会之后，协会邀请全国政协委员、中华医学会副会长兼秘书长吴明江教授，全国政协委员、医科院肿瘤医院院长、肿瘤研究所所长赵平教授围绕医院改革发展中一些带有根本性、方向性的问题和大家进行了交流和研讨，有60余名院长出席。

维护医院权益与卫生法律咨询专业委员会与中国医院协会自律维权部共同组织了"解决医患关系，改善医疗秩序"座谈会，中国医院协会常务副会长潘学田出席会议并讲话。来自医院、法院、人大法工委、新闻媒体等单位的50余人结合实际案例进行了研讨。此外，组织城八区二级医院采取沙龙的形式研讨了《处理医疗纠纷过程中的问题与对策》。

召开2次远郊区县二级医院院长联谊会，分别围绕医疗卫生改革、区域医疗中心建设以及医院管理如何体现以人为本的主题进行了研讨，分析了当前医院存在的问题，提出了意见和建议。同时，还召开了药事管理学术交流，主管院长和药剂科科长30余人参加。卫生部政策法规司雷海潮处长作了卫生改革专题报告，中国药学会副会长李大魁教授和全球医师组织的美国专家分别讲解了抗生素使用和研究论文写作等，北京大学政府管理学院顾昕教授为民营医院院长作了《医疗改革对民营医院发展的机遇和挑战》的专题报告。通州区潞河医院、房山区良乡医院和燕化医院药剂科科长在大会发言。

门急诊管理分会组织各委员单位参加了全国医院门急诊管理学术会议暨全国门急诊管理学习班、中德医院管理研讨会。农村医院委员会组织10个远郊区县二级综合医院部分心脑血管病医生和专家100余人，携带20多万元的药物，赴宁夏贫困地区进行义诊和咨询；组织乡镇卫生院院长参加了在江西南昌召开的中国农村卫生协会组织的院长论坛及中国农村乡镇卫生院分会成立大会，并参观了部分农村卫生院；此外，还组织部分院长赴湖南等地考察。医政管理分会组织会员单位赴山东学习考察；组织部分二级医院高中层管理人员赴新加坡进行短期培训和考察。民营医院委员会赴昆明市考察了4家民营医院，通过座谈探讨了两地民营医院存在的问题和对策，交流了民营医院的管理经验。城市医院委员会举办院长沙龙2次；组织了北京-江苏医院文化建设与管理交流活动。

培训工作　在大兴区医学教育培训中心和昌平区医院举办了住院医师规范化培训专题讲座，郊区二级医院院长、业务副院长、医务科及科教科科长等160余人参加了培训。市卫生局安排专项经费，举办乡镇卫生院放射医生培训班2期，共培训240人。举办医院合法权益及其维护培训班2期，230余人次参加，在培训后进行的问卷调查中,认为培训收获大的占51.2%,较大的占48.8%。

督察医院管理 年内,受市卫生局的委托,协会承担了医院管理年和医疗质量万里行活动的督导检查。协会组织医院行政管理、门诊、急诊、临床医疗、麻醉、药事、医学检验、医学影像、临床输血、护理、医院感染、病案、信息、财务、物价等15位管理专家研究讨论,制订了《北京地区医院管理考核评价标准及实施细则》。9月下旬~12月上旬,组建4个督导检查组,每组有15位相关专业管理专家,对38家北京地区三级医院(不含中医医院)进行了督导检查。

召开年会暨双优表彰大会 全年征集论文200余篇,对申报医院管理突出贡献奖17人、优秀医院管理干部37人、优秀管理科研成果奖8项的材料组织了评审。召开本年度学术年会暨表彰大会。协会常务理事、理事,部分会员单位领导,各分会成员,以及获奖单位和个人,年会论文撰写者等110余家医疗机构的近300名医院管理工作者会。

(撰稿:陈 利 审核:罗玉英)

北京医师协会

(安定门东大街28号雍和大厦A座510室)
邮编:100007 电话:64097256

组织建设 12月17日,召开北京医师协会第三次会员代表大会。选举出163名理事,成立了第三届理事会,选举会长1人、常务副会长1人、副会长17人、秘书长1人、副秘书长1人,并推选监事长1人、监事2人。协会成立了35个专家委员会。截至年底,共吸纳单位会员6 109人、个人会员115人。

继续教育 各专家委员会针对本专科特点举办新知识、新技术学术研讨会30余场,受益数千人,尤其提高了郊区县专科医师的诊疗技术水平。全年开展市级认可继续医学教育项目24项,全市各郊区县数千人次参加,其内容涉及医疗纠纷防范、医疗事故技术鉴定、病案书写及各专科新知识、新技术的讲解。

培训工作 受市卫生局委托,协会承担了重新申请医师执业注册的培训工作。共举办培训4期,200余人取得了医师执业证书。

其他工作 协会召集北京地区优秀青年医师举办了新世纪医师职业精神宣讲会暨青年医师代表座谈会,青年医师代表参加了座谈并提出了意见和建议。

经协会与中国日报协商,中国日报免费向全体专家委员会成员赠送2010年中国日报,总价值30多万元。

(撰稿:薛海静 审核:许 朔)

北京医学教育协会

(宣武区北纬路59号)
邮编:1000050 电话:63170028
网址:www.bame.org.cn

基本情况 有职能部门8个,工作人员24人。

组织建设 3月7日,召开协会第三届四次常务理事会,30人参加,占应到理事的61%。彭瑞聪顾问和市卫生局科教处长吕一平到会并讲话。会长周东海主持会议,常务副会长贾明艳作了2008工作总结和2009年工作思路的报告。

2009年,协会成立10周年。5月31日,召开第四届会员代表大会,选举了以金大鹏为会长的第四届理事会。

继续推行 ISO 质量管理体系建设，编制标准化工作流程，规范各项工作管理，调整聘用制度，聘用退休人员签订"劳务合同"，聘用社会人员签订"劳动合同"，试行员工年度绩效考核制度。

继续坚持每周学习制度，学习了"打造高绩效团队"、"老子的帮助"、"易经与人生"、"软实力"、"赢在执行力"和公文写作知识等。

严格按照政府委托的专项资金项目执行各项工作的支出，配合会计师事务所完成3次审计，配合税务局等部门完成2次涉税稽查。

科研工作 与安贞医院流行病研究所开展了"北京地区实施专科医师制度影响因素研究"和"乡村医生岗位培训需求的调查研究"；与中华医学会合作，组织理事单位到台湾考察学习专科医师培训；组织专家到河北省石家庄市和保定市考察社区卫生服务；到江苏省考察乡村医生培训；到宁波市、南通市医患纠纷调解中心考察取经；与301医院共同召开美国护理质量管理与评估研讨会；应邀到福建、云南、上海讲课，参加上海、天津学术研讨会，介绍北京开展住院医师培训、社区卫生服务的做法和经验。

将吴阶平医学教育思想与医疗纠纷典型案例研究相结合，形成"学吴老精神、做人文医师"的专题系列讲座，被列入北京市住院医师培训公共必修课和首都医科大学在校生的德育选修课中。

医疗纠纷协调工作 细化医疗纠纷鉴定和协调流程，协调成功率明显提高；使用《医疗纠纷专家鉴定案例统计分析软件》，保证了鉴定案例统计分析具有科学性、专业性。全年鉴定调解医疗纠纷346起，比上年增加40%。开展多种形式的宣教服务，全年宣讲12场次，受众1 900余人次。与西城区法院合作，开展建立诉讼与非诉讼相衔接、缓解医患矛盾机制的探索。协会受邀参加卫生部《医疗纠纷首诉负责制》的起草和就医环境安全管理暨医疗纠纷应急处置大会和全国创建"平安医院"工作会议。

编辑出版 出版了反映协会10年发展历程的画册600余本，制作了反映协会各部门工作的展板。出版中英文对照《北京医学教育协会简介》2 000本。编辑出版内部刊物《北京医学教育信息》12期3 600余本。

培训工作 开展了3类培训：协会培训中心自主开展的培训、政府委托的培训和与其他单位合作的培训，共培训16 650余人次。全年办班65个，培训7 288人次。

政府委托工作 住院医师/专科医师培训。参加住院医师/专科医师考试考核的单位覆盖市、区县、中央、部队共93家医疗机构，涉及普通专科21个、亚专科37个和专业英语考试，总计4 215人次，其中专业理论笔试1 363人、专业英语718人、技能考核2 134人。11~12月，市卫生局委托协会对2005年以来认定的21家医院的普通专科14个专业69个基本合格的培训基地进行了复评。同时，与市疾控中心完成公共卫生医师培训基地评审指标体系的制订和北京大学口腔医学院专科医师培训基地的评审。完成卫生部科教司委托的制订住院医师培训考试考核方案的工作。制订了《卫生部专科医师培训考试管理暂行办法》和34个专业的《专科医师培训考核手册》、《专科医师培训考核参考标准》。开展全科医师培训"手拉手"帮带活动。年内，本市启动了"手拉手"帮带活动，由宣武医院等11家三甲医院帮带门头沟区医院等16家二级医院。协会组织了全科医学师资带教基本功培训班，培训授课技巧、体格检查标准、外科无菌术、带教查房、病例讨论和全科带教等，学员82人。

社区卫生技术人员培训。完成《全科医师实用手册》（第四版）、《社区护士培训教程》（第二版）和康复等7个专业《岗位培训教材》（第二版）的编写和修订。受卫生部科教司委托，制订全国城镇社区卫生服务康复等7个专业《岗位培训标准》和《岗位培训大纲》，并于6月向全国颁发。承接了市卫生局的社区卫生服务超声、口腔、X线、康复4个专业骨干培训的试点工作，制订了4个专业骨干培训方案和大纲，选定14个培训基地。第一批52名学员于12月培训。开展全科医师培训学员集中培训2期240余人次；护士深层次模块培训和必修项目培训1 900余人次。全年参加社区卫生服务11个专业岗位培训的理论考试和实践技能考核8 149人次，合格率71.79%。

乡村医生岗位培训。2009年是本市乡村医生岗位培训五年计划的第四年，第四册教材内容以中医中药基本知识及中医药适宜技术为主，选编了西医危重病识别及处理、实验室检查结果解读等内容。建立并开通"乡村医生岗位培训管理系统"，初步实现了乡村医生岗位培训工作的信息化管理。全年举办3次乡镇级卫生院师资培训班，培训520人次。组织中西医专家赴昌平、大兴、顺义、房山等地为乡村医生授课8次。完成乡村医生6 438人次的考试考核。

继续医学教育管理。完成"北京市继续医学教育管理系统（ICME）"的改版升级和信息重设及录入。完成2010年国家级和市级继续医学教育项目的申报和评审，总计1 550项。对在京举办的101个继续医学教育项目进行实地督察，抽查率10.1%，网上集中审验了18个区县医院和32家三级医疗卫生单位3 832名护师及中级职称和以上卫生技术人员获取的Ⅰ类学分。实地抽查审验了6家医疗卫生单位277名审验对象的Ⅰ类和Ⅱ类学分，共计4 039人24 000余人次。

科研评审与管理。协助市卫生局修订了《2009年度首都医学发展科研基金专项申报指南》、首发基金管理办法和资助经费管理办法；修改、完善了首发基金网上申报、评审信息系统和项目管理软件。培训申报首发基金项目临床医生及管理干部1 800余人，覆盖北京地区184家医疗单位。组织完成2009年首发基金项目的网上申报、咨询、标书形式审查和网上评审等工作，共有122个单位申报926项，其中招标项目52项、联合攻关84项、重点支持169项、自主创新621项；聘请网上评审专家1 200余人。完成2005年首发基金项目的中期检查和项目续拨款工作。协助市卫生局科教处组织完成41个单位104项青年科研项目的申报、评审，对批准立项的45项青年项目进行了网上公示和经费划拨。完成市直属15个单位申报2009年市科技成果的审核，推荐上报市科技成果24项。编制了《医学科研管理工作文件汇编》。

科教工作大检查。协助市卫生局科教处完成对本市42家医疗卫生单位2008年科教工作大检查。

（撰稿：张春华　审核：贾明艳）

北京健康教育协会

（东城区和平里中街16号）
邮编：100013　电话：64407387
网址：www.bjhealth.org

组织建设　1月18日，召开北京健康教育协会第二届理事会，进行换届选举，产生了第二届理事会。金大鹏为第二届理事会会长，胡大一、邓瑛、支修益为常务副会长，王星火、刘泽军、黄建始、洪昭光、向红丁、关春芳、刘红晖、杜建军、张勤奕为副会长，赵涛为监事长，邓瑛兼任秘书长。年内，通过了市民政局的年检。

学术活动　11月5日，本会协助市疾控中心、市预防医学会举办了北京市甲流疫情分析高层论坛，对本市甲流疫情形势及应对方案进行了分析与探讨。会长金大鹏和相关人员参加。

10月23～24日，协会作为支持单位参加了由中华医学会和美国健康与生产力管理研究院（IHPM）主办的第三届健康与生产力管理高层论坛。

科普宣传　5月15日，协会与中国医药卫生事业发展基金会、北京市登山运动协会在香山公园联合主办了2009北京越野行走活动。这是市政府"健康北京人——全民健康促进十年行动"规划的重要活动之一。活动的主题是：健康北京，时尚健走。市卫生局、中国红十字基金会、欧姆龙（中国）有限公司与《北京晚报》、《健康时报》对此次活动给予了大力支持。来自中央国家机关、本市各社区健身俱乐部、各老年活动站和解放军总医院行走队等1 000多名选手分别参加了5公里和10公里山地越野比赛。

4月18日，北京市健康教育科普宣传车在鸟巢正式启用，市卫生局局长方来英、市科委委员张虹、北京健康教育协会监事长赵涛为健康科普宣传车剪彩。健康宣传车除了配有多种健康教育宣传品、先进的电脑设备、车内液晶电视和数字电影设备以及车厢右侧可伸缩式舞台外，车上还携带着各种小巧的检测仪器，可以为市民测量肺活量、上肢力量、平衡能力、身高体重、肌肉脂肪比重等健康指标，这是目前我国车型最大、车载装备最先进的健康教育科普宣传车。本市首辆健康教育科普宣传车开进社区、学校、农村、机关和工矿企业等单位，将健康专家和健康科普知识送到群众身边；同时也创新了本市健康教育工作的形式和思路，开拓了健康教育的新模式。健康教育科普宣传车全年为广大市民进行体质检测1 000余人次，发放《健康》杂志3期175本、《健康少年画报》1期195本、预防手足口病宣传折页4 900份、预防手足口病消毒指南1 100份、《健康新航线》200本、合理营养折页2 900份。

4月25日，本会协助市卫生局、市疾控中心在崇文区百荣世贸商城主办了全国预防接种宣传日活动。

宣传活动的主题是"及时接种疫苗，人人享有健康"。

4月18日，"健康北京，健康生活"——新中国成立60周年·北京健康促进大型公益活动在奥林匹克公园庆典广场举行。本次活动由中国医药卫生事业发展基金会、首都精神文明建设委员会办公室、市卫生局、《北京日报》报业集团共同主办，由市旅游局、北京体育科学研究所提供支持，中华医学会科学普及分会、卫生部"全民健康生活方式行动"传媒学组、北京医学会、北京健康教育协会协办。本次活动调用健康教育科普宣传车等多种大型诊疗车，为广大市民提供健康咨询服务。由胡大一教授、洪昭光教授、向红丁教授等开展健康大讲堂10场。

培训与继续教育 年内，继续举办健康管理师国家职业技能培训2期。8月，完成申报2010年国家健康管理师职业资格培训班继续教育学分。

编辑出版 7月7日，协会召开第一次会长办公室办公会议。会长金大鹏提出要编辑一套"孩子们看得懂、学得会、用的上"的"影响孩子一生健康"的健康教育丛书。同时，草拟了《影响孩子一生健康》3~6岁幼儿健康教育丛书编写工作方案。协会办公室进一步细化了《影响孩子一生健康》3~6岁幼儿健康教育丛书编写工作方案，又多次进行市场调研，召开有北京大学医学部儿少研究所、北京市儿童早期教育研究所、北京师范大学、中国少儿出版社、北京出版集团少儿出版社等专家参加的研讨会，完成《影响孩子一生健康》丛书二级目录大纲和核心知识的撰写。

其他工作 5月，在中国健康教育中心、卫生部新闻宣传中心主办的《健康教育与卫生新闻宣传》通讯发表了《践行神圣使命——北京市支援什邡卫生防疫抗震救灾工作回顾》。

9月，配合市疾控中心党委办公室完成《首都－什邡抗震救灾对口支援卫生防疫工作》汇报稿件的撰写；完成市卫生局《汶川特大地震抗震救灾志·灾区医疗防疫志》北京什邡对口支援卫生防疫志部分的撰写。

（撰稿：宋明学 审核：邓瑛）

卫生工作纪事

2009 年大事记

1月

1日

本市首批急救摩托车正式上路,执行院前急救任务。首批上路的急救摩托车是999的20辆急救摩托车和30辆电动自行车。为院前急救体系(120与999)配置100辆急救摩托车,被列为本年度市政府为民办实事项目。

4日

市防治艾滋病工作委员会办公室召开北京市滥用阿片类物质成瘾者社区药物维持治疗工作会,市卫生局、市公安局、市药监局、市疾控中心、东城区、西城区等8个区级工作组、秘书处,10家美沙酮门诊的负责人60余人参加。市卫生局副局长赵春惠到会。

5日

市卫生局召开问题奶粉患儿赔偿工作电视电话会议。市卫生局副局长邓小虹、医政处副处长段杰,各区县卫生局主管领导、医政科长,各有关医院负责人参加会议。

市卫生局召开人感染高致病性禽流感防控工作紧急会议。全市三级医院(含部队、武警医院)院长、18个区县卫生局局长、疾控中心主任、卫生监督所所长、市卫生局部分处室负责人参加会议。市疾控中心通报了防控情况,市卫生局对防控工作、应急工作、实验室安全工作和医疗救治工作进行了部署。

6日

本市确认1例人感染高致病性禽流感病例。市突发公共卫生事件应急指挥部总指挥、副市长丁向阳召集会议,研究部署本市应对人禽流感疫情应急处置工作。

北京市对口支援四川省什邡市第三批医疗队赴什邡执行为期3个月的医疗卫生支援任务。医疗队由医疗卫生、疾病预防控制和卫生监督的专业技术人员25人组成。

市政府召开首都中医药发展大会,市长郭金龙、卫生部副部长兼国家中医药管理局局长王国强、副市长丁向阳、市政府办公厅副秘书长鲁勇,市政府相关委办局、各区县政府和卫生局、全市各医疗机构、中药企业的主要领导,以及首都老中医药专家300余人参加。大会由鲁勇主持,丁向阳作报告。会上,为本市12名首批首都国医名师颁发了奖章和证书,为51名圆满完成第三批中医药师承工作的国家级和市级老中医药专家每人颁发了10万元和6万元的奖金。

7日

市纠风办、市卫生局联合召开2008年民主评议首都卫生系统政风行风反馈大会。会议由市监察局副局长、市纠风办副主任宋兰刚主持,市纠风办领导,市卫生局机关处以上领导干部,51家三级医院的院长、党委书记、纪委书记,18个区县卫生局局长和政风行风评议组评议员180余人参会。

8日

市中医局召开北京市中医药防控流感(人禽流感)专家工作会议。市中医局局长赵静、市中医药防控流感(人禽流感)专家小组成员参会。专家组研究制订了2009年北京地区中医药防治流感技术方案、北京地区人感染高致病性禽流感A/H5N1中医治疗方案和流感、人禽流感中医药用药参考目录。

9日

召开全市外事暨港澳工作会议,市卫生局副局长于鲁明参加。市卫生局被评为北京市民讲外语活动先进单位和北京市规范公共场所英语标志工作先进单位。

10日

首都预防艾滋病宣传志愿者"1+1"十进行动之"反对歧视，从我做起"1月主题活动在全市各医院展开。通过此次进医院行动，全市发展新志愿者150余人，发放宣传材料近万份。

12日

市卫生局召开首都卫生系统精神文明建设协调委员会会议，听取群众在网上评选"双十佳人民满意医院"情况的汇报，并商定最终评选结果。局党组副书记张秀芳主持会议。

市卫生局召开北京市卫生科教工作会议，总结2008年科教工作，部署2009年工作。各区县就乡村医生培训、社区岗位培训、全科医师规范化培训等进行了交流。

13～14日

市卫生局召开团委2008年工作总结及2009年工作研讨会。直属单位团委（总支、支部）书记、副书记和团干事参加。局团委书记谷水传达了市委十届五次全会和团市委社区系统工作会精神，通报了局团委2008年工作总结和2009年工作思路，以及各单位党委2007年基层党建带团建工作自查中发现的问题。

13～25日

开展在职卫生技术人员人禽流感防治知识全员培训。印发《人禽流感防治知识读本》口袋书15万册，发至北京地区医务人员。

15日

市中医局举办北京市中医药防控流感、人禽流感培训，全市二级以上中医、中西医结合、民族医医疗机构发热门诊和呼吸科骨干60人参加。

市卫生局召开王忠诚院士荣获国家最高科学技术奖座谈会。卫生部，市委宣传部、组织部，市科委，市卫生局，首都医科大学等单位领导出席。会议由市卫生局党组副书记张秀芳主持，市卫生局副局长赵春惠宣读了《北京市卫生局关于在全市卫生系统开展向王忠诚院士学习的决定》。

市卫生局召开感染性疾病科检查反馈工作会议，18个区县卫生局主管领导、医政科长，55家二三级医院领导90余人参加。

市卫生局召开2009年北京市医疗责任保险工作会议，卫生部医管司医疗处处长高光明、总后卫生部医疗管理局副局长王扬等，以及18个区县卫生局主管领导、医政科长，全市各三级医院主管院长、医务处处长和医患办主任150人参加。

21日

市卫生局对参加社区非药学人员从事药学工作岗前培训班的1 694人进行考试。应考1 694人，考1 456人，合格1 305人，通过率89.6%。

召开春节期间医疗服务工作动员及信息报送工作培训会议。市卫生局副局长邓小虹、全市二三级医院医务处和信息统计工作负责人、各区县卫生局有关负责人和辖区二级及以下烟花爆竹致伤信息网络直报单位的负责人、驻部队烟花爆竹信息统计网络直报医院的负责人400余人参会。

22日

市卫生局副局长赵春惠再次组织专家研究、修改《健康北京人——全民健康促进十年行动规划》（草案）。参加会议的有同仁医院糖尿病专家杨金奎教授、首都医科大学崔小波教授、北京晚报关春芳主任、东城区卫生局王旭红科长、市健康教育所刘秀荣主任、市卫生局疾控处处长赵涛等。

23日

市卫生局召开首都卫生系统"平安北京"建设工作会议。卫生部办公厅巡视员张平、首都综治办处长路海军、北京大学医学部主任姜保国、首都医科大学处长张军、市公安局文保处处长徐国成，以及各区县卫生局及海淀公委、各三级医院、局直属单位的党政一把手及主管副院长等190人参会。会上，副局长郭积勇作了《深入推进"平安北京"建设，全力打造安全稳定医疗环境》的工作报告。

1月

市卫生局向直属单位党委（总支、支部）下发了《北京市卫生局基层党建带团建工作情况自查表》，对2008年度工作进行调查摸底。

1～2月

市卫生局组织对市属医疗卫生公益性科研院所的基本情况和学科发展情况进行专题调研，并制订了《北京市市属医疗卫生公益性科研院所科技发展规划（2008～2015年）》。

1～6月

市卫生局加强对直属事业单位工资总额使用的宏观管理，对2008年下半年工资总额执行情况进行了检查。针对发现的问题，人事处会同市人力资源与社会保障局工资管理部门开展了实地调研。

本市于2002年开始安装使用继续医学教育管理系统（ICME系统）和配套硬件设备，市卫生局对ICME系统软件进行了升级，并实现在线动态管理，涉及各级卫生行政部门、医疗卫生单位、医学社会团体等单位700余家。

2月

1日

印发《北京市卫生局关于2009年首都医疗行业

医药价格管理工作的指导意见》。

4日

召开区域医疗服务体制改革试点研讨会，市卫生局副局长邓小虹、医政处副处长陈静，市人力资源和社会保障局医保处副处长王培亮，西城区卫生局局长边宝生，各有关医院院长参加。

6日

召开全市爱卫办主任工作会，部署全年爱国卫生工作。

市卫生局召开2008年首都卫生系统"平安医院"建设工作汇报会。卫生部办公厅、首都综治办、市公安局、市民政局、市城市管理综合执法局的领导参加。经过区、市卫生局两级检查验收，推荐23家医院参加市级"首都平安示范医院"评选。

9日

市卫生局接到中央电视台新址配楼发生火灾的报告，立即启动重大突发火灾事件医学救援应急机制。现场转运伤员9人，派出急救车85辆、大型物资供应车2辆、指挥车4辆，现场急救人员285人，急救物资200人份。同时，启动由朝阳医院、中日友好医院、解放军292医院、积水潭医院、同仁医院和垂杨柳医院等组成的院内救治网络医院，开展紧急医学救治工作。

9～11日

北京市社区卫生工作领导小组相关成员单位（市卫生局、财政局、发改委、监察局、劳社局、人事局、编办）派出成员与社区卫生工作专家组成考核组，对18个区县社区卫生工作进行专项考核。

10日

市卫生局召开卫生系统安全生产工作会议，全市三级医院、局直属单位的党政一把手，相关部门负责人200人参加，并邀请卫生部办公厅和北大医学部的领导参加。市卫生局党组书记、局长方来英传达了市委、市政府安全生产会议精神。

2月11日～3月30日

市卫生局审计处受组织处委托，对安定医院、信息中心、宣传中心、回龙观医院4家直属单位的领导干部进行离任审计。

12～13日

市卫生局召开北京市质控中心2008年度工作评估会。市血液透析质控中心、市体检质控中心、市医学美容整形质控中心等7个质控中心分别作了工作汇报，参会的16个质控中心主任汇报了2009年质控中心工作计划。

14日

召开首都预防艾滋病宣传志愿者"1+1"十进行动之"安全的爱，相伴终生"进影院主题活动。活动覆盖全市70多家影院，新发展志愿者1 500余人。

14～15日

市卫生局举办中国医药卫生体制改革高峰论坛。国家发改委、卫生部、人力资源和社会保障部的领导以及清华、北大、人大、协和医学院的专家学者从多角度解读了卫生改革政策。首都医务界与会者800多人次。

16日

市卫生局召开中盖艾滋病项目2008年工作进展汇报会。中国疾控中心性病艾滋病防治中心副主任、中盖项目国家项目办副主任孙江平，中国性艾协会会长戴志澄，盖茨基金会北京代表处主任叶雷，市卫生局副局长、北京市中盖艾滋病项目办公室主任赵春惠等领导和专家参会。

17日

市卫生局召开老干部工作会议。局党组副书记张秀芳作了《科学发展，与时俱进，全面做好离退休干部工作》的报告，市直机关工委老干部处处长徐瑞霞出席会议。

市卫生局副局长邓小虹，医政处处长邱大龙、副处长陈静，物价处处长徐涛，法规处副处长薛海宁；卫生监督所副所长李扬，市政协教文卫体委员会的政协委员到英智眼科医院、美中宜和医院考察北京市民营医院运营发展情况。

19日

市卫生局局长方来英、副局长于鲁明与林秉恩署长率领的香港特别行政区卫生署代表团和张伟麟总监率领的医院管理局代表团，就京港两地基本医疗卫生服务、医疗卫生体制改革等问题进行了交流与研讨。代表团参观了东城区社区卫生服务管理中心和西城区卫生局，就双方合作达成初步意向。

22日

北京市卫生系统领军人才和学科带头人评审会结束。市属13家医院和研究所的13名领军人才候选人、20名学科带头人候选人参加了答辩。

24日

北京市副市长丁向阳，北京市政府副秘书长鲁勇，市卫生局局长方来英、副巡视员郭晋和，市纠风办主任何群，市药监局副局长丛骆骆等领导参加了药品集中采购各有关委办局会议。落实卫生部、国纠办等六部委印发的《关于印发进一步规范医疗机构药品集中采购工作的意见的通知》精神，调整北京市医疗机构药品集中采购局级联席会议及办公室组成与职能，组织各有关委办局对其他省市药品集中采购工作进行考察、研究。

25~26日

国家中医药管理局召开全国中医医政工作会议，市中医局局长赵静参加，并进行了经验交流。

27日

市爱卫办以"清洁家园，迎接两会"为主题，以各区县社区和社会单位为重点，开展了第二个城市清洁日活动，口号是"从我做起，人人参与，全民动员，美化家园"。

3月

2日

北京市第二期社区护士骨干培训班开班，14个区县的49名社区卫生服务骨干护士在首都医科大学接受为期6个月的理论与技能培训。

3日

市爱卫会召开中直和国家机关共建北京健康示范村工作交流会。毛主席纪念堂管理局、外交部、财政部、中国社科院等单位进行了工作交流。

5日

市卫生局副局长邓小虹、医政处副处长陈静、物价处处长徐涛、法规处副处长薛海宁、卫生监督所副所长李扬、市政协教文卫体委员会的政协委员到三博脑科医院考察北京市民营医院运营发展情况。

6日

市卫生局召开局系统第二批深入学习实践科学发展观活动部署动员大会，直属33个医疗、教学、科研单位和10个事业单位的领导班子成员及局机关有关部门的人员300余人参加。

市防艾办召开北京市防治艾滋病工作委员会各成员单位联络员第一次会议。会议解读了《2009年北京市艾滋病防治工作要点》，介绍了正在开展的首都预防艾滋病宣传志愿者"1+1"十进行动，市疾控中心介绍了北京市全球基金项目第八轮艾滋病项目的基本情况。

北京市医疗机构药品集中采购局级联席会议召开会议，部署2009年北京市医疗机构药品集中采购工作。北京市副市长丁向阳、北京市政府副秘书长鲁勇，市卫生局局长方来英、副巡视员郭晋和，市药监局副局长丛骆骆等领导参加会议。

7日

首都预防艾滋病宣传志愿者"1+1"十进行动之"志愿防艾，一路同行"主题活动在全市各个车站全面展开。约500名志愿者参加本次活动，新发展志愿者1 500人。

9日

市卫生局召开"青春红丝带社团"领导小组工作会议，团市委、市教委、市红十字会的领导及"青春红丝带社团"办公室（北京市青少年法律与心理咨询服务中心）的工作人员共10余人参加。

11日

由市卫生局及市疾控中心和卫生监督所领导组成的工作组一行8人赴四川省什邡市就医疗卫生人才来京培训等情况进行调研。

18日

市卫生局举办离退休人员培训班，局老干部处、老干部服务中心及直属单位离退办工作人员60余人参加。

23日

市卫生局举办第二期防保医师骨干培训班，13个区县的31名防保医师骨干参加。本期培训共4个月，包括理论培训和基地轮转。

24日

第十四个世界防治结核病日，主题是"控制结核，人人有责——关注农民工，共享健康"。市卫生局、朝阳区公共卫生管理委员会在朝阳区城外诚文化广场举行大型宣传活动，市卫生局副局长赵春惠、中国健康教育协会副会长兼秘书长刘克玲、中国健康教育中心副主任田向阳、朝阳区卫生局副局长师伟等出席。

25~26日

市中医局召开北京地区中医特色诊疗中心中期评估汇报会，市中医局局长赵静，北京地区中医特色诊疗中心中标及协作单位主管领导、医务处（科）长、科室主任等参加。

27日

唐山市委常委、宣传部长郭彦洪，副市长高瑞华，副秘书长刘利东，市卫生局局长张志民，市委宣传部副部长邵荃等一行20人来京考察"健康奥运，健康北京——全民健康活动"。座谈会由中国医药卫生事业发展基金会理事长王彦峰主持。市委宣传部常务副部长陈启刚，中国医药卫生事业发展基金会副秘书长张青阳、副秘书长韩卫强，市卫生局副局长赵春惠、疾控处处长赵涛，市疾控中心副主任曾晓芃及"健康奥运，健康北京——全民健康活动"办公室的工作人员参加了座谈。

30日

市中医局发布《关于中医类别执业医师多地点执业有关问题的通知》。

市卫生局组织召开2009年北京市卫生工作会议。出席会议的有卫生部党组书记张茅，副市长丁向阳，总后勤部卫生部副部长王玉民，以及国家中医药管理局、武警总部卫生部、市委、市人大、市政府、市政协有关部门的负责人，市卫生局、市中医局和各区县政府主管领导、卫生局领导及市卫生局、市中医局机关各处室负责人，北京地区三级医院、军队及武警部队医院领导，各区县主要医疗卫生机构负责人约500人。市政府副秘书长鲁勇主持会议。市卫生局局长方来英作工作报告，局党组副书记张秀芳宣读了《北京市人事局、北京市卫生局关于表彰双十佳人民满意医院和第二届首都十大健康卫士的决定》。

31日

市卫生局召开北京市社区药物维持治疗门诊工作组会议，市卫生局、市公安局、市药监局以及市级工作组秘书处相关负责人出席。会议研讨了"海淀区人民法院司法建议书"有关问题的落实情况，以及美沙酮门诊服药人员发生其他疾病住院后的服药问题。

市卫生局组织2006~2008年度考试不及格的288名乡村医生在海淀、大兴、顺义、朝阳等4个考点进行补考。

我国第二十三个儿童预防接种宣传日。市卫生局在百荣世贸城举办了以"及时接种疫苗，人人享有健康"为主题的预防接种宣传日活动。

3月

市爱卫办成立了北京市创建无烟医院项目领导小组，市爱卫会办公室主任刘泽军与各项目医院领导签订了《北京市全球健康合作伙伴创建无烟医院项目协议书》。

市卫生局制订了《十一届全国人大二次会议和全国政协十一届二次会议处置突发事件医疗卫生应急准备工作方案》。

修订《北京地区医院管理考核评价标准实施细则》，制订了2009年相关活动方案。完成三级医院门诊管理工作调研并形成调研报告。制订了《北京市区域医疗机构设置规划（2008~2015）》送审稿。确定北京市康复医院和护理院试点工作方案。制定了《北京市医疗技术临床应用管理暂行办法》、《北京市医院和医师手术分级标准和管理暂行规定》讨论稿。

市卫生局出版了《全科医师实用手册》第四版和《社区护士培训教程》第二版。

市卫生局举办手足口病防治知识师资培训班。全市设有儿科的二三级医院以及部分社区卫生服务中心的181名专业技术骨干参加了培训。

市卫生局在三级医院与二级医院全科医师规范化培训基地开展了"手拉手"帮带活动。

3~4月

启动2009年住院医师专科理论和英语考试工作，共报名2 629人次，其中2 511人次通过考前资格审查，参加4月25日的笔试。

4月

1日

本市举行第二十一个爱国卫生月活动启动仪式，全国爱卫办副主任、卫生部疾病预防控制局副局长白呼群、北京市爱卫会专职副主任孙贤理等参加。

市卫生监督所召开卫生监督信息统计工作会，18个区县卫生监督所主管领导及相关科室负责人、市卫生监督所各业务科室参加。

4月1日~7月31日

市卫生局分6个组在全市范围内开展医药价格管理互查，每组由3个区县卫生局、8~13家三级医疗机构、二级及以下医疗机构组成。

2日

市卫生局邀请中国医学科学院、中国疾控中心、北京儿童医院、首都儿科研究所等单位的7位专家，对本市手足口病趋势进行了分析。

世界卫生组织太平洋地区主任申秀英博士、驻华代表韩卓升等一行5人向市爱卫会主任丁向阳颁发2008年世界无烟日奖。

市卫生局召开后备干部资格准入工作总结会，各直属单位党委副书记等领导参加。市卫生局组织处对248名推荐人选进行了资格审查，有193人参加了综合素质测试和心理素质测评，最终163人进入市卫生局后备干部库。

2~3日

市卫生局副局长赵春惠带领疾控处和市疾控中心有关人员对丰台区、房山区、燕山卫生局进行手足口病发病和防控措施落实情况进行检查。

6~10日

市卫生局卫生监督处开展了人体器官移植专项执法检查。共出动卫生监督人员40人次，检查医疗机构10家，每家单位现场抽取人体器官移植病历10份，共100份，制作现场检查笔录10份，对存在问题的单位下达《卫生监督意见书》3份。

7日

世界卫生组织在北京地坛医院举行世界卫生日全球启动仪式，这是首次在中国举办，主题是"拯救生命——加强医院应对紧急情况的能力"。世界卫生组织总干事陈冯富珍、总干事顾问傅聪、助理总干事埃里克、西太区区域主任申英秀，卫生部副部长黄洁夫、国际合作司司长任明辉，北京市副市长丁向阳、市卫生局局长方来英、副局长于鲁明，世界卫生组织亲善大使李连杰等300余人参加。陈冯富珍、黄洁夫共同为设立在北京地坛医院的世界卫生组织艾滋病治疗与关怀综合管理合作中心揭牌。

8日

召开第一批北京市对口支援什邡卫生人才培训工作启动大会，市卫生局党组书记方来英、副书记张秀芳，北京大学医学部副主任姜保国，什邡市卫生局党委书记、局长刘灿以及什邡市首批来京进修的110名学员参加。

市卫生局召开社区药物维持治疗工作培训会，市卫生局、市公安局、市药监局有关领导出席，8个区级工作组的卫生、公安、药监相关人员和10个美沙酮门诊的医护人员共70余人参加会议。

市卫生局、市教委对全市1 100个托幼机构领导进行了手足口病防治知识培训，发放宣传材料10万份。

市卫生局印发了《北京市开展为户籍适龄妇女免费筛查子宫颈癌、乳腺癌工作实施方案》。

10日

市卫生局卫生监督处召开违规发布医疗广告专项整治工作会，12个区卫生监督所的相关负责人参加。

首都预防艾滋病宣传志愿者"1+1"十进行动之"珍爱自己，善待生命"4月主题活动在首都各中学及大学举行。全市新招募志愿者12 000余人。

北京医药卫生界海外联谊会第三届理事会换届，审议通过了《北京医药卫生界海外联谊会章程》，市卫生局党组副书记张秀芳当选为理事会会长。

13日

市卫生局召开全市疾病预防控制工作会议，各区县卫生局、疾控中心、结核病防治所、全市三级医院、慢性病防治机构、预防医学会、市卫生局各相关处室的领导和新闻媒体记者280余人参加，卫生部疾控局局长齐小秋、中国疾控中心主任王宇、市卫生局副局长赵春惠出席。

由卫生部卫生监督局副局长苏志带队的打击违法添加非食用物质和滥用食品添加剂专项整治工作督导组对本市餐饮服务业进行了检查。市卫生局副局长郭积勇、市政府食品办公室等同志陪同检查。

下发《关于加强精神科等学科建设的通知》，确定2009年重点推动三级综合医院精神科建设。指定北京大学第六医院、安定医院和回龙观医院等3家精神病专科医院对口支援北京大学人民医院、朝阳医院、同仁医院、胸科医院、地坛医院和佑安医院等6家医院精神科建设。

第四批医疗卫生队赴什邡执行为期3个月的医疗卫生支援任务。

15日

市卫生监督所召开全市卫生监督机构稽查长第一次会议。区县卫生监督机构稽查长、稽查部门负责人及市卫生监督所纪检委员、相关科室人员参加了会议。会议邀请中纪委监察部驻卫生部监察局副局长关跃进，卫生部监督局副巡视员崔新、稽查处处长陈辉到会，并进行指导。

16日

市卫生局召开北京市妇幼卫生工作会，市卫生局、市财政局、市民政局、市妇儿工委办公室、市残联有关领导，18个区县卫生局、妇幼保健院，市、区县高危孕产妇抢救指定医院，市妇幼保健院，市儿童医院，首儿所，户籍适龄妇女子宫颈癌、乳腺癌筛查市级诊断治疗机构负责人参加。

17日

市卫生局和北京电视台举办第二届首都十大健康卫士颁奖晚会，卫生部、国家中医药管理局、市委组织部、首都文明办等部门领导和市卫生局领导方来英、张秀芳、梁万年、郭积勇以及首都卫生系统的300多名医务人员出席。

召开2009年北京市医政工作会，卫生部医政司司长王羽，市卫生局党组书记、局长方来英等近400人参加。

18日

中国医药卫生事业发展基金会与市卫生局签订捐赠协议，向北京社区卫生服务机构捐赠雅培血糖监测仪5 000台、血糖监测试纸50万条，并为300名社区医生提供免费培训。中国医药卫生事业发展基金会理事长王彦峰、市卫生局局长方来英参加了捐赠仪式。

18~19日

卫生部副部长、国家中医药管理局局长王国强，市卫生局局长方来英，市中医局局长赵静到怀柔区、密云县调研北京中医药发展工作。

由中国医药卫生事业发展基金会、首都精神文明建设委员会办公室、市卫生局、北京日报报业集团联合主办的"健康北京，健康生活——北京健康促进大型公益活动"在奥林匹克公园举办。27家三甲医院以及相关卫生机构的百余名专家参加了义诊咨询，卫生部健康教育专家洪昭光、胡大一、向红丁为市民举办了健康讲座，市疾控中心等5家医疗卫生机构的健康服务工作车为现场群众提供健康检测、健康教育宣传、健康指导、急治急救等多项服务。

20日

市卫生局、首都高校青春红丝带社团领导小组办公室召开全市高校青春红丝带社团工作会，各高校团委、学生社团的110名负责人参加。

20~21日

市卫生局卫生监督处组织东城区、宣武区和丰台区卫生监督所，会同实验室生物安全专家督查组，分别对中国疾控中心性病艾滋病预防控制中心等11家单位的重点实验室生物安全及反恐工作进行了专项督导检查。

20～24日

市卫生局举办北京地区全科医学知识培训班。全市31个全科医师规范化培训基地的124名全科住院医师参加了培训。

21日

市卫生局、市财政局、市发展改革委印发了《关于下达2009年医药费总量控制结构调整指标的通知》。

21～22日

市卫生局审计处完成《北京市卫生系统领导干部经济责任审计操作指南》。

21～23日

市卫生局启动北京市社区卫生服务药品集中采购平台，并对18个区县1 200余名社区卫生服务人员进行系统培训。

22日

市卫生局召开会议，部署2009年度"千人计划"申报工作。

23～24日

市卫生局举办全市消毒产品生产企业及卫生监督骨干培训班，18个区县及燕山卫生监督所骨干监督员参加了培训。

24日

市卫生局召开北京市卫生系统人事工作会议。市卫生局常务副局长梁万年、市人力资源和社会保障局专业技术人员管理处处长王友芝到会并讲话。

市卫生局召开中央补助地方重性精神疾病管理治疗项目启动会暨管理培训会议，西城、朝阳、东城、大兴4个示范区的卫生局防保科长、精防所（院）长、社区科科长、医疗组组长等参加。年内，本市将新增2个示范区。

市卫生局举办基层党组织服务群众"品牌项目"、"精品活动"评审会，对28个直属单位申报的25个品牌项目、22个精品活动进行评审。

27日

市卫生局召开北京市碘缺乏病防治工作协调会，市发展改革委、市财政局、市商委、市工商局、市教委、市质监局、市广电局、市妇联、市残联、市计生委、市妇儿工委、北京市盐业公司及市疾控中心、市卫生监督所等部门领导17人参加。

27～28日

市爱卫会对13个区县的健康示范村干部进行了培训。

市中医局组织城八区医政科长及中医医院院长座谈，研究本市中医专业技术人员多地点执业实施细则。

4月27日～5月15日

市卫生局共召开甲流防控新闻通气会9次，在中央电视台新闻频道现场直播2次，局长方来英在政府网站首都之窗向市民介绍北京市防控工作情况以及采取的措施。北京电视台《魅力科学》和《健康北京》栏目，请曾光、洪昭光等专家作访谈节目，介绍甲流防治知识。市卫生局群发新闻通稿8次，且每天定时发布疫情动态。

28日

市卫生局召开北京市人感染猪流感防控工作布置会。各区县卫生局主管领导、防保科长、市疾控中心各专业科所长、市结控所专业骨干，各区县疾控中心主任、业务专管领导、各专业科室科长约300人参加。

市卫生局会同北京出入境检疫检验局、民航华北管理局、北京铁路局、市交通委、市教委、市农业局等单位召开应对猪流感联防联控工作协调会。

市中医局根据卫生部、国家中医药管理局《甲型H1N1流感中医药预防方案（2009版）》，推出了防疫香囊配方，并委托北京藏医院制作香囊2万个，送到定点医院、实施医学隔离观察的宾馆饭店、进出口检验检疫等一线部门工作人员手中。

市卫生局举办本市两级疾病预防控制机构绩效考核评估培训班，约300人参加培训。

4月28～29日、5月5～6日

全球健康合作伙伴创建无烟医院项目督导组对本市7家项目医院的创建工作进行了督导。

29日

市卫生局邀请中国疾控中心、首都儿科研究所、北京大学第一医院、北京协和医院的5位专家，就当前墨西哥、美国等地发生的人感染猪流感疫情进行了讨论，并对北京市的防控工作提出建议。

市中医局组织北京中医医院、东直门医院、东方医院、广安门医院、地坛医院、佑安医院的中医药专家召开论证会，制订了《人感染猪流感中医药防治方案（2009年版）》、《人感染猪流感防治应急中药中成药建议储备目录》。

29～30日

市卫生局医政处、疾控处和院感专家12人分成6组，对三级综合医院的感染性疾病科和防控工作进行突击检查。30日，召开北京市人感染猪流感防控工作会，下发了《人感染猪流感检查工作方案》。

30日

市卫生局应急办就甲流防控工作召开紧急会，会议由局长方来英主持，决定从即日起启动市突发公共卫生应急指挥部，指挥部办公室设在局应急办，实施24小时应急值守机制，建立每日会商制度及具体防控措施。

市中医局召开全市三级中医医疗机构院长会议，布置防治甲流预案。启动中医应急预案，建立各医疗机构突发预案的应急医疗队，实行24小时医院主管领导带班制。要求两个传染病中西医结合临床基地积极参加甲流防治，做好病历的收集整理。

4月

市卫生局完成市政府及卫生部部署的大型活动卫生保障，分别是：国庆阅兵预备役方队、第七届中国花卉博览会、阅兵村、匈牙利空中晚宴。

继续开展社区卫生服务专业人员岗位培训及考试考核工作。全科医师、社区护士、防保医师、康复、口腔、药学、检验、X线、B超、心电图等10个专业的培训陆续开始。

升级继续医学教育管理系统，公布2009年度国家级继续医学教育项目554项、市级继续医学教育项目418项。

市卫生局团委对五四红旗团委创建评比工作实行量化考核，成立了考核小组，采用综合量化考核办法对申报2008年度五四红旗团委的基层单位团委进行评比。

5月

1日

市卫生局召开各指挥部成员单位及18个区县卫生局甲流防控工作会商会，会议由市政府副秘书长鲁勇主持。

全市8家三级中医医疗机构建立了应急中医药急救队；14名中医药专家入选全国甲流防治专家组；制订了全市2 000人份7天的应急中成药和中草药药品储备方案；由市中医局局长赵静带队，对部分中医机构开设发热门诊情况进行了现场督察。

市卫生监督所对18个区县开展甲流防控工作情况进行了督导检查。成立了甲流防控工作领导小组，明确了工作职责与工作流程，要求全市卫生监督机构立即对医疗机构、疾病预防控制机构进行监督检查，每日报送监督检查结果。

3日

市中医局组织3个督查组对全市中医、中西医结合、民族医医疗机构的甲流防治工作进行了现场检查。

4日

市卫生局与市公安局治安总队就甲流流调组的职责分工、人员组成、合署办公等进行协调，取得了一致意见。

5日

市中医局召开北京中医系统甲流防控工作部署及培训会，全市二级以上中医、中西医结合、民族医医疗机构的院长和医务处（科）、院感部门的负责人80人参加。

6日

市卫生局邀请中国疾控中心、首都儿科研究所、北京大学第一医院、北京协和医学院、北京大学第三医院的6位专家，就当前墨西哥、美国等地发生的甲流疫情的发展趋势进行讨论，并对本市的防控工作提出建议。

召开第一季度质控中心联席工作会，16个医疗质量控制和改进中心主任及办公室工作人员参加。同时，进行了《北京市医疗质量控制和改进中心工作经费管理暂行办法》的培训。

7日

举行甲流医疗救治现场演练。北京急救中心、民航总医院、地坛医院、朝阳区疾控中心以及临床和院感专家等60余人参加了模拟实战演练。卫生部医政司副司长赵明钢、市卫生局副局长邓小虹参加演练，中国民用航空局、朝阳区卫生局、佑安医院、世纪坛医院的领导约30人到现场观摩。

市卫生局召开后备干部挂职锻炼工作部署会。从18个直属单位推荐的23名后备干部中，确定9人参加第二批干部挂职锻炼。

市中医局局长赵静陪同卫生部副部长、国家中医药管理局局长王国强到地坛医院考察甲流等传染病防治工作。

市卫生局举办甲流防治知识师资培训班，来自全市疾控系统、卫生监督系统以及医疗系统近300名学员参加了培训。

8日

启动北京地区临床医生公共卫生知识培训。培训课程由北京大学临床研究所承担，参加培训者均来自北京地区各级各类医疗单位的临床一线，专业技术职称均为主治医师以上。

市卫生局、市总工会联合召开传承南丁格尔精神、展现首都护士风采主题大会。卫生部医政司司长王羽、市卫生局党组副书记张秀芳出席会议并讲话。

9~10日

北京考区有31 453人参加初、中级卫生专业技术资格考试，涉及114个专业。参加中级资格考试8 609人，初级资格考试22 844人，其中初级（士）12 319人、初级（师）10 525人。

5月9日~6月4日

市卫生局组织40名相关专业专家对全市97家开展血液透析工作的医院100个血液透析室进行了飞行检查。重点对血液透析室管理规章制度的执行情况、从事血液透析人员的资质、血液透析室分区、血液透析设备的管理、血液透析水和透析液的质量监测、水处理设备和血液透析机消毒、感染控制措施执行情况等10个方面进行了检查，其中合格95个，合格率95%。

11日

市中医局印制《甲型H1N1流感中医药防治常识》宣传册20万份，下发至全市社区卫生服务中心。

"5·12"汶川地震一周年之际，市卫生局组织全市6家三级中医医院的12名专家到四川省什邡市为灾区人民义诊。上半年，本市中医医疗机构为什邡市培训了7名中医药人员。

市卫生局召开廉政风险防范管理工作动员部署大会，市卫生局全体党员干部、直属单位党政主要领导、纪委书记近200人参加。会议由驻局纪检组组长姚绍亮主持，局长方来英到会并讲话。

11~12日

市卫生局召开外事工作表彰暨座谈会，市卫生局副局长于鲁明、工会主席白宏出席并讲话。

12日

市中医局局长赵静带领市卫生局、市中医局、市卫生监督所、市疾控中心等单位组成的联合检查组，对平谷区甲流防控工作进行实地检查，督导落实防控措施。

作为市政府办实事项目之一，市卫生局、市民政局下发了《关于印发为全市60岁以上全口无牙低保老年人免费镶牙专项工作方案的通知》，并对符合条件的老年人进行筛查、登记；市牙病防治所负责对全市社区卫生服务中心和指定医疗机构口腔专科人员进行培训；19家定点医院负责完成符合条件的低保老年人免费镶牙工作。

同仁医院中医眼科博士邱礼新为首的中医专家编制了"家庭护眼按摩操"。目前，正在制作配套培训手册、教学光盘和挂图。

12~15日

由于鲁明、邓小虹、赵静等局领导带领，由卫生监督人员、疾病预防控制人员、医院感染控制专家以及市卫生局相关处室的领导组成5个组，分别对18个区县卫生行政部门、32家医疗机构、18家疾病预防控制机构的甲流防控工作进行了督导。

13日

市卫生局召开共青团五四表彰暨基础建设年活动启动大会，市卫生局党组书记方来英、党组副书记张秀芳，驻市卫生局纪检组组长姚绍亮，团市委社区工作部副部长孙学伟，各直属单位党委主管领导、团委书记及获奖团员青年200余人参加。

13~15日

市卫生局委托市疾控中心举办北京地区实验室生物安全市级师资培训班。全市二三级医疗机构，区县卫生局、疾控中心、卫生监督所及实验室生物安全重点单位的管理人员和业务骨干500余人参加了培训。

13~21日

应台湾医务管理学会邀请，由北京医学会会长金大鹏任团长，中国老年保健学会、北京医师协会、北京医学奖励基金会、北京医院、天坛医院等医药管理专家一行9人赴台湾参观访问及考察交流。

14日

自即日起，全市二级以上医疗机构发现的发热38.5度以上，有咽痛、咳嗽等症状的流感样病例，均采集鼻/咽拭子样本进行甲流病毒检测。全市39个具备检测条件的实验室按辖区分片负责，承接全市流感样病例的检测任务。

市中医局委托北京地区中医护理质量控制中心举办了中医医院护理安全管理培训。北京地区中医医疗机构和部分综合医院护理部主任、护士长177人参加了培训。

市卫生局局长方来英在首都之窗直播间与网民进行互动交流，回答了网民关心的本市甲流防控措施和医疗体制改革方案等问题。

14~15日

市卫生局召开全市卫生监督机构稽查负责人会议，讨论起草了《北京市卫生监督机构稽查长工作制度》及《北京市卫生监督机构稽查工作领导小组工作制度》，部署了卫生行政许可专项稽查工作，对区县年度考核标准中稽查部分内容进行了完善。

16日

北京确诊1例输入性甲流病例。患者为美国归国的刘姓女学生，目前正在地坛医院接受治疗，病情平稳。该患者的2名密切接触者接受集中医学观察。

首都预防艾滋病宣传志愿者"1+1"十进行动之"预防艾滋病，健康全家人"5月主题活动在全市各社区及街道举行。全市新招募志愿者4 200人。

20日

市卫生局举办北京地区继续医学教育管理干部培训。各区县卫生局、各三级医院和部分二级医院相关人员200余人参加了培训。

20~22日

市卫生局举办乡村医生岗位培训师资培训班。全市乡村医生岗位培训教学点师资以及有关区县二级医院师资220人参加了培训。

22日

市卫生局召开中关村医疗器械及诊断试剂自主创新产品推介会。市委常委赵凤桐、市卫生局副巡视员郭晋和、中关村管委会主任、区县卫生局及全市二级以上医疗机构负责人出席。

市卫生局局长方来英邀请中国疾控中心应急与疾病控制处副处长余宏杰与病毒所研究员郭元吉就当前国内外甲流疫情形势与本市的防控工作进行咨询。

25日

市卫生局召开北京卫生系统单位维稳工作会。

5月25日~6月5日

市卫生局举办首都医疗机构卫生技术人员灾害医学培训，并开展军事训练，56人参加。

26日

市卫生局举办廉政风险防范管理工作培训班。局机关各处处长、各中心主任、廉政风险防范管理工作联系人和各直属单位党委书记、纪委书记、廉政风险防范管理工作负责人、联系人共130余人参加了培训。

市卫生局副局长赵春惠会见美国PANGAEA全球艾滋病基金会首席执行官古斯比（Eric Goosby）、主席克劳迪（Mark Cloutier）一行，双方就艾滋病防治工作进行了交流。

本市第五个城市清洁日活动，主题为"开展爱国卫生运动，预防甲型H1N1流感"。全市张贴宣传海报4万余份，发放各类宣传手册、折页50余万张，清除垃圾渣土等病媒生物孳生地2 000余处，约50万名群众参加了清洁日活动。

27日

市卫生监督所派卫生监督人员前往房山区调查麻疹疫情暴发事件，并就调查中发现的问题下达了建议函。

29日

市爱卫会在王府井大街好友世界商场外组织第二十二个世界无烟日暨戒烟一小时宣传活动。卫生部原副部长、中国控制吸烟协会会长曹荣桂，卫生部妇社司处长李新华，中国控烟办公室副主任姜垣，市爱卫会专职副主任孙贤理以及驻京新闻记者等共同参加了"戒烟一小时，健康亿人行"启动仪式。

31日

市卫生局召开宣传贯彻《食品安全法》和餐饮企业承诺食品安全大会。市卫生局副局长于鲁明出席并讲话，市卫生监督所、各区县卫生局、各区县卫生监督所的领导及百余家大型餐饮企业代表、媒体记者、市区两级卫生监督机构部分监督员等200余人参加了会议。

31日

市中医局制订下发了《关于印发<甲型H1N1流感中医药防治方案（2009年版）补充方案>的通知》。

5月

开展甲流防控和医疗救治。市、区两级卫生行政部门对892家医疗卫生机构进行了督导检查。4日，北京市公共卫生信息中心研发甲流患者信息上报软件并上线。12日，副局长邓小虹带领疾病控制、医院感染、医疗救治、应急管理等方面的专家对崇文区防控甲流工作进行了督导检查。13日，医疗组组长邓小虹和副组长李又勇带领市疾控中心、医院感染管理、卫生监督等部门的专家到海淀区卫生局、疾控中心、甘家口社区服务中心和武警总医院，就甲流防控和医疗救治等进行督导检查。14日，召开北京市甲流防控工作会议。15日，卫生部就宣贯《甲型H1N1流感诊疗方案（2009年试行版第一版）》、甲流临床救治和《甲型H1N1流感医院感染控制技术指南（试行）》召开电视电话培训会议。16日，医疗组对甲流患者信息上报系统进行了调整。19日，市卫生局联合总后卫生部医疗局，组织医院感染、卫生监督等方面的专家，对解放军306医院和309医院甲流防控和医疗救治工作进行检查。22日，医政处紧急部署120、999随时准备为上述人员提供转运服务。

市卫生局对全系统"小金库"组织自查自纠，成立了由党组书记、局长方来英任组长的治理"小金库"工作领导小组，领导小组办公室设在财务处。

市中医局制成免煎冲剂和中药香囊，免费发放给社区居民和海关检疫局、国门路大饭店、市政府、市人大、市政协等部门。

市卫生局妇社处与市人大、市政府法制办有关人员到西城区、房山区、通州区社区卫生服务机构进行社区卫生服务立法调研。

市卫生局举办乡医大课堂。5月15日，第一期乡医大课堂在顺义区举办，215人参加。乡医大课堂还将在昌平、大兴、海淀、房山等地陆续举办。

市卫生局与世界肺健基金会合作，启动了北京烟草控制媒体传播项目。

6月

3日

市卫生监督所召开区县防控甲流专项工作互查布置会，18个区县卫生局主管领导参加了会议。由各区县卫生局主管领导带队、市卫生监督所联络员、区县卫生监督员、疾控人员和市级院感专家组成18个检查组，对各区县防控甲流工作落实情况进行磨盘式检查，查范围主要为区县卫生行政部门、医疗机构、疾控机构和学校、托幼机构。

4日

市中医局召开中医医疗服务信息网工作会，并对18个区县的工作人员进行了专业技术培训。

市中医局召开中医医疗质量监测工作会。

5日

市卫生局、市教委联合召开家庭护眼按摩操推广启动会。将同仁医院专家等编制的《家庭护眼按摩操》66万份图解和配套培训手册以"小礼包"的形式发放给全市小学生及家长。

市卫生局召开18个区县卫生局和人事局会议，部署引进毕业生到社区卫生服务机构工作。为区县争取了500名非北京生源指标。

副市长丁向阳主持召开"健康北京人——全民健康促进十年行动规划"高层会议。市委宣传部常务副部长陈启刚，卫生部原副部长、中华预防医学会会长王陇德，中国医药卫生事业发展基金会理事长王彦峰、副秘书长张青阳、部长李小峰，中国疾控中心主任王宇，市卫生局副局长赵春惠、疾控处处长赵涛，市疾控中心主任邓瑛、副主任曾晓芃及"十年行动规划"办公室工作人员参加了会议。王宇介绍了当前甲流防控情况，王陇德介绍了脑卒中筛查及干预工程，赵春惠介绍了"健康北京人——全民健康促进十年行动规划"启动方案。

市卫生局召开市卫生系统中、高级思想政治职称评审、推荐会，共有23个单位的40人申报中、高级政工专业职务任职资格。经资格初审、专家论文审阅、中级论文答辩，向中级评审委员会推荐33人参加评审。中评委经过投票表决，12人通过了中级政工师的任职资格。推荐12人申报高级政工师，最终经市委组织部评审，11人获得高级政工师任职资格。

市卫生局召开"小金库"专项治理工作会，各直属单位主管领导、纪检书记、财务及审计负责人和局机关各处处长270余人参加。会议就"小金库"治理工作的范围、内容、步骤和政策界限以及工作要求作出了部署。

市卫生局召开集中空调工作研讨会，修改《北京市集中空调公共卫生管理办法》，制订了4号地铁集中空调抽检工作方案。

8日

市中医局召开全市二级以上中医医疗机构院长会议，部署中医药防治甲流工作。

卫生部部长陈竺在副市长丁向阳、市政府副秘书长鲁勇和市卫生局局长方来英等的陪同下，到燕翔饭店、佑安医院看望和慰问接受医学观察和隔离的东盟实验室监测技术培训班学员。

10日

市中医局联合市卫生局、市药监局、市科委召开首都中医药系统防控甲流高层研讨会。

11日、18日、25日

北京卫生系统政风行风评议组组长周大齐带领评议员与部分三级甲等综合医院的医务处长、护理部主任到友谊医院、同仁医院、地坛医院就市卫生局医政处政风建设、依法履行职责、办事效率、责任意识、服务态度、清正廉洁等情况进行了座谈。

11~16日

市卫生局在各区县检查的基础上对医院感染性疾病科建设情况进行全面复查，92家医院感染性疾病科中布局基本合理的88家、不合理4家。

12~13日

市中医局召开中医医疗服务信息网工作会，并对18个区县的工作人员进行了专业技术培训。

14日

第六个世界献血者日，主题是"继续重视通过实现100%自愿无偿捐献血和血液成分的目标，改善安全和充足的血液供应"。市献血办推出国内首部无偿献血科幻情景喜剧《献血总动员》和《爱心之家的秘密》，并制成光盘，发放至中央单位，市、区县属各企事业单位，街乡居民、献血者手中。

16日

市卫生局启动北京市"十百千"卫生人才培养专项经费资助工作。

17日

市卫生局、市人口计生委、首都医科大学组建"人口卫生"方阵总队，参加国庆60周年群众游行活动。"人口卫生"方阵共2 323人，由首都医科大学、北京卫生学校、北京护士学校的师生组成。

市卫生局召开北京市医疗机构药品集中采购局级联席会议，研究讨论《2009年北京市医疗机构药品集中采购工作方案》及目录。

市卫生局局长方来英接待以色列施耐德儿童医疗中心代表团，就进一步加强北京与以色列在儿童医疗方面的合作进行会谈。

市卫生监督所邀请国家疾控中心、市疾控中心、清华大学、市自来水集团和相关区县卫生监督所的专家对饮用水在线监测网络的建设方案进行论证，并提出改进意见。

18日

卫生部医政司委托北京民科医疗电子技术研究所研发了白内障复明手术信息报告系统，召开了白内障复明手术信息报告系统培训视频会议。该系统于7月

1日起在全国统一使用。

市卫生局召开卫生系统局级后备干部和优秀处级干部民主推荐会。

18～19日

市卫生局组织18个区县卫生局医政科科长、11个区域医疗中心主管医疗的领导和医务科长召开区域医疗中心建设工作主题会。市卫生局副局长邓小虹就区域医疗中心下一步重点建设作了指示。

19日

市卫生局召开人体器官移植专项执法工作情况反馈暨监督培训会，18个区县卫生监督所的骨干及协和医院、人民医院等10家开展人体器官移植技术的医疗机构相关主管人员参加。

市卫生局召开公共场所监督工作会议，研讨公共场所甲流防控工作、游泳场馆和洗浴场所的专项整治、公共场所监督工作规范以及公共场所量化分级管理、现阶段集中空调通风系统监督检测工作程序。

22日

市卫生监督所启动市级督查工作，重点是区县对辖区消毒产品生产企业的监督检查情况，深入25家企业（占全市消毒产品生产企业总数的10%）检查卫生许可证、卫生许可批件，并根据消毒企业生产规范的要求逐一检查其依法生产情况等。

市卫生局召开第五批援藏干部执行第三年任务的专业技术干部座谈会。7名援藏干部分别来自妇产医院、友谊医院、中医医院和老年医院。

召开市甲流互联网宣传汇报会，副市长丁向阳、市政府副秘书长鲁勇、市卫生局副局长郭积勇、赵春惠出席。

23日

市卫生局召开学科骨干评审会，市属18家医院74名学科骨干候选人参加了答辩。

23～24日

市教委、市卫生局组成联合检查组，对本市10所学历教育型民办高校的16个校区进行了卫生安全检查。结果显示，16个校区均建立了传染病防控领导小组，常规开展学生管理工作，为传染病监测提供了良好的网络基础。同时发现，民办高校在传染病防控方面存在较大隐患，传染病防控体系、监测体系以及传染病登记管理均不完善。

市卫生局组织直属单位及18个区县开展政府采购知识培训，并启动了直属单位GPA谈判调研统计工作。

24日

市卫生局委托北京市心血管疾病介入诊疗质量控制和改进中心举办全市心血管疾病介入诊疗病例信息报送培训。41个医疗机构的100余人参加了培训。

市卫生局组织北京市全科医师岗位培训师资培训班，解放军总医院、友谊医院、垂杨柳医院等31个全科医师临床技能培训基地的31名学员参加。

6月24日、7月4日

举办实验室网络甲流病毒基因扩展技术培训班，市传染病网络实验室成员、流感样病例甲流病毒检测指定实验室共55个单位的实验室基因扩增技术骨干100余人参加。

25日

市卫生局召开甲流防控网络宣教工作会。

26日

北京报告甲流确诊病例103例。当日，北京首次出现了二代病例，为北京第96例确诊病例的女友。

北京市全科医师骨干培训班结业典礼，14个区县的50名学员拿到结业证书。

副市长丁向阳主持召开"进一步落实防控甲流措施，确保国庆公共卫生安全，专家献计献策座谈会"。中国医药卫生事业发展基金会理事长王彦峰、副秘书长张青阳、部长李小峰，市委宣传部常务副部长陈启刚等参加会议。

26～27日

首都预防艾滋病宣传志愿者"1+1"十进行动之"拒绝毒品，远离艾滋"主题活动在18个区县公园举行。

市卫生局组织人事干部和财务干部对四川省人民医院、成都市卫生局就医院绩效管理、收入分配等工作进行了考察。

27日

市卫生局疾控处、市疾控中心负责人与首都机场甲流防控相关单位召开工作协调会，就首都机场地区传染病防控的协调机制、当前防控工作中面临的问题等进行了磋商。

29日

中国医药卫生事业发展基金会、市中医局共同组织老中医药专家及中西医结合专家，针对可能发生的流感大流行、中医药应如何作好准备进行了座谈。中国医药卫生事业发展基金会理事长王彦峰、北京医学会会长金大鹏、市中医局局长赵静等参加座谈。

市卫生局召开纪念建党88周年暨表彰大会。

30日

召开北京市国庆60周年精神卫生保障工作动员会暨精神卫生工作管理培训班。市卫生、公安、民政、财政、教育、司法、残联7个精神卫生工作联席会议成员单位领导，18个区县精神卫生工作联席办成员单位领导，市、区县两级综合治理办公室领导，市及区县精神卫生保健所领导及专业人员，公安局治安系统领导及工作人员180余人参加会议。

6月

市卫生局组织医院管理、医疗（门急诊、临床）、医技（药学、医学检验、医学影像、病理、输血）、护理、院感、病案、信息、财务、物价等方面的专家修订《北京地区医院管理考核评价标准实施细则》。

市卫生局开展了本市重大疾病医疗保障情况调研，主要涉及严重危及儿童生命健康、导致患儿家庭沉重经济负担的儿童重特大疾病的病种和发病人数、诊疗费用和儿童医疗保障及其对于减轻患儿家庭负担的作用等。

市爱卫会印制4万份宣传画和50万份宣传品发送到各社区、各单位，并召开全市健康社区培训会，部署社区防控甲流，对相关知识进行培训。

市卫生规划建设管理信息系统开始试运行。该系统设有卫生规划、基本建设管理、医疗废物管理、医疗卫生机构污水处置及住房制度改革管理等5个工作子平台，同时还设计了信息交流平台。

市卫生局协调市编办和市人力社保局等部门联合下发了《关于为北京农村山区、半山区定向培养卫生人才的实施意见》。

市卫生局对临床教学科研单位的临床教学现状、存在问题及今后的发展规划等进行调研。

7月

1日

正式启用《北京市社区精神卫生个人健康档案》，提出对全市社区精防人员的培训，社区精神病人个人健康档案数据转录、复核与补充，社区精神病人信息管理网络系统管理，督导与考核等工作要求。

市卫生局召开直属单位保卫处长会，在市卫生系统开展为期100天的消防安全"合围攻坚行动"，消除火灾事故隐患，确保国庆消防安全。

市卫生局和市教委联合举行新闻通报会。市卫生局局长方来英和市教委副主任郑萼介绍了南湖中园小学发热疫情的发现和处置情况，以及对疫情所采取的防控措施。

市卫生局联合其他委办局举行了北京市康复医院和护理院试点启动仪式。

3日

为进一步做好北京市甲流密切接触者之集中医学观察工作，市卫生局副局长赵春惠、18个区县卫生局、疾控中心领导及专业人员在国门路饭店医学观察点进行了现场观摩学习。

市中医局制订的中医药临床和实验室中药筛选的科研方案通过市科委组织的经费预算评审并正式立项。同时，市政府下拨1 000万元专款，用于论证中医药治疗甲流的临床研究和防治药物筛选。

3~5日

北京市中医类别医师资格实践技能考试，应考1 757人，实考1 643人，及格1 197人。

6日

市中医局召开北京市防控甲流工作会议。全市二级以上中医、中西医结合、民族医院院长和各区县卫生局有关负责人参会。

市卫生局召开各区县卫生局、各三级医院、各直属单位主要领导会议。传达市政府安全生产电视电话会议精神，通报7月3日通州区新华联家园发生的污水井急性中毒事故，对卫生系统安全生产工作进行再部署。

6~31日

市卫生局委托北京医学会组织专家对17种三类技术标准、宫腔镜诊疗技术管理规范等进行专题讨论，并将专家意见汇总后上报卫生部。

7日

市卫生局完成《北京市卫生局关于净化社会文化环境工作实施方案》，并上报首都精神文明建设办公室。

8日

成立首都卫生系统人才队伍建设中长期发展规划课题组，并初步提出了规划的总体框架。

8~9日

市卫生监督所召开北京卫生监督工作平台统计模块培训会，各区县卫生监督所信息科室负责人、统计报告人员、平台管理员以及市卫生监督所各业务科室人员参加。

9日

第五批援藏干部第二期专业技术干部完成援藏任务返京。

10日

市中医局印制《北京市民预防甲型H1N1流感中医药指南》30万册下发到城乡居民。

市卫生局召开维稳、安全相关工作会议，直属单位主管领导、保卫处长、总务处长及三级医院保卫处长参加。

北京市对口支援四川省什邡市第五批医疗卫生队启程，执行为期3个月的医疗卫生支援任务。

12~18日

市卫生局协调东城区、海淀区卫生局完成第八次全国归侨侨眷代表大会的公共卫生保障工作。

13日

市卫生局局长方来英在北京安贞医院与法国卫生

部医院管理与服务总局局长安妮·波度女士就进一步加强与法国医疗机构在急救和灾害医学领域的合作进行了会谈。

14日

卫生部医政司督导组对本市甲流定点医疗机构的救治工作进行了督导。

市卫生局第六批援疆干部第一期专业技术干部完成援疆任务返回北京。

15日

市中医局局长赵静带队到北京佑安医院督导中医药防治甲流工作。

16日

市卫生局召开"手拉手"帮带活动工作研讨会。

市卫生局召开岗位管理工作交流研讨会。

市爱卫办召开北京市"全球健康合作伙伴，创建无烟医院"项目中期阶段工作交流会。

18日

市中医局、市卫生局、中国医药卫生事业发展基金会、中国民间中医医药研究开发协会召开"中医刁氏正脊治疗眩晕、心脏神经官能症"市级科研项目启动仪式暨发展研讨会。

20日

市卫生局召开由直属医院党委书记、院长，市卫生局、市中医局机关各处室领导参加的"院长当一天患者"座谈会。局党组副书记张秀芳主持会议。局党组书记、局长方来英，卫生局社会监督员、第二批学习实践活动指导检查组组长参加会议。

市卫生局党组召开局系统内部竞争领导干部动员部署会，对竞争佑安医院、回龙观医院、妇产医院副院长的工作进行了部署。

21日

市卫生局副局长于鲁明带领市政府防控甲流指挥部的有关领导以及市卫生监督所、东城区卫生局、东城区卫生监督所的有关同志前往协和医院，对发热门诊、普通门诊和急诊室的体温筛查以及实验室等接诊流程及医疗防护情况进行了检查。

市卫生局召开"健康奥运，健康北京"媒体宣传及2008年度卫生好新闻评选终评会。最终评选出"健康奥运，健康北京"媒体宣传获奖作品21件、2008年度卫生好新闻获奖作品36件。

市中医局启动北京市社区中医药人才培养1234"回归扎根"工程。

22日

市卫生局召开北京市医学专业质控中心第二季度联席会，现有的16个北京市医疗质量控制和改进中心主任及办公室工作人员参加。

22~23日

市中医局组织相关专家，分两组对全市8家三级中医医疗机构开展了医疗质量与安全暨中医药防治甲流督查。

23~24日

市中医局委托北京市中医药对外交流与技术合作中心举办外事干部培训班，20余个中医机构派人参加。

24日

市卫生局召开国庆60周年医疗急救保障工作动员大会。

25~26日

市中医局召开国家中医药管理局"十一五"重点专科（专病）建设项目阶段总结工作会，本市25家项目建设单位负责人和35个重点专科（专病）建设项目的科室主任参加。

北京市社区卫生服务专业人员岗位培训理论考试，共有全科医师、防保医师、社区护士等10个专业考生4 800余人参加。

26日

接到卫生部《关于立即停止开展皮下埋植盐酸纳曲酮治疗吸毒成瘾的通知》后，市卫生局紧急召开会议对相关工作进行部署，相关区县卫生局医政科长、戒毒医疗机构主管领导参会。

26~31日

市卫生局组织协调朝阳区卫生局完成第二十四届世界魔术大会公共卫生保障工作。

27~31日

市卫生局组织协调西城区、朝阳区、宣武区、丰台区、海淀区卫生局完成2009中俄青少年运动会公共卫生保障工作。

市卫生局组织协调东城区、海淀区、朝阳区卫生局对巴克莱英超亚洲杯北京2009进行公共卫生保障工作。

28日

市卫生局召开第二十一批援几内亚回国休假医疗队员座谈会，并为他们安排了休整活动。

28~31日

市中医局、北京中医协会于下半年分期分批对18个区县社区卫生服务中医药工作者开展临床中医适宜技术的培训。选取密云县、怀柔区和平谷区作为试点，开展第一期培训。

29日

市卫生局召开直属单位处级干部在线学习工作部署会。

30日

市卫生局召开医疗机构医疗项目成本核算第三批推广启动会。地坛医院、安定医院和回龙观医院作为第三批推广试点对象，院长和财务科长出席了会议。

市卫生局委托北京市社区卫生协会组织专家编写了《社区卫生服务岗位绩效考核手册（试行版）》，并在宣武区、石景山区、门头沟区试点。该手册包含9大类14个社区卫生服务岗位，提出每个岗位的工作指标（数量及质量指标）、考核方法、考核程序及分值折算办法等。3个试点区的60余名社区卫生服务管理人员参加了该手册的使用培训。

市卫生局、市中医局召开北京市病历质量评比活动动员部署工作会。

31日

在卫生部召开的中国烟草控制大众传播活动2008~2009年度总结表彰暨2009~2010年度启动会上，市卫生局报送的控烟公益广告《国际禁烟篇》和《海绵篇》获得电视类作品三等奖。

7月31日~8月11日

"人口卫生"方阵2 400名游行参与人员和保障人员集中到延庆县康庄611学生军训基地进行封闭训练。

7月

市卫生局下发了卫生工作者控烟宣传海报，并要求所有三级医院网上下载电子版海报、制作大型控烟宣传海报展板置于医院显著位置。

市卫生局开展爱国卫生工作检查交流活动，中直机关、中央国家机关及部分驻京部队参加。

市中医局组织专家制订了《北京中医药防治甲型H1N1流感工作指南》（第一版），并根据指南提出了本市应对甲流暴发流行的治疗和预防用药的储备目录和建议储备量。

7~11月

市卫生局开展北京市社区卫生工作者心系万家系列宣传活动，包括"首都·社区·健康同行"征文、组建市级报告团巡回演讲、举办"迎国庆，首都社区健康教育示范课件宣讲"等。

8月

1日

启动区县定点收治医院，用于收治辖区内轻症甲流确诊病例。

4日

市卫生局党组召开第二批学习实践科学发展观活动整改阶段工作会议。33个直属单位党委书记、副书记、党办主任，机关10个中心，6个检查指导组成员130余人参加。

市卫生局部署"市民医院工作一日体验"活动。此项活动将邀请100名市民代表分别进入市属19家三级医院和北京急救中心，进行为期一天的亲身体验。

5日

在东城区东四街道奥林匹克社区启动"健康北京人——全民健康促进十年行动规划"。全国人大常委会副委员长桑国卫，市委副书记、市长郭金龙，市人大常委会副主任吴世雄，副市长丁向阳，市政协副主席王伟，全国人大常委、原卫生部副部长、中华预防医学会会长王陇德，中国医药卫生事业发展基金会理事长王彦峰，市政府有关委办局、各区县政府领导，以及医学专家、社区居民代表出席启动仪式。

7日

市中医局召开中医医院管理年工作会。本市36家中医医院及综合医院院长或业务副院长参加了会议。

市卫生局通过资格审查，对参加局系统内部竞争佑安医院、回龙观医院、妇产医院副院长的23名应试者进行笔试，笔试结束后对应试者进行心理健康和工作压力测试。8月16日，市卫生局在双高人才中心对通过笔试的15名考生进行面试。

8日

市防治艾滋病工作委员会、市卫生局主办的首都预防艾滋病宣传志愿者"1+1"十进行动之"安全相伴，健康相随"8月主题活动在18个区县部分宾馆举行。

14日

受卫生部、科技部、中国科协"卫生科技进社区"项目领导小组办公室委托，市卫生局承担该项目社区医生健康科普能力培训。北京、河北、江苏等8个试点省市的40余名教师参加为期3天的培训。

市卫生局副局长邓小虹率本市三级医院支援内蒙古县级医院代表团一行17人，赴满洲里与内蒙古自治区卫生厅商谈对口支援工作。

15日

市中医局召开"燕京医学"研究与建设项目启动暨北京"四大名医"名家研究室揭牌仪式。国家中医药管理局副局长于文明、人事教育司司长姜在旸，市中医局局长赵静，国医大师唐由之、方和谦和首都国医名师金世元等近20名老中医药专家，北京四大名医的后人、传人，以及北京中医药薪火传承"3+3"室站负责人等百余人出席了会议。

18日

市政府防控甲流办公室的办公地点于8月17日从东城区正义路2号市政府应急办搬到宣武区枣林前街70号中环办公楼。本日，防控甲流办公室与市卫生局应急办召开工作会议，研究布置具体分工，衔接各项工作。

市爱卫办与市疾控中心及天安门地区管委会正式启动天安门地区统一病媒生物控制工作。

18~19日

市卫生局会同市疾控中心实验室检验专家组成3个督导检查组，对6个流感监测网络实验室进行了督导检查。

18~22日

市卫生局组织近20所首都高校青春红丝带社团成员，首次赴河南省参观学习。

19日

市卫生局召开全市预约挂号工作部署会。市卫生局局长方来英、副局长邓小虹，各区县卫生局、各三级医院的领导等200人参会。

19~20日

专家对平谷区创建国家卫生区工作进行考核检查。20日，根据检查结果召开通报会，并授予平谷区"北京市卫生区"称号。

20日

全面启动全市在职医疗卫生人员鼠疫防治知识培训。本市二三级医院，市卫生监督所、市疾控中心以及18个区县卫生监督所、疾控中心的400余名专业技术骨干参加了培训。

20~25日

市中医局局长赵静率北京中医药代表团应邀出访加拿大多伦多，参加多伦多—北京中医药专题学术论坛。

21日

18个区县开展全市集中灭蚊蝇活动。

召开全市医疗卫生系统交通安全会。

市卫生局制订了《北京市与人体健康有关的实验室生物安全事件应急处置工作方案》。

22日

市卫生局副局长于鲁明会见世界卫生组织西太区主任申英秀博士和驻华代表韩卓升等，介绍了北京市医疗卫生体制改革有关事宜，并探讨了今后合作领域。

24日

市卫生局召开卫生系统安全工作会，对卫生系统消防安全合围攻坚行动"回头看"、国庆安保情报信息报送和开展应急演练等进行了部署。各三级医院、市卫生局各直属单位保卫处（科）长共63人参加。

25日

举办北京市戒烟医生培训班，项目医院的部分戒烟门诊医生、呼吸科医生及有关人员近30人参加培训。

市卫生局第六批援疆干部第二期专业技术干部离京赴疆，开始执行为期一年的援疆任务。10人分别来自市疾控中心、安贞医院、同仁医院、天坛医院、朝阳医院、友谊医院、宣武医院、结研所、口腔医院和地坛医院。

27日

市卫生局召开北京市医疗机构临床输血实验室质量飞行检查结果通报会。

29日

"人口卫生"方阵总队参加在天安门广场组织的群众游行第一次实地演练。

31日

市卫生局召开北京市流感疫苗预防接种部署工作会，各区县卫生局局长、疾控（防保）科科长、疾控中心主任，市疾控中心领导参加。

8月

市卫生局参与2009~2011年本市深化医药卫生体制改革方案的制订，并结合拟定中的北京医改方案牵头进行了资金需求测算。

落实防控甲流筹建潮白河骨伤科备用医院资金74 827 587元。

落实国庆60周年医疗卫生保障经费4 342 296元，主要用于国庆阅兵公共卫生保障、环境整治、后勤保障急救、游园活动后勤服务保障工作。

市卫生局决定开展北京市医疗质量万里行——血液安全督导检查，检查范围为本市一般血站及各用血资质的医院输血科（血库）。

市卫生局组织专家对本年度"十百千"卫生人才进行评审。评审出"十"层次资助人员10人、"百"层次资助人员47人。

8~9月

市卫生局委托北京预防医学会举办自然疫源性疾病防控知识师资培训班，全市各三级医院及各区县疾控中心的相关专业人员98人参加。

9月

1日

市卫生局举行鼠疫防控桌面演练。民航华北局、首都机场医院、北京铁路局卫生处领导与市卫生局副局长赵春惠、疾控处、应急办、医政处、科教处领导，以及市疾控中心的领导、专家和有关人员21人参加。

市卫生局对18个区县疾控中心进行鼠疫防控应急拉练。

市卫生局召开国庆实验室生物安全工作布置会，各区县、各有关单位领导及相关工作负责人160余人参加。

市卫生局召开国庆安全保卫工作部署会，区县卫生局、三级医院、局直属单位主管安全工作的领导90余人参加。

1～7日

市爱卫会组织国家及本市有关专业部门的专家和工作人员，分4个检查组对19个区县和地区的市容环境卫生、病媒生物控制、单位居民区卫生和公共场所禁止吸烟情况进行了综合检查。

3日

市卫生局召开北京市医疗机构国庆期间药品和医疗器械安全使用工作会。

3～4日

市卫生局召开社区卫生中医药特色诊区建设项目评审工作会。选择20个单位作为建设单位，建设周期2年。

市卫生局召开全市二级以上医疗机构疾病控制工作会。

3～7日

市卫生局组织协调东城区、朝阳区卫生局，完成第十六届北京国际图书博览会的公共卫生保障。

4日

市卫生局组织协调西城区卫生局，完成首长教育视察活动的公共卫生保障。

副市长丁向阳、中国医药卫生事业发展基金会理事长王彦峰、市政府副秘书长鲁勇，以及市卫生局、财政局、发展改革委、人力社保局、中医局、药监局等部门有关领导，听取了中医药专项课题"防治甲型H1N1流感中药筛选及评价研究"和"甲型H1N1流感抗病毒与中药治疗的多中心、前瞻、随机对照研究"的进展汇报。

市卫生局医政处召开精神科、儿科对口支援工作阶段总结会。

市卫生局召开第二批深入学习实践科学发展观活动总结大会。会议由局党组副书记张秀芳主持，党组书记、局长方来英作总结讲话。市卫生局领导班子成员、局级领导，各直属单位领导班子成员、工会主席、党办主任，市卫生局、中医局机关各处处长，局机关所属中心正、副主任，市卫生局学习实践活动办公室和学习实践活动指导检查组成员200余人参加会议。

市卫生局通报了近期首都防治甲流的情况。

5日

市卫生局召开首都卫生人才队伍建设中长期发展规划研讨会。

6日

"人口卫生"方阵总队参加在天安门广场群众游行第二次实地演练。

7～18日

市中医局举办第二、三期社区中医适宜技术培训，12个区县社区卫生服务中医药工作者参加。

8～9日

在医疗机构自查的基础上，将18个区县划分为9个组，分别组建药品和医疗器械专家组，对全市54家各级各类医疗机构开展了重点抽查。检查组人员现场反馈了检查结果，提出了整改意见和整改期限。

8～10日

市卫生局组织协调海淀区、朝阳区卫生局，完成太平洋地区高级军官后勤论坛第三十八届研讨会的公共卫生保障。

9日

市继续医学教育委员会对2010年继续医学教育项目进行专家评审。北京地区中央、部队、高校、市属、区属等93家医院共申报国家级继续医学教育项目748项、市级继续医学教育项目448项。

召开市卫生局、中医局机构改革动员部署大会，市卫生局党组书记、局长方来英，党组副书记张秀芳，中医局局长赵静，驻局纪检组组长何群等出席。

9～11日

市卫生局举办内审培训班，36家直属单位分管内审工作的领导和内审人员参加。副局长郭积勇到会并讲话。

9、12日

市中医局两次召开北京市防治甲流中医药专家组会议。局长赵静主持会议。

10日

市卫生局召开全市甲流病毒检测工作会。18个区县卫生局疾控科负责人和30个甲流病毒检测单位实验室负责人参加了会议。

11日

市疾控中心再次召开北京市甲流病毒核酸检测技术培训会，19家医院、11个区县疾控中心90人参加。

市卫生局组织系统内离退休干部及工作人员66人参加市老干部局举办的"祖国在我心中"合唱比赛。

市卫生局系统举行"我和我的祖国"歌咏比赛。

11～25日

市卫生局举办北京地区专科医师培训管理干部学习班和北京地区专科医师培训基地师资培训班4期。中央、部队、高校、市属、企业及区县100余家医疗卫生单位的教育管理干部和全科培训基地、社区卫服务中心负责人近400人参加了培训。

12日

首都预防艾滋病宣传志愿者"1+1"十进行动之"相互关爱，共享生命"9月主题活动在18个区县部分商场举行。

中央政治局委员、中央书记处书记、中组部部长李源潮，常务副部长沈跃跃，市卫生局党组书记、局长方来英和党组副书记张秀芳到北京积水潭医院干部病房，看望老红军彭幼华。

12~13日

市卫生局党组副书记张秀芳、局老干部处处长柳淑华和各单位党政领导走访慰问了本系统老红军彭幼华等7人。

12~14日

市爱卫会举办社区"健康风采"大赛决赛。

12~15日

市卫生局组织协调朝阳区、东城区、顺义区卫生局，完成第十五届世界航线发展论坛的公共卫生保障。

13日

市卫生局对参加北京同仁医院内部竞争选拔副院长的7人进行了面试。

14日

市军转办和市卫生局联合举办2009年北京市卫生局系统军队转业干部安置选择会。

国家食品药品监督管理局局长邵明立、副局长边振甲带队调研、检查了北京市国庆餐饮服务食品安全保障工作。副市长丁向阳，市卫生局局长方来英、副局长于鲁明，市政府食品安全监督协调办公室副主任王建华，东城区和海淀区政府及区卫生局领导陪同检查。

14~18日

完成党的第十七届四中全会公共卫生保障。

9月中旬

市卫生监督所对市轨道交通建设的5个工地食堂进行了食品安全专项检查。针对检查中发现的问题，下达了限期整改意见。

15日

市卫生局、财政局和中医局召开北京市中医、中西医结合医院绩效考核工作会。

市卫生局召开预约挂号信息网上填报系统培训会。市卫生局医政处副处长段杰、全市各三级医院门诊部和统计室负责人参加。会议要求自9月16日起，全市三级医院通过网络系统上报前日本院预约挂号信息。

市卫生局举行甲流患者集中收治医院应急工作桌面演练，市卫生局副局长邓小虹观摩演练并进行点评。

市卫生局对各单位甲流疫苗预防接种小分队人员进行集中培训。培训结束后，进行了考试，为合格者颁发了甲流疫苗接种证书和胸牌。

15~17日

市卫生局委托市社区卫生协会对全市社区卫生服务机构管理干部进行岗位知识培训，全市1 200余名社区卫生服务管理干部参加。

15~30日

完成北京地区专科医师培训临床技能考试，内科、外科和全科医学等19个临床二级学科的住院医师1 300人参加。

16日

市卫生局党组组织评审委员会，对2008年初确定的局直属单位重点调研课题所形成的26项调研成果进行了评审，评出一等奖3篇、二等奖4篇、三等奖5篇。

市卫生局、市中医局召开新闻发布会，市中医局局长赵静介绍了北京中医药防治甲流和科技攻关项目的总体情况，中国中医科学院副院长黄璐琦介绍了中药筛选研究结果，地坛医院中西结合科副主任王玉光介绍了中医药治疗甲流回顾性研究结果。

16~17日

市卫生局召开职业卫生技术服务机构监督检查总结会，向40家技术服务机构通报了用人单位对职业卫生技术服务机构服务满意度调查结果及本次监督检查情况。

16~22日

市卫生局组织督查组，对部分单位的实验室生物安全管理及样本保存管理进行了专项督查。

17日

市卫生局、北京朝阳医院联合举行反恐应急疏散演练，对卫生系统的国庆安保应急反应进行了检验。

《健康北京人——全民健康促进十年行动规划》顾问委员会召开第一次会议。副市长丁向阳，市政府副秘书长鲁勇，市委宣传部常务副部长陈启刚、副部长严力强，市卫生局副局长赵春惠出席。会议讨论、修改了《健康北京人——全民健康促进十年行动规划》顾问委员会工作职责，就如何做好当前防控甲流工作、确保国庆公共卫生安全和媒体宣传工作提出了建议。

市卫生局召开北京市甲流疫苗接种工作部署会。各区县卫生局主管领导、防保科长、疾控中心主任，49家三级医院领导，市疾控中心领导及相关人员120人参加。

18 日

"人口卫生"方阵总队参加在天安门广场组织的群众游行彩排。

市卫生局召开部分什邡来京学员结业座谈会。

19 日

完成中纪委第十七届四中全会公共卫生保障。

22 日

北京市吸烟与健康协会召开五届二次理事会暨控烟工作会。

市防流办和市卫生局联合召开新闻发布会，北京协和医公共卫生学院院长黄建始教授和市卫生局疾控处处长赵涛介绍了目前本市甲流的疫情趋势和甲流疫苗接种的有关问题，解答记者的提问。

市卫生局召开华侨华人代表来京参加国庆观礼活动防控甲流工作会。

22~23 日

市卫生局疾控处和妇社处举办全市社区卫生服务中心呼吸道疾病样品采集师资培训，对 18 个区县社区卫生服务中心和卫生院的 335 人进行了培训。

23 日

市卫生局召开首都急诊急救人才培训工作布置会，18 个区县卫生局以及二三级医院管理部门的相关人员参加。

26 日

市中医局、中国中医科学院、北京中医药大学、北京自然博物馆、北京同仁堂集团、北京御生堂中医药博物馆联合举办首都中医药 60 年发展成就展。卫生部副部长兼国家中医药管理局局长王国强、市卫生局党组书记、局长方来英参加开幕式并剪彩。

26~30 日

市卫生局组织协调朝阳区卫生局，完成 2009 中国网球公开赛公共卫生保障。

27 日

市卫生局召开会议布置北京市社区卫生服务人员培训工作。

27~30 日

完成第五次全国民族团结进步表彰大会公共卫生保障。

28 日

市卫生局召开北京市国家级流感监测网络成员单位工作会，7 家国家级流感网络实验室和 11 家国家级哨点医院负责此项工作的领导及专业技术人员 50 人参加。

市中医管理局召开甲流防控中药储备工作会，对北京地区中医医院中药饮片的储备进行了部署。

28~30 日

市卫生局组织协调东城区卫生局，完成国庆观礼台嘉宾驻地公共卫生保障；组织协调宣武区、西城区、海淀区卫生局，完成国庆华侨驻地公共卫生保障。

29 日

市卫生局副局长赵春惠率疾控处、市疾控中心有关人员对怀柔区、密云县的鼠疫防控工作进行了检查。

市卫生局召开本市三级医院对口支援内蒙古自治区旗县医院工作部署会。市卫生局局长方来英、副局长邓小虹、医政处处长邱大龙，承担对口支援任务的 26 家三级医院的主管领导参加了会议。

30 日

市卫生局组织协调东城区卫生局，完成市政府 60 周年招待会公共卫生保障。

9 月

市卫生局制订了《北京地区医院管理考核评价标准（2009 版）》和《北京地区医院管理考核评价标准实施细则（2009 版）》，并下发至区县卫生局和各级各类医院。

市卫生局与市疾控中心、天安门地区管委会联合开展对天安门地区病媒生物控制工作，完成对天安门地区、长安街沿线、游园活动 10 个重点公园和阅兵村周边等庆典重要区域病媒生物密度监测 3 次，并对天安门地区进行大规模控制活动 6 次。

9~10 月

完成本市专科医师培训招录工作，1 200 名住院医师即将进入 44 家医院的 235 个培训基地，开始为期 3 年的规范化培训。

10 月

1 日

由首都医科大学、北京卫生学校、北京护士学校 2 323 名师生组成的"人口卫生"方阵，作为全国 698 万医疗卫生工作者和 52 万人口计生工作者的代表，参加了国庆 60 周年群众游行。

1~7 日

市卫生监督所对辖区内营业的 6 家餐饮服务企业进行了巡回监督检查，共监督 32 户次，出动卫生监督员 96 人次；进行食品快速检测 26 件，其中餐具消毒液有效氯浓度检测 16 件、农药残留 10 件，结果均合格。

5~6 日

市卫生局组织协调延庆县、朝阳区卫生局，完成 2009 北京首届国际马球公开赛公共卫生保障。

10 日

市卫生局和内蒙古自治区卫生厅召开京蒙省际医

疗对口支援项目启动大会。内蒙古自治区卫生厅厅长杨成旺、副厅长白宝玉，市卫生局局长方来英、副局长邓小虹，内蒙古自治区36家受援医院院长和北京市26家支援医院院长、医务处处长、护理部主任等约150人参会。

市卫生局、市残联、东城区精神卫生工作领导小组在工人体育馆北门举行以"使用网络应有度、科学合理才健康"为主题的大型宣传活动。卫生部疾控局副巡视员张立、市卫生局副局长赵春惠、市残联副理事长沙澄深、东城区副区长章冬梅、东城区卫生局局长张明、市精保所所长马辛等出席。同时，举行了东城区24小时心理求援热线开通仪式。

12～15日

市卫生局组织协调朝阳区、海淀区卫生局，完成上海合作组织总理会公共卫生保障。

12～19日

卫生部组织督导组对本市"医疗质量万里行"开展情况进行了督导检查。

13日

北京市卫生系统对口援助什邡第六批医疗队启程赴什邡执行援助任务。医疗队由25人组成，其中行政管理1人、医疗17人、公共卫生7人。

14～16日

市卫生局与市侨办联合举办了"侨爱工程——送温暖医疗队"到延庆大庄科乡社区卫生服务中心义诊活动。

10月中旬

对市、区县属19家中医、中西医结合医院开展绩效考核。

16日

市中医局组织了北京市中医药科技基金项目评审答辩会，对全市38家中医、中西医结合、民族医医疗、科研、教学机构申报的104项课题进行了专家答辩。

市卫生局召开创建平安医院工作座谈会。首都综治办联络处、市公安局文保处的领导，18个区县卫生局、海淀区公共委负责人等42人参会。

18日

举行北京国际马拉松赛。比赛期间，医疗保障组共提供医疗服务789人次，转运伤病员4人次。

19日

市中医局对申报新一轮中医药重点学科的42个项目进行评审，确定了16个正选和6个备选项目。

20日

完成甲流检测试剂应急采购。

21日

市卫生局委托北京医学会组织专家对乳腺癌、食管癌、肺癌、肝癌、胃癌、宫颈癌、结直肠癌、胰腺癌等8种常见肿瘤规范化治疗指南进行了修改。

市卫生局召开统战人士通报会，局直属单位党外政协委员、人大代表、民主党派基层组织负责人、侨联委员30人参加。

21～22日

市卫生局召开社区医生学校预防保健工作培训会。730余名基层社区医生参加了培训。

22日

市卫生局、市药监局举行"健康北京人——全民健康促进十年行动规划"知己健康行动启动仪式。市卫生局将为全市零售药店统一配发"关注血压，关注健康"宣传展架。

23日

召开首都国庆60周年群众游行"人口卫生"方阵总结表彰大会。"人口卫生"方阵总队总队长、市卫生局党组书记、局长方来英，市人口计生委党组书记、主任邓行舟，首都医科大学校长吕兆丰出席会议并讲话。

首都预防艾滋病宣传志愿者"1+1"+进行动之"遏制艾滋，履行承诺"10月主题活动在18个区县举行。这是本行动的最后一次活动。

24日

市卫生局组织协调朝阳区卫生局，完成第十一届北京希望马拉松——为癌症研究募捐义跑公共卫生保障。

25～26日

市中医局举办北京地区中医医疗质量监测培训。北京地区承担中医医疗质量监测的33家中医医院、承担农村及社区中医药工作监测的6家区县卫生局的工作人员参加了培训。

25～31日

完成十一届全国人大常委会第十一次会议公共卫生保障。

27日

市卫生局召开紧急会议，各区县卫生局局长、医政科长，设置儿科的103家二三级医院院长，10余家媒体记者共180人参加，就加强儿童流感样病例诊疗工作进行了部署。

27～28日

市中医局委托北京中医协会举办北京市中医社区管理干部培训班。东城、西城、崇文、宣武、朝阳、海淀、丰台、石景山区卫生局主管社区卫生服务的领导，各区社区卫生服务管理中心主任和各社区卫生服务中心主任170余人参加了培训。

27~29日

市卫生局举办党务工作者组织工作实务培训班。直属单位党办主任等37人参加了培训。

28日

国务院纠风办、卫生部督导组检查督导北京市药品集中采购工作。督导组由中央纪委驻卫生部纪检组组长李熙带队，成员有国务院纠风办机关组副组长白岩凌，卫生部药政司司长郑宏、监察局副局长关跃进，以及财政部、国家发改委等11人。本市药品集中采购联席会议成员单位的9个委办局参加了会议。

市、区县两级卫生行政部门联合组成3个检查组，对本市学校甲流防控工作进行了督导检查。

28~30日

市卫生局组织协调东城、西城、朝阳、昌平区卫生局，完成第十三届京港经济合作洽谈会公共卫生保障。

29~30日

第十三届京港经济合作洽谈会在北京召开。卫生合作专题活动由北京市卫生局和香港特别行政区卫生署主办，香港医院管理局协办。

30日

首都预防艾滋病宣传志愿者同伴教育主持人大赛在北京广播大厦举行。市防治艾滋病工作委员会办公室主任、市卫生局副局长赵春惠，卫生部疾控局艾防处副处长王维真，以及联合国艾滋病规划署、世界卫生组织驻华办官员到场并为选手颁奖。

31日

国务院总理温家宝到北京儿童医院视察甲流防控工作，并慰问医务人员、看望就诊患儿。卫生部党组书记张茅、副市长丁向阳、市卫生局局长方来英等陪同视察。

市中医局开展中医儿科甲流防治培训。全市设有儿科的中医医疗机构儿科主任参加了培训。

10月

市卫生局制订了《社区卫生服务机构固定资产管理制度》。

市卫生局、市人力社保局、市工商局联合印发《关于加强护理员规范管理的通知》，对凡在本市医疗机构专职从事患者生活照顾的外来农民工提供一次性免费护理员职业技能培训和职业技能鉴定。

10月底

市卫生局与市委组织部签订2009年优秀人才培养资助协议。市卫生局系统共有45人获得187.5万元优秀人才培养资助经费。

11月

1日

市中医局召开中医医院开设中医药防治流感儿科专台工作会。各区县卫生局主管领导、医政科长，设置儿科的20家二三级医院主管领导、医务处（科）长、院感办主任、儿科主任及10余家媒体记者共150人参加了会议。市中医局公布了《北京市儿童甲型H1N1流感中医药防治方案》和"儿童清感2号方"的组成与服用方法。

2日

市卫生局组织、解放军总医院承办的首都医务人员灾害医学培训项目正式启动。全市各三级医院的100余名应急小分队成员、急诊科医生和医院管理人员分2批进行为期6天的封闭式训练。

2~4日

卫生部全国传染病疫情网络直报质量督导检查组对本市传染病网络直报工作质量进行督导检查。督导组检查了北京市、朝阳区和密云县卫生局、疾控中心和医疗机构（朝阳医院、首儿所附属儿童医院、垂杨柳医院、密云县医院、潘家园社区服务中心潘家园医院、密云县鼓楼社区卫生服务中心）等12个单位。

3~4日

市卫生监督所举办全市卫生监督食品安全事故应急培训班。各区县卫生监督所应急小分队共130人参加了培训。

5日

市卫生局局长方来英会见俄罗斯驻华使馆季诺维耶夫参赞一行，并就本市当前防控甲流工作进行了会谈。

10~16日

市爱卫会办公室、市吸烟与健康协会和有关区、街爱卫会办公室主管人员对7家项目医院进行第三次全面督导。

10~20日

市卫生局开展全市公共场所量化分级管理督导工作。

12日

市卫生局召开部分医院领导会议，部署甲流危重症病例集中收治工作。

市中医管理局召开预防甲流中医药科技攻关项目启动会，市中医局副局长屠志涛及东直门医院、东城区卫生局、社管中心、区教委相关负责人参加。

市卫生局召开北京地区科教工作评估与管理研讨会，18个区县卫生局和中央、部队、市属、区属90家单位的近300名科教管理干部参加。

市卫生局局长方来英到北京儿童医院慰问医务人员，并向儿童医院发放200万元补助金。

13日

卫生部医政司召开甲流救治工作视频会。市卫生局组织18个区县卫生局主管领导和医政科长，63家重症流感病例定点收治医院的院长、医务处长、呼吸科主任、感染性疾病科主任、ICU主任、儿科主任，北京市甲流临床专家组部分成员540人参加会议。

市卫生局、市委教育工委、市教委、团市委、市红十字会联合召开首都高校"青春红丝带"社团工作会，对本年度工作进行了总结。

14日

市卫生局举办糖尿病日宣传活动，主题是"认识糖尿病，我们在行动"。

15日

市卫生局紧急召开甲流死亡病例专家讨论会，重点讨论了死亡病例的特点和抢救中应注意的问题，并对甲流重症及危重症患者早期识别等提出了科学、可行的建议。

11月中旬

市卫生局制订印发了《关于加强非职业性一氧化碳中毒防范、救治和信息报送工作的通知》。

17日

市卫生局召开北京市疾控工作绩效考核研讨会，18个区县卫生局防保科长和疾控中心主任以及市疾控中心的有关人员参加。

第二批北京市对口支援什邡市卫生人才培训在北京大学医学部正式启动。第二批来京培训的学员共28人。

17~19日

召开首都卫生系统精神文明建设评选会，首都50家三级医院、市级非临床医疗机构、区县卫生局等80多家单位参加了评选。47家医疗机构被评为首都卫生系统精神文明建设先进单位。

18日

市卫生局召开甲流防控工作会，各区县卫生局主管领导、疾控中心主任参加。会议由市卫生局副局长赵春惠主持。

市中医局召开国家中医药管理局"十一五"重点专科（专病）建设项目中期评估会，本市14家项目建设单位主管领导、医务处（科）长和22个重点专科（专病）建设项目的科室主任参加。

市中医局召开医院管理年督导检查动员布置工作会。各区县卫生局主管领导、医政科长及28家二三级中医院院长、主管领导、医务处（科）长参会。

18~20日

市委组织部、市卫生局、市委党校联合举办市卫生系统领导干部医改专题研讨班，市卫生局、中医局、药监局机关部分处长及市属医疗单位、公共卫生机构的主要领导近70人参加。

19日

市社区药物维持治疗工作组召开扩大会，市公安局、市药监局、市疾控中心以及华素制药的负责人参加了会议。会上听取了华素制药关于变换美沙酮口服液配方的进展情况，与会人员围绕全市社区药物维持治疗工作以及2010年社区药物维持治疗工作重点任务进行了研讨。

市中医局组织专家进行北京市第三批综合医院示范中医科中期评估，本市10家参评医院中医科主任参会。

市卫生局组织市疾控专业人员对本市性病防治工作进行专题研讨。

22日

中国医药卫生事业发展基金会、市卫生局和首都精神文明办公室联合在西单文化广场举办"北京市洗手宣传周"活动。市卫生局局长方来英、副局长赵春惠、副巡视员赵涛，市中医局局长赵静，首都精神文明办主任舒小峰及中国医药卫生事业发展基金会公益事业部部长李小峰等出席了启动仪式。

23日

市卫生局举办甲流重症病例早期识别与救治论坛，主题为"携手应对甲型H1N1流感，有效保护人民健康"。副市长丁向阳，市卫生局、局长方来英、副局长邓小虹等出席并讲话，北京医学会会长金大鹏、市中医局、市药监局、市教委、市科委、市财政局、市发改委等单位及各区县卫生局领导，全市二级及以上综合医院院长和医务人员代表800余人参加论坛。市卫生局下发了《北京市重症流感样病例（含甲型H1N1流感）早期识别与救治方案（第一版）》和《甲型H1N1流感医疗救治近期文件汇编》。

市卫生局副局长赵春惠组织市疾控中心、部分区县卫生局、疾控中心的主管领导及地坛医院、佑安医院的有关专家召开艾滋病防治工作研讨会。

24日

市卫生局宣传处、宣传中心举行甲流新闻发布会，就发病情况、流感样病例监测情况、病原学监测情况、甲流疫苗接种情况进行了新闻发布。

26日

市卫生局召开会议，向全市卫生系统通报了"北京市卫生系统高层次人才队伍建设工程"进展情况。

26~27日

市卫生局为本年度住院医师阶段考试考核合格人员颁发合格证书，993名完成普通专科阶段培训的住院医师取得北京市普通专科医师培训合格证书/北京市住院医师培训第一阶段合格证书，680名完成全部培训的住院医师取得卫生部第二阶段培训合格证书。

27日

市长郭金龙主持召开市政府专题会，通过了启动本市2009年药品集中采购工作的决议。

市卫生局与联合国艾滋病规划署、卫生部联合制作了"姚明艾滋病防治宣传海报"，并举行了发布仪式。

11月28日~12月27日

启动持续1个月的公交车、地铁传媒预防艾滋病防治知识宣传活动。同时，在地铁通道安装了50块灯箱海报进行为期2周的"预防艾滋病，人人都是志愿者"主题宣传活动。

11月29日~12月4日

市防治艾滋病工作委员会主办，市卫生局、团市委承办了首都防治艾滋病志愿者活动周，主题展览活动在国家会议中心展览馆2号馆举办。期间，中共中央总书记、国家主席胡锦涛于11月30日到主题展览现场，视察北京市艾滋病防治工作。

30日

市卫生局局长方来英会见了新任世界卫生组织驻华代表蓝睿明博士和高级项目官员司徒农等一行。

市中医局与市中药研究所签署了"甲流中药知识产权授权协议书"。

市卫生局召开北京市护理院设置运行标准规范专家评审会。市卫生局副局长邓小虹，市卫生局医政处、市人保局医保处、市民政局社会福利处、有关专家、各试点单位领导和负责人参加了会议。

12月

1日

中共中央政治局常委、国务院总理温家宝和中共中央政治局常委、国务院副总理李克强到地坛医院北京红丝带之家，看望艾滋病病毒感染者、医护人员和志愿者，并主持召开座谈会，听取专家对艾滋病防治工作的意见和建议。

防控甲流指挥部召开信息报送调整会议。

2日

市卫生局召开卫生系统"人才京郊行"座谈会，对卫生系统参加首批"人才京郊行"进行了总结，并对第二批"人才京郊行"进行了部署。

3日

市卫生局召开全市二级及以上医疗机构药品集中采购工作启动大会。4日，召开了生产经营企业药品集中采购工作会。

3~4日

2009年中法灾害医学论坛在北京举办。各区县卫生局主管领导，全市二三级医院主管领导急诊科主任，120、999急救中心及分中心应急工作负责人，等240余人参加了论坛。

4日

市卫生局召开甲流防控专家座谈会。会议由副局长赵春惠主持，国家疾控中心首席专家曾光教授、市疾控中心有关专家及局相关业务处室的负责人参加了会议。

5日

市禁毒办、市卫生局、市委宣传部、市委教育工委、市教委、团市委联合举办了新型毒品预防教育活动周启动暨首都高校禁毒志愿者队伍成立仪式。

6~7日

市卫生局继续开展北京市基层医院专业技术骨干培养工作。本届共录取124名学员，将在北京大学医学部、协和医院、朝阳医院等24家具有教学条件的医疗卫生机构进行为期12个月的培训。

10日

市文明办召开首都科教、文体、法律、卫生"四进社区"活动总结表彰会。市卫生局"两癌防治筛查"活动获首都"四进社区"活动十大典型活动奖。

10~11日

市卫生局宣传处、宣传中心举办新闻发言人暨宣传干部培训班，240余人参加了培训。

11日

市卫生局召开会议，部署各直属单位党建工作责任制落实情况考评。

14日

市卫生局召开进一步加快推进全市甲流疫苗接种工作会议。

14~22日

市中医局医政处、北京中医协会组织专家组对9家三级中医医院进行医院管理年督导检查。在听取各医院汇报的基础上，分别从行政、医疗、药事3个方面进行了检查。

15日

市卫生局局长方来英、副局长于鲁明会见了英国卫生部国际司全球卫生事务副司长尼克·巴纳瓦那一行6人，并就北京市医疗卫生体制的现状、医改进程以及中英医疗卫生领域的进一步合作进行了会谈。

12月中旬~寒假前

市卫生局、市教委向全市小学生发放健康腰围尺，给全家人测量腰围。这是"健康北京人——全民健康促进十年行动"推出的知己健康行动的内容之一。通过"小手拉大手，全家关注腰围"的活动，唤起全民对健康的关注。

16日

市卫生局邀请中国疾控中心首席流行病学专家曾光和军事医学科学院流行病学专家就北京当前的甲流疫情形势和下一步防控措施进行了研究分析。

市中医局举行"首都中医药实训网"开通仪式。

17日

市政府新闻办公室召开北京中医药防治甲流"金花清感颗粒"新药研发情况通报会。有60余家媒体的70余名记者参加了新闻通报会,其中境外媒体19家记者31人。

17~18日

市卫生局人事处组织部分市属三级医院人事部门负责人赴四川省人民医院考察、调研公立医院绩效考核和薪酬制度改革,并同四川省卫生厅人事处就卫生行政单位机构改革进行了讨论。

18日

市卫生局召开医疗卫生科技成果和适宜技术推广工作启动会。

21日

市卫生局向市委组织部和市海外学人中心上报了2010~2013年海外引才计划。同时,上报10名专家作为第二批海外高层次人才申报人选。

22~23日

市卫生局对精神科、儿科对口支援专项工作进行了督导检查。各受援医院均为新建学科提供了专门的场地,配备了相应的医疗、护理人员及工作设备。

24日

市卫生局副局长于鲁明、医政处副处长陈静到大兴区礼贤镇温馨家园、安定镇残疾人扶贫基地进行了走访慰问,为礼贤镇小马坊村残疾人曹冬梅家送去了慰问金。

市委组织部干部教育培训考核组一行4人到市卫生局检查干部教育培训工作。局党组副书记张秀芳作了汇报。局办公室、组织处、人事处、宣传处、医政处、疾控处、国合处、老干部处以及部分直属单位的领导等20余人参加了考核。

24~26日

本市接受全国高等学校设置评议委员会专家的检查。专家听取了本市筹建北京医学高等专科学校的汇报,并与北京卫生学校、北京护士学校和北京市中医学校的教师代表座谈。

25日

市卫生局在门头沟区医院召开对口支援区域医疗中心工作现场会。市卫生局副局长邓小虹、门头沟区副区长姚忠阳、市人大代表邢惠芳等领导出席会议并讲话。

28日

市卫生局召开北京市康复医院设置运行标准规范专家评审会。北京康复医学会汇报了康复医院收治标准和付费机制研究成果,与会专家进行了讨论并出具了评审意见。

29日

国家中医药管理局局长办公会专题听取了北京市中医管理局、东城区政府创建"国家中医药发展综合改革试验区"工作情况和方案汇报。

31日

100辆急救摩托车全部到位,配置于市区道路交通相对拥堵地区的急救站点及各区县急救分中心,并陆续投入使用。根据这一新型急救交通工具特点,院前急救部门制订了《急救摩托车使用管理办法》(试行)。

2009年度北京十大卫生新闻评选揭晓,"胡锦涛总书记、温家宝总理关心艾滋病防治工作"位列榜首。

12月

完成首儿所附属儿童医院"首儿附院重点扶持学科设备款"项目、市疾控中心"奥运场馆病媒生物危害监测"项目、市卫生局2008年"全市艾滋病宣传"项目等3个财政专项资金的部门自评,涉及资金1 085万元。

(任伟伟)

卫 生 统 计

全市卫生机构、床位、人员数

总计

机构分类	机构数(个)	编制床位(张)	实有床位(张)	人员数(人) 合计	卫生技术人员 小计	执业(助理)医师	执业医师	注册护士	药师(士)	技师(士)	检验师(士)	卫生监督员	其他	其他技术人员	管理人员	工勤技能人员
总 计	6603	93962	90100	208156	160435	62348	58341	61604	9594	9140	6296	1537	16212	10379	14898	22444
一、医院	522	83471	82471	144872	112584	40632	39360	49293	6485	6269	4107		9905	6760	10202	15326
综合医院	310	54700	54045	101010	79255	28713	27790	35112	4244	4473	2896		6713	4046	6898	10811
中医医院	82	9083	9476	15848	12552	5261	5116	4412	1259	715	481		905	727	1179	1390
中西医结合医院	3	686	629	1046	858	381	372	319	52	38	26		68	38	60	90
民族医院	2	134	74	212	185	85	84	63	17	13	9		7	9	7	11
专科医院	122	18698	18159	26671	19673	6172	5979	9369	908	1028	693		2196	1938	2054	3006
口腔医院	7	245	218	2505	1894	855	840	719	28	41	16		251	120	91	400
眼科医院	10	283	373	516	306	100	94	146	16	15	10		29	30	82	98
肿瘤医院	7	2491	2523	3434	2467	902	881	1035	125	133	68		272	450	296	221
心血管病医院	2	913	881	2335	1742	484	481	929	52	59	35		218	257	168	168
胸科医院	1	900	533	775	586	152	152	340	29	42	20		23	78	4	107
血液病医院	1	150	104	240	195	35	35	102	5	47	47		6	12	20	13
妇产(科)医院	6	806	539	1586	1194	429	425	550	51	61	54		103	66	148	178
儿童医院	5	1520	1442	3494	2772	780	776	1332	186	201	138		273	163	225	334
精神病医院	22	6453	6912	4798	3500	857	795	1872	155	115	89		501	291	387	620
传染病医院	3	1400	1282	2210	1759	534	533	876	84	125	96		140	150	116	185
皮肤病医院	1	100	100	131	107	34	32	47	15	8	7		3	1	10	13
骨科医院	7	560	392	473	339	89	84	182	7	20	13		31	50	52	32
康复医院	4	185	185	261	194	72	64	90	7	8	4		37	21	19	27
整形外科医院	1	328	328	518	364	112	112	208	6	11	5		27	41	51	62
美容医院	9	151	131	373	213	77	67	99	11	12	9		14	13	79	68
其他专科医院	36	2213	2216	3022	2041	660	608	862	120	131	82		268	195	306	480
护理院	3	170	88	85	61	20	19	18	5	2	2		16	2	4	18
二、疗养院	3	928	382	459	312	88	85	130	15	13	8		66	13	51	83
三、社区卫生服务中心(站)	1395	3819	2273	16410	13410	5893	5029	3766	1250	675	473		1826	651	872	1477
社区卫生服务中心	193	3671	2201	14205	11679	5106	4386	3297	1086	607	420		1583	508	691	1327
社区卫生服务站	1202	148	72	2205	1731	787	643	469	164	68	53		243	143	181	150
四、卫生院	116	2752	2425	7454	6063	2649	1904	1078	511	303	208		1522	336	370	685

续表

机构分类	机构数(个)	编制床位(张)	实有床位(张)	人员数(人) 合计	卫生技术人员 小计	执业(助理)医师	执业医师	注册护士	药师(士)	技师(士)	检验师(士)	卫生监督员	其他	其他技术人员	管理人员	工勤技能人员
乡镇卫生院	116	2752	2425	7454	6063	2649	1904	1078	511	303	208		1522	336	370	685
中心卫生院	36	1162	1006	3264	2629	1132	797	482	219	141	91		655	108	140	387
乡卫生院	80	1590	1419	4190	3434	1517	1107	596	292	162	117		867	228	230	298
五、门诊部	768	126	73	11491	8376	4154	3811	2601	601	637	448		383	638	1538	939
综合门诊部	282	82	33	5739	4074	1925	1792	1246	319	392	265		192	356	753	556
中医门诊部	166	17	17	2335	1824	1006	947	375	235	128	108		80	84	257	170
中西医结合门诊部	5			68	53	23	22	15	7	6	4		2	1	5	9
专科门诊部	315	27	23	3349	2425	1200	1050	965	40	111	71		109	197	523	204
六、诊所、卫生所、医务室	3592			11322	9041	5567	4960	2415	471	140	101		448			2281
诊所	1757			6398	5343	3154	2830	1544	307	79	49		259			1055
卫生所、医务室	1835			4924	3698	2413	2130	871	164	61	52		189			1226
七、急救中心	8			810	518	235	210	211	5	11	5		56	58	30	204
八、采供血机构	7			742	467	40	38	234	6	91	91		96	62	59	154
九、妇幼保健院(站、所)	19	2038	1534	4590	3725	1466	1423	1462	181	250	199		366	158	287	420
省辖市(地区)属	16	1878	1434	4182	3393	1317	1278	1339	159	224	179		354	143	269	377
县属	2	160	100	408	332	149	145	123	22	26	20		12	15	18	43
其他	1															
妇幼保健院	17	2038	1534	4481	3633	1428	1388	1435	171	243	194		356	153	284	411
妇幼保健所	2			109	92	38	35	27	10	7	5		10	5	3	9
十、专科疾病防治院(所、站)	27	828	942	754	516	191	179	181	36	70	48		38	87	61	90
专科疾病防治院	2	576	676	266	151	46	46	74	10	12	8		9	38	24	53
职业病防治院	1	500	396	207	102	32	32	46	7	11	7		6	34	22	49
其他	1	76	280	59	49	14	14	28	3	1	1		3	4	2	4
专科疾病防治所(站、中心)	25	252	266	488	365	145	133	107	26	58	40		29	49	37	37
口腔病防治所(站、中心)	1			35	28	22	20	5		1	1		2			2
精神病防治所(站、中心)	4	70	143	63	47	13	10	23	3				8	4	5	7
皮肤病与性病防治所(中心)	2															
结核病防治所(站、中心)	16	182	123	362	270	99	93	79	23	53	35		16	36	28	28
职业病防治所(站、中心)	1			28	20	11	10		4	4	4		5	7	1	
其他	1															
十一、疾病预防控制中心	31			3719	2545	1188	1100	129	10	584	557	38	596	345	553	276
省属	1			433	317	135	130	6	1	142	142		33	59	13	44
省辖市(地区)属	18			2042	1633	902	858	117	9	398	373		207	140	121	148
县属	2			153	119	88	66	4		23	22		4	3	13	18
其他	10			1091	476	63	46	2		21	20	38	352	143	406	66
十二、卫生监督所(中心)	20			1752	1504							1499	5	60	121	67
省属	1			151	146							146				5
省辖市(地区)属	17			1481	1262							1257	5	49	117	53
县属	2			120	96							96		11	4	9
十三、医学科学研究机构	24			2653	945	81	81	2					862	940	471	297
十四、医学在职培训机构	8			234	24	5	4	12					7	92	51	67
十五、健康教育所(站、中心)	1															
十六、其他卫生机构	62			894	405	159	157	90	23	97	51		36	179	232	78
卫生监督检验(检测)机构	2			24										24		
临床检验中心(所、站)	4			112	76	4	4	2		67	24		3	13	13	10
其他	56			758	329	155	153	88	23	30	27		33	166	195	68

全市卫生机构、床位、人员数

国有

机构分类	机构数(个)	编制床位(张)	实有床位(张)	人员数(人)											
				合计	卫生技术人员								其他技术人员	管理人员	工勤技能人员
					小计	执业(助理)医师	执业医师	注册护士	药师(士)	技师(士)	检验师(士)	卫生监督员	其他			
总计	3147	79412	73974	163189	126983	47232	45090	50484	7300	7317	5069	1537	13113	8351	11016	16839
一、医院	232	70226	67418	122047	96214	34296	33659	42927	5391	5201	3416		8399	5528	7974	12331
综合医院	163	47720	45712	88084	70019	25051	24559	31470	3671	3864	2507		5963	3359	5604	9102
中医医院	23	6829	6672	12457	9979	4036	3981	3677	1010	560	390		696	538	875	1065
中西医结合医院	3	686	629	1046	858	381	372	319	52	38	26		68	38	60	90
民族医院	1	74	74	190	170	81	80	63	12	12	8		2	7	4	9
专科医院	39	14747	14243	20185	15127	4727	4648	7380	641	725	483		1654	1584	1427	2047
口腔医院	3	215	188	2305	1738	784	777	661	26	41	16		226	111	76	380
肿瘤医院	2	1988	1952	2733	1883	700	700	794	81	99	50		209	428	262	160
心血管病医院	1	853	821	2298	1715	474	472	921	49	53	32		218	254	167	162
胸科医院	1	900	533	775	586	152	152	340	29	42	20		23	78	4	107
妇产(科)医院	1	660	405	1170	912	324	324	413	36	43	40		96	58	114	86
儿童医院	2	1370	1292	2975	2421	687	687	1174	161	175	122		224	136	196	222
精神病医院	20	6323	6732	4710	3434	839	781	1851	150	114	88		480	291	376	609
传染病医院	3	1400	1282	2210	1759	534	533	876	84	125	96		140	150	116	185
整形外科医院	1	328	328	518	364	112	112	208	6	11	5		27	41	51	62
其他专科医院	5	710	710	491	315	121	110	142	19	22	14		11	37	65	74
护理院	3	170	88	85	61	20	19	18	5	2	2		16	2	4	18
二、疗养院	3	928	382	459	312	88	85	130	15	13	8		66	13	51	83
三、社区卫生服务中心(站)	960	3277	1890	12493	10333	4606	4050	2984	957	541	371		1245	442	644	1074
社区卫生服务中心	159	3167	1838	11401	9417	4167	3641	2686	874	503	342		1187	389	573	1022
社区卫生服务站	801	110	52	1092	916	439	409	298	83	38	29		58	53	71	52
四、卫生院	73	2059	1798	5409	4388	1889	1373	835	346	235	155		1083	232	252	537
乡镇卫生院	73	2059	1798	5409	4388	1889	1373	835	346	235	155		1083	232	252	537
中心卫生院	29	1007	873	2813	2252	987	693	421	174	129	85		541	97	123	341
乡卫生院	44	1052	925	2596	2136	902	680	414	172	106	70		542	135	129	196
五、门诊部	153	56	10	2666	1950	923	885	571	179	178	129		99	168	236	312
综合门诊部	121	51	10	2139	1564	745	711	487	137	142	100		53	137	192	246
中医门诊部	9			289	186	75	75	31	36	14	11		30	26	23	54
中西医结合门诊部	1			21	9	9	9	2	1	2	1				1	6
专科门诊部	22	5		217	186	94	90	51	5	20	17		16	5	20	6
六、诊所、卫生所、医务室	1524			4007	3156	2071	1852	719	151	53	46		162			851
诊所	45			140	127	83	80	23	13	1	1		7			13
卫生所、医务室	1479			3867	3029	1988	1772	696	138	52	45		155			838
七、急救中心	8			810	518	235	210	211	5	11	5		56	58	30	204
八、采供血机构	7			742	467	40	38	234	6	91	91		96	62	59	154
九、妇幼保健院(站、所)	19	2038	1534	4590	3725	1466	1423	1462	181	250	199		366	158	287	420
省辖市(地区)属	16	1878	1434	4182	3393	1317	1278	1339	159	224	179		354	143	269	377
县属	2	160	100	408	332	149	145	123	22	26	20		12	15	18	43
其他	1															

续表

机构分类	机构数(个)	编制床位(张)	实有床位(张)	人员数(人) 合计	卫生技术人员 小计	执业(助理)医师	执业医师	注册护士	药师(士)	技师(士)	检验师(士)	卫生监督员	其他	其他技术人员	管理人员	工勤技能人员
妇幼保健院	17	2038	1534	4481	3633	1428	1388	1435	171	243	194		356	153	284	411
妇幼保健所	2			109	92	38	35	27	10	7	5		10	5	3	9
十、专科疾病防治院(所、站)	26	828	942	754	516	191	179	181	36	70	48		38	87	61	90
专科疾病防治院	2	576	676	266	151	46	46	74	10	12	8		9	38	24	53
职业病防治院	1	500	396	207	102	32	32	46	7	11	7		6	34	22	49
其他	1	76	280	59	49	14	14	28	3	1	1		3	4	2	4
专科疾病防治所(站、中心)	24	252	266	488	365	145	133	107	26	58	40		29	49	37	37
口腔病防治所(站、中心)	1			35	28	22	20	5		1	1			2		2
精神病防治所(站、中心)	4	70	143	63	47	13	10	23	3				8	4		7
皮肤病与性病防治所(中心)	1															
结核病防治所(站、中心)	16	182	123	362	270	99	93	79	23	53	35		16	36	28	28
职业病防治所(站、中心)	1			28	20	11	10			4	4		5	7	1	
其他	1															
十一、疾病预防控制中心	31			3719	2545	1188	1100	129	10	584	557	38	596	345	553	276
省属	1			433	317	135	130	6	1	142	142		33	59	13	44
省辖市(地区)属	18			2042	1633	902	858	117	9	398	373		207	140	121	148
县属	2			153	119	88	66	4		23	22		4	3	13	18
其他	10			1091	476	63	46	2		21	20	38	352	143	406	66
十二、卫生监督所(中心)	20			1752	1504							1499	5	60	121	67
省属	1			151	146							146				5
省辖市(地区)属	17			1481	1262							1257	5	49	117	53
县属	2			120	96							96		11	4	9
十三、医学科学研究机构	24			2653	945	81	81	2					862	940	471	297
十四、医学在职培训机构	8			234	24	5	4	12					7	92	51	67
十五、健康教育所(站、中心)	1															
十六、其他卫生机构	58			854	386	153	151	87	23	90	44		33	166	226	76
卫生监督检验(检测)机构	2			24										24		
临床检验中心(所、站)	1			76	61					61	18				7	8
其他	55			754	325	153	151	87	23	29	26		33	166	195	68

全市卫生机构、床位、人员数

集体

机构分类	机构数(个)	编制床位(张)	实有床位(张)	人员数(人) 合计	卫生技术人员 小计	执业(助理)医师	执业医师	注册护士	药师(士)	技师(士)	检验师(士)	卫生监督员	其他	其他技术人员	管理人员	工勤技能人员
总 计	739	5112	6749	13774	10068	4138	3282	2987	781	483	331		1679	686	818	2202
一、医院	51	3958	5885	6929	4870	1832	1558	1830	299	268	168		641	377	438	1244
综合医院	32	2390	3809	4727	3255	1154	922	1302	177	180	114		442	276	263	933
中医医院	10	801	1398	1255	956	448	423	318	78	57	34		55	57	88	154
专科医院	9	767	678	947	659	230	213	210	44	31	20		144	44	87	157
口腔医院	1			72	56	32	27	9	1				14	3	7	6
精神病医院	1	90	70	32	22	9	9	10	3					5		5

续表

机构分类	机构数(个)	编制床位(张)	实有床位(张)	人员数(人)											
				合计	卫生技术人员								其他技术人员	管理人员	工勤技能人员
					小计	执业(助理)医师	执业医师	注册护士	药师(士)	技师(士)	检验师(士)	卫生监督员	其他			
骨科医院	1	20	20	22	18	8	8	7	1	2	1				2	2
康复医院	1	110	110	131	95	40	38	38	2	3	1		12	12	10	14
其他专科医院	5	547	478	690	468	141	131	146	37	26	18		118	29	63	130
三、社区卫生服务中心(站)	413	447	233	3501	2730	1084	803	705	260	119	89		562	189	198	384
社区卫生服务中心	33	409	213	2633	2108	840	658	578	206	97	71		387	116	112	297
社区卫生服务站	380	38	20	868	622	244	145	127	54	22	18		175	73	86	87
四、卫生院	43	693	627	2045	1675	760	531	243	165	68	53		439	104	118	148
乡镇卫生院	43	693	627	2045	1675	760	531	243	165	68	53		439	104	118	148
中心卫生院	7	155	133	451	377	145	104	61	12	12	6		114	11	17	46
乡卫生院	36	538	494	1594	1298	615	427	182	120	56	47		325	93	101	102
五、门诊部	47	14	4	558	423	232	205	115	39	24	17		13	16	64	55
综合门诊部	25	10		217	156	88	74	44	12	12	9		8		27	26
中医门诊部	10			276	220	119	108	50	27	11	8		13	3	27	26
专科门诊部	12	4	4	65	47	25	23	21		1			5		10	3
六、诊所、卫生所、医务室	183			737	366	228	183	93	18	3	3		24			371
诊所	27			90	83	52	48	24	5				2			7
卫生所、医务室	156			647	283	176	135	69	13	3	3		22			364
十、专科疾病防治院(所、站)	1															
专科疾病防治所(站、中心)	1															
皮肤病与性病防治所(中心)	1															
十六、其他卫生机构	1			4	4	2	2	1		1	1					
其他	1			4	4	2	2	1		1	1					

全市卫生机构、床位、人员数

联营

机构分类	机构数(个)	编制床位(张)	实有床位(张)	人员数(人)											
				合计	卫生技术人员								其他技术人员	管理人员	工勤技能人员
					小计	执业(助理)医师	执业医师	注册护士	药师(士)	技师(士)	检验师(士)	卫生监督员	其他			
总计	19	1038	801	1284	998	386	348	478	45	45	31		44	73	89	124
一、医院	8	1038	801	1256	976	372	337	470	45	45	31		44	69	89	122
综合医院	7	888	651	1153	896	348	313	434	41	43	30		30	66	87	104
中医医院	1	150	150	103	80	24	24	36		2	1		14	3	2	18
五、门诊部	2			9	5	4	4	1						4		
中医门诊部	1			9	5	4	4	1						4		
专科门诊部	1															
六、诊所、卫生所、医务室	9			19	17	10	7	7								2
诊所	5			14	13	7	4	6								1
卫生所、医务室	4			5	4	3	3	1								1

全市卫生机构、床位、人员数

私营

机构分类	机构数(个)	编制床位(张)	实有床位(张)	人员数(人) 合计	卫生技术人员 小计	执业(助理)医师	执业医师	注册护士	药师(士)	技师(士)	检验师(士)	卫生监督员	其他	其他技术人员	管理人员	工勤技能人员
总 计	1597	2799	2747	9465	7710	3985	3502	2344	564	367	219		450	312	636	807
一、医院	72	2767	2713	3464	2584	1034	901	918	218	193	109		221	213	365	302
综合医院	41	1302	1258	1872	1423	621	535	468	110	115	63		109	96	187	166
中医医院	10	389	346	482	374	155	143	97	50	25	15		47	21	68	19
民族医院	1	60		22	15	4	4	5	1	1			5	2	3	2
专科医院	20	1016	1109	1088	772	254	219	353	53	52	30		60	94	107	115
口腔医院	1	15	15	98	84	37	34	46	1					4	6	4
眼科医院	2	40	35	29	17	8	7	6	2				1	2	6	3
肿瘤医院	3	298	366	209	173	54	51	80	19	12	7		8	11	19	6
心血管病医院	1	60	60	37	27	10	9	8	3	6	3		3	1	6	
妇产(科)医院	1	20	20	66	34	15	13	11	3	5	2		4	11	17	
精神病医院	1	40	110	56	44	9	5	11	2	1	1		21		6	6
骨科医院	3	220	152	182	129	29	26	76	6	11	6		7	7	33	13
美容医院	1	20	20	54	40	14	12	23	2	1	1			5	4	5
其他专科医院	7	303	331	359	224	78	62	92	15	16	10		23	59	21	55
三、社区卫生服务中心(站)	14			180	138	74	67	32	18	7	5		7	12	21	9
社区卫生服务站	14			180	138	74	67	32	18	7	5		7	12	21	9
五、门诊部	160	32	34	2043	1588	781	671	487	136	132	84		52	83	249	123
综合门诊部	63	21	23	1078	822	371	336	245	83	86	53		37	56	131	69
中医门诊部	41	5	5	468	366	207	185	78	43	30	24		8	16	59	27
中西医结合门诊部	2			23	19	7	6	6	3	2	1		1		2	2
专科门诊部	54	6	6	474	381	196	144	158	7	14	6		6	11	57	25
六、诊所、卫生所、医务室	1350			3770	3399	2096	1863	906	192	35	21		170			371
诊所	1317			3675	3310	2043	1813	877	187	33	19		170			365
卫生所、医务室	33			95	89	53	50	29	5	2	2					6
十六、其他卫生机构	1			8	1			1						4	1	2
临床检验中心(所、站)	1			8	1			1						4	1	2

全市卫生机构、床位、人员数

其它

机构分类	机构数(个)	编制床位(张)	实有床位(张)	人员数(人) 合计	卫生技术人员 小计	执业(助理)医师	执业医师	注册护士	药师(士)	技师(士)	检验师(士)	卫生监督员	其他	其他技术人员	管理人员	工勤技能人员
总 计	1101	5601	5829	20444	14676	6607	6119	5311	904	928	646		926	957	2339	2472
一、医院	159	5482	5654	11176	7940	3098	2905	3148	532	562	383		600	573	1336	1327
综合医院	67	2400	2615	5174	3662	1539	1461	1438	245	271	182		169	249	757	506
中医医院	38	914	910	1551	1163	598	545	284	117	71	41		93	108	146	134
专科医院	54	2168	2129	4451	3115	961	899	1426	170	220	160		338	216	433	687
口腔医院	2	15	15	30	16	2	2	3					11	2	2	10

续表

机构分类	机构数(个)	编制床位(张)	实有床位(张)	人员数(人)											
				合计	小计	卫生技术人员							其他技术人员	管理人员	工勤技能人员
						执业(助理)医师	执业医师	注册护士	药师(士)	技师(士)	检验师(士)	卫生监督员	其他			
眼科医院	8	243	338	489	289	92	87	140	14	15	10		28	29	76	95
肿瘤医院	2	205	205	492	411	148	130	161	25	22	11		55	11	15	55
血液病医院	1	150	104	240	195	35	35	102	5	47	47		6	12	20	13
妇产(科)医院	4	126	114	350	248	90	88	126	12	13	12		7	4	23	75
儿童医院	3	150	150	519	351	93	89	158	25	26	16		49	27	29	112
皮肤病医院	1	100	100	131	107	34	32	47	15	8	7		3	1	10	13
骨科医院	3	320	220	269	192	52	50	99	10	7	6		24	43	17	17
康复医院	3	75	75	130	99	32	26	32	6	4	3		25	9	9	13
美容医院	8	131	111	319	173	63	55	76	9	11	8		14	8	75	63
其他专科医院	19	653	697	1482	1034	320	305	482	49	67	40		116	70	157	221
三、社区卫生服务中心(站)	8	95	150	236	209	129	109	45	15	8	8		12	8	9	10
社区卫生服务中心	1	95	150	171	154	99	87	33	6	7	7		9	3	6	8
社区卫生服务站	7			65	55	30	22	12	9	1	1		3	5	3	2
五、门诊部	406	24	25	6215	4410	2214	2046	1427	247	303	218		219	367	989	449
综合门诊部	73			2305	1532	721	671	470	87	152	103		102	155	403	215
中医门诊部	105	12	12	1293	1047	601	575	215	129	73	65		29	35	148	63
中西医结合门诊部	2			24	20	7	7	7	3	2	2		1	1	2	1
专科门诊部	226	12	13	2593	1811	885	793	735	28	76	48		87	176	436	170
六、诊所、卫生所、医务室	526			2789	2103	1162	1055	690	110	49	31		92			686
诊所	363			2479	1810	969	885	614	102	45	29		80			669
卫生所、医务室	163			310	293	193	170	76	8	4	2		12			17
十六、其他卫生机构	2			28	14	4	4	1	6	6			3	9	5	
临床检验中心(所、站)	2			28	14	4	4	1	6	6			3	9	5	

全市卫生机构、床位、人员数

政府办

机构分类	机构数(个)	编制床位(张)	实有床位(张)	人员数(人)											
				合计	小计	卫生技术人员							其他技术人员	管理人员	工勤技能人员
						执业(助理)医师	执业医师	注册护士	药师(士)	技师(士)	检验师(士)	卫生监督员	其他			
总 计	1238	69027	67226	144774	113510	41470	39230	45089	6581	6434	4522	1499	12437	7298	9494	14472
一、医院	165	61199	61076	110840	87381	31139	30546	39013	4896	4634	3064		7699	5307	7008	11144
综合医院	94	37908	37990	75781	60353	21547	21117	27257	3112	3254	2127		5183	3106	4560	7762
中医医院	27	7509	7955	13496	10772	4405	4332	3961	1067	610	420		729	582	942	1200
中西医结合医院	2	665	609	1007	823	356	354	312	50	37	25		68	38	56	90
专科医院	40	14967	14434	20493	15383	4814	4726	7468	663	732	491		1706	1579	1447	2084
口腔医院	4	215	188	2377	1794	816	804	670	27	41	16		240	114	83	386
肿瘤医院	2	1988	1952	2733	1883	700	700	794	81	99	50		209	428	262	160
心血管病医院	1	853	821	2298	1715	474	472	921	49	53	32		218	254	167	162
胸科医院	1	900	533	775	586	152	152	340	29	42	20		23	78	4	107
妇产(科)医院	1	660	405	1170	912	324	324	413	36	43	40		96	58	114	86

续表

机构分类	机构数(个)	编制床位(张)	实有床位(张)	人员数(人)									其他技术人员	管理人员	工勤技能人员
				合计	卫生技术人员										
					小计	执业(助理)医师	执业医师	注册护士	药师(士)	技师(士)	检验师(士)	卫生监督员	其他		
儿童医院	2	1370	1292	2975	2421	687	687	1174	161	175	122		224	136	196	222
精神病医院	19	6243	6692	4696	3424	835	779	1849	149	113	87		478	291	374	607
传染病医院	3	1400	1282	2210	1759	534	533	876	84	125	96		140	150	116	185
整形外科医院	1	328	328	518	364	112	112	208	6	11	5		27	41	51	62
其他专科医院	6	1010	941	741	525	180	163	223	41	30	23		51	29	80	107
护理院	2	150	88	63	50	17	17	15	4	1	1		13	2	3	8
二、疗养院	2	80	80	20	8	2	2	4	1				1	3	6	3
三、社区卫生服务中心(站)	685	2650	1585	12149	9925	4261	3519	2718	915	486	341		1545	478	583	1163
社区卫生服务中心	143	2613	1554	11294	9258	3951	3304	2555	865	470	328		1417	425	515	1096
社区卫生服务站	542	37	31	855	667	310	215	163	50	16	13		128	53	68	67
四、卫生院	113	2732	2405	7333	5963	2619	1879	1064	503	296	204		1481	329	366	675
乡镇卫生院	113	2732	2405	7333	5963	2619	1879	1064	503	296	204		1481	329	366	675
中心卫生院	34	1142	986	3165	2547	1106	774	473	213	135	88		620	103	137	378
乡卫生院	79	1590	1419	4168	3416	1513	1105	591	290	161	116		861	226	229	297
五、门诊部	17			259	207	112	107	47	12	26	21		10	10	20	22
综合门诊部	14			225	181	98	96	40	10	25	20		8	10	17	17
中医门诊部	1			34	26	14	11	7	1	1	1		2		3	5
专科门诊部	2															
六、诊所、卫生所、医务室	91			277	253	186	175	47	7	2	2		11			24
诊所	5			13	11	8	6	3								2
卫生所、医务室	86			264	242	178	169	44	7	2	2		11			22
七、急救中心	5			676	436	198	179	166	5	11	5		56	46	25	169
八、采供血机构	7			742	467	40	38	234	6	91	91		96	62	59	154
九、妇幼保健院(站、所)	18	2038	1534	4590	3725	1466	1423	1462	181	250	199		366	158	287	420
省辖市(地区)属	16	1878	1434	4182	3393	1317	1278	1339	159	224	179		354	143	269	377
县属	2	160	100	408	332	149	145	123	22	26	20		12	15	18	43
妇幼保健院	16	2038	1534	4481	3633	1428	1388	1435	171	243	194		356	153	284	411
妇幼保健所	2			109	92	38	35	27	10	7	5		10	5	3	9
十、专科疾病防治院(所、站)	23	328	546	429	337	135	124	116	25	39	26		22	35	27	30
专科疾病防治院	1	76	280	59	49	14	14	28	3	1	1		3	4	2	4
其他	1	76	280	59	49	14	14	28	3	1	1		3	4	2	4
专科疾病防治所(站、中心)	22	252	266	370	288	121	110	88	22	38	25		19	31	25	26
口腔病防治所(站、中心)	1			35	28	22	20	5		1	1			2	3	2
精神病防治所(站、中心)	3	70	143	63	47	13	10	23	3				8	4	5	7
皮肤病与性病防治所(中心)	2															
结核病防治所(站、中心)	15	182	123	272	213	86	80	60	19	37	24		11	25	17	17
其他	1															
十一、疾病预防控制中心	24			3255	2276	1132	1061	129	10	572	545		433	202	516	261
省属	1			433	317	135	130	6	1	142	142		33	59	13	44
省辖市(地区)属	18			2042	1633	902	858	117	9	398	373		207	140	121	148
县属	2			153	119	88	66	4		23	22		4	3	13	18
其他	3			627	207	7	7	2		9	8		189		369	51

续表

机构分类	机构数(个)	编制床位(张)	实有床位(张)	人员数(人) 合计	卫生技术人员 小计	执业(助理)医师	执业医师	注册护士(士)	药师(士)	技师(士)	检验师(士)	卫生监督员	其他	其他技术人员	管理人员	工勤技能人员
十二、卫生监督所(中心)	20		1752	1504								1499	5	60	121	67
省属	1		151	146								146				5
省辖市(地区)属	17		1481	1262								1257	5	49	117	53
县属	2		120	96								96		11	4	9
十三、医学科学研究机构	13		1540	712	37	37	2						673	389	224	215
十四、医学在职培训机构	5		183	24	5	4	12						7	62	39	58
十六、其他卫生机构	50		729	292	138	136	75	20	27	24			32	157	213	67
卫生监督检验(检测)机构	2		24											24		
其他	48		705	292	138	136	75	20	27	24			32	157	189	67

全市卫生机构、床位、人员数

社会办

机构分类	机构数(个)	编制床位(张)	实有床位(张)	人员数(人) 合计	卫生技术人员 小计	执业(助理)医师	执业医师	注册护士(士)	药师(士)	技师(士)	检验师(士)	卫生监督员	其他	其他技术人员	管理人员	工勤技能人员
总　计	3374	20265	18110	45857	33540	14358	13270	12163	2075	1969	1290	38	2937	2360	3759	6198
一、医院	211	17643	16677	26540	19778	7364	6893	8264	1174	1238	797		1738	982	2444	3336
综合医院	146	14801	14000	21529	16245	6050	5672	6944	931	1000	639		1320	703	1950	2631
中医医院	27	753	735	1362	1045	524	477	242	108	53	31		118	88	119	110
中西医结合医院	1	21	20	39	35	25	18	7	2	1	1			4		
民族医院	1	74	74	190	170	81	80	63	12	12	8		2	7	4	9
专科医院	35	1974	1848	3398	2272	681	644	1005	120	171	117		295	184	366	576
口腔医院	1	15	15	30	16	2	2	3					11	2	2	10
眼科医院	4	95	181	193	83	28	28	36	3	3	3		13	5	34	71
肿瘤医院	1	106	106	322	265	98	89	93	19	13	5		42	2	10	45
血液病医院	1	150	104	240	195	35	35	102	5	47	47		6	12	20	13
妇产(科)医院	3	76	92	182	142	44	42	74	8	9	8		7	4	14	22
儿童医院	2	130	130	472	319	83	80	145	23	24	14		44	27	23	103
精神病医院	1	170	110	46	32	13	11	12	4	1	1		2		7	7
骨科医院	4	490	322	392	282	70	69	158	13	15	9		26	48	42	20
康复医院	2	50	50	76	55	18	14	16	4	3	2		14	6	7	8
美容医院	3	60	50	167	82	29	24	34	6	4	4		8	7	52	26
其他专科医院	12	632	688	1278	801	261	250	332	36	50	24		122	71	155	251
护理院	1	20		22	11	3	2	3	1	1			3		1	10
二、疗养院	1	848	302	439	304	86	83	126	14	13	8		65	10	45	80
三、社区卫生服务中心(站)	695	1169	688	4060	3329	1544	1431	1010	315	183	128		277	163	267	301
社区卫生服务中心	50	1058	647	2911	2421	1155	1082	742	221	137	92		166	83	176	231
社区卫生服务站	645	111	41	1149	908	389	349	268	94	46	36		111	80	91	70
四、卫生院	3	20	20	121	100	30	25	14	8	7	4		41	7	4	10
乡镇卫生院	3	20	20	121	100	30	25	14	8	7	4		41	7	4	10

续表

机构分类	机构数(个)	编制床位(张)	实有床位(张)	合计	卫生技术人员 小计	执业(助理)医师	执业医师	注册护士	药师(士)	技师(士)	检验师(士)	卫生监督员	其他	其他技术人员	管理人员	工勤技能人员
中心卫生院	2	20	20	99	82	26	23	9	6	6	3		35	5	3	9
乡卫生院	1			22	18	4	2	5	2	1	1		6	2	1	1
五、门诊部	357	85	27	5700	4133	2031	1899	1263	320	321	223		198	392	646	529
综合门诊部	172	71	17	3433	2455	1145	1071	783	187	224	153		116	226	385	367
中医门诊部	48	1	1	1029	797	449	433	145	116	44	37		43	49	89	94
中西医结合门诊部	1			21	14	9	9	2	1	2	1			1	1	6
专科门诊部	136	13	9	1217	867	428	386	333	16	51	32		39	117	171	62
六、诊所、卫生所、医务室	2066			6753	5021	3089	2749	1362	230	94	69		246			1732
诊所	341			2138	1608	884	817	545	75	35	19		69			530
卫生所、医务室	1725			4615	3413	2205	1932	817	155	59	50		177			1202
七、急救中心	3			134	82	37	31	45						12	5	35
九、妇幼保健院(站、所)	1															
其他	1															
妇幼保健院	1															
十、专科病防治院(所、站)	4	500	396	325	179	56	55	65	11	31	22		16	52	34	60
专科疾病防治院	1	500	396	207	102	32	32	46	7	11	7		6	34	22	49
职业病防治院	1	500	396	207	102	32	32	46	7	11	7		6	34	22	49
专科疾病防治所(站、中心)	3			118	77	24	23	19	4	20	15		10	18	12	11
精神病防治所(站、中心)	1															
结核病防治所(站、中心)	1			90	57	13	13	19	4	16	11		5	11	11	11
职业病防治所(站、中心)	1			28	20	11	10		4	4			5	7	1	
十一、疾病预防控制中心	7			464	269	56	39		12	12		38	163	143	37	15
其他	7			464	269	56	39		12	12		38	163	143	37	15
十三、医学科学研究机构	11			1113	233	44	44						189	551	247	82
十四、医学在职培训机构	3			51										30	12	9
十五、健康教育所(站、中心)	1															
十六、其他卫生机构	11			157	112	21	21	14	3	70	27		4	18	18	9
临床检验中心(所、站)	3			104	75	4	4	1		67	24		3	9	10	8
其他	8			53	37	17	17	13	3	3	3		1	9	6	1

全市卫生机构、床位、人员数

私人办

机构分类	机构数(个)	编制床位(张)	实有床位(张)	合计	卫生技术人员 小计	执业(助理)医师	执业医师	注册护士	药师(士)	技师(士)	检验师(士)	卫生监督员	其他	其他技术人员	管理人员	工勤技能人员
总　计	1991	4670	4764	17525	13385	6520	5841	4352	938	737	484		838	721	1645	1774
一、医院	146	4629	4718	7492	5425	2129	1921	2016	415	397	246		468	471	750	846
综合医院	70	1991	2055	3700	2657	1116	1001	911	201	219	130		210	237	388	418
中医医院	28	821	786	990	735	332	307	209	84	52	30		58	57	118	80

续表

机构分类	机构数(个)	编制床位(张)	实有床位(张)	人员数(人)											
				合计	卫生技术人员								其他技术人员	管理人员	工勤技能人员
					小计	执业(助理)医师	执业医师	注册护士	药师(士)	技师(士)	检验师(士)	卫生监督员	其他			
民族医院	1	60		22	15	4	4	5	1	1			5	2	3	2
专科医院	47	1757	1877	2780	2018	677	609	896	125	125	85		195	175	241	346
口腔医院	2	15	15	98	84	37	34	46	1					4	6	4
眼科医院	6	188	192	323	223	72	66	110	13	12	8		16	25	48	27
肿瘤医院	4	397	465	379	319	104	92	148	25	21	13		21	20	24	16
心血管病医院	1	60	60	37	27	10	9	8	3	6	3		3	1		6
妇产(科)医院	2	70	42	234	140	61	59	63	7	9	6		4		20	70
儿童医院	1	20	20	47	32	10	9	13	2		2		5	1		9
精神病医院	1	40	110	56	44	9	5	11	2	1	1		21		6	6
皮肤病医院	1	100	100	131	107	34	32	47	15	8	7		3	1	10	13
骨科医院	3	70	70	81	57	19	15	24	4	5	3		5	2	10	12
康复医院	2	135	135	185	139	54	50	54	4	4	2		23	15	12	19
美容医院	6	91	81	206	131	48	43	65	6	6	5		6	6	27	42
其他专科医院	18	571	587	1003	715	219	195	307	43	51	35		95	95	71	122
三、社区卫生服务中心(站)	15			201	156	88	79	38	20	6	4		4	10	22	13
社区卫生服务站	15			201	156	88	79	38	20	6	4		4	10	22	13
五、门诊部	394	41	46	5532	4036	2011	1805	1291	269	290	204		175	236	872	388
综合门诊部	96	11	16	2081	1438	682	625	423	122	143	92		68	120	351	172
中医门诊部	117	16	16	1272	1001	543	503	223	117	83	70		35	35	165	71
中西医结合门诊部	4			47	39	14	13	13	6	4	3		2	1	4	3
专科门诊部	177	14	14	2132	1558	772	664	632	24	60	39		70	80	352	142
六、诊所、卫生所、医务室	1435			4292	3767	2292	2036	1006	234	44	30		191			525
诊所	1411			4247	3724	2262	2007	996	232	44	30		190			523
卫生所、医务室	24			45	43	30	29	10	2				1			2
十六、其他卫生机构	1			8	1			1						4	1	2
临床检验中心(所、站)	1			8	1			1						4		2

全市卫生机构、床位、人员数

卫生部门

机构分类	机构数(个)	编制床位(张)	实有床位(张)	人员数(人)											
				合计	卫生技术人员								其他技术人员	管理人员	工勤技能人员
					小计	执业(助理)医师	执业医师	注册护士	药师(士)	技师(士)	检验师(士)	卫生监督员	其他			
总 计	1062	60562	59630	131513	103416	37589	35602	41232	5843	5877	4152	1499	11376	6745	8284	13068
一、医院	131	53460	53909	99820	78969	27956	27470	35564	4279	4167	2757		7003	4874	5933	10044
综合医院	73	34946	35405	70806	56611	20163	19821	25682	2911	3018	1966		4837	2958	4035	7202
中医医院	21	4853	5366	8683	7024	2917	2849	2566	695	422	297		424	337	562	760
中西医结合医院	1	350	294	590	500	186	184	224	29	16	13		45	11	30	49
专科医院	34	13161	12756	19678	14784	4673	4599	7077	640	710	480		1684	1566	1303	2025
口腔医院	4	215	188	2377	1794	816	804	670	27	41	16		240	114	83	386
肿瘤医院	2	1988	1952	2733	1883	700	700	794	81	99	50		209	428	262	160

续表

机构分类	机构数(个)	编制床位(张)	实有床位(张)	人员数(人) 合计	卫生技术人员 小计	执业(助理)医师	执业医师	注册护士	药师(士)	技师(士)	检验师(士)	卫生监督员	其他	其他技术人员	管理人员	工勤技能人员
心血管病医院	1	853	821	2298	1715	474	472	921	49	53	32		218	254	167	162
胸科医院	1	900	533	775	586	152	152	340	29	42	20		23	78	4	107
妇产(科)医院	1	660	405	1170	912	324	324	413	36	43	40		96	58	114	86
儿童医院	2	1370	1292	2975	2421	687	687	1174	161	175	122		224	136	196	222
精神病医院	15	4474	5051	3962	2886	718	666	1477	131	95	78		465	284	239	553
传染病医院	3	1400	1282	2210	1759	534	533	876	84	125	96		140	150	116	185
整形外科医院	1	328	328	518	364	112	112	208	6	11	5		27	41	51	62
其他专科医院	4	973	904	660	464	156	149	204	36	26	21		42	23	71	102
护理院	2	150	88	63	50	17	17	15	4	1			13	2	3	8
二、疗养院	2	80	80	20	8	2	2	4	1				1	3	6	3
三、社区卫生服务中心(站)	631	1924	1156	10259	8547	3763	3158	2368	804	417	296		1195	365	459	888
社区卫生服务中心	129	1924	1156	9908	8226	3602	3020	2261	778	411	290		1174	356	447	879
社区卫生服务站	502			351	321	161	138	107	26	6	6		21	9	12	9
四、卫生院	113	2732	2405	7333	5963	2619	1879	1064	503	296	204		1481	329	366	675
乡镇卫生院	113	2732	2405	7333	5963	2619	1879	1064	503	296	204		1481	329	366	675
中心卫生院	34	1142	986	3165	2547	1106	774	473	213	135	88		620	103	137	378
乡卫生院	79	1590	1419	4168	3416	1513	1105	591	290	161	116		861	226	229	297
五、门诊部	14			186	151	91	86	32	8	16	13		4	3	14	18
综合门诊部	11			152	125	77	75	25	6	15	12		2	3	11	13
中医门诊部	1			34	26	14	11	7	2	1	1		2		3	5
专科门诊部	2															
六、诊所、卫生所、医务室	10			29	27	16	14	7	1	1	1		2			2
诊所	5			13	11	8	6	3								2
卫生所、医务室	5			16	16	8	8	4	1	1	1		2			
七、急救中心	5			676	436	198	179	166	5	11	5		56	46	25	169
八、采供血机构	7			742	467	40	38	234	6	91	91		96	62	59	154
九、妇幼保健院(站、所)	18	2038	1534	4590	3725	1466	1423	1462	181	250	199		366	158	287	420
省辖市(地区)属	16	1878	1434	4182	3393	1317	1278	1339	159	224	179		354	143	269	377
县属	2	160	100	408	332	149	145	123	22	26	20		12	15	18	43
妇幼保健院	16	2038	1534	4481	3633	1428	1388	1435	171	243	194		356	153	284	411
妇幼保健所	2			109	92	38	35	27	10	7	5		10	5	3	9
十、专科疾病防治院(所、站)	23	328	546	429	337	135	124	116	25	39	26		22	35	27	30
专科疾病防治院	1	76	280	59	49	14	14	28	3	1	1		3	4	2	4
其他	1	76	280	59	49	14	14	28	3	1	1		3	4	2	4
专科疾病防治所(站、中心)	22	252	266	370	288	121	110	88	22	38	25		19	31	25	26
口腔病防治所(站、中心)	1			35	28	22	20	5		1	1			2	3	2
精神病防治所(站、中心)	3	70	143	63	47	13	10	23	3				8	4	5	7
皮肤病与性病防治所(中心)	2															
结核病防治所(站、中心)	15	182	123	272	213	86	80	60	19	37	24		11	25	17	17
其他	1															
十一、疾病预防控制中心	22			3231	2258	1125	1054	127	10	563	537		433	202	512	259
省属	1			433	317	135	130	6	1	142	142		33	59	13	44

续表

机构分类	机构数(个)	编制床位(张)	实有床位(张)	人员数(人) 合计	卫生技术人员 小计	执业(助理)医师	执业医师	注册护士	药师(士)	技师(士)	检验师(士)	卫生监督员	其他	其他技术人员	管理人员	工勤技能人员
省辖市(地区)属	17			2042	1633	902	858	117	9	398	373		207	140	121	148
县属	2			153	119	88	66	4		23	22		4	3	13	18
其他	2			603	189								189		365	49
十二、卫生监督所(中心)	20			1752	1504							1499	5	60	121	67
省属	1			151	146							146				5
省辖市(地区)属	17			1481	1262							1257	5	49	117	53
县属	2			120	96							96		11	4	9
十三、医学科学研究机构	12			1540	712	37	37	2					673	389	224	215
十四、医学在职培训机构	5			183	24	5	4	12					7	62	39	58
十六、其他卫生机构	49			723	288	136	134	74	20	26	23		32	157	212	66
卫生监督检验(检测)机构	2			24											24	
其他	47			699	288	136	134	74	20	26	23		32	157	188	66

全市卫生机构、床位、人员数

直属单位

机构分类	机构数(个)	编制床位(张)	实有床位(张)	人员数(人) 合计	卫生技术人员 小计	执业(助理)医师	执业医师	注册护士	药师(士)	技师(士)	检验师(士)	卫生监督员	其他	其他技术人员	管理人员	工勤技能人员
总计	39	18170	17005	35824	28414	9552	9516	12669	1426	1605	1132	146	3016	2263	1834	3313
一、医院	21	18170	17005	33662	26930	9116	9101	12314	1410	1373	909		2717	2024	1731	2977
综合医院	10	10266	10074	21684	17587	6147	6133	7926	862	839	542		1813	1255	996	1846
中医医院	1	565	583	1263	1044	379	379	375	137	78	38		75	36	61	122
专科医院	10	7339	6348	10715	8299	2590	2589	4013	411	456	329		829	733	674	1009
口腔医院	1	100	68	650	516	312	312	117	9	14	6		64	5	42	87
肿瘤医院	1	790	703	936	676	274	274	272	36	18	7		76	133	70	57
胸科医院	1	900	533	775	586	152	152	340	29	42	20		23	78	4	107
妇产(科)医院	1	660	405	1170	912	324	324	413	36	43	40		96	58	114	86
儿童医院	2	1370	1292	2975	2421	687	687	1174	161	175	122		224	136	196	222
精神病医院	2	2169	2095	2028	1452	312	311	829	61	43	41		207	173	135	268
传染病医院	2	1350	1252	2181	1736	529	529	868	79	121	93		139	150	113	182
七、急救中心	1			522	341	154	140	129	4	11	5		43	45	15	121
八、采供血机构	1			562	326	25	24	165	5	55	55		76	56	31	149
十一、疾病预防控制中心	1			433	317	135	130	6		142	142		33	59	13	44
省属	1			433	317	135	130	6	1	142	142		33	59	13	44
十二、卫生监督所(中心)	1			151	146							146				5
省属	1			151	146							146				5
十三、医学科学研究机构	6			195	170	35	35						135	14	6	5
十六、其他卫生机构	8			299	184	87	86	55	6	24	21		12	65	38	12
其他	8			299	184	87	86	55	6	24	21		12	65	38	12

全市卫生机构、床位、人员数

市

机构分类	机构数（个）	编制床位（张）	实有床位（张）	人员数(人) 合计	卫生技术人员 小计	执业（助理）医师	执业医师	注册护士	药师（士）	技师（士）	检验师（士）	卫生监督员	其他	其他技术人员	管理人员	工勤技能人员
总 计	6309	91679	87850	202434	155689	60411	56632	60170	9185	8854	6087	1441	15628	10168	14696	21881
一、医院	511	81807	80766	142063	110171	39637	38420	48350	6283	6115	4005		9786	6681	10132	15079
综合医院	304	53520	52906	98942	77466	27992	27113	34363	4114	4360	2825		6637	3990	6851	10635
中医医院	80	8789	9116	15194	11998	5005	4870	4242	1194	683	455		874	710	1158	1328
中西医结合医院	3	686	629	1046	858	381	372	319	52	38	26		68	38	60	90
民族医院	2	134	74	212	185	85	84	63	17	13	9		7	9	7	11
专科医院	119	18508	17953	26584	19603	6154	5962	9345	901	1019	688		2184	1932	2052	2997
口腔医院	7	245	218	2505	1894	855	840	719	28	41	16		251	120	91	400
眼科医院	10	283	373	516	306	100	94	146	16	15	10		29	30	82	98
肿瘤医院	6	2441	2473	3409	2449	894	873	1031	121	131	67		272	447	295	218
心血管病医院	1	853	821	2298	1715	474	472	921	49	53	32		218	254	167	162
胸科医院	1	900	533	775	586	152	152	340	29	42	20		23	78	4	107
血液病医院	1	150	104	240	195	35	35	102	5	47	47		6	12	20	13
妇产(科)医院	6	806	539	1586	1194	429	425	550	51	61	54		103	66	148	178
儿童医院	5	1520	1442	3494	2772	780	776	1332	186	201	138		273	163	225	334
精神病医院	21	6373	6816	4773	3475	857	795	1860	155	114	88		489	291	387	620
传染病医院	3	1400	1282	2210	1759	534	533	876	84	125	96		140	150	116	185
皮肤病医院	1	100	100	131	107	34	34	47	15	8	7		3	1	10	13
骨科医院	7	560	392	473	339	89	84	182	17	20	13		31	50	52	32
康复医院	4	185	185	261	194	72	64	70	8	7	4		37	21	19	27
整形外科医院	1	328	328	518	364	112	112	208	6	11	5		27	41	51	62
美容医院	9	151	131	373	213	77	67	99	11	12	9		14	13	79	68
其他专科医院	36	2213	2216	3022	2041	660	608	862	120	131	82		268	195	306	480
护理院	3	170	88	85	61	20	19	18	5	2	2		16	2	4	18
二、疗养院	3	928	382	459	312	88	85	130	15	13	8		66	13	51	83
三、社区卫生服务中心(站)	1315	3450	1972	14860	12212	5468	4698	3491	1119	616	430		1518	579	796	1273
社区卫生服务中心	161	3302	1900	12655	10481	4681	4055	3022	955	548	377		1275	436	615	1123
社区卫生服务站	1154	148	72	2205	1731	787	643	469	164	68	53		243	143	181	150
四、卫生院	116	2752	2425	7454	6063	2649	1904	1078	511	303	208		1522	336	370	685
乡镇卫生院	116	2752	2425	7454	6063	2649	1904	1078	511	303	208		1522	336	370	685
中心卫生院	36	1162	1006	3264	2629	1132	797	482	219	141	91		655	108	140	387
乡卫生院	80	1590	1419	4190	3434	1517	1107	596	292	162	117		867	228	230	298
五、门诊部	768	126	73	11491	8376	4154	3811	2601	601	637	448		383	638	1538	939
综合门诊部	282	82	33	5739	4074	1925	1792	1246	319	392	265		192	356	753	556
中医门诊部	166	17	17	2335	1824	1006	947	375	235	128	108		80	84	257	170
中西医结合门诊部	5			68	53	23	22	15	7	6	4		2	1	5	9
专科门诊部	315	27	23	3349	2425	1200	1050	965	40	111	71		109	197	523	204
六、诊所、卫生所、医务室	3406			10813	8554	5319	4763	2356	423	127	89		329			2259
诊所	1631			5965	4932	2944	2655	1488	260	67	38		173			1033
卫生所、医务室	1775			4848	3622	2375	2108	868	163	60	51		156			1226
七、急救中心	8			810	518	235	210	211	5	11	5		56	58	30	204

续表

机构分类	机构数(个)	编制床位(张)	实有床位(张)	人员数(人) 合计	卫生技术人员 小计	执业(助理)医师	执业医师	注册护士	药师(士)	技师(士)	检验师(士)	卫生监督员	其他	其他技术人员	管理人员	工勤技能人员
八、采供血机构	5			692	432	32	30	226	6	82	82		86	59	51	150
九、妇幼保健院(站、所)	17	1878	1434	4182	3393	1317	1278	1339	159	224	179		354	143	269	377
省辖市(地区)属	16	1878	1434	4182	3393	1317	1278	1339	159	224	179		354	143	269	377
其他	1															
妇幼保健院	15	1878	1434	4073	3301	1279	1243	1312	149	217	174		344	138	266	368
妇幼保健所	2			109	92	38	35	27	10	7	5		10	5	3	9
十、专科疾病防治院(所、站)	24	738	798	678	464	174	164	161	32	68	47		29	79	56	79
专科疾病防治院	2	576	676	266	151	46	46	74	10	12	8		9	38	24	53
职业病防治院	1	500	396	207	102	32	32	46	7	11	7		6	34	22	49
其他	1	76	280	59	49	14	14	28	3	1	1		3	4	2	4
专科疾病防治所(站、中心)	22	162	122	412	313	128	118	87	22	56	39		20	41	32	26
口腔病防治所(站、中心)	1			35	28	22	20	5		1	1			2	3	2
精神病防治所(站、中心)	3			18	15	9	5	7	2					2		1
皮肤病与性病防治所(中心)	2															
结核病防治所(站、中心)	14	162	122	331	250	89	83	75	20	51	34		15	32	26	23
职业病防治所(站、中心)	1			28	20	11	10		4	4			5	7	1	
其他	1															
十一、疾病预防控制中心	29			3566	2426	1100	1034	125	10	561	535	38	592	342	540	258
省属	1			433	317	135	130	6	1	142	142		33	59	13	44
省辖市(地区)属	18			2042	1633	902	858	117	9	398	373		207	140	121	148
其他	10			1091	476	63	46	2		21	20	38	352	143	406	66
十二、卫生监督所(中心)	18			1632	1408							1403	5	49	117	58
省属	1			151	146							146				5
省辖市(地区)属	17			1481	1262							1257	5	49	117	53
十三、医学科学研究机构	24			2653	945	81	81	2					862	940	471	297
十四、医学在职培训机构	8			234	24	5	4	12					7	92	51	67
十五、健康教育所(站、中心)	1															
十六、其他卫生机构	56			847	391	152	150	88	21	97	51		33	159	224	73
卫生监督检验(检测)机构	2			24									24			
临床检验中心(所、站)	4			112	76	4	4	2		67	24		3	13	13	10
其他	50			711	315	148	146	86	21	30	27		30	146	187	63

全市卫生机构、床位、人员数

县

机构分类	机构数(个)	编制床位(张)	实有床位(张)	人员数(人) 合计	卫生技术人员 小计	执业(助理)医师	执业医师	注册护士	药师(士)	技师(士)	检验师(士)	卫生监督员	其他	其他技术人员	管理人员	工勤技能人员
总 计	294	2283	2250	5722	4746	1937	1709	1434	409	286	209	96	584	211	202	563
一、医院	11	1664	1705	2809	2413	995	940	943	202	154	102		119	79	70	247
综合医院	6	1180	1139	2068	1789	721	677	749	130	113	71		76	56	47	176

续表

机构分类	机构数(个)	编制床位(张)	实有床位(张)	人员数(人) 合计	小计	卫生技术人员 执业(助理)医师	执业医师	注册护士	药师(士)	技师(士)	检验师(士)	卫生监督员	其他	其他技术人员	管理人员	工勤技能人员
中医医院	2	294	360	654	554	256	246	170	65	32	26		31	17	21	62
专科医院	3	190	206	87	70	18	17	24	7	9	5		12	6	2	9
肿瘤医院	1	50	50	25	18	8	8	4	4	2	1		3	3	1	3
心血管病医院	1	60	60	37	27	10	9	8	3	6	3		3	1	1	6
精神病医院	1	80	96	25	25			12		1	1		12			
三、社区卫生服务中心(站)	80	369	301	1550	1198	425	331	275	131	59	43		308	72	76	204
社区卫生服务中心	32	369	301	1550	1198	425	331	275	131	59	43		308	72	76	204
社区卫生服务站	48															
六、诊所、卫生所、医务室	186			509	487	248	197	59	48	13	12		119			22
诊所	126			433	411	210	175	56	47	12	11		86			22
卫生所、医务室	60			76	76	38	22	3	1	1	1		33			
八、采供血机构	2			50	35	8	8	8		9	9		10	3	8	4
九、妇幼保健院(站、所)	2	160	100	408	332	149	145	123	22	26	20		12	15	18	43
县属	2	160	100	408	332	149	145	123	22	26	20		12	15	18	43
妇幼保健院	2	160	100	408	332	149	145	123	22	26	20		12	15	18	43
十、专科疾病防治院(所、站)	3	90	144	76	52	17	15	20	4	2	1		9	8	5	11
专科疾病防治院(站、中心)	3	90	144	76	52	17	15	20	4	2	1		9	8	5	11
精神病防治所(站、中心)	1	70	143	45	32	7	5	16	1				8	4	3	6
结核病防治所(站、中心)	2	20	1	31	20	10	10	4	3	2	1		1	4	2	5
十一、疾病预防控制中心	2			153	119	88	66	4		23	22		4	3	13	18
县属	2			153	119	88	66	4		23	22		4	3	13	18
十二、卫生监督所(中心)	2			120	96							96		11	4	9
县属	2			120	96							96		11	4	9
十六、其他卫生机构	6			47	14	7	7	2	2				3	20	8	5
其他	6			47	14	7	7	2	2				3	20	8	5

三级医疗机构运营情况

(一)门诊服务

分组名称	机构数(个)	诊疗人次数 总计	其中:门、急诊人次数 合计	门诊人次	急诊人次 小计	内:死亡人数	观察室 收容人数	其中:死亡人数	健康检查人数	门急诊诊次占总诊次的(%)	急诊死亡率(%)	观察室死亡率(%)
总 计	50	44393452	44335168	40673810	3661358	4901	745415	1279	770623	99.87	0.13	0.17
其中:综合医院	26	28239366	28202196	25298517	2903679	4360	360801	926	684967	99.87	0.15	0.26
中医医院	8	7683034	7662801	7365960	296841	279	17394	185	65756	99.74	0.09	1.06
专科医院	16	8471052	8470171	8009333	460838	262	367220	168	19900	99.99	0.06	0.05

注:统计范围不包括急救中心

三级医疗机构运营情况
(二)住院服务

分组名称	入院人数	出院人数						住院病人手术人次	住院危重病人抢救人次		治愈率(%)	好转率(%)	病死率(%)	住院危重病人抢救成功率(%)	每百门急诊的入院人数
		总计	治愈	好转	未愈	死亡	其它		总计	其中:抢救成功人次					
总 计	925450	924873	352635	348957	28023	13952	181306	438700	24718	18649	57.73	37.73	1.51	75.45	2.1
其中:综合医院	634312	633900	262856	231699	18170	10141	111034	326906	14036	9809	58.98	36.55	1.6	69.88	2.2
中医医院	73595	73517	18637	44054	1590	2155	7081	24727	2529	1465	34.98	59.92	2.93	57.93	1
专科医院	217543	217456	71142	73204	8263	1656	63191	87067	8153	7375	61.77	33.66	0.76	90.46	2.6

三级医疗机构运营情况
(三)床位利用

分组名称	实有床位(张)	实际开放总床日数	平均开放病床数	实际占用总床日数	出院者占用总床日数	病床周转次数	病床工作日	病床使用率(%)	出院者平均住院日	每床与每日门急诊诊次之比
总 计	38306	13704587	37546.8	12759637	12651017	24.6	339.8	93.1	13.7	4.58
其中:综合医院	24701	8828293	24187.1	8013186	7890988	26.2	331.3	90.77	12.4	4.5
中医医院	4004	1449973	3972.5	1360638	1357815	18.5	342.5	93.84	18.5	7.59
专科医院	9601	3426321	9387.2	3385813	3402214	23.2	360.7	98.82	15.6	3.53

二级医疗机构运营情况
(一)门诊服务

分组名称	机构数(个)	诊疗人次数					观察室		健康检查人数	门急诊诊次占总诊次的(%)	急诊死亡率(%)	观察室死亡率(%)
		总计	合计	门诊人次	急诊人次		收容人数	其中:死亡				
			其中:门、急诊人次数		小计	内:死亡人数						
总 计	114	33606701	33149703	29550485	3599218	2005	242311	310	2482872	98.64	0.06	0.13
其中:综合医院	57	23692416	23263490	20396483	2867007	1891	155846	277	1424070	98.19	0.07	0.18
中医医院	20	6239751	6224538	5874164	350374	112	61094	33	323385	99.76	0.03	0.05
民族医院	1	21294	21294	21288	6	0	0	0	2237	100	0	0
专科医院	14	456274	456110	444173	11937	2	9	0	14353	99.96	0	0
妇幼保健院	18	3088352	3075657	2715223	360434	0	25362	0	683228	99.59	0	0

二级医疗机构运营情况
(二)住院服务

分组名称	入院人数	出院人数						住院病人手术人次	住院危重病人抢救人次		治愈率(%)	好转率(%)	病死率(%)	住院危重病人抢救成功率(%)	每百门急诊的入院人数
		总计	治愈	好转	未愈	死亡	其它		总计	其中:抢救成功人次					
总 计	613184	612519	249409	254906	17931	11699	78574	228505	16785	12249	53.55	41.62	1.91	72.98	1.8
其中:综合医院	437140	436722	172182	189014	13257	9745	52524	167991	13362	9899	51.45	43.28	2.23	74.08	1.9
中医医院	86369	86285	23382	52794	3354	1527	5228	19801	2550	1675	33.16	61.19	1.77	65.69	1.4
民族医院	525	517	10	460	31	16	0	60	54	1.93	88.97	3.09	90	2.5
专科医院	11232	11007	4807	3950	308	307	1635	4875	379	206	58.53	35.89	2.79	54.35	2.5
妇幼保健院	75808	75916	48845	7037	918	31	19085	35590	419	409	89.48	9.27	0.04	97.61	2.5

二级医疗机构运营情况
(三)床位利用

分组名称	实有床位(张)	实际开放总床日数	平均开放病床数	实际占用总床日数	出院者占用总床日数	病床周转次数	病床工作日	病床使用率(%)	出院者平均住院日	每床与每日门急诊诊次之比
总 计	30818	10878368	29803.7	9244745	8646004	20.6	310.2	84.98	14.1	4.28
其中:综合医院	20112	7208587	19749.6	5930625	5740254	22.1	300.3	82.27	13.1	4.51
中医医院	4608	1603657	4393.6	1363432	1362978	19.6	310.3	85.02	15.8	5.55
民族医院	74	26365	72.2	17740	16511	7.2	245.6	67.29	31.9	1.17
专科医院	3424	1234445	3382	1287342	960408	3.3	380.6	104.29	87.3	0.53
妇幼保健院	1534	536674	1470.3	452524	445345	51.6	307.8	84.32	5.9	8.03

一级医疗机构运营情况
(一)门诊服务

分组名称	机构数(个)	诊疗人次数				观察室		健康检查人数	门急诊诊次总诊次的(%)	急诊死亡率(%)	观察室死亡率(%)
		总计	合计	门诊人次	急诊人次						
			其中:门、急诊人次数			收容人数	其中:死亡				
					小计						
					内:死亡人数						
总 计	317	8028224	7325220	6971639	353581	141	149231	21	709279	91.24	0.04	0.01
其中:综合医院	192	6011208	5318111	4979515	338596	139	146982	21	356811	88.47	0.04	0.01
中医医院	48	986710	984881	981767	3114	1	517	0	2302	99.81	0.03	0
专科医院	67	945438	941362	929507	11855	1	1694	0	271689	99.57	0.01	0
疗养院	1	3850	320	320	0		0	0	0	8.31	0	0
专科疾病防治院	8	75708	75236	75220	16		38	0	78477	99.38	0	0

注:此表统计范围为医院、疗养院、专科疾病防治院,不含社区卫生服务中心和卫生院

一级医疗机构运营情况
(二)住院服务

分组名称	入院人数	出院人数					住院病人手术人次	住院危重病人抢救人次		治愈率(%)	好转率(%)	病死率(%)	住院危重病人抢救成功率(%)	每百门急诊的入院人数
		总计	治愈	好转	未愈	死亡	其它		总计	其中:抢救成功人次					
总 计	97235	94542	45674	35984	2840	1439	8605	38303	2307	1636	57.41	38.06	1.52	70.91	1.3
其中:综合医院	54734	53684	25150	22468	1725	891	3450	21290	1966	1398	53.27	41.85	1.66	71.11	1
中医医院	5523	4375	1215	2910	156	33	61	397	55	42	29.17	66.51	0.75	76.36	0.6
专科医院	32232	31806	19162	10145	858	498	1143	16616	285	195	63.84	31.9	1.57	68.42	3.4
疗养院	3850	3850					3850					100			1203.1
专科疾病防治院	896	827	147	461	101	17	101		1	1	29.99	55.74	2.06	100	1.2

一级医疗机构运营情况
(三)床位利用

分组名称	实有床位(张)	实际开放总床日数	平均开放病床数	实际占用总床日数	出院者占用总床日数	病床周转次数	病床工作日	病床使用率(%)	出院者平均住院日	每床与每日门急诊诊次之比
总 计	14094	4489514	12300	2754544	1849888	7.7	223.9	61.36	19.6	2.34
其中:综合医院	8219	2568957	7038.2	1548623	1167804	7.6	220	60.28	21.8	2.95
中医医院	1301	353996	969.9	131054	97501	4.5	135.1	37.02	22.3	4.04
专科医院	4228	1445041	3959	1001763	545114	8	253	69.32	17.1	0.94
疗养院	80	28600	78.4	12870	12870	49.1	164.3	45	3.3	0.02
专科疾病防治院	266	92920	254.6	60234	26599	3.2	236.6	64.82	32.2	1.18

全市平均每千人口卫生人员及床位数

卫生人员总计(人)	208156
卫技人员总计(人)	160435
卫生技术人员占总人数比重(%)	77.07
执业医师占卫生技术人员比重(%)	38.86
注册护士占卫生技术人员比重(%)	38.40
每千人口床位数(张)	7.23
每千人口医院床位数(张)	6.62
每千人口卫生人员数(人)	16.71
每千人口卫技人员数(人)	12.88
每千人口执业医师数(人)	5.00
每千人口注册护士数(人)	4.94

注：其中人口数为户籍人口。

全市婚前医学检查疾病分类

| 区域 | 疾病检出人数 | | 指定传染病 | | | | 严重遗传病人数 | | 有关精神病人数 | | 生殖系统疾病人数 | | 内科系统病人数 | |
			人数合计		其中:性病患者数									
	男	女	男	女	男	女	男	女	男	女	男	女	男	女
合计	2192	3357	86	41	10	11	666	762	9	18	626	2017	640	372
东城区	66	47	2	1	0	0	23	21	0	0	38	24	0	0
西城区	240	260	4	1	1	1	104	105	0	1	22	76	71	53
崇文区	79	246	15	10	0	0	36	33	1	2	15	187	9	12
宣武区	104	207	4	0	1	0	37	39	1	4	16	116	33	21
朝阳区	88	115	0	1	0	1	61	36	0	0	13	63	12	14
丰台区	394	486	14	4	1	0	114	149	1	2	127	236	110	55
石景山区	37	87	0	0	0	0	5	4	3	1	6	63	20	13
海淀区	422	596	23	9	1	2	175	242	0	0	170	234	28	86
门头沟区	25	39	4	2	2	2	0	0	0	0	2	26	16	8
房山区	76	110	0	0	0	0	7	10	0	1	31	94	35	5
通州区	68	30	0	1	0	0	2	13	0	1	57	7	9	6
顺义区	133	528	6	2	0	1	43	41	0	4	5	468	60	23
昌平区	82	87	2	2	1	2	18	27	2	1	9	45	46	6
大兴区	48	50	1	2	0	0	22	11	0	0	8	29	15	4
怀柔区	159	216	8	4	2	1	8	13	0	0	103	180	24	8
平谷区	161	194	3	2	1	1	9	13	1	1	1	123	146	54
密云县	2	49	0	0	0	0	0	2	0	0	2	41	0	3
延庆县	8	10	0	0	0	0	0	1	0	0	1	5	6	3

全市妇女病查治情况

区县	实查人数	查出妇科病数	阴道炎 例数	宫颈炎 例数	尖锐湿疣 例数	宫颈癌 例数	乳腺癌 例数	卵巢癌 例数
合计	944352	332159	11055	109585	187	55	212	6
东城区	56891	31410	426	13431	12	1	1	0
西城区	30708	10303	176	3156	0	2	9	1
崇文区	12170	2572	109	1199	0	1	4	0
宣武区	33107	8434	44	2389	4	2	15	1
朝阳区	32135	12790	169	6969	20	13	15	1
丰台区	60923	11073	125	1413	18	4	7	0
石景山区	26933	7140	66	3196	8	4	4	0
海淀区	165590	47285	655	8867	56	8	83	0
门头沟区	22934	10753	279	5634	1	1	2	0
房山区	65747	27002	1232	12091	16	3	8	0
通州区	53250	22436	824	14339	2	0	4	1
顺义区	52953	17020	877	1658	12	1	21	0
昌平区	58212	33124	957	15263	3	1	6	0
大兴区	60122	14708	448	3974	24	1	8	0
平谷区	45709	9000	660	3910	1	1	3	0
怀柔区	74158	34733	2568	446	10	12	14	2
密云县	75736	26562	1154	9860	0	0	4	0
延庆县	17074	5814	286	1790	0	0	4	0

全市0-6岁儿童系统管理情况

地区	系统管理率%	0-2岁		3-6岁
		佝偻病患病率%	贫血患病率%	贫血患病率%
合计	91.64	0.10	5.20	0.94
东城区	95.72	0.01	7.17	0.63
西城区	94.35	0.01	10.80	0.97
崇文区	99.28	0.00	2.49	0.22
宣武区	94.12	0.00	1.60	0.09
朝阳区	92.17	0.02	3.15	0.54
海淀区	90.62	0.07	5.73	0.71
丰台区	91.29	0.49	5.94	0.35
石景山区	91.74	0.00	1.69	0.20
门头沟区	98.48	0.22	4.77	0.87
房山区	78.98	0.12	8.19	2.34
通州区	95.31	0.07	4.97	2.98
顺义区	96.74	0.02	5.06	0.64
昌平区	80.83	0.03	7.16	0.97
大兴区	96.44	0.01	3.46	0.49
平谷区	95.79	0.00	5.28	2.40
怀柔区	96.73	0.00	6.00	0.85
密云县	94.74	0.39	10.97	1.79
延庆县	98.18	0.05	6.48	1.39

全市医院产科工作情况

区县	分娩总数	出生性比	剖宫产率%	新筛率%	妊娠高血压疾病患病率% 计	先兆子痫患病率%	产妇并发症(%) 院内子痫患病率%	院外子痫患病率%	产后出血发生率%	中重度贫血患病率%	肝炎患病率%	围产儿死亡率‰	早产发生率%	新生儿并发症(%) 出生窒息发生率%	新生儿肺炎患病率%	围产期出生缺陷发生率‰	低出生体重率% <=2500G
合计	177282	114	52.14	97.95	4.12	2.86	0.01	0.04	3.80	3.07	1.41	5.56	4.67	1.18	0.40	18.17	2.79
东城区	5837	111	64.86	97.81	4.47	4.03	0.00	0.24	2.71	1.59	0.09	7.71	7.47	1.07	0.15	12.68	4.72
西城区	8672	111	53.26	98.81	7.08	3.64	0.01	0.02	5.62	3.01	0.41	7.61	5.73	1.45	1.24	52.81	3.25
崇文区	2384	115	54.99	97.77	3.68	3.59	0.04	0.04	4.78	1.78	0.17	2.94	3.78	1.47	0.00	12.58	1.81
宣武区	6962	116	61.58	101.13	2.94	2.71	0.03	0.06	1.94	2.70	0.06	7.76	4.43	0.46	0.14	14.36	0.94
朝阳区	37147	113	50.58	98.43	3.53	3.15	0.01	0.02	4.21	1.79	3.54	6.73	5.01	1.53	0.65	17.74	2.73
丰台区	11836	119	49.03	95.41	2.87	2.40	0.02	0.04	2.17	2.30	1.82	4.14	4.01	1.36	0.31	13.26	1.86
石景山区	4701	117	53.14	98.55	4.44	3.65	0.01	0.02	3.56	6.68	1.09	4.89	3.80	1.28	0.26	9.57	1.84
海淀区	35647	115	45.99	97.36	6.16	3.15	0.01	0.02	3.81	3.53	0.43	5.44	6.15	0.84	0.31	16.92	3.95
门头沟区	2577	116	57.24	97.97	5.24	3.01	0.04	0.00	5.74	6.02	1.02	5.43	2.61	1.40	0.97	71.40	1.87
房山区	6846	108	67.57	92.73	3.34	2.94	0.01	0.03	1.69	4.01	0.51	4.24	3.20	1.45	0.32	16.07	1.85
通州区	14296	112	46.33	97.99	3.37	2.00	0.01	0.04	8.00	5.60	0.26	3.85	3.45	0.98	0.41	7.90	2.51
顺义区	6989	120	54.79	98.22	5.14	4.05	0.01	0.03	3.88	5.81	0.20	5.01	4.41	0.52	0.50	10.44	2.54
昌平区	6575	114	65.41	99.25	1.98	1.55	0.00	0.07	2.88	2.79	0.80	3.65	2.73	1.28	0.31	30.11	1.98
大兴区	15068	118	51.15	98.89	2.16	1.77	0.00	0.03	2.23	1.74	2.07	4.91	3.79	1.79	0.01	14.80	2.67
平谷区	3099	105	55.05	97.93	4.39	2.96	0.00	0.00	3.13	0.85	1.07	5.49	4.60	0.75	0.39	16.46	3.17
怀柔区	3138	107	60.48	99.71	3.00	2.03	0.00	0.00	1.93	1.84	0.61	4.46	3.58	1.02	0.00	22.31	2.33
密云县	3317	109	49.80	100.42	3.55	2.22	0.00	0.03	2.40	5.28	0.46	6.63	3.34	0.70	0.24	15.38	2.79
延庆县	2191	108	51.21	97.52	3.81	2.76	0.00	0.00	2.71	0.41	7.49	5.93	2.06	0.37	0.00	10.04	1.97

全市各区县户籍肺结核病人新登记率(1/10万)

区县	活动性肺结核		涂阳肺结核		新涂阳肺结核	
	病人数	新登记率	病人数	新登记率	病人数	新登记率
合计	2563	20.57	938	7.53	785	6.30
东城区	42	6.76	7	1.13	4	0.64
西城区	274	34.54	77	9.71	60	7.56
崇文区	58	17.30	23	6.86	19	5.67
宣武区	137	25.49	72	13.40	56	10.42
朝阳区	138	7.45	84	4.53	77	4.16
丰台区	129	12.27	58	5.52	44	4.18
石景山区	28	7.78	13	3.61	11	3.06
海淀区	312	14.45	58	2.69	55	2.55
门头沟区	142	58.08	57	23.31	43	17.59
房山区	253	32.97	123	16.03	103	13.42
通州区	132	20.14	34	5.19	30	4.58
顺义区	192	33.22	99	17.13	79	13.67
昌平区	221	42.23	39	7.45	32	6.11
大兴区	138	23.28	44	7.42	39	6.58
平谷区	109	27.42	52	13.08	47	11.82
怀柔区	67	24.09	38	13.66	35	12.58
密云县	122	28.28	40	9.27	33	7.65
延庆县	69	24.59	20	7.13	18	6.41

全市甲乙类传染病发病、死亡情况

疾病病种	2009年					2008年					2009年与2008年比较		
	发病数(人)	死亡数(人)	发病率(1/10万)	死亡率(1/10万)	病死率(%)	发病数(人)	死亡数(人)	发病率(1/10万)	死亡率(1/10万)	病死率(%)	发病率增减(%)	死亡率增减(%)	病死率增减(%)
合计	57612	262	339.8939	1.5457	0.4548	51112	106	312.991	0.649	0.207	-11.845	75.412	98.987
鼠疫	—	—	—	—	*	—	—	—	—	*	*	*	*
霍乱	5	—	0.030	—	—	3	—	0.018	—	—	60.326	*	*
传染性非典	—	—	—	—	*	—	—	—	—	*	*	*	*
艾滋病	101	18	0.596	0.106	17.822	54	7	0.331	0.043	12.963	80.194	147.552	37.482
HIV*	895	5	5.280	0.030	0.559	675	2	4.134	0.012	0.296	27.742	141.803	88.559
肝炎	6052	145	35.705	0.856	2.396	7071	69	43.300	0.423	0.976	-17.541	102.485	145.532
甲肝	156	—	0.920	—	—	267	—	1.635	—	—	-43.706	*	*
乙肝	3821	132	22.543	0.779	3.455	4564	62	27.948	0.380	1.359	-19.341	105.109	154.295
丙肝	1496	11	8.826	0.065	0.735	1533	6	9.388	0.037	0.391	-5.981	76.839	87.864
戊肝	393	2	2.319	0.012	0.509	422	1	2.584	0.006	0.237	-10.278	93.443	114.726
肝炎(未分型)	186	—	1.097	—	—	285	—	1.745	—	—	-37.125	*	*
脊灰	—	—	—	—	*	—	—	—	—	*	*	*	*
人禽流感	—	—	—	—	*	1	1	0.006	0.006	100.000	-100.000	-100.000	*
甲型H1N1流感	10844	69	63.976	0.407	0.636	—	—	—	—	*	*	*	*
麻疹	1105	—	6.519	—	—	1789	1	10.955	0.006	0.056	-40.492	-100.000	-100.000
出血热	12	—	0.071	—	—	17	—	0.104	—	—	-31.989	*	*
狂犬病	3	3	0.018	0.018	100.000	6	6	0.037	0.037	100.000	-51.771	-51.771	0.000

续表

疾病病种	2009 年					2008 年					2009 年与 2008 年比较		
	发病数（人）	死亡数（人）	发病率（1/10万）	死亡率（1/10万）	病死率（%）	发病数（人）	死亡数（人）	发病率（1/10万）	死亡率（1/10万）	病死率（%）	发病率增减（%）	死亡率增减（%）	病死率增减（%）
乙脑	-	-	-	-	*	-	-	-	-	*	*	*	*
登革热	4	-	0.024	-	-	2	-	0.012	-	-	93.443	*	*
炭疽	-	-	-	-	*	-	-	-	-	*	*	*	*
肺炭疽	-	-	-	-	*	-	-	-	-	*	*	*	*
皮肤炭疽	-	-	-	-	*	-	-	-	-	*	*	*	*
炭疽（未分型）	-	-	-	-	*	-	-	-	-	*	*	*	*
痢疾	24240	2	143.009	0.012	0.008	24823	3	152.007	0.018	0.012	-5.920	-35.870	-31.405
细菌性痢疾	24202	2	142.785	0.012	0.008	24784	3	151.768	0.018	0.012	-5.919	-35.870	-31.405
阿米巴性痢疾	38	-	0.224	-	-	39	-	0.239	-	-	-6.114	*	*
肺结核	8029	21	47.369	0.124	0.262	9576	13	58.640	0.080	0.136	-19.221	55.653	92.636
涂（+）	2065	18	12.183	0.106	0.872	2011	12	12.315	0.074	0.597	-1.070	44.490	46.087
菌（-）	3395	1	20.030	0.006	0.030	3791	1	23.215	0.006	0.026	-13.721	-3.279	11.742
未痰检	2493	2	14.708	0.012	0.080	3576	-	21.898	-	-	-32.834	*	*
仅培阳	76	-	0.448	-	-	198	-	1.213	-	-	-63.019	*	*
伤寒+副伤寒	18	-	0.106	-	-	16	-	0.098	-	-	8.367	*	*
伤寒	13	-	0.077	-	-	11	-	0.067	-	-	13.798	*	*
副伤寒	5	-	0.030	-	-	5	-	0.031	-	-	-3.595	*	*
流脑	16	2	0.094	0.012	12.500	22	4	0.135	0.025	18.182	-29.918	-51.837	-31.250
百日咳	6	-	0.035	-	-	7	-	0.043	-	-	-17.483	*	*
白喉	-	-	-	-	*	-	-	-	-	*	*	*	*
新生儿破伤风	-	-	-	-	-	-	-	-	-	-	*	*	*
猩红热	1193	-	7.038	-	.	1720	-	10.533	-	-	-33.176	*	*
布病	17	-	0.100	-	-	12	-	0.074	-	-	36.463	*	*
淋病	1932	-	11.398	-	-	2162	-	13.239	-	-	-13.906	*	*
梅毒	4002	2	23.611	0.012	0.050	3786	1	23.184	0.006	0.026	1.840	93.443	89.394
Ⅰ期梅毒	829	-	4.891	-	-	690	-	4.225	-	-	15.753	*	*
Ⅱ期梅毒	974	-	5.746	-	-	825	-	5.052	-	-	13.743	*	*
Ⅲ期梅毒	35	1	0.207	0.006	2.857	20	-	0.123	-	-	68.571	*	*
胎传梅毒	16	-	0.094	-	-	30	1	0.184	0.006	3.333	-48.612	-100.000	-100.000
隐性梅毒	2148	1	12.673	0.006	0.047	2221	-	13.601	-	-	-6.823	*	*
钩体病	-	-	-	-	*	1	-	0.006	-	-	-100.000	*	*
血吸虫病	5	-	0.030	-	-	8	-	0.049	-	-	-39.796	*	*
疟疾	28	-	0.165	-	-	36	1	0.221	0.006	2.778	-25.079	-100.000	-100.000
间日疟	7	-	0.041	-	-	7	-	0.043	-	-	-3.730	*	*
恶性疟	7	-	0.041	-	-	9	1	0.055	0.006	11.111	-25.045	-100.000	-100.000
疟疾（未分型）	14	-	0.083	-	-	20	-	0.123	-	-	-32.571	*	*

注：1. 甲型 H1N1 流感为实验室确诊病例，且含港澳台及外籍病例。
2. 2009 年发病率、死亡率及病死率合计与 2008 年比较不含甲型 H1N1 流感。
3. HIV * 不计入统计

全市丙类传染病发病、死亡情况

疾病病种	2009年					2008年					2009年与2008年比较		
	发病数(人)	死亡数(人)	发病率(1/10万)	死亡率(1/10万)	病死率(%)	发病数(人)	死亡数(人)	发病率(1/10万)	死亡率(1/10万)	病死率(%)	发病率增减(%)	死亡率增减(%)	病死率增减(%)
合　计	80311	9	473.811	0.053	0.011	72467	4	443.762	0.025	0.006	6.772	116.735	103.636
流行性感冒	5147	5	30.366	0.030	0.097	335	–	2.051	–	–	1380.248	*	*
流行性腮腺炎	3002	–	17.711	–	–	3244	–	19.865	–	–	-10.844	*	*
风疹	551	–	3.251	–	–	1473	–	9.020	–	–	-63.962	*	*
急性出血性结膜炎	422	–	2.490	–	–	487	–	2.982	–	–	-16.515	*	*
麻风病	–	–	–	–	*	–	–	–	–	*	*	*	*
斑疹伤寒	3	–	0.018	–	–	2	–	0.012	–	–	45.082	*	*
黑热病	–	–	–	–	*	–	–	–	–	*	*	*	*
包虫病	2	–	0.012	–	–	–	–	–	–	*	*	*	*
丝虫病	–	–	–	–	*	–	–	–	–	*	*	*	*
其它感染性腹泻病	46701	–	275.522	–	–	48489	2	296.929	0.012	0.004	-7.209	-100.000	-100.000
手足口病	24483	4	144.443	0.024	0.016	18437	2	112.902	0.012	0.011	27.937	93.443	50.926

全市院前急救病人疾病分类及构成

序号	疾病名称	构成(%)	顺位
1	循环系统疾病	27.45	2
	其中:缺血性心脏病	5.10	
	内:急性心肌梗塞	3.68	
	脑血管病	11.13	
	高血压病	4.44	
2	呼吸系统疾病	11.81	3
3	消化系统疾病	4.00	6
4	神经系统疾病	7.89	5
5	泌尿生殖系统疾病	1.09	10
6	妊娠、分娩及产褥期疾病	1.11	9
7	内分泌、营养和代谢	1.47	8
8	肿瘤	2.44	7
	其中:恶性肿瘤	0.69	
	良性肿瘤	0.05	
9	损伤和中毒	32.50	1
	其中:骨折	1.06	
	各种外伤	18.90	
	中毒	3.04	
10	其它	10.25	4
	合计	100.00	

注:本表统计范围包括北京市120网络、北京市红十字会急诊抢救中心。

农村改水情况

农村改水人口单位：万人

单位	农村总人口(万人)	合计 累计受益	合计 %	自来水 当年受益 厂站个数	自来水 累计受益	自来水 %	自来水 当年受益	手压机井 台(万)	手压机井 累计受益	手压机井 %	手压机井 当年受益 水管(个)	雨水收集 累计受益	雨水收集 %	雨水收集 当年受益	其他 累计受益	其他 %	当年用于农村改水投资(万元) 金额合计	资金来源 国家	资金来源 集体	资金来源 个人	其他
合 计	300.5	300.5	100	3315	298.7	99.40		0.55	1.64	0.55	133	0.04	0.01		0.1	0.03	25495.35	6066.00	19429.35		
朝阳区	15.5	15.5	100	157	15.5	100															
丰台区	13.2	13.2	100	37	13.2	100															
海淀区	11.1	11.1	100	161	11.1	100															
门头沟区	6.7	6.7	100	172	6.7	100											2345.50	360.00	1985.50		
房山区	40.7	40.7	100	363	40.3	99.02		0.10	0.36	0.88		0.04	0.10				7981.04	1500.00	6481.04		
通州区	36.0	36.0	100	401	36.0	100					133						1352.59	244.00	1108.59		
顺义区	35.2	35.2	100	399	35.2	100											1471.63	742.00	729.63		
昌平区	22.5	22.5	100	240	22.5	100											1546.93	360.00	1186.93		
大兴区	33.9	33.9	100	240	33.9	100											3384.34	1040.00	2344.34		
怀柔区	16.6	16.6	100	277	16.3	98.43		0.10	0.26	1.57							1423.82	745.00	678.82		
平谷区	23.8	23.8	100	273	23.8	100									0.1	0.38	1652.58	300.00	1352.58		
密云县	27.4	27.4	100	275	26.3	95.88		0.35	1.02	3.74							2323.12	400.00	1923.12		
延庆县	17.9	17.9	100	320	17.9	100											2013.80	375.00	1638.80		

全市各区县急救站接诊病人情况

地区	出车次数(次)	接诊病人数(人次)		行驶公里(万)
		计	其中:危重病人	
合计	427916	410047	65504	771.06
东城区	26074	25763	3203	20.82
西城区	19643	18299	2221	15.04
崇文区	14534	15697	1701	17.14
宣武区	13895	12715	1465	12.59
朝阳区	64784	64950	7005	101.7
丰台区	48712	54002	5682	68.84
石景山区	16167	16207	1729	17.64
海淀区	54936	44943	9540	75.98
门头沟区	4866	5030	612	17.48
房山区	24182	20473	6424	63.98
通州区	24568	24285	5977	59.54
顺义区	16543	15399	1834	36.2
昌平区	31839	29755	4689	53.39
大兴区	30998	27587	5371	61.91
怀柔区	6602	6410	2033	30.07
平谷区	18611	17855	2026	48.5
密云县	5778	5476	1567	40.26
延庆县	5184	5201	2425	29.98

注:1.本表统计范围包括北京急救中心、北京市红十字会急诊抢救中心。

全市院前急救病人情况

月份	就诊人次(次)	普通病人		危重病人	
		计(人)	救治人次(次)	计(人)	其中:死亡(人)
合计	480157	407990	234510	72167	3653
1	38097	32038	18332	6059	290
2	33658	28126	15679	5592	258
3	37895	31628	16834	6267	290
4	37154	31488	19092	5666	234
5	37423	32281	18301	5142	293
6	40088	34938	18941	5150	309
7	44022	39117	21270	4905	248
8	45355	38507	22137	6848	313
9	42947	36899	21434	6018	308
10	40704	34711	20109	5963	342
11	40680	34002	20593	6678	384
12	42134	34255	21789	7879	384

注:本表统计范围包括北京市120网络、北京市红十字会急诊抢救中心。

全市院前急救分月工作量

项目	合计	1月	2月	3月	4月	5月	6月	7月	8月	9月	10月	11月	12月
接听电话	3951880	311496	288289	338671	333322	333114	357323	328917	309934	319524	356649	338598	336043
受理电话	527431	41721	35792	40830	41896	42604	42445	47146	47206	45463	44706	47467	50155
出车次数	485668	39197	34025	38783	39259	38986	39042	43156	43777	42080	41296	41596	44471
其中:抢救车	336639	29500	25273	29004	28141	27532	27033	28181	28968	27943	27624	28140	29300
就诊人次	480157	38097	33658	37895	37154	37423	40088	44022	45355	42947	40704	40680	42134
其中:危重病人	72167	6059	5592	6267	5666	5142	5150	4905	6848	6018	5963	6678	7879
行驶公里(公里)	9295958	801366	998301	761195	759393	716781	775355	770942	759362	775177	711970	700518	765598

注:本表统计范围包括北京急救中心、北京市红十字会急诊抢救中心。

全市各区县无偿献血情况

项目	献血人次	献血量(袋)
合　计	392826	678189
东城区	60623	109688
西城区	63511	113328
宣武区	28729	52833
崇文区	24401	44593
朝阳区	40140	70975
海淀区	74359	112176
丰台区	33373	60785
石景山区	2140	3255
门头沟区	392	459
房山区	1258	1938
通州区	31445	53357
顺义区	6591	12153
昌平区	3529	3639
大兴区	12324	22578
平谷区	1684	3030
怀柔区	240	291
密云县	6203	10716
延庆县	1884	2397

注:每袋=200毫升

全市152家医院出院病人前十位疾病顺位及构成

顺位	城市		顺位	农村	
	疾病名称	构成%		疾病名称	构成%
1	循环系统疾病	17.26	1	循环系统疾病	20.42
2	妊娠、分娩和产褥期	14.23	2	妊娠、分娩和产褥期	18.97
3	呼吸系统疾病	8.84	3	呼吸系统疾病	14.77
4	消化系统疾病	7.39	4	损伤、中毒和外因的某些其他后果	10.11
5	恶性肿瘤	6.01	5	消化系统疾病	9.59
6	损伤、中毒和外因的某些其他后果	5.45	6	泌尿生殖系统病	4.75
7	泌尿生殖系统病	5.43	7	神经系统疾病	2.79
8	肌肉骨骼系统和结缔组织疾病	3.89	8	内分泌、营养和代谢疾病	2.2
9	神经系统疾病	3.55	9	恶性肿瘤	1.89
10	内分泌、营养和代谢疾病	3.17	10	良性肿瘤	1.85
	十种疾病合计	85.66		十种疾病合计	91.85

全市居民出生、死亡及自然增长情况

地区	出生数	出生率(‰)	死亡数	死亡率(‰)	自然增长数	自然增长率(‰)
全市	89353	7.22	73147	5.91	16206	1.30
城郊	63703	7.36	50434	5.83	13269	1.53
远县	25650	6.89	22713	6.10	2937	0.79

注:此表统计口径为户籍人口。

全市婴儿、新生儿、孕产妇死亡情况

地区	婴儿死亡率(‰)	新生儿死亡率(‰)	孕产妇死亡率(1/10万)	
			计	其中:产后出血
全市	3.49	2.47	14.55	1.12
城郊	3.28	2.37	12.56	1.57
远县	4.02	2.73	19.49	0.00

注:此表统计口径为户籍人口。

全市婴儿主要死因顺位、死亡率及百分比构成

顺位	全 市			城 郊			县		
	死因名称	死亡率(1/10万)	构成(%)	死因名称	死亡率(1/10万)	构成(%)	死因名称	死亡率(1/10万)	构成(%)
1	起源于围生期的疾病	165.66	44.85	起源于围生期的疾病	161.71	47.03	起源于围生期的疾病	175.45	40.54
2	先天异常	126.48	34.24	先天异常	113.04	32.88	先天异常	159.86	36.94
3	呼吸系统疾病	23.51	6.36	呼吸系统疾病	21.98	6.39	呼吸系统疾病	27.29	6.31
4	损伤和中毒	10.07	2.73	损伤和中毒	10.99	3.20	神经系统疾病	11.70	2.70
	主要死因合计	325.72	88.18	主要死因合计	307.73	89.50	主要死因合计	374.30	86.49

注:内、营、代、免为内分泌、营养和代谢及免疫疾病。

全市新生儿主要死因顺位、死亡率及百分比构成

顺位	全 市			城 郊			县		
	死因名称	死亡率(1/10万)	构成(%)	死因名称	死亡率(1/10万)	构成(%)	死因名称	死亡率(1/10万)	构成(%)
1	早产儿和未成熟儿	54.85	23.22	早产儿和未成熟儿	50.24	22.86	早产儿和未成熟儿	66.28	23.94
2	产伤和窒息	34.70	14.69	产伤和窒息	36.11	16.43	先天性心脏病	42.89	15.49
3	先天性心脏病	34.70	14.69	先天性心脏病	31.40	14.29	产伤和窒息	31.19	11.27
	主要死因合计	124.24	52.61	主要死因合计	117.75	53.57	主要死因合计	140.36	50.70

全市人口平均期望寿命

性 别	平均期望寿命(岁)
合计	80.47
男	78.63
女	82.37

全市居民前十位死因顺位、死亡率及百分比构成

顺位	全 市			城 区			远 郊		
	死因名称	死亡率(1/10万)	构成(%)	死因名称	死亡率(1/10万)	构成(%)	死因名称	死亡率(1/10万)	构成(%)
1	恶性肿瘤	152.03	25.72	恶性肿瘤	165.86	28.45	脑血管病	189.97	31.14
2	心脏病	146.40	24.77	心脏病	143.84	24.67	心脏病	152.36	24.97
3	脑血管病	133.44	22.57	脑血管病	109.11	18.72	恶性肿瘤	119.91	19.65
4	呼吸系统疾病	57.72	9.77	呼吸系统疾病	62.59	10.74	呼吸系统疾病	46.42	7.61
5	损伤和中毒	22.43	3.79	内、营、代、免*	18.56	3.18	损伤和中毒	32.77	5.37
6	内、营、代、免*	17.76	3.00	损伤和中毒	17.97	3.08	内、营、代、免*	15.90	2.61
7	消化系统疾病	14.90	2.52	消化系病	16.98	2.91	消化系病	10.07	1.65
8	泌尿、生殖系病	5.96	1.01	神经系统疾病	6.46	1.11	泌尿、生殖系病	6.34	1.04
9	神经系统疾病	5.72	0.97	泌尿、生殖系病	5.80	1.00	神经系统疾病	4.00	0.66
10	传染病	5.05	0.85	传染病	5.62	0.96	传染病	3.73	0.61
	十种死因合计	561.43	94.98	十种死因合计	552.79	94.83	十种死因合计	581.49	95.30

注：1. 居民指北京市户籍居民。2. 内、营、代、免为内分泌、营养和代谢及免疫疾病。

全市鼠密度监测情况

地 区	调查内容	一季度	二季度	三季度	四季度	全 年
城区	布鼠夹数(把)	680	720	720	720	2840
	捕鼠数(只)	4	9	6	6	25
	捕获率(%)	0.59	1.25	0.83	0.83	0.88
近郊区	布鼠夹数(把)	800	1020	1020	1020	3860
	捕鼠数(只)	1	6	6	3	16
	捕获率(%)	0.12	0.59	0.59	0.29	0.41
远郊区(县)	布鼠夹数(把)	2010	2580	2640	2580	9810
	捕鼠数(只)	11	23	19	7	60
	捕获率(%)	0.55	0.89	0.72	0.27	0.61
全 市	布鼠夹数(把)	3490	4320	4380	4320	16510
	捕鼠数(只)	16	38	31	16	101
	捕获率(%)	0.46	0.88	0.71	0.37	0.61

全市蚊蝇指数季节消长情况

月 份	蚊			蝇		
	上旬	中旬	下旬	上旬	中旬	下旬
4月	-	-	-	1.58	3.33	4.39
5月	0.05	0.16	0.48	6.28	7.36	10.21
6月	0.90	1.21	1.67	13.00	9.16	10.14
7月	2.40	2.29	2.49	10.17	9.00	9.06
8月	2.53	3.02	2.13	8.76	10.57	7.79
9月	1.58	1.05	0.63	6.50	5.85	5.44
10月	0.33	0.19	0.08	3.79	2.71	1.81
年平均指数	1.29			7.00		

附 录

北京卫生系统聘任外籍名誉与客座教授

国籍	姓名	性别	国外工作单位与职务	聘任职务	聘任单位	授予年份
荷兰	G. S. de Hong	男	荷兰皇家科学院真菌生物多样性中心研究员、阿姆斯特丹大学生物多样性生态动力学系教授	客座教授	北京大学第一医院	2009.4.13
澳大利亚	John Murtagh（约翰·莫塔）	男	澳大利亚蒙纳仁大学全科医学系全科医学教授	客座教授	北京大学公共卫生学院	2009.4.13
美国	Pei Hui（惠培）	男	耶鲁大学病理系副教授	客座教授	北京大学基础医学院	2009.5.8
日本	Masato Yasui（安井正人）	男	日本庆应义塾大学医学部药理学系主任、教授	客座教授	北京大学基础医学院	2009.7.6
加拿大	Chiu-Yin Kwa（关超然）	男	中国医药大学医学院基础医学研究所教授	客座教授	北京大学医学教育研究所	2009.7.13
日本	Suematsu Makoto（末松诚）	男	日本庆应义塾大学医学部部长、教授	客座教授	北京大学基础医学院	2009.9.7
日本	Hibi Toshifumi（日比纪文）	男	日本庆应义塾大学部消化器内科主任、教授	客座教授	北京大学基础医学院	2009.9.7
日本	Werner Hohenberger	男	德国埃尔兰根纽伦堡大学外科学系教授	名誉教授	中日友好医院	2009.10.16
日本	Robert Bucholz	男	美国德州大学西南医学中心骨科教授	名誉教授	中日友好医院	2009.10.27
日本	Urs E. Studer	男	瑞士伯尔尼大学医学院教授	名誉教授	中日友好医院	2009.10.28

2009年全市二级及以上医疗机构名录

机构名称	等级	地址	邮政编码	电话
卫生部北京医院	三级	东城区东单大华路1号	100730	85132114
中国医学科学院北京协和医院	三级	东城区帅府园1号	100730	65295810
北京中医药大学东直门医院	三级	东城区海运仓5号	100700	84013212
北京同仁医院	三级	东城区东交民巷1号	100730	58269911
北京中医医院	三级	东城区美术馆后街23号	100010	52176677
中国医学科学院阜外心血管病医院	三级	西城区北礼士路167号	100037	68314466
北京大学第一医院	三级	西城区西什库大街8号	100034	83572211
北京大学人民医院	三级	西城区西直门南大街11号	100044	88326666
北京积水潭医院	三级	西城区新街口东街31号	100035	58516688

续表

机构名称	等级	地址	邮政编码	电话
北京急救中心	三级	西城区前门西大街103号	100031	66098114
北京安定医院	三级	西城区德胜门外安康胡同5号	100088	58303237
北京儿童医院	三级	西城区南礼士路56号	100045	68028401
首都医科大学附属复兴医院	三级	西城区复兴门外大街甲20号	100038	88062035
北京口腔医院	三级	崇文区天坛西里4号	100050	67099114
北京天坛医院	三级	崇文区天坛西里6号	100050	65113164
中国中医科学院广安门医院	三级	宣武区北线阁5号	100053	88001222
北京友谊医院	三级	宣武区永安路95号	100050	63014411
首都医科大学宣武医院	三级	宣武区长椿街45号	100053	83198899
北京市宣武区中医医院	三级	宣武区万明路甲8号	100050	63153614
卫生部中日友好医院	三级	朝阳区和平里樱花园东街2号	100029	84205566
中国医学科学院肿瘤医院	三级	朝阳区潘家园南里17号	100021	67781331
中国中医科学院望京医院	三级	朝阳区望京中环路6号	100102	84739000
北京安贞医院	三级	朝阳区安贞路2号	100029	64412431
北京朝阳医院	三级	朝阳区工体南路8号	100020	85231000
北京妇产医院	三级	朝阳区姚家园路251号	100006	85976699
首都儿科研究所附属儿童医院	三级	朝阳区雅宝路2号	100020	85695555
北京地坛医院	三级	朝阳区京顺路东街8号	100015	84322200
北京华信医院	三级	朝阳区酒仙桥一街坊6号	100016	64369999
煤炭总医院	三级	朝阳区西坝河南里29号	100028	64667755
民航总医院	三级	朝外高井甲1号	100123	85762244
中国中医研究院西苑医院	三级	海淀区西苑操场1号	100091	62875599
北京大学第三医院	三级	海淀区花园北路49号	100191	82266699
北京大学第六医院	三级	海淀区花园北路51号	100191	82801939
北京大学口腔医院	三级	海淀区中关村南大街22号	100081	62179977
北京世纪坛医院	三级	海淀区羊坊店铁医路10号	100038	63925588
北京肿瘤医院	三级	海淀区阜成路52号	100142	88121122
北京老年医院	三级	海淀区温泉路118号	100095	62402820
航天中心医院	三级	海淀区玉泉路15号	100049	59971199
北京中医药大学东方医院	三级	丰台区方庄小区芳星园一区6号	100078	67689620
北京佑安医院	三级	丰台区右外西头条8号	100069	83997599
北京电力医院	三级	丰台区太平桥西里甲1号	100073	63467631
中国康复研究中心(北京博爱医院)	三级	丰台区角门北路10号	100068	67563322
中国医学科学院整形外科医院	三级	石景山区八大处路33号	100144	88964826
中国中医科学院眼科医院	三级	石景山区鲁谷路33号	100040	68688877
北京大学首钢医院	三级	石景山区西黄村	100144	88294978
北京京煤集团总医院	三级	门头沟区黑山大街18号	102300	69842525
北京燕化医院	三级	房山区迎风街15号	102500	69342517
北京胸科医院	三级	通州区马厂97号	101149	89509000
北京回龙观医院	三级	昌平区回龙观镇	100096	62715511
北京小汤山医院	三级	昌平区小汤山镇	102211	61781818

续表

机构名称	等级	地址	邮政编码	电话
北京市安康医院	三级	顺义区南彩镇滨河路俸伯段4号	101300	89474151
北京市隆福医院	二级	东城区美术馆东街18号	100010	64040695
北京市第六医院	二级	东城区交道口北二条36号	100007	64035566
北京市和平里医院	二级	东城区和平里北街18号	100013	58043023
北京市鼓楼中医医院	二级	东城区豆腐池胡同13号	100009	64044445
北京市东城区妇幼保健院	二级	东城区交道口南大街136号	100007	64040066
北京市东城区精神卫生保健院	二级	东城区东直门外察慈小区7号	100027	64681578
北京中医药大学附属护国寺中医医院	二级	西城区棉花胡同83号	100035	83224261
北京市第二医院	二级	西城区宣内大街油坊胡同36号	100031	66057043
北京市西城区平安医院	二级	西城区赵登禹路169号	100035	66250226
北京市西城区妇幼保健所	二级	西城区德胜门外大街38号	100011	58360700
北京市肛肠医院(北京市二龙路医院)	二级	西城区下岗胡同1号	100032	66014447
北京市丰盛中医骨伤专科医院	二级	西城区阜内大街306号	100140	66014349
北京市西城区展览路医院	二级	西城区西外大街桃柳园西巷16号	100044	88378108
北京按摩医院	二级	西城区宝产胡同7号	100035	66168880
北京市崇文区第一人民医院	二级	崇文区永外大街130号	100075	67212233
北京市普仁医院	二级	崇外大街100号	100062	67117711
北京市崇文区妇幼保健院	二级	崇文区天坛东里南小区79号	100061	67122966
北京市崇文区精神病防治院	二级	崇文区驹章胡同43号	100062	67120019
北京市回民医院	二级	宣武区右安门内大街11号	100054	83912562
北京市宣武区广外医院	二级	宣武区广外三义里甲2号	100055	63467832
北京市宣武区妇幼保健院	二级	宣武区平原里19号	100054	63577258
北京市健宫医院	二级	宣武区儒福里6号	100054	83521777
北京市监狱管理局中心医院	二级	宣武区右安门东街9号	100054	83580230
北京市宣武区法源寺医院	二级	宣武区樱桃园新安北里二巷20号	100054	63577258
北京市垂杨柳医院	二级	朝阳区垂杨柳南街2号	100022	67718822
北京市朝阳区第二医院	二级	朝阳区金台路13号内2号	100026	85993431
北京市朝阳区第三医院	二级	朝阳区双桥南路甲8号	100121	52023406
北京市朝阳区妇儿医院	二级	朝阳区华威里25号	100021	67719999
北京市朝阳区中医医院	二级	朝阳区工体南路6号	100020	65534914
北京市老年病医院	二级	朝阳区华严北里小关西街甲2号	100029	62027018
北京中医药大学第三附属医院	二级	朝阳区安定门外小关街51号	100029	52075555
航空工业中心医院	二级	朝阳区安外北苑3号院	100012	59520114
中国藏学研究中心北京藏医院	二级	朝阳区小关北里218号	100029	64972929
北京市红十字会急诊抢救中心	二级	朝阳区德外清河南镇	100192	62922345
北京首都机场医院	二级	朝阳区首都机场南路东里17号楼	100621	64591120
北京市海淀医院	二级	海淀区中关村大街29号	100080	82619999
北京市中西医结合医院	二级	海淀区永定路东街3号	100039	68212076
北京市中关村医院	二级	海淀区中关村南路12号	100190	62553297
北京市海淀区妇幼保健院	二级	海淀区海淀南路33号	100080	62558150
北京市海淀区精神卫生防治院	二级	海淀区西小营路段温阳路东侧	100194	62409349

续表

机构名称	等级	地址	邮政编码	电话
北京市羊坊店医院	二级	海淀区羊坊店双贝子坟路1号	100038	51916198
北京市上地医院	二级	海淀区农大南路树村西街甲6号	100084	62973150
北京大学医院	二级	海淀区颐和园路5号	100871	62765531
清华大学医院	二级	海淀区清华大学医院	100084	62784635
北京水利医院	二级	海淀区玉渊潭南路19号	100036	88614818
北京市化工职业病防治院	二级	海淀区香山一棵松50号	100093	62591115
北京市社会福利医院	二级	海淀区清河三街52号	100085	62921096
北京市道培医院	二级	海淀区玉泉路15号	100049	68764078
北京市丰台医院	二级	丰台区丰台镇西安街1号	100071	63811115
北京市丰台区妇幼保健院	二级	丰台区马家堡嘉园二里14号	100067	67532464
北京市丰台区长辛店医院	二级	丰台区长辛店东山坡三里甲60号	100072	83876520
北京市丰台区南苑医院	二级	丰台区南苑东路5号院西门	100076	67991313
北京市丰台区铁营医院	二级	丰台区永外横七条1号	100079	67631919
北京航天总医院	二级	丰台区万源北路7号	100076	68383882
中国航天科工集团七三一医院	二级	丰台区云岗镇岗南里3号	100074	68374065
北京国济中医医院	二级	丰台区莲花池东路132号	100055	63968181
北京市石景山医院	二级	石景山区石景山路24号	100043	88689000
北京市石景山区中医医院	二级	石景山区八角北路	100043	88982461
北京市石景山区妇幼保健院	二级	石景山区依翠园5号	100040	68625569
清华大学玉泉医院	二级	石景山区石景山路5号	100049	88257755
北京工人疗养院	二级	石景山区八大处西下庄	100144	58823366
北京市门头沟区医院	二级	门头沟区河滩桥东街10号	102300	69843251
北京市门头沟区中医医院	二级	门头沟区新桥南大街3号	102300	69842182
北京市门头沟区妇幼保健院	二级	门头沟区妇幼保健院	102300	69842023
北京市门头沟区龙泉医院	二级	门头沟区门头沟路42号	102300	69842724
北京市门头沟区斋堂医院	二级	门头沟区斋堂镇东斋堂村33号	102309	69816642
北京市房山区第一医院	二级	房山区南沿里1号	102400	69313443
北京市房山区中医医院	二级	房山区城关镇保健路4号	102400	69314293
北京市房山区妇幼保健院	二级	房山区良乡镇苏庄东街5号	102488	89372368
北京市房山区良乡医院	二级	房山区良乡医院	102401	69351080
中国核工业北京四0一医院	二级	房山区新镇	102413	69357038
北京市大兴区人民医院	二级	大兴区黄村西大街26号	102600	60283002
北京市大兴区中医医院	二级	大兴区黄村镇兴丰北大街(二段)138号	102618	69207782
北京市大兴区妇幼保健院	二级	大兴区兴丰大街(三段)203号	102600	69252081
北京市大兴区精神病医院	二级	大兴区黄村镇黄良路东口北侧	102600	61216048
北京市大兴区红星医院	二级	大兴区瀛海镇忠兴南路3号	100076	67992043
北京市仁和医院	二级	大兴区兴丰大街1号	102600	69242469
北京普祥中医肿瘤医院	二级	大兴区亦庄镇成寿寺路2号	100176	51571818
北京市通州区潞河医院	二级	通州区新华南路82号	101149	69543901
北京市通州区中医医院	二级	通州区车站路89号	101100	69554526
北京市通州区妇幼保健院	二级	通州区玉桥中路124号	101100	81588625

续表

机构名称	等级	地址	邮政编码	电话
北京市通州区老年病医院	二级	通州区永顺东街152号	101100	69544987
北京市通州区新华医院	二级	通州区新华大街47号	101100	69544236
北京市通州区中西医结合骨伤医院	二级	通州区新华东街97号	101100	69545228
北京市昌平区医院	二级	昌平区鼓楼北街9号	102200	69742509
北京市昌平区中医医院	二级	昌平区东环路南段	102200	69742114
北京市昌平区妇幼保健院	二级	昌平区北环路1号	102200	69746091
北京市昌平区精神卫生保健院	二级	昌平区沙河镇豆各庄1号	102206	69731160
北京市昌平区红十字会北郊医院	二级	昌平区东小口镇霍营村	102208	69791530
北京民康医院	二级	昌平区沙河镇	102206	69731971
北京市昌平区南口铁路医院	二级	昌平区南口镇新兴路8号	102202	51013475
北京市昌平区南口医院	二级	昌平区南口镇南辛路2号	102202	69771229
北京市昌平区沙河医院	二级	昌平区巩华镇扶京街22号	102206	69731335
北京市顺义区医院	二级	顺义区光明南街3号	101300	69423220
北京市顺义区中医医院	二级	顺义区占前东街5号	101300	69465025
北京市顺义区妇幼保健院	二级	顺义区顺康路1号	101300	89449200
北京市顺义区空港医院	二级	顺义区后沙峪地区双裕街49号	101318	80496772
北京市平谷区医院	二级	平谷区新平北路59号	101200	89992232
北京市平谷区中医医院	二级	平谷区平谷镇平翔东路6号	101200	69970900
北京市平谷区妇幼保健院	二级	平谷区南岔子街49号	101200	69962300
北京市平谷区精神病医院	二级	平谷区金海湖镇滑子村南	101201	69994772
北京市怀柔区第一医院	二级	怀柔区青春路1号	101400	69622761
北京市怀柔区第二医院	二级	怀柔区汤河口镇汤河口村5号	101411	89671926
北京市怀柔区中医医院	二级	怀柔区后横街1号	101400	69644319
北京市怀柔区妇幼保健院	二级	怀柔区迎宾北路38号	101400	89691353
北京市密云县医院	二级	密云县鼓楼北大街3号	101500	69056768
北京市密云县第二人民医院	二级	密云县太师屯镇永安街76号	101504	69032541
北京市密云县中医医院	二级	密云县新中街39号	101500	69044783
北京市密云县妇幼保健院	二级	密云县新东路56号	101500	69085973
北京市延庆县医院	二级	延庆县东顺城街28号	102100	69103020
北京市延庆县第二医院	二级	延庆县永宁镇永宁东街	102104	60171487
北京市延庆县中医医院	二级	延庆县新城街11号	102100	69146621
北京市延庆县妇幼保健院	二级	延庆县延庆镇庆园街8号	102100	69101275
北京市监狱管理局清河分局医院	二级	京山线茶淀站清河农场五科西街清河医院	300481	022-67988850

索 引

索 引

A

爱国卫生　3　86
爱国卫生健康细胞工程建设　87
艾滋病防治　89

B

北京大学医学部及附属医院卫生工作　251
北京市规范化免疫预防门诊基本标准　40
北京市疾病预防控制工作会议报告　22
北京市0~6岁儿童先天性心脏病筛查管理办法　44
北京市卫生局关于护士重新申请执业注册有关事项的通知　35
北京市卫生局行政规范性文件备案监督办法　49
北京市现场制、售饮用水卫生管理办法　45
北京市献血管理办法　47
北京市消毒产品生产企业卫生许可证发放管理规定（暂行）　36
北京市预约挂号管理暂行办法（试行）　46
北京市医疗卫生机构医疗废物管理规定　50
北京市医政工作会议报告　28
北京中医药大学及附属医院卫生工作　242
毕业后医学教育　102
病毒性肝炎防治　61
病媒生物控制　86

C

财务管理　106
财务与物价　106
产科管理　84

昌平区　194
肠道传染病防治　61
朝阳区　164
城市清洁日、爱国卫生月活动　86
崇文区　157
传染病防治　59
创卫工作　87

D

大兴区　187
大型活动卫生保障　71
大型活动医疗保障　78
党建工作　113
地方病防治　63
东城区　151
对口支援工作　79

E

儿童保健　83

F

防控甲型H1N1流感　1
房山区　184
丰台区　173
附录　479
妇女保健　83
妇幼卫生　3　83

G

概况　1

干部工作　114
高血压防治　64
高校厂矿部属医院卫生工作　360
工会工作　118
工作进展　57
公共卫生　66
共青团工作　119
国际合作项目　120
国际交流与合作　120
国庆活动医疗卫生保障　1

H

海淀区　169
护理管理　77
怀柔区　204

J

疾病控制　57
疾病控制综合管理　57
疾病预防控制工作　1
基本建设　105
基层卫生　3　84
基础设施建设　3
机构编制管理　123
机关人事管理　123
计划免疫　58
继续医学教育　103
甲型 H1N1 流感防治工作　7
健康教育与健康促进　66
结核病防治　60
经济审计　107
精神卫生　63
精神文明、行风建设和安全生产　5
军队卫生工作　136

K

科普和健康教育　102
科技成果　92
科技推广　102
科技规划　102
科研管理　91
控烟工作　87

L

离退休干部工作　117
落实社会单位防控甲型 N1H1 流感管理责任　42

M

慢性非传染性疾病防治　64
门头沟区　181
密云县　207

N

2009 年度各单位党政领导名单　124
农村改水改厕工作　87
农村卫生　85

P

平安医院建设　81
平谷区　200

Q

区县卫生工作　151

R

人才工作　114
人畜共患疾病防治　62
人事与干部　122

S

社区卫生　84
深入学习实践科学发展观　推动首都中医药事业又好又快发展　12
审计监督　107
石景山区　178
实验室生物安全　102
市属医院(所、中心、校)卫生工作　271
事业单位人事制度和工资制度改革　122
鼠疫防治　62
顺义区　197
思想政治工作　113
索引　484

T

糖尿病防治　65
特载　6
通州区　190
统战工作　117
投诉举报和突发事件处理　71
突发公共卫生事件医疗救治　76
突发事件处置　82

W

外事综合管理 121
网站建设 110
卫生部直属医院卫生工作 213
卫生法制建设 111
卫生工作纪事 426
卫生监督 66
卫生监督稽查 71
卫生监督人员培训 72
卫生监督信息宣传 71
卫生界人物 123
卫生人才队伍建设 122
卫生人才和卫生技术研究应用 4
卫生统计 450
卫生信息化 108
卫生应急 81
卫生执法监督工作 2
文件和法规 35
物价管理 107

X

西城区 154
新中国成立60年来首都卫生事业发展情况回顾 6
新中国成立60年庆祝活动医疗卫生保障工作 10
信息安全 110
行政规范性文件管理 111
行政审批 66
宣传工作 115
宣武区 161
学术团体和群众团体工作 407
学习实践科学发展观　深化医药卫生体制改革　推动首都卫生事业又好又快发展 15
学校卫生 64
血液管理 77

Y

延庆县 209

药品及医疗器械集中采购 104
药品监督管理 4
药械管理 104
依法行政 112
医疗服务 72
医疗机构设置规划 74
医疗机构药事管理 104
医疗器械管理 105
医疗卫生监督 69
医疗质量与安全、医疗服务管理 75
医学教育 102
医学科研与教育 91
医药卫生体制改革 4
医用废弃物管理 81
医政管理 2
医政综合管理 73
因公出入境管理 121
应急体系建设 81
援外医疗队工作 121

Z

政风行风监督 108
政风行风建设 80
职业（放射）卫生 65
中国医学科学院附属医院卫生工作 218
中国中医科学院及附属医院卫生工作 229
中医国际交流与合作 91
中医科教工作 90
中医事业管理 88
中医药事业 4
中医医政管理 88
重要会议报告 12
准入管理 74
组织建设 113